史料債権総則

監　修

前田達明

編　集

高橋　眞

玉樹智文

高橋智也

成文堂

序にかえて

この度、「史料債権総則」が、一冊の本として刊行されることになった。本書のもととなったものは、「本書を読まれる方々へ」に記載されているように、民商法雑誌第八一巻第三号（一九七九年）から同第一〇〇巻第二号（一九八九年）にわたって間欠的に掲載させていただいたものである。その掲載の趣旨は、次のようなものであった。

「一　法の解釈において、立法者意思を探究することが、どのような立場に立つとしても、もっとも重要な作業のひとつであることは、現在、異論のないところであろう（Larenz, Methodenlehre der Rechtswissenschaft, 4. Aufl. 1978, S. 303 ff.）。しかし、これまでの日本の民法学における解釈作業を見るとき、比較的、立法者意思の探究が等閑視されてきたことは否定できない事実である。その理由は種々のことが推測される。たとえば、明治期において、短期間にヨーロッパ法を継受したため、日本民法の立法者の意思を探究するよりも、母法の立法者の意思そして解釈を学ぶことの方がより大きな成果を期待できたというのも一因であろう。ここに、「学説継受」（北川善太郎『日本法学の歴史と理論』一九六八年）という現象が、日本の法学史に見られるわけである。さらに、フランス、ドイツなどに比して、わが国においては立法者意思を探究する資料が不足していることもその一因といえよう。勿論、起草者の手になる体系書（たとえば、梅謙次郎『民法要義』）も存在するが、必ずしも十分でない。また、いわゆる「穂積文書」も全部にわたって網羅した資料ではないように推測される（福島正夫編『明治民法の制定と穂積文書』一九五六年）。そこで、唯一の完備した手懸りは「法典調査会議事速記録」ということになる。これとても、その部数が全国に数セットとのことであり、全国の民法学者が自由に見て研究資料としうる状態であったとはいい難い（近時、法務省が復刻しはじめていることは、大いに喜ばしいが、これも内部資料であることが惜しまれる）。

二　翻って、現在の日本の社会状況を見るに、経済の高度成長により、法の直面する問題は、欧米のそれを抜くばかりの困難なものが山積してきたといっても過言でなく、かかる状況に対処するには、まず、各法文の射程距離を明らかにし、法の欠缺を明らかにしなければならないだろう（石田穣『法解釈学の方法』一九七六年）。さらにまた、比較法研究も、これまでの法や学説の継受ではなく、彼我の法とその適用される問題状況の比較研究を基礎として、わが国の法解釈の資料を求めるということが必要であり、そのためにも、まず、比較されるべきわが国の法そのものの原型を見直すことが不可欠の作業となってくる。

三　そこで、前田達明は、他の共同執筆者と共に、昭和五三年度京都大学大学院法学研究科講義において、学術振興会版の法典調査会議事速記録の債権総則の部分を通読することとした。その講義半ばにおいて、これを講義の内に止めることなく、広く民法研究者の研究の一助にできうればという希望が出され、その成果を、少しずつなりとも公表することとした。（民商法雑誌第八一巻三号（一九七九年）四一九頁）

「民商法雑誌第八一巻第三号より掲載させていただいた「〈史料〉債権総則」も、今回をもって完了させていただく。十年に及ぶ長期間にわたって、このような地味な、しかも基礎的研究に対して貴重な紙面を御提供下さった本誌編集部に対して、まず心から御礼を申し上げたい。このような基礎研究を今後とも民法全体に及ぼしていきたいと念じているので、再度掲載の機会を与えていただけることを切にお願いする次第である。

また、磯村哲先生、五十嵐清先生をはじめ多くの先生方から常に御厚情あふれる激励の御言葉を賜ってきた。この十年に及ぶ〝マラソン〟研究では、ともすれば挫けがちになる時もしばしばあったが、それを乗り越えて、ともかくゴールにたどり着けたのは、多くの先生方の御励ましがあったからであり、衷心より感謝申し上げる次第である。

過去を省みなければ、現在の位置付けをなし得ず、未来への展望は開けない。このような考えの下に、我々は研究を進めてきたが、この十年間、日本の民法学界は正に過去を省みる作業が着実に進められてきた。例えば、ボワソナアドの諸著作の復刻、重要論点の学説史の跡付け（星野英一編『民法講座』全七巻、有斐閣、昭和五九～六〇年）、民法典立法史料の復刻（『法典調査会民法議事速記録』商事法務研究会、昭和五九年、広中俊雄編『第九回帝国議会の民法審議』有斐閣、昭和六一年、広中俊雄編『民法修正案（前三編）の理由書』有斐閣、昭和六二年）などが特記されよう。さらに近時は、一般の教科書においてさえ、立法者意思が重要論点として掲げられるようになった（例えば、平井宜雄『債権総論』弘文堂、昭和六〇年、前田達明『口述債権総論』成文堂、昭和六二年）。日本民法典が比較法史学の賜物である以上、このようなことは当然のことであり、今後ますますこの傾向は強められることであろうし、またそうすべきであり、我々としても、前述のように同様の作業を今後とも進めていくつもりである。

さらに、この共同研究が機縁となって共同研究者の一人である高橋眞氏が、モンテネグロ共和国において一九八八年一〇月に行なわれた「モンテネグロ財産法施行百周年記念シンポジウム」に招かれたことも、我々にとっては誠に喜ばしい思い出となった。と共に、ユーゴスラヴィアの一支邦たるモンテネグロ共和国の文化度の高さに深い敬意を払うものである。考えて見れば、我国においても、ボワソナアド民法典が公布されてから（一八九〇年）、はや百年を迎える。したがって、一年後か二年後に、日本私法学会が中心となり、法務省や日本学士院そして日本学術会議などの御協力を得て、外国学者をも招待して、「ボワソナアド民法典公布百周年記念シンポジウム」を開くべきではなかろうか。（民商法雑誌第一〇〇巻二号（一九八九年）三三五頁）」

今、これを読み返してみて、多くの共同研究者の方々の御努力に頭の下がる思いで一杯である。そして、昨今、日本債権法の改正が俎上に載っており、また、最近、この「法典調査会民法議事速記録」自身は、復刻され（法務大臣官房司法法制調査部監修・商事法務研究会出版)、原文は容易に閲覧可能であり、したがって、このような資料が、一冊にまとめられることは、誠に有益なことと考える。

しかも、かつての旧稿をそのまま一冊にまとめる、というのでなく、全体を原典と照し合わせて、訂正加筆を行ない、更にかつては参照し得なかった参照条文で、後に入手出来たものについては新たに付け加えるなど、その内容は、一新したといってよいほど充実したものとなり、博雅の清覧に十分答え得ると確信する次第である。

そして、その作業は髙橋眞氏、玉樹智文氏、髙橋智也氏が献身的に協力し合って行なって下さったものであり、まず、この三氏に心から御礼を申し上げたい。

また、長年にわたり紙面を提供し、この度の刊行についても、御快諾下さった有斐閣に衷心より感謝の意を表する次第である。

最後に、このような純学術的著作で版数の限られた書物の刊行をお引き受けいただいた成文堂社長阿部耕一氏と出版の実務面を一手にお引き受け下さった編集部取締役土子三男氏に深甚なる謝意を表するものである。

人間の作業に完璧はない。本書もまったく誤りがないとは断言できない。我々も大いに再検討することに努力を惜しまないが、読者諸氏におかれても、もし疑義をいだかれる箇所があれば、御教示を賜りたく存ずる次第である。

なお、共同執筆者であった辻正美氏は、一九九七年四月二四日に、同じく河原緑氏は、二〇〇六年一二月一三日に、逝去された。ここに記して、心から哀悼の意を表するものである。

二〇一〇年七月

前田達明

本書を読まれる方々へ

本書は、一九七九年以来『民商法雑誌』に連載された「〈史料〉債権総則」を一書にまとめたものであり、その内容は、一九七八年四月より、京都大学大学院法学研究科において、前田達明教授の指導によって行われた演習の成果である。演習においては、学術振興会版の「法典調査会民法議事速記録」の債権総則の部分を複写して参加者全員に配付し、担当者がその内容を要約して提出したレジュメに基づいて全員で討論し、その上で担当者が確定稿を作成した。同時に、「速記録」においては起草時に参照された旧民法、外国法文等について、その条文名のみが掲げられ、内容が示されていなかったため、可能な限りその内容を再現することに努めた。すなわち、起草当時に翻訳のあったものについてはそれにより、ないものについては原文から仮訳を作成した。なお、『民商法雑誌』には、日本民法典施行後、これと密接な関連をもって立法された中華民国民法典と韓国民法典の対応条文を挙げたが、両国ともその後全面的な改正を行ったこと、また日本民法典との関係についてはより全面的な研究の中で解明するのが適切であると考えたことにより、本書には掲載しなかった。

本書の構成は以下のとおりである。まず、現行法を見出し条文とし（網かけ部分）、次に立法時に確定した条文を〔確定条文〕として掲げ、その次に〔原案〕を掲げた。原案が提出されながら、結局削除された条文については、関連する場所に「現行法なし」とした上で、参照条文・審議内容を示した。これを他の場所で参照するときは「現行法なし（原案○○条）」という形式で引用することとした。

次に〔参照条文〕として、入手しえた起草当時の翻訳についてはそれにより、入手しえなかったものについては原文からの仮訳を行った。なお、『民商法雑誌』掲載後に入手しえた翻訳がある場合には、初出時の仮訳をこれに差し替え、また仮訳についても、若干の見直しを行った。独文・英文資料の補充・訂正は髙橋眞・玉樹が、仏文資料の補充・訂正は髙橋智也が担当した。

各国条文の出典は次のとおりである。また、ここに挙げていないものについては、引用箇所において注記し、入手しえなかったものについては空白としている。

フランス民法（一八〇四年）箕作麟祥訳、仏蘭西法律書、自由閣翻刻、明治二〇年（一八八七年）

オーストリア一般民法（一八一一年）光妙寺三郎訳、墺国民法、司法省文庫蔵手稿、但し同書に掲載されていないものについては、Das Allgemeine bürgerliche Gesetzbuch, Taschenausgabe der österreichischen Gesetze, Zweiter Band, Zwölfste verbesserte Auflage, Wien, 1887, Manzsche K. K. Hof Verlags-und Universitäts-buchhandlung から訳出した。

オランダ民法（一八二九年）アントワーヌ・ド・サンヂョゼフ原著、荷蘭国民法、司法省蔵版、明治一五年（一八八二年）

イタリア民法（一八六五年）光妙寺三郎訳、ヂョゼフ・ヲルシェ、伊太利王国民法、司法省蔵版、明治一五年（一八八二年）

ポルトガル民法（一八六七年）Fernand Lepelletier, Code Civil Portugais, 1894, Paris

スイス債務法（一八八三年）Das Schweizerische Obligationenrecht, Herausgegeben von Dr. H. Hafner, Zweite ganz neu bearbeitete Auflage, Zürich Verlag ; Art.Institut Orell Füssli 1896

ヴォー州（スイス）民法（一八一九年）Bippert, Code Civil du Canton de Vaud, 1892

モンテネグロ財産法（一八八八年） Code Général des biens pour La Principauté de Monténégro de 1888, traduit par Rodolphe Dareste et Albert Rivière, 1892

スペイン民法（一八八八年） Code Civil Espagnol, Traduction Française par M. Le Pelley, 1932（Pelley 版）
Code Civil Espagnol,traduit et annoté par A.Levé, 1890（Levé 版）

ベルギー民法草案（一八八三年） Laurent,Avant-Projet de Révision du Code Civil, 1882～1885

ベルギー商法（一八〇八年） Codes Belges et Lois Usuelles en Vigueur en Belgique, par Jures de le Court, 1898但し、審議において参照された条文が属する編は、一八五一年四月一八日の法律によって改正されている。

ドイツ民法第一草案（一八八七年）

ドイツ民法第二草案（一八九五年） 第一草案・第二草案とも、仁保亀松訳、独逸民法草案債権、法曹記事三八号～五七号、明治二八～二九年（一八九五～九六年）によるが、ここに見出しえないものについては、独逸民法草案、司法省、明治二一年（一八八八年）による（引用箇所に注記している）。後者にも掲載されていないものについては、B. Mugdan ; Die gesammten Materialien zum Bürgerlichen Gesetzbuch für das Deutsche Reich II Bd. Recht der Schuldverhältnisse, Berlin, 1899, R. v. Decker's Verlag から訳出した。

ドイツ普通商法（一八六一年） 山脇玄・今村研介共訳、独逸六法第五冊商法、独逸学協会、明治一九年（一八八六年）

プロイセン一般ラント法（一七九四年） Allgemeines Landrecht für die Preußischen Staaten von 1794, Alfred Metzner Verlag,Frankfurt am Mein, Berlin, 1970

ザクセン民法（一八六三年） 山脇玄・今村研介共訳、撤遜国民法、司法省文庫蔵手稿によるが、ここに見出しえないものについては、Bürgerliches Gesetzbuch für das Königsreich Sachsen 1863（Neudrucke privatrechtlicher Kodifikationen und Entwürfe des 19. Jahrhunderts, Bd. IV 1973, Scientia Verlag, Aalen）から訳出した。

バイエルン民法草案（一八六一～一八六四年）　Entwurf eines bürgerlichen Gesetzbuchs für das Königsreich Beyern 1861-1864（Neudrucke privatrechtlicher Kodifikationen und Entwürfe des 19. Jahrhunderts, Bd. III 1973, Scientia Verlag,Aalen）

カナダ民法（一八六六年）　Le Code Civil annoté étant le Code Civil du Bas-Canada par Edouard Lefebvre de Bellefeuille, 1891

インド契約法（一八七二年）　印度契約條例、法政大学（梅謙次郎文書）所蔵手稿

カリフォルニア民法（一八七二年）　The Civil Code of the state of California, annotated by Creed Heymond and John C. Burch, of the California Code Commission, in two volumes. Vol. I., first edition, Sacramento : H. S. Crocker & Co., Book and Job Printers., 1872

ニューヨーク民法草案　The Civil Code of the state of New York, reported complete by the commissioners of the code, Albany : Weed, Parsons & Co., Printers., 1865

次に〔起草趣旨〕として、各条文の起草者が、審議に先立ち、委員に対して行った説明を要約し、さらに〔主要審議〕として、委員会で行われた審議のうち、主要なものを要約した（要約部分の分担は担当者の研究テーマとは無関係に行った。したがって、当該領域の研究の蓄積を持つ人によるときは、別の読み方がありうると考えられる）。審議において、原案に対して修正の動議が出された場合、これに賛成者があるときに、修正案として採決の対象とされる。本書の要約

では、委員が提出した修正動議の内容を「修正説」、賛成を得て案として成立した場合に「修正案」として、区別することとした。そして最後に「▼」印を付して、各条文ごとの審議の結果を示した。なお、審議の中で旧民法は「既成法典」と呼ばれているが、便宜上、要約の中では原則として「旧民法」と表記した。

〔その後の経緯〕は、法典調査会において議決した後に、民法整理会並びに衆議院民法中修正案委員会において修正が行われている場合があるため、それらの段階での議論や該当条文についての言及を紹介したものである。

最後に、〔民法修正案理由〕書の各条項の説明を転記した（なお、読みやすさを考えて、濁点と句読点とを補った）。これは、外に向かって起草者達が説明をしたものとして、史料的価値が高いと判断したからである。「未定稿本」については廣中俊雄編著『民法修正案（前三編）の理由書』（一九八七年・有斐閣）において参照が可能であるので、本書ではそれと異なる版（大阪市立大学学術情報センター所蔵）を用いることとした。

参照条文の仮訳及び審議内容の要約を行った担当者の氏名は、末尾に記載している。但し、内容において『民商法雑誌』初出時と異なる部分は、編者三名の責任で補充・修正を行ったものである。

髙橋　眞
玉樹智文
髙橋智也

〔付記〕　監修者である前田達明先生は、二〇一〇年四月、古稀を迎えられた。前田先生は京都大学大学院で演習を担当されて以来、大学院生とともに債権法総則、物権法、担保物権法、契約法の順で、法典調査会民法議事速記録の講読を続けてこられた。演習に参加した若手研究者にとって、国内・国外の立法資料の調査の手ほどきを受けるとともに、諸国の法の違いを具体的に確かめ、また、各自の研究テーマから離れた問題について広く正確な認識を得る訓練を受けたことは、以後の研究生活の基礎として量り知れない財産となった。ここに、演習で先生の御指導を受けた多くの研究者を代表して、心から御礼を申し上げる。

目　次

1

第三編　債権

【起草趣旨】

穂積陳重（一七巻一〇九丁表～一一〇丁表）

　第三編の題号については、起草者の提出した案（明治二十六年六月六日付甲第一号議案(注1)）では「人権」となっているが、あの題号を「完全トハ認メテ居リマセナンダ、不完全ノ中デ先ツ之ガ止ムヲ得サルモノ」と思って提出した。主査会、総会共に種々の説が出たが(注2)、債務編又は債権編とする説、債権として物権は他の言葉に改める説など、いずれも成立せず、なお熟考することに決まった。その後、本案の議事が進行するに従い「をぶりげー志よん」という字に人権という字を使ったことは一度もなく、債権という字を用い来っている。この勢いで草案を起草していくと、人権という字は法典全部のうちで第三編の題号一箇所だけとなるし、物権でも人の権であるから、この字は「ドウモ面白クナイ」。また、債の字義を尋ねると「債ヲ負ウト云フ字義カラ請求スルト云フ意味」もあるので、原語である「をぶりげー志よん」の意味（「縛ラレル或ハ請求サレル」という意味に転用されている）とも符合し、相談の上で債権と改めた。

▼発議なく、題号についてはこのように決した。

（注1）

第一編　総則
　第一章　人
　　第一節　私権ノ享有
　　第二節　能力
　　第三節　住所
　　第四節　失踪
　第二章　法人
　第三章　物
　第四章　法律上ノ行為
　　第一節　意思ノ表示
　　第二節　代理
　　第三節　無効及ヒ取消
　　第四節　期限及ヒ条件
　第五章　期間
　第六章　時効
第二編　物権
　第一章　総則
　第二章　占有権
　第三章　所有権
　　第一節　所有権ノ限界
　　第二節　所有権ノ取得
　　　第一款　先占
　　　第二款　添附
　　　第三款　遺失物及ヒ埋蔵物
　　第三節　共有
　第四章　地上権
　第五章　永借権
　第六章　地役権
　第七章　留置権
　第八章　先取特権
　第九章　質権
　　第一節　総則
　　第二節　動産質
　　第三節　不動産質
　第十章　抵当権
第三編　人権
　第一章　総則
　　第一節　債務ノ効力
　　　第一款　履行
　　　第二款　賠償
　　　第三款　第三者ニ対スル債権者ノ権利
　　第二節　債務ノ体様
　　　第一款　選択債務

第二款　任意債務
第三款　不可分債務
第四款　連帯債務
第五款　保証債務
第三節　債務ノ消滅
第一款　弁済
第二款　相殺
第三款　更改
第四款　免除
第五款　混同
第六款　不能
第二章　契約
第一節　総則
第一款　契約ノ成立
第二款　契約ノ効果
第三款　手附及ヒ違約金
第四款　契約ノ解除
第二節　贈与
第三節　売買
第四節　交換
第五節　消費貸借
第六節　使用貸借
第七節　賃貸借
第八節　雇傭
第九節　習業
第十節　仕事請負
第十一節　委任
第十二節　寄託
第十三節　会社
第十四節　終身年金
第十五節　賭事
第十六節　和解
第三章　事務管理
第四章　不当ノ利得
第五章　不正ノ所為

（注2）　民法主査会議事速記録二巻二五丁表～二七丁裏、民法総会議事速記録一巻九九丁裏～一〇七丁裏。なお旧民法財産編第二九三条第一項は「人権即チ債権ハ常ニ義務ト対当ス」と規定していた。

【民法修正案理由】

本編ハ既成法典財産編第二部ニ該当ス。

既成法典ハ人権即チ債権ニ関スル規定ヲ以テ財産編ノ一部ト為スト雖モ、近世社会ノ進歩ト共ニ人事ノ関係益〻複雑ナルニ従ヒ、人権ノ成立ハ独リ財産上ノ関係ニ止マラザルコト明白ナル事実トナリタルヲ以テ、本案ハ独乙民法草案ノ如ク人権ニ関スル規定ノ為メニ特ニ一編ヲ設ケタリ。而シテ本編ノ表題ニ付テハ既成法典ハ之ヲ人権及ヒ義務ト題スト雖モ、人権ナル文字ハ物権ニ対スル慣習上ノ用語トシテ用ヰラルルノミニシテ権利ノ性質ニ至リテハ義務者ニ対シテ其作為又ハ不作為ヲ督促要求スルニ在リ。又既成法典ガ義務ナル文字ヲ附加シタルハ法律関係ノ受方ノ側面ヲモ斟酌シ且自然義務ノ如キモノヲ認メタルニ因ルモノニシテ、特ニ之ヲ附加スベキ学理上実際上ノ理由アルニアラズ。故ニ本案ハ権利ノ性質ニ従ヒ且近世立法ノ趨勢ハ権利本位ニ傾クモノナレバ本編ヲ題シテ単ニ債権編ト名ケ《ママ》タリ。

本編ノ編纂法ニ付テハ大ニ既成法典ノ編纂法ヲ改メタリ。既成法典財産編第二部ハ総則以外ニ四章ヲ分チ、義務ノ原因、効力及ビ消滅ニ関シテ各一章ヲ設クル外自然義務ニ関シテ特ニ一章ヲ設クト雖モ、義務ノ効力及ビ消滅ニ関スル規定ハ各種ノ義務ニ通ジテ適用スルコトヲ得ベキモノナレバ、本案ハ之ニ債権ノ目的、債務ノ体様及ビ債権ノ譲渡ニ関スル規定ノ如キ各種ノ債権債務ニ共通スベキ規定ヲ加ヘ、以テ債権全体ニ通ズル総則ヲ編制シ之ヲ本編第一章ニ規定セリ。之ニ反シテ義務ノ原因ニ付テハ各種ノ原因ニ関スル規定ハ多クハ共通ノモノニアラズシテ各別ノ規定ヲ要スルニ因リ、本案ハ独乙民法草案等ノ例ニ倣ヒ此等ノ原因ニ対シテ各別ニ一章ヲ設ケ、即チ第二章ニ於テ契約、第三章ニ於テ事務管理、第四章ニ於テ不当利得、第五章ニ於テ不法行為ニ関スル規定ヲ掲ゲタリ。而シテ既成法典ノ合意ニ関スル規定中其効力ニ関スル規定ノ如キハ総則ニ属スベキモノナレバ、之ヲ本編第一章ニ編入スト雖モ其契約ノ規定ニ属スベキモノハ之ヲ本編第二章ニ譲リ又其不必要ナル多数ノ条項ハ総テ之ヲ削除セリ。

其他自然義務ナルモノヲ成法上ニ規定スルハ学理ノ許サザル所ナルノミナラズ自然義務ハ其名ニ於テ成法上効力ヲ有スベキモノニアラザレバ本案ハ当然之ヲ删除セリ。故ニ本編ハ総則ヲ始メトシテ契約、事務管理、不当利得及ビ不法行為ノ五章ニ依リテ編制セラルルモノニシテ其他各節各条ニ付キ既成法典ニ加ヘタル多数ノ修正ハ各其所ニ就テ之ヲ説明スベシ。

▽民法修正案理由書「第三編債権」一〜二頁。

（平田健治）

第一章　総　則（一七巻一一〇丁裏）

【起草趣旨】

穂積陳重（一七巻一一〇丁裏〜一一一丁裏）

この総則の中には「債権債務ニ通ジマス一般ノ規則並ニ契約事務管理不法行為不当利得ニ関スル普通ノ規則」を挙げた。すなわち、旧民法財産編第二部の「全部」を含む。ただ「合意」に関する部分は契約の特別の規則の方に譲った。前に議定になった目録では債権の効力のみが挙げてあったが、それだけでは債権に通じる規則を挙げるには狭すぎるので、本案では「債権ノ目的」をその前に加えた。また、後日「債権ノ譲渡」という一節も加えることになるつもりである。

総則に関して削除した条文についていえば、旧民法財産編第二九三条（債権の定義）(注1)は「定義ハ例ニ依リマシテ必要ノ場合ノ外之ヲ掲ケヌト云フコトニナツテ居リ」、「学理上ノ当否ハ暫ク措キ此処ニ載セル必要ヲ兎ニ角」認めず、第二九四条(注2)は「法定ノ義務」と「自然法ノ《ママ》義務」との区別をなすが、このことは本案の各条の規定からわかり、また、第二九五条(注3)（義務の原因）も同様にわかるので、以上の三箇条は削除した。

▼以上の説明に対して特に発議はなかった。

（注1）第二九三条　人権即チ債権ハ常ニ義務ト対当ス

義務ハ一人又ハ数人ヲシテ他ノ定マリタル一人又ハ数人ニ対シテ或ル物ヲ与ヘ又ハ或ル事ヲ為シ若クハ為サザルコトニ服従セシムル人定法又ハ自然法ノ羈絆ナリ

義務ヲ負フ者ハ之ヲ債務者ト名ツケ義務ニ因リテ利益ヲ得ル者ハ之ヲ債権者ト名ツク

（注2）第二九四条　人定法ノ義務ハ其履行ニ付キ法律ノ許セル諸般ノ方法ニ依リテ債務者ヲ強要スルコトヲ得ルモノナリ

自然ノ義務ニ対シテハ訴権ヲ生セス

（注3）第二九五条　義務ハ左ノ諸件ヨリ生ス

第一　合意
第二　不当ノ利得
第三　不正ノ損害
第四　法律ノ規定

【民法修正案理由】

本章ハ債権ニ関スル通則ヲ掲グルモノニシテ其原因ハ契約ニ存スルト事務管理、不当利得若クハ不法行為ニ存スルトヲ問ハズ各種ノ債権ニ共通スベキ規則ハ総テ之ヲ纏括セリ。而シテ既成法典財産編第二部総則ニ於ケル第二百九十三条及ビ第二百九十四条ハ、人権及ビ義務ノ定義ヲ掲ゲ或ハ人定法ノ義務ト自然法ノ義務トノ区別ヲ示スモノニシテ、実際上其必要ナキノミナラズ之ニ因リテ一ノ疑義ヲ決スル価値ナキヲ以テ又既成法典第二百九十五条ノ規定モ別ニ明文ヲ要セザルニ因リ共ニ之ヲ刪除セリ。

本章ハ之ヲ五節ニ分チ、第一節ヲ債権ノ目的トシ、第二節ヲ債権ノ効力トシ、第三節ヲ多数当事者ノ債権トシ、第四節ヲ債権ノ譲渡トシ、第五節ヲ債権ノ消滅トシ、各其通則ヲ規定セリ。其詳細ノ説明ハ各本節ニ於テ之ヲ為スベシ。

▽民法修正案理由書「第三編債権」二～三頁。

第一節　債権ノ目的（一七巻一一一丁裏）

【起草趣旨】

穂積陳重（一七巻一一一丁裏～一一二丁表）

旧民法では債権の目的に関する規定の多くは弁済の部に入っていた。しかし債権の目的は、債権の成立時から一部分をなしていたものであり、債権自身の目的として初めから存するものに関する規定は、ここに掲げた方がよいと考える。また、旧民法では「合意ノ効力」の中にも、その目的に関する規定があるが、これもここに挙げた。

【主要審議】

土方寧（一七巻一一二丁表～裏）

目的という字について、債権の実体という意味と目的物という意味の両方に用いているようだが「混雑」を来たすのではないか。つまり、「債権ト言ツテモ或人ニ対シテ或事ヲ為サシメルト云フコトニナルノデ広ク言ヘハ行為ガ債権ノ実体デアルト云フ様ニモ見ヘル又債権ノ目的ハ行為デアル其行為ノ中ニハ種類ニ依テ有体物ニ関スルモノモアルト云フヤウニ区別ガ自然アル様ニ思フ」。

穂積陳重（一七巻一一二丁裏～一一三丁表）

債権の目的といえば、行為不行為の二つに帰すると思う。我々は「与ヘ為ス為サザル」の区別をとらない。すなわち与えるというのは「法律ノ作用」によることであって、債権者が債務者に望むのは「消極的若クハ積極的ノ行為」である。本案で「目的」と言う場合は「直接ニサセマス行為」のつもりであり、その行為に関するものについては、単に目的とは言わず、目的物と断わっている。

【民法修正案理由】

債権ノ目的ト其目的物ガ互ニ相異ナルコトハ別ニ説明ヲ要セズ。然レドモ債権ノ目的ニ付テハ古来ノ学説又ハ立法例ニ於テ或ハ之ヲ作為又ハ不作為トシ或ハ此二者ノ外更ニ給与ナルコトヲ加フル例アリト雖モ、本案ハ斯ノ如キ区別ニ関セズシテ、債権ノ目的ハ総テ直接ニ行為ニ存スルモノトシ此行為ノ積極的タルト消極的タルトハ敢テ之ヲ問ハザル所トス。而シテ既成法典ハ債権ノ目的ニ関スル規定ヲ多ク義務弁済ノ節ニ掲グト雖モ、此ニ所謂目的ナルモノハ弁済ノ目的ニアラズシテ債権ノ目的ナレバ、債権成立ノ一要素トシテ之ニ関スル規定ハ総テノ債権ニ通ジテ適用セラルベキ総則中ニ掲グルヲ以テ至当トス。其他既成法典ハ目的ニ関スル規定ノ一部ヲ合意ノ規定中ニ掲ゲ、又二三ノ立法例ハ之ヲ契約ノ部ニ掲グト雖モ、此規定ハ固ヨリ合意又ハ契約ニ因リテ生ズル債権ニ限リテ適用セラルベキモノニアラザレバ、本案ハ之ヲ総則中ニ移シタルハ其当ヲ得タルモノト云フベシ。

▽民法修正案理由書「第三編債権」三頁。

（平田健治）

第三九九条　債権は、金銭に見積もることができないものであっても、その目的とすることができる。

第三九九条　債権ハ金銭ニ見積ルコトヲ得サルモノト雖モ之ヲ以テ其目的ト為スコトヲ得

原案第三九七条　確定条文に同じ

【参照条文】

旧民法財産編

第二九三条　人権即チ債権ハ常ニ義務ト対当ス

義務ハ一人又ハ数人ヲシテ他ノ定マリタル一人又ハ数人ニ対シテ或ル物ヲ与ヘ又ハ或ル事ヲ為シ若クハ為ササルコトニ服従セシムル人定法又ハ自然法ノ羈絆ナリ

義務ヲ負フ者ハ之ヲ債務者ト名ツケ義務ニ因リテ利益ヲ得ル者ハ之ヲ債権者ト名ツク

第三二三条一項　要約者カ合意ニ付キ金銭ニ見積ルコトヲ得ヘキ正当ノ利益ヲ有セサルトキハ其合意ハ原因ナキ為メ無効ナリ

旧民法財産取得編

第二六六条　医師、弁護士及ヒ学芸教師ハ雇傭人ト為ラス此等ノ者ハ其患者、訴訟人又ハ生徒ニ諸約シタル世話ヲ与ヘ又ハ与ヘ始メタル世話ヲ継続スルコトニ付キ法定ノ義務ナシ又患者、訴訟人又ハ生徒ハ此等ノ者ノ世話ヲ求メテ諸約ヲ得タル後其世話ヲ受クル責ニ任セス

然レトモ実際世話ヲ与ヘタルトキハ相互ノ分限ト慣習及ヒ合意トヲ酌量シテ其謝金又ハ報酬ヲ裁判上ニテ要求スルコトヲ得

此等ノ者ノ世話ヲ受クルコトヲ諾約シタル後正当ノ原因ナクシテ之ヲ受クルコトヲ拒絶シタル者ハ其拒絶ヨリ此等ノ者ニ金銭上ノ損害ヲ生セシメタルトキハ其賠償ノ責ニ任ス

之ニ反シテ世話ヲ与フルコトヲ諾約シタル後正当ノ原因ナクシテ之ヲ拒絶シタル者ハ因リテ加ヘタル損害ヲ賠償スル責ニ任ス

フランス民法

第一一〇一条　契約トハ一人又ハ数人ヨリ他ノ一人又ハ数人ニ対シ或物ヲ与ヘ又ハ或事ヲ為シ又ハ或事ヲ為サヽルノ義務ヲ行フ可キ約束ヲ云フ

第一一二六条　契約ハ一方ヨリ一方ニ与フ可キ物又ハ一方ヨリ一方ニ対シ為ス可キ事或ハ一方ヨリ一方ニ対シ為ス可カラサル事ヲ以テ其目的トス

オーストリア一般民法

第八五九条　物件ニ関スル人権即チ一個ノ人カ他ノ一個ノ人ニ対シ責務ヲ負担スル所ノ人権ハ法律ニ因リ若クハ契約ニ因リ若クハ損害ヲ受ケタルニ因テ起生スル者トス

第八六〇条　凡ソ法律ノ効力ニ因テ人権ヲ得有スルノ時会ハ此民法中ノ償金ニ関スル第三十章ニ於テ之ヲ特記ス

オランダ民法

第一二六九条　総テ義務ハ契約又ハ法律ヨリ生ス可シ

第一二七〇条　総テ義務ハ或事ヲ為ス可キ事又ハ為ス可カラサル事ヲ以テ生立ス

〔仏民法第千百二十六条〕

イタリア民法

第一〇九七条　責務ハ法律、契約、准契約、犯罪若クハ准犯罪ニ起生スル者トス

スペイン民法

第一〇八八条　すべての義務は、ある物を

与え、あることをなし、またはなさないことにある。

ドイツ民法第一草案

第二〇六条　債務関係ノ目的ハ債務者ノ作為又ハ不作為タルコトヲ得（給付）

ドイツ民法第二草案

第二〇五条　債務関係ニ本ツキ債権者ハ債務者ニ対シ給付ヲ請求スル権ヲ有ス給付ハ作為又ハ不作為ニ存スルコトヲ得

プロイセン一般ラント法

第一部第二章第一二三条　対人権（ein persönliches Recht）は、義務者に、何かを与え、給付し、許諾し、又は為さないことを請求する権限を含む。

ザクセン民法

第六六二条　要求ハ或ル人即債主ニ於テ財産上価額ヲ有スル他人即負債者ノ弁済行為又ハ不行為ニ付キ権利ヲ有スル権利上関係ナリトス

【起草趣旨】

穂積陳重（一七巻一一三丁裏～一一六丁表）

一　既成諸法の立場

本条は債権の目的に関する大問題を決したもので、ローマ法の「多数ノ説」や旧民法典と異なる立場を採っている。すなわち、旧民法典では「合意ハ金銭ニ見積ルモノデナケレバ原因ト為スコトハ出来ヌ」という規定や、「雇傭契約ノ場合ニ於テモ医師デアルトカ弁護士教師ノ様ナ者ノ義務、其勤労ト云フモノハ強ヒテ継続サスルコトハ出来ヌ」という規定があることから、また、「債権ハ財産編ノ一部分」であることから、金銭に見積りうることを目的とするのは当然であり、「物質的ノ利益ト云フモノガ元ニナル」という立場を採っていた。諸外国でも、債権を「所有権取得ノ方法ノ一ツ」とするフランス、「所有権其他ノ物権ノ取得ノ方法」に入れるイタリア、財産編の一部として債権を規定するプロイセンなど、金銭に見積ることが必要であるとするものが多く、ボアソナードの説明によれば、このことは当然であるとされている。

二　本案の立場

(1)　しかし近頃の学説判決例等においては、通常の言葉では金銭に見積りうるとはいえないが法律上保護に値する生活上の利益についても、「をぶりげー志よん」とすることができるという傾向になってきた。本案は幸いに、民法の「財産編」の一部ということになってはいない。「一ツノ債権ト云フ人事関係」を規定するものであるから、金銭に見積もることができなければならないという結論は出てこない。「理想的ノ利益デモ例ヘハ教育的ノモノデアルトカ学問上ニ関シマストカ医者ヲ雇フテ見セマストカ」、物質的利益でなくても債権の目的としうるとした方が穏かである。

(2)　金銭に見積もることができなければならないとすれば、その境界が不明であり、実際上そのために争いが生じる。

(3)　第三者の利益を債権の目的とすることは許される。この場合には、第三者の利益は金銭上のものであるかも知れないが、債務者と債権者の間で直接の目的とするものは、金銭に見積もる利益とはいえないかもしれない。

(4)　さらに、「苟モ人ノ行為其取引ガ善良ノ風俗ニモ反シマセズ又法律ガ外ノ条件ヲ以テ人事ノ関係ヲ保護シテヤルト云フコトハ必スシモ金銭ニ限ルト云フコトハアルマイト云フ考ヘ」が非常に争いになっている問題であるため、初めに明言する方が良いと考えて、このように起草した。

【主要審議】

一　削除提案

穂積八束（一七巻一一六丁表～一一七丁裏）

学問上の争いをも、ここで決するようにみえるが、実際の適用になれば、さほど違ったことはないと思う。

こういう法律があれば、金銭に見積もりうる利益がなくても良いと明言してある以上、普通の約束事についてもみだりに訴訟を起こすという恐れもあり、恐らくは習慣に背くことになる。この条文がなくとも、人の生活の上に相当の利益があるものとみれば、裁判所が相当な判決を与えることができ、解釈により債権の目的の範囲は、やはり起草者が説明したような範囲になろう。したがって、本条の削除を希望する。

穂積陳重（一七巻一一七丁裏～一一八丁表）

今の意見には誤解がある。本条は、学問上の争いを決するためではなく、実際上の争いを決するためのものである。

二　損害賠償及び強制履行との関係

高木豊三（一七巻一一八丁表）

これまで規定してきたところによると、損害賠償の原則として、財産上の損害がなくてはいけないということになっていると理解しているが、この点と本案の関係はどうなるのか。

穂積陳重（一七巻一一九丁表～一二〇丁表）

これまで損害賠償について規定してあるのはいかなる場合に損害賠償をしなければならないかということであり、必ずしも損害賠償が金銭上の損害に対するものに限るということは出てこない。それ故に債権の目的の範囲は、本条から積極的に明らかにはならない。原案は、「債権ヲ設定スルノ意思ヲ以テ為シタ合意デアツテ公益ニモ反セヌ善良ノ風俗ニモ反セヌモノデアルナラバ悉ク債権ヲ生スルト云フ広イ意味ヨリ外ニ出」ない。

高木豊三（一七巻一一八丁表～一一九丁表）

金銭に見積もることのできないものというのは作為・不作為の場合をいうということであったが、不作為の場合、原案第四〇八条（確定条文第四一四条）第三項との関係で、有形的なもの（塀をこしらえない義務を負いながら、こしらえる）（注1）が生じない場合（わいせつな所業をなし、わいせつな歌を歌って風俗を害する）、強制履行の方法がないのではないか。

穂積陳重（一七巻一二〇丁表）

不作為については、その性質上強制履行のできない場合もある。感覚に与えた損害のように、不作為の義務に反してなされたことを、後から「取消ス」ことができない場合には損害賠償の問題となるが、感覚に与えた損害を一つの損害と認めてこれに賠償を許すか否かは不法行為の所で問題となろう。

高木豊三（一七巻一二〇丁裏）

そうすると、前に述べた場合について損害賠償を許すか否かは、ここでは決めていないという趣旨か。

穂積陳重（一七巻一二〇丁裏）

そうである。

高木豊三（一七巻一二〇丁裏）

不作為の場合で原案第四〇八条第三項の場合でも執行方法を定めるという主義でなくてはならないと考えるが、ここで明言できないのであれば議論は難しい。

穂積八束（一七巻一二一丁表）

本条を決めれば間接的に損害賠償の主義も決まるのではないか。

穂積陳重（一七巻一二一表～裏）

損害を金銭で定めるというのは、金銭の損害だから金銭で定めるという趣旨ではない。感覚上の損害を金銭で定めても良く、名誉などについても適当な救済の方法を設けたいと考えている。ここで定める趣旨は、金銭に帰することができないものも債権の目的とすることができ、それについて訴え、損害賠償他の方法をとることができるとい

う根本のみである。(注2)

三　自然債務との区別の標準について

土方寧（一七巻一二一丁裏～一二二丁表）

金銭に見積もることのできないものでも債権の目的とすることができるということになれば、「法律上其効力ヲ争フコトガ出来ル債権」と「夫レデナイ約束」などとを区別する標準がなくなるのではないか。(注3)

穂積陳重（一七巻一二二丁表～裏）

金銭に見積もることのできるものでなければ債権の目的とすることができないという主義を採っている所でもなお、そういう問題が起こるのであり、帰する所、「表ノ方ノ標準」は法律上の結果を負うつもりであったか否かという当事者の意思であり、「裏ノ標準」は公益・善良の風俗に反しないことである。

▼削除説には賛成者なく、原案通り確定した（一七巻一二四丁裏）。

（注1）議事速記録中の高木委員の発言では、「堺ヲ拵エルト云フ義務ヲ負ヒナガラ其堺ヲ拵エナイ」というように、反対になっている。

（注2）なお、一七巻一二二丁裏～一二四丁裏で、富井政章委員が高木豊三委員の見解の趣旨を確認し、高木委員がこれに答えるという問答がある。

（注3）前出旧民法財産編第二九四条（「第一章総則」中の（注2）（本書三頁））参照。

【その後の経緯】

整理会において穂積八束委員が再度本条の削除を提案した。「債権」として法的保護が与えられるものは、直接間接に金銭に見積もることができるのが通常であり、本条に「金銭ニ見積ルコトヲ得サルモノト雖モ…」ということをわざわざ規定すると、どのような約束でもすべて債権を生ずることになり、かえって混乱をきたす、というのがその理由である。穂積八束委員は、「明日ハ紅葉館ニ参リマセウト云フ御馳走ノ約束」をしても債権が発生する、ということを不都合の一例としてあげている。それに対し、穂積陳重委員は、本条を削除すれば債権編の規定を全面的に書き直さなければならなくなることを指摘するとともに、穂積八束委員のあげた例についても、「当事者ノ間ニ此債権ヲ生スル意思カ立派ニア」れば、「紅葉館ニ酒ヲ飲ミニ往カウジヤナイカ」という約束も契約であり、債権を発生させると回答している。採決の結果、穂積八束委員の削除提案は賛成少数で否決された（民法整理会議事速記録三巻一二〇丁表～一二六丁裏）。

衆議院民法中修正案委員会においては、旧民法の主義を改める理由について説明を求める質問が出され、穂積陳重委員は、その趣旨と外国の立法例について詳しく説明した（廣中俊雄編著『第九回帝國議會の民法審議』二一二～二一三頁）。

【民法修正案理由】

本条ハ債権ノ目的ニ関スル大問題ヲ決シ、之ニ依リテ本案ノ主義ヲ明ナラシムルモノニシテ、既成法典ハ本条ノ事項ニ関シ別ニ明文ヲ掲ゲズト雖モ、大体ノ主義ニ於テ又其編纂ノ方法ニ依リテ当サニ本案ト反対ノ主義ヲ有スルコト明ナリトス。蓋既成法典ハ、債権ノ目的ハ物質上ノ利益即チ金銭ニ見積ルコトヲ得ベキモノタルコトヲ要スルハ当然ノ事理ニシテ特ニ之ヲ記載スル必要ナシト認メタルガ如ク、又羅馬法ヲ解スル多数ノ学者モ債権ノ目的ハ金銭ニ見積ルコトヲ得ベキモノタルコトヲ要セリ。然レドモ近世社会ノ進歩ト共ニ人事ノ関係益複雑トナリ、物質的利益ノ外、例ヘバ学問上若クハ精神上ノ利益ノ如キモノヲ以テ取引関係ノ目的ト為スコト多ク、法律モ亦之ヲ認メザルベカラザル必要ヲ生ジ、従来ノ如キ限定ハ徒ニ取引ノ不便ヲ与フルニ過ギザルコトヲ知ルニ至レリ。加之斯ノ如キ限定ハ其境界頗ル曖昧ニシテ却テ議疑《ママ》争訟ヲ起ス媒介タルコト多ク、或ハ物質的利益ヲ有セザルモノニモ強ヒテ金銭上ノ価値ヲ附シ之ヲ以テ債権ノ目的ト見做スコト少ナシトセズ。故ニ本案ハ今日ノ実際ニ照ラシテ既成法典ノ主義ヲ改メ、本条ニ於テ特ニ債権ノ目的ハ金銭ニ見積リ得ベキモノタルコトヲ要セザル主義ヲ明ニセリ。而シテ本案ハ既ニ債権編ヲ以テ独立ノ一編トシ既成法典ノ如ク財産編ノ一部ト認メザルニ因リ、本条ニ於テ債権ノ目的ヲ広ク物質的利益ノ外ニ及ボスモ、之レガ為メニ編纂ノ方法ニ抵触スルコトナシトス。只ダ特ニ注意スベキハ、本条ノ規定ト雖モ固ヨリ無制限ニ広キモノニアラズ。債権ノ目的ハ必ズ法律ノ規定及ビ善良ナル風俗ニ反スベカラザルハ勿論、日常交際上ノ漠然タル約束ノ如キハ之ニ因リテ債権ヲ生ゼシムルコト能ハザルモノニシテ、当事者ガ債務ヲ負担セントスル真誠ノ意思ヲ有スルコトノ必要ナルハ固ヨリ明白ナルヲ以テ自ラ限定ノ意義ヲ有スルモノトス。

▽民法修正案理由書「第三編債権」三〜四頁（第三九八条）。

（平田健治）

第四〇〇条　債権の目的が特定物の引渡しであるときは、債務者は、その引渡しをするまで、善良な管理者の注意をもって、その物を保存しなければならない。

第四〇〇条　債権ノ目的カ特定物ノ引渡ナルトキハ債務者ハ其引渡ヲ為スマテ善良ナル管理者ノ注意ヲ以テ其物ヲ保存スルコトヲ要ス

原案第三九八条　債権ノ目的カ特定物ノ引渡ナルトキハ債務者ハ善良ナル管理者ノ注意ヲ以テ其物ヲ保存シ且其引渡スヘキ時ノ現状ニテ之ヲ引渡スコトヲ要ス

【参照条文】

旧民法財産編

第三三四条　諸約者ハ特定物ノ引渡ヲ為スマテ善良ナル管理人タルノ注意ヲ以テ其物ヲ保存スルコトヲ要ス懈怠又ハ悪意アルトキハ損害賠償ノ責ニ任ス

無償ニテ譲渡シタル物ノ保存ニ付テハ諸約者ハ自己ノ物ニ加フルト同一ノ注意ヲ加フルノミノ責ニ任ス

此他諸約者カ右ト同一ノ注意ノミヲ負担スル場合ハ其各事項ニ於テ之ヲ規定ス

第四六二条第一項　特定物ノ債務者ハ引渡ヲ為ス可キ時ノ現状ニテ其物ヲ引渡スニ因リテ義務ヲ免カル但条件附ノ義務ノ危険ニ関スル第四百十九条ノ規定ヲ妨ケス

フランス民法

第一一三六条　人ニ物ヲ与フ可キノ義務アル時ハ其物ヲ保全シテ後ニ之ヲ引渡ス可キノ義務アリトス若シ其義務ヲ行フ可キ者之ニ背ク時ハ義務ヲ得可キ者ニ対シテ其損失ノ償ヲ為ス可シ

第一一三七条　契約ヲ結ヒシ者ノ中一方ノミノ利益ヲ目的ト為スト双方ノ利益ヲ目的ト為ストヲ問ハス一方ヨリ一方ニ引渡ス可キ物ヲ保全ス可キノ義務アル時ハ其義務ヲ行フ可キ者其物ヲ毀損セサルニ力メテ注意ス可シ

其義務ハ契約ノ種類ニ因リ軽重ノ差異アリ但シ其義務ノ効ハ各種ノ契約ノ巻ニ別段之ヲ記ス

第一二四五条　預メ定メ置キタル物件ヲ渡ス可キ義務アル者ハ其物件ヲ渡ス可キ時ノ模様ノ儘之ヲ渡シテ其義務ヲ尽クシタ

リトス可シ但シ其者自己ノ過失又ハ其物件ヲ附托シタル人ノ過失ニ因テ其物ノ毀損セシ時又ハ此等ノ者ノ過失ニ非スト雖𪜈義務ヲ得可キ者ヨリ之ヲ渡ス可キノ催促ヲ受ケ尚ホ之ヲ渡サヽル中ニ其物ノ毀損セシ時ハ格別ナリトス

オランダ民法

第一二七一条　物ヲ与フ可キノ義務アル時ハ其物ヲ引渡ス可キ義務及ヒ其物ヲ引渡ス迄家族ノ良父タルカ如ク之ヲ保全ス可キノ義務アリトス〔仏民法第千百三十六条〕

　同上ノ義務ハ契約ノ種類ニ因テ軽重アリ〔仏民法第千百三十七条第二項〕

第一二七二条　若シ義務者物ヲ引渡スヿ能ハサルニ至リ又ハ法式ヲ循守シテ其物ヲ保全セサルニ於テハ権利者ニ対シ損失ノ償ヲ為ス可シ

第一四二七条〔フランス民法第一二四五条に同じ。〕

イタリア民法

第一二一九条　転付ス可キノ責務ニ関シテハ其物件ヲ交付スルニ至ル迄ハ依然其責務ヲ含存スル者ト看做ス

　若シ負責主カ其物件ヲ交付ス可キノ追求ヲ受ケタルニ於テハ則チ其物件ニ関スル危険ハ負責主之ニ当任セサル可カラス然レ𪜈其交付ノ追求ヲ為スヨリ以前ニ於ケル物件ノ危険ハ責主之ニ当任ス可キ者トス〔仏民第千百三十六条第千百三十八条第千百四十六条〕

第一二二四条　責務ノ果行ニ関シテ為ス可キノ配慮ハ其責務カ結約者ノ一方ノ利益若クハ双方ノ利益ヲ以テ目的ト為ス者タルモ共ニ必ス好家主長ノ配慮ト一般ナルヿヲ要ス但第千八百四十三条ニ掲記スル如ク寄託ヲ為スノ時会ニ関シテハ則チ然ラス

　此規則ハ民法中ニ於テ或種ノ時会ノ為メニ設定セル条則ニ准依シ正当ニ若クハ稍ヤ正当ヲ欠クモ総テ之ヲ擬施スルヿヲ得可シ〔仏民第千百十七条〕

第一二四七条　確定セル一個ノ物件ヲ逋負スル所ノ負責主ハ其物件ヲ交付ス可キ時期ニ於ケル現状ニ照シテ之ヲ交付シ以テ其責務ヲ脱卸スルヿヲ得可シ但〻其物件ニ起生セル毀損ニ関シテハ負責主ハ其毀損ノ自己ノ所為若クハ過失及ヒ自己ニ当任ス可キ人ノ所為若クハ過失ニ因レルニ非サリシヿヲ証明スルヲ要シ且其毀損ヲ起生セルヨリ以前ニ既ニ之ヲ交付ス可キノ景況ニ非ラサリシヿヲ要ス〔仏民第千二百四十五条〕

【起草趣旨】

穂積陳重（一七巻一二五丁表～一二六丁裏）

　本条は、旧民法財産編第三三四条と第四六二条を合わせ、少し修正を加えたものである。旧民法のように一方は引渡のことだけを規定し他方は引渡すまでの保存の注意のことを別に規定するよりは、原案のように書けば、一所にまとめることができる。注意を欠いたために目的物の「有様」が変わったならば、これを受取る義務がないのであるから、「善良ナル管理者ノ注意ヲ以テ其物ヲ保存シ且其引渡ヲ為スヘキ時ノ現状」ということにした。

　旧民法と異なるのは、注意の程度である。旧民法では、利益の有無と注意の程度との権衡を保つという主義であったが、一層進んだ立場では、債務者の注意はいつでも同じものでなければならず、「其注意ハドレ程重クナツテモ宜イト云フ場合ヲ想像シテ注意ノ程度ハモウ少シ一級ノモノデアルト致ス方ニ立法ノ主義ガ傾ヒテ居ル様デアリマス」。いやしくも債務を負った以上、「善良ナル管理者ノ注意、即チ総テノ注意アル人ノ為スヘキ与フヘキ注意ノ程度ト云フモノハイツモ債権ニハ是丈ケノ注意ト云フモノガアルモノト見ル」。

しかし、一方にとっては迷惑な物を預って保存しておくのであって、相手方にだけ利益があるという場合には、少し酷であるかもしれない。このように、注意の程度を裏から見て、責任の程度を減ずる場合は、その都度これを規定することにして、一般の通則としては、有償・無償によって区別をなす必要はないので、注意の程度は一つにした。

【主要審議】

一　現状引渡について

横田國臣（一七巻一二七丁表）

「引渡ヲ為スヘキ時ノ現状ニテ之ヲ引渡スコトヲ要ス」の部分は、次条（確定条文第五三四条（原案第三九九条））において債務者の過失によらない滅失毀損の場合について言及していること、完全に滅失した場合もその滅失した物を引渡すというように見えることからすると、不必要ではないか。

穂積陳重（一七巻一二七丁表～裏）

第二点のような解釈は少し無理であることは別として、過失によって果物の品質が変じた場合、引取る者が「元ノ目的物ト変ツテ居ル」と言うような恐れもあるから、ここに掲げる必要があると考える。

二　債権の目的について

箕作麟祥（一七巻一二七丁裏～一二八丁表）

本条が「債権ノ目的」は引渡という行為であるのに対して、次条（確定条文第五三四条（原案第三九九条））では「債権ノ目的タル特定物」となっているのはおかしくないか。

穂積陳重（一七巻一二八丁表）

次条の意味は「債権ノ目的トシテ引渡スベキ特定物」という意味であり、先の表現で十分意味が通じると考え言葉を倹約した。

三　「善良ナル管理者ノ注意」と「相当ノ注意」

土方寧（一七巻一二八丁表～一二九丁表）

物を引渡す義務を負う者は「善良ナル管理者ノ注意」をすれば良いが、文章上、利用するために借りた場合でも同じになるように見える。注意というものは事実問題であり、どれだけの注意をすべきかは、各場合について見るほかないから、「善良ナル管理者ノ注意」を「相当ノ注意」とすればよいのではないか。

穂積陳重（一七巻一二九丁表～裏）

善良なる管理者の注意の場合には、「一般ノ多数ノ人」という標準があるが、相当の注意の場合には、標準がなくなり、「シナケレバナラヌコトヲセイ」ということになる。（「善良ナル管理者ノ注意」という表現は）まずいようではあるが、歴史上から来たものであり、引継いでおいた方が良いであろう。

土方寧（一七巻一二九丁裏～一三〇丁表）

相当というのは、義務を負う人が判断するのではなく、「脇カラ見タ人」からいうのであるから、善良なる管理者というのと同じことである。「只人ノ為メニ預カツタ場合」にはそれほど注意する必要はないが、自分のために借り受けた物ならば十分注意しなければならないことは、事実から定まるのみならず、「脇ノ人」から見てもわかる。相当の注意とは十人並みの人を標準にして相当ということであるから、「善良ナル管理者ノ注意」を「相当ナル管理者ノ注意」と改めたい。

穂積陳重（一七巻一三〇丁裏～一三一丁表）

多数をもって標準とするという点では同じようであるが、本案ではその標準が動かない。「相当ナル」というと、ある場合には善良なる管理者の注意を要するが、外の場合にはそれほどには及ばないというように、定まった標準が見えなくなる。また善良なる管理者の注意というと、注意の程度は一つに決まるが、相当の注意というと、人によって解釈が異なる。

梅謙次郎（一七巻一三一丁表～一三二丁裏）

土方委員の意見によれば、場合によって注意の軽重があって良いということであるが、善良な管理者という場合は、特別の規定がない限り必ず多数の人がなすべき程度の注意をしなければならない。旧民法では、無償の場合の例外を設けているが、本案では削った。無償でも債権《ママ》を負った以上、原則上債権の効力が違うはずはなく、また実際に、法律上は無償であるが有償と同じような「有様」で債権を生ずる場合が沢山ある。ただ、無償寄託の場合には、「自己ノ物ト同一ノ注意」をなせば良いという規定を設けたい。旧民法でも寄託の所にそのような特別規定があるが、それは気の毒というような情合の問題ではなく、寄託契約の性質によるものである。私が土方委員を信用して物を預ける場合、一般の者が土方委員に注意を求めるのと同じではない。「土方君ガ普通ノ人ヨリ綿密ニ注意スル人ナラバ綿密ニ注意シテ呉レレバ宜イガ只土方君ガ注意シテ是レガ普通ノ人ノ注意デアルト言ツテ責ヲ免レヤウトシテモ夫レハ許サナイ其代リ土方君ガうつちやりぼノ人デアルト仮定シタナラハ普通ノ人カラ見テ怠慢ガアツテモ夫レハ仕方ガナイ」。しかし明文がなければ常に善良なる管理者の注意が必要である。表現には工夫の余地があるが、精神としては、「相当ノ注意」では不十分である。

土方寧（一七巻一三二丁裏～一三三丁表）

注意の程度は事実問題であり、一定の標準を言葉で決めても、それだけでは用をなさない。他の箇条がなければ用をなさないようであるが、本条で相当の注意としておけば、寄託のところで特別の規定を置いても、両方は調和しやすいのではないか。

▼土方修正説には菊池武夫委員の賛成があり、案として成立したが（一七巻一三〇丁表）、採決の結果、賛成少数で否決（一七巻一三三丁表～裏）。

四　「引渡」の意味

高木豊三（一七巻一三〇丁表～裏）

旧民法を見ると、本条の意味は、所有権を移し、そして引渡を要する場合のように見えるが、占有を移すとか他人の物を引渡すとか、一言で言えば占有を移すということだけが債権の目的である場合を含まないのか、あるいは後者の意味が主となったのか。

穂積陳重（一七巻一三〇丁裏～一三一丁表）

本条の「引渡」は、所有権引渡の目的であろうと、その他の原因より占有を移す義務を負う場合であろうと、これに含むつもりである。

▼原案通り確定（一七巻一三三丁裏）。

【その後の経緯】

原案から確定条文への変化について、「引渡ヲ為スヘキ時ノ現状ニテ其物ヲ引キ渡スト云フノハ寧ロ弁済ノ有様ニ属シマスカラ之ハ『弁済』ノ方ニ入レマシタ此処テハ特定物ノ引渡ノ行為カ目的テアツタトキニハ是丈ケノ事カ籠ツテ居ルゾト云フ方ノ見方カラ此処ニ置イタ」という、穂積陳重委員の説明が整理会でなされている（民法整理会議事速記録三巻一二七丁裏、同旨四巻二七丁裏）。

また、長谷川喬委員から、「債権ノ目的カ特定物ノ引渡ナルトキハ保存スルコトヲ要ス」という文章はおかしい、という指摘があり、それを受けて「債務者ハ其引渡ヲ為スマテ善良ナル管理者ノ注意ヲ以テ…」

と修正された（民法整理会議事速記録四巻二七丁裏～二八丁表）。

なお、本条を第一節「債権ノ目的」ではなく、第二節「債権ノ効力」に規定した方がよいのではないかという田部芳委員の意見があったものの、修正意見として提出されるには至らなかった（民法整理会議事速記録三巻一二七丁裏～一二八丁表）。

【民法修正案理由】

既成法典ハ特定物引渡ノ場合ニ於ケル債務者ノ義務ニ関シ、財産編第三百三十四条及ビ第四百六十二条ノ二ケ条ヲ設クト雖モ、却テ煩雑ヲ増スノミナレバ、本案ハ之ヲ合シ本条ノ通則ヲ規定シ且債務者ガ加フベキ注意ノ度ニ付テ聊カ修正ヲ加ヘタリ。即チ既成法典ハ債務者ノ利益ノ有無ニ因リテ其加フベキ注意ノ程度ヲ異ニスト雖モ、本案ハ苟モ引渡ノ義務ヲ負フ以上ハ通則トシテ総テ同一ノ義務ヲ負ハシムルヲ以テ至当ト認メ、本条ニ於テ総テ債務者ハ其引渡スベキ物ノ保存ニ付キ善良ナル管理人ノ注意ヲ加フル義務アリトシ、些少ノ利益ノ差違ニ因リテ注意ノ程度ヲ異ニセシムル如キ煩ヲ避ケタリ。故ニ債務者ヲシテ特ニ軽キ注意又ハ重キ注意ヲ加ヘシムルニハ明約ヲ要スルモノニシテ、例ヘバ債務者ガ目的物ヲ利用スル場合ニ於テハ特ニ重キ注意ヲ要スベク、又寄託、贈与ノ如キ場合ニ於テハ債務者ノ注意ヲ軽減スルヲ以テ通常ト為スト雖モ、此等ハ明約ヲ以テ容易ニ之ヲ定メ得ベキガ如シ。其他既成法典同二条ニ於ケル損害賠償ニ関スル規定ハ、賠償ノ通則ニ依リテ明ナルヲ以テ之ヲ刪レリ。

▽民法修正案理由書「第三編債権」四～五頁（第三九九条）。

（平田健治）

◇参　考

第五三四条　特定物に関する物権の設定又は移転を双務契約の目的とした場合において、その物が債務者の責めに帰することができない事由によって滅失し、又は損傷したときは、その滅失又は損傷は、債権者の負担に帰する。

2　不特定物に関する契約については、第四百一条第二項の規定によりその物が確定した時から、前項の規定を適用する。

第五三四条　特定物ニ関スル物権ノ設定又ハ移転ヲ以テ双務契約ノ目的ト為シタル場合ニ於テ其物カ債務者ノ責ニ帰スヘカラサル事由ニ因リテ滅失又ハ毀損シタルトキハ其滅失又ハ毀損ハ債権者ノ負担ニ帰ス

不特定物ニ関スル契約ニ付テハ第四百一条第二項ノ規定ニ依リテ其物カ確定シタル時ヨリ前項ノ規定ヲ適用ス

原案第三九九条　債権ノ目的タル特定物カ債務者ノ過失ニ因ラスシテ滅失又ハ毀損シタルトキハ其滅失又ハ毀損ハ債権者ノ負担ニ帰ス但債務者カ其危険ヲ

負担シタル場合ハ此限ニ在ラス

【参照条文】

第一三五条（注1）　停止条件附法律行為ノ目的物カ条件未定ノ間ニ於テ滅失シタルトキハ其滅失ハ債務者ノ負担ニ帰ス

物カ債務者ノ過失ニ因ラスシテ毀損シタルトキハ其毀損ハ債権者ノ負担ニ帰ス

物カ債務者ノ過失ニ因リテ毀損シタルトキハ債務者《ママ》ハ条件成就ノ場合ニ於テ其選択ヲ以テ損害賠償ト共ニ法律行為ノ履行又ハ解除ヲ請求スルコトヲ得

旧民法財産編

第三三五条　授与スル合意カ特定物ヲ目的トスルトキハ意外ノ事又ハ不可抗力ニ出テタル其物ノ滅失又ハ毀損ハ諾約者カ危険ヲ負担シタル場合及ヒ停止条件ニ関スル規定ヲ除ク外要約者ノ損ニ帰シ其物ノ増加ハ要約者ノ益ニ帰ス

然レトモ諾約者カ物ノ引渡ノ遅滞ニ付セラレタルトキハ其滅失又ハ毀損ハ諾約者ノ負担ニ帰ス但縦令引渡ヲ為シタルモ滅失又ハ毀損ヲ免ル可カラサリシ場合ハ此限ニ在ラス

第四一九条　諾約シタル物カ諾約者ノ過失ナクシテ停止条件ノ成就前ニ其価額ノ全部又ハ其過半ノ喪失シタルトキハ合意ハ之ヲ成立セスト看做シ且孰レノ方ヨリ何等ノ要求ヲモ為スコトヲ得ス

之ニ反シ解除条件ヲ以テ諾約シタルトキハ右同一ノ喪失ハ要約者ノ権利確定シテ其負担ニ帰シ且何等ノ返還ヲモ要求スルコトヲ得ス

前二項ノ場合ニ於テ喪失カ価額ノ半ヲ超エサルトキハ条件ノ成就ハ合意ノ効力ヲ生ス

第四二〇条　一分ノ喪失カ当事者ノ一方ノ責ニ帰ス可キトキハ他ノ一方ハ自己ノ選択ヲ以テ或ハ損失ノ償金ト共ニ合意ノ履行ヲ請求シ或ハ損害ノ賠償ト共ニ合意ノ解除ヲ請求スルコトヲ得

又全部喪失ノ場合ニ於テハ損害ノ賠償ヲ請求スルコトヲ得

フランス民法

第一一三八条　物ヲ引渡ス可キノ義務ハ契約ヲ結ヒタル双方ノ承諾ノミヲ以テ生シタルモノトス

一方ノ者ニ其義務アル時ハ其物ヲ受取ル可キ者其所有者トナリ之ヲ渡ス可キ者猶ホ未タ其物ヲ渡サスト雖𪜈既ニ渡ス可キ期限ニ至リシ後其物ノ毀壊滅尽シタル時ハ之ヲ受取ル可キ者ノ損失ナリトス然レ𪜈之ヲ渡ス可キ者其物ヲ渡スヿヲ怠リテ其物ノ毀壊滅尽シタル時ハ之ヲ渡ス可キ者ノ損失ナリトス

第一一四八条　義務ヲ行フ可キ者抗拒ス可カラサル力ノ為メ強迫セラレ又ハ意外ノ事故アリテ其義務ノ如ク人ニ物ヲ与ヘ又ハ事ヲ為スノ妨ケヲ受ケ又ハ其為ス可カラサル事ヲ為シタル時ハ一方ノ者ニ其償ヲ為スニ及ハス

第一三〇二条　義務ノ目的タル確定セシ物ノ滅尽シタル時又ハ其物ノ売買ヲ為ス可カラサル模様ニ至リシ時又ハ其物ヲ遺失シ其現存スルヤ否ヲ知ルヿ能ハサルニ至リシ時其義務ヲ行フ可キ者未タ之ヲ得可キ者ヨリ其物ヲ引渡ス可キノ求メヲ受ケサル中ニ義務ヲ行フ可キ者ノ過失ニ非ラスシテ此等ノ事ノ生シタルニ於テハ其義務消散ス可シ

又義務ヲ行フ可キ者之ヲ行フ可キノ求メヲ受ケシ後ト雖モ其引渡ス可キ物意外ノ事ニ因テ滅尽セシ時其責ニ任ス可キヿヲ預定セス且縦令其物ヲ義務ヲ得可キ者ニ引渡シテ其所有ト為シタルト雖モ亦滅尽ス可キ場合ニ於テハ其義務消散ス可シ

義務ヲ行フ可キ者ハ己レノ述ヘタル意

外ノ事ヲ証ス可シ
窃取シタル物ハ其滅尽シ又ハ見失ヒタル方法ノ如何ナルヲ問ハス之ヲ窃取セシ者必ス其価高ヲ償フ可キノ責アリトス

オランダ民法

第一二七三条　物ヲ引渡ス可キノ義務アル時ハ其義務ノ生セシ時ヨリ権利者其物ニ管スル損害ヲ負担ス可シ
若シ義務者其物ヲ引渡スヿヲ怠リタル時ハ義務者其物ニ管スル損害ヲ負担ス可シ〔仏民法第千百三十八条〕

（注1）明治二七・四・二七第七回法典調査会審議、民法議事速記録第三巻一三〇丁表～一六〇丁裏。確定条文第五三五条に該当する。

【起草趣旨】

穂積陳重（一七巻一三三丁裏～一三四丁裏）

以下のような理由で、財産編第三三五条の書き方だけを改めた。

財産編第三三五条は、「意外ノ事又ハ不可抗力」という語を用いているが、その区別が困難である上に狭すぎる。右規定のいわんとするところは、債務者に責任のない場合のことであるので、「意外ノ事又ハ不可抗力」というような「飜訳字」を用いず、「過失ニ因ラスシテ」というようにした。

（債務者が）危険を負担した場合は、「特別ニ断ハリマセヌ《ママ》方ガ大丈夫ト思フテ」（「断ハリマシタ方ガ」の意味か？——松岡注）但書をつけた。

物の増加の方は、果実の規則や引渡すべき時の現状ということによって、ここに規定するまでもなくわかるので省いた。この点だけは、旧民法とちがう。

【主要審議】

一　危険負担と所有権の帰趨

長谷川喬（一七巻一三四丁裏～一三五丁表）

増加の場合を削ったのと同じ理由で本条自体不要ではないか。つまり、本条の趣意は、他人の物を預っていた者に過失なくして不可抗力で物が滅失毀損した場合は所有者の損だということにあるのであるが、それならばこのことも原案第三九八条（確定条文第四八三条）の「現状ニテ之ヲ引渡スコトヲ要ス」とあることですでに明らかだからである。

穂積陳重（一七巻一三五丁表～裏）

確かに、物がなくなったら所有者に帰するという単純な規則ならば規定はいらないが、本条は、まだ所有者ではないが、所有者となるべき者にその損失が帰するということを定めている。本条がないと特定物の所有者（である債務者）が、後には債権者に移るべき物が滅失・毀損した場合、まだ（所有権が）移らない場合には債務者にあるから、〔その損失を負担することになってしまう。したがって、〕本条があるのとないのとでは結果が違ってくる。

長谷川喬（一七巻一三五丁裏）

(i)　起草者の説明では本条はまだ所有権を得ていない債権者に「債権ヲ与ヘナイ」（債権を消滅せしめるの意味か？——松岡注）ということだが、それはどういう場合を言うのか。

(ii)　もし将来所有権の帰する債権者が損失を負担しなければならないとすると、将来の増加の場合も同じではないか。何故、増加の方だけを削るのか。

梅謙次郎（一七巻一三六丁裏～一三八丁表）

(i)について　所有権が移らない場合というのは、旧民法ではないかも知れない。というのは、ボアソナードの説明では、譲渡の行為においては権利が直ちに移転するのであって、権利が直ちに移らないような契約を結ぶことはできないと説明されている。しかし本案では、物権の総則のところで、「物権ハ別段ノ定アル場合ヲ除ク外当事者ノ意思ノミニ因リテ之ヲ設定又ハ移転スルコトヲ得」[注2]といっており、「別段ノ定」の中には、「合意上ノ定」も含まれている。だから、例えば、今議員である人が金に困って不動産を売る場合、議員資格の維持の為に自分が議員である間は一年なり二年なり所有権の移らない様な契約ができる。この場合、債権者が危険を負担することが本条で決まる。

(ii)について　現状での引渡ということで増加の場合は尽される。毀損しただけの場合も明文規定は不要かも知れない。しかし、債務者に過失なく物が滅失したときには、物の引渡の請求も損害賠償の請求も債権者ができないのは明らかだが、物を受け取らない限り代価の支払も不要ではないかとの疑が生じる。これは学者の間にも議論があり、現に商法の起草者「ろいそれる氏」は、権利の移らない間は所有者が負担すべきものであると「会社法」に規定している。[注3]したがって、本条がなければまるで反対になってしまうので、本条がなくてもよいなどというのではない。

二　「債権ノ目的タル特定物」の意義

土方寧（一七巻一三五丁表）

「債権ノ目的タル特定物」とは、特定物を引渡すことが債権の目的であるということか。

穂積陳重（一七巻一三五丁裏）

「其引渡ガ債権ノ目的デアル其特定物ガ」という意味のつもりだが、たしかに文字は不完全である。

梅謙次郎（一七巻一三六丁表～裏）

私の理解では、本条の趣旨は穂積委員の説明と違いはしないかと考える。本条は引渡の場合だけではない。すなわち特定物の譲渡でなければあてはまらない規定である。私の考えでは、これまで債権が金銭を目的とした場合、債権の目的たる「金銭特定物」とは、特定物に関する物権という意味に使っている。「どなあーれー」[注4]を目的とする債権、その場合に限って目的物というときは、物自身が引渡債権の目的ではないが、これを略して「債権ノ目的」という。普通法律家もこういう言葉を使っていると思う。したがって、「債権ノ目的タル特定物其特定物ノ所有権又ハ其他ノ物権」というように、私は理解している。

穂積陳重（一七巻一三八丁表）

「債権ノ目的タル特定物」については私の言葉が足りなかった。詳しく言えば「債権ノ目的ガ特定物ニ関スル権利ノ譲渡ヲ目的トスル行為ナルトキハ」とことわらなければならない。結局行為というものは所有権問題に帰する。つまり合意によって所有権が直ちに移転しない場合にしか適用がないと考える。

富井政章（一七巻一三八丁裏～一三九丁表）

本条は少し文章が不足かと思われる。私の考えでは、債権というのは引渡の債権に違いない。その引渡の債権とはどのような場合かというと、梅委員の言うように所有権又はその他の物権の移転を目的とするものである。長谷川委員の挙げるような、他人の物を預っている場合にその物が天災によってなくなれば所有者の損失に帰するというのは、危険の問題の範囲外であり、それは昔から決まっている。「只其如何々ハシイト思フノハ」ある特定物がある契約の目的になった場合である。すなわち家を一万円で売り、[注5]まだ引渡さない前に、「契約ノ一時間前ニ」その家が焼けたという場合、買主は家を得ることができずに代価を払わなければならない。すなわち特定物につき、所有権その他の物権の移転を契約の目的とする場合に起こる。この場合には、物権は移ったがその引渡の債権というものがある、「其引渡ノ債権ノ目的タル」という風に解していた。文章が不十分なようであるから、整理の時までに考えておくことにしてはどうか。

奥田義人（一七巻一三九丁表）

「前条[注6]ノ場合ニ於テ特定物ガ云々」と言ってはだめか。

梅謙次郎（一七巻一三九丁裏）

そうは言えない。

富井政章（一七巻一三九丁裏）

「引渡ノ債権ニハ違ヒナイガ［本条では物権の移転を目的とするものに限られるから］引渡ノアル場合ガ狭メテアル」。

三　本条と日本の慣習・法律との関係

山田喜之助（一七巻一三九丁裏）

本条は、従来の日本の習慣とは大変隔たりがある。日本の習慣があえてよいとも思わぬが、私は、特定物の所有権がまだ債務[注7]者にあるときには債務者の損失になり、債権者に移ったときには債権者の損失になるというように、所有権がある方の当事者が損失を負うとする方がよいと思う。あえて本条のように規定するのはなぜか。

穂積陳重（一七巻一四〇丁表）

その物が債権者に移るべき物、帰するべき物であるというのが、債権を保護する趣意にかなう。［引渡未了の］現在の有様によって［債務者が危険を負担するというふうに］論ずるか終局の有様によって論ずるかというと、後者による（損失も債権者に帰する）とするのが相当であると考えてこの主義を採った。

山田喜之助（一七巻一四〇丁表～一四一丁裏）

現在の日本の慣例を確実に述べるのは困難であるが、私の信ずるところ、例えば、呉服屋に衣服をあつらえた場合火事でその衣服が焼けると、呉服屋は引渡義務を免がれながら代金を請求できるとはなっていない。一方、質屋が火事になって質物が焼けたときは質屋が損をすることになっている。[注8]しかし、所有権は依然として質置主にあるのだから、この場合「質屋ガ責任（危険のことと思われる―松岡注）ヲ持ツト云フコトハ極端千万」であると思う。すなわち、日本の習慣では、「引渡ノ義務ノアル人ニ義務（やはり危険のことか―松岡注）ヲ負ハス」のである。しかし、「所有権ガ引渡ヲ受クル債権者ニアルカ引渡ヲ為ス債務者ニアルカト云フコトヲ極メルニハ丁度此純粋ナル学理ト日本ノ従来ノ習慣トノマン中ニ居ツテ穏当デハナイカ」と考える。[注9]

債務者が引渡義務を負う場合にも、所有権が買主に移っているときは、債務者がこれを費消すれば刑法上「受寄物費消ノ罪」[注10]にあたり、これを第三者に移転したときは、債権者はこれを追跡してゆく義務（「権利」か？―髙橋（眞）注）があろう。これに対し、所有権がいまだ債務者にあるときには、物を毀しても刑法上の制裁はなく、第三者に移転したときには債権者は損害賠償を求めるほかはない。かように、所有権の所在によって法律関係が違っている。このような民法上の詐偽とか刑法上の詐偽ということを議論する必要がないというのならば理由は何故か。

穂積陳重（一七巻一四一丁裏）

ただ今の発言は質問ではなく反論であると思うから、答弁をしばらくさしひかえておきたい。[注11]

四　本条移行案

高木豊三（一七巻一四二丁表）

本条は「債権ノ目的」の節に入っているが、これとは関係がない。むしろ旧民法と同様[注12]、「債権ノ効力」[注13]のところに入れるよう起草委員の方で再考してはどうか。

土方寧（一七巻一四二丁表～裏）

目的物がなくなった結果債権者が損をするという点では、たしかに本条を「債権ノ効力」という中に入れてもよいかもしれない。しかし、結局は債権者が危険を負担する覚悟であったとの合意の意思解釈の問題であるから、むしろ「合意（＝契約）」のところに移した方がよい。

富井政章（一七巻一四二裏～一四三丁表）

本条を起草したときは目的の方からみてここに置くことにしたが、これは契約の方からも見ることができる。それも双務契約の場合だけに限られよう。本条を契約のところに送ることに異論はない。

高木豊三（一七巻一四三丁表）

合意の方へ移すという修正説を提出する。

▼高木委員の修正説に対しては、土方委員が審議継続という留保をしつつ賛成して案として成立、穂積陳重委員も賛成し、異議なしとして、修正案が可決された（一七巻一四三丁表）。

（注2）原案第一七七条、確定条文第一七六条。法典調査会民法議事速記録第六巻二〇丁表～二七丁表参照。なお、原案は第七回整理会（明治二八年一二月二三日）で修正を受けている（民法整理会議事速記録三巻三二丁～三四丁）が、その後どういう経緯で「別段ノ定アル場合ヲ除ク外」の相当部分が削られて確定条文になったかは不明である。なお、本書四六頁参照。

（注3）商法（明治二三年）第一編第九章売買の第五三八条の指示まちがいと思われる。同条は次のように規定していた。「物ノ引渡マテハ売主ハ至重ノ注意ヲ為サザルニ因リテ生セシメタル喪失又ハ毀損ニ付キ買主ニ対シテ責任ヲ負フ但買主カ受取ヲ遅延シタルトキハ此限ニ在ラス」

（注4）ラテン語donare＝与える。ここでは、「どなあーれー」を目的とする債権で、いわゆる「与える債務」を表わしていると思われる。

（注5）ここでは、原始的不能・後発的不能の区別がなされていない。

（注6）原案第三九八条（確定条文第四〇〇条・第四八三条）。

（注7）原文では「債権者」と記されている。

（注8）単に無担保債権となるという意味ではなく、質屋が債権をも失うの意味。

（注9）趣旨が明らかではないが所有権者危険負担主義を主張していると思われる。ちなみに、山田委員は質問の当初は日本の習慣と自分の意見が一致していると考えていたところ、自らのあげた質屋の例で思いがけず両者の相違を悟った為に論旨不明確な口調におちいったものと推測される。

（注10）旧刑法（明治一五年～四一年）第三九五条。現行刑法第二五二条の横領罪に相当する。

（注11）【その後の経緯】参照。

（注12）財産編第三三五条は、第二部人権及ヒ義務、第一章義務ノ原因、第一節合意、第三款合意ノ効力、第一則当事者間及ヒ其承継人間ノ合意ノ効力の中に位置しており、明らかに、合意（＝契約）の効力の条文であった。

（注13）これに対して梅委員から高木委員に対して、債権の効力か契約の効力か再度確認が求められたが、高木委員は「債権ノ効力デアリマス」と答えている（一七巻一四二丁表）。

【その後の経緯】

本条は、原案第五三二条第一項となり、明治二八年四月一〇日配布、同一九日審議に付せられた（法典調査会民法議事速記録二五巻二丁裏～二〇丁表）。

そこでは、起草者は、明確に双務契約における危険負担の問題を扱っていると認識したうえで、債権者危険負担主義を採った。議論の中心は、同条の適用範囲をめぐって、就中、売買予約の場合と所有権移転時期に特約のある売買本契約との差に集中した。債権者危険負担主義自体の妥当性の論議は、反対論者の山田委員の欠席で全く欠落してしまっている。

なお、同条は、整理会[注14]（第一一回明治二八年一二月二八日）を経て確定条文の形になった。

（注14）民法整理会議事速記録四巻六一丁表。

【民法修正案理由】

本条ハ古来称スル所ノ危険問題ヲ決シタルモノナリ。危険問題ハ双務契約ノ性質ニ依リテ其理論ヲ異ニセザルヲ得ズ。作為又ハ不作為ヲ目的トスル双務契約ニ在リテハ、危険ノ債務者ニ在ルコト古ヨリ疑ヲ生ゼズ。

唯、特定物ニ関スル物権ノ移転ヲ目的トスル場合ニ付キ学説及ビ立法例其軌ヲ一ニセズ。今若シ契約ノミニ依リテ物権ノ移転スルモノトスルトキハ、債権者ハ同時ニ所有者タルヲ以テ危険問題ノ実用ハ殆ンド之ナキガ如シト雖モ、当事者ノ意思ヲ以テ物権ノ移転ヲ一時停止シタル場合ニ在リテハ、此問題ヲ決スルノ必要アリ。此問題ニ付テハ、已ニ羅馬法ノ解釈トシテ学者ノ意見一致セズ。或ハ物ハ所有者ノ為メニ死スト云ヘル原則ニ依リテ、所有者ト為リタル者ニ危険担当ノ責アリト為ス者アリ。或ハ之ニ反シテ、双務契約ノ性質上双方ノ義務ハ其発生シタル一事ヲ以テ互ニ運命ヲ別ニシ、已ニ履行ヲ受ケタルト否トヲ問ハズ、物ガ天災ニ因リテ滅失又ハ毀損シタル場合ニハ、債権者（所有者ト為リタルト否トヲ問ハズ）ニ於テ其損失ヲ負担セザルベカラズト為ス者アリ。第一ノ見解ハ羅馬法ノ誤解タルヲ免レズ。第二ノ見解ハ今日ニ於テ最モ勢力ヲ有スル処ノモノタリ。仏民法及ビ既成法典（財三三五）ハ危険債権者ニ在リトシ、又伊民法ハ危険ノ譲受人ニ在ルコトヲ規定シタルヲ以テ危険ノ負担ハ物権移転ノ効果ナルガ如キ観アリト雖モ、是レ唯通常ノ場合ニ付キテ規定ヲ為タルモノニ外ナラズ、決シテ仏民法ノ主義ヲ棄テタルモノニ非ラザルナリ。之ニ反シテ、墺民法、西班民法、モンテ子グロ財産法、独逸民法草案及ビ英吉利法ノ如キハ債務者ニ於テ危険ヲ負担ス可キモノトナセリ。此主義ハ一見双務契約ノ旨趣ニ適シテ、頗ル公平ナルガ如シ。蓋シ債権者ガ権利ヲ取得スルコト能ハザルニ拘ラズ自ラ其義務ヲ履行セザル可カラザルモノトスルハ、其当初ノ意思ニ反シ甚ダ当ヲ得ザル感アリ。契約ノ目的ガ作為又ハ不作為ニ在ル場合ニ於テ債務者ヲシテ危険ヲ負担セシムル以上ハ、契約ノ目的ガ物権ノ移転ニ在ルトキト雖モ同ジク債務者ヲシテ危険ヲ負担セシムルハ、彼此権衡ヲ得ルノ観アルナリ。然レドモ、契約ノ目的ガ特定物ニ関スル物権ノ移転ニ在ル場合ニ於テ債権者ヲシテ危険ヲ負担セシムルハ、別ニ理由アリテ存スルナリ。蓋シ特定物ヲ以テ契約ノ目的ト為シタル場合ニ在リテハ、所有権ノ移転スルト否トヲ問ハズシテ其物ノ運命自ラ定マレリ。即チ物ノ増加スルコトアルモ債権者《ママ》ハ之ガ為メ其対価ノ増加ヲ請求スルコトヲ得ズ。又之ニ反シテ物ノ減少スルコトアルモ債権者ハ寸厘ト雖モ対価ノ減少ヲ求ムルコトヲ得ズ。斯ク物ノ価格ハ終始変動スルニ拘ラズ、一旦契約ノ目的ト為リタル後ハ其損益ノ帰スル所ヲ一変シ対価ノ増減ヲ来ス可キモノニ非ラズ。果シテ然ラバ物ノ滅失シタル場合ニ於テモ亦債権者ヲシテ対価ヲ供スルノ義務ヲ免レシム可カラザルナリ。故ニ債権者ガ特定物滅失ノ危険ヲ負担スルハ、物ノ増減シ又ハ其価ノ高低アル場合ニ於テ其負担ニ変動ヲ来スコトナキト彼此権衡ヲ得ルモノト謂フベシ。惟フニ羅馬法ニ於テ已ニ危険ガ債権者ニ在ルモノトシタル理由モ、之ニ外ナラザルヲ信ズルナリ。唯、本条ノ規定ハ第五百三十七条（注15）ノ規定ニ依リテ明ナルガ如ク、一ノ任意規定ナルヲ以テ、反対ノ契約ヲ以テ其適用ヲ避クルコトヲ得可キガ故ニ、実際ニ於テ当事者ノ意思ト相容レザルガ如キ結果ヲ生ズルコトナカル可シ。

第一項ハ、特定物ニ関スル規定ナリ。不特《ママ》物ニ在リテハ其特定物トナリタル時ニ於テ危険債権者ニ移転スルモノトスルハ論理ニ於テ然ラザルヲ得ザル所トス。故ニ第二項ノ規定ヲ設ケタリ。

（注15）　民法第一議案には、第五三七条として、「本款ノ規定ハ別段ノ定アル場合ニハ之ヲ適用セス」という条文があり、法典調査会では特に発議がなく、原案通り確定している（法典調査会民法議事速記録二五巻六六丁裏～六七丁表）。しかし、整理会では、起草委員の提示した案の

段階ですでに削除されており、その理由について、梅謙次郎委員は、「例ノ通リテアリマス」と説明し、箕作麟祥議長は「之モ例カアリマスカラ削除ニ決シマス」としている（民法整理会議事速記録四巻六六丁裏）。この点については、本書四六頁参照。

▽民法修正案理由書第三編第二章第一節「第二款契約ノ効力」三～五頁（第五三二条（五三三））。

（松岡久和）

第四〇一条　債権の目的物を種類のみで指定した場合において、法律行為の性質又は当事者の意思によってその品質を定めることができないときは、債務者は、中等の品質を有する物を給付しなければならない。

2　前項の場合において、債務者が物の給付をするのに必要な行為を完了し、又は債権者の同意を得てその給付すべき物を指定したときは、以後その物を債権の目的物とする。

第四〇一条　債権ノ目的物ヲ指示スルニ種類ノミヲ以テシタル場合ニ於テ法律行為ノ性質又ハ当事者ノ意思ニ依リテ其品質ヲ定ムルコト能ハサルトキハ債務者ハ中等ノ品質ヲ有スル物ヲ給付スルコトヲ要ス

前項ノ場合ニ於テ債務者カ物ノ給付ヲ為スニ必要ナル行為ヲ完了シ又ハ債権者ノ同意ヲ得テ其給付スヘキ物ヲ指定シタルトキハ爾後其物ヲ以テ債権ノ目的物トス

原案第四〇〇条　債権ノ目的物ヲ指示スルニ種類ノミヲ以テシタル場合ニ於テ法律行為ノ性質又ハ当事者ノ意思ニ依リテ其品質ヲ定ムルコト能ハサルトキハ債務者ハ其種類ニ属スル物ニ付キ中等ノ品質ヲ有スルモノヲ選定シテ之ヲ給付スルコトヲ要ス

【参照条文】

旧民法財産編

第四六〇条第三項　代替物ヲ目的トセル債務ニ於テハ債務者ハ最良品ヲ与ヘ債権者ハ最悪品ヲ受取ル責ニ任セス

フランス民法

第一二四六条　種類ノミノ定リシ物ヲ渡ス可キ義務アル者其義務ヲ尽クサントスルニハ其種類中ノ最良ノ物ヲ渡スニ及ハス又最悪ノ物ヲ渡スヿヲ得ス

オランダ民法

第一四二八条　〔フランス民法第一二四六条に同じ。〕

イタリア民法

第一二四八条　逋負スル一個ノ物件ニシテ唯ゝ其種類ノミヲ確定セル所ノ者ニ関シテハ負責主ハ其責務ヲ避免スル為メニ其最上品ヲ交付スルヿヲ要セス然レ𪜈亦其

最下品ヲ交付スルヿヲ得可カラス〔仏民第千二百四十六条〕

スイス債務法

第八一条　債務の目的物が種類のみをもって定められている場合、その契約に別段の定めがない限り、選択（権）は債務者に帰属する。債務者はしかし、中等の品質より劣る物を提供してはならない。

スペイン民法

第一一六七条　義務が、種類によって指示された不特定物を給付することにあり(注1)、その品質及び状態が示されていない場合、債権者は最良品を請求することができず、債務者は最悪品を引渡すことができない。

ドイツ民法第一草案

第二一三条　給付ノ目的物カ種類ニ依リテ定メラレタルトキハ債務者ハ中等ノ種類及ヒ品質ノ物ヲ撰フコトヲ要ス

第二一四条　目的物ノ撰択ハ撰ハレタル物ノ引渡ニ依リテ給付カ履行セラレタルトキ又ハ危険カ其以前ニ債権者ニ移転スヘキ場合ニ於テ此時期カ到来シタルトキニ実行セラレタリト見做ス

実行セラレタル撰択ハ之ヲ取消スコトヲ得ス

撰択ノ実行後ハ債務関係ハ撰ハレタル物ニ付テノミ存ス

ドイツ民法第二草案

第二〇七条　債務ノ目的物カ種類ニ依リテ定メラレタルトキハ中等ノ種類及ヒ品質ノ物ヲ給付スルコトヲ要ス

債務者カ前項ノ規定ニ従ヒ目的物ノ給付ニ必要ナル事項ヲ為シタルトキハ債務関係ハ此物ニ付テノミ存ス

ドイツ普通商法

第三三五条　契約ニ於テ商品ノ性質及品位ニ付キ詳細ノ定メナキトキハ義務者ハ商品ヲ中等ノ種類及品位ニテ引渡スヘキモノトス

プロイセン一般ラント法

第一部第五章第二七五条　一般的種類によってのみ示される物（Genus）が約束された場合、中等の品質の物が与えられねばならない。

ザクセン民法

第六九六条　義務者ハ予メ定メサル種類中ノ物件ヲ弁済スヘキトキ其物件ヲ選定スルコトヲ得ルモノトス但其物件ハ中等品質ヲ下ルコトヲ許サヽルモノトス〔第二千四百六十七条〕

バイエルン民法草案

第二部第一章第二六三条　債務の目的物がその特殊性によってではなく種類によってのみ定められた場合（種類債務）、疑わしい場合には債務は中等の品質の物の給付に向けられるが、その際、当事者の推定上の意図と給付の目的が考慮されねばならない。

第二五〇条、第二五一条、第二五二条、第二五九条ないし第二六二条の規定は、種類債務にも適用される。

（注1）LEVÊ(A.), Code Civil espagnol promulgé le 24 Juillet 1889., p. 224. では「auront été précises」と肯定形で表現されているが、文意からして、否定形の誤りであろう。現に、PELLEY の書物では、「n'auront pas été exprimées」と表現されている（髙橋智也注）。

【起草趣旨】

穂積陳重（一七巻一四三丁裏〜一四五丁裏）

本条は種類債務の規定であり、旧民法財産編第四六〇条第三項に修正を加えたものである。特別の規定がなければ、債務者が自分で選んでいかなる物を渡しても良いということが通例になるであろうが、最悪品が引渡されることを避けるために規定する。諸国の規定の性質は、三種に分類でき、第一種は両極端を示して最良品を請求することも最悪品を提供することもできないという規定で、旧民法、フランス、オランダ、イタリアの立場である。この立場では、ごく悪い物を持ってきても、まだこれより悪い物がどこかにあるというように、これが極端か否かの点で争いを生じ実用的でない。第二種は中等以下の物を提供してはいけないという規定で、スイス債務法、ザクセンなどの立場である。やはり、ここでも中等以上か以下かの点で争いの生ずるおそれがある。第三種は中等の品質の物を与えなければならぬという規定で、ドイツ、プロイセン、バイエルンの立場である。ここでも中等であるかないかという争いが生じよう。三種の規定はいずれも弊害があるが、しかし規定しないことにも弊害がある。そうすると第三種の立場が最も公平で、当事者の推定される意思にもかなう。しかし、そのような推定をなるべく避けるために「法律行為ノ性質又ハ当事者ノ意思ニ依リテ其品質ヲ定ムルコト能ハサルトキハ」という制限を付したのである。

【主要審議】

一　本条削除案

土方寧（一七巻一四五丁裏～一四六丁表）

この条文は空論になってしまうからない方が良い。例えば馬一頭百円で売買すると約束したが、買主は乗馬を買うつもりで、売主は駄馬を売るという場合、双方の意思を解釈してわかれば良いが、わからないときは中等ということである。中等の馬とはどのような馬か一向にわからない。これを裁判所で決めるとすると、裁判官に迷惑をかけることになる。合意をしておかなければ権利者が損をすることになる。米一石と言えば南京米でも良い。それが嫌であれば、肥後米とか南京米とか、品位を決めて約束しなければならない。そのようなことについて裁判官に面倒なことをさせるわけにはいかないから、本条は削った方が良い。

梅謙次郎（一七巻一四六丁表）

賛成。

穂積陳重（一七巻一四六丁表～裏）

買手が乗馬のつもり、売主が駄馬のつもりという場合には、勿論契約が成立たないと思う。しかし米を売るときには、その中に良し悪しがあろう。大きな商売でも、品質を見本で指定したりしないことが大変あるだろう。自ら注意しない人に法律が注意してやるという、少し親切すぎるかも知れないが、実際役に立つものと思ってここに規定したのである。

▼削除案は賛成者少数で否決され、原案通り確定した（一七巻一四六丁裏）。

原案第四〇〇条追加修正

修正案第三九九条（注2）**第二項**（起草委員提出）

前項ノ場合ニ於テ債務者カ物ノ給付ヲ為スニ必要ナル行為ヲ完了シ又ハ債権者ノ同意ヲ得テ給付スヘキ物ヲ指定シタルトキハ爾後其物ヲ以テ債権ノ目的物トス

（注2）原案第三九九条が合意の方へ移されたことによる条数の変更である（確定条文第五三四条（原案第三九九条））。

【起草趣旨】

梅謙次郎（一四巻一四六丁表～一四八丁表）

原案提出時においても、こういう規定を加えることについては起草者の間で相談したが格別必要がないという考えに落ち着いた。しかし、だんだん先に進むに従い、危険負担の問題との関連、ヨーロッパでもよく議論される問題であること、裁判が区々になる恐れのあること、などから追加することに相談で決めた。すなわち、不特定物の給付の場合には第三九九条第一項（確定条文第四〇一条第一項）のようにほとんど給付をなすまでは物が決まらない。従って、それまでは債務者が危険を負担することになるが、給付までには必ず特定物になる。つまり、いつから特定物になり、従って特定物に関する規定が適用されるかという点は、危険負担、所有権移転の問題に関連するから、法文に定めておく方が良いという考えである。

(1)　当事者が「双方ノ同意」により物の指定をした場合は、明文がなくても、その時から特定物となることは疑いをいれない。

これに対して、債務者の一方の意思だけで決めた場合には、そのことを「債権者ニ申遣ハシテモ債権者ノ方テハ知ラナケレハ」危険を負担することは債権者にとって不利益であること、指定というもの自体必ずしも確実なものでなく、債務者の方で証拠のないのを奇貨として、初めに指定したものを後に替えたとしても、債権者の方で証明することがほとんどできないという不都合、などがあり、特定物になったとは認めることができない、双方で指定してはじめて特定物となる方が良いという考えである。

(2)　隔地間において債務者から債権者に物を送り出した場合、特定物になるのは発送時か到着時かという問題がある。債務者の方から自分のなすべき行為をすべてなし、そこからは当然向うに届くべき状態にすれば物の指定がなされたと見て差支えなく、その時から特定物になったと見る主義をとった。

【主要審議】

一　規定の趣旨について

横田國臣（二四巻一四八丁表）

この規定の意味は特定物にしようということのためか、それともこの通りのことがあった以上、「選定」があったものと見るためか。

梅謙次郎（二四巻一四八丁表）

必ずしも「選定」とは限らないが、多くの場合は「選定」がなされたものと見る。その結果、目的物は特定物となるというつもりである。

二　品質と第二項との関係

横田國臣（二四巻一四八丁表～裏）

「債務者カ物ノ給付ヲ為スニ必要ナル行為ヲ完了シ」というと、第一項との関係で、ここでは品質の悪い「下等」の物を債務者が送っても良いように見えはしないか。

梅謙次郎（二四巻一四八丁裏）

第一項の要件、すなわち「中等」の品質を有するものを選定することを要する点に反している以上、「選定」それ自体が無効である。

土方寧（二四巻一五三丁表～裏）

債権者の同意を得た場合、「中等」より品位が下っていても、同意をした以上はそれで良いのか。第一項により、その同意は無効になるように思うが。

梅謙次郎（二四巻一五三丁裏）

第一項に、「法律行為ノ性質又ハ当事者ノ意思ニ依リテ其品質ヲ定ムルコト能ハサルトキハ」とあるように、今の場合には双方の同意があったことにより、当事者の意思により品質も定めたものと見てよいと思う。したがって、たとえ品質が「上等」でも（「下等」でも）どちらからも後日苦情を言うことはできない。

三　「物ノ給付ヲ為スニ必要ナル行為」の意味

高木豊三（二四巻一五〇丁表）

必要な行為の完了とはどの程度のものになるのか。例えば、荷造り、車に積出して自分の手を離れたこと、向こうに到着したこと、などのうちでどの程度をいうのか。また自分の車夫で自分の責任で積出した場合はどうか。裁判官の認定に任せるのか。

梅謙次郎（二四巻一五一丁表～一五二丁表）

こう書いておけば、裁判官が「事実ノ問題」を決する標準にはなろう。私の考えでは、荷造りをして「見世」に置くとか、車に載せるということではだめで、運送会社の手に渡すとか、船の中に積込むまでは必要な行為を完了したとはいえないつもりである。つまり「発送者ノ手ヲ全ク離レタトキ」を考えている。ただ、高木委員の例示のように、荷物を全く送り出してもやはり自分の責任で送る場合は、当事者がどういう意味でその言葉を用いたかということは一つの解釈問題ではあるが、「特定物トナツテモナラナイノト余程似寄ツタ結果ニナラウ」。すなわち、特定物となっているが、契約の自由によって危険については債務者で負担することになり、所有権移転などの問題については特定物の規定が適用される。

横田國臣（二四巻一五四丁裏～一五五丁表）

「又ハ」より前の部分はよほど問題がある。すなわち、まったく債務者の意思ひとつで「確定物」にするということになれば、私が自分で船に積んで荷出しをし天災でどうとかなる場合、債権者は「不確定物」のつもりが、いつのまにか「確定物」になってしまい、詐欺のようなことが生じないか。だから、「必要ナル行為」というのは不充分な文字ではないか。

梅謙次郎（二四巻一五五丁表～一五六丁裏）

今の例で、債務者が悪い船を選ぶとか、過失、悪意があれば、不法行為でいける。危険を債権者が負担するのは天災に限るので、債務者に過失があれば、危険を負担しないだけでなく、損害賠償を取ることができる。実際上、詐欺ということは問題とならないだろう。表現は確かに不分明だがこのぐらい広く言っておかないと一切の場合を含むことができないことになろう。ドイツ民法第二草案は本案と同じ主義である。

横田國臣（二四巻一五六丁裏～一五七丁表）

たとえば私が商社に石炭を注文した場合に、商社が石炭を積んだか否かということを債権者の方で証拠立てるのはむずかしいのではないか。さらに天災であると言って、実は詐欺でわざと沈ませるような例は多くあり不都合ではないか。

梅謙次郎（二四巻一五七丁表～一五八丁表）

第一の例（石炭を積んだか否かの点）では必要な行為を完了したことの証明は、債務者がなさねばならない（運送会社の「受取」、「船荷証書」の送付）。第二の詐欺の例もまれな場合であり、そのためだけを考慮して法律を設けることは良くなかろう。本案で物が着いてはじめて特定物になる主義を採らなかったのは、特定物の場合の危険負担が契約当時から債権者にあることとの権衡を図ったものである。

四　規定の位置について

土方寧（二四巻一四八丁裏～一四九丁裏）

特定物となることにより、原案第三九八条（確定条文第四〇〇条）の場合と同じように、危険負担の問題が生じ、同様の結果が伴うのであるから、前条（確定条文第四〇〇条）の第二項とした方が良いと思う。

梅謙次郎（二四巻一四九丁裏～一五〇丁表）

原案第三九八条（確定条文第四〇〇条）は特定物の規定、原案第四〇〇条（修正案第三九九条（確定条文第四〇一条））は不特定物の規定である。そして特定物の場合にはこういう問題は起らないから規定がないのである。

五　「爾後其物ヲ以テ債権ノ目的物トス」の意味

高木豊三（二四巻一五〇丁表～裏）

ただいまの説明によると、「爾後其物ヲ以テ債権ノ目的物トス」ということは危険負担の問題を決めるためであって、「特定物トス」ということと同じような意味と考える。そうすると、これを「其物ヲ以テ特定物ト看做ス」とか「特定物ト為ス」としてはどうか。理屈上原案第三九八条・修正案第三九九条（確定条文第四〇〇条・第四〇一条）によると、債権の目的物と特定物ということは違うのであり、目的物がただちに特定物となるというのは理論上少しむずかしいのではないか。

梅謙次郎（二四巻一五二丁表～一五三丁表）

もっともな質問であり、現に我々の間でもそのように書いたら良いとも考えたが、それだと場所に困る。それならば、物の部へ入れようかという話もあったが、特定物と不特定物の区別は物の区別ではなく、当事者の意思によって決まるものであり、本来、物の区別というのは穏かでない。それで、ここは債権の目的の所だから「債権ノ目的物」とした。

ドイツ民法草案（第二草案第二〇七条第二項）は「債権ノ目的ハ其物ノ上ニ限ラレル」と書いてある。先の表現はこれに対応する意味のつもりであり、目的物は変わらないが不特定物であったものが特定物となり、荷造りをした米とか倉の中にある米に決まることになる。決してそうおかしい言い方ではないと考えたのである。

高木豊三（二四巻一五三丁裏～一五四丁裏）

「物」のときに特定物不特定物の区別を書きたい希望を述べたが通らなかった。「物」の方に入るのが当然と思うが、それもむずかしいというならば「爾後其物ヲ以テ債権ノ特定ノ目的物トス」として、とにかく特定物とする意味を示した方が良いのではないか。

土方寧（二四巻一五四丁裏）

原案の通りでも意味はやはり特定物ということになりそうである。

梅謙次郎（二四巻一五四丁裏）

そう考えたのである。

▼高木修正説は賛成なく起草委員提出の修正案が確定した（二四巻一五八丁表）。

【その後の経緯】

確定条文第四〇一条第一項は原案と比較すると、「其種類ニ属スル物ニ付キ」と「選定シテ之ヲ」の語句が削除されているが、このことについては、整理会において、「主義ハ違ハヌ」として特に議論されていない（民法整理会議事速記録三巻一二八丁表）。

衆議院民法中修正案委員会において、本条二項の場合、債務者一人の行為によって目的物が定まるのは何故か、債権者の明示または暗黙の承諾があると見なすという趣旨かという質問があった。穂積陳重委員は、そうではなく、このようにするのが双方の意思に最もよく適い、また必要な行為を完了するというのが最も定まり易く、疑いの少ない定め方であると考えたものであると説明した。質問者はさらに、「必要ナル行為ノ完了」というのは、給付前の段階において債務者がなす行為の完了であり、「債務者一人ノ意思ノ成就」と見るべきである、すなわち「渡スベキ方法ノ結了シタノデ、直ニ定ラナイ物ガ定ツタ物ニナル」という点に疑問があると述べた。これに対して穂積委員は、「此行為ヲ完了スト申シマスカラ、モウ向フニ引渡スモノナラバ、引渡ス手続ハ悉ク終ラナケレバイカヌ、ソレデ疑ガ生ジマイカト思ヒマス」と答えた（廣中俊雄編著『第九回帝國議會の民法審議』二一三～二一四頁）。

【民法修正案理由】

本条ハ、第一項ノ規定、既成法典財産編

第四百六十条第三項ヲ修正シタルモノニシテ、同条第一項及ビ第二項ノ規定ハ特ニ明文ヲ要セザルニ因リ之ヲ刪レリ。即チ種類ノミニ依リテ債権ノ目的物ヲ指示シタル場合ニ於テ、債務者ヲシテ目的ヲ選択セシムルニ付キ凡ソ三種ノ立法例アリ。一ハ仏、伊、蘭諸国ノ民法及ビ既成法典ノ如ク、品質ノ両極端ヲ示シテ選択ノ範囲ヲ限定スルモノニシテ、此主義ノ弊害ハ、果シテ品質ハ何レカノ極端ナルヤ否ヤニ付テ争ヲ生ゼシメ、殆ンド最悪品トモ云フベキ物ヲ以テ債権者ニ強ヒ、又ハ殆ンド最良品トモ云フベキ物ヲ以テ債務者ニ強ユル結果ヲ生ジ、実際上頗ル不便ヲ感ゼシムルニ在リ。一ハ瑞士、撒遜等ノ法典ニ於テ採用セラル、主義ニシテ、中等以下ニアラザル品質ヲ選定スベシトシ、頗ル債権者ノ保護ニ偏スルモノニシテ、尚ホ其中等以下ナルヤ否ヤニ付テ争ヲ生ズル弊害アリ。第三ノ立法例ハ普国民法、独逸民法草案等ニ於ケル主義ニシテ、単ニ中等ノ品質ヲ選定スベシト規定スルモノニシテ、是亦其中等ナルヤ否ヤヲ定ムルニ付キ頗ル困難ナキニ非ズト雖モ、前述二種ノ立法例ニ比シ最モ妥当ニシテ且ツ当事者ノ意思ニモ適合スルモノト云フベシ。故ニ本案ハ此主義ニ依リテ既成法典ノ主義ヲ改メタリ。然ト雖モ債務者ヲシテ斯ノ如ク品質ヲ選定セシムル他ニ毫モ標準ノ拠ルベキモノナキ場合ニ限リ、苟モ法律行為ノ性質又ハ当事者ノ意思ニ依リテ品質ヲ定ムルコトヲ得ル場合ニ於テハ、必ズ之ニ依ルベキハ論ヲ竢タザルコトナルヲ以テ、本案ハ此趣旨ヲ明示シテ債務者選定ノ場合ヲ制限スルコトトセリ。

本条第二項ハ、種類ノミニ依リテ定メラレタル目的物ガ特定物ト為ルベキ時期ヲ規定スルモノニシテ、既成法典財産編第三百三十二条ニ修正ヲ加ヘタルモノナリ。蓋危険移転ノ問題ハ所謂代替物ガ特定物トナリタル時ニ及ンデ始メテ生ズルモノニシテ、本案第三百九十八条ノ義務モ亦此時ヨリ生ズルモノナレバ、本項ノ規定ノ必要ナルコトハ既ニ明白ナルニ拘ハラズ、諸国ノ立法例ハ頗ル区々ニ分カルヲ見ル。既成法典ハ代替物ノ所有権ガ移転スル時期ヲ定ムル趣旨ニ本ヅキ、物ヲ引渡シタル時及ビ当事者立会ニテ物ヲ指定シタル時ノ両時期ヲ掲グト雖モ、物ノ引渡ニ因リテ目的物ノ特定スルハ特ニ明文ヲ要セザルヲ以テ本案ハ之ヲ刪リ、又物ノ指定ハ必ズシモ当事者立会ノ上之ヲ為サザルベカラザル必要ナキヲ以テ、本案ハ広ク債務者ガ債権者ノ同意ヲ得テ給付スベキモノヲ指定シタルトキト改メタリ。殊ニ既成法典ハ、債務者ガ物ノ給付ヲ為スニ必要ナル行為ヲ完了スルニ因リテ目的物ガ特定スベキコトヲ認メズト雖モ、若シ斯ノ如クナレバ債務者ガ義務ノ本旨ニ適シテ総テ自己ノ為スベキコトヲ為シタルニ拘ハラズ之ヲシテ尚ホ危険ノ負担ニ任ゼシムルガ如キ不当ノ結果ヲ生ズルニ因リ、本案ハ債務者ガ物ノ給付ヲ為スニ必要ナル行為ヲ完了シタルトキハ、爾後其物ヲ以テ債権ノ目的物ト為スト規定セリ。其他既成法典同条前段ノ規定ハ別ニ明文ヲ要セザルニ因リ之ヲ刪レリ。

▽民法修正案理由書「第三編債権」五～七頁（第四〇〇条）。

（平田健治）

第四〇二条　債権の目的物が金銭であるときは、債務者は、その選択に従い、各種の通貨で弁済をすることができる。ただし、特定の種類の通貨の給付を債権の目的としたときは、この限りでない。

2　債権の目的物である特定の種類の通貨が弁済期に強制通用の効力を失っているときは、債務者は、他の通貨で弁済をしなければならない。

3　前二項の規定は、外国の通貨の給付を債権の目的とした場合について準用する。

第四〇二条　債権ノ目的物カ金銭ナルトキハ債務者ハ其選択ニ従ヒ各種ノ通貨ヲ以テ弁済ヲ為スコトヲ得但特種ノ通貨ノ給付ヲ以テ債権ノ目的ト為シタルトキハ此限ニ在ラス

債権ノ目的タル特種ノ通貨カ弁済期ニ於テ強制通用ノ効力ヲ失ヒタルトキハ債務者ハ他ノ通貨ヲ以テ弁済ヲ為スコトヲ要ス

前二項ノ規定ハ外国ノ通貨ノ給付ヲ以テ債権ノ目的ト為シタル場合ニ之ヲ準用ス

原案第四〇一条　債権ノ目的物カ金銭ナルトキハ債務者ハ其選択ニ依リ強制通用ノ効力ヲ有スル各種ノ貨幣又ハ紙幣ヲ以テ弁済ヲ為スコトヲ得但特種ノ貨幣又ハ紙幣ノ給付ヲ以テ債権ノ目的ト為シタル場合ハ此限ニ在ラス

債権ノ目的タル特種ノ貨幣又ハ紙幣カ弁済期ニ於テ強制通用ノ効力ヲ失ヒタルトキハ債務者ハ強制通用ノ効力ヲ有スル他ノ貨幣又ハ紙幣ヲ以テ弁済ヲ為スコトヲ要ス

前二項ノ規定ハ外国ノ貨幣又ハ紙幣ヲ以テ債権ノ目的ト為シタル場合ニ之ヲ準用ス

【参照条文】

旧民法財産編

第四六三条　金銭ヲ目的トセル債務ニ於テハ債務者ハ其選択ヲ以テ金若クハ銀ノ国貨又ハ強制通用ノ紙幣ヲ与ヘテ義務ヲ免カル

債務者ハ法律ニ依リ貨幣ノ名価又ハ其純分ノ割合ニ変更ヲ生スルモ諸約シタル数額ヨリ多ク又ハ少ナク負担セス

本条ノ規則ニ違背スル合意ハ無効ナリ但第四百六十五条第二項ノ規定ヲ妨ケス

第四六五条　金貨又ハ銀貨ヲ以テ負担ノ金額ヲ指定シタルトキハ債務者ハ独リ為替相場ノ損益ヲ受ケ法律上ノ他ノ貨幣ヲ以テ義務ヲ免カルルコトヲ得

金貨又ハ銀貨ヲ以テ負担ノ金額ヲ弁済ス可キコトノ要約アリタルトキモ亦同シ

外国ノ貨幣ヲ以テ弁済ヲ為ス可キコトヲ合意シタルトキハ債務者ハ右ノ規定ニ従ヒ自己ノ選択スル法律上ノ貨幣ヲ以テ其外国ノ貨幣ノ価額ヲ弁済シテ義務ヲ免カルルコトヲ得

旧商法

第三二一条　度量衡、距離、期間、休日、支払貨幣ノ本位並ニ種類其他履行ノ細目ハ履行地ニ行ハルル定例ニ従ヒテ之ヲ定ム但別段ノ契約又ハ商慣習アルトキハ此限ニ在ラス

第七五四条　為替金額ハ為替手形ニ記載シタル貨幣ヲ以テ之ヲ支払フ可シ若シ特ニ貨幣ノ種類ヲ表示セサルトキハ支払地ニ於テ商人間ニ流通スル貨幣ヲ以テ支払ヲ為ス意思ナリト推定ス

明治八年六月一〇八号告貨幣条例中、貨幣通用制限

本位金貨幣即二十円十円五円二円一円の中一円金を以て原貨《もとかね》と定め各種とも何れの払方にも之を用ひ其高に制限《かぎり》あることなし

本位とは貨幣の主本《シユホン》《もと》にして他の準拠《ジユンキヨ》《てほん》となるものなり故に通用の際に制限を立るを要せす尤も一円金を以て本位中の原貨と定むるとは就中一円金を以て本位の基《キ》《も》本《ホン》《と》を定め他の四種の金貨も都て標準《ヘウジユン》《めあて》を一円金に取れはなり

補助《ホジヨ》《たすけ》の銀貨即五十銭二十銭十銭五銭は都て補助の貨品にして其一種又は数種を併せ用ふるとも一口の払方に十円の高を限るへし

補助の銅貨即二銭一銭半銭一厘は都て一口の払方に一円の高を限り用ゆへし

（正改）補助ノ白銅貨(注一)即五銭及銅貨即二銭一銭半銭一厘ハ都テ一口ノ払方ニ一円ノ高ヲ限ルヘシ

補助とは本位貨幣の補助にして制度によりて其価位を定めて融通を資くるものなり故に通用の際これか制限を設けて交通《とりひき》の定規《おきて》とす

貿易銀は各開港場貿易便利の為め内外《うちそと》人民の望に応し鋳造し内外通商の流融を資くへし

此貿易銀は全く海関税其他外国人より納むる諸税及日本人外国人と通商の取引に用ふるのみにして内地の諸税納方等公《オホヤケ》なる払方に用ふへからさるは勿論其他一般の通用を得さるへしされとも私の取引に付相対の示談を以て受取渡しいたす分は何れの地にても勝手次第たるへし

（正改）此貿易銀(注二)は海関税其他外国人より納むる諸税及ひ日本人外国人と通商の取引に用ひ又これを内地の諸税納方等其他公私一般の払方にも用ひ其高に制限あることなし

海関税其他外国人より納むる諸税受取方に付貿易銀但新旧トモと本位金貨との価格比較は当分銀貨百枚に付本位金貨百零一円の割合たるへし

（定改）海関税其他外国人ヨリ納ムル諸税受(注三)取方ニ付貿易銀但新旧トモト本位金価トノ価格比較ハ銀貨百枚ニ付本位金貨百円ノ割合タルヘシ

通用制限は元来貨幣に原本と補助との別ある所以《ユエン》の理《だうり》に基きて制定《さだめ》せしものなれは人々取引の節右の制限に照準《シヤウジユン》《てらしあはせ》しもしこれに越れは誰にても請取渡を拒むの道理あるへしされとも私の取引に付便宜のため対談を以て請取渡いたし候儀は全く相互の都合に従ふ筈なれは右制限に不拘勝手次第に交通いたし不苦候事

明治八年四月　　大蔵省

(注一)　明治二十一年勅令第七十四号ヲ以テ改正
(注二)　明治十一年第十三号布告ヲ以テ改正
(注三)　明治九年第二十七号布告ヲ以テ改定

フランス民法

第一八九五条　金高ヲ借受ケタル者ノ義務ハ其借受ノ証書ニ記シタル所ノ高ヲ還スニアリトス

金高ヲ還ス前ニ貨幣ノ価低昂アリト雖モ借主ハ其時通用スル貨幣ニテ其借受ケタル高ヲ還ス可シ

オーストリア一般民法

第九八七条　此種ノ貸借ニ関スル償還カ若シ特別ノ約款有ルニ於テハ則チ最初借受シタル種類ノ貨幣ヲ以テ之ヲ償還セサル可カラス

第九八九条　若シ其弁償ノ時際ニ当リ最初借受セシ種類ノ貨幣カ国内ノ通用ヲ停止セラル、「有レハ則チ其償還ハ責主ヲシテ貸付シタル時日ニ於テ其貨幣カ保有セシ本価ヲ領収セシムルニ足ル可キ所ノ通用貨幣ヲ以テセサル可カラス

オランダ民法(注1)

第一七九三条　仏民法第千八百九十五条第

一項ニ同シ但シ第二項ヲ追加スルヿ左ノ如シ
　若シ貨幣ノ価ヒ低昂アルカ又ハ通用貨幣ノ変更アル時ハ義務者其金額ヲ還ス時現ニ通用スル貨幣ヲ以テ其時ノ価ニ因リ算計シ其金額ヲ以テ従前借用シタル金額ヲ還ス可キ者トス

イタリア民法

第一八二一条　貨幣ヲ以テスル貸借ニ生出スル責務ハ其貸借契約書ニ掲記セル数額ニ向テ存在スル者トス故ニ弁償期限ノ未タ到来セサル以前ニ貨幣ノ価格カ増昂シ若クハ減降スルヿ有ルモ負責主ハ貸借契約書ニ掲記セル数額ニ確照シテ之ヲ弁償ス可キ者タルニ拠リ唯〻其弁償ヲ為ス可キ時際ニ通用スル所ノ貨幣ヲ把リ掲記ノ数額ヲ弁償スルノミヲ以テ足レリトス〔仏民第千八百九十五条〕

第一八二二条　若シ金貨若クハ銀貨ヲ以テ貸付ヲ為シ而シテ同種同額ノ貨幣ヲ以テ還償ス可キ約束ヲ立定シタル者ニ対シテハ前条ノ規則ヲ擬施スルヿヲ得可カラス
　又若シ貸借セシ貨幣カ其品位ニ変換ヲ生シタルカ若クハ其貨幣ノ同種類ナル貨幣ヲ供弁スルヿ能ハサルカ若クハ其貨幣カ通用ヲ廃止セラルヽヿ有ルニ於テハ則チ其貨幣カ貸借ニ付セラレタル時際ニ保有セシ実価ニ准算シ他ノ貨幣ヲ以テ之カ弁償ヲ為ス可キ者トス〔仏民第千八百九十六条〕

スイス債務法

第九七条　金銭債務はラント貨幣（Landesmünze）によって支払うことを要する。
　契約によりある種類の貨幣が約定された場合、それが支払地において流通にないときは、負担された金額は満期におけるその価値に従い、ラント貨幣によって支払うことができる。但し「当該貨幣で（effektiv）」という文言又は類似の付加条項によって契約の文言通りの履行が約定されたときはこの限りでない。

モンテネグロ財産法

第五二五条　金銭債務について特定の種類の貨幣による支払いが約定された場合において、それが支払地に於て通用していないときは、この種類の貨幣は、債務が満期となる間に支払地において通用するに至った種類の貨幣に換算され得る。但し、合意された種類の貨幣で支払いがなされ、他の種類の貨幣ではなされない旨が明示的に約されている場合はこの限りではない。

スペイン民法

第一一七〇条　金銭債務の弁済は、合意された種類の貨幣でなされなければならない。合意された種類の貨幣での給付が不可能である場合には、わが国において（en Espagne）兌換している銀貨あるいは金貨で弁済をなすことを要する。
　約束手形、為替手形、その他の有価証券の交付は、それら証券が現金化されない間は、または債権者のフォート（faute）によってそれら証券の価値が失われた場合には、弁済の効力を生じない。
　この期間中は、元の債務に由来する訴権は中断される。

第一七五三条　貸借として金銭あるいはその他の代替物を受け取った者は、その物の所有権を取得し、種類及び品質の等しい物を債権者に対して返還する義務を負う。

ドイツ民法第一草案

第二一五条　内国ニ於テ支払フヘキ金銭ノ債務カ外国ノ通貨ニ依リテ明示セラレタルトキト雖モ内国ノ通貨ニ依リテ之ヲ支払フコトヲ得
　金銭ノ債務ヲ内国ノ通貨ニ換価スルコトヲ要スル場合ニ於テハ支払ノ時及ヒ場

所ニ於ケル市場価格ニ従フ
内国ノ通貨ニ依リテ明示セラレタル金銭ノ債務カ外国ノ通貨ニ依リテ支払ハルヘキ場合ニ於テハ第二項ノ規定ヲ準用ス
第二一六条　金銭ノ債務カ特種ノ貨幣ヲ以テ支払ハルヘキ場合ニ於テ支払ノ当時ニ此貨幣カ既ニ通用セサルトキハ別段ノ定ナキ如ク之ヲ支払フコトヲ要ス

ドイツ民法第二草案

第二〇八条　外国ノ通貨ニ依リテ明示セラレタル金銭ノ債務カ内国ニ於テ支払ハルヘキトキハ内国ノ通貨ニ依リテ之ヲ支払フコトヲ得但外国ノ通貨ニ依ルヘキコトヲ明約シタルトキハ此限ニ在ラス
前項ノ場合ニ於テ通貨ノ換価ハ支払ノ当時ニ其地ニ於ケル市場価格ニ従フ
第二〇九条　金銭ノ債務カ特種ノ貨幣ヲ以テ支払ハルヘキ場合ニ於テ支払ノ当時ニ此貨幣カ既ニ通用セサルトキハ貨幣ノ種類ヲ定メサリシ如ク之ヲ支払フコトヲ要ス

ドイツ普通商法

第三三六条　契約ヲ履行スヘキ地ニ行ハル、度、量、衡、貨幣本位及ヒ貨幣種類、期限計算及距離ハ其疑シキ場合ニ於テハ之ヲ契約ニ定メタルモノト看做スヘキモノトス
契約ニ定メタル貨幣種類支払地ニ於テ通用セス又単ニ計算上本位ナルトキハ其額ハ支払日ノ価額ニ従ヒ其邦ノ通用貨幣ヲ以テ支払フコトヲ得ルモノトス但「其物」ト謂ヘル語又ハ類似ノ附記ヲ用テ契約ニ定メタル貨幣種類ヲ以テ支払フコトヲ明約シタルトキハ此限ニアラス

プロイセン一般ラント法

第一部第一一章第七七八条　元本は、それが交付されたと同じ種類の貨幣によって返済することを要する。
第七八一条　貨幣の種類を定めず、価値 (die Valuta) が金で指定されたときは、五ターレルのプロイセン金（貨）と解する。
第七八二条　ドゥカーテン (Dukaten) がそれ以外の指定なくして指示されたときは、プロイセン又はオランダの貨幣品位に従った、規定通りの重量のあるドゥカーテンとする。
第七八五条　債務証書 (Schuldinstrument) が外国通貨建てであり、ラント内で支払うべきときには、債権者は当該証書記載の種類に該当するプロイセンの金銀貨を受領することを要する。
第七八六条　前条の場合に於て当該証書に記載された外国通貨に対する比率は、契約締結時に於ける支払地の為替相場によって算定することを要する。
第一部第一六章第七八条　外国通貨は、明示的に指示された場合、又はラントの法律により流通が認められた場合にのみ、債権者は支払に於てこれを受領することを義務づけられる。
第七九条　当ラントに於て為すべき支払の場合、債務者は、当ラントに於て流通にない外国通貨を支払うことを、いかなる場合にも強制されない。
第八三条[注2]　その他の点については、支払わるべき貨幣の種類に関して、一般に契約、特に売買及び消費貸借契約に於て、更に遺贈及び他の行為に於て規定されるところによる。（第五章第二五七条、第一一章第七七八条以下、第一二章第四五一条参照）

ザクセン民法

第六六五条　金額要求ノ物件ニシテ金銭ノ種類ニ付キ一モ定メナキトキハ支払ノ時及地ニ於テ通用スル内国ノ各種ノ貨幣又ハ法律ヲ以テ之ト同視シタル外国ノ各種ノ貨幣ヲ以テ支払コトヲ得ルモノトス

〔第千七十四条〕

第六六六条　通用スル内国ノ各種ノ貨幣種類又ハ之ト同視セラレタル外国ノ各種ノ貨幣種類ノ価額トハ法律ニ別段ノ定メナキモノニ限リ鋳造ニ依テ貨幣ニ附セラレタル価額ナリトス其他ノ貨幣ニアリテハ支払ノ時及地ニ於ケル相場ニ依テ定マルモノトス

第六六七条　貨幣種類ニ付キ詳細ノ定メヲナシタルコトナクシテ以前受取リタル金額ヲ還付スヘキトキハ以前受取リタル貨幣ノ価額ヲ還付ノ物件ト看做スモノトス此還付ノ時及地ニ於テ通用スル内国各種ノ貨幣又ハ法律ヲ以テ之ト同視スル外国ノ各種ノ貨幣ヲ以テ弁済スルコトヲ得ルモノトス〔第六百六十五条〕

第六六八条　以前受取リタル金額ヲ一定ノ貨幣種類ヲ以テ還付スヘキ場合ニシテ其価額変更シタルトキハ其受取リタル価額ハ還付ノ時及地ニ於テ有スル価額ニ復スル為メ必要ナル丈ケ一定ノ貨幣種類ノ員数ヲ以テ還付スヘキモノトス一定ノ貨幣種類ヲ既ニ得ルコト能ハサルトキ又ハ全ク価額ヲ失ヒタルトキハ其受取リタル価額ハ還付ノ時及地ニ於テ通用スル貨幣種類ヲ以テ之ヲ弁済スヘキモノトス

第六六九条　受取リタル貨幣種類ノ価額ト此価額ヲ弁償スヘキ現今通用ノ貨幣種類ノ価額トノ関係ヲ検出シ得ヘカラサル場合ニシテ其価額モ亦嘗テ法律ヲ以テ定メサルトキハ金属容量ニ於テ受取リタル貨幣種類ノ金属容量ニ平均スル丈ケ現今通用ノ貨幣種類ヲ与フヘキモノトス

第六七〇条（注3）　債権の内容が特定種類の貨幣の一定数の給付であるときは、この一定数が債権の目的である。その場合、その種類の貨幣の価値又は市場価格が支払時までに変動したか否かを問わない。この種類の貨幣をもはや入手しえないときは、法律に別段の定めなき限り、その種類の貨幣の地金額を支払時、支払場所に於て通用している同種類の金属の貨幣によって交付することを要する。

バイエルン民法草案

第二部第一章第八六条　金銭債務の支払いは、支払地において通用しているすべての種類の貨幣ですることができる。そして当該支払は、支払地において支払時に妥当している市場価値によって算出しなければならない。

　債権者は、最小額の種類の貨幣の価値に達する金額支払を、補助貨幣で受領する義務はない。但し返済されるべきものが、以前同じく補助貨幣で交付されていた場合はこの限りでない。

第八七条　金銭債務が金額によってのみ定められたときは、支払時に通用している種類の貨幣により、その時の市場価値に従い、債務成立時の貨幣事情に照らして当初の債務の額に相当する額を交付しなければならない。

第八八条　金銭債務の支払を行なうべき貨幣の種類が定められたときは、債務者はこの種類の貨幣によってのみ、支払うことができる。

　約定された種類の貨幣に関し変更が生じたときは、古い種類の貨幣の新しい種類の貨幣に対する比率及び以前の市場価値の現在の市場価値に対する比率を考慮して、債務者の支払うべき額を定めなければならない。

　約定された種類の貨幣がもはや存在せず、あるいは不均衡な費用なくしては調達されえないために、債務者がそれによって支払を為しえないときは、彼はその額の支払を、その現在の市場価値に従い、他の種類の貨幣によってすることができる。

(注1)　調査会議事速記録では一八九三条とされているが、誤りである。

(注2)　議事速記録にはないが、第八三条の理解のために、第八〇条～第八二条の大意を記す。

第八〇条　外国通貨が物として売買された場合は例外である。

第八一条　他の全ての場合に於て、指示された外国通貨が履行期までに流通の外に置かれたときは、債権者はその代りに当ラントの通貨を請求することもできる。

第八二条　債権者が支払を請求すべき通貨と、債務者が支払を為すべき通貨との間に違いがあるときは、後者の通貨によってどれだけを支払うべきかを決定するに際し、消費貸借の規定を考慮する。（第一一章第七八七条以下参照）

(注3)　山脇訳『サクソン民法』では、第六七〇条の訳文が脱漏している。

【起草趣旨】

穂積陳重（一七巻一四八丁表～一五三丁表）

(1)　第一項本文について

旧民法財産編第四六三条第一項は通常のことを定めており、修正の必要はない。ただ、貨幣と紙幣との区別が、大蔵省でさえもわからないということなので、「貨幣又ハ紙幣」と並べておくのが安全だと考えた。また強制通用の効力を有する貨幣または紙幣というと銀行紙幣も入る。同条第二項はボアソナードの説明するように、論理上の規則にすぎず、実用性に乏しい。また貨幣の変更を生ずる場合には特別法が出るであろう。従って第二項は省いた。

(2)　第一項但書について

旧民法財産編第四六三条第三項は、貨幣は債務者が自由に選び得べきものであるから、特別の貨幣を目的とする合意は不法であり、無効であるとする（ボアソナードは、特別の貨幣を目的とすることを、貸借（旧民法財産取得編第一八四条か――髙橋眞注）以外の場合は許していない）。もしこれを許せば、債権者は各種の貨幣のうち為替の価の良いものばかりを選んで、他のものを拒絶することになるからであるというのである。

しかしこのような特約を無効とする理由はない。各種の貨幣を発行するのは、皆同様に用いなければならないというのでなく、どれを用いるかは人民の便宜に任せるという精神である。特約を禁じては経済上不便であろう。現に商法には、為替手形はその指定した通貨で払わなければならないという明文がある（商法第七五四条）。

ザクセン、バイエルン、スイス、イタリア等、諸国の立法例は特種の通貨を目的とすることを許している。

(3)　第二項について

特別の貨幣を債権の目的とすることを許すため、この規定が必要となる。特別の貨幣がなくなった場合、目的物の消滅すなわち履行不能、従って債権が消滅すると解されるおそれがあるが、これは金銭債務であるから、債権は消滅せず、他の貨幣を選び得るものとしなければならない。

(4)　第三項について

旧民法財産編第四六五条第三項に修正を加えたまでである。

(5)　削除条文(注4)について

旧民法財産編第四六四条は次の理由で削除する。これは、特別の貨幣を目的とすることを禁じたが、商事の為替相場から生ずる平均相場だけは一種の貨幣をもって払って良い、そのため「平均額ノ弁済」を許した条文であるが、この改正で特別の貨幣を目的とすることを許したのであるから不用《ママ》に属する。旧民法財産編第四六六条は貨幣条例に定めてあり、同第四六七条は特に断わる必要がないので削った。

【主要審議】

一　「各種ノ貨幣又ハ紙幣」について

横田國臣（一七巻一五三丁表〜一五四丁表、一六一丁表〜一六二丁表）

貨幣は結局本位貨一本に絞られるのであり、他は皆補助貨幣であるから、各種の貨幣があるという認識は誤りである。従って単に通用貨幣を以て弁済することができる（但し「補助貨ヲ以テ千円モ万円モ弁済ヲ為スコトハ出来ヌ」）というだけの意味にすれば良く、そうすれば純粋に私法上の規則となる。

穂積陳重（一七巻一五八丁表）

刑法では貨幣の中に紙幣も含まれている。

富井政章（一七巻一六三丁表〜裏）

刑法では貨幣が紙幣を含むとしても、明治二三年頃の法律や近頃大蔵省から出たものでは、貨幣・紙幣を分けている。

「各種ノ」というのは特に意味があるわけではなく、後の「特種ノ貨幣又ハ紙幣」、また「選択ニ依リ」という文言との対応の必要から置いたものである。

土方寧（一七巻一七一丁裏）

横田委員の意見はもっともであるが、日本の貨幣制度上、何が本位であるか、まだ確定していない（一七巻一七八丁裏の箕作委員の発言も同旨）。

二　本条削除案

(1) 貨幣条例との関係

末松謙澄（一七巻一五四丁表〜一五六丁表、一五九丁表〜一六一丁表、一六四丁表〜裏）

貨幣制度は単一の法律・制度によって規律されるべきである。貨幣条例が全体を規律し、これに不足があれば公法の性質によって自ら定まるべきものである。

原案の通りだと、銀貨は二〇円まで、銅貨はいくらまで、と貨幣条例で定められているのに、強制通用力ある貨幣なら幾らでも良いことになり、不都合である。これを避けようとすれば、「補助貨ノ如キハ幾ラマデヲ強制スルノテアル」という曲った解釈をしなければならない。

このようなことは公法の問題であり、民法でこれを置くと重複する。また第二項についてはその都度特別法が出るはずである。従って、ここに規定する必要はない。

奥田義人（一七巻一六一丁表）

賛成。

穂積陳重（一七巻一五八丁表〜一五九丁表）

貨幣制度に関するものは削除した。ここに残したのは、まさに民法の制度のつもりである。貨幣制度に関するものは、金銀の割合、分量、名価、種類とか、そのような貨幣に強制通用力を与えるということだけを規定する。民法では、金銀其他の通貨を目的とした債権の効力だけを定めるのである。これを定めておかないと、特別の貨幣《ママ》というものを債権の目的として良いか否かに、おおいに疑が生ずる。

(2)「特種ノ貨幣」は物品か

土方寧（一七巻一六三丁裏〜一六四丁表）

旧民法財産編第四六五条第三項（第二項の誤りか――髙橋眞注）では、金貨で払う約束をしても銀貨で払って構わないということになっているが、起草委員はその立場をとらずに第一項但書を立案したのである。末松委員の提案に従って本条を削除したら、第一項但書のような場合、どちらの立場をとれば良いかわからない。

末松謙澄（一七巻一六四丁裏〜一六五丁表）

第一項但書がなくても、正金貨で払うというような約束はほとんど品物の交換を約束したのと同じことであるから裁判官の解釈に任せてもできることである。私はその必要がないと思うが、但書の趣旨を一箇条にして、ある事柄について特に約束をしたときは、その約束どおりのことを履行する義務があるというように書くことは、決して できないことではあるまい。

横田國臣（一七巻一七四丁裏）

第一項但書の趣旨は「特種ノ貨幣又ハ紙幣」を、通常の物品として扱うのか、物品ではないが「撰ンダ折リニハ撰ブコトガ出来ル」ということか。

穂積陳重（一七巻一七四丁裏）

これは貨幣として見ているつもりである。貨幣制度が、どれを使用しても良いとしていることに基づくものである。第二項もそこから出て来る。

横田國臣（一七巻一七五丁表～裏）

法律がそう見るならそれで良いが、実際は、単に貨幣としてではなく、その物品としての値打を考慮して金貨を指定している場合があり、その場合には第二項について問題が出てくる。「私ハドウモ金貨ト云フモノヲ自分ガ取ツテ置キタイトカ何ントカ云フ為メニヤルト云フ方ハ出来(注5)ヌ或ハ又出来ルナラバ物品トスル(注6)トカ云フ方ニセズハナルマイト思ヒマス」。

尾崎三良（一七巻一六二丁裏）

第二項は、目的とした金貨一〇〇円が強制通用力をなくしたら、他の通貨、すなわち紙幣なり兌換券なりで一〇〇円持って来れば良いという趣旨か。

穂積陳重（一七巻一六二丁裏～一六三丁表）

その通りである。貨幣の切換に際して特別法が出ず、取引から「或ハ小判デ返ヘス或ハ」「為替相場デ払ウ」ということが見えない場合には他の貨幣で弁済しても良いという趣旨である。為替の損益等を考慮するものではなく、金貨一〇〇円あるいは銀貨一〇〇円、この代価は金貨で払うと言っていて、金貨の通用の効力がなくなったときには銀貨で一〇〇円払っても良いという簡単な本来の通則である。

三　第一項修正、第二項削除案――相場の考慮

尾崎三良（一七巻一六五丁表～一六六丁表、一六八丁表～一六九丁裏、一七五丁裏～一七六丁裏）

各種の貨幣をそれぞれひとつの目的物として扱うというのがこの条文の主旨であろうが、第二項で実際の価額はどうであっても「のみなる」だけで払って良いとするのはこれと矛盾する。主旨を貫こうとすれば、第二項にあたる場合には実価を算定して支払う必要があろう。

修正説を提出する。第一項だけを残し、第二項、第三項は削って実際の法理に任せるというものである。

第一項　（原案通り）

第二項　削除

第三項　削除

民法が特種の貨幣について定めるのは、通貨の相場が狂ったときのためである。第二項、第三項には「時ノ相場ヲ以テ」という字を加える必要があるが、それができなければ削除した方が良い。削除しても、特種の貨幣がなくなったときは、その時の相場で払わせるという原則一本でゆける。

穂積陳重（一七巻一六六丁裏～一六七丁表）

それはひとつの考え方である。当事者の意思、法律行為の性質から「金ノ価」を重視していることがわかれば、相場によって取引することになろうが、原則として金貨は地金の価値でなく、額面によって取引すべきものとした。外国の規定には尾崎委員の主張する主義もあり（例えばバイエルン、イタリア、オーストリア）、その点の修正には応じても良い。

梅謙次郎（一七巻一六七丁表～一六八丁表、一八一丁表～一八二丁裏）

第二項があっても当事者の意思で別段の決定ができる。尾崎委員の例示する金のような場合は特別法で対応することとして、一般には本案のように額面で取引するとした方が便利ではなかろうか。

紙幣の通用停止、貨幣制度の変更ということが近くあるだろうと考える。貨幣制度委員会[注7]が設けられ、活動していると聞く。従って今後問題になるのは小判などよりも紙幣であろう。携帯に便利などの理由で紙幣を指定して行なう契約もないとはいえないが、その際、規定がなければ、紙幣の通用が停止された場合、反古を渡しても良く、更にその反古もなくなったら目的物がなくなったのだから履行が不能となり、義務を免れることになる。

「相場ヲ以テ」という原則をとることには反対である。当事者の通常の意思は相場によるとするものではなく、「其紙幣ガナクナレバ仕方ガナイカラ外ノ金貨デモ銀貨デモ宜イト云フコトガ普通デアラウ」。

尾崎三良（一七巻一六八丁表～裏）

特種の貨幣という決め方をするのはほとんど金貨又は銀貨であろう。紙幣を目的とすることはあるまい。万一梅委員の示すような例があれば「何モ書カズニ置ケバ必ズ其時ノ通貨デ以テ矢張リ算スルト云フコト」になり、差支えない。

高木豊三（一七巻一七〇丁裏～一七一丁表）

修正説を提出する。第一項の「其選択ニ依リ」及び「各種ノ」を削除する。

第一項　債権ノ目的物カ金銭ナルトキハ債務者ハ強制通用ノ効力ヲ有スル貨幣又ハ紙幣ヲ以テ弁済ヲ為スコトヲ得
但特種ノ貨幣又ハ紙幣ノ給付ヲ以テ債権ノ目的ト為シタル場合ハ此限ニ在ラス

第二項　削除

第三項　（原案通り）

理由は、全文削除すると円滑な適用ができないためである。すなわち第一項但書がないと、特種の貨幣を目的とした場合にどうなるかわからず、旧民法と反対にこれを許すという趣旨が伝わらない。この但書を導くために本文が必要である。

また第二項は自明のことである。「特種ノ貨幣」は特定物と同じであるから相場によるべきであり、「唯幾ラ々々ノ債権ガアルト云フ場合ナラバ第一項ノ中ニ自ラ包含スル」。

横田國臣（一七巻一七一丁表）

賛成[注8]。

尾崎三良（一七巻一七六丁表～裏）

第二項を削ったら第三項は不要であろう。外国の貨幣は一つの物品と看做して差支えないであろう。単に何ポンドとか何フランとかいう場合は、時の相場で払うということになっていれば差支えない。もし英国の「そべれん」とかフランスの「なぽれをん」とかいうことを決めた場合であれば必要はなかろう。

箕作麟祥（一七巻一七九丁表）

第三項を削る必要はない。物品としての場合だけでなく、ドル何ドルという場合には第四〇一条第一項の適用の必要がある。

尾崎三良（一七巻一八〇丁表）

外国貨幣については第四〇一条第一項に往かなくても、第四〇二条で為替相場で払うようになっているから、やはり第三項はいらない。

穂積陳重（一七巻一七三丁表～裏）

第二項がなければ、目的たる金貨がなくなったときには履行しなくても良いという結果になる。義務が消えるのではないということを示すために「要ス」という文字を使っているのである。相場による等の修正には応じるが、これを削るのは困る。

四　第一項本文削除案

土方寧（一七巻一七一丁裏～一七三丁表）

日本の貨幣紙幣の効力については貨幣条例に譲り、第一項本文は削るべきである。しかし但書は、金貨で約束したときに銀貨で払っても良いというような解釈を封ずるために必要である。特種の貨幣で契約するのは、それを単に通貨としてのみならず、幾分かは物品として見ているのであり、これは許されなければならない。しかし物品と同じように見ると、第二項のような場合には弁済しないでも良いことになりかねない（から第二項は必要である）。

　修正説を提出する。

　第一項　特種ノ貨幣又ハ紙幣ノ給付ヲ以テ債権ノ目的ト為シタルトキハ債務者ハ其貨幣又ハ紙幣ヲ以テ弁済ヲ為スコトヲ要ス

　第二項　（原案通り）

　第三項　（原案通り）

穂積陳重（一七巻一七七丁表）

　土方説で済むならそうしてほしい。それによって案を立ててみる。土方委員の言うように、始めの方はなくても、貨幣条例の方から通用の制限を決めることができよう。それ故に「特種ノ貨幣又ハ紙幣ノ給付ヲ以テ債権ノ目的ト為シタルトキハ他ノ貨幣又ハ紙幣ヲ以テ弁済ヲ為スコトヲ得ス」という文章にしてはどうか。

本野一郎（一七巻一七七丁裏）

　賛成。

箕作麟祥（一七巻一七七丁裏～一七八丁表）

　むしろ第一項本文はあった方が良い。民法と貨幣条例とは目的が違うから、重複しても構わない。貨幣条例からは弁済の際に債務者はどれを用いても良いということは出てこない。

▼採決の結果、削除案が否決され、土方案の趣旨で再考すべきことが可決されて散会（一七巻一八二丁裏～一八三丁表）。

（注4）　旧民法財産編第四六四条　右ニ反シ弁済期ニ於テ諸種ノ貨幣ノ為替相場ヨリ生ス可キ相互ノ高低ノ差ハ債務者ノ選択スル法律上ノ貨幣ヲ以テスル平均価額ノ弁済ニ因リ当事者ノ間ニ之ヲ塡補スル合意ヲ為スコトヲ得

　同第四六六条　銅貨及ヒ補助銀貨ハ特別法ニ定メタル数額ヨリ多ク弁済トシテ之ヲ与フルコトヲ得ス但反対ノ合意アルトキハ此限ニ在ラス

　同第四六七条　金銭ノ貸借ニ特別ナル規則ハ財産取得編第百八十五条ニ之ヲ定ム

（注5）　旧民法の主義のように、特種の通貨を指定することは許さない、つまり第一項但書の否定の趣旨。

（注6）　第一項但書の主義でゆくなら第二項は不要であり、指定した特種の通貨を貨幣ではなく物品として扱うという趣旨。

（注7）　【付記】（本書四一頁）参照。

（注8）　横田委員の賛成を得て高木委員の修正説は案として成立したはずであるが、採決はなされていない。

修正案　第四〇〇条（注9）　特種ノ通貨ノ給付ヲ以テ債権ノ目的ト為シタルトキハ債務者ハ他ノ通貨ヲ以テ弁済ヲ為スコトヲ得ス

債権ノ目的タル特種ノ通貨カ弁済期ニ於テ強制通用ノ効力ヲ失ヒタルトキハ債務者ハ他ノ通貨ヲ以テ弁済ヲ為スコトヲ要ス

第三項　原案ノ通り

（注9）　条数が変わっている（第五六回法典調査会（明治二八年一月一五日））。

【第二修正案提出】

穂積陳重（一七巻一八六丁表～一八七丁裏）

　前回の主義で立案したものの、分り切ったことを規定するようで感心できないので第二修正案を出す。

第二修正案　債権ノ目的物カ金銭ナルトキハ債務者ハ其選択ニ依リ各種ノ通貨ヲ以テ弁済ヲ為スコトヲ得但特種ノ通貨ノ給付ヲ以テ債権ノ目的ト為シタル場合ハ此限ニ在ラス

第二項　（第一修正案（注10）に同じ）

第三項　原案ノ通り

　その理由は第一に、原則に対する例外の形で特種の通貨の問題を規定した方が体裁が良いこと、第二に、貨幣制度は貨幣に強制通用力を認めただけで、特に債権の弁済について規定したものではなく、また強制力ある通貨中どれで弁済しても良いということを定めた立法例は多いので、重複の憂いはないことである。

【主要審議】

一　第二修正案第一項削除案

田部芳(注11)（一七巻二〇〇丁表～二〇一丁表）

　原案第四〇一条（したがって第二修正案）第一項本文は、私人間において特別の約束がなければその当時の貨幣で取引しなければならないのだから、言わなくても良いことである。また但書も、貨幣の種類を決めて契約したときは法律行為の効力としてその通りの効果が生ずるのだから不要である。以上の理由で、第一項削除を提案する。

菊池武夫（一七巻二一九丁表～裏）

　賛成する。

▼田部委員の第一項削除案は、賛成少数で否決された（一七巻二二三丁裏）。

二　第一修正案第一項修正案

尾崎三良（一七巻一九一丁裏）

　第一修正案の「得ズ」という禁制したような言葉は面白くない。第二修正案のように、本文に対する但書とした方が形の上で適当である。

長谷川喬（一七巻一九二丁裏）

　概ね第一修正案に同意するが、第一項を「禁止法」に書くのは穏かでないし、特種の通貨を債権の目的とする契約も無効ではないということだけを定めておけばよいから「特種ノ通貨ノ給付ヲ以テ債権ノ目的ト為スコトヲ得」という新たな修正説を提出する。

土方寧（一七巻一九五丁裏、二一一丁表～裏）

　長谷川説では、その通貨で弁済しなければならないという意味が表われて来ないため、特種の通貨を目的とした合意の効力について表現が不十分であるが、「得ズ」はいけないから長谷川説に賛成する。「得ズ」とすると、特種の通貨で弁済することを約した以上、相手方が承諾しても他の通貨で弁済できないことになるので穏かでない。

▼長谷川委員の修正案は、賛成少数で否決された（一七巻二二三丁表）。

三　第二項削除案――相場の考慮

箕作麟祥（一七巻一九八丁表～二〇〇丁表）

　第二修正案に賛成だが、ただ第二項につき、相場の開きがあればそれを計算の中に入れる、という趣旨の補足修正を希望する。

尾崎三良（一七巻一九一丁裏～一九二丁表、二〇一丁裏～二〇二丁表、二〇三丁表～二〇四丁表）

　第二項は削除した方が良い。金貨一〇〇円を返すべきときに、その金貨が強制通用力を失ったら紙幣で一〇〇円返せば良いことになって穏かでない。この規定がなければ、第一項但書でこのことが封じられ、相場に見積って払うことができるようになる。

　穂積委員の説明では、強制通用力がなくなったら目的物がなくなり、債権が消滅するから何も返さなくても良くなるとされるが、これは特定物でなく代替物なのだから同一物を返す必要はなく、その時の相場で返せば良い。

　原案第四〇一条の精神は、旧民法と同じく、為替相場の損益は債務者が受けるという前提の下に、単に金銭が債権の目的となったときにはどんな種類の貨幣で返しても良い、しかし（旧民法と違うところだが）特種の貨幣で約束したときには約束した貨幣で返さなければならない、とするものであり、その中には相場の狂いも見てあるに違いない。その貨幣で返さなければならないといえば、その時の貨幣の相場によって必ず債務者が損をするか、得をすることになる。こういう精神をとる以上、第二項で相場を考慮しないというのは当らないのではないか。

穂積陳重（一七巻二〇二丁表～二〇三丁表、二〇四丁表～裏）

旧民法財産編第四六五条第一項は、本案では採らない。外国の貨幣にしても、始めから相場を見込んで取引することはあるまいと思われる。名価によることが通則としては最も公平・簡明であろう。しかし特別の意思が明らかなときは、相場を考慮するを妨げない。

相場を常に考慮しなければならないとすると、実価を持たない紙幣の場合に不都合であろう。

尾崎三良（一七巻二〇四丁裏～二〇五丁表）

紙幣で指定することは滅多になかろうし、仮にあったとして、債権者が損をしても自業自得である。しかし、紙幣が通用しなくなるのは、単に通用しなくなるだけであって値が下がるのではないから、当然銀貨等他の通貨で返せば良い。しかし金貨・銀貨のように価格変動のあるもので約束した場合はおおいに当事者の意思に反する。

高木豊三（一七巻二〇七丁表）

相場を取入れるのは、相場が上ったときは良いが、下ったときに困る。

富井政章（一七巻二〇七丁裏～二〇八丁表）

相場が問題となるのは金貨が通用力を失ったときであろうが、銀本位制一本にするとすれば大きな社会問題になろうから、当事者は特約によって対処できるはずである。

公益上、通貨は皆同じ価格を持つ、とするのが至当であろう。

末松謙澄（一七巻二一一丁裏～二一四丁表）

同じ名前の貨幣でありながらその値に高下があるということを認めない、例えば一円というものは紙幣の一円も金貨の一円も銀貨の一円も同じようなものであるということに表向きするのが一国の経済上肝要である。実際の取引で幾分差が生じているとしても、民法がこの差をつけた取引を奨励するかの如き条文を置くのは良くない。

貨幣制度が変更される場合には、民間が混乱しないようにそれぞれの法条が設けられるであろう。また貨幣の種類を定めた契約の期限が、予測がつかないほど多年にわたることはあるまい。これらの事項は特別法に譲れば良く、民法に入れる必要はない。

▼尾崎委員の第二項削除説は、賛成少数で否決された（一七巻二一二丁裏。但し、賛成者があった形跡はなく、案として成立っていたかは不明）。

四　第二項修正案――「特種ノ貨幣」が強制通用力をなくした場合

穂積八束（一七巻一九五丁裏～一九七丁表）

強制通用力がなくとも人民相互の取引ができるものについて、それで支払っても良さそうに思われる。例えば一〇〇円を一銭銅貨で支払うと約束した場合、一銭銅貨は一円までしか強制通用の効力はない。しかし約束したものであるから、人民相互の取引で、一〇〇円、二〇〇円と受渡しても良い、つまり強制通用力がなくてもそれで取引して良いように思われるが、この修正案の文章はそれを禁じ、強制通用力がなくなったときには必ず他の通貨で払わなければならないとしているように見える。

穂積陳重（一七巻一九七丁表～一九八丁表）

もとより強制通用の額を越えても特別の約束をした特種の貨幣の給付を以て債権の目的とすることは第一項で許している。貨幣条例でも通用制限ということがあり、「通用制限ヲ越レハ誰ニテモ請取渡ヲ拒ムノ道理アルヘシサレトモ私ノ取引ニ付便宜ノ為メ対談ヲ以テ請取渡イタシ候儀ハ全ク相互ノ都合ニ従フ筈ナレハ右制限ニ不拘勝手次第ニ交通イタシ不苦候事」としている。

第二項で強制通用力を問題とするのは貨

幣条例の通用制限のことを言うつもりでなく、天保銭が貨幣の通用力を全く失った場合には、他の貨幣で弁済しなければならないことを言うものである。また例えば小判が通貨たる意味を失って単なる古金銀になった場合もそうである。小判の実物を給付すれば良いとするのは目的物の変更であって、明文がなければ目的物がなくなって債権が消滅する。それ故に目的とした特種の通貨が通用力を失ったならば、他の通貨を以て弁済しなければならない。この末尾の語は「得」ではなく「要ス」である。必ず他の通貨をもって支払わなければならないのであって、債権は消滅しないということを示したのである。

高木豊三（一七巻二〇五丁裏～二〇七丁表）

　穂積（陳）委員の、第二項がないと貨幣に強制通用力がなくなったら債権が消滅するという議論はわからない。金銭債権の目的、すなわち価値と弁済の方法は別である。指定した弁済の方法が使えなくなっても、債権そのものが消えるはずがない。例えば、この一〇〇円の債権は三井銀行の為替券で弁済するという約束があったが、三井銀行が破産してその為替券が不融通物になった場合、債権が消滅するであろうか。

　第二項があると、金貨を「物トシテ」扱う場合、すなわち通用しなくなっても構わないからその種類の金貨で返してくれ、という場合に他の通貨で返さなければならないことになり、第二修正案第一項但書の効力が薄くなる。尾崎委員と理由は違うが、第二項は削除した方が良い。

富井政章（一七巻二〇七丁表～裏）

　高木委員は債権の目的と弁済の方法とを混同している。高木委員の挙げた三井銀行云々の例は、弁済の方法を決めた場合であろう。本条第二項は、債権の目的物を特定した場合において、債務者の過失によらずに、当事者が初めに考えていた通貨という性質を（目的物が）失ったときに履行不能となるというのである。目的物の問題であって弁済の方法の問題ではない。

井上正一（一七巻二一五丁表）

　債権者に、効力を失った通貨と他の通貨との選択をさせる、という修正説を提出する。すなわち「債権ノ目的タル特種ノ通貨カ弁済期ニ於テ強制通用ノ効力ヲ失ヒタルトキハ債権者ハ其選択ニ依リ其通貨又ハ他ノ通貨ヲ以テ弁済ヲ請求スルコトヲ得」とするのである。

梅謙次郎（一七巻二一六丁表～二一七丁表）

　井上案では不都合が生ずる。通用の止まった金は、入手が困難となる。通貨として約束したのだから、両替屋に行って得られるものである必要があり、高い値段を出して小判を入手することを要求するものではない。また「他ノ通貨」の中で、様々な種類の物を債権者が任意に指定し得ることになると、債務者に酷である。

穂積陳重（一七巻二一七丁表～裏）

　バイエルン、スペイン、オーストリア、イタリア等は指定した貨幣が得られない場合を規定している。またある国では入手が困難になったときのことを定めており、外国でも今のようにすると実際差支えるということが法文上も見えていよう。

尾崎三良（一七巻二一七丁裏～二一八丁表）

　第二項は、万一貨幣制度が改まって約束した貨幣が通用の効力を失ったときには、他の通貨でその名義上の価額さえ払えば良い、すなわち名価が一〇〇円なら、金貨の実価が二〇〇円になっても三〇〇円になっても、紙幣で一〇〇円の価額さえ払えば良いということである。しかし貨幣制度が改まったときには、古い貨幣の何円は今の幾らに当るということを示すはずであり、これと第二項は矛盾する。私の削除説が成立しなければ、井上説に賛成する。

▼井上委員の修正説は、穂積八束委員（一七巻二一五丁表）、箕作委員（一七巻二一六丁表）の賛成を得て案として成立したが、採決の結果、賛成少数で否決された（一七巻二二三丁表）。

五　第三項と原案第四〇二条（確定条文第四〇三条）との関係

尾崎三良（一七巻一八九丁表、一八九丁裏〜一九〇丁表）

第三項と原案第四〇二条とはどう違うのか。原案第四〇一条では外国の貨幣で払わせる、原案第四〇二条ではこちらの相場で払わせる、とすれば同一のことを前後に替えて出すことになるか。

ここに英貨二〇〇磅という証文があるとき、原案第四〇二条によって、日本の為替相場により日本の貨幣で支払うのか、原案第四〇一条第三項の「外国ノ通貨ヲ以テ債権ノ目的」という、これに当るのか。

穂積陳重（一七巻一八九丁表〜裏、一九〇丁表〜裏、一九〇丁裏〜一九一丁表）

原案第四〇二条は外国の貨幣で債権額を指定した場合の規定であって、その場合には特に示さなければ日本の通貨で弁済しうるということである。だからこそ「債権額ヲ指定シタルトキハ」としてあって、「外国ノ貨幣又ハ紙幣ヲ以テ債権ノ目的」とはしていない。

原案第四〇一条は一〇〇〇磅返すというとき、イギリスの強制通用力ある貨幣なら良い、といった意味であり、この場合は目的物の種類が同じである。他方、原案第四〇二条は、これがない場合、目的物が白い物なのにこれを黒い物で弁済するということになる。

梅謙次郎（一七巻一九三丁裏〜一九四丁裏）

原案第四〇一条第三項は、例えば私と長谷川委員とがパリに於て五〇〇フラン支払う約束をして、パリに於て私が支払う場合は、フランスの強制通用力ある貨幣なら何でも良い。原案第四〇二条は、同様の場合に私が日本に於て支払う場合である。このとき、両人の意思は、フランスの貨幣で払うというものではない。五〇〇フランという債権額がフランスの貨幣で示されているだけで、履行地（横浜なら横浜、神戸なら神戸）の為替相場で日本の貨幣をもって支払えば良い。私がフランスの本屋に本を注文し、その代金を日本にいるその本屋の債権者に払う場合も同じである。

▼起草委員が冒頭で第二修正案を出し、起草委員提出の原案、第一修正案、第二修正案、並びに各委員から出された個々の項についての削除案・修正案の関係が複雑になったため、採決の方法について議論がなされ、まず第一修正案を採決したところ賛成者なし、各委員から出された案が否決された後、第二修正案に確定した（一七巻二一九丁裏〜二二三丁裏）。

（注10）もっとも、原案の「貨幣又ハ紙幣」の表現は「通貨」に替えられているようである（一七巻一八八丁裏〜一八九丁表の尾崎、穂積委員の問答を参照）。

（注11）田部委員は前回欠席した。

【その後の経緯】

第二修正案第一項の「依リ」、同但書の「場合」が確定条文ではそれぞれ「従ヒ」、「トキ」と改められているが、このことについて整理会では、「ほんノ『トキ』トカ『従ヒ』トカ云フ丈ケノコト」であるから、として格別議論されていない（民法整理会議事速記録三巻一二八丁表）。

衆議院民法中修正案委員会において、強制通用力を失った貨幣について、最初からそれを特に目的物とした場合にも、本条はなお他の通貨をもって弁済させる趣旨かという質問が出されたのに対し、穂積陳重委員は、本条は当事者相互の契約を妨げるものではなく、たとえば銀行紙幣を見本として置きたいからということで債権の目的物とする場合には、「之ハ品物ト看做シテ通貨ト見マセヌカラ」一向に構わないと述べた（廣中俊雄編著『第九回帝國議會の民法審議』二一四頁）。

【付記】

金銭債権について、法典調査会で激しい議論が行なわれた背景には、以下のような日本の通貨制度の変動があった（以下の記述は、山口和雄『貨幣の語る日本の歴史』（一九七九年、そしえて刊）、一六三頁、一八五～一八七頁による）。

日本の通貨制度は、明治四年（一八七一）の新貨条例により金本位制とされたが、貿易銀の国内通用を認めて実質的には金銀複本位制となった。明治一七年（一八八四）の「兌換銀行条例によって名実ともに銀本位制となったが、その後三〇年（一八九七）には金本位制に移行するにいたった。」

その経過であるが、「明治四年ごろから世界の銀産額が激増したことと、ドイツが金本位制を採用して巨額の銀を売り出したこととのため、銀の価格が急落した。そのため、従来金銀複本位制をとっていた欧米諸国があいついで金本位制に移り、銀価はますます下落し、金銀比価は明治五年（一八七二）の一対一五から一八年（一八八五）には一対一九となった。その後も続落し、とくに明治二六年（一八九三）には銀貨買支え政策の基礎となっていたアメリカのシャーマン条例が廃止され、さらにインドが銀貨の自由鋳造を停止したこともあって、一対二六、翌二七年には一対三二に暴落した。」

こうした銀貨の低落のなかで明治二六年（一八九三）一〇月、貨幣制度調査会が設置され、数十回にわたる特別委員会の審議の後、「僅少差で現行制度を改正する必要があるとの議決がなされ、ついで新たに採用すべき本位制については金本位制が適当との意見が可決された。」

金本位制採用に必要な多額の金準備をどうするか、の問題があったが、日清戦争（一八九四～五）で二億三〇〇〇万テールに及ぶ賠償金を得たのを好機として、松方正義は、「明治二九年九月自ら内閣を組織するや、直ちに金本位制採用の方針を決定し、三〇年（一八九七）三月貨幣法案を議会に提出して協賛を得た。その結果、同月二九日貨幣法が公布され、一〇月一日から実施されるに至った。」

【民法修正案理由】

本条ハ既成法典財産編第四百六十三条及ビ第四百六十五条ヲ合シテ之ニ修正ヲ加ヘタリ。既成法典第四百六十三条第一項ハ貨幣ノ種類ヲ金若クハ銀ノ国貨ニ限ルト雖モ、之レ固ヨリ狭キニ失スル虞アルノミナラズ、紙幣ノミニ強制通用ナル文字ヲ冠セシムル理由ナキヲ以テ、本案ハ単ニ各種ノ通貨ヲ以テ弁済ヲ為スコトヲ得トシ、又同条第二項ノ規定ハ殆ンド其実用ナキノミナラズ、斯ノ如キ事項ハ特別法ニ依リテ随時規定セラルベキモノナレバ之ヲ刪レリ。而シテ同条第三項ノ規定ニ付テハ本案ハ既成法典ニ反対ノ主義ヲ採ルモノニシテ、即チ既成法典ハ通貨ノ選定ヲ禁ジ、債務者ヲシテ特種ノ通貨ヲ以テ給付ヲ為サシムルハ通貨ノ性質ニ悖リ公益ニ反スルモノナレバ、斯ノ如キ合意ハ無効タルベシト規定セリ。然レドモ我国ノ貨幣制度ハ決シテ総テノ通貨ハ取引ヲ為スモノノ意思ヲ排斥シテ同一ニ通用セラルベキコトヲ強要スルモノニアラズ。

故ニ特種(注)ノ通貨ノ給付ヲ以テ債権ノ目的ト為スモ、之ニ因リテ通貨ノ性質ニ反シ不法ノ合意ヲ為シタリト云フベカラズ。加之既成法典ノ如ク特種ノ通貨ヲ選定スルコトヲ禁ズルハ、只ニ不必要ノ事タルニ止マラズ却テ取引上ニ不便ヲ与フルコト少カラザルニ因リ、諸国ノ法律ハ決シテ斯ノ如キ禁制ヲ設クルコトナシ。之レ本案ハ本条第一項但書ノ規定ヲ加ヘ、特種ノ通貨ノ給付ヲ以テ債権ノ目的ト為シ得ルコトヲ認メ、既成法典ノ主義ヲ改メタル所以ニシテ、既成法典第四百六十五条第一項及ビ第二項ノ規定ハ右修正ノ当然ノ結果トシテ之ヲ删レリ。但同条第一項ノ場合ニ於テ金貨又ハ銀貨ヲ以テ負担ノ金額ヲ指定シタルハ果シテ特種ノ通貨ノ給付ヲ目的ト為シタルヤ否ヤハ事実問題ニシテ、当事者ノ意思解釈ニ帰スルコト多カルベシ。然レドモ第一項ノ規定ニ本ヅキ、特種ノ通貨ノ給付ヲ以テ債権ノ目的ト為シタル場合ニ於テ、此通貨ガ弁済期ニ於テ強制通用ノ効力ヲ失ヒタルトキハ之ニ因リテ債務者ハ其負担スル金銭債務ヲ全然免レ得ベキモノナルカ。否ナ決シテ然ラザルベシ。何トナレバ通貨ノ種類ヲ特定シタルハ単ニ金銭債務ノ附随ノ約束ニ過ギズシテ、此約束ヲ実行スルコト能ハザルモ主タル金銭債務ノ存立ニ影響ヲ及ボスベキ理ナケレバナリ。然レドモ又一方ニ於テハ、前述ノ如キ場合ニ於テ履行不能等ノ理由ニ籍リ債務ノ免除ヲ主張セントスルモ強チ其理ナキニ非ラザルニ因リ、本案ハ此疑惑ヲ生ゼシメザルガ為メ特ニ本条第二項ノ規定ヲ設ケ本項ノ場合ニ於テハ債務者ハ他ノ通貨ヲ以テ弁済ヲ為スベキコトヲ明ニセリ。

本条第三項モ第二項ト同ジク既成法典ニ存セズト雖モ、本案ノ主義ニ依レバ外国ノ通貨ノ給付ヲ以テ債権ノ目的ト為スコトハ固ヨリ之ヲ禁ズル理由ナク、又其通貨ノ種類ヲ特定スルコトモ主タル金銭債務ニ関係ヲ及ボスコトナキハ第一項及ビ第二項ノ場合ト異ナル所ナキヲ以テ、本項ノ場合ニ於テハ前二項ノ規定ヲ準用スベシト為セリ。其他既成法典財産編第四百六十四条ノ規定ハ契約自由ノ範囲ニ属シ、同第四百六十六条ノ規定ハ特別法ニ記載スベキ事項ニシテ、同第四百六十七条ノ規定ハ特ニ明文ヲ要セザルニ因リ、総テ之ヲ删除セリ。

▽民法修正案理由書「第三編債権」七～八頁（第四〇一条）。

（注）「民法修正案理由書」では「特権」と記されているが、誤りであろう。

（高橋　眞）

第四〇三条　外国の通貨で債権額を指定したときは、債務者は、履行地における為替相場により、日本の通貨で弁済をすることができる。

第四〇三条　外国ノ通貨ヲ以テ債権額ヲ指定シタルトキハ債務者ハ履行地ニ於ケル為替相場ニ依リ日本ノ通貨ヲ以テ弁済ヲ為スコトヲ得

原案第四〇二条　外国ノ貨幣又ハ紙幣ヲ以テ債権額ヲ指定シタルトキハ債務者ハ履行地ニ於ケル為替相場ニ依リ日本ノ貨幣又ハ紙幣ヲ以テ弁済ヲ為スコトヲ得但別段ノ定アルトキハ此限ニ在ラス

【参照条文】

旧民法財産編

第四六五条〔第四〇二条の【参照条文】中に掲載〕

旧商法

第三二一条〔同右〕

第七五四条〔同右〕

スイス債務法
第九七条（同右）
ドイツ民法第一草案
第二一五条（同右）
ドイツ民法第二草案
第二〇八条（同右）
ドイツ普通商法
第三三六条（同右）
ザクセン民法
第六六六条（同右）

【起草趣旨】

穂積陳重（一七巻二二三丁裏～二二四丁裏）

本条は旧民法財産編第四六五条第三項とほぼ同旨であるが、特約を許すということを但書に規定した。

旧民法財産編第四六五条第一項、第二項は削る。相場で払うか名価で払うかということは、当事者の意思解釈で処理しうるからである。第三項を残した趣旨は、もし本条がなければ、外国の貨幣は日本では物品にすぎないから、これを債権の目的とした場合、日本の貨幣で弁済することはできないためである。

【主要審議】

箕作麟祥（一七巻二二四丁裏）
「貨幣又ハ紙幣」は「通貨」に直すのか。

穂積陳重（一七巻二二四丁裏）
そうする。

末松謙澄（一七巻二二四丁裏）
「別段ノ定」とは約束に定ある場合か。

穂積陳重（一七巻二二五丁表）
「別段ノ定」には、法律、命令、取引の性質、慣習、当事者の合意が含まれる。

箕作麟祥（一七巻二二五丁表）
「時」のことは不要か。

穂積陳重（一七巻二二五丁表）
始めは「履行ノ当時」と書いておいたが、為替相場と云えば「払ウ時」ということはわかるから、除いた。

末松謙澄（一七巻二二四丁裏）
これは日本で履行する場合だけのことか。

穂積陳重（一七巻二二四丁裏）
そうである。

土方寧（一七巻二二五丁表～裏）
履行地が日本であるということは、この文章からは読み取れない。民法の適用地域を考えればわかることではあるが、文章の上ではっきり書いた方がよい。

末松謙澄（一七巻二二六丁表）
「債務者ハ履行地ニ於ケル為替相場ニ依リ其地ノ通貨ヲ以テ弁済ヲ為スコトヲ得」という修正説を提出する。日本国内にのみ適用があるのではあるが、すべて外国のことでも何でも履行地でやる、とした方が一般原則に適うようになろう。

土方寧・菊池武夫（一七巻二二六丁裏、二二七丁表）
賛成。

穂積陳重（一七巻二二七丁表～裏）
「其地ノ通貨」とすると、日本国内でも様々の通貨に分れているように見える。あたかも国際私法の事柄を挙げたように見えるから、原案を推す。

▼採決の結果、原案に確定（一七巻二二七丁裏）。

【その後の経緯】

但書の削除については、「前例ニ依ツタ」ものとされている（民法整理会議事速記録三巻二二八丁裏）。本書四六頁参照。

【民法修正案理由】

本条ハ既成法典財産編第四百六十五条第三項ノ字句ヲ修正シタルノミニシテ、同条第一項及ビ第二項ノ規定ヲ削除シタル理由ハ、既ニ前条ニ於テ之ヲ説明セリ。蓋日本ノ通貨ヲ以テ債権額ヲ指定シタル場合ニ於テ各種ノ日本ノ通貨ヲ以テ弁済ヲ為シ得ルコト勿論ナリト雖モ、外国ノ通貨ハ日本ニ於テハ一種ノ品物タルニ過ギザルニ因リ、之ヲ以テ債権額ヲ指定シタル場合ニ於テハ当然日本ノ通貨ヲ以テ弁済ヲ為スコトヲ得ト云フベカラズ。之レ本条ノ規定ヲ存スル所以ニシテ、債務者ガ為替相場ノ損益ヲ受ケザルベカラザルコト及ビ本条ノ規定ニ異ナル規定アルトキハ之ニ従フベキコトハ固ヨリ至当ノ事ト云フベシ。

▽民法修正案理由書「第三編債権」八〜九頁（第四〇二条）。

（髙橋　眞）

第四〇四条　利息を生ずべき債権について別段の意思表示がないときは、その利率は、年五分とする。

第四〇四条　利息ヲ生スヘキ債権ニ付キ別段ノ意思表示ナキトキハ其利率ハ年五分トス

原案第四〇三条　利息ヲ生スヘキ債権ニ付キ別段ノ定ナキトキハ其利率ハ年五分トス

【参照条文】

旧民法財産取得編

第一八六条第二項　借主ヨリ利息ヲ弁済ス
可キノ合意アリテ其額ノ定ナキトキハ其割合ハ法律上ノ利息ニ従フ

旧商法

第三三四条　遅延利息其他ノ利息ニシテ法律又ハ契約ニ於テ歩合ヲ定メサルモノハ年百分ノ七トス

明治一〇年六六号布告利息制限法(注1)

利息制限法左ノ通相定候条此旨布告候事

第一条　凡ソ金銀貸借上ノ利息ヲ分テ契約上ノ利息ト法律上ノ利息トス

第二条　契約上ノ利息トハ人民相互ノ契約ヲ以テ定メ得ヘキ所ノ利息ニシテ元金百円以下ハ一ケ年ニ付百分ノ二十（二割）百円以上千円以下百分ノ十五（一割五分）千円以上百分ノ十二（一割二分）以下トス若シ此限ヲ超過スル分ハ裁判上無効ノモノトシ各其制限ニマテ引直サシムヘシ

第三条　法律上ノ利息トハ人民相互ノ契約ヲ以テ利息ノ高ヲ定メサル𪜈裁判所ヨリ言渡ス所ノ者ニシテ元金ノ多少ニ拘ラス百分ノ六（六分）トス

第四条　第二条ニ依リ定限利息ノ外総テ人民相互ノ契約ヲ以テ礼金棒利等ノ名目ヲ用ル者アル𪜈ハ総テ裁判上無効ノ者トス

第五条　返還期限ヲ違フル𪜈ハ負債主ヨリ債主ニ対シ若干ノ償金罰金違約金科料等ヲ差出スヘキヿヲ約定スルヿアル𪜈ハ概シテ損害ノ補償ト看做シ裁判官ニ於テ該債主ノ事実受ケタル損害ノ補償ニ不当ナリト思量スル𪜈ハ之レニ相当ノ減少ヲ為スヿヲ得

フランス民法

第一九〇七条　息銀ハ法律上ニテ定メタルモノアリ又ハ契約ヲ以テ定メタルモノアリ

法律上ニテ定メタル息銀トハ法律ヲ以テ之ヲ定メタルモノヲ云フ○契約ヲ以テ定メタル息銀ハ別段法律上ノ禁制ナキ時法律上ニ定メタル息銀ノ割合ニ過クルヿヲ得可シ

契約ヲ以テ定メタル息銀ノ割合ハ証書ヲ以テ之ヲ定ム可シ

フランス一八〇七年九月三日法(注2)

第二条　天引き（retenue）がない場合、法定利息は、民事に関しては一〇〇分の五とし、商事に関しては一〇〇分の六とする。

オーストリア一般民法

第九九四条　貸付者ハ抵当物ヲ有スルニ於テハ則チ毎百ニ五ノ利息ヲ賦収シ若シ抵当物ヲ有セサルニ於テハ則チ毎百ニ六ノ利息ヲ賦収スルヿヲ約束スルヲ得可シ又若シ其契約上ニ於テ利息ヲ約定セサリシニ於テハ則チ此比例ニ従テ之ヲ限定ス

第九九五条　某人カ利息ヲ賦収シ得可キノ権理ヲ有スルモ若シ之ヲ約定セサリシヿ有ラハ則チ法律上ニ於テハ其制限利息一年毎百ニ四ノ比例ヲ以テシ商事上ニ於テハ其制限利息一年毎百ニ六ノ比例ヲ以テシテ之ヲ限定ス〔仏国千八百七年九月三日ノ法律〕

オランダ民法

第一八〇四条　仏民法第千九百七条ニ同シ

オランダ一八五七年法

第二条

イタリア民法

第一八三一条　利息額ヲ限定スルニハ法律上ニ於テスル者アリ契約上ニ於テスル者アリ

法律ノ利息ハ民事ニ関シテハ一百分ノ五ト為シ商事ニ関シテハ一百分ノ六ト為ス是仮令ヒ利息ヲ支弁ス可キノ約束無キモ当然ニ利息ヲ支弁セシム可キ時会ニ向テ之ヲ擬施スル所ノ者トス

契約上ノ利息ハ結約者ノ意度ニ任セテ之ヲ限定スル所ノ者トス

民事ニ関シテハ法律上ノ利息ニ超過スル契約上ノ利息ハ録記ノ証券ニ確照スルヿヲ要ス之ニ反対スル時会ニ於テハ何等ノ利息ヲモ支弁スルヿヲ要セス〔仏民第千九百七条〕

スイス債務法

第八三条　債務が利息の支払に向けられ、かつその額（die Höhe）が当事者によっても、法律又は慣習によっても定められていないときは、一年に五パーセントの利息が支払われるべきである。利息制度の濫用に対する規制は、カントンの立法に委ねられる。

ドイツ民法第一草案

第二一七条　債務カ法律ノ規定又ハ法律行為ニ因リテ利息ヲ附セラルヘキ場合ニ於テ利率ノ定ナキトキハ年五分ノ割合ニ従フ

ドイツ民法第二草案

第二一〇条　債務カ法律ノ規定又ハ法律行為ニ因リテ利息ヲ附セラルヘキ場合ニ於テ別段ノ定ナキトキハ年五分ノ利率トス

ザクセン民法

第六七七条　契約遺言又ハ確定裁決ニ基ク利子ノ額ニ付キ定メナキトキ及利子支払義務他ノ理由ニ出ル総テノ場合ニ於テハ利子ハ年百分五ヲ以テ弁済スヘキモノトス〔第千九百三十七条〕

（注1）　議事速記録では第三条のみを引いているが、ここでは全文を引用した。

（注2）　正確には、「一八〇七年九月三＝一三日法」である（髙橋智也注）。

【起草趣旨】

穂積陳重（一七巻二二八丁表～二三〇丁表）

(1)　民法に定める理由

法定利率については、現在利息制限法第

三条で定めているが、利息は債権の目的物が合意又はその働きによって増殖して債権発生の時より変わって来る働きであるから、民法に定めるのが適当である。

(2)　年五分とする理由

利息制限法では六分、商法では七分となっているが、明治一〇年頃と較べて金融事情も良くなっており、利率も下っている。法定利率はその国における最も普通の利率であるべきだから、これを五分とした。整理公債が五分で整理できることからも、それがわかる。

諸外国でも五分が多いようだが、それは随分前に民法が出来たことによるものであり、ドイツ民法草案理由書などにも、利率は三分ぐらいが適当である、と書いてある。

商事法定利率は商法の立法の問題であってここで論ずる必要はないが、おそらく民法と同一でゆけると思う。

【主要審議】

一　条文の位置

土方寧（一七巻二三〇丁裏）

利息は債権の目的物が殖えたものには違いないが、それは債権の効力が定まる結果殖えるのであるから、「債権ノ目的」の所よりも「債権ノ効力」または「合意ノ効力」の所に書くべきではないか。

穂積陳重（一七巻二三一丁表～裏）

「債権ノ効力」とすれば、どういう場合には五分の利息を払うことを要す、と書くことになろう。しかしここではそういう利息が生ずべき「債権ノ目的」を問題にするのだから、位置はここでなければならない。

二　経済の変動への対処方法

土方寧（一七巻二三〇丁表）

今後経済の変動によってこの条文を改め、たとえば三分とするというように、利率を変更するのか。

穂積陳重（一七巻二三〇丁裏～二三一丁裏）

経済の変動によって変わることがあるかも知れない。オーストリア等では現に変わっている。しかし当分の間はこれで良いだろう。

尾崎三良（一七巻二三一丁裏）

本条が施行されると利息制限法は廃止されるのか。

穂積陳重（一七巻二三一丁裏）

少くとも第三条はこれによって消える。

尾崎三良（一七巻二三一丁裏～二三二丁表）

利息の制限は特別法による方が良いと思う。激しい経済の変動に対応するには、特別法が適している。ここは旧民法のように、（借主より利息を弁済す可きの合意ありて其額の定なきときは其割合は）「法律上ノ制限ニ従フ」とするという修正説を出す。

実際、整理公債は五分であっても、民間では五分で金を借りることはできない。

▼別段発議なし、として原案通りに確定した（一七巻二三二丁表）。

【その後の経緯】

(1)　「別段ノ定」という文言の取扱いの原則について

原案の各条文には、しばしば「別段ノ定アルトキハ此限ニ在ラス」という但書が付されていた。この「別段ノ定」の意義についてたびたび議論になり、穂積陳重委員は、たとえば、法律の規定、慣習、法律行為による明示・黙示の定めをさすというように説明している（確定条文第四七四条の項、本書四六八～四六九頁参照）。このように広く理解した上で、必要があるときは、たとえば「法律行為ニ別段ノ定アル場合」（原案第四八一条の文言、確定条文第四七四条の項、本書四六四頁参照）というように、限定して規定するという方法がとられた。しかし表現上、「別段ノ定」に慣習が入りうるか、またそもそも慣習がどのような根拠で効力を持つかについて、起草委員の中でも一致がない状況であった（たとえば本書四六八～四六九頁参照）。このような状況の中で、とりわけ慣習ないし慣習法の効力について論争が行われ（この点については星野英一「編纂過程からみた民法拾遺」『民法論集第一巻』一六二頁以下参照）、確定条文第九二条が成立するに至って、法律規定、慣習、法律行為による場合を一括して「別段ノ定」として表現することは適切を欠くことになった。この点について、富井委員は、債権編中の原案にあった「別段ノ定」という文言は、ほとんど削除されることになると述べている（民法整理会議事速記録三巻八九丁裏参照）。このような経緯により、「別段ノ定」という表現は削除されることになったものと思われる。

(2)本条における「別段の定」という文言の取扱いについて

本条においては、利息を生ずべき債権は「経済上公益規定ノ………恐レモアリマスカラ別段ノ意思表示ヲ許スヤ否ヤト云フ疑ノアル」ため、「別段ノ意思表示ナキトキハ」という文言を書くことにした、と説明されている（民法整理会議事速記録三巻一二八丁裏～一二九丁表）。

(3)経済の変動への対応について

衆議院民法中修正案委員会において、利息は時勢の変遷により変わるのであるから、「百年ノ法典デアツテ、成ルベク変ヘヌ方ノ趣意ノモノデアル」民法よりも、特別法によって定めるのが適切であるという意見が出された。穂積陳重委員は、利息以外についても社会の進歩に伴って変わるために改めなければならない条文もあろうとした上で、本条については「先ヅ当分ノ所ハ是デ宜カラウカト云フ考ヘデ茲ヘ置キマシタ、之ヲ万世不易ノモノニシヤウト云フ考ヘデハアリマセヌ」と述べた（廣中俊雄編著『第九回帝國議會の民法審議』二一二、二一三、二一四頁）。

【民法修正案理由】

既成法典財産取得編第百八十六条第二項ハ、借主ガ利息ヲ弁済スベキ合意ヲ為シ、然モ其額ヲ定メザルトキハ、法律上ノ利息ニ従フベキコトヲ規定スルノミニシテ其利率ヲ示サズ。又明治十年第六十六号布告利息制限法第三条ハ法定利率ヲ規定スト雖モ、利息ハ債務関係ヨリ生ズル普通ノ結果ニシテ民法ニ規定スベキモノナレバ、本案ハ本条ニ於テ法定利率ヲ明示セリ。而シテ其利率ニ付テハ利息制限法ハ之ヲ年六分トシ、商法ハ之ヲ年七分ト為スト雖モ、今日我国ノ経済ハ利息制限法制定ノ当時ト頗ル其状況ヲ異ニシ、利率モ漸ク低落セルノミナラズ、民法ニ規定スベキ法定利率ハ其国普通ノ利率ニ依ルベキモノニシテ、特ニ商業社会ニ行ハルル利率ニ依ルコトヲ得ザルヤ明ナリ。故ニ本案ハ我国経済上ノ実況ト従来整理公債等ニ採用シタル利率其他各国経済ノ状況ヲ参酌シテ年五分ヲ以テ法定利率ト為セリ。然レドモ之レ固ヨリ民法ノ通則タレバ商法等ニ特別ノ利率ヲ規定スルハ毫モ妨ゲザル所ナリ。

▽民法修正案理由書「第三編債権」九頁（第四〇三条）。

（髙橋　眞）

第四〇五条　利息の支払が一年分以上延滞した場合において、債権者が催告をしても、債務者がその利息を支払わないときは、債権者は、これを元本に組み入れることができる。

第四〇五条　利息カ一年分以上延滞シタル場合ニ於テ債権者ヨリ催告ヲ為スモ債務者カ其利息ヲ払ハサルトキハ債権者ハ之ヲ元本ニ組入ルルコトヲ得

原案第四〇四条　確定条文に同じ

【参照条文】

旧民法財産編

第三九四条　要求スルヲ得ヘキ元本ノ利息ハ塡補タルト遅延タルトヲ問ハス其一个年分ノ延滞セル毎ニ特別ニ合意シ又ハ裁判所ニ請求シ且其時ヨリ後ニ非サレハ此ニ利息ヲ生セシムル為メ元本ニ組入ルルコトヲ得ス

然レトモ建物又ハ土地ノ貸賃、無期又ハ終身ノ年金権ノ年金、返還ヲ受ク可キ果実又ハ産出物ノ如キ満期ト為リタル入額ハ一个年未満ノ延滞タルトキト雖モ請求又ハ合意ノ時ヨリ其利息ヲ生スルコトヲ得

債務者ノ免責ノ為メ第三者ノ払ヒタル元本ノ利息ニ付テモ亦同シ

フランス民法

第一一五四条　貸金ノ息銀ヲ払ハサル時ハ之ヲ得可キ者ノ訴ニ因リ又ハ預メ契約ヲ以テ定メタル所ニ因リ其息銀ノ息銀ヲ払フ可キノ義務アリ但シ此ノ如ク息銀ノ息銀ヲ払フ可キノ義務ヲ生スルニハ一年以上ノ息銀ヲ払ハサル時ニ限ル可シ

第一一五五条　又土地ノ貸賃、家屋ノ貸賃、無期ノ年金、畢生間ノ年金等ノ如キ入額ノ受取期限ニ至リシ時ハ之ヲ得ント訴出シタル日又ハ別段ノ契約ヲ以テ預定シタル日ヨリ其息銀ヲ生ス可シ人ヨリ取戻ス可キ財産ノ入額及ヒ負債者ニ代リテ其債主ニ払フタル息銀ニ付テモ亦此条ノ規則ヲ通シ用フ可シ

オーストリア一般民法

第九九八条　利息額ニ向テ更ニ其利息ヲ賦収スルヿヲ許サス若シ二年以上利息ヲ交支セサルヿ有レハ則チ特別ノ契約ヲ以テ其延滞ノ利息ヲ母金ノ額内ニ結算スルヿヲ得可シ〔仏民第千百五十四条　異〕

オランダ民法

第一二八七条　〔フランス民法第一一五四条に同じ〕

第一二八八条　〔フランス民法第一一五五条に同じ〕

イタリア民法

第一二三二条　支付ヲ延滞セル利息金ハ裁判上ノ請求ヲ為シタル本日ヨリシテ合法ノ利息ヲ以テシ或ハ利息支付ノ期限ヨリ以後ニ約定セル方法ニ依テ更ニ其利息ヲ生出セシムル者トス

商業上ニ関スル利息金ノ利息ハ此他別ニ慣習及ヒ例法ニ従テ之ヲ規定ス

民事上ノ負債ニ関シテ支付ヲ延滞セル利息金ノ契約上若クハ法律上ノ利息ハ満一年間延滞セル利息金ニ係レルニ非サレハ則チ之ヲ生出セシムルヿ無シ但ミ蓄積金保管局及ヒ他ノ之ニ類スル公署カ其特別ナル規則ヲ以テ利息法ヲ制定セル者ノ如キハ此例外ニ属ス〔仏民第千百五十四条〕

第一二三三条　交付ヲ延滞セル収額金例之ハ年租金借屋金及ヒ無期若クハ終身ヲ以テセル年金契約ノ年金ノ如キハ裁判上ノ請求ヲ為シタル本日若クハ契約ヲ締結セル本日ヨリシテ其利息ヲ生出セシムル者

トス

　収額金ノ還付及ヒ第三位ノ人カ負責主ノ為メニ責主ニ為シタル利息金ノ支弁ニ関シテモ亦之ト同一ノ規則ヲ施行ス可キ者トス〔仏民第千百五十五条〕

ドイツ民法第一草案

第三五八条第二項　満期トナリタル利息ヲ支払ハサル場合ニ於テ之ニ重利ヲ附スヘキ予約ハ無効トス

ドイツ民法第二草案

第二一二条　満期トナリタル利息ニ重利ヲ附スヘキ予約ハ無効トス

　貯蓄所、信用貸附所及ヒ銀行ハ領収セラレサル元金ノ利息ヲ新ニ利息ヲ生スヘキ元金ト為スヘキコトヲ約定スルコトヲ得信用貸附所カ其貸借契約ノ代リニ利息ヲ生スヘキ無記名証券ヲ発行スル権アルトキハ此貸借ニ付キ淹滞セル利息ニ対シ年六分以下ノ利息ヲ附スヘキコトヲ予約セシムルコトヲ得

【起草趣旨】

穂積陳重（一七巻二三二丁裏〜二三四丁表）

　旧民法財産編第三九四条は、利息制限法と同様、利に利を付すことを防ぐことによって債務者を保護するという趣旨で、一年分の利息が延滞する毎に特別に合意し又は裁判所に請求した後でなければ元本組入はできないものとしていた。しかし高利貸は、元本の額を書替えることによって容易にこれを回避しうるのであり、あまり実効性がない。

　本案では、債務者が一年分以上延滞したときに、始め催告し、それでも払わない場合に元本に組入れうるものとした。旧民法と違うのは、一年毎にしなくても、一年以上ならまとめてできること、特別の合意や裁判所への請求も不要として手続が簡便になったことである。本案は債務者の保護よりも、催告しても支払われない場合の債権者の保護に重点を置く。その点で旧民法と、精神において異なる。

　なお、旧民法財産編第三九四条第二項には、土地建物の賃料や年金等について規定されているが、これらは利息の問題ではないので削除した。また第三項の、債務者の免責のため第三者が支払った元本の利息については、当初は利息であるにせよ、支払った者から見れば第三者の払った額が元本となるのであるから、例外とはならず、不要と考えて削除した。

【主要審議】

一　催告について

長谷川喬（一七巻二三四丁表〜裏）

　元本組入れのためには一年経過しさえすれば良いのか、催告が必要か。

穂積陳重（一七巻二三四丁裏）

　催告が必要である。

井上正一（一七巻二三四丁裏）

　催告の時と組入の起算点との関係はどうか。

穂積陳重（一七巻二三四丁裏〜二三五丁表）

　催告の仕方にもよる。これから一〇日の後に払ってくれと云えば、一〇日の後からならば元本に組入れうることになる。ただ、催告時に遡って組入れるという場合はあるまいと考える。

二　債務者保護主義廃止の是非

高木豊三（一七巻二三五丁裏〜二三七丁表）

　外国でも、現在の日本でも、利息に利息を付けるということはしない。だから旧民法のように、合意を以て元本に組入れるとか、裁判所に請求するとか、債務者に保護を与えても良いと思う。

　組入れられるのが厭なら払えば良いというのはその通りなのだが、色々の都合で支払えないことがある。これを一片の催告で

元本に組入れうるとするのは、今まで「債務者保護主義」をとってきたこと、諸外国の例から見ても疑問がある。

だから、旧民法のように「別段ノ合意又ハ裁判所ニ請求ヲ為シタル後其利息ヲ払ハサルトキ」という条件を付す修正説を提起したい。

穂積陳重（一七巻二三七丁表～裏）

それではまだ旧民法のようにはならない。旧民法では、「元本ニ組入ルルコトヲ得ス」と、まるで禁制している。

高木豊三（一七巻二三七丁裏）

旧民法通りにならなくても、せめてそれだけの猶予がほしい、ということである。

三　「一年分以上延滞シタル場合」の意味

土方寧（一七巻二三七丁裏）

「一年分以上延滞シタル場合」というのは、例えば「一年分ノ利息ヲ十二个月ノ末ニ払ウ《ママ》ト云フ約束デアル夫レヲ払ハナカツタラ一月ノ末ニ払ハナカツタナラバ直クニ元本ニ組入レテモ宜イ」という趣旨か。

穂積陳重（一七巻二三七丁裏）

そういうことになる。私はよく知らないが、通常は六ケ月とか、月々払うのではないか。

梅謙次郎（一七巻二三八丁表）

それで良い。一年間利息を支払わなかった場合、もともと債権者の方では利息なしに使わせているのだから、利息に利息をつけてもかまわないが、ただ月毎にとか、六ケ月毎に〔利息に〕利息が付くというのは困る。

しかし現在銀行などでは、六ケ月毎に〔利息に〕利息が付く。そういう契約は許す。契約のないときには、月々払う約束でも、一年の終に払う約束でも、一年分以上延滞したときに利息をつける。

▼別段発議なし、として原案通りに確定した。（一七巻二三八丁表）。

【民法修正案理由】

既成法典財産編第三百九十四条第一項ハ、利息制限法ト同一ノ精神ニ本ヅキ債務者ノ保護ヲ目的トシテ、重利ヲ禁ジ利息ヲ元本ニ組入ルニハ特別ノ合意又ハ裁判所ニ請求スルコトヲ要スト規定セリ。然レドモ斯ノ如キ制限ハ種種ノ方法ニ依リテ容易ニ之ヲ免レ得ベク、債務者保護ノ目的ハ之レガ為メニ画餅ニ帰スルコト殆ンド疑ナキ所トス。故ニ本案ハ利息ヲ元本ニ組入ルルニ必要ナル手続ヲ簡便ニシテ寧ロ債務者ノ怠慢ヲ責メ、利息ガ一年分以上延滞シタル場合ニ於テ債権者ガ其催告ヲ為スモ債務者之ヲ支払ハザルトキハ直チニ元本ニ組入ルルコトヲ得ト改メタリ。又既成法典同項ノ規定ニ依レバ一年毎ニ利息ヲ元本ニ組入ルガ如シト雖モ、之レ亦斯ノ如キ制限スル必要ナキヲ以テ、本案ハ一年ヨリ以上延滞ノ利息トシ、単ニ其最低期間ヲ示スニ止メタリ。其他既成法典同条第二項ニ掲グル賃貸《ママ》年金等ノ如キモノハ元本ニ対スル利息ト称スベキモノニアラズ。従テ重利ニ関スル本条ノ規定ニ入ルベキモノニアラザルヲ以テ、又同条第三項ハ明文ヲ要セザルニ因リ、共ニ之ヲ刪除セリ。

▽民法修正案理由書「第三編債権」一〇頁（第四〇四条）。

（髙橋　眞）

第四〇六条　債権の目的が数個の給付の中から選択によって定まるときは、その選択権は、債務者に属する。

第四〇六条　債権ノ目的カ数個ノ給付中選択ニ依リテ定マルヘキトキハ其選択権ハ債務者ニ属ス

原案第四〇四条　債権ノ目的カ数個ノ給付中選択ニ因リテ定マルヘキトキハ其選択権ハ債務者ニ属ス但別段ノ定アルトキハ此限ニ在ラス

【参照条文】

旧民法財産編

第四二八条　義務カ数箇ノ各別ナル目的ヲ有スルモ債務者カ其中ノ幾箇ノ供与ヲ為スニ因リテ義務ヲ免カル可キトキハ其義務ハ選択ナリ

供与ス可キ物ノ選択ハ債務者ニ属ス但其選択ヲ債権者ニ許与シタルトキハ此限ニ在ラス

然レトモ債務者ハ選択ニテ負担シタル数箇ノ物ノ各ノ一分ヲ受クルコトヲ債権者ニ強ヒ又債権者ハ其各ノ一分ヲ与フルコトヲ債務者ニ強フルコトヲ得ス

旧商法

第三二二条　択一債務其他目的物ノ特定セサル債務ニ付キ履行ノ目的物ヲ定ムルコトハ其目的物ノ尚ホ存スル場合ニ限リ疑ハシキトキハ債務者ノ択ムニ任ス

フランス民法

第一一八九条　二箇中ノ一ヲ択ムヲ得可キ義務ヲ行フ可キ者ハ其契約ニ定メタル二物中ノ一ヲ渡スヿニ因リ其義務ノ釈放ヲ得可シ

第一一九〇条　義務ヲ得可キ者其二箇ノ義務中ノ一ヲ択ム可キヿヲ別段定メタル時ノ外其義務ヲ行フ可キ者之ヲ択ムヿヲ得可シ

第一一九一条　義務ヲ行フ可キ者ハ契約ニ定メタル二物中ノ一ヲ渡スヲ以テ其義務ノ釈放ヲ得可シト雖𪜈其義務ヲ得可キ者ヲシテ此一物ノ一分ト彼一物ノ一分トヲ強テ収取セシムルヿヲ得ス

オランダ民法

第一三〇八条　仏民法第千百八十九条及ヒ第千百九十一条ニ同シ

イタリア民法

第一三〇九条　仏民法第千百九十条ニ同シ

第一一七七条　揀択ノ責務ニ関スル負責主ハ揀択責務中ニ包含スル物件ノ其一ヲ責主ニ交付シテ以テ其責務ヲ解卸スルヿヲ得可シ然レ𪜈責主ヲシテ一個ノ物件ノ一部ト他ノ一個ノ物件ノ一部トヲ領受セシムルヿヲ要強スルヲ得可カラス〔仏民第千百八十九条第千百九十一条〕

第一一七八条　此揀択ヲ為スノ権理ハ特ニ之ヲ責主ニ認許セルヿ無ケレハ則チ常ニ必ス負責主ニ帰属ス〔仏民第千百九十条〕

スイス債務法

第八二条　債務（Schuldpflicht）が数個の給付を対象とし、その内いずれか一つの給付のみを為すべきときは、契約に別段の定めがない限り、選択権は債務者に帰属する。

モンテネグロ財産法

第五二八条　当事者の一方が選択的債務を負う場合、即ち、二個ないしはそれ以上の特定物の内いずれか一つを引き渡す義務、又は二個ないしはそれ以上の仕事の内いずれか一つを行う義務を負う場合、その者は、反対の約定がない限り、履行を希望する義務を自ら選択することができ、その義務の履行により責めを免れる。

スペイン民法

第一一三一条　数個の給付を選択的に（alternativement）なす義務を負う者がその責めを免れるためには、その内のいずれか一つの給付を完全に行わなければならない。

　債権者は、双方の給付の各々一部を受領することを強制され得ない。

第一一三二条　債権者に選択権を与える旨が明示されていない限り、選択権は債務者に帰属する。

　債務者は、不可能な給付、違法な給付又は債務の目的とはなり得ない給付を選択することはできない。

ベルギー民法草案

第一一八七条　選択債務は、債務者又は債権者の選択に従って一方のみが給付される、二つの物を含む債務である。

第一一九一条　債務者は、約束した二つの物のうち一方を給付することによってその責めを免れ得る。但し、債務者は、双方の物の各々一部の受領を債権者に強制することはできない。

ドイツ民法第一草案

第二〇七条　債務関係カ数個ノ給付中ノ一ヲ履行スヘキコトヲ目的トシタル場合ニ於テ法律ノ規定又ハ法律行為ニ依リテ別段ノ定ナキトキハ債務者カ撰択権ヲ有ス

ドイツ民法第二草案

第二一九条　数個ノ給付中ノ一ヲ履行スヘキ債務ニ付キ疑ハシキ場合ニ於テハ債務者カ撰択権ヲ有ス

【起草趣旨】

富井政章（一八巻一七九丁裏～一八〇丁表）

(1)　規定の位置について

　選択債務の規定は最初の目録では「債務ノ変体」[注1] と題する第二節の第一款に置くことになっていたが、選択債務というものは元来「債権ノ目的ニ関スル其本体ノ一ツ」であるので、最初の目録を改めて、「債権ノ目的」と題する第一節に置くことになった。

(2)　旧民法との対比

　本条は旧民法財産編第四二八条第一項、第二項の字句を修正したまでである。殊に第一項は定義体であったのを「稍々法文ノ形チニ改メタ」。第三項は明文を置く必要はないものと信じて削除した。

（注1）　当初の目録（明治二十六年六月六日付甲第一号議案）では、「債務ノ体様」という題号になっていた（なお、同目録については「第三編債権」注1（本書一頁）参照）が、明治二六年六月一六日開催の第六回民法主査会で、議論の末、「債務ノ変体」に変更された（民法主査会議事速記録二巻二九丁裏～三一丁表）。

【主要審議】

一　「給付」という文言について

土方寧（一八巻一八〇丁表～裏）

　「給付」という文言は「日本ノ言葉上如何ニモ債権ノ目的ト云フコトヲ言ヒ顕ハスニハ些ツト穏カデナイヤウニ思」う。目的物の所有権を与える、という場合にはそれでよいかも知れないが、「ヤルコトヲ為スト云フヤウナコト」を給付という言葉で表現するのは適当ではないと思う。何かもっと広い言葉はないのか。

富井政章（一八巻一八〇丁裏）

　起草委員もかなり苦労したが、これはフランス語の「アルエープレパション」（allouer〈与える〉、prestation〈支給〉か――玉樹注）のつもりである。旧民法では「供与」としてあるが、これでも物を渡すという意味に受けとられ、「給付」より少し「酷ドイ」かもしれない。

横田國臣（一八巻一八一丁表）

　「給付」という字を削って「数個ニシテ」

としてはどうか。

富井政章（一八巻一八一丁表）

選択債務の性質に関しては議論があって現に三説に分かれている。(注2) 横田委員の言うように数個を目的にかけると、一つの学説に拘泥したことになる。

高木豊三（一八巻一八一丁表）

「債権ノ目的カ選択ニ因リテ定マルヘキトキハ」だけではいけないか。

富井政章（一八巻一八一丁表）

それではいけない。範囲が限定されなくなってしまう。

穂積陳重（一八巻一八一丁表）

原案第四〇八条第二項（不能による特定、確定条文第四一〇条第二項――玉樹注）のような場合に困る。

議長（箕作麟祥）（一八巻一八一丁裏）

「給付」という字はそういう「符調字」として諦めるほかない。

二　本条の存在意義について

土方寧（一八巻一八一丁裏～一八二丁表）

本条の規定は債権債務の性質から当然帰結されることだと思う。債権というものは債権者が自分で行うことはできず、債務者に履行を求めることができるだけである。債権の目的が数個ある場合には、どれを選ぶかが書いてなければ債務者の方から進んで履行しなければならない性質のものであり、〔債権者は〕履行を待っていなければならない。〔そして債務者が〕履行をするときにどれかを選択せねばならないのである。従ってこの規定がなくても当然そうなると思うがどうか。

富井政章（一八巻一八二丁表～裏）

債権者が選択するということも充分考えられる。当然債務者が選択するのだとは言えないので、規定を置く方が至当である。

▼別段異議なく、原案通り確定した（一八巻一八二丁裏）。

（注2）　富井政章・民法原論第三巻債権総論上（昭和四年）一七三頁以下によれば、選択債権の性質に関する学説には以下のようなものがある。

①　複数債権説　給付の数に応じて数個の債権関係が存立すると解する。各債権が相互に停止条件又は解除条件につながるとする説が多い。

②　単一債権説　(i)　債権関係が単一であることは認めるが、数個の給付が相互に停止条件又は解除条件につながるとする説。(ii)　単一無条件の債権と解する説。

右の諸説のうち、②(ii)説がほぼ定説であるが、債権の目的たる給付が単数か複数かを巡って、更に次の二説に分かれる。

(a)　選択債権は択一的に定まる数個の給付を目的とする債権又は数個の給付中のある一個を履行すべき債権だとする説。(b)　数個の給付の中から選択される一個の給付（当初未確定な一個の給付）を目的とする債権だとする説。

ここで言われている「三説」がどれを指すものかは明らかでない。

【その後の経緯】

但書が削除された経緯については、本書四六頁参照。「因リテ」が「依リテ」に改められた理由については、整理会でも触れられていない（民法整理会議事速記録三巻一二九丁表参照）。

【民法修正案理由】

本条乃至四百九条ハ所謂選択債務ニ関スル規定ナリトス。蓋シ選択債務ハ債権ノ目的ニ関スル其変体ノ一ナルヲ以テ、本節ニ於テ之ガ規定ヲ設クルコトトナセリ。

本条ハ財産編第四百二十八条ニ修正ヲ施シタルモノナリ。同条第三項ハ言フヲ俟タザルヲ以テ之ヲ削除シ、唯同条ノ第一項及ビ第二項ノ規定ヲ採用シテ其体裁ヲ改メタリ。

▽民法修正案理由書第三編第一章「選択債務」一頁（第四〇四条）。

（玉樹智文）

第四〇七条　前条の選択権は、相手方に対する意思表示によって行使する。
2　前項の意思表示は、相手方の承諾を得なければ、撤回することができない。

第四〇七条　前条ノ選択権ハ相手方ニ対スル意思表示ニ依リテ之ヲ行フ
前項ノ意思表示ハ相手方ノ承諾アルニ非サレハ之ヲ取消スコトヲ得ス

原案第四〇五条　前条ノ選択権ハ相手方ニ対スル意思表示ニ因リテ之ヲ行フ
選択ハ相手方ノ承諾アルニ非サレハ之ヲ取消スコトヲ得ス

【参照条文】

旧民法財産編

第四三〇条　債務者カ実物ノ提供ヲ為シ又ハ債権者カ合式ノ請求ヲ為シテ一旦有効ニ行フタル選択ハ当事者ノ一方ノ承諾アルニ非サレハ之ヲ言消スコトヲ得ス

スペイン民法

第一一三三条　選択権は、それが通知された（notifié）日からその効力を生ずる。

ベルギー民法草案

第一一九三条　選択権は、それが行使された日からその効力を生ずる。選択権が債務者に属する場合は、その行使を債権者に通知しなければならない。

ドイツ民法第一草案

第二〇八条　撰択権者カ相手方ニ対シ撰択ノ表示ヲ為シタルトキハ撰択ノ実行アリタルモノトス
撰択権ヲ有スル債務者カ数個ノ給付中ノ一ヲ履行シ又ハ撰択権ヲ有スル債権者カ数個ノ給付中ノ一ヲ受取リタルトキハ撰択カ実行セラレタルモノト見做ス右何レノ場合ニ於テモ給付ノ一部分カ履行セラレ又ハ受取ラレタルトキ亦同シ

第二〇九条　実行シタル撰択ハ之ヲ取消スコトヲ得ス撰択ノ実行後ハ債務関係カ初ヨリ撰ハレタル給付ニノミ存セシモノト見做ス

ドイツ民法第二草案

第二二〇条第一項　撰択ハ撰択権者カ相手方ニ対シ其表示ヲ為スコトニ依リテ之ヲ行フ
前項ノ表示ハ之ヲ取消スコトヲ得ス(注)

（注）　仁保亀松訳「独逸民法草案債権」では、このように二つの項に分けて訳出されている（法曹記事第三八号七頁）が、原文では第一項中に規定されている。ちなみに、第二〇九条第一段に対応している。仁保訳は、第二文は第一草案第一草案との対照の便宜を図るためにあえてこのように項を分けたものと思われる。

【起草趣旨】

富井政章（一八巻一八二丁裏～一八三丁裏）

本条第一項は旧民法財産編第四三〇条の実質に変更を加えたものである。旧民法では、選択権者が債務者であれば「実物ノ提供」を為し、債権者であれば「合式ノ請求」を為さねば選択とはならない。しかし、選択とは「意思ノ働キ」にすぎないから、意思表示だけで選択の効果を認めてよいし、またそうでなくてはならない。スペイン民法やベルギー民法草案では相手方に対する通知でよいとしているが、その趣旨は意思表示のみでよい、ということであろう。従って、ドイツ民法第二読会草案に倣ってこのように規定した。

第二項は旧民法の通りである。

【主要審議】

一　第二項削除説

田部芳（一八巻一八四丁表～裏）

強いて反対というほどでもないが、前条で「債権ノ目的カ数個ノ給付中選択ニ因リテ定マルヘキトキ」とあって、本条第一項で「相手方ニ対スル意思表示ニ因リテ之ヲ行フ」と書いてある。従って、既に目的が定まっておれば、勝手に変更できないことは自明であるから、第二項は削除してはどうか。

▼田部提案、賛成者なく消滅（一八巻一八五丁表）。

二　第二項の「選択ハ」を「前項ノ意思表示ハ」にする修正案

横田國臣（一八巻一八三丁裏）

第二項の「選択ハ」という文字は不適当である。

富井政章（一八巻一八三丁裏～一八四丁表）

「前項ノ意思表示ハ」とも書いてみたが、選択が意思表示によって為すものであることは第一項から明らかであるので、繰り返すには及ばないと考えて「選択ハ」とした。

横田國臣（一八巻一八四丁表）

「第一項カアレハ其方カ正シイト思フタ」。

横田國臣（一八巻一八四丁表、一八五丁表）

前条に「選択ニ因リテ定マルヘキトキハ」とあるので、「選択」と言うと、選択されたものではなく、選択するということに誤解されるのではないか。

富井政章（一八巻一八五丁表）

横田委員の説に従えば、「前項ノ規定ニ依リテ行ヒタル選択ハ」となるだろうが、それではいかにも長くなる。

横田國臣（一八巻一八五丁表）

「既ニ行ヒタル選択ハ」でよい。賛成者があれば修正案として提出する。

尾崎三良（一八巻一八五丁裏）

賛成。

奥田義人（一八巻一八四丁表、一八五丁裏）

「前項ノ意思表示ハ」の方がよい。

土方寧（一八巻一八五丁裏）

賛成。

横田國臣（一八巻一八五丁裏）

それならそちらの方がよいから、奥田委員に賛成する。

▼「前項ノ意思表示ハ」という修正案につき採決。起立少数にて否決、原案通り確定（一八巻一八六丁表）。

【その後の経緯】

確定条文では、「前項ノ意思表示ハ」という案が復活、採用されているが、その経緯は明らかでない。整理会では「字句ノ修正丈ケ」のこととして決定されている（民法整理会議事速記録三巻一二九丁表）。

【民法修正案理由】

本条ハ財産編第四百三十条ニ該当スルモノナリ。同条ノ規定ニ依ルトキハ、債務者ハ実物ノ提供ヲ為シ、又債権者ハ合式ノ請求ヲ為シテ選択権ヲ行フベキモノナリト雖モ、選択権ノ行使タルヤ素ト意思ノ表示ニ外ナラザルガ故ニ、苟モ選択ヲ為スノ意思明ナルトキハ、必シモ此等ノ手続ヲ為スノ必要ナカルベシ。西班牙民法及ビ白耳義草案ノ規定ニ依ルトキハ、選択ヲ為ス者ハ其旨ヲ相手方ニ通知スレバ足レリト雖モ、此規定タルヤ少シク狭キニ失スルノ感ナキニ非ザルヲ以テ、独乙民法草案ノ主義ニ倣ヒ、相手方ニ対スル意思表示ニ依テ選択ヲ為スベキモノト為シタリ。

本条第二項ノ規定ハ既成法典ノ原文ヲ存シタルモノニ外ナラズ。

▽民法修正案理由書第三編第一章「選択債務」一頁（第四〇五条）。

（玉樹智文）

第四〇八条　債権が弁済期にある場合において、相手方から相当の期間を定めて催告をしても、選択権を有する当事者がその期間内に選択をしないときは、その選択権は、相手方に移転する。

第四〇八条　債権カ弁済期ニ在ル場合ニ於テ相手方ヨリ相当ノ期間ヲ定メテ催告ヲ為スモ選択権ヲ有スル当事者カ其期間内ニ選択ヲ為ササルトキハ其選択権ハ相手方ニ属ス

原案第四〇六条　確定条文に同じ

【参照条文】

ドイツ民法第一草案

第二一〇条　撰択権ヲ有スル債務者カ強制執行ノ著手前ニ撰択ヲ実行セサルトキハ債権者ハ自己ノ撰択ニ従ヒ数個ノ給付中ノ一ニ付テ強制執行ヲ為スコトヲ得但債権者カ其撰ヒタル給付ノ全部若クハ一部ヲ受取ラサル間ハ債務者ハ他ノ給付ノ一ヲ履行シテ其義務ヲ免ルコトヲ得

撰択権ヲ有スル債権者カ遅滞ニ在ルトキハ債務者ハ債権者ニ対シ自己ノ定メタル相当ノ期間内ニ撰択ヲ実行スヘキ請求ヲ為スコトヲ得撰択カ此期間内ニ実行セラレサルトキハ撰択権ハ債務者ニ移転ス

ドイツ民法第二草案

第二二一条　第一項、仝上（ドイツ民法第一草案第二一〇条第一項に同じ）

撰択権ヲ有スル債権者カ遅滞ニ在ルトキハ債務者ハ債権者ニ対シ相当ノ期間ヲ指定シテ撰択ヲ実行スヘキ催告ヲ為スコトヲ得債権者カ此期間内ニ撰択ヲ実行セサルトキハ撰択権ハ債務者ニ移転ス

【起草趣旨】

富井政章（一八巻一八六丁表）

本条の規定は旧民法にも大抵の国の法典にもない。ドイツ民法草案にこれと類似した規定があるだけである。ただ、ドイツ民法草案は、本条より「随分錯雑シ」ているが、その精神は同一である。選択権を有する当事者が権利行使を怠った場合に、相手方を保護する精神に出ている。また、規定の仕方は、本条のように債権が弁済期にあり、相手方より相当の期間を定めて催告したにもかかわらずなお選択しない場合には、その罰として選択権が相手方に移るとするのが最も簡略かつ公平であると考える。

【主要審議】

一　本条の意味について——弁済期後の履行請求権との関係

土方寧（一八巻一八六丁裏～一八七丁裏）

選択権を有する人がその権利を行使しない場合に、相手方が催告して、その期間内に選択せねばならないとするのは、弁済期前にあっては相手方の保護になるかもしれないが、既に弁済期にある場合には疑問である。既に弁済期にあって、選択権を有する債務者が未だ選択していないという場合に、債権者が催告して選択させ、その後に履行の訴を起こすということになれば、「債権者ヲ保護スル趣意テアルマイト思」う。というのは、選択が為されないときには、「其選択ヲスルニ付テ猶予ヲ与ヘナケレハナラ」ず、「期限ヲ延ハスヤウニ為ルト思」う。従って本条は削除した方がよい。なにもこのような猶予を与えなくても、債権者に選択権があるときには、債権者が自ら選択してその目的について履行を求めればよいし、債務者に選択権があるときには、履行を求める際に合わせて選択を行うよう請求すればよい。それで「直ク往ケルモノト考へ」る。

富井政章（一八巻一八八丁表～一八九丁表）

本条は土方委員の言うような趣意でできているのではない。本条は、弁済期であれば履行を請求することができるという履行請求権を妨げるものではない。本条がないと不都合なのは次のような場合である。まず、債権者に選択権があって債権者が選択を行わないときには、債務者がその内の一つを処分したいと思ってもできない。また、債権が利息付であったり、債権者が旅行中で帰ってから請求しようと思っているような場合には、弁済期にあっても債権者が履行の請求をしないかもしれない。このような場合には、債務者は供託して債務を免れることはできるが、債権者が請求してくるまで延ばしておこうと思うときには、「債権者ノ物」だけ確定しておくことができるようにしておく方がよい。「唯夕夫レ丈ケノコトデ決シテ履行請求権ヲ妨ケルト云フ性質ノモノテハナイ」。

二　「相当ノ期間」について

横田國臣（一八巻一八九丁表）

「相当ノ期間」は催告を為す者に定めさせるのではなく、法定の期間を設定してはどうか。

富井政章（一八巻一八九丁表～裏）

場合によって異なるので一定の期間を定めることはできない。当事者に任せるのは不都合だという意見も一理あるが、そのような例は他にも例えば原案第一一五条（無権代理行為の相手方の催告権。確定条文第一一四条――玉樹注）にある。

三　選択権移転の意義――制裁

穂積八束（一八巻一八九丁裏～一九〇丁表）

債務者が選択するということは、ただ履行の手続を定めたものであって、「債務ト云フモノガ選択ノ債務テ債務ノ本質デアラウト思」う。債務者の方が選択をする場合に、「其債務カ履行ヲスル期限ヲ怠ルト」債務者の「選択スル権利カ一概ニ無ク為ツテ仕舞ウト云フヤウナコト」は酷ではないか。

富井政章（一八巻一九〇丁表～一九一丁表）

御説の通り選択債務は選択によって目的が確定するので、選択権を有する者がいつまでも選択しないでおくと、相手方が際限なく不確定な地位に置かれることになって、立法上好ましくない。このような場合法律が「断定」をもって決めるという例が多い。例えば前述の原案第一一五条などは期間内に返答しなければ追認を拒絶したとみなすのであるから、本条よりも一層広い。選択権を有していながらいつまでも権利を行使せずに相手方を不確定な地位に置くというのは権利を濫用する方になると思う。かような場合に法律が直ちにその権利を失わせるとしては悪いので、どこまでも方法を尽くす、その方法は相手方に選択させるのが最もよい。ドイツ民法草案は、ある点では本条より甚しく、債権者が選択権を有していないのに実際選択して強制執行にかけることができるようになっている。そのような主義はとらずに本条のように規定したが、これくらいの「制裁」は、あって至当と思う。

土方寧（一八巻一九二丁表～一九四丁表）

相当の期間というのは不確定で面白くない。債務者が選択権を有する場合に満期に進んで履行しないときには、債権者が「選択シテ履行シテ呉レ」と請求することにしてもよいが、一歩進んで、満期に至って選択権を行使しないときは直ちに選択権が相手方に移転するとしてもよい。それは、債務がその本旨に従って任意に履行されるための一つの便法であり、また「制裁」にもなる。反対に、債権者に選択権があるが、債権者が自分の都合で履行を求めないときには、その選択権は直ちに債務者に移るとするのがよい。それ故、本条を次のように修正する説を提出する。「債権カ弁済期ニ在ル場合ニ於テ選択権ヲ有スル当事者カ選択ヲ為ササルトキハ選択権ハ相手方ニ属ス」

▼土方修正説、賛成者なく消滅。他に別段の発議なく原案通り確定（一八巻一九四丁表）。

【民法修正案理由】

本条ノ如キ規定ハ既成法典及ビ其他諸国ノ法典ニ見ザル所ニシテ、唯独乙民法草案ニ之ト類スル規定アルニ過ギズ。本条ノ規定ハ選択権ヲ有スル者ノ相手方ヲ保護スルノ主意ニ出デタルモノニシテ、亦タ極テ便ナルモノト信ズ。

▽民法修正案理由書第三編第一章「選択債務」一一～二頁（第四〇六条）。

（玉樹智文）

第四〇九条　第三者が選択をすべき場合には、その選択は、債権者又は債務者に対する意思表示によってする。

2　前項に規定する場合において、第三者が選択をすることができず、又は選択をする意思を有しないときは、選択権は、債務者に移転する。

第四〇九条　第三者カ選択ヲ為スヘキ場合ニ於テハ其選択ハ債権者又ハ債務者ニ対スル意思表示ニ依リテ之ヲ為ス

第三者カ選択ヲ為スコト能ハス又ハ之ヲ欲セサルトキハ選択権ハ債務者ニ属ス

原案第四〇七条　第三者カ選択ヲ為スヘキ場合ニ於テハ其選択ハ債権者又ハ債務者ニ対スル意思表示ニ因リテ之ヲ為ス

第三者カ選択ヲ為スコト能ハス又ハ之ヲ欲セサルトキハ選択権ハ債務者ニ属ス

【参照条文】

ドイツ民法第一草案

第二一二条　撰択ノ方法ヲ以テ債務ヲ負フタル数個ノ給付ニ付キ其撰択カ第三者ニ委子ラレタルトキハ疑ハシキ場合ニ於テ債務関係ハ第三者ノ撰択ニ依ル条件附帯ノモノト見做ス

前項ノ場合ニ於テ撰択カ債権者又ハ債務者ニ対シテ表示セラレタルトキハ其実行アリタルモノト見做ス

【起草趣旨】

富井政章（一八巻一九四丁裏～一九五丁表）

本条の規定は、前条（確定条文第四〇八条・原案第四〇六条）と同様、旧民法その他多くの国の法律には見られない。しかし、第三者が選択すべき場合の方が当事者の一方が選択権を有する場合よりも多いように思われるので、この場合の選択の仕方及び選択をなさないときの処置について特別に規定を置く必要があると考える。ドイツ民法第一草案の規定は第二読会において、他の規定によって自ら明らかであるという理由で削除されたが、本案では他に本条を掲げてある効果を生じさせる条文はないのでこの規定を置くことが必要である。なお、ドイツ民法草案は第三者の選択を純然たる条件の成就と見て、その効力が既往に遡らない、すなわち選択によってはじめて債権を生ずるものとしているが、我々には、この場合と普通の場合とを区別する理由を発見できないので、本案では、この場合も原案第四〇九条（確定条文第四一一条）によってその効力が既往に遡ることにした。第二項はドイツ民法草案にもない規定だが、前条と同じ理由で、なくてはならない規定である。そして、選択権が債務者にあるとするのは原案第四〇四条（確定条文第四〇六条）の精神にも適って勿論至当のことと思う。

【主要審議】

一　選択の意思表示の相手方

議長（箕作麟祥）（一八巻一九五丁表）

　第三者が選択権を有する場合に、その選択は、債務者に対する意思表示によるならばよいが、債権者に対する意思表示によってもできるというのは不都合ではないか。

富井政章（一八巻一九五丁表～裏）

　少し不都合なことがあるかも知れないが、どちらに対する意思表示でもよいとして、早くこの債務関係を確定して「始末」を付けることが必要であると考える。ドイツ民法草案も同様である。

二　第二項の存在意義

土方寧（一八巻一九五丁裏）

　本条第二項は、選択権を誰が持っているかということを定めなかった場合と同じように見るということか。

富井政章（一八巻一九五丁裏）

　選択すべき第三者が選択することができなくなったか、選択することを好まない場合には、当事者のどちらかが選択権を持つことにしなければ債務関係の「始末」がつかない。そこで、選択権が債権者にあるとするよりも、債務者にあるとする方が原案第四〇四条（確定条文第四〇六条）の趣意に適うと思う。

土方寧（一八巻一九六丁表）

　原案第四〇四条は当事者の意思が分らないときは債務者が選択をするという規定である。しかし本条は、第三者が選択すべき旨の意思が表示されている場合の規定であるのに、その人が選択しなければ、なぜ債務者に選択権を与えなければならないのか、なぜ債権者に選択権を与えてはいけないのか(注)、その理由が分らない。

富井政章（一八巻一九六丁裏）

　この場合には債権者・債務者の双方が第三者に選択を委ねたのであるから、その第三者が選択をしないときには法律はこの選択権をどちらに与えると決めてもよい。しかし注意深い債権者であれば、第三者が選択をしないときには自分が選択する旨の特約をするであろう。従って、特約がないときは、債務者に選択権を与えることにして、債権者の注意を求めるようにした方がよいと思う。

三　第三者の意味について

横田國臣（一八巻一九七丁表～裏、一九八丁裏）

　第三者には「債務者ニくツ付ク第三者」と「債権者ニくツ付ク第三者」とがある。「債務者ニくツ付イタ第三者」であれば債務者が選ぶのはよいが、債権者の方の第三者が選択しない場合には、債権者がその地位に代らなければならない。それなのに、この場合にも債務者が選択すると定めるのは事実において非常に違いはしないか。

富井政章（一八巻一九七丁裏～一九八丁裏、一九八丁裏～一九九丁表）

　なるほど、想像の上においては第三者が「債務者ニくツ付ク」場合と「債権者ニくツ付ク」場合とがあるが、その境界を法文の上で明らかに立てることは到底できない。

従って、反対の意思表示がない限り、どちらにするかを少し杓子定規ではあるが、決めなければならない。状況により黙示の意思表示があるとして、意思解釈により、債権者に選択権があるといえることもしばしばあるであろうが、一般の規則としては、債務者にあるとしておいた方が穏かであろう。第二項がなければ第三者が「どッちニくツ付クモノテモナイ」場合に困る。

議長（箕作麟祥）（一八巻一九九丁表）

「但別段ノ定アルトキハ此限ニ在ラス」という文言は要らないか。

富井政章（一八巻一九九丁表）

それは少しも疑いがないときには書かない例になっている。

▼別段の発議がなく、原案どおり確定（一九巻一九九表）。

【その後の経緯】

第一項の「因リテ」の文字が「依リテ」に改められている経緯は不明である。

（注）原文には「何故債務者テナケレハナラヌカ何故債権者テナケレハナラヌカ」と記されている。

【民法修正案理由】

既成法典其他多数ノ法典ニ於テハ第三者ガ選択ヲ為ス場合ヲ規定セズト雖モ、実際ニ於テハ第三者ガ選択ヲ為スコト反テ多カルベシ。故ニ本案ニ於テハ独乙民法第一読会草案ニ倣フテ本条ノ規定ヲ設ケタリ。只同草案ニ於テ第三者ノ選択ヲ以テ純然タル停止条件ノ成就シタルモノト看做シ其効力ヲ既往ニ遡ラシメズト雖モ、本案ニ於テハ他ノ場合ト区別スルノ理由ヲ見ザルヲ以テ此主義ヲ採用セザルナリ。

本条第二項ハ諸国ノ法律ニ殆ド其例ヲ見ザル所ナリト雖モ、明文ナキトキハ疑議ノ生ズル恐アルヲ以テ之ヲ置キタリ。而シテ其実質ハ選択債務ノ原則ニ従ヒ選択権ノ債務者ニ在ルモノトスルヲ至当トス。

▽民法修正案理由書第三編第一章「選択債務」一二頁（第四〇七条）。

（朱　柏松）

第四一〇条　債権の目的である給付の中に、初めから不能であるもの又は後に至って不能となったものがあるときは、債権は、その残存するものについて存在する。

2　選択権を有しない当事者の過失によって給付が不能となったときは、前項の規定は、適用しない。

第四一〇条　債権ノ目的タルヘキ給付中始ヨリ不能ナルモノ又ハ後ニ至リテ不能ト為リタルモノアルトキハ債権ハ其残存スルモノニ付キ存在ス

選択権ヲ有セサル当事者ノ過失ニ因リテ給付カ不能ト為リタルトキハ前項ノ規定ヲ適用セス

原案第四〇八条　債権ノ目的タルヘキ給付中始ヨリ不能ナルモノ又ハ後ニ至リテ不能ト為リタルモノアルトキハ債権ハ其残存スルモノニ付キ存在ス

選択権ヲ有セサル当事者ノ過失ニ因リテ給付ノ不能ヲ生シタルトキハ前項ノ規定（注1）ヲ適用セス

（注1）　法典調査会民法議事速記録では「……前項ノ規定ヲ適用ス」となっているが、この点は、第一議案のとおり「前項ノ規定ヲ適用セス」が正しい。

【参照条文】

旧民法財産編

第四二九条　選択ヲ有スル当事者ノ孰レタルヲ問ハス二箇ノ物ノ一カ意外ノ事又ハ不可抗力ニ因リテ滅失シタルトキハ義務ハ単一ト為リテ其残ル所ノ物ニ存ス

二箇ノ物カ共ニ全部滅失シタルトキハ義務ハ消滅ス

二箇ノ物ノ一カ意外ノ事又ハ不可抗力ニ因リテ其価ノ半額ヨリ多キ部分ヲ喪失シタルトキハ其物ハ債務者ノ選択ノ目的タルコトヲ得ス

第四三一条　選択カ債務者ニ属スル場合ニ於テ二箇ノ物ノ一カ其過失ニ因リテ滅失シタルトキハ義務ハ残ル所ノ物ニ存シ債務者ハ滅失シタル物ノ価金ヲ与ヘテ其義務ヲ免カルルコトヲ得ス

二箇ノ物カ債務者ノ過失ニ因リテ順次ニ滅失シタルトキハ債務者ハ後ニ滅失シタル物ノ価金ヲ負担ス

又二箇ノ物カ同時ニ滅失シテ債務者カ其二箇又ハ一箇ニ対シ過失アリタルトキハ選択ハ債権者ニ移転シ之ヲシテ一箇ノ物ノ価金ヲ得セシム

第四三二条　同上ノ場合ニ於テ二箇ノ物ノ一カ債権者ノ過失ニ因リテ滅失シタルトキハ債務者ハ義務ヲ免カル但債務者ハ自己ノ選択ヲ以テ残ル所ノ物ヲ与ヘテ滅失シタル物ノ償金ヲ要求スルコトヲ得

二箇ノ物カ共ニ債権者ノ過失ニ因リテ滅失シタルトキハ債務者ハ自己ノ選択ヲ以テ一箇ノ物ノ償金ヲ要求スルコトヲ得

二箇ノ物カ一ハ債権者ノ過失ニ因リ一ハ意外ノ事又ハ不可抗力ニ因リテ同時ニ滅失シタルトキハ債務者ハ義務ヲ免カレ債権者ニ対シテ償金ヲ要求スルコトヲ得ス

第四三三条　合意ヲ以テ債権者ニ選択ヲ与ヘタル場合ニ於テ二箇ノ物ノ一カ債務者ノ過失ニ因リテ滅失シタルトキハ債権者ハ残ル所ノ物ヲ要求シ又ハ滅失シタル物ノ価金ヲ要求スルコトヲ得

二箇ノ物カ共ニ債務者ノ過失ニ因リテ滅失シタルトキハ債権者ハ自己ノ選択ヲ以テ一箇ノ物ノ価金ヲ要求スルコトヲ得

二箇ノ物カ一ハ債務者ノ過失ニ因リ一ハ意外ノ事又ハ不可抗力ニ因リテ同時ニ滅失シタルトキモ亦同シ

第四三四条　同上ノ場合ニ於テ二箇ノ物ノ一カ債権者ノ過失ニ因リテ滅失シタルトキハ債務者ハ義務ヲ免カル

二箇ノ物カ共ニ債権者ノ過失ニ因リテ同時ニ滅失シタルトキハ選択ハ債務者ニ移転シ之ヲシテ一箇ノ物ノ価金ヲ得セシム

二箇ノ物カ一ハ債権者ノ過失ニ因リ一ハ意外ノ事又ハ不可抗力ニ因リテ同時ニ滅失シタルトキハ債務者ハ義務ヲ免カレ債権者ニ対シテ償金ヲ要求スルコトヲ得ス

フランス民法

第一一九二条　引渡ノ契約ヲ為シタル二物中ノ一箇契約ノ目的ト為ス可カラサル物タル時ハ縦令ヒ二箇中ノ一ヲ択ム可キノ契約ヲ為シタルト雖𪜈其義務ヲ通常ノモノトス

第一一九三条　引渡ノ契約ヲ為シタル二物中ノ一箇滅尽シテ之ヲ渡スヿヲ得サルニ至リシ時ハ義務ヲ行フ可キ者ノ過失ニ因ルト否トヲ問ハス二箇中ノ一ヲ択ム可キ義務通常ノ義務トナル可シ但シ此場合ニ於テハ滅尽シタル物ニ代ヘ其価ヲ引渡スヿヲ得ス

契約ヲ為シタル二物共ニ滅尽シテ其中
一物ノ滅尽シタル事其義務ヲ行フ可キ者
ノ過失ニ因ル時ハ其者後ニ滅尽セシ物ノ
価ヲ償フ可シ
第一一九四条　又前条ニ記シタル場合ニ於
テ義務ヲ得可キ者契約ニ因リ二物中ノ一
ヲ択ム可キノ権ヲ得タル時義務ヲ行フ可
キ者ノ過失ニ非ラスシテ其二物中ノ一箇
滅尽シタルニ於テハ義務ヲ得可キ者二物
中ノ存在シタル物ヲ得可シ若シ其滅尽シ
タルヿ義務ヲ行フ可キ者ノ過失ニ因ル時
ハ義務ヲ得可キ者二物中ノ存在シタル物
ヲ得ント求メ又ハ滅尽シタル物ノ価ヲ得
ント求ムルヿ自由ナリトス
又其二物共ニ滅尽シ義務ヲ行フ可キ者
其二物ニ付キ過失アル時ハ言ヲ待タス其
中ノ一物ノミニ付キ過失アル時ト雖モ義
務ヲ得可キ者其二物中ニテ己レノ択ム所
ノ一物ノ価ヲ得ント求ムルヿヲ得可シ
第一一九五条　又義務ヲ行フ可キ者ノ過失
ニ非ス且其者引渡ヲ怠リタルニ非スシテ
其二物共ニ滅尽シタル時ハ第千三百二条
ニ記スル所ニ循ヒ其義務全ク消散ス可シ
第一一九六条　三箇以上ノ中其一ヲ択ム可
キ義務ニ付テモ亦前ニ記スル所ノ規則ヲ
通シ用フ可シ

オーストリア一般民法

第八八二条　做得ノ事件ト不做得ノ事件ト
カ一併ニ起生スルニ於テハ則チ唯〻其做
得ノ事件ヲ決行ス可キ者トス但〻其契約
ノ部分ヲ割離ス可カラサル所ノ者ノ如キ
ハ此限内ニ在ラス

オランダ民法

第一三一〇条乃至一三一二条　仏民法第千
百九十二条乃至千百九十四条ニ同シ
第一三一三条　三箇以上ノ中其一ヲ択ム可
キ義務又ハ或事ヲ為シ或ハ為ス可カラサ
ル義務ニ付テモ亦前ニ記シタル所ノ規則
ヲ循守ス可シ〔仏民法第千百九十六条〕

イタリア民法

第一一八〇条　若シ約束セル二個ノ物件ノ
其一カ銷滅ニ帰スルカ若クハ交付ス可カ
ラサルカ是レ仮令ヒ負責主ノ過失ニ因テ
交付ス可カラサルモ亦其責務ハ単純ノ責
務ト為ル者トス
此物件ノ価直ヲ物件ニ換ヘ以テ之ヲ供
出スルヿヲ得可カラス
若シ二個ノ物件カ共ニ銷滅ニ帰シ而シ
テ其一ノ銷滅カ負責主ノ過失ニ因テ起生
シタルニ於テハ則チ負責主ハ其後次ニ銷
滅セル物件ノ価直ヲ弁償セサル可カラス
〔仏民第千百九十三条〕
第一一八一条　前条ニ明記セル時会ニ於テ
其揀択ノ権理カ責主ニ認許セラレタルニ
当リ若シ二個ノ物件ノ其一カ負責主ノ過
失ニ因ルニ非スシテ偶〻銷滅ニ帰スルヿ
有レハ則チ責主ハ其残存セル他ノ一個ノ
物件ヲ領受セサル可カラス又若シ負責主
ノ過失ニ因テ之ヲ銷滅セシメタルニ於テ
ハ則チ責主ハ其残存物件ヲ請求シ若クハ
銷滅物件ノ価直ヲ請求スルヿヲ得可シ又
若シ二個ノ物件カ共ニ銷滅ニ帰シ而シテ
其二個ノ物件ノ銷滅若クハ其一個ノ物件
ノ銷滅カ負責主ノ過失ニ因テ起生シタル
ニ於テハ則チ責主ハ自己ノ揀択スル所ニ
任セ二個ノ其一ノ価直ヲ請求スルヿヲ得
可シ〔仏民第千百九十四条〕
第一一八二条　若シ二個ノ物件カ負責主ノ
過失ニ因ルニ非ス且未タ其交付ヲ為ス可
キ状況ニ在ラサル以前ニ共ニ銷滅ニ帰ス
ルヿ有レハ則チ其責務モ亦第千二百九十
八条ノ規則ニ准依シテ以テ消滅ニ帰スル
者トス〔仏民第千百九十五条〕
第一一八三条　本節ニ於テ立定セル規則ハ
二個以上ノ物件カ揀択責務中ニ包含セル
有ルノ時会ニ向テモ亦之ヲ擬施ス可シ
〔仏民第千百九十六条〕

スペイン民法

第一一三四条　債務者に課せられる数個の給付の内、一つの給付のみが履行可能であるときは、債務者は選択権を喪失する。

第一一三五条　選択的債務の目的となっている全ての物が債務者のフォートにより毀損され（détériorées）たとき、又は債務の履行が不能となるときは、債権者は賠償を請求することができる。

　前項の賠償は、最後に毀損された物の価値又は最後に履行不能となった給付の価値を基準として決定される。

第一一三六条　債権者に選択権を与える旨が明示されている場合、（債権者の）選択が債務者に通知された日から債務は選択的であることをやめる。

　債務が選択的であることをやめるまで、債務者の責任は以下の準則により規律される。

一号　数個の物の内の一つが不可抗力により滅失した場合、債務者は、残存している物の内から選択した物、又は残存している物が一つであるときにはその物を債権者に引き渡すことにより、義務を免れる。

二号　数個の物の内の一つの滅失が債務者のフォート（faute）により生じた場合、債権者は、残存している物の内の一つ、又は債務者のフォートによって滅失した物の価格を請求することができる。

三号　全ての物が債務者のフォートにより滅失した場合、債権者の選択権は（物の）価格に及ぶ。

　前項の準則は、全ての給付が不能となった場合、又はいくつかの給付のみが不能となった場合につき、為す債務又は為さざる債務に適用される。

ベルギー民法草案

第一一八八条　選択債務は、一方の物が債務の目的たり得ないときは、選択的であることをやめる。（この場合）債務はただ一つの物に限定される。

第一一九四条　選択権が債務者に属する場合、一方の物の滅失は、それが債務者のフォートによるときであっても、残存している物に債務を限定する。債務者は、滅失した物の価格を提供する権利を有しない。

　二つの物が共に滅失し、かつその一方について債務者にフォートがある場合、債務者は、最後に滅失した物の価格を弁済しなければならない。

第一一九五条　選択権が債権者に属している場合において、一方の物が滅失したときは、滅失した物につき債務者にフォートがない限り、債権者は、残存する物を受領しなければならない。債務者にフォートがあるときは、債権者は、残存する物（それ自体）、又は滅失した物の価格を請求することができる。

　二つの物が共に滅失した場合において、その双方（の滅失）につき債務者にフォートがあるときは、債権者は、その選択に従い、いずれか一方の物の価格を請求することができる。一方の物（の滅失）についてのみ債務者にフォートがあるときは、債権者は、債務者のフォートによって滅失した物の価格を請求することができる。

第一一九六条　選択債務の中に二つ以上の物が含まれる場合にも、以上と同様の原則が適用される。

ドイツ民法第一草案

第二一一条　数個ノ給付中ノ一カ履行不能ナルトキ又ハ後ニ至リテ債務者ノ責ニ帰セサル事情ニ因リテ履行不能トナリタルトキハ債務関係ハ其他ノ給付ニ限定セラル

給付ノ履行不能ヲ生シタル債権者又ハ債務者ノ過失ノ結果ハ過失ニ関スル通則ニ依リテ之ヲ定ム

ドイツ民法第二草案

第二二二条　数個ノ給付中ノ一カ初ヨリ履行不能ナルトキ又ハ後ニ至リテ履行不能トナリタルトキハ債務関係ハ其他ノ給付ニ限定セラル

給付カ撰択権ヲ有セサル当事者ノ責ニ帰スヘキ事情ニ因リテ履行不能トナリタルトキハ前項ノ限定ヲ生セス(注2)

(注2)　仁保亀松訳「独逸民法草案債権」では二項に分けて訳出されている（法曹記事第三八号九頁）が、原文は一項である。これは、第一草案第二一一条（二項に分かれている）との対照の便を図ったためであろう。

【起草趣旨】

富井政章（一八巻一九九丁裏～二〇一丁表）

本条は旧民法財産編第四二九条、第四三一条乃至第四三四条の規定に当る。ただ旧民法の規定を簡略にしたのみならず、実質上の変更を加えた点もある。それは以下の四点である。

㈠　本条の第一項は旧民法財産編第四二九条第一項にあたるが、旧民法は「物ノ滅失シタ」場合のみについて規定している。これは狭きに失しているから本条のように改めた。

㈡　同第四二九条第二項は当然のことであり、同条第三項は喪失した部分がその物の価格の半額を超えるか超えないかによってその物が選択の目的たりうるか否かという結果の違いを来し不当である。よって両項とも削除した。

㈢　同第四三一条より第四三四条までは当事者の一方の過失によって物が滅失した場合を規定しているが、その規定を熟読すると過半は一般の原則の適用に過ぎなく明文を俟たなくても当然わかる。また中には不穏当な規定があるから削除した。

㈣　本条第一項の規定は広く書いてあるから、「選択権ヲ有セザル者ノ過失ニ因テ履行ノ不能」を来した場合には、前条の規定すなわち「こんとら志よん（Concentration〈集中〉か？——朱注）を要しないことを言う必要がある。そしてこの場合には普通の原則の適用すなわち選択債務の性質と「不正行為」の責任とによってその効果が自ら決まる。したがって本案はドイツ民法第二草案に倣って第二項のように書いた。

【主要審議】

一　選択権を有する当事者の過失による給付不能の責任

土方寧（一八巻二〇一丁裏～二〇二丁表）

本条第二項は二つの目的物があってその一つの物が選択権を有しない当事者の過失によってなくなった場合に、後に残った物があってもこれについての義務はないという規則である。そうすると、選択権を有している当事者の過失による消滅の場合には第一項の不能になり、残ったものについて義務があることになるのか。

富井政章（一八巻二〇二丁表～裏）

その場合には義務があって損害賠償責任が生ずる。あるいはその壊したというのを選択行為と見てよい場合もある。

土方寧（一八巻二〇二丁裏）

通例、目的物が二つ以上あったときには、その価額は大体同じであるから、選択権を有する者の過失による不能の場合には、後に残っている物についての履行義務もなくなってしまい、「物ガナクナッタ所ノ制裁」になるとみて、なくした物の損害は払わなければならないというようにしても差支えないように思うが。

富井政章（一八巻二〇三丁表）

旧民法財産編第四三四条第一項のように選択権を有する債権者の過失によって一つの物がなくなった場合には、債務者は義務を免れる。これを結果的に選択行為と見てよい場合もあろう。しかし通常は、権利の実体は変わらず、損害賠償義務を生ずるという方が正当であろう。

二　初めよりの給付不能について

井上正一（一八巻二〇三丁裏～二〇四丁表）

本条第一項には「給付中始ヨリ不能ナルモノ」とあるが、もし物が二つしかなかった場合、初めよりその中の一つの物が不能であったときでもこの債務はまだ選択債務とするという考えか。

富井政章（一八巻二〇四丁表～裏）

物が二つとも債権の目的である場合には選択債権であり、もしその一つが欠けていたならば、選択債権がなくなれば何もなくなるというのが純粋の理論であって、単純の債権が残るということは規定を待って初めて起ることである。この規定がなければ全く成立しないことになるかと思う。

三　第二項修正案

横田國臣（一八巻二〇一丁表～裏、二〇三丁表～裏）

「選択権ヲ有セサル当事者」というが、第三者が選択権を有する場合には、ここに該当しないのではないか。

例えば乙助という者に仕事を選ばせたとする。私が義務者であなた（富井）が権利者であって、乙助が私のすべき仕事を選択する場合に、私の所為でその一つを不能にした時、「あなたヲ害スル訳ハ何ウシテモ出テ来ナイ併ナガラ私ハ当事者デアル、デ此文ノ書キ方デハ然ウ見エルト云フノデス。」第二項を「選択権ヲ有スル者ノ相手方ノ過失ニ因リテ」云々と修正すればきちんと嵌まると思う。起草者にも賛成を願いたい[注3]。

▼横田委員の第二項修正説には富井政章・穂積陳重両委員の賛成があって案として成立（一八巻二〇三丁裏）し、採決の結果起立者多数で可決（一八巻二〇四丁裏）。

（注3）　旧民法では、①債務者に選択権があり、債務者の過失で一方が不能となった場合、②債務者に選択権があり、債権者の過失で一方が不能となった場合、③債権者に選択権があり、債務者の過失で一方が不能となった場合、④債権者に選択権があり、債権者の過失で一方が不能となった場合のそれぞれについて規定があり、①の場合には他方の債務が残存し（旧民法財産編第四三一条第一項）、②の場合には他方の債務も消滅し（同第四三二条第一項）、③の場合には債権者は不能となった方につき価格賠償を請求するか残存する方の履行を請求でき（同第四三三条第一項）、④の場合には他方の債務も消滅する（同第四三四条第一項）。このうち「選択権ヲ有セサル当事者ノ過失」にあたるのは②と③である。従って、原案第二項にあたる場合でもその効果は一様ではなく、必ずしも債権者に不利とは限らない。横田委員の挙げる例では債権者（富井）は乙助の選択に従って残存する方の履行を請求するか不能による損害賠償を請求でき不都合はないはずである。ところが、修正案によると、債務者（横田）は「選択権ヲ有スル者ノ相手方」ではないから第二項に該当せず、結局第一項によって債権者は残存する方の履行を請求することができるだけになる。にもかかわらず、原案では債権者を害することになるというのは不可解である。

【その後の経緯】

確定条文は再び原案と同じ表現（「選択権ヲ有セサル当事者ノ過失」）に戻っているが、そこに至った経緯は明らかでない。なお、「給付ノ不能ヲ生シタルトキ」という文言が確定条文では「給付カ不能ト為リタルトキ」となっている点に関しては、整理会で「少々字句カ変ツテ居ルガ別ニ御発議カナケレハ朱書ノ通リニ決シマス」とされている（民法整理会議事速記録三巻一二九丁表）。

【民法修正案理由】

本条ハ財産編第四百二十九条乃至第四百三十四条ニ該当ス。第一項ノ規定ハ財産編第四百二十九条第一項ノ規定ト其精神ヲ同ウスルモノニシテ、諸国ノ法典皆然ラザルハナシ。既成法典ニ於テハ物ノ滅失ノ場合ノミニ付キ規定ヲ設ケタルヲ以テ、其規定ノ少ク狭キニ失スルノ感アリ。故ニ本条ニ於テハ広ク履行不能ノ場合ニ付キ規定ヲ為シタリ。財産編第四百二十九条第二項ハ言フヲ俟タザルヲ以テ之ヲ削リ、同第三項ハ条件ノ規定ヲ為スニ当リテ財産編第四百十九条ノ規定ヲ採用セザルト同一ノ理由ニ依リテ之ヲ削除セリ。

財産編第四百三十一条乃至第四百三十四条ノ規定ノ大半ハ一般ノ原則ノ適用ニシテ、亦タ往々不当ノ規定ナキニ非ラザルヲ以テ総テ之ヲ削除シ、独乙民法草案ニ倣フテ選択権ヲ有スル者ノ相手方ノ過失ニ依リテ給付ノ不能ヲ来シタル場合ニ付キ之ガ適用ヲ設ケ、以テ第一項ノ規定ヲ制限セリ。

▽民法修正案理由書第三編第一章「選択債務」一二～三頁（第四〇八条）。

（朱　柏松）

第四一一条　選択は、債権の発生の時にさかのぼってその効力を生ずる。ただし、第三者の権利を害することはできない。

第四一一条　選択ハ債権発生ノ時ニ遡リテ其効力ヲ生ス但第三者ノ権利ヲ害スルコトヲ得ス

原案第四〇九条　選択ハ債権発生ノ時ニ遡リテ其効力ヲ生ス

【参照条文】

旧民法財産編

第四三五条　前数条ノ規定ニ従ヒテ選択ノ義務カ一箇ノ物ニ帰著シタルトキ又ハ其権利ヲ有スル当事者カ選択ヲ為シタルトキハ其義務ハ停止条件ノ義務ニ関シ第四百九条ニ規定シタル如ク既往ニ遡リテ効ヲ生ス

ベルギー民法草案

第一一九三条〔第四〇七条の【参照条文】中に掲載〕

ドイツ民法第一草案

第二〇九条〔同右〕

ドイツ民法第二草案

第二二〇条第二項　給付カ撰ハレタルトキハ債務者カ初ヨリ此給付ノミヲ負担シタルモノト見做ス

【起草趣旨】

富井政章（一八巻二〇五丁表）

本条は旧民法財産編第四三五条の通りであってどの国の法律もこの通りになって（注）いるから別に説明はしない。

【主要審議】

一　選択の性質及び効力について

土方寧（一八巻二〇五丁表～裏）

旧民法では選択を一つの条件のように考え、条件が成就するまでは発生しないとみているものだと考えるが、本条では二つ以上の目的の中の一つを選んでいない未定のうちに、債権というものの効力が総て選択の前後を問わず初めから合意の当時にあるという考えか。

富井政章（一八巻二〇五丁裏～二〇六丁表）

そうではなく、二つとも債務の目的となっており、その確定は選択によってなすのである。

選択が今日であればその効力は今日から生ずるのが当然であるが、どちらかが債権の目的に確定するということは前から決っているから、選択債権の性質あるいは当事者の意思によって既往に遡るということにするのが至当である。

　旧民法では必ずしも選択を条件、停止条件の成就とは見ていない。ドイツ民法草案では〔選択を条件の成就と見てその効力が〕既往に遡らないとしているが、本案では条件については既往に遡らないという主義をとりつつ、選択債務の場合は既往に遡るとしている。すなわち、条件とは見ていない。

二　選択の前後での債権債務関係の性質上の異同

土方寧（一八巻二〇六丁表）

　二つ以上の給付を目的とする合意があったときに生ずる債権債務の関係とその後当事者が選択によって確定した債権の関係とは性質が同じものか否か。

富井政章（一八巻二〇六丁表～裏）

　債権は同じものである。すなわち初めから二つの給付が仮の目的であり、どちらか一つに確定することが決まっている。その後に選択によって決まったところが一つである。ただ選択の効力が前に遡って生ずるということはやはり規定を要することである。

▼別に発議がなく原案どおりに確定した（一八巻二〇六丁裏）。

（注）ベルギー民法草案第一一九三条、スペイン民法第一一三三条（いずれも第四〇七条の【参照条文】中に掲載）では遡及しないものとされているので、この説明には疑問がある（髙橋智也注）。

【その後の経緯】

　確定条文では但書が追加されているが、それに関し、整理会では、「外ノ斯ウ云フ場合ハ皆第三者ノ権利ヲ重ンシテアル」るので、それとの権衡上このような但書が必要である、と説明され、決定されている（民法整理会議事速記録三巻一二九丁表～裏）。

【民法修正案理由】

　本条ハ財産編第四百三十五条ノ規定ヲ採用シタルモノニシテ諸国ノ法典ニ於テモ亦タ均ク此ノ如キ規定アリトス。

▽民法修正案理由書第三編第一章「選択債務」一三頁（第四〇九条）。

（朱　柏松）

第二節　債権ノ効力（一七巻二三八丁表）

第一款　履　行（一七巻二三八丁表）

【起草趣旨】

穂積陳重（一七巻二三八丁裏～二四二丁表）

(1)　この第二節においては、債権の効力として、債務の履行、不履行の場合、債権の第三者に及ぶ効力、の三種類の規定を分けた。

(2)　（履行と弁済との異同）　旧民法財産編第三八一条[注1]は、義務の効力として「直接履行」をあげている。これは「強制履行」だけをさすようであり、「任意履行」の規則は弁済の部に入れてある[注2]。なるほど弁済は履行の結果であるから、履行を弁済から見られなくもない。しかし、しいて弁済の部に入れようとすれば債権の規則はことごとくそこに入れてしまえるようなものである。そこで、本案のように履行の款と弁済の方に規定をわける標準となった「目安」を説明する。

　初めから「債権ノ実質」[注3]が法律行為の本体に属しており、債権債務の関係の「体様」をなすものが履行である。

債務の本旨に従って履行をしたその結果や、代位弁済、弁済の充当など「始メカラ見込ンデ居ラヌケレトモ之デモ義務カ解ケル」もの、すなわち義務を解く債権消滅の方法を弁済とした。

もっとも、本案の区分は不完全で、「弁済」の所との関係で規定の位置の修正が必要かもしれない（一二三八丁裏～一二四〇丁表）。

(3)（付遅滞制度の不採用について）　旧民法財産編第三三六条(注4)によると、フランス等の主義にならって、初めから定めた期限を徒過しても債務者を遅滞に付さなければ賠償の責や危険の移転などが生ぜず債権の効力が働かない。

しかし、この遅滞の規則は、経済の発達等の十分でない時代にでき、その時代にはずいぶん便利で親切な法であったとはいえ、世の中が進んで忙しくなり信用を重んじ期限等に重きをおくようになると、最初の約束の期限を守ることが大切になってくる。

遅滞の規則を置くことは当事者が期限を定める効力を薄くし、履行の時を二段にして約定の弁済期には弁済をする義務がないというに等しく、怠慢者の保護となってしまう。

それで現にイタリア等では、資本の流通を妨げ信用を軽くするものとして、付遅滞の規則を採用していない。イギリス・アメリカ等の取引の頻繁なところの市街では、これは実際上行なわれていないし、本邦にもこういう慣習はない。

なるほど、債権者は自分の利益のために催促するものであるから、遅滞にあるということを知らせるのは通常のありさまであるが、これを一つの法律上の義務として、期限があるにもかかわらず遅滞というのを一つの段階とするのは、どうも穏かでない（一二四〇丁裏～一二四二丁表）。

(4)　旧民法財産編第三三〇条(注5)の、合意は善意をもって履行しなければならないという規則は、書かないでもわかるから、ここに採用することはしない。

▼別段の発議なく確定した（一二四二丁表）。

（注1）　第三八一条　義務ノ主タル効力ハ下ノ第一節第二節及ヒ第三節ニ定メタル区別ニ従ヒテ其義務ヲ直接ニ履行セシムル為メ又不履行ノ場合ニ於テハ附随トシテ損害ヲ賠償セシムル為メノ訴権ヲ債権者ニ与フルニ在リ（第二項省略）

（注2）　旧民法財産編第二部第三章「義務ノ消滅」第一節「弁済」。
　例としては、
　第四五一条　弁済ハ義務ノ本旨ニ従フノ履行ナリ（第二項以下省略）。

（注3）　別の箇所で「履行ト言ヘバ始メヨリ債権ノアリヤウモナシ始メヨリ債権ノ一部ヲ成シテ居ルノデ其法律行為其他ノコトカラ生ズルカ兎ニ角法律行為抔ニ於テ始メカラ当事者カ見込ンデ居リマシタコトナノデアリマス」とも説明されている（一二三九丁裏）。

（注4）　第三三六条　左ノ場合ニ於テハ諸約者其他ノ債務者ハ遅滞ニ付セラレタルモノトス
　第一　期限ノ到来後ニ裁判所ニ請求ヲ為シ又ハ合式ニ催告書ヲ送達シ若クハ執行文ヲ示シタルトキ
　第二　期限ノ到来ノミニ因リテ遅滞ニ付スルコトヲ法律又ハ合意ヲ以テ定メタル場合ニ於テ其期限ノ到来シタルトキ
　第三　諸約者カ或ル時期ニ後レタル履行ハ要約者ニ無用ナルコトヲ知リテ其時期ヲ経過セシメタルトキ

（注5）　第三三〇条　合意ハ善意ヲ以テ之ヲ履行スルコトヲ要ス

【その後の経緯】

起草趣旨に述べられた「履行」と「弁済」の区別は実際上はなく、双方を規定するのは「論理上甚タ苦シイ」として、穂積委員自身によって第一款履行が削られている。それにともなって、原案第四〇五条（履行の場所）と第四〇七条（履行の費用）が弁済の方に移され、第二款（賠償）、第三款（第三者ニ対スル債権者ノ権利）の款だても削られるに到った（民法整理会議事速記録三巻一二九丁裏〜一三〇丁裏）。

【民法修正案理由】

本節ハ主トシテ既成法典財産編第二部第二章義務ノ効力及ビ第一章第一節第三款合意ノ効力ニ関スル規定ニ修正ヲ加ヘタルモノニシテ、履行、賠償及ビ第三者ニ対スル債権者ノ権利ニ付キ其規定ヲ設ケタリ。而シテ既成法典ハ担保ニ関スル規定ヲ義務ノ効力中ニ掲グト雖モ、担保ハ債権ノ効力ニアラズシテ其行使ニ関スルモノナレバ、本案ハ之ヲ除去シ、又既成法典ガ義務ノ効力ニ関スル一節トシテ義務ノ体様ニ関スル規定ヲ掲グト雖モ、本案ハ別ニ多数当事者ノ債権ニ関シテ一節ヲ設ケテ義務ノ変体ニ関スル規定ヲ掲グルニ由リ本節ニ於テハ総テ之ヲ削除セリ。然レドモ、債権者ガ其権利ニ本ヅキ第三者ニ対シテ有スル関係ハ債権ノ普通ノ効力ニ出ヅルモノナレバ、本案ハ之レガ為メニ特ニ一款ヲ設ケテ其規定ヲ掲ゲタリ。

本節ニ於テ特ニ弁明スベキ事項ハ、本案ガ既成法典其他諸国ノ法典ニ規定セル付遅滞ニ関スル条項ヲ削除シタルニ在リ。即チ、既成法典財産編第三百三十六条ハ遅滞ニ付セラルル場合ヲ指示シ、債務不履行ノ場合ニ於テモ債務者ヲ遅滞ニ付シタル後ニアラザレバ債権ハ実際ニ其効力ヲ現ハスコトヲ得ズトセリ。然レドモ、斯ノ如キ法律ハ経済社会未ダ発達セズ取引関係尚ホ頻繁ナラザル時ニハ行ハルベシト雖モ、今日ノ如ク経済上ノ状況一変シ取引関係ハ益頻繁ニシテ各人相互ノ信用及ビ約定ヲ重ンズルニ至リ、尚ホ斯ノ如キ迂遠ノ法律規定ヲ存スルコトハ只ニ取引上ニ不便ヲ与フルノミナラズ、却テ信用ヲ害シ期限ノ約定ヲ無益ニ帰セシムルモノト云ハザルベカラズ。况ンヤ、債務者ヲシテ債務ノ履行ハ債権者ノ催告ヲ受ケタル後ニ於テスルモ尚且ツ足レリトスル如キ怠慢心ヲ起サシメ、従テ一方ニ於テハ債権ノ効力ヲ減ジ他ノ一方ニ於テハ債務ヲ軽ンゼシムル弊害ヲ生ズルコトアルニ於テオヤ。故ニ、英米ノ法律ハ元ヨリ付遅滞ノ規定ヲ設ケズ、又伊太利民法ノ如キモ前述ノ理由ニ因リ付遅滞ニ関スル規定ヲ除去セリ。要スルニ、付遅滞ノ規定ハ今日ニ於テ特ニ其必要又ハ利益アルヲ見ザルノミナラズ、我国ニ於テハ従来斯ノ如キ慣習ナキヲ以テ本案ハ総テ付遅滞ノ規定ヲ削除スルニ至レリ。

既成法典ハ義務ノ効力トシテ第一ニ直接履行ノ訴権ヲ掲ゲ、直接履行ハ裁判所ノ命令ニ依ル強制執行ノミニ限リ、任意履行ハ之ヲ弁済ノ部ニ規定セリ。然レドモ、単ニ債務ノ履行ト云フトキハ寧ロ任意履行ヲ以テ当然ノ履行ト為スモノナレバ、本案ハ一般ニ債務ノ履行ニ関スル規定ヲ掲グルニ当リ、其任意タルト強制タルトヲ問ハズ総テ之ヲ本節ニ纏括セリ。

履行ニ関スル規定ト弁済ニ関スル規定トハ相関連シテ互ニ混同シ易シ。之レ弁済ハ義務ノ本旨ニ従フ履行ナレバナリ。然レドモ、弁済ハ債権消滅ノ一方法ニシテ債権其モノノ一部ヲ為スニアラズ。之ニ反シテ履行ハ債権ノ一部トシテ当事者初メヨリ之ヲ予想シタルモノト云フベシ。例ヘバ、或時又ハ或場所ニ於テ履行スベシト云フガ如キハ債権成立ノ時ヨリ当事者ノ見込ミシ所ニシテ債権ノ一部ヲ為スト雖モ、代位弁済、弁済充当ノ如キハ債権消滅ノ時ニ至リテ始メテ生ズル事項ナルガ如シ。故ニ本案ハ履行及ビ弁済ニ関スル規定ニ付、此ニ区別ノ標準ヲ定メ本款ニ於テハ一般ニ履行ニ関スル規定ノミヲ掲ゲタリ。

▽民法修正案理由書「第三編債権」一〇〜一一二頁。

（松岡久和）

第四一二条　債務の履行について確定期限があるときは、債務者は、その期限の到来した時から遅滞の責任を負う。

2　債務の履行について不確定期限があるときは、債務者は、その期限の到来したことを知った時から遅滞の責任を負う。

3　債務の履行について期限を定めなかったときは、債務者は、履行の請求を受けた時から遅滞の責任を負う。

第四一二条　債務ノ履行ニ付キ確定期限アルトキハ債務者ハ其期限ノ到来シタル時ヨリ遅滞ノ責ニ任ス

債務ノ履行ニ付キ不確定期限アルトキハ債務者ハ其期限ノ到来シタルコトヲ知リタル時ヨリ遅滞ノ責ニ任ス

債務ノ履行ニ付キ期限ヲ定メサリシトキハ債務者ハ履行ノ請求ヲ受ケタル時ヨリ遅滞ノ責ニ任ス

原案第四〇六条　債務ヲ履行スヘキ時期ニ付キ別段ノ定ナキトキハ債権者ハ何時ニテモ其履行ヲ請求スルコトヲ得

【参照条文】

旧民法財産編

第三三三条第六項　引渡ノ期限ノ定マラサリシトキハ即時ニ引渡ヲ要求スルコトヲ得

第三三六条　左ノ場合ニ於テハ諾約者其他ノ債務者ハ遅滞ニ付セラレタルモノトス

第一　期限ノ到来後ニ裁判所ニ請求ヲ為シ又ハ合式ニ催告書ヲ送達シ若クハ執行文ヲ示シタルトキ

第二　期限ノ到来ノミニ因リテ遅滞ニ付スルコトヲ法律又ハ合意ヲ以テ定メタル場合ニ於テ其期限ノ到来シタルトキ

第三　諾約者カ或ル時期ニ後レタル履行ハ要約者ニ無用ナルコトヲ知リテ其時期ヲ経過セシメタルトキ

第三八四条　損害賠償ハ債務者カ第三百三十六条ニ依リテ遅滞ニ付セラレタル後ニ非サレハ之ヲ負担セス

然レトモ不作為ノ義務ニ於テハ債務者ハ常ニ当然遅滞ニ在リ

犯罪ニ因リテ他人ニ属スル金銭其他ノ有価物ヲ返還スル責ニ任スル者モ亦同シ

フランス民法

第一一八七条　義務ノ期限ハ其義務ヲ行フ可キ者ノ為メ之ヲ約シタルト看做ス可シ但シ契約書ノ文詞又ハ其時ノ模様ニ因リ其義務ヲ得可キ者ノ為メ期限ヲ定メタルヿノ分明ナル時ハ格別ナリトス

第一九〇一条　借主其借受ケタル物ト同質同量ノ物ヲ還スヲ得可キ時又ハ之ヲ還ス可キノ力アル時之ヲ貸主ニ還ス可キノ契約アルニ於テハ裁判役其時ノ景状ニ従ヒ其返還ノ期限ヲ定ム可シ

オーストリア一般民法

第九〇四条　契約ノ履行ニ関シテ何等ノ期限ヲモ約定セシヿ無キニ於テハ則チ直ニ其履行ヲ請求スルヿヲ得可シ若シ負責者ヲシテ任意ニ其履行ノ時日ヲ択定セシムルノ契約タルニ於テハ則チ其負責者ノ死亡スル日ヲ待タサル可カラス又其責務カ単純ナル人件ニシテ得テ移転ス可カラサル者タルニ於テハ則チ其履行ノ時日ハ裁判官カ之ヲ指定ス又負責者カ其履行シ得可キ時会ニ至テ之ヲ履行ス可シト約定シタル者ノ如キモ亦然リトス其契約書ノ文辞ニ於テハ遺嘱ニ関スル規則ヲ擬施ス可キナリ〔第七百四条第七百五条第七百六条〕

第一四一三条　責主及ヒ負責主カ契約シタル物件ヲ授受スルニハ其約定シタル時日

場地及ヒ執行方法ニ照シテ之カ授受ヲ為サヽル可カラス

スイス債務法

第八六条　履行期が、契約によっても法律行為の性質によっても決まらないときは、ただちにその履行を行い、若しくはその履行を請求することができる。

第九四条　契約の規定、若しくは性質、または諸般の事情から、当事者の異なる意思が明らかでない限り、債務者は満期日の前に履行することができる。しかし、債務者は割引きをすることができない。但し、合意または商慣習がこれを許すときはこの限りでない。

ドイツ民法第一草案

第二三一条第一項　給付ノ履行ニ付キ時期ノ定ナキトキハ直ニ給付ヲ請求シ又ハ之ヲ履行スルコトヲ得

ドイツ民法第二草案

第二二七条第一項　給付ノ履行ニ付キ時期ノ定ナキカ又ハ事情ニ因リテ之ヲ定ムルコトヲ得サルトキハ直ニ給付ヲ請求シ又ハ之ヲ履行スルコトヲ得

ドイツ普通商法

第三二六条　契約ニ義務履行ノ時限ヲ定メサルトキ其履行ハ何時タリトモ之ヲ要求シ及ナスコトヲ得ルモノトス但状況又ハ商ヒ習慣ニ依リ之ニ異ナルコトヲ認ムヘキトキハ此限ニアラス

第三二九条　履行ノ時限日曜日又ハ一般ノ祭日ニ当ルトキハ其次ノ常日ヲ以テ履行ノ日ト看做スモノトス

第三三二条　義務履行ハ其履行期日ニ於テ通常ノ取引時間ニ之ヲナシ及受クヘキモノトス

第三三四条　支払日ヲ定メタル総テノ場合ニ於テハ其支払日ヲ単ニ契約者双方ノ一方ヲ利スル為メ加ヘタルヤ否ヤハ取引ノ性質及契約者双方ノ意ニ従ヒ之ヲ判定スヘキモノトス

前項ノ場合ニ於テ負債者支払日前ニ支払ヲナスノ権アルモ債主ノ承諾ヲ得ルニアラサレハ割引ヲナスノ権ナキモノトス但契約又ハ商ヒ習慣ニ依リ債主ニ其権アルトキハ此限ニアラス

プロイセン一般ラント法

第一部第五章第二三〇条　履行期が契約の中で定められていない場合において、疑いが生じたときは、裁判官による決定が行われる。

第二三六条　「可能な限り」(nach Möglichkeit)とか、「機会を見て」(nach Gelegenheit)といった不明確な表現で履行が約束され、かつその債務自体が契約だけから生じたのではなく、すでに契約以前にその法的な原因が存していたときは、その疑わしい表現にもかかわらず、前掲の諸規定(第二三〇条~第二三四条)に従い、裁判官による決定が行われる。

第二三七条　しかし、債務自体が契約によってのみ初めて設定され、かつその契約の中でそのような不明確な表現で履行が約束されたときは、その期日は債務者の決定による。

第二三八条　前条と同様の場合において、履行期が明示的に債務者の任意に委ねられたときは、履行を求める訴は債務者の死亡後に初めて提起しうる。

第二四一条　契約の中で定められた期間の満了以前においては、いずれか一方の当事者の意思に反して履行を請求することも履行をすることもできない。

第二四二条　定められた時期以前に、相手方の承諾なしに、契約を履行した者は、期限の到来まで、目的物に生じるすべての事故に対して責任を負う。

第二四三条　あまりに早く給付された行為

(eine zu früh geleistete Handlung) は給付されなかったものとみなし、定められた時期に再度その行為を行うか、若しくは、これができないときは、債権者に損害の賠償をすることを要する。

第二四四条　しかし、債権者はあまりに早く給付された行為から利益を得た限度で、その利益を履行に算入するか、もしくは、彼になされるべき損害賠償に算入することを要する。

第二四五条　留保なしに履行を受領した債権者は、あまりに早く給付されたとの抗弁をもはや主張することができない。

第一部第一一章第七五七条　消費貸借契約により、債務者は、受領した金額を定められた時期に返還する義務を負う。

第七五八条　この時期の経過する前に、債務者は債権者に、事情の変更を口実にして、支払を押しつけることができない。

第九三五条　請負人は注文された仕事を明示的に定められた期限の到来前に引渡し、注文者にその受領を強いることができない。

第一部第一六章第一五条　各当事者は、自己の債務を適当な時期に履行する義務を負う。

第五六条　債権者は定められた時期の前に支払を受領する義務を負わない。

ザクセン民法

第七一二条　「最モ早ク」「成ルヘキ丈ケ速ニ」「好時機ニ於テ」及之ニ類似ノ方法ヲ以テ弁済ヲナスヘシ又ハ「漸々ニ」及詳定セサル期限ニ於テ弁済ヲナスヘシト時ヲ定メタルトキハ義務者ハ裁判官ノ見込ヲ以テ定ムヘキ相当ノ期限ニ於テ履行スヘキモノトス支払期限ヲ第一方法ノ一般ノ言辞ヲ以テ定メタル金銭負債ニアリテハ負債者ハ負債ノ起生後半年ノ経過前ニハ支払ヲナサシメラル、コトナキモノトス

第七一三条　将来ノ事故ヲ設若トセス支払期限トシテ要求ノ履行ヲ期シタル場合ニ於テ其事故ノ消滅スルトキハ其消滅ヲ以テ履行期限ノ始マルモノトス

第七一五条　弁済ノ期日ヲ義務者ノ任意ニ放任シタルトキ其履行ハ其死去後直ニ其相続人ニ対シ要求スルコトヲ得ルモノトス義務者自己ニ於テ其任意ノ期限ニナスヘキ弁済ニアリテハ其期限ハ裁判官ノ見込ヲ以テ之ヲ定ムヘキモノトス

第七一七条　義務者ハ期限確定ヲ専ラ自己ノ利益ノ為メニナシタルトキ又ハ債主ノ承諾スルトキニ限リ確定ノ期限前ニ履行スルコトヲ得ルモノトス疑ハシキ場合ニアリテハ期限確定ハ専ラ義務者ヲ利スル為メニナシタルモノト看做スヘキモノトス

バイエルン民法草案

第二部第一章第一〇一条　給付は法律または法律行為により定められた時期に為すことを要する。

給付の時期が債権者の利益のために定められているのでない限り、債務者は、その時期よりも早く給付をすることもできる。

第一〇四条　給付の時期が債務者の任意に委ねられているときは、破産の場合を除き、債務者の相続人に対して初めて請求することができる。

債務が相続性のないものである場合には、裁判官が履行期を衡平により確定することを要する。

第一〇五条　給付ができるだけ早く、若しくは近いうちに為されるべき旨定められているとき、または履行期が同じような一般的表現で示されているときは、裁判官が衡平によりその履行期を確定することを要する。

履行が数日、数か月、または数年以内に為されるべきときは、この「数」とは「二」（zwei）の意味に理解しなければならない。

第一〇六条　給付の期限が明示的に定められておらず、また給付の性質または目的によって黙示的にも定められないときは、債権者はただちにその支払を請求する権利を有する。その特別な性質により即時に給付を為すことができないときは、債務者に相当な期間が与えられる。

【起草趣旨】

穂積陳重（一八巻二八丁裏～二九丁表）

本条の規定は各国とも殆んど同じであるからその実質については異論がないと思う。履行期について別段の定めがないときは「兎ニ角誰レノ意思テ履行期ヲ定メルカト云フコトカ必要ト思ヒマスカラ」、債権者の意思で定まるという主義を採った。

【主要審議】

一　原案と付遅滞制度との関係

土方寧（一八巻二九丁表～裏）

本条の趣旨はこれで良いが、引用条文のうち旧民法財産編第三三六条、第三八四条は付遅滞の規定である。本条では付遅滞の制度を採らないのであるから、ここに引用するのは本条原案の趣旨を十分に理解しないことになる。

穂積陳重（一八巻二九丁裏）

ここに引用したのは、時期の定まらないときには請求が必要だから、遅滞に付しても差支えないということを示すために主として第三三六条を引いたのであって、深い意味はない。

富井政章（一八巻二九丁裏～三〇丁表）

旧民法のいわゆる付遅滞の行為そのものは認めないが、時期の定めがないときには、履行の請求をした時から付遅滞の結果が生ずるという意味で、この二か条が引いてある。「天災ニ因テ物カ滅失ニ帰シタトキハ其責ハ誰レニアル遅延賠償ノ責ハ払ハナケレハナラヌ其時ハ此時カラトシナケレハナラヌ」。

二　債務者の履行について

井上正一（一八巻三〇丁表）

原案によれば、別段の定めがないときには、債務者の方から何時でも履行ができるのか。「債権者ハ何時ニテモ其履行ヲ請求スルコトヲ得」とあるから、債務者の方からはできないことになるか。

穂積陳重（一八巻三〇丁表～三一丁表）

諸国には様々な規定があるが、我々は特別の規定を設ける必要はないと考えた。期限前の履行ができるというようなことは決めておかなくても実際上事が済むと考えた。また、債務者の随意に好む時期に履行してよいということについてはオーストリア民法のような明文がないときは、私一人の考えであるが、債権債務の関係は生じないと思うから、そのような明文は不要である。

梅謙次郎（一八巻三一丁表～裏）

今の答は、井上委員の質問にきっちり合っていないと思う。その問いに対する我々の考えとしては、もちろんいつでも履行ができると思う。元来、期限の定めのない場合は、つまり期限のない債務であって、学者のいわゆる「単純債務」であるから、すぐにも履行すべき性質のものであるが、債務が生じてすぐ履行ができるということは少ない。だから、債権者が請求した時からでなければ債務者に怠りがあったとは見られない。請求してもなお履行しない時には延滞者と見られる、ということであって、債務者はいつでも履行できるのであり、債権者が受取らなければ、供託等により、債務者は義務を免れるということになる。

三　恩恵上の期限について

土方寧（一八巻三二丁裏～三三丁表）

旧民法上の「恩恵上の期限」（財産編第四〇六条第一項、第四〇七条）の制度は採らないのか。

穂積陳重（一八巻三三丁表）

もとより。

▼本案はそのまま確定（一八巻三三丁表）。

修正案第四一一条　債務ヲ履行スヘキ期限アルトキハ債務者ハ其期限ノ到来シタル時ヨリ遅滞ノ責ニ任ス

債務ヲ履行スヘキ時期ニ付キ別段ノ定メナキトキハ債権者ハ何時ニテモ其履行ヲ請求スルコトヲ得此場合ニ於テハ債務者ハ履行ノ請求アリタル時ヨリ遅滞ノ責ニ任ス

【起草趣旨】

富井政章（一三巻一四六丁裏～一四七丁裏）

もとの第四一一条（原案第四〇六条）は期限の定めなき場合だけを定めたのであるが、やはり旧民法の所謂遅滞の制度にあたる規定を置くことが必要だと思う。

旧民法やフランス民法などのように期限の定めある場合にも債権者が督促をしなければ遅滞でないとするのは不都合である。期限に履行しないというのは「立派ナ違約」であるのに、債権者から知らせてやらなければ責任が生じない、というのは、債務者を過度に保護するものである。「付遅滞」の規定を採らないのはそのためである。

一方、履行期につき別段の定めなきときは、旧民法と同様、請求して初めて債務者に責任が生ずる。しかし、元の第四一一条だけではそれが分らないから、期限の定めのあるときは期限の到来だけで、ないときは履行の請求を要件として、責任が生ずるということを明示した。このようにすれば損害賠償の所もただ「債務者ノ責ニ帰スヘキ事由ニ因リテ」と書けば済む。期限の所も純然たる過失の場合だけでなく、履行すべき時に履行しなかったという場合にも、結果が生ずることが分るようになる。

【主要審議】

一　期限の定めなき場合の債務者の遅滞責任について

横田國臣（一三巻一四七丁裏～一四八丁表）

「遅滞ノ責ニ任ス」とはどれだけのことになるのか。

富井政章（一三巻一四八丁表）

損害賠償責任の発生と物が天災によって消滅しても債務者に責任が生ずることの二点が一番大きな結果である。

横田國臣（一三巻一四八丁表）

期限の定めがない場合に、請求があった時から遅滞の責に任ずる、というのでは責に任ぜぬように履行する方法がない。

富井政章（一三巻一四八丁表～一四九丁表）

横田委員の意見は、三～四日の間を置いたらよいということに帰着するが、その必要はあるまい。離隔地の人に対する意思表示につき到達主義を採ったから、よいであろう。それでも少し酷かも知れないが、猶予の期間を定めておいても、場合によって長過ぎたり短過ぎたりする。そもそも期限の定めなき場合は、初めから弁済期にあるのだから覚悟しておくべきであり、実際、催告の後に猶予期間を設けた立法例はない。

横田國臣（一三巻一四九丁表）

理論から言えば、金を借りてその時から払う義務があるわけだが、物によってはどうしても請求を受けた時に履行できないものがある。ここは、一日とか二日とか猶予することが欲しい。

高木豊三（一三巻一四九丁表）

双務契約の場合、物を引渡す義務と代価を払う義務とが同一日であったときはどうか。

富井政章（二三巻一四九丁表～裏）

それは契約の効力に関する一番大きな問題であるから契約の効力の所に規定を置くつもりである。

▼別段発議なく、起草委員提出の修正案通り確定（二三巻一四九丁裏）。

【その後の経緯】

確定条文への変更については、整理会で起草委員（穂積陳重）より次のように説明され、決定されている。期限には確定期限と不確定期限とがあるので、単に「其期限ノ到来シタル時ヨリ遅滞ノ責ニ任ス」とだけ規定しておくと不都合を生ずる可能性がある。旧民法では「遅滞ニ附スル」ということがあるが、本案にはないので、「何某カ死亡シタラハ」というような不確定期限の場合には、債務者が期限の到来を知らなくても直ちに不履行の責任が発生することになってしまう。このような不都合を避けるため、第二項を置いた。なお、「原文ノ第二項」（確定条文の第三項）の文言の変更は実質的変更ではない（民法整理会議事速記録三巻一三一丁表～一三二丁表）。

衆議院民法中修正案委員会において、次のような議論がなされた。

山田泰造　遅滞の責に任ずというのは、旧法の付遅滞という意味に解して良いか。

穂積陳重　付遅滞は実際上、これまで我国に行なわれておらず、また付遅滞の手続をなさなければならないとすると、当事者が定めた期限が真正の期限ではないことになって、当事者の意思が全くあてにならないことになる。本案ではなるべく当事者の意思に依りたいと考えて、付遅滞の規定は削った。付遅滞の制度はフランスにはあるが、それは不都合ということでイタリアでは廃止している。日本でも、そのような慣習はないと考える。付遅滞の制度は義務者の保護に厚くして債権者の保護に薄い。一方から見ると、怠慢者を保護することにもなる。それで、当事者の意思を重んじ、信用を重んずるという立場から、慣習に従って、付遅滞の制度はあえて入れなかったのである。

山田泰造　従前には確かに慣例はないかと思う。しかし大審院の「慣例」がフランス法をとり、付遅滞の手続を必要とするというのがほとんど裁判上の例となっている。これは我国の慣例にないという話であったが、我国の現今の裁判上に認められた「優等ノ慣例」には、付遅滞が存在すると思う。

穂積陳重　先に述べた我国の慣例というのは、民間の取引の慣例のことである。裁判所の判決には、本案の採った趣意に反したものはいくらもあるが、訴訟になるのは民間の取引の百万分の一にもならない。通常、ある手続の付遅滞ということをしなければ、実際期限が来たことにならないというようには、人民は一般に考えていないということである（廣中俊雄編著『第九回帝國議會の民法審議』二一五～二一六頁）。

【民法修正案理由】

本条ハ既成法典財産編第三百三十六条及ビ第三百三十三条第六項ノ規定ヲ合シテ之ニ修正ヲ加ヘタリ。即チ既成法典第三百三十六条第一号ハ、多数ノ立法例ニ倣ヒ債務履行ノ期限ガ到来スルモ債務者ヲシテ遅滞ノ責ニ任ゼシムルニハ債権者ニ於テ一定ノ手続ヲ為スコトヲ要スト雖モ、之レ固ヨリ債務者ノ保護ニ失スルモノニシテ、既ニ本節ノ始メニ説明セシ如ク其必要ナキノミナラズ、却テ取引上ニ妨害ヲ与フルモノト云フベシ。故ニ本条第一項ハ本案ガ付遅滞ノ制度ヲ採用セザリシ主意ニ本ヅキ、債務履行ノ期限了ルトキハ債務者ハ期限到来ノ時ヨリ当然遅滞ノ責ニ任ズベシト規定シ、自己ガ承諾ノ上約定シタル期限ハ正ニ之ヲ確守セザルベカラザルコトヲ示シ、依リテ以テ相互ノ信用取引ノ安全ヲ保護セリ。又既成法典ハ同条第二号及ビ第三号ノ規定ハ特ニ明文ヲ要セザルニ因リ之ヲ删除セリ。

然レドモ債務履行ノ時期ニ付キ別段ノ定ナキトキハ、債務者ハ何時ヨリ遅滞ノ責ニ任ズベキヤ。既成法典ハ之ニ関シ特ニ明文ヲ設ケザルニ因リ或ハ疑惑ヲ生ゼシムルコトナシトセズ。故ニ本案ハ本条第二項ノ規定ヲ設ケ、債権者ガ履行ノ請求ヲ為シタル時ヨリ債務者ハ遅滞ノ責ニ任ズベシトシ、第一項ノ規定ニ相応セシムルモノニシテ、債権者ガ履行ヲ請求スルコトヲ得ル時期ニ付テハ既成所法財産編第三百三十三条第六項ノ如ク、何時ニテモ履行ヲ請求スルコトヲ得ト為セリ。

▽民法修正案理由書「第三編債権」一三〜一四頁（第四一一条）。

（鄭　鍾休）

第四一三条　債権者が債務の履行を受けることを拒み、又は受けることができないときは、その債権者は、履行の提供があった時から遅滞の責任を負う。

第四一三条　債権者カ債務ノ履行ヲ受クルコトヲ拒ミ又ハ之ヲ受クルコト能ハサルトキハ其債権者ハ履行ノ提供アリタル時ヨリ遅滞ノ責ニ任ス

修正案第四一二条　債権者カ債務ノ履行ヲ受領スルコトヲ拒ミ又ハ之ヲ受領スルコト能ハサルトキハ其債権者ハ履行ノ提供アリタル時ヨリ遅滞ノ責ニ任ス

【起草趣旨】

穂積陳重（二七巻一〇三丁表〜一〇七丁表）

(1)　規定の位置について

本条は初め、売買の目的物の引渡に関して、買主の引取義務として定めようと考えていた。売主は、一定の時、一定の場所で引渡すべき義務があるが、買主がこれを受け取らないときには売主が迷惑し、損失を被るから、買主の引取義務を売買について定めた。これを有償契約一般に適用することにして、債務の履行の所では所謂受領遅滞、債権者遅滞の規定は省いた。また、債権者が遅滞にあるときは供託もできるのだから、債権総則にこれを置く必要はないと考えた。しかし、これは売買に限ったことでもなく、有償契約に適用すると言っても、債権者の遅滞というものが、すべてそれにあたるということにはなるまい。有償契約でなくても、例えば贈与の場合、贈与を承諾しておきながら受ける側が受けとらねば贈与者に迷惑がかかる。そこで諸国の新しい法典と同様、債務の履行の通則で債権者遅滞を規定する方が適当と考えた。

(2)　債権者遅滞の学説・立法例と原案の立場

債権者遅滞については学説・立法例は三つに分れる。

①　債権者の過失を要件とするもの。

②　過失というには及ばないが、債権者に「意思」あることを要件とするもの。「債権者カ受領スルコト能ハサルトキ」たとえば病気などにより、正当に提供された履行を受けることができなかったような場合を除くもの。

③　本案の採った主義。受領しないとい

う事実さえあれば良い。病気、天災の場合も遅滞の責に任ずるとするもの。

①②の場合に遅滞の責に任ずべきことは説明を要しない。病気などの場合、受領できないので債務者に迷惑、損害が生ずるなら、どちらがそれを引受けるべきか。過失のないことは双方共平等であるが、債務者は為すべきことを完了しており、また、目的物、目的たる権利は債権者に帰属すべきものである。これらのことから、債権者がその迷惑を負うべきである。これは危険負担の規定と同様、「其物ノ終局スル所ノ者カ負フ」、という原則に従うものである。

スイス債務法では「其受取リヲ拒ムトキハ」、ザクセンにおいては「不法ニ拒ム」というように書いてあるが、オーストリアは、言葉だけで見ると「受取ヲ遅延シタルトキハ」と書いてある。ドイツでは「受取ラサルトキハ」と表現し、理由書を見ると「受取ラサル事実アリタルトキハ」というように説明している。またドイツ民法では売買の所にも二重に規定があり、「買主ハ之ヲ受取ルヘキ義務ヲ有スル」ということが書いてある。受領することができないときに責任を負わせるのは確かに気の毒だが、債務者に負わせるのはもっと気の毒である。

(3)　独立した条文としたことについて

本条を原案第四一一条第三項としようかとも思ったが、他の条文の条数との関係で独立の一条とした。

【主要審議】

一　債権者遅滞と履行期限

議長（箕作麟祥）（二七巻一〇七丁表）

本条では期限の定めの有無を問題にする必要はないか。

穂積陳重（二七巻一〇七丁表）

受取るべき時に受取らなかったということだから、その必要はない。

二　本条の存在意義について

長谷川喬（二七巻一〇七丁表）

本条は主に危険負担の問題か。

穂積陳重（二七巻一〇七丁表）

損害賠償又は遅延利息とかの問題になる。「夫レカラ『遅滞ノ責ニ任ス』と云フト勿論……」。

長谷川喬（二七巻一〇七丁裏）

原案第四九五条（確定条文第四九二条）、第四九七条（確定条文第四九四条）では足りないか。

穂積陳重（二七巻一〇七丁裏）

供託では「物ガ…居リマス」（物に限られる）。本案は労力でもなんでも入るつもりである。

長谷川喬（二七巻一〇七丁裏）

提供ではどうか。原案第四九五条で、提供すれば一切の責任を免れる。

穂積陳重（二七巻一〇七丁裏）

債務者が履行について責任を免れるということは、債権者がそれについて責任を負うということにはならない。この時から危険が移るというようなことが書いてあれば別であるが。

箕作麟祥（二七巻一〇七丁裏～一〇八丁表）

原案第四九五条の「弁済ノ提供」だけでは意味が狭すぎていけない、というのか。

梅謙次郎（二七巻一〇八丁表）

それでも狭すぎていけない。

穂積陳重（二七巻一〇八丁表）

労力でも何でも入るつもりである。

▼別段発議なく修正案どおり確定（二七巻一〇八丁表）。

【その後の経緯】

「受領スルコト」という文言が「受クルコト」と改められているが、その経緯は明らかでない。

【民法修正案理由】

既成法典ハ債権者ノ遅滞ニ関シ特ニ規定ヲ設クルコトナク弁済提供ノ規定ニ依リテ債務者ヲ保護スルニ止マルト雖モ、弁済ノ提供ハ本案ガ既成法典ノ主義ヲ修正シテ其効力ヲ拡張シタルニ拘ハラズ尚ホ債務者ヲシテ債務ノ不履行ニ因リテ生ズベキ自己ノ責任ヲ免レシムルニ過ギズシテ、未ダ債権者一身ノ事由ニ因リテ債務者ガ受クベキ不利益ヲ救フニ足ラズ。之レ本条ニ於テ債権者モ亦遅滞ノ責ニ任ズベキコトヲ認メ其要件及ビ時期ヲ指定スル所以ニシテ、債務者ノ遅滞ニ関スル前条ノ規定ト照応シ双方ノ利益ヲ平等ニ保護スルモノト云フベシ。(注1)

債権者ノ遅滞ノ責任ヲ定ムルニ付キ諸国ノ立法例ハ凡ソ三種ニ区別セラル。即チ一ハ債権者ニ過失アル場合ニ於テノミ遅滞ノ責ニ任ゼシメ、二ハ過失ノ存在ヲ要セザルモ債権者ノ意思ノ加ハルコトヲ要ストシ、三ハ過失アル場合ハ勿論病気天災等ニテ已ムコトヲ得ザリシ場合ト雖モ総テ遅滞ノ責ニ任ゼシムルモノトス。本案ハ即チ此第三ノ主義ニ依ルモノニシテ、或ハ債権者ニ酷ナルガ如シト雖モ、債務者モ亦既ニ債務ノ本旨ニ従フテ履行ヲ提供シタルモノナレバ、双方共ニ過失ナキ場合ニ於テハ、適当ニ提供セラレタル履行ヲ受領スルコトヲ妨ゲラレタル者即チ債権者ニ於テ不利益ヲ甘受シ、遅滞ノ責ニ任ズルヲ以テ妥当トス。故ニ本案ハ墺太利民法、独乙民法草案等ニ倣ヒ、本条ニ於テ債権者ハ債務ノ履行ヲ受領スルコトヲ拒ミタルトキハ勿論、之ヲ受領スルコト能ハザルトキト雖モ遅滞ノ責ニ任ズトシ、後ニ本案ガ債権ノ目的ノ減失(注2)又ハ毀損ニ付キ債務者ニ過失ナキトキハ債権者ハ其危険ヲ負担スベシトスル主義ニ恰当セシムルモノニシテ、遅滞ノ責任ヲ生ゼシムル時期ニ付テハ履行ノ提供アリタル時ヨリトスルハ固ヨリ妥当ノ規定タルベシ。

▽民法修正案理由書「第三編債権」一四～一五頁（第四一二条）。

（注1）『民法修正案理由書』には「云ヘシフ」と記されている。
（注2）「滅失」の誤りであろう。

（鄭鍾休）

第四一四条　債務者が任意に債務の履行をしないときは、債権者は、その強制履行を裁判所に請求することができる。ただし、債務の性質がこれを許さないときは、この限りでない。

2　債務の性質が強制履行を許さない場合において、その債務が作為を目的とするときは、債権者は、債務者の費用で第三者にこれをさせることを裁判所に請求することができる。ただし、法律行為を目的とする債務については、裁判をもって債務者の意思表示に代えることができる。

3　不作為を目的とする債務については、債務者の費用で、債務者がした行為の結果を除去し、又は将来のため適当な処分をすることを裁判所に請求することができる。

4　前三項の規定は、損害賠償の請求を妨げない。

第四一四条　債務者カ任意ニ債務ノ履行ヲ為サザルトキハ債権者ハ其強制履行ヲ裁判所ニ請求スルコトヲ得但債務ノ

性質カ之ヲ許ササルトキハ此限ニ在ラス
債務ノ性質カ強制履行ヲ許ササル場合ニ於テ其債務カ作為ヲ目的トスルトキハ債権者ハ債務者ノ費用ヲ以テ第三者ニ之ヲ為サシムルコトヲ裁判所ニ請求スルコトヲ得但法律行為ヲ目的トスル債務ニ付テハ裁判ヲ以テ債務者ノ意思表示ニ代フルコトヲ得
不作為ヲ目的トスル債務ニ付テハ債務者ノ費用ヲ以テ其為シタルモノヲ除却シ且将来ノ為メ適当ノ処分ヲ為スコトヲ請求スルコトヲ得
前三項ノ規定ハ損害賠償ノ請求ヲ妨ケス

原案第四〇八条　債務者カ債務ノ履行ヲ為ササルトキハ債権者ハ強制履行ヲ裁判所ニ請求スルコトヲ得但債務ノ性質カ之ヲ許ササルトキハ此限ニ在ラス
債務ノ性質カ強制履行ヲ許ササル場合ニ於テ其債務カ作為ヲ目的トスルトキハ債権者ハ債務者ノ（注1）費用ヲ以テ第三者ニ之ヲ為サシムルコトヲ裁判所ニ請求スルコトヲ得
不作為ヲ目的トスル債務ニ付テハ債務者ノ費用ヲ以テ其為シタルモノヲ除却シ且将来ノ為メ適当ノ処分ヲ為スコトヲ請求スルコトヲ得
前三項ノ規定ハ損害賠償ノ請求ヲ妨ケス

（注1）　法典調査会議事速記録では「債権者ノ費用ヲ以テ」とあるが、これは民法第一議案のとおり「債務者ノ費用ヲ以テ」が正しい。

【参照条文】

旧民法財産編

第三八二条　義務ノ本旨ニ従ヒテ直接ノ履行ヲ債権者ヨリ請求シ且債務者ノ身体ヲ拘束セスシテ履行セシムルコトヲ得ル場合ニ於テハ裁判所ハ其直接履行ヲ命スルコトヲ要ス
引渡ス可キ有体物ニシテ債務者ノ財産中ニ在ルモノニ付テハ裁判所ノ威権ヲ以テ差押ヘ之ヲ債権者ニ引渡ス
作為ノ義務ニ付テハ裁判所ハ債務者ノ費用ヲ以テ第三者ニ之ヲ為サシムルコトヲ債権者ニ許ス
不作為ノ義務ニ付テハ其義務ニ背キテ為シタルモノヲ債務者ノ費用ヲ以テ毀壊セシメ及ヒ将来ノ為メ適当ノ処分ヲ為スコトヲ債権者ニ許ス
此等ノ場合ニ於テ損害アリタルトキハ其賠償ヲ為サシムルコトヲ妨ケス
債務者ニ対スル強制執行ノ方法ハ民事訴訟法ヲ以テ之ヲ規定ス

フランス民法

第一一四三条　又義務ヲ得可キ者ハ義務ヲ行フ可キ者ノ契約ニ背キ為シタル諸件ヲ廃棄セシム可キノ訴ヲ為スノ権アリ但シ其諸件ヲ廃棄スルヿハ其義務ヲ行フ可キ者ノ費用ヲ以テ之ヲ為ス可ク且ツ別段ノ道理アル時ハ義務ヲ行フ可キ者ヨリ義務ヲ得可キ者ニ損失ノ償ヲ為ス可シ
第一一四四条　又義務ヲ行フ可キ者之ヲ行ハサル時ハ義務ヲ得可キ者其義務ヲ行フ可キ者ノ費用ヲ以テ他人ヲシテ其義務ヲ行ハシムルヿヲ得可シ

オーストリア一般民法

第一三二三条　他人ニ向テ其損害ノ賠償ニ任スル人ハ其物件ヲ原形ニ復スルカ若クハ其評定ノ価直ヲ交付セサル可カラス若シ唯〻単ニ他人ニ損害ヲ与ヘタルノミニ止マレハ則チ之ヲ賠償スルヿヲ要ス又若シ他人ノ収益ヲ折損セシメ若クハ全ク他人ノ損害ヲ償清スル為メニ其償金ヲ支弁セサル可カラス

オランダ民法

第一二七六条〔フランス民法第一一四三条に同じ〕

第一二七七条〔フランス民法第一一四四条に同じ〕

イタリア民法

第一二二〇条　某ノ事ヲ為スノ責務ヲ履行セサルノ時会ニ於テハ責主ハ負責主ノ費用ニ資リテ自己之ヲ履行スルヿヲ認許セラル可キ者トス〔仏民第千百四十四条〕

第一二二二条　責主ハ某ノ事ヲ為サヽルノ責務ニ違背シテ為シタル者ヲ解破セシムルヿヲ請求スルノ権理ヲ有シ而シテ負責主ノ費用ニ資リテ自己之ヲ毀撤スルヿヲ得可ク併セテ其損害ノ賠償ヲ請求スルヿヲ得可シ〔仏民第千百四十三条〕

スイス債務法

第一一一条　全ての為す債務は、その不履行が債務者の責に帰すべき場合には、損害賠償債務となる。しかしながら、債権者は、債務者の費用で、その行為を行わせることができる。

第一一二条　債務の内容が不作為にある場合には、それに反する行為を行った者は、単なる違反行為によりすでに損害賠償義務を負う。債権者はまた、違法な状態の除去を要求し、それを債務者の費用で行わせることができる。

モンテネグロ財産法

第五四〇条　債務者が、自ら合意した債務を履行しない場合、又は債務を相応に履行しない場合には、債権者は、債務者に債務の履行を強制するために、法律上のあらゆる強制手段を用いることができる。

　前項の強制手段が奏功しない場合には、債務者は、以下の条文が定める準則に従い、損害に対し責任を負う。

第五四二条　債務者が、契約により仕事又は代替物の給付をする義務を負う場合、債権者は、不履行による損害賠償請求に代えて、債務者が義務を負う給付の履行をその者の費用でなすことを、第三者に委託することができる。

　債務者が不作為義務を負い、かつその義務を果さない場合には、債権者は債務者の費用で、債務者が契約に反して行ったことの除去を請求することができる。

　前二項の場合において、第三者に対する履行の委託により損害が生じた場合、債権者は債務者に対してその賠償を請求することができる。

スペイン民法

第一〇九八条　あることを為す義務を負う者がこれを為さなかった場合、当該事項は義務者の費用で履行されなければならない。

　義務者が、自己の義務の内容に反してこれを行った場合も前項と同様である。この場合にはまた、義務に反して為された事項の除去（destruction）を命ずることができる。

第一〇九九条　前条の規定は、債務が為さざることを内容としているとき、又は債務者が、禁じられている履行を為したときにも適用される。

ドイツ民法第一草案

第二一九条　損害賠償ハ債務者カ賠償ノ義務ヲ負フヘキ事情カ生セサリシ場合ニ存在スヘキ状況ヲ回復セシムルコトニ依リ又ハ此回復カ不能ナルトキ若クハ賠償ニ不充分ナルトキハ金銭ヲ以テ賠償スルコトニ依リテ之ヲ行フコトヲ要ス

ドイツ民法第二草案

第二一三条(注2)　損害賠償ノ義務ヲ負フ者ハ此義務ヲ負ハシムヘキ事情カ生セサリシ場合ニ存立スヘキ状況ヲ回復セシムルコトヲ要ス身体ノ傷害又ハ物ノ損害ニ因リテ賠償ノ義務ヲ生シタルトキハ債権者ハ元状回復ノ代リニ之ニ必要ナル金額ヲ請求

スルコトヲ得

元状回復カ不能ナルトキ又ハ賠償ニ不充分ナルトキハ賠償者ハ債権者ニ対シ金銭ヲ以テ之ヲ賠償スルコトヲ要ス元状回復ニ付キ不相当ノ費用ヲ要スル場合ニ於テハ賠償者ハ金銭ヲ以テ賠償スル権ヲ有ス

元状回復ニ付テハ債権者ハ賠償者ニ対シ相当ノ期間ヲ定メ且此期間ノ経過後ハ元状回復ヲ拒絶スル旨ヲ表示スルコトヲ得此期間内ニ元状回復ナキトキハ債権者ハ金銭ニ依ル賠償ヲ請求スルコトヲ得此場合ニ於テハ元状回復ノ請求権ハ除却セラル

プロイセン一般ラント法

第一部第六章第七九条　損害が生じた場合には、可能な限り完全に損害発生以前の状態に戻されねばならない。

第八〇条　前条の原状回復により被害者が十分賠償されえないとき、加害者は、なお欠けているものを他の方法で賠償しなければならない。

ザクセン民法

第六八七条　要求其起生ニ於テ又ハ以後ニ生シタル事故ニ依リ損害賠償ニ関スルトキハ弁済ノ物件ニ付テハ第百二十四条第百二十五条ノ規定ニ依テ定マルモノトス先ツ義務者ハ被害者ニ対シ直接又ハ間接ニ奪却シ破砕シ又ハ粗悪ニシタルモノヲ原質ニ於テ供与シ又ハ恢復スヘキモノトス之ヲナスコト能ハサルトキニ限リ及其他ノ要求ヲナスコトヲ得ル総テノ場合ニアリテハ損害賠償ハ金銭ヲ以テ之ヲナスヘキモノトス

バイエルン民法草案

第二部第一章第七三条　損害賠償義務を負う者は、被害者に生じた財産的損失を、それが加害行為により生じた限りにおいて賠償しなければならないのみならず、右行為により被害者の喪失した利益をも賠償しなければならない。

人身への侵害の場合には、被害者は更に収入、扶養ならびに営業に関連して生じた損害の賠償請求権をも有する。

物の剥奪、滅失、毀損による損害が生じた場合には、費用が損害賠償額を不当に上回らないことを要件として、可能な限りその物がそのまま返還され（in Natur zurückzuerstatten）、あるいは以前の状態に回復されるべきである。

イギリス

19 & 20 riet, C. 97 § 2.[注3]

Reheuti ch v. Manning 1 D.M. & G. 176.[注4]

Felight v. Bolland 4 Reess. 298.[注5]

Leemley v. ragne 1 D.M. & G. 604[注6]

カナダ民法

第一〇六五条[注7]　すべての債務は、債務者がこれを履行しなかった場合に、彼に対して損害賠償の責任を負わせる。債権者は、それが許される場合には、その債務の特定履行をも請求することができ、しかも彼は、本法の規定するところに従って、債務者の費用でそれを実行し、あるいはその債務の発生原因たる契約を解消することができる。いずれの場合でも、彼の損害賠償請求権は害されることがない。

インド一八七七年特別救正法

第一二条〜第三〇条

（注2）　仁保亀松訳「独逸民法草案債権」では第二二六条となっているが、誤植であろう。

（注3）民法第一議案三〇五丁裏では、19 & 20 Uict.c. 97 § 2. となっている。これは、19 & 20 Vict. c. 97 § 2. と思われる。

（注4）民法第一議案三〇五丁裏では、Rekewich v. Mahhihg 1 D. M. & G. 176 となっている。これは、Kekewich v. Manning (1851) 1 DE G. M. & G. 176, 42 English Reports 519 と思われる。

（注5）民法第一議案三〇五丁裏では、Elight. U.

Bolland 4 Russ. 298 となっている。これは、Flight v. Bolland (1828) 4 Russ. 298, 372 All English Law Reports Reprint [1824-34] と思われる。

（注6）民法第一議案三〇六丁表では、Lumley v. Wagner 1D. M. & G. 604 となっている。これは、Lumley v. Wagner (1852) 1 DE G. M. & G. 604, 368 All English Law Reports Reprint [1824-34] と思われる。

（注7）議事速記録では一〇六条と記載されているが、誤りであろう。

【起草趣旨】

穂積陳重（一八巻三三丁裏～三六丁表）

本条は旧民法財産編の「直接履行ノ訴権」の規定（第三八二条）を次の三点において修正したものである。

(1)「強制履行」の意義

「直接履行」という言葉を「強制履行」と改めた。旧民法で「直接履行」という言葉を使ったのは、義務の実行を行わせるのが直接の履行であり、賠償の如きものは間接の履行だという考えによるものであろう。しかし、賠償は履行ではない。要するに、どういう場合に裁判所の力をかりて義務の強制履行をさせることができるかということだから、「強制履行」という字が当ると思う。

(2) 訴訟関係規定の削除

旧民法財産編第三八二条の第二項と第六項を削除した。なぜなら、これらは民事訴訟法に属すると思ったからである。

(3) 強制履行の制限事由（注8）

以上は文字の修正に止まっているが、著しく変えたのは、直接履行を命じる制限として、旧民法は「債務者ノ身体ヲ拘束セスシテ履行セシムルコトヲ得ル」場合以外には直接履行を認めなかったが、原案ではそれを「債務ノ性質カ之ヲ許ササルトキハ」とした点である。旧民法のこの制限は、「人身ノ権利」を重んずるところから出たことだろうが、債務に服するということ自体、自分の自由を制限することになるのだから、ことさら自由を保護するという趣旨の規定は必要ない。身体を拘束して強制履行をなさしめうるのであれば、もとよりさせても良いと思う。強制履行を命じうるかどうかは、その債務が強制履行をしうるものかどうかによる。従って原案のように改めた。

（注8）起草趣旨のこの点については、北川善太郎『日本法学の歴史と理論』五二頁以下に紹介がある。

【主要審議】

一　第二、第三項削除提案

土方寧（一八巻三六丁表～三七丁裏）

第二、第三項は空論にすぎない。なぜなら、第二、第三項の場合は第一項の強制履行を裁判所に請求することが出来ない場合だが、ここで規定してあるのは、債務者が履行しない場合、債務者に金を払わせようということである。それなら、債務者に対して不履行の損害賠償を求めることで充分だからである。それともこの項は第三者が債務者の位置に立つ、債務者に代ってするという意味か。

穂積陳重（一八巻三七丁裏）

債務者に代ってするという意味ではない。第三者をして債務者とならしめるのではなく、他の人にやらせるという意味である。

土方寧（一八巻三七丁裏～三八丁表）

それなら、第二、第三項は全く損害賠償の問題であって形だけで履行を得たように見せかけた空論である。第二、第三項を削除し、第四項の「前三項」とあるのを「前項」とする修正説を提出する。

長谷川喬（一八巻四一丁表）

第二、第三項を削除しても、第三項の「将来ノ為メ適当ノ処分ヲ為スコト」を請求しうるか。

土方寧（一八巻四一丁裏）

できると思う。「所謂英米法テ云フ……ト云フコトニ為ル」と思う。

▼土方委員の提案には賛成者がなく、採決には付されなかった。そこで土方委員は、第二項を削除し、第三項前段をも削除し「作為ヲ目的トスル債務ニ付テハ債権者ハ将来ノ為メ適当ノ処分ヲ請求スルコトヲ得」という修正説を再提案した（一八巻四七丁表～裏）が、これにも賛成者はなかった。

二　第一項削除提案

磯部四郎（一八巻三八丁表～裏）

第一項は果して必要か。債務者が任意の履行をしなければ「強制執行」を裁判所に求めることができるということは、法文をまたなくても明らかである。

穂積陳重（一八巻三九丁表～裏）

強制履行を要求しようと思えば法文がいる。弁済期がすぎても債務者が履行しない場合、債権者の権利を侵害しているのであり、債務関係に一つの変化を来たしたことになる。法文がない場合、賠償の責を生ずるのは当然である。しかし、債権の「実質」を強制しよう、「実質」通りにやれというためには明文が必要である。不履行によって、その債務は消滅してしまうという学説もある。

磯部四郎（一八巻四三丁表～四四丁表）

第一項を削除する説を提出する。穂積委員は、第一項を必要とする理由として、不履行によってその債務が消滅して別なものになるという学説があることをあげたが「然ウ云フ学説ハとうニ死ンテ仕舞ツテ居ル」。第一項は言わなくても知れ切ったことであり、無用な条文を持ってくるとかえって疑いが生ずる。

梅謙次郎（一八巻四四丁裏～四五丁裏）

私の考えは、穂積委員の説と少し合わないところもある。穂積委員によれば、不履行になったならば債務の性質が変る、従ってそれ以後裁判所に請求するのは本当の履行とは言いにくいということだが、そう考える必要はない。債権の目的が同じであって、その目的が達せられたものであればやはり「履行」と見る。しかし、このことは枝葉の問題である。どのような学説をとるにしても第一項がなく突然第二項からはじまると、磯部委員の言うところの古い学説をとり、不履行の場合には損害賠償しかできないというような解釈が出て来るから明文が必要である。

▼磯部委員の提案は田部委員の賛成（一八巻四四丁裏）により案として成立したが、採決の結果賛成少数で否決された（一八巻四七丁裏～四八丁表）。

磯部委員は更に、一、二項の「裁判所ニ請求スルコトヲ得」の部分の削除を提案した。その理由は、こういう法文があると、裁判所の手を経ないで執行できるという「公正証書ノアノ執行文ノ規定マテ潰フシテ仕舞ウト云フ恐レ」があるからということであった（一八巻四八丁表～裏）。しかし、この提案には賛成者がなかった。

三　「将来ノ為メ適当ノ処分」の範囲

磯部四郎（一八巻三八丁裏）

第三項の「将来ノ為メ適当ノ処分ヲ為ス」とはどの程度までのことができるのか。フランスでは、〔役者がある劇場で演技をしないという約束をしたにもかかわらず、それに背いて演技したとき、巡査をつれてきてやらせないということが出来る〕（注9）そうだが、そういう程度までも出来るのか。

穂積陳重（一八巻三九丁裏～四〇丁表）

「適当ノ処分」ということは事実の問題で難しい。例えば、鍛冶屋が夜間は仕事をしないという約束をしたが、それにそむいて毎晩仕事をする場合、そういうことをしてはならないと裁判所から命令してくれるよう請求することはできる。(注10)しかし、その場合裁判所が「番ヲシテ」いることができないことであると見たならば、第一に「債務ノ性質カ之ヲ許サヌ」ものであるということで、賠償の方に行かなければならないかもしれない。「要スルニ事実問題」で、例をあげるのに甚だ困る。

磯部四郎（一八巻四〇丁表）

　身体を拘束することも入るのか。

穂積陳重（一八巻四〇丁表～裏）

　私一人の考えであるが、裁判所の力で身体を拘束しても構わない。

梅謙次郎（一八巻四六丁表～裏）

　役者がある劇場である演技をしないという約束に背いたとき、巡査を連れてきてやめさせるということは「債務ノ性質カ許サヌ」という方が穏かではないかと考えていた。結局のところ、社会の世論が許すならば債務の性質が許すのであり、社会の世論が許さなければ債務の性質が許さないというものであろうと思う。

四　第二、第三項の修正提案

長谷川喬（一八巻四〇丁裏）

　第二項は「第三者ニ之ヲ為サシムル」とある。ところが第三項は「除却シ」とあり、旧民法が「毀損セシメ」というように第三者に為さしめる意味になっているのを変更している。これはなぜか。

穂積陳重（一八巻四一丁表～裏）

　作為を目的とする場合において、通常は他人にさせる場合であろう。なぜなら自分で出来ないので人を傭うのだから。これに対し、不作為の場合、たとえ人を傭うにしても自分がすることはする。それ故自分がやっても良いというので、「除却シ」とするのが便利だと思い、そうした。

長谷川喬（一八巻四二丁裏～四三丁表）

　第二項と第三項を、一方は第三者に為さしめる、一方は自ら為すというように書き分ける必要はない。「債務者ノ費用ヲ以テ之ヲ為ス」ということさえ書いておけば、自然第三者に之を為さしめるということになろう。従って、「債務者ノ費用ヲ以テ之ヲ為スコトヲ」というように修正する説を提出する。

梅謙次郎（一八巻四六丁裏～四七丁表）

　作為の場合、債権者が自分でするということも百回のうち一回くらいはあるかも知れないが、多くはない。不作為の場合自分で除却することは沢山あると思う。従って、分りやすくするには、このように書いておいた方が良い。

長谷川喬（一八巻四七丁表）

　「裁判所ニ」というのも削り、「債務者ノ費用ヲ以テ之ヲ為スコトヲ請求スルコトヲ得」ということにしたい。

▼長谷川委員の修正説は箕作委員の賛成（一八巻四四丁表）を得て案として成立したが、賛成少数で否決された（一八巻四八丁表）。

　以上全ての修正提案が否決され、本条は原案通り確定した。

（注9）原文では「……」となっている。ボアソナード『再閲修正民法草案註釈』第二編人権之部中巻一五頁参照。

（注10）同書二二頁参照。

【その後の経緯】

　原案には、確定条文第二項但書に当る部分がない。この部分は、整理会で付加されたものである。すなわち、整理会において起草委員から、第二項に「但法律行為ヲ目的トスル債務ニ付テハ裁判所ノ命令ヲ以テ債務者ノ意思表示ニ代フルコトヲ得」という但書を付加することが提案された。穂積陳重委員によれば、第二項本文だけでは保護が十分ではないので、「裁判所ノ命令ヲ以テ債務者ノ意思表示ニ代ヘルコトカ出来ル之モ今日強制履行ノ一ツノ種類トシテ認メテ置ク方ガ宜シイト思ヒ」設けたとのことである。これについて、田部芳委員らから、今日「命令」というのは裁判の一種類とみているのだから「命令」という字を変える必要がある旨の意見が出され、種々議論の結果、「裁判ヲ以テ」（確定条文の文言に同じ）への変更が、賛成多数で可決された（民法整理会議事速記録三巻一三二丁裏～一四〇丁裏）。

【民法修正案理由】

本条ハ既成法典財産編第三百八十二条ヲ修正セリ。先ヅ同条第二項ハ訴訟法ニ属スベキ規定ナルヲ以テ、又同条末項ハ明文ヲ要セザルニ因リ共ニ之ヲ删除シ、次ニ直接履行ナル用語ヲ改メテ強制履行ト為セリ。蓋直接履行ハ通常間接履行即チ不履行ノ場合ニ於ケル損害賠償ノ如キモノニ対スル用語ナリト雖モ、間接履行ハ既ニ義務ノ履行ニ非ザルニ因リ之ニ対シテ特ニ直接履行ナルモノヲ区別スベキ理由ナキノミナラズ、本条ノ趣旨ハ債権者ヲシテ強制方法ニ依リ債務ノ履行ヲ得セシムルニ存スルモノナレバ、強制履行ナル用語ハ此趣旨ヲ表ハスニ最モ其当ヲ得レバナリ。

既成法典其他二三ノ立法例ハ、特ニ明文ヲ以テ債務者ノ身体ヲ拘束セズシテ義務ヲ履行セシムルコトヲ得ル場合ニ於テノミ直接履行ヲ許ス旨ヲ規定セリ。然レドモ債務者ガ其負担シタル義務ニ服スルハ自ラ進ミテ其自由ヲ制限シタルモノニシテ、強制執行及ビ強制履行ノ方法ハ総テ外見上債務者ノ自由ヲ制限スルガ如シト雖モ、義務負担ノ当時ヲ顧ミルトキハ之ニ因リテ殊更ニ債務者ノ自由ヲ制限シタルニアラズ。又之レガ為メニ不当ニ自己ノ自由ヲ制限セラレタリト云フコトヲ得ザルナリ。故ニ既成法典等ニ於テ身体ヲ拘束スルニアラザレバ履行スルコトヲ得ザル債務ト云フハ、宜シク債務ノ性質ガ強制履行ヲ許サザルトキト解セザルベカラザルモノニシテ、債務ガ仮令強制方法ヲ要スルトモ之ニ依リテ履行セシムルコトヲ得ルモノナレバ、債権者ヲシテ其履行ヲ得セシムルヲ以テ当然トス。而シテ債務ノ性質ガ強制履行ヲ許スベキモノナルヤ否ヤハ事実問題ニシテ、不当ニ自由ヲ制限セザルベカラザル場合ニ於テハ裁判所ハ固ヨリ強制履行ヲ許サズシテ他ノ方法ニ依ラシメ、決シテ不法ノ結果ヲ生ゼシムルコトナカルベシ。故ニ本案ハ既成法典財産編第三百八十二条ニ於ケル身体拘束云々ノ字句ヲ删リ、本条第一項但書ノ規定ニ依リテ債務ノ性質ガ強制履行ヲ許サザル場合ヲ除外セリ。其他本条第二項以下ノ規定ハ、既成法典同条第三項乃至第五項ノ字句ヲ修正シタルニ過ギザレバ別ニ説明ヲ要セズ。

▽民法修正案理由書「第三編債権」一五～一七頁（第四一三条）。

（吉村良一）

第四一五条　債務者がその債務の本旨に従った履行をしないときは、債権者は、これによって生じた損害の賠償を請求することができる。債務者の責めに帰すべき事由によって履行をすることができなくなったときも、同様とする。

第四一五条　債務者カ其債務ノ本旨ニ従ヒタル履行ヲ為ササルトキハ債権者ハ其損害ノ賠償ヲ請求スルコトヲ得債務者ノ責ニ帰スヘキ事由ニ因リテ履行ヲ為スコト能ハサルニ至リタルトキ亦同シ

原案第四〇九条　債務者カ其債務ノ本旨ニ従ヒタル履行ヲ為ササルトキハ債権者ハ其損害ノ賠償ヲ請求スルコトヲ得但其不履行カ債務者ノ責ニ帰スヘカラサルトキハ此限ニ在ラス

【参照条文】

旧民法財産編

第三八一条　義務ノ主タル効力ハ下ノ第一節第二節及ヒ第三節ニ定メタル区別ニ従ヒテ其義務ヲ直接ニ履行セシムル為メ又不履行ノ場合ニ於テハ附随トシテ損害ヲ賠償セシムル為メノ訴権ヲ債権者ニ与フルニ在リ

右ノ外義務ノ効力ハ第四節ニ定メタル義務ノ諸種ノ体様ニ従ヒテ其広狭ヲ異ニス

第三八三条　債務者カ義務履行ヲ拒絶シタル場合ニ於テ債権者強制執行ヲ求メサルカ又ハ義務ノ性質上強制執行ヲ為スコトヲ得サルトキハ債権者損害賠償ヲ為サシムルコトヲ得債務者ノ責ニ帰ス可キ履行不能ノ場合ニ於テモ亦同シ

又債権者ハ履行遅延ノミノ為メ損害賠償ヲ為サシムルコトヲ得

法律ヲ以テ損害賠償ノ額ヲ定メタル場合ノ外当事者之ヲ定メサリシトキハ下ノ区別及ヒ条件ニ従ヒテ裁判所之ヲ定ム

第三八四条　〔第四一二条の【参照条文】中に掲載〕

フランス民法

第一一四二条　事ヲ為スヘキノ義務又ハ事ヲ為ス可カラサルノ義務アル者其義務ヲ行ハサル時ハ義務ヲ得可キ者ニ其損失ノ償ヲ為ス可シ

第一一四六条　義務ヲ行フ可キ者其義務ヲ行フヿヲ怠リシ時ハ義務ヲ得可キ者ニ損失ノ償ヲ為ス可シ但シ義務ヲ行フ可キ者其約定ノ期限ヲ過セシ時ト雖𪜈事故アリテ其定期内ニ契約ノ如ク物ヲ与ヘ又ハ事ヲ為スヿ能ハサル時ハ格別ナリトス

第一一四七条　義務ヲ行フ可キ者縦令ヒ不正ノ意アルニ非スト雖𪜈義務ヲ行ハサル時ハ其義務ヲ行ハサルニ付テノ償ヲ為シ又ハ其義務ヲ行フヿヲ遅延シタルニ付テノ償ヲ為ス可キ言渡ヲ受ク可シ

但シ己レノ意ニ管セサル事故アリテ其義務ヲ行フヿ能ハサリシノ証ヲ立ル時ハ格別ナリトス

第一一四八条　義務ヲ行フ可キ者抗拒ス可カラサル力ノ為メ強迫セラレ又ハ意外ノ事故アリテ其義務ノ如ク人ニ物ヲ与ヘ又ハ事ヲ為スノ妨ケヲ受ケ又ハ其為ス可カラサル事ヲ為シタル時ハ一方ノ者ニ其償ヲ為スニ及ハス

オーストリア一般民法

第一二九五条　自己ノ過失ニ因テ起生セシメタル損害ハ其損害カ一個ノ約諾ニ関スル義務ニ辜負スルヨリ起生スルト若クハ或種ノ契約ニ違背スルヨリ起生スルトヲ問ハスシテ必ス之ヲ賠償セサル可カラス

〔仏民第千三百八十二条〕

第一三〇六条　自己ノ故意ニ出テス且ツ自己ノ過失ニ因ラスシテ偶然ニ他人ニ損害ヲ被ラシメタル人ハ一般ニ何等ノ賠償ヲモ為スヿヲ須ヒサル者トス

オランダ民法

第一二七五条〔フランス民法第一一四二条に同じ〕

第一二八〇条　義務者ノ仮令ヒ不正ノ意アルニ非スト雖モ義務ヲ行ハサル時ハ其義務ヲ行ハサルニ付テノ償ヲ為シ又ハ其義務ヲ行フヿヲ遅延シタルニ付テノ償ヲ為ス可キ言渡ヲ受ク可シ但シ己レノ意ニ管セサル事故有リテ其義務ヲ行フヿ能ハサリシ証又ハ其義務ヲ行フヿヲ遅延セシ証ヲ立ツル時ハ格別ナリトス〔仏民法第千百四十七条〕

第一二八一条〔フランス民法第一一四八条に同じ〕

イタリア民法

第一二一八条　一個ノ責務ヲ約諾セル結約者ハ必ス確実ニ之ヲ履行スルヿヲ要ス然ラサレハ則チ賠償ヲ支弁セサル可カラス〔仏民第千百三十六条第千百四十二条〕

第一二二五条　負責主ハ責務ノ履行ヲ欠キ若クハ之ヲ遅緩セルノ事実カ自己ニ推諉セラル可カラサルノ理由ニ起生シタルヿヲ証明セサルニ於テハ則チ仮令ヒ悪意有ルニ非サリシモ其履行ヲ欠キ若クハ其之ヲ遅緩セル為メニ損害賠償ノ宣告ヲ受ケサル可カラス〔仏民第千百四十七条〕

第一二二六条　偶然ノ時会若クハ已ムヲ得サル時会ノ為メニ負責主カ某ノ物ヲ転付スルヿヲ妨阻セラレ若クハ某ノ事ヲ為スヿヲ妨阻セラレ若クハ自己ニ禁止セラレタルノ事為ヲ冒行シタルニ関シテハ負責主ハ何等ノ賠償ヲモ支弁スルヿヲ須ヒス〔仏民第千百四十八条〕

スイス債務法

第一一〇条　債務の履行が全くなされないかまたは適正に（gehörig）なされないときは、債務者は、自己に有責性が全くないことを証明しない限り、損害賠償をなすことを要する。

モンテネグロ財産法

第五四〇条〔第四一四条の【参照条文】中に掲載〕

第五四一条　債務者が悪意（第九二七条）又は重過失（第九二八条）によって契約を履行しないときは、債務者は常に例外なく、それによって債権者に発生した全損害（第九二三条〜第九二五条）につき責を負う。

一般に債務者は軽過失によって発生した損害に対してもまた責を負う。但し、裁判所は、特別な事情に従って衡平であると思われるときは、債務者の責任を直接損害の賠償に限定することができる。

契約の性質が債務者にとって何の利益にもならないようなものである場合、裁判所は、軽過失（第九二八条）に基づく全ての責任から債務者を免除することができる。本項の規定は、個々の場合につき法律に別段の規定がない限り、一般に適用される。

スペイン民法

第一一〇五条　法律に明示的に定めがある場合、又は債務に定めがある場合を除いて、何人も、自己が予見し得なかった事由、又は予見されていたとしても、避けることができなかった事由については責任を負わない。

ドイツ民法第一草案

第二一九条〔第四一四条の【参照条文】中に掲載〕

第二四七条　債務者ハ債権者ニ対シ遅滞ニ因リテ生シタル損害ヲ賠償スルコトヲ要ス

給付カ債務者ノ遅滞ニ因リテ債権者ニ

対シ利益ナキトキハ債権者ハ給付ヲ拒絶シ又ハ既ニ受取リタル部分ヲ返還シテ義務全体ノ不履行ニ本ツク損害賠償ヲ請求スルコトヲ得此場合ニ於テ第四百二十七条第二項第三項第四百二十八条第四百三十一条及ヒ第四百三十三条ノ規定ハ之ヲ準用ス

ドイツ民法第二草案

第二一三条〔第四一四条の【参照条文】中に掲載〕

第二四二条　債務者ハ債権者ニ対シ遅滞ニ因リテ生シタル損害ヲ賠償スルコトヲ要ス

　給付カ債務者ノ遅滞ニ因リテ債権者ニ対シ利益ナキトキハ債権者ハ給付ヲ拒絶シテ不履行ニ本ツク損害賠償ヲ請求スルコトヲ得契約ニ本ツク脱退権ニ関スル第二百九十八条乃至第三百〇五条ノ規定ハ之ヲ準用ス

プロイセン一般ラント法

第一部第五章第二八五条　契約の締結または履行に際し、故意または重大な不注意によって（aus grobem Versehen）義務に違反した者は、相手方に対し全ての利益を賠償することを要する。

第二九一条　ある者が、明示的にその不作為を義務付けられているにもかかわらず、その行為を行ったときは、他人に対し全ての利益について責を負わなければならない。

ザクセン民法

第六八七条〔第四一四条の【参照条文】中に掲載〕

バイエルン民法草案

第二部第一章第一〇九条　債務者が自己に課せられた義務を履行しないか、または適正に（gehörig）履行せず、かつ、その原因が債務者の故意による（absichtlich）違法な行為もしくは不作為（不誠実（Unredlichkeit））または義務付けられている慎重さ（Achtsamkeit）及び注意の懈怠（過失（Versehen））に存するときは、別段の規定のない限り、債務者は第一一〇条ないし第一二一条に従い、債権者に対して損害賠償の責を負う。

カナダ民法

第一〇六五条〔第四一四条の【参照条文】中に掲載〕

第一〇七一条　債務者は、自らに不誠実がなかったにもかかわらず、自己の責に帰することのできない原因によって債務の不履行が生じたということを証明し得なかった場合には、常に損害を賠償する責任を負う。

第一〇七二条　債務の不履行が、債務者のフォートによらず、偶発事故又は不可抗力によって生じた場合、債務者は損害を賠償する責任を負わない。但し、債務者が契約により明示的に損害を賠償する責任を負う場合にはこの限りでない。

【起草趣旨】

穂積陳重（一八巻四九丁裏〜五〇丁表）

(1)　本文について

　本条は旧民法財産編第三八三条を修正したもので、主に文字の修正である。

　イギリスの主義とは反対であって、まず強制履行を求めることができるという主義をとっており、任意履行も強制履行もしない場合には損害賠償を請求しうる、というのが本条の趣旨である。また、前条との関連で、強制履行と共に損害賠償を請求することができるようになる。

　従って「履行ヲ為ササル」というのは、任意履行も強制履行もしないというように、両方を含むつもりである。「本旨ニ従ヒ」という文言によって、不履行も「遅延」も両方含まれるようにしたつもりである。

(2)　但書について

諸国の立法では不可抗力等の場合を除外するものが多いが、かような場合には、「過失ニ出デヌトカ云フヤウナ書キ方ニ為リ来ツテ居」るので、いかなる原因によるものであれ、不履行が「債務者ノ責ニ帰スヘカラサルトキ」は損害賠償責任が発生しないことをここで広く断っただけである。

【主要審議】

一　但書について

土方寧（一八巻五〇丁裏）

本文の「本旨ニ従ヒタル履行ヲ為ササルトキハ」という文言は、履行が可能であるにもかかわらずしない、という意味にしか受取れない。不可抗力等によって履行できないような場合には義務を免れるということが債務消滅原因として後の箇条に定めてあるか。

穂積陳重（一八巻五〇丁裏）

目録中にあったと思う。(注1)

土方寧（一八巻五〇丁裏）

そうであれば、本条但書は不要だと思う。「債務者ノ責ニ帰スヘカラサル不履行」というのは不能以外に何かあるか。

穂積陳重（一八巻五〇丁裏～五一丁表）

「不能」という字を広い意味で使用すればよいかもしれないが、本条は不可抗力の場合であって、「不能」の場合のみではない。たとえば、債権者の責に帰すべき事由により履行できなかった場合や、債務者としては履行しうべき地位にあったけれども、不履行の責が第三者にある、というような場合もあるかもしれず、不能ということではいかにも狭くなる。(注2)

また、本文の「履行ヲ為ササルトキハ」という文言からは、不履行が何に起因するものか明らかでない。従って、但書で制限しておく必要がある。

▼別段異議なく原案どおり確定（一八巻五一丁表）。

（注1）　起草委員の提出した当初の目録（明治二六年六月六日付甲第一号議案）には、第三節「債務ノ消滅」中に、第六款として「不能」が掲げられている（本書二頁参照）。しかし、その後配付された原案（明治二八年三月二九日付甲第二七号議案）には、それに該当する条文はなくなっている（法務大臣官房司法法制調査部監修『民法第一議案』（日本近代立法資料叢書13）二一二頁参照）。なおその経緯については、後掲修正案【主要審議】の注5及び注6参照。

（注2）　民法典立法前後の「不能」概念及び確定条文第四一五条の体系的性格について、北川善太郎『日本法学の歴史と理論』三四頁以下参照。北川教授の分析によれば、フランス民法は債務不履行につき「不履行」と「履行の遅延」という二分的構成を採っているが、かような構成が起草委員の念頭にあった（同四〇頁）。そこでは、「不能」は債務解放事由と捉えられており、債務不履行の一態様としての「履行不能」という位置付けはなされていない。そこで、結局債務者無責の不履行は不能に他ならず、それが債務消滅原因として規定されておれば本条但書は不要だ、という土方委員の指摘、及びそれに対する穂積委員のこのような答弁がなされている。

修正案（起草委員提出）(注3)

第四百十四条ノ但書ニ代ヘ左ノ数字ヲ置クコト

債務者ノ責ニ帰スヘキ事由ニ因リテ履行ヲ為スコト能ハサルニ至リタルトキ亦同シ（二三巻一五〇丁表）

（注3）　原案第四〇九条の修正案。

【起草趣旨】

富井政章（二三巻一五〇丁表～裏）

債務者の過失により、またはその遅滞後に履行が不能になったとき損害賠償責任を生ずるとするのはどの国でも同じである。しかし、原案のままでは、履行不能が入りにくい。債務者の過失により履行ができなくなったという場合を「履行ヲ為サヌ」という言葉に含ませるのは日本語として少し無理なので、修正案として提出した。「債務者ノ責ニ帰スヘキ事由」というのは、「所為又ハ過失夫レカ遅滞後カ」である。遅滞（後の不能）が「債務者ノ責ニ帰スヘキ事由」（注4）にあたることは明らかであるが、旧民法のように、過失により、または遅滞後というのはくどいので、このように規定した。

（注4）　旧民法財産編第五三九条は、「債務者ノ過失ナク且付遅滞前ニ」履行不能を生じたときは債務が消滅する、と規定しているが、ここでは、本規定の裏返し（命題の「裏」）の場合が言われている。

【主要審議】

一　挙証責任との関係について

土方寧（一三巻一五〇丁裏～一五一丁表）

履行不能を債務消滅原因としていたのを本案ではやめたために（注5）、元の文のままでは履行不能が入らなくなる恐れがあるので修正する、という趣旨は理解できる。しかし元の文だと「天災等ノ意外ノ原因」によって履行不能となったときは、その事実は債務者の方で証明して義務を免れるということになってくる。しかし修正案の文面からは履行不能の場合は債権者の方で言うように見えて不都合である。

富井政章（一三巻一五一丁裏～一五二丁表）

本条は証拠法の規定ではないので、土方委員の言うような心配はない。債務の存在は債権者の方から証明しなければならないが、それが証明された以上は、「履行シナケレハナラヌト云フコトカ本則テアル」。特別の免責事由がある場合、それは債務者の方から証明せねばならないということが「法律ノ根本原因ニ依テ疑ノナイコトト思」う。

土方寧（一三巻一五二丁表）

やはり元の文に復した方がよいと思うので、その案を提出する。元の文からは、履行不能が債務消滅原因となることは文面からは明らかでないが、起草委員の説明にあったように（注6）、そのことは「云ハヌテモ分ル」。一方、修正案のようにすると、「挙証責任ノ原理」からわかるといっても、「外ノ証拠ノ原則」は民法にないので、文面上疑わしい。どちらの文章でも不十分ではあるが、後者の弊害の方が大きいから元の案の方がよい。

富井政章（一三巻一五二丁裏～一五三丁表）

もし但書が必要だというなら、次のようになってもよい。すなわち、「債務ノ本旨ニ従ヒテ履行ヲ為ス《ママ》又ハ其責ニ帰スヘカラサル《ママ》事由ニ因リテ履行ヲ為ス能ハサルトキ《ママ》ニ至リタルトキハ債権者ハ損害賠償ヲ請求スルコトヲ得但其不履行又ハ履行ノ不能カ債務者ノ責ニ帰スヘカラサルトキハ……」（注7）と。しかし、こうすると同じことを二度繰り返すことになる。

梅謙次郎（一三巻一五三丁表～裏）

解釈上疑問を生ずる恐れがあるのは、履行不能の場合である。不能を生じた直接の原因が債務者の過失である場合は「履行ヲ為サス」という中に含まれるが、「直接ノ原因ハ全ク債務者ノ意外ノ事柄テアツテ履行ヲ怠ツテ居ツタト云フヤウナ場合」は、元の文では含まれないと誤解される恐れがある。

土方委員の言うような疑いが本条について生じるならば、そのような「差支ヘノアルヘキト見ラレルコトハ」既に議決された箇条に「幾ラモアル」。「挙証ノ責ノナイトキニハ必ス消極ニ書カナケレハナラヌト云フ大原則ヲ諸君カ極メテ下サラヌト困ル、今迄ハ只分リ易イ方ヲ主トシテ書イタノテアル」。証拠編は今度は民事訴訟法の一部として提出されるであろうから、「其方テ願ヒタイ」。

横田國臣（一三巻一五三丁裏～一五四丁表）

「挙証ノ責任」のことをここでそれほど論ずる必要はない。実際の裁判にあっては、債権者が「オマヘハ何セ履行セヌ」「ト云フ其時分ニ」債務者が必ず履行しない理由を弁ずるであろうと思う。

▼この間、起草委員提出の本修正案を原案として扱うのか動議として扱うのかが問題となり（注8）、元田肇委員は動議とするよう要望した（一三巻一五二丁表～裏）が、結局原案として扱われることになり、その結果、元の文に復するという土方委員の提案は修正説とされた（一三巻一五四丁表～裏）。

土方委員の修正説は長谷川委員の賛成（一三巻一五四丁裏）を得て案として成立し、採決の結果起立少数にて否決。起草委員提出原案の通り確定（一三巻一五四丁裏）。

（注5）　この間の経緯については、法典調査会民法議事速記録一三巻一四四丁裏～一四六丁表参照。なお（注6）参照。

（注6）　富井委員の説明は次の通り。「債務者ノ責ニ帰スヘキ事由ニ依テ履行ヲ為スコトカ出来ナクナツタト云フ場合ニハ其債務ノ消滅スルト云フコトハ論ヲ待タヌコトト思フ昔カラ何人モ為ス能ハサルコトヲ為ス責ナシト云フ様ナ格言カアル位テ一点ノ疑ノ起ルコトテナイト思フ（中略）債務者ノ責ニ帰スヘカラサル事由ニ因リテ履行ノ不能ノ生シタルトキハ債務ノ消滅スルト云フコトハ恐ラク疑ノナイコトト思フ」（一三巻一四四丁裏～一四五丁表）

（注7）　この富井委員の発言は理解困難である。

（注8）　起草委員提出案を動議として扱えば、それが否決されれば自動的に元の文に復することとなり、土方提案を独立に採り上げる必要がなくなる。

【民法修正案理由】

本条ハ既成法典財産編第三百八十三条ニ聊カ修正ヲ加ヘタリ。即チ、同条第一項前段ノ規定ハ、既ニ本案第四百十三条ニ於テ本則トシテ強制履行ノ請求権ヲ規定シタルニ因リ之ヲ刪リ、本条ニ於テハ、債務者ガ債務ノ本旨ニ従ヒタル履行ヲ為サザルトキ、及ビ債務者ノ責ニ帰スベキ事由ニ因リテ履行ヲ為スコト能ハザルニ至リタルトキノ救済方法ヲ定メ、即チ、債権者ヲシテ損害ノ賠償ヲ請求スルコトヲ得セシムルモノニシテ、債務者ガ強制履行又ハ任意履行ニ応ゼザルトキノミナラズ、広ク履行ヲ遅延シタル場合ニモ賠償ヲ請求スルコトヲ得ルモノトス。故ニ、既成法典同条第二項ノ規定ハ当然本条ノ規定ニ包含セラルルモノニシテ、同条第三項ノ規定ハ不必要ナルニ因リ、之ヲ刪レリ。

▽民法修正案理由書「第三編債権」一七頁（第四一四条）。

（玉樹智文）

第四一六条　債務の不履行に対する損害賠償の請求は、これによって通常生ずべき損害の賠償をさせることをその目的とする。
2　特別の事情によって生じた損害であっても、当事者がその事情を予見し、又は予見することができたときは、債権者は、その賠償を請求することができる。

第四一六条　損害賠償ノ請求ハ債務ノ不履行ニ因リテ通常生スヘキ損害ノ賠償ヲ為サシムルヲ以テ其目的トス
特別ノ事情ニ因リテ生シタル損害ト雖モ当事者カ其事情ヲ予見シ又ハ予見スルコトヲ得ヘカリシトキハ債権者ハ其賠償ヲ請求スルコトヲ得

原案第四一〇条　損害賠償ノ請求ハ通常ノ場合ニ於テ債務ノ不履行ヨリ生スヘキ損害ノ賠償ヲ為サシムルヲ以テ目的トス
当事者カ始ヨリ予見シ又ハ予見スルコトヲ得ヘカリシ損害ニ付テハ特別ノ事情ヨリ生シタルモノト雖モ其賠償ヲ請求スルコトヲ得

【参照条文】
旧民法財産編
第三八五条　損害賠償ハ債権者ノ受ケタル損失ノ償金及ヒ其失ヒタル利得ノ塡補ヲ包含ス
然レトモ債務者ノ悪意ナク懈怠ノミニ出テタル不履行又ハ遅延ニ付テハ損害賠償ハ当事者カ合意ノ時ニ予見シ又ハ予見スルヲ得ヘカリシ損失ト利得ノ喪失トノミヲ包含ス
悪意ノ場合ニ於テハ予見スルヲ得サリシ損害ト雖モ不履行ヨリ生スル結果ニシテ避ク可カラサルモノタルトキハ債務者其賠償ヲ負担ス
フランス民法
第一一四九条　義務ヲ行フ可キ者ヨリ義務ヲ得可キ者ニ為ス可キ償ハ其義務ヲ得可キ者ノ受ケタル損失ト失フタル利益トヲ併合シテ算計ス可シ但シ其償ノ事ニ付テハ後ノ数条ニ記スル所ニ循フ可シ
第一一五〇条　義務ヲ行フ可キ者詐偽ニ因リ其義務ニ背キタル時ノ外ハ嘗テ契約ヲ結ヒシ時既ニ預知シタル損害ノ償及ヒ預知スルヿヲ得可キ損害ノ償ノミヲ為ス可シ
第一一五一条　義務ヲ行フ可キ者詐偽ニ因リ其義務ニ背キタル時ト雖𪜈其義務ヲ得可キ者ノ受ケタル損失ト失フタル利益トノタメ為ス可キ償ヲ算計スルニハ其契約ニ背キタルニ因リ直チニ生スル所ノミニ限ル可シ
オーストリア一般民法
第一三二三条　〔第四一四条の【参照条文】中に掲載〕
第一三二四条　若シ損害ヲシテ悪意ニ因リ若クハ過甚ナル怠忽ニ因テ起生セシメタルニ於テハ則チ其損害ヲ賠償スルノ外ニ別ニ其人ヲシテ収益ヲ折損セシメタルノ償金ヲ支弁セサル可カラス此他一般ノ時会ニ処スルニハ唯〻其損害ヲ賠償スルノミニ止マル法律中単ニ賠償ノ語辞ヲ点用シタルノ時会ニ在テハ本条ノ区別ニ従テ其賠償ノ性質ヲ審定スルヿヲ要ス〔仏民第千三百八十二条〕
オランダ民法
第一二八二条乃至第一二八四条　〔フランス民法第一一四九条ないし第一一五一条に同じ〕
イタリア民法

第一一二七条　責主ハ其被フレル損害若クハ其失ヒタル利益ニ関シテハ総テ其賠償ヲ要求スルヿヲ得可キヲ通則ト為ス但〻後条ニ規定スル裁制及ヒ特例ヲ除ク有ルノミ〔仏民第千百四十九条〕

第一一二八条　負責主ハ其責務ノ履行ヲ欠クノ事実カ詐偽ニ由来スルヿ無キニ於テハ則チ唯〻最初契約ヲ締結セル時際ニ当リ予見シ若クハ予見シ得可カリシ損害ノミヲ賠償ス可キ者トス〔仏民第千百五十条〕

第一一二九条　仮令ヒ責務ノ履行ヲ欠キタルノ事実カ負責主ノ詐偽ニ由来スルモ責主ノ被フレル損害及ヒ其失ヒタル利益ニ関スル賠償ハ唯〻責務ノ履行ヲ欠キタル為メニ直接ニ生出セルノ成跡タル事件ノミニ限止ス可キ者トス〔仏民第千百五十一条〕

スイス債務法

第一一六条　賠償義務ある債務者はいずれにせよ契約を締結する際にその契約の不履行または不適切な履行の直接の結果として予見しえた損害を賠償しなければならない。

損害の額は裁判官が諸般の事情を勘案して自由な裁量に従って確定する。重大な過責ある場合に第一項に規定するよりも広い範囲で損害賠償をすべきか否かは裁判官の裁量に委ねられる。

モンテネグロ財産法

第五四一条　〔第四一五条の【参照条文】中に掲載〕

第九二三条　広義の損害（dommage）とは、財産の現在の構成部分が侵害された場合であれ、生じるはずであった増加が生じなかった場合であれ、財産が減少する全ての場合を意味する。

前項の二つの損害を区別しなければならない場合、法律は前者を単純損害（perte simple）、後者を逸失利益（manque à gagner）と称する。

法律が、法性決定をすることなく損害を定めている場合、損害一般を指すものと理解しなければならない。この場合、両方の種類の損害を考慮しなければならないが、第五四一条及び第五七一条の規定が準用される。

ただし、法律が完全賠償（dédommagement complet）を定める場合、裁判官は、最も広範に、軽減を図ることなく、単純損害のみならず逸失利益も考慮に入れなければならない。

加害者とは、他人に損害を加えた者又は損害の原因を作出した者を意味する。被害者とは、損害を受けた者を意味する。

第九二四条　単純損害は常にその全体が考慮されなければならないが、物の市場価値（第九二六条）に当然に従う。

逸失利益の算定に際しては、加害者が責めを負う作為又は不作為がなければ被害者が確実に取得したであろう利益だけが考慮される。

第九二六条　損害の算定に際しては、愛情に基づく価値を考慮に入れてはならない。愛情に基づく価値とは、被害者がその物に認めている過大な価値であり、個人的な理由によってその物が被害者にとって高価となるものを意味する。従って、その物が通常の取引において有する市場価値のみを考慮しなければならない。但し、法律に別段の定めがある場合はこの限りではない。

スペイン民法

第一一〇五条　〔第四一五条の【参照条文】中に掲載〕

第一一〇六条　損害賠償は、物が蒙った滅失の価値のみならず、債権者が実現できなかった利益の価値をも含む。但し、次条以下に規定のある場合を除く。

第一一〇七条　善意の債務者は、債務を負った当時に予見され又は予見され得た損害で、かつ債務不履行の必然的結果である損害につき賠償の責任を負う。

債務者が故意の場合、有責者（coupable）は、債務不履行に由来することが明白な全ての損害につき賠償の責任を負う。

ドイツ民法第一草案

第二一八条　賠償スヘキ損害ハ債権者ノ受ケタル財産ノ損害及ヒ其失ヒタル利得ヲ包含ス

事物ノ通常ノ成行ニ従ヒ又ハ特別ノ事情殊ニ既ニ為シタル設計及ヒ準備ニ依リテ予期スルコトヲ得ヘカリシ利得ハ之ヲ失ヒタル利得ト見做ス

ドイツ民法第二草案

第二一四条　賠償スヘキ損害ハ債権者カ失ヒタル利得ヲモ包含ス事物ノ通常ノ成行ニ従ヒ又ハ特別ノ事情殊ニ既ニ為シタル設計及ヒ準備ニ依リテ予期スルコトヲ得ヘカリシ利得ハ之ヲ失ヒタル利得ト見做ス[注1]

第二一五条　義務ノ不履行ニ本ツク賠償ノ義務ハ債務者カ知リ若クハ知ラサルヘカラサリシ事情ニ依リテ予期シ得ヘカラサリシ損害ニ及ハス

プロイセン一般ラント法

第一部第五章第二八六条　他人がその義務を果さないことから或人に生じたすべての損害は利益（Interesse）に含まれる。

第二八七条　利益の確定に際しては現実の損害のみならず契約の不履行によって失われた利得も顧慮される。

第二八八条　中度又は軽度の不注意の場合には通常現実の損害の賠償で足る。

第二八九条　しかしながら、技能者及び専門家はその場合でも完全な利益を賠償しなければならない。

第二九〇条　特別かつ異例の利得がその行為にかかる旨警告された者は負うべき責任に関しては技能者及び専門家に等しいものと看做される。

第二九一条〔第四一五条の【参照条文】中に掲載〕

第一部第六章第四条　その作為又は不作為からはその発生が全く予見できない損害は法的な意味で偶然のもの（zufällig）と呼ばれる。

第五条　ある作為又は不作為が起こらなければ或人が取得したであろう利得は逸失利益に算入される。

第六条　しかしながら、逸失利益の確定に際しては事物の通常の経過及び市民生活の取引に従い又は既に用意された設備及び準備によって期待できる利得だけが顧慮される。

第七条　全部の損害と逸失利益の賠償とで完全な満足となる。

バイエルン民法草案

第二部第一章第一一六条　損害賠償が予め合意によって定められていない場合には、それは被った財産喪失の賠償も逸失利益の賠償も含む。

イギリス

Hadley v. Raxendale 9 Exch. 341. 354[注2]

カナダ民法

第一〇七三条　債権者に支払われるべき損害は、一般に、その者が被った損失又は奪われた利益の総額である。但し、本節の以下の条文に含まれる例外及び修正に従う。

第一〇七四条　債務者は、その契約違反が故意（dol）によるものでないときは、その債務を約した時点において予見し、または予見しえた損害についてのみ責任を負う。

第一〇七五条　債務の不履行が債務者の故意によって引き起こされた場合においても、損害はその不履行の直接の結果のみを含む。

インド契約法

第七四条　契約カ破ラレタルトキ若シカ、ル破約ノ場合ニ仕払フヘキ額トシテ一定ノ額カ契約中ニ明言セラルレハ破約ヲ愬訴スル者ハ其破約ニヨリテ実際ノ損害又ハ損失ノ生シタルコトヲ証スルト否トニ拘ハラス破約者ヨリ明言額ニ超過セサル相当ノ賠償ヲ受取ル権利アリ

例外　人ハ保釈証書、認諾証書又ハ其他此レト同性質ノ証書ヲ作リ或ハ法律ノ規定若クハ印度政府又ハ地方政府ノ命令ニヨリテ公ケノ本分又ハ公ケノ所為ニシテ公共ノ利害ノ関係スル事ヲ履行スルノ証書ヲ与フルトキハ其証書ノ条件ヲ破フルコトニヨリテ其中ニ記載セル全額ヲ仕払フヘキ責ヲ負フモノナリ

説明　政府ト契約ヲ為ス人ハ必スシモソレガ為メニ常ニ公ケノ本分ヲ約シ又ハ公共ノ利害ニ関係アル行為ヲ為サントノ約束ヲナスモノニアラス

（注1）ドイツ民法第二草案第二二四条は、このように二項に分かれていないが、仁保亀松訳「独逸民法草案債権」（法曹記事第三八号五頁）では、第一草案との対比の便宜上、本条第二文が、「第二項同上」（第一草案第二二八条第二項と同文ということ）と表記されている。

（注2）民法第一議案三〇六丁裏ではHadley v. Baxendaleとなっている。民法第一議案の方が正しい。

【起草趣旨】

穂積陳重（一八巻五二丁表〜五五丁裏）

本条は損害賠償の標準を定める規定である。旧民法では財産編第三八五条、商法では第三二九条に規定があるが、趣旨を改めた箇所について解説する。

(1)　直接原因・間接原因という区別の排斥

不履行と損害との間にどれだけの関係があればよいかという問題について、諸外国の法律の態度は区々に分れている。まず、ドイツのように、いやしくも原因結果の関係がありさえすれば、損害賠償を請求できるという主義と、直接原因と間接原因を分け、直接原因に基づく損害の賠償のみを許す主義とに分れている。この点については、次のような理由から、本案は第一の立場を採る。直接原因を賠償の要件とするフランスやオランダ、イタリア、スイス等においても、直接の結果か間接の結果かは、「余程其違ヒガ分リ憎イト見エテ」、人々の意見が違う。ドイツ民法草案の理由書を読むと、従来ドイツの裁判等においても、直接の結果と間接の結果の区別の基準が、区々になっているようである。債権者は債務の履行により或る利益を予見しているのだから、不履行によって生じた結果であることを、法廷で証明できる損害であれば、債権者をなるべく元の状態に返すのが、当然の立場であると考える（一八巻五二丁表〜五三丁表）。

(2)　帰責原因別の賠償基準は定立しないこと

損害賠償の責につき、悪意による不履行と過失による不履行とを区別する主義と、両者を区別しない主義とがある。本条は、悪意と善意、さらに過失の程度に階級を設けて、これに応じて損害賠償の範囲を区別するという標準を、一切排斥するものである。損害賠償の額を定める標準を「徳義上又ハ今日ノ有様等ノコトニ依テ」変更するのは、民法上の規定としては穏かでない。感覚上の損害は、このような区別をしなくても、裁判官による損害額の決定の際に、

考慮され得る。また、義務の不履行の結果を除去し、債権者を原状に回復させるという主義からすれば、債権者でなく、債務者の「有様」を標準にとるのはおかしい。損害賠償は懲罰ではない（一八巻五三丁表～五四丁表）。

(3)　積極損害と逸失利益の塡補

多くの立法例において、損害賠償は損失と失った利得の塡補を目的とする、という標準が立てられている。これは当然のことで、言わなくても同じである。また、塡補すべき利得の範囲はということになると、裁判例で区々になっている。それ故、もう少し確かな標準を定めておかなければならない（一八巻五四丁表）。

(4)　予見性

旧民法では、「懈怠ノミニ出デタ不履行又ハ遅延」の場合には、予見しまたは予見し得べかりし損失及び利得を賠償させ、悪意の場合には予見不可能でも、不履行から不可避的に生じた結果を賠償させることにしていた。この案では、悪意か否かで区別しない。しかし、予見ということは、債務関係の性質からして、損害賠償の標準としなければならない（一八巻五四丁裏）。

当事者が初めから予見していた損害が、賠償されるべき損害に入るのは当然である。さらに通常人、つまり注意深い人、多数人（十人中八・九人）が、売主の立場または或る取引をする立場にあったなら、履行しなければ必ず債権者側に生ずると予見する損害は、賠償額を定める標準とならなければならない（一八巻五四丁裏～五五丁表）。

予見し又は予見し得たものであれば、特別の事情から生じた損害であっても賠償を請求することができる。例えば、時価一〇〇〇円の物だが、買主は一〇〇〇円に利用するためにこの物を引取るという場合、この物を渡さなければ買主は一〇〇〇円の損害を被る、という特別事情を知っていれば、この損害も賠償されなければならない。特別事情から生じた損害[注3]でも、取引の性質上当事者の予見できる損害も賠償されなければならない、という標準を立てるのが、一番当然のことと解する。イギリスの有名な判例のルールも結局これに帰する（一八巻五五丁表～裏）。

（注3）　一八巻五五丁裏三行目の「出来ヌ」は「出来ル」の誤植かと思われる。

【主要審議】

一　通常損害・特別損害という区別と予見

土方寧（一八巻五五丁裏～五七丁表）

損害賠償額を定める標準についての規則は、どのように定めても、その適用について事実の問題が生じ、裁判官も困難を感ずるであろう。なるべく正確な標準を示して裁判官を助けるのが良い。

本条第一項の通常損害と第二項の特別損害は、実はその境界がはっきりしない。本条第一項にいう、通常の場合において生ずる損害というものは、次のように理解できる。第一は、当事者が予見していた損害である。第二に、予見していないが、予見し得べき筈のものであるとき、この通常の場合において生ずる損害は、当事者が予見したものとみるしかない。こう理解するなら、通常の場合に生ずる損害と、特別の事情による損害とを書き分けないで、本条を次のように書き改める方が、その内容をより明瞭に表し得る。すなわち、

「損害賠償ノ請求ハ当事者カ始メヨリ予見シ又ハ予見スルコトヲ得ヘカリシ損害ノ賠償ヲ為サシムルヲ以テ目的トス」と。

通常の場合、特別の場合というのは二つになるようであるが、実は一つである。当事者が初めから予見していたものと、予見してはいないが予見したものと見ることと

は一つだからである。

穂積陳重（一八巻五七丁表）

第一項の「通常ノ場合ニ於テ債務ノ不履行ヨリ生スヘキ」と言うのは、債務不履行があったら何時でも生ずべき損害という意味である。異常なできごとが起こって、それから生じた損害等を省くつもりで、右の文言を書いた。

土方寧（一八巻五七丁裏～五八丁表、一八巻六五丁表～六七丁表）

ただ今の説明によれば、通常の場合とは原因結果の場合、第二項はそれと違った場合である。第二項は、原因結果の関係があるのか否か、疑わしい場合を除く、という趣旨のようである。直接・間接という区別を本条では採らないという説明であったが、この区別は、原因結果の明瞭な場合と、明瞭でない場合とである。第一項と第二項を書き分けると、直接・間接の区別を幾分認めたようにみえる。第一項と第二項をまとめてしまった方が、かえって説明の趣旨に適うと思う。

穂積陳重（一八巻五八丁表～五九丁表）

第二項の「特別ノ事情ヨリ生ジタ」場合というのが、一番大切な問題になる。原因結果がわかりさえすれば良いということであれば、第一項に、不履行より生ずる損害であれば賠償する、と書いてあるので、第二項はなくても良いかも知れない。ところが物の売買で、相手は品物を通常の時価で買う。しかし、その相手がその品物を買うのは、特別にその品物を非常に望む人がいるからである。このように、その相手にとって履行が特別の価値をもつ場合に、これを払わなければならないのか、通常の値でよいのか。この特別の事情というものは、通常の原因結果の他に、なお予見することを要するという趣旨を、言っておくだけの値打があると思った。

磯部四郎（一八巻五九丁表～裏）

土方委員の説と同旨になるかも知れないが、私は「通常ノ場合ニ於テ」の文字を削除する修正説を提示する。第一項で原因結果の関係を言い、その原因結果には第二項のものまで入るという意味になろうと思うからである。

長谷川喬（一八巻五九丁裏～六〇丁表）

土方修正説によれば、予見することができなかった損害は、常に賠償の範囲外に置かれることになる。原案では、予見できなかった損害も含むが、特別事情に基づく損害についてだけ、予見しまたは予見し得べかりし損害に、賠償の範囲が限定されるのである。土方修正説では意味が変わるように思うがどうか。

穂積陳重（一八巻六〇丁表）

その点はそうである。

磯部四郎（一八巻六〇丁表）

私の修正説は取消す。

土方寧（一八巻六〇丁表～六一丁表）

やはり二つの場合を区別する必要はない。義務を履行しなかった債務者と同じ位置に、「通常ノ人」が立っていたら、その「通常ノ債務」と看做さざるを得ない損害は、すなわち「予見スルコトヲ得ヘカリシ」損害ということである。通常の損害とは、「何ウシテモ義務ノ不履行ノ結果ハ義務者カ予見スルコトヲ得ヘカリシモノ」、「予見シナクテモ予見シタモノト同ジヤウニ見ナケレバナラ」ないもののことである。私の理解によれば、私の修正説は、起草委員の趣旨説明に照らしても、原案の内容を変えるものではない。

長谷川喬（一八巻六七丁表～裏）

土方委員の見解によれば、第一項は予見し得べかりし場合であり、予見し得べからざる場合は、特別事情だということになる。しかし、特別事情とはそういう意味ではない。例えば、先祖伝来の宝物を私が他人に預けたところ、それを返さない。この場合に、私には、先祖伝来という特別事情によって、余計の値打が失われている。予見し得べかりしときであったなら、その損害も賠償されなければならないというのが、第二項の意味である。第一項は、予見し得べきものか否かの別を問わず、通常生じ得べき損害については、その損害の賠償を請求することができる、という意味であろう。右に述べた趣旨をより容易に理解できるように、次のような第一項の修正説を提出する。

「損害賠償ノ請求ハ債務ノ不履行ヨリ通常生スヘキ損害ノ賠償ヲ為サシムルヲ以テ目的トス」（一八巻六七丁裏、同七七丁裏）。

本野一郎（一八巻六七丁裏）

賛成。

▼採決の結果、起立者多数で、右修正案可決（一八巻七七丁裏）。なお、土方委員の修正説には賛成者がなく、採決に至らなかった。

二　第一項と第二項の関係、「通常ノ場合」という文言の要否

井上正一（一八巻六三丁裏〜六四丁表）

第一項は、不履行から生じさえしたなら、その損害の賠償を請求できるという、広い趣旨の規定であろう。第二項の方は、この広い第一項の範囲を縮めたのか、または拡げたのか。何か前の広い規則を狭めたもののように見えるが。また第一項に「通常ノ場合」という文言がないと、どういう不都合があるのか。

穂積陳重（一八巻六四丁表〜裏）

第二項は、第一項に定める損害賠償の範囲を広めたものである。その物の引渡につき、通常は一〇〇〇円取られるようなことはないが、その人が一〇〇〇円儲けるものであることが始めからわかっているという場合には、一〇〇〇円だけ償わなければならないというように、付け加えのつもりである。第一項に「通常ノ場合」という文言がないと、債務不履行より生ずるものは、通常の結果でも非常の結果でも、何でも入ることになる。

三　予見の時期

磯部四郎（一八巻六一丁表〜六二丁表）

「当事者カ始メヨリ予見シ」という文言は、契約の当時からという意味であろう。契約締結後、履行期までの間に、履行をしないと大変な損害を被るという事情がわかってきた場合でも、このような事情に基づく損害は賠償しなくてもよいという趣旨であろうが、こういう制限を設けなければならないものであろうか。

穂積陳重（一八巻六二丁裏〜六三丁表）

例えば、契約締結後、履行期に至る途中で、特別に大きな損害を蒙る事情を告げられたとする。初めから負担している義務の量は決っている。一方の意思で、それを加え得るというのは、理論上も穏かでないし、実際上も弊害が増すと思う。

四　予見の対象

田部芳（一八巻六二丁表〜裏、六四丁裏〜六五丁表、六七丁裏〜六八丁表）

本条第二項によれば、「損害」を予見しまたは予見し得べかりし、ということになっている。これは、よほど難しい。「特別ノ事情」を予見しまたは予見し得べかりしときには、生じた損害の賠償を請求することができる、とした方がよい（一八巻六二丁表〜裏）。

損害の方を知っておれば、それは特別の事情をも知っていることであろう。しかし、特別の事情は解っているけれども、その損害の方ははっきり知らない場合もあろう。損害の方は知らないが、特別の事情は予見し、または予見し得べきであった場合、やはりそれだけの責任を負わせるのが、至当であろう（一八巻六五丁表）。

　そこで本条第二項につき次のような修正説を提出する。

「特別ノ事情ヨリ生シタル損害ニ付テハ当事者カ其事情ヲ予見シ又ハ予見シ得ヘカリシトキハ其賠償ヲ請求スルコトヲ得」（一八巻六七丁裏～六八丁表）。

穂積陳重（一八巻六三丁表～裏）

　例えば、今度条約改正になって、外国人にも土地の所有を許すことになった。そこで、こういう人が特に望んでいるから、その土地は通常の三倍の値段で転売できる、という特別事情があったとする。田部委員の質問は、通常の値の三倍に売るということではなくて、この土地を転売して非常に儲けるという原因の方を、予見することにした方が、よくはないか、という問である。ちょっと考えるといずれでもよさそうであるが、実際になると、損害賠償の基準としては、何か転売して儲けるつもりで買うといった、漠然たる事情を知っておれば十分だというのは、不都合である。それは非常な責、通常の場合よりも特に重い責を負わすことになるのではないか。実際論にすると、私は、損害の予見といわないと、不都合を生ずると思う。

五　第二項修正による賠償範囲の拡大（予見の対象及び時期）

梅謙次郎（一八巻六八丁表）

　田部委員の修正説を次の形に改めるなら、その説に賛成する。すなわち、

「特別ノ事情ヨリ生シタル損害ト雖モ当事者カ其事情ヲ予見シ又ハ予見スルコトヲ得ヘカリシトキハ其賠償ヲ請求スルコトヲ得」

という形である。

田部芳（一八巻六八丁表）

　それではそう改める。

梅謙次郎（一八巻六八丁表～七一丁裏）

　それでは田部委員の修正説に賛成する。それにつき、いささか意見を述べる。

　実は起草委員の間の議論のときにも、私はこの案の主義には少し反対であった。この議場で異った説が出たときには、それに賛成するだけの許可は得ておいた。私の考えによれば、「何レ債務者ガ履行ヲシナイト云フ場合ニ於テハ固ヨリ責ガ債務者ニアルト云フ場合デアリマスカラ夫レガ為ニ聊カタリトモ債権者ガ損害ヲ受ケテハナラヌト云フコトガ原則デナケレバナラヌ」（一八巻六八丁裏）。すなわち、「損害賠償ノ請求ハ債務ノ不履行ヨリ生スヘキ一切ノ損害ノ賠償ヲ為サシムルヲ以テ目的トス」というふうにしたい。私は自分から修正説は出さないが、田部修正説はこの案よりは私の意見に近いから、この修正説に賛成する（一八巻六九丁表）。

　元来、この「始メヨリ予見シ又ハ予見スルコトヲ得ヘカリシ」ということは、よろしいとは言わないが、契約上の義務については、少なくとも説明できる。契約上の義務なら、契約締結時に当事者が何を考えたのかを観察するということは、一般の規則だからである。しかし、法律規定から直接生じる債務とか、不法行為による債務の場合においては、「始ヨリ」予見または予見可能であったとかいう事柄は、その理由がない。さらに一歩を進めて論ずるなら、契約上の債務でも、「結約者」がこの契約によって、どれだけの利益を得ようと思ったかを、観察すべきものではない。「一旦権利ガ生ジテ仕舞ツタナラバ其権利ハ飽クマデモ慥メナケレバナラヌ若シモ其権利ヲ十分ニ行使スルコトガ出来タナラバ是レ程ノ利益ヲ得タデアラウ」（一八巻七〇丁表）という結果を当然見なければならない。それゆえ私は、この規定は理論から出たものではなく、実際の便利から出たものと解する。

不履行から出た損害は、責が債務者にある以上、一切を債務者に払わせてよい。しかし、そうすると非常な責任になるから、実際上債務者が負担しきれない。そこで特に恩典として、法律によって狭い区域を定める、というのが本条である。原則は総ての結果を賠償させるという立場からすれば、恩典として制限を設けるとしても、田部委員の修正説の如く、その特別事情を知っておれば、それから生じる一切の結果を賠償させるという制限で、十分である（一八巻七〇丁表～裏）。

　予見の時期についても、磯部委員が指摘した（一八巻六一丁表、三参照）とおり、契約成立後、履行期に至るまでの予見または予見可能性でよろしい。不履行にすれば相手方にこれだけの損害を及ぼすから、履行しなければならない。それを履行しないのだから、その結果を債務者に負担させてもかまわない。例えば日清戦争が始まった。戦争勃発などということは、契約締結時には、予見していなかった。戦争により刀剣・米穀等が騰貴した。刀剣何千本かを渡すべき債務を負った者は、約束の期限どおり渡してやらねば、相手方が非常な損をするということは、時勢上予見しなければならない。戦争という特別事情より起った損害も、やはり債務者に負わせてよろしい。この場合は通常の場合だとみる主張があるかもしれないが、そういうものまで通常の場合に入るとするなら、通常と特別の区別は、よほどつけ難くなってくる。この点からも、せめて田部委員の修正説のようになるのが、望ましい（一八巻七〇丁裏～七一丁裏）。

土方寧（一八巻七一丁裏～七二丁裏）

　梅委員は田部委員の修正説に賛成し、第二項の「始ヨリ」という文言はない方がよい、という。これは原案と大変違う。義務の本旨に従った履行をしなければ賠償ということになる。賠償は義務の効力になる。義務の成立時に定まった効力と、義務の不履行によって変った賠償とでは、まるで性質が違ったものであるとして、（賠償だけについて、）「予見スルコトヲ得ベカリシ」というように、いくらかの制限（つまり、「始ヨリ」の予見という制限を削る）に服させるとすると、義務の効力が、後から増すことになる。賠償の場合には義務の効力が変ってくるというようなことは、性質論としても、よほど考えるべきものと思う。この点を明らかにしないまま決するのは、よくない。梅委員だけでなく、穂積・富井の両起草委員の意見も聴きたい。

穂積陳重（一八巻七二丁裏～七三丁裏）

　いやしくも原因結果の関係があるならば、その結果がいかなる事情より出ようと、それは償われなければならない。梅委員の述べたとおり、理論上はそうであるという点では、起草委員間の議論でも、大体において一致している。梅委員が、本条は便宜を図り、当事者の公平なところをみて、できた規定だと言ったのは、我々の議論の結論を話したものであろう。

　「始ヨリ」という文言の要否であるが、合意より生ずる債権については、予期していたなら当然として、初めにはそれだけの負担を負うことを自ら肯ぜず[注4]して、後になって、後の事情により、当初思いもよらなかったことを負担するのは、いかにもひどい。この考えに対して、梅委員は当時、そんなに辛ければ始めから履行さえすればよいではないか、と反対した。それはいかにも酷な議論である、と私は答え、その程度で議論は終った。とにかく「始ヨリ」ということが理論上も正しいということで、これを原案として出した。一方から見れば、履行して逃れるという道があるではないかということになるが、履行しなかったならば、法律上また他の結果があるということも、当事者が心得ていることと思う。それゆえ、「始ヨリ」というぐらいに狭くして置く方が、当事者に公平であろうという程度の考えで、こう決めた。議論の根底においては、梅委員も私も、ひどく意見を異にしているわけではない。私も初めからそれほど強く反対していたわけでもない。

富井政章（一八巻七四丁表～裏）

「始ヨリ」という文言を入れることについて、最初本案を議した時に、無いほうがよくはないかと言った。しかしいずれがよいか、確然たる定見がなかったので、本案に賛成した。次に、損害の予見か、特別事情の予見かという点については、どちらであろうと、実際は同じことになろうと思う。前述の刀剣売買で、刀剣の引渡を受けないうちに日清戦争が起こった。日清戦争が起こることを予見するのと、日清戦争が起こったために、おおよそ刀剣がどれ位に売れるということを予見するのとは、同じことになるだろう。修正案が通っても私は遺憾だとは思わないが、原案に反対するだけの理由も見出せないので、なお原案の方に賛成するつもりである。

梅謙次郎（一八巻七四丁裏～七六丁表）

契約ならば、初めからこれだけのものしか予期していなかったということが、やや理由のあることのようであるが、これは契約以外の債務には、到底あてはまらない。しかのみならず契約[注5]上の債務についても、「債務者ガ此位ノ義務ナラバ……負担スレバ履行セヌデモ宜カラウト覚悟シタナラバ是レ丈ケヤレバ宜シイト云フコトハ分ラヌ」（軽い賠償義務を負担する覚悟で、履行しないというのは困るとする趣旨であろう――錦織注）（一八巻七五丁表）。もし意思のみによるのなら、私の考えからすれば、債権者の意思という方がよいかもしれないが、それもいけない。債権者も予見しなかった事柄でも、構わない。権利を得ている以上は、その権利の「結果」を得なければならない。権利があってもその「結果」を得られないような権利なら、「不完全極ツタル権利」であって、それでは「法律ノ保護ヲ受ケル所ノ権利トハ言ヘヌ」（一八巻七五丁表）。したがって、ある事情が途中から予見し得るようになった場合でも、損害の生ずべき時より見て予見したということで、債務者を保護すれば十分である。こうしておけば、予見すべき場合には、不履行にすると損害賠償は無論出さなければならなくなるから、債務者は勉強して履行するようになる。ドイツ民法の草案においても、はっきり書いていないが、損害の時より予見するという意味になっているようである（一八巻七五丁表～七六丁表）。

磯部四郎（一八巻七六丁表～七七丁表）

損害の見積額は不履行から損害の生じた時の価額によって見積もるつもりなのか。刀を五円であなたから買う約束をした。ところが日清戦争か何かのためにその刀を誰か他の人に売ってしまった。賠償を求めるときには、第一項からは、五円ではなく、今日その刀の価額が、損害賠償を見積もる額でなければならないと思う。そう解すれば、義務を途中から重くするという批判は、根拠がなくなる。それゆえ、私は、やはり、「始ヨリ」という文言は削除したほうがよいと考える。損害の生じた時のすなわち不履行の当時の代価に見積もって、損害の額を定めるという標準をとれば、何時でも、契約の当時より後の事情によって損害の見積高が増減することは、止むを得ない。損害賠償の性質として、そういう増減を生ずるのは当り前とみれば、途中から事情を予見した場合でも宜しい。損害賠償の見積もり方の根拠に反対することになるから、

「始ヨリ」という文言を削除する修正説に賛成する。

穂積陳重（一八巻七七丁表）

　この「始ヨリ」見込んでいたところが、すなわち弁済の時を見込むのであるから、その時の値が、決して後に増したのではない。

▼採決の結果（一八巻七八丁表）、田部委員の修正案に賛成する者が多数であり、原案は田部委員の修正案の形に修正され、確定条文の第二項となった。

（注4）原文では「旨ンゼズ」記されている。

（注5）一八巻七五丁表五行目の「契約以外ノモノ」は、「契約上ノモノ」の誤りと思われる。この部分は穂積陳重委員の答弁（履行しなかったならば、法律上また他の結果がある云々）に反論したものである。一八巻六九丁裏～七〇丁表における梅謙次郎委員の意見と並べてみても、この部分には右のまちがいがあると解すべきであろう。

【その後の経緯】

　第二項に「債権者ハ」の文字が付加されたが、この点について、富井政章委員は「元トノ通リテアリマス」と説明している（民法整理会議事速記録三巻一四一丁表）。

【民法修正案理由】

　損害賠償ノ金額ヲ定ムル標準ニ付テハ、諸国ノ立法例区々ニシテ容易ニ其可否ヲ判別スルコト能ハズ。本条ハ即チ既成法典財産編第三百八十五条ニ修正ヲ加ヘ此標準ヲ適当ニ指定スルモノニシテ、先ヅ債権者ノ受ケタル損害ト債務者ノ債務不履行トハ原因結果ノ関係ヲ有セザルベカラザルコトヲ明ニシ、然モ此関係ハ直接ノモノタルヲ要スルヤ将タ間接ノ関係ヲモ包含スベキカヲ法文ニ記載スルハ、却テ錯雑ヲ増スニ過ギザレバ斯ノ如キ区別ヲ為スコトヲ止メ、単ニ債権者ニシテ損害ト不履行トノ間ニ因果ノ関係アルコトヲ証明スルコトヲ得バ、之ニ賠償ノ請求権ヲ認ムベキ主義ヲ取リ、即チ、債務者ハ債務ノ不履行ニ因リ通常生ズベキ損害ヲ賠償スベシト為セリ。

　次ニ、既成法典ハ債権者ノ損害ガ債務者ノ思意《ママ》ニ本ヅク場合ト否ラザル場合トヲ区別シテ賠償額ノ標準ヲ定メ、二三ノ立法例ハ更ニ悪意重懈怠及ビ軽懈怠ノ如キ階級ヲ区別シ之ニ依リテ債務者責任ノ程度ヲ異ニセシム。然レドモ債務関係ニ本ヅキ債務者ヲシテ賠償ヲ為サシムルニ当リ此者ノ徳義上又ハ心意上ノ状況ニ依リテ其標準ヲ定ムルハ決シテ損害ヲ受ケタル債権者ヲ満足セシムル賠償ノ本旨ニ適スルモノト云フベカラズ。債務者徳義上ノ責任ノ軽重ハ裁判官ガ其局ニ当リテ宜シク之ヲ斟酌スベシト雖モ特ニ之ヲ法文ニ明示スル必要ナク、法律ノ正面ニ於テハ損害賠償ノ標準ハ一ニ債権（注6）者ノ受ケタル損害ニ依ルヲ以テ正当トス。故ニ、本案ハ既成法典ノ主義ヲ改メ債務者ノ悪意又ハ懈怠ニ本ヅキテ賠償額ノ標準ヲ定ムルコトヲ止メ、単ニ債権者（注7）ガ債務ノ不履行ニ因リテ受ケタル損害ニ照ラシテ賠償額ヲ定ムベキモノト為シ、従テ既成法典財産編第三百八十五条第三項ノ規定ハ之ヲ刪除セリト雖モ同項ノ精神ハ却テ広ク之ヲ認定シ、苟モ債権者ニシテ原因結果ノ関係ヲ証明スル限ハ債務者ノ善意タルト悪意タルトヲ問ハズ債務者ヲシテ損害賠償ノ責ニ任ゼシムルコトハ既ニ説明セシ所ニシテ損害ノ予見シ得ザリシモノナルヤ否ヤハ敢テ問フ所ニアラザルナリ。

　既成法典ハ又賠償ノ範囲ニ付キ予見シ又ハ予見シ得ベカリシ損害及ビ予見スルヲ得ザリシ損害ヲ区別シ、此予見ナルコトハ合意ノ当時ニ付テ之ヲ定ムト雖モ頗ル狭ニ失スル規定ト云ハザルベカラズ。何トナレバ予見ノ事実ハ独リ損害其モノニ止マラズ、又、合意ノ当時ニ限ラズシテ苟モ債務者ガ損害ヲ生ズベキ事情ヲ予見シ又ハ予見シ得ベカリシトキ及ビ合意後ニ於テ之ヲ予見シ又ハ予見シ得ベカリシトキト雖モ損害賠償ノ責ニ任ズルハ当然ナレバナリ。而シテ此事情ガ損害ノ通常ノ原因タル場合ニ於テ債務者ガ右ノ範囲ニ於テ賠償ノ責ニ任ズベキハ、既ニ本条第一項ノ規定ニ因リテ疑ナシト雖モ若シ其事情ハ特別ノ事情ニ属シ損害ノ通常ノ原因ト認ムルコト能ハザルトキハ、債務者ガ仮令此事情ヲ予見シ又ハ予見シ得ベカリシトキト雖モ賠償ノ責任ナシト云ハザルヲ得ズ。之レ即チ本条第二項ノ明文ヲ掲グル所以ニシテ特別ノ事情ト雖モ当事者之ヲ予見シ又ハ予見シ得ベカリシトキハ此事情ヨリ生ジタル損害ノ賠償ヲ請求シ得ルコトヲ認ムルモノナリ。

其他既成法典財産編第三百八十五条第一項ハ多数立法例ニ倣フテ損害賠償ハ債権者ノ受ケタル損失及ビ其失ヒタル利得ノ塡補ニ及ブコトヲ規定スト雖モ単ニ損害ト云フトキハ積極的ノ損害即チ現ニ受ケタル損失及ビ消極的ノ損害即チ失ヒタル利得ヲ当然包含スベキニ因リ之ヲ刪レリ。

▽民法修正案理由書「第三編債権」一七〜一九頁（第四一五条）。

（注6）『民法修正案理由書』には「一債権ニ者ノ」と記されている。

（注7）『民法修正案理由書』には「債務者」と記されている。

（錦織成史）

第四一七条　損害賠償は、別段の意思表示がないときは、金銭をもってその額を定める。

第四一七条　損害賠償ハ別段ノ意思表示ナキトキハ金銭ヲ以テ其額ヲ定ム

原案第四一一条　損害賠償ハ金銭ヲ以テ裁判所其額ヲ定ム

【参照条文】

旧民法財産編

第三八六条第一項　損害賠償カ主タル訴ノ目的タルトキハ裁判所ハ金銭ニテ其額ヲ定ム

オーストリア一般民法

第一三二三条〔第四一四条の【参照条文】中に掲載〕

ドイツ民法第一草案

第二一九条〔同右〕

ドイツ民法第二草案

第二一三条〔同右〕

プロイセン一般ラント法

第一部第六章第七九条〔同右〕

ザクセン民法

第六八七条　〔同右〕

【起草趣旨】

穂積陳重（一八巻八一丁表～裏）

本条は旧民法財産編第三八六条第一項をそのまま用いたもので、そこでは「損害賠償カ主タル訴ノ目的デアルトキ」は金銭で額を定めると書いてあるので、損害賠償というものは他にも金銭で額を定める場合がありそうにも聞こえるが、これは第二項・第三項(注1)等に対して「主タル訴ノ目的」という文字があるので、やはり損害賠償は金銭であるという主義をとったのであろう。

ドイツでは、周知のように、損害賠償にあたる規定が金銭の賠償にとどまらず、被害者を元の位置に復することに広く用いてある。またある所では、損害賠償というものは金銭とか金銭の種類であって、代替物等の賠償も含む規定を採用している所もある。

しかし、このように損害賠償の方法を広く取ると、かえって実際上不便であろうと思い、金銭のように最も便利なものが最も損害を割当て易いので、損害賠償の目的物の本則にするという、旧民法の主義が便利なことであろうと考えて、第一項はそのまま用いた。第二項、第三項はずいぶん便利な法と思うが、採用するとしても民事訴訟法に譲られる(注2)ことになると考え、本案では規定しなかった。

▼別段の発議なく原案通り確定。

(注1)　旧民法財産編第三八六条

第二項　損害賠償ノ請求カ直接履行ノ訴又ハ契約解除ノ訴ノ従タルトキハ裁判所ハ主タル請求ヲ決スルト同時ニ先ツ数額不定ノ損害賠償ヲ債務者ニ言渡シ其計算ハ疏明ヲ待チテ日後ニ之ヲ為サシムルコトヲ得

第三項　又裁判所ハ債務者ニ直接履行ヲ命スルト同時ニ其極度ノ期間ヲ定メ其遅延スル日毎ニ又ハ月毎ニ若干ノ償金ヲ払フ可キヲ言渡スコトヲ得此場合ニ於テハ債務者ハ直接履行ヲ為サスシテ損害賠償ノ即時ノ計算ヲ請求スルコトヲ得

(注2)　我妻栄「作為又は不作為を目的とする債権の強制履行」（民法研究Ⅴ所収）参照。

【その後の経緯】

「別段ノ意思表示ナキトキハ」の語句追加の点について、穂積陳重委員は整理会において、「損害賠償ハ金銭ヲ以テ其額ヲ定ム」としておくと「公益規定」とみられる疑いがあるがそうでないこと、整理会案第四二〇条（確定条文第四二一条）において金銭以外による損害賠償の予定の場合を規定しているが、本条において原則は金銭だが他の場合も許されることを規定しておけば前者を省略できること、の二つの理由を示している。もっとも、整理会案第四二〇条は、右の理由で一旦削除されたが、後に確定条文第四二一条として復活している（第四二一条の【その後の経緯】（本書一三一頁）参照）。

「裁判所」の語を削除した点については、裁判所に限らず当事者でもよいからという理由を穂積陳重委員、梅謙次郎委員が示している（民法整理会議事速記録三巻一四一丁表～一四二丁表）。

【民法修正案理由】

本条ハ既成法典財産編第三百八十六条第一項ノ規定ニ該当ス。二三ノ立法例ニ依レバ、損害賠償ノ意義ヲ拡張シテ或ハ原状回復ヲモ包含セシメ或ハ金銭以外ノ物ヲ以テ賠償スルコトヲ許スモノアリト雖モ、此等賠償ノ方法ハ徒ニ事物ノ混雑ヲ来タシ却テ不便ナルベシ。故ニ本案ハ既成法典ノ如ク損害ヲ測定スルニ最モ便利ナル金銭ニ依リテ其賠償ヲ定ムルモノト為セリ。只既成法典同条第一項ハ損害賠償ガ主タル訴ノ目的タルトキニ限ルト雖モ、之レ単ニ同条第二項及ビ第三項ノ規定ニ対シテ用ヰタル字句ニシテ、斯ノ如キ字句アルトキハ其他ノ場合ニ於テハ金銭以外ノ物ヲ以テ賠償スルコトアルヲ認ムルガ如キ疑義ヲ生ゼシムルニ因リ此字句ヲ删レリ。又既成法典同条第二項及ビ第三項ノ規定モ便利ナリト雖モ、寧ロ民事訴訟法ニ掲グベキ事項ニ属スルヲ以テ之ヲ删レリ。

▽民法修正案理由書「第三編債権」一九〜二〇頁（第四一六条）。

（平田健治）

第四一八条　債務の不履行に関して債権者に過失があったときは、裁判所は、これを考慮して、損害賠償の責任及びその額を定める。

第四一八条　債務ノ不履行ニ関シ債権者ニ過失アリタルトキハ裁判所ハ損害賠償ノ責任及ヒ其金額ヲ定ムルニ付キ之ヲ斟酌ス

原案第四一二条　確定条文に同じ

【参考条文】

旧民法財産編

第三八七条　不履行又ハ遅延ニ関シ当事者双方ニ非理アルトキハ裁判所ハ損害賠償ヲ定ムルニ付キ之ヲ斟酌ス

オーストリア一般民法

第一三〇四条　若シ損害ノ一部分ヲシテ其要償ノ権理ヲ有スル人ノ行為ニ成ラシメタルニ於テハ則チ其人ハ適応ナル分当額ヲ負担セサル可カラス若シ其分当額ノ比例ヲ派定ス可カラサル者タルニ於テハ則チ其半額ヲ負担ス可キ者ト為ス

スイス債務法

第五一条　損害賠償の方法と程度は状況と過失の程度を考慮して、裁判官の裁量により定める。

被害者にも過失ある場合には、裁判官は、その割合に応じて損害賠償を減額または免除することができる。

第一一六条　〔第四一六条の【参照条文】中に掲載〕

モンテネグロ財産法

第五七一条　裁判所は、賠償をなすべき損害を評価する。その際、裁判所は、あらゆる事情、とりわけ犯された過失の重大性を考慮に入れる（第九二七条—第九二九条）。但し、損害は完全に賠償されなければならないという基本原則を考慮に入れなければならない（第九二三条）。

生じた損害の一部が、それを被った者の責めに帰せられる場合には、その者の過失の割合に応じて賠償が減額される。

損害の評価のために鑑定が必要な場合には、裁判所は判決の前に鑑定人の意見を聴取しなければならない。

第九二七条　害意をもって作為又は不作為により他人に損害を生じさせた場合、又は他人に損害を生じさせる行為をなすように故意に第三者にけしかけた場合には、財産関係における故意となる。故意に行為をした者は、自ら生じさせた損害につき常に責任を負う。この損害につき責任を負担しない旨の合意が予め定められていたとしても、かかる条項は、誠実と善良の風俗に反するものとして、無効となり効力を生じない。

第九二八条　全ての者が、類似の状況において、多大な注意を払うことなく理解又は予見し若しくは行ったことを、理解又は予見せず若しくは行わなかったが故に他人に損害を生じさせた者は重過失を犯したことになる。

懈怠に基づく行為が、前項に規定する程度に達していない場合には、法律が軽過失と称するものを構成する。

第九二九条　過失の程度は、問題となっている取引又は事件の人的又はその他の全ての状況を考慮して評価される。従って、次のような点が考慮されなければならない。損害惹起者がその取引を行うにつき日常的にどの程度の注意を払っているか。第三者が損害惹起者に取引を委託した場合には、この点に関する（どの程度の注意を払って日常的に取引を行っていたかという点に関する――髙橋智也注）その者の習慣を知っていたか又は知るべきであったか。取引の性質からどの程度の注意が要求されるか。損害惹起者が、自己の利益のために取引を行っているのか、あるいは他人の利益のためにのみ取引を行っているのか、など。

ドイツ民法第一草案

第二二二条　他人カ責ニ任スヘキ損害ノ成立ニ付キ被害者ノ過失カ之ニ加ハリタル場合ニ於テハ裁判所ハ事情ヲ斟酌シテ他人カ損害賠償ノ義務ヲ負フヘキヤ否ヤ又ハ其義務ノ範囲ヲ定ム被害者カ損害ヲ避クルコトニ付キ過失アリタルトキ亦同シ

裁判所ハ此決定ヲ為スニ当リ殊ニ他人ノ過失及ヒ被害者ノ過失ニ付キ其軽重ヲ適当ニ酌量スルコトヲ要ス

ドイツ民法第二草案

第二一七条　損害ノ成立ニ付キ被害者ノ過失カ之ニ加ハリタル場合ニ於テハ賠償ノ義務及ヒ賠償ノ範囲ハ其時ノ事情殊ニ損害ノ原因カ重ニ当事者ノ何レニ存スルカヲ斟酌シテ之ヲ定ム被害者カ損害ヲ避クルコト又ハ之ヲ減スルコトヲ怠リタルトキ亦同シ

プロイセン一般ラント法

第一部第五章第三二〇条　受領者が給付された物を契約の性質および内容に従い使用しえないことについての責任が給付者にある場合、給付者は受領者に損害賠償をすることを要する。

第三二一条　前条のように物を使用しえないという不能が受領者の単に軽過失により生じた場合であっても、受領者は給付者に対して損害賠償（Vertretung）を請求しえない。

第三六二条　両当事者に不能につき同程度の過失ある場合、当事者はそれぞれ相手方にその過失から直接生じた損害を賠償することを要する。

第三六三条　但し、間接損害については相互に請求権は生じない。

第一部第六章第一八条　故意または重過失により直接生じた損害の賠償について、加害者は被害者の過失によって義務を免れない。

第一九条　これに対し、間接損害と逸失利益は、被害者に損害防止につき重過失ある場合には賠償されない。

第二〇条　被害者の同様な重過失は、損害が加害者の中過失または軽過失により生じた場合には、すべての損害賠償を失わせる。

第二一条　中過失または軽過失により生じた間接損害と逸失利益の賠償は、被害者が通常の注意を払うことにより避けえた場合には消滅する。

ザクセン民法

第六八八条　被害者ハ注意スル通常ノ家父ノ注意ヲ用ルニ於テハ自ラ避ルコトヲ得ル損害ノ賠償ヲ求ルコトヲ得サルモノトス但損害ヲ加ル行為他人ノ故意ヨリ起リタル過失ニ出ルトキハ此限ニアラス

第七八一条　何人タリトモ自己ニ損害ヲ招ク者ハ一モ損害賠償ヲ求ルコトヲ得サルモノトス他人此場合ニ関シテ共力シタルトキ他人ハ故意ノ過失ノ場合ニ限リ責任ヲ負担スルモノトス

バイエルン民法草案

第二部第一章第六八条　何人も自己の過失により招いた損害は自ら負担することを要する。

　自己の招いた損害について他人が違法に協同し、または違法に損害を増大させた場合、被害者はそれによってもたらされた損害の増大を証明しうる範囲でその他人に対して賠償を請求しうる。

　他人に責のある加害につき、その損害が被害者の行為、第三者の過失あるいは偶然により増大した場合、加害者がそれらによってもたらされた損害の増大を証明しうる範囲で加害者の賠償義務は消滅する。

【起草趣旨】

穂積陳重（一八巻八二丁表～八三丁裏）

　本条は旧民法財産編第三八七条にあたる。そこでは、不履行又は遅延に関して当事者双方に「非理」があった場合に、裁判所は損害賠償を定めるについてこれを斟酌することになっており、債権者に過失があるときには損害賠償額を減ずるとか、債務者に過失があるときにはその額が増えるということになると思う。

　ところで、前に議定になった箇条（原案第四一〇条〔確定条文第四一六条〕のことか―平田注）にあったように、損害賠償の多寡は徳義上の関係や懲罰の意味を含んで増減することはないことになった。

　そこで、債権者に過失があったならば、実際に生じた損害の賠償にあたり、これを減ずるかどうかという問題がまず生ずる。

　その点につき、本案では債務者の不履行について、その原因が何から生じたにせよ、「法律ガ之ヲ取消シマセヌ以上ハ」[注1]その損害の金額を賠償しなければならないという主義をとった。

　さらに、旧民法と異なり、責任の「有無」についても裁判所が斟酌できることにした。この点について、旧民法は「損害賠償ヲ定ムルニ付キ」斟酌するとしているが、法文上は、これに責任の有無までも含むものかどうかがわからない。したがって本案によれば、債権者の過失が「全ク」不履行の原因である場合には、債務者は「全ク責任ガナイ」ことになる。不履行の原因によって責任の有無が決まるのであるから、「責任ノ有無ニ付キ之ヲ斟酌ス」と書いたのである。

　これに対して、債権者の過失が不履行の原因とはならず不履行を助勢した場合については、その金額を定めるにあたって裁判所の斟酌が必ず必要になってくると思われる。しかしその過失の程度を計ってその程度に応ずるとか、普通の注意を債務者が有していたならば債権者の過失も避けえた場合には斟酌する必要はないとか、さまざまな細かい規定をなす国もあるが、かえってこのような細かいことが多くあるとその規則に狭められて公平を失することがあるかもしれない。この点は裁判所の公平な判断に任せた方がよいと考え、このように簡単な規定にした。

（注1）本案の限りで、前述の原則は制限されることになる。

【主要審議】

箕作麟祥（一八巻八三丁裏）

本案には旧民法財産編第三八七条さらに第三八八条以下にもあるような「遅延」の語がみあたらないが、不履行の一種であるから、「不履行」と書いておけばその中に含まれているということか。

穂積陳重（一八巻八四丁表）

その通りで、ある国は「不履行又ハ適当ナル履行ヲ為サス」と規定しており、遅くなったのも履行しないのだというので、不履行の中に充分含まれる。

▼他に発議なく、原案通り確定（一八巻八四丁表）。

【民法修正案理由】

本条ハ既成法典財産編第三百八十七条ニ聊カ修正ヲ加ヘタリ。即チ既成法典ハ特ニ遅延ノ場合ヲモ明示スト雖モ、単ニ不履行ト云フトキハ此場合ヲモ包含スベキニ因リ本案ハ之ヲ刪リ、又既成法典ハ当事者双方ニ非理アルトキト規定シ債権者ニ過失アレバ賠償額ヲ減少シ債務者ノ過失大ナレバ之ヲ増加スル趣旨ヲ示スト雖モ、本案ハ既ニ第四百十五条（注2）ニ於テ説明セシ如ク、賠償額ヲ定ムルニハ債権者ノ受ケタル損害ヲ以テ其標準トシ従テ債務者ノ過失大ナルガ故ニ懲罰的ニ賠償額ヲ増加スル如キ規定ノ必要ナク、独リ債務ノ不履行ニ関シ債権者ニ過失アリタルトキハ如何ニ之ヲ処分スベキヤニ付キ規定ノ必要アリト認メ、本案ハ此点ニ関シ特ニ本条ノ規定ヲ存セリ。而シテ既成法典同条ノ法文ニ依レバ、裁判所ハ損害賠償ノ責任ノ有無ヲモ決定シ得ルヤ否ヤ明ナラズト雖モ、債権者ノ過失ハ固ヨリ債務者賠償ノ責任ノ有無ヲ決スル点ニマデ及ブベキモノナレバ、本案ハ既成法典ノ法文ヲ補足シ裁判所ハ賠償ノ金額ヲ斟酌スルノミナラズ其責任ノ有無ヲモ規定シ得ルコトヲ明ニセリ。

（注2）確定条文第四一六条（原案第四一〇条）に対応する。

▽民法修正案理由書「第三編債権」二〇頁（第四一七条）。

（平田健治）

第四一九条　金銭の給付を目的とする債務の不履行については、その損害賠償の額は、法定利率によって定める。ただし、約定利率が法定利率を超えるときは、約定利率による。
2　前項の損害賠償については、債権者は、損害の証明をすることを要しない。
3　第一項の損害賠償については、債務者は、不可抗力をもって抗弁とすることができない。

第四一九条　金銭ヲ目的トスル債務ノ不履行ニ付テハ其損害賠償ノ額ハ法定利率ニ依リテ之ヲ定ム但約定利率カ法定利率ニ超ユルトキハ約定利率ニ依ル
前項ノ損害賠償ニ付テハ債権者ハ損害ノ証明ヲ為スコトヲ要セス又債務者ハ不可抗力ヲ以テ抗弁ト為スコトヲ得ス

原案第四一五条　金銭ヲ目的トスル債務ノ不履行ニ付テハ其損害賠償ノ額ハ法定利率ニ依リテ之ヲ定ム但約定利率カ法定利率ニ超ユルトキハ約定利率ニ依リテ之ヲ定ム
前項ノ場合ニ於テハ債権者ハ損害ノ

証明ヲ為スコトヲ要セス又債務者ハ不可抗力ヲ以テ其抗弁ト為スコトヲ得ス

【参照条文】

旧民法財産編

第三九一条　金銭ヲ目的トスル義務ノ遅延ノ損害賠償ニ付テハ裁判所ハ法律上ノ利息ノ割合ト異ナル額ニ之ヲ定ムルコトヲ得ス但法律ノ特例アル場合ハ此限ニ在ラス

当事者カ損害賠償ノ数額ヲ定ムルトキハ合意上ノ利息ノ最上限以下タルコトヲ要ス

第三九二条　債権者ハ右ノ損害賠償ヲ請求スル為メニ何等ノ損失ヲモ証スル責ニ任セス又債務者ハ其請求ヲ拒ム為メニ意外ノ事又ハ不可抗力ヲ申立ツルコトヲ得ス

フランス民法

第一一五三条　一方ヨリ一方ニ金高ヲ払フ可キヿノミノ契約ヲ為シタル時其義務ヲ行フヿヲ遅延シタルニ付テノ償ハ法律上ニテ定メタル息銀ヲ払フヿノミニ限ル可シ但シ商業又ハ保証人ニ管シタル規則ハ格別ナリトス

其義務ヲ得可キ者ハ別段損失ヲ受ケシヿヲ証スルニ及ハスシテ其償息銀ヲ云フヲ得可シ

其償ハ一方ノ者別ニ訴ヲ為サスト雖𪜈他ノ一方ノ者其義務ヲ行フヿヲ遅延セシ時ヨリ当然之ヲ為ス可キヿヲ法律上ニテ特ニ定メタル場合ノ外総テ一方ノ者其償ノ訴ヲ為タル日ヨリ以来他ノ一方ノ者之ヲ為ス可シ

オランダ民法

第一二八六条　〔フランス民法第一一五三条に同じ〕

イタリア民法

第一二三一条　一個ノ金額ヲ標率ト為セル責務ニ関シ若シ特別ナル契約ヲ為サヽリシニ於テハ則チ其責務ノ履行ヲ遅緩スル為メニ生出セル損害ノ賠償ハ唯〻合法ノ利息ヲ支付スルノミヲ以テ足レリトス但〻商業、保金若クハ結社ニ関スル特別ノ規則有ル者ノ如キハ此限ニ在ラス

此賠償金額ハ其果行ス可キノ景況ニ到着スル本日ヨリシテ支弁ス可キノ責務ヲ生出スル者トス故ニ責主ハ何等ノ損害ヲモ証明スルヿヲ要セス〔仏民第千百五十三条〕

スイス債務法

第一一九条　金銭債務の遅滞の場合には、債務者は、約定利率以上になるとしても、年五分の遅延利息を支払うことを要する。

直接にであれ、あるいはその期間の銀行貸付利率（periodische Bank-provision）の取決めを通じてであれ、契約によって、五分より高い利率が合意された場合にはその利率を、遅滞の場合にも請求することができる。

商人間においては、支払地における通常の銀行手形割引が五分を超える間は、遅延利息は、その高利率で計算することができる。

第一二一条　債権者が遅延利息以上の損害を被った場合で、債務者の過失が立証されたときには、債務者はその損害の賠償義務を負う。

ドイツ民法第一草案

第二四八条　金銭ノ債務ニ付テハ債務者ハ遅滞後ハ債権者ニ対シ年五分ノ利息ヲ支払フコトヲ要ス他ノ法律上ノ原因ニ本ツキテ支払フヘキ利息額カ之ヨリ少ナキトキト雖モ亦同シ又此利息額カ前ノ利息額ヲ越ユルトキハ債務者ハ引続キ此超過額ヲ支払フコトヲ要ス

債務者ノ遅滞ニ因リテ債権者ノ受ケタル損害カ遅滞利息ノ賠償額ヲ越ユルトキ

ハ債務者ハ其超過セル損害ヲ賠償スルコトヲ要ス

第一項及ヒ第二項ノ規定ハ特種ノ金銭ヲ給付スヘキ場合ニ於テモ之ヲ適用ス

ドイツ民法第二草案

第二四四条　金銭ノ債務ハ遅滞ニ在ル間ハ之ニ年五分ノ利息ヲ附スルコトヲ要ス但他ノ法律上ノ原因ニ本ツキ之ヨリ高キ利息ヲ定メタルトキハ引続キ之ヲ支払フコトヲ要ス

前項ノ規定ニ依リテ其他ノ損害ヲ主張スルコトヲ妨ケス

【起草趣旨】

穂積陳重（一八巻一〇〇丁表～一〇一丁表）

本条は旧民法財産編第三九一、第三九二条を合わせた上で修正したものである。旧民法では「義務ノ遅延ノ場合ニ於テハ法律上ノ利息ノ割合ト異ナル額ニ之ヲ定ムルコトヲ得ス」とあるが、本条では書き方を変えて、法定利率によることを原則とした。従って、約定利率が法定利率より下である場合には、法定利率で支払わなければならない。「債務ノ成立ツテ居リマス迄ハ」自分が承知して低い利息を取っていたのであるが、不履行した場合には当然法定利率だけは払わせるのが「理ニ協フテ」いるだろうと思う。この点は、旧民法も同じである。しかし約定利率が法定利率より上の場合には、「法定利率ニ依テ之ヲ定ム」ということになると、不履行のために不履行者が利益を得ることになるから、約定利率を標準とする方が穏当であろう。

本条第二項は旧民法第三九二条と実質的に同じであるから、説明はしない。

【主要審査】

一　第一項但書について

磯部四郎（一八巻一〇一丁表～一〇二丁表、一〇三丁表）

今までの慣習によると、契約通りの期限に弁済せず例えば一年遅れた場合でも、その間約定利率で処理していて、別段損害賠償を求めなくとも、約束の利息は利息として請求することができる。本条但書によると、約定利息は期限までのもので、期限以後は契約の効力は消滅し、利息とは別の損害賠償として求めなければならないことになると思うが、これは一旦約束をした以上、どれだけ遅れても履行をするまでは契約が「成立テ往ク」というこれまでの慣習を採らないということか。

穂積陳重（一八巻一〇二丁表～裏）

金銭を目的として債務の直接履行を求めるか、または損害賠償を請求することになろう。例えば三分の利付で金を貸し、期限になっても払わない場合、貸金催促で本人が直接履行を求めれば三分で良い。しかし損害賠償であれば不履行からの損害であるから、法定利率でその額を定めるのが至当である。

磯部四郎（一八巻一〇三丁表～裏）

但書で、約定利率が法定利率を超えるときは約定利率によることになっているから、そこでは損害賠償というものはなくなってしまわないか。

梅謙次郎（一八巻一〇三丁裏～一〇四丁表）

私は以下のように理解している。期限後は、初めから約束したのではないから理論上は法定利率でも良いのだが、それでは当事者の意思に反し、不公平になるであろう。高い利率で貸しているのには特別の事情があるだろうから、不履行の場合にその事情を棚に上げて法定利率とするならば、不履行により債務者が利益を受けることになってしまう。だから、損害賠償の名のもとに約定利息を支払わせるのである。実際はどう言っても同じことであるが、理屈はそれが正しいと思う。

約定利率が法定利率より低い場合は、恩恵の性質を含んでいると見なければならないから、不履行以後は、もはや恩恵を施す意思がないと見なければならない。

磯部四郎（一八巻一〇四丁表～一〇五丁表）

本条によると、二つの心配が生ずる。

(i)　約束というものは期限までの効力しか持たず、期限後には約束の効力がないから、それだけの賠償を与えるということが行なわれてきたのであれば差支えないのだが、今までは、期限後も賠償の請求はせず、約定利息を取るという慣習があったのである。そこへ本条のような規定を設けると、これまでのものに加え、新法によってさらに約定利息のほかに賠償が取れるという解釈を生じ得る。

(ii)　期限以後の額については、損害賠償の名称で訴訟を起こさなければならなくなるのではないか。

穂積陳重（一八巻一〇五丁表～裏）

約定利率が法定利率より低い場合にも不履行後約定利率を払うのが慣習であるとすれば、その慣習は不合理であり、むしろ法文で破ってしまう方が良い。

磯部四郎（一八巻一〇五丁裏～一〇六丁表）

約束の効力は期限までに止まるという趣旨を取った上でこれまでの慣習を破るという趣旨であれば、それで良い。これまでのように、一旦契約した以上は履行が終わるまで契約の効力が継続するというようになっていると、約定利息の外に、さらにそれだけの（約定利率による）賠償を求めることができはしないかという疑問があるため、質問したのである。

土方寧（一八巻一〇六丁裏～一〇七丁表）

本条第一項但書では、何故約定利率が〔法定利率より〕高い場合だけを問題にするのか。「格段ナル当事者」間では、経済的な事情で利息が定まっているのであるから、法定利率より低い約定利率によって損害賠償の額を定めても十分であろうと思う。

穂積陳重（一八巻一〇七丁表～裏）

法定利率というのは、普通予定の利率を見たのである。余裕のある人が、その債務者に限って一年間低利で、あるいは無利息で金を貸したとしても、その期限が来たらどのように使おうと思っているか、わからない。それをいつまでも低利のまま借りていることができるというのでは債権者に非常な迷惑がかかり、債務者が不履行によって利益を得ることになる。それは認められないという趣旨である。

長谷川喬（一八巻一〇八丁裏～一〇九丁表）

「貸金催促」に関して、契約履行の訴と損害賠償の訴というように二つの訴訟をすることになるのか。

梅謙次郎（一八巻一〇九丁表～裏）

その必要はない。損害の内に「元金千円デ此利子従何月何日迄」という計算により請求すれば、おのずから本条によって損害賠償の請求の意思があるものと見るのが当然である。今の民事訴訟法はローマ法のように「形ヲ以テ論ズル」ものではない。証明する者が証明してくれれば裁判所は黙って請求額を言い渡す。その中に純粋の契約履行と本条の損害賠償とが含まれている。

二　利息制限法との関係

尾崎三良（一八巻一〇六丁表～裏）

約定利率が法定利率を超える場合における約定利率の上限が定めてないが、利息制限法と矛盾する場合はどうなるか。

穂積陳重（一八巻一〇六丁裏）

利息制限法を存続させるかどうかについて、我々の中で外に考えがある。しかし本条は利息制限法があってもなお行われる。「即チ法定利率ガ五分デアツテモ七分ノ約束八分ノ約束モ出来ルノデアリマス」。

三　本条の位置について

井上正一（一八巻一〇一丁表）

利息制限法がどうなるかわからないが、賠償額を法定利率以上の率で約定できる方が良いと思う。そうすると、本条の損害賠償の額は、法定利率を超えてはできないということにはならない。いつもそういうことになるというのであれば、本条を少し前の方に入れてはどうか。

穂積陳重（一八巻一〇六丁表）

井上委員の質問をよく考えると、なるほど本条はその場所を得ていない。予定損害賠償の規定のすぐ前に入れるという動議を出せば賛成するが。

井上正一（一八巻一〇六丁表）

それでは第四一二条の次に本条を入れるという説を出す。

穂積陳重・富井政章（一八巻一〇六丁表）

賛成。

田部芳（一八巻一〇七丁裏～一〇八丁表）

第二項を「前項ノ損害賠償ニ付テハ」とする修正説を提出する。その方が意味が明瞭になり、また、前項の損害賠償のほかにまだ損害賠償がありうるということが「幾ラカ分ラウ」と思う。

奥田義人・穂積陳重（一八巻一〇八丁表）

賛成。

▼井上修正案、賛成多数で可決。田部修正案、賛成正半数で、議長の賛成により可決（一八巻一〇八丁裏）。

【その後の経緯】

第一項の文言が「約定利率ニ依リテ之ヲ定ム」から「約定利率ニ依ル」と変更されることについては、「一向文字丈ケノコト」とされている（民法整理会議事速記録三巻一四二丁表）。第二項の「其抗弁ト為スコトヲ得ス」の「其」の一字が削除された経緯は不明である。

【民法修正案理由】

本条ハ既成法典財産編第三百九十一条及ビ第三百九十二条ヲ合シテ聊カ之ヲ修正セリ。既成法典第三百九十一条第一項ハ義務ノ遅延ノ損害賠償ト称スレドモ、本案ハ広ク債務ノ不履行ナル用語ニ依ルコトハ既ニ説明セシ所トス。而シテ本案モ亦既成法典ノ如ク法定利率ニ依ルヲ以テ本則トシ、約定利率ハ恩恵等ニ本ヅキテ法定利率ヨリ低カリシトキト雖モ、一旦不履行ノ事実アルトキハ債務者ヲシテ法定利率ヲ支払ハシムルノ至当ナルコトヲ認ムト雖モ、約定利率ガ法定利率ニ超ユル場合ニ於テ債務ノ不履行ニ因リ其以後ハ法定利率ニ依ルベシトスルトキハ債務者ハ不法ニ利益ヲ受クベキ結果ヲ生ズルニ因リ特ニ本条但書ノ規定ヲ附加セリ。然レドモ既成法典同条第一項但書及ビ第二項ノ規定ハ不必要ナレバ総テ之ヲ刪除シ、又既成法典第三百九十二条ノ規定ハ之ニ字句ノ修正ヲ加ヘ以テ本条第二項ノ規定ヲ設ケタリ。

▽民法修正案理由書「第三編債権」二〇～二一頁（第四一八条）。

（平田健治）

第四二〇条　当事者は、債務の不履行について損害賠償の額を予定することができる。この場合において、裁判所は、その額を増減することができない。
2　賠償額の予定は、履行の請求又は解除権の行使を妨げない。
3　違約金は、賠償額の予定と推定する。

第四二〇条　当事者ハ債務ノ不履行ニ付キ損害賠償ノ額ヲ予定スルコトヲ得此場合ニ於テハ裁判所ハ其額ヲ増減スルコトヲ得ス
賠償額ノ予定ハ履行又ハ解除ノ請求ヲ妨ケス
違約金ハ之ヲ賠償額ノ予定ト推定ス

原案第四一三条　当事者ハ債務ノ不履行ニ付キ損害賠償ノ額ヲ予定スルコト(注1)ヲ得此場合ニ於テハ裁判所其額ヲ増減スルコトヲ得ス
賠償額ノ予定ハ履行又ハ解除ノ請求ヲ妨ケス但別段ノ定アルトキハ此限ニ在ラス

（注1）　法典調査会議事速記録では「予定スルコトヲ得ス」となっているが誤りであることは明らかなので甲第一号議案に従った。

【参照条文】

旧民法財産編

第三八八条　当事者ハ予メ過怠約款ヲ設ケ不履行又ハ遅延ノミニ付テノ損害賠償ヲ定ムルコトヲ得

第三八九条　裁判所ハ過怠約款ノ数額ヲ増スコトヲ得ス又不履行若クハ遅延カ債務者ノ過失ノミニ出テサルトキ又ハ一分ノ履行アリタルトキニ非サレハ其数額ヲ減スルコトヲ得ス

第三九〇条　双務契約ニ於テ不履行ニ付テノ過怠約款ヲ要約シタルトキト雖モ其債権者ハ解除ノ権利ヲ失ハス但明白ニ其権利ヲ拋棄シタルトキハ此限ニ在ラス
債権者ハ遅延ノミニ付テノ過怠約款ヲ要約シタルトキニ非サレハ解除ト過怠トヲ併セテ要求スルコトヲ得ス

旧商法

第三三七条　債権者ハ契約ノ履行ヲ確ムル為メ其不履行ノ場合ニ於テ違約金トシテ或ル金額ヲ支払フ義務ヲ債務者ニ負ハシムルコトヲ得其違約金ヲ求ムルニハ損害賠償ノ要件ニ関係ナキモノトス

第三三八条　履行又ハ賠償ヲ求ムル債権者ノ権利ハ違約金ノ為メニ廃止セラレスト雖モ疑ハシキトキハ違約金ト共ニ損害賠償ヲ求ムルコトヲ得ス

第三三九条　過失アル不履行ニ因リテ債権者ニ加ヘタル損害カ違約金ノ額ヲ超ユルトキハ違約金ノ外此超過額ニ付キ損害賠償ヲ求ムルコトヲ得

第三四〇条　違約金ノ契約ニシテ差額取引又ハ不法ナル博奕若クハ賭事ノ取引ヲ隠蔽セントスル目的ヲ以テスルモノハ無効トス

フランス民法

第一一五二条　若シ義務ニ背クヿアルニ於テハ其者ヨリ一方ノ者ニ定マリシ金高ヲ其償トシテ払フ可キヿヲ契約ヲ以テ預定シタル時ハ其義務ニ背キタル其者預定シタル金高ヨリ更ニ多量ノ償ヲ為スニ及ハス又更ニ小量ノ償ヲ為スヿヲ得ス

第一二二六条　過代ノ約束トハ契約ノ如ク執行フヿヲ保証ス可キ為メ若シ其契約ノ如ク行ハサル時ハ其償トシテ過代ヲ出ス可キヿヲ定メタル約束ヲ云フ

第一二二七条　主タル義務ノ効ナキ時ハ過代ノ約束モ亦其効ナカル可シ
過代ノ約束ノ効ナキ時ト雖モ必スシモ

主タル義務ノ効ナシトセス

第一二二八条　主タル義務ヲ得可キ者ハ義務ヲ行フ可キ者ニ其義務ヲ行フ可キノ求メヲ為シ其者猶之ヲ怠リシ時預メ約束シタル過代ニ代ヘ主タル義務ヲ行ハシム可キノ訴ヲ為スヿヲ得可シ

第一二二九条　過代ノ約束ハ主タル義務ヲ行フ可キ者之ヲ行ハサルニ因リ其義務ヲ得可キ者ノ受ケタル損失ヲ償フ約束ナリ

義務ヲ得可キ者ハ義務ヲ行フ可キ者之ヲ行フヿヲ遅延シタルニ因リ其過代ヲ出サシム可キヿヲ別段預メ約束シタル時ノ外主タル義務ノ執行ト過代ヲ出ス可キ約束ノ執行トヲ共ニ得ント訴フルヿヲ可《ママ》ス

第一二三〇条　主タル義務ヲ行フ可キ期限ヲ特ニ定メタルト否トヲ問ハス物ヲ渡シ又ハ之ヲ受取リ又ハ事ヲ為ス可キ者其義務ヲ行フ可キノ求メヲ受ケテ猶ホ之ヲ行ハサル時ノ外過代ヲ出スニ及ハス

第一二三一条　主タル義務ノ一部ヲ行フタル時ハ裁判役其過代ノ高ヲ減スルヿヲ得可シ

第一二三二条　過代ノ約束ヲ以テ契約セシ主タル義務ヲ分ツ可カラサル時ハ義務ヲ行フ可キ者ノ遺物相続人中ノ一人其義務ヲ行ハサルニ因リ過代ヲ出ス可シ但シ其義務ニ背キタル相続人其過代ノ全部ヲ払フ可キノ訴ヲ受ケ又ハ与ニ相続ヲ為ス数人各〻其相続シタル財産ノ割合ヲ以テ其過代ヲ払フ可キノ訴ヲ受ケ若シ其過代払方ノ保証トシテ不動産ヲ書入質ト為シタル時ハ其不動産ヲ所得トシタル相続人過代ノ全部ヲ払フ可キノ訴ヲ受ク可シ〇此場合ニ於テハ義務ニ背キタル者ニ非サル遺物相続人ハ之ニ背キタル相続人ノ為メ己レノ出シタル過代ノ償ヲ其相続人ヨリ得ント訴フルヿヲ得可シ

第一二三三条　過代ノ約束ヲ以テ契約シタル主タル義務ヲ分ツ可キ時ハ義務ヲ行フ可キ者ノ遺物相続人中ニテ其義務ヲ行ハサル者ノミ己レノ担当ス可キ過代ノ部分ヲ払フ可キノ訴ヲ受ケ其他ノ相続人ハ別ニ訴ヲ受クルヿナカル可シ――

然𪜈義務ノ一部ノミヲ行フ可カラサルノ意ヲ以テ預メ過代ノ約束ヲ附加シタル時義務ヲ行フ可キ者ノ相続人中ノ一人其義務ノ全部ノ執行ヲ妨ケタルニ於テハ前ニ記スル所ノ例外ナリトス〇此場合ニ於テハ其義務ノ執行ヲ妨ケタル相続人過代ノ全部ヲ出ス可キノ訴ヲ受ケ又ハ其相続人ト他ノ相続人ト各〻其担当ス可キ過代ノ部分ヲ出ス可キノ訴ヲ受ク可シ但シ他ノ相続人ハ義務ノ執行ヲ妨ケタル相続人ノ為メ己レノ払フタル過代ノ償ヲ其相続人ヨリ得ント訴フルヿヲ得可シ

オーストリア一般民法

第一三三六条　契約主ハ其双方ノ間ニ於テスル違約ノ罰金及ヒ其他ノ罰款ヲ約定スルヿヲ得可シ〔第九百十二条〇仏民第千二百二十六条〕然レ𪜈金銀ノ貸借ニ関シテハ裁判官ハ其弁償ノ延滞ノ為メニ法律ニ於テ規定セル利子ノ金額ニ超過スル罰金ヲ宣告スルヿヲ得可カラス〔仏民第千百五十三条〕又負責主カ過多ナル利子ノ金額ヲ交付スルヿヲ承認シタル時会ニ於テハ裁判官ハ其約束セシ罰金ト雖モ之ヲ減殺スルヿヲ得可シ

又仮令ヒ罰金ヲ支弁スルモ之カ為メニ其契約ノ履行ヲ除免セル者ト為スヿヲ得可カラス

オランダ民法

第一二八五条　〔フランス民法第一一五二条に同じ〕

第一三四〇条乃至一三四七条　仏民法第千二百二十六条乃至千二百三十三条ニ同シ

第一三四八条　分ツヿヲ得可キ義務ト雖モ分ツ可カラサル義務ニ等シク之ヲ行フ可キ時若シ義務者ノ財産相続人其義務ヲ分

チ其一部ヲ行フ時ハ損失ノ償ヲ為ス可シ

イタリア民法

第一二〇九条　罰款トハ即チ之ニ依テ以テ責務ノ履行ヲ保証シ而シテ其責務ヲ履行セサルカ若クハ之ヲ遅滞スル有ル時会ノ為メニ約束スル所ノ罰責ノ約款ヲ謂フ〔仏民第千二百二十六条〕

第一二一〇条　主本タル責務ノ無効ハ随テ其罰款ノ無効ヲ生出ス

然レ𪜈罰款ノ無効ハ決シテ其主本タル責務ノ無効ヲ生出スルヿ無シ〔仏民第千二百二十七条〕

第一二一一条　責主ハ負責主即チ弁償ノ請求ヲ受ケタル負責主ニ対シ其約束セル罰款ノ決行ニ換ヘテ主本タル責務ノ履行ヲ要求スルヿヲ得可シ〔仏民第千二百二十八条〕

第一二一二条　罰款ハ責主カ主本タル責務ノ履行ヲ得サル為メニ起生スル損害ノ塡償ニ充ツル者トス

若シ責主カ主本タル責務ノ履行ノ遅延スル時会ノ為メニ罰款ヲ要約セサリシニ於テハ則チ其責主ハ同時ニ其主本タル物件ト罰金トノ交付ヲ請求スルヿヲ得可カラス〔仏民第千二百二十九条〕

第一二一三条　若シ主本タル責務カ其履行ノ期限ヲ包有セルニ於テハ則チ罰款ハ其期限ノ満過ニ因テ之ヲ決行セラル可キ者トス又若シ責務カ期限ヲ包有セサルニ於テハ則チ其罰款ハ負責主ニ向テ弁償ヲ追求スルノ日ニ当リ之ヲ決行セラル可キ者トス〔仏民第千二百三十条〕

第一二一四条　主本タル責務カ若シ其一部ヲ履行セラレタルニ於テハ則チ其罰款ハ法衙ニ於テ之ヲ減少スルヿヲ得可シ〔仏民第千百五十二条第千二百三十一条〕

第一二一五条　罰款ヲ帯ヒテ以テ約諾セル所ノ主本タル責務カ分割スルヿヲ得可カラサルノ物件ヲ其標率ト為シタルニ於テハ則チ仮令ヒ唯〻負責主ノ共同承産者中ノ一人ノミ約束ニ違背スルニ関シテモ亦其罰款ノ決行ヲ要求セラレサル可カラス故ニ此罰款ニ関シテハ違約者ニ対シテ全部ノ決行ヲ要求スルヿヲ得可ク若クハ共同承産者ノ各己ノ部分ニ向テ之ヲ要求スルヿヲ得可ク且券記抵当権ニ関シテハ全部ノ決行ヲ要求スルヿヲ得可シ但〻其共同承産者カ共同承産者中ノ違約者ニ対シ塡償ヲ要求スル如キハ此限外ニ属ス〔仏民第千二百三十二条〕

第一二一六条　罰款ヲ帯ヒテ以テ約諾セル責務カ分割スルヿヲ得可キ物件ヲ其標率ト為シタルニ於テハ則チ其罰款ハ唯〻負責主ノ共同承産者中ノ一人ニシテ約束ニ違背セル所ノ者ノ負担ス可キ主本タル責務ノ部分ノミニ比例シテ之ヲ決行セラル可ク而シテ他ノ共同承産者ハ復タ此罰款ノ決行ニ関係ヲ有スルヿ無シ

然レ𪜈罰款カ分割弁償ヲ為スヿヲ得サル為メニ特ニ之ヲ契約書ニ明記シ而シテ共同承産者中ノ一人カ全ク其責務ノ履行ヲ妨阻シタルニ於テハ則チ前項ニ異ナリトス此時会ニ於テハ其罰款ノ全部ハ此妨阻者一人ニ因テ之ヲ決行セラル可ク而シテ他ノ共同承産者ハ唯〻其各己ノ部分ニ向テノミ決行ノ要求ヲ受ク可キ者トス但〻此妨阻者タル承産者ニ対シ塡償ヲ要求スル如キハ此限外ニ属ス〔仏民第千二百三十三条〕

第一二一七条　契約ヲ締結スル時際ニ於テ予交セル物件ハ若シ結約者カ他ノ意望ヲ表明スルヿ無キニ於テハ則チ其契約ヲ履行セサル時会ニ当リ損害ヲ賠償スルヿヲ保証シタル者ト看做シ之ヲ称シテ「アール」即チ予交罰金ト謂フ

若シ結約者ニシテ過失無キ所ノ人カ其契約ノ履行ヲ要求スルヿヲ欲セサルニ於テハ則チ其領収セル予交罰金ヲ貯存スル

カ若クハ予交罰金ノ倍額ヲ要求スルヿヲ得可シ

第一二三〇条　契約上ニ於テ若シ其履行ヲ欠キタル結約者カ損害ノ賠償トシテ限定セル金額ヲ交付ス可キヿヲ約束セル有レハ則チ法衙ハ其金額ニ超過シ及ヒ減殺セル金額ヲ支弁セシムルヿヲ得可カラス

賠償ノ金額ハ即チ罰款ヲ以テシ若クハ最初契約ヲ締結セル時際ニ交付セシ予交罰金ヲ以テ之ヲ限定シタル者ト雖モ亦然リトス〔仏民第千百五十二条〕

スイス債務法

第一七九条　契約不履行の際の違約罰が約束された場合、債権者は選択に従い、履行または違約罰を請求しうる。

履行時期または履行の場所の不遵守について違約罰が約束された場合、契約の履行と並んでこれを請求しうる。但し留保なき受領の場合には、違約罰の放棄が推定される。

債務者には、違約罰の支払を条件に解除をすることが許されるべきものであるという立証が留保される。

第一八〇条　違約罰は債権者に損害が生じていなくとも債権者に与えられる。

被った損害が違約罰の額を越える場合には、債権者は、過失を立証したときにのみ超過額を請求しうる。

第一八一条　違約罰はそれが違法なまたは不道徳な合意により裏づけられているか、あるいは契約履行が債権者によりまたは債権者側に生じた偶発的事件（Zufall）または不可抗力により不能となった場合には請求しえない。

第一八二条　違約罰は当事者により任意の額に定めうる。但し裁判官は過度な違約罰を公平な裁量に従い減額することを得る。

モンテネグロ財産法

第五五三条　債務不履行があった場合に、債務者が一定の金銭を支払うこと又はその他の違約金（第九三六条）を負担することが約されているときは、債務者は、義務の不履行に際して、その約定に従わなければならない。（約定の――髙橋智也注）金額が、債権者が蒙った損害の額を超える場合も同様とする。

違約金が契約の付随的な条項（例えば、合意された場所または約定の期日において債務が正しく弁済されなかった場合（についての条項――髙橋智也注））に関して約されている場合、債権者は、債務の弁済に加えて、約定の違約金を請求することができる。

第五五四条　損害賠償又は違約金の額が、不履行により生じた損害に満たない場合、債務者はその差額については責めを負わない。不履行が、債務者本人が責めを負うべき特別な過失に基づくものであること、又は違約金を生じさせる約定の原因とは異なる原因から損害が生じたことを債権者が証明した場合には、債務者は差額についての責めを負う。

第五五五条　債務者が、契約上の不履行が自己の責めに帰せられず不可抗力により生じたものであること、又は債権者自身の責めに帰せられるものであることを証明した場合には、債務者は違約金条項から完全に解放される。

第九三六条　違約金とは、不履行の場合、又は契約上の条項に完全には合致していない履行をした場合に、債務者が、契約に従って負担する罰金又はその他の損害賠償金である。

スペイン民法

第一一五二条　違約金条項（clause pénale）付き債務における違約金は、他の事項が合意されていない限り、不履行の場合の損害の補償及び利益の計算に代わる。

前項の違約金は、債務が本法典の規定に従って請求可能である（exigible）場合に限り、有効となり得る。

第一一五三条　違約金の支払いにより債務の履行を免除される旨の権利が明示的に債務者に留保されている場合にのみ、債務者は、違約金を支払って、債務の履行を免れることができる。同様に、債務の履行と違約金の支払いとを同時に請求し得る旨の権利が明示的に債権者に与えられていない場合には、債権者は両者を同時に請求することができない。

第一一五四条　債務者が為した主たる債務の履行が不適法であった場合、又は部分的でしかなかった場合には、裁判官は衡平に従って（équitablement）違約金を変更しなければならない。

第一一五五条　違約金条項の無効によっては主たる債務は無効とならない。

主たる債務の無効によって違約金条項は無効となる。

ドイツ民法第一草案

第四二〇条　債務者カ負担スル給付ヲ履行セサルトキハ債権者ニ対シ其罰トシテ他ノ給付ヲ為スヘキコトヲ約束（違約罰）シタル場合ニ於テ給付ノ履行ナキトキハ債権者ハ其撰択ニ従ヒ主タル給付又ハ違約罰ノ請求ヲ為スコトヲ得又主タル給付ノ履行ナキ為メ損害賠償ヲ請求スルコトヲ得ルトキハ損害賠償ト違約罰ニ付テ請求ノ撰択ヲ為スコトヲ得此場合ニ於テ債権者カ損害賠償ノ請求ヲ撰フトキハ其最下額トシテ何時ニテモ違約罰ヲ請求スルコトヲ得

第四二一条　違約罰ハ主タル給付カ定マリタル方法殊ニ定リタル時ニ履行セラレサル場合ニ対シテノミ約束セラレタル場合ニ於テ此約束ニ従ヒ給付ノ履行ナキトキハ主タル給付及ヒ違約罰ノ請求ヲ為スコトヲ得又第四百二十条ノ規定ニ従ヒ違約罰ノ代リニ損害賠償ヲ請求スルコトヲ得

右ノ場合ニ於テ債権者カ主タル給付ヲ受取リタルトキハ其受取ノ時ニ違約罰ノ請求ヲ留保シタルニアラサレハ之ヲ請求スルコトヲ得ス但債権者カ主タル給付ヲ受取ルトキニ違約罰ニ対スル自己ノ権利又ハ其要件ノ発生ニ付キ指示セラレサリシトキハ此限ニ在ラス

第四二二条　違約罰ハ債務者カ遅滞ニ在ルトキハ其効力ヲ生ス不作為ノ義務ニ付テハ違約罰ハ反対行為ヲ為シタルトキニ其効力ヲ生ス

第四二三条　違約罰ニ対スル権利ノ原因タル債務不履行ニ付キ其債務カ違約罰ノ効力発生前ニ消滅シ又ハ債務ノ不履行カ債権者ノ責ニ帰スヘキトキハ違約罰ハ之ヲ請求スルコトヲ得ス

第四二四条　債務カ法律ノ規定ニ因リテ無効又ハ取消シ得ヘキモノト認メラルルトキハ其不履行ニ対スル違約罰ノ約束モ亦無効又ハ取消シ得ヘキモノトス当事者カ無効又ハ取消シ得ヘキコトヲ知リタルトキト雖モ亦同シ

第四二五条　行為ヲ目的トスル主タル給付ヲ履行セス又ハ定マリタル方法殊ニ定マリタル時ニ履行セサルカ為メニ違約罰カ請求セラルルトキハ債務者ハ給付ノ履行カ契約ニ適セルコトヲ証明スル責ニ任ス

ドイツ民法第二草案

第二九一条　債務者カ債務ヲ履行セス又ハ適当ニ履行セサルトキハ債権者ニ対シ其罰トシテ或金額ヲ支払フベキコトヲ約束シタル場合ニ於テ履行ニ付キ遅滞ニ在ルトキハ違約罰ハ其効力ヲ生ス又負担シタル給付カ不作為ヲ目的トスル場合ニ於テハ之ニ反対ノ行為ヲ為シタルトキニ其効

力ヲ生ス

第二九二条　債務者カ債務ヲ履行セサルトキニ対シ違約罰ヲ約束シタル場合ニ於テハ債権者ハ有効トナリタル違約罰ヲ債務ノ履行ニ代ヘテ請求スルコトヲ得債権者カ違約罰ヲ撰ブ旨ヲ債務者ニ表示スルトキハ債務履行ノ請求権ハ除却セラル

債権者カ不履行ニ本ツク損害賠償ノ請求権ヲ有スルトキハ其最下額トシテ有効トナリタル違約罰ヲ請求スルコトヲ得違約罰ノ撰択ニ因リテ其他ノ損害ノ主張ハ妨ケラルルコトナシ

第二九三条　違約罰ハ債務者カ其債務ヲ適当ノ方法殊ニ定マリタル時ニ履行セサル場合ニ対シテ之ヲ約束シタルトキハ債権者ハ債務ノ履行ト共ニ有効トナリタル違約罰ヲ請求スルコトヲ得債権者カ不適当ナル履行ニ本ツク損害賠償ノ請求権ヲ有スルトキハ第二百九十二条第二項ノ規定ヲ適用ス又債権者カ債務履行ヲ受取リタルトキハ其受取ノ時ニ違約罰ニ対スル権利ヲ留保シタルニアラサレハ之ヲ請求スルコトヲ得ス

第二九四条　違約罰トシテ金銭支払以外ノ或給付ヲ約束シタルトキハ第二百九十一条乃至第二百九十三条ノ規定ヲ適用ス此場合ニ於テ違約罰ヲ撰ヒタルトキハ損害賠償ノ請求権ハ除却セラル

第二九五条　有効トナリタル違約罰カ過分ニ多額ナルトキハ債務者ノ申請ニ因リ判決ヲ以テ相当ノ金額マテ之ヲ低減スルコトヲ得此場合ニ於テハ債権者ノ財産上ノ利益ノミナラス総テ正当ノ利益ハ之ヲ斟酌スルコトヲ要ス又既ニ支払ヒタル違約罰ハ之ヲ低減スルコトヲ得ス

第二百九十一条及ヒ第二百九十四条ノ場合ノ外或行為ヲ為シ又ハ為サヽルコトニ対シテ違約罰ヲ約束シタルトキ亦同シ

第二九六条　給付ノ約束カ法律ノ規定ニ因リテ無効ト認メラルルトキハ其不履行ニ対スル違約罰ノ合意ハ当事者カ給付ノ約束ノ無効ナルコトヲ知リタルトキト雖モ無効トス

第二九七条　債務者カ債務ヲ履行シタルヲ以テ違約罰ノ履行ヲ争フトキハ債務ノ履行ヲ証明スル責ニ任ス但負担シタル給付カ不作為ヲ目的トスルトキハ此限ニ在ラス

ドイツ普通商法

第二八四条　違約罰ハ其額ニ付キ全ク制限ヲ受ケサルモノトス又其罰ハ損失ノ二倍ヲ超過スルコトヲ得

負債者ハ其疑シキ場合ニ於テハ違約罰ヲ支払ヒテ義務履行ヲ免ル、ノ権ナキモノトス

違約罰ノ契約ハ其疑シキ場合ニ於テハ其額ヲ超過スル損害賠償ノ請求ヲ妨ケサルモノトス

プロイセン一般ラント法

第一部第五章第二九二条　契約の適当な履行なき場合に賠償を要する利益は、違約罰の合意により事前に定めることができる。

第二九三条　そのような違約罰が約定された場合、それを超える利益の請求はすることができない。

第二九四条　但し違約罰が契約不履行から生ずる損害のある種類に限定されている場合には、その他の種類については法律の規定に従う。

第二九五条　違約罰が履行遅滞の場合に限定されている場合には、完全な不履行により生ずる利益の請求に関してはこの合意に拘束されない。

第二九六条　これに対して、違約罰が完全な不履行について定められた場合において契約の一部の不履行または履行の態様、時期、場所についての違反にすぎないと

きは、違約罰ではなく証明可能な利益を与えればよい。

第二九七条　何人も身体、自由、名誉を侵害する違約罰に契約によって義務づけられることはない。

第二九八条　それ自体契約の目的となしえないような行為が違約罰として定められた場合、その合意は違約罰に関する限りで無効である。

第二九九条　消費貸借（Anlehen）の場合に違約罰をどの程度約定しうるかについては別の規定で定める（第一一章第八二五・八二六条）。

第三〇〇条　その他の契約の場合には違約罰の規定は当事者の合意による。

第三〇一条　但し、その合意により真の利益の二倍額を超える場合には裁判官はその違約金を二倍額まで減額することを要する。

第三〇二条　利益が評価しえない場合には、合意された違約金の額で処理される。

第三〇三条　他方当事者に対して、特別の損害が生じるような違反の予防のために違約罰が合意された場合も前条と同じ扱いをうける。

第三〇四条　違約罰が適当に支払われない場合のために、さらに違約罰や利息を合意することはできない。

第三〇五条　異なる合意のない限り、義務者が有責に遅滞することにより違約罰が課せられる。

第三〇六条　違約罰が一度発生した以上、後に契約を履行することによりこれを避けることはできない。

第三〇七条　但し、後の履行を留保なくして全部または一部受領した場合には、違約罰をさらに請求することはできない。

第三〇八条　違約罰が第三者に与えられると合意されている場合、自己の（権利の）保全のために違約罰を約定した契約当事者がその支払を請求するまでは、第三者は違約罰を請求する権利を有しない。

第三〇九条　従って、その第三者はたとえ違約罰を受諾したとしても、みずから違約罰の訴求はできない。

第三一〇条　契約の履行を請求しえないすべての場合において、違約罰の請求もできない。

第三一一条　それに対して違約罰の支払は契約の履行を免除しない。

第三一二条　但し債務者が違約罰を支払うことによって債務から解放されることを明示に合意している場合には、その違約罰はWandelpönとみなされる。

第三一三条　契約が解除される場合の他方当事者の利益を定めているような違約罰も、異なる合意なき限りWandelpönとみなされる。

第三一四条　Wandelpönが合意されている場合、債務者は契約を履行するか違約罰を支払うかの選択権を有する。

第三一五条　すでに履行を開始した者はたとえ違約罰の支払を条件としても相手方の意思に反して中止することはできない。

第三一六条　一度、書面において契約の履行に代えてWandelpönを支払うことを表明した者は、相手方の意思に反して履行を申し出ることはできない。

ザクセン民法

第一四二八条　某人契約ヲ履行セス又ハ其他ノ弁済ヲナサヽル場合ノ為メ罰金（償金、違約金）ヲ約束スルトキ其罰金ヲ支払フヘキ場合ニアリテハ其約束ヲ受ケタル者ハ其罰金自己又ハ他人ニ帰スヘキト否トヲ問ハス契約ノ履行又ハ其他ノ弁済及ヒ其不履行ニ依リ生スル損害ノ賠償ヲ求メント欲スルヤ又ハ罰金ヲ求メント欲スルヤヲ撰定スルノ権アルモノトス此場

合ニアリテハ第七百条ノ規定ヲ適用スルモノトス

第一四二九条　義務者一定ノ期限又ハ地ニ於テ弁済セサル場合ノ為メ罰金ヲ約束シタルトキ権利者ハ其弁済及ヒ罰金ヲ同時ニ要求スルコトヲ得ルモノトス権利者罰金ヲ求ムルノ要件ヲ付スルコトナクシテ弁済ヲ受ルトキハ罰金ニ付テノ請求権ヲ喪失スルモノトス

第一四三〇条　罰金ノ多寡ハ結約者ノ約諾ニ依リ定マルモノトス金銭負債ヲ期限ヲ後レテ支払フ場合ノ為メ罰金ヲ約束スルトキ其罰金ハ約束ノ利子アルニ於テハ之ヲ合セ一定ノ履行ノ時ヨリ負債ヲ支払フニ至ルマテ公然約束スルコトヲ得ル利子ノ額ヲ超過スルコトヲ許サ、ルモノトス

第一四三一条　権利者其約束シタル罰金ヲ要求スルトキハ不履行又ハ期限ヲ後レタル履行又ハ正当ナラサル地ニ於ケル履行ニ付キ別ニ損害賠償ノ請求ヲ申立ツルコトヲ得サルモノトス罰金ヲ約束シタルヨリ他ノ理由ニ依ル損害賠償ノ請求ハ之ヲ禁止セサルモノトス

第一四三二条　罰金ノ約束ヲ付セラレタル義務ニシテ或ル事ヲ為スヘカラサルモノニアルトキ其罰金ハ其事ヲ為スニ依リ之ヲ支払フヘキモノトス義務ニシテ或ル事ヲ為スニアルトキハ第八百六十五条ノ規定ニ拘ハラス其罰金ハ義務者其事ヲ延滞スルトキ之ヲ支払フヘキモノトス此場合ニ於テハ全ク履行セサリシト又ハ正当ニ履行セサリシトヲ問ハサルモノトス

第一四三三条　罰金ノ約束ヲ付セラレタル義務無効ナルトキ又ハ不服申立ニ依リ廃棄セラレタルトキ其罰金ノ約束ハ消滅スルモノトス罰金ノ約束ノ無効ナルコト又ハ不服ヲ受クヘキコトハ其罰金ノ約束ヲ付セラレタル義務ノ無効又ハ不服ヲ受クヘキコトノ結果ヲ生セサルモノトス

第一四三四条　罰金ノ約束ヲ付セラレタル義務其罰金ヲ支払フヘキ期日前ニ消滅スルトキ特ニ義務者事変ノ為メ弁済ヲナスコト能ハサルニ依リ義務ヲ免ル、トキ又ハ契約ノ不履行ニシテ債主ノ過失ニ出ルトキ其罰金ハ之ヲ要求スルコトヲ得サルモノトス

第一四三五条　或ル事ヲ為スヘキノ義務ヲ履行セサリシ故ヲ以テ罰金ヲ要求セラル、トキ其義務者ハ契約ヲ履行シタルコト又ハ其他ノ弁済ヲナシタルコトヲ証明スヘキモノトス

バイエルン民法草案

第二部第一章第四七条　契約によって引受けられた債務が、不履行または不適当な履行の場合に、債務者が債権者に対して違約罰としてある給付をなす義務を負うということにより強化されている場合、違約罰は、その対象とする条件の発生と同時に生ずる。

　違約罰がある給付の不作為の場合に対して約定された場合は、債務者が遅滞すると同時に生ずる。

第四八条　違約罰条項はそれが付せられている主契約が無効の場合は無効である。

　違約罰条項の無効は主契約の無効を生ぜしめない。

第四九条　違約罰が完全な不履行の場合に対して定められた場合において債権者が一部の履行を受領したときは、違約罰は債務者の請求により、一部履行の価値に相当する割合で減額される。

第五〇条　債権者は発生した違約罰の給付または主契約の履行のいずれかを請求する選択権を有する。

　両者を同時に請求することはできない。但し違約罰設定の際、専ら適時または定められた場所での履行の確保が意図されたものである場合はこの限りではない。

第五一条　債権者は違約罰発生と異なる理由に基づくものでない限り、債務者に対して違約罰のほかにさらに賠償を請求しえない。

イギリス

8 & 9 Will. 3, c 11（注2）

Kemble v. Farren 6 Bing, 141（注3）

カナダ民法

第一〇七六条　債務の不履行に対する損害賠償として一定金額を支払う旨が合意されたときは、その金額は、増減されることなく、損害賠償の代わりに債権者に与えられる。

　但し、債務の一部の履行が債権者の利益となり、かつ完全な履行のための期限が重要でない場合には、反対の特約がない限り、約定の金額を減じることができる。

第一一三一条　違約金条項は第二次的な債務であり、債務者は、主たる債務の履行を保証するため、不履行の場合に違約罰を負担する。

第一一三二条　主たる債務が利益の欠如以外の原因に基づいて無効となる場合には、違約金条項も無効となる。違約金条項が無効となる場合であっても、主たる債務は無効とならない。

第一一三三条　債権者は、その選択により、約定の違約罰の請求に代えて主たる債務の履行を追求することができる。

第一一三四条　違約罰は、債務者が主たる債務の履行を遅滞した場合又は不作為義務に反する行為をした場合にのみ課せられる。

第一一三五条　裁判所は違約罰の金額を減じることはできない。

　但し、主たる債務の一部の履行が債権者の利益となり、かつ完全な履行のための定められた期限が重要でない場合には、反対の特約がない限り、約定の金額を減じることができる。

第一一三六条　違約金条項付で合意された主たる債務が不可分である場合には、違約罰は、債務者の相続人又は法定代理人の一人の違反によって生じる。その場合、違反した者に対して違約罰の全額を、又は各人に対してその者の負担部分に応じて、若しくは抵当権によって（主たる債務が――髙橋智也注）担保されている場合には違約罰の全額を、請求することができる。但し、違約罰を生じさせた者に対する求償を妨げない。

第一一三七条　違約金条項付で合意された主たる債務が可分である場合には、債務者の相続人又は法定代理人のうち債務に違反した者のみが、主たる債務におけるその者の負担部分に応じて違約罰を課せられ、履行を為した者に対しては訴えを提起することができない。

　前項の規定は、違約金条項が一部の弁済を禁じる意図で付加されており、相続人又は法定代理人の一人が債務の履行全体を妨げた場合には適用されない。この場合、履行全体を妨げた者に対しては全額を、他の相続人又は法定代理人に対してはその負担部分に応じて、違約罰を請求することができる。但し、その者（履行全体を妨げた相続人又は法定代理人――髙橋智也注）に対する求償を妨げない。

インド契約法

第七四条〔第四一六条の【参照条文】中に掲載〕

（注2）法典調査会議事速記録では判読できず、民法第一議案によった。

（注3）法典調査会議事速記録では判読できず、民法第一議案によった。Kemble v. Farren (1829) 6 Bing. 141, 641 All English Law Reports Reprint [1824-34] 参照。

【起草趣旨】

穂積陳重（一八巻八四丁裏～八六丁裏）

(1) 本条は「過怠約款」[注4]に関する規定であり旧民法財産編第三八八条から第三九〇条までの三箇条を修正したもので、おもな相違点はこの「過怠約款」により損害賠償を予定した場合に裁判所はその額を増減することができないことである。

旧民法〔財産編第三八九条〕では債務者の不履行または遅延が「債務者ノ過失ノミニ出タトキ」[注5]または「一部不履行ノ時」はその額を減ずることができるという例外がある。しかし我々は、この点は変更できない方がよいと考えた。すなわち、これは強制手段の一つとするとか、裁判所に額を定めてもらう煩労を省くとか、不履行の場合の賠償額を確実にするために用いるものであり、あるいは罰に類することであって、私的にはなしえないという恐れがあるため、特に法律で許すものである。

その際、他の手数を省く代りに、損害と賠償額、あるいは罰金額の釣合がとれないという危険があり、それが不当のように見えるため、明文が必要である。そしてその金額は当事者双方が定めるのだから双方とも始終満足しているのであり、ひとたび予定したならば増減できないとした。

(2) また、一部の履行があればその額を減ずることができるかという点については、諸国の規定はさまざまで、旧民法のように認めている国もあるが、この点を認めると増すことも許されなければならない。すなわちその不履行について非常に過失のあるときは増すことができると規定している国もあり、商法[注6]もこの主義である。

(3) さらに、まったく損害がない場合には予定金額は請求できないという議論や、予定額と損害額が非常に違うことを証明した場合には裁判所が動かせるという議論など、公平を求めるため、本則に種々の制限を加える試みもある。しかし、いずれの場合においても少しでも制限を加えると他の便利さを失ってしまわねばならず、結局損害のあっただけを賠償させるというような規則になってしまうから、むしろこのように「一刀両断」に額を確定できるように法律が許した方が便利であろうと思った。

(4) その他の点は書き方を変えたぐらいで大きな改正はない。

（注4） 議事速記録には「三百八十一」とあるが「三百八十八」の誤り。

（注5） 「出タトキ」は「出テサルトキ」の誤り。

（注6） 旧商法第三三九条（【参照条文】中に掲載）参照。

【主要審議】

一　第二項の意味について

磯部四郎（一八巻八六丁裏～八七丁表）

第一項の「不履行」には「現実ノ不履行」と「過怠ノ不履行」と両方の意味を含んでいることは疑いない。それから「遅延」だけを目的として約款を定めた場合には第二項により賠償額も履行もとれる。しかるに「完全ノ不履行」のための賠償額の予定の場合は賠償額を請求しないで履行または解除を請求することができる意味か、または賠償額の外に履行も求めうるという意味か。[注7]

穂積陳重（一八巻八七丁表）

それは両方含むつもりである。その「過怠約款」が性質上「不完全履行」に対するものである場合には両方とも請求できる。この文章は旧民法の実質を変えないつもりである。

磯部四郎（一八巻八七丁表～八八丁表）

賠償額と履行とあわせて請求ができるとすると、賠償額の外に目的物が「滅尽」した場合にはさらに代わる目的物を求めることができることになる。また、賠償額を求めたときは履行は求められないというと、遅延のためだけの場合に不都合が生じると思う。

穂積陳重（一八巻八八丁表〜裏）

この予定賠償額というものは、履行には関係がない。賠償額が全くの不履行に対する損失を全て償うに足るものである場合にはさらに履行を求めることはできない。これに対し、遅延についてだけ予定賠償額を求めるときは、履行をも請求することができる。要するにその賠償額をどういう風に定めるかということに帰する。旧民法はこの点を親切に指示しているが、双方は互いに関係なく、その性質によって定まることは本案の表現でもわかると思う。

磯部四郎（一八巻八八丁裏〜九〇丁表）

賠償額の予定が「全部不履行」か「一部分不履行」か「遅延」だけのためかということは「事実」に属している。「不履行」と「遅延」は既に法文上で一緒にされているから「一種ノ法律語」となって契約書も漠然と不履行と書いておくかもしれない。そうすると並行して請求できるか否かは賠償額が「相当スル額」であるかということを調べてみなければならないことになり、「増減スルコトヲ得ス」ということが少し弱くならないか。第二項があるために、わかりにくくなるように思う。

穂積陳重（一八巻九〇丁表〜九一丁表）

この点については旧民法を改めないつもりであり、旧民法では明示に「遅延ノミニ付テノ過怠約款ヲ要約シタルトキニ非サレハ解除ト過怠トヲ併セテ要求スルコトヲ得ス」とあるが、この場合でも遅延のみについての過怠約款を要約したということは事実でなければならない。やはり、その点は各自の意思によって定まる。本案についても「別段ノ定」のところに遅延のみについての「過怠約款」を要約した場合が含まれるのではないか。

磯部四郎（一八巻九一丁表〜裏、九一丁裏〜九二丁裏）

旧民法では遅延と不履行と法文が二つになっているが本案ではその二つの原則を一つの条文が含むことになり、遅延の場合は良いが「完全ノ不履行」の場合に迷いが生ずる。賠償額も請求でき、履行も請求できるとなると不都合ではないか。

穂積陳重（一八巻九二丁裏）

意味はわかっているが言葉が足らないということであれば修正を願いたい。

磯部四郎（一八巻九二丁裏〜九三丁表）

第二項について不履行と遅延を二つにして法文を書くとすれば前から直さなくてはならず、我々の力の及ぶところではないから起草委員から適当な修正を願いたい。

箕作麟祥（一八巻九三丁表）

「遅延ノミニ付キ賠償額ヲ予定シタル場合ニ於テハ履行又ハ解除ノ請求ヲ妨ケス」としてはどうか。

穂積陳重（一八巻九三丁表〜裏）

不履行のところで説明したように「遅延」は「完全不履行ノ一種」であり「遅延シナクテモ本旨ニ従ハスシテ不完全ニ履行スルコトガ幾ラモアル」から「不履行」と書いた。ある国では「不履行若クハ不適当ナル履行」というように書いてある。従って、遅延だけを取り出すのは少し狭くなるのではないか。

箕作麟祥（一八巻九三丁裏）

磯部委員に同感で、私も少し疑いをもつ。

富井政章（一八巻九三丁裏〜九四丁表）

本条第二項の趣旨は以下のとおりである。「完全不履行」「遅延」の区別なく、賠償額に満足（注8）するということはなく、第四〇八条の但書がある限りは賠償の予定にかかわらず履行を請求することができるということだけを言った。遅延の場合は両方請求できるが「完全不履行」の場合に両方請求できないということは本条第二項の決するところではなく、それは一般の原則によって決することであろう。

土方寧（一八巻九四丁表）

富井委員の説明によれば、磯部委員の心配は関係がないようだ。そうすると第二項は「約款」が履行、解除と少しも関係がないということだけを言ったので「約款」の履行を求めれば履行そのものを求めることができる、ある場合には義務の履行のために「約款」を求めることができるということは、全く言わないという趣旨か。

穂積陳重（一八巻九四丁表～裏）

〔賠償額の予定をしていても〕請求ができる場合には請求ができ、解除ができる場合には解除ができる。賠償額の予定をしたならば他の方法によらないということは、明らかに定めなければできない。これをつづめて言えば、互いに相関せずということになろう。

土方寧（一八巻九五丁表）

予定した金額を弁済すればよいが、そうでない場合には普通の損害賠償の原則で求められるように読めないこともない。

穂積陳重（一八巻九五丁表～裏）

「損害賠償ヲ予定スルコトヲ得」と言えば、この意味は裁判所の評定する額にはよらないということで普通の損害賠償を請求することはできない。

富井政章（一八巻九五丁裏）

土方委員は私の述べたところを誤解されたようだから一言弁ずると、当事者は不履行の場合に裁判所が定めることを好まないから賠償額を予定したのである。賠償額の予定があれば「請求権ヲ益スル」のであるが、もし第二項がないと請求権、解除権がないという意味に解する恐れがあるので、そうではないということを言ったにすぎない。

磯部四郎（一八巻九六丁表～裏）

並立するか否かは場合に従うのであり、それは普通の原則から来る。あると却って迷いを生じさせるから、削除説を提出する。

土方寧（一八巻九六丁裏）

削除説に賛成。

梅謙次郎（一八巻九七丁表～裏）

削除になるといよいよ不明瞭になろう。賠償額を予定した事実から履行を請求する権利がないと考える誤解を避けるためという点が一つであり、〔「別段ノ定」についていえば、〕履行または解除を許すという当事者の意思が賠償額の性質からして存在しない場合には履行または解除の請求はできないことも決している。第二項ではわざわざ「履行又ハ解除」と書いてあるのだから、普通の方法で損害賠償を請求しえないということはわかるだろうと思う。

▼磯部委員の削除案は採決の結果賛成少数で原案通り確定（一八巻九七丁裏～九八丁表）。

（注7）　旧民法財産編第三九〇条第二項では、解除と過怠約款の両方を要求できるのは遅延のみについての過怠約款の場合に限定されていたことに注意。

（注8）　原案第四〇八条（確定条文第四一四条）〔強制履行〕の第四項「前三項ノ規定ハ損害賠償ノ請求ヲ妨ケス」を指す。

原案第四一三条修正案（起草委員提出[注9]）

第三項として加える。

違約金ハ之ヲ賠償額ノ予定ト看做ス但当事者ノ意思又ハ取引上ノ慣習カ之ニ反スルトキハ別ニ損害ノ賠償ヲ請求スルコトヲ妨ケス

（注9）　但し、修正案提出時の条数は第四一九条。

【起草趣旨】

穂積陳重（二四巻一一八丁表～一二〇丁裏）

前に予定した目録では契約総則の第三款（注10）に違約金が出ている。しかし契約総則の部について相談した結果、違約金と賠償額の予定とは異なる性質を有するが通常は同じ場合が多い。

賠償額の予定	違約金
損害の額を裁判所の判定に任せることが危険あるいは面倒であり、それを避けるため。	契約の履行を確かめるため。
とにかく名義は賠償金。	違約罰という罰。
許すことが不法という問題は生じない。	明文がなければ不法という疑いを免れない。
その外に損害があってもさらに求めることはできない。	さらに求めることができる。

それで諸国の民法なども同様の規定があり、賠償額の予定の所に置くことにした。しかし、当事者の意思または取引上の慣習によれば違約金の中に損害の賠償までも見込んでいる場合とそうでない場合があり、後者の場合には損害賠償の請求と並立しうるように但書をつけた。

（注10）　甲第一号議案　第二章契約第一節総則第三款手附及ヒ違約金

【主要審議】

一　但書をめぐって（違約金と損害賠償の関係）

横田國臣（二四巻一二〇丁裏～一二一丁裏）

「違約金ヲ賠償額ノ予定ト看做スト云フコトハ私ハ賛成テアルガ互ニ刑罰ヲ定メルト云フコトハ面白クナイ、併シ乍ラ若シ違約金ト云フモノヲ賠償額ノ予定ニ充ルモノテアルトシタナラハドウカ其主義ヲ貫クコトヲ私ハ起草者ニ希望スル」。すなわち、違約金を約した場合は賠償は求められず、賠償を求める場合は違約金は求められないとすべきである。

穂積陳重（二四巻一二一丁裏～一二二丁表）

そういうことも考えたが実際上、以下のような不便が生ずると考え、本案のように定めた。第一に「取引上ノ慣習」においてはずいぶん少額であって、ある場合においても生じうる賠償は決して含まないように考えて違約金の額を定める場合が多くある。第二に、違約金に関して、違約の「過怠」とも損害の賠償とも決めないでいる場合が多くあり、その場合に横田委員の意見のように損害賠償の主義を貫くと、違約金の額より少しでも損害賠償額が多い場合にはたちまち違約金を捨て賠償額の請求をなすようになってしまう。第三に、違約金を損害の賠償であるとすれば、少しも損害がなかったという証明（注11）により、この違約金は取れないことになる。

横田國臣（二四巻一二二丁表～一二三丁表）

賠償ということにすれば、損害がない場合には違約金は取れないというが、そういう理論を進めるとここで「看做ス」ということはできない。賠償額が違約金より少ない場合が実際多くあり、このような場合にことごとく賠償額に引き直すことを起草委員は考えていないと思う。

また、違約金の上に賠償を求められるようにすると実際に害があるというが、そのようなことはなく、仮にあったとしても実際に損害がある以上賠償させるべきである。

穂積陳重（二四巻一二三丁表～一二四丁表）

違約金を損害賠償額の予定と「看做ス」のは、実損害がどうであろうとも裁判所でその額を増減できないというものであって、これを当事者に許しておくのが便利であり、公平でもある。

横田委員の考えは違約金より外にこれと異なる実害がある場合にどちらかを選ぶことにするかの問題であり、この場合には損害賠償の予定ではないから、実害を証明しなければならない。

違約金は必ずしも損害賠償の額に合うことはできないが、当事者の便利のために決めてあるのだから「其一ツヲ捨テルト云フコトニサセヌ方ガ宜カラウ」。ある立法例では「違約金以外ニ実害カアツタラハ夫レヲ計算シテ超過シタ部分丈ケハ並ノ損害トシテ取レル」と規定するが、こうすると減ずることもできることになり良くないので、本案の方が便利と考える。

横田國臣（二四巻一二四丁表～裏）

当事者は、違約金以上に実際の損害の賠償を求めないという意思はなかったと言うであろう。「当事者ノ意思」を判断するのは困難であろうから、先の立法例と実質的に同じであるが、違約金を求めずして、損害がもっとあると考える場合には損害賠償を求めることができるようにすればよい。

穂積陳重（二四巻一二四丁裏～一二五丁表）

請求する者がその意思を証明せねばならない。

長谷川喬（二四巻一二五丁表）

この場合、文字が「罰金」とか「過怠金」という名目でもよいのか、「違約金」に限るのか。

穂積陳重（二四巻一二五丁表）

文字はかまわないが「通常違約金ト云フモノテナクテハイカヌ」。

長谷川喬（二四巻一二五丁裏、一二六丁裏）

違約金の外になお損害があった場合、別に払わせることを適法としたようにみえるがこれは公の秩序を害しないか、又どういう理由で別に取れるのか。

穂積陳重（二四巻一二五丁裏～一二六丁裏、一二六丁裏～一二七丁裏）

違約金は当事者の都合で決めるのであって、違約金の額が随分不当に見えることがあっても、当事者の意思ではそれぐらいのものをつけて置いても履行を確かめたいのである。契約の履行は大切なことであり、当事者双方で約束を結ぶのは純然たる罰とは異なる。「純然タル罰ハ当事者ノ意思ハ却テ之ニ反スルノテアル」。名義は何であれ、当事者双方が自由意思をもって承諾するのであるから、公益を害するどころか却って信用を確かにするという利益がある。

土方寧（二四巻一二七丁裏～一二八丁裏）

違約金を定めた場合、予定損害と見るならば、名義の如何にかかわらず払わせても良いが、全くの罰金の性質で許すことはできない。「如何ニ合意ノ自由カ大切テモ一私人カ互ニ合意ニ依テ刑罰ヲ設ケルコトハ出来ヌ」。本案の削除説を提出する。

穂積陳重（二四巻一二八丁裏～一三〇丁表）

法律上で損害賠償というものは有形上の標準価額が「重モ」になるから、それでは当事者の困る場合がありうる。罰に類したものであっても、これを許す方がかえって取引上の信用を固くすることであろう。スイスのように裁判官が不相当と考える場合に適当な額に定め直すことができるとする国もあるが、それでは違約金の便宜がなくなろう。土方委員の考えでは、例えば一円の損失に一〇〇〇円の違約金をつけた場合ひどいということになるが、当事者間では少しも不都合がないだろう。

長谷川喬（二四巻一三〇丁表～裏）

本案の但書を削除する説を提出する。罰金なるものを有効とすることは不法であるが、賠償額の予定としての違約金が許されるという点を示すためには全部の削除はできない。

高木豊三（二四巻一三〇丁裏～一三一丁表）

長谷川説に賛成。長谷川委員に質問するが、「幾ラ損害ヲ生シタトキハ損害賠償ヲ払ウ」という契約をした場合はよいが、慣習による場合だけを除くという趣旨か。

長谷川喬（二四巻一三一丁表）

違約金と損害賠償を二つ並べて契約で書いておいた場合でも損害賠償だけが有効であり違約金は無効というつもりである。

穂積陳重（二四巻一三一丁表〜一三二丁表）

但書を削ると、違約金を許した目的を達しない場合がある。すなわち違約金を定めた後に相場の変動や当事者の事情から履行が非常に困難になった場合、故意に違約金を払って逃げることを防ぐ必要のある場合がある。商法第三三九条(注12)はある場合には超過額を求めうることを規定する。しかし、右のことを防ぐために初めから色々なことを見込んで違約金の額を多く決めねばならないとするとかえって便利が失われる。

横田國臣（二四巻一三二丁表〜裏）

相場の例で、「当事者ノ意思」は後で出てきたのであり、約する時点ではない。そこが原案の悪い点である。長谷川案では違約金が三円であるところ、一〇〇円の損をした場合に、違約金の外にこれを求めうるかどうか疑問が残る。そこで但書を「但当事者ハ違約金ヲ請求セスシテ単ニ損害ノ賠償ヲ請求スルコトヲ妨ケス」としたい。

長谷川喬（二四巻一三二裏〜一三三丁表）

私の説が成り立たなければ横田説に賛成する。穂積委員の相場の変動〔と違約金〕の例でその論を貫くとすれば、賠償額の予定についても、相場が狂ったならば予定賠償額さえ払えば良いということになり、それを禁ずるためには〔賠償額の〕増減ができなければならないことになるのではないか。

穂積陳重（二四巻一三三丁表〜裏）

損害賠償の予定の場合は初めからこれで満足することに双方が合意している。しかし違約金の場合には必ずしもそういえないから、万一他に損害があった場合はそれも払うことにする必要がある。「当事者ノ意思」については私の説明が足りなかったかも知れないが、横田委員の見解とちょうど反対で、当事者の意思でそういうことをさせぬ方の意思ということが本条の意味である。

梅謙次郎（二四巻一三三丁裏〜一三八丁裏）

損害賠償額の予定は、実際の損害の多少にかかわらずそれだけしか請求しないというものであるから、それ以後にどれほど損害を多く蒙っても自業自得である。これに対して違約金の場合は相手方の不履行を防ぐ予防であり、もし不履行された場合には莫大な損害を受ける恐れのある場合ならば違約金だけでは困るのでなお損害賠償額を請求しうることを契約書に書いておくことがあろう。

商法は我々の出した案の精神でできていて、第三三八条は「履行又ハ賠償ヲ求ムル債権者ノ権利ハ違約金ノ為メニ廃止セラレスト雖モ疑ハシキトキハ違約金ト共ニ損害賠償ヲ求ムルコトヲ得ス」と規定している。既成法典でこの点について、民法の立場と商法の立場のうち前者が優っていると考えるからこそ本案を提出したのである。

土方委員、長谷川委員は、違約金は罰金であり、当事者が罰金を決めるのはおかしいと言うが、罰金と名付けることが間違いである。罰金と違約金の性質はまるで違うので、罰金とは、その者の望まないことを他の者がその意に反して強制するものであり、違約金は、本人には辛いことであるが、初めに自ら承諾して契約したもので、その者が望んだ結果である。さらに、損害賠償額の証明は非常に困難であり、裁判所の認定と当事者の感覚とが食い違うことも少なくない。その不確かさへの対応として「損害ノ額ノ明カニ分ツタトキニハ別ニ裁判所テ見積ツテ貰ウト云フコトニシテ兎ニ角是レダケノモノハ是非呉レロ是非ヤルト云フ約束テ契約ヲ結フ」ことは、公の秩序に反しないのみならず、大変有益である。

横田委員の考えは我々と大差ないが、違約金の額が少なかった場合にもそれを放棄して損害賠償を請求しうるとする点は「当事者ノ意思」にそれ〔を許すこと〕がない場合すなわち違約金が実質的には損害賠償の予定であった場合に困る。もし許すとすれば損害賠償の予定の場合もそうせねばならなくなる。

土方寧（二四巻一三八丁裏～一四〇丁表）

私の全部削除説は賛成がないので長谷川説に賛成する。もっとも私の考えでは、損害賠償の予定と見ることができないものは罰金であり、一個人が罰金を取るということはできないから、違約金が罰金の性質をもつならば無効でなければならない。

元田肇（二四巻一四〇丁表～一四一丁表）

これまでの日本の「取引上ノ慣習」において違約金の外に損害賠償が取れるという確定した慣習はないと思うので但書のような錯雑な規定を置く必要はないのではないか。さらに、損害ということを双方の意思で明記してあってなおその外に違約金を取れるというのは私共の「こんもんせんす」によれば穏当でない。

穂積陳重（二四巻一四一丁裏）

違約金の額は実際の場合において「ドウ云フ有様ニ依テ不履行カ生シテモ履行ヲ確カメルト云フコトヲ詳シク見込ンテ」決めない場合が多く、そういう場合にこの第三項がないと困る。又、取引上このようなことを決めることはいくらもある。

長谷川喬（二四巻一四二丁表）

私も慣習がそういう二重取りを許さぬと思う。現行法でも金銭債務については制限上の利息の外はたとえ違約金という約束をしておいても取れないという明文があるくらいである。

▼但書削除案（長谷川案）について採決がなされたが、賛成少数により否決された（二四巻一四二丁表）。

元田肇（二四巻一四二丁表～裏）

「但当事者ノ意思又ハ取引上ノ慣習カ之ニ反スルトキハ当事者ハ違約金ヲ請求セスシテ損害ノ賠償ヲ請求スルコトヲ妨ケス」という修正説を提出する。

横田國臣（二四巻一四二丁裏）

元田説に賛成。

▼元田案について採決がなされたが、賛成少数によって原案に確定（二四巻一四三丁表）。

（注11）　この点は原案第四一三条（確定条文第四二〇条）第一項において、損害賠償額の予定を裁判所が増減することを禁じているから根拠がなく、横田委員の見解に反対する理由ともならない。

（注12）　【参照条文】中に掲載。

【その後の経緯】

この原案から確定条文への変化の経緯は明らかでない。民法整理会議事速記録第三巻一四二丁表において但書削除の点が言及されている（富井政章委員が「矢張リ先ツキノ総則ニ拠ルノテアリマス」と説明している）にすぎず、「看做ス」から「推定ス」への変更の点については触れていない。

【民法修正案理由】

既成法典財産編第三百八十八条乃至第三百九十条ハ所謂過怠約款ニ関スル規定ニシテ本案ハ之ヲ本条ニ纏括シ且之ニ適当ノ修正ヲ加ヘタリ。即チ過怠約款ナル用語ヲ改メテ予定損害賠償ト為シタルハ懲罰的ノ意義ヲ有スル字句ヲ避ケテ実際ノ意義ニ適スル字句ヲ用ヰタルニ過ギズ。又本条第一項前段ノ規定ハ既成法典第三百八十八条ノ字句ヲ修正シタルニ過ギズト雖モ其後段ノ規定ハ既成法典第三百八十九条ノ実質ヲ修正セリ。既成法典同条後段ノ規定ニ依レバ不履行又ハ遅延ガ債務者ノ過失ニ出デザルトキ又ハ一分ノ履行アリタルトキハ裁判所ハ予定賠償額ヲ減ズルコトヲ得ルモノニシテ此点ニ関スル諸国ノ立法例ハ頗ル区々ヲ極メ或ハ増減スルコトヲ許サズトシ或ハ一分ノ履行アリタルトキハ減額スルコトヲ許シ或ハ既ニ減額スルコトヲ許ス以上ハ増額スルコトヲモ許サザルベカラズトシ其他損害ヲ受ケザレバ予定賠償額ヲ請求スルコトヲ得ズトシ若クハ実際ノ損害ト予定賠償額トノ間ニ非常ノ差違アルトキニ限リ之ヲ増減スルコトヲ得ト為セリ。然レドモ当事者ガ賠償額ヲ予定スル所以並ニ法律ガ之ヲ認許スル所以ハ債務ノ履行ヲ確保シ恰モ不履行ニ対スル罰金トシテ履行ヲ強制スル方法ト為スノミナラズ賠償額ヲ定ムルニ当リ手数ヲ省キ極メテ便利ナルニ因ルモノナレバ、若シ裁判所ヲシテ此予定額ヲ増減スルコトヲ得セシムルトキハ之レガ為メニ予定賠償ノ規定ハ徒法ニ帰シ其功用ヲ失フニ至ラン。故ニ本案ハ既成法典同条前段ノ主義ヲ拡張シテ予定賠償額ハ裁判所之ヲ増減スルコトヲ得ズトシ以テ立法ノ本旨ニ適セシメタリ。

既成法典財産編第三百九十条ハ損害賠償ノ予定ハ解除ノ請求ヲ妨ゲザルコトノミヲ規定シテ履行ノ請求ヲ妨ザルコトヲ掲ゲザレバ疑議《ママ》ノ基タルベキニ因リ、本案ハ本条第二項ニ於テ双方共ニ之ヲ明示セリ。蓋本項ハ賠償額ノ予定ト履行又ハ解除ノ請求トハ互ニ無関係ナルコトヲ示スニ止マルモノニシテ、全部不履行ニ対スル予定賠償額ヲ請求スルト同時ニ債務ノ履行ヲ請求シ得ザルハ明白ナリト雖モ、既成法典ノ如ク解除ト予定賠償トヲ併セテ請求スルコトヲ得ルハ履行遅延ノミニ付テ予定賠償ヲ約シタルトキニ限ルハ狭ニ失シ予定賠償ノ規定ノ功用ヲ減殺スルモノナレバ、本案ハ広ク不履行ノ場合ニ於テモ解除ト予定賠償トヲ併セテ請求シ得ルコトヲ認メタリ。只之レガ為メニ不当利得ノ規定ニ触ルルトキハ其原則ニ依リテ之ヲ定ムベキハ勿論ナリトス。

本条第三項ハ商法草案第七章第五節違約金ニ関スル規定ノ趣旨ニ依ルモノニシテ、違約金ノ約定ハ固ヨリ民事上ノ取引ニモ常ニ行ハルル所ナレバ民法ニ於テ其通則ヲ掲グルヲ正当ナリト認メ此ニ之ヲ規定セリ。而シテ損害賠償ノ予定ハ主トシテ賠償額ヲ計算スル手数ヲ省ク為メニシ、違約金ノ約定ハ契約ノ履行ヲ確ムル為メニスルノミナラズ、彼ハ総テノ債務関係ニ関シ是ハ契約ノ履行ニ関スルモノニシテ互ニ其性質ヲ異ニスト雖モ実際上ノ応用ニ至リテハ殆ンド相類似シ違約金ハ損害賠償ヲ含ミ或ハ損害賠償ハ違約金ヲ含ムコト多ク、従テ此二者ヲ一所ニ規定スルコトハ多数ノ立法例ニ就テ見ル所ナレバ本案ハ寧ロ違約金ヲ損害賠償ノ予定ト見做スヲ以テ実際ノ取引ニ適スルモノト認メ本項ノ規定ヲ設ケタリ。

▽民法修正案理由書「第三編債権」二一一～二一三頁（第四一九条）。

（平田健治）

第四二一条　前条の規定は、当事者が金銭でないものを損害の賠償に充てるべき旨を予定した場合について準用する。

第四二一条　前条ノ規定ハ当事者カ金銭ニ非サルモノヲ以テ損害ノ賠償ニ充ツヘキ旨ヲ予定シタル場合ニ之ヲ準用ス

原案第四一四条　確定条文に同じ

【参照条文】

フランス民法
第一二二六条（第四二〇条の【参照条文】中に掲載）

オーストリア一般民法
第一三三六条（同右）

オランダ民法
第一三四〇条（フランス民法第一二二六条に同じ）

イタリア民法
第一二〇九条（第四二〇条の【参照条文】中に掲載）

スイス債務法
第一七九条（同右）

モンテネグロ財産法
第五五三条（同右）

ドイツ民法第一草案
第四二〇条（同右）

ドイツ民法第二草案
第二九一条（同右）
第二九四条（同右）

【起草趣旨】

穂積陳重（一八巻九八丁表～九九丁表）

この規定は旧民法では入っていないが、旧民法の元になっている国々では皆入っているから、（旧民法編纂者も）入れるつもりであったかもしれない。

既に、損害賠償は金銭によるという主義を採っているが、これは裁判官が損害額の標準を定めやすく、算定もしやすいことなどの便利からである。「外ノ額」で算定すると、裁判官は良いと思っても、当事者にとっては迷惑なことがあるかもしれない。あるいは金銭では賠償の目的を達しえない場合があるかも知れない。しかし、一般の多数の場合は金銭が一番良いが、それは一つの標準になるのであるから、当事者が金銭以外のものを以て損害の賠償に充てると定めて双方満足する場合には、「却テ益ガアツテ害ガナイ」。従って、損害賠償は金銭によってその額を定めるのであるが、当事者が債務不履行について賠償額の予定をするについては、金銭でないものでも構わないということをここに断わったのである。諸国とも、ほとんどこの規定に当たる言葉があり、結構と考えこの一条を置いた。

【主要審議】

長谷川喬（一八巻九九丁表）

「準用」とあるが、「適用」ではいけないか。

原案第四一一条（確定条文第四一七条）のところで「損害賠償ハ別段ノ定ナキトキハ金銭ヲ以テ裁判所其額ヲ定ム」とすればすむのではないか。

穂積陳重（一八巻九九丁表～裏）

損害賠償は金銭によるという主義が定まっているから、「適用」とはいえないと考えた。

原案第四一一条は損害賠償は金銭によることを原則とした上で、その額を定めることだけを定めている。長谷川委員の言う「別段ノ定」とは「予定」のことであり、やはり「予定賠償」の方に入れる方が適当ではないか。

▼発議なく、原案通り確定（一八巻九九丁表）。

【その後の経緯】

第九回民法整理会において、金銭賠償の原則を規定した確定条文第四一七条中に「別段ノ意思表示ナキトキハ」の語句が追加されたこととの関連で、本条は一旦は削除された（民法整理会議事速記録三巻一四一丁裏、一四二丁表～裏。なお、第四一七条の【その後の経緯】（本書一〇四頁）参照）。もっとも、本条の削除については、穂積陳重委員は、「私ハ一寸疑カアリマシテ相談中テアリマス、ソレテ或ハ四百二十条（注・本条のこと）ヲ復活スルカモ知レマセヌ」という見解を付加していた（民法整理会議事速記録三巻一四二丁裏）。翌日の第十回民法整理会の冒頭、梅謙次郎委員は、確定条文第四一七条では「其額」という字句が用いられている上、同第四二〇条でも「損害賠償ノ額ヲ予定スルコトヲ得」となっているため、当事者が金銭以外のものを以て損害賠償を予定した場合の適用が困難になる恐れがあるので、本条を存置しておいた方がよいという考えになったとして、本条の復活を提案し、異議なく認められている（民法整理会議事速記録四巻二丁裏～三丁表）。

【民法修正案理由】

本案ハ既ニ第四百十六条ノ規定ニ依リ損害賠償ハ通則トシテ金銭ヲ以テ之ヲ定ムベシト雖モ、之レ固ヨリ賠償ヲシテ能ク其損害ニ相当スルコトヲ得セシムル便利ニ本ヅキ且ツ裁判所ヲシテ金銭以外ノモノヲ以テ賠償ヲ定メシムルトキハ当事者ノ意思ニ反スル結果ヲ生ズルコト多カルベキヲ以テ、法律上ノ通則トシテハ金銭ヲ以テ賠償ヲ定ムベシト為スノミ。故ニ当事者双方ガ承諾ノ上金銭以外ノモノヲ以テ賠償ニ充ツベキコトヲ予定シタル場合ニ於テハ、右ニ述ブル如キ弊害及ビ不便ヲ生ズルコトナキニ因リ毫モ之ヲ禁ズル理由ナシト雖モ、既ニ第四百十六条ノ通則ヲ掲ゲタル以上ハ本条ノ明文ナキトキハ金銭以外ノモノヲ以テ賠償ニ充ツベキ予定ヲ為スコトヲ得ザルカノ疑ヲ生ゼシムルコトナシトセズ。之レ本案ハ多数ノ立法例ニ倣フテ特ニ本条ノ規定ヲ設ケ特種ノ損害賠償ヲ認ムル所以ナリ。

▽民法修正案理由書「第三編債権」二三頁（第四二〇条）。

（平田健治）

第四二二条　債権者が、損害賠償として、その債権の目的である物又は権利の価額の全部の支払を受けたときは、債務者は、その物又は権利について当然に債権者に代位する。

第四二二条　債権者カ損害賠償トシテ其債権ノ目的タル物又ハ権利ノ価額ノ全部ヲ受ケタルトキハ債務者ハ其物又ハ権利ニ付キ当然債権者ニ代位ス

原案第四一六条　他人ノ物ヲ喪失シ若シクハ之ヲ抑留セシメ又ハ他人ノ権利ノ行使ヲ妨碍シタルニ因リテ損害賠償ノ責ニ任スル者カ其物又ハ其権利ノ価格ニ対スル賠償ヲ完済シタルトキハ其物又ハ其権利ニ関シ当然債権者ニ代位スルモノトス

【参照条文】

オーストリア一般民法

第九八〇条　借受者カ若シ其借受セシ物件ヲ亡失シ其価直ヲ貸付者ニ支弁シ然ル後ニ其亡失シタル物件ヲ発見セルヿ有ルモ

所有主ノ意望ニ反シテ強テ自己ノ所有ト為スヿヲ得可カラス唯〻其価直ノ還付ヲ要求シ得可キノ権理有ルノミ

ドイツ民法第一草案

第二二三条　物又ハ権利カ奪取若クハ抑留セラレタル場合ニ於テ賠償者カ其物若クハ其権利ノ喪失ニ対スル損害ヲ賠償シタルトキハ所有権又ハ其他ノ権利ニ本ツキ被害者カ第三者ニ対シテ有スル請求権ハ賠償ト同時ニ賠償者ニ移転ス

ドイツ民法第二草案

第二一八条　物又ハ権利ノ喪失ニ付キ損害賠償ノ責ニ任スル者ハ賠償権利者カ其物ノ所有権ニ本ツキ又ハ其他ノ権利ニ本ツキ第三者ニ対シテ有スル請求権ヲ自己ニ譲渡シタルトキニノミ賠償ノ義務ヲ負フ

プロイセン一般ラント法

第一部第二一章[注1]第二五四条　借主が遺失し、その賠償がなされた借用物が、その後発見された場合、物を回復し受領した価値を返還するか、価値を保持し物を借主に委ねるかは貸主の選択による。

ザクセン民法

第九六一条　何人タリトモ物件ニ付キ損害賠償ヲナスヘキ者ハ其損害賠償ヲ受ル者ヨリ物件ノ得有又ハ損害賠償ニ関シ他人ニ対シテ有スル要求ノ譲渡ヲ求ルコトヲ得ルモノトス（第千八十二条）

第一五四八条　暫時ニシテ再ヒ消滅シタル目的ノ為メ或ルモノヲ弁済シタル者ハ前条同一ノ償還要求権ヲ有スルモノトス特ニ自己ニ委託セラレ及自己ニ於テ喪失シタル物件ニ付キ他人ニ損害賠償ヲ弁済シタル者ハ其損害ノ後日消滅シタルトキニ限リ其償還要求ヲナスノ権アルモノトス

バイエルン民法草案

第二部第二章第六五四条　借主が占有を失った物の価値を貸主に賠償した後に、その物が再び貸主の占有下に至った場合、貸主は自己の選択により、物を借主に引渡し受領した代償を保持するか、または代償の返還により物を保持することができる。

第三部第三章第一六〇条　被告が、処分または滅失した動産の賠償をなすことにより、原告の、その動産に関する権利は、譲渡による場合と同様に被告に移転する。

（注1）　法典調査会議事速記録および民法第一議案では「二二章」となっているが、これは誤りである。

【起草趣旨】

穂積陳重（一八巻一一〇丁表～一一一丁表）

本条は旧民法には見当らないが、こういう規定はあるのが当然であると思う。本条のような場合、旧民法では、不当利得などによって取戻しができるであろう。この条文のもとであるドイツ系統の国には必ずある。損害賠償により被害者の地位が元に復した後に失った物が出てきた場合、それも被害者が返還を請求することができることになると、被害者が二重の利益を得ることになる。被害者が全部の損害賠償を求めることになれば、それは認めるのが当然であるから、その物を譲渡させるのが適当であろうと考えたのである。ドイツ民法草案の第一読会では当然代位としているが、第二読会では、譲渡に対して損害賠償を請求することができると改めている。

しかし既に損害賠償を請求するとあれば、これを当然譲渡させて良い。その権利の価格に対する賠償を完済することにすれば、別段譲渡の手続をわずらわせなくても当然代位の方が簡略であると考えて、本条を置いた。

【主要審議】

一　「喪失」について

土方寧（一八巻一一一丁裏）

物を喪失したときは価格に応じて損害賠償をしなければならないが権利の目的物がなくなってしまったときは代位の適用がなさそうに思うが、どうか。

穂積陳重（一八巻一一二丁表）

なくなっても出てくることがあり、その場合は「物権訴訟」を起こすことがある。これは滅失ではない。

二　「抑留セシメ」の文言をめぐって

箕作麟祥（一八巻一一二丁表）

「抑留セシメ」という表現より「抑留シ」の方が良いのではないか。

穂積陳重（一八巻一一二丁表〜裏）

自分が抑留している場合には、「物権訴訟」ですぐ取り押えることができる。本条は、自分が保管していなければならない物を、自分の過失によって他人が「抑留」したということ以外想像できないので、文章の流れが悪いのを知りつつこのようにした。もう少し穏かな書き方があれば喜んで賛成するが。

高木豊三（一八巻一一三丁表）

自分が他人に引渡すべき物を抑留して渡さなかった場合には自分が直接に請求を受けるということであり、それは無論の話でその場合には賠償を求めるであろうが、他人に「抑留」させている場合も同じことで、その区別がわからない。

穂積陳重（一八巻一一四丁表）

私が他人に申しつけて、自分が「抑留」する代りに他人に「抑留」させた場合は含まない。その場合は、自分が「抑留」することになって本条に含まれない。

土方寧（一八巻一一六丁表）

確かに、自分で持っている場合には本人に対して取戻しを訴求できようが、しかし現物を持っている者に引渡を求め、返還に応じなかった場合にその者に対して損害賠償の訴を起こすことができないことはないであろう。損害賠償の訴を起こして現物で返すことができれば良い。そうだとすれば、「抑留シ」ということもあり得ると思う。

穂積陳重（一八巻一一六丁裏）

私が現に物を抑留していて、損害賠償を求められた場合、「抑留」についての損害を求められる。「抑留ニ依テ物ノ価ヲ失ツタノハ勿論デアリマスガ」、その物自身の価までも損害賠償を許すことはないはずである。従って、本条の場合にあたらない。

三　本条の位置について

箕作麟祥（一八巻一一一丁表）

他人の物を喪失したるによって損害賠償の責に任ずる云々ということがあるが、これは代位の規則、代位弁済という所には入れられないか。

穂積陳重（一八巻一一一丁裏）

もとより代位弁済には入らない。損害賠償の責に任じた結果であるから、この位置が適当である。

四　後で物が出て来た場合の返還請求の可否

磯部四郎（一八巻一一二丁表〜裏）

本条は、債権者の方から、物をなくしたというから損害賠償で我慢するが、後で物が出てきた場合、既に受け取った賠償額を返還して後から出てきた物を取返す権利を妨げないのか。例えばある人が所有者が売りたくないと言う物を借りて、これを喪失した場合、賠償してしまえば当然代位するということになれば、余程債権者（所有者）は迷惑することになる。損害賠償の責任者が、過失がありながら権利を得る。もし取返す権利を認めないなら、その理由を伺いたい。

穂積陳重（一八巻一一二丁裏〜一一三丁表）

もっともな質問であり、その点につき細かく規定してある国もある。プロイセンでは、寄託、貸借の場合には貸主は賠償金を返して物を取返せるし、また賠償金を保持するときは取戻すことはできない。その二つを選択できる。ザクセンでは、物を持って行って直接賠償金を取戻す規定がある。しかし本条はこれに拠らず、損害賠償を請求すれば賠償をした者が当然債権者に代位するものであるから、取戻しを認めないこととした。

磯部四郎（一八巻一一五丁裏～一一六丁表）

失った物、あるいは妨害された権利の回復を認めない点について相当の理由を見出せないので、外国の例にならい、本条に次の但書を加える修正説を提出する。

「但債権者ガ賠償額ヲ償還シテ其物又ハ権利ヲ回復スルコトヲ妨ケス」

長谷川喬・中村元嘉（一八巻一一六丁裏）

賛成。

▼磯部修正案は採決の結果、賛成少数で否決された（一八巻一一六丁裏）。

五　「権利ノ行使ヲ妨碍シタル」について

高木豊三（一八巻一一三丁裏～一一四丁表）

「権利ノ行使ヲ妨碍シタル」の中に「抑留抔」も入ると思うが、分ける必要があるのか。また「権利ノ行使ヲ妨碍シタ」とはどのような場合を指すのか。また所有物の売買を妨げて所有権の行使を妨げた、そのため売買の時機を失して損害を生じた場合、その妨げにより生じた損害の完済により、「売買ヲスル権利」に代位するように間違って解しうるのではないか。

穂積陳重（一八巻一一四丁表～裏）

権利の行使を妨げるというのは、ドイツなどでは「債権ノ行使」が多い。これだけの金を取立てようというのが妨げられた場合に、債権の全額を払わせる。今掲げられた例は、本条では想定していない。

高木豊三（一八巻一一四丁裏～一一五丁表）

貸金の取立が妨害された場合、「おまへガ妨害シタガ為メニ貸金ト云フモノガ取レナクナツタソコデ其百円ヲおまへ払へ且ツ夫レニ付テ損害ガアルカラ損害ヲ払へ」というとき、「損害キリ」になるか、一〇〇円ということになるか。

穂積陳重（一八巻一一五丁表）

一〇〇円の貸金があれば、権利の価格は一〇〇円ということになり、その一〇〇円に関する賠償を完済したときというのであるから、やはり元の一〇〇円ということである。

高木豊三（一八巻一一五丁表）

債権の取立を一時的に妨げた場合は入るのか。絶対的に取立てられなくなったわけではないが、あの日に取立てればこれだけの利益を得られたのが得られなくなったという場合である。

穂積陳重（一八巻一一五丁表～裏）

権利の価格に対する賠償といえば、どうしても貸金全部ということで、その行使の一部について損害を受けた場合は本条に入らない。

▼本条は原案の通り確定した（一八巻一一六丁裏）。

【その後の経緯】

本条は、整理会において、起草委員より確定条文のような表現に変更するよう提案され、承認されている。その際の穂積陳重委員の説明は次の通りである。

前に審議したときは、例として、他人の物を喪失したとか、他人に抑留せしめたとか、他人の権利を妨害したという場合を示したが、「ドウモ種々ノ場合ヲ想像スルコトテアリマスカラ文章ガ甚タ面白クアリマセヌ、ソレカラモウ一ツハ他人ノ権利ノ行使ヲ妨碍シタト云フト直ク其権利ト云フモノニ付テ……出来ルト云フヤウニ此場合ニ広ク見エテ居ルノガ如何ニモ危フナイ」、それ故に同じ結果のつもりであるが、債権の目的たる物または権利の価額の全部を債務者が払ってしまって債権者がそれを受取ったときには、債務者はその物または権利について代位するというように文章を改めた（民法整理会議事速記録三巻一四二丁裏～一四三丁表）。

衆議院民法中修正案委員会において、本条では「債務者ハ其物又ハ権利ニ付キ当然債権者ニ代位ス」と定められているが、第三者が賠償を支払った場合には第三者が代位するのでなければならないのではないかという意見が出された。これに対して穂積陳重委員は、第三者が損害賠償を支払う場合には債務者のために弁済するのであり、損害賠償を支払うことによって第三者が直ちに権利を代位するという考え方はとらないと述べた（廣中俊雄編著『第九回帝國議會の民法審議』二一四～二一五頁、二一六頁）。

【民法修正案理由】

本条モ亦前条ト同ジク新設ノ規定ニシテ既成法典ノ認メザル所ナリト雖モ、本条ニ予定スル場合ハ実際上屢遭遇スル所ニシテ、若シ本条ノ明文ナキトキハ債権者ガ物又ハ権利ノ価格ニ対スル全部ノ賠償ヲ受ケタルニ拘ハラズ、尚ホ其物又ハ権利ヲ有シ二重ニ利益ヲ受クルノ結果ヲ生ズベシ。而シテ債権者ハ既ニ充分ノ賠償ヲ得タル以上ハ、之ニ対スル物又ハ権利ハ消滅シタルモノト認ムルハ普通ニシテ且至当ノ事タルヲ以テ、本案ハ特ニ本条ノ規定ヲ設ケ全部ノ賠償ヲ完済シタル者ヲシテ其物又ハ権利ニ関シ債権者ニ代位セシムルコト、為セリ。

▽民法修正案理由書「第三編債権」二四頁（第四一六条）。

（平田健治）

現行法　なし

原案第四一七条　債権ハ当事者及ヒ其他ノ包括承継人ノ間ニ非サレハ其効力ヲ有セス（注）但別段ノ定アルトキハ此限ニ在ラス

（注）法典調査会議事速記録では但書が第二項として表記されているが、民法第一議案の表記に従った。

【参照条文】

旧民法財産編

第三三八条　合意ハ当事者ノ相続人其他一般ノ承継人ヲ利シ又ハ之ヲ害ス但法律又ハ合意ニ於テ格別ノ定ヲ為シタル場合ハ此限ニ在ラス

第三四五条　合意ハ当事者及ヒ其承継人ノ間ニ非サレハ効力ヲ有セスト雖モ法律ニ定メタル場合ニ於テシ且其条件ニ従フトキハ第三者ニ対シテ効力ヲ生ス

フランス民法

第一一二二条　契約ヲ為シタル者ハ自己ノ為メト其遺物相続人並ニ代権人ノ為メトニ其契約ヲ為シタルモノト看做ス可シ但

シ契約書ノ文中ニ之ニ反シタル事ヲ記シタル時又ハ其契約ノ模様ニ因リ之ニ反シタル事ヲ推知ス可キ時ハ格別ナリトス

第一一六五条　総テ契約ハ互ニ之ヲ結ヒタル双方ノ間ノ外其効ヲ生スルヿナシ故ニ之ヲ結ヒシ以外ノ者ノ為メ損害ヲ生スルヿナク又第千百二十一条ニ記シタル場合ノ外ハ其利益ヲ生スルヿナカル可シ

オーストリア一般民法

第九一八条　契約ノ効力ハ契約主ノ承産者ニ迄推及スル者タリ但ヾ其契約ニ因テ生出スル所ノ権理及ヒ義務カ全ク其契約主双方ノ合格及ヒ其関係ニ根基シ若クハ其双方ノ承産者カ契約ニ因リ若クハ法律ニ因テ排除セラレタル如キハ此限内ニ在ラス又一個ノ約束ニシテ未タ領諾セラレサル所ノ者ハ若シ其契約主ノ一方カ其領諾ヲ為スノ以前ニ死亡スルヿ有ルニ於テハ則チ無効ノ者ト為ル（仏民第千百二十二条）

オランダ民法

第一三七六条（第四二三条の【参照条文】中に掲載）

イタリア民法

第一一二七条　凡ソ契約ハ各人自己ノ為メ其承産者及ヒ受権者ノ為メニ之ヲ締結シタル者ト看做ス但ヾ特ニ之ニ反対スル事項ヲ約定セル者若クハ之ニ反対スル事項カ契約ノ本質上ヨリ生出スル者ノ如キハ此限ニ在ラス（仏民第千百二十二条）

第一一三〇条　契約ハ唯ヾ結約者彼此ノ間ニ於テノミ其効力ヲ有スル者トス故ニ法律ニ規定セル時会ヲ除クノ外ハ第三位ノ人ニ向テ損害ヲ与フルヿ無ク又利益ヲ為スヿ無シ（仏民第千百六十四条）

【起草趣旨】

穂積陳重（一八巻一一七丁表～裏）

「当事者及ヒ其他ノ」とあるが「其他ノ」は間違いで「当事者及ヒ包括承継人」となる。

　これは、旧民法財産編第三三八条と第三四五条を合せたものである。債権は当事者及び包括承継人の間でなければ効力を有さないということは当然のことだが、明文を置かないと包括承継人まで効力が及ぶかどうかが分らないので、ここに置いた。

▼発議なく原案通り確定（一八巻一一七丁裏）。

【その後の経緯】

　第二部「債権ノ効力」は、当初の原案では第一款～第三款に分けられていた。本条は、第三款「第三者ニ対スル債権者ノ権利」の冒頭に置かれていた。それは、債権は当事者相互間においてしか効力を有しないという原則をまず規定した上で「乍併此場合ニハ効力カアル」という規定を導く趣旨であった（整理会における穂積陳重委員の説明）[注]。しかし、第二節中の款立てが廃止された以上、このような原則規定を置く必要がなくなったため、本条も削除された（同上）（民法整理会議事速記録三巻一四三丁裏）。

（注）第二節第一款の【その後の経緯】（本書六八頁）参照。

（吉村良一）

第四二三条　債権者は、自己の債権を保全するため、債務者に属する権利を行使することができる。ただし、債務者の一身に専属する権利は、この限りでない。

2　債権者は、その債権の期限が到来しない間は、裁判上の代位によらなければ、前項の権利を行使することができない。ただし、保存行為は、この限りでない。

第四二三条　債権者ハ自己ノ債権ヲ保全スル為メ其債務者ニ属スル権利ヲ行フコトヲ得但債務者ノ一身ニ専属スル権利ハ此限ニ在ラス

債権者ハ其債権ノ期限カ到来セサル間ハ裁判上ノ代位ニ依ルニ非サレハ前項ノ権利ヲ行フコトヲ得ス但保存行為ハ此限ニ在ラス

原案第四一八条　債権者ハ自己ノ債権ヲ保護スル為メ其債務者ニ属スル権利ヲ行フコトヲ得但債務者ノ一身ニ専属スル権利ハ此限ニ在ラス

債権者ハ其債権ノ期限カ到来セサル間ハ裁判上ノ代位ニ依ルニ非サレハ前項ノ権利ヲ行フコトヲ得ス但保存行為ハ此限ニ在ラス

【参照条文】

旧民法財産編

第三三九条　債権者ハ其債務者ニ属スル権利ヲ申立テ及ヒ其訴権ヲ行フコトヲ得

債権者ハ此事ノ為メ或ハ差押ノ方法ニ依リ或ハ債務者ノ原告又ハ被告タル訴ニ参加スルコトニ依リ或ハ民事訴訟法ニ従ヒテ得タル裁判上ノ代位ヲ以テ第三者ニ対スル間接ノ訴ニ依ル

然レトモ債権者ハ債務者ニ属スル純然タル権能又ハ債務者ノ一身ニ専属スル権利ヲ行フコトヲ得ス又法律又ハ合意ノ明文ヲ以テ差押ヲ禁シタル財産ヲ差押フルコトヲ得ス

フランス民法

第一一六六条　然𪜈契約ノ義務ヲ得可キ者ハ他人ニ対シ其義務ヲ行フ可キ者ノ諸般ノ権ヲ行ヒ且其者ニ代リ他人ニ対シテ訴訟ヲ為スノ権ヲ行フヿヲ得可シ但シ義務ヲ行フ可キ者ノ一身ニ限リタル権利ハ格別ナリトス

オランダ民法

第一三七六条　仏民法第千百六十五条ニ同シ但シ本条ニ付テハ第千三百五十三条ヲ参観ス可シ

イタリア民法

第一二三四条　責主ハ其貸付セル債額ヲ収回スル為メニハ負責主ニ属スル諸般ノ権理ヲ行用スルヿヲ得可シ但〆負責主ノ一身ニ属スル権理ノ如キハ此限ニ在ラス

〔仏民第千百六十六条〕

スペイン民法

第一一一一条　債権者は、自己に対して為されるべき弁済を得るために債務者が占有する財産の収用を行った後、同一の目的で、債務者に属する全ての権利及び訴権を行使することができる。但し、債務者の人格に結びつけられた権利及び訴権を除く。債権者は、自己の権利を害する債務者の行為に対して異議を申し立てる（attaquer）こともできる。

カナダ民法

第一〇三一条　債務者が自己の権利又は訴権の行使を拒絶又は解怠することにより債権者が害されるときは、債権者は債務者の権利又は訴権を行使することができる。但し、債務者の一身に専属する権利又は訴権は、この限りではない。

【起草趣旨】

穂積陳重（一八巻一一八丁表～一一九丁表）

本条はいわゆる「間接訴権」に関する規定であり旧民法財産編第三三九条を修正したものである。

(1)　第一項について

旧民法は「債権者ハ其債務者ニ属スル権利ヲ申立テ及ヒ其訴権ヲ行フコトヲ得」と非常に広く書いてある。この書き方は、いかなる場合でも権利の申立や訴権を行うことができそうに思われる欠点があり、そのため種々の議論が生ずる。そこでいかなる場合にどういう目的をもって債務者に属する権利を行使することができるかということを指示するため「自己ノ債権ヲ保護スル為メ」という文言を入れた。但書も同じ趣旨である。

(2)　第二項について

債権の期限が来るまでは保存行為以外はできないということを定めたもので、この訴権について種々起った問題に決着をつけたつもりである。自分の「請求期」が達していなくても債権の保護のために保存行為だけはできなければならない。また登記を怠っている者が登記をするといったようなことは弁済期に関係のないことであるから、それは期限以前でもできる。しかし、その他のことは、裁判上代位法(注)に定めたものでなければ、期限前には行えない。もしこのように定めないと「他人ニ対シマシテハ債権者債務者ト云フ区別ハ殆トナクナリマスカラ」是非これだけの手続をしなければならない。

(注)　明治二三年一〇月法律第九三号。

【主要審議】

磯部四郎（一八巻一一九丁表～裏）

第二項但書はどういう意味か。

穂積陳重（一八巻一一九丁裏）

保存行為は裁判上の代位によるまでの必要はなく、「債務者ノ位置」が悪くなるために債権までも害せられるということを防いでおくだけのことであり、それは弁済期には少しも関係ないことであるので、それだけは弁済期前にも行えるようにした。

▼発議なく原案通り確定（一八巻一一九丁裏）。

【その後の経緯】

整理会において第一項の「保護」の文字について田部芳委員から質問があり（民法整理会議事速記録三巻一四四丁表）、「保全」に改められている（同四巻三丁表）。

【民法修正案理由】

本条ハ所謂間接訴権ニ関スル規定ニシテ既成法典財産編第三百三十九条ヲ修正セリ。既成法典同条第一項ノ法文ニ依レバ債権者ハ何時ニテモ随意ニ債務者ニ属スル権利ヲ行使スルコトヲ得ルカ如ク聊カ広キニ失スル虞アルヲ以テ、本案ハ本条第一項ニ於テ債権者ハ自己ノ債権ヲ保全スル為メニアラザレバ債務者ニ属スル権利ヲ行フコトヲ得ザル旨ヲ明示シ、且本条第二項ノ規定ニ依リテ債権者ハ其債権ノ期限ガ到来シタルニアラザレバ第一項ノ権利ヲ行フコトヲ得ザル至当ノ制限ヲ附シタリ。然レドモ債権者ハ民事訴訟法ノ規定ニ因リ裁判上ノ代位権ヲ得タルトキハ期限前ト雖モ債務者ニ代ハリテ其権利ヲ行フコトヲ得ベキハ勿論、其他債務者ニ属スル権利ヲ登記スル如キ保存行為ハ同時ニ債務者ノ利益トナリ又自己ノ債権ノ期限ニ関セザルコトナレバ債権者ハ何時ニテモ之ヲ為シ得ベキニ因リ、本条第二項ニ於テ此二種ノ例外ヲ認メタリ。

次ニ既成法典同条第二項ノ規定ハ債務者ニ属スル権利ヲ行使スル方法ヲ示スニ止マ

リ、寧ロ民事訴訟法ノ規定ニ属スベキモノナレバ之ヲ删除シ、又同条第三項前段ノ規定ハ本条第一項ノ但書ノ規定ニ依リテ明白ナルベク、其後段ノ規定ハ明文ヲ要セザルニ因リ之ヲ删レリ。

▽民法修正案理由書「第三編債権」二二四～二二五頁（第四二三条）。

（吉村良一）

第四二四条　債権者は、債務者が債権者を害することを知ってした法律行為の取消しを裁判所に請求することができる。ただし、その行為によって利益を受けた者又は転得者がその行為又は転得の時において債権者を害すべき事実を知らなかったときは、この限りでない。

2　前項の規定は、財産権を目的としない法律行為については、適用しない。

第四二四条　債権者ハ債務者カ其債権者ヲ害スルコトヲ知リテ為シタル法律行為ノ取消ヲ裁判所ニ請求スルコトヲ得但其行為ニ因リテ利益ヲ受ケタル者又ハ転得者カ其行為又ハ転得ノ当時債権者ヲ害スヘキ事実ヲ知ラサリシトキハ此限ニ在ラス

前項ノ規定ハ財産権ヲ目的トセサル法律行為ニハ之ヲ適用セス

原案第四一九条　債権者ハ債務者カ其債権者ヲ害スルコトヲ知リテ為シタル法律行為ノ取消ヲ裁判所ニ請求スルコトヲ得

前項ノ請求ハ債務者ノ行為ニ因リテ利益ヲ受ケタル者又ハ其転得者ニ対シテ之ヲ為ス但債務者及ヒ転譲者ヲ其訴訟ニ参加セシムルコトヲ要ス

【参照条文】

旧民法財産編

第三四〇条　右ニ反シ債権者ハ其債務者カ第三者ニ対シ承諾シタル義務、抛棄又ハ譲渡ニ付キ其損害ヲ受ク但債権者ノ権利ヲ詐害スル行為ハ此限ニ在ラス

債務者カ其債権者ヲ害スルコトヲ知リテ自己ノ財産ヲ減シ又ハ自己ノ債務ヲ増シタルトキハ之ヲ詐害ノ行為トス

第三四一条　詐害ノ行為ノ廃罷ハ債務者ト約束シタル者及ヒ転得者ニ対シ次条ノ区別ニ従ヒ債権者ヨリ廃罷訴権ヲ以テ之ヲ請求ス

債務者カ原告タルト被告タルトヲ問ハス詐害スル意思ヲ以テ故サラニ訴訟ニ失敗シタルトキハ債権者ハ民事訴訟法ニ従ヒ再審ノ方法ニ依リテ訴フルコトヲ得

右孰レノ場合ニ於テモ債務者ヲ訴訟ニ参加セシムルコトヲ要ス

債権者カ詐害ノ行為ノ廃罷ヲ得ル能ハ

サルトキハ被告ニ対シテ損害賠償ヲ要求スルコトヲ得

フランス民法

第一一六七条　又其義務ヲ得可キ者ハ其義務ヲ行フ可キ者其権利ヲ害ス可キ為メ他人ト結ヒシ契約ヲ取消サントスル訴ヲ自己ノ名目ニテ為スヿヲ得可シ

然圧其義務ヲ得可キ者ハ此篇ノ第一巻遺物相続ト第五巻婚姻ノ契約及ヒ夫婦双方ノ権トニ記シタル所ノ権ニ付テハ其二箇ノ巻ニ定ムル所ノ規則ニ循フ可シ

オーストリア一般民法

第九五三条　債主モ亦贈与ノ為メニ損害ヲ受ルヿ有ルニ於テハ則チ贈与者ヲシテ之ヲ収回セシムルヿヲ得可シ但ミ第九百五十二条ヲ擬施ス可キ時会ニ於ケル如キハ此限ニ在ラス若シ其起債カ贈与ヲ為セシ以後ニ係レル者ニシテ他ノ詐偽ノ行為無キニ於テハ其債主ハ之ニ対シテ何等ノ権理ヲモ有セサルナリ〔仏民第千百六十七条〕

オランダ民法

第一三七七条第一項　権利者ハ義務者其権利ヲ害シ他人ト結ヒタル契約ヲ法律上ノ規則ニ因リ且ツ其他人ト結ヒタル契約ノ種類ニ因リ取消サントスル訴ヲ為スヿヲ得可シ〔仏民法第千百六十七条〕

イタリア民法

第一二三五条第一項　責主ハ自己ノ名義ヲ以テ負責者カ責主ノ権理有ルニ拘ハラス詐偽ヲ夾ミテ以テ為シタル行為ヲ訟撃スルヿヲ得可シ〔仏民第千百六十七条〕

スイス破産法(注1)

第二八五条　取消しの訴えは、第二八六条ないし第二八八条に掲げられた法律的行為を無効であると宣言させることを目的とする。

次に掲げる者は、この訴えを提起する権利を有する。

一　差押えの一時的又は終局的な不奏功を証する書面を有する債権者

二　破産管財人又は第二六〇条及び第二六九条第三項の規定に従う各破産債権者

第二八六条　慣習上の季節贈与を除き、債務者が差押え又は破産開始直前六カ月内になしたすべての贈与及び無償の処分は、これを取り消すことができる。

次の行為も、贈与と同様である。

一　債務者自身の給付に対して彼の受ける反対給付が不均衡である法律行為

二　債務者が自ら又は第三者のために終身年金又は用益権を取得する法律行為

第二八七条　さらに、次の法律的行為も、債務者が差押え又は破産開始直前六カ月内になしたもので、かつ、行為の当時既に債務超過であったときに限り、取り消すことができる。

一　既存の債務の満足のために債務者が以前から担保を提供する義務を負担していない場合に、この債務について担保権を設定すること

二　現金又はその他の通常の支払方法以外の方法による金銭債務の返済

三　期限の到来していない債務の支払い

第二八八条　最後に、債務者が債権者を害し又は他の債権者の損失においてある債権者の利益をはかる意図をもってなし、その意図が相手方に認識されうるすべての法律的行為は、その行為の時点のいかんを問わず、これを取り消すことができる。

第二八九条　裁判所は、第二八六条ないし第二八八条を適用するに際しては、自由な裁量により一切の事情を斟酌して判断する。

第二九〇条　取消しの訴えは、債務者との間で取り消されるべき法律行為をなし、

又は債務者から取り消されるべき方法で満足を得た者、その相続人及び悪意の第三者を相手として提起することができる。善意の第三者の権利は、取消しの訴えにより影響を受けない。

第二九一条　取り消されるべき法律的行為により債務者の財産を取得した者は、これを返還する義務を負う。反対給付は、それが債務者のもとに現存し又は債務者がそれにより利益を受けている限度において、償還される。それを超える分については、請求権は債務者に対する債権としてのみ主張することができる。

　取り消されるべき法律的行為が債務の弁済であるときは、受領物の返還に伴って債権は復活する。

　善意の受贈者は、その利得の額の限度においてのみ、返還の義務を負う。

第二九二条　取消の訴え〔の権利〕は、取り消されるべき法律的行為の時から五年の経過により、時効によって消滅する。

スペイン民法

第一二九一条　以下の行為は取り消すことができる。

（一号、二号省略）

　三号　債権者が、自己に弁済されるべきものを取消し以外の方法では回復できない場合において、債権者を害して締結された契約

第一二九五条　取消し（rescision）は、契約の目的である物をその果実とともに返還する義務、及び代金を利息とともに返還する義務を生じさせる。取消しを請求する者が、相手方の債務の目的物をその者に返還する場合にのみ、取消しはその効果を生じ得る。

　契約の目的である物が、悪意で行動したのではない第三者に適法に帰属する場合には、取消しの原因とはならない。

　前項の場合において、レジオン（lésion）を惹起した者に対しては損害賠償を請求することができる。

第一二九七条　債務者が無償で自己の財産を譲渡する旨の全ての契約は、債権者を害して締結されたものとみなす。

　いかなる訴訟であれ、以前に有責判決（jugement de condamnation）を下された者、又は自己の財産につき差押命令（mandat de saisir）の送達を受けた者によって為された有償譲渡は、詐害的に締結されたものとみなす。

第一二九八条　債権者を害して譲渡された財産を悪意で取得した者は、当該財産を返還することが不可能である場合には、その理由（返還が不能である理由――高橋智也注）がいかなるものであっても、譲渡によって引き起こされた損害を債権者に対して賠償しなければならない。

第一二九九条　取消訴権は四年間存続する。

　後見に服している者又は生死不明者については、前者の能力が回復しない限り、又は後者の住所が判明しない限り、四年の期間は進行しない。

ドイツ(旧)破産法(注2)

第二二条　破産手続開始前になされた法律的行為は、以下の定めによって、破産債権者に対しては無効として、これを否認することができる。

第二三条　次に掲げる法律行為は、これを否認することができる。

一　破産債務者が、支払停止又は手続開始申立て後になした法律行為で、これによって破産債権者を害し、かつ、相手方が行為の当時に支払停止又は開始申立てのあったことを知っていたとき、ならびに支払停止又は開始申立て後に、ある破産債権者に担保又は満足をもたらす法律的行為で、かつ当該債権者が、

行為の当時に支払停止又は開始申立てのあったことを知っていたとき。

二　支払停止若しくは手続開始申立て後又は支払停止若しくは開始申立て直前一〇日内になされ、ある破産債権者に対して、彼がそもそも、又は当該方法若しくは時期において請求することができない担保又は満足をもたらす法律的行為。但し、当該破産債権者が行為の当時に支払停止又は開始申立てのあったことを知らず、かつ彼に他の債権者以上に利益を与えようとする破産債務者の意図を知らなかったことを証明したときは、この限りではない。

第二四条　次に掲げる法律行為は、これを否認することができる。

一　破産債務者が債権者を害すべき意図をもってなした法律的行為で、相手方がその意図を知っているとき。

二　手続開始前最後の一年内に、破産債務者が婚姻前若しくは婚姻中の配偶者と締結した有償契約、又は同じ期間内に、自己若しくは配偶者の尊属若しくは卑属たる親族、自己若しくは配偶者の同父母若しくは異父母の兄弟姉妹、これらの者の配偶者と締結した有償契約。但し、その契約の締結により破産債務者の債権者を害し、かつ相手方において、契約締結当時、その債権者を害すべき破産債務者の意図を知らなかったことを証明しないときに限る。

第二五条　次に掲げる行為は、これを否認することができる。

一　手続開始前最後の一年内に、破産債務者が無償でなした処分。但し、それが慣習上の季節贈与を目的としないときに限る。

二　手続開始前最後の二年内に、破産債務者が配偶者のために無償でなした処分、ならびに持参金若しくは法的に破産債務者の管理に入った妻の財産について、その期間内に破産債務者によってなされた保証や担保。但し、破産債務者が法律やこの期間前に締結された契約によって、この保証や担保を義務づけられていないときに限る。

第二六条　手続開始より六カ月以前になされた法律的行為は、支払停止を知っていたことを理由として、否認することはできない。

第二七条　破産債務者の手形金支払いについては、手形金受領者が他の手形債務者に対する手形上の権利を失う場合において、手形法により支払いを引き受けるべきこととなるときには、第二三条第一号を根拠としてその受領者に返還を請求することができない。

　支払われた手形金額は、最後の手形償還義務者から、又はその者が第三者の計算のために手形を交付したときは、その第三者から償還を受けることを要する。但し、最後の手形償還義務者又はその第三者が、手形を交付し、又は交付させた時に、第二三条第一号に掲げた事情を知っていたときに限る。

第二八条　否認は、否認されるべき法律的行為について執行力ある債務名義が取得され、又はその法律的行為が強制執行若しくは仮差押えの執行によって実現したことによって、妨げられない。

第二九条　否認権は、破産管財人が行使する。

第三〇条　否認しうる行為によって破産債務者の財産から譲渡され、委棄され、又は放棄されたものは、これを破産財団に返還しなければならない。

　無償給付の善意の受領者は、その給付によって利益を受けた限度においてのみ、これを返還しなければならない。

第三一条　反対給付は、その給付が破産財団に現存し、又は財団がその給付の価額の利益を受けた限度において、破産財団から償還されなければならない。その他の場合、請求権は破産債権としてのみ行使することができる。

第三二条　否認しうる給付の受領者が受領したものを返還したときは、彼の債権は復活する。

第三三条　被相続人に対して根拠づけられた否認は、その相続人に対して行使されうる。

否認しうる行為の相手方当事者について、相続以外による権利承継人があるときは、当該当事者に対して根拠づけられた否認は、次の場合に承継人に対して行使されうる。

一　その者が、その取得の当時に、破産債務者が債権者を害する意図をもってその法律的行為をしたことを知っていたとき。

二　その者が、第二四条第二号に掲げた者に該当し、かつ、彼がその取得の当時において、前権利者に対する否認権を根拠づける事情を知らなかったことを立証しないとき。

第三四条　否認権は、手続開始後一年をもって時効により消滅する。

ドイツ一八七九年七月二一日法[注3]（破産手続外における債務者の法律的行為の取消に関する法律）

第一条　債務者の法律的行為は、以下の定めによって、破産手続外において、ある債権者の満足のために、この債権者に対しては効力を生じないものとして、これを取り消すことができる。

第二条　執行力ある債務名義を有し、かつその債務の弁済期が到来している債権者は、債務者の財産に対する強制執行がその債権者の完全な満足をもたらさず、またはもたらさないと予測されるときは、取消しをすることができる。

第三条　次に掲げる行為は、これを取り消すことができる。

一　債務者が、その債権者を害する意図でなした法律的行為で、その相手方がその意図を知っているとき。

二　取消訴訟係属前最後の一年内に、債務者が婚姻前または婚姻中の配偶者と締結した有償契約、又は同じ期間内に、自己若しくは配偶者の尊属若しくは卑属たる親族、自己若しくは配偶者の同父母若しくは異父母の兄弟姉妹、これらの者の配偶者と締結した有償契約。但し、その契約の締結により、当該債務者の債権者を害し、かつその契約の相手方において、契約締結当時、その債権者を害すべき債務者の意図を知らなかったことを証明しないときに限る。

三　取消訴訟係属前最後の一年内に債務者が無償でなした処分。但し、それが慣習上の季節贈与を目的としないときに限る。

四　取消訴訟係属前最後の二年内に債務者がその配偶者のために無償でなした処分、ならびに持参金若しくは法的に債務者の管理に入った妻の財産について、その期間内に債務者によってなされた保証や担保。但し、債務者が法律やこの期間前に締結された契約によってこの保証や担保を義務づけられていないときに限る。

第四条　債権者が執行力ある債務名義を得、またはその債権の弁済期が到来する以前において、第三条第二号ないし第四号に掲げた法律的行為がなされた相手方に対し、その行為を取り消す意思を書面の送達によって通知したときは、既にこの時点において債務者が支払不能となり、かつこの時点から二年が経過するまでに取消請求が訴訟係属した場合に限り、この期限はこの通知の時点に遡る。

第五条　当該債権のための執行力ある債務名義を得る以前において、取消請求の主張は抗弁の方法ですることができる。しかしながら、債権者はこの抗弁を、判決前、裁判所によって定められた期間内に提出しなければならない。

第六条　取り消されるべき法律的行為について執行力ある債務名義が取得され、又はその法律的行為が強制執行または仮差押えの実行によって実現されたことによって、取消は妨げられない。

第七条　債権者は、その満足に必要な限りにおいて、取り消されうる行為によって債務者の財産から譲渡され、委棄され、又は放棄された物を、なお債務者の財産に属するものとして、受領者に対して返還すべきことを請求することができる。

　無償給付の善意の受領者は、その給付によって利益を受けた限度においてのみ、これを返還しなければならない。

第八条　受領者は、反対給付の返還請求、または給付が取り消された場合にはその債権の請求を、債務者に対してのみすることができる。

第九条　取消が訴えによって行なわれるときは、いかなる範囲で、またいかなる方法で受領者から返還がなされるべきかを、請求の趣旨において明確にしなければならない。

第一〇条　債権者の債務名義が仮執行しうるのみのものである場合、または判決が留保付で下された場合（民事訴訟法第五〇二条、第五六二条）には、取消請求を認容する判決の執行可能性は、債務者に対して行なわれた裁判が確定し、あるいは留保のないものになった時に認められる。

第一一条　被相続人に対して根拠づけられた取消は、その相続人に対して行使されうる。

　取り消しうる行為がなされた相手方当事者について、相続以外による権利承継人があるときは、当該当事者に対して根拠づけられた取消は、次の場合に承継人に対して行使されうる。

一　その者が、その取得の当時に、債務者がその債権者を害する意図をもってその法律的行為をしたことを知っていた場合。

二　彼が第三条第二号に掲げた者に該当し、かつ、彼がその取得の当時において、前権利者に対する取消を根拠づける事情を知らなかったことを立証しないとき。

　第四条による期限を及ぼさせるためには、取消請求を申し立てた相手方である権利承継人に対して書面を送達すれば足りる。

第一二条　第三条第一号に基づく取消権は、債権者が執行力ある債務名義を取得し、かつその債権が弁済期に達した時から一〇年で時効により消滅する。但し、この時以後に法律的行為がなされたときは、その行為がなされた時から一〇年で時効消滅する。

第一三条　債務者の財産に対して破産手続が開始されたときは、破産債権者によって申し立てられた取消請求の追行権は、破産管財人に属する。それによって得られる財産から、この債権者に対して、手続費用がまず補償されるべきである。

　取消請求の手続がなお係属している場合、この手続は中断される。その受継が遅延した場合には、民事訴訟法第二一七条の規定が準用される。破産管財人は、民事訴訟法第二四〇条、第四九一条により、破産法第三〇条ないし第三二条、第三四条の規定に従って、この請求を拡張することができる。この訴訟の受継を管財人が拒絶したときは、訴訟は手続費用を顧慮して、各当事者によって引き受けられうる。受継の拒絶によって、破産法の規定に従って否認権を行使する管財人の権限が排除されるものではない。

　債権者が返還義務者から保証または返済を得たときは、その取消に対し、破産法第二三条第一号の規定が準用される。

　破産手続終了の後、破産管財人に行使権限のある取消権を、個々の債権者は本法律に従って行なうことができる。但し、この請求に対する異議が管財人に対して行なわれ、奏功した場合にはこの限りでない。この請求が破産手続開始の時点でなお訴訟係属していない場合において、破産手続終了後一年を経過するまでに訴訟係属したときは、第三条第二号ないし第四号の規定する期間は、破産手続開始の時点から起算される。

　破産者が破産財団に属さない財産について行なった法律的行為は、破産債権者により、破産手続の間であっても、本法律に従って取り消すことができる。

第一四条　本法律は、帝国の全領域につき、破産法と同時に施行される。

　本法律は、この時点以前に行なわれた法律的行為にも適用される。但し、それが従前の取消法の規定によって取り消され、またはその範囲を縮減されたときはこの限りではない。

　本法律の施行の時点で取消請求訴訟が係属しているときは、その訴訟の判断のためには、従前の法律の規定がなお基準となる。

カナダ民法

第一〇三二条　債権者は、本節の規定に従い、自己の名において、債権者の権利を害する債務者の行為に異議を申し立てることができる。

第一〇三三条　契約は、それが債務者により詐害の意図をもって締結され、かつ債権者を害する結果をもたらすものでなければ、これを取り消すことができない。

（注1）　Schweizerisches Bundesblatt. 41 Jahrgang II. Nr.19.4.Mai 1889.

（注2）　Reichs＝Gesetzblatt. No.10. 5.März 1877.

（注3）　Reichs=Gesetzblatt. No.30. 1.August 1879.

【起草趣旨】

穂積陳重（一八巻一二〇丁表～一二二丁表）

　本条と次条は併せていわゆる「廃罷訴権」を定めたものである。まず本条で「廃罷訴権」を起こすことができることを定め、次条においてその場合を詳しく規定した。

　本条は旧民法財産編第三四〇条・第三四一条を少し修正したものである。

　第一項は第三四〇条と第三四一条第一項を併せたもので実質は変らない。

　第二項本文は、如何なる人に対して「廃罷訴権」を起こすことができるかを定めたもので旧民法と異ならないが、ただ「債務者ト約束シタル者」とあるのを「債務者ノ行為ニ因リテ利益ヲ受ケタル者」と改めた。

　但書だけが少し改めてある。すなわち、旧民法では債務者の訴訟参加だけを規定してあるが、この「廃罷訴権」は債務者と取引をした者やその利益を転得した者に対してもすることができる。転得のない場合には債務者だけを訴訟に参加させれば十分であるが、債務者が他の人に譲り、その人から第三の者に譲るという場合、それらの者に対して判決の効力を及ぼし、場合によっては求償を求められることもありうる。従ってそれらの者を訴訟に参加させなければならないと考える。

第三四一条第二項の再審に関する規則は民事訴訟法で十分であり、第四項の損害賠償の方は言うまでもないことなので、この二つは削除した。

【主要審議】

一　第二項削除案——訴訟法上の「参加」との関係

高木豊三（一八巻一二一丁表～一二二丁表、一二二丁裏）

現在の訴訟法によれば、詐害するために二人で共謀していればその二人を相手取って共同被告とすることになる。ところが、本条ではどちらか一方を被告として置いて他の一人を「参加トシテ引附ケル」というようになっている。この関係はどうなっているのか。すなわち、訴訟法上、本条の場合は「参加トシテ」訴を起こさなければならないことになっているが、本案によれば「告知参加自己参加」という原案になっている。そのように考えるという趣旨か。

穂積陳重（一八巻一二二丁裏）

そのような変化は「私ノ眼中ニナカッタ」。

梅謙次郎（一八巻一二二丁裏）

民訴法第五一条(注4)は、第三者に主参加の権利を与えたものだが、本条は、従参加として訴訟に参加させなければならないということを規定したもので、抵触しないと思う。

井上正一（一八巻一二二丁裏～一二三丁表）

この主参加の場合は、たとえば甲と乙とが他の債権者を詐害するために訴訟をする真似をしたという場合に、その債権者が訴訟に参加しうることを民訴法第五一条で定めたのである。それに対し、本条の場合は廃罷訴権が起きたときに債務者と転譲者とをその訴訟に参加させることができるというのであって、場合が違う。

本条のようになると、今の訴訟法で動くことができるのか。現在の民訴法では、債務者・転譲者を、訴訟に参加させる手続はないのではないか。

田部芳（一八巻一二三丁裏）

訴訟法上の従参加は、「其人ニ対シテ裁判ノ全体ニ絶対的ノ効力」が及び、後で訴訟の仕方が悪いと苦情を言うことはできない〔ため、其人を参加させる〕というものである。〔ところが本条の場合はそうではない。〕原則として当事者の外には裁判の効力が及ばないのだから「転得《ママ》者債務者ニモ其効力ヲ及ホサウト云フノニハ二人ヲ相手取ツテ往カナケレバナラヌ」。それ故本条のような場合、今日の規則においても、明文がなくても「皆一緒ニ」訴えることになるから、本条第二項は削除する方がよい。

高木豊三（一八巻一二四丁表～裏）

田部委員の説に賛成。民訴法第五三条(注5)の従参加は、自分の利益のために原告や被告を助けるため自ら進んで参加する場合である。告知参加は、後で自分が賠償を求めるとか求められるとかいう場合に、私はこういう訴えを受けているということを通知するためのものである。更に民訴法第六二条(注6)の場合は、占有者が訴を受けたとき、所有者が答弁するまでは自分も答弁しないと言える旨規定している。

従って、以上の規定によれば、民法で参加と言ってみても、民訴法の規定では本条のような参加はできないことになる。できるとすれば民訴法第五一条の主参加の場合であり、ある行為について二人の者を一時に相手取ることを定めている。これを第二項に加えることの是非には議論があり、むしろ削るのが良い。

梅謙次郎（一八巻一二四丁裏～一二五丁表）

民訴法第五九条(注7)、第六一条(注8)だけから見れば、本条の場合を民事訴訟法では予想していない。それ故、我々は第二項を置くことにしたのである。本条が採用されれば民訴法の参加の規定を修正したい。しかしその参加の性質は第五九条と同じである。告知参加でも延期はしないのが良いと思うが、このような特別の場合では後で少なからず費用を要する恐れがあるから、延期抗弁を与えた方が実際の便利であろうと考え、この案を出したのである。

第五一条については、これは「原告被告が共謀シタ場合」の規定であり、本条は「共謀セヌトキニ之ニ依ルノデアリマスカラ五十一条ノ場合ハ此中ノ狭イ適用ニ過ギナイ」。従って第五一条があるから本条第二項を削除してよいということにはならない。

箕作麟祥（一八巻一三六丁裏～一三七丁表）

債権者が債務者・転譲者を訴訟に参加させることと「延期ノ抗弁」とは少し違うように思うが、どうか。

梅謙次郎（一八巻一三七丁表～裏）

債権者に参加させる責任を負わせた結果、その責任を果さないときは、債務者・転譲者を参加させろと言ってはねることができる。その方法は民事訴訟法によることになるが、本条はその手続の基礎をなす。

二　訴訟参加と「共同被告」

磯部四郎（一八巻一二五丁表～一二六丁表）

本条は訴訟参加ということが書いてあるが、「共同被告」ということではないのか。本条の規定は民訴法の主参加でも従参加でもなく、「初メノ債務者及ヒ転譲者ハ共ニ関係人デアルカラ訴ヘナケレバナラヌ」という規定ではないのか。そうだとすると「共同被告トスルコトヲ要ス」という意味に読める。どうしても「参加セシムル」ということになると従参加のように見える。主参加には無論ならないし、告知参加といえば利益を受けた者が告知参加するのであるが、本条は（債権者の方から）「参加セシムルコトヲ要ス」というのである。そうすると、名は参加であるがその実は共同被告であり、意味からいって「両方合併シテ債権者ヲ害シタモノデアルカラ共同被告トシテ訴ヘル」ということではないか。

穂積陳重（一八巻一二六丁表～一二七丁表）

本条の趣旨は「共同被告」というつもりではない。本条は法律行為によって利益が他の所に移った場合、その利益をもとに取り返すという規定である。すなわち「利益ヲ受ケタ者丈ケニ対スル訴デアル」。その利益を譲渡した人は、その人の手から利益が離れているのだから、その人なしでも判決ができる。つまり「但書ガナクテモ動キガ取レル」。しかしそうすると債務者より利益を受けた者やその利益を転譲した（原文は「転得」と記されている）人が非常に迷惑するので、それらの人の利益を考えて但書を設けたのである。それ故被告はあくまで「現ニ利益ヲ受ケテ居ル者」すなわち転得者である。

田部委員に聞きたいが、第二項を削ったならば第一項だけで誰を相手取るかが分かるのか。「法律行為ノ取消ヲ裁判所ニ請求スルコトヲ得」とあれば債務者以外の者を相手取ることができず、利益が転々したならば訴権がなくなることにならないか。また、第二項を削ったならば、何故現在利益を受けている者までの「道筋ノ者」が「同等ノ被告」になるのか。

田部芳（一八巻一二七丁表～一二八丁表）

「詐害行為廃罷ノ訴」は、物や利益を取戻すものではなく、債権者に対して害をなした行為を取消すものである。従ってどうしてもその行為に関係した者を皆訴えなければその目的を達することはできない。現に利益を受けて持っている物を取戻すのではなく、その原因たる行為を取消すのであるから、その行為に関係する人は被告として訴えなければならないということは、性質から出てくると思う。

磯部四郎（一八巻一二八丁表～一二九丁表）

第二項但書が、新たな賠償の訴などを避け、転得者や利益を受けた者の便利を保護するためのものだとすれば、民訴法第五九条だけで十分である。債権者から参加させなくても、その利益を受けた者または転得者において、その物を持っていかれれば賠償でも求めるということであれば、民訴法第五九条で告知参加を受けた者の方で、さらに告知する。かえって共同被告にする必要はない。

［しかし］「廃罷訴権」を行うについては債務者の悪意を証明しなければならず、債務者は当然訴訟に入らなければならない。また明文はないが、転譲者の悪意も問題になる。そうすると廃罷訴権において債務者や転譲者を訴えなければならないのは当然であり、従って参加というのでなく共同被告としなければならない。それがなければ第二項は当然のことだから不要になってしまう。

穂積陳重（一八巻一二九丁表～一三〇丁裏）

廃罷訴権によって法律行為の取消を裁判所に請求するときは、その当事者を必ず双方共「共同被告」にしなければならないわけではない。法律行為の取消は、法律行為によって受けた利益を皆「取消シテ後トヘ戻ス」ことが目的である。最近、スイス、ドイツなどでは破産法の規定として、法律行為の結果を後へ戻すという主義になっている。本条第二項においては、法律行為に関係した者を皆共同被告にする「手数ノコトハシナクテモ」其利益を受けている人、たとえば贈与を受けた財産とか不当の価をもって買取った者に対して「詐害行為ニ依テ得タモノデアルカラ其売買ト云フモノハ無効デアルカラ返セト云フコトガ言へ」さえすれば良い。しかし、次条からも関係人が皆詐害の事実を知ることが必要となり、共同被告にしなければならないという議論が出てくるぐらいなので、裁判の効力を全ての人に及ぼすために但書に「其訴訟ニ参加セシムルコトヲ要ス」と定めたのである。したがって、法律行為自体の取消という主義になっても、この第二項は大変便利な規定である。

磯部四郎（一八巻一三〇丁裏）

この参加人というのはどういうことをするのか。

穂積陳重（一八巻一三〇丁裏）

参加人はすべて自分の権利を主張できるというだけのつもりである。

梅謙次郎（一八巻一三〇丁裏～一三二丁裏）

第二項削除説について二つの点が理解できない。

民訴法第五一条第二項は「第三者カ原告及ヒ被告ノ共謀ニ因リ」と規定してあるが、「共謀ト書イテハ強過ギテイケナイ」。第三者の悪意というものもあるから、疑いの起こらないように、本条では「害スルコトヲ知リテ」と書いた。債務者も相手方も知っていたときでも民訴法第五一条第二項の適用をうけない場合もある。また悪意の転得者の相続人が「前人ノ権利ヲ承ケ継グ」ということも考えなければならない。悪意をもって「廃罷行為」をした者の相続人が、事情を知っている人に同じ財産を譲渡したが、相続人自身は全く知らないというように、「不正ノ原因ニ依テ得タル財産」であることを、売った者は知らないが買った者は知っていた場合には、本条の適用通り解

さなければ困る。従って民訴法第五一条第二項があるから、本条第二項が不要ということにはならないのではないか。(注9)

第二の疑問は、民訴法第四八条以下の場合に当るときは共同被告として二人を相手取らなければならないということは、どこにも書いてないということである。なお、民訴法第五九条では、訴訟告知に拘らず訴訟を中止せずに執行することができるのであり、それに対し本条では原告が債務者及び転譲者を参加させる「コトヲ要ス」という「法律ノ命令文」になっているから、その手続をとらなければ、被告は「訴訟ノ答弁」をする義務がない。それだけのことは民訴法でわかるという理由で削るなら良いが、今の削除説では納得できない。

磯部四郎（一八巻一三二丁裏～一三四丁表）

利益を受けた者や転得者の便利のため参加させる方が良いというのなら、それは民訴法第五九条の法文で足りる。また本条の場合は民訴法第五一条は関係がないが、右の者の便宜のためというならば同条でゆける。私が第五九条、第五一条に言及したのはそれだけの趣旨である。

本条の場合、名は参加人であって、その実は共同被告ということにしなければならない。法文も「参加セシムルコトヲ要ス」と言っているのであり、廃罷訴権についてこれらの人間を参加させないときは裁判所は訴を却下してしまうかもしれない。だとすれば、訴訟を起こすときはいつでも債務者又は転譲者を参加させなければならなくなる。そうするとこれは共同被告という意味ではないか。

鳩山和夫（一八巻一三四丁表～裏）

田部委員の説に賛成。第二項を削れば「法律行為ヲ有効ニ取消スコト」に必要な人だけを被告とする結果となる。債務者が債権者を害する意思でその財産を減らした場合、これを譲渡すれば譲渡した人と譲渡を受けた人が被告になる。転々していくならば、現在その財産を持っている人と債務者とが被告になるかもしれない。そうだとすれば、本条のような民訴法のどの参加にもあたらないような「一種無類ノ参加」を規定する必要はない。

高木豊三（一八巻一三四丁裏～一三六丁表）

梅委員の言うように、訴訟法上必ず共同訴訟にせよという明文規定(注10)がないのは確かだが、（民訴法）第五〇条に規定する「権利関係カ合一ニノミ確定スヘキトキ」云々という場合は、学説上、不可分の場合であり、共同訴訟としてすべてを相手取らなければならない。本条第二項は、早く言えば「訴訟ノ仕方ヲ教ヘル」ためのものである。そのようなことは「当局者ニ任カセテ置イテ宜イコトト思フ」。つまり、訴訟法に譲っておいて差支えないのであり、現在の訴訟法で可能である。

井上正一（一八巻一三六丁表）

法律行為の取消を求めるには債務者と受益者を相手取るのが当然のように見えるが、廃罷訴権の目的は債務者の財産の回復であるから、そのときに債務者と受益者又は転得者を相手取るものであるまい。従って本文はこの通りでなければならない。

三　第二項但書削除案

井上正一（一八巻一三六丁表～裏）

第二項の但書以外は原案に賛成する。しかし但書は「民事訴訟法ノ精神ニ反スル」のではないか。債務者転譲者を原告の方から訴訟に参加せしめなければならないというのは「何ンダカ此受益者又ハ転得者デ主タル被告トナルベキ人ニ原告カラ世話ヲ焼イテヤルト云フ感ジガアル」。受益者あるいは転得者が敗訴して損害を被る恐れがあるときは、「民事訴訟法ノ告知参加デ自分ガ被告トナツタラ損害ヲ受ケタ即チ告知参加ヲスレバ夫レデ宜カラウ」。但書の削除を希望する。

長谷川喬（一八巻一三九丁裏～一四〇丁表）

井上委員に同意する。二項本文がなければ関係者を全て訴えなければならなくなる。

富井政章（一八巻一四〇丁裏～一四一丁表）

井上委員の修正案が通ると少し実質が変ることになる。

四 「共同被告」への修正提案

高木豊三（一八巻一三七丁裏～一三八丁表）

折衷説を協議してもらいたい。本条原案にしても、債務者・転譲者を被告と「一ツニ引附ケル」という趣旨には違いない。そうすれば「利益ヲ受ケタ者又ハ債務者転得者及ヒ転譲者ヲ共同被告トシテ訴フルコトヲ要ス」としたらどうか。つまり被告というのと参加というのと名が変るだけで裁判の効力も確定力も変らない。

梅謙次郎（一八巻一三八丁表）

結果は同じことになるから削除よりは高木説の方が良いと思う。私だけは賛成する。ただ、文言は「又ハ転得者及ヒ債務者並ニ転譲者ヲ共同訴訟人トシテ参加セシムルコトヲ要ス」とした方がよい。

穂積陳重（一八巻一三八丁表～一三九丁表）

参加と共同訴訟人とでは手続が違ってきはしないか。また詐害行為の廃罷というのは「行為ノ結果ヲ廃罷スル訴権」であり、その結果を廃罷することにより、行為自体もなくなるのである。歴史的にみても「其結果サヘ取消ヲスレハ宜イノデアリマスカラ本案ノ方ガ宜シイト思フ」。

高木豊三（一八巻一三九丁表～裏）

参加とするのと共同訴訟人とするのではもちろん手続が変ってくる(注11)。むしろ参加とするよりは「簡易ニ出来テ費用モ減ジ裁判モ一ツニ往ク」ことになる。

富井政章（一八巻一四〇丁裏～一四一丁表）

全部削除よりは高木説の方がよい。全部削除になると、双方を相手取らなければならないという田部委員の説、債務者と取引した者は皆被告として相手取らなければならないという井上委員の説というように、解釈が分れる。

梅謙次郎（一八巻一四一丁裏）

参加の結果と共同の結果とでは同じではないと思う。共同訴訟の方は共同被告の一人が出ていれば判決の効力が皆に及ぶが、参加の方は本人が出ていないときは判決の効力が生じないから延期の抗弁ができる。

井上正一（一八巻一四一丁裏）

債務者と受益者又は転得者を皆共同被告にするというのは、不可分の共同ということか。

高木豊三（一八巻一四一丁裏）

全ての関係人を、判決通りに一様に決しなければならないということになる。

井上正一（一八巻一四二丁表）

不可分の共同となり、一人が欠席して何も答弁しないのに、一方の出席した人が答弁すれば判決の効力が皆に及ぶというのは穏かでない。

高木豊三（一八巻一四二丁表）

訴訟法がそうなっている。

▼以上の議論の後第二項削除提案、但書削除提案、共同訴訟人へ改める提案の順に(注12)採決され、前二者が否決、最後の提案が賛成多数で可決された（一八巻一四二丁裏～一四三丁表）。その後、文章の修正は「整理ノ範囲内ニ置カレタイ」との穂積委員の発言があり（一八巻一四三丁表～裏）、了承された。

（注4）旧民事訴訟法（明治二三・四・二一法二九）第五一条　他人ノ間ニ権利拘束ト為リタル訴訟ノ目的物ノ全部又ハ一分ヲ自己ノ為ニ請求スル第三者ハ本訴訟ノ権利拘束ノ終ニ至ルマテ其訴訟カ第一審ニ於テ繋属シタル裁判所ニ当事者双方ニ対スル訴（主参加）ヲ為シテ其請求ヲ主張スルコトヲ得
第三者カ原告及ヒ被告ノ共謀ニ因リ自己ノ

債権ニ損害ヲ生スルコトヲ主張スルトキモ亦同シ

（注5）旧民事訴訟法第五三条　他人ノ間ニ権利拘束ト為リタル訴訟ニ於テ其一方ノ勝訴ニ依リ権利上利害ノ関係ヲ有スル者ハ訴訟ノ如何ナル程度ニ在ルヲ問ハス権利拘束ノ継続スル間ハ其一方ヲ補助（従参加）スル為メ之ニ附随スルコトヲ得

（注6）旧民事訴訟法第六二条　第三者ノ名ヲ以テ物ヲ占有スルコトヲ主張スル者其物ノ占有者トシテ被告ト為リタルトキハ本案ノ弁論前第三者ヲ指名シ之ニ陳述ヲ為サシムル為メ其呼出ヲ求ムルトキハ第三者ノ陳述ヲ為シ又ハ之ヲ為ス可キ期日マテ本案ノ弁論ヲ拒ムコトヲ得

第三者カ被告ノ主張ヲ争フトキ又ハ陳述ヲ為ササルトキハ被告ハ原告ノ申立ニ応スルコトヲ得

第三者カ被告ノ主張ヲ正当ト認ムルトキハ被告ノ承諾ヲ得テ之ニ代リ訴訟ヲ引受クルコトヲ得

第三者カ訴訟ヲ引受ケタルトキハ裁判所ハ被告ノ申立ニ因リ其被告ヲ訴訟ヨリ脱退セシム可シ其物ニ付テノ裁判ハ被告ニ対シテモ効力ヲ有シ且之ヲ執行スルコトヲ得

（注7）旧民事訴訟法第五九条　原告若クハ被告若シ敗訴スルトキハ第三者ニ対シ担保又ハ賠償ノ請求ヲ為シ得ヘシト信シ又ハ第三者ヨリ請求ヲ受ク可キコトヲ恐ルル場合ニ於テハ訴訟ノ権利拘束間第三者ニ訴訟ヲ告知スルコトヲ得

訴訟ノ告知ヲ受ケタル者ハ更ニ訴訟ヲ告知スルコトヲ得

（注8）旧民事訴訟法第六一条　訴訟ハ訴訟告知ニ拘ハラス之ヲ続行ス

第三者参加ス可キコトヲ陳述スルトキハ従参加ノ規定ヲ適用ス

（注9）旧民事訴訟法第四八条　左ノ場合ニ於テハ共同訴訟人トシテ数人カ共ニ訴ヲ為シ又ハ訴ヲ受クルコトヲ得

第一　数人カ訴訟物ニ付キ権利共通若クハ義務共通ノ地位ニ立ツトキ

第二　同一ナル事実上及ヒ法律上ノ原因ニ基ク請求又ハ義務カ訴訟ノ目的物タルトキ

第三　性質ニ於テ同種類ナル事実上及ヒ法律上ノ原因ニ基ク同種類ナル請求又ハ義務カ訴訟ノ目的物タルトキ

（注10）旧民事訴訟法第五〇条　然レトモ総テノ共同訴訟人ニ対シ訴訟ニ係ル権利関係カ合一ニノミ確定ス可キトキニ限リ左ノ規定ヲ適用ス

共同訴訟人中ノ或ル人ノ攻撃及ヒ防禦ノ方法（証拠方法ヲ包含ス）ハ他ノ共同訴訟人ノ利益ニ於テ効ヲ生ス

共同訴訟人中ノ或ル人カ争ヒ又ハ認諾セサルトキト雖モ総テノ共同訴訟人カ悉ク争ヒ又ハ認諾セサルモノト看做ス

共同訴訟人中ノ或ル人ノミカ期日又ハ期間ヲ解怠シタルトキハ其解怠シタル者ハ解怠セサル者ニ代理ヲ任シタルモノト看做ス

然レトモ解怠シタル共同訴訟人ニハ其解怠セサリシ場合ニ於テ為ス可キ総テノ送達及ヒ呼出ヲ為スコトヲ要ス其解怠シタル共同訴訟人ハ何時タリトモ其後ノ訴訟手続ニ再ヒ加ハルコトヲ得

（注11）ここでは省略するが、高木委員は、両者の違いについて具体的に説明している。

（注12）採決された時点の文言は「前項ノ請求ニ付テハ債務者ノ行為ニ因リテ利益ヲ受クル者又ハ其転得者及ヒ債務者並ニ転譲者ヲ共同訴訟人トシテ訴フルコトヲ要ス」である（一八巻一四三丁表）。

原案第四二〇条　前条ノ規定ニ依リ取消スコトヲ得ヘキ行為ハ其受益者又ハ転得者カ行為又ハ転得ノ当時債権者ヲ害スヘキ事実ヲ知リタルニ非サレハ其取消ヲ請求スルコトヲ得ス

【起草趣旨】

穂積陳重（一八巻一四三丁裏〜一四五丁表）

本条は旧民法財産編第三四二条(注13)を修正したものである。

旧民法は、受益者については、受益が有償であるときは債務者との通謀がなければ取消せない、無償のときは通謀の有無に拘らず取消せるとし、転得者については有償無償に関係なく詐害の事実を知らなければ取消せないとしていた。しかし、有償無償で分けるのは根拠がない。どのような原因であれ、また無償で取得したものであれ、一旦自己の権利となったものが法律の働きによってまた離れるというのは重大なことであり、有償、無償に拘らず、詐害の事実を知ることが必要であるとした。

「通謀」という言葉はあまりにひどい言葉なので「詐害ノ事実ヲ知ル」ということにした。

旧民法は直接の受益者と転得者を区別しているが、その理由は、債務者から利益を受けた者は債務者の状況を認識し易いが、中間に他人が入ると難しくなるということにあるようである。しかし有償無償、その原因如何によらず、権利となったものは容易にこれを剥奪しないという主義をとった以上は、その受益者転得者を直接間接によって区別する必要はあるまいと考えた。

【主要審議】

一　差押逃れの弊害について

井上正一（一八巻一四五丁表～裏）

現在しばしば見られるのであるが、債務をたくさん負担している者が債権者からの差押を一時免れるために贈与をしたり、場合によっては有償の形で差押を免れることがあるかも知れない。また、一時隠居してごく小さな子供に財産をやったような場合、子供だから債権者を害すべき事実を知っていたということはないのだから取消せないという弊が出てくるのではないか。

穂積陳重（一八巻一四五丁裏～一四六丁表）

井上委員の言うような場合は、旧民法のようになっていても生じうる。また旧民法のいう「有償」とは、「適当ノ価ヲ為シテ居ル」ということではない。従って「価ガ少シ不相当ト云フコトガ通謀ト云フコトヲ証スルコトニハナラヌ」。それ故井上委員のあげた例のように有償行為にすることも可能である。そのような弊を全て除こうとすれば、ドイツ、スイス法などのように、たとえばその有償名義が、著しく代価が不相当であるというように、破産法に譲って細かく規定した方がよい。

梅謙次郎（一八巻一四六丁表～裏）

その贈与が虚偽であることが証明されれば、それは無効ということになる。また、井上委員のあげた隠居の例においては、その「遺贈」を受ける者が未成年の場合は、通常後見人があるから、後見人の悪意を問題にすればよい。

二　目的物が転々譲渡された場合について

土方寧（一八巻一四六丁裏）

例えば、第一転得者が悪意、第二転得者が善意、第三転得者が悪意の場合どうなるのか。善意者が一人でも中にはさまっていたならば善意者の利益を承け継ぐのか。

穂積陳重（一八巻一四六丁裏～一四七丁表）

前条が原案のままであれば、現に利益を受けている者が被告になるのだから、途中に善意の者が入っていても構わない。しかし、共同被告人ということになるとどうなるかは、答弁できない。

磯部四郎（一八巻一四七丁表～裏）

第二転得者や第三転得者が善意で、一旦譲り受ければ、それらの者の所有権は確定してしまい、間の者に対する債権者の権利はなくなってしまう。その後第四、五転得者に対し取消権が再生する理屈は出てこない。情を知って利益を受けた者から、また情を知って譲る、「何処へ往ツテモ結局ノ転得ニ廃罷訴権カ行ハレルト云フコトテナケレハ廃罷訴権ハ行ハレヌト思ヒマス間ニ一人善意ノ者カアツテ権利カ確定シテ仕舞ウト廃罷訴権ヲ行フコトハ出来ナカラウト思ヒマスカ然ウ云フ実体テアリマスカ」。共同被告ということになったからわからないということであるが、一応はっきりさせてほしい。

穂積陳重（一八巻一四七丁裏～一四八丁表）

もとよりそういう意味で書いた。原案の主義のもとでは、私が言ったような主義をとっていた。大元において債務者が債権者を害することを知って為した行為であり、更に現に利益を受けた者が、その法律行為が不正に成立したという事情を知りさえすれば取消すことができる。他の者は参考人のように呼び出すのである。

磯部四郎（一八巻一四八丁表～一四九丁表）

この転得者はどこまで継続するのか。間に善意者が入った場合、「一旦廃罷訴権ガ無クナツテ居ル者ガ又転々シテ後ノ者ニ悪意ノアツタガ為メニ即チ其廃罷訴権ガ蘇生シテ来ル」ということでは不都合ではないか。条文の文言からもそうは読めないのではないか。

穂積陳重（一八巻一四九丁表～裏）

受益者又は転得者が転得の当時債権者を害すべき事実を知っておりさえすればよいのだから、文言上は明らかである。もし磯部委員の考え方が良いのであれば、まだ共同被告人という方が理屈に合う。そうであれば「情ヲ知ツテ居ル者テナケレハイカヌ」ということに書き表わすのが良いが、本案ではそう書いてない。

土方寧（一八巻一四九丁裏）

第一転得者が悪意、第二転得者が善意、第三転得者が悪意の場合、〔第三転得者に対し取消権を行使しうるとすれば、第三転得者は〕第二転得者に「求償」しうるのか。

穂積陳重（一八巻一四九丁裏）

通常そういう場合「担保」を請求しうる。

土方寧（一八巻一四九丁裏～一五〇丁表）

第三の悪意の転得者に財産がなかったときは、第二の転得者が善意であるにもかかわらず担保の責任を負うとすれば、善意の者の保護に欠けるのではないか。

穂積陳重（一八巻一五〇丁表）

私は反対であったが前条の第二項で共同訴訟ということになったので本条も改正しなければ不都合である。

梅謙次郎（一八巻一五〇丁表～裏）

私は違った解釈をしている。前条が元のままであっても「参加セシムルコトヲ要ス」となっているのだから、一旦は皆呼んでくるという点では同じである。

▼ここで前条の修正に伴って本条を原案のまま維持すべきかどうかが問題となったので討議が打ち切られた。再開後改めて起草委員より提案。

穂積陳重（一八巻一五二丁裏～一五三丁表、一五三丁裏～一五四丁表）

前条第二項との調整は整理のときに行い、本条は原案通りとしたい。

前条が「珍シイ案」になって「廃罷訴権ノ訴ノ権利又ハ歴史ニモ見ナイヤウナ風ノコト」になったのは訴訟法上の規定に原因があるので、実質上どうしてもこうしなければならないという原因によるものではない。実用上も、訴訟の相手方は債務者、転譲者、特に債務者などは無資力であるから直接の受益者か間接の受益者の方がよい。従って、訴訟法を改めて、「通常ノ廃罷訴権」との調和をはかりたい。

高木豊三（一八巻一五四丁表～一五五丁裏）

参加人を参加させることを必要とするということになると、参加人が来なければ訴訟ができない。これを共同訴訟人とすれば、欠席した場合でも、出席した者に代表されるから訴訟ができる。「共同訴訟人」というのと「参加人」というのでなぜこのように大きな違いが出てくるのか分からない。「何ウシテモ整理ノトキニ元ト元トニ返ヘサナケレハナラヌカラシテ此第四百二十条ト云フモノハ此儘テ置キタイ四百二十条ノ原則ヲ以テ前ニ議決ニ為ツタモノヲ潰フスト云フ御趣意ナラハ」おかしい。前条の修正案と原案の間に非常な差異があるような説明だが、私は決してそうでないと思う。「共同訴訟人」と変ったため、起草者が希望した「判決ノ力其他実効ノアルコトハ却テ宜ク為ツテ居ラウ」。

土方寧（一八巻一五五丁裏～一五七丁表）

　前条第二項の修正があったため、本条はこのままでは不都合である。なぜなら、本条では善意の転得者から更に転得した者が悪意であれば良い（再転得者には取消請求ができる）ように読める。しかしそうだとすると再転得者が第一の転得者に「担保」を請求しうることになり、善意の転得者が保護されないことになる。従って「其前ノ転得者受益者カ善意テアツテモ構ハヌ現在ノ転得者サヘ悪意カアレハ構ハヌ」という本案の考え方は改めるべきである。

穂積陳重（一八巻一五七丁表～裏）

　土方委員の出した問題は、今日の議論で決してもらいたい。立案においても迷った重要な問題である。

富井政章（一八巻一五七丁裏～一五九丁表）

　土方委員の出した問題は、起草者の間では議論していない問題だが、私は本条をそのようには読まない。本条は取消権を制限するものである。つまり、フランスなどでは、最初の転得者が悪意であれば以後の転得者が善意であっても取消の訴を受けなければならない。源が濁っている以上、善意であっても末流は皆濁っている、譲渡人の持っている権利しか譲受けることはできないという考え方が有力である。「ソレテハ」初めの譲受人さえ善意であれば、取消の訴を受けないのである。第二譲受人は詐害行為を知ることが困難な地位にあるため、この規則が出たと思う。本条が直接規定しているのは最初に債務者から譲受けた者が取消を受けるべき者であっても、第二の者が善意であれば取消の訴えを受けないということであり、取消権制限の問題である。反対に、取消の訴を受けない者から買った者は、悪意であっても完全な権利を譲り受けたものである。この点については「仏蘭西抔ニ於テハモウ一人モ説ヲ唱フル者ハナイト思ヒマス」。

　実質的に見れば、取消権を実効性あるものとするため、債務者から譲り受けた者が善意であっても、転得者が悪意ならば取消の訴を受けるとした方が良いかも知れない。しかしそれには明文が必要であり、本条の書き方ではその結果が生じない。それは「銘々自分ノ信スル所ノ原則ニ依テ」問題を判断すれば良い。

土方寧（一八巻一五九丁表～一六二丁表）

　富井委員の言う通り、源が濁っておれば末流も濁っているという議論も純粋の議論としては正しいかも知れないが、今日ではそのような説は行われていない。この点を明らかにして、甲が悪意、甲から譲り受けた乙が善意の場合に、乙は善意であっても取消を受ける甲以上の権利を得る余地はないという説を排斥したのであるというのが富井委員の考えのようである。もう一歩進めて、善意の転得者から得た次の転得者が悪意であった場合、私の考えでは、悪意であっても善意者から得たものならば保護されるべきであると言ったところ、それが良いかも知れないが、債権者保護のためには、この場合には悪意の転得者に対して取り消すことができるとするのが良いかも知れないということで、この点については富井委員も十分に決していないようである。

　そして富井委員は、本条で決めているのは、善意の転得者であっても悪意の受益者から譲り受けたならばやはり取り消されることにはなってはならないということだけであると言うが、それは誤りであると考える。債務者・転得者が悪意であることが詐害行為廃罷訴権の成立条件であるから、ある転得者が善意であればその後の転得者が悪意であっても取消ができないということを、ことさらに言う必要があるとは、私は考えない。富井委員は債権者の保護を重視するが、債務者の相手方となった転得者を保護することも必要である。そうであれば、債務者・受益者・転得者が悪意であることが廃罷訴権の要件である、それでなければ訴権が成り立たないとしなければならない。

　あるいは、現在の転得者が悪意ならば、前の転得者が善意であっても取り消しうるとする方が良いかも知れない。しかしそれでは、占有に関する規則や「即時時効」等の性質とも抵触する。源が清くなったのだから末流も清くなったというようにしなければ、前の善意の転得者が担保の義務を負うため、保護されなくなる。意見はほぼ富井委員と同様であると思うが、本条の書き方では私の主張する主義に解せられるか、疑わしい。文章は、前条二項との関係もあるので、起草委員の方で考えてもらうことにして、主義だけは決してもらいたい。

穂積陳重（一八巻一六二丁裏）

　「善意ノ受益者ヨリ其利益ヲ転得シタル者ニ対シテハ法律行為ノ取消ヲ請求スルコトヲ得ス」としてはどうか。

土方寧（一八巻一六二丁裏）

　それならば私の趣旨を言い表しているので、それでよい。

高木豊三（一八巻一六二丁裏）

　それはどこに入るのか。

土方寧（一八巻一六三丁表）

　第二項を加えたい。

高木豊三（一八巻一六三丁表～一六四丁表）

　私は、本条は土方委員の出した問題を決定していないと思う。私も、善意の転得者を経ることにより、既に一旦取戻すべからざる区域を超えた以上、その後に事情を知っている者が買ったからといって、取消すということは本条の解釈からは出てこない。また廃罷訴権の性質からいっても、際限なく廃罷訴権を許してはならないと思う。もし、源が濁っているならばどこまでも濁っているというようになれば、安心して契約を結ぶことができなくなる。本条のままでも以上のように解釈でき、疑いは起こらないと思うが、疑いが起こるかもしれないから第二項を設けるというなら異議はない。ただ「主義ヲドツチニ極メルカ」ということならば、むしろこのままの方がよい。

横田國臣（一八巻一六四丁表～裏）

　第二項を置かない方がよい。私が債務を免れるために物を売り、買主は善意であったとする。さらにその者が、その後事実を知った者に売ったとしても、その者には害するという意思はない。既に〔権利が〕他人に移っているのであるから、その者が買わなかったとしても元に戻るものではない。しかし、「占有ノ如キニ至ツテハ縦令ヒ前ノ者カ善意ノ占有者ニモセヨ後トノ者カ悪意テアツタナラハ其責ハ負ハナケレハナラヌヤウナ場合」があるかもしれない。従ってやはり第二項は付け加えない方がよい。

土方寧（一八巻一六五丁表～一六六丁表）

　本条の「裏カ出テ来テ」（反対解釈として）、「転得者ノ受益者《ママ》」が債権者を害すべき事実を知っていた場合は取消しうるということが出てくると思う。その場合、前に善意者が挟っている場合とそうでない場合の区別が法文では明らかでないので、善意の転得者を一旦通ったならばその後の転得者はたとえ悪意でも取戻せないということには、この法文ではどうしてもならない。

穂積陳重（一八巻一六六丁表～一六八丁表）

　原案の意味は、善意の受益者から転得した者に対しては訴えを起こすことはできない、悪意の転得者から善意で転得した者に対してもできない、そういう意味である。これまでの立法史や解釈論などにより、そうなっている。

　土方委員のあげた問題については「迷ヒマシタ」。「善意ノ転得者カラ受ケタ者ハ何ウテアルカ其問題ヲ明ニ決シタ文章ヲ入レヤウカ」とも思った。実質上は土方委員に反対するものではない。この問題は「債権者ノ保護」と「権利ヲ得マシタ即チ既得権ヲ得マシタ者ノ保護」との関係の問題であり、「善意ノ者ノ手ヲ経タ悪意ノ転得者」を保護するか債権者を保護するかの問題である。土方委員のような考え方は当然ありうるが、悪意の転得者につき「不当利得ノ一種類トモ見ラレ得ルコト」、善意の転譲者を経由した転得者が悪意であることの証明が実際上難しい場合が多いこと、善意者を経由することにより、折角のこの規定が「画餅ニ属スルヤウナコトカアル」ことから考えて、「其行為又ハ転得ノ当時債権者ヲ害スルヤウナ事実サヘ知ツテ居レハ夫レニ対シテ請求スルコトカ出来ル」という規定を置くのが「公益上」必要である。

　土方委員の考えも決して無理とは思わないが、原案の考えも理屈があると思う。原案の相談のときには、私も梅委員も「直接間接ニ其利益ヲ受ケタ者カ事実ヲ知ツテ居レハ矢張リ取消ノ請求」ができると解していたと思う。必ずしもこの方が良いと考えるわけではないが、文字の上でいずれかに書き表わしておかないと、私のような解釈が出てくる心配があるのである。

土方寧（一八巻一六八丁裏）

　「善意ノ受益者ヨリ其利益ヲ転得シタル者ニ対シテハ法律行為ノ取消ヲ請求スルコトヲ得ス」という文章を第二項に置く説を提出する。

尾崎三良（一八巻一六八丁裏〜一六九丁裏）

　そもそも廃罷とは、債権者を害する意思をもって財産を他に動かした場合であり、それを知って譲り受ける者は、必ず「非常ニ安イモノ」に違いなく、それを取り消すことができるが、それを知らずに、ある人から財産を「当リ前ノ値段」で買った者に対しては取消しえないのが当然である。本条の解釈から当然「一旦権利ハ移ツテ仕舞ツテモウ取返ヘスコトハ出来ナイ」ことになる。そうでないと、安心して取引することができない。従ってこの案で差支えない。第二項を加えるには及ばない。

議長（箕作麟祥）（一八巻一六九丁裏）

　土方提案には別に賛成もないようであるので、これで議論を終えてはどうか。

土方寧（一八巻一六九丁裏〜一七〇丁裏）

　本条をこのままにしておくというのが多数の意見のようだが、法文の解釈としてはどうか。善意の転譲者から受け取った転得者が債権者を害することを知っていた場合、穂積委員の考えでは取消しうるということだが、その場合、善意の転譲者に「担保ノ求償」をなしうるのか。

　善意の転譲者は、自分は取消を受けないのに、他に売ったために取消されて賠償しなければならないのは妙である。それとも、悪意の転得者は自ら危険を冒したものであり、債権者から取戻されることは覚悟の上であるから、この場合には担保の求償をなしえないと解することも可能であろう。そうであれば穂積委員のように本条を解しても構わない。この点はどうか。

穂積陳重（一八巻一七〇丁裏〜一七一丁表）

　スペインでは中間転譲者・中間受益者が事情を知って利益を得た場合、廃罷訴権でなく賠償の主義をとる。そのような国もあるから、事情を知りながらそのようなことをして利益を得た者が（利益を）取られるという解釈は適切な解釈だと思う。

議長（箕作麟祥）（一八巻一七一丁表）

「見解ハ銘々勝手ニスルト云フコトニ為ル」。

▼以上本条は原案通り確定した。

【その後の経緯】

整理会において、起草委員より、原案第四一九条、第四二〇条を一条にまとめた案が提案された（民法整理会議事速記録三巻一四四丁表～裏）。

　債権者ハ債務者カ其債権者ヲ害スルコトヲ知リテ為シタル法律行為ノ取消ヲ裁判所ニ請求スルコトヲ得但其行為ニ因リテ利益ヲ受ケタル者又ハ転得者カ其行為又ハ転得ノ当時債権者ヲ害スヘキ事実ヲ知ラサリシトキハ此限ニ在ラス

　前項ノ規定ハ財産権ヲ目的トセサル法律行為ニハ之ヲ適用セス

この提案につき、穂積陳重委員は次のように趣旨を説明している（三巻一四四丁裏～一四五丁表）。

本議場で議論のあった「訴訟ノ仕方」についての規定は訴訟法に譲ることにして、二ヶ条を併せて一ヶ条にした。「共同訴訟人トシテ訴フルコトヲ要ス」という文言を除いたのは訴訟法に譲るつもりである。その他は少しも実質を変えていない。

更に、第二項を加えた。これは、債権者を害する法律行為を取消しうるとすると、「隠居」とか「婚姻」も法律行為であるからそれも取消しうることになる。しかし婚姻や隠居を取消しうるということになると困るので第二項の制限を設けた。

これに対し次のような議論が行われた。

田部芳（三巻一四五丁裏～一四六丁表）

原案の第二項を民事訴訟法の中に規定するのは「少シク穏当テナイ」ということになりはしないか。

梅謙次郎（三巻一四六丁表～一四七丁裏）

民事訴訟法に入っても、民法に入っても「ドツチニ這入ツテモ宜シイ規定ト思ヒマス」。しかし、共同訴訟人として訴えるか一人として訴えるかは「訴訟ノ仕方」であり、「アル権利ヲ訴ヘルニハドウ云フ方法ヲ以テスルカ」ということであり、それを民法に定めるのは危険である。民事訴訟法と民法とが合わないことが往々にしてある。先に民法で決めたところ、それが不都合である、民法と民事訴訟法が抵触するというのでは「極ハメテ不体裁」である。

田部委員の考えには賛成なく、起草委員の提示した通り確定した。

また衆議院民法中修正案委員会においても、第二項の「財産権ヲ目的トセザル法律行為」の趣旨について質問があり、穂積陳重委員は、婚姻、養子縁組、隠居等は取消の対象とならないことを示すために第二項を加えたと説明した（廣中俊雄編著『第九回帝國議會の民法審議』二一六頁）。

（注13）旧民法財産編第三四二条

　債権者ハ攻撃スル行為ノ如何ヲ問ハス其債務者ノ詐害ヲ証スルコトヲ要ス此他有償ノ行為ニ付テハ債務者ト約束シ又ハ之ト訴訟シタル者ノ通謀ヲ証スルコトヲ要ス

　譲渡ニ対スル廃罷訴権ハ有償又ハ無償ノ転得者カ最初ノ取得者ト約束スルニ当リ債権者ニ加ヘタル詐害ヲ知リタルトキニ非サレハ其転得者ニ対シテ之ヲ行フコトヲ得ス

【民法修正案理由】

本条乃至第四百二十七条ハ所謂廃罷訴権ニ関スル規定ニシテ本条ハ既成法典財産編第三百四十条及ヒ第三百四十一条ヲ合シテ之ニ修正ヲ加ヘタリ。即チ既成法典第三百四十条第一項前段ノ規定ハ特ニ明文ヲ要セズ、且本条第一項ノ規定ノ裏面ヨリ推知スルコトヲ得ベク、又既成法典同条第二項ハ詐害行為ノ解釈ヲ下スモノニシテ之レ亦本案ノ法文ニ依リ自ラ明白ナルヲ以テ共ニ之ヲ刪リ、独リ既成法典同条第一項但書ノ趣旨ニ本ヅキテ本条第一項ノ規定ヲ設ケ債権者ガ債務者ノ法律行為ヲ取消シ得ルコト及ビ其場合ヲ明示セリ。

本条第一項ハ何人ニ対シテ廃罷訴権ヲ主張シ得ルカヲ規定セリ。既成法典第三百四十一条第一項ハ債務者ト約束シタル者及ビ転得者ニ対シテ起訴スルモノトシ、又同条第三項ハ債務者ヲシテ訴訟ニ参加セシムルコトヲ要スル規定ヲ置キタリト雖モ是レ皆手続ニ属スルモノナレバ本案ニ於テハ之ヲ掲ゲザルコトトセリ。

▽民法修正案理由書「第三編債権」二五頁（第四三三条）。

（吉村良一）

第四二五条　前条の規定による取消しは、すべての債権者の利益のためにその効力を生ずる。

第四二五条　前条ノ規定ニ依リテ為シタル取消ハ総債権者ノ利益ノ為メニ其効力ヲ生ス

原案第四二一条　確定条文に同じ

【参照条文】

旧民法財産編

第三四三条　廃罷ハ詐害行為ニ先タチ権利ヲ取得シタル債権者ニ非サレハ之ヲ請求スルコトヲ得ス然レトモ廃罷ヲ得タルトキハ総債権者ヲ利ス但各債権者ノ間ニ於テ適法ノ先取原因ノ存スルトキハ此限ニ在ラス

【起草趣旨】

穂積陳重（一八巻一七一丁表～一七二丁表）

本条は旧民法財産編第三四三条の一部を持って来たものである。

第三四三条では、詐害に「先ツテ」権利を取得した債権者でなくてはならないと規定してあるが、詐害行為が後に来ることは明らかであるから、ここでは規定しなかった。

第三四三条但書の、先取特権がある場合は特別だということも分り切っているから、同じく省いた。

取消の結果は債務者が元の地位に復することだから、それは取消請求者の利益のためのみではない。しかし規定しておかないと、自分の利益のために請求したのだから其判決は自分にのみ及ぶという疑いが生じうる。そこで初めは加えておかなかったのであるが、考えた末に本条のように規定することとした。

【主要審議】

一　参照条文について

土方寧（一八巻一七二丁表）

旧民法財産編第三四三条だけが参照されており、他の国の立法例はないと思うが、「其趣意ハ今仰セノ通リテ之ハナイト云フ訳テアリマスカ」。

穂積陳重（一八巻一七二丁表）

今説明した通り、後から加えた規定だからであり、「外抔モ必ス此規定ハ斯ウ為ラナケレハナラヌト思フノテアリマス」。

二　本条削除提案について

富井政章（一八巻一七二丁裏～一七四丁裏）

起草者の間の相談の際、反対意見を述べる許可を得ていた。この問題についてはフランスなどでも議論があり、三つの説がある。第一は、詐害行為以前より債権者であった者と以後に債権者になった者を区別する説だが、これは今日では殆ど勢力を失ってしまった。第二は、総債権者の利益になるという説である。つまり、取消の結果は「其財産カ債務者ノ資産ノ中ニ返ヘル」のであり、「債務者ノ総財産ト云フモノハ総債権者ノ共同担保テアル」と考える説。第三は、取消を請求した債権者だけの利益になるという説。

私は第三説が「至当」であると思う。なぜなら、判決の効力は原被告間だけのものであり、他の者に対して効力が及ぶためには何か別段の根拠が必要である。第二説をとる者は、債務者の財産は総債権者の共同担保であり、債権者間に優劣の関係はない、したがって債権者間においてあたかも「代理関係ノヤウナモノ」があると考えているようだが、通常無担保の債権者間に代理があるということはない。第二説は、取消の結果財産が債務者の資産の中に返ると言うが、それは一つの「ピクション（fiction）」であって、「其取消ノ請求ヲシタ債権者ノ為メニ差押ヘ《ママ》キ物ト為ルト云フコト丈ケテ」ある。フランスの学者においても、第二説の方が少数である。「コーメードサンテール」は第三説であり、「ボアソナード」は第三説が多数説であると論じている。「バレット」「ドロロモン」「アユラス」等も第三説をとる。

この点は「是非然ウ為ラネハ非常ニ不都合テアル何ウテモシテ然ウシタイト云フ程ノ熱心デハナイノテスケレトモ」一応意見を述べておきたい。削除提案が出れば賛成する。

高木豊三（一八巻一七四丁裏～一七五丁裏）

富井委員の述べた第三説については疑問がある。この廃罷訴権は、多くは破産のような場合であろう。その場合、総債権者の中の一人が、債権者を詐害するために法律行為が行われたことを知って廃罷訴権を訴えた場合、その債権者だけの利益となってしまうのはおかしい。しかし他方、廃罷訴権は破産のような場合だけでなく、「特別ノ人ニ対シ特別ノ物ニ付テ所謂特定ノ債権者ヲ詐害スル」ために法律行為が行われた場合もないとはいえない。不動産を抵当にして金を受け取っておきながら、これを他の人に売ってしまうような場合である。この場合総債権者を利するということも言えないだろう。むしろこういう規定はおかない方がよい。

穂積陳重（一八巻一七五丁裏～一七六丁裏）

削除には反対しない。この規定がなくても私の解釈のようになると思う。富井委員の考えに要点だけ反論しておくが、判決の効力が当事者以外に及ばないのは当然のことである。しかし、この請求は「法律行為ヲ取消シテ其行為ヲ取戻シタトカ」「物権訴訟トカ何ントカ云フモノトハ違ウ」。自分にその利益を転付してくれというものであるから、私の考えでは、この規定がなくても必ず「債務者ヲ元トノ位置ニ復スル」ということは、法律行為を全くなくしてしまうことになると考えた。しかし起草委員の間でも議論があったため、主義を明らかにするという趣旨で本条を入れたのである。また高木委員が第二に述べたのは特別の先取特権がある場合だから、本条の有無に拘らず、その先取特権は行われる。富井委員のような考え方だと破産法の規定と矛盾する。

富井政章（一八巻一七六丁裏）

もちろん破産法の適用は妨げないと考える。

高木豊三（一八巻一七六丁裏～一七七丁表）

破産ではなく、単独の強制執行の場合でも、廃罷が決してないとはいえない。多分にあると思う。

議長（箕作麟祥）（一八巻一七七丁表）

富井委員と高木委員から、趣旨は違うが削除提案が出ているので、決をとろうか。

土方寧（一八巻一七七丁表）

すでにこの場で解釈が分れているので、本条がなくなったら困る。置いた方がよい。

▼採決の結果、削除提案は否決（一八巻一七七丁裏）。

三　字句修正

田部芳（一八巻一七七丁裏）

「前条ノ規定ニ依リテ」という文言は「前二条ノ規定」と改めたい。なぜなら、前条は「枝葉ノ事」を規定したのであって、取消権の「土台」は第四一九条にあるからである。

▼この提案は異議なく認められた（一八巻一七八丁表）。

【その後の経緯】

整理会において、原案第四一九条、第四二〇条が一箇条にまとめられたのに伴い、結局原案の「前条」の字句に復した（民法整理会議事速記録三巻一四八丁表）。

【民法修正案理由】

本条ハ既成法典財産編第三百四十三条ノ規定ニ依ルモノニシテ、同条前段ハ廃罷訴権ヲ行フコトヲ得ベキ債権者ヲ指定スト雖モ之レ既ニ本案第四百二十三条ノ通則ニ依リテ疑ヲ存セズ、又同条但書ノ規定モ特ニ明文ヲ要セザルニ因リ共ニ之ヲ刪除シ、独リ同条後段ハ詐害行為廃罷ノ結果ヲ規定スルモノニシテ、若シ此明文ナキトキハ判決ノ効力ハ当事者間ニ止マルト云フ原則ニ従ヒ詐害行為ノ取消ヲ請求シタル者ノミ利益ヲ受クベシトノ疑ヒヲ生ゼシムルニ因リ、本案ハ特ニ本条ノ明文ヲ存シテ廃罷訴権ノ結果ハ総債権者ノ利益ニ帰スルコトヲ明ニセリ。

▽民法修正案理由書「第三編債権」二五～二六頁（第四二四条）。

（吉村良一）

第四二六条　第四百二十四条の規定による取消権は、債権者が取消しの原因を知った時から二年間行使しないときは、時効によって消滅する。行為の時から二十年を経過したときも、同様とする。

第四二六条　第四百二十四条ノ取消権ハ債権者カ取消ノ原因ヲ覚知シタル時ヨリ二年間之ヲ行ハサルトキハ時効ニ因リテ消滅ス行為ノ時ヨリ二十年ヲ経過シタルトキ亦同シ

原案第四二二条　第四百十九条ノ取消権ハ債権者カ取消ノ原因ヲ覚知シタル時ヨリ二年ヲ経過シタルトキハ時効ニ因リテ消滅ス

行為ノ時ヨリ二十年ヲ経過シタルトキハ右ノ取消権ハ前項ノ規定ニ係ラス消滅ス

【参照条文】

旧民法財産編

第三四四条　廃罷訴権ハ詐害行為ノ有リタル時ヨリ三十个年ニシテ時効ニ罹リ消滅

ス若シ債権者カ詐害ヲ覚知シタルトキハ其覚知ノトキヨリ二个年ニシテ消滅ス

　右ノ時効ハ再審申立ノ訴権ニ之ヲ適用ス

オランダ民法

第一四九〇条　仏民法第千三百四条ニ同シ但シ契約取消ノ訴ヲ為ス可キ期限ハ五箇年トス又追加スルヿ左ノ如シ

　契約取消ノ訴訟期限ハ抗拒ノ法アル時ニ適用ス可カラス

スペイン民法

第一二九九条〔第四二四条の【参照条文】中に掲載〕

ドイツ（旧）破産法

第三四条〔同右〕

ドイツ一八七九年七月二一日法

第一二条〔同右〕

カナダ民法

第一〇四〇条　個々の債権者の訴訟は、本節の規定により契約又は弁済を無効とすることはできない。但し、その訴訟が、債権者が契約又は弁済を知った時から一年以内に提起された場合には、この限りでない。

　前項の訴訟が管財人又はその他の債権者代表者によって集団的に提起されるときは、その選任の日から一年以内に訴訟を提起しなければならない。

【起草趣旨】

穂積陳重（一八巻一七八丁表～一七九丁表）

　本条は、旧民法財産編第三四四条を少し修正したものであるが、実質は変らない。

　取消原因を覚知した時から二年としたのは「余リ長イ間其受益者ヲシテ不確定ノ位置ニ置クノモ随分気ノ毒ノコトテアリマスカラ」あるいは一年でもよいと思ったが、旧民法の二年をそのままにしておいた。

　長い方の時効期限を二〇年としたのは、旧民法の消滅時効が三〇年であったのを、本案では二〇年としたので、それに伴って変えたものである。

　第二項を削除したのは、民事訴訟法に再審の訴の期限は特別に短く（覚知の時より一ヵ月、通常の時効が五年）決めてあるので、非常に期限の違うのをそのままにしておく理由はないから、民法からは削って、民事訴訟法に従うことにしたためである。

▼発議なく原案通り確定（一八巻一七九丁表）。

【その後の経緯】

　整理会の段階で、確定条文の形に字句が修正された（民法整理会議事速記録三巻一四八丁表）。

　なお、衆議院民法中修正案委員会において、二〇年の期間は一旦一五年に短縮されたが（廣中俊雄編著『第九回帝國議會の民法審議』二一六頁）、最終的には二〇年とされた（同右二五三頁）。

【民法修正案理由】

　本条ハ既成法典財産編第三百四十四条ニ聊カ修正ヲ加ヘタリ。即チ本条第一項ハ既成法典同条第一項後段ト同一ニシテ、其第二項ハ既成法典同条第一項前段ノ規定ニ期間ノ変更ヲ加ヘタルノミ。之レ本案ニ於テハ既ニ消滅時効ノ期間ヲ改メテ二十年ト定メタレバナリ。又既成法典同条第二項ノ規定ハ民事訴訟法ニ属スベキモノナレバ之ヲ刪レリ。

▽民法修正案理由書「第三編債権」二六頁（第四二五条）。

（吉村良一）

第三節　多数当事者ノ債権（一九巻三丁表）

【起草趣旨】

富井政章（一九巻三丁表～裏）

本節は初め規定になった目録では、「債務ノ変体」と題してあるが、その第一款の「選択債務」は既に前回議決したとおり「債権ノ目的」と題する第一節に入ることになった。また、その第二款の「任意債務」なるものは一種の「代物弁済」の予約に外ならないと思うので、弁済の条下に「代物弁済(注1)」に関する規定を置く際に注意して書けば特に任意債務なるものを設ける必要はない。すると残るは不可分債務、連帯債務、保証債務の三つであるが、これらはいずれも債権者又は債務者あるいは債権者及び債務者の「特種ナル債権ノ弁済」に外ならないので、その性質を表題に表して「多数当事者ノ債権」とした。

▼右表題については別段発議なく確定（一九巻三丁裏）。

（注1）　速記録には「代位弁済」とあるが、前後の文脈から見て「代物弁済」の誤記と思われる。

【民法修正案理由】

既成法典ニ於テハ義務ノ諸種ノ体様ト題スル一節ヲ設ケ、各種ノ債務ニ関スル規定ヲ掲ゲタリト雖モ、本案ニ於テハ所謂有期義務及ビ条件附義務ニ関スル規定ハ之ヲ総則ニ掲ゲ、又選択義務ハ債権ノ目的ニ関スル事項トシテ本編第一章第一節中ニ之ヲ規定シ、任意義務ハ代物弁済ノ予約ニ外ナラザルモノト信ズルガ故ニ本章第五節第一款中代物弁済ニ関スル規定アルヲ以テ足レリトシ、特ニ之ヲ規定セズ。而シテ不可分債務、連帯債務及ビ保証債務ニ至テハ債権者又ハ債務者ノ多数ナル場合ニシテ数多ノ規定ヲ要スルモノナルガ故ニ、茲ニ多数当事者ノ債権ト題スル一節ヲ設ケ、以テ之ニ関スル規定ヲ掲ゲタリ。

▽民法修正案理由書第三編第一章「第三章《ママ》多数当事者ノ債権(注2)」一頁。

（注2）　民法修正案理由書は「第三章」となっているが、「第三節」でないとおかしい。この点は、廣中俊雄編著『民法修正案（前三編）の理由書』（一九八七年、有斐閣）に紹介されている『未定稿本／民法修正案理由書』（三五四頁）においても同じである。本書では、原文表記のまま引用する（以下第四三一条の項まで同様）。

（辻　正美）

第四二七条　数人の債権者又は債務者がある場合において、別段の意思表示がないときは、各債権者又は各債務者は、それぞれ等しい割合で権利を有し、又は義務を負う。

第四二七条　数人ノ債権者又ハ債務者アル場合ニ於テ別段ノ意思表示ナキトキハ各債権者又ハ各債務者ハ平等ノ割合ヲ以テ権利ヲ有シ又ハ義務ヲ負フ

原案第四二八条　数人ノ債権者又ハ債務者アル場合ニ於テ別段ノ(注1)定ナキトキハ各債権者又ハ各債務者ハ平等ノ割合ヲ以テ権利ヲ有シ又ハ義務ヲ負フ

（注1）　法典調査会民法議事速記録一九巻三丁裏では「各債務者ノ」となっているが、誤りと思われるので、民法第一議案（三一三丁表）によった。

【参照条文】

旧民法財産編

第四四〇条　連合ノ義務ニ於テハ債権者ノ各自カ履行ヲ求メ又ハ債務者ノ各自カ訴追ヲ受ク可キ実地ノ部分ハ合意又ハ事情

ニ従ヒテ之ヲ定ム
　前項ノ規定ニ従フヲ得サルトキハ其各自ノ部分ハ平分ニテ之ヲ計算ス但債権ノ利益又ハ債務ノ負担ニ於テ各自カ其実地ノ部分ニ復スル相互ノ求償権ヲ妨ケス
第四四四条　債権者ノ一人カ不可分債務ノ履行ヲ受ケタルトキハ他ノ債権者ノ権利ノ限度ニ応シテ之ニ其利益ヲ分与スルコトヲ要ス
　又債務者ノ一人カ義務ノ履行ヲ為シタルトキハ義務ノ原因ニ従ヒ又ハ従来相互ノ関係ニ従ヒテ他ノ債務者ノ分担ス可キ部分ニ付キ之ニ対シテ担保ノ求償権ヲ有ス

旧民法債権担保編
第五二条第三項　連帯ハ之ヲ推定セス如何ナル場合ニ於テモ明示ニテ之ヲ定ム（注2）ルコトヲ要ス但不可分ニ関シ第八十八条ニ記載シタルモノハ此限ニ在ラス
第九一条第一項　財産編第四百四十四条乃至第四百四十九条、第五百一条第四項、第五百六条第三項、第五百九条第一項、第五百十三条、第五百十五条第二項、第五百二十一条第四項、第五百三十六条及ヒ第五百三十七条第二項ノ規定ハ任意ノ不可分ニ之ヲ適用ス

旧商法
第二八七条　商事契約ニ依リ二人以上共同シテ債権ヲ取得シ又ハ債務ヲ負担スル場合ニ於テハ反対ヲ明示シタルニ非サレハ其債権ハ各債権者ヨリ又其債務ハ各債務者ニ対シテ連帯且無条件ニテ其効用ヲ致サシムルコトヲ得
明治二二年三月二九日大審院民事第二局判決（本条末尾【資料】参照）
明治二五年九月二〇日同院第三民事部判決（同右）
明治二六年二月二日同院第三民事部判決（同右）

フランス民法
第一二〇二条　義務ヲ行フ可キ数人ノ連帯スル事ハ思料ヲ以テ之ヲ定ム可カラス別段其契約アルヿヲ必要トス
　又別段其契約ナシト雖𪜈法律上ニテ義務ヲ行フ可キ数人連帯ス可キヿヲ定メタル時ハ此条ノ例外ナリトス

オーストリア一般民法
第八八八条　一個ノ物件ニ属スル権理ヲ分配スルノ約束若クハ第三位ノ人ノ約束ノ領諾ハ其共有ニ関スル分配ヲ為シタル以後ニ至テ始メテ之ヲ施行シ得可キ者タリ
第八八九条　分割ス可キ性質ノ物件ニ関スル共同負責主ハ唯〻自己ノ分当額ニ向テノミ其責ヲ負担ス又其物件ノ各共同所有主ハ唯〻自己ニ帰属ス可キ部分ニ向テノミ其権理ヲ有ス〔仏民第千二百十七条〕
第八九一条　数人カ其各自ノ為メニシ又各自カ数人ノ為メニシテ互相ニ責任ヲ負担シ以テ一個ノ物件ノ交付ヲ約束シタルニ於テハ則チ其各自カ其数人ノ為メニ特ニ其責任ヲ負担セサル可カラス又責主ハ其負責主ノ各人若クハ其一人ニ向テ物件ノ交付ヲ請求スルヿヲ得可シ此権理タル其初次ノ請求ヲ為スノ後ト雖𪜈之ヲ罷停スルニ於テハ則チ尚ホ依然トシテ存在スル者トス又若シ唯〻其物件ノ一部分ノミヲ領受シタルニ於テハ則チ更ニ他ノ負責主ニ向テ其余ノ部分ヲ請求スルヿヲ得可キ者トス〔仏民第千二百条〕

オランダ民法
第一三一八条　〔フランス民法第一二〇二条に同じ〕

イタリア民法
第一一八八条　互相特担ノ責務ハ得テ推断ス可キ者ニ非サルニ由リ必ス特ニ之ヲ約定セサル可カラス
　此規則ハ唯〻互相特担ノ責務カ法律ニ頼リテ特ニ契約ヲ為サヽルモ必然ニ存在

スル時会ニ於テノミ之ヲ施行セサル者トス〔仏民第千二百二条〕

イタリア商法

第四〇条

スイス債務法

第一六二条　数人の債務者間の連帯責任は、各自が債権者に対して全部の債務の履行につき責任を負う旨を表示した場合に成立する。

　前項の意思表示がなければ、連帯責任は法律に定める場合にのみ成立する。

モンテネグロ財産法

第五五六条第二項　連帯債務が契約において定められている場合、又は法律の明文の規定により生じる場合にのみ、債務者は連帯する（第九三八条）。

第九三八条第一項　契約における連帯債務は推定されず、明示的に定められなければならない。明示の約定がない場合、債務が可分であれば、債務者は自己の負担部分についてのみ責任を負う。

スペイン民法

第一一三七条　二人ないしそれ以上の債権者が競合する場合、又は同一の債務において二人ないしそれ以上の債務者が競合する場合には、各債権者は債務の目的物全部を請求することができず、また、各債務者は債務の目的物全部の給付をする必要はない。連帯責任は合意の創設的(constitutif) 性質の一つであるから、各債権者が債務の目的物全部を請求することができ、又は各債務者が債務の目的物全部を給付しなければならないのは、合意がその旨を明示的に定めている場合だけである。

第一一三八条　前条に規定する債務の文言から別段の状況が生じない限り(注3)、債権あるいは債務は、存在する債権者あるいは債務者に平等なものとして、可分債務とみなされる。また、各債権あるいは各債務はそれぞれ異なるものとみなされる。

ベルギー民法草案

第一二〇四条　債務が連帯であるためには、当事者間の明示の約定又は法律の明文の規定を必要とする。

ドイツ民法第一草案

第三二〇条　債務関係ニ於テ多数債権者カ一人ノ債務者ニ対シ又ハ一人ノ債権者カ多数債務者ニ対シ若クハ多数債権者カ多数債務者ニ対シ且給付カ分割シ得ヘキモノナルトキハ各債権者ハ給付ノ平等部分ノミヲ請求スル権利ヲ有シ各債務者ハ給付ノ平等部分ノミヲ履行スル義務ヲ負担ス但法律又ハ法律行為ニ別段ノ定アルトキハ此限ニ在ラス

ドイツ民法第二草案

第三六三条　数分分割スルコトヲ得ヘキ一ノ給付ヲ負担シ又ハ数人カ分割スルコトヲ得ヘキ一ノ給付ヲ請求スル権利ヲ有スルトキハ疑ハシキ場合ニ於テハ各債務者ハ平等ノ部分ニ付テノミ義務ヲ負担シ各債権者ハ平等ノ部分ニ付テノミ権利ヲ有ス

第三七〇条　数人カ契約ニ因リ共同ニテ分割スルコトヲ得ヘキ給付ノ義務ヲ負担シタルトキハ疑ハシキ場合ニ於テハ共同債務者トシテ其責ニ任ス

ドイツ普通商法

第二八〇条　二名又ハ数名他人ニ対シ自己ニ於テ商ヒ取引ナル取引ニ関シ共同シテ義務ヲ負担シタルトキ其者等ハ各自独立ノ負債者ト看做サルヘキモノトス但債主トノ契約ニ依リ反対ノ判然スルトキハ此限ニアラス

プロイセン一般ラント法

第一部第五章第四二四条　数人が第三者に対し同時に同一の契約で義務を負った場合において、反対のことが明示的に約束されない限り、その一人は全員のために、全員は一人のために債権者に対して履行につき責任を負うものとみなす。

第四二五条　数人の債務者が共同して締結した契約から前条のような責任を負いたくない場合には、その旨を契約自体の中で明確に表示しなければならない。

第四五〇条　ある者が一個の契約で数人に対し同一の物又は給付を義務づけられた場合には、共同権利者はその共同の権利を共同してのみ行使できることを原則とする。

ザクセン民法

第六六三条　数名ノ権利者又ハ数名ノ義務者存在シタルトキハ通例其各人ハ割合部分特ニ同一部分ニ於テ権利ヲ有シ又ハ義務ヲ負担スルモノトス〔第千十九条ヨリ第千三十八条マテ〕

第一〇二〇条　権利者又ハ義務者ノ数名ニ関スル連帯義務ノ関係ハ法律ニ其明文ヲ掲ル場合ニ於テ存立スルモノトス特ニ数名ノ官吏後見人及各種ノ業務担当人ニシテ分任セサル事務ノ管理ヲ担当スル者ハ其管理ヨリ生スル義務ニ付キ連帯義務者トナリテ責任ヲ負担スルモノトス〔第千九百五十八条〕

第一〇二一条　権利者又ハ義務者ノ数名ニ関スル連帯義務ノ関係ハ契約遺言又ハ裁判所ノ裁決ニ依テ生スルコトヲ得ルモノトス此ノ如キ定メハ特ニ「総体及特別」「総員一名ニ代リ及一名総員ニ代ハリ」「分任セサル手ニテ」「連帯シテ」又ハ「共同シテ」ノ語ヲ使用シタルトキ之ヲ認定スヘキモノトス

（注2）　旧民法債権担保編第八八条　受方ナルト働方ナルトヲ問ハス任意ノ不可分ヲ設定シタルトキハ受方又ハ働方ノ連帯ヲ明示ニテ阻却セサル場合ニ限リ債務者又ハ債権者ノ間ニ此連帯ノ効力ヲ生セシム

（注3）　Levé 版では「il résulte autre chose」と肯定形で表現されているが、文意からして否定形が正しいであろう。現に Pelley 版では「il ne résulte pas autre chose」と表記されている（髙橋智也注）。

【起草趣旨】

富井政章（一九巻四丁表～五丁表）

本条は旧民法にはない規定である。ただ旧民法財産編第四四〇条の一部には本条に似た規定があるが、そこにいう「連合義務」なるものは既に権利義務が当事者の頭数だけに割ることが決まった上でのことである。それよりも前に、債権者又は債務者が数人ある場合に、その頭数だけ権利義務が分かれるのか否かが問題となる。本案はこれを分割させる方に決した。旧民法も分割主義であることは、例えば財産編第四四四条の規定を見れば窺える。

【主要審議】

一　いわゆる「全部義務」について

土方寧（一九巻五丁表～裏）

旧民法にある「全部義務」(注4)や「任意ノ不可分」(注5)というものが本案には見えないが、これらは本条の「別段ノ定」の中に入るのか。

富井政章（一九巻六丁表～裏）

当事者が特約して全部義務なるものを設けることは差支えなく、このような特約は本条にいう「別段ノ定」になる。旧民法に所謂「任意ノ不可分」は本案の不可分債務には入らない積りである。

二　債権債務の個数について

土方寧（一九巻五丁裏～六丁表）

債権者が甲乙と二人おり、債務者も丙丁と二人いて債権の額が一〇〇円である場合に、甲が先ず丙に請求して五〇円の支払を受けた後、乙が丁に請求したところが丁は無資力というときは乙が損をしなければならないのか。また丙が無資力のときは丁に行くのか。頭数で割れるということであれば、当事者が誰か、わかるであろうか。

富井政章（一九巻六丁裏～七丁裏）

当事者が数人ある場合には債権が一個であるときは人数だけ割る。この場合は連帯について昔から学者の間でやかましい問題であるが、立法者がその一つの主義に拘泥して法律を作ることは宜しくないので、本案も殊更にこの問題を避けた。二人の債務者が五〇〇円ずつの債務を負っている場合に一人の債権者は五〇〇円しか取れない。なおその一人が無資力となれば、その損失は債権者が負担しなければならず、その理屈は債権者が二人であっても少しも変わらない。それは債権債務が頭数だけに割れるという結果であって、債権が一つであろうが頭数だけあろうが、その無資力は債権者が負担しなければならない。

土方寧（一九巻七丁裏～八丁表）

私が尋ねたのは、債権者が一人で債務者が多数とか、その反対の場合は困難を見ないが、債権者、債務者双方に二人以上ある場合に、債権債務の関係が頭数だけに割れるのであれば、それぞれ相手方が誰かが決まらないのではないかということである。先刻の例で、五〇円の債権の行使は甲から丙、乙から丁ということになるのか、甲から丁、乙から丙という関係になるのか未定であり、丙や丁にとっては五〇円の債務を負うにしても、その債権者が誰か分からなくなって不都合だと思う。どうも頭数に割るということがよくわからない。

富井政章（一九巻八丁表～裏）

五分五分といっても半分は甲が、半分は乙が取ると決まってはいない。引渡だけが決まっている。そうすると、得たものもその割合に応じて分けなければならないことは疑いがない。

山田喜之助（一九巻八丁裏～九丁表）

同じ例で、丙が甲の請求に応じて五〇円の弁済をすれば乙は丙に請求することはできず、丙が乙に弁済すれば甲は丙に請求できない。そうすると丙は甲にも乙にも督促され、債務額は五〇円であるが債権者は不定と言わなければならない。また丙が進んで払う場合、丙は五〇円の債務を甲に払っても乙に払っても良いことになり、債権は平等に分かれているといっても、債権者債務者の選択に任せて、自由に債権の関係を生ずるようになると思う。実際上不便であり、学理上も疑問を生ずる。

富井政章（一九巻九丁表～一〇丁表）

債務者の一人が後に無資力となったときに先に訴を起こさなかった債権者が損をするので、二人の債権者が同一の債務者に請求することになる。その場合には債務者は二人の債権者に二五〇円ずつ払うことができる。このように金銭債務の場合には、これを払うといって手に渡したときに債権の目的が確定するのであるから本条には少しも不都合はない。

横田國臣（一九巻一〇丁表～一一丁表）

債権者も債務者も二人いて債権の額が一〇〇〇円である場合には、一人の債務者は五〇〇円の負債を負うが債権者の一人に対しては二五〇円ずつの義務しか負わない。従って債権者の一人は債務者の一人から五〇〇円を取ることはできない。これができるならば此箇条はいらない。山田委員の意見や起草委員の答は「不可分債務連帯債務ヲ混スル様ニ」聞こえる。

富井政章（一九巻一一丁表）

不可分連帯は固より本条の例外である。本条の場合には二人の債権者が一緒になって請求すれば債務者の各々から五〇〇円ずつ、自分一人で請求すれば半分ずつしか取れない。

三　数人の各債務者間の関係について

井上正一（一九巻一一丁裏）

　連帯債務の場合でも各債務者間の関係は原案第四二八条で定めるが、ただその履行については各債務者に対して義務の履行を請求できるということは「別段ノ定」と思うがそのとおりか。

富井政章（一九巻一一丁裏〜一二丁表）

　それは無論のことである。連帯債務者間の関係でも負担部分が平等でないことがある。それもこの「別段ノ定」の中にはいる。

▼本条については他に発議なく原案どおり確定（一九巻一二丁表）。

（注4）旧民法債権担保編第七三条参照。
（注5）旧民法債権担保編第八六条〜第九一条参照。

【その後の経緯】

　「別段ノ定」という文言が改められた理由については、本書四六頁参照。なお本条では「別段ノ意思表示」という表現に改められて残されているが、それについて富井政章委員は整理会において、第一に、本条が公益規定（強行規定）のように見えるのを避けるため、第二に、本条が公益に関しない規定（任意規定）であるのみならず、このような事柄は、主として当事者の意思によって決定されるべきことを示すため、第三に、文章がいくらか素直になるため、という理由をあげている。これに対し、本条と公益規定との関係について若干議論がなされた後、梅謙次郎委員は、富井委員のあげた第二の理由の重要性を強調している。つまり、「斯ウ云フコトニ付テハ意思表示ノアルノガ本則デ其意思表示ガナカツタトキニハ外ニ仕様ガナイ平等ニ割ルト云フ意味」を明確にするために、このように規定したい、と。これに対して、整理会では別段発議なく確定されている（民法整理会議事速記録四巻三丁表〜四丁裏）。

【民法修正案理由】

　数人ノ債権者又ハ債務者アル場合ニ於テハ権利義務ハ平等ニ数人ノ間ニ分割セラル可キモノナルヤ。既成法典ニ於テハ明ニ此問題ヲ決セズト雖モ、其ノ平分主義ヲ採リタルコトハ各種ノ規定ニ依リテ自ラ明ナリトス。本案ニ於テハ不可分債務連帯債務及ビ保証債務ノ総則トシテ本条ヲ設ケ以テ其主義ヲ明ニセリ。而シテ此規定ヲ設クル以上ハ財産編第四百四十四条ノ如キ規定ハ自ラ其必要ナキニ至ルベキナリ。

▽民法修正案理由書第三編第一章「第三章《ママ》　多数当事者ノ債権」一頁（第四二八条）。

（辻　正美）

【資料】（注）

◎明治二十二年三月二十九日大審院民事第二局判決

明治廿一年第二百八十二号

裁判言渡書

上告人　愛知県三河国八名郡牛川村百七番戸平民
松坂五百枝

代言人　東京府神田区山本町廿番地寄留長崎県士族
木村恕平

被上告人　愛知県三河国渥美郡花田村二百八十六番戸平民久三郎長男
近藤利一郎

代言人　東京府京橋区日吉町八番地士族
澤田俊三

右松坂五百枝ヨリ近藤久三郎外一名ニ係ル貸金請求事件ニ付名古屋控訴院カ言渡シタル裁判ヲ不法ト為シ松坂五百枝ヨリ上告ヲ為シタルニ依リ之ヲ審理シ双方代言人ノ陳

述ヲ聴クニ

上告代言人陳述ノ要領ハ

第一　近藤利一郎ノ父久三郎カ明治十六年八日卅一日失踪シ（明治十六年八月五日ヨリ日数廿六日間届済ノ上旅行ノ末所在不明ナルヿハ甲第八号証ノ如クナルヲ以テ旅行届済経過ノ翌日ハ即チ本文十六年八月卅一日ニ当ル）既ニ三十六ヶ月ヲ経過シタル事実ハ甲第三号乃至甲第五号及ヒ甲第八号証ヲ以テ証明シ得ラル、ニ依リ近藤家ノ跡相続ヲ為ス可キ利一郎カ未タ相続ヲ為シタルト否トニ拘ラス直ミ利一郎ヘ対シテ本訴ヲ提起スルヲ得ヘキヿハ明治八年第六号公布第三条ニ依リ正当ナル訴訟手続ニシテ毫モ間然スヘキ所之レ無キナリ前陳ノ如ク久三郎カ失踪ノ事実ハ甲第三号四号五号及ヒ甲第八号ヲ以テ之ヲ証明シ得ラルヘク而シテ其失踪年月ノ起算ハ其家出不分明ノ時期ヨリスヘキモノニシテ其届出書面ノ年月日ニ依ルヘキモノニ非サルヿ其失踪ノ事実ニ依リ確実正理ナルニ依リ深ク判断ヲ要セサルヿト思惟ス何トナレハ若シ失踪届出ノ年月ヨリ起算スルモノトセハ其家族若シクハ相続人ニシテ苟モ自家ノ義務ヲ尽スニ付之レヲシテ緩漫ナラシメント欲セハ故ラニ之レカ届出ヲ等閑ニ付スルノ手段ヲ行ヒ到底権利者ハ明治八年第六号公布ノ保護ヲ実際ニ享受スルヲ得サルノ結果ニ至ルヲ以テナリ因之観之失踪者起算ノ年月日如何ハ容易ニ之ヲ判知シ得ヘキノミ故ニ其跡相続ヲ為スヘキ利一郎ニ係リ本訴ヲ提起スルヿヲ得ルハ多弁ヲ竢タスシテ明了ナルニ原控訴院カ利一郎ハ未タ久三郎ノ相続人ト定リタルモノニアラストシテ本案ヲ棄却セラレタルハ不法ノ裁判ナリ仮リニ一歩ヲ退テ家族ヨリ失踪届出ノ日即チ廿一年一月廿四日ヲ以テ失踪シタルモノトスルモ原控訴院カ訴訟手続ニ背戻ストシテ却下セラレタルハ不法ノ裁判ナリ何トナレハ久三郎ノ長男利一郎ヲ相手取タルハ少シク背戻スル点アリトスルモ連借人加藤源作ヲモ併セテ起訴シタルニ付キ明治八年第六号布告第三条ノ末文ニ基キ此裏書証書ヲ以テ再訴致ス可キ旨ニ言渡シ明治六年第三百六十二号布告ノ期満効ヲ生セシメサル様上告人ノ債主権ヲ保護シテ下戻シ置カル可キ筈ナルニ原控訴院カ事茲ニ出サルハ法律ニ違フヲ以テナリ

第二　「甲第一号証ノ義務タル連帯ナリトノ証左ナケレハ」トアル判語ハ甲第一号証加藤五左ヱ門（加藤源作ノ亡父）ノ肩書ニ連借ノ文字ナキヲ以テノ謂ヒニアラスシテ利一郎カ連帯義務者タル可キ証左ナキトノ意味ナルヘシ何トナレハ加藤五左ヱ門ノ肩書ニ連借ノ文字ナキモ凡ソ金銭貸借証書面ニ分借ノ明文無之時ハ同一ノ義務者タルヿハ明治八年六十三号公布ヲ以テ定メラレタル成文律アルヲ以テナリ若シ「連帯ナリトノ証左ナケレハ」トノ判語ヲシテ加藤源作ヲ指示シタルモノナラシメハ実ハ明治八年第六十三号ノ法律ニ違フ不法ノ裁判ナリ故ニ曰ク「甲第一号証ノ義務タル連帯ナリトノ証左ナケレハ」トハ必ス利一郎ヲ指示シタルモノナル可シト果シテ然ラハ上告人ハ連帯義務者加藤源作両名ニ対シ請求シタル訴件ナルニモ拘ハラス利一郎一人ニ対シ本訴ヲ為スハ訴訟手続ニ背戻シタル者ト為シタルハ不法ノ裁判ナリ

被上告代言人ハ上告ノ不当ヲ論シ原裁判ヲ弁護セリ

依テ本院ニ於テ双方代言人ノ弁論ヲ聴キ弁明スル左ノ如シ

上告第一二項ヲ案スルニ上告人カ原控訴院ヘ提出セシ控訴状被告ノ所ニ加藤源作モ列記シアレ𪜈其側ラニ明治廿一年十月十九日

失踪ト記入シアリテ其第一条ニ近藤久三郎加藤源作ハ連帯義務者ニシテ其義務ヲ得ントスル権利者ノ選択スル所ニ随ヒ其義務者ハ相代理スルノ責任アレハ之ヲ辞スヘキモノニアラサル事ト記シタル末第四条ニ連帯義務ノ証書ナルヲ以テ失踪者近藤久三郎ノ相続ヲ為スヘキ長男近藤利一郎ヨリ本案請求ノ金数ヲ償却云々ト申立タルニヨレハ上告者控訴ノ主意ハ利一郎一人ニ要ムルノ主意ナルヿ寔ニ明了ニ付原控訴院ハ之ニ対スル当否ヲ判スレハ足ルヘキ筋合ナルヲ以テ明治八年第六号布告第三条末文ノ旨趣ニ基キ証書裏書ノ処分等ニ及フヘキ道理コレナク又連帯義務者加藤源作両名ニ対シ請求シタル訴件ナリトモ言ヲ得サルニ付右両点ニ係ル申告ハ元ヨリ上告ノ理由トスルヲ得サルヘシ然レ圧上告者カ控訴ニ於テ利一郎ヲ被告トシタル所以ハ失踪者年月ノ起算ハ家出不分明ノ時ヨリスヘキモノニテ届出書面ノ日付ヨリスヘキモノニ非サルヘシ果テ然リトスレハ利一郎先代久三郎ノ失踪ハ明治十六年九月三十一日（上告状ニハ八月三十一日トアリ）ナルヲ以テ該日ヨリ三十六ヶ月以后ニ於テスル本件ノ如キ訴訟ニハ其迹相続ヲ為スヘキ長男利一郎ニ係ルハ当然ナリトノ事ナレハ其利一郎カ相続人ト定マリタルヤ否ヤハ元ヨリ関係セサル趣旨ナルヲ以テ原控訴院ハ之ニ応スル裁判ヲ為スヘキニ利一郎ハ未タ久三郎ノ相続人ト定マリタルモノニ非スト云ヲ以テ本訴ヲ却下スルノ第一理由トシタルハ上告者立論ノ主旨ニ副ハサル裁判ナリト云ハサルヲ得ス又上告人カ甲第一号証ヲ以テ連帯ノ義務ノ証書ナリトシタルハ該証中借用主二名アリテ分借ノ文言ナキヲ以テ明治八年第六十三号布告ノ趣ニヨリ之ヲ論述シタルモノナルニ原控訴院カ甲第一号証ノ義務タル連帯ナリトノ証左ナケレハ云々ト言渡タルハ右布告ノ精神ニ背キタルモノト云ハサルヲ得ス仍テ右二点ノ論述ハ上告ノ理由アルモノトス

但本件ノ始審訴状ニ加藤源作近藤久三郎ノ二名ヲ被告トシアリテ利一郎ノ名義ナキニ依リ之ヲ見レハ或ハ被上告者申立ノ如ク控訴ヲ成立スルヿ能ハス随テ上告ノ権利ヲ生セサルカ如キノ感ナキ能ハサルモ原書類中明治廿一年二月廿一日始審庁ニ出タル上申書ノ写ヲ編纂シアリテ其末項ニ万一相続スヘキ人員ニ対スルヲ必要トスル義ニモ有之候ヘハ直チニ近藤利一郎御提喚相成度トノ文言モアレハ此点ニ付更ニ弁論ヲ尽サシメ事実ヲ判定シタル上ニアラサレハ当否ヲ弁シカタキ筋合ナルヲ以テ予メ本院ノ弁明スヘキ限ニアラストス

右ノ理由ナルニ依リ判決スル左ノ如シ

名古屋控訴院カ明治廿一年五月一日貸金請求事件ニ付上告人松坂五百枝ト被上告人近藤利一郎トニ対シ言渡シタル裁判ヲ破毀シ更ニ適当ノ裁判ヲ受ケシメン為メ本件ヲ東京控訴院ニ移スニ依リ同院ノ裁判ヲ受ク可シ

上告入費ハ被上告人之ヲ負担スヘシ

明治廿二年三月廿九日大審院公廷ニ於テ裁判ヲ言渡ス者也

◎明治二十五年九月二十日大審院第三民事部判決

明治廿五年第四十七号

判決原本

上告人　静岡県有渡部郡長田村丸子百拾壱番地平民農
石垣権次郎

右訴訟代理人代言人
栗本政次郎

被上告人　静岡県静岡市紺屋町三拾九番地平民商
清水六平

同　同県同市三番町六拾九番地平民

芦澤三之助
同　同所六拾八番地平民
樋口利兵衛
同　同県同市横内町四十五番地士族
小坂成國
同　同県同市安西壱丁目南裏町拾七番地士族
小山誠記
右訴訟代理人代言人
前島豊太郎

清水六平外四名ヨリ石垣権次郎ニ係ル報徳講準備預ケ金取戻請求訴訟事件ニ付明治廿四年十二月十四日東京扣訴院カ言渡シタル判決ニ対シ上告人ヨリ全部破毀ノ申立ヲ為シ被上告人ハ上告棄却ヲ求ムル旨ノ申立ヲ為シタリ

判決

東京控訴院カ言渡シタル判決ヲ破毀シ更ニ弁論及ヒ判決ヲ為サシムル為メ本件ヲ名古屋控訴院ニ移送ス

理由

上告論旨第一点ヲ要約スルニ本講ノ組織ハ原ト講員各自ノ金融ヲ目的トセシニ始マリシモノナレハ会主又ハ発起人ト称スル者ナク単ニ講中ヨリ五名ノ世話人ヲ推撰シテ講金ノ集配ヲ取扱ハシメ而シテ講会ノ準備金ハ其世話人中ノ平野安藤両名ヘ寄託シ来リシヿ是レ講員一同ノ承認スル所ナリ故ニ世話人ノ一員ナル上告人ノ如キハ掛金ノ集配ヲ取扱フノミニシテ決シテ準備金ヲ管理スルノ権ナキモノナレハ特約アレハ格別否ラサレハ該準備金ニ付キ他ノ世話人ト相連帯シテ責任ヲ負フ可キノ理ナシ然ルニ原院ハ講則ニ約定ナキ以上ハ世話人タルモノハ性質上連帯ノ責任アルモノト判定セラレタリ是レ畢竟法則ヲ不当ニ適用シタル違法ノ判決ナリト云フニ在リ依リテ之ヲ審按スルニ抑々連帯義務ナルモノハ債権者ノ権利ヲ一層確保スルモノナレハ債務者ニ取リテハ特ニ其負担ヲ重劇ナラシムルモノニシテ其不利ト為ル可キモ決シテ便益タルモノニ非ラス之ヲ普通ノ状態ヨリ視レハ非常ノヿニシテ所謂例外ノヿト謂ハサル可カラス夫レ例外ノヿハ通常明示アルヲ必要トシ決シテ之ヲ推定セストハ一般普通ノ法理ナリトス故ニ本件講会ノ世話人タルヤ講員ニ対シテ連帯責任ヲ負フ可キノ明約ナキ以上ハ其間ニ連帯ノ責任アルモノト云フヲ得ス只タ其世話人タル資格アルノ一事ヲ以テ之ヲ連帯責任アルモノト推定スルハ所謂普通ノ法理ニ適合セサルモノニシテ原判決ハ即チ其点ニ付キ到底破毀ヲ免レサルモノトス

原判決ノ要点ニ瑕瑾アルニ已ニ之ヲ破毀スル以上ハ其他ノ点ハ当然覆審ニ属スルヲ以テ敢テ説明ヲ要セス

大審院第三民事部
（判事名省略）

明治廿五年九月廿日判決

◎明治二十六年二月二日大審院第三民事部判決

明治廿五年第弐拾八号
判決原本

上告人　埼玉県北足立郡青木村大字前川八拾弐番地平民農
斉藤伊之助
右訴訟代理人代言人
日野薫三郎
小川三千三
上告人　東京府東京市下谷区徒士町三町《ママ》目三拾六番地平民
斉藤辰造
右訴訟代理人代言人
米田　實
被上告人　東京府東京市本郷区本郷三町《ママ》目拾六番地平民商
加藤惣兵衛
右訴訟代理人代言人

山田喜之助

右当事者間ノ貸金請求事件ニ付明治廿四年十二月九日東京控訴院カ言渡シタル判決ニ対シ上告人ヨリ附帯控訴ニ対スル判決ヲ除クノ外悉ク破毀アリタキ旨ノ申立ヲ為シ被上告人ハ上告棄却ノ申立ヲ為シタリ

判　決

東京控訴院カ本件ニ付言渡シタル判決ヲ破毀シ更ニ弁論及ヒ判決ヲ為サシムル為メ本件ヲ同控訴院ニ差戻ス

理　由

上告第一点ノ要旨ハ原裁判所カ上告人斉藤伊之助ニ対シ上告人ノ一名タル斉藤正道ト被上告人トノ間ニ成立セル甲第一号証ノ債務ニ関シ第一審裁判所ニ於テ連帯ノ性質ヲ包含セル義務アリト断定セル判決ヲ認可シ被上告人ノ請求ニ応ス可キハ当然ナリト言渡シタルハ連帯ハ推定ス可カラストノ法則ヲ適用セサル違法ノ裁判ナリト云フニ在リ仍テ審按スルニ抑法律上所謂連帯義務ナルモノハ凡ソ数人ノ負担義務ハ各自平等ニ分担ス可キノ常態ニ反スル一種特別ノ体様トス既ニ異常ノ事タリ故ニ苟モ此変体ノ義務アリトスルニハ必スヤ法律ノ明文若クハ契約ノ文詞ニ於テ明カニ其存在ヲ認知ス可キモノアルヲ要スルコトハ蓋シ普通ノ法理トスル所ニシテ此事タル仏国ハ勿論伊白諸国ニ於テ連帯ヲ推定セサル主義ヲ採リ又現行法律ニ於テ法定ノ連帯ハ之ヲ見ルコト能ハスト雖モ（連借ノ場合ヲ除ク）未タ之ヲ実施スルニ至ラス然レモ連帯義務ニシテ既ニ異常ノ変体タル以上ハ之カ存在ニ就テ其明証ヲ要スルコト固ヨリ論ヲ俟タス現行法律ニ於テハ其証拠ノ方法ニ制限ナキヲ以テ契約ノ明文ヲ除クノ外絶対的ニ他ノ証拠方法ヲ許サヽルモノト云フコトヲ得ス即チ証書ノ解釈ニ依テモ亦連帯義務ノ存在スルコトヲ断定シ得ヘキナリ然リト雖モ其義務ノ異常ノ変体タル性質上自カラ普通合意ノ場合ト異リ其解釈ノ方法ハ最モ極メテ厳正ナラサルヘカラス即チ連帯云々ノ明記ナシト雖モ例ヘハ数人ノ義務者互ニ相連合シテ同時ニ各自一人ニテモ全部ノ義務ヲ負担ス可シ若クハ不可分ニテ其義務ヲ履行ス可シ等ノ文詞アルトキノ如ク明カニ連帯ノ意義ヲ見ル可キ場合ノ外ニ於テ随意ノ解釈ヲ許ス可キニ非ス

本件原控訴院ノ判決ハ第一審ニ於テ上告人ノ為シタル甲第三号証ノ約旨ハ債務履行ノ担保ヲ為スニ付任意上分ツ可カラサル義務ヲ負ヒタル者ニシテ畢竟其性質タル連帯ヲ包含シタルモノナリトノ理由ヲ付シテ言渡シタル被告両名ニ於テ弁済ス可シトノ判決ヲ認可シタルモノナレハ即チ本件被告両名ヲ連帯債務者ナリト判定シタルナリ而シテ原判決ノ理由ヲ案スルニ其初段ニ於テハ甲号証ニ拠ルニ伊之助ハ単ニ其父正道ノ債務取扱ヲ為シタルノミニ非ス其義務履行ヲモ引受ケタルモノト認定セサルヲ得ストアリ又甲第三号証ノ解釈ニ就テハ甲第三号証ヲ以テ正道ノ債務履行ヲ確実ナラシメ且ツ若シ正道ニ於テ不都合アラハ自ラ其義務ヲ引受クルヿヲ承諾シタルコトハ債務者カ弁償ヲ怠リ来リタル事実及ヒ此証文ニ照シテ推定スルコトヲ得ヘシ何トナレハ其末文「自分引受埒明」云々ノ文字タル正道其約旨ヲ履行セサルニ於テハ共ニ其義務ヲ履行スルコトアリトノ意味ヲ表証スルニ充分ナルヲ以テナリ」トアリ又其甲第四号証ヲ解釈スルニ際リテハ「手附金五拾圓ヲ渡ストノ語アルヨリ推究スレハ伊之助ハ甲第五号証ノ抵当地ヲ買受ケ其転売々得代価ヲ以テ自ラ正道ノ義務ヲ代償セントスル事実明瞭ナリト説明シ又其甲第五号証カ被控訴人手裡ニアルノ事実ニ基キ伊之助ハ此地所ヲ引受ケ其売買代価ヲ以テ直接ニ正道ノ義務ヲ尽スコトヲ約シタルニ由ルモノト推定スト云ヒ又甲第五号証ニ控訴人伊之助ハ保証人ナリトノ肩書アリ且ツ其冒頭ニ保証人立会云々ノ文字アリト雖モ本証ノ要所ニ於テハ不行

届ノ節ハ連印ノ者所有地売却致シ弁償可仕候」云々ト記載スルヲ見レハ控訴人等ハ共同義務者ナリト認メサルヲ得ス」ト説明シ或ハ単ニ担保ノ義務ヲ約シタル者ノ如ク或ハ又義務ノ更改ニ依テ債務ヲ引受ケタル者ノ如ク或ハ又単ニ合意ノ体様ヲ変シテ共同債務者ト為リタルモノヽ如シ若シ夫レ判決ノ主意ニシテ担保ノ義務ヲ約シタルモノト為スニ在ラン乎其当否ニ拘ラス少クモ第一審裁判ノ説明スル所ノ如ク債権ヲ担保スル為メノ任意不可分ノ義務ノ生スヘキ理由ナキヲ得ス若シ又義務ノ更改ニ因リ伊之助ニ於テ債務ヲ引受ケタルモノトスルニ在ラン乎正道ハ乃チ其義務ヲ免ルヘキ筈ナリ然ルニ尚ホ被告両名共ニ其義務アリトスルヲ以テ見レハ其主意ハ単ニ契約ノ体様ヲ変シタル而已ニシテ即チ共同義務者ト判定シタルニ在ル可シ而シテ之ヲ共同義務者トスルモ要スルニ前段説明スル所ノ如ク特ニ明確ヲ要スル異常タリ変態タル連帯義務ノ在テ存スルアリトスルノ理由ニ至テハ毫モ説明スル所ナシ（故ニ上告人論告スル所ノ如ク連帯ハ推定セストノ法則ハ未タ之ヲ適用ス可キモノニ非ストスルモ（以上四十三字削除）」民事訴訟法第四百三十六条第七ニ該当スル違法アルモノトス

此他ノ上告点ニ就テハ民事訴訟法第二百三十条第二項ニ依リ別ニ判断ヲ下サス

大審院第三民事部（判事名省略）

明治廿六年二月二日判決

（注）以下、特に記すものを除き、判決文は、最高裁判所事務総局総務局第二・第三課長永井紀昭判事に便宜をはかって載き、入手したものである。

第二款　不可分債務（一九巻一二丁表）

【起草趣旨】

富井政章（一九巻一二丁表〜一三丁表）

本案は旧民法とは異なり、不可分の原因を細かに規定することをやめた。延期抗弁の規定は債権者に迷惑になるため、実質変更のつもりで削除した。また旧民法債権担保編には「任意ノ不可分」と題する規定があるが、その大抵は財産編の規定で足りるので本案には採らなかった。

▼右表題については発議なく確定（一九巻一三丁表）。

【民法修正案理由】

既成法典ニハ不可分債務ノ原因ニ関シ詳細ナル規定ヲ設ケタリト雖モ、煩ニ失シ実際其必要ヲ見ザルヲ以テ、本案ニ於テハ之ヲ削除シ、唯不可分ハ債務ノ目的ノ性質又ハ当事者ノ意思ニ因リテ生ズルモノナルコトヲ示スニ止メタリ。

財産編第四百四十一条及ビ第四百四十二条ハ不可分債務ノ原因ヲ規定セルモノニシテ前記ノ理由ニ依リ本案第四百二十九条ノ規定ヲ以テ之ニ代ヘタリ。同第四百四十三条ハ言フヲ俟タザルヲ以テ之ヲ削レリ。又

第四百四十四条ハ本案四百二十八条及ビ第四百三十一条アルガ為メ之ヲ存スル必要ナキヲ以テ共ニ之ヲ削レリ。同第四百四十九条ハ延期抗弁ノ規定ナリ。若シ延期抗弁ヲ認ムルコト既成法典ノ如クナルトキハ債権者ニ損害ヲ及ボスコト決シテ少シトセズ。加之債務者ハ自ラ弁済ヲ為スコトヲ予メ覚悟セザル可カラザルモノナルガ故ニ、債務者ヲシテ延期抗弁ヲ為スコトヲ得セシムルトキハ其保護ノ厚キニ失スル嫌アリ。故ニ之ヲ削レリ。

既成法典ハ不可分債務ニ関スル規定ヲ財産編ト担保編トニ分載セリ、然レドモ其担保編中ニ規定セル任意ノ不可分ナルモノハ、連帯ノ如ク只之ヲ一種ノ債権担保ト見タルガ故ニ過ギズ、固ヨリ財産編ノ規定外ニ其適用ヲ有スルモノニ非ズ。故ニ本案ニ於テハ其財産編ノ規定ヲ参酌修正シテ之ヲ採用シ、担保編ノ規定ハ全ク之ヲ削除セリ。

▽民法修正案理由書第三編第一章「第三章《ママ》多数当事者ノ債権」一～二頁。

（辻　正美）

第四二八条　債権の目的がその性質上又は当事者の意思表示によって不可分である場合において、数人の債権者があるときは、各債権者はすべての債権者のために履行を請求し、債務者はすべての債権者のために各債権者に対して履行をすることができる。

第四二八条　債権ノ目的カ其性質上又ハ当事者ノ意思表示ニ因リテ不可分ナル場合ニ於テ数人ノ債権者アルトキハ各債権者ハ総債権者ノ為メニ履行ヲ請求シ又債務者ハ総債権者ノ為メ各債権者ニ対シテ履行ヲ為スコトヲ得

原案第四二九条　債権ノ目的カ其性質上又ハ当事者ノ意思ニ因リテ不可分ナル場合ニ於テ数人ノ債権者アルトキハ各債権者ハ総債権者ノ為メニ履行ヲ請求シ又債務者ハ総債権者ノ為メ各債権者ニ対シテ履行ヲ為スコトヲ得

【参照条文】

旧民法財産編

第四四一条　複数ノ義務ハ左ノ場合ニ於テ債権者ノ間ニモ債務者ノ間ニモ不可分ナリ

第一　負担スル目的ノ性質ニ因リテ一分ノ履行カ形体上及ヒ智能上不能ナルトキ

第二　義務カ性質ニ因リテ可分ナルモ当事者ノ明示ノ意思又ハ其期望シタル目途其他事情ヨリ顕ハルル意思カ一分ノ履行ヲ許ササルトキ

旧民法債権担保編

第八六条　財産編第四百四十一条及ヒ第四百四十二条ニ規定シタル不可分ノ外債務ハ尚ホ数人ノ債務者ノ負担又ハ数人ノ債権者ノ利益ニ於テ債務履行ノ担保トシテ任意上不可分タルコトヲ得但財産編第四百四十三条ニ指示シタル如ク受方又ハ働方ノ連帯ニ併合シ又ハ併合セサルコト有リ

任意ノ不可分ハ合意又ハ遺言ヲ以テ之ヲ設定スルコトヲ得此不可分ハ明示タルコトヲ要ス

フランス民法

第一二一七条　義務ノ目的ト為ス者ヲ渡スニ付キ又ハ義務ノ目的ト為ス事ヲ行フニ付キ実地ニ管スルト想像ニ管スルトヲ問

ハス其義務ヲ分ツヿヲ得可キ時ハ之ヲ分ツ可キ義務トシ其義務ヲ分ツ可カラサル時ハ之ヲ分ツ可カラサル義務トス

第一二一八条　義務ノ目的ト為ス事物ノ性質ハ之ヲ分ツ可キモノタル時ト雖𪜈其義務ヲ行フ可キ旨趣ニ因リ其一部ノミヲ行フ可カラサル時ハ其義務ヲ分ツ可カラサルモノトス

第一二二四条第一項　分ツ可カラサル義務ヲ得可キ者ノ各遺物相続人ハ其義務ノ全部ヲ得ント訴フルヿヲ得可シ

オーストリア一般民法

第八九〇条　又若シ分割ス可カラサル性質ノ物件ニ関スル責務ニ就テハ其責主カ単ニ一人ニ係レハ則チ各共同負責主ニ向テ其物件ノ全額ヲ要求スルヿヲ得可シ然レ𪜈若シ一人ノ負責主ニシテ数人ノ責主ヲ有スルニ当テハ其負責主ハ保人ヲ立定セシムルニ非サレハ則チ其物件ヲ以テ各責主中ノ一人ニ交付スルヿヲ得可カラス又負責主ハ各責主ノ協認ヲ請求シ若クハ其物件ヲ裁判庁ニ寄托スルヿヲ請求シ得可シ〔仏民第千二百十八条〕

オランダ民法

第一三三二条〔フランス民法第一二一七条に同じ〕

第一三三三条〔フランス民法第一二一八条に同じ〕

第一三三九条第一項〔フランス民法一二二四条第一項に同じ〕

イタリア民法

第一二〇二条　責務カ其標率トシテ分割スルヿヲ得可カラサルノ物件若クハ事件ヲ有スル者ニ係リ或ハ其物件若クハ事件タル其本質上ニ在テハ素ト分割スルヿヲ得可キ者ニ係ルモ結約者ノ商量ニ因テ分割スルヿヲ得可カラスト為セルニ於テハ則チ其責務ハ分割スルヿヲ得可カラサルノ責務ト為ル〔仏民第千二百十七条第千二百十八条〕

此他各種ノ責務ハ総テ分割スルヿヲ得可キノ責務ト為ス

第一二〇七条第一項　責主ノ共同承産者中ノ一人ハ他ノ共同承産者ニ対シテ弁償ヲ為ス為メニ相当ナル保人ヲ立定スルノ責務ヲ帯ヒテ以テ分割スルヿヲ得可カラサルノ責務ヲ全ク履行セシムルヿヲ請求スルヲ得可シ然レ𪜈自己一人ノ専断ヲ以テ其債額ノ全部ヲ棄捐シ若クハ物件ニ換ルノ価直ヲ領受スルヿヲ得可カラス〔仏民第千二百二十四条（第一項）〕

スイス債務法

第七九条　不可分の給付が数人の債権者に対し又は数人の債務者から履行されるべき場合には、各債権者は全部の給付を請求することができ、各債務者は全部の給付をする義務を負う。

諸般の事情から別段のことが明らかでない限り、債権者に満足を与えた債務者は残りの債務者に対しその負担部分に応じた賠償を請求することができる。

前項の請求権が帰属する限度で、満足を受けた債権者の権利はその債務者に移転する。

モンテネグロ財産法

第五二九条第二項　これに対して、債権が数人の債権者の間で不可分である場合には、（債務者は）各債権者に対して全部の弁済をすることができる。但し、反対の条項が明示的に存在するとき、又は、債権者の一人が、他の債権者に対する弁済の禁止を裁判上の手続によって債務者に通達したときは、この限りでない。

スペイン民法

第一一三九条　分割が不可能な場合には、全債権者の集団的行為（actes collectifs）によるのでなければ（各）債権者を害することができず、全債務者に対する裁判上の請求によってのみ債務の請求を為すことができる。債務者の一人が支払不能（insolvable）となった場合には、その者の負担部分につき、他の債務者は弁済の義務を負わない。

第一一五一条　前（二）条の効果により、特定物を引渡す債務、及び部分的な履行が不可能な他の全ての債務は、不可分なものとみなされる。

為す債務が、一定期間労働を為すこと、量単位で労働を為すこと、又はその性質上部分的履行が可能である他の全ての類似する事項を目的としている場合には、これを可分なものとする。

為さざる債務における可分性又は不可分性は、それぞれの場合における給付の性質に従って決定される。

ベルギー民法草案

第一二一七条　債務は、その目的たる物の引渡し又は行為の実現につき、物理的又は観念的に分割することが可能か否かに従って、可分又は不可分とする。

第一二一八条　債務の目的たる物又は行為が性質上可分である場合であっても、その債務において考慮される関係のゆえに一部の履行が許されないときは、債務は不可分とする。

第一二二二条第一項　不可分債務につき複数の債権者が存する場合、各債権者は、債務の全部の履行を請求することができる。

ドイツ民法第一草案

第三三九条第一項　債務関係ニ於テ数人ノ債権者カ分割スルコトヲ得サル給付ヲ請求スルトキハ債務者ハ単ニ総債権者ニ対シ共同ニテ給付ヲ履行スルコトヲ得又各債権者ハ総債権者ニ対スル給付ヲ請求スル権利ヲ有ス其他債務関係ハ一人ノ債権者ニ給付ヲ履行スルコトニ因リテ其他ノ債権者ニモ弁済ヲ為シ得ルモノナルトキハ各債権者ハ給付ノ全部ヲ請求スル権利ヲ有ス

ドイツ民法第二草案

第三七四条第一項　数人カ分割スルコトヲ得サル給付ヲ請求スル場合ニ於テ此者カ共同債権者ニアラサル限ハ債務者ハ単ニ総債権者ニ対シ共同ニテ給付ヲ履行シ各債権者ハ単ニ総債権者ニ対スル給付ヲ請求スルコトヲ得又各債権者ハ債務者カ其負担スル物ヲ総債権者ノ為メニ供託シ又ハ此物カ供託ニ適セサルトキハ裁判上任定セラレタル保管者ニ之ヲ引渡スコトヲ請求スルコトヲ得

【起草趣旨】

富井政章（一九巻一三丁裏〜一五丁裏）

債務が不可分であって債権者が数人ある場合については三つの立法主義がある。第一の主義は、債権者は合同してでなければ債務の履行を請求することができず、債務者は総債権者に対してでなければ弁済をなすことができないというものであって、これはローマ法の主義である。第二の主義はフランス、イタリア、オランダ、スペイン、スイスなど大抵の国において採用されている主義であって、各債権者は全部の履行を請求することができ、債務者も各債権者に全部の履行をなすことができるというものである。この主義は不可分債務の原理からいえば失当である。不可分債務の場合は債権者は全部の履行を請求する権利を有するものではなく、債権者間に代理関係があるのでもない。目的物の性質上、拠ろなく履行の点において各々が全部の履行を請求しうることとする「便宜法」である。第三の主義はドイツ民法草案の主義であって、各債権者は全部の履行を請求することができる。すなわち各債権者は総債権者に一度に弁済せよという請求ができ、これに対して債務者は総債権者に対して弁済の提供をなし、受取らない者があれば所謂債権者遅滞として履行遅延の責を免れるというものである。このシステムはまことに巧みである。もっとも、強制執行の場合には不都合がある。

本案では甚しい不公平がない限りは実際に便利な規定にした方がよいと考え、旧民法と同様、各債権者は全部について履行を請求することができ、債務者は各債権に対して全部の履行ができるように定めた。ただその際、「総債権者ノ為メニ」と書くことによって、各債権者は全部の履行を請求できるが、それは自分にそれだけの権利があるからではなく、総債権者のためにそれだけのことができる便法であることを示した。これが連帯と性質の違うところである。

【主要審議】

一　いわゆる「連帯債権」について

高木豊三（一九巻一五丁裏）

本条では名は不可分と変わっても、旧民法の連帯債権と同様、各債権者間に代理関係があるという主義をとったように思うがどうか。

富井政章（一九巻一五丁裏～一六丁表）

本案では連帯について代理関係の主義はとらなかった。連帯債権については既に予決問題を議するときに決まったとおり本案にはその規定を設けないことにした。しかし、これは連帯債権を禁ずるものではなく、実際適用がないので法律に規定を設ける必要がないだけである。これに対して不可分債権は、二人が一匹の馬の引渡を請求する、また共有物の修繕をある人にさせる等、随分適用があるため、規定を置いた。また本条の債権者間には代理関係がないという精神である。

磯部四郎（一九巻一六丁表～裏）

連帯債権は契約の自由に任せるというわけか。

富井政章（一九巻一六丁裏）

そのとおり。

二　担保のための不可分性

土方寧（一九巻一七丁裏～一八丁表）

性質上又は当事者の意思による不可分ということからは、担保のためという趣旨は読み取れないが、本条の「当事者ノ意思ニ因リテ」ということの中には担保のためということがあるのか。

富井政章（一九巻一八丁表～裏）

担保のためというような穿ったことを書く必要はないと思えばこそそういう風に書かなかった。担保のためにした場合には、何も殊更に退けるにも及ばない。当事者の意思ということは要らないから取るというのであれば、それには大反対である。金銭債権でも、どうしても一度に受取らなければ目的を達しないという場合に、不可分債務とすることがないとはいえず、性質上の不可分だけでは足りない。

三　本案の修正説（注1）**——債権債務の個数について**

元田肇（一九巻一六丁裏、一八丁裏～一九丁表）

本条の「各債権者ハ」以下を「其債権者ノ一人ハ総債権者ノ為メニ履行ヲ請求シ又債務者ハ総債権者ノ為メ其一人ニ対シテ履行ヲ為スコトヲ得」とすれば、法文の意味が分かりやすくなる。

田部芳（一九巻一六丁裏～一七丁表）

私は「各債権者」の方が良いと思う。本条末尾の「債務者ハ総債権者ノ為メ各債権ニ対シテ履行ヲ為スコトヲ得」とあるのを、「債務者ハ各債権者ニ履行ヲ為スコトヲ得」とした方が極く当たり前ではないか。

土方寧（一九巻一七丁表、一七丁表～裏）

本条の場合において、債権者の数だけ債

権があるというのか、目的が不可分であるから債権も一つというのか、どちらとも決めて書いたのではないという趣旨か。

富井政章（一九巻一七丁表、一七丁裏）

　それは決めて書いたのではなく、学者の解釈に任せた。

▼右各修正説には賛成者なく原案どおり確定（一九巻一九丁表）。

（注1）　本条の末尾につき、原案は「総債権者ノ為メ各債権ニ対シテ履行ヲ為スコトヲ得」となっており、確定条文が「各債権者」となっているのと異なっている。これは、法典調査会民法議事速記録一九巻一三丁裏でも、民法第一議案三一三丁裏でも同様であり、ここで紹介した議論もそれを前提としてなされていると思われるので、単に「者」の一字が脱落しているだけとは思われない。この原案に対して元田委員は「其一人ニ対シテ」とする修正説、田部委員は「各債権者ニ」とする修正説を提出したものの、いずれも賛成を得られなかった。不可分債権における債権が一個であるのか複数であるのかにつき、どちらかに決めて起草したのではないと富井起草委員が説明していることから推測すると、「各債権ニ対シテ」という文言では複数説を採用したことになるので「者」の一字が入れられたものと考えられるが、詳しい経緯は不明である。なお、一八九六年（明治二九年）の第九回帝国議会において政府から衆議院に提出された「民法中修正案」では、「各債権ニ対シテ」となっている（第四二七条）（玉樹智文注）。

【その後の経緯】

　原案の「当事者ノ意思ニ因リテ」の文言が確定条文では「当事者ノ意思表示ニ因リテ」となっているが、整理会ではこの点に関する議論はなされていないようである。

　第九回帝国議会民法中修正案委員会において、旧民法で認められている「延期抗弁」（注2）を許すべきであるという意見が出された。梅委員は、延期抗弁の問題は民事訴訟法の方で検討することとしたと答え、同時に「吾々ガ此編ヲ議シマスル時ノ精神デハ、矢張相当ノ延期抗弁ヲ与ヘル必要ガアルト云フ考デアッタノデアリマス」と述べた（廣中俊雄編著『第九回帝國議會の民法審議』二一八頁）。

（注2）　旧民法財産編第四四九条　第四百四十一条ノ場合ニ於テ不可分義務ノ履行ノ為メ訴ヲ受ケタル債務者ハ他ノ債務者ヲ訴訟ニ参加セシメ共ニ裁判ヲ受クル為メ及ヒ之ニ対スル自己ノ求償ニ付キ裁判ヲ受クル為メ期間ヲ請求スルコトヲ得

【民法修正案理由】

　不可分債務ニ関シテ債権者ノ多数ナル場合ニ付キ諸国ノ立法例ニ於テ三種ノ異ナリタル主義アリ。第一ハ総債権者共同ニテ履行ヲ請求シ又債務者ニ《ママ》総債権者ニ弁済ヲ為スベキモノトスル主義ナリ。第二ハ仏、伊、瑞士等諸国ノ法典ニ於テ採ル所ノモノニシテ各債権者ハ全部ノ履行ヲ求メ又債務者ハ各債権者ニ全部ノ履行ヲ為スコトヲ得ベキモノトスル主義ナリ。第三ハ独逸民法草案ノ採ル処ニシテ一人ノ債権者ニ対シテ為ス履行ガ総債権者ノ利益ト為ルベキ場合ヲ除ク外ハ各債権者ハ全部ノ履行ヲ請求シ得ベキモ総債権者ニ履行ヲ為スベキコトヲ請求セザルベカラズトスル主義是ナリ。第一ノ主義ハ理論ニ偏シテ実際不便ナルコト論ヲ俟タズ。之ニ反シテ第二ノ主義ハ不可分債務ノ性質ヨリ論ズルトキハ甚ダ其当ヲ得ズ。何トナレバ各債権者ハ本来全部ノ履行ヲ求ムルノ権利ヲ有セザレバナリ。然リト雖モ債務者ガ一部ノ履行ヲ為スモ各債権者ハ実際履行ノ利益ヲ受クルコト能ハザルガ故ニ便宜上斯ク規定シタルモノニ過ギザルナリ。又独逸民法草案ノ主義ハ理論ト実際ノ必要トヲ調和シテ巧ナル如シト雖モ、強制執行ニ際シテ其不便少ナカラザ［ル］ベシ。故ニ本案ニ於テハ各債権者ハ総債権者ノ為メニ履行ヲ請求シ又債務者ハ総債権者ノ為メニ各債権者ニ履行ヲ為スベキモノト定メ、以テ不可分債務ノ性質ニ反セザル範囲内ニ於テ第二ノ主義ヲ採用シ実際ニ不便ナカランコトヲ欲セリ。

▽民法修正案理由書第三編第一章「第三章《ママ》多数当事者ノ債権」二一〜三頁（第四二九条）。

（辻　正美）

第四二九条　不可分債権者の一人と債務者との間に更改又は免除があった場合においても、他の不可分債権者は、債務の全部の履行を請求することができる。この場合においては、その一人の不可分債権者がその権利を失わなければ分与される利益を債務者に償還しなければならない。

2　前項に規定する場合のほか、不可分債権者の一人の行為又は一人について生じた事由は、他の不可分債権者に対してその効力を生じない。

第四二九条　不可分債権者ノ一人ト其債務者トノ間ニ更改又ハ免除アリタル場合ニ於テモ他ノ債権者ハ債務ノ全部ノ履行ヲ請求スルコトヲ得但其一人ノ債権者カ其権利ヲ失ハサレハ之ニ分与スヘキ利益ヲ債務者ニ償還スルコトヲ要ス

此他不可分債権者ノ一人ノ行為又ハ其一人ニ付キ生シタル事項ハ他ノ債権者ニ対シテ其効力ヲ生セス

原案第四三〇条　不可分債権者ノ一人ト其債務者トノ間ニ相殺、更改又ハ免除アリタル場合ニ於テモ他ノ債権者ハ債務ノ全部ノ履行ヲ請求スルコトヲ得但其一人ノ債権者カ其権利ヲ失ハサレハ之ニ分与スヘキ利益ヲ債務者ニ償還スルコトヲ要ス

此他不可分債権者ノ一人ノ行為又ハ其一人ニ付キ生シタル事項ハ他ノ債権者ニ対シテ其効力ヲ生セス

【参照条文】

旧民法財産編

第四四五条　債権者ノ一人ハ要約シタル如ク弁済ヲ受クルニ非サレハ他ノ債権者ノ権利ヲ減少シ又ハ消滅セシムルコトヲ得ス

債権者ノ一人カ総債務者若クハ其一人ノ免責ヲ主旨トスル更改、免除其他ノ合意ヲ為シタルモ又ハ債務者カ其一人ノ債権者ニ対シテ適法ナル相殺ノ原因ヲ有スルモ他ノ債権者ハ尚ホ債務ノ全部ノ履行ヲ請求スルコトヲ得然レトモ他ノ債権者ハ此一人ノ債権者カ其権利ヲ失ハサリシナラハ第五百一条第四項、第五百十五条第二項、第五百二十一条第三項第四項ノ

規定ニ従ヒ其一人ノ債権者ニ分与ス可キ利益ニ付キ其訴追ヲ受ケタル債務者ニ対シテ計算ヲ為ス

第四四六条　債権者ノ一人ノ為シタル付遅滞其他ノ保存ノ行為ハ他ノ債権者ヲ利ス

　又債権者ノ一人ノ利益ノ為メニ時効ヲ停止スル適法ノ原因アルトキハ他ノ債権者ノ利益ノ為メ之ヲ停止ス

旧民法債権担保編

第八九条第二項　又債権者ノ一人ノ権利ヨリ生スル時効ノ中断又ハ其停止ノ原因ハ他ノ債権者ヲ利ス

第九一条第一項　〔第四二七条の【参照条文】中に掲載〕

フランス民法

第一二二四条第二項　其各遺物相続人ハ一人ニテ其義務ノ全部ヲ釈放スルヿヲ得ス又一人ニテ物件ノ全部ニ代ヘ其価ヲ受取ルヿヲ得ス○若シ遺物相続人中ノ一人其義務ノ一部ヲ釈放シ又ハ物件ノ一部ニ代ヘテ其価ヲ受取リタル時ハ与ニ相続ヲ為ス者其義務ノ一部ヲ釈放シ又ハ物件ノ一部ノ価ヲ受取リタル者ノ部分ヲ差引テ其分ツ可カラサル義務ヲ得ント訴フ可シ

オランダ民法

第一三三九条第二項、第三項　〔フランス民法第一二二四条第二項に同じ〕

イタリア民法

第一二〇七条第一項　〔第四二八条の【参照条文】中に掲載〕

同条第二項　若シ此共同承産者中ノ一人ノ専断ヲ以テ債額ノ全部ヲ棄捐シ若クハ物件ニ換ルノ価直ヲ領受セルヿ有レハ則チ他ノ共同承産者ハ唯ミ此一人ノ承産者ノ派当部分ヲ扣断シテノミ其分割スルヿヲ得可カラサル物件ノ交付ヲ負責主ニ要求スルヿヲ得可シ〔仏民第千二百二十四条〕

スペイン民法

第一一三九条　〔第四二八条の【参照条文】中に掲載〕

ベルギー民法草案

第一二二二条第二項　債権者の一人は単独で債務全部を免除し、又は、物に代えてその代価を受領することができない。

第三項　債権者の一人が単独で債務を免除し又は物の代価を受領した場合、他の債権者は、免除をし又は代価を受領した債権者の持分を控除した上でなければ不可分の物を請求することができない。

ドイツ民法第一草案

第三三九条第二項　債権者ノ一人ニ付テノミ生シタル事実殊ニ其作為又ハ不作為ハ其他ノ債権者ノ為メ又ハ之ニ対シテ効力ヲ有セス

ドイツ民法第二草案

第三七四条第二項　其他債権者ノ一人ニ付テノミ生シタル事実ハ其他ノ債権者ノ為メ又ハ之ニ対シテ効力ヲ有セス

【起草趣旨】

富井政章（一九巻一九丁裏～二〇丁裏）

　本条は旧民法財産編第四四五条と第四四六条にあたる。第一項の規定は右第四四五条に若干文字の修正を加えただけである。右第四四六条は不可分債権の性質に反した規定である。不可分債権者はその権利の性質上全部について権利を有するものではなく、またその間に代理関係があるのでもない。ただ一部の履行を受けるだけではその利益を受けたことにならないから全部の履行を受けることができるというだけのことである。然るにその一人がなしたことが他の債権者の利益にもなり、またその一人の利益のために他の債権者の一人に対しても時効が停止されるということは、債権者間に余程広い代理関係を認めなければできないことである。それで右第四四六条は削除し、本条第二項をその代わりに置いた。不可分債権というものは、前条に規定してある権利以上のものはない。本条第一項の但書はやむを得ない便法である。その他は不可分債権者の一人のなした行為又はその一人について生じた事項は他の債権者について「不可分ノ効」を生じないということにした。

【主要審議】

一　民事訴訟法の規定との関係

磯部四郎（一九巻二〇丁裏～二一丁裏、二二丁裏～二三丁裏）

相殺、更改、免除は、債権額を分割しうるものと見なければ、自分の部分だけ更改するとか、免除するということにならないと思う。そのようなことは不可分債務については出てこないのではないか。

本条第二項の規定は、「総テノ共同訴訟人ニ対シ訴訟ニ係ル権利関係カ合一ニノミ確定ス可キトキ」には「共同訴訟人中ノ或ル人ノ攻撃及ヒ防禦ノ方法（証拠方法ヲ包含ス）ハ他ノ共同訴訟人ノ利益ニ於テ効ヲ生ス」とある民事訴訟法第五〇条の規則と衝突するのではないか。すなわち共同訴訟人のうち一人でも出ていれば、それについて争った効力は、他の者がいなくても皆生ずることになるが、本条では相殺、更改、免除以外については不可分の利益を見ることはできない。にもかかわらず不可分義務が必要だとするのは何故か。

富井政章（一九巻二二丁裏～二三丁表）

訴訟法に規定してあることは訴訟法についての規定であり、本案においては、連帯債務に対しても、不可分債務に対しても、訴訟法のことは少しも触れない積りである。

二　時効中断について

高木豊三（一九巻二三丁表～二四丁表、二九丁裏～三〇丁表）

不可分債権者の一人が訴を起こすことによって「期満免除」(注1)を中断するのは実体法の範囲に入る。然るに、この場合には他の不可分債権者には中断の効力を生じないとすると、「期満免除」の中断の効力を得た者がこれを放棄したときは、その他の中断の起訴をしなかった者は丸で権利がなくなってしまう。本条の規定が必要なのは、不可分債権者の一人が特別の契約をしても他に及ばない、即ち他の債権者に「害ガ及」ばないようにするためであろう。とすれば、「期満免除」中断のような利益の行為をなしても他の債権者にその利益を及ぼさないよう規定を設けるのはどういう理由からか（一九巻二三丁表～二四丁表）。

更に、先に確定した第四二九条では「総ノ字ヲ殊更ニ冠セ」て総債権者のために請求するものであることを明らかにしたということであったが、それならば、不可分債権者の一人が訴を起こして請求した場合には時効中断の効力も総債権者のために生じるはずではないか（一九巻二九丁裏～三〇丁表）。

富井政章（一九巻三〇丁表～裏）

総債権者のために全部の履行を請求することを明文で許したのは便宜上やむを得ないことであって、不可分の性質から起るのではない。時効の中断でも時効の停止でもその他過失によって履行のできない様にした責任であるとか何事についても、本来総てのことが代理関係がないのであるから別々になさなければならないのが至当である。ただ履行請求(注2)については、「一人ノ働キヲ許シタノデア」り、これはやむを得ない便宜法である。

高木豊三（一九巻二六丁裏）

ドイツの第二読会草案第三七四条第二項に（本条第二項と）似たことが書いてあるが、同一の意味で書いたのか、別の主義を書いたのか。

富井政章（一九巻二六丁裏～二七丁表）

「私ノ解スル所テハ此前項ノ但書ノコトカ這入ツテ居ラヌ所カ違ウ独逸民法草案ノ主義ハ全ク一人ニ付テ生シタル時効ハ他ノ債権者ニ付テ効ヲ及ホサナイ」。

高木豊三（一九巻二七丁表～裏）

私が本文を読んでみたところでは、時効中断はドイツの文では入らないと思う。

時効中断のような効力を他の債権者に及ぼすとどういう害があるか、何故に利益の方は及ぶが相殺、更改、免除の如きは他の債権者に及ぶことができないのか。

富井政章（一九巻二七丁裏～二八丁表）

ドイツ民法草案の解釈であるが、もとより「他ノ債権者ニ対シテ其効力ヲ生セス」という中には時効の中断、停止も入っていると思う。またそういうことの適用がなければならない。

本条の第一項と第二項は前条と同じことで、相殺、更改、免除があっても他の債権者に対しては効力がないということは、但書を引き出すために言ったので、元の第二項だけでも良い。但書がなければ利益と不利益とを問わず、全て債権者の一人がなしたことは他の債権者に対して効力がないということを言いたい。「何故ニ時効ノ中断時効ノ停止ノ如キモノカ効ヲ及フトシテハ害カアルカ私ハ同シコトカ描キ得ラレル」。

磯部四郎（一九巻二八丁表～二九丁表）

不可分債権者の一人が債務者を相手取って時効を中断したが、他の債権者は放置しておいた場合には、時効を中断した者が謂われもなく債権者の利益を自分一人で占めてしまうことになり不都合ではないか。

富井政章（一九巻二九丁表～裏）

それは少しも不都合ではない。不可分債権者が他の債権者のすることを当てにして、「アレガ然ウシテ居レバ自分ノモ一緒ニシテ呉レルダラウ」と考えるのは間違っている。その間に代理の関係があるのでもないし、不可分義務の性質上そのことは初めから覚悟していなければならない。外の者がしたから自分も権利を受けるというのは、受けさせる方から言えば不当の利得である。

磯部四郎（一九巻二九丁裏）

その考えは間違っている。注意深い人は己の権利を失わないということは確かであるが、「己カ注意深イガ為メニ殊更ニ他ノ者ノ得ベキ権利迄モ自分ガ横領シテ権利カ生スルト云フコトハ法律上今日迄」聞いたことがない。それは不当の利得になると思う。

三　本条全部削除説

磯部四郎（一九巻三〇丁裏～三一丁裏）

不可分の性質を全く変えて一部分だけを相殺するとか更改するとか免除するとかいうことは不可分という性質に反した規定であるから第一項は不要である。また、「総債権者ノ為メ」に一人の者が請求できるといえば、それは全く代理の意味を全部の履行について認定しているのである。にもかかわらず代理を許すとか許さぬとかいう議論をするのは混乱を招くものである。それよりも第四三〇条は削除して「実際問題」にした方がよい。請求の結果として生ずるものは無論有効であるが、その他「一人一己」の行為については他に及ばないことは此条を俟たなくても出てくる。

▼右提案には賛成者なく、案として成立しなかった。

四　不可分債権者間の代理関係の有無

高木豊三（一九巻三一丁裏～三二丁表）

不可分債権者の一人が全部を請求して全部を受取ることができ、債務者はその一人に全部の履行ができるということを説明するには、「法律ノ理由トシテハ不可分ノ義務ハ債権者債務者一人ニシテ総テノ債権者ヲ代理スル」と説かざるを得ないのではないか。

富井政章（一九巻三二丁表）

「総債権者ノ為メ」というのは、本来は債権者が皆合同してしなければならないのが、債権の性質上それでは不便であるから全部履行の請求を認めたのであって、代理関係があるというのではない。不可分債権者の間や不可分債務者の間に代理関係があるということはどこの国にも挙げていない。「総債権者ノ為メ」ということが代理関係を認めたように読めるのなら削除してもよいが、そうは見えない。

高木豊三（一九巻三二丁裏）

弁済の請求等についてはその効力を他人に及ぼして、独り時効中断の行為に至っては他に効力を及ぼさないという理屈が分らない。なぜ第四二九条（確定条文第四二八条）にもこのような効力があるということにできないのか。

富井政章（一九巻三二丁裏〜三三丁表）

不可分債権者の間に代理の関係があるという主義をとっていれば、なぜそのような区別をするのかという非難ももっともと思うが、本案はそのような主義をとっていない。第四二九条は便宜法で、債権者が離れた地にいる場合に皆寄ってでなければ請求できないのでは不便極まりないからである。それは自分に「全部ヲ取上ケル権利」があるというのではない。法律が外の債権者から委任を受けていることを前提にして書いたのではない。旧民法でもフランス民法でも、何処の国でも皆、各債権者は全部を請求することができるが代理の関係があるのではなく、不可分債務の性質から便宜上そうしなければならないということだけを説いている。

高木豊三（一九巻三三丁表）

各債権者が各地方に隔っていれば、時効を中断するために一度に寄ってこなければならないという不便なことになる。そのために、法律の規定によって便宜上一人のなした行為の効力が他に及ぶということになぜできないのか。

富井政章（一九巻三三丁裏）

その論法でゆくと、通常の「連合義務」の場合、連帯の場合でも、二人が五〇〇円ずつ借りた場合、一人に対して履行を請求すれば他の者に対して効力があることになる。目的物が不可分の場合にそれだけの「連絡」をつけるのは、例えば、馬を半分に割いて分けたところが一部の履行を受けたことにならないから、拠ろなく全部の請求をするのである。ドイツ民法でもその場合には時効中断の効力がないことになっている。

五　本条第二項削除説

高木豊三（一九巻三四丁表〜裏）

「並ノ連帯義務」と第四二八条の「合同義務」では、各債権者が自分の権利の部分は放棄することもできる。しかし一人で全部の権利を放棄することはできない。ところが、本条第二項の場合においては、「不可分債務ニ限ツテ斯ウデアル」。原案の前後を比較すると主義が一貫しないようなので第二項はない方がよくないか。

▼右提案には賛成者なく、案として成立しなかった。

六　債権者間の求償関係

土方寧（一九巻三四丁裏〜三五丁裏）

ある債権者が時効中断の訴を起こして全部の弁済を受けたとすると、その債権者は時効中断しなかった者の分を奪ったことになり、権利外の利益を得たことになる。これについて磯部委員は問題であるとし、富井委員は仕方がないというような議論であったが、これを根拠として求償権があることにすれば、ある者が権利を「奪ツタ様ナ」ことはなくなるではないか。

富井政章（一九巻三五丁裏）

あるいは誤解があったかも知れない。一人が中断しても外の債権者は権利を失うということは債務者に対する権利を失うので、債権者相互の求償の問題は別になる。

磯部四郎（一九巻三五丁裏～三六丁表）

求償権を行うには債権者が権利を証明しなければならない。債権を持っていることは債務者に対して証明しなければならない。ところが、債務者に対しては時効で無くなっていて、己の債権の存在を証明できないのに、どうして己の部分を返してくれといえるのか。

富井政章（一九巻三六丁表）

そういう訴権を生ずることを「ヨシテ仕舞ウト云フノガ私ノ素志デナイ」。不当利得はその債権者が弁済として受け取った時から生ずるのであり、それは別の問題として見なければならない。

七　債権債務の個数について

土方寧（一九巻二四丁表～二五丁表）

頭数が多くなれば債権債務の関係が多くなるか一つになるかは学者に任せるということであるが、各箇条を解釈する際に、いろいろ実際適用の問題が生ずる。そうすると、各箇条とも一定した理論に基づくのでなければ解釈ができない。本条で「単一ノ関係」か「複雑ノ関係」か、いずれかに決めておかなければ困ると思う。

富井政章（一九巻二五丁表～二六丁表）

この問題は学説に委ねて、立法者は一様に決めない方が良い。しかし不可分債務についてはそれほど学説は分かれていない。「債権者又ハ債務者ガ数人アツテモ債権債務ノ関係ガ一ツ外ナイト云フコトニ引ツ付イタモノデアル債務ノ関係ガ人数程アルト云フコトガ単純ノ説デアラウト思フ」。

本案においては、債務関係が一つであるとか二つであるとか決するのではなく、規定の上からは不可分債務の関係はいくつもある、しかし代理のものでないという精神は一貫している。

高木豊三（一九巻三六丁裏～三七丁表）

不可分債権について債権者が五人おり、一人だけが時効中断し、その場合に代理関係を認めないのであれば、他の者は債権を失ってしまい、その一人がこの不可分義務について全権を持っていると言わなければならない。

不可分の義務の場合には債権は一つであるとすると、その債権に対して時効を中断したならば、債権の全部がまだ存在しているといわなければならない。その点一考願いたい。

富井政章（一九巻三七丁表～裏）

目的物が不可分であるために「其人」（債権者）の間に関係があるのではない。目的物が不可分であるために、便宜上やむをえず時効の点において各々に請求権を与える必要があると思っただけで、債務も必ず不可分であるということはない。目的が不可分であっても債権は幾つもあるということは少しも妨げない。また不可分債務が一つであるということは決して不都合の説ではない。旧民法のように、時効の中断や停止が他の者に対して効を及ぼすという規定は外の国にはない。

八　その他の提案

菊池武夫（一九巻三八丁表～三九丁表）

原案第四二九条（確定条文第四二八条）に「総債権者ノ為メ」という文言を入れたから民事訴訟法に抵触したり、その他不都合な点が出てくると思われる。それなら原案第四二九条を削除してはどうか。

▼前記各提案にはいずれも賛成者なく原案どおり確定（一九巻三九丁表）。

（注1）消滅時効のこと。

（注2）速記録には「時効請求」とあるが、前後の文脈からみて「履行請求」の誤記と思われる。

【その後の経緯】

第六二回法典調査会（**明治二八年二月一二日**）

富井政章（一九巻一二四丁表～一二五丁表）

既に議決になった第四三〇条についてその後よく考えてみると、これでは不完全なことが分った。つまり、不可分債権者の一人が時効を中断した場合には、その中断をしなかった債権者についてはその債権が消えることになり、債務者との関係はそれで差支えない。しかし、中断した債権者が「全部ヲ取ツテ仕舞ウ」ことは磯部委員の言うとおり不当の利得になる。だからといって、「其債権者ニ返スベキカト云フニ債権者ハ取ル権利ヲ失ツテ居ル」。それで、どうすれば良いかと言えば、「名前丈ケノ債権ノ部分ヲ中断スルト云フコトニナラナケレハナラヌ」、すなわち相殺・更改・免除の場合と同様に第一項がそのまま適用にならなければならない。ただ実際に改めることは整理のときにしたい。

土方寧（一九巻一二五丁表～裏）

今の説明だと文章が変わるだけでなく意味も変わってくるように思う。それよりも各債権者は時効にかかったために請求する権利はないが、どの点から見ても債権がなくなったものと見るべきではない。時効を中断して履行を得た債権者に対して利益の分割を求める求償権があることにするのが至当ではないか。

富井政章（一九巻一二五丁裏～一二六丁裏）

そのように改める考えではない。時効を中断しなかった債権者は請求はできなくなるが債権は全く失ったのではないといったあいまいなことになるのではない。ただ、時効を中断した債権者がその全部を自分が持切りにすれば不当利得になる。他の債権者は権利を失っているからこれを受取る権利はなく、この分は債務者に行く。すなわち、その利益は相殺・更改・免除の場合と同様、債務者に対して計算しなければならない。

議長（**西園寺公望**）（一九巻一二七丁表）

これはすでに決議された条であり、ここで再度議論すれば時間もかかるから今の起草委員の意見を記憶しておき、これに関する議論はすべて整理会でしていただきたい。

第一〇回民法整理会（**明治二八年一二月二七日**）

議長（**箕作麟祥**）（民法整理会議事速記録四巻四丁裏）

第四二五条（確定条文第四二九条・調査会原案第四三〇条）は「相殺」が消えているがどうか。

富井政章（同四巻四丁裏～五丁表）

本条は仮に旧民法のとおり相殺は当然行われるものと仮定して書いたが、後に相殺は「対当」して初めて効を生ずることとなったので、「対当」すれば弁済と同じことになるし、「対当」しなければそのような効力は生じないから相殺については書く必要はない。

長谷川喬（同四巻五丁表～裏）

時効の点を再考するはずではなかったか。

富井政章（同四巻五丁表～裏）

中断した債権者には全部を取らせておいて、懈けた方の債権者に対して債務者から求償するという方がよいように思う。

梅謙次郎（同四巻六丁表～裏）

時効の中断が請求によって生ずる場合には、本条の適用ではなく、前条（原案第四二九条・確定条文第四二八条）の適用によってその中断は他の者が一緒になしたのと同じ効力を生ずる。承認による中断の場合には、債務者は不可分債務即ち全部の債務を認めたのだから、その債権者から請求を受けたときは全部払うのが当然であり、債務者が他の債権者に向って償還を求めることはできない。甲債権者と乙債権者の関係については債務者は与り知らぬことであるから、その間で利益を分配すべきはずになっていれば分配する。

【民法修正案理由】

本条第一項ハ財産編第四百四十五条ニ字句ノ修正ヲ加ヘタルモノニ過ギズ、其相殺ニ関スル部分ヲ削リタル所以ハ本案ニ定メタル相殺ノ要件既成法典ニ定ムル所ト異ナルガ為メ之ヲ置クコトヲ必要トセザルニ在リ。

同編第四百四十六条ノ規定ハ不可分債務ノ性質ニ反スルモノト謂フ可シ。蓋シ各債権者ハ債権全部ニ付キ権利ヲ有スルモノニ非ズ、又固ヨリ其間ニ代理関係ノ存スルモノニ非ザルナリ。故ニ同条ヲ削除シ之ニ代フルニ本条第二項ヲ以テシタリ。

▽民法修正案理由書第三編第一章「第三章《ママ》多数当事者ノ債権」三頁（第四三〇条）。

（辻　正美）

第四三〇条　前条の規定及び次款（連帯債務）の規定（第四百三十四条から第四百四十条までの規定を除く。）は、数人が不可分債務を負担する場合について準用する。

第四三〇条　数人カ不可分債務ヲ負担スル場合ニ於テハ前条ノ規定及ヒ連帯債務ニ関スル規定ヲ準用ス但第四百三十四条乃至第四百四十条ノ規定ハ此限ニ在ラス

原案四三一条　数人カ不可分債務ヲ負担スル場合ニ於テハ連帯債務ニ関スル規定ヲ適用ス但別段ノ定アルトキハ此限ニ在ラス

【参照条文】

旧民法財産編

第四四一条（第四二八条の【参照条文】中に掲載）

第四四二条　義務ハ其性質ニ因リテ可分ナルモ左ノ場合ニ於テハ尚ホ当事者ノ意思ニ因リ受方ノミニテ不可分ナリ

第一　債務者ノ一人ノ処分権内ニ在ル特定物ノ引渡ニ関スルトキ

第二　債務者ノ一人カ債務ノ設定権原ニ因リテ独リ履行ニ任シタルトキ

右第一ノ場合ニ於テ数人ノ債権者アルトキハ其一人ノ債務者ハ此数債権者ニ対シテ同時ニ義務ヲ免カルル為メ其数債権者ノ訴訟参加ヲ要求スルコトヲ得

第四四四条第二項（第四二七条の【参照条文】中に掲載）

第四四七条　債務者ノ一人ハ他ノ債務者ノ負担ヲ加重スルコトヲ得ス又債務者ノ一人ニ対スル付遅滞ハ之ヲ以テ他ノ債務者ニ対抗スルコトヲ得ス

然レトモ債務者ノ一人ニ対抗スルコトヲ得ヘキ時効ノ中断又ハ停止ノ原因ハ之ヲ以テ他ノ債務者ニ対抗スルコトヲ得但債権者訴追ヲ受ケタル債務者ニ対シ時効ニ因リ義務ヲ免カレタル債務者ノ債務ノ部分ニ付キ計算ヲ為ス

第四四八条　債務者ノ一人ノ過失ニ因リテ不可分ノ義務ヲ履行スルコトヲ得サルトキハ損害賠償又ハ過怠約款ハ過失者ノミ之ヲ負担ス可分義務ノ全部ノ履行ヲ保スル為メ過怠約款ヲ設ケタルトキト雖モ亦同シ

旧民法債権担保編

第八六条　〔第四二八条の【参照条文】中に掲載〕

第八九条第一項　債務者ノ一人ニ対シテ時効ヲ中断又ハ停止スル原因ハ総債務ニ付キ他ノ債務者ニ対シテ中断又ハ停止ヲ生ス

第九一条　財産編第四百四十四条乃至第四百四十九条、第五百一条第四項、第五百六条第三項、第五百九条第一項、第五百十三条、第五百十五条第二項、第五百二十一条第四項、第五百三十六条及ヒ第五百三十七条第二項ノ規定ハ任意ノ不可分ニ之ヲ適用ス

債権者カ不可分ニテ義務ヲ負ヒタル債務者ノ代位ニ因リテ得ルコト有ル可キ担保ヲ滅失セシメ又ハ減少セシメタルトキハ其債務者ハ債権者ニ対シテ第七十二条ノ免責ヲ援用スルコトヲ得

フランス民法

第一二一七条　〔第四二八条の【参照条文】中に掲載〕

第一二一八条　〔同右〕

第一二二二条　分ツ可カラサル義務ヲ与ニ負フタル数人ハ縦令ヒ連帯シテ其義務ヲ契約セサル時ト雖𪜈各〻其義務ノ全部ヲ担当ス可シ

第一二二三条　分ツ可カラサル義務ヲ契約セシ者ノ遺物相続人ニ付テモ亦前条ト同一ナリトス

オーストリア一般民法

第八九〇条　〔第四二八条の【参照条文】中に掲載〕

オランダ民法

第一三三七条　〔フランス民法第一二二二条に同じ〕

第一三三八条　〔フランス民法第一二二三条に同じ〕

イタリア民法

第一二〇二条　〔第四二八条の【参照条文】中に掲載〕

第一二〇六条　連帯シテ以テ分割スルヿヲ得可カラサル起債ヲ結約セル共同負責主ハ仮令ヒ其責務ハ互相特担ヲ以テ約諾セルヿ無キモ各己ニ其起債ノ全額ヲ負担セサル可カラス

連帯ノ責務ヲ約諾セル共同負責主ノ承産者ニ関シテモ亦之ト同一ナリトス〔仏民第千二百二十二条第千二百二十三条〕

スイス債務法

第七九条　〔第四二八条の【参照条文】中に掲載〕

モンテネグロ財産法

第五二九条第一項　数人の債務者が不可分債務を負担する場合、全ての債務者は債務の全部の履行について責めを負い、債権者は任意の債務者一人に対して全部の履行を請求することができる。

第五三〇条　数人の債務者の一人が不可分債務を弁済したときは、債務者全員が免責される。これに対し、債権者の一人が適法に弁済を受領したときは、他の債権者は全員債権者でなくなる。

単独で弁済した債務者は、他の債務者に対して、自己が為した弁済をそれぞれの負担部分の範囲で尊重するように請求することができる。ただし、取引の性質又は債務者間の関係から別異に解すべきときは、この限りでない。

スペイン民法

第一一三九条　〔第四二八条の【参照条文】中に掲載〕

第一一五〇条　債務者の一人がその義務に違反したときは、共同の不可分債務は損害賠償債務となる。自己の負担部分を履行しようとする共同債務者は、その債務の内容をなす代価又は給付を超える部分については、損害賠償義務を負わない。

第一一五一条　〔第四二八条の【参照条文】中に掲載〕

ベルギー民法草案

第一二一七条　〔同右〕

第一二一八条　〔同右〕

第一二二〇条　不可分債務を共同で負担した者は、それぞれ債務の全体に対して責任を負う。

不可分債務を共同で負担した者の相続人に対しても前項の規定を適用する。

第一二二一条　債権者は、不可分債務の全ての債務者を、その持分につき訴追し、又は各債務者に対して債務の全体につき履行を求めることができる。

債務者の一人のみが裁判上の請求を受けた場合、その者は、他の債務者を訴訟に参加させるための期間を請求することができる。各債務者はその持分につき有責判決を受けるが、債務の全体につき履行をしなければならない。但し、他の債務者の債務を履行した者の申立てがある場合を除く。

債務が、債権者より指定された債務者の一人によるのでなければ履行され得ない性質を有する場合、この債務者は、申立てを行わない限り、債務の全体について有責判決を受ける。

ドイツ民法第一草案

第三四〇条　債務関係ニ於テ数人ノ債務者カ分割スルコトヲ得サル給付ノ義務ヲ負担スルトキハ各債務者ハ給付ノ全部ヲ履行スルコトヲ要ス右ノ債務関係ニ付テハ共同債務関係ニ関スル規定ヲ適用ス

ドイツ民法第二草案

第三七三条　数人カ分割スルコトヲ得サル給付ノ義務ヲ負担スルトキハ共同債務者トシテ其責ニ任ス

【審議順序の変更】

富井政章（一九巻四〇丁裏）

本条は原案第四四八条即ちこの甲第二一号議案の一番終わりの条の運命にかかり、もし此条が削除になれば本条も変わって来るので本条は一番仕舞いに審議願いたい。

第六二回法典調査会（明治二八年二月一二日）

【別の原案提出】

富井政章（一九巻一五二丁表～一五二丁裏）

第四三八条（注）が削除になったので、第四三一条について別の原案を提出する。

第四三一条　数人カ不可分債務ヲ負担スル場合ニ於テハ前条ノ規定及ヒ連帯債務ニ関スル規定ヲ準用ス但第四百三十五条乃至第四百四十一条ノ規定ハ此限ニアラス

【起草趣旨】

富井政章（一九巻一五二丁裏～一五三丁表）

不可分債務というものは目的物が不可分であるために自己について全部の請求を許すのであって、債務者間に代理の関係があるのでもなく、また連帯債務者のように一人をあたかも全部の債務者と看做すべき性質のものでもない。それゆえに、その一人について生じた事項はどこまでも第四三〇条の規定に従う外は他の債務者に対して効力がないということにしなければならない。また連帯債務の規定に関することでは、その一人について生じた事項が他の債務者に対して効を生ずるという規定を除く外は不可分債務者にも適用があるということにしなければならない。すなわち、効を生ずるという規定ではなく、効を生じないという規定にならなければならない。

▼別段の発議なく右原案どおり確定（一九

巻一五三丁表）。

（注）　原案第四四八条の誤りか。

【民法修正案理由】

債務者数人アル場合ニ於テハ目的ノ不可分ナルヨリシテ履行ニ関シテハ債権者ヲシテ各債務者ニ対シ全部ノ請求ヲ為スル《ママ》コトヲ得セシムルコト必要ナリト雖モ、債務者相互ノ間ニハ代理其他連帯ノ場合ニ於ケル如キ関係ノ存スルモノニ非ズ。故ニ本条ヲ以テ其一人ニ付キ生ジタル事項ハ他ノ債務者ニ対シテ効力ヲ生ゼザルコトヲ明示スルノ必要アルナリ。

▽民法修正案理由書第三編第一章「第三章《ママ》多数当事者ノ債権」四頁（第四三一条）。

（辻　正美）

第四三一条　不可分債権が可分債権となったときは、各債権者は自己が権利を有する部分についてのみ履行を請求することができ、不可分債務が可分債務となったときは、各債務者はその負担部分についてのみ履行の責任を負う。

第四三一条　不可分債務カ可分債務ニ変シタルトキハ各債権者ハ自己ノ部分ニ付テノミ履行ヲ請求スルコトヲ得又各債務者ハ其負担部分ニ付テノミ履行ノ責ニ任ス

原案第四三二条　確定条文に同じ

【参照条文】

スイス債務法

第八〇条　不可分給付が可分給付、例えば損害賠償債務に変じたときは、各債権者は自己の部分のみを請求することができ、各債務者は自己の負担部分のみを履行する義務を負う。

モンテネグロ財産法

第五三一条　不可分債務が金銭債務に変じたとき又は合意された履行に代えて損害賠償が給付されるときは、債務はこれによって可分となる。反対の条項がない限り、各債務者にはその負担部分のみを請求することができ、各債権者は自己の持分の弁済のみを請求することができる。

スペイン民法

第一一五〇条　〔第四三〇条の【参照条文】中に掲載〕

ドイツ民法第一草案

第三四一条　分割スルコトヲ得ヘキ給付殊ニ価格賠償又ハ損害賠償カ分割スルコトヲ得サル給付ニ代ハルトキハ各債権者ハ自己ノ部分ノミヲ請求スル権利ヲ有シ各債務者ハ自己ノ部分ノミヲ履行スル義務ヲ負担ス

【起草趣旨】

富井政章（一九巻四一丁表）

旧民法は不可分債務について随分詳しい規定を置いているが本条の規定はない。もと不可分債務であったものが可分債務になった場合、例えば、不履行から損害賠償の義務となった場合には、理論上随分疑いが起こり得るので本条を置くことにした。

【主要審議】

一　負担部分について

土方寧（一九巻四一丁表）

参照条文中でドイツ民法草案の第一読会のがあって第二読会の方は抜けているが、これは言わなくても分っているという考えか。

富井政章（一九巻四一丁裏）

そのとおり。全く反対の主義を採ったということではない。

土方寧（一九巻四一丁裏～四二丁裏）

甲乙が丙丁から馬一頭を買う約束をしたところ、丙丁の過失で馬が死んだ場合に、損害額が一〇〇円とすると、甲乙は五〇円ずつ請求でき、他方、丙も丁も五〇円しか払う義務はない。この場合、甲から丙に請求できるのは五〇円か、それとも二五円か。

富井政章（一九巻四二丁裏～四三丁表）

原案第四二八条（確定条文第四二七条）は広い規則であり債権者にも債務者にも適用がある。従って一人の債権者は一人の債務者に対して半分の半分しか請求できない。

二　本条削除説

磯部四郎（一九巻四三丁表～四四丁裏）

任意の意思による不可分の場合は、性質上はもともと可分である。従って本条は性質上不可分のものにしか適用されないとなると、あるいは無用ではないかという疑問がある。すなわち不可分債務者の中の一人の不注意によって性質上不可分の目的物が破壊された場合に、この条文では、債権者は責任のない債務者に対しても自己の部分だけ損害賠償を請求できるような誤解を生じはしないか。

富井政章（一九巻四四丁裏～四五丁裏）

原案第四四八条（本書二六三頁参照）がこのまま通ると「前ノ条文ノ連帯債務ノ規定ヲ適用スルト云フコトニナル」ので、一人の過失によって履行の不能を来したときには、その賠償の責任は他の者には及ばないということになる。もし第四四八条が削除になれば、原案第四三一条（確定条文第四三〇条）が原案第四三〇条（確定条文第四二九条）第二項を準用することになろうから、やはり一人の過失の責任は他の者に及ばない。それゆえに、不可分債務者の一人の過失によって履行の不能を来した場合には、損害賠償はその一人に限って存在することになる。結局本条の適用があるのは、履行の不能を来たした過失が皆にある場合である。

磯部四郎（一九巻四五丁裏～四六丁表）

不可分債務が変じて可分債務となったときには原案第四二八条が当てはまることは明らかであるし、今富井委員が説明したような理屈は余程前後を見ないと分らない。本条があると却て後に困難を感じさせるだけのことにしかなるまいと思うので、本条を削除する説を提出する。

▼本条削除説には賛成者なく原案どおり確定（一九巻四六丁裏）。

【民法修正案理由】

既成法典ニ於テハ不可分債務ニ関シテ詳細ナル規定ヲ設ケタルニ拘ハラズ本条ノ規定アルヲ見ズ。然レドモ不可分債務ガ可分債務ニ変ジタルトキ即チ例バ損害賠償ヲ為スベキ債務ニ変ジタルガ如キ場合ニ在リテハ、当初不可分債務タリシ為メ或ハ疑議ヲ生ズル恐ナキニ非ラザルヲ以テ本条ノ規定ヲ設ケタリ。

▽民法修正案理由書第三編第一章「第三章《ママ》多数当事者ノ債権」四頁（第四三二条）。

（辻　正美）

第三款　連帯債務

【起草趣旨】

富井政章（一九巻四六丁裏～五〇丁表）

(1)　連帯債権、全部義務の規定の削除

旧民法は債務者間の連帯とともに債権者間の連帯を認めているが、後者は実際には[注1]ほとんど行われないから、予決問題の議事で決めた通り規定を置かないことにした。

旧民法は、債務者の連帯のほかに全部義務を認めている。連帯の場合は、債務者間に代理関係があり、一人の行為、一人について生じた事由が利益・不利益を問わず他の債務者に対して効力を及ぼすが、全部義務については代理関係がないからそのような効果が生じない。しかし、全部義務については、予決問題の議事で決めたとおり規定を置かないことにした（一九巻四六丁裏～四七丁表）。

(2)　代理構成の否定

旧民法は債務者間に代理関係があることを基礎としているが、そうすると例えば、一人の過失で履行不能となった場合、その賠償の責任が総債務者にあるというような、酷な結果に至る。もっともフランスの一般の学者は、負担を重くすることについては代理関係がなく、利益となること、義務を保存することについてだけ代理関係があると区別するが、結果から代理関係の有無が決まるようなことは穏かでない。代理関係ありとする以上、旧民法は論理を貫いていると思う。

しかし連帯債務者間に代理関係ありということを基礎にするのは当を得ない。一人の過失の責任が債務者全部に及ぶというところまで相互に代理するということは、普通当事者の意思にないことである。「是ハ或ハ羅馬ノすびらーしよんノ考ヘガ今日迄残ツテ居ルノデハナカラウカト思フ」。

最近の立法例・学説は、代理構成を採らないように思われる。しかし連帯債務者の一人について生じた事由が他の債務者に対して全く効力がないとするのも不便である。本案は、法律が代理を根拠とすることをせず、個々の規定によって、ある事柄についてはその効力が他の債務者に及ぶ、という主義を採る。これは当事者の通常の意思を推測して規定するものであり、あたかも法律が契約の雛型を作ったようなものであって、反対の特約は許される。

本案は代理構成を採らないことにしたが、それは「法律ガ自ラ代理ダト云フテ係ルコトヲ止メタ」だけであって、学者が後に解釈論として「規定ノ上カラ一種ノ狭イ代理関係ガアル」と主張することを妨げるものではない[注2]（一九巻四七丁表～四八丁裏）。

(3)　削除条文

担保編第五一条は、当事者が数人いる場合に債務が連帯たりうるということを定めただけであって、もとより必要がない。

担保編第五二条第一項は、代理構成を掲げたものであって本案では採らない。第二項は連帯の原因を掲げただけであるから削除した。第三項は「連帯ハ之ヲ推定セス」という規定であるが、これは本案第四二八条（確定条文第四二七条）により自明であるから削除した。

担保編第五三条は、連帯は同一の行為、時、場所において契約する必要がないこと、また異なる態様を以て負担しうることは争いのないところであるから削除した。

担保編第七二条は、債権者が連帯債務者の一人から供せられた担保を滅失、毀損した場合、他の債務者は担保を供した者の部分について連帯の義務を免れるという規定である。――旧民法では財産編第五一二条あたりの債務の免除のところに規定があって、連帯債務者の一人又は保証人のような者が弁済をしたが、担保をなくされたために代位できなかった場合の、債権者に対する制裁を定めている。――これを本款から削除したのは、代位弁済のところにでも広い規定にして置いたら良い(注3)と考えたためであって、実質が悪いという趣旨ではない(一九巻四八丁裏~五〇丁表)。

▼表題について発議なし。

(注1) この議論がどこでなされたか、確認しえない。

(注2) 削除された条文は次のとおりである。

旧民法債権担保編

第五一条　義務ノ目的単数ナルモ主タル当事者トシテ之ニ関係スル人複数ナルトキハ其義務ハ財産編第四百三十八条ニ指示シ且下ノ二節ニ記載スル如ク受方又ハ働方ニテ連帯タルコト有リ

第五二条　債務者間ノ連帯即チ受方連帯ハ共同債務者ヲシテ其共通ノ利益ニ於テモ債権者ノ利益ニ於テモ相互ニ代人タラシム

此連帯ハ合意、遺言又ハ法律ノ規定ヨリ生ス

連帯ハ之ヲ推定セス如何ナル場合ニ於テモ明示ニテ之ヲ定ムルコトヲ要ス但不可分ニ関シ第八十八条ニ記載シタルモノハ此限ニ在ラス

第五三条　数人ノ債務者ノ連帯義務ハ同一ノ行為ヲ以テ又同時、同所ニ於テ之ヲ契約スルコトヲ要セス但其義務ノ目的及ヒ原因ハ同一ナルコトヲ要ス

又連帯債務者ハ別異及ヒ不均一ノ体様又ハ負担ヲ以テ責ニ任スルコトヲ得

第七二条　債権者カ連帯債務者ノ一人ヨリ供シタル担保ニシテ他ノ債務者ノ弁済シテ代位スルコトヲ得ヘキモノノ全部又ハ一分ヲ毀損シ又ハ滅失セシメタルトキハ他ノ債務者ハ其担保ヲ供シタル者ノ部分ニ付キ連帯ノ義務ヲ免カレント請求スルコトヲ得

右ノ請求ニ因リテ宣告シタル免責ハ連帯ノ任意免除ト同一ノ効力ヲ有ス

(注3) 確定条文第五〇四条参照。

【その後の経緯】

第九回帝国議会衆議院民法中修正案委員会において、代理構成を否定する理由をあらためて尋ねる質問が出された。梅委員は、連帯関係さえ約束すれば、旧民法(債権担保編第五九条、第六一条)のように絶対の代理があって、裁判においても時効停止等についても自白についても代理があるとする意思があると見るのは疑問であるという理由を述べた(廣中俊雄編著『第九回帝國議會の民法審議』二一八頁)。

【民法修正案理由】

既成法典ハローマ法以来ノ立法例ニ倣ヒテ債権者間ノ連帯ト債務者間ノ連帯トヲ認メタリ。然レドモ債権者間ノ連帯ハ実際ニ於テ殆ド其適用ヲ見ザルヲ以テ、特ニ之ニ関スル規定ヲ置カズ。故ニ本款ハ題シテ連帯債務ト云ヒ、以テ債務者間ノ連帯ヲ規定シタリ。又既成法典ニ於テハ全部義務ナルモノヲ認メタリト雖モ、是レ主トシテ連帯債務者間ニハ代理関係アリトスル主義ヲ採リタル為メ別ニ斯ノ如キ一種ノ債務ヲ認ムルノ必要ヲ感ジタルモノナラン。然ルニ下ニ述ル如ク本案ニ於テハ連帯ニ付キ此主義ヲ採ラザリシヲ以テ、更ニ全部義務ト称スル如キモノヲ認ムル必要ヲ見ズ。故ニ本案ニ於テ之ニ関スル規定ヲ削除セリ。

既成法典ハ連帯債務者間ニ代理ノ関係アルモノトシテ広ク其結果ヲ認メタリ。即チ例ヘバ一人ノ連帯債務者ノ過失ニ付テモ他ノ連帯債務者ハ其責ニ任ズ可キモノトシタル如シ。然レドモ此ノ如キハ過失責任ノ原理ニ悖リ、且ツ当事者ノ意思ニ反スルモノニシテ、近来ノ立法例ハ代理関係ヲ認メザルノ主義ニ傾ケリ。故ニ本案ニ於テモ亦タ此主義ヲ採用シ代理関係ノ存在ヲ認メズ。然リト雖モ連帯債務者ノ一人ニ付キ生ジタル事項ハ他ノ連帯債務者ニ対シテ毎ニ其効ナシトスルコト其当ヲ得ザルヲ以テ、或場合ニ於テハ連帯債務者ノ一人ニ付キ生ジタル事項ト雖モ他ノ連帯債務者ニ対シテ其効

ヲ生ズベキモノトナセリ。要スルニ本案ニ於テハ連帯債務者間ニ代理関係ノ存スルコトヲ云ハズシテ、唯実際ノ必要アル場合ニ限リ、連帯債務者ノ一人ニ付キ生ジタル事項ノ他ノ連帯債務者ニ効ヲ及ボス可キコトヲ規定シタリ。然レドモ当事者ノ契約ヲ以テ本案ノ主義ト異リタル結果ヲ生ゼシムルコトヲ得ルハ勿論ナリトス。

債権担保編第五十一条ハ之ヲ置クノ必要ナク、同第五十二条第一項ハ連帯債務ノ性質ヲ掲ゲ債務者間ニ代理ノ関係アルコトヲ示シタルモノトナリト雖モ、本案ニ於テハ已《ママ》ニ述タルガ如ク斯ル思想ヲ以テ立法ノ根拠トナサザルガ故ニ、共ニ之ヲ削レリ。同条第二項ハ連帯債務ノ原因ヲ示シタルノミニシテ之ヲ置クノ必要ナク、同第五十三条ハ殆ド疑ナキ規定ナルヲ以テ均シク之ヲ削除シタリ。同第七十二条ノ規定ハ連帯債務ニ付キテノミ之ヲ適用ス可キモノニ非ズ、保証債務ニ付キテモ此ノ如キ規定ヲ採用セザル可ラズ。要スルニ同条ノ規定ハ、連帯債務者ノ一人ガ代位ヲ妨ゲラレタル場合ニ於ケル債権者ニ対スル一ノ制裁ナルヲ以テ、代位弁済ノ規定トシテ之ヲ掲グルヲ至当トス。

▽民法修正案理由書第三編第一章第三章《ママ》「第三款連帯債務」一〜二頁。

（高橋　眞）

第四三二条　数人が連帯債務を負担するときは、債権者は、その連帯債務者の一人に対し、又は同時に若しくは順次にすべての連帯債務者に対し、全部又は一部の履行を請求することができる。

第四三二条　数人カ連帯債務ヲ負担スルトキハ債権者ハ其債務者ノ一人ニ対シ又ハ同時若クハ順次ニ総債務者ニ対シテ全部又ハ一部ノ履行ヲ請求スルコトヲ得

原案第四三三条　確定条文に同じ

【参照条文】

旧民法債権担保編

第五四条　数人ノ連帯債務者ヲ有スル債権者ハ其訴追セント択ミタル債務者ニ対シ唯一人ノ債務者ニ於ケル如ク且其債務者ヨリ検索又ハ分別ノ利益ノ抗弁ヲ受クルコト無ク義務全部ノ履行ヲ要求スルコトヲ得

　又債権者ハ皆済ヲ受クルニ至ルマテ同時又ハ順次ニ総債務者ヲ訴追スルコトヲ

得

第五五条　各債務者ハ訴ヲ受ケタルト否トヲ問ハス連帯債務全部ノ弁済ヲ受クルコトヲ債権者ニ強要スルコトヲ得

明治六年二四七号告訴答文例

第二五条　負債主連名ノ借用証文ヲ以テ貸渡シタル米金等ノ訴状ハ連名ノ人数ヲ尽ク相手取ル可シ

明治二〇年五月一二日横浜始審裁判所判決

（本条末尾【資料】参照）

明治二二年四月二七日大審院民事第二局判決（同右）

明治二三年一二月二日同院民事第二局判決

（同右）

フランス民法

第一二〇〇条　義務ヲ行フ可キ数人同一ノ義務ヲ行フ可ク又其数人中ノ各人義務ノ全部ヲ行フ可キノ訴ヲ受ク可ク且其数人中ノ一人其義務ノ全部ヲ行フニ因リ其他ノ各人義務ノ釈放ヲ得可キ時ハ其義務ヲ行フ可キ数人相連帯シタルモノトス

第一二〇三条　義務ヲ得可キ者ハ連帯シテ義務ヲ行フ可キ数人中自己ノ択ム所ノ者ニ其義務ノ全部ヲ行ハシム可キ求メヲ為スヿヲ得可ク義務ヲ行フ可キ者ハ其義務ヲ数人ニ分テ之ヲ行フ可キヿヲ述フ可カラス

第一二〇四条　義務ヲ得可キ者ハ連帯シテ義務ヲ行フ可キ者ノ中一人ニ対シ訴訟ヲ為スト雖モ亦其義務ヲ行フ可キ他ノ者ニ対シ訴訟ヲ為スノ妨ナシ

第一二三六条第一項　義務ハ本人ニ非スト雖モ本人ト与ニ之ヲ行フ可キ者又ハ本人ノ保証人等ノ如ク総テ其義務ニ管シタル者之ヲ尽クスヿヲ得可シ

オーストリア一般民法

第八九一条〔第四二七条の【参照条文】中に掲載〕

オランダ民法

第一三一六条〔フランス民法第一二〇〇条に同じ〕

第一三一九条〔フランス民法第一二〇三条に同じ〕

第一三二〇条〔フランス民法第一二〇四条に同じ〕

イタリア民法

第一一八六条　数個ノ負責主ハ其各人ニ負債全額ノ弁償ヲ要求セラル、如ク一個ノ物件ニ向テ責務ヲ負担シ而シテ其一人ノ為シタル弁償ハ以テ責主ニ対スル他ノ共同負責主ノ責務ヲ解卸セシムル者タルニ於テハ則チ其責務ハ共同負責主ノ間ニ於テスル互相特担ノ者ト為ス〔仏民第千二百条〕

第一一八九条　各責主ハ其択定スル所ニ随テ各負責主中ノ一人ニ向テ弁償ヲ要求スルヿヲ得可ク而シテ其負責主ハ責務ヲ分割スルノ利益ヲ把執シテ之ト対抗スルヿヲ得可カラス〔仏民第千二百三条〕

第一一九〇条　責主カ各負責主中ノ一人ニ向テ為シタル弁償ノ要求ハ以テ他ノ各責主ノ保有スル同様ノ訟権ヲ剝褫スルヿ無シ〔仏民第千二百四条〕

第一二三八条第一項[注1]　責務ハ其責務ニ関スル一切ノ人例之ハ共同負責主若クハ保人カ弁償ヲ為スニ因テ消滅ニ帰セシムルヿヲ得可シ〔仏民第千二百三十六条〔第一項〕〕

ポルトガル民法

第七五二条　複数の連帯債務者が存する場合には、全ての債権者は、債務者全員に対して同時に、又は債務者の一人のみに対して、給付を請求することができる。請求を受けた債務者は分割の利益を対抗することができない。

第七五三条　連帯債務者の一人に対して、為されるべき給付の全部又は一部を請求した債権者は、請求を受けた債務者が弁済不能に陥った場合であっても、他の債務者に対して裁判上の請求をする権利を失わない。

スイス債務法

第一六三条　債権者はその選択により、全ての連帯債務者若しくは一人の連帯債務者に対し、全部若しくは一部を請求することができる。後者の場合においても、全債務者は、債権全部が弁済されるまで依然義務を負う。

モンテネグロ財産法

第五五六条第一項　一個の債務につき複数の連帯債務者が存在する場合、債権者は、弁済を請求する債務者を自由に選択することができる。債権者は、債務者の一人に請求することも、全員に請求することもできる。債権者が債務者の一人を選択し、その者から一部の弁済を受けたときであっても、残余の弁済に関する債権者の選択権は何ら制限を受けない。

第九三七条第二項　債務者は、各人が自己の負担部分についてだけではなく、一人の債務者だけが義務を負っているかのように債務全体に対して責めを負うとき、又は債務者の一人によってなされた弁済が他の全ての債務者を免責するときに、連帯する。そのような債務者は、一般に、各人が全員のために、かつ全員が各人のために義務を負う、と言われる。

スペイン民法

第一一四四条　債権者は、連帯債務者の一人に対してのみ、又は全員に対して同時に、請求を為すことができる。債務者の一人に対して開始された裁判上の請求は、債権者が債務全部の弁済を受けない限り、後に債権者が他の債務者に対して裁判上の請求をすることを妨げない。

ベルギー民法草案

第一二〇三条　共同債務者が連帯して債務を負う場合とは、各共同債務者を全部につき強制し、かつ、一人の弁済により他の共同債務者が債権者との関係で責めを免れるような形で、同一の物を給付する義務を合意又は法律によって負う場合をいう。

第一二〇六条　連帯債務の債権者は、任意に債務者を選んで履行を請求することができる。この場合、当該債務者は分割の利益を主張できない。

裁判上の請求を受けた債務者は、共同債務者に対する求償についての判断を求めるためであっても、その訴訟参加を請求することはできない。

債務者の一人に対する裁判上の請求は、債権者が他の債務者に対して同一の請求をすることを妨げない。

ドイツ民法第一草案

第三二四条　共同債務者数人アルトキハ債権者ハ自己ノ選択ニ従ヒ総債務者又ハ其二三人若クハ一人ヨリ給付ノ全部又ハ其一部ヲ請求スルコトヲ得又弁済アルマテハ右ノ選択ヲ変更スルコトヲ得

ドイツ民法第二草案

第三六四条　給付カ一度ニ之ヲ為サヽルヘカラサル場合ニ於テ多数債務者ノ各債務者カ給付ノ全部ヲ履行スヘキ義務ヲ負担スルトキハ（共同債務者）債権者ハ随意ニ各債務者ニ対シ給付ノ全部又ハ其一部ノ履行ヲ請求スルコトヲ得又給付ノ全部カ履行セラルルマテハ総債務者ハ尚ホ其義務ヲ負担ス

（注1）速記録および民法第一議案には一二三六条一項とされているが、イタリア民法第一二三六条第一項は「責務銷滅ノ方法」の規定であり、誤記であると思われる。

【起草趣旨】

富井政章（一九巻五〇丁裏～五一丁裏）

(1)　本条の趣旨

本条は債権担保編第五四条の文章を簡単にしただけである。これは連帯の性質並びにその主な効力として各国の法律に認められるところである。「唯其我国ノ今日ノ実際ニ於テハ訴答文例第二十五条ヲ改メマシテ実際判決例ガ区々ニナツテ居リマス余程不都合ヲ生ジテ居ルヤウニ見エマスカラ」明文で決めておいた。連帯の原因（貸借、売買等）を問わないこと、更に一人に対して全部又は一部を請求でき、また同時に又は順次に総債務者に請求することもできるということを明らかにする必要があり、ここに規定した。

(2)　削除条文

債権担保編第五五条は「各債務者ハ訴ヲ受ケタルト否トヲ問ハス連帯債務全部ノ弁済ヲ受クルコトヲ債権者ニ強要スルコトヲ得」とするが、これは当然のことである。

債権担保編第五六条(注2)は連帯債務者の延期抗弁、すなわち連帯債務者の一人が訴を受けた場合、他の債務者を参加させるから訴を止めて待てと言うことができるという規定である。しかしこれは、どの債務者にも全部の請求ができるという連帯の性質にも合わず、債権者にとって迷惑である。連帯債務者はいつでも訴訟に参加できるのだから、それで充分である。従って実質変更の意味でこれを削る。

(注2)　旧民法債権担保編

第五六条　連帯債務者ニシテ債務ニ於ケル全部又ハ自己ノ部分ヨリ多額ニ付キ訴ヘラレタル者ハ共同債務者ヲ訴訟ニ召喚シ附帯ノ担保方法ヲ以テ其債務者ヲシテ答弁又ハ弁済ヲ担任セシムル為メ必要ナル期間ヲ請求スルコトヲ得但債権者ニ対シテハ訴追ヲ受ケタル債務者ノミ其対手人タル可シ

共同債務者ハ亦其利益保護ノ為メ任意ニ自費ヲ以テ訴訟ニ参加スルコトヲ得

【主要審議】

一　異なる「体様」の債務負担について

土方寧（一九巻五一丁裏～五二丁表）

表題の説明では債権担保編第五三条第二項は書かないでもわかるとのことであったが、私にはよくわからない。「連帯債務ノ場合ニハ是ハ無論関係ハ沢山アルト云フ御考ヘデアリマセウカ」。

富井政章（一九巻五二丁表）

フランスにおいてもドイツにおいても、連帯債務につき債務単数説と複数説とがあるが、どちらの主義を採っても債権担保編第五三条に規定されていることは認められる。債務が一つだとしても、その債務を各々が、その体様を変えて負担することは妨げないとされる。

土方寧（一九巻五二丁表～裏）

私は「義務ノ体様」ということがよく分らないのである。

富井政章（一九巻五二丁裏）

つまり、ある者は条件・期限なしで、ある者は条件付で、ある者は期限付で負担するということである。これは単数説の学者も認めるところであって、これを認めたからといって複数説を採ったことにはならない。

二　履行請求の相手方の選択

奥田義人（一九巻五二丁裏～五三丁表）

「債務者ノ一人ニ対シ又ハ同時若クハ順次ニ総債務者ニ対シテ」とあるが、債務者が四人ある場合、そのうち二人を相手取って訴えることができるか。

富井政章（一九巻五三丁表）

「一人」と書いておいた場合には二人を同時に相手取ることができない、という解釈を採るとするなら、本款の条文を皆直さなければならない。

磯部四郎（一九巻五三丁表）

第四二九条と同じく「各債務者」とした

らどうか。

富井政章（一九巻五三丁表）

「各」というと、いずれか一人というように聞こえる。

山田喜之助（一九巻五三丁表）

「一人若クハ数人ニ対シ」としてはどうか。

富井政章（一九巻五三丁表〜裏）

そう書くとどこも皆そうしなければならない。二人ならば反対の結果になるというような解釈はまさか生じまい。

▼本条は修正案なしとして原案どおり確定（一九巻五三丁裏）。

【民法修正案理由】

本条ハ債権担保編第五十四条ニ字句ノ修正ヲ加ヘタルモノニ外ナラズ。今諸国ノ立法例ヲ見ルニ、本条ニ規定スルガ如キ連帯ノ効力ヲ認メザルモノナシ。唯我訴答文例ニハ之ニ反スルノ条項アルノミ。

債権担保編第五十五条ノ規定ハ言フヲ俟タザルノミナラズ、弁済ニ関スル規定アルガ為メ特ニ之ヲ設クルノ必要ナシ。同第五十六条ハ之ヲ置クノ必要ヲ見ズ。蓋シ連帯債務者ヲシテ延期抗弁ヲ有セシムルコトノ果シテ至当ナルヤニ付テハ大ニ疑ナキ能ハズ。又同条第一項末文ニ所謂訴ヲ受ケタル連帯債務者ノ一人ガ被告タルコトハ、明文ヲ俟タズシテ明ナル所ナルベシ。其第二項ハ民事訴訟法ノ規定アルガ為メ重複ニ亘ルモノト謂フ可シ。要スルニ原文ノ如キハ手続法ニ定ムベキ事項ナルヲ以テ之ヲ削レリ。

▽民法修正案理由書第三編第一章第三章《ママ》「第三款連帯債務」一二頁（第四三三条）。

【資料】

◎明治二十年五月十二日横浜始審裁判所判決（注3）

横浜始審裁判所明治廿年第八十号売掛代金請求件　明治廿年五月十二日裁判言渡

小峰又右衛門対阪野忠兵衛　原告代言人矢野義祐

被告代言人海老塚太郎橘

抵当保証付ノ取引ニ付テハ之ヨリ生スルノ義務先ツ抵当物ニ従フ其之ナキ取引ヨリ生シタル権利ハ取引シタル人ト当時其人ノ所有セシ財産トニ追従スル者ニシテ独リ其人ノ入籍アリシ無形人タル家ノ負担ニアラス

取引ニ因リ生シタル連帯義務ハ借用證文ニ基ク者ト異ナリ連帯義務者悉皆ヲ訴フルト其誰ヲ訴フルトハ権利者之ヲ択フ権利アリ

原告ハ曽テ被告ニ売渡シタル乾物ノ売掛代金ヲ請求セシニ被告ハ其乾物ヲ買受ケシハ被告ノ尚渡邊家ニ在リシ時ナリ今ヤ被告ハ渡邊家ヲ離別シタレハ右売掛代金ハ渡邊家ノ負債ニシテ被告ノ仕払フヘキ者ニアラスト答ヘタリ

中橋判事ハ本訴ノ争点ハ物品取引ヨリ生スル金銭上ノ義務ハ取引人其人ニ属スル者ナルヤ将タ取引人カ取引ノ当時戸主タリシ所ノ家ニ属スル者ナルヤニ在リ蓋シ抵当物ノ属スル取引ニ付テハ其抵当物ヲ信用シテ取引スルモノナレ圧抵当保証アラサル取引ニ付テハ其人並ニ其財産ヲ目的トスル者ナレハ其義務ハ其人並ニ其財産ニ付従スル者ナリ本訴所争義務ノ如キ亦タ其取引人即チ被告并ニ被告カ取引ヲナセシ当時所有セシ財産ニ付従スルモノニシテ彼無形人タル渡邊家ノ負担タルヘキモノニアラスト認定セサルヲ得ス既ニ取引人及ヒ其財産ニ付従スル以上ハ本訴ノ義務ハ被告并ニ被告カ取引ノ当時所有セシ財産ヲ相続シタル者即チ渡邊家ノ相続人ニ於テ連帯ニテ之ヲ負担弁償スヘキノ義務アル者トス此種ノ連帯義務タル借用証文ヨリ生シタル連帯義務ニアラサレハ渡邊家ノ相続人ヲ訴フルト被告ヲ訴フルト将タ二者共ニ之ヲ訴フルトハ原告ノ択フ

所ナリトス故ニ本訴請求ノ金員ハ被告之ヲ弁償スヘシト言渡シタリ

◎明治二十二年四月二十七日大審院民事第二局判決

明治廿一年第百八拾八号

裁判言渡書

上告人　新潟県越後国中頸城郡稲葉村二番地平民農
草間新十郎

被上告人　新潟県越後国中頸城郡高田上小町平民雑商
廣瀬新八郎

仝　仝県仝国仝郡高田呉服町平民雑商
近藤佐太郎

代言人　東京府武蔵国京橋区北槇町拾四番地寄留新潟県士族
池田有恒

被上告人　新潟県越後国中頸城郡高田上小町平民雑商
池内文吉

右草間新十郎ヨリ池内文吉外二名ニ係ル動産昏入質貸金催促事件ニ付東京控訴院カ言渡シタル裁判ヲ不法トシ草間新十郎ヨリ上告シタルニ依リ之ヲ審理スルニ

上告人陳述ノ要領ハ左ノ如シ

第一条

原判文ニ「抑モ控訴人カ甲第一号証ニ明記アル償却方法ノ手続ヲ了リタル末猶鑿坑会社ヲ無限責任ト信シ株主等ニ係リ残額ヲ請求セントナラハ訴答文例第二十五条ノ例ニ基キ甲第七号証ノ株主等一同ニ係リ更ニ詞訟ヲ提起スヘキ筈ナルニ其株主数十名ノ中ヨリ僅ニ三名ノ者ノミニ対シ該会社ノ義務ヲ弁償セシメントスルハ被控訴人カ申立ル如ク訴答文例ニ違フタル詞訟ナリトス」ト判示シアリ是レ上告人カ擬律ノ錯誤ニ係レル裁判ナリト信シ本上告ヲ提起シタル所以ナリ訴答文例第廿五条ヲ捧読スルニ負債主連名ノ借用証文ヲ以テ貸渡シタル米金等ノ訴状ハ連名ノ人数ヲ尽ク相手取ル可シ」トアリ今該法文ノ正義ヲ案スルニ米金等ノ借主連名ニテ借用証文ヲ作リ差入レタルモノヲ訴フルニハ連名ノ者一同ヲ相手取ル可シトノ意義ニ外ナラサランカ然レハ則チ右第廿五条ノ法文ハ単ニ借主連名ノ証文ニ限ルモノナルヿ明ナリ故ニ連名ノ預リ主又ハ会社株主ニ掛リ訴フル場合ハ右第廿五条ノ外タルヿ論ヲ俟タス今本件甲第一号証ハ鑿坑会社担当人ノ署名ニ止ルヲ以テ上告人ハ先ツ社長ヲ相手取リ廿年四月廿三日ヲ以テ高田始審庁ヘ起訴シ財産公売ヲナシ不足金アルヲ以テ鑿坑会社ノ株主中被上告人等三名ニ係リ弁償ヲ求メタル義ナレハ被上告人等ハ固ヨリ借用証文ニ連名シアルニ非ス随テ右第廿五条ニ適当スル証文ニ非サルナリ然ルニ原裁判所カ右ノ如ク訴答文例第廿五条ニヨリ株式等一同ニ係ルヘキモノト裁判シタルハ擬律ヲ錯誤セル不法ノ裁判ナリ之レヲ上告ノ第一論点トス

第二条

権利者ハ連帯義務者中ノ一人若クハ数人ニ義務ノ全部ヲ得ントノ求メヲ為スヲ得ルヿハ法ノ原則ナリ然レハ則チ本件ノ如ク訴答文例第廿五条ニ適当セサルモノナル以上ハ原裁判所ハ条理上其義務者中ノ三名即チ被上告人等ニ対スル訴ハ之ヲ許シ本案ノ裁判ヲナシテ相当ナルモノト信認ス然ルニ原裁判所ハ単ニ訴訟手続上ニ就テノミ上告人ノ請求ヲ斥ケタルハ越権ノ裁判ナリトス之ヲ上告ノ第二論点トス

第三条

被上告人等ハ元来参加人トシテ上告人ト鑿坑会社頭取横山隆通トノ訴訟ニ参加シ横山隆通ニ代リテ訴訟ヲ担当スルヿヲ承諾シタルモノナルヿハ原裁判状ニモ之ヲ

認メアル上ハ素ト参加人タリ而シテ被上告人ハ始審庁ニ於テ自ラ上告人ノ対手タルヿヲ認諾シナカラ控訴ニ至リ突然訴答文例云々ノ論ヲ為スハ不当ナルノミナラス参加人トシテ召喚シタルモノニ対シテ訴答文例第廿五条ヲ適用シタルハ是亦擬律ノ錯誤ナリトス是ヲ上告ノ第三論点トス

被上告《ママ》ノ内廣瀬新八郎外一名代言人ハ上告ノ不当ヲ論シ原裁判ノ不法ナラサル旨ヲ弁護シ池内文吉ハ本院ノ呼出ニ応セス答弁ノ権利ヲ抛棄セリ

依テ本院ニ於テ上告《ママ》及被上告《ママ》二名ノ代言人ノ弁論ヲ聴キ弁明スル左ノ如シ

上告第一条ノ旨趣ハ被上告人等ハ甲第一号証借用証文ニ連名セシモノニアラサレハ訴答文例第廿五条ヲ適用スヘキモノニアラス然ルニ原裁判所カ訴答文例第廿五条ヲ適用セシハ擬律錯誤ノ裁判ナリト云フニ在リ依テ之ヲ審按スルニ本案被上告人等ハ曽テ甲第一号証ナル借用証文ニ連名セシモノニアラサレハ上告人ニ於テ数多ノ株主中ヨリ特ニ被上告三名ノミヲ被告トシ他ノ株主一同ヲ相手取ラサリシトテ訴答文例第廿五条ニ違反セシモノト云フヲ得ス何トナレハ訴答文例第廿五条ニハ負債主連名ノ借用証文ヲ以テ貸渡シタル米金等ノ訴状ハ連名ノ人数ヲ尽ク相手取ルヘシトアレハ本案ノ如キ証昏ニ連名セサルモノニ適用スヘキ法条ニアラサレハナリ然ルニ原裁判所カ上告人ニ於テ単ニ被上告三名ノミヲ相手取タルハ訴答文例第廿五条ニ違反セシモノナリトシ本案ヲ棄却セシハ上告論旨ノ如ク擬律ノ錯誤アル不法ノ裁判ナリトス

但上告人ニ於テ右ノ外論告スル条項アルモ本案ノ要部ニ不法アリテ既ニ破毀ヲ免レサル以上ハ今茲ニ逐条ノ弁明ヲ要セス

右ノ理由ナルニ依リ判決スル左ノ如シ

東京控訴院カ明治廿一年三月十九日動産昏入質貸金催促事件ニ付上告人草間新十郎ト被上告人廣瀬新八郎外二名トニ対シテ言渡シタル裁判ヲ破毀シ更ニ適当ノ裁判ヲ受ケシメンカ為メ本件ヲ宮城控訴院ヘ移スニ依リ同院ノ裁判ヲ受ク可シ

上告入費ハ被上告人等之ヲ負担ス可シ

明治廿二年四月廿七日大審院公廷ニ於テ裁判ヲ言渡スモノ也

◎明治二十三年十二月二日大審院第二民事部判決

明治廿三年第二百七十二号

天皇ノ名ニ於テ

裁判言渡書

上告人　滋賀県近江国蒲生郡八幡町字小幡町上四番屋敷平民
藤崎タキ

代人　右藤崎タキ夫
藤崎藤蔵

被上告人　同県同国仝郡平田村字上羽田七十二番屋敷平民農
古澤萬治
外　一名

右藤崎「タキ」ヨリ古澤萬治外二名ニ係ル贈与金請求事件ニ付大津始審裁判所カ言渡シタル終審裁判ヲ不法ナリトシ藤崎「タキ」ヨリ上告シタルニ依リ代人ノ陳述ヲ聴クニ其旨趣左ノ如シ

本件ノ争点ハ左ノ三点ナリ

第一　本教会ハ有限責任ナルヤ将タ無限責任ナルヤ

第二　名誉会員ガ連帯義務ノ責任ヲ負フカ否ヤ

第三　連帯義務者ハ悉ク之ヲ対手取ルヿヲ必要トスルヤ否ヤ

原裁判所ハ右第一第二ノ争点ヲ判決セス

シテ直チニ第三ノ点ノミヲ以テ上告人ヲ斥ケラレタレ圧第三ノ点ヲ判決スルニハ必ス先ツ第二ノ点ヲ判決セサルヘカラス何トナレハ則チ被上告人ニシテ果シテ連帯義務者ニアラストセハ第三ノ点ハ自カラ消滅スヘケレハナリ則チ第三ノ点ニ付テ判決ヲ与フヘキ者ニアラサルナリ然ルニ第二ノ点ヲ判決セスシテ単ニ訴答文例云云ノミヲ判決セラレタルハ即チ未定ノ事実ニ対シ徒ラニ法律ヲ適用セラレタルハ不法ノ裁判ナリトノヿ

又第二ノ点ヲ判決スルニハ必ス先ツ第一ノ点ヲ判決セサルヘカラス何トナレハ則チ本教会ニシテ果シテ有限責任ナリトセハ第二ノ点ハ自カラ消滅スヘケレハナリ即チ連帯義務ト否トニ付テ争ヒナケレハ第二ノ点ニ付テ判決ヲ与フルノ必要アラサルナリ故ニ本件ノ如キハ先ツ第一ノ点ヲ判決スルヲ要シ次ニ第二ノ点ヲ判決スルヲ要ス然ル後ニアラサレハ第三ノ点ヲ判決スルニ由ナキモノナリ今一歩ヲ譲リ原裁判所カ直チニ第三ノ点ノミヲ判決シタルハ即チ第二ノ点ハ既ニ連帯義務ト認定シタルカ故ニ裁判茲ニ出タル者トシ即チ事実ノ理由完備シタル者ト仮定スルモ猶法律ノ誤解タルヲ免レサルヘシ其理由ハ蓋シ訴答文例第二十五条ニハ（負債主連名ノ借用証文ヲ以テ貸渡シタル米金等ノ訴状ハ連名ノ人数ヲ尽ク相手取ルヘシ）トアリテ此法文ハ即チ其文字ノ如ク借用証文トアリ又貸渡トアル上ハ単ニ貸借ノ場合ノミヲ指定シタルヿ明了ナリ而シテ同法中及ヒ他ノ法律ニモ凡テノ連帯義務ニ付テモ此法文ニ準拠スヘシトノ規定ナキノミナラス一般連帯義務ノ性質ヨリ之ヲ謂ハヽ義務者中ノ誰人ニ向テ請求スルモ権利者ノ随意タルヿ今更弁ヲ俟タス然ルニ原裁判所ハ（訴答文例第廿五条ニ規定シ之レアル上ハ右ニ準拠スヘキモノナレハ）云云ト説明セラレタルハ即チ法律ヲ専横ニ解釈シタル不法ノ裁判ナリトノヿ

依テ本院ニ於テ弁明ヲ為ス左ノ如シ

上告人ニ於テハ訴答文例第二十五条ニ借用証文トアリ又貸渡トアルヲ以テ連名ノ人数ヲ尽ク相手取ルヘキハ単ニ貸借ノ場合ノミニ限リ且ツ連帯義務者ハ其中ノ何人ニ対シテ請求スルモ権利者ノ随意ナリト論告スレトモ右第二十五条ニ掲クル借用証文云云ハ其一例ヲ示シタルモノニシテ本案ノ如キ起訴者ニ於テ其証書面ニ連署シタル者ヲ以テ之ヲ連帯義務者ト為シ其債務ヲ訟求スル場合ハ仍ホ該文例ニ準拠シ其人数ヲ尽ク相手取ル可キ例規ナリトス故ニ原裁判所カ此理由ヲ以テ本訴ヲ斥ケタルハ至当ノ裁判ナリトス而シテ名誉会員ハ果シテ連帯責任ヲ負フ可キヤ否ヤ及ヒ責任ノ有限無限ノ事ハ本案ノ権義ヲ審判スルトキニ至リ初テ関係ヲ生スヘキ争点ニシテ今之ヲ判定ス可キ必要アルヿナシ故ニ原裁判所カ此点ニ対シ判決ヲ与ヘサルモ以テ不法ト為スヲ得ス

右ノ理由ナルニ依リ判決スル左ノ如シ

本件ノ上告ハ之ヲ受理セス

明治廿三年十二月二日大審院第二民事部公廷ニ於テ裁判ヲ言渡ス者也

（注3）『裁判粋誌1大審院判決例（自明治十一年十一月言渡至明治二十一年十一月言渡）』（一九九四年・復刻版）

（髙橋　眞）

第四三三条　連帯債務者の一人について法律行為の無効又は取消しの原因があっても、他の連帯債務者の債務は、その効力を妨げられない。

第四三三条　連帯債務者ノ一人ニ付キ法律行為ノ無効又ハ取消ノ原因ノ存スル為メ他ノ債務者ノ債務ノ効力ヲ妨クルコトナシ

原案第四三四条　確定条文に同じ

【参照条文】

旧民法債権担保編

第五七条第一項　連帯債務ノ履行ノ為メ訴ヲ受ケタル各債務者ハ自己ノ権利ニ基ク卜共同債務者ノ権利ニ基クトヲ問ハス義務ノ組成又ハ消滅ヨリ生スル答弁方法ヲ以テ債務ノ全部ニ付キ債権者ニ対抗スルコトヲ得

第五八条　債務者ノ一人ノ無能力又ハ承諾ノ瑕疵ニ基キタル答弁方法ハ其人自身ニ非サレハ之ヲ援用スルコトヲ得ス然レトモ此答弁方法カ一旦許サレタル上ハ債務ニ於ケル其者ノ部分ニ付キ他ノ債務者ヲ利ス但他ノ債務者カ契約ノ際義務履行ニ付キ其者ノ分担ヲ予期スルコト有リタルトキニ限ル

明治二〇年四月九日大審院民事第一局判決

（本条末尾【資料】参照）

フランス民法

第一二〇八条　連帯シテ義務ヲ行フ可キ者ノ中一人義務ヲ得可キ者ヨリ訴訟ヲ受クル時ハ其義務ノ本質ヨリ生ス可キ抵拒ノ法連帯シテ義務ヲ行フ可キ数人共同ノ抵拒ノ法ト自己ノ一身ノミニ属スル抵拒ノ法トヲ用ヒ其訴訟ヲ拒ム〡ヲ得可シ

其訴訟ヲ受ケシ者ハ連帯シテ義務ヲ行フ可キ他ノ者ノ一身ノミニ属スル抵拒ノ法ヲ用ヒ其訴訟ヲ拒ム可カラス

オランダ民法

第一三二三条　〔フランス民法第一二〇八条に同じ〕

イタリア民法

第一一九三条　責主ノ追求ヲ受ケタル互相特担ノ共同負責主中ノ一人ハ啻ニ排拒ノ理由ノ自己ニ属スル者ノミナラス他ノ各負責主ニ属スル排拒ノ理由ニ依拠シテ以テ之ト対抗スル〡ヲ得可シ

然レモ特ニ他ノ共同負責主中ノ一人ニ属スル排拒ノ理由ニ依拠シテ以テ之ト対抗スル〡ヲ得可カラス〔仏民第千二百八条〕

スイス債務法

第一六四条　連帯債務者は債権者に対して、彼の債権者に対する個人的関係に基づくか、又は連帯義務の共通の成立理由若しくは内容に基づく抗弁事由のみを主張することができる。

いずれの連帯債務者も、全員につき共通に存する抗弁事由を主張しなかったときは、他の連帯債務者に対して責任を負う。

モンテネグロ財産法

第五五八条　債務の弁済につき訴えを提起された債務者は、自らが根拠を欠くと判断する債権者の請求に対して、あらゆる抗弁、すなわち訴訟不受理事由又は連帯債務の性質若しくは全ての債務者の地位に由来する防御方法をもって対抗することができる。訴えを提起された債務者が債権者に対して抗弁を主張することはむしろ債務者の義務であり、抗弁の主張がない場合には、債務者は、他の債務者に生じた損害につき責めを負わなければならない。

訴えを提起された債務者は、債権者との関係で自らに専属する抗弁及び防御方法を主張することができる。

スペイン民法

第一一四八条　共同連帯債務者は、債権の性質に由来する抗弁及び自己固有の抗弁をもって債権者の請求に対抗することができる。共同連帯債務者は、他の債務者に固有の抗弁につき、その者の負担部分についてのみ、これをもって抗弁とすることができる。

ベルギー民法草案

第一二一〇条　債権者によって裁判上の請求を受けた共同連帯債務者は、債務の性質に由来する抗弁及び自己固有の抗弁をもって対抗することができる。但し、共同連帯債務者は、他の共同債務者の一人に固有の抗弁については、その者の負担部分についても主張することができない。

ドイツ民法第一草案

第三二二条第二項　共同債権者ノ一人ノ権利又ハ共同債務者ノ一人ノ義務ハ他ノ債権者ノ権利又ハ他ノ債務者ノ義務カ成立セサルカ為メ除却セラルルコトナシ

【起草趣旨】

富井政章（一九巻五四丁表～五五丁表）

本条は連帯債務単数債務説の立場から反対の解釈が生ずるかも知れないので規定した。また債権担保編第五八条は取消の場合だけを規定しているが、錯誤等の無効の場合に疑いが生ずるから、このように定めた。

連帯債務の個数につきどういう主義をとるにせよ、一人につき無効・取消原因があるために他の者も義務を免れるというのは不当である。既に、一人が単純に、一人が条件付、一人が期限付で義務を負うことができるとした以上、無効・取消原因についても一人一人別に負うのが至当である。

フランスでは明文はないが、学説はほぼ一致している。またドイツ民法第一草案で規定があったのに第二草案で削除になった理由としては、この規定を置けば誤解が生ずるとだけ書いてあってどういう誤解かは書いてない。私の憶測では、立法者は債務の単複の問題に触れないつもりなのに、この規定を置くと立法者がこれを決めたと解釈されるかも知れないということから、削除になったのではないかと思われる。

しかし疑いの生ずることであり、「既成法典ノ解釈トシテハ愿々以テ疑ハシイモノデアリマスカラ」規定を置いた方がよい。

【主要審議】

一　連帯債務者間に主従の区別がある場合

磯部四郎（一九巻五五丁表～裏）

「債務ヲ生ジタ所ノ利益ト云フモノヲ分担シテ居ラナイデモ保証ノ義務ヲ固メテ連帯トスル場合」には、連帯債務の中で主と従の区別が生じようが、主たる債務そのものが不成立の場合、保証たる連帯債務者について連帯は完全に存しているのか。

富井政章（一九巻五五丁裏）

「保証ガ固マッテ連帯ニナル」というのはどういう場合かよくわからないが、連帯債務になった時の状況で判断する。「又何処迄モ連帯デアレバ夫レハ主従ノ関係ヨリシテ主タル義務ニ付テ無効又ハ取消ノ原因ガ存シテ居レバ保証ノ義務モ当然同シク義務ヲ帯ヒルモノテアラウト思ヒマス」。

二「無効又ハ」削除提案

磯部四郎（一九巻五五丁裏～五六丁裏、五六丁裏～五八丁表）

一人の債務者について適法の原因がないために債務が不成立になる場合、これが連帯で担保されて、生じていない義務が他の連帯債務者に向って成立するというのはおかしい。取消の場合は良いが、無効の場合、まだ成立していないものがなぜ他の連帯債務者に向って成立するのか。

すなわち、不可分債務は目的物の性質から生ずるものである。また罰金などは法律の力から生ずるものであるから一人の頭に生ずるか数人の頭に生ずるかは問題でない。しかし連帯債務は当事者の契約から成立するものであって、これは各人の頭に所謂分割の債務が存在し、これを実行の便宜上合意によって固めて一つにしたものである。

従って一人の頭に成立していないものが他の方に持ってきて成立するというのは理に合わない。だからむしろ、「無効」の文字を入れていない旧民法の方が正しく、こちらが間違っているのではないかと思う。

富井政章（一九巻五六丁裏、五八丁表～裏）

もともと連帯というものは、自分は債権者に対して、どこまでも全部について履行の責に任じようという趣旨で各々が債務を負担するものである。従って連帯債務者の一人に無能力、死亡、混同という事態があっても、自分はなお義務を負わねばならないのと同じで、一人について義務が生じなかったとしても権利者に対しては自分の義務が消えるという理由はない。

磯部四郎（一九巻五八丁裏～五九丁表）

今の説明は、債権者の権利が発生しているということだろうが、債権者の権利は、もともと成立していない権利を引いた部分だけしか発生していない。従って連帯債務者に発生する義務もその部分だけである。もっとも無能力の場合は不完全ながらも一旦権利義務が発生しているから良いが、無効の場合はそもそも権利義務が発生し得ない。「無効又ハ」という文字の削除を提案する。

▼磯部委員の右修正説には賛成者なく、原案どおり確定（一九巻五九丁裏）。

【民法修正案理由】

本条ハ解釈上或ハ疑ノ生ズルコトアランヲ恐レ、特ニ之ヲ設ケタルモノナリ。蓋シ連帯債務ハ債務者ノ多数ナルニ拘ハラズ一個ノ債務ナリトスル論者ハ、或ハ本条ノ規定ト異ナリタル解釈ヲ為スコトアル可シ。然レドモ連帯債務ヲ以テ一個ノ債務ナリトスルト否トニ拘ラズ、実際ノ結果ニ於テ本条ノ規定ノ如クナラザル可ラザルコトハ近時学説ノ殆ド一定スル所ナリ。既成法典ハ取消ノ場合ノミニ付キテ規定ヲ設ケタルヲ以テ、無効ノ場合ニ於テハ如何ナル結果ヲ生ズベキカニ付キ疑ヲ生ズルニ至ル可シ。故ニ本案ニ於テハ無効ノ場合ト取消ノ場合トニ付キ区別ノ存セザルコトヲ明ニセリ。

▽民法修正案理由書第三編第一章第三章《ママ》「第三款連帯債務」三頁（第四三四条）。

【資料】

◎明治二十年四月九日大審院民事第一局判決

明治十九年第百九十八号

裁判言渡書

上告人　新潟県越後国古志郡長岡表三ノ町平民

水澤昌平

代言人　東京府京橋区銀座一丁目廿一番地寄留大分県士族

元田　肇

被上告人　新潟県越後国三嶋郡瓜生村平民

金子清一郎

右金子清一郎ヨリ水沢昌平へ係ル裁判執行異議申立事件ニ付東京控訴院カ言渡シタル裁判ヲ不法ト為シ水沢昌平ヨリ上告シタルニ依リ代言人ノ陳述ヲ聴クニ其旨趣左ノ如シ

第一　原裁判ノ判旨ヲ分析シ其不法ヲ証

明セントス

原裁判ノ要旨

一前キニ上告人ト金子弘毅トノ間ニ与ヘラレタル終審裁判ハ上告第一号ノ証書ヲ以テ金子清一郎金子弘毅両名連帯ノ証書ト為シ上告人ハ若月保造ト連帯ノ権利者ト看認メ難ク又上告第二号証ハ無効ナリトスルニ在リトノ事

一右判旨ハ被上告人カ当時始審ニ於テ抗争シタル旨趣ナリトノ事

一是等ノ点ヨリ推セハ上告人ハ該裁判ニヨリ右証書ニ対シテ元来其債主権ヲ有セサルモノト看做サヽルヲ得ストノ事

一若シ被上告《ママ》ニ於テ本訴ノ義務ヲ負担スヘキモノトセハ彼レ連帯ノ義務ヲ一身ニ負ヒ弘毅ハ反テ裁判上正当ノ債主ト認メラレタル保造ニ対シ其義務ヲ免カル、等ノ結果ヲ生シ其根原平等ノ義務者タル両名ノ義務ニ消長ヲ来ストノ事

一凡ソ連帯義務者ハ相互ニ代理ノ性質ヲ有スルモノニシテ連帯者中ノ一名カ或ル利益ノ所為アレハ其効果ハ他ノ連帯者ニ及ホスモノナリトノ事

一故ニ前キノ被上告《ママ》ニ対スル始審裁判ハ弘毅ニ対スル終審裁判ニヨリ其効ヲ失ヒタルモノト認メサルヲ得ス従テ本案執行ノ求メハ不当ナリトノ事

右ハ原裁判ニ説明セラル、所ナリ依テ之ヲ分析センニ先ツ大体ヨリ論スレハ第五項ノ理由即チ連帯義務者ハ互ニ代理ノ性質ヲ有スルモノナルカ故ニ一ノ利益アル所為ハ他ニ及ホストノ旨趣ト第二項乃至第四項ノ理由トヲ比照スレハ殆ト前後齟齬セルモノト云ハサルヲ得ス何トナレハ代理権アルカ為メ弘毅ノ扣訴ハ被上告人ノ扣訴ト同一ナリトスレハ第二項乃至第四項ノ判旨即チ被上告人カ如何ニ始審ニテ述ヘタリトカ又根原平等ノ義務ニ差異ヲ生スルト云フ等ノ如キハ皆其理由ヲ異ニシ到底齟齬アルヲ免カレサレハナリ又進ンテ該裁判ニ付細評ヲ下セハ凡ソ裁判ナルモノハ其争論ニ関係シタル原被間ニ効力アルヘキモノニシテ其他ニ及ホス可ラサルハ一定不易ノ原則ナルニ付右第一二項以下ノ説明如何ハ第五項ノ如何ニヨリ差異ナキ能ハス之ヲ再言スレハ弘毅ノ扣訴ハ被上告《ママ》ノ代理タル資格アリシト決シタル時始メテ該裁判ノ判旨ニヨリ本案上告人ト被上告人トノ間ノ争ヲ決スルヲ得ヘキモノトス故ニ本案ニ於テ第一ニ考究スヘキハ弘毅ト被上告《ママ》トハ元来連帯ノ義務者ナリシトセハ被上告人ハ扣訴セサリシニ《ママ》ニモ拘ハラス独リ弘毅カ為シタル扣訴ハ以テ被上告《ママ》ノ代理ト看做シ其利益ヲ被上告《ママ》ニ於テ受ケ既ニ一旦自ラ承服シタル始審裁判ノ執行ヲ拒ムヲ得ヘキカノ一点ナリトス抑モ連帯義務者ノ本質タル相互ニ代理ノ資格アリテ平等ノ義務ヲ有スルヿハ通則ニシテ又其権利者ニ対シテハ連帯ノ義務ヲ有シ之ヲ変更セント欲スルモ権利者ノ承諾ナキ限リハ之ヲナスヲ得スト雖モ連帯義務者カ其権利者ニ対スル権利彼レ亦其権利者タル債主ニ対シ或ル種ノ権利ヲ有スルヤ勿論ナリニ至リテハ自ラ之ヲ抛棄スルヲ得ヘキハ敢テ疑ヲ容レサル所ナリ例ヘハ被上告《ママ》ハ始審ニ於テハ己レ関知セサルモノヽ如ク抗争セシモ上告人カ其名義ハ後ノ記入ニ係ルハ相違ナキモ其記入ノ当時ハ被上告《ママ》ハ現ニ臨席承諾セル処ナリト主張セシ申立ノ採用セラレテ始審裁判ニ其抗弁斥ケラレシヨリ被上告人此ニ承服シ乃チ其扣訴ノ権利ヲ抛棄シタルカ如シ是レ決シテ連帯義務者ノナシ能ハサル事柄ニハ非ナリ夫レ然リ而シテ既ニ之ヲナシ得ヘキ事柄ナリトスレハ良シヤ弘毅ニ於テハ如何ナル裁判ヲ受ケタリトスルモ其効力ヲ被上告《ママ》ニ及ホスノ謂レナキニ付被上告《ママ》カ偶々其己レニ利益アリシヲ奇貨トシ之レニ由リ既ニ自ラ甘服セル始審裁判執行ヲ拒ムノ不当ナルヿハ明白ナルヘシ又反対ノ点ヨリ之ヲ言ヘハ若シ原裁判ノ説明ノ如クセ

ハ不幸ニシテ一ノ連帯者ノ扣訴敗レタリトセハ其訴訟入費ハ扣訴セサル他ノ連帯者ニ於テモ之ヲ負担セサルヲ得サルニ至ラン如斯キハ果シテ法理ニ適シタルモノト云フヲ得ヘキ乎而シテ之ヲ法理ニ適セストセハ相互ニ代理タルノ連帯義務者ニシテ独リ其利益トナル時ノミ共ニスヘキモノトナルノ条理ハ果シテ何レニ在ル乎到底法理ニ適セサル論ト云フヘシ然ラハ則連帯義務者中ノ所為ト雖モ其権利ニ属スル分ハ一ノ連帯者自ラ之レヲ抛棄シ得ヘキヿハ法理上許ス所ナリト信ス果シテ然ラハ前キニ被上告《ママ》カ控訴セサリシハ其扣訴ノ権利ヲ抛棄シ上告人ノ請求ニ承服シタルモノナリヤ否ヲ判決スルハ本訴ニ欠ク可カラサル要点ナルニ終審裁判茲ニ出ス漫ニ連帯義務者タリシトノ点ヲ以テ輙ク裁判セシハ判決ス可キ点ヲ判決セサル不法ノ裁判ナリトノ事

第二　被上告甲第二号即チ弘毅ニ対スル前裁判ハ其弁明中特ニ当時ノ控訴人弘毅ト当時扣訴セサリシ当被上告人ト殊別シテ事実ノ説明ヲ与ヘラレ尚且上告人カ弘毅ニ関スル申立ト清一郎ニ対スル証明ト異ナル点ヲ執テ上告人モ弘毅カ承諾上上告人ノ氏名ヲ記入シタルニ非サルヿヲ自認セルモノヽ如シトナシ遂ニ当時ノ扣訴人タル弘毅ノ扣訴ヲ採用シタルニ在ルヿ随テ訴訟入費ノ如キモ弘毅ト当被上告人トハ殊別シテ特ニ裁判ヲ与ヘテアルモノナルニ原裁判所ハ其解釈ヲ誤リ当被上告人ニ対シテモ上告人ノ氏名記入ナキモノト判定サレタル如ク之ヲ援引セシハ不法ナリトノ事

第三　原裁判所ハ被上告甲第二号ノ判旨ト被上告人カ甲第一号証ノ裁判ヲ受クルニ際シ訟護シタル旨趣ト同一ナルカ如ク弁明セラルレ𪜈其然ラサルヿハ当時ノ訴答ニ付テ明ラナリ況ヤ上告人カ証明セシ所ニ至リテハ其弘毅ニ対スルト清一郎ニ対スルトハ大ニ差異アリ而シテ此差異アル点ヲ執テ甲第二号ノ裁判ニモ弘毅ニ対スル特別ノ判定アリシ所ナリトス然則是レ所謂事実理由ノ齟齬アル不法ノ裁判ナリトノ事

第四　又良シヤ訴訟人一方ノミノ陳述カ如何ナリシトテ其相手タルモノヽ証明如何ヲ問ハス又実地ニ顕ハレタル証拠ノ如何ニ拘ハラス上告人ヲ以テ元来債主権ナキモノト看做サヽルヲ得サルニ至ルノ理由ハアラサルヘシ左スレハ是又条理ニ背キタル裁判ト云フヲ得ヘシ況ヤ既ニ甲第二号ノ裁判ニシテ原裁判ノ云フ如キ判旨ナリトセハ被上告人カ当時訟護セシ理由ノ何レニ在リヤハ毫モ関係ヲ有スヘキ筋ナキモノトナルニ於テオヤ原裁判ハ到底条理貫徹セサルモノナリトノ事

第五　原判文中連帯義務者ノ説明アリ然レ𪜈本案ノ貸金証書ハ果シテ負債ニ於テ連帯ノ義務アル契約証ナリトノ説明ナシ左スレハ是レ所謂本ヲ究メスシテ末ヲ決シタル不法ノ裁判ナリトノ事

依テ本院ニ於テ弁明ヲ為ス左ノ如シ

第一条

上告第一項ノ旨趣ヲ案スルニ連帯ノ義務者ハ各連合シテ一ツノ義務ヲ負担スルモノナルヲ以テ義務者中ノ一人ト権利者トノ間ニ於テ本来ノ義務不成立ナリトノ裁判ヲ受ケタルトキハ其義務ハ渾テ無効ニ属スルヲ以テ裁判ニ関係セサル義務者ニ至ルマテ相与ニ利益ヲ受ク可キ筋合ナリトス然ラハ則チ被上告人カ控訴セサリシハ甲第一号証ノ裁判ニ承服シタルカ故ナリトスルモ原判文ノ通リ上告人ト弘毅トノ間ニ於テ債主権ナキ旨ノ甲第二号ノ終審裁判ヲ受ケ既ニ其裁判確定シタル上ハ上告人ハ独リ弘毅ニ対シテノミ連帯ノ債主ト云フヿヲ得サル而已ナラス被上告人ニ対シテモ亦連帯ノ債主ト云フヲ得サル筋合ナレハ従テ本件ニ於テ被上告人カ控訴ノ権利ヲ抛棄セシヤ否ヤヲ審判スル必要ナキニ付原裁判ヲ以テハ判決ス可キ要

点ヲ判決セサルノ不法アルモノト為スヲ得ス

第二条

同第二三項ヲ案スルニ本項ノ論告ハ原裁判所ト甲第二号証裁判言渡書ノ見解ヲ異ニスルニ過キサルヲ以テ上告ノ理由ト為スヲ得ス

第三条

同第四項ヲ案スルニ本項ハ事実ノ認定証拠ノ取捨ニ対スル非難ナルヲ以テ上告ノ理由ト為スヲ得ス

第四条

同第五項ヲ案スルニ上告人ハ被上告人ヲ連帯義務者トシテ訴求スルモノナレハ上告人ヨリ其証書カ連帯義務ノ証書ナルヤ否ヤノ説明ヲ望ム可キ筋ナシ依テ本項モ亦上告ノ理由ナキモノトス

右ノ理由ナルニ依リ判決スル左ノ如シ

本件ノ上告ハ之ヲ受理セス

明治二十年四月九日大審院公廷ニ於テ裁判ヲ言渡ス者也

（髙橋　眞）

第四三四条　連帯債務者の一人に対する履行の請求は、他の連帯債務者に対しても、その効力を生ずる。

第四三四条　連帯債務者ノ一人ニ対スル履行ノ請求ハ他ノ債務者ニ対シテモ其効力ヲ生ス

原案第四三五条　確定条文に同じ

【参照条文】

旧民法債権担保編

第六一条第一項　連帯債務者ノ一人ニ対シ債権者ノ利益ニ於テ時効ヲ中断シ又ハ付遅滞ヲ成ス原因ハ他ノ債務者ニ対シテ同一ノ効力ヲ有ス

第六二条　義務ノ目的物ノ滅失其他総テ義務履行ノ不能カ連帯債務者ノ一人ノ過失ニ因リ又ハ其付遅滞後ニ生スルトキハ他ノ債務者ハ債権者ニ対シ連帯シテ損害賠償又ハ過怠約款ノ責ニ任ス但過失アリ又ハ遅滞ニ在リシ債務者ニ対スル他ノ債務者ノ求償権ヲ妨ケス

フランス民法

第一二〇五条　連帯シテ義務ヲ行フ可キ者ノ中一人又ハ数人ノ過失ニ因リ其引渡ス可キ物ノ滅尽シ又ハ其物ヲ引渡スヿヲ怠リシ間ニ其物ノ滅尽シタル時ハ其連帯シテ義務ヲ行フ可キ他ノ者其物ノ価ヲ払フ可キ義務ヲ免ル、ヲ得ス然モ損失ノ償ハ之ヲ担当スルニ及ハス

義務ヲ得可キ者ハ其連帯シテ義務ヲ行フ可キ者ノ中其物ヲ渡スヿヲ怠リシ者又ハ過失ニ因リ其物ヲ滅尽セシメタル者ノミニ対シ其損失ノ償ヲ得可キノ求メヲ為スヿヲ得可シ

第一二〇六条　連帯シテ義務ヲ行フ可キ者ノ中一人訴訟ヲ受クル時ハ其義務ヲ行フ可キ他ノ者期満得免ノ権ヲ得可カラス

第一二〇七条　連帯シテ義務ヲ行フ可キ者ノ中一人息銀ヲ償フ可キノ求メヲ受クル時ハ其義務ヲ行フ可キ他ノ者ニ付テモ亦息銀ヲ償フ可キ義務ヲ生スルモノトス

オランダ民法

第一三二一条　〔フランス民法第一二〇五条に同じ〕

第一三二二条　〔フランス民法第一二〇七条に同じ〕

イタリア民法

第一一九一条　逋負スル所ノ物件カ仮令ヒ

互相特担ヲ以テスル一個若クハ数個ノ負責主ノ過失ニ因リ若クハ其物件ノ交付ヲ要求セラレタル以後ニ於テ之ヲ銷滅ニ帰セシムルヿ有ルモ他ノ共同負責主ハ其価直ヲ支弁ス可キノ責務ヲ避免スルヿヲ得ス然ルモ亦其損害ヲ賠償ス可キノ責務ヲ負担ス可キ者ニ非ス

責主ハ唯ゞ負責主即チ其人ノ過失ニ因リ若クハ交付ノ要求ヲ受ケタル以後ニ於テ物件ヲ銷滅ニ帰セシメタル所ノ負責主ニ向テ其損害ノ賠償ヲ要求スルヿヲ得可シ〔仏民第千二百五条〕

第一一九二条　互相特担ノ共同負責主中ノ一人ニ向テ為シタル利息支弁ノ請求ハ他ノ各負責主ニ向テモ亦均シク其効力ヲ生スル者トス〔仏民第千二百七条〕

スイス債務法

第一六五条　連帯債務者は、自己の個人的な行為によって他の連帯債務者の立場を悪化させることができない。

スペイン民法（注1）

第一一四一条第二項　連帯債務者の一人に対して行使された訴権は、他の連帯債務者全員に対してその効力を及ぼす。

ベルギー民法草案

第一二〇七条　弁済すべき物が連帯債務者の一人又は数人のフォートにより、若しくは一人又は数人の遅滞の間に滅失した場合であっても、他の債務者は、物の代価及び損害を賠償する義務を負う。但し、フォートによって目的物を滅失させた共同債務者に対する求償を妨げない。

第一二〇八条　連帯債務者の一人に対する裁判上の請求は、全ての債務者につき時効を中断する。

第一二〇九条　連帯債務者の一人に対する付遅滞は、全ての債務者につき利息を生ぜしめる。

ドイツ民法第一草案

第三二六条第二項　債権者カ共同債務者ノ一人ニ対シテ為シタル告知又ハ催告並ニ共同債務者ノ一人ノ遅滞ハ其他ノ共同債務者ニ対シテ効力ヲ有セス又共同債務者ノ一人カ為シタル給付ノ提供ハ其他ノ共同債務者ノ為メニ効力ヲ有セス

第三三五条　共同債権者ノ一人ニ依リテ行ハレ又ハ共同債務者ノ一人ニ対シテ生シタル時効ノ中断並ニ共同債権者ノ一人又ハ共同債務者ノ一人ニ関シテ生シタル時効ノ停止ハ其他ノ共同債権者ノ為メニ又ハ其他ノ共同債務者ニ対シテ効力ヲ有セス

ドイツ民法第二草案

第三六七条　共同債務者ノ一人ニ対スル債権者ノ遅滞ハ其他ノ債務者ニ対シテモ有効トス

第三六八条　第三百六十五条乃至第三百六十七条ニ掲ケタル事実以外ノ事実ハ自己ノ一身ニ之ヲ生セシメタル共同債務者ノ為メニ又ハ此者ニ対シテノミ有効トス但債務関係ニ因リ之ニ反対ヲ生スルトキハ此限ニ在ラス

前項ノ規定ハ殊ニ告知、遅滞、過失、共同債務者ノ一人ノ履行不能、時効、時効ノ中断、時効ノ停止、共同債務者ノ一人ニ生シタル債権及ヒ債務ノ混同及ヒ確定判決ニ付キ之ヲ適用ス

（注1）　原文では「一二四一」と記されているが、スペイン民法第一二四一条は審問（examin）に関する規定であって連帯債務とは関係がないため、第一一四一条の誤記であると思われる（髙橋智也注）。

【起草趣旨】

富井政章（一九巻六〇丁表～裏）

履行請求の効力は、遅延賠償（の発生）、請求後の不可抗力による目的物の滅失（についての責任）、時効の中断の三つである。

これは旧民法も、また最も多くの国の法律も採っているところであるから、説明は不要であろう。

【主要審議】

一　絶対的効力の根拠

土方寧（一九巻六〇丁裏〜六一丁表）

代理関係を決めたものではない、という説明であったが、するとこれは債権債務の関係は一つであって、債務者が複数で債権者が一人である場合には、一人の債務者が為した債務者側に不利益な処分によって債務者が「皆共倒レニナルカモ分ラヌ」という説明も可能かも知れないが、債権債務の関係が一つであるという理窟でなく、「法律ノ規則デ斯ウナル、便宜デアル」ということか。

富井政章（一九巻六一丁表）

そうである。

二　原案第四三一条（連帯債務規定の不可分債務への準用）による矛盾

磯部四郎（一九巻六一丁表〜裏）

原案第四三一条はまだ審議していないのでどうなるかわからないが、これが行われることになると次のような妙な結果が生ずる。すなわち第四三五条が第四三一条によって不可分債務に適用され、不可分債務者の一人が相手取られたとき、請求の結果から生ずることが全債務者に及ぶということになる。他方、第四三〇条第二項によれば、時効中断の効力は他に及ばないことになる。第四三一条が行われることになると、第四三〇条第二項と第四三一条・第四三五条との間に齟齬が生じよう。(注2)

富井政章（一九巻六一丁裏〜六二丁表）

その攻撃は覚悟していた。第四三一条を置くのは次の理由からである。本来不可分義務について我々の考え方は反対であるが、第四四八条（現行法なし）のような規定、すなわち数人が契約によって債務を負担する場合には連帯を推定する、という規定を置かなければならないことになった。もしこの規定が置かれれば、数人が不可分債務を負担した場合はあたかも連帯債務者として責任を負うことになるので、仮にこうしておいたが、我々はその当否について迷っている。もし第四四八条が削除になれば、「此条文（第四三一条のことか―高橋眞注）モ変ツテ不可分ノ債権ニ付テモ同ジコトデアル四百三十条ノ第二項ト同ジヤウニナラナケレバナラヌト思ヒマス然ウスレバ平仄ガ合ウダラウト思フ」(注3)。

議長（箕作麟祥）（一九巻六二丁表）

そうするとこれは第四四八条の運命(注4)によって変わることになるか。

富井政章（一九巻六二丁表）

我々の方から替えて出さなければならないと思う。

議長（一九巻六二丁表）

発議がなければ仮にこう決めて散会する。

（注2）　連帯債務について第四三五条が履行請求の絶対効を認めているため、連帯債務者の一人に対する履行請求は他の連帯債務者に対しても時効を中断する。他方、不可分債権について第四三〇条第一項は「不可分債権者ノ一人ト其債務者トノ間ニ相殺、更改又ハ免除アリタル場合ニ於テモ他ノ債権者ハ債務ノ全部ノ履行ヲ請求スルコトヲ得但其一人ノ債権者カ其権利ヲ失ハサレハ之ニ分与スヘキ利益ヲ債務者ニ償還スルコトヲ要ス」と規定し、第二項は「此他不可分債権者ノ一人ノ行為又ハ其一人ニ付キ生シタル事項ハ他ノ債権者ニ対シテ其効力ヲ生セス」と規定している。この規律が不可分債務の場合にも適用されるならば、不可分債務者の一人に対する履行請求の効力は他の不可分債務者に対しては効力を生ぜず、従ってこれに対しては時効を中断しない。ところが第四三一条は不可分債務に対して連帯債務の規定を適用する旨定めている。従って履行請求の絶対効を認めた第四三五条も不可分債務に適用され、これを認めない第四三〇条第二項と矛盾することになる。以上が磯部委員の質問の趣旨である。

(注3)　第四四八条は「数人カ契約ニ依リ共同シテ債務ヲ負担シタル場合ニ於テハ各債務者ハ連帯シテ其履行ノ責ニ任ス但反対ノ定アルトキハ此限ニ在ラス」と定め、第四四八条が多数当事者の債権関係の総則的性格を有することになる。しかし連帯を原則とするかどうかは決しかねており、第四四八条の審議の上、連帯を原則としないことになれば第四三一条も、原則として、一人の債務者の行為または一人について生じた事由は他に効力が及ばないという形に変えられる。そうなれば不可分債権関係の中での矛盾はなくなる。以上が富井委員の説明の趣旨である。

(注4)　結局削除された（一九巻一四六丁裏～一五一丁裏）。本書二六三頁以下参照。

【民法修正案理由】

本条ノ規定ハ既成法典ノ主義ヲ採用シタルモノニシテ、債権担保編第六十一条第一項及ビ第六十二条ニ該当ス。本条ノ如キ規定ハ諸国ノ法典ニ於テ均ク認ムル所ニシテ、連帯債務者間ニ代理関係ノ存スルモノトスルト否トニ拘ハラズ、極メテ必要ナル規定ナルコト敢テ説明ヲ要セザル所ナリ。

▽民法修正案理由書第三編第一章第三章《ママ》「第三款連帯債務」三頁（第四三五条）。

（髙橋　眞）

第四三五条　連帯債務者の一人と債権者との間に更改があったときは、債権は、すべての連帯債務者の利益のために消滅する。

第四三五条　連帯債務者ノ一人ト債権者トノ間ニ更改アリタルトキハ債権ハ総債務者ノ利益ノ為メニ消滅ス

原案第四三六条　確定条文に同じ

【参照条文】

旧民法財産編

第五〇一条　債権者ト連帯債務者ノ一人又ハ不可分債務者ノ一人トノ間ニ為シタル更改ハ他ノ債務者及ヒ保証人ヲシテ其義務ヲ免カレシム

然レトモ債権者カ右共同債務者及ヒ保証人ノ新義務ニ同意スルコトヲ更改ノ条件ト為シタル場合ニ於テ共同債務者及ヒ保証人ノ之ヲ拒ムトキハ更改ハ成立セス

連帯債権者ノ一人ト為シタル更改ハ其債権者ノ部分ニ付テノミ債務者ヲシテ義務ヲ免カレシム性質ニ因ル不可分債務ノ債権者ノ一人ト更改ヲ為シタルトキハ他ノ債権者ハ全部ニ付キ訴追ノ権利ヲ有ス但第四百四十五条ニ従ヒ計算ヲ為スコトヲ要ス

旧民法債権担保編

第五七条第二項(注)　右ノ外更改、免除、相殺及ヒ混同ニ関シテハ財産編第五百一条、第五百六条、第五百九条、第五百二十一条及ヒ第五百三十五条ノ規定ニ従フ

フランス民法

第一二〇八条第一項　〔第四三三条の【参照条文】中に掲載〕

第一二八一条第一項　義務ヲ得可キ者ト連帯シテ義務ヲ行フ可キ数人中ノ一人ト義務ノ更改シタル時ハ連帯シテ義務ヲ行フ可キ其他ノ者其義務ノ釈放ヲ受ク可シ

オランダ民法

第一四六〇条第一項　〔フランス民法第一二八一条第一項に同じ〕

イタリア民法

第一一九三条第一項　〔第四三三条の【参照条文】中に掲載〕

第一二七七条第一項　責主ト互相特担ニ係ル共同負責主中ノ一人トノ間ニ生成セル責務ノ転換ニ因テ他ノ共同負責主ハ其責務ヲ解卸スルヿヲ得可シ〔仏民第千二百

八十一条（第一項）」

スイス債務法

第一六六条　ある連帯債務者が弁済若しくは相殺によって債権者を満足させた限りで、他の連帯債務者も免責される。
　債権者の満足なくしてある連帯債務者が免責されたときは、その免除（die Befreiung）は、諸事情と義務の性質が許す限りにおいてのみ、他の連帯債務者のために効力を生ずる。

スペイン民法

第一一四三条　更改、相殺、混同、債務免除が連帯債権者の一人によって為された場合、又は連帯債務者の一人に対して生じた場合には、債務は消滅する。但し、第一一四六条の規定に反することを得ない。
　前項に定める行為の一つを為した債権者は、弁済を受領した場合と同様に、消滅した債務の割合を他の債権者に対して通知しなければならない。

ベルギー民法草案

第一二七八条第一項　債権者と連帯債務者の一人との間でなされた更改により、他の共同債務者は、その責めを免れる。

（注）第一項は第四三三条の【参照条文】中に掲載。

【起草趣旨】

富井政章（一九巻六五丁表）
　本条は、更改の部にある財産編第五〇一条の規定を連帯債務の所に転置しただけである。更改制度を認める以上この通りであるべきだから、特に説明はしない。
▼異議なしとして原案確定（一九巻六五丁表）。

【民法修正案理由】

　本条ハ財産編第五百一条ノ規定ヲ採用シタルモノニシテ、只其位置ヲ転ジタルニ過ギズ。諸国ノ法典皆本条ノ如クナラザルハナシ。
▽民法修正案理由書第三編第一章第三章《ママ》「第三款連帯債務」三頁（第四三六条）。

（髙橋　眞）

第四三六条　連帯債務者の一人が債権者に対して債権を有する場合において、その連帯債務者が相殺を援用したときは、債権は、すべての連帯債務者の利益のために消滅する。
2　前項の債権を有する連帯債務者が相殺を援用しない間は、その連帯債務者の負担部分についてのみ他の連帯債務者が相殺を援用することができる。

第四三六条　連帯債務者ノ一人カ債権者ニ対シテ債権ヲ有スル場合ニ於テ其債務者カ相殺ヲ援用シタルトキハ債権ハ総債務者ノ利益ノ為メニ消滅ス
右ノ債権ヲ有スル債務者カ相殺ヲ援用セサル間ハ其債務者ノ負担部分ニ付テノミ他ノ債務者ニ於テ相殺ヲ援用スルコトヲ得

原案第四三七条　確定条文に同じ

【参照条文】

旧民法財産編

第五二一条　主タル債務者ハ自己ノ債務ト

債権者カ保証人ニ対シテ負担スル債務トノ相殺ヲ以テ債権者ニ対抗スルコトヲ得ス然レトモ訴追ヲ受ケタル保証人ハ債権者カ主タル債務者又ハ自己ニ対シテ負担スル債務ノ相殺ヲ以テ対抗スルコトヲ得

　連帯債務者ハ債権者カ其連帯債務者ノ他ノ一人ニ対シ負担スル債務ニ関シテハ其一人ノ債務ノ部分ニ付テニ非サレハ相殺ヲ以テ対抗スルコトヲ得ス然レトモ自己ノ権ニ基キ相殺ヲ以テ対抗ス可キトキハ全部ニ付キ之ヲ申立ツルコトヲ得

　数人ノ連帯債権者アルトキ債務者ハ債権者ノ一人カ自己ニ対シテ負担スル債務ノ相殺ヲ以テ訴追者ニ対抗スルコトヲ得

　債務カ債務者ノ間又ハ債権者ノ間ニ於テ任意不可分ナルトキハ相殺ハ受方又ハ働方ノ連帯ニ於ケルト同一ノ方法ニ従フ又性質ニ因ル不可分ノ債務ナルトキハ第四百四十五条ノ規定ニ従フ

旧民法債権担保編

第五七条第二項　（第四三五条の【参照条文】中に掲載）

フランス民法

第一二九四条第三項　又連帯シテ義務ヲ行フ可キ数人中ノ一人ハ義務ヲ得可キ者ヨリ他ノ一人ニ対シ行フ可キ義務アルヿヲ述ヘ己レノ義務ヲ免ル、ヿヲ得ス

オランダ民法

第一四六六条第二項　（フランス民法第一二九四条に同じ）

イタリア民法

第一二九〇条第二項　互相特担ニ係ル共同負責主中ノ一人ハ責主カ其共同負責主ニ負フ所ノ債額ニ向テ決行スルノ償殺ハ唯ミ此一人ノ負責主ノ負担スル部分ニ達スル迄ハ之ヲ決行スルヿヲ得可シ（仏民第千二百九十四条）

スイス債務法

第一六六条　（第四三五条の【参照条文】中に掲載）

スペイン民法

第一一四三条　（同右）

ベルギー民法草案

第一二九四条第二項　連帯債務者は、共同債務者が債権者に対して有する債権による相殺を対抗することができる。

ドイツ民法第一草案

第三三〇条　共同債権者ノ一人ニ対シテ有スル債務者ノ相対債権ハ其他ノ債権者ニ対シテ相殺ニ供スルコトヲ得ス又共同債務者ノ一人カ債権者ニ対シテ有スル相対債権ハ其他ノ債務者ヨリ相殺ニ供スルコトヲ得ス

第三三一条　債務者ト共同債権者ノ一人トノ間ニ行ハレタル相殺ハ其他ノ債権者ニ対シテモ有効トス又共同債務者ノ一人ト債権者トノ間ニ行ハレタル相殺ハ其他ノ債務者ノ為メニモ有効トス

ドイツ民法第二草案

第三六五条　共同債務者ノ一人カ為シタル弁済ハ其他ノ債務者ノ為メニモ有効トス代物弁済、供托及ヒ相殺ニ付キ亦同シ[注1]

共同債務者ノ一人ニ属スル債権ハ其他ノ債務者ヨリ相殺ニ供スルコトヲ得ス

（注1）　仁保亀松訳「独逸民法草案債権」（法曹記事第四二号八四頁）では、ドイツ民法第二草案を第一草案と対比させるため、第二草案第三六五条第一項後段（第一草案第三二九条第二項に該当する）が独立の項の如くに表記されている。

【起草趣旨】

富井政章（一九巻六五丁裏〜六六丁裏）

　本条は旧民法財産編第五二一条第二項に字句の修正を加えただけである。

　第一項は旧民法の規定の「然レトモ」以下に当る。旧民法では、相殺を申立てたときに自分についてだけ債務が消滅するか、総債務者について消滅するかにつき規定さ

れていないが、総債務者について義務が消えるという精神であると思われるから、ここに明言した。

第二項は「然レトモ」以上に当る、連帯債務者の一人が債権者に対して反対債権を持っている場合、他の連帯債務者がこれを以て相殺することを許さないとするのは諸国の法律の認めるところであり、この通りでなければならない。何故なら、もしこれを許すなら、自分が請求を受けているのに弁済の責を反対債権を持つ者に転嫁することになって連帯の性質に反するからである。旧民法は法律上の相殺を認め「相殺ト云フモノハ債権ガ成立スル一事ヲ以テ其瞬間ニ債権ガ消エル」という主義をとるが、なお本条のような規定を設けている、「デ相殺ハ之ヲ抗弁スルコトヲ得スト云フ主義ヲ採ツテ居ル法律ニ於テハ本条ノ規定ハ当然ノ結果デアル」。

反対債権を持つ債務者の負担部分については他の債務者も相殺を援用し得るとしたのは、そうしないと次のような事態が起こるからである。すなわち、反対債権を持たない債務者が請求を受け、全額を払わねばならないとすれば、その者は反対債権を持つ債務者にその負担部分を求償し、更に後者は債権者に対して自己の債権の弁済を求めることになる。この時債権者が無資力であれば、反対債権を持つ債務者は、債権者に対する権利を失い、また弁済した債務者に償還した部分をも失うことになる。(注2)「斯ノ如ク度々償還請求ガ起リ又無資力ノ危険ヲ負担シナケレハナラヌ」ことになって危険である。従って連帯の本質には背くが実際の便利から旧民法通り、反対債権を有する者の負担部分に限って、他の債務者も相殺を援用しうるものとした。

(注2)　富井委員は審議の中で次のような例を示している（一九巻六八丁表）。
乙・丙・丁が甲から三〇〇円借り、丁が甲に対して三〇〇円の債権を有している。甲が乙に対して請求した場合、本条第二項の規定がなければ乙は三〇〇円払わなければならない。その上で乙は丁に一〇〇円求償し、丁は甲に三〇〇円返すよう訴を起こすことになる。甲に資力があればよいが、ない場合には丁は乙に払った一〇〇円も失い、甲に対する三〇〇円も失うことになる。

【主要審議】

一　第二項削除案

横田國臣（一九巻六七丁表～裏、六八丁裏、六九丁表）

反対債権を有する債務者が相殺するか否かはその者の自由である。相手に対して債権はあるが、恩義があるから取るつもりがないという場合もある。その者と債権者との間に他の者が介入するのは自由すぎはしないか。また反対債権を有する債務者が相殺しなかったために債権が回収できなかったとしても自業自得であって、債権者の無資力まで考慮するのは心配し過ぎである。

富井政章（一九巻六七丁裏～六八丁表、六八丁裏～六九丁表、六九丁表）

理論上はその通りであり、ドイツ民法草案、スイス債務法においてはこのようなことを許していない。しかしフランス民法及びそれに拠った民法では許している。つまり便利の方が大切なのである。

連帯債務者間の関係は全く無関係とはいえない。一人が弁済すれば他の者は債務を免れる。一人が反対債権を得るというのはあたかも弁済のようなものであると考えられるし、旧民法、フランス民法などもそう見ている。「相殺ト云フノハ唯節略《ママ》弁済デアル」。

議長（箕作麟祥）（一九巻六九丁表～裏）

横田委員は第二項を削除しようというのか。

横田國臣（一九巻六九丁裏）

そうである。

高木豊三（一九巻六九丁裏～七〇丁裏）

削除説に賛成する。連帯の義務を負う者にとって、連帯債務者の中に反対債権を持つ者がいるということは予想の外であり、予想すべきものでもない。

理論的には他の債権債務にまでこの権利関係が生ずることはないということが正当であるにもかかわらず、実際上の必要からこのように規定するとのことであったが、私の考えでは、もしこの主義を貫くなら、共同債務者は共同債権者に対する権利を免除も放棄もできないという規定がなくては、何の効果もない。しかし、処分権を他の権利関係について制限されるということは、理論的にも根拠がなく、実際上も不都合が起るであろう。

富井政章（一九巻七四丁表～裏）

権利の放棄を禁じなければ論理に合わないという議論はわからない。権利の放棄は自由であり、そういうことを法律で決めることはできない。本条は反対債権を持つ者が放棄していない場合に適用があるのであって、放棄した場合にもはや相殺できないのは仕方がない。

横田國臣（一九巻七四丁裏～七五丁表）

反対債権を持つ者が相殺するつもりである場合は自ら相殺するであろうから、第二項が問題となるのは、その者が相殺を欲しなくとも他の者が無理に援用するという場合であり、裁判所にあっても証拠の挙げ方が難しい。（その者は）「証書モ何モ出サヌ外ノ者カラ態々然ウ云フコトヲシナケレバナラヌ却テ不便利ニナリハシナイカト思フ」。

富井政章（一九巻七五丁表）

旧民法では、相殺については債権が対立すれば直ちに両方が消滅するという主義を採っているから、その立場からは反対債権を有する者が承諾するかどうかは問題とならない。この先相殺の所で旧民法の主義を採るかどうかわからないが、それを採るとすれば、債権者と反対債権を持つ債務者との間では権利が消えてしまっているから、それは構わないということを、参考のために言っておく。

横田國臣（一九巻七五丁表～裏）

もしその主義を採るならば、「相殺ヲ其者許リデナシニ皆ニ付テセネバナラヌト思フ」。

富井政章（一九巻七五丁裏）

反対債権を有する者以外の者にもそれを許すなら、請求を受けた者が他の者に責任を転嫁しうることになって不公平である。連帯債務とは、債権者から訴えられたならば訴えられた額を払わねばならぬものである。「其性質ニ背クコトニナルカラ既成法典其他ノ法律ノ相殺主義ヲ採リナガラ矢張リ本条第一項（第二項の誤りか――髙橋眞注）ノ規定ヲ設ケテ居ル」。

二　反対債権を有する者が訴の当事者になる必要

土方寧（一九巻七〇丁裏～七一丁裏）

第二項の「右ノ債権ヲ有スル債務者ガ相殺ヲ援用セサル間ハ」というのは、反対債権を有する債務者が相殺を援用しようとすればできる地位にあることを前提にしているように読める。そうすると、反対債権を有する債務者が被告として相手取られていない場合には、その者は相殺を抗弁しようと思ってもできない。この場合は第二項に入らないようだが、どうか。

富井政章（一九巻七一丁裏）

「相殺ヲ援用セサル間ハ」というのは「相殺ヲ援用セサル場合ニ於テハ」と同じことで、その債務者が相殺を援用した後ならば、他の債務者は全額について相殺を抗弁できる。しかしまだその債務者が相殺を対抗していない場合、他の債務者はその者の負担部分についてのみ抗弁できる。この「のみ」が大切なのである。

土方寧（一九巻七一丁裏～七二丁裏、七六丁表）

私の質問はその趣旨ではない。この文言は、反対債権を有する債務者が相殺を援用しうる地位にあってしなかった場合としか読めない。従って、その者が被告となっている場合、その者が黙っていても他の債務者はその者の持分につき相殺を援用しうる。これが第二項の趣旨だということはわかるが、その者が被告となっていない場合、すなわち当事者でない場合には、第二項の文言からは、他の債務者はその者の持分について相殺を援用し得ないとしか読めないが、どうか。

富井政章（一九巻七二丁裏～七三丁表）

我々は第二項を、反対債権を有する債務者も訴えられ、抗弁をし得るにもかかわらず抗弁しなかった場合とは見ていない。この第二項は大変な例外を定めているのである。その者が被告になっていなくても、他の債務者は、その者の負担部分について自分は責任がないと言える。

高木豊三（一九巻七三丁裏～七四丁表）

他の債務者が、反対債権を持つ者の分だけ負担を免れようとすれば、その者を訴訟に参加させれば良いのだから、この規定は不要であると考える。

富井政章（一九巻七四丁表）

この規定は、その者を参加させないままで、他の者が自分の権利としてその者の負担部分につき相殺を援用できるという趣旨である。

▼採決の結果、削除案が否決され、原案通り確定した（一九巻七六丁裏）。

【民法修正案理由】

本条第一項ハ財産編第五百二十一条第二項末文ニ該当ス。今其規定ヲ見ルニ然レトモ自己ノ権ニ基キ相殺ヲ以テ対抗ス可キトキハ全部ニ付キ之ヲ申立ツルコトヲ得トアリ、而シテ此ノ如ク相殺ヲ申立テタルトキハ如何ナル結果ヲ生ズベキモノナルヤ、或ハ相殺ヲ申立テタル者ノ利益ノ為メニノミ効ヲ生ズベキヤ、或ハ総債務者ノ利益ノ為メ効ヲ生ズベキヤ既成法典ハ敢テ之ヲ明カニセズト雖モ、連帯債務者ノ一人ガ自己ノ債権ニ基キ相殺ヲ援用シタルトキハ総債務者ノ利益ノ為メ債権ノ消滅ヲ来スベキモノトスルノ精神ナルコトハ自ラ明ナル所ナリトス。

第二項ノ規定ハ財産編第五百二十一条第二項前段ニ該当ス。連帯債務者ノ一人ガ債権者ニ対シテ債権ヲ有スル場合ニ於テ、他ノ連帯債務者ガ債務ノ全部ニ付キ相殺ヲ引用シ得ベキモノトセバ、債権者ノ請求ヲ受ケタル一人ノ連帯債務者ガ他ノ連帯債務者ヲシテ弁済ヲ為サシムルト同一ノ結果ヲ生ズルニ至ル可シ。若シ此ノ如クナルトキハ、其連帯ノ性質ト相容レザルコト甚シキモノト謂ハザル可ラザルナリ。法律上ノ相殺ヲ認メタル既成法典ニ於テモ尚ホ且ツ本条ノ主義ヲ採用セルヲ以テ見ルトキハ、本条ノ規定ノ必要ナルコト明ナリト謂フ可シ。又之ニ反シテ債権者ヨリ請求ヲ受ケタル連帯債務者ノ一人ガ全ク相殺ヲ引用スルコトヲ得ザルモノトセバ、債権者ニ対シテ債権ヲ有スル他ノ連帯債務者ハ、弁済ヲ為シタル連帯債務者ノ一人ニ其負担部分ヲ償還シ、更ニ債権者ニ対シテ自己ノ債権ノ弁済ヲ求メザル可ラズ。其煩タル決シテ少カラザルノミナラズ、若シ債権者ガ其間ニ無資力トナルニ至リタルトキハ、自ラ損失ヲ蒙ラザル可ラザルニ至ル可キナリ。

▽民法修正案理由書第三編第一章第三章《ママ》「第三款連帯債務」三～四頁（第四三七条）。

（髙橋　眞）

第四三七条　連帯債務者の一人に対してした債務の免除は、その連帯債務者の負担部分についてのみ、他の連帯債務者の利益のためにも、その効力を生ずる。

第四三七条　連帯債務者ノ一人ニ対シテ為シタル債務ノ免除ハ其債務者ノ負担部分ニ付テノミ他ノ債務者ノ利益ノ為メニモ其効力ヲ生ス

原案第四三八条　連帯債務者ノ一人ニ対シテ為シタル債権(注1)ノ免除ハ其債務者ノ部分ニ付テノミ他ノ債務者ノ利益ノ為メニモ其効力ヲ生ス但別段ノ定アルトキハ此限ニ在ラス

（注1）「民法第一議案」によれば「債務」と書かれている。「議事速記録」は誤植か。

【参照条文】

旧民法財産編

第五〇六条　主タル債務者ニ為シタル債務ノ免除ハ保証人ヲシテ其義務ヲ免カレシム

連帯債務者ノ一人ニ為シタル債務ノ免除ハ他ノ債務者ヲシテ其債務ヲ免カレシム但債権者カ他ノ債務者ニ対シテ其権利ヲ留保シタル場合ハ此限ニ在ラス此場合ニ於テモ免除ヲ受ケタル債務者ノ部分ヲ控除スルコトヲ要ス

不可分債務者ノ一人ニ為シタル債務ノ免除ニ付テモ亦同シ然レトモ性質ニ因ル不可分債務ノ債権者カ他ノ債務者ニ対シテ其権利ヲ留保シタルトキハ債権者ハ先ツ全部ニ付キ其権利ヲ行ヒ免除ヲ受ケタル債務者ノ部分ヲ計算ス

旧民法債権担保編

第五七条第二項（第四三五条の【参照条文】中に掲載）

フランス民法

第一二八四条　義務ヲ得可キ者連帯シテ義務ヲ行フ可キ数人中ノ一人ニ私ノ証書ノ正本又ハ公正ノ証書ノ副本ヲ渡シタル時(注2)ハ連帯シタル他ノ数人ノ為メ亦前二条ニ記シタル効アリトス

第一二八五条　義務ヲ得可キ者連帯シテ義務ヲ行フ可キ数人中ノ一人ノ為メ契約シテ其義務ヲ釈放シタル時ハ連帯シタル他ノ数人モ亦其義務ノ釈放ヲ受ク可シ但シ義務ヲ得可キ者連帯シテ義務ヲ行フ可キ数人中ノ一人ヲ釈放スト雖モ其他ノ者ヲ釈放セサル旨ヲ別段定メタル時ハ格別ナリトス但シ此場合ニ於テハ其義務ヲ得可キ者義務ヲ行フ可キ数人中ニテ其釈放シタル一人ノ部分ヲ減シ其義務ヲ得ント要ム可シ

オーストリア一般民法

第八九四条　共同負責主中ノ一人ハ其共同負責主タル各人ニ向テ損害ヲ被ラシムルヿヲ得可カラス又共同負責主中ノ一人ニ向テ其弁償セシ数額ヲ責主ヨリ還付スルヿ有ルモ他ノ負責主ノ利益トハ為ラサル者トス〔仏民第千二百十五条〕

オランダ民法

第一四七六条　〔フランス民法第一二八五条に同じ〕

イタリア民法

第一二八一条　責主ニシテ互相特担ニ係ル共同負責主中ノ一人ニ対シテハ債額ヲ棄捐シ他ノ共同負責主ニ対シテハ之ヲ棄捐スルヿヲ欲セサル所ノ人ハ特ニ他ノ共同負責主ニ対シ其責権ヲ保存スルヿヲ明言セサル可カラス然レ𪜈此時会ニ於テハ必ス棄捐ヲ為シタル一人ノ負責主ノ負担部分ヲ扣除シテ以テ其責権ヲ行用スルヿヲ要ス〔仏民第千二百八十五条〕

スイス債務法

第一六六条第二項　〔第四三五条の【参照条文】中に掲載〕

第一六八条第四項　債権者は、連帯債務者の一人の法的地位をその余の連帯債務者の損失において改善することのないように責任を負う。

モンテネグロ財産法

第五五九条　債権者は、他の債務者を害して債務者の一人に利益を与えることができない。同様に、共同債務者の一人は、他の共同債務者の承諾がなければ、義務を負担すること又は連帯債務をより重くする行為をすることができない。

スペイン民法

第一一四三条　〔第四三五条の【参照条文】中に掲載〕

ベルギー民法草案

第一二八六条　連帯債務者は、他の連帯債務者の一人のためになされた合意による免除によっては、責めを免れない。但し、債権者は、免除した債務者の負担部分を控除した額についてのみ債務の弁済を請求することができる。

第一二八八条第一項　第一二八三条の規定する黙示の免除は、すべての利害関係人の利益となる。

第二項　債権者が連帯債務者の一人に対して証書（titre）を引渡したときは、他の連帯債務者のために免除がなされたものとみなす。

ドイツ民法第一草案

第三三二条　共同債権者ノ一人カ債務者ニ為シタル免除又ハ債権者カ共同債務者ノ一人ニ為シタル免除ハ債権関係ノ全部ノ消滅ヲ欲シタルトキハ其他ノ共同債権者ニ対シ又ハ其他ノ共同債務者ノ為メニモ有効トス

ドイツ民法第二草案

第三六六条　債権者ト共同債務者ノ一人トノ間ニ生シタル免除ハ債務関係ノ全部ノ消滅ヲ欲シタルトキハ其他ノ債務者ノ為メニモ有効トス

（注2）　第一二八二条　双方ノ姓名ヲ手署シタル私ノ証書ノ正本ヲ義務ヲ得可キ者ノ意ヲ以テ義務ヲ行フ可キ者ニ渡シタル時ハ其義務ヲ釈放シタルノ証アリトス

第一二八三条　義務ヲ得可キ者ノ意ヲ以テ公正ノ証書ノ副本ヲ義務ヲ行フ可キ者ニ渡シタル時ハ義務ヲ釈放シ又ハ義務ヲ尽シダルト思料ス可シ但シ之ニ反シタル証アル時ハ格別ナリトス

【起草趣旨】

富井政章（一九巻七七丁表〜七八丁表）

本条は財産編第五〇六条第二項に実質上の改正を加えたものである。

連帯債務者の一人に対して債務免除をした場合、その効果が一人について生ずるか、総債務者について生ずるかに関して法律上の推定規定が必要である。旧民法は後者を原則とする旨の規定を置くが、これは普通の原則に反するものであろう。何故なら、権利の放棄は推定し得るものでなく、またある一人に対して免除を与える債権者の通常の意思は、その一人を利するところにあるだろうからである。旧民法の主義はたぶんローマ法の「すいすあくとらつしよん」の考えの名残りであると考える。本条は反対の主義を採って、総ての債務者に対して免除を与えるという意思を表示しない限りは、その一人に対してのみ債務を免除したものと解するものとした。

もっともこう規定すれば本条はいらないと考えられるが、前条第二項と同じ理由で、その一人の負担部分については他の者も債権者に対抗しうるとするのが至当と考える。このことは明文を必要とするので、本条でこのように定めた。

【主要審議】

一　本条の必要性

田部芳（一九巻七九丁表～八〇丁裏）

本条が必要である理由は、免除を受けた債務者の部分について、他の債務者に抗弁の権利を与えることにあるという趣旨のようだが、前条第二項と本条とは違うのではないか。相殺援用権は他人の権利であるから他人が援用するためには特に法律の規定が必要だろうが、債権者が免除した場合、その分だけ債務そのものが消滅しているのだから、明文がなくとも当然に抗弁できると考える。また免除はその債務者に限って債務を免れさせるというのが原則であり、免除が全部か一部かは事実問題に帰するのではないか。従って、法律に規定する必要はないと思う。

富井政章（一九巻八〇丁裏～八一丁表）

連帯債務者の一人が免除を受けた場合、その者の負担部分についてだけ債務を免れると考えるならその通りであろうが、私はそうは考えない。債権者との関係では、免除を受けた債務者は全部の債務を免れ、他の者は全部払わねばならないというのが連帯の性質である。その者の負担部分だけ払わなくても良いというのは、明文をまってはじめて言えることである。

免除が全部か一部かは事実問題だというが、そうではない。当事者の意思が不明の場合、権利の放棄は推定せずという、一片の理論だけでは済まない。代理構成や、連帯というものは一つの債務であるというような考えによって全部免除を帰結する解釈も有力である。やはり法律の推定を、狭い方で決めておいた方が安全である。

二　不可分債務への適用の可否

横田國臣（一九巻七八丁表～裏）

不可分債務に連帯債務の規定を適用するという原案第四三一条によれば、これも適用することになるのだろうが、目的物が不可分の場合、本条の適用は無理ではないか。「例ヘハ三人デ一軒ノ家ヲ借リテ然ウシテ何ウスルト云フ時分ニ其一人ニ付テ免除サレテハ後トノ者ガ矢張リ夫レニ付テハ免除シタモノト見ル訳ニハ徃クマイト思ヒマス」。除外規定が必要だと考える。

富井政章（一九巻七八丁裏、八一丁表～裏、八九丁裏）

第四三一条は第四三八条（第四四八条の誤りか――髙橋眞注）の削除いかんによって定まることになっているが、それとは無関係に、目的物が不可分の場合は、その性質上、全部の請求ができる代りに計算、償還をすることになる。債権者と、免除を受けた一人の債務者との間では、義務は全く消えてしまうが、他の債務者に対しては、不可分の性質からも、また連帯の性質からも、全部について請求できる。そして不可分債務の場合、目的物を全部渡すが、免除を受けた債務者の分だけ金で償うことになる。金銭の場合には、その債務者の分だけ渡すのを拒むことになる。

横田國臣（一九巻七八丁裏～七九丁表、八二丁表）

金に換算できるものもあろうが、できないものもある。例えば、左官と大工がいて、左官だけ免除する、それで家を建てるのは無理である。また越路太夫と上手な三味線引とがいて、後者だけを免除した（越路太夫に引き語りをせよという趣旨か――髙橋眞注）が越路太夫は三味線が下手だ、こういう場合である。

富井政章（一九巻八二丁裏）

残った当事者だけでは初めの債権の目的を達しえないときには、本条の別段の定めに入り、総債務者に対して免除を与える意思であったとする。これは結局意思解釈であり、総債務者に対して免除する意思であったかどうか、すなわち別段の定めがあるかどうかという問題になる。

穂積陳重（一九巻八五丁表〜裏）

私は、一部の免除は全部の免除だ、という主義に立つものではないが、不可分義務の場合、一部の免除が全部の免除になることがしばしばあるであろう。多くは作為義務の場合であり、大工と左官、歌を歌う人と笛を吹く人、二人の駕籠舁等がそうである。この場合は一部の免除というのは名のみであり、一部の者を免除して他の者にやれというのは、「不能ヲ責メル」ものである。法は不能を強制することはできないから、この場合は全部の免除である。

富井政章（一九巻八五丁裏〜八六丁表）

私も初めからそう考えて答弁した。免除された者と債権者との間では債務の全部が消えるのであって、その者の負担部分についてのみ免除されるというものではない。免除された一人に対しては全く請求できず、他の者に対しては連帯とか不可分に基づき全部の請求ができるというのが原則だが、それでは実際不便があるから、免除を受けた一人の部分について計算するという規定が付加されるだけである。

高木豊三（一九巻八三丁表〜裏）

性質上の不可分のより適切な例を挙げよう。甲乙丙三人共有の一反の田地があり、それに通行地役権がついている。甲が免除されても乙丙が義務を負う以上、その上を通行されることに変わりがない。また甲乙丙共有の馬の引渡義務を甲が免除されても乙丙が負っている以上、その馬を引渡さなければならないのだから、何を免除されたのかわからない。

富井政章（一九巻八三丁裏〜八四丁表）

第一の例は「地役カラ生ズル権利デアツテ決シテ義務デハナイ」（物権であって債務ではないという趣旨か――髙橋眞注）。第二の例は、甲に対して請求があった場合には引渡を拒絶しうるが、乙丙に対して請求があった場合には引渡した上で甲の部分について計算するということになる。

横田國臣（一九巻八四丁表）

「其馬ト云フモノハ三人カラ成立ツテ居ルモノデアル」。免除するのは無理だ。

富井政章（一九巻八四丁表〜裏）

馬は何人でも共有できるから、馬の所有権は不可分ではない。引渡義務だけが不可分である。そして免除の結果として、免除を受けた者に対しては引渡を請求できなくなるわけである。

長谷川喬（一九巻八六丁裏〜八七丁表）

私の解釈は、三人の共有の馬の場合、甲の受ける免除の利益は、馬を渡した後、馬の価格の三分の一を債権者から取れるということであり、また駕籠舁の一人を免除した場合、これは不能であり、別段の定に入るということだが、こういう趣旨か。

富井政章（一九巻八七丁表、裏）

第一の点は、不可分債務の問題であるが、そういう結果になる。第二の点は「事実論」、債権者の意思の推定の問題である。

横田國臣（一九巻八七丁裏）

長谷川委員の例によるなら、越路太夫と上手な三味線引のうち、越路太夫を免除した場合、「然ウシテ越路太夫ニ遣ル金ヲ一方ノ者ニ遣ルト云フ結果ニ外ナラナイ然ウスルト免除デモ何ンデモナイ二人ノ駕籠舁ノ中一人ヲ免除スル然ウスルト一人リノ奴ガ其者ノ金ヲ取ル斯ウ云フコトニナル実ニ不思議ナ免除デアラウト思フ」。

長谷川喬（一九巻八八丁表）

越路太夫と上手な三味線引のうち、一人を免除したならば一人で語ることはできず、不能であるから、「別段ノ定」に入るものとして全部免除したものと見る。これに対して馬の場合は、三人のうち一人を免除しても二人に対して引渡請求できるが、三人のうち一人が免除されたのであるから、代価の三分の一を債権者に請求することができるというのが私の意見である。

富井政章（一九巻八八丁表～裏）

私の言う事実論というのもそれに帰する。二人で煙草盆を作る義務がある場合、一人に対して免除を与えたときは他の一人に請求しうるが、駕籠は一人で舁けないということである。

横田國臣（一九巻八九丁表）

私が主張したいのは、「此主義カ何ンテモカテモ今ノ金テ以テ後トテ――其奴ヲ一人免除スレハ其債権者カラ其奴ニ金丈ケヤツタノト同シコトニナルト云フ斯ウ云フ意味テアルナラハ此箇条ハ大変ナ間違ヒテアル夫レハ決シテ債務ノ免除テハナイト云フコト」である。

三　連帯の免除

土方寧（一九巻八六丁表～裏）

原案第四四七条（確定条文第四四五条）には連帯の免除ということがある。債務者の一人に対して、免除ではなく連帯の免除を行った場合、どういう結果になるか。第四一一条（第四四一条＝確定条文第四四〇条の誤り――髙橋眞注）によれば連帯の免除を受けない者に対しては全額を請求することができるように思われるが。

富井政章（一九巻八六丁裏）

連帯の免除は第四四一条の場合に入る。

土方寧（一九巻八九丁裏～九〇丁裏）

連帯の免除は第四四一条に入るとのことだが、第四四一条には免除とか混同とか、色々のものが入る。その中に連帯の免除が入るとなれば、旧民法とは旨意を変える考えと思われる。甲が乙、丙、丁に「連帯債権」を有し、乙に対して連帯を免除した場合、甲は乙に対して三分の一、丙、丁に対しては全部を請求できることになる。しかし、すべての規定から見ると「連帯債務ト云フモノハ頭数ニ割レテ居ルト云フコトガ重モニ見エテ居ル」。すると、乙に対しては三分の一、丙、丁に対しては三分の二だけ請求できるというように分別するのが、理に適うのではないか。そうすれば、丙丁を利することになって第四三八条とも釣合うであろう。

富井政章[注3]（一九巻九一丁表～九二丁表）

旧民法では連帯の免除の場合、丙、丁に対しては乙の分を控除した分しか請求できない。これは不当である。乙の分を乙から取った後なら別だが、そうでないなら、丙、丁に対して全部請求できるのでなければならない。何故なら、債権者の行う連帯の免除は、乙を利するものであって丙丁を利するものではないからである。丙丁が乙の分を免れるとなれば、連帯の性質にも反し、債権者の意思にも反する。丙丁が全額を支払った場合、連帯の免除を受けた乙も後で求償を受けるのだから、誰も損をする者はいない。乙にとっては、債権者に払わなければならないものを、償還の名義で他の債務者に払うとしても同じであって、不当の損失を被るものではない。従って、他の債務者に効を及ぼすものではないということになって、第四四一条に入る。

土方寧（一九巻九二丁表、裏、九三丁表～裏）

私は、乙から見れば分別されるものが丙丁から見れば分別されないというのがよくわからない。連帯の免除を受けると、乙は三分の一の債務者となって、乙から見れば連帯の関係がなくなってしまう、しかし丙丁から見ればなお連帯の関係があるように見える。乙から見れば持分だけの債務であるのに、丙丁は全部払わなければならないというのは、債権者が権利を放棄しても義務が残っている。すなわち義務がなくなっても権利があるとか、権利がなくなっても義務があるということになっておかしい。

富井政章（一九巻九二丁表、九三丁表、裏）

その疑問は、連帯債務とは初めから一つのものだという原則だけで押通そうと考えるために生ずるものである。本案はその精神に拘束されるものでなく、また権利義務の関係が連帯の場合において何時も同じ分量で皆の頭の上にあるべきものとは考えていない。

債権者は、権利の一部の放棄も全部の放棄もできる。一人に対して権利の一部を放棄しても、他の部分に関しては連帯関係は残っている。

議長（箕作麟祥）（一九巻九三丁裏）

別に発議がなければ可決されたものとする。

（注3）　債権担保編第七一条　財産編第五百十条ニ従ヒ明示又ハ黙示ニテ債務者ノ一人又ハ数人ニ対シテノミ連帯ノ抛棄アリタルトキハ他ノ債務者ハ連帯ノ免除ヲ得タル者ノ部分ニ於テノミ其義務ヲ免カル

連帯ノ免除ヲ得サル債務者中ニ無資力者アルトキハ債権者ハ其無資力ニ付キ連帯ノ免除ヲ得タル者ノ部分ヲ負担ス

【その後の経緯】

「其債務者ノ部分」が「其債務者ノ負担部分」という文言に改められたことについては、「他ノ文例ニ倣ッタ」ものであると説明されている（民法整理会議事速記録四巻七丁裏）。なお、但書が削除されたのも「御定マリ通り」とされている（同所）が、この点については本書四六頁参照。

【民法修正案理由】

本条ハ財産編第五百六条第二項ニ修正ヲ施シタルモノナリ。債権者ガ連帯債務者ノ一人ニ対シテ免除ヲ為シタルトキハ総債務者ハ其義務ヲ免ル、モノナルヤ、既成法典ニ於テハ債務者ガ特ニ一人ヲ免除スルノ意思ヲ明ニセザルトキハ総債務者ハ免除ノ利益ヲ受クベキモノトナシタル此法律上ノ推定ハ、一般ノ原則ニ反スルモノト謂ハザル可ラズ。何トナレバ、抛棄ハ素ト推定ス可ラザルモノナルガ故ニ、債権者ガ総債務者ヲ免除セントシタルノ意思明ナラザルトキハ総債務者ヲシテ免除ノ利益ヲ享ケシム可ラザレバナリ。

▽民法修正案理由書第三編第一章第三章《ママ》「第三款連帯債務者」四～五頁（第四三八条）。

（髙橋　眞）

第四三八条　連帯債務者の一人と債権者との間に混同があったときは、その連帯債務者は、弁済をしたものとみなす。

第四三八条　連帯債務者ノ一人ト債権者トノ間ニ混同アリタルトキハ其債務者ハ弁済ヲ為シタルモノト看做ス

原案第四三九条　連帯債務者ノ一人ト債権者トノ間ニ混同アリタルトキハ債権ハ其債務者ノ部分ニ付テノミ消滅ス

【参照条文】

旧民法財産編

第五三五条　債権者カ連帯債務者ノ一人ニ相続シ又ハ連帯債務者ノ一人カ債権者ニ相続シタルトキハ連帯債務ハ其一人ノ部分ニ付テノミ消滅ス

混同カ連帯債権者ノ一人ト債務者トノ間ニ行ハレタルトキモ亦其混同ハ債務ノ一分ニ付テノミ成ル

旧民法債権担保編

第五七条第二項（第四三五条の【参照条文】中に掲載）

フランス民法

第一二〇九条　連帯シテ義務ヲ行フ可キ者ノ中一人其義務ヲ得可キ者ノ遺物相続人トナル時又ハ義務ヲ得可キ者其連帯シテ義務ヲ行フ可キ者ノ中一人ノ遺物相続人トナル時ハ連帯シテ義務ヲ行フ可キ者ノ中其一人ノ担当ス可キ義務ノ部分渾同ノ法第千二百条見合ニ因テ消散ス可シ

オランダ民法

第一三二四条　（フランス民法第一二〇九条に同じ）

イタリア民法

第一一九四条　共同負責主中ノ一人カ責主ノ承産者ト為ルカ若クハ責主カ共同負責主中ノ一人ノ承産者ト為ルヿ有レハ則チ其互相特任《ママ》ノ責権ハ唯〻其人ノ一部分ノミ消滅ニ帰スル者トス（仏民第千二百九条）

スイス債務法

第一六六条第二項　（第四三五条の【参照条文】中に掲載）

スペイン民法

第一一四三条　（同右）

ベルギー民法草案

第一三〇五条　連帯債務者の一人が債権者の単独相続人となった場合、又は債権者が債務者の一人の単独相続人となった場合は、連帯債務は、その債務者または債権者の負担部分に限り混同により消滅する。

ドイツ民法第一草案

第三三三条　共同債権者ノ一人又ハ共同債務者ノ一人ニ生シタル債権及ヒ債務ノ混同ハ其他ノ共同債権者ニ対シ又ハ其他ノ共同債務者ノ為メニ効力ヲ有セス

ドイツ民法第二草案

第三六八条　（第四三四条の【参照条文】中に掲載）

【起草趣旨】

富井政章（一九巻九四丁表）

本条は旧民法財産編第五三五条第一項に字句の修正を加えただけであるから、別段説明はしない。

▼異議なしとして可決（一九巻九四丁表）。

【その後の経緯】

可決された原案と確定条文とでは表現が変化しているが、「意味ハ変ハツタノデハナイ」と説明されている（民法整理会議事速記録四巻七丁裏）。

【民法修正案理由】

本条ハ財産編第五百三十五条第一項ニ字句ノ修正ヲ施シタルモノニ過ギズ。只原文ノ如クニ記スルトキハ求償ノ点ニ於テ疑ヲ生ズベキヲ以テ、本条末文ノ如ク改メタリ。

▽民法修正案理由書第三編第一章第三章《ママ》「第三款連帯債務」五頁（第四三九条）。

（髙橋　眞）

第四三九条　連帯債務者の一人のために時効が完成したときは、その連帯債務者の負担部分については、他の連帯債務者も、その義務を免れる。

第四三九条　連帯債務者ノ一人ノ為メニ時効カ完成シタルトキハ其債務者ノ負担部分ニ付テハ他ノ債務者モ亦其義務ヲ免ル

原案第四四〇条　前五条ニ掲ケタル事項ニ付キ債権者ト連帯債務者ノ一人トノ間ニアリタル確定判決ハ其各条ニ定ムル範囲ニ於テ他ノ債務者ニ対シテモ其効力ヲ生ス

　連帯債務者ノ一人カ為シタル弁済ニ関スル確定判決モ亦他ノ債務者ニ対シテ其効力ヲ生ス

【参照条文】

旧民法債権担保編

第五九条　前二条ニ規定シタル種種ノ事項ニ付キ債権者ト債務者ノ一人トノ間ニ有リタル判決及ヒ自白ハ他ノ債務者ノ利害ニ於テ前二条ニ同シキ限度及ヒ区別ヲ以テ其効力ヲ生ス

第六〇条　一人ノ債務者ト他ノ債務者トノ間ニ於ケル連帯ノ存在ノミニ関シテ其一人ト債権者トノ間ニ有リタル判決及ヒ自白ハ他ノ債務者ヲ害セス又之ヲ利セス

明治二〇年四月九日大審院民事第一局判決（第四三三条末尾【資料】参照）

仏一一八一年一二月二八日大審院判決

同一八八五年一二月一日同院判決

スイス債務法

第一六六条第二項（第四三五条の【参照条文】中に掲載）

ドイツ民法第一草案

第三二七条　共同債権者ノ一人ト債務者トノ間ニ又ハ債権者ト共同債務者ノ一人トノ間ニ下サレタル確定判決ハ其他ノ共同債権者又ハ共同債務者ノ為メニ又之ニ対シテ効力ヲ有セス

ドイツ民法第二草案

第三六八条（第四三四条の【参照条文】中に掲載）

【起草趣旨】

富井政章（一九巻九四丁裏〜九六丁表）

本条は旧民法債権担保編第五九条に当るが、その対象たる事項の範囲が違う。

　旧民法より広くなったのは、「請求」を入れたことである。更改、免除、混同などについて判決があるとき、一定の範囲で他の債務者に対して効力があるものとすれば、もともと他の債務者に対して効力のある履行の請求についても同じでなければならない。旧民法が何故これを除外したのか、我々には了解できない。

　旧民法より狭くなったのは、連帯債務者の一人についての債務の免除が旧民法ほど広く入らないことであり、一人に対して債務の免除があったという確定判決があっても、その一人の部分の限度でしか効果が生じない。また連帯債務者の一人について法律行為が無効・取消となる場合、原案第四三四条（確定条文第四三三条）で、他の債務者について効力を妨げないということになっているから、無論確定判決について問題は起こらない。

　第二項については、弁済が他の債務者を免責するということはわかり切ったことだから前に明言しなかったため、確定判決についてここに規定する必要があったのである。

　旧民法は、判決の他に連帯債務者の一人

の自白もまた他の債務者に対して効力があるものとしていたが、様々の証拠と双方の弁論とに基づく判決ほど確実な性質を持つものでない自白に、そのような効力を認めるのは穏かでない。その自白に基づいて判決が下ったなら、その判決がそのような効力を生ずるということで充分であろう。従って「自白」は削った。

【主要審議】

一　本条の性質について――確定判決の意味

横田國臣（一九巻九六丁表）

本条を置く理由がわからない。確定判決の効力を論じているようであるがそれは不要であろう。確定判決は、免除などの事実を確かめる証拠法的意義を有するだけであって、そこまでのことは言うに及ぶまい。

富井政章（一九巻九六丁裏）

これはそういう意味で置いたのではない。判決は債権者と連帯債務者の一人との間のものであるから、例えばどれだけ弁済があったかということが確かであっても、当事者が違えば初めから調べ直さなければならない。確定判決といえば、それだけで調べる必要はなくなり、弁済の場合であれば他の債務者は義務を免れることになる。本案は代理構成を採るものではないが、判決にはこのような効力を付した方が良いと考え、かつ旧民法の規定がこの通りになっているから、この規定を置いた。

横田國臣（一九巻九六丁裏～九七丁表）

すなわちそれが証拠法である。ただ確定判決は直ちに用いられる証拠だというのである。連帯債務者の一人と債権者との間にあった判決というのは、それだけのことであって、「丁度其事カ外ノ者モ及ブゾヨト云フコトナノデハナイ」。この規定がなくとも、その事柄が確定のものだというのであり、これほどまで詳しく書くには及ぶまい。

高木豊三（一九巻九七丁裏～九八丁裏）

本条が、乙に対する確定判決で甲が丙丁、すなわち判決に名前の載っていない連帯債務者に執行することを許す趣旨ならば、判決の効力を及ぼすということになる。しかしここで言うのは、丙が甲乙間の判決を引いて、その債務が相殺なり免除なりで消滅しているということを確かめるだけのことであるから、証拠としての働きにほかならない。そうすると、そのような働きを認める点では自白も同じである。自白を除くのは学理に適さない。

富井政章（一九巻九八丁裏～九九丁裏）

確定判決の当事者でない者との間では、弁済の事実があったことを初めから調べ直さなければならない。しかし本条によって、たとえ判決が間違っていても判決があったという事実だけで支払を拒絶できる。この規定がなければ、その判決がなかったと同じことになる。弁済の有無を改めて調べる一材料として判決が使われるかもしれないが、判決の存在という一事を以て被告が責を免れるという結果は出て来ない。ドイツ民法草案では、本案と反対に規定している。もし本条を設けずに、判決の効果を及ぼそうとすれば、本案が採らないところの代理思想に近づかなければならないことになる。迷いはしたが、こうしておいた方が穏かだと思ってこの原案にした。

高木豊三（一九巻一〇一丁表～一〇二丁表）

連帯債務において債権債務の関係はひとつであり、甲乙間の判決においてその一部が既に免除なり弁済なりによって済んでいることが認められている場合、甲が丙に対して請求したときは、その判決は一部が済んでいるということを推測するために使われるにすぎない。そのような判決が出た場合、「或ハ之丈ケハ済ンデ居ルト云フコトヲ自白シテ居ル」。しかし同じ共同債務者(丙)に対して、丙は判決を受けていないからということでこの判決を否定できるであろうか。「私ハ他ノ判決ト雖モ裁判官ノ見込ニ依テ採ルベキモノハ採ルモノト考ヘル」。

富井政章（一九巻一〇二丁表～裏）

それはその通りだろうが、その判決が間違っていても「採ラナケレハナラヌ」ということは、代理構成をとらない以上、法律で定めておかなければ出て来ない。

連帯債務が一つの債務であるかという問題は、本案では触れない。

高木豊三（一九巻一〇三丁表）

それでは、債権者と連帯債務者の一人との間の訴訟で債権者が欠席して敗訴し、その後に債権者が他の債務者を訴えた場合も、判決の効力が及んで債務が消えるのか。

富井政章（一九巻一〇三丁表）

そうではない。本条は「前五条ニ掲ケタル事項ニ付キ」と範囲を定めている。

議長（箕作麟祥）（一九巻一〇三丁表～裏）

第四三九条（確定条文第四三八条）には「混同アリタルトキハ」とあるから、混同があったことさえ確かなら、判決によって確かめられても、判決以外のもので確かめても同じことではないか。

富井政章（一九巻一〇三丁裏～一〇四丁表）

第四三九条は事実を調べて初めて決まる。第四四〇条は判決だけ見て決まる。

議長（箕作麟祥）（一九巻一〇四丁表）

こういうことを記入すると、甲乙丙と三人いる場合、甲乙間に何かあれば、常に判決とか何とか書かねばならぬことにならないか。

富井政章（一九巻一〇四丁表）

連帯債務者間の密接な関係を考慮して、連帯債務について置いただけであり、すべてのものについて本条のような例外規定を置くものではない。

二　本条削除案、修正案

横田國臣（一九巻一〇四丁表～裏）

本条がなくても実際困ることはない、「あの判決ハ嘘デゴザイマスト異議ヲ言フ(注1)コトハ判決ヲ受ケタ奴ハ言ハレナイ」から、削除説を提出する。

土方寧（一九巻一〇五丁裏～一〇六丁表）

削除説に賛成する。本条を置くと、判決の効力のことを引出し、証拠の規定を定めているように見える。またあたかも判決によって新たに権利義務が生じるかのように見える。本条を削っても、事実上同じ結果になると思われる。

高木豊三（一九巻一〇四丁裏～一〇五丁表）

やはり旧民法と同様自白が入るべきである。判決は実際に義務があってもなくても、判決の結果そうなるということであるのに対し、自白は債務者自身が言うのだからこちらの方がより確かである。第一項第二項とも、「確定判決及ヒ自白ハ」と修正することを提案する。

長谷川喬（一九巻一〇五丁表）

賛成。

▼採決の結果、削除案、修正案とも否決、原案に確定した（一九巻一〇六丁表～裏）。

（注1）この点についての横田委員、富井委員の質疑応答につき、一九巻九九丁裏～一〇一丁表参照。

【その後の経緯】

第一〇回民法整理会（明治二八年一二月二七日）

富井政章（民法整理会議事速記録四巻七丁裏～八丁裏）

本条を審議した際、判決を証拠として、前数条に列記した事項を裁判所が認めるということは妨げないが、判決があれば、実際に更改や相殺がなかった場合にもそれだけで当然効力を生ずるということにするのは穏かでないという議論が出たが、その時は少数で潰れた。しかし保証の所ではその説が多数になった。(注2) ひとつにはその権衡から、ひとつには我々もその説が正しいと考えたために、これを削った。

その代りに、原案になかった箇条を加えた。連帯債務者の一人のために時効が完成したときは、免除の場合と同様にした方が公平である。

長谷川喬（同四巻八丁裏）

第四三〇条（確定条文第四三四条）によれば「連帯債務者ノ一人ニ対スル履行ノ請求ハ他ノ債務者ニ対シテモ其効力ヲ生ス」とあり、一人のために時効が完成するという場合はないように思うが、どうか。

梅謙次郎（同四巻八丁裏～九丁表）

連帯債務者のある者が時効の利益を受け、他の者が利益を受けないというのは、ある者が承認せず、他の者が承認した場合である。この場合、ある者の承認は他の者には効力を及ぼさないから、ある者については時効が完成せず、他の者については時効が完成するということになる。また稀な場合であるが、夫婦間においては時効の停止があり、一人が債権者の配偶者、一人が他人であるという場合にも同様なことが起こる。

議長（箕作麟祥）（同四巻九丁表）

時効中断というのは承認だけの話か。

富井政章（同四巻九丁表）

第四三〇条がある以上はそうなる。

（注2）第四五七条の【主要審議】（本書三三八頁）以下参照。

【民法修正案理由】

本条ハ債権担保編第五十九条ニ該当ス。同条ニ所謂前二条ノ規定ハ、本条ニ所謂前五条ノ規定ト其範囲ヲ同ウセズ。従テ本条ノ規定ガ既成法典ノ規定ヨリ一方ニ於テハ広ク、又他ノ一方ニ於テハ反テ狭キ結果ヲ生ズベシ。連帯債務者ノ一人ニ付キ法律行為ノ無効又ハ取消ノ原因ノ存スル場合ニ於テハ、第四百三十四条ノ規定ニ依リテ他ノ債務者ノ債務ノ効力ヲ妨ゲザルヲ以テ、債権者ト連帯債務者ノ一人トノ間ニアリタル確定判決ハ他ノ債務者ニ対シテ効力ヲ生ズルヤ否ヤノ問題ハ決シテ生ズルコトナカルベキナリ。

本条第二項ハ、連帯債務者ノ一人ノ弁済ガ、総債務者ノ利益ニ於テ効ヲ生ズベキコトヲ示スベキ規定ヲ設ケザルガ為メ、特ニ之ヲ置クノ必要アリトス。

既成法典ハ自白ト確定判決トヲ同一視シテ規定ヲ為シタリ。然レドモ、判決ハ法律ニ定ムル審議手続ヲ経タル裁判所ノ行為ナルニ反シテ、自白ハ当事者ノ行為ニ外ナラズ。故ニ其効力亦之ニ比シテ不確実ナルモノト謂ハザルベカラズ。此ノ如ク性質及ビ効力ノ異ナルモノヲ同一視スルハ頗ル其当ヲ得ザルモノト謂フベシ。故ニ本案ニ於テハ、確定判決ノミニ限リテ其効力ヲ当事者以外ノ者ニ及ボスベキコトヲ規定シタリ。(注3)

▼民法修正案理由書第三編第一章第三章《ママ》「第三款連帯債務」五～六頁（第四四〇条）。

（注3）本条の修正理由については、『未定稿本／民法修正案理由書』は、ここに掲載した理由とは全く異なる説明を掲げている。これは、【その後の経緯】で紹介したように、本条が整理会で根本的に変更されたため、法典調査会で確定された原案に関する修正理由が、実際に議会に提出された条文の修正理由に対応しなくなり、書き改められたことを示唆している。廣中博士が『未定稿本／民法修正案理由書』の方が重視されるべきであるとされる具体例の一つである。

以下に、『未定稿本／民法修正案理由書』の修正理由を掲載する（なお、濁点および句読点は引用者による）。

本案ニ於テハ、第四百三十三条（確定条文第四三四条に該当する＝高橋眞注）ニ於テ連帯債務者ノ一人ニ対スル履行ノ請求ハ他ノ債務者ニ対シテモ其効力ヲ生ズルモノトセリト雖モ、連帯債務者ノ一人ニ付キ生ジタル他ノ時効中断ノ原因ハ他ノ債務者ニ対シテ其効力ヲ生ゼザルモノト為シタルガ故ニ、連帯債務者ノ一人ニ対スル時効ノ中断ハ必ズシモ他ノ債務者ニ対スル時効ノ中断ト為ラズ。又、連帯債務者中ニハ、或ハ期限ヲ異ニシ、或ハ条件附ニテ債務ヲ負担スル者アルコトヲ得可キガ故ニ、時効ハ各連帯債務者ニ付キ其進行ヲ始ムル時期ヲ異ニスルコトアリ。従テ、連帯債務者ノ一人ノ為メニ時効ノ完成シタルニ拘ハラズ、他ノ債務者ノ為メニハ未ダ時効ノ完成セザルコトアリトス。今此場合ニ於テ、債権者ガ尚ホ全部ノ履行ヲ請求スルコトヲ得ベシトセバ、時効ノ利益ヲ享ケタル債務者ノ負担部分ハ、時効ノ利益ヲ享ケザル債務者ノ負担ニ帰スルノ結果ヲ生ズルニ至ル可キナリ。之ニ反シテ、債権者ヲシテ、時効ノ利益ヲ享ケタル債務者ノ負担部分ニ付キ権利ヲ失ハシムルモノトセバ、実際公平ナル結果ヲ生ズルニ至ル可シ。蓋シ、債権者ハ時効ノ完成ヲ妨ゲザルニ付キ過失アルヲ以テ、自ラ其責ニ任ゼザル可カラザレバナリ（『未定稿本／民法修正案理由書』三六三～三六四頁（第四三八条）（廣中俊雄編著『民法修正案（前三編）の理由書』（有斐閣・一九八七年）四二三～四二四頁所収））。

（髙橋　眞）

第四四〇条　第四百三十四条から前条までに規定する場合を除き、連帯債務者の一人について生じた事由は、他の連帯債務者に対してその効力を生じない。

第四四〇条　前六条ニ掲ケタル事項ヲ除ク外連帯債務者ノ一人ニ付キ生シタル事項ハ他ノ債務者ニ対シテ其効力ヲ生セス

原案第四四一条　前六条ニ掲ケタル事項ノ外連帯債務者ノ一人ニ付キ生シタルモノハ他ノ債務者ニ対シテ其効力ヲ生セス但別段ノ定アルトキハ此限ニ在ラス

【参照条文】

旧民法財産編

第五〇九条　共同債務者ノ一人ニ対シテ連帯ノミ又ハ任意ノ不可分ノミノ免除アリタルトキハ其一人ヲシテ他ノ債務者ノ部分ヲ免カレシメ且他ノ債務者ヲシテ其一人ノ部分ヲ免カレシム

性質ニ因ル不可分ノミノ免除ニ付テハ債権者ハ債務者ノ各自ニ対シテ全部ノ要求ヲ為ス権利ヲ失ハス但免除ヲ受ケタル債務者ノ負担ス可キ債額ヲ計算スルコトヲ要ス

又債権者ハ免除ヲ受ケタル債務者ニ対シ全部ノ要求ヲ為スコトヲ得但他ノ債務者ノ負担ス可キ債額ヲ計算スルコトヲ要ス

旧民法債権担保編

第五八条（第四三三条の【参照条文】中に掲載）

第六〇条（第四三九条の【参照条文】中に掲載）

第六一条第二項(注)　債務者ノ一人ニ対シ債権者ノ利益ニ於テ存スル時効停止ノ原因ハ他ノ債務者ノ利益ニ於テ其部分ノ為メ時効ノ進行スルコトヲ妨ケス

第六二条（第四三四条の【参照条文】中に掲載）

第七一条第一項　財産編第五百十条ニ従ヒ明示又ハ黙示ニテ債務者ノ一人又ハ数人ニ対シテノミ連帯ノ拋棄アリタルトキハ他ノ債務者ハ連帯ノ免除ヲ得タル者ノ部分ニ於テノミ其義務ヲ免カル

明治二六年二月三日大審院第二民事部判決
（本条末尾【資料】参照）

フランス民法

第一二〇五条〔第四三四条の【参照条文】中に掲載〕

第一二〇八条第二項〔第四三三条の【参照条文】中に掲載〕

第一二一〇条　義務ヲ得可キ者連帯シテ之ヲ行フ可キ者ノ中一人ノ部分ヲ分ツヿヲ承諾シタルト雖𪜈猶其他ノ数人ヲシテ連帯シテ義務ヲ行ハシムルノ権アリ但シ其連帯ノ釈放ヲ受ケタル者ノ部分ハ其連帯ノ義務中ヨリ取除ク可シ

オーストリア一般民法

第八九四条〔第四三七条の【参照条文】中に掲載〕

オランダ民法

第一三二一条〔フランス民法第一二〇五条に同じ〕

第一三二五条〔フランス民法第一二一〇条に同じ〕

イタリア民法

第一一九一条〔第四三四条の【参照条文】中に掲載〕

第一一九三条第二項〔第四三三条の【参照条文】中に掲載〕

第一一九五条　責主ニシテ共同負責主中ノ一人ノ為メニ負債ノ分割弁償ヲ承諾セル所ノ人ハ他ノ共同負責主ニ向テハ依然トシテ其互相特任《ママ》ノ責権ヲ貯存ス〔仏民第千二百十条〕

ポルトガル民法

第七五五条　給付の目的物が共同連帯債務者の一人のフォートにより滅失したときといえども、他の連帯債務者はその債務から解放されない。但し、滅失の原因を惹起した債務者のみが損害賠償の責めを負う。

スイス債務法

第一六五条〔第四三四条の【参照条文】中に掲載〕

第一六六条第二項〔第四三五条の【参照条文】中に掲載〕

モンテネグロ財産法

第五五九条〔第四三七条の【参照条文】中に掲載〕

スペイン民法

第一一四七条第二項　連帯債務者の一人のフォートにより前項の効果（物の滅失又は給付の不能による債務の消滅）が生じたときは、連帯債務者全員が、債権者に対して、（物又は給付の）価格、損害賠償及びその利息につき責めを負う。但し、故意又は過失のある連帯債務者に対する訴権（の行使）を妨げない。

ベルギー民法草案

第一二〇七条〔第四三四条の【参照条文】中に掲載〕

第一二一一条　共同債務者の一人に対し連帯を免除した債権者は、他の債務者に対しては連帯訴権を保持する。連帯を免除された債務者は、なおその負担部分の債務者であり、かつ、他の共同債務者の弁済不能から生ずる結果につき責めを負う。

ドイツ民法第一草案

第三二八条　共同債権者ノ一人カ其権利ヲ他ニ転附スルコトニ因リテ其他ノ共同債権者ノ権利ハ影響ヲ受クルコトナシ

第三三四条　共同債権者ノ一人又ハ共同債務者ノ一人ニノミ生シタル履行不能ハ其他ノ共同債権者ニ対シ又ハ其他ノ共同債務者ノ為メニ効力ヲ有セス

　共同債務者ノ一人ノ過失ニ本ツク全部又ハ一部ノ履行不能ハ其他ノ共同債務者ノ為メニ偶然ノ履行不能トシテ有効トス

第三三五条〔第四三四条の【参照条文】中に掲載〕

第三三六条　共同債権者ノ一人ニ対シ又ハ共同債務者ノ一人ノ為メニ生シタル時効ハ其他ノ共同債権者ニ対シ又ハ其他ノ共

同債務者ノ為メニ効力ヲ有セス

ドイツ民法第二草案

第三六八条　〔第四三四条の【参照条文】中に掲載〕

（注）　民法第一議案では「六一、六二、二項、六二」となっているが、第六一条第二項と第六二条のことであり、速記録の記載が正しいと思われる。

【起草趣旨】

富井政章（一九巻一〇七丁裏～一〇八丁表）

本条に当る規定は旧民法にはない。

本条の「連帯債務者ノ一人ニ付キ生シタルモノ」とは、例えば連帯債務者の一人の過失による履行不能「其他ノ損害ヲ来シタトカ」、過失なくして生じた履行不能、債務者の一人に関する時効停止、連帯債務者の一人に与えた連帯の免除「其他前数条ニ掲ケサル一切ノ事項」をいう。

旧民法は、時効の停止以外は、利益・不利益を問わず、すべて連帯債務者の一人に生じた事由は他の債務者について効力を及ぼすと定めているが、これは連帯債務者間の代理関係を認めた結果である。旧民法と違って本案は代理構成を採らない結果、債務者の一人について生じた事由は、別段の規定がなければ他の債権者（債務者の誤り――髙橋眞注）に対して効力を生じない、というのが本則となる。殊に一人の過失を他の者が負うというのは不当であり、また連帯の免除について「他ノ債務者ニ対シテ全額ヲ請求スルコトが出来ナクテ其一人ヲシテ他ノ債務者ノ部分ヲ免カレシメ且他ノ債務者ヲシテ其一人ノ部分ヲ免スル」というのは、連帯の性質にも反し、債権者の意思にも反するものであるから、これらを改めた。

【主要審議】

土方寧（一九巻一〇八丁表～裏）

旧民法は代理構成を採る結果「共同債務者ノ一人ニ対シテ為シタルモノハ他ノ人ニモ及ブ」ということになるが、本案ではこれを改めるということであった。しかしそれは、言わなくともわかっていることではないか。

富井政章（一九巻一〇八丁裏）

連帯の性質について現在学説が分れて様々の解釈が起る可能性があり、「殊ニ連帯債務者ノ一人ノ過失抔ニ付テハ反対説ガ随分勢力ヲ持タウト思ヒマス」。やはりあった方が良いと思う。

▼別段発議なしとして本条確定（一九巻一〇八丁裏）。

【その後の経緯】

確定条文では表現が変っているが、それについては「字句丈ケ」のこととされている（民法整理会議事速記録四巻九丁裏）。なお、但書の削除については、本書四六頁参照。

【民法修正案理由】

本条ノ規定ハ既成法典ニ於テ之ヲ見ズ。既成法典ハ時効ノ停止ヲ除キ、連帯債務者ノ一人ニ付キ生ジタル事項ハ、利ト不利トヲ問ハズ総テ他ノ債務者ニ効力ヲ及ボスモノト為シタリ。此事タルヤ、既成法典ニ於ケルガ如ク連帯債務者間ニ代理関係ノ存スルコトヲ認ムルトキハ一理ナキニ非ズト雖モ、本案ニ於テハ此ノ如キ代理関係ノ存在ヲ認メザルヲ以テ、別段ノ定ナキ限リハ連帯債務者ノ一人ニ付キ生ジタル事項ハ他ノ債務者ニ対シテ効ヲ生ゼザルモノトセリ。殊ニ既成法典ニ於テ連帯債務者ノ一人ノ過失ニ付キ他ノ債務者モ亦タ其責ニ任ズベキモノトナシタルハ、尤モ其当ヲ得ザルモノト謂フ可シ。又債権者ガ連帯債務者ノ一人ニ対シテ連帯ノミノ免除ヲ為シタルトキハ、他ノ債務者ハ其債務者ノ負担部分ニ付キ責ヲ免ル、モノトスル財産編第五百九条第一項ノ規定ノ如キモ亦、当事者ノ意思ニ反スル不当ノ規定ト謂ハザルベカラザルナリ。

▼民法修正案理由書第三編第一章第三章《ママ》「第三款連帯債務」六頁（第四四一条）。

【資料】

◎明治二十六年二月三日大審院第二民事部判決

明治廿五年第二百三十一号「第二」

判決原本

上告人　神奈川県横浜市外国人居留地
百七十七番館
瑞西国人
シヨイ子、エ、モツチユ商会
右訴訟代理人代言人
増嶋六一郎
被上告人　山形県米沢市旧城内上杉製
糸場社長
丸山孝一郎
右丸山孝一郎訴訟代理人代言人
芹澤孝太郎

右当事者間ノ連約物差戻及損害要償事件ニ付東京控訴院カ明治廿五年四月廿八日言渡シタル判決ニ対シ上告人ヨリ全部破毀ヲ求ムル申立ヲ為シ被上告人ハ上告棄却ノ申立ヲ為シタリ

判決主文

丸山孝一郎ニ対スル本件ノ上告ハ之ヲ棄却ス

理　由

本上告ハ丸山孝一郎ニ対シテ有効ナルヤ否ニ付上告者ノ論旨ヲ要約スレハ本件ハ第一審第二審トモ河瀬秀治丸山孝一郎両名ヲ相手トシテ裁判ヲ受ケタルモノニシテ上告モ亦両名ニ係リ為ス可キ処最初呈シタル上告状ニ河瀬秀治ノミヲ記載シ丸山孝一郎ヲ列記セサルハ誤脱シタルモノナリ而シテ此両名ハ連帯ノ責任アルモノニシテ原裁判ハ両名ニ対シテ為シタル判決ニシテ上告人ハ其全部ニ付不服ナルヲ以テ既ニ河瀬秀治ニ係リ上告ヲ提起シタル上ハ丸山孝一郎ニ対シテモ原判決ハ未タ確定セサルヲ以テ今ヤ同人ニ対シテハ上告期間ノ一ケ月ヲ経過シ居ルモ尚之ヲ被上告人ニ加ヘ弁論セシメラル可キモノナリト云フニ在リ依テ之ヲ審案スルニ上告ニ係ル原判決ハ明治廿五年四月廿八日ノ言渡シニシテ上告人ハ仝年五月四日ニ判決正本ノ送達ヲ受ケ同年五月十三日河瀬秀治ヲ被上告ト表示シタル上告状ヲ呈出シ其後同年十一月廿二日ニ至リ尚河瀬秀治丸山孝一郎ノ両名ヲ被上告ト表示シタル上告状ヲ呈出シタルモノナリ然レ𪜈共同訴訟人ハ其資格ニ於テハ各別ニ相手方ニ対立シ相手方ヨリ其一人ニ対スル訴訟行為及ヒ懈怠ハ他ノ共同訴訟人ニ利害ヲ及ホサ、ルヿハ民事訴訟法第四十九条ニ規定スル所ニシテ此他特別ノ規定ナキニ依リ仮令本件ノ訴訟物ニ付連帯ノ責任アルモノトスルモ河瀬秀治ニ対シタル上告ノ行為ヲ以テ丸山孝一郎ニ及ホスヲ得ス故ニ孝一郎ニ対シテハ被上告人トシテ其名ヲ表示シ上告状ヲ呈出シタル明治廿五年十一月廿二日ヲ以テ初テ上告ヲ提起シタルモノトスルヲ当然ナリトス而シテ上告本人カ住所ナル横浜市居留地ヨリ大審院ヘノ上告日数ハ早ク既ニ過去リ即チ期間ニ於テ起サ、ル上告ナルヲ以テ之ヲ棄却ス可キモノトス

大審院第二民事部
（判事名省略）
明治廿六年二月三日判決言渡

（髙橋　眞）

第四四一条　連帯債務者の全員又はそのうちの数人が破産手続開始の決定を受けたときは、債権者は、その債権の全額について各破産財団の配当に加入することができる。

第四四一条　連帯債務者ノ全員又ハ其中ノ数人カ破産ノ宣告ヲ受ケタルトキハ債権者ハ其債権ノ全額ニ付キ各財団ノ配当ニ加入スルコトヲ得

原案第四四二条　連帯債務者一同又ハ其中ノ数人ガ《ママ》破産ノ宣告ヲ受ケタル場合ニ於テハ債権者ハ其債権ノ全額ニ付キ各破産ノ清算ニ加ハルコトヲ得

債権者カ各破産ノ清算ニ於テ受クヘキ配当ハ其債権ノ全額ニ従ヒテ之ヲ定ム但総額ニ於テ其債権額以上（注1）ヲ受ケルコトヲ得ス

（注1）　原文では「以下」と記されているが、誤りであろう。

【参照条文】

旧民法債権担保編

第六七条　何等ノ弁済モ有ラサル前ニ連帯債務者ノ一人ノ無資力ト為リタルトキハ債権者ハ其債権ノ全額ニ付キ清算ニ加ハルコトヲ得

此場合ニ於テ弁済ノ残額ハ他ノ債務者之ヲ負担ス但其債務者ノ自己ノ部分外ニ負担シタルモノニ対スル求償ハ其清算ニ加ハリタル他ノ債権者ヲ害スルコトヲ得ス

第六八条　債務者ノ一人ノ無資力ト為リタル前ニ一分ノ弁済アリタルトキハ債権者ハ弁済残額ノ為メニ非サレハ其清算ニ加ハルコトヲ得ス又一分ノ弁済ヲ為シタル他ノ債務者ハ第六十三条ニ従ヒ自己ノ受取ル可キモノヲ弁償セシムル為メ清算ニ加ハルコトヲ得

第六九条　何等ノ弁済モ有ラサル前ニ総テノ連帯債務者又ハ其中ノ数人ノ無資力ト為リタル場合ニ於テ債権者ハ其債権ノ全額ニ付キ各清算ニ加ハルコトヲ得

然レトモ債権者カ清算ノ一ニ於テ配当金ヲ受取リタルトキハ他ノ清算ニ於テ其債権ノ全額ニ従ヒ債権者ニ充テタル新配当金ハ以前ノ配当ニ於テ未タ受取ラサルモノノ割合ニ応スルニ非サレハ債権者之ヲ受取ルコトヲ得ス受取ノ残額ハ各清算ニ之ヲ返還ス但各清算ノ弁済シタルモノノ割合ニ従フ

旧商法

第一〇三一条　二人以上ノ共同義務者カ破産シタルトキハ其各義務者ノ破産ニ於テ債権ノ全額ヲ届出ツルコトヲ得

各自ノ破産財団ノ間ニ於ケル償還請求権ハ之ヲ主張スルコトヲ得ス然レトモ債権者カ受取ル割前ノ額カ主タルモノ及ヒ従タルモノヲ合セタル債権ノ総額ヲ超過スルトキハ其超過額ハ共同義務者中他ノ共同義務者ニ対シテ償還請求権ヲ有スル者ノ財団ニ帰ス

フランス商法

第五四二条　破産者及び破産を受けたその他の共同義務者において、共同して署名、裏書または保証した契約上の債権者は全財団の配当に参加し、その全額の支払を受けるまでその証書の券面額につきこれに参加する。

第五四三条　共同義務者の一人の破産は、支払われた配当につき他の共同義務者に対して返還を請求できない。但し、この破産のために支払った配当の全額が債権の元本および付帯の請求権の総額を超過するときはこの限りでない。この場合においては、この超過額は債務の順位に従って他の共同義務者を保証人とする共同義務者に帰属する。

第五四四条　破産者およびその他の共同義務者において連帯してその責に任ずる契約上の債権者が破産前にその債権の一部弁済を受けたときは、その債権者はその一部弁済を控除した額についてのみ財団に参加できる。但し、残存債務額につき共同債務者または保証人に対するその権利を失わない。

一部弁済をした共同債務者または保証人は破産者の免責につき支払った全額について同一の財団に参加することができる。

イタリア商法

第七八八条

第七八九条

第七九〇条

スイス債務法

第一六七条　各連帯債務者の破産において債権者は債権全額を請求しうる。

債権者に配当される分は、各破産において債権全額を基準として算定される。但し、債権者はその債権全額以上の額を受け取ってはならない。

ベルギー商法

第五三七条　破産者または破産状態にある他の共同債務者によって署名、裏書き、または連帯して保証された義務の債権者は、全ての財団の配当につき、その証書の名目上の価額全額の完全な弁済を受けるまで参加する。

第五三八条　破産により生じる配当弁済金の総額が主たる債権及び従たる債権の総額を超える場合でなければ、共同債務者は、相互に、他の共同債務者の破産手続において、配当弁済金の償還を請求することができない。右の場合には、剰余金は、債務の順位に従って、他の債務者のために保証をなした債務者の債務に割り当てられる。

第五三九条　破産者と他の共同債務者間の連帯債務の債権者または保証人によって担保されている債務の債権者が、その債権に対する内金を破産前に受領した場合、当該内金を減殺するという条件の下でのみ財団に加入しなければならず、弁済を受けない部分については、共同債務者または保証人に対する権利を保存する。

【起草趣旨】

富井政章（一九巻一〇九丁表～一一三丁表）

本条は旧民法債権担保編第六七条・第六八条を削除し、第六九条を修正したものである。

(1)　第六七条・第六八条の削除理由

第六七条は、何等の弁済のないうちに連帯債務者の一人が無資力となった場合の規定である。第一項は連帯の性質上、一人に対して全額の請求ができる以上は当然である。第二項本文も、原案第四三三条（確定条文第四三二条）に「同時若シクハ順次ニ総債務者ニ対シテ全部又ハ一部ノ履行ヲ請求スルコトヲ得」とあるから、規定しなくともわかったことである。第二項但書も当然のことである。なぜなら残額を弁済した債務者が清算に加わることができるとすれば、既に債権者は全額について清算に加わっているのであるから、他の債権者に対しては二重取りをすることとなり、不都合だからである。仮に少々疑問が生ずるとしても、残額を弁済した者が求償しようとするときには、大抵清算は終了しており、清算に加わることができなくなるのであり、この規定は殆ど適用がない。

第六八条は、債務者の一人が無資力にな

る前に一部の弁済があった場合の規定であるが、この場合に、債権者が弁済残額についてしか清算に加わることができないのは当然である。また、一部弁済をした債務者が求償権により他の連帯債務者の清算に加わることができるのも当然である。

(2)　第六九条の趣旨と本条の趣旨について

第六九条は、何等の弁済もない前に、総ての、または、数人の連帯債務者が無資力となった場合の規定で、第一項は、この場合に、債権者はその債権の全額について各清算に加わることができると規定している。このことはどこの国の法律でもそうであって、総額において債権額を超えて受け取れないという制限に従う限りは連帯の性質上当然である。しかし、第二項の規定によると、債権者が「假令ヒ全額ヲ受取ルコトガ出来テモ受取ルコトヲ許サナイ」。たとえば、甲乙丙の三人が丁に対して一万円の連帯債務を負い、三人とも破産した場合、丁は各々に対して全部の請求ができる。この場合、甲の清算が先ず終了して五〇〇〇円、乙の清算が終了して三〇〇〇円、丙の清算が終了して二〇〇〇円払うことができると仮定すると、旧商法第一〇三一条や引用した諸国の法律の立場では、債権者丁は甲乙丙から債権額一万円を受け取ることができるが、担保編第六九条第二項の規定に依れば、債権者丁はそれだけ受け取ることができない。債権者丁は甲の清算において五〇〇〇円受け取ることができるが、第二項に「以前ノ配当ニ於テ未ダ受取ラサルモノノ割合ニ応スルニ非サレバ債権者之ヲ受取ルコトヲ得ス」とあるから、乙からは残額五〇〇〇円の一〇分の三、すなわち一五〇〇円、丙からは、甲乙より受けたものを控除した残額三五〇〇円の一〇分の二、すなわち七〇〇円しか受け取ることができず、結局、債権者丁は七二〇〇円(注2)しか受け取ることができない。これは甚だ不当である。債権者が債権の全額につき清算に加わることができるのは、「成ルベク全額ノ弁済ヲ受ケサセル為メ」である。全額の弁済を受けることができるのにそれを許さない理由は、草案の説明に依れば、もし各清算に於て全額を受け取ることができるとすると、債権額よりも多く取れる結果となる。たとえば、三人の清算において、一万円ずつ配当できるとすると、債権の三倍も受け取ることができると書いてあるが、「破産ノ規定」によってそうはならない。「其債権額ヲ精細ニ取調ヘテ其債権ノ満ツル迄ハ払ウ超ヘレバ控除スルト云フコトハ当然ノコトデアル」。したがって、「破産法ノ規定」によって処理しうることであるが「本条ハ念ノ為メニ仕舞ニ其事ガ言ツテアリマス」。また、旧民法は、右の（連帯債務者が順次に無資力となる）場合のほかに、連帯債務者の全部が（一時に）無資力となる場合を予想しているが、後者の場合には第六九条第二項の適用は非常に困難であろう。要するに一時に無資力となる場合と、漸次に無資力となる場合とを問わず、総額において、債権額を超えない限りは「各債権額ニ於テ弁済ヲ受ケル金額ニ付テ請求ガ出来ルト云フコトガ至当ノコトト思ヒマス」。

(3)　破産法との関係

（旧民法債権担保編第六九条の「無資力ト為リタル」を、無資力者が）「破産ノ宣告ヲ受ケタ」と改めたのは、既に破産法は特別法で、民事商事の区別なく適用することに決まっているから、本条のような場合には、必ず破産の宣告があると思うからである。

破産法の目的は、破産の清算において、どういう手続でどれだけ払うかということを決めるものであるが、破産者に対して如何なる請求ができるかということは、「純然タル民法実質」の問題であって、破産法には譲れない。スイス債務法は、同じ理由により、同様の規定を民法に置いている。

【主要審議】

一　本条第一項と第二項の関係について

井上正一（一九巻一一三丁表～裏）

本条第一項で「債権者ハ其債権ノ全額ニ付キ各破産ノ清算ニ加ハルコトヲ得」と定め、また第二項で「債権者ガ各破産ノ清算ニ於テ受クヘキ」とあるが、第一項の「其債権ノ全額ニ付キ各破産ノ清算ニ加ハル」というのは、やはり、その債権の全額について配当額も定まるということではないか。

富井政章（一九巻一一三丁裏）

第一項は請求を「求メタ」（「認メタ」か？）、第二項は、破産者が実際に有している財産を各債権者に割当てる基準としては、第一項での請求全額について配当金を定めるということである。実際に債権者はそれだけ受け取ることができるかというと、それには但書の制限が要るということもいえるのでこのように書いた。

井上正一（一九巻一一二丁表）

第二項の但書は必要か。第一項の「得」という下に持っていってはどうか。（第二項本文は）第一項と同じことを言っているようである。

富井政章（一九巻一一二丁表）

ここが旧民法と違うことを言ったつもりである。

二　旧民法債権担保編第六九条の趣旨と本条の趣旨について

長谷川喬（一九巻一一四丁表～一一五丁表）

起草委員の説明に依ると、担保編第六九条第二項は甚だ不都合であるということだが、私の解釈によれば、第六六条（第六九条か？）第二項の趣旨は、三人の破産者があって、その中の一人から受け取ってから、更に第二の者に配当を請求する場合に、既に受け取っている分を除くという趣旨である。起草趣旨での例によれば、一万円のうち五〇〇〇円は配当額によって受け取り、次の清算のときに残りの五〇〇〇円をその割合によって請求するということであって、三人に対して一万円ずつ請求するが、一度五〇〇〇円受け取ってから、なお清算の済んでいない二人に同時に請求するときは、五〇〇〇円でなければならないということである。私は、第六九条は攻撃すべきものでなく、至当のことと思う。第六九条は、私の解釈のようであるのに、ことさらに修正したというのであれば、この例では、五〇〇〇円を受け取って後、第二の配当を請求する場合、一万円を請求するということになると思うが不都合ではないか。

富井政章（一九巻一一五丁表～裏）

第六九条において、既に他人から弁済を受けた場合には、他の者に対して全額で請求できないのは当然である。第六九条第二項は、その場合ではなく、第一項に、債権の全額について清算に加わることができるとあるから、請求しようというときには、少なくとも無資力となっている二人に対して全部の請求をしており、その後、配当になる場合を規定している。その二人の清算について請求をし、一つの清算が終了し、次の清算が終了するという場合、第六九条第二項によれば、最初に終了した清算において半分、後の清算において残額の半分を払える場合においても、その全額から割り出した半分ではなく、前の清算終了において受け取らない半分の半分しか受け取ることができないということになる。

長谷川喬（一九巻一一六丁裏～一一七丁表）

一万円について三人の債務者がある場合に、請求するとき一万円ずつ請求できるというのは、「三人共同一ノ義務」を持っていて、債権者はどの債務者に対しても請求の権利があるからであるが、甲に一万円の請求をし、乙にも一万円の請求をしたところで、甲からは既に五〇〇〇円受け取ってしまった、受け取ってしまっても、乙に対して一万円という配当額を請求できるという趣旨か。そうであればそれはどういう訳か。

富井政章（一九巻一一七丁表～裏）

それは、連帯ということからそうなる。連帯債務はどの債務者にも、全額の弁済を請求できる。連帯債務者の全員か数人が無資力者となり、一人の清算が終了して半分受け取った場合に、半分しか配当請求できないとすると、全額請求権というものが殺されることになり、全額か、あるいは、全額に近い額を受け取ることができるかどうかわからない。つまり、自分の債権額以上を受け取ることはできないという制限内では、一文でも余計に取れるようにしておく方が、債権者を保護することになる。

どこの国の法律でも清算の請求ができるのみならず、各清算の配当に加わることができるとなっている。そこで例えば、半額を受け取ったときは、残りの半額でなければ配当の標準にすることができないとすれば、取れる部分も取れなくなり、初めに全額について清算に加わることを許した趣旨が貫けない。

長谷川喬（一九巻一一七丁裏～一一八丁表）

今の説明によれば、「連帯ノ性質上然ラシムルモノデアル」ということであるが、もし、そうであれば、一人から一万円受け取って、また、あとの二人に対して一万円を請求することができるというのと同じになる。私はこの案は不当と思うから、田部委員の削除説に賛成する。

横田國臣（一九巻一一八丁表～裏）

私は本条に賛成するが、本条は「マダ定メヤウガ少シ足ラヌト思フ」。私は本条を次のように解釈している。連帯債務者の中に破産者が一人あり、それについて、一万円の貸について五〇〇〇円取って、その後にまた破産者があった場合、その場合に一万円取ることはできないが、本条は、そういう場合を規定したものではなく、数人一緒に破産があった場合に、「言込ンデ」一万円ずつ求めておく権利があることを規定したものである。一人の人に対して一万円「言込ンデ」五〇〇〇円払うのが、その額に応ずるということであって、どれに対しても全額「言ヒ込ム」ことができるということは、決して不当ではない。なぜなら、その一人が既に全額を負担するという義務を負っているのと同じであるからである。

長谷川喬（一九巻一一八丁裏）

横田委員の解釈どおりであればよいが、起草委員は、担保編第六九条第二項は悪いから改めなければならないということである。横田委員は、担保編第六九条第二項はやはり適用されるということであるか。

横田國臣（一九巻一一八丁裏）

第六九条第二項はどうでもよい。

高木豊三（一九巻一一八丁裏～一一九丁表）

原案の上からは、前に起草委員の出した甲乙丙の債務者が順々に破産したという場合が見えていない。各国の法令は皆そうであろう。連帯義務の存在しているときはいつでも全額について請求できるということは連帯義務の性質として当り前であるが、甲なる者が最初破産して、それによって、一万円の債務のうち、五〇〇〇円だけ弁済を受けた後に、乙なる債務者がまた破産した場合、（五〇〇〇円の債権は消滅しているのに、）一万円で清算に加わることができる理由がわからない。なぜ、既に現存していない債権を、元が連帯義務であるから、他の債権者を害しても保護しなければならないのか。

富井政章（一九巻一一九丁表〜裏）

既に一部の弁済を受け取っている場合には、本条は適用されない。まだ一部の弁済を受けていないうちに、全部またはその中の数人が無資力となって、破産宣告を受けたというときに、債権者はどの破産者にも全額の請求ができる。今度は配当を定めることになる清算が同じ時に終了する。その清算において半分受け取った場合、ほかの清算では、残りの半分を標準にして配当金を定めなければならない。それが第二項と異なる。どこの国の法律もそうなっている。第六九条第二項が他の立法例と違っている。これは他の債権者を害するのではない。破産の場合であるから、債権額を超えない範囲内において、なるべく多く金銭を与えるということである。

三　他の債権者との関係及び破産財団相互の関係

土方寧（一九巻一一五丁裏〜一一六丁表）

債権者を保護するという趣旨はわかるが、他の債権者が害せられないか。たとえば、甲が乙丙に対して二〇〇円の債権を有している。乙丙が無資力となり、甲は、乙の清算において一五〇円取り、丙の清算において一〇〇円取れたが、一〇〇円取ってはいけないというので五〇円とした。この場合、乙なる債務者は自己の負担より余計に払っており、乙に対する他の債権者は損をすることになる。乙の財団から丙の財団に対して五〇円[注3]という債権があり、それは丙の破産の方に加わるもので、「遂ニハ他ノ債権者ノ方ニ往クト云フコトニナラナケレハ」（丙に対する債権者の損となるのでなければ、）（乙に対する）他の債権者が損をするということになる。

富井政章（一九巻一一六丁表〜裏）

一度清算に加わったうえに、また加わるとすれば、他の債権者を害することになるが、法律が許す範囲で清算に加わった以上は、幾ら取っても他の債権者を害することにならない。本条は「全額ニ付キ各破産ノ清算ニ加ハルコトヲ得」と規定し、自分の債権を超えない限りはいくら取ってもよい。それから「財団相互ノ余剰」のことは随分難しい問題で、立法例も分れている。余分に払った財団は他の財団に対して求償権があるかという問題は、「簡略主義」からいえば許さないのが至当だが、公平をはかるためには許す方が至当である。フランス法は許さず、スイス法は許している。「黙ツテ居リマスレバ求償権丈ケハアル」。しかし、それで不便であれば破産法で決め、民法では決めないつもりである。[注4]

土方寧（一九巻一一九丁裏〜一二〇丁表）

本条には「清算」ということが第一項第二項にあるが、二人以上破産した場合、その財団の関係をみていない。担保編第「六十九条ノ二項ノ意味ガ能ク分ツテ来ル処ガ夫レヲ見ナイデ」本条のようになると、規則の結果から仕方がないということであるが、事実上、他の債権者が害される。そこで、この事柄についてだけ連帯のところに一カ条設けておくよりは、破産法に設ける方がよい。そうすれば、連帯債務者の各財団のことについて同時に規定ができて、他の債務者との関係を保つ。

四　民法に規定すべきか、破産法に規定すべきか

田部芳（一九巻一一三丁裏〜一一四丁表）

本条は民法に置くべきであるという富井委員の意見は、破産法が、破産に関する手続のみを規定する性質のものであればもっともであるが、元来破産法は、ドイツなどの学者によれば、破産の実質法と破産の手続法とに分けられている。破産法は、実質

については規定を置けないことはないし、民法では削っておいて、破産法に同様の規定を置いた方が却って便利だと思うから、削除説を提出する。

土方寧（一九巻一一六丁裏）

他の債権者を害する恐れがあり、かつ、事柄全体が破産の事柄であって、財団相互の余剰の問題もあるから削除説に賛成する。

▼田部委員の全条削除案は起立者少数で否決された[注5]（一九巻一二〇丁表～裏）。

五　字句修正

田部芳（一九巻一二〇丁裏～一二一丁表）

会社等が「清算」ということになり、「破産」と「清算」を相対して用いることが今後起ころう。「清算」と「破産」とは別のものであり、「清算」は、破産手続でなくして勘定をしてやるという場合に用いる方がよいから、本条では、「清算」という字は止めにした方がよい。それから、既に議決になった第一五四条[注6]には「破産手続参加」とある。本条第一項の「各破産ノ清算ニ加ハルコトヲ得」を、「破産参加ノ手続ニ加ハルコトヲ得」としたい。本条第二項に「各破産ノ清算ニ於テ」とあるが、「破産」と「清算」とは別にした方がよいから、「各破産財団ニ於テ」ということに修正したい。

富井政章（一九巻一二一丁表）

「清算」という字は、破産の場合には使わない方がよいということか。

田部芳（一九巻一二一丁表）

「清算」という字を用いることがあるかないかは別問題である。とにかく「破産」と「清算」とを別々にする必要が起こらないか。それゆえ、ここでは（「清算」という文字を使うことを）避けておいた方が便利だろう。

富井政章（一九巻一二一丁裏）

それは整理問題にしよう。

▼字句の修正は整理のときにすることになり、一応、原案のまま確定（一九巻一二一丁裏）。

（注2）　原文では「七千五百円」と記されている。
（注3）　原文では「五千円」と記されている。
（注4）　法典調査会議事速記録一九巻一二〇丁の丁数表示は「拾九ノ二〇〇」とされている。
（注5）　全条削除提案は、整理会で再度なされ、議論された。詳細は【その後の経緯】参照。
（注6）　確定条文第一五二条のことであろう。

【その後の経緯】

一、字句の修正については整理会の課題とされていた。整理会では、富井委員より、本条第一項の文字を改めたのは、他のところの例に依ったからであるとの趣旨の説明がなされている（民法整理会議事速記録四巻九丁裏）。

また、第二項が削除されたことにつき、起草委員より、次のように、その理由が説明されている。

富井政章（民法整理会議事速記録四巻九丁裏）

本条（整理会案第四三七条）はすべてスイス債務法に倣って書いたが、よく考えてみると、第二項は第一項の規定があれば、自ら分ることであるから削除する。第二項但書の「総額ニ於テ其債権額以上ヲ受ケルコトヲ得ス」ということは、言わずとも分り切っているから削除する。

なお、それをきっかけとして、本条削除提案が整理会においてもなされ、以下のように議論された。

岡野敬次郎（民法整理会議事速記録四巻九丁裏）

本条（整理会案第四三七条）は破産法に入れられないか。

富井政章（民法整理会議事速記録四巻九丁裏～一〇丁表）

本条を破産法に譲るとすれば、他の場所にある類似の規定も皆譲らねばならない。本条を破産法に譲らずに民法に置いた理由は、破産法は主として手続の方が規定されており、本条は連帯債務者に対する債権の範囲を決めたもので、どれだけの幅で、その権利をこの場合に行なうことができるかという根本の規定は民法に属し、それ以上のことは、破産法で決めるのが至当と考えたからである。しかし、全部破産法にまわすことにも理由があることは認める。

岡野敬次郎（民法整理会議事速記録四巻一〇丁表～裏）

他にこういう種類の規定があって、本条も民法の原則の中に書かなければならないという理由があれば、民法に置くことに賛成する。本条の規定は、連帯債務の実際の結果であると考える。連帯債務であれば、各債務者はその債務の全額を払わなければならない。連帯債権者であれば、各債権者は、その全額の請求をなすことができる。ただ、連帯債務者の中の数人か、あるいは、全部が破産宣告を受けたときに、どれだけの部分について破産者の財団に加わって分配を受けることができるかということは、無論、連帯債権連帯債務の結果であるが、そうだからといって、殊更に民法に置かなければいけないという必要はない。この理由で民法に置くというのであれば、むしろ削ることにしたい。

岡野委員の削除説に長谷川委員の賛成があり、削除提案について再度採決したが否決された（民法整理会議事速記録四巻一一丁表）。

二、衆議院においては「連帯債務者ノ一同」という表現を「連帯債務者ノ全員」という表現に改めた。確定条文第五四四条（衆議院議案第五四三条）の表現に合わせるという理由である（廣中俊雄編著『第九回帝國議會の民法審議』二五三頁）。

【民法修正案理由】

本条ハ債権担保編第六十九条ニ該当スルモノナリ。今本条ノ説明ヲ為スニ先チテ同編第六十七条及ビ第六十八条ヲ削除シタル理由ヲ説明スルコトヲ要ス。第六十七条第一項ハ連帯ノ性質ヨリ当然生ズベキ結果ニ過ギズ又債権者ハ数人ノ連帯債務者ニ対シテ同時又ハ順次ニ請求ヲ為スコトヲ得ルモノナルガ故ニ同条第二項前段ノ如キモ特ニ之ヲ置クノ必要ナシ。或ハ其但書ヲ喚起スル為メナランモ是亦言フヲ俟タザル所ナリト信ズ。何ントナレバ債権者ハ已ニ債権ノ全額ニ付キ清算ニ加入シタルモノナルヲ以テ若シ(注7)自己ノ負担部分ヲ超ヘテ弁済ヲ為シタル債務者ガ清算ニ加入スルトキハ同一ノ債権ニ付キ再度清算ニ加入スルノ結果ヲ生ズルヲ以テナリ。加之此但書ナキガ為メ解釈上疑ヲ生ズベキモノト仮定スルモ自己ノ負担部分外ニ弁済ヲ為シタル債務者ガ清算ニ加入セントスル場合ニハ(注8)已ニ清算ノ結了スルコト多カルベキヲ以テ実際ニ於テハ斯ル場合ノ生ズルコト極メテ少ナカルベシ。故ニ特ニ之ガ規定ヲ置クノ必要ヲ見ザルナリ。債権担保編第六十八条ノ規定モ亦特ニ之ヲ置クノ必要ナシ。蓋シ一部ノ弁済ヲ受ケタル債権者ガ全額ニ付キ清算ニ加入スルトキハ前後二重ニ債権ノ弁済ヲ求ムルノ結果ヲ生ズベク又一部ノ弁済ヲ為シタル債務者ハ無資力ト為リタル債務者ニ対シテ求償ヲ求ムルコトヲ得ベキ債権者ニ外ナラザルガ故ニ其清算ニ加入スルコトヲ得ルハ論ヲ俟タザル所ナレバナリ。

債権担保編第六十九条ハ連帯債務者一同又ハ其中ノ二人以上ガ無資力トナリタル場合ニ関スル規定ナリ。同条第一項ハ連帯ノ性質ヨリ生ズル結果ニシテ諸国ノ法典ノ規定ヲ見ルニ皆然ラザルハナシ。本案ニ於テモ亦タ此主義ヲ採用シテ本条第一項ヲ設ケタリ。然レドモ其第二項ハ極メテ当ヲ得ザル規定ナリト謂ハザルヲ得ズ。此規定ニ依ルトキハ債権者ガ全部ノ弁済ヲ受クルコトヲ得ベキトキト雖モ決シテ全額ヲ受クルコトヲ得ザルナリ。凡ソ債権者ヲシテ債権ノ全額ニ付キ清算ニ加ハルコトヲ得セシムル所以ハ之ヲシテ成ル可ク完全ナル弁済ヲ受クルコトヲ得セシメンガ為メナリ。然ルニ今全部ノ弁済ヲ受クルコトヲ得ベキニ係ハラズ之ヲ受クルコトヲ得セシメザルハ前後相抵触スルモノト謂フ可シ。草案ノ説明ヲ見ルニ若シ右ノ規定ナキトキハ債権者ハ債務者ガ無資力（注9）トナラザル場合ヨリモ多額ノ弁済ヲ受クルコトトナルベシトアリ。然レドモ債権者ガ其債権額ヲ超ヘテ配当ヲ受クルコト能ハザルハ一般ノ原則ニ依リテ明ナルノミナラズ破産法ノ規定ニ依リテモ亦更ニ疑ヲ生ゼザル所ナル可シ。又既成法典ハ連帯債務者ガ順次ニ無資力トナリタル場合ノミヲ予想シテ規定ヲ設ケタル（注10）ヲ以テ其ノ同時ニ無資力トナリタル場合ニ付テハ原文ノ適用極テ困難ナルベシ。之ヲ要スルニ連帯債務者ノ数人ガ同時又ハ順次ニ無資力トナリタル場合ニ付キ区別ヲ為スコトナク債権額ヲ超ヘザル限度ニ於テ債権者ニ対スル配当額ヲ定メザルベカラザルナリ。

既成法典ノ無資力ナル文字ヲ改メテ破産ト為シタルハ本案ノ主義ニ依リ破産ハ商事ニノミ限ラザルヲ以テ無資力ノ場合ニ於テハ破産ノ結果ヲ生ズベキヲ以テナリ。

（注7）『民法修正案理由書』では「自巳」と記されている。
（注8）『民法修正案理由書』では「己ニ」と記されている。
（注9）『民法修正案理由書』では「無資者」と記されている。
（注10）『民法修正案理由書』では「ヲ」の一字が脱落している。

▽民法修正案理由書第三編第一章第三章（ママ）「第三款連帯債務」六～八頁（第四四二条）。

（藤田寿夫）

第四四二条　連帯債務者の一人が弁済をし、その他自己の財産をもって共同の免責を得たときは、その連帯債務者は、他の連帯債務者に対し、各自の負担部分について求償権を有する。

2　前項の規定による求償は、弁済その他免責があった日以後の法定利息及び避けることができなかった費用その他の損害の賠償を包含する。

第四四二条　連帯債務者ノ一人カ債務ヲ弁済シ其他自己ノ出捐ヲ以テ共同ノ免責ヲ得タルトキハ他ノ債務者ニ対シ其各自ノ負担部分ニ付キ求償権ヲ有ス

前項ノ求償ハ弁済其他免責アリタル日以後ノ法定利息及ヒ避クルコトヲ得サリシ費用其他ノ損害ノ賠償ヲ包含ス

原案第四四三条（注1）　連帯債務者ノ一人カ債務ヲ弁済シ其他自己ノ出捐ヲ以テ共同ノ免責ヲ得タルトキハ他ノ債務者ニ対シ其各自ノ負担部分ニ付キ求償権ヲ有ス

前項ノ求償ハ弁済其他免責アリタル日以後ノ法定利息及ヒ避クルコトヲ得

サリシ費用ヲ包含ス

（注1）　民法議事速記録では朗読済みとして原案の文言は記されていないため、参照条文も含めて民法第一議案によった。

【参照条文】

旧民法債権担保編

第六三条　連帯債務者中ニテ債務ヲ弁済シ其他自己ノ出捐ヲ以テ共同ノ免責ヲ得セシメタル者ハ他ノ債務者ニ対シ弁済又ハ免責ノ限度ニ於テ其各自ノ負担部分ニ付キ自己ノ権利ニ基キテ求償権ヲ有ス

右ノ求償中ニハ会社及ヒ代理ノ規則ニ従ヒ弁償金及ヒ必要ナル出捐ノ賠償ノ外弁償以後ノ法律上ノ利息及ヒ避クルコトヲ得サリシ費用ヲ包含ス

フランス民法

第一二一三条　連帯シテ義務ヲ行フ可キ者ノ中一人義務ヲ得可キ者ニ対シ其全部ヲ行フタル時ハ其連帯シタル数人ノ間ニ当然之ヲ分派ス可ク其数人ハ各〻自己ノ部分ヲ担当ス可シ

第一二一四条　連帯シテ義務ヲ行フ可キ者ノ中一人其義務ノ全部ヲ行フタル時ハ其他ノ数人ニ対シ其各箇ノ部分ヲ取戻サント求ムルヿヲ得可シ

若シ其他ノ数人中ニ己レノ部分ヲ償フヿ能ハサル者アル時ハ其者己レノ部分ヲ償フヿ能ハサルニ因リ生ス可キ損失ヲ其義務ヲ行フタル者ト其他ノ数人トニ各其担当ス可キ義務ノ割合ニ従ヒ之ヲ分ツ可シ

オーストリア一般民法

第八九六条　弁償ヲ為シタル所ノ負債《ママ》主ハ共同負責主ニ向テ其還付ヲ請求スル訟権ヲ施用スルヿヲ得可シ若シ其負責主中ニ於テ責務ヲ負担スルニ不合格ナル人若クハ其責務ヲ履行シ得可カラサル人有レハ則チ其人ノ分当額ハ他ノ各負責主ノ各自ニ均派シテ之ヲ分担セサル可カラス又共同負責主中ノ一人カ責主ノ除免ヲ得ルヿ有レハ則チ其分当額ノ還付ヲ請求スルヿニ関シテ他ノ負責ニ損害ヲ被ラシムルヿヲ許サス〔仏民第三百九十四条第千二百十四条〕

オランダ民法

第一三三八条　〔フランス民法第一二一三条に同じ〕

第一三三九条第一項　〔フランス民法第一二一四条第一項に同じ〕

イタリア民法

第一一九八条　責主ニ向ヒ互相特担ヲ以テ約諾セル責務ハ其共同負責主ノ間ニ於テハ素ヨリ之ヲ各己ニ分割ス可キ者トス故ニ此共同負責主ハ各己ノ間ニ在テハ唯〻其各己ノ派当部分ノミヲ負担ス〔仏民第千二百十三条〕

第一一九九条第一項　互相特担ニ係ル共同負責主中ノ一人ニシテ其負債ノ全額ヲ弁償セル所ノ人ハ他ノ共同負責主ニ向テ各己ノ派当部分ニ照シ其塡償ヲ要求スルヿヲ得可シ〔仏民第千二百十四条（第一項）〕

ポルトガル民法

第七五四条　他の債務者に代わって弁済を為した連帯債務者は、その他の連帯債務者に対して、それぞれの負担部分の割合に応じて求償することができる。連帯債務者の一人の支払不能による損害は、他の全ての連帯債務者の間で比例的に分担される。

スイス債務法

第一六八条第一項　連帯債務者相互間の法律関係から別段のことが明らかとならない限り、債権者になされた支払につき、各連帯債務者は平等の割合をもってこれを引き受けねばならない。

モンテネグロ財産法

第五六二条　債務を弁済し、これにより他の連帯債務者に免責を与えた連帯債務者は、他の連帯債務者に対して、それぞれの負担部分に応じた求償を為すことができる（第九三九条）。但し、反対の条項が契約に含まれている場合、又は取引の性質から他の規定が適用される場合を除く。

　債務における各連帯債務者の負担部分を確実に知ることができないときは、それぞれの負担部分は平等なものとみなす。

第九三八条第二項　債務者が債権者との関係で連帯している場合であっても、明示の条項がない限り、他の連帯債務者のために為された連帯債務者の一人の弁済について、他の連帯債務者は相互に連帯しない。連帯債務者の一人が有効に債務を負担することができないこと又は立替払いを行った者に対して自己の負担部分を償還することができないことが知られていた場合にのみ、他の債務者はそれぞれの負担部分に基づき損失を負担しなければならない。

スペイン民法

第一一四五条第二項　弁済を為した連帯債務者は、他の共同債務者に対して、それぞれの負担部分及びその負担部分の利息を求償することができる。

ベルギー民法草案

第一二一三条　連帯債務は債務者間においては当然に分割され、各債務者は、その相互の間においてはそれぞれの負担部分についてのみ責に任ずる。

第一二一四条第一項　債務の全部を弁済した共同連帯債務者は、他の債務者に対してそれぞれの負担部分とその利息に限り求償することができる。

ドイツ民法第一草案

第三三七条第一項　法律ノ規定又ハ法律行為ニ因リテ反対ヲ生セサル限ハ共同債権者ハ其相互ノ関係ニ於テ平等ノ割合ヲ以テ権利ヲ有シ共同債務者ハ其相互ノ関係ニ於テ平等ノ割合ヲ以テ義務ヲ負担ス

ドイツ民法第二草案

第三六九条第一項　共同債務者ハ其相互ノ関係ニ於テ別段ノ定ナキ限リハ平等ノ割合ヲ以テ義務ヲ負担ス共同債務者ノ一人ヨリ此者カ負担スヘキ部分ヲ取立ツルコト能ハサルトキハ其不足額ハ補償義務ヲ負担スル其他ノ債務者ニ於テ之ヲ分担スルコトヲ要ス

【起草趣旨】

富井政章（一九巻一二七丁表）

　本条は、債権担保編第六三条に字句の修正を加えただけで、少しも実質上に変更を加えていない。

【主要審議】

一　更改の場合の求償額

土方寧（一九巻一二七丁表～裏）

　一〇〇円の債権について、連帯債務者甲乙丙がおり、甲が八〇円の物を渡して更改をした場合、債権者が承諾した結果、一〇〇円の債権は原案第四三六条（確定条文第四三五条）によって消えてしまうが、その場合、乙丙は各々三三円三三銭という負担があったとすると、甲は乙丙に対して六六円六六銭を請求できるのか、それとも、八〇円の物を甲が出したから、甲はその八〇円の三分の一だけを負担して、八〇円の三分の二を乙丙に請求できるのか。

富井政章（一九巻一二七丁裏～一二八丁表）

　代位弁済の場合であれば、出した金額についてしか債務者から取ることができない。しかし、別段の規定がない限りは、負担部分といえば、元の債務者の負担部分である。更改の場合については、別段の規定がないから、乙丙に対し、一〇〇円の三分の一すなわち三三円三三銭ずつ請求できる。

二　代位弁済との関係

磯部四郎（一九巻一二八丁表）

連帯債務者の一人が代位弁済をすることを許すのか。（注2）

富井政章（一九巻一二八丁表）

無論できるようになるつもりである。

磯部四郎（一九巻一二八丁表）

それならよい。

▼他に発議なく、原案どおり確定（一九巻一二八丁表）。

（注2）　法典調査会民法草案財産編人権ノ部第五〇四条（旧民法財産編第四八二条に該当）は「代位ハ左ノ者ノ利益ニ於テ当然成ル」として、第一号は「他人ト共ニ」「義務ヲ負担シタルニ因リ其義務ヲ弁償スルニ利害ノ関係ヲ有スル者」を挙げるが、法典調査会での議論の中で、この者は「連帯義務者」であるとされた（法典調査会民法草案財産編人権ノ部議事筆記六巻二三丁裏～二四丁表）。

【その後の経緯】

確定条文では、第二項に「其他ノ損害ノ賠償」という文言が付加されている。整理会における富井委員の説明によれば、これによって意味が変わったのではなく、「費用」の中に損害賠償も含むつもりであったが、そのように解されない恐れがあるので、明記したとのことである。なお、これは保証の所の規定にならったものとされている（民法整理会議事速記録四巻一一丁表～裏）。

【民法修正案理由】

本条ノ規定ハ債権担保編第六十三条ニ字句ノ修正ヲ加ヘタルモノニ外ナラズ。

▽民法修正案理由書第三編第一章第三章《ママ》「第三款連帯債務」八頁（第四四三条）。

（藤田寿夫）

現行法　なし

原案第四四四条　前条ノ規定ニ依ツテ求《ママ》償権ヲ有スル債務者ハ第　条及ヒ第　条ノ規定ニ従ヒ他ノ債務者ニ対シテ債権者ノ権利ヲ行フトキト雖モ其各自ノ負担部分ニ応シテ請求ヲ分割スルコトヲ要ス

【参照条文】

旧民法財産編

第四八二条第一号　代位ハ左ノ者ノ利益ノ為メ当然成立ス

第一　他人ト共ニ又ハ他人ノ為メニ義務ヲ負担シタルニ因リ其義務ヲ弁済スルニ付キ利害ノ関係ヲ有スル者及ヒ先取特権又ハ抵当権ヲ負担スル財産ノ第三所持者トシテ他人ノ義務ヲ弁済スルニ付キ利害ノ関係ヲ有スル者

第四八五条第一項　代位ハ原債権者ヲ害セサルコトヲ要ス

旧民法債権担保編

第六四条　債務ヲ弁済シタル債務者ハ債権者ノ実際受取リタルモノノ限度ニ於テノ

ミ財産編第四百八十二条第一号ニ従ヒ法律上ノ代位ニ因リテ其債権者ノ権利及ヒ訴権ヲ行フコトヲ得

然レトモ其債務者ハ前条ニ記載シタル如ク其共同債務者ノ各自ノ間ニ於テ自己ノ訴ヲ分ツコトヲ要ス

フランス民法

第一二五一条第三号　代権ノ事ハ左ノ四箇ノ場合ニ於テハ法律上ニテ生ス可シ

第三　甲者乙者ト共ニ義務ヲ担当シ又ハ乙者ノ為メニ義務ヲ担当シテ其義務ヲ尽クシタル時

第一二五二条(注1)　前数条ニ循ヒ丙者乙者ニ代リテ甲者ニ対シ義務ヲ盡シタルニ因リ甲者ノ権ニ代リタル時ハ丙者乙者ト其保証人トニ対シテ償還ヲ要ムルノ権ヲ得可シ

但シ丙者乙者ニ代リ甲者ニ対シテ其義務ノ一分ノミヲ盡クシタル時ハ甲者其残リタル義務ヲ全ク乙者ヨリ得タル後ニ非サレハ丙者乙者又ハ其保証人ヨリ償還ヲ得ント要ムルヿヲ得ス

オランダ民法

第一四三八条第三号〔フランス民法第一二五一条第三号に同じ〕

第一四三九条〔フランス民法第一二五二条に同じ〕

イタリア民法

第一二五三条第三号　責権ノ替有ハ次項ニ列挙スル人ニ関シテハ法律ニ依テ之ヲ為ス者トス〔仏民第千二百五十一条〕

第三項《ママ》　負債ヲ弁償スル為メニ他ノ人ト同ク若クハ他ノ人ノ為メニ責務ヲ負担シ而シテ其負債ヲ弁償スルニ関シテ利益ヲ有セル所ノ人ノ為メニスル責権ノ替有

第一二五四条　前二条ニ規定セル責権替有ノ方法ハ保人ニ関シテモ亦猶負責主ニ於ケル如ク存在スル者トス

責主ニシテ唯〻債額ノ一部ノミヲ領受シタル所ノ人及ヒ他ノ責主ニシテ此責主ニ対シ其債額ノ分割弁償ヲ為シタル所ノ人ハ共ニ自己ノ貸付セル債額ニ比例シテ各其権理ヲ行用スルヿヲ得可シ〔仏民第千二百五十二条〕

スイス債務法

第一六八条第三項　求償権を有する連帯債務者が債権者を満足させた限度において、その債権者のすべての権利がその連帯債務者に移転する。

モンテネグロ財産法

第五六一条〔第五〇〇条の【参照条文】中に掲載〕

ベルギー民法草案

第一二一四条第二項　弁済した債務者(注2)が債権者の権利に代位する場合も前項と同様である。

第一二五四条第二号〔第五〇〇条の【参照条文】中に掲載〕

ドイツ民法第一草案

第一二五八条〔第五〇二条の【参照条文】中に掲載〕

ドイツ民法第二草案

第三三七条第二項〔第五〇〇条の【参照条文】中に掲載〕

第三六九条第二項〔同右〕

(注1)　原文では一一五二条と記されている。

(注2)　第一項は、第四四二条の【参照条文】中に掲載。

【撤回の理由】

富井政章（一九巻一二八丁裏～一二九丁表）

本条は、債権担保編第六四条にあたるが、同条は、代位弁済に関する財産編第四八三条第五号と重複する。我々は、代位弁済の規定がどのように決まるか予定しかねて、旧民法に倣って、仮に本条を出すことにしたが、代位弁済のところに本条よりも広い規定が必要である。そうすると、代位弁済の規定と重複するから、本条を撤回する。
（藤田寿夫）

第四四三条　連帯債務者の一人が債権者から履行の請求を受けたことを他の連帯債務者に通知しないで弁済をし、その他自己の財産をもって共同の免責を得た場合において、他の連帯債務者は、債権者に対抗することができる事由を有していたときは、その負担部分について、その事由をもってその免責を得た連帯債務者に対抗することができる。この場合において、相殺をもってその免責を得た連帯債務者に対抗したときは、過失のある連帯債務者は、債権者に対し、相殺によって消滅すべきであった債務の履行を請求することができる。

2　連帯債務者の一人が弁済をし、その他自己の財産をもって共同の免責を得たことを他の連帯債務者に通知することを怠ったため、他の連帯債務者が善意で弁済をし、その他有償の行為をもって免責を得たときは、その免責を得た連帯債務者は、自己の弁済その他免責のためにした行為を有効であったものとみなすことができる。

第四四三条　連帯債務者ノ一人カ債権者ヨリ請求ヲ受ケタルコトヲ他ノ債務者ニ通知セスシテ弁済ヲ為シ其他自己ノ出捐ヲ以テ共同ノ免責ヲ得タル場合ニ於テ他ノ債務者カ債権者ニ対抗スルコトヲ得ヘキ事由ヲ有セシトキハ其負担部分ニ付キ之ヲ以テ其債務者ニ対抗スルコトヲ得但相殺ヲ以テ之ニ対抗シタルトキハ過失アル債務者ハ債権者ニ対シ相殺ニ因リテ消滅スヘカリシ債務ノ履行ヲ請求スルコトヲ得

連帯債務者ノ一人カ弁済其他自己ノ出捐ヲ以テ共同ノ免責ヲ得タルコトヲ他ノ債務者ニ通知スルコトヲ怠リタルニ因リ他ノ債務者カ善意ニテ債権者ニ弁済ヲ為シ其他有償ニ免責ヲ得タルトキハ其債務者ハ自己ノ弁済其他免責ノ行為ヲ有効ナリシモノト看做スコトヲ得

原案第四四五条　連帯債務者ノ一人カ債権者ヨリ請求ヲ受ケタルコトヲ他ノ債務者ニ通知セスシテ弁済ヲ為シ其他自己ノ出捐ヲ以テ共同ノ免責ヲ得タル場合ニ於テ他ノ債務者カ債権者ニ対抗スルコトヲ得ヘキ免責ノ原因ヲ有セシコ

トヲ証明スルトキハ其債務者ニ対シテ償還ノ責ニ任セス
　前項ノ場合ニ於テ請求ヲ受ケタル債務者カ弁済其他自己ノ出捐ヲ以テ共同ノ免責ヲ得タルコトヲ他ノ債務者ニ通知スルコトヲ怠リタルニ因リ他ノ債務者カ善意ニテ債権者ニ弁済ヲ為シ其他有償ニ免責ヲ得タルトキ亦同シ

【参照条文】

旧民法債権担保編

第六五条　不注意ニテ弁済シタル保証人ニ対シ第三十二条（注1）及ヒ第三十三条（注2）ニ規定シタル求償ノ失権ハ訴追又ハ弁済ヲ共同債務者ニ告知スルコトヲ怠リタル連帯債務者ニ対シテ之ヲ適用ス

スイス債務法

第一六四条第二項　〔第四三三条の【参照条文】中に掲載〕

モンテネグロ財産法

第五五八条第一項　〔同右〕

（注1）　旧民法債権担保編第三二条　債務者ヲ訴訟ニ参加セシムルコトヲ怠リタル保証人ハ其債務者カ債権者ニ対抗ス可キ排訴抗弁ヲ有シタルコトヲ証スルトキハ第三十条ニ定メタル求償権ヲ有セス若シ債務者カ債権者ニ対抗ス可キ延期抗弁ノミヲ有シタルトキハ右ノ懈怠アル保証人ノ求償ニ対シ之ヲ以テ対抗スルコトヲ得

（注2）　旧民法債権担保編第三三条　保証人ハ有効ニ弁済シタルモ債務者ニ其旨ヲ有益ニ通知スルコトヲ怠リ為メニ債務者カ善意ニテ再ヒ弁済シ此他有償ニテ自己ノ免責ヲ得タルトキモ亦其求償権ヲ失フ
　右ニ反シテ債務者カ自ラ債務ヲ消滅セシメタルコトヲ保証人ニ通知スルコトヲ怠リタルトキハ債務者ハ場合ニ従ヒ其債務ノ消滅後保証人ノ為シタル弁済ニ付キ責任アリトノ宣告ヲ受クルコト有リ
　孰レノ場合ニ於テモ利害ノ関係アル当事者ハ受取ルコトヲ得サルモノヲ受取リタル債権者ニ対シテ求償権ヲ有ス

【起草趣旨】

富井政章（一九巻一二九丁裏〜一三〇丁表）

　本条は旧民法債権担保編第六五条に当るが、第一項は少し旧民法と違っている。旧民法は、連帯債務者の一人が債権者から訴求された場合のみを規定している。それだけなら訴訟法に譲ってしまえばよいのだが、それでは狭きに失する。債権者が訴訟外で請求して来た場合にも本条のような規定が必要である。そう考えると民法中に規定を置かねばならない。以上が旧民法との違いである。
　第二項は旧民法通りである。

【主要審議】

一　本条の趣旨と不当利得の問題

横田國臣（一九巻一三〇丁表）

　この「償還ノ責ニ任セス」ということは、全く払わなくてよいということなのか。そうするとこの場合「誰カ儲ケル者カアル」が、そのまま「儲ケサセ」ておくのか。（それともこの利得を「取ラセル」のか。後者だとすれば、）どのような方法でそれを「取ラセル」のか。

富井政章（一九巻一三〇丁表〜裏）

　質問の趣旨は、このままであれば債権者が不当の利得を得るのではないかということのようであるが、私の考えでは不当利得ではない。本条で定めたのは連帯債務者の間の求償権の問題である。連帯債務者の一人が債権者から訴求された場合に、他の債務者を訴訟に参加させたなら債権者が負けるという抗弁方法があった。その手続を践めば自分も利益を得たであろうが、自らの過ちにより、それをしなかった。この場合、他の債務者にしてみれば「自分ヲ呼出セハ勝シタ《ママ》モノヲ呼出サナン」で敗訴した。それなのに求償されればこれを負担せねばならないということになり、（通知しなかった債務者）一人の過失を負担させることとなって不都合である。不注意に支払った者にその損失が帰するのが当然であろう。そして受領した債権者は「之ヲ持切リニシテ置イテハ不当ノ利得」を得ていることになろう。

二　「免責ノ原因」に相殺は含まれるか

横田國臣（一九巻一三〇丁裏～一三一丁表）

一人の債務者は自分の方も債権者に対し債権を有しているので、請求を受けた債務者から通知をしてくれれば、相殺を債権者に対抗するつもりでいる。それなのに請求された債務者は通知せず、（他の債務者が反対債権を有していることなど）知らないだろうから全額を弁済してしまう。その後で、反対債権を有している債務者が弁済してしまった債務者に、「お前カ己レニ通知シテ呉レヌテアツタカラ己レハ免責ノ原因ヲ有シテ居ル」と主張するような場合、この「免責ノ原因」は、本条にいう「免責」に含まれるのか。

富井政章（一九巻一三一丁表）

その場合は含まれないと思う。「共同ノ免責」を得たものではないからである。（反対債権を有する債務者以外の）他の債務者が債権者から訴求された場合、訴求された債務者は債権者に対し反対債権を相殺に供することはできない、と第四三七条第一項及び第二項[注3]に明らかに定めている。だから、共同の免責を得ていないその例は本条の適用外である。

横田國臣（一九巻一三一丁表～裏）

本条の「債権者ニ対抗スルコトヲ得ヘキ免責ノ原因」というのは、一人一人についての免責の原因ではなく、全員についての免責の原因でなければならないのか。

富井政章（一九巻一三一丁裏～一三二丁表）

「免責ノ原因ヲ有セシコト」と相殺との関係については、連帯債務の場合には一般の場合と違い、相殺は連帯債務者のうちの反対債権を有する者が援用して初めて効力を生ずるのであるから、「免責ノ原因」の中には含まれない。

ここで想定したのは、連帯債務者の中の一人が既に債務が絶対的に消滅しているという確かな事実（に基く抗弁）を有しているのに、訴求された別の債務者がそのことを知らずに弁済してしまったというような場合である。

磯部四郎（一九巻一三二丁表～裏）

一応確認しておきたいことがある。連帯債務者の一人が債権者に対して反対債権を有する場合に、その債務者が相殺を援用すれば、総債務者の利益のために債務は消滅する。しかし、この債務者が相殺をまだ援用しないうちに、他の債務者が債権者から請求されたときには、「何某カお前ニ対シテ何某ノ部分丈ケ相殺シテ居ルカラ夫レ丈ケノモノヲ引イタ後ト丈ケ弁済スル」と言える。以上のことは第四三七条から明らかである。

さて、今問題となっている点は、私の考えによると次のようになる。連帯債務者甲乙丙丁がおり、丁が請求を受けた。ところで、甲は総債権に対して相殺を援用できるのであるが、丁は（甲が相殺を援用できることを知らないまま）全額弁済してしまった。その後で、丁が甲乙丙に対して求償したとき、甲は、私に通知してくれれば少くとも私の負担部分については相殺することができたはずなのに君が通知しなかったのだから君には私に対する求償権はない、と丁に対し主張することができるということではないか。

富井政章（一九巻一三二丁裏～一三三丁表）

その方がよいかどうかは知らないが、私

はそのようには考えていない。「其債務者ニ対シテ償還ノ責ニ任セス」というのは広い書き方であるが、（償還ができなければ）「外ノ道カラ取レルト云フコトニハドウモ言ヒ憎イト思フ」。債権者に対して権利（反対債権）を得た者には全く償還を請求できないことになる。

磯部四郎（一九巻一三三丁表）

本条により償還する責任はないと主張できるのは、少くとも自己の負担部分につき相殺を援用することのできる甲であって、乙丙は償還の責を免れる原因は何もないから、本条によりかえって償還の責任を負うことになると思うがどうか。

富井政章（一九巻一三三丁表～裏）

磯部委員の意見では、参加の通知を受けなかった者が、かえって「不当ノ利得」を得ることになるのではないか。連帯債務者の中に債権者に対して反対債権を得た者があるとする。（請求を受けた他の債務者が）その者を「呼出セ」ばその者は債権者に相殺を対抗しただろうが、「呼出サ」なかったというだけでその者に求償することはできない、即ち、その者があたかも負担部分がないかのように「貴様ノ落度デ払ツタノデアルカラ己レハ知ラヌ」と主張できるとすることは、（通知しなかった債務者に対して少々）酷に過ぎると思う。

磯部四郎（一九巻一三三丁裏～一三四丁裏）

第四三七条第二項は「右ノ債権ヲ有スル債務者カ相殺ヲ援用セサル間ハ其債務者ノ負担部分ニ付テノミ他ノ債務者ニ於テ相殺ヲ援用スルコトヲ得」となっている。連帯債務者甲乙丙丁がおり、（甲は債権者に対する反対債権を有していて、）甲が相殺を援用すると（債務が）総債務者のために消滅してしまうものとする。この場合、債権者は、甲に請求すると相殺を援用されて債権が消滅してしまうから困ると考えて甲に請求せず乙に請求する。その場合、乙は（第四三七条第二項により）甲の負担部分について相殺を援用することができる。

ところで、この場合、乙が甲の負担部分についても相殺を援用せずに全額弁済してしまい（注4）、その後甲に求償する。すると甲は「己レノ方ニ知ラセテ呉レレバ四百三十七条ノ第二項ニ依テ相殺ガ出キヌ（注5）ノニお前ガ夫等ノ手続ヲセヌデ払ツタノデアルカラ己レノ所ニ係ツテ求償ヲサレテハ困ル」ということを本条に基づき主張することができる。本条にいう「償還ノ責ニ任セス」とは、請求を受けた者が援用すべき権利を援用せず、通知もせずに弁済した以上、（反対債権を有する者は）「お前ノ物好キデ払ツタノダカラ償還セヌゾ」と主張することができるという意味であると私は解釈している。

富井政章（一九巻一三四丁裏）

私の考えは少し違う。第四三七条第二項は、債権者に対する反対債権を有しない「債権者」（注6）が請求を受けた場合に、債権者に対して、反対債権を有する者の負担部分については払わないと主張することができるという意味である。そのために反対債権を有する者を参加させる必要はない。

磯部四郎（一九巻一三四丁裏～一三五丁表）

（請求を受けた債務者が、）第四三七条第二項により、他の債務者が反対債権を有しているからその者の負担部分につき相殺すると主張するのは、反対債権の存在を知っているからである。本条の場合でも、（請求を受けた債務者が）通知さえすれば、（反対債権の存在が判明して第四三七条第二項を適用することが）できたことである。（請求を受けた債務者が）通知をしなかったため（反対債権の存在がわからないまま全額弁済してしまった以上は、反対債権を有する債務者は、）求償を受けても、償還するわけにはいかないと主張することができるものと私は解している。

富井政章（一九巻一三五丁表～裏）

第四三七条第二項の適用に関する私見は、磯部委員の意見と「何処迄モ違ウ」。第四三七条第二項は、反対債権を有していない債務者が訴求された場合にこの者を保護する目的で立案された箇条であり、その場合、（請求を受けた債務者が）反対債権を有する者を呼び出さなくともその負担部分だけは払わなくてもすむようにするということがいえる。（ところが本条によって、）通知をしなかったために、反対債権を有する債務者が「自分ノ負担部分丈ケお前ガ払ツタノハ不注意デアル」「夫レデ償還セヌデモ宜イ」と主張できるというのでは、（請求された債務者の保護という立法目的に反して）不都合である。

また、相殺は援用して初めて免責の原因となるのであり、（通知がなかったため）まだ実際に援用していないこの例においては免責の原因を有するとはいえない。（本条においては、請求を受けた債務者以外の連帯債務者が債権者が全く）債務を請求できないことについて確かな証拠を有している場合を想定したのである。

磯部四郎（一九巻一三五丁裏）

つまり本条の「免責ノ原因」の中に相殺が含まれるかどうかという問題である。

▼二については、富井委員と磯部委員の議論は平行線のまま一旦終了し、修正案において再び問題となる。

三　第一項と第二項は抵触するか――第二項削除説を巡る論争

井上正一（一九巻一三五丁裏～一三六丁表）

第二項の「他ノ債務者カ弁済ヲ為シタ」場合は、債権者から請求を受けて弁済した場合ではないと思うがどうか。(注7)

また、請求された債務者も（通知を受けなかった）他の債務者も弁済した場合、債権者は二重弁済を受けているから不当の利得をなしたのであり、他の債務者は債権者に対し弁済したものの返還を請求することになる。この時債権者が無資力になっておれば、他の債務者は「請求ヲ受ケテ弁済シタ所ノ債務者ノ払ツタモノト云フモノハ取戻スコトニナツテ少シモ弁済ヲセズシテ然ウシテ其債務ヲ免レルト云フコトニナリマセヌカ」。

富井政章（一九巻一三六丁表～裏、一三六丁裏）

第二点については全くそのつもりである。自分が弁済をしたということを通知しなかったので、他の債務者がまだ弁済はないものと思って弁済した場合である。この場合、通知しなかった債務者から求償がなされても償還する必要はない。

第一点について、他の債務者が請求を受けたかどうかということはどちらでもよい。債務者が一度払ったということを言えば払わないであろうが、通知を受けていないから弁済をしたのである。

井上正一（一九巻一三六丁裏）

債権者から請求されて後から他の債務者が弁済してしまったという場合、既に弁済した初めの債務者から通知がなかったから善意で弁済したのだというならば「債権者」(注8)にもやはり不注意があったのではないか。何故なら自分が請求を受けた時に、本条第一項に従い前に弁済した債務者に通知しておれば、その債務者が弁済したということを知らせて来るはずだから。

富井政章（一九巻一三七丁表）

確かに二度目に請求を受けた者が「其」(注9)債務者に通知して既に弁済した者がないかどうか確かめればすむことである。しかしそのような「煩労」を連帯債務者に課することには大いに疑問がある。連帯債務者は債権者の請求を受ければ誰でも全額弁済せねばならないということになっている。それなのに、共同債務者中に既に弁済してしまった者があるかどうかを自分で調査する責任を各債務者に負わせるのは酷に過ぎる。むしろ、弁済した者に通知の責任を負わせ、もし二重弁済となったならば、その損失の負担は通知を怠った者に帰するとした方がよいと思い、このように立案した。

磯部四郎（一九巻一三七丁表〜一三八丁裏）

　私は第二項削除説を提出したい。その理由は次の通りである。

　富井委員の説明によれば、請求された者が他に弁済した者がいないかどうか調査しなければならないというのは「煩労」だということであるが、請求を受けたときは一通り調べてもよいと思う。

　また本条第一項と第二項とは互いに抵触する。本条第一項によれば、請求を受けた者が他の債務者に自分が請求を受けたことを通知する義務を負っている。ところが、第一項の「其債権者（「債務者」の誤りであろう）ニ対シテ償還ノ責ニ任セ」という債務者、即ち債権者に対抗することを得べき免責の原因を有している債務者とは既に弁済した者であるから、第二項の条文だけ見ると、この者は免責の原因を得たこと、つまり弁済してしまったことを自ら予め通知しなければならないということになる。これでは「第一項ハ第二項ノ為メニ潰レテ仕舞ウコトニナラウ」。そして、既に弁済してしまった債務者が通知を怠っていたために、他の債務者が善意で弁済した場合には、後から弁済した債務者は前に弁済した債務者に対して償還の責に任じないということになるのであれば、何の利益もないと思う[注10]。二重弁済の場合は債権者に対して不当利得返還請求をするより方法がないというのであれば、第二項を定めなくとも、第一項の規定で十分に「行ハレテ往ク」と思う。むしろ第二項が存在すると、第一項と抵触してしまうから、私は第二項削除を提案する。

井上正一（一九巻一三八丁裏）

　賛成。

横田國臣（一九巻一三八丁裏）

　磯部委員の説の通りなら賛成するつもりだが、その前に起草者に確かめておきたい。通知するということは、弁済することにつき通知の相手方の承諾まで要するということを意味するのか、それとも、ただ通知さえすれば他の債務者の承諾を得るまでもなく弁済してよいということなのか。承諾を要しなければ第一項と第二項は抵触しないが、承諾を得てから弁済すべきであるのなら、磯部委員の説が正しいことになる。

富井政章（一九巻一三八丁裏〜一三九丁表）

　まず横田委員の質問に答えるが、通知ということは当然承諾を要しない。「葉書一枚ヤレバ宜イ」。

　次に、第二項にいうところの債務者が「他ノ債務者ノ承諾ヲ得ズシテ」任意に弁済した場合には、磯部委員の意見はあたらない[注11]。ただ、債権者から請求を受けて弁済した場合には、確かに第一項により通知することによって（他の債務者には）既に弁済がなされたということが判明するようになるだろう。その場合には、なるほど第二項は必要ないかもしれない。しかし、全く利益がないともいえないだろう。たとえば、請求された債務者が通知したのに、通知の相手方が、旅行をしている等の事情があって、何の返答もしない、そこで弁済したという場合にも有効に求償できるということはいえるかもしれない。どうも、請求を受けずに弁済した場合はもちろん、請求されて弁済した場合であっても、常に第一項だけで十分だとはいえないように思うから、磯部委員の説には賛成できない。

磯部四郎（一九巻一三九丁裏〜一四〇丁裏）

第二項を残したまま第一項を適用すると、次のような奇妙なことになる。たとえば、私が請求を受けて、（通知せずに）弁済する。それから他の債務者の一人に対して求償する、するとこの債務者は、自分には負担部分を差引計算するものがある、君が通知してくれれば「已レガ払ツテヤツタモノヲ」(注12)、君が通知しなかったから、自分は償還の責に任じないと言う。そうすると、私は、それは困る、「現在然ウ云フ原因ノアルコト」（そのような免責を得ていたこと）の通知を怠っていたのは不都合であると言う。こうして第一項の規則が浮いてしまう。というのは、第二項では「自己ノ出捐ヲ以テ共同ノ免責ヲ得タルコト」を通知しなければならないことになっており、第一項では、請求を受けた者が弁済する前に通知しなければならないことになっているという二重に交差した構成になっている。それならば、請求を受けた債務者が他の債務者に対し免責の原因があるならば知らせてくれと通知する義務を負い、それに違反すれば弁済しても求償権がないという構成にした方が実際わかりやすいだろう。そういうわけで、第一項と第二項とは抵触しており、それだけの利益はないから第二項の削除を提案する。

ところで、「請求ヲ受ケタトキニ自分ノ任意デ払ツタトキ」には私の議論は当らないといわれるが、そのような場合、他の連帯債務者に問合せもしないで弁済するということは「世智辛イ今日ノ世ノ中デハ余程人情ニ遠ザカツテ居ルカラ」そこまで考える必要はないと思う。

穂積陳重（一九巻一四〇丁裏～一四一丁表）

磯部委員の第二項削除説の根拠は、第一項と第二項とが抵触しているということにある。しかし、第一項の通知と第二項の通知とは目的も性質も全く違うので抵触しているとはいえないと思う。

第一項は、連帯債務の性質上当然に導かれることであって（「なく」か？）便宜上定めたに過ぎない。その趣旨は、誰か共同債務者中に免責の原因を有している者があるかも知れないので、債権者から請求を受けたことを他の債務者に知らせておく必要があるというものである。

これに対し、第二項はその根拠を一部は連帯債務の性質においており、その直接の目的は債務者に二重払いさせないということであるが、それに止らない。連帯債務の弁済とは、債務者全員の法律上の地位を変更するものであり、その義務を免れさせるものである。その義務を免れる行為がなされたということを、共同債務者が「知ラヌト云フコトハナイ」（知らないままでよいわけがない）。本来なら、連帯債務者の一人が弁済したときには他の債務者に通知すべし、ということになってもよいとさえ思う。

以上のように、二つの通知は性質も目的も異なるものであるから、私は、たとい第一項はなくとも、第二項はなくてはならないと思う。従って第二項を存置することを希望する。

富井政章（一九巻一四一丁表～一四二丁表）

磯部委員の意見には承服できない。例えば債権者から請求を受けて後から二重弁済した者があるとする。この者が前に弁済した者に求償すると、前に弁済した者は、君が通知していたら、（私は既に弁済したことを君に告げたから、）君は二重払いしなくてすんだはずだ、それを通知しなかった（それにより二重弁済した）のは君の過失だと言うだろう。すると、後から弁済した者は、君が弁済したことを私に隠していたか、忘れてしまって「回答モシナカツタ」(注13)といえるかも知れない。どうも「通知ヲシナカツタ丈ケテ夫レ丈ケノ結果カ生スルモノテナイ」。
　さらに、請求を受けた者が第一項により通知したところ、他の債務者から、自分は既に弁済したという回答が返って来たなら、この請求を受けた者が弁済しても、それはもう第二項にいう「善意ニテ」弁済した者ではない。第二項に「善意」という文字があることにより、その適用範囲は狭くなり、そこでまた削除してはならないことがわかるのであり、善意か悪意か、通常は善意であるというだけのことであろう。

長谷川喬（一九巻一四二丁表）
　私は、磯部委員の説には反対である。
　私見では、第一項・第二項とも通知を怠った者に対する制裁であるが、両者は場合が違う。第一項では、ある債務者が請求を受けたときに他の債務者に既に免責の原因が生じている。第二項では、請求を受けたときには、まだ他の債務者には免責の原因は生じておらず、請求を受けた債務者が弁済してしまった後で、さらに他の債務者が善意で免責を得た場合であるから、両者は場合が違い、従って抵触しておらず、それ故第二項削除案には反対する。
▼ここで長谷川委員の論旨が変り、三の論争は一旦終る。第二項削除案については、採決に移る直前に井上委員が賛成を撤回してしまい（一九巻一四五丁裏）結局採決には至らなかった。

四　第一項の通知の意味について

長谷川喬（一九巻一四二丁表～裏）
　第一項にいう通知は、起草委員の説明によると、葉書一本でも到達しておればよいということだが、通知するだけで承諾を受けなくてもよいのであれば、通知すると同時に弁済しても通知義務は果したことになるから、この制裁を受けなくてもよいことになる。「既成法典ハ訴訟ノ場合ノミニ限ツテ居ル」。
　なお、訴訟の場合には、通知だけではなく他の債務者を参加させる必要がある。旧民法では延期の抗弁を認めているし、たといこの抗弁を行使しなくとも他の債務者を訴訟に参加させるだけの猶予が認められているから、他の債務者を保護する途が開かれている。しかし、（本条によれば）ただ通知さえすればよいということになってしまい、反対債権を有する他の債務者が相殺をすることもできなくなってしまうのではないだろうか。

富井政章（一九巻一四二丁裏～一四三丁表）
　（訴訟の場合に他の債務者を）参加させることの必要性については異議はない。しかし、「通知セスシテ」の意味は、通知すると同時に弁済してもその責めを免れるということではない。「免責ノ原因ヲ有セシコトヲ証明スルトキハ」とある以上、訴訟において自分が被告となった債務者に従参加した場合にそれを証明すれば必ず勝訴となる事実でなければならないから、免責の原因を有する他の債務者が法廷で立証するのに必要な日数だけは待っていなければならない。通知をすると同時に弁済してよいということでは決してない。しかし、もしそのような解釈も成立し得るのであれば、長谷川委員の意見（注14）のように改めることには「私丈ケハ異存ハナイ」。ただそうすれば訴訟の場合に限定されてしまうので少し困るが。

五　第一項「債権者ニ対抗スルコトヲ得ヘキ免責ノ原因」は他の債務者に特別のものか

田部芳（一九巻一四三丁裏～一四四丁表）
　第一項の文面からは「債権者ニ対抗スルコトヲ得ヘキ免責ノ原因」とは、他の債務者に特別の免責の原因と読めるがどうか。

富井政章（一九巻一四四丁表～裏）

「免責ノ原因」というのは、決して他の債務者に特別の原因だけを意味することではない。これは主として共通の抗弁の方法を意味する。即ち、絶対的に債務不成立の場合または債務消滅の場合を考えているのである。

田部芳（一九巻一四四丁裏）

「免責ノ原因」というのが総債務者に共通の抗弁であるならば、通知しなくても請求を受けた債務者はそれを対抗してしかるべきであり、通知は必要がない。

富井政章（一九巻一四四丁裏）

通知をすれば他の債務者が参加してくる。（債務が存在しないという）確実な証拠を有する者が訴訟に参加してくれれば、請求された債務者は弁済しなくてすむ。債務が存在しないことは他の債務者に通知して調べればわかるのに、それをしないから「相殺」(注15)がある。

田部芳（一九巻一四五丁表）

もし訴えられて他の債務者を参加させる必要があるなら、（民訴法の）参加の規定があるから、ここでは必要ないと思う。また訴えられた債務者が少し注意すれば（債務が存在しないことが）わかるのであれば、何も通知の義務まで負わせる必要はない。

六　第二項「前項ノ場合」の意味

箕作麟祥（一九巻一四五丁表）

第二項の初めに「前項ノ場合」とあるのはどういう場合をいうのか。前項、即ち第一項の場合とは、債権者から請求を受けた債務者が請求されたことを通知しなかった場合だから、ここではその請求を受けて（通知しなかった）債務者が弁済し、弁済したことの通知を怠った、すなわち二度怠った場合をさすのか。

七　全部削除案

横田國臣（一九巻一四三丁表〜裏）

私は本条を全部削除したい。

そもそも連帯債務者は誰が請求されても全部弁済する義務があるというのが原則である。従って免責の原因を有している者は他の債務者に必ず通知すべきであり、（通知を受けて）それを承知で払えば「払ウ者ガ悪ルイ」から「其奴ガ背負ハニヤナラヌ」ことになるが、この方が簡単明快でよろしい。

田部芳（一九巻一四五丁裏）

私は全部削除に賛成する。

▼全部削除案は賛成者少数で否決（一九巻一四五丁裏）。

箕作委員の疑問**六**と長谷川委員の疑問**四**とは整理会で検討することにひとまず決定。

（注3）確定条文第四三六条。以下全て同じ。
（注4）ここでは、乙が甲の反対債権について悪意で相殺を援用しなかった場合と、反対債権について不知なるがため善意で弁済した場合の両方が含まれる。
（注5）「出来タ」の誤記であろう。
（注6）「債務者」の誤記であろう。
（注7）井上委員によれば、第一項により請求を受けた債務者は弁済する前に通知をせねばならないから、当然第二項には含まれない。
（注8）請求を受けた債務者の誤りであろう。
（注9）「総債務者」か。
（注10）双方とも互いに求償できないことになる。
（注11）磯部委員の意見には「承諾」という言葉はないから、「承諾ヲ得ズシテ」はおかしい。また、原案第二項では「請求ヲ受ケタル債務者カ」となっているので、富井委員の意見は磯部委員に対する反論としては成立しない。あるいは、現行法のように「請求ヲ受ケタ」を要件から外す構想が既に起草者の意中にあるのか。
（注12）引続き相殺が念頭にあるのか、それとも、自分が弁済したことを知らせたのに、という意味か。
（注13）通知しなかった、の意であろう。
（注14）旧民法に従い、他の債務者が訴訟に参加するのに必要な猶予を認めること。
（注15）「制裁」の筆記違いであろう。

修正案第四四五条　連帯債務者ノ一人カ債権者ヨリ請求ヲ受ケタルコトヲ他ノ債務者ニ通知セスシテ弁済ヲ為シ其他自己ノ出捐ヲ以テ共同ノ免責ヲ得タル場合ニ於テ他ノ債務者カ債権者ニ対抗スルコトヲ得ヘキ事由ヲ有セシトキハ之ヲ以テ其債務者ニ対抗スルコトヲ得但相殺ヲ以テ之ニ対抗シタルトキハ過失アル債務者ハ債権者ニ対シテ相殺ニ因リ消滅スヘカリシ債務ノ履行ヲ請求スルコトヲ得

連帯債務者ノ一人カ弁済其他自己ノ出捐ヲ以テ共同ノ免責ヲ得タルコトヲ他ノ債務者ニ通知スルコトヲ怠リタルニ因リ他ノ債務者カ善意ニテ債権者ニ弁済ヲ為シ其他有償ニ免責ヲ得タルトキハ其債務者ハ自己ノ弁済其他免責ノ行為ヲ有効ナリシモノト看做スコトヲ得

【起草趣旨】

梅謙次郎（二二巻七一丁裏～七六丁表）

第四四五条は一旦議決になった箇条でもあるし、今ごろになって修正案を出すようなことは望ましくないのだが、後の保証に関する規定（原案第四六六条・確定条文第四六三条）と関連して本条を改めないと少し都合が悪いと思った。それだけなら趣旨だけ議決しておいて文言は整理会までに直すということにしてもよかったのだが、印刷され配布された議案には第三項[注16]が存在し、後ほど協議した結果やはり二項に分ける方がよいとの結論になったため、保証の方の案とも変える必要が生じたので修正案を提出した。

第四四五条原案が議決されたときの「精神」というものも、おそらくこの修正案と同じであったと思う。しかし、原案には文理上不完全な点が存し、後に、われわれが考えた解釈とは違った解釈が生ずるかもしれないという恐れがある。殊に、保証の場合は「毎度」こういうことを生ずるようだから、この不完全な点を補い明らかにしておこうというのが、修正の趣旨である。

修正点(1)　二重弁済の場合の不当利得償還

補った点というのは、主として第一項の末文である。原案第一項には「他ノ債務者カ債権者ニ対抗スルコトヲ得ヘキ免責ノ原因ヲ有セシコトヲ証明スルトキハ其債務者ニ対シテ償還ノ責ニ任セス」とあり、連帯債務者の一人が弁済して他の債務者に対し求償する場合に、（求償された債務者は）ここに掲げてあるだけの事実があればその求償を退けることができるというだけの規定になっていた。しかし、その結果がどうなるのか、即ち二重弁済を受けた債権者は「其儘利益スルコトカ」できるか、できるとすればだれがどのような権利に基いて債権者に請求をなすことができるかということが不明のままである[注17]。従って、明文で定めた方がよいだろうということで修正された。修正案では終りのところを変えて「他ノ債務者カ債権者ニ対抗スルコトヲ得ヘキ事由ヲ有セシトキハ之ヲ以テ其債務者ニ対抗スルコトヲ得但相殺ヲ以テ之ニ対抗シタルトキハ過失アル債務者ハ債権者ニ対シ相殺ニ因リテ消滅スヘカリシ債務ノ履行ヲ請求スルコトヲ得」としたのである。

この修正の結果を例を挙げて説明すると次のようになる。（他の債務者の）弁済その他の方法により既に債務は消滅しているのに、債務者の一人が知らずにまた払った。この場合は、既に消滅した債務につき弁済したのだから、「代位ノ弁済其他ノ行為」は当然無効であり、知らずに後から払った債務者は無論「取戻セル」。このことは当然のことなので明文で規定する必要はない。

修正点(2)　相殺について

修正案では「他ノ債務者カ債権者ニ対抗スルコトヲ得ヘキ事由ヲ有セシトキ（ハ）之ヲ以テ其債務者ニ対抗スルコトヲ得」となっており「対抗スルコトヲ得ヘキ事由」の中に相殺が含まれる（かのように見える）。ところが、この相殺というものは「主義ハトウ云フ主義ヲ採ルノテア」っても、この場合、弁済などと同視することはできない。相殺が旧民法のように法律上当然生ずべきものであるとしても、相殺があったかどうかということは債権者のあずかり知らぬこととなる。また、相殺により債務が消滅した後過失ある債務者が弁済し、その後この弁済したものを返還させることができるとすると、この過失ある債務者は、他人の債権を以て自己の債務を消滅させることができるということになる。既に旧民法においても、債権者から訴えられた債務者が自己の債権について対抗する場合は全額について対抗できるが、他の連帯債務者の有する債権を以て相殺する場合にはその者の負担部分についてのみ債権者に対抗することができる(注18)という規定がある。この案においても同じ主義が採用されている(注19)。従って、反対債権を有しない債務者は、訴えられても全額を以て債権者に相殺を対抗することはできない。そして「他ノ債務者カ債権者ニ対抗スルコトヲ得ヘキ事由ヲ有セシトキハ之ヲ以テ其債務者ニ対抗スルコトヲ得」というのであるが、これは（債権者から請求を受け、他の債務者に通知しないで）弁済した他の債務者に求償したところ、その債務者が、自分に通知してくれれば、自分には既に相殺の原因があったから、これを債権者に対抗して弁済しなくてもすんだはず（なのに、君が通知もせずに弁済したの）だから、自分には償還する義務はないと主張した場合である。そうして見ると、過失ある債務者は既に債務が消滅しているのに弁済したのであるから「不当弁済取戻」(注20)で取戻すということにはならない。この場合には相殺は当然に生ずべきものでなく、旧民法においてさえ、特に「対抗スルコトヲ要ス《ママ》」(注21)となっているほどである。このことは、既に議決になった第四三七条（確定条文第四三六条）に明らかである。そうすると、この場合の結果がどうなるかということには大きな疑問が生ずるので、明文の規定が必要であり、その内容は既に弁済したものの返還よりも相殺によって消滅するはずだった債務の履行を債権者に請求する方が理論上も正しく実際の不便も少ないだろうと考えて、特にこの点を修正した。

修正点(3)　期限を巡る問題

第一項の第三の修正点は、原案では「償還ノ責ニ任セス」となっていたのを「対抗スルコトヲ得ヘキ事由ヲ有セシトキハ之ヲ以テ其債務者ニ対抗スルコトヲ得」と改めたことである。その理由は期限などを考慮したためである。期限は、原案のいう免責の事由ではないが、債務が期限付であることを知らずに一人の債務者が期限到来前に全額弁済した場合には、期限が到来するまでは他の債務者に求償することはできない。このことは論をまたないが、このような場合をも包含するように法文を定めた方が完全なものになると思ったから、ついでに書いておいた。

修正点(4)　二重弁済の措置

第二項の末文を修正したのは、（修正点(1)で述べた二重弁済の場合の解決のためである。）原案では「其他有償ニ免責ヲ得タルトキ亦同シ」とあって、善意で二重に弁済した債務者が（先に弁済した債務者から求償されても）償還の責に任じないということだけ決まっていた。しかし、それでは結果（二重弁済を受領した債権者との関係）がどうなるかわからないから、「其他免責ノ行為ヲ有効ナリシモノト看做スコトヲ得」とした。つまり、（後から善意で弁済などの行為をした）債務者[注22]が（自己の）弁済その他の行為を有効であるものとみなせば、（通知を怠った）債務者がそれより前になした弁済などは全く無効になる。ところで、債権者がそのために損害を蒙るおそれはないかという点については、全くその心配はない。この場合債権者は二重弁済を受けようとしたのだから債権者には過失がある。だから、債権者がそのために損害を蒙ることは決してないからこれでよい。

（注16）本条を三項から成るものとする案については民法議案中に見当らない。
（注17）原案【主要審議】一参照。
（注18）旧民法財産編第五二一条第二項・債権担保編第五七条第二項。
（注19）原案第四三七条（確定条文第四三六条）。
（注20）不当利得の取戻訴権（旧民法財産編第五二九条）をさすか。
旧民法財産編第五二九条　相殺ニ因リテ既ニ消滅シタル債務ヲ弁済シタル者ハ不当利得ノ取戻訴権ノミヲ行フコトヲ得但次条ニ記載スル場合ハ此限ニ在ラス
（注21）旧民法財産編第五二一条第二項　連帯債務者ハ債権者カ其連帯債務者ノ他ノ一人ニ対シ負担スル債務ニ関シテハ其一人ノ債務ノ部分ニ付テニ非サレハ相殺ヲ以テ対抗スルコトヲ得ス然レトモ自己ノ権ニ基キ相殺ヲ以テ対抗ス可キトキハ全部ニ付キ之ヲ申立ツルコトヲ得
（注22）原文では「債権者」と記されている。

【主要審議】

一　「対抗スルコトヲ得ヘキ事由ヲ有セシトキ」の表現

議長（箕作麟祥）（二二巻七六丁表）
「事由ヲ有セシトキ」とあるのは「有スル」ではいけないのか。

梅謙次郎（二二巻七六丁表）
「有スル」ともいえるかもしれないが、この時点では債務が消滅して債権者に関係がなくなっている。

議長（箕作麟祥）（二二巻七六丁表）
（債権者が）知らないのに「債権者ニ対抗スル事由ヲ有セシトキ」というのか。

梅謙次郎（二二巻七六丁表）
そう書くのが正しいと思う。

二　第一項但書を巡って——法律上の相殺との関連

高木豊三（二二巻七六丁表～裏）
但書の「相殺ヲ以テ之ニ対抗シタルトキ」というのは、（反対債権を有する）連帯債務者が、通知せずに弁済した債務者に対して、自分は払わないと言ったとき、「過失アル」債務者とは通知を怠った債務者のことだろう。すると、過失ある債務者が債権者に対し相殺により消滅するはずの債権の履行を請求することができるというのは、自分の権利ではなく、他人の権利を主張することになると思うが、本当にその通りか。

梅謙次郎（二二巻七六丁裏～七七丁表）
その通りである。その点が明文の規定を必要とする理由で、規定がなくても不当利得で類似の結果を生じさせることはできるが、それよりも明文の規定により、過失のない債務者に代って（過失ある債務者に）債権者に対する権利を行使させる方が簡便であろうと考えてこう規定した。

高木豊三（二二巻七七丁表～七八丁表）
そのようなことは法律の明文がなければできないことは言うまでもないが、法律上明文があっても妥当かどうか疑わしい。この規定は旧民法にいう法律上の相殺を定めた規定が本草案においても定められると仮定しなければ、妥当性を欠くものとなる。つまり、当事者間で解決できるならともかく、民法で定めてある以上は、訴訟により解決を図るものと考えなければならない。その場合、法律上の相殺ではなく、ただ（反対債権を有する）債務者から債権者に対して相殺を主張し得るという場合に、請求された他の債務者がこの他人の反対債権を主張して裁判で争うというのはいかがなのであろうか。さらに、実際上もこの草案に法律上の相殺ができるとしても、その外に「当事者ノ指定ニ依ラヌ相殺」[注23]に関する規定ができるとすれば、簡便を図るどころか、事実上混乱を生ずる恐れがあろう。

梅謙次郎（二二巻七八丁表～七九丁表）

　この場合は高木委員のいうようにおかしいものではない。初めに請求された債務者[注24]は反対債権を有していないが、他の債務者の一人が反対債権を有している。請求された債務者が通知をせずに全額支払ってしまう。それから、反対債権を有する債務者に求償すると、反対債権を有する債務者は、請求を受けた時に知らせてもらえば自分は相殺により債務を免れることができたのに君が勝手に弁済したのだから自分は償還しないと主張するが、それは反対債権を有する債務者が相殺を対抗する意思を表示したのである。もし、普通の原則において、相殺をなすには対抗することを要するのであれば、この例においては、反対債権を有する債務者が債権者に対して相殺を対抗すべきものであるが、そのためには反対債権を有する債務者がわざわざ裁判所に行ったり債権者に通知して対抗しないでも、その意思を明示するだけで十分である。それを、「此場合ニハ法律上自然ノ代位カアルノテ」初めに弁済した債務者が、反対債権を有する債務者に代って債権者に対し反対債権を行使するのである。債権者にとっては、誰から反対債権を行使されようと同じことである。第二の債務者にしても、他の債務者に自分の債務を払ってもらい、償還して、それから債権者に反対債権を請求するよりは、求償して来た者に債権者から反対債権を取立てさせた方が便利である。初めに弁済した債務者には負担がかかるが、通知しなかったという過失があるのだから、それはしかたがない。こうして、初めに弁済した債務者は「迷惑ヲ受ケタ」第二の債務者を法律上代位するものとすれば非常に明瞭になるものと考えたので、便宜上このように規定した。

高木豊三（二二巻七九丁表～裏）

　本条但書は便法のため設けたとの説明があったが、法律上当然の相殺というものを認めるなら問題はない。しかし、「普通ノ相殺」を認めるなら、その相殺が当事者間に成立していたかどうか、その後弁済があったかどうか等については必ず裁判を待って定まることになる。その際、第二の債務者がまだその権利を有しているのに、ことさらに他人が彼に代って訴訟をするということになれば、どうしても実際上「其過失アル債務者ト唱ヘタルモノ」を訴訟に「引張リ出ス」ことになろう。すると「法律ノ此正シイ筋道ヲ幾ラカ枉ケル」ことになり、その枉げるのは便利のためと称しつつ、実際はかえって不便になるのではあるまいか。

梅謙次郎（二二巻八〇丁表）

　それでどうしようというのか。

高木豊三（二二巻八〇丁表～裏）

　通知をしなかった債務者は過失ある債務者であるということは、つまり、その者が総債務者のためになした弁済は無効だということになる。それなら、相殺は連帯債務のために適用すべきものではない。連帯債務者の一人が債権者に対して有する債権は、（債権者の連帯債務者に対する債権に対し、）共に独立の債権であるから、それを有する者が行使するのが当然である。請求された債務者が通知をしなかったから相殺できなかったというだけの理由で、通知を怠った債務者に反対債権取立のための訴訟をさせ、しかも法律上の代位という無理な構成をとるよりは、権利の主体自らが反対債権を行使する方が穏当である。そこで、相殺を主張し得べき「債権者」（債務者か？）は別段にこれを請求できるというように「当リ前ニ」しておくのが良いと思う。

梅謙次郎（二二巻八〇丁裏、八一丁表）

　まだ案にはなっていないが、高木委員の意見では、相殺には本条の規定を適用しないということになると思う。

高木豊三（二二巻八一丁表）

　その通り。

梅謙次郎（二二巻八一丁表～八二丁裏）

　その問題は第二にして、仮に法律上の相殺がないとすれば本条は「当嵌マラヌ」ことになる。そうすれば、「諸君カ御認メニナツタ」原案の「債権者ニ対抗スルコトヲ得ヘキ免責ノ原因」の中には当然相殺は含まれていた（注25）と思うが、対抗することを条件としていたから、（反対債権を有する第二の債務者が）対抗すれば免責されたに違いない。その場合、第二の債務者は償還の責に任せず（注26）、しかも債権者に対し反対債権を行使して全額満足を得るということになれば、「不当ノ利得」を受けることになる。そうすれば「元ノモ悪ルカツタ」（原案が誤っていた）とも言えようが、一旦第四三七条（確定条文第四三六条）により連帯債務者間ではある範囲内で相殺を援用し得るものと定めながら、その規定が本条には適用されないというのは、論理一貫性がない。

　第二に、法律上の相殺を認めなければ、反対債権を有する債務者はいずれにせよ裁判所に行かねばならないからかえって不便であるという高木委員の意見は当っていない。法律上の相殺を認めたとしても、連帯債務者の一人が反対債権を有しておりさえすれば黙っていても当然に債務が消滅するということにはならない。この点は第四三七条で、旧民法と同様、やはり対抗ができるということになっている。また、法律上の相殺が認められなければ相殺は必ず裁判で主張しなければならないということにもならない。一方で援用さえすればよい。争いになるようであれば、書面で「申シ遣ハスカ宜イ」。だから、法律上の相殺が認められなければ、相殺を援用しようと思う者は必ず裁判所に行かねばならないということにはならない。

　第三に、本条は単に裁判の手数とか費用ということのみを考えて立案されたのではない。債権者が一旦弁済を受けた後に無資力になるということがあるが、この場合には誰かがその損失を負担せねばならない。本条によれば（通知を怠った）過失ある債務者が負担することになる。元の案ではそのあたりが明瞭でないが、高木委員の意見によれば他の（過失のない）債務者が負担することになる。何故なら、過失のない債務者が反対債権の履行を債権者に請求するが、債権者は無資力で満足を得られない。そこで、過失ある債務者に対し「オマヘカ已レヲ訴訟ニ喚ンテ対抗サセテ呉レハ自分ハ損ヲセヌテ済ンタモノヲ夫レヲオマヘカ喚ハヌカラ損ヲシタノタカラ其損ヲ償ヘ」と主張することになるが、過失ある債務者も無資力であれば、結局損害を全く過失のない債務者が負担しなければならない。結果が不都合であるから、実際の便宜を考えてこのように立案した。

高木豊三（二二巻八六丁裏～八七丁表）

　第三の場合、（債権者も過失ある債務者も）無資力の場合に、（過失のない債務者が）損失を負担することは不当だというのが本案の趣旨であろう。しかし、相殺というものは、主張する権利があり、その権利を反対債権を有する者が自ら主張して初めて免責の事由ともなり、「弁済ノ効モ生スル」のであって、その権利を行使しないうちに当然に効力を生ずるということは、「法定ノ相殺」でない限りいえないだろう。従って、（弁済した債務者が）ただ通知を怠ったというだけで、（反対債権を有する債務者が）「自分ハ訴訟モ何モ構ハヌオマイ往ッテ訴訟ヲシロ」といえる、即ち当事者の「位置」まで変えるということは、便宜どころか却って煩雑になる。

三　「対抗」の意味を巡って

横田國臣（二一巻八二丁裏～八三丁表）

「相殺ヲ以テ之ニ対抗シタルトキ」という場合の「対抗」とは、債務者の一人が債権者に対し「是レ々々ノ」債権を有していると主張するだけでよいのか、債権者がそれを認めねばならず、訴訟もその債務者が行なって勝ってやるというだけの責任を持っているのか。

梅謙次郎（二一巻八三丁表）

自分はこれだけの債権を有していると言っただけでは足りない。これだけの債権を有しているからそれを以て相殺する、即ち、この反対債権を対抗して相殺を主張する意思であったと言えばよい。その場合、争いがなければ、過失ある債務者が過失なき債務者の有していた債権を債権者に請求することになる。

横田國臣（二一巻八三丁表）

争いがあった場合にはどのように解決するのか。

梅謙次郎（二一巻八三丁表～裏）

争いがあれば、結局裁判所に行かねばならないが、その場合には債権者は既に弁済を受けているので、債権者に対する相殺の問題は生じない。

横田國臣（二一巻八三丁裏）

例えば次のような場合を考えてみよう。梅委員が債権者で、私と高木委員とが連帯債務者であるものとする。私が梅委員に全額弁済した。ところが、高木委員は、自分には梅委員に対し相殺する債権があるから私の償還請求には応じないと主張する。そこで、私が梅委員に対し、高木委員がこのような反対債権を有しているからそれを履行せよと主張する。ところが、梅委員は、自分はそのような債務を負担した覚えはないと言う。このような場合には、梅委員と高木委員との訴訟になるのか、それとも私が高木委員のを引受けて、梅委員と私との訴訟になるのか。

梅謙次郎（二一巻八三丁裏～八四丁表）

その場合、債権者に弁済してしまえば債権はなくなるから、相殺ということを一切言う必要はない。今の例でいうと、横田委員が私に対し、君は高木委員に対しこれだけの債務があるそうだが今度こういう理由で私が引受けたから払え、と言い、横田委員に債権があることを私が認めればそれでよい。もし、認めないようなら、横田委員が私を訴えればよい。

横田國臣（二一巻八四丁表）

高木委員には訴訟を提起する権利はないのか。

梅謙次郎（二一巻八四丁表）

「高木君ハ相殺スレハ自分ノ権利ヲ抛棄シタノテアルカラアリマセヌ」。

横田國臣（二一巻八四丁表）

起草者がそう言うとは思わなかった。今の例で、私が高木委員の代りに訴を提起して敗訴したらどうなるか。

梅謙次郎（二一巻八四丁表～裏）

その場合、横田委員の訴訟のやり方がまずくて敗訴したならいけない（その損失は横田委員が負担せねばなるまい）が、高木委員が債権を有していないのにあると言ったのであれば、高木委員の負担である。

横田國臣（二二巻八四丁裏～八五丁表）

その裁判での私の主張の方法の巧拙は別として、高木委員に債権があったかなかったかを調べるのは難しいと思う。のみならず、これは、本来、私が弁済したかどうかには関係なく高木委員が梅委員に対し訴訟を起さねばならない場合である。私が払ったために、その権利を私に渡すだけならば良いが、訴訟の手間を免れる理由はないと思う。梅委員と高木委員との間に債権の存否について争いがあれば、高木委員が訴訟をしなければならない。私が弁済してしまったのは私の過失であるが、それは私と梅委員との関係である。「元来然ウテアルナシニ拘ハラス」（反対債権の存否が確定していないのに）高木委員が相殺を対抗して、自分に通知せずに弁済したのだから償還請求には応じられないと主張できるという結果にはならないと思う。

梅謙次郎（二二巻八五丁表～裏）

例えば、横田委員が私に訴えられた。本条第一項本文が採用される以上、横田委員は高木委員に通知する義務がある。弁済する前に通知を受ければ、高木委員は相殺を対抗し、債権も債務も同時に消滅するから再び訴訟を起さなくてすむ。にもかかわらず、横田委員が通知せずに勝手に弁済してしまった。その過失のために高木委員が私に請求するというようなことをわざわざしなければならないのは(注27)、果して正当といえるかという疑問がこちらにも生ずる。

横田國臣（二二巻八五丁裏）

「仮令ヒ前ロニ相殺シタ所カ」梅委員はやはり、自分には高木委員に対する債務はないといえる。私が通知を怠ったために、梅委員が高木委員に対して払う必要がないというものを高木委員に代って引受けねばならないというのは理解に苦しむ。

梅謙次郎（二二巻八五丁裏～八六丁表）

横田委員の言うようなことは、争いがある場合でなければ起こらない。通常は、証文を書いて差入れたものを争ってみても負けるだろうから、争わない場合が多い。ある場合には、横田委員の意見はもっともであるように聞こえるが、そうすると、高木委員は横田委員に求償されるから、横田委員の分を払っておいて、私に反対債権を請求することになる。私が無資力の場合は、横田委員に払ったものの返還を請求することになるだろうが、横田委員も無資力になっていた場合には、高木委員はまるで損をしてしまう。横田委員が先に通知してくれば高木委員は全く損失を蒙らずにすんだはずである。このような不当な結果を避けるために本条を修正したのだが、こういう結果が生じてもかまわないというのであれば、それは仕方がない。

横田國臣（二二巻八六丁表～裏）

「私ハ私ノ言フ様ニ解スルノテアリマス」。この例で、梅委員に対する債権の存否は、訴訟により高木委員が引受けなければならない。梅委員が無資力であることによる損失は、その訴訟においてそれ（債権の不存在）が確定してから、私が引受けることになる。

梅謙次郎（二二巻八六丁裏）

「初メカラ訴訟ニナル場合ヲ仰セニナッタカラ少シ違ウヤウテアリマスカ今仰ツシヤツタ丈ケナラハ私モ然ウ解ス」。

高木豊三（二二巻八六丁裏～八七丁表）

このような議論は、便利のためにこの規定を設けたということが、果して利益になるかどうかということに帰するのであろう。そもそも第四三七条第二項もおかしいと私は思うのだが、既に賛成に議決されているから、本条もこのような議案になったのだろう。別に反対の主張はしないが、実際はかえって煩雑を来たすであろうと思う。

四　対抗事由が相殺であるとき、過失ある債務者が債権者に請求し得る額を巡って

井上正一（二二巻八七丁表〜八八丁表）

例えば連帯債務者が四人おり、債務者の中の一人が通知せずに一〇〇〇円弁済してしまった。他の債務者の一人が債権者に相殺を対抗できたとする。このとき、相殺により消滅すべかりし債務の額は一〇〇〇円であるように見えるが、過失ある債務者が債権者に対し請求できる額は一人分の負担部分二五〇円だと思うがどうか。他の個所には「負担部分」と書いてあるから明瞭であるが、本条ではただ「消滅スヘカリシ債務」とあるから、文面だけ見ると一〇〇〇円請求できるように見える。

梅謙次郎（二二巻八八丁表）

その点は気づいていた。確かに、井上委員の意見のように、負担部分についてのみ請求できるということにした方がよいかも知れない。しかし、そうすると少し理窟が複雑になる。また、弁済した債務者に全く過失がない場合にも、一部分だけしか請求できないことになるが、それでは気の毒だ。しかし、場合によっては都合の悪いことが生ずるかも知れない。

井上正一（二二巻八八丁表〜裏）

通知せずに一〇〇〇円弁済した者が、本条により債権者に一〇〇〇円請求できるとすれば、「他ノ債務者カラ又請求スル」というように、だんだん複雑になって来るのではないか。それよりは負担部分についてだけ請求できるようにした方がよい。また、「千円丈ケノ請求ヲシテ二百五十円ト云フモノヲ又請求シナケレハナラヌト云フト」その間に既に一〇〇〇円の弁済をした債務者が無資力になるというようなことが生じて、都合が悪いのではないか。

高木豊三（二二巻八八丁裏〜八九丁表）

前の例で、連帯債務者の一人が全額弁済すると、第二の債務者は、自分は連帯債務の額よりも大きな額の反対債権を有しているので本条により相殺を対抗すると主張する。その場合には「自分ノ債務ノ額丈ケシカ相殺カ出来ナイト思フ」。それなのに「自分ノ払ツタ全部ヲ其時返シテ呉レト云フコトニナリマスカ」。

梅謙次郎（二二巻八九丁表）

返してくれというのは誰か。

高木豊三（二二巻八九丁表）

（初めに）弁済した債務者である。

梅謙次郎（二二巻八九丁表〜裏）

高木委員の意見を解すれば次のようになる。私が高木委員と横田委員とを連帯債務者とする一〇〇〇円の債権を有しており、高木委員が私に対し二〇〇〇円の債権を有している。横田委員が高木委員に通知せずに一〇〇〇円弁済してしまったとき、本条により横田委員は私に対し一〇〇〇円請求できることになるかという問題であるが、「此儘テハ然ウナル」。あるいは、井上委員の意見のように「其負担部分ニ付キ」という文字を入れた方がよいかも知れない。だが、もともと、通知したなら、高木委員の負担部分だけは、私が横田委員に請求した時に相殺を対抗することができたのだから、後から対抗しても損害を受けるということはないかも知れない。もし、井上委員の指摘のように改めた方がよいというなら、但書の前の部分を「他ノ債務者カ債権者ニ対抗スルコトヲ得ヘキ事由ヲ有セシトキハ其負担部分ニ付キ之ヲ以テ其債務者ニ対抗スルコトヲ得」ということにしておけばよい。

高木豊三（二二巻八九丁裏）

すると、反対債権が自分の負担部分より多い場合には、横田委員は私に代って法律上の部分を請求し、私は残額につき固有の権利の履行を請求しなければならないから、かえって煩雑になるのではないか。

梅謙次郎（二二巻八九裏～九〇丁表）

井上委員の指摘があった後相談をしたところ、実質は井上委員の指摘通りにした方がよいと考えるから、「其負担部分ニ付キ之ヲ以テ其債務者ニ対抗スルコトヲ得」という文字を但書の前に入れ、これを原案としてもらいたい。

▼「其負担部分ニ付キ之ヲ以テ其債務者ニ対抗スルコトヲ得」という文字を但書の前に挿入することにつき異議なく、これを加えたものが確定する（二二巻九〇丁表）。

（注23）　当事者の指定による相殺の誤りであろう。
（注24）　原文では「債権者」と記されている。
（注25）　原案の審議過程においては、起草委員は一貫して相殺は「免責ノ原因」に含まれないと主張し続けたはずである。第一九巻一三〇丁以後の富井委員と磯部委員との論争を見よ。起草委員中に初めから不一致があったのか、それとも改説か。なお、修正案の審議には、富井委員は出席しているが、磯部委員は出席していない。
（注26）　高木委員はこのようなことを主張してはいないので、これは高木委員に対する反論の論拠たりえない。
（注27）　原文には「高木君ハワサ々私ニ請求シテ来ルト云フ様ナ手段ヲ取ラヌノハ」と記されている。

【民法修正案理由】

本条ハ債権担保編第六十五条ニ該当ス。同条ニ於テハ保証ニ関スル同編第三十二条及ビ第三十三条ノ規定ヲ準用スベキコトヲ規定セリ。而ルニ第三十二条ノ規定ニ依ルトキハ債務者ガ債権者ヨリ訴ヲ受ケタル場合ニ限リ同条ノ適用ヲ生ズルモノニシテ少シク狭キニ失スルモノト謂フ可シ。故ニ本案ニ於テハ債権者ガ連帯債務者ノ一人ニ対シテ訴ヲ為シタル場合ニ限ラザルコトヲ明ニセリ。又相殺ニ付キ本条但書ノ如キ規定ナキトキハ適用上疑ヲ生ズベキヲ以テ実際ノ便宜ヲ考ヘ成ルベク公平ナル結果ヲ得ン為メ此規定ヲ置クコトニセリ。

本条第二項ハ債権担保編第六十五条及ビ第三十三条ノ規定ニ些少ノ修正ヲ加ヘタルモノニ外ナラズ。

▽民法修正案理由書第三編第一章第三章《ママ》「第三款連帯債務」八～九頁（第四四四条）。

（河原　緑）

第四四四条　連帯債務者の中に償還をする資力のない者があるときは、その償還をすることができない部分は、求償者及び他の資力のある者の間で、各自の負担部分に応じて分割して負担する。ただし、求償者に過失があるときは、他の連帯債務者に対して分担を請求することができない。

第四四四条　連帯債務者中ニ償還ヲ為ス資力ナキ者アルトキハ其償還スルコト能ハサル部分ハ求償者及ヒ他ノ資力アル者ノ間ニ其各自ノ負担部分ニ応シテ之ヲ分割ス但求償者ニ過失アルトキハ他ノ債務者ニ対シテ分担ヲ請求スルコトヲ得ス

原案第四四六条（注1）　連帯債務者中ニ償還ヲ為ス資力ナキ者アルトキハ其償還スルコトヲ得サル部分ハ求償者ヲモ加ヘテ他ノ資力アル者ノ間ニ其各自ノ負担部分ニ応シテ之ヲ分割ス但求償者ニ過失アルトキハ他ノ債務者ニ対シテ分担ヲ請求スルコトヲ得ス

（注1）本条の議論は、法典調査会民法議事速記録から、なぜか欠落している。ただ、法典調査会で可決された条文から確定条文へは若干の変更があったようであり、それについては「格別違ヒハナイ」ものとされている（民法整理会議事速記録四巻一一丁裏）。なお、「原案第四四六条」は、民法第一議案から引用したが、次条（確定条文第四四五条）の審議から見ると、これは審議によって改められた後のもののようである。

【参照条文】

旧民法債権担保編

第六六条　共同債務者ノ一人カ上ニ指示シタル方法ノ一ニ因リ求償ノ行ハレタル当時ニ於テ無資力ナルトキハ無資力者ノ部分ハ弁済シタル者ヲモ加ヘテ他ノ資力アル者ノ間ニ割合ニ応シテ之ヲ分ツ但求償者ノ責ニ帰ス可キ懈怠アリシトキハ此限ニ在ラス

フランス民法

第一二一四条第二項　〔第四四二条の【参照条文】中に掲載〕

オーストリア一般民法

第八九六条　〔同右〕

オランダ民法

第一三二九条第二項　〔フランス民法第一二一四条第二項に同じ〕

イタリア民法

第一一九九条第二項　若シ共同負責主中ノ一人ニシテ弁償ニ耐ヘサルノ景況ニ陥ル者有レハ則チ此景況ニ生出スル所ノ損失ハ他ノ共同負責主ニシテ弁償ニ耐ル所ノ人ト其既ニ弁償ヲ為シタル所ノ人トノ間ニ派当シテ之ヲ負担ス〔仏民第千二百十四条〕

ポルトガル民法

第七五四条　〔第四四二条の【参照条文】中に掲載〕

スイス債務法

第一六八条第二項　共同債務者の一人から取り立てることができない（nicht erhältlich）ものは、他の共同債務者が平等に負担しなければならない。

スペイン民法

第一一四五条第三項(注2)　共同連帯債務者の支払不能により債務の履行がなされなかった場合、他の共同債務者は、それぞれの債務の割合で補償をしなければならない。

ベルギー民法草案

第一二一四条第三項(注3)　連帯債務者の一人の支払不能により生じた損害は、支払能力のある他の共同債務者及び既に弁済した共同債務者の間で案分して分担される。

ドイツ民法第一草案

第三三七条第三項　共同債務者ノ一人ヨリ此者カ負担スヘキ部分ヲ取立ツルコト能ハサルトキハ其不足額ハ補償義務ヲ負担スル其他ノ共同債務者ニ於テ其義務ノ割合ニ従ヒ之ヲ分担スルコトヲ要ス

ドイツ民法第二草案

第三六九条第一項　〔第四四二条の【参照条文】中に掲載〕

（注2）第二項は第四四二条の【参照条文】中に掲載。

（注3）第一項は第四四二条の【参照条文】中に、第二項は原案第四四四条の【参照条文】中に掲載。

【民法修正案理由】

本条ノ規定ハ、債権担保編第六十六条ニ修正ヲ加ヘタルモノナリ。同条ニ無資力者ノ部分トアルヲ改メテ、其償還スルコト能ハサル部分ト為シタルハ《ママ》(注4)、無資力ノ部分ト云フトキハ、其ノ負担部分ノ全額ナルガ如キ観アルヲ以テナリ。

（注4）『民法修正案理由書』では「ハ」の一字が脱落しているが、『未定稿本／民法修正案理由書』三六七頁は「…為シタルハ」となっている。

▽民法修正案理由書第三編第一章第三章《ママ》「第三款連帯債務」九頁（第四四五条）。

（髙橋眞・玉樹智文）

第四四五条　連帯債務者の一人が連帯の免除を得た場合において、他の連帯債務者の中に弁済をする資力のない者があるときは、債権者は、その資力のない者が弁済をすることができない部分のうち連帯の免除を得た者が負担すべき部分を負担する。

第四四五条　連帯債務者ノ一人カ連帯ノ免除ヲ得タル場合ニ於テ他ノ債務者中ニ弁済ノ資力ナキ者アルトキハ債権者ハ其無資力者カ弁済スルコト能ハサル部分ニ付キ連帯ノ免除ヲ得タル者カ負担スヘキ部分ヲ負担ス

原案第四四七条　連帯債務者ノ一人カ連帯ノ免除ヲ得タル場合ニ於テ他ノ債務者中ニ弁済ノ資力ナキ者アルトキハ債権者ハ其無資力者ノ負担部分ニ付キ連帯ノ免除ヲ得タル者が《ママ》負担スベ《ママ》キ部分ヲ負担ス

【参照条文】

旧民法債権担保編

第七一条第二項　連帯ノ免除ヲ得サル債務者中ニ無資力者アルトキハ債権者ハ其無資力ニ付キ連帯ノ免除ヲ得タル者ノ部分ヲ負担ス

フランス民法

第一二一五条　義務ヲ得可キ者之ヲ行フ可キ者ノ中一人ニ対シ義務ノ連帯ヲ釈放シタル時ト雖𪜈其義務ヲ行フ可キ他ノ数人中ニ已レノ義務ヲ行フヿ能ハサル者アルニ於テハ其者ノ部分ヲ連帯ノ釈放ヲ受ケシ者ト其義務ヲ行フ可キ他ノ数人トニ分ツ可シ

オランダ民法

第一三三〇条　〔フランス民法第一二一五条に同じ〕

イタリア民法

第一二〇〇条　責主カ共同負責主中ノ一人ニ対シ互相特任《ママ》ノ責権ニ関スル訟権ヲ抛棄セルノ時会ニ於テ若シ他ノ共同負責主中ノ一人若クハ数人カ弁償ニ耐ヘサルノ景況ニ陥ルヿ有レハ則チ此負責主ノ派当部分ハ他ノ共同負責主ノ間ニ派当シテ之ヲ負担ス仮令ヒ責主ニ因テ互相特担ノ責務ヲ除免セラレタル負責主タルモ亦此派当ヲ避免スルヿヲ得可カラス〔仏民第千二百十五条〕

スイス債務法

第一六八条第四項　〔第四三七条の【参照条文】中に掲載〕

ベルギー民法草案

第一二一一条　〔第四四〇条の【参照条文】中に掲載〕

第一二一五条　債権者が共同連帯債務者の一人に対し連帯を免除した場合には、免除された債務者は、自己の負担部分につき、他の共同債務者の一人または数人の弁済不能より生ずる損害を賠償する責めを負う。

【起草趣旨】

富井政章（一九巻一四六丁表）

本条は旧民法債権担保編第七一条第二項に少し文字を加えただけである。「負担」の字が加わっているが、それだけ明らかになったと思う。

【主要審議】

磯部四郎（一九巻一四六丁表～裏）

前の第四四六条（注）で、わざわざ「無資力者ノ負担部分」というのを修正して「償還スルコトヲ得サル部分」と改めた以上、本条の「無資力者ノ負担部分ニ付キ」というのも「無資力者カ償還スルコト能ハザル部分ニ付キ」ということにしなければ、せっかく前条を修正した意味がないので、そのように修正する説を提出する。

富井政章（一九巻一四六丁裏）

文章も悪くないから賛成する。

▼採決の結果、賛成多数で磯部委員の右修正案を可決（一九巻一四六丁裏）。

富井政章（一九巻一五二丁表）

先ほど「償還スルコト能ハサル」という修正にうっかり賛成したが、ここは「弁済」でなければならない。「弁済」と改めたい。

▼異議なしとして「償還」を「弁済」に改める（一九巻一五二丁表）。

（注）確定条文第四四四条。

【民法修正案理由】

本条ハ債権担保編第七十一条第二項ノ字句ヲ修正シテ一層其主意ヲ明ニシタルモノニ外ナラズ。此規定ナキトキハ仏伊民法ノ解釈上ニ於ケル如キ疑ヲ生ジ、連帯ノ免除ヲ得タル者ト債権者トニ於テ無資力者ガ弁済スルコト能ハザル部分ヲ負担スルコトト為リ、連帯ノ免除ヲ得タル者ヲシテ其利益ヲ享クルコトヲ得セシメザル結果ヲ生ズルニ至ルベキナリ。

▽民法修正案理由書第三編第一章第三章《ママ》「第三款連帯債務」九頁（第四四六条）。

（河原　緑）

現行法　なし

原案第四四八条　数人カ契約ニ依リ共同シテ債務ヲ負担シタル場合ニ於テハ各債務者ハ連帯シテ其履行ノ責ニ任ス但反対ノ定アルトキハ此限リ《ママ》ニ在ラス

【参照条文】

旧民法債権担保編

第五二条第三項　〔第四二七条の【参照条文】中に掲載〕

旧商法

第二八七条　〔同右〕

明治二二年三月二九日大審院民事第二局判決〔第四二七条末尾【資料】参照〕

明治二五年九月二〇日大審院第三民事部判決〔同右〕

明治二六年二月二日大審院第三民事部判決〔同右〕

フランス民法

第一二〇二条　〔第四二七条の【参照条文】中に掲載〕

オーストリア一般民法

第八八九条　〔同右〕

第八九一条　〔同右〕

オランダ民法

第一三一八条　〔同右〕

イタリア民法

第一一八八条　〔同右〕

イタリア商法

第四〇条

スイス債務法

第一六二条　〔第四二七条の【参照条文】中に掲載〕

モンテネグロ財産法

第五五六条第二項　〔同右〕

第九三八条第一項　〔同右〕

スペイン民法

第一一三七条　〔同右〕

ベルギー民法草案

第一二〇四条　〔同右〕

ドイツ民法第一草案

第三二〇条　〔同右〕

ドイツ民法第二草案

第三七〇条　〔同右〕

ドイツ普通商法

第二八〇条　〔同右〕

プロイセン一般ラント法

第一部第五章第四二四条　〔同右〕

第四二五条　〔同右〕

第四五〇条　〔同右〕

ザクセン民法

第六六三条　〔同右〕

第一〇二〇条　〔同右〕

第一〇二一条　〔同右〕

【起草趣旨】

富井政章（一九巻一四七丁表～一四八丁表）

本条は連帯債務に関しては最も重要な条文である。しかるに、（連帯の推定という本条の原則をとるか、分担主義をとるかについては）起草委員中でも迷いがあって決しかねている。

民事上連帯の推定の原則をとっているのはプロイセン一般ラント法とドイツ民法第二草案だけであって、その他の国はいずれも分担主義をとっている。しかし、商事上はいずれの国も連帯の推定が認められており、その理由は次の通りである。即ち、連帯債務は債権者にとって最も強い担保として機能するものであるから、債権者の意思は通常この担保の存在を予期していると考えるのが至当であり、債務者もこのことを予測して取引すべきものである。つまり、（連帯の推定という原則は、）権利の保護・信用の発達のために最も当を得たものである。殊に商事取引においては簡便迅速の要請も大きく加わっているだろう。

（分担主義をとると、）社会の発展に伴い取引が頻繁になるにつれて、民事と商事との間にすぐに「天地ノ違ヒ」を生じてしまうであろうから、あえて本条においては連帯の推定の原則を採用した。しかし、今これを日本に適用しては不都合な結果を生ずるかもしれない。「殊ニ田舎ノ者抔ハ数人寄ツテ各々分担ノ積リデ契約ヲシタ所ガ豈図ランヤ此成法ガ出来テ各々請求ヲ受クレバ全部払ハナケレバナラヌト云フコトニナツテハ余程迷惑ヲ蒙ムルト云フコトニナルカモ知レヌ」。また、最近の判決例は分担主義をとっているようであり、それを覆すのも問題がある。

要するに、いずれの原則についても各々理由があって迷うのであるが、議事の進渉のためにはいずれかを原案として提出せねばならないから、連帯の推定の方を原案とした。もし諸君の多数が分担主義を採用されるのであれば、削除されてもかまわないと思う。

【主要審議】

一　「共同シテ債務ヲ負担シタル」の意義について

横田國臣（一九巻一四八丁裏）

「共同シテ債務ヲ負担シタル」というのはどういう意味か。

富井政章（一九巻一四九丁表）

「共同シテ」とは、一人一人別々というのではなく、一緒に、ということである。（「笑声起ル」）「連帯債務ト云フモノハ共同ニ負担スルコトガ出来ルト云フコトハ少シ学説ガ分レテ居ルガ私ハ出来ルコトト堅ク信シテ居ル」。旧民法債権担保編第五三条には「数人ノ債務者ノ連帯義務ハ同一ノ行為ヲ以テ又同時同所ニ於テ之ヲ契約スルコトヲ要セス但其義務ノ目的及ヒ原因ハ同一ナルコトヲ要ス」（注1）とあって、例えば甲が債務を負担し、それから数日後に乙が甲と連帯して一〇〇円の債務を負担するという契約を締結することができるように、別々の契約により連帯債務を負担することができる。

二　削除案提出

土方寧（一九巻一四八丁表～裏）

私は本条を削除することを提案する。本条を削除すれば、第四二八条（注2）が適用される。第四二八条の「別段ノ定」には明約も黙約も含まれる。また、もし別段の商慣習があるならば、暗に約束したものと推定することになろうが、そうでなければ何の契約もなしとしておく方が便利であろう。

横田國臣（一九巻一四九丁裏）

私は削除説に賛成したい。そもそもヨーロッパの法律が伝来する以前は、日本人は連帯債務について知らなかった。連帯とは共同で債務を負担することだと言い換えてみたところで、日本の慣習には殆どないことである。それだから、連帯債務は明示された場合にのみ生ずると限定した方がよい。その方が日本の風習に適している。

長谷川喬（一九巻一四九丁裏～一五〇丁裏）

私は実際に照らして本案の通りでもよいと思う。「此案ハ勿論契約ニ依リタル場合デアリマス外ノ場合デハナイ」。

ところで、明治八九年《ママ》に布告が一つ発せられた（注3）。その布告によれば、金銭貸借の証文中に「連印ノ者」が数名あり、そのうちのある者が逃亡した場合や死亡して相続人がない場合には、残りの者に全部を請求することができると規定されている。そして「明年七月」の大審院判決（注4）により、金銭貸借については、本条のように連帯の推定がなされるという解釈が定まっている。また、進んで当事者の意思を考えてみても、一枚の証文に数名の名前を掲げて債務を負担した場合には、債権者は誰にでも請求するというのがその真意であり、債務者も全部を一人で負担しなければならないことを予測しているだろう。本案が通過しても、単に契約によるということであり、法律も判決例もすでに本案の通りであるので現在の世情から大きく隔るということもあるまい。

磯部四郎（一九巻一五〇丁裏～一五一丁表）

私は、分担主義がよいか、連帯の推定がよいかということは、「法律ガ進歩シテ居ルトカ居ラヌトカ云フコトニ帰スル」と思う。

ところで、先程長谷川委員の言った明治八九年《ママ》の布告中の「連印」の解釈であるが、今日まで「連印」を連帯と解釈するということにはなっていない。大審院の判決例は連帯の約定が存在したものと考えたのであって、連帯の約定がない場合に証書に記名がなされているから連帯であると解釈したものではない。今日の日本の慣習では、連帯債務成立のためには特約を要し、その約定がなされたことが裁判例の基礎となっているから、長谷川委員の主張は今日の慣習に反している。将来「法律ガ進歩シタラ」連帯の推定を採用することの是非はまた別となろうが、今日の慣習では、連帯は推定されず特別な約定を要するということになっているから、私は削除説に賛成したい。

長谷川喬（一九巻一五一丁表～裏）

裁判例については、磯部委員に反論しておきたい。私はその判事の中の一人であったから、判決の意見については私の方が確かである。明治八九年《ママ》の布告は、ただ名前や印影が並んでいるだけで連帯と解せられるような文言が証書中に全くない場合に、債務者中のある者が欠けても、残った者が全部を負担すべきであると定めたものである。即ち、連帯ということを規定した法律であるという趣旨で、この判決を行なったのである。その判決に対する批判はともかくとして、判旨は私が述べたようなことである。金穀の貸借に限って連帯を推定し、それ以外はすべて連帯を推定しないということが、今日までの方針になっている。

▼削除案が多数を得て削除と決定（一九巻一五一丁裏）。

（注1）　旧民法債権担保編第五三条第一項。

（注2）　確定条文第四二七条、以下同じ。

（注3）　明治八年四月太政官布告第六三号　金銀其他借用証書中借主数名連印ニテ各自分借ノ員数ヲ記載セサル分ハ右連印中失踪又ハ死亡シテ相続人ナキ者等有之トモ其借用シタル金銀其他ノ総額ヲ其連印中現在ノ者ヘ償却可申付候条此旨布告候事

但右証書中分借ノ員数無之トモ別ニ分借ノ明証アルハ此限ニアラス

（注4）　大審院民事第一部明治二七年九月一三日判決。なお、本文中に「明年七月」となっているのは、起案が七月になされたからであろうとの、最高裁総務局第二・第三課長永井紀昭判事の助言をいただいた。

《付録》　大審院民事第一部明治二七年九月一三日判決

明治廿七年第七拾七号

判決原本

上告人　三重県伊勢国三重郡菰野村
大字菰野三百拾八番地士族
横山久平
外二名

右訴訟代理人弁護士
田沢鎮太郎

被上告人　東京市赤坂区新町四丁目
拾八番地華族土方雄志
承継人同市四谷区坂町百九番地
士族官吏
横川立太郎

右当事者間ノ貸金請求事件ニ付東京控訴院カ明治廿六年十二月廿七日言渡シタル判決ニ対シ上告人ヨリ一部分破毀ヲ求ムル申立

ヲ為シタリ

判決

本件ノ上告ハ之ヲ棄却ス

理由

上告第一点ハ被上告人ハ横山友政及同正好ヲハ横山久平ト連帯義務ヲ負ヘル者ナリト主張スレトモ甲一号証ニハ連帯ト視ルヘキ文詞ナシトハ是レ上告人カ原裁判所ニ於テ論争セシ事項ノ一ナリ然而シテ連帯義務ハ一種ノ変態契約ナレハ其特約アルコトヲ要ス別言セハ連帯義務ハ裁判上推測スヘキ者ニ非サルナリ然ルニ原判決ニ於テハ「甲一号証ニ久平外一名ト共ニ連署シアルヨリ視レハ該証ノ金員ニ付テハ久平等ト連帯シテ債務ヲ負フタルモノト云ハサルヲ得ス」ト論断シ殊ニ数人共同ノ債務者ナレハトテ必スシモ之ヲ連帯義務者ナリト云フヲ得サルハ当然ノ法理ナルニ保証人ニ非サルカ故ニ連帯者ナリト判定セシハ法則ヲ不当ニ適用セシ裁判ナリト云フニ在リ依テ案スルニ甲第一号証ハ各自分借ノ員数ヲ掲記セサル上告人等三名連署ノ借用証書ニシテ明治八年第六拾三号布告ノ（金銀其他借用証書中借主数名連印ニテ各自分借ノ員数ヲ記載セサル分）トアルニ適合スルヲ以テ上告人等ハ右ノ布告ニ循テ其義務ヲ尽了セサル可ラス而シテ此布告ニハ（右連印中失踪又ハ死亡シテ相続人ナキ者等有之トモ其借用シタル金銀其他ノ総額ヲ其連印中現在ノ者ヘ償却可申付）トアリ是其甲第一号証ノ如キ証書ヲ差入レタル債務者等ニ於テ連帯義務ニ服ス可キコトヲ規定シタルモノニ付キ原判文中連帯云々ノ説明ハ正当ニ法律ヲ適用シタルモノニシテ推定ニ依ルニアラス随テ原裁判ハ上告人所論ノ如キ不法ナシトス

同第二点ハ上告人ハ被上告人ヨリ甲一号証ノ金円ヲ借用セシモ又被上告人ノ為メ許多ノ立替ヲ為シ相互ノ計算上該債務ハ業既ニ消滅セシ者ナリト論争シ其事実ヲ立証スルニ乙十四号同十五号及甲七号証ヲ以テセリ然ルニ原判決ニ於テハ「別ニ其事実ヲ認ムヘキ証拠ナキニ付久平ノ主張ハ理由ナキモノトス」ト説明シ上告人ノ立証ニ対シ何等ノ判決ヲ与ヘサルハ是レ民事訴訟法第四百三十六条第七号ニ相当スル不法ノ裁判ナリト云フニ在レトモ甲第七号証ハ被上告人ノ提証ニシテ訴訟記録中上告人カ利唱シタルコトノ見ル可キモノ無シ又此ニ論難スル原判文ハ権利放棄ノ口約ヲ為シタリトノ上告人ノ主張ヲ排斥スル所ノ判決理由ニシテ立替金ノ有無ヲ判断スルモノニアラス而シテ乙第十四十五号証ハ立替金アルコトヲ証明スル為メノ提証ナレハ原院カ上文説明ヲ為スニ当リ右甲乙号証ニ対シ判断ヲ為ササル可ラサル筋合ナシ故ニ以上ノ上告論旨モ亦上告ノ理由ナシトス

同第三点ハ甲一号ノ債権ハ出訴期限ニ依リ弁済ヲ推測セサル可ラス又裁判官ノ考覈ヲ以テ右様ノ認定ヲ受クヘキ者ナリトハ是レ上告人カ原裁判所ニ於テ弁論セシ事項ナリ然ルニ原判決ニ於テハ右二様ノ抗弁方法ニ対シ何等ノ判決ヲ与ヘサルハ不法ナリト云フニ在レトモ原院ニテ録製シタル口頭弁論ノ調書中右等抗弁方法ノ提出アリシコトヲ看認ム可キ痕跡ナシ左レハ此ノ抗弁ヲ以テ原院ノ口頭弁論ニ提出シタルモノト為シ之ヲ審査スルコトヲ得サルニ付キ以上ノ上告論旨ハ之ヲ採用スルコトヲ得ス

同第四点ハ甲二号証ハ一種ノ約定証書ナルニ一銭ノ証券印紙ヲモ貼用セス是レ民事裁判上不受理ノ証文ナリ然ルニ原裁判ニ於テ之ヲ採用セラレシハ法則ヲ不当ニ適用セシ者ナリト云フニ在レトモ原判決中原院カ右甲第二号証ヲ採用シ以上ノ証

書ニ依リ何等ノ事実モ之ヲ認定シタルコト無シ又該証ハ甲第一号証ノ付属書類ニシテ別ニ約定ヲ為シタルモノニアラサルニ付キ証券印税規則上特ニ印紙ヲ貼用ス可キモノニアラス旁以上ノ上告論旨モ亦上告ノ理由ナシトス

以上ノ理由ナルヲ以テ本件上告ハ民事訴訟法第四百三十九条一項ニ依リ之ヲ棄却ス可キモノトス

明治廿七年九月十三日判決言渡

（河原　緑）

第四款　保証債務

【起草趣旨】

梅謙次郎（一二巻一二三丁表〜一二七丁裏）

(1)　三種の保証の区別の廃止

旧民法では、保証を任意の保証、法律上の保証、裁判上の保証に区分している。フランス、ドイツ、スペインの民法でもこうなっている。日本でもこの三種の保証はあり得る。任意の保証は勿論のこと、法律上の保証、すなわち「斯ウ云フ場合ニ保証人ヲ立テルコトヲ要スト云フ場合ニ保証人ヲ立テルコトヲ要スト云フコト」は随分ある。また裁判所で特別の場合に保証人を立てることは、今までの規定からも出てくる。すなわち、相当の担保を供すべしという場合に、物を供することができなければ保証人を立てて保証してもよいというのが普通の解釈である。

しかし明文で保証を三種に分ける必要はない。旧民法上、保証の規定は右の三種にほぼ共通である。すなわち、債権担保編第三条第二項は[注1]「下ノ第一節乃至第三節ノ規定ハ右三種ノ保証ニ共通ナリ」と定め、第四節（第四七条〜第五〇条——朱注）で「法律上及ヒ裁判上ノ保証ニ特別ナル規則」を定めている。しかし以下に述べるように第四節の諸規定は不要であり、結局三種の保証は同一の規定に従うことになるので、その区別を廃することにした。

まず債権担保編第四七条第一項[注2]は、総則たる債権担保編第一五条[注3]を法律上・裁判上の保証に適用したものである。第一五条が「債務者カ保証人ヲ立ツヘキ合意ヲ以テ義務ヲ負ヒタルトキ」と規定したため、この規則が法律上の保証、裁判上の保証に当嵌るということを特に言う必要が生じた。こんなに狭く書くことなく、本案第四五一条[注4]のように書くならば、二ケ所に規定する必要はなくなる。次に債権担保編第四七条第二項は、「法律上及ヒ裁判上ノ保証人ヲ承認スル手続ハ民事訴訟法ニ於テ之ヲ規定ス」とある。民事訴訟法に規定があれば民法に書く必要はないし、そもそも民事訴訟法にはこのような手続の規定はない。結局第四七条は不要である。

債権担保編第四八条は「裁判所ハ法律カ裁判執行ノ為メ保証人ヲ立テシムル権能ヲ付与シタル場合ニ非サレハ此カ為メ保証人ヲ立ツ可キコトヲ命スルヲ得ス」とあるが、裁判所は法律の範囲内でなければ職権を有しないものであるから、これは言うを俟たぬことである。

同第四九条は「裁判上ノ保証人及ヒ其引受人ハ財産検索ノ利益ヲ有スルコトヲ得ス」とある。フランス、イタリア、スペイン等に類似の規定があるが、この規定は必要であろうか。裁判上の保証人が検索の利益を有しえないなら、何故法律上の保証人は検索の利益を有しうるのか。裁判上の保証人も、他の保証人同様検索の利益を有しても良さそうなものである。それが不都合なら、保証人でなく金銭の供託等によることもできる。「仏蘭西民法ノ出来タ時分ニハ矢張リ羅馬法ノ旧套ヲ墨守シテ」担保は保証人によるのが原則であり、他のものを担保とするのは例外のようであったから、このような規定が必要であったかも知れないが、今日では金銭・有価証券を担保に供することが「正則ナラントシテ居ツテ」、現に民事訴訟法はこの原則を採用している。従って本条は不要である。

同第五〇条は、（「法律上及ヒ裁判上ノ保証人ハ其債務者ニ対スル担保ノ求償ニ関シテハ常ニ之ヲ債務者ノ代理人ト看做ス」とある。あたかも委任を受けたと同一の求償権を持つということである。）今まで調べたところでは立法例がないが、とにかく法律上裁判上（の）保証人を特に保護した規定である。旧民法の本条の立法趣旨は、法律上裁判上（の）保証人を奨励するということであるが、その説明では十分でない。おそらく、そのような場合は、主たる債務者が「其時ニハ特ニ委任セヌデモ若シ其人ガ保証《ママ》ニ為ツテ呉レナケレバ誰カ頼ンデ保証人ニナツテ貰ハナケレバナラヌ、然ウスレバ委任ニ依テ生スルモノデアルカラ此場合ハ仮令ヒ合意デ委任ヲ受ケスニ保証シタ場合デモ恰モ委任ヲ受ケタ如ク保証人トシテ一種都合ノ宜イ求償権ヲ与ヘテモ宜イト云フ考カラ出タノデアルカモ知レヌ」。しかし、法律上裁判上の保証人をそれほど保護する必要があるだろうか。保証人を頼むということは多少名誉に関わることで、滅多な人に保証に立ってもらうのは迷惑であるかもしれない。その人を委任を受けた保証人と同様に保護する必要があるかについては疑問があり、それほど法律が立入る必要はなかろうと思われるので、削った。

以上のように法律上の保証、裁判上の保証も任意の保証と同一の規定によることになるので三種の区別を廃し、債権担保編第三条を削った（二一巻一二二丁裏～一二五丁裏）。

(2)　保証の消滅についての規定の廃止

旧民法では保証の消滅につき一節が設けられている(注5)が、本案ではこれを入れていない。これは反対の趣旨を規定するというのではなく、なくても良いと考えたからである。

旧民法が規定しているのは、第一に、保証債務は他の債務と同一の原因により消滅するということである（第四四条第一項——朱注）。保証債務も債務であるから、このことは法文を俟ってはじめてわかることではない。

第二に、保証債務は主たる債務とともに消滅するということである（第四六条第一項——朱注）。本案第四四八条は「保証人ハ主タル債務者カ其債務ヲ履行セサル場合ニ於テ其履行ヲ為ス責ニ任ス」とあるから、主たる債務がなければ自ら保証人は義務を免れるということは、第四四八条から当然出てくる結果である。

第三に、重要なことであるが、「債権者カ故意又ハ懈怠ニテ保証人ノ其代位(注6)ニ因リテ取得スルコトヲ得ヘキ担保ヲ減シ又ハ害シタルトキハ総テノ保証人ハ債権者ニ対シテ自己ノ免責ヲ請求スルコトヲ得」という規定がある（第四五条第一項——朱注）。

これは代位についての一般的な規定が既に議決になり、本案第五〇二条で代位の総則として広く規定してあるため、[注7]保証について特別に規定する必要がない。同様の理由で、これは連帯債務にも掲げていない。

第四に、第四四条第二項、第四六条第二項で、保証の更改、免除、相殺、混同、代物弁済等に関して財産編の箇条が引用してある。これはいちいち検討したところ、言うまでもないことが多いので省いた。なお、必要のある部分もある。これについては本案第四六一条[注8]を説明する際に述べるが、連帯のある場合でなければ財産編に規定したようなことが生じないようにした方が穏かであろうと考え、第四六一条は連帯の規定をここに適用すれば良いようになっている。また「黒字ノ四六九条[注9]」で、保証人間においても連帯の規定を適用すれば良いようにしてある。

以上のように、保証の消滅についての節は不要になるから、これを省いた（二一巻一二五丁裏～一二七丁裏）。[注10]

(3)　その他の削除条文

(i)　旧民法債権担保編第一〇条は、「何人ニテモ将来ノ債務ヲ保証スルコトヲ得又債権者又ハ債務者ノ方ニ於テ随意ノ条件ニ繫ル債務ヲモ保証スルコトヲ得但保証人ニ於テ其債務ノ性質及ヒ広狭ヲ査定スルコトヲ得ルトキニ限ル」と規定する。これはドイツ民法草案、スイス債務法、スペイン民法等にも例のあることだが、明文がなくともわかり切ったことである。かつて質権について審議した際、このような条文の発議があったが、賛成者がなく、成立たなかった。それは、多数がこれを言わなくてもわかると判断したからである。従ってこれを削った（二一巻一二九丁表～裏）。

(ii)　旧民法債権担保編第一一条は、「何人ニテモ債務者ノ委任ヲ受ケ又ハ其不知ニテ又ハ其意ニ反シテモ其保証人ト為ルコトヲ得、弁済シタル保証人ノ其債務者ニ対スル求償ハ第二節第二款ニ於テ之ヲ規定ス」とする。これもわかり切ったことであるのみならず、本案は、求償権について委任を受けた場合と委任を受けなかった場合とを区別したから、それで十分であると考えて削った（二一巻一二九丁裏）。

(iii)　旧民法債権担保編第一二条[注11]には能力のことが規定してある。しかし能力については総則の規定で十分であると考える。保証人というものは債務者に対して無償であるから無償行為をする能力が必要だというのは当然である。「只第二条ノ第二項[注12]ノ規定ハ或ル人ト或ル人トノ間ニハ無償行為ヲ為スコトガ出来ヌト云フ一種特別ノコトガアリマス」。フランスにはそのような規定があるが、日本にはない。医者や看病人が、病人からこういう物をもらうことができないということがあるが、そのようなことは遺贈や贈与の所ならともかく、保証の所ではできない。私はこのような規定の必要はなく、能力については一般規定によれば良いと思う（二一巻一二九丁裏～一三〇丁表）。

(iv)　旧民法債権担保編第一三条は「債務ヲ保証スル意思ハ之ヲ明示セサルトキハ明カニ事情ヨリ生スルコトヲ要ス然レトモ其意思ハ契約者ノ一方ヲ他ノ一方ニ勧メ又ハ其一方ノ現在若クハ将来ノ有資力ヲ確言シタル事実ノミヨリ之ヲ推測スルコトヲ得ス若シ証書ノ署名者中ノ一人ガ共同債務者ナルカ又ハ保証人ナルカニ付キ疑アルトキハ之ヲ保証人ト看做ス」と規定する。フランス民法、イタリア民法、スペイン民法、ベルギー民法草案など、多くの立法例が保証の意思は明示たることを要するとしているのに対し、旧民法はわざわざ反対の趣旨を定めたものである。しかし、精神は反対であるとしても、結果としては同じであろう。

フランス法で明示たることを要するというのも、必ず保証という文字を使えというのではなく、意思が明らかであれば良いということであろう。保証というものは「外ノ所為」から推測するのは難しく、保証という文字またはそれと同じ意味の言葉がなければわからない。旧民法でも「然レトモ」以下にその精神がある。単に勧められたり、大丈夫だと言ったただけでは保証にならないという意味であろう。明示たることを要すると言っても要しないと言っても結果は同じことになると思う。

第二項（「若シ」以下――朱注）は甚だ穏かでない。証書の署名者を保証人とみなすことは、不要であるのみならず、場合によっては不都合である。保証人は共同債務者より責任が軽いようであるが、必ずしもそうではない。他の債務者に資力のある場合なら、共同債務者になるよりもその人を保証した方が良い。また共同債務者になる人に資力がない場合、三分の一か四分の一を負担すれば良いが、一人で保証人となれば全額負担することになる(注13)。だから疑いのあるときには保証人とみなすというのは不都合であり、推定の必要はない。共同債務者として訴えるか、保証人として訴えるか、その証明の責は原告にあるから、これは不要であるとして削った（二一巻一三〇丁表～一三一丁裏）。

(v)　旧民法債権担保編第一四条は「保証人ノ義務ハ其相続人ノ負担ニ帰シ又債権者ノ相続人ノ利益ニ帰ス」(注14)云々とある。当然のことを書いているように思われるが、沿革的には次のような事情がある。ローマ法では初め、保証人の義務はある場合には相続人に移らなかったが、後にローマ法学者によって保証人の義務はやはり相続人に移るものとされ、これをヨーロッパの学者が受継いだ。そこでフランス民法、オーストリア民法にも（多少類似のものはインド契約法にも）特別の規定があったが、これは特別の規定であって日本に採用する必要がなかったから採用しなかった。

それだけなら原案の理由書も認めている通り、これを書く必要はない。ただ保証は委任から生ずるが、委任は一身限りのものであって相続人にはその義務が移らないものであるから、明文がなければ保証人の義務が消えると言えるかも知れない。確かに、親が死んだら子が代って保証人にならなければならないということはあるまい。しかし一旦「委任ヲ執行」したのである。委任を受けて保証人となり、債権者に対して義務を負ってしまえば(注15)、債権者と保証人、すなわち委任者と受任者との関係でなく、第三者との関係が生じてくる。丁度、第三者と契約を結んだ場合、代理によって結んだ契約が後に代理人の死亡によって消滅しない以上、保証契約が保証人の死亡によって消滅しないのは明文を俟たぬことである。

フランス民法などは、今言った理由だけによるのではないかも知れない。「債務関係ト人ガ約（訳）シテ居リマスが債務ノ為メ《ママ》テ其関係人保証人ガ債務関係ヲ受クベキデアツテモ相続人ハ受ケナイ併シ義務ハ矢張リ受ケナケレバナラヌ」と書いてある。そういうことであれば、これを特別に規定する必要があるが、日本ではその必要がないから掲げない（二一巻一三二丁裏～一三三丁表）。

(vi)　旧民法債権担保編第一七条は、「商証券ノ保証及ヒ仲買人カ委任者ニ対シテ諾約シタル担保ノ特例ハ商法ニ於テ之ヲ規定ス」とする。商法に譲ったものとして、これまでの例にならい、削除した（二一巻一三三丁表）。

▼標題につき異議なしとして確定（二一巻一二七丁裏）。

（注1）　債権担保編第三条第一項　保証ハ任意ノモノ有リ法律上ノモノ有リ又裁判上ノモノ有リ

（注2）　債権担保編第四七条第一項　法律ノ規定又ハ判決ニ従ヒテ保証人ヲ立ツル責アル者ハ自ラ保証人ヲ立テント約シタルトキト同シク第十五条及ヒ第十六条ニ定メタル如キ条件ヲ具備スル保証人ヲ立ツルコトヲ要ス

（注3）　債権担保編第一五条　債務者カ保証人ヲ立ツ可キ合意ヲ以テ義務ヲ負ヒタルトキハ其債務者ハ債務ノ性質及ヒ大小ニ応シ有資力ノ人ニ非サレハ保証人トシテ之ヲ立ツルコトヲ得ス

若シ右ノ保証人カ無資力ト為リタルトキハ債務者ハ前項ト同一ノ条件ヲ具備スル他ノ者ヲ立ツルコトヲ要ス

此他保証人ハ義務ヲ履行ス可キ控訴院ノ管轄地内ニ於テ住所ヲ有シ又ハ仮住所ヲ定ムルコトヲ要ス

債権者ヨリ人ヲ指定シテ保証人ヲ要約シタルトキハ本条ノ条件ヲ要セス

（注4）　原案第四五二条か？　第四五〇条に対応する原案第四五二条（本書二八九頁）参照。

（注5）　債権担保編第一章第三節　保証ノ消滅

第四四条　保証ハ義務消滅ノ通常ノ原因ニ由リ直接ニ消滅ス

保証ノ更改、免除、相殺及ヒ混同ハ財産編第五百二条、第五百十一条、第五百二十一条及ヒ第五百三十八条ニ於テ之ヲ規定ス

第四五条　債権者カ故意又ハ懈怠ニテ保証人ノ其代位ニ因リテ取得スルコトヲ得ヘキ担保ヲ減シ又ハ害シタルトキハ総テノ保証人ハ債権者ニ対シテ自己ノ免責ヲ請求スルコトヲ得

保証人ノ引受人ハ保証人ノ権利ニ基キ右ノ権利ヲ援用スルコトヲ得

第四六条　保証ハ主タル義務消滅ノ総テノ原因ニ由リテ間接ニ消滅ス

債権者ト主タル債務者トノ間ニ為シタル代物弁済、更改、免除、相殺及ヒ混同ノ保証人ニ対スル効力ハ財産編第四百六十一条、第五百一条、第五百六条、第五百二十一条及ヒ第五百三十八条ニ於テ之ヲ規定ス

（注6）　議事速記録（二一巻一二六丁裏一行目）に「代理」とあるのは誤り。

（注7）　第五〇四条に対応する原案第五〇二条（本書六六六頁）。

（注8）　第四五八条に対応する原案第四六一条（本書三四九頁）。

（注9）　原案第四六九条は「第四百六十一条ノ規定ハ保証人間ニ之ヲ準用ス」というものであるが、結局削除された（本書三九三頁参照）。

（注10）　以下の説明は原案第四四九条（確定条文第四四七条）の審議の冒頭に梅委員によって行われたが、内容的には梅委員が二一巻一二八丁裏で述べたように保証債務の総則に関するものである。従って、標題の説明に続けて要約した。

（注11）　債権担保編第一二条　有効ニ保証人ト為ルニハ一般ナルト債務者ニ対スルトヲ問ハス無償ニテ義務ヲ負担スル能力ヲ有スルコトヲ要ス

然レトモ主タル契約カ有償ナルトキハ保証人ノ債務者ニ対スル無能力ハ債権者カ之ヲ知リタルトキニ非サレハ保証人ヨリ債権者ニ其無能力ヲ以テ対抗スルコトヲ得ス

（注12）　これが何を指すか、明らかでない。

（注13）　ここで言う「共同債務者」は、多数当事者の債権関係の原則たる分割債権関係にある債務者のことである。

（注14）　「云々」とされているのは「但反対ノ要約アルトキハ此限ニ在ラス」という文である。

（注15）　「債務者」か？

【民法修正案理由】

本款ハ既成法典債権担保編第一部第一章ノ規定ニ該当ス。其実質ニ至リテハ二者ノ間ニ大差ナシト雖モ、外形ニ於テハ大ニ相異ナルモノアリ。請フ左ニ其異同ヲ説示セン。

一、既成法典ハ明文ヲ以テ保証ノ種類ヲ三別シ、任意ノ保証、法律上ノ保証及ビ裁判上ノ保証トセリ。保証ノ原因ニ基キテ之ヲ区別スルトキハ或ハ此三種ニ別ツヲ得ベシト雖モ、特ニ法文ヲ以テ之ヲ明示スルヲ要セザルナリ。而シテ既成法典ハ此区別ヲ明示スルニ拘ハラズ、其規定ニ至リテハ殆ンド全ク右三種ノ保証ニ共通ノモノニシテ担保編第三条ヲ以テ其趣ヲ明ラカニセリ。独リ同編第四節ノミハ法律上及ビ裁判上ノ保証ニ特別ナル規則トセルモ、右ノ条文タルヤ或ハ不必要ノモノタリ或ハ不穏当ノモノニシテ、一モ存シ置クノ必要ナキヲ以テ第四節ハ全ク之ヲ削除スルニ至レリ。今簡単ニ各条ニ付キテ其削除ノ理由ヲ示サン。

第四十七条第一項ハ同第十五条ノ適用ニ過ギズ。唯既成法典第十五条ニハ債務者ガ保証人ヲ立ツ可キ合意ヲ以テ義務ヲ負ヒタルトキハト言ヘルニ因リ、法律ノ規定又ハ判決ニ従ヒテ保証人ヲ立ツル義務ヲ負ヒタル場合ニ関シテハ特ニ同項ノ如ク言フノ必要生ズルモ、本案第四百五十二条ノ如ク汎ク債務者ガ保証人ヲ立ツベキ義務ヲ負フ場合トスルトキハ、其中ニ総テノ場合ヲ包含セシムルヲ得ルナリ。又同条第二項ノ規定ハ保証人承認ノ手続ヲ民事訴訟法ニ譲レルモノナリト雖モ、是レ不必要ナルノミナラズ、民事訴訟法ニハ特ニ保証人承認ノ手続ヲ定メザルガ故ニ此規定ハ之ヲ適用スルニ由ナキモノナリ。

同第四十八条モ亦不必要ノモノナリ。蓋シ裁判所ハ法律ニ因リテ動クベキハ当然ノコトナレバナリ。

同第四十九条ノ規定ハ不穏当ノモノナリ。裁判上ノ担保ハ人ヲ以テスベキモノトスル羅馬法其他ノ主義ヲ取ルトキハ或ハ同条ノ如キ規定ヲ設クルノ理由アルモ、現今ノ如ク物ヲ以テ担保ト為ス風習ノ盛ンニ行ハル、時代ニ当リテ裁判上ノ保証人ニ検索ノ利益ヲ与ヘザルノ理由決シテ無キナリ。

同第五十条ノ規定ハ依テ以テ法律上及ビ裁判上ノ保証人ヲ保護セントシタルモノナランカ。ナレドモ特ニ彼等ニ限リテ此恩典ヲ与ヘ、任意ノ保証人ト区別スベキ必要ナシト認メタルヲ以テ、同条モ亦之ヲ削除シタリ。

以上ノ理由ニ因リ既成法典債権担保編第四節ハ全ク之ヲ削除シ、従テ既ニ不必要ナル同編第三条モ亦自ラ消滅スルコトトナレリ。

二、既成法典債権担保編第三節ハ保証ノ消滅ト題シテ三条ノ規定ヲ設ケタレドモ、其中第四十四条第一項ハ保証モ亦一ノ義務タルヲ以テ義務消滅ノ通常ノ原因ニ由リテ消滅スルハ言ヲ待タズトノ点ヨリ不要ナリ。同第四十五《ママ》条第一項ハ保証ノ従タル義務ナル性質ヨリ生ズル当然ノ結果ニシテ明文ヲ要セザルモノナリ。又右二条ノ第二項モ本案従来ノ主義ニ従ヒテ各削除スベキモノナリ。独リ同第四十五条ノ規定ハ其当ヲ得タルモノニシテ明文ヲ要スベキ事ナレドモ、本案ハ後節ノ弁済ノ規定ニ於テ右ト殆ンド同一ノ明文ヲ掲ゲテ保証ノ場合ニモ之ヲ適用スベキコトトシタルヲ以テ、殊更保証ノ款ニ之ヲ言フノ要ナキニ至レリ。此ノ如ク右第三節中ノ三ケ条ヲ悉ク削除シタル結果トシテ、同節ハ自然ニ消滅セリ。

▽民法修正案理由書第三編第一章第三章《ママ》「第四款保証債務」一～二頁。

（以下は民法修正案理由第四四八条の項）

今左ニ既成法典中削除シタル条文ヲ挙グベシ。

第十条ノ如キ条文ハ他国ニ其例ナキニアラザルモ敢テ明文ヲ要セザルコトト認メ、質権ノ場合ニ於テモ掲ゲザリシ如ク茲ニモ亦之ヲ掲ゲズ。

第十一条ノ規定モ亦明文ヲ待タズシテ明ラカナリ。況ンヤ代位弁済ニ関スル規定アルニ於テオヤ。

第十二条ハ能力ニ関スルモノナルモ、既ニ総則ノ規定アルヲ以テ今茲ニ之ヲ復言スルノ要ナシ。第二項ハ仏国ニ於テハ或ハ其必要アルモ、我国法ノ下ニアリテハ総テ総則ノ適用ヲ以テ足レリトシ、敢テ此種ノ条項ヲ設クルノ要ナシ。

第十三条第一項ニハ保証ノ意志ハ明カニ事情ヨリ生ズルコトヲ要ストセリ。慢ニ保証ノ意志ヲ推測スルコトヲ許サヽルノ規定ニシテ仏伊ノ法律ト同一ノ主義ナリトス。然レドモ別ニ明文ヲ要セズ一般ノ規定ニテ足ル事ナルヲ以テ之ヲ削除シタリ。同条第二項ノ推定ニ至リテハ大ニ非ナルモノアリ。共同債務者ナルカ保証人ナルカニ疑アルノ際、之ヲ保証人ト看做ストキハ多クノ場合ニ於テハ其人ヲ保護スルコトトナルベキモ、共同債務者タルモノ貧窮ニシテ其債務ヲ弁済スルコト能ハザルトキハ、此推定ハ彼ニ不利ヲ来スコト多シ。即チ彼ハ共同債務者ト定マルトキハ自己ノ負担部分ヲ弁済シテ其責ヲ免レ得ルモ、保証人ト推定セラルルトキハ一人ニテ悉ク債務ヲ負担セザルベカラザル結果ヲ生ジ、保証人ト推定セラレタルガ為メ非常ノ難ニ陥ルコトトナル。仮ニ此ノ如キ弊ナシトスルモ、此種ノ事ニ関シテ推定ヲナスハ制法ノ宜キヲ得タルモノニアラザルヲ以テ本案ハ本条ヲ全ク削除シタリ。第十四条ハ羅馬法及ビ仏法ノ沿革ヨリ生ジタルモノナラン。羅馬法ニ於テハ保証ノ義務ハ相続人ニ移ラザルヲ原則トセルモ、後多クノ場合ニ於テ相続人ニ移ルコトトナリタリシガ、仏法ニ於テハ断然相続人ニ移ルモノトシタルナリ。且ツ仏法ニ於テハ保証人ハ債務ニ関シテ監禁ヲ受クルモ、相続人ハ之ヲ受クルコトナク唯其債務ヲ承継スルノミトセシモ、是ハ今日既ニ其適用ヲ失ヘリ。同条ノ明文ハ蓋シ之ヨリ生ジタルナリ。此外草案ニハ尚一二ノ理由ヲ述ブルモ別ニ採ルベキモノナク、唯上述ノ沿革的ノ理由アルノミ。然ルニ我国ニハ左ノ如キ沿革ナキヲ以テ同条ハ全ク不要ノモノナリ。第十七条ハ言フヲ要セザルモノナルヲ以テ之ヲ削除シタリ。

▽民法修正案理由書第三編第一章第三章《ママ》「第四款保証債務」三～四頁。

（朱柏松・髙橋眞）

第四四六条　保証人は、主たる債務者がその債務を履行しないときに、その履行をする責任を負う。

2　保証契約は、書面でしなければ、その効力を生じない。

3　保証契約がその内容を記録した電磁的記録（電子的方式、磁気的方式その他人の知覚によっては認識することができない方式で作られる記録であって、電子計算機による情報処理の用に供されるものをいう。）によってされたときは、その保証契約は、書面によってされたものとみなして、前項の規定を適用する。

第四四六条　保証人ハ主タル債務者カ其債務ヲ履行セサル場合ニ於テ其履行ヲ為ス責ニ任ス

原案第四四八条　確定条文に同じ

【参照条文】

旧民法債権担保編

第四条　保証ハ或人カ債務者ノ其義務ヲ履

行セサルニ於テハ之ヲ履行スルコトヲ諾約スル契約ナリ此約務ハ債務者ノ過失ニ帰ス可キ不履行ノ場合ニ於テハ債権者ニ賠償スル約務ヲ暗ニ包含ス

明治八年六月八日告一〇二号金穀貸借請人証人弁償規則

第一条　金銀借用返済相滞リ本人身代限済方申付候上不足相立候節ハ其不足ノ分請人証人(注1)ヘ済方申渡シ猶不相済ニ於テハ其請人証人(注1)ヲモ身代限申付其上不足相立候ハ、借主並ニ請人証人(注1)ハ勿論其相続人ニ至ルマテ身代持直シ次第皆済可致事

第二条　借主逃亡又ハ死去跡相続人無之時ハ其請人証人(注1)ヘ済方申渡シ候上不相済ニ於テハ身代限申付猶不足相立候ハ、請人証人(注1)ハ勿論其相続人ニ至ルマテ身代持直シ次第皆済可致事

フランス民法

第二〇一一条　総テ保証人ハ本人其義務ヲ行ハサル時義務ヲ得可キ者ニ対シ其義務ヲ尽クス可シ

オーストリア一般民法

第一三四六条　負責主カ負責ヲ弁償セサルノ時会ニ当リ之ニ代リテ其負責ヲ責主ニ弁償スル所ノ人ヲ名ケテ保人ト曰モ而シテ此保人ト責主トノ間ニ結成スル所ノ契約ヲ名ケテ保任契約ト曰フ此時会ニ於テハ負責主ハ即チ主本ノ負責主ニシテ保人ハ即チ附随ノ負責主ト為ス

イタリア民法

第一八九八条　責務ニ関シテ其保証者ト為ル所ノ人ハ若シ負責主カ其責務ヲ充践セサルヿ有レハ則チ責主ニ対シテ自己其責務ヲ充践スルヿヲ約諾スル者トス〔仏民第二千十一条〕

スイス債務法

第四八九条　保証契約によって、保証人は、第三者すなわち主たる債務者の債権者に対し、主たる債務者の債務の履行につき責任を負うべき義務を負う。

スペイン民法

第一八二二条第一項　保証契約により、保証人は、第三者が弁済又は履行をしない場合に、その第三者に代わって弁済又は履行をする義務を負う。

ベルギー民法草案

第二〇九〇条　債務の保証人となった者は、債務者が自ら債務を履行しない場合に、債権者に対してその債務を履行する責めを負う。

ドイツ民法第一草案(注2)

第六六八条　保証契約ニ因リ保証人ハ第三者ノ債権者ニ対シテ若シ第三者ノ負ヘル義務カ向後履行セラレサルトキハ其義務ヲ履行スルノ義務ヲ負フ

義務ヲ履行シタルトスル証拠ヲ挙クルハ保証人ノ責ニ帰ス

ドイツ民法第二草案(注3)

第七〇六条　保証契約によって、保証人は第三者の債権者に対し、その第三者の債務の履行につき責任を負うべき義務を負う。

インド契約法

第一二六条　保証ノ契約トハ第三者カ之ヲ欠缺スル場合ニ第三者ノ約束ヲ履行シ又ハ其責任ヲ尽サントノ契約ナリ、保証ヲ与フル人ハ保証人トイハレ、其人ノ欠缺ニ関シテ保証カ与ヘラル、人ハ主タル債務者トイハレ而シテ保証ヲ与ヘラル、人ハ債権者トイハル

保証ハ口頭又ハ書面タルヲ得

（注1）原文では請人・証人を二行に並列する。

（注2）仁保亀松訳「独逸民法草案債権」中には、該当条文の翻訳は見出し得ない。そのため、『独逸民法草案』（司法省、明治二一年〔一八八八年〕）によった。

（注3）仁保亀松訳「独逸民法草案債権」中には、該当条文の翻訳は見出し得ない。

【起草趣旨】

梅謙次郎（二一巻一二七丁裏～一二八丁表）

本条は旧民法債権担保編第四条とほとんど同じ意味である。ただし第四条末文にある損害賠償のことは次条に譲り、ここでは省いた。

各国の立法例もほぼ同じ書き方がしてある。ただ、ドイツ民法特に第二草案は、保証人は主たる債務者の債務を負担するというような書き方になっている。このような書き方の方がはっきりする。また債務が一つしかないという考え方は誤りであり、債務は主たる債務者の債務と保証人の債務と二つある。本案ではやはり旧民法と同じように書いた。

▼本条は別に議論なしとして確定（二一条一二八丁表）。

【民法修正案理由】

本条ハ既成法典債権担保編第四条ノ前半ト大差ナシ。後半ノ賠償ニ関スルコトハ寧ロ別条ニ規定スルヲ可ナリト信ジテ次条ニ送レリ。

▽民法修正案理由書第三編第一章第三章《ママ》「第四款保証債務」三頁（第四四八条）。

（朱柏松・髙橋眞）

第四四七条　保証債務は、主たる債務に関する利息、違約金、損害賠償その他その債務に従たるすべてのものを包含する。

2　保証人は、その保証債務についてのみ、違約金又は損害賠償の額を約定することができる。

第四四七条　保証債務ハ主タル債務ニ関スル利息、違約金、損害賠償其他総テ其債務ニ従タルモノヲ包含ス

保証人ハ其保証債務ニ付テノミ違約金又ハ損害賠償ノ額ヲ約定スルコトヲ得

原案第四四九条　保証債務ハ主タル債務ニ関スル利息、違約金、損害賠償其他総テ其債務ニ従タルモノヲ包含ス但別段ノ定アルトキハ此限ニ在ラス

保証人ハ其保証債務ニ付テノミ違約金ヲ約諾シ又ハ損害賠償ノ額ヲ予定スルコトヲ得

【参照条文】

旧民法債権担保編

第四条〔第四四六条の【参照条文】中に掲載〕

第五条　保証ハ主タル義務ノ目的ト異ナルモノヲ目的ト為ストキハ保証トシテハ無効ナリ

然レトモ保証人ハ主タル債務者ノ諾約シタル物又ハ所為ノ対価トシテ不履行ヲ予見シタル過怠金額ヲ有効ニ諾約スルコトヲ得

第八条　金額又ハ定マリタル物ニ制限シタル保証ハ其利息ニモ果実ニモ其他ノ附従物ニモ及フコト無シ

然レトモ主タル義務ノ無限ノ保証ハ塡補ノ利息、遅延ノ利息其他此債務ノ天然上、法律上又ハ合意上ノ附従物ニ及ヒ又主タル債務者ニ対シテ為シタル最初ノ訴ノ費用ト其訴ヲ保証人ニ告知シタル以後ノ費用トニモ及フ

フランス民法

第二〇一五条　保証ノ事ハ思料ヲ以テ為ス可カラス必ス之ヲ契約書ニ記ス可シ但シ其保証ノ義務ハ其契約書ニ記シタル定限ニ過ク可カラス

第二〇一六条　保証ニ付キ別段定限ヲ立テ

サル時ハ主タル義務ニ附帯シタル諸件及ヒ義務ヲ得可キ者先ツ其義務ヲ行フ可キ本人ニ対シ為シタル訴訟ノ費用並ニ其訴訟ヲ為セシ由ヲ保証人ニ告知シタル後〔ノ〕訴訟ノ費用ニ至ル迄皆保証人ノ担当ス可キ所ナリトス

オーストリア一般民法

第一三五三条　保任ハ務メテ狭隘ナル意義ヲ以テ之ヲ解釈セサル可カラス又利息ヲ賦加セル所ノ資借金ニ対シテ保人ト為リシ人ハ唯タ弁償未期ノ子母金額ヲ代償ス可キノ責務アルノミ

イタリア民法

第一九〇二条　保証ノ成立ハ以テ推断シ得可キ者ニ非スシテ必ス之ヲ特示スルヿヲ要シ且其結約セル権限ハ決シテ之ヲ推拡スルヿヲ得可カラス〔仏民第二千十五条〕

第一九〇三条　主本タル責務ニ関シテ約諾スル無限ノ保証ハ負債額ニ随属スル各般ノ事物及ヒ第一次ノ訟求ニ関スル費用並ニ此訟求ヲ保証者ニ通報セシ以後ニ於ケル他ノ各般ノ訟求ニ関スル費用ニ迄推及ス可キ者トス〔仏民第二千十六条〕

スイス債務法

第四九九条　保証人は、主たる債務者の過責又は遅滞の法律上の効果を含む、主たる債務のその都度の額について責任を負う。

主たる債務者への訴求の費用については、保証人は、債権者を満足させることによって訴訟を避ける機会が適時に与えられた場合にのみ、責任を負わなければならない。

契約上の利息については、別段の合意がない限り、保証人は当年の利息及び遅延中の利息の額まで責任を負う。

スペイン民法

第一八二七条　保証契約は推定されない。また、保証契約は明白でなければならず証書の文言を超えてそれを拡大することはできない。

保証契約が単純である場合、又は限定がなされていない場合は、主たる債務の他、裁判費用を含む全ての従たる債務に及ぶ。但し、費用については、保証人が弁済催告を受けた時より後に生じたものにしか及ばない。

ベルギー民法草案

第二〇九五条　保証人の債務が合意により制限されている場合には、その制限を超えて拡大することができない。

疑いがある場合、保証契約は厳格に解釈される。

第二〇九六条　契約の文言が一般的であり、かつ限定されていない場合は、保証人は、主たる契約に由来する債務者の全ての義務につき責めを負うものとみなす。

第二〇九七条　裁判官は、契約の文言及び当事者の共通の意思に従い、保証契約が制限的であるか、それとも無制限であるかを判断する。

第二〇九八条　主たる債務に関して限定が為されていない保証契約は、その一切の従たる債務に及ぶ。同様に、最初の請求の費用及び保証人に対する通達以後の一切の費用に及ぶ。

ドイツ民法第二草案

第七〇八条[注1]　保証人の義務については、主たる債務のその都度の現在高が基準となる。これは特に、主たる債務が主たる債務者の過責または遅滞によって変えられた場合にも妥当する。保証の引受以後に主たる債務者が負担した法律行為によっては、保証人の義務は拡大されない。

保証人は、主たる債務者が債権者に対して賠償すべき解約告知及び訴訟の費用について責任を負う。

インド契約法

第一二八条　契約ニヨリ他ノ事ニ定メラレザル以上ハ、保証人ノ責任ハ主債務者ノ責任ト同一ノ範囲ナリ

（注1）仁保亀松訳『独逸民法草案債権』中には、該当条文の翻訳は見出しえない。

【起草趣旨】

梅謙次郎（二一巻一三三丁表～一三六丁裏）

本条は、旧民法債権担保編の第四条、第五条、第八条の趣旨と違いがない。

(1)　保証債務の範囲——付従物について

第四条、第八条からみると、「金額又ハ定マリタル物」に限定した保証は利息・果実その他の付従物には及ばないが、損害賠償には及ぶ。これに対して主たる義務の無限の保証の場合は一切の利息・果実等の付従物にも及ぶ。以上のようになる。これは外国に例が多いが、このように定める必要はない。保証人が、自分は元本についてだけ義務を負い、利息については負わない、あるいはある物の給付については責任を負うがそれに付従する一切のことは責任を負わないと言えば、その意思が行われる。しかし何も言わずに、ある債務につき義務を負うとだけ言えば、利息その他の付従物についても義務を負うことにならなければならない。

旧民法で妙なのは、「金額其他ノ定マツタル物」についての保証が一切の利息に及ばない、遅延利息には及ばないと言いながら損害賠償責任はあるとしていることである。遅延利息というのは金銭債務の損害賠償にほかならない。「普通ノ損害賠償ハイツデモ保証人ハ払ハナケレバナラヌケレドモ金銭債務（注2）ノ損害賠償マデ保証人ガ払ハナケレバナラヌト云フコトハ理窟ガ分ラヌソンナ区別ヲセヌデモ」当事者の意思が特に現われていないときには付従物も含めて全体の履行をするのが当然と考え、別段の定めがなければ保証債務の「目的物」と主たる債務の「目的物」は全く同じという主義を採った。

(2)　保証人・債権者間の過怠約款について

第五条第一項は「保証ハ主タル義務ノ目的ト異ナルモノヲ目的ト為ストキハ保証人《ママ》トシテハ無効ナリ」と定めている。これは言わなくても良いことである。本案第四八条で「保証人ハ主タル債務者カ其債務ヲ履行セサル場合ニ於テ其履行ヲ為ス責ニ任ス」とあるから、全く目的物の違った別段の債務について義務を負っても、それは一種特別の債務であって保証ではない。

第五条第二項の内容は必要であるから本条にも取入れた。すなわち、主たる債務者が債務者（債権者の誤りか——髙橋眞注）との間に過怠約款を結んでいない場合に、保証人との間だけで結ぶことができるということである。保証人が主たる債務より大なる目的を以て義務を負うことは本来できないはずであるという疑問が出るから、無論明文が必要である。

ただ、これを禁ずる必要はなく、むしろ許した方が便利だと考える。過怠約款とは債務を履行しなかったときの制裁である。保証人に損害賠償の義務がある以上、その額を裁判所で決めず、保証人・債権者間で決めることは許しておいて差支えないはずである。これは主たる債務者の債務の「目的物」と違ったものを約束するのではなく、目的物通りの履行が為されなかった場合の制裁として行われるものである。

過怠約款すなわち損害賠償額の予定と純然たる違約金とは学理上性質が違い、商法でもこれを分けている。また外国の立法例にもこれを分けているものが多い。本案でもこれを分けることに、標題だけは決まっている。旧民法では過怠約款・損害賠償を

認めていたのを、今度は違約金をも認めることになったから違約金についても書かなければならないが、保証人と債権者との間に賠償額の予定についての特別契約を許して違約金については許さないというのは理由がない。「是レモ矢張リ制裁デアッテ」「履行ヲ確メル一ツノ方法ニ過ギナイ債務ガ異ナルト云フコトデナイト思フ夫レデ是レハ矢張リ許スコトニ致シマシタ」。

（注2）「払わなくても良い」か？

【主要審議】

一　違約金と損害賠償の区別(注3)

長谷川喬（二一巻一三六丁裏〜一三七丁表）

既に議決になった第四一四条（原案第四一三条・確定条文第四二〇条か？）では、一般の賠償の場合にはただ損害賠償の額を予定し得るとあるだけで違約金というものはなかったと記憶している。また、説明には商法が引かれているが、商法では違約金は前以て額を定めておくためにその多寡を問わず、また損害の如何の証明を要せずして請求でき、他方損害賠償は後に至って行い、かつ損害の多寡に準ずるというくらいに区別している。違約金と損害賠償はどれだけの差があるか。また差があるなら、第四一四条にないのは何故か。

梅謙次郎（二一巻一三七丁表〜裏）

第四一四条は損害賠償のことだけを規定するのであるが、違約金は損害賠償ではないから損害賠償の所に規定しなかった。本案では違約金は契約の所に入れるつもりであり、目録の第三編第二章第一節第三款で「手附及ヒ違約金」として扱うつもりである(注4)。また質権の所でも第三四二条に「質権ハ元本利息違約金」云々として違約金のことを定めている。

商法については近頃十分研究していないから記憶違いかもしれないが、損害賠償を予め契約で決めることも無論できるとこれまで解している。また、損害賠償を予め決めることを許すと同時に違約金も許す例が外国に多い。

議長（箕作麟祥）（二一巻一三七丁裏）

どう違うのか。

梅謙次郎（二一巻一三七丁裏〜一三八丁表）

違約金は損害賠償の代りではなく、「違約ヲシタラ只ヤルト云フノテ当事者ニ一ツノ罰ヲ設ケルノテアル」。それに対しこれまで過怠約款と言っていた損害賠償額の予定は、賠償ではあるが、損害の有無・程度を裁判所で見積もらせては危険である、あるいは費用がかかるから当事者間で決めておこうというものである。実際の適用はほとんど同じになろうが、理窟は分けておいた方が良い。損害賠償であれば「後トテモ契約デ極メルコトガ出来ル違約金モ後トテ出来マスガ其時ニハ無論後トカラ払ウト云フ契約ガナケレハ出来ヌ」。

二　第二項の字句修正

奥田義人（二一巻一三八丁表〜裏）

第二項は「保証人ハ其保証債務ニ付テノミ違約金ヲ約諾シ又ハ損害賠償ノ額ヲ予定スルコトヲ得」とある。原案第四一三条（確定条文第四二〇条）は「当事者ハ」となっているから良いが、ここはどうも具合が悪い。

梅謙次郎（二一巻一三八丁裏）

当事者が双方契約で定めるということであったからこう言えばわかるつもりであったが、少し言葉が足りないかも知れない。

奥田義人（二一巻一三八丁裏）

意味はわかるが、文章がどうもおかしい。

山田喜之助（二一巻一三八丁裏）

「違約金又ハ損害賠償ノ予定額ヲ約諾スルコトヲ得」としてはどうか。

梅謙次郎（二一巻一三八丁裏）

それなら反対しない。

横田國臣（二一巻一三八丁裏）

「違約金又ハ損害賠償ノ額ヲ予定スルコトヲ得」ではどうか。

梅謙次郎（二一巻一三八丁裏）

それでも反対はしない。「予定」としたのは、以前「賠償額予定」という語を作ったので同じ言葉を使ったまでである。

山田喜之助（二一巻一三九丁表）

「違約金又ハ損害賠償ノ額ヲ予約スルコトヲ得」ではいけないか。

梅謙次郎（二一巻一三九丁裏）

予約というのはまだ本当の約束になっていない。

奥田義人（二一巻一三九丁表）

原案では、私はよくわからない。

議長（箕作麟祥）（二一巻一三九丁表）

原案に異議があるなら修正説を出してほしい。

奥田義人（二一巻一三九丁裏）

今、どこからか出た修正説が良い。「違約金又ハ損害賠償ノ額ヲ約定スルコトヲ得」が良い。

▼右の修正案について採決の結果、賛成多数で修正案可決（二一巻一三九丁表〜裏）。

（注3）　第四二〇条の【主要審議】（特に本書一二五頁以下）参照。

（注4）　原案第三四二条（確定条文第三四六条）　質権ハ設定行為ニ別段ノ定ナキトキハ元本、利息、違約金、債務弁済ノ請求費、質権実行ノ費用、質物ノ保存費及ヒ債務ノ不履行又ハ質物ノ隠レタル瑕疵ヨリ生シタル損害ノ賠償ヲ担保ス

【その後の経緯】

第一項但書の削除については、整理会では「例ノ通り」とされている（民法整理会議事速記録四巻一一丁裏）が、これに関しては本書四六頁参照。

【民法修正案理由】

本条ハ既成法典債権担保編第四条第五条及ビ第八条ノ規定ヲ併合シタルモノナリ。第四条ニハ保証人ノ義務ニハ債務者ノ不履行ノ場合ニ於ケル損害賠償ヲ包含スト云ヒ、第八条ニハ金額又ハ定マリタル物ニ制限シタル保証ハ利息果実其他ノ附従物ニ及ブコトナシトセリ。損害賠償ヲ包含シ利息ヲ包含セズト云フハ聊矛盾ノ嫌ナキ能ハズ。保証ヲ為スニ当リテ明カニ保証ノ額ヲ制限スルトキハ保証人ノ義務ハ之ニ止マルハ勿論ナルモ、之ヲ制限セザルトキハ汎ク諸般ノ義務ヲモ負フベキコトトナルナリ。本案ハ保証債務ニハ主債務ニ従タル総テノモノヲ包含スルヲ原則トシ、別段ノ定アル場合ノミヲ例外トシタリ。

原文第五条第一項ハ不要ノモノナルヲ以テ之ヲ削リ、其第二項ハ必要アリトシテ之ヲ採用ス。即チ主債務者ハ損害賠償ノ額ヲ予約セザルモ、保証人ハ主債務ノ不履行ヲ予見シ保証債務ニ付キテ損害賠償ヲ約定スルヲ得ルモノトセリ。之ヲ禁ズベキノ理由ナク従テ明文ヲ要セザルガ如キモ、或ハ其間ニ疑ノ生ゼザルニアラザレバ明カニ之ヲ掲グルヲヨシトス。而シテ既成法典ノ原文ニハ唯過怠約款ノミナリシヲ本案ニ於テ違約金ヲ加ヘタリ。

▽民法修正案理由書第三編第一章第三章《ママ》「第四款保証債務」四〜五頁（第四四九条）。

（髙橋　眞）

第四四八条　保証人の負担が債務の目的又は態様において主たる債務より重いときは、これを主たる債務の限度に減縮する。

第四四八条　保証人ノ負担カ債務ノ目的又ハ体様ニ付キ主タル債務ヨリ重キトキハ之ヲ主タル債務ノ限度ニ減縮ス

原案第四五〇条　確定条文に同じ

【参照条文】

旧民法債権担保編

第六条　保証人ノ義務ハ主タル義務ヨリ一層大ナルコトヲ得ス又一層重キ体様ニ服スルコトヲ得ス若シ保証人ノ義務カ一層大ナルトキ又ハ一層重キトキハ主タル義務ノ限度及ヒ体様ニ之ヲ減ス

フランス民法

第二〇一三条　保証人ノ担当ス可キ義務ノ高ハ主タル義務ノ高ニ過ク可カラス又保証人ハ本人ヨリ更ニ重劇ナル義務ヲ契約ス可カラス

保証ハ主タル義務ノ一部ノミニ付キ之ヲ為スヿヲ得可ク又保証人ハ本人ヨリ更ニ軽キ義務ヲ契約スルヿヲ得可シ

主タル義務ノ高ニ過キタル保証人ノ契約又ハ保証人本人ヨリ更ニ重劇ナル義務ヲ担当ス可キ契約ハ全ク其効ナキモノトス可カラス之ヲ其主タル義務ト同一ニ為ス可シ

イタリア民法

第一九〇〇条　保証ハ負責主ノ逋負スル債額ヨリモ超過スル債額若クハ主本タル規約ヨリモ加重ナル規約ニ向テ之ヲ約諾スルヿヲ得可カラス

保証ハ債額ノ一部若クハ軽減セル規約ニ向テ之ヲ約諾スルヿヲ得可シ

債額ノ全部ニ超過スル債額若クハ加重ナル規約ニ向テ約諾シタル保証ハ主本タル責務ノ程度ヲ限リ其効力ヲ有スル者トス〔仏民第二千十三条〕

スペイン民法

第一八二六条　保証人は、主たる債務者よりも軽減された約束をすることができる。但し、債務の元本及び条件につき、主たる債務者よりも重い約束をすることはできない。

保証人が締結した債務がより重い場合、保証債務は主たる債務者の債務の範囲に減縮される。

ベルギー民法草案(注1)

第二〇九四条　保証契約は、債務者の負担の範囲を超過することができない。また、これより重い条件の下に締結することができない。

保証契約は主たる債務の一部のみのために締結することができる。また主たる債務より軽い条件の下に締結することができる。

主たる債務を超過する保証又は主たる債務より重い条件の下に締結された保証契約も無効にはならない。この場合、保証契約は主たる債務の範囲に減縮される。

ドイツ民法第一草案(注2)

第六七〇条　若シ保証人カ元債務者ノ債行為ヲ果成スルノ義務ヲ負ヒタルヨリ過大又ハ過重ナル債行為ヲ果成スルノ義務ヲ負ヒタル𪜈又ハ保証人カ元債務者ノ単ニ設若条件附ニテ果成スルノ義務ヲ負ヒタル債行為ヲ設若条件無クシテ果成スルノ約束ヲ為シタル𪜈ハ保証人ハ其保証人タル資格ニ於テハ元債務者ノ義務ヲ負ヒタル程度ヲ超エテ責任ヲ負ハス

(注1)　法典調査会議事速記録では第一〇九四条となっているが、誤りであろう。

(注2)　仁保亀松訳「独逸民法草案債権」中には、該当条文の翻訳は見出しえない。そのため『独逸民法草案』(司法省、一八八八年)によった。

【起草趣旨】

梅謙次郎(二一巻一四〇丁表~一四一丁裏)

(1)　本条は旧民法債権担保編第六条の文字を修正しただけである。旧民法では「義務ガ大キイ」「体様ガ重イ」とあるが、それは言葉が少し穏かでないきらいがあるので、「目的ノ割合ニ付テ負担ガ重モイ」という方が穏かであろうと思い、原案のように改めた。

(2)　旧民法債権担保編第七条(注3)は削除した。(その第一項は、)主たる債務者が物上担保を供しないのに保証人が物上担保を供することや、主たる債務者は直ちに執行を受けることはないが保証人だけが公正証書により直ちに執行を受ける立場になっても構わないということが定めてあるが、これは言うまでもないことである。「一方ガ多ククツ付テ居ルトカ執行方法カ厳デアルトカ言フコトハ決シテ債務ノ目的ガ重イノデモナシ体様ガ重イノデモアリマセヌ」。それ故この条文は削除した。

第二項は引受人について定めている。引受人とは「保証人ノ保証人」であるが、保証人といえどもやはり債務者であるから、「保証人ニ保証人ガ付ク」ことは、別に禁じていなければ当然に可能である。そして、引受人がやはり普通の保証人が主たる債務者に対するのと同じ様になることは明文がなくても分ることである。又、第二項によれば、引受人のために保証人の義務が重くなるように見えるが、決してそうではない。引受人がいればかえって保証人の義務が軽くなってくる。外国には引受人に特別の規定を設けている例も多いが、その理由は分らない。以上の理由から第二項も削除した。

(注3)　旧民法債権担保編第七条　前条ノ禁止ノ規定ハ債務者ヨリ其主タル義務ノ為メ物上担保ヲ供セサルトキ保証人ヨリ其従タル義務ノ物上担保ヲ供スルコトヲ妨ケス又保証人カ主タル債務者ヨリ一層厳ナル執行方法ニ服スルコトヲモ妨ケス
　保証人ハ亦第三者ヲ引受人トシテ己レヲ保証セシムルコトヲ得此引受人ニ対シテハ保証人ハ主タル債務者ノ地位ヲ有ス

【主要審議】

横田國臣(二一巻一四一丁裏)

「債務ノ目的又ハ体様ニ付キ」というのは日本文で見るといかにも「変ニ見エル」が、「保証人ノ負担カ主タル債務ヨリ」ではいけないのか。

梅謙次郎(二一巻一四一丁裏~一四二丁表)

「目的又ハ体様」という文言がないと、我々の言わんとする意味が十分分らないと思う。「負担ガ重イ」というだけでは、期限の有無が入るかどうか分らない。例えば、主たる債務の期限が一年で、保証債務のそれが一〇ケ月あるいは一一ケ月であった場合にも本条はあてはまるが、普通の用語法ではそのような場合主たる債務者よりも保証人の負担が重いとは言わない。それ故少し説明じみているようだが、「目的又ハ体様」ということにした方が分りやすいと思い、原案のようにした。

▼異議なく原案通り確定(二一巻一四二丁表)。

【民法修正案理由】

本条ハ既成法典債権担保編第六条ニ文字ノ修正ヲ加ヘタルノミ。同第七条ハ不要ナルヲ以テ之ヲ削ル。

▽民法修正案理由書第三編第一章第三章《ママ》「第四款保証債務」五頁(第四五〇条)。

(吉村良一)

第四四九条　行為能力の制限によって取り消すことができる債務を保証した者は、保証契約の時においてその取消しの原因を知っていたときは、主たる債務の不履行の場合又はその債務の取消しの場合においてこれと同一の目的を有する独立の債務を負担したものと推定する。

第四四九条　無能力ニ因リテ取消スコトヲ得ヘキ債務ヲ保証シタル者カ保証契約ノ当時其取消ノ原因ヲ知リタルトキハ主タル債務者ノ不履行又ハ其債務ノ取消ノ場合ニ付キ同一ノ目的ヲ有スル独立ノ債務ヲ負担シタルモノト推定ス

原案第四五一条　無能力ニ因リテ取消スコトヲ得ヘキ債務ヲ保証シタル者カ保証契約ノ時ニ於テ其取消ノ原因ヲ知リタルトキハ主タル債務者ノ不履行又ハ其債務ノ取消ノ場合ニ付キ同一ノ目的ヲ有スル独立ノ債務ヲ負担シタルモノト推定ス但反対ノ証拠アルトキハ此限ニ在ラス

【参照条文】

旧民法債権担保編

第九条　総テ有効ナル義務ハ之ヲ保証スルコトヲ得

無能力者ノ取消スコトヲ得ヘキ義務ト雖モ亦有効ニ之ヲ保証スルコトヲ得其義務カ裁判上ニテ取消サレタル後ト雖モ保証ハ其効力ヲ存ス但保証人カ其保証ノ際債務者ノ無能力ヲ知リタルトキニ限ル

第二五条第二項　保証人ハ債務ヲ保証スルニ当リ債務者ノ無能力又ハ其承諾ノ瑕疵ヲ知ラサリシトキハ此等ノ事項ヨリ生スル無効ノ理由ヲ以テモ対抗スルコトヲ得

フランス民法

第二〇一二条　契約ノ義務ノ効ナキ時ハ亦其保証ノ効ナカル可シ

然[トモ]本人ノ幼者タル事等ノ如ク総テ本人ノ一身ニ管シタル原由ニ因リ其契約ノ義務ヲ取消シ得可キ時ト雖モ其保証ノ効アリトス

オーストリア一般民法

第一三五二条　保人ニシテ責務ヲ負担スルニ合格ナラサル人ノ為メニスル所ノ者ハ仮令ヒ其人ノ不合格ナル[コト]ヲ知了スルモ亦互相特担ノ負責主ト看做ス可キ者タリ〔第八百九十六条〇仏民第二千十二条第二項〕

イタリア民法

第一八九九条　保証ハ有効ノ責務ニ関シテ約諾スルニ非サレハ則チ成立セサル者トス

然[レトモ]一個ノ責務即チ単ニ負責主ニ密着スル排拒法例之ハ未丁年者タルニ依拠シテ以テ無効ト排拒セラル可キ所ノ責務ノ如キハ之カ保証ヲ為ス[コト]ヲ得可シ〔仏民第二千十二条〕

スイス債務法

第四九二条第三項　錯誤または契約無能力（Vertragsunfähigkeit）により、主たる債務者に対して義務付けられない契約から生ずる債務は、保証人が自己の義務を負担した当時主たる債務者の側に存する瑕疵を知っていた場合には、有効に保証されることができる。

スペイン民法

第一八二四条　保証契約は、有効な債務がなければ、成立することができない。

但し、保証契約は、未成年者が義務者である場合のように、義務者の人的な抗弁により無効を主張し得る債務を対象とすることができる。

前項の規定は、貸借が良家の子弟(un fils de famille) に対してなされた場合にはこれを適用しない。

ベルギー民法草案

第二〇九二条　保証契約は、有効な債務についてのみ成立することができる。

但し、無能力者によって締結された債務であっても保証をすることができる。

ドイツ民法第二草案(注1)

第七一〇条　保証人は主たる債務者が債務の原因たる法律行為を取り消す権利を有する限りにおいて、債権者の満足を拒むことができる。

債権者が主たる債務者の弁済期にある債権に対する相殺によって満足を得ることができる場合も亦同じ。

(注1) 仁保亀松訳「独逸民法草案債権」中には、該当条文の翻訳は見出しえない。

【起草趣旨】

梅謙次郎（二一巻一四二丁裏～一四七丁表）

本条は旧民法債権担保編第九条と多くは異ならない。ただ次の点を修正している。

(1) 第九条第一項は、「総テ有効ナル義務ハ之ヲ保証スルコトヲ得」と規定しているが、これは言うまでもないことであり、本条には掲げず第二項を直ちに持ってきた（二一巻一四二丁裏）。

(2) 第九条第二項のように定めると、この（無能力により主たる債務が取り消された）場合も保証契約が成立っているように見えるが、これは「学理上」よろしくない。保証というものは、主たる債務の履行の責に任ずるのであるから、主たる債務が既に取り消されて消えているのに、保証人だけの義務が保証人として残るというのは保証の性質に反する。

この条文の説明については、学者の間で議論があるが、ボアソナードの説明によれば、この場合でもやはり保証だとしている。それは、取消の場合は「法定義務」は消えるが、「自然義務」は残っており、その「自然義務」を保証するのだからというようなことをボアソナードは述べている。しかし、本草案では、「自然義務」を認めないことになった。いわゆる「自然義務」というものは訴権は与えないけれども「自然法条理上」義務あるものだから「自然法ニ依テ幾分カ効力ヲ与ヘル」すなわち任意で履行すればそれは贈与ではなく履行弁済だとみる。従ってそれを「担保ヲ以テ確メルトカ何ントカ云フコト」を認めている。確かに、無能力者の取り消しうべき義務の中にはそういう性質のものがある。すなわち、たとえ能力の発達がなお不完全であったにせよ自分で約束して金を借りてそれを使ってしまった、その場合義務がない返さないでもよろしいということは「条理」に合わないことである。この場合は「自然義務」があると言ってもよいだろう。しかし、例えば後見人が適当な手続を履まないでした契約は無能力者にとって「迷惑千萬」であり、自分が「智能ガ発達シナイノヲ奇貨トシテ」後見人が勝手なことをしたのであって、その場合に無能力者が「自然義務」を負うということはありえない。しかるに、そのような場合も第九条に入ってくる。まして、まるで「知覚精神ノナイ狂人」などが結んだ契約もこの中に入ってくるが、この場合にはまるで意思がないのだから「自然義務」があるはずがない。

第九条は「自然義務」で説明すべきものではない。保証人が、（主たる債務者が）無能力者であることを知りながら、たとえ無能力者が取り消しても自分が義務を尽そうといって約束した場合、それは「一種独立ノ債務ヲ負フタノデアル」。したがって、これは保証ではない。その意味を明らかにするために、ここに「独立ノ債務」ということを入れた（二一巻一四二丁裏～一四四丁裏）。

(3)　第九条第二項は、保証人が主たる債務者の無能力を知っていたときは常に義務を負うことになっているように見える。普通はこれでよいだろうが、場合によれば無能力であることを知っているが、その無能力者の義務を不完全な義務のまま保証するということが当事者の意思であることがありうる。したがって「反対ノ証拠」だけは許しておいた方がよいだろうと考え、但書を加えた（二一巻一四四丁裏～一四五丁表）。

(4)　旧民法は第九条第二項と第二五条第二項とにおいてほとんど同じ問題を分けて規定している。第二五条第二項は「保証人ハ債務ヲ保証スルニ当リ債務者ノ無能力又ハ其承諾ノ瑕疵ヲ知ラサリシトキハ此等ノ事項ヨリ生スル無効ノ理由ヲ以テモ対抗スルコトヲ得」と規定しているが、このことの裏面からして、知っていたなら対抗できない、すなわち義務を負うことになる。そうすると、無能力については第九条第二項と同じことになるが、（「承諾ノ瑕疵」については第九条第二項には規定されておらず、それ故）第二五条第二項は無能力よりも広い取り消しうべき債務全てについて規定しているように見える。

この無能力以外の取消原因についてはフランスなどの学者の間でも大変議論がある。フランスでは、錯誤の場合が無能力と同じであることに学説は大体一致しているようだが、「詐欺又ハ強暴」によって取り消しうる場合は説が分かれている。ある者はその場合も同様に保証人が独立の債務を負うと考え、ある者は、「詐欺又ハ強暴」によって債務を締結せしめた場合は「不正行為」によって義務を負わせたものであるから、本人が追認するかどうか分からないのに、（保証人が、）本人が追認しなければ自分が履行するということは、「詐欺又は強暴」により生じた結果を「確メル」ことになり「目的ガ不法」であり無効だと考える。私は後の説が正しいと信じている。本草案では、錯誤については法律行為が「成立タヌ」ことになり、取り消されるということはないので、本条は問題にならない。「詐欺強暴」の場合は取り消すべき場合があるが、この場合はフランスの学者の後者の説によって、保証人が独立して債務を負うことはできない、ただ「取消シ得ヘキ債務ヲ其儘ニ保証スルコトガ出来ル」だけだとすべきである。「詐欺強暴」の被害者が追認し、かつ履行しない時ならば保証人が代って履行すると言っても「不法ノコト」はないから「黙ツテ居レバ夫レハ出来ル」。しかし「知リツツ保証ヲ仕様」と言ったときに、「保証ハ成立チ得ナイケレドモ独立ノ債務ガ成立チ得ル」ということは「詐欺強暴」の場合には認めない方が良い。

以上の理由で、本条では第二五条第二項のように広く定めることをやめ、第九条のように狭く書くこととして、第二五条を削除した（注2）（二一巻一四五丁表～一四七丁表）。

(注2)　梅委員の趣旨説明によれば、旧民法債権担保編第二五条はその反対解釈として、主たる債務者の無能力又は「承諾ノ瑕疵」を保証人が契約時に知っていた場合、無効の理由をもって対抗できないことになるが、後者の場合にそれは「不正行為」によって負わされた義務を「確メル」ことになるので削除された。では逆に、保証人が知らずに保証した場合はどうなるのか。起草趣旨説明からは明らかでないが、第二五条第二項の削除にもかかわらず、保証人が知らなかった場合には対抗しうるという第二五条第二項の趣旨を変える意図はなかったように思われる。

【主要審議】

一　「独立ノ債務」を負うことについて

長谷川喬（二一巻一四七丁表）

無能力者が追認したが履行しないときは「独立ノ債務」を負担することになるのか。

梅謙次郎（二一巻一四七丁裏～一四八丁表）

本条は「主タル債務者ノ不履行ニ付キ」のつもりではなく、「不履行ノ場合ニ付キ」である。取消をしない以上は有効なのであるから、それには、追認してから後不履行の場合と、追認しないで不履行の場合の二つを含む。どちらであろうと同じである。

長谷川喬（二一巻一四八丁裏）

追認して有効となったがその義務を履行しない場合も含んでいるのか。

梅謙次郎（二一巻一四八丁裏）

そのつもりである。

長谷川喬（二一巻一五一丁裏～一五二丁表）

無能力者が能力者となって追認したならば、彼は「立派ナ一ツノ義務者」であろう。にもかかわらずなお保証人が「独立ノ一ツノ義務者」となるとすると、無能力者であった債務者と保証人の関係はどうなるのか。二人は「共同債務者」となるのか。

梅謙次郎（二一巻一五二丁表～一五三丁表）

追認すれば「完全ノ債務」になるけれども、保証するのは不完全の間にするのである。それ故保証する当時には追認するかどうかが分らない。しかし保証人は後に無能力者が取り消しても自分が履行するという意に解することができる。そうだとすればこれは「通常ノ保証」ではない。確かに、後に追認したとすれば「普通ノ保証」と見て良いようであり、また「結果ハ殆ド同シ様テアル」が、やはりこの場合は「主タル債務ガナクナツテモ自分ガ履行スルト云フ性質ノ債務デアツタナラバ保証トシテ成立チ得ナイ性質」のものだから、「全ク独立ノ債務」である。

（追認によって）保証としても成立つようになったからといって性質が変わるというのは、旧民法にはそういう保証があるが、それは無理な規定である。初め「独立ノ債務」があれば「徹頭徹尾独立ノ債務」である。すなわち「主タル債務者ガ履行シナカツタトキニハ同ジコトヲ自分ガ仕様ト云フ丈ケノ債務」であり、それは保証として成立っているのではなく、（「保証人」は債権者に対して）そういう「条件附ノ債務」を負っているのである。

この場合、主たる債務者と「保証人」の関係についてみれば、「普通ノ保証」ではないけれども、とにかく「保証人」が履行さえすれば主たる債務者にはもはや請求しないという約束が「暗ニ」その中に含まれている。したがって「保証人」が履行すると同時に主たる債務は消える。それ故主たる債務者に対して、「保証人」は「不当弁済ノ取戻」を請求することができる。あるいは、「保証人」になってくれというのが委任によるものだとすれば「普通ノ不当利得ノ原則ヨリモ余計ノ義務」を負うことになる。そうすれば（通常の保証の場合と）殆ど同じことになるが、ただ、保証として義務を負うのではないので「保証ニ特別ナル規定」だけがあてはまらない。

長谷川喬（二一巻一五四丁裏～一五五丁表）

このような例は外国にもあるのか。また、この場合に「独立ノ債務」を負うことになるのなら、「詐欺強暴」の場合と無能力者の場合とで区別があるのはなぜか。

梅謙次郎（二一巻一五五丁表～一五六丁表）

フランス、イタリア、スペイン、スイス債務法、ベルギー民法草案には、単にこのような場合には保証人が義務を負うと規定している。その性質については何も書いていない。私の理解ではどうしてもこういう（「独立ノ債務」を負う）ことになろうと思う。もし原案のようにはっきり規定しておかないと、保証であるか否かという点で解釈が分かれてくる。それではっきり規定する必要があるが、その場合、この原案のように書いた方が正しいと思う。しかし（この通りの条文の）例は外国にはない。オーストリア一般民法、ドイツ民法草案は規定からしてよほど違っている。

第二の質問について言えば、もし当事者の意思が、主たる債務者が取り消さず、しかも履行しなかったら自分が代って履行しようということなら「普通ノ保証」である。但書はそういう意味である。その場合は、（主たる債務が）取り消されれば保証人も義務を免れる。しかし、もし当事者の意思が本条本文のように、保証人は義務を履行しようと言ったときは「義務履行ノ推定ヲシマスカ夫レハ純然タル意思解釈ニナル」。なぜこの場合について規定を「設ケナイ」（「設ケタ」か？）かと言えば「無能力ノ場合ハ場合モ多カラウ」から、そういう推定をしても良いと思ったからである。

長谷川喬（二一巻一五六丁表）

私が質問したのは、詐欺等の場合は、（無能力の場合と違って、）追認したならば保証人は保証人としての義務のみを負うという説明だったように思う（が、その区別はなぜかということである）。

梅謙次郎（二一巻一五六丁表～裏）

初めの意思が、追認をしてしかも履行しなかった場合に自分が代って履行しようという意思であったならばそうであるが、もし取り消したら自分も取り消すという意思であった（注3）ならば「夫レハ不法ダカラ無効」である。

二　但書について

長谷川喬（二一巻一四七丁表～裏）

以前原案第四九五条（注4）を審議するとき、推定といえば「反対ノ証拠」を許す意味であると説明されたが、そうだとすれば「推定ス」と言った以上は但書は不要ではないか。

梅謙次郎（二一巻一四八丁表～裏）

推定の意味はその通りである。これに対し「看做ス」といえば反証を許さない。「推定」の場合は反証を許す。だから但書を加えたのである。

長谷川喬（二一巻一四八丁裏）

原案第四九五条には但書がついていない。その際の説明では、「推定ス」といえばそれだけで「反証ヲ許ス」ことは分るということだった。そうだとすれば、本条でも但書は不要ではないのか。

梅謙次郎（二一巻一四八丁裏）

それ（原案第四九五条の審議）は私が居ないときのことであるが、但書を加えておいた方が良いかもしれない。

三　無能力者以外の場合について

山田喜之助（二一巻一四八丁裏～一四九丁表）

詐欺や錯誤で主たる債務が取り消しうる場合は別に規定を設けるのか。

梅謙次郎（二一巻一四九丁表～裏）

そのような規定は不要である。錯誤については、本草案では錯誤により取り消し得る場合はないから不要である。「詐欺強暴」の場合であれば、主たる債務が取り消されない場合に保証人が保証することは出来、それを禁ずる必要もない。したがって別に規定は必要ない。「独立ノ義務」を負うというちょうど本条で規定してあるようなことは「許ス可カラザルコト」であるが、明文がなくてもそのような場合は当然無効になろうと思う。「詐欺強暴」の場合に「間接ニ独立ノ債務ヲ負フ」ことは「不法」であるから明文がなくてもできないことになる。従って明文は設けない。

四　「推定ス」について

横田國臣（二一巻一四九丁裏）

取消原因を知っている場合は「看做ス」で良いと思う。外の契約が何かで別段の定めがしてあればそれによるのは当然であるが、そうでないなら「看做ス」の方が良い。

梅謙次郎（二一巻一五〇丁表〜裏）

実質的な理由から旧民法のようにするということであれば仕方がないが、横田委員の言うように特別の契約があればそれによるということなら、「看做ス」とした場合そのようにならなくなってしまう。やはり「推定ス」[注5]として但書を付けておかなければならない。

五　債権者が主たる債務者の無能力を知っていた場合

横田國臣（二一巻一四九丁裏〜一五〇丁表）

但書に、債権者が取消の原因を知った場合はこの限りでないという規定を置いた方が良い。そして、保証人のみが主たる債務者の無能力を知りながら保証した場合には本条により独立の債務を負うが、債権者も知っている場合には、強暴の場合と同様、「何モナイ」ことにすべきである。

梅謙次郎（二一巻一五〇丁裏〜一五一丁表）

そのような規定は「面白クナイ規定」だと思う。債権者が知っているときはこの限りでないとすれば、その場合は「独立ノ債務」を負うのではなく、「普通ノ債務」を負うことになる。本条は、債権者が、主たる債務者が無能力者であることを知って、将来取り消されては困るからと契約を拒んだとき、債権者を安心させるため保証人が、将来取り消すことがあっても自分が払ってやると言った場合に適用される規定である。それ故債権者が知った場合はこの限りでないとすれば、本条は不要だということになる。

横田國臣（二一巻一五一丁表〜裏）

私は、その場合は、通常の場合は保証にはならずに、どちらも取り消されることを知っていたのだから、もし取り消されたなら「何モナイ」ことになると思う。

梅謙次郎（二一巻一五一丁裏）

それが「通常ノ保証債務」である。

横田國臣（二一巻一五一丁裏）

そうだとすれば、どちらも承知してやったのだからこれは「落度」によるもので、どちらにも「難儀ハ掛ケナイ」という当り前のことになる。

梅謙次郎（二一巻一五一丁裏）

本条は「落度」を罰するものではない。「当事者ノ意思ヲ酌ンデ夫レヲ実行スルト云フ丈ケ」のことである。

横田國臣（二一巻一五三丁表〜裏）

私は、やはり債権者も取消の原因を知っている場合は（保証債務も）取り消されることにして良いと思う。なぜなら、債権者が主たる債務者の無能力を知らずに、保証人が確かなようだから金を貸すことがある。この場合は、債権者がそのため不利益を受けないよう本条の規定により保護するのは良い。しかし、債権者が、取り消されうることを知っていた場合に、保証人に対して本条のような推定を与えるのは「ヒドイ」と思う。

梅謙次郎（二一巻一五三丁裏〜一五四丁表）

私の考えでは「正反対」で、債権者が知らなかった場合は、「普通ノ保証」であろう。なぜなら、債権者が、主たる債務が取り消されうる性質のものかどうか知らないでやった場合は、債権者の過失であるから（取消による不利益を被っても）仕方がない。その場合は、主たる債務が取り消されれば保証債務もなくなるという説が立つかもしれない。しかし、債権者が（主たる債務者の無能力を）知って、そこで誰か能力のある人を「連レテ来テ」たとえ主たる債務者が取り消しても保証人が代って義務を履行してくれなければならないと言った場合こそ、本条があてはまるのである。

横田國臣（二一巻一五四丁表〜裏）

（起草委員の考えは）よく分った。しか

しそれならば債権者は、保証人に対し、無能力者について保証するのだから、たとえ無能力者が後に取り消しても負担しなければならないと「念ヲ推」すべきである。それをしない債権者に本条の保護を与えるのは不当である。それ故「其取消ノ原因ヲ知リタルトキハ」とあるのを「其債務ノ取消ノ場合ニ付キ反対ノ証拠アルニ非サレハ同一ノ目的ヲ有スル独立ノ債務ヲ負担シタルモノト推定ス但債権者ガ其取消ノ原因ヲ知リタルトキハ此限ニ在ラス」という条文にした方が良いのではないかと思う。

▼横田委員の提案には賛成者がなく、また長谷川委員から「不履行又ハ」の文言削除提案がなされたが、これにも賛成者はなかった（二一巻一五六丁裏）。更に奥田義人委員が全部削除説を提案したが、これも他の委員の賛成がないため採決には至らず、結局本条は原案通り確定した（二一巻一五六丁裏）。

（注3）　起草趣旨説明で梅委員は、主たる債務が「詐欺強暴」による場合、保証人が独立の債務を負い主たる債務が取り消されても保証するのは不法の結果を「確メル」ことになるので認めるべきではないと述べている。本文要約のこの部分は、「もし取り消したら自分が履行するという意思であったなら」の誤りか。

（注4）　原案第四九五条（現行法なし）の【主要審議】における穂積陳重委員の発言参照（本書五四一頁）。

（注5）　原文は少しわかりにくいため、意味をとって要約した。

【その後の経緯】

原案の「時ニ於テ」が確定条文では「当時」となり、また原案の但書が削除されたことについては、「前ノ文例ノ通リデアル」と説明されている（民法整理会議事速記録四巻一二丁裏）。

【民法修正案理由】

既成法典債権担保編第九条(注6)第一項ハ言フヲ待タザル所ナルヲ以テ之ヲ削リ、第二項ニ修正ヲ加ヘテ本条ヲ草シタルナリ。右第二項ニハ無能力者ノ取消スコトヲ得ベキ義務ト雖モ之ヲ保証スルコトヲ得ト言ヒ、更ニ進ンデ義務ガ取消サレタル後ト雖モ保証ハ其効力ヲ存スト言ヒ、恰カモ主タル義務ナクシテ尚従タル保証ノ義務アルモノ、如クセリ。其理由トスル所ハ仮令法定ノ義務ハ取消サル、モ自然義務ハ存スルヲ以テ之ニ対シテ保証ノ義務アリト言フニアレド、本案ニハ所謂自然義務ナルモノヲ認メズ且既成法典ノ理由書ニ於ケル自然義務ノ説明ニ関シテモ亦大ニ異論ナキ能ハザルヲ以テ、本案ハ此点ニ関シテ全ク既成法典ノ条文ヲ改メ、右ノ如キ場合ニ於テ債務ヲ保証シタル者ハ無能力者ノ義務(注7)トハ全ク独立ノ義務ヲ負フモノトシ、而シテ之ニハ反証ヲ許スコトトセリ。

本条ハ或人ガ無能力ニ因リテ取消スコトヲ得ベキ債務ヲ保証シタル際ニ独立ノ義務ヲ負担スベキモノト推定セルナリ。其他ノ原因、例バ詐欺若クハ強暴ニ因リテ取消スコトヲ得ベキ債務ヲ保証スル場合ニハ決シテ此推定ヲ下サズ。蓋シ斯ノ如キ債務ヲ保証シタル場合ニモ尚保証人ニ独立ノ義務ヲ負ハシメ債権者ヲシテ其義務ノ履行ヲ得セシムルトキハ或ハ詐欺強暴等ヲ奨励スルノ結果ヲ生ゼンコトヲ恐ル、ガ為メナリ。既成法典債権担保編第二十五条第二項ハ或ハ反対ノ解釈ヲ容ル、余地アルヲ以テ之ヲ削除セリ。

（注6）　『民法修正案理由書』では「第九条」が脱落している。

（注7）　『民法修正案理由書』では「無能力ノ者義務」と記されている。

▽民法修正案理由書第三編第一章第三章（ママ）「第四款保証債務」五〜六頁（第四五一条）。

（吉村良一）

第四五〇条（注1）　債務者が保証人を立てる義務を負う場合には、その保証人は、次に掲げる要件を具備する者でなければならない。
一　行為能力者であること。
二　弁済をする資力を有すること。
2　保証人が前項第二号に掲げる要件を欠くに至ったときは、債権者は、同項各号に掲げる要件を具備する者をもってこれに代えることを請求することができる。
3　前二項の規定は、債権者が保証人を指名した場合には、適用しない。

第四五〇条　債務者カ保証人ヲ立ツル義務ヲ負フ場合ニ於テハ其保証人ハ左ノ条件ヲ具備スル者タルコトヲ要ス
一　能力者タルコト
二　弁済ノ資力ヲ有スルコト
三　債務ノ履行地ヲ管轄スル控訴院ノ管轄内ニ住所ヲ有シ又ハ仮住所ヲ定メタルコト
保証人カ前項第二号又ハ第三号ノ条件ヲ欠クニ至リタルトキハ債権者ハ前項ノ条件ヲ具備スル者ヲ以テ之ニ代フルコトヲ請求スルコトヲ得
前二項ノ規定ハ債権者カ保証人ヲ指名シタル場合ニハ之ヲ適用セス

原案第四五二条　債務者カ保証人ヲ立ツヘキ義務ヲ負フ場合ニ於テハ其保証人ハ左ノ条件ヲ具備スル者タルコトヲ要ス
一　能力者タルコト
二　弁済ノ資力ヲ有スルコト
三　債務ノ履行地ヲ管轄スル控訴院ノ管轄内ニ住所ヲ有スルコト
保証人カ前項第二号又ハ第三号ノ条件ヲ欠クニ至リタルトキハ債務者ハ前項ノ条件ヲ具備スル者ヲ以テ之ニ代フルコトヲ要ス
前二項ノ規定ハ債権者カ保証人ヲ指定シタル場合ニハ之ヲ適用セス

（注1）　本条第一項第三号は、昭和二二年法二二二号により削除された。

【参照条文】

旧民法債権担保編

第一五条　債務者カ保証人ヲ立ツ可キ合意ヲ以テ義務ヲ負ヒタルトキハ其債務者ハ債務ノ性質及ヒ大小ニ応シ有資力ノ人ニ非サレハ保証人トシテ之ヲ立ツルコトヲ得ス
若シ右ノ保証人カ無資力ト為リタルトキハ債務者ハ前項ト同一ノ条件ヲ具備スル他ノ者ヲ立ツルコトヲ要ス
此他保証人ハ義務ヲ履行ス可キ控訴院ノ管轄地内ニ於テ住所ヲ有シ又ハ仮住所ヲ定ムルコトヲ要ス
債権者ヨリ人ヲ指定シテ保証人ヲ要約シタルトキハ本条ノ条件ヲ要セス

第四七条　法律ノ規定又ハ判決ニ従ヒテ保証人ヲ立ツル責アル者ハ自ラ保証人ヲ立テント約シタルトキト同シク第十五条及ヒ第十六条ニ定メタル如キ条件ヲ具備スル保証人ヲ立ツルコトヲ要ス
法律上及ヒ裁判上ノ保証人ヲ承認スル手続ハ民事訴訟法ニ於テ之ヲ規定ス

フランス民法

第二〇一八条　保証人ヲ立ツ可キ本人ハ契約ヲ結ヒ得可キノ権利ヲ有シ且其義務ノ保証ヲ為スニ十分ナル財産ヲ所有スル者ヲ保証人ト為ス可シ但シ保証人トナル可キ者ノ住所ハ其保証ノ契約ヲ為ス地ノ控訴院ノ管轄内ニアルヿヲ必要トス

第二〇一九条　商業ノ事務ニ管シタル時又

ハ義務ノ高極メテ少ナキ時ノ外保証人其義務ヲ行ヒ得可キ能力ハ其所有スル不動産ヲ以テ之ヲ計ル可シ

又保証人ノ不動産所有ノ権ニ付キ訴訟アル時又ハ不動産遠地ニ在テ義務ヲ得可キ者ヨリ之ヲ得ント求ムルニ差支アル時ハ其保証人ノ義務ヲ行ヒ得可キ能力ヲ計ルニ付キ此等ノ不動産ヲ算入ス可カラス

第二〇二〇条　若シ義務ヲ得可キ者自己ノ意ニ因リ又ハ裁判所ノ言渡ニ因リ義務ヲ行フ可キ者ノ立テタル保証人ヲ承諾シ後ニ其保証人己レノ義務ヲ行フヿ能ハサルニ至リシ時ハ義務ヲ行フ可キ者更ニ他ノ保証人ヲ立ツ可シ

然𪜈義務ヲ得可キ者ト義務ヲ行フ可キ者トノ契約ニ因リ義務ヲ得可キ者義務ノ保証人ヲ特ニ撰ミタル時其保証人後ニ其保証ノ義務ヲ行フヿ能ハサルニ至ルヿアルニ於テハ前項ノ例外ナリトス

第二〇四〇条　法律上又ハ裁判言渡ニ因リ保証人ヲ立ツ可キヿアル時ハ其保証人トナル者第二千十八条及ヒ第二千十九条ニ記シタル条件ノ具備シタルヿヲ必要トス

又裁判言渡ニ因リ保証人ヲ立テタル時其保証人己レノ義務ヲ行ハサルニ於テハ之ヲ禁錮ス可シ

イタリア民法

第一九〇四条　保証者ヲ立定セサル可カラサル負責主ハ契約ヲ締結スルニ合格ナル人ニシテ其責務ニ応スルニ十分ナル財産ヲ有シ而シテ其住所カ保証ヲ供出スル場地ノ本管轄控訴裁判所ノ管轄内ニ現在スル所ノ者ヲ以テ之ニ充テサル可カラス〔仏民第二千十八条〕

第一九〇五条　保証者カ責務ノ弁償ニ任シ得ル所ノ財産ハ唯〻券記抵当ニ供充シ得可キ所ノ者ノミニ限止ス但〻商事ノ業務ニ関スル時会若クハ負債額ノ僅少ナル者ニ関スル時会ノ如キハ此例外ニ属ス

争訟ニ関スル財産若クハ所在ノ場地ノ遠距セル為メニ処分ニ難ンスル財産ノ如キモ亦保証ノ数内ニ算入ス可カラサル者トス〔仏民第二千十九条〕

第一九〇六条　責主ノ承諾ヲ取リ若クハ裁判上ニ於テ指命セラレタル保証者カ其以後ニ支弁ニ耐ヘサル景況ニ陥ルヿ有レハ則チ負責主ハ更ニ他ノ保証者ヲ立定セサル可カラス

此規則ハ保証者カ一個ノ契約即チ之ニ依リ責主カ某ノ人ヲ以テ保証者ト為スヿヲ要求シタル所ノ契約ニ因テ指定セラレタル時会ニ於テハ此例外ニ属スル者トス〔仏民第二千二十条〕

第一九二一条　一個ノ人カ法律ニ因リ若クハ裁判官ニ因テ保証者ヲ立定ス可キヿヲ命令セラル、ヿ有レハ則チ其保証者ハ必ス第千九百四条及ヒ第千九百五条ニ掲記セル規約ヲ充践スルヿヲ要ス〔仏民第二千四十条〕

スペイン民法

第一八二八条　保証人を立てる義務を負う者は、債務を負担する能力を有しかつ保証される債務の弁済のために十分な財産を有する者を保証人としなければならない。保証人は債務履行地の裁判管轄に服するものとみなされる。

第一八二九条　保証人が支払不能となったときは、債権者は、前条に規定する資格を有する他の者による保証を請求することができる。但し、債権者が、特定の者により保証がなされるべきことを要求し、かつ、これを約定していた場合を除く。

第一八五四条　法律の規定又は裁判所の決定により保証人を立てることを要する場合、その者は、第一八二八条に規定する資格を有しなければならない。

ベルギー民法草案

第二〇九九条　法律、判決又は合意により

保証人を立てる義務を負う債務者は、債務を負担する能力を有しかつ支払能力を有する者を保証人としなければならない。

第二一〇〇条　保証人の支払能力は、動産と不動産とを区別することなくその財産を考慮してこれを評価する。

第二一〇一条　任意に又は裁判において債権者の受諾した保証人が後に無資力となったときは、他の者を保証人としなければならない。

前項の規定は、特定の者を保証人と為すべきことを要求した債権者の合意のみに基づいて保証人が立てられた場合には、これを適用しない。

【起草趣旨】

梅謙次郎（二一巻一六〇丁表～一六二丁表）

本条は旧民法債権担保編第一五条と第四七条を合せたものである。第一五条は、「債務者ガ保証人ヲ立ツヘキ合意ヲ以テ義務ヲ負ヒタル場合」の規定で、第四七条は「法律上及ヒ裁判上ノ保証」について規定しているが、これを合せて広く「債務者カ保証人ヲ立ツヘキ義務ヲ負フ場合」について定めた。実質は格別変っていないが、次の点を修正した。

(1)　能力のことを規定した。旧民法には能力については何も書いていない。参照としてあげた外国の法典には皆あるのに旧民法にはない。原案の説明を読んでみても、この点については何も説明を加えていない。多分、分り切ったことだという考えだろうと思うが、（無能力者も）債務を負うことが出来ないのではなく、後で取り消しうるだけのことだから、無能力者であっても保証人になりうるという考えが起こり得ないものでもない。従って明文を掲げておいた方が安全である。

(2)　資力については旧民法のように詳しく言わないでも分かると思ったので文言を簡単にした。

(3)　旧民法では住所について、仮住所のことが述べられている。無論そうあるべきだが、本案では既に総則の所で第二七条（確定条文第二四条）に「或行為ニ付仮住所ヲ選定シタルトキハ其行為ニ関シテハ之ヲ以テ住所ニ代用ス」ということになっているので仮住所を定めることができるのは当然のことである。それ故ここで仮住所について規定しなくとも、住所が控訴院の管轄内になくても、仮住所をその所に定めれば良いことについては疑いがないだろうと思い、その部分を削除した。

(4)　旧民法は、資力があった人が後に無資力になった場合や、住所が後に控訴院の管轄から変わったときのことを何も規定していない。[注2]これはどうも欠点であろうと考える。なるほど住所についてはもとの所に仮住所を定めておけばそれですむので明文は要らないかもしれないが、しかし法律で命令しておかなければ、住所がどんなに遠くに変わっても、もとの所に仮住所を定めておかなくても良いという解釈ができる。それで住所が変わったときには列記した条件を備えた者を代りに出さなければならないという規定を設けたのである。ただ、住所については実際は同じ人でも、仮住所さえ定めれば良いということは、仮住所の規則から出て来ると考える。

（注2）　旧民法には、資力のあった人が後に無資力となった場合については規定がある（債権担保編第一五条第二項）。したがってこの梅委員の説明は誤解だと思われる。

【主要審議】

一　本条の必要性について

横田國臣（二一巻一六二丁表～一六三丁表）

本条の必要性については疑いを持ってい

る。本条は、保証人を立てる義務を負うからと言ってどんな者でも良いというのではないところから設けられたものであろうが、まず、第一項第一号第二号の「能力者タルコト」「弁済ノ資力ヲ有スルコト」というのは必要なことであるが、明文がなくても「裁判所ニ出テモ疑ヲ容レヌコトト思フ」。例えば「何モ知ラヌ小供」を証人に立てるといっても、そういう者が証人になれないことは明らかである。

　更に第三号については、相当な規定ではない。東京で金を貸すのに新潟の者でも九州の者でもそんなに変りは「もーナイ」。たとえ西国に住所を有している者でも東京に財産を持っているならばそれでよろしい。これは「事実ニ任カシタ方ガ至当ト思フ」。

梅謙次郎（二一巻一六三丁表～一六四丁表）

　明文の規定がなければ、保証人を立てるということであったから保証人を立てたからそれで良かろうという議論が成り立つことになる。

　なるほど第一号につき、五歳の子供ならば疑いは起こらないだろうが、「十九二十ニ垂ントスル者」ならばあるいは良さそうという考えが生ずるかもしれず、第二号についても「其日暮シノ一文無シ」は問題にならないが、「稍々体裁ガ紳士暮シ」ならば良いという疑いが起るかもしれない。そこで本条の規定が必要となる。ドイツなどの法典ではこのような規定はないが、それらにおいては担保の保証というものがなく、大抵物上担保になっている。いやしくも保証人というものを必要とする以上は、このような規定があった方が良い。

　また、第三号については、それがなければ保証人の住所はどこでも良いことになる。しかしそれでは保証人の住所が遠隔地の場合、訴訟の際不便である。ベルギー民法草案では住所の条件が不必要としてあるが、ベルギーのような「小国」ではそれで良いが、「日本ハ中々大国デアル殊ニ島国デアツテ細長イ国デアリマスカラ」不便が生ずる。特に「新占領地抔ガ出来テ日本ノ領地ガ広マルト」なおさら不便であろうと思う。ましてこの規定がなければ外国人でも良いということになってしまう。フランス、イギリスあたりにいる人を保証人に立てては面倒で仕方がない。

横田國臣（二一巻一六四丁表～一六五丁表）

　第三号について、もし保証人を立てるべき義務を負う者が「米国人」を立てるとか「琉球人」を立てるというとき、私はこれは「相当ノ保証人」とは見ない。仮住所を定めておけばともかく、そうでなければ訴えることができない。本条がなくてもそれは「当リ前」のことである。私は、こういうことは余り「ゴザ々々」と言わなくても良いように思う。

　また、控訴院の管轄内ということについても、日本は七つしか控訴院がなく不便が生ずる。地方裁判所としても、それでも不便があるかもしれない。しかし逆に狭くしすぎてもまた「非難」があろう。私は第三号の規定は「相当」とは思わない。

高木豊三（二一巻一六六丁裏～一六八丁裏）

　本条の必要性に疑問を持っている。債権者は「担保ノ力」ある保証人を欲するので、実際上多くは債権者の承諾すべきものでないと「納マラヌ」であろう。しかし必ずそれに限るという訳でもないから、そのことを本条の「唯一ノ根拠トスルコトハ出来ヌ」。

　また第一号の能力者たることについても、元来保証契約は無償契約である。「自分ニ利益ノアル契約ヲスルニ付テモ又双方ニ利益ノアル契約ヲスルニ付テハ《ママ》双方ニ能力ガ要ル」ことは当然のことで、本条がなくても分ることと思う。

第二号についても、こういう条文ができると、法律にいわゆる資力には「身分信用」のようなものが入るかどうかという疑いが生ずる。すなわち、資力を持っていない者でも「相当ノ位地ヲ保ツ身分」を持っている者ならば良いという議論が出てくる。

第三号についてはどうも甚だ疑問である。このような規定があると、保証人の控訴院の管轄外への移転やあるいは保証人が無能力になったこと、弁済の資力がなくなったことによって、前の保証人は保証の義務を免れるのではないかという疑いが起る。そのような解釈も成り立ちうる。しかし、債務を負っている者が住所を変えたためにその義務を免れるというのはいかにもおかしい。保証人が遠隔地にいると訴訟上不便だと言うが、法律の規定により旅費・日当も取れるし代言人に頼むこともできる。管轄外に移転したために義務を免れるとは明言していないが、債務者において必ず他の者を選ばなければならないことになると、間接には義務を免れるということになる。本条があるために様々の疑問が生ずる恐れがある。

▼以上の発言を受けて横田委員が削除説を提出し高木委員がそれに賛成した（二一巻一六九丁表）。

梅謙次郎（二一巻一六九丁表～一七一丁表、一七三丁表～一七四丁表）

高木委員は、実際財産はない者でも信用のある人ならばよろしいということであったが、それは「如何ナモノデアラウカ」。主たる債務者の方で、信用のある人だから多分払うだろうと思って保証人に立てても、債権者の方ではそんな人はいつ信用が崩れて破産するかもしれないのでだめだという権利を与えて置く必要がある。本条がなければ、高木委員の言うような者でも良いということになるが、それでは良くないので明文を置いたのである。

住所については、元来保証人を立てるのは主たる債務者が履行しなければ代って履行の責を負わせるためだから、あまり遠方の人では困る。それで本条の規定があった方が良いだろうと思う。また、控訴院の数が少いという指摘だが、「鉄道モ日々ニ開ケテ参ルシ」、控訴院の数も増えるかもしれない。これでもまだ不便があるかもしれないが、逆にあまり小さくして、例えば地方裁判所の管轄内と言えば、あまり「窮屈」になるかもしれない。それらを斟酌してこの規定はできている。

横田委員は、第一、第二号は規定がなくてもこの通りになり、第三号はなくてもよろしいという考えであり、高木委員は、第二号があってはかえって良くない、弁済の資力がなくても信用がある人ならばそれでもよろしいという意見のようだが、この条文があっても両委員の解釈が違ってきており、もし規定がなければ疑いが起って困る（以上二一巻一六九丁表～一七一丁表）。

高木委員は、第二項の場合に「前項ノ条件ヲ具備スル者ヲ以テ之ニ代フルコトヲ要ス」とある以上は、はじめに立てた保証人の義務は消えるだろうという説だが、これは「随分御無理ノ御解釈」ではないか。第二項は、主たる債務者が債権者にそういう義務を負うという意味で、代りの人を主たる債務者が供するまではいつまでも前の保証人が保証人である。

高木・横田両委員に質問だが、相当の保証人を立てたが、後にその保証人が資力を失った場合どうなるのか。相当の保証人を立ててもその保証人が資力を失った場合、まだ主たる債務の期限まで一年も二年もある時、その者を保証人にしておいたままで良いのか。一旦相当であるとして保証人とした以上は、後日資力がなくなったからいけないということを、債権者は本条がなくても言えるのか。私は明文がなければ言えないと思う（以上二一巻一七三丁表～一七四丁表）。

横田國臣（二一巻一七四丁表～裏）

今資力があっても「大変使ヒ手」であって明日には資力がなくなってしまいそうな者がいる。例えば相場でもやるような者であれば、いつ資力がなくなるか分らない。そのような者を保証人にするのを拒むことができるようにする方が良い。しかし第二項があるためそれができないようになる。債権者はこれがあるために（今資力があっても）「明日ハ一文ナシニナツテ仕舞ウト云フ者」を承諾しなければならないことになる。

梅委員は保証人が後日無資力になった場合、明文がなければ保証人を代えることができないと述べたが、それを言うなら「一般ニ其箇条ヲ御立テニナルガ宜イ」。

▼全部削除提案は、後に横田委員が削除説を撤回し修正説（主要審議**二**）に賛成したので（二一巻一九四丁裏）賛同者がいなくなり、採決されなかった。

二　第一項第一、第三号削除提案

箕作麟祥（二一巻一八七丁表）

第一項第三号の「控訴院ノ管轄内」というのは、日本のこれまでの「有様」と随分違ったことになるだろうと思う。どういう理由でこの規定を設けたのか。

梅謙次郎（二一巻一八七丁裏）

東京と名古屋のように汽車の便のあるところならばあれだけ離れていても良かろうが、汽車の便のない他のところならば近くでなければならないというように区別するわけには行かないので、本条のように規定した。また、控訴院管轄内というのは従来の慣習にもないことだが、外国にも例があり、「其上トナルト際限ガナクナルシ其下ト云フテハ余リ小サクナル」から、他に良い標準がないので、旧民法にならい、「杓子定規」ではあるが、このように定めた。

高木豊三（二一巻一九一丁裏～一九二丁表、一九四丁裏～一九五丁表）

第一項を「債務者カ保証人ヲ立ツヘキ義務ヲ負フ場合ニ於テハ其保証人ハ弁済ノ資力ヲ有スルモノタルコトヲ要ス」、第二項を「保証人カ前項ノ条件ヲ欠クニ至リタルトキハ債権者ハ相当ノ資力ヲ有スル者ヲ以テ之ニ代フルコトヲ請求スルコトヲ得」とする修正説を提出する（注3）。その趣旨は、第一項の第一号と第三号を削って、それらの場合は債権者の随意にするということである。

箕作麟祥（二一巻一九二丁表～一九三丁表）

高木説に賛成。どうも私には第三号の規定が「能ク合点ガイカヌ」。わが国に従来、「遠方ノ保証人デハイカヌト云フコトハ多少アツタカモ知レ」ないが、そのような理由によって「裁判所ノ管轄地ヲ極メル」必要があるのかどうか疑問である。東京控訴院の管轄内でも汽車の便利のない所では日数がかかり、これに対して名古屋ならば一二時間で行けるというようなことが起こる。この問題は杓子定規に定めるべきものではない。少々遠方の者でも弁済の資力さえあれば良いので、必ず近くの者を保証人にしなければならないことを債務者に求める権利を定めるのはどうも「合点」が行かない。

長谷川喬（二一巻一九三丁表～裏）

私は原案の通りで良いと思う。箕作委員は、日本の慣習にないかもしれないと言うが、「民事訴訟法ニハ明カニ裁判所ノ管轄内ニ限ルト云フコトヲ極メテ」おり、「裁判ノ予審ノ場合ニ保釈ヲ許ストキニ裁判所ノ管轄内ニ居ツテ十分ナル資力ノアル者ヲ要スト云フコトガ明文ニ載ツテ」いる。「控訴院ノ管轄内」というのは、「保証ノ義務ヲ便ナラシムル」のであるから、このような制限を付するのは、殊に裁判中の時には必要である。

▼この高木委員の案に、第三項の「指定」を「指名」とする修正を付加した土方委員の提案が採決に付されたが、賛成少数で否決された（二一巻一九四丁裏～一九五丁裏）。

三　第二項で「無能力」を省く理由

長谷川喬（二一巻一六五丁表）

第二項では、第一項第一号の、能力者であった者が無能力者となった場合を省いてあるが、それはなぜか。

梅謙次郎（二一巻一六五丁表）

それは、保証人が無能力者となっても、能力がある時に結んだ契約は有効であり、本人がその履行をすることができなければ法定代理人がいるので差支えないと思ったからである。

四　第一項第三号の修正提案

磯部四郎（二一巻一六五丁表～一六六丁裏）

第一項第三号は旧民法債権担保編第一五条にならって「控訴院ノ管轄内ニ住所ヲ有シ又ハ仮住所ヲ定ムルコト」とすべきである。原案だと、控訴院の管轄内に「従来住所ヲ持ツテ居ルコトヲ要ス」と読める。起草委員の引用した本案第二七条は仮住所による代用のことが定めてあるが、それだけでは、原案の「住所ヲ有スルコト」という条件にはならないと思う。第二七条は仮住所を選定することを許す場合に、それを本住所に代用すると規定してあるだけで、どういう場合に仮住所を定めることができるかについては規定していない。現住所を転じた時にはもとの所に仮住所を置けば良いということはこの第二七条だけでは分らない。起草委員も、仮住所を許さないという精神ではないのであるから、これだけのことを書けば迷いを来たすことはない。。よって「控訴院ノ管轄内ニ住所ヲ有シ又ハ仮住所ヲ定ムルコト」とする修正説を提出する。

長谷川喬（二一巻一九三丁表～裏）

原案の第三号には住所とあって仮住所ということがない。なくても仮住所を含むことは他の法文から分るということであったが、それは「随分」分りにくいから、磯部委員の修正説に賛成する。

梅謙次郎（二一巻一九三丁裏）

仮住所を加えることには反対しないが、文言は「住所又ハ仮住所ヲ有スルコト」ではいけないか。

長谷川喬（二一巻一九四丁表）

それでもよろしい。

梅謙次郎（二一巻一九四丁表）

そうなれば「私共」も賛成する。

▼採決時に梅委員から文言を「住所ヲ有スルコト又ハ仮住所ヲ定メタルコト」とする案が出され、採決の結果賛成多数で可決された（二一巻一九五丁裏～一九六丁表）。

五　主たる債務者が代りの保証人を見つけられなかった場合

土方寧（二一巻一七二丁裏）

第二項において、代りの保証人が第二項の条件を具備しなかった場合は次の第四五三条（確定条文第四五一条）があるが、その相当の担保物も供することができないときは結局どうなるのか。本来の弁済期に先立って債務者に対し履行を請求できるのか。

梅謙次郎（二一巻一七二丁裏～一七三丁表）

この場合は、「法律担保」（法律上の保証・裁判上の保証）を供すべきものが供することができないのだから、（主たる債務者に対して）即時に履行を求めることが無論できる。すでに議決された規定から出てくるかもしれないし、あるいは契約上の義務ならば契約から出てくるかもしれない。あるいは必要ならば相当の所に規定を設けることができる。いずれにせよそういう場合には、（即時に履行が請求）できなければならない。しかし、担保を供する義務は「出来ナイモノハ出来ヌ」のだから消える外ない。

土方寧（二一巻一七八丁裏）

それは、今後の契約のところでそういう規定を設けるとしても、今まで議決になった条文からでもそのような結果になるのか。

梅謙次郎（二一巻一七九丁表～裏）

後でできる条文は別にして、これまでのところでは総則の第一三八条（確定条文第一三七条）による。但し第一三八条第三号は「約シタル担保」とあるので、合意で約束した場合にはあてはまるであろうが、法律上、裁判上の保証を立てる義務についてあてはまるかどうか問題もある。あてはまると思うが、あるいは整理の時に改める必要があるかもしれない。

鳩山和夫（二一巻一九四丁表）

本条に定めた条件を具備した保証人のないときには保証人を立てないでも良いということになるのか。

梅謙次郎（二一巻一九四丁表～裏）

鳩山委員の出席していないときに、土方委員の質問に対して答えたことであるが、その場合は次の条により、債務者は物上担保を供することができる。そして物上担保も供しないならば、しかもそれが「約束上」保証人を立てなければならない場合であれば、第一三八条第三号により期限の利益を失うことになる。それは債務者にとって極めて不利益であるから、第四五三条によって物上担保を供するということになるであろう。但し第一三八条は「約シタル担保」とあり、法律上保証を立てる義務がある場合は含まないようなので、「供スベキ義務アル担保トカ何ントカ」いうように改めた方が良いと思う。整理の時までに考えておきたい。

六　第二項の「第三号ノ条件ヲ欠クニ至リタルトキ」について

岸本辰雄（二一巻一七四丁裏～一七五丁裏）

第二項で「前二項第二号又ハ第三号」とあるが、この「第三号」の文言は不要ではないか。旧民法は、（住所が）控訴院の管轄から変った場合は条件が欠けた場合とは見ていないようである。なぜなら、仮住所を定めることができるからである。住所を転じても仮住所を定めておけば良いので条件が欠けるということは起らない。ところで、本条においても、第一項第三号の住所は仮住所も入るという説明であったが、そうすれば、保証人が住所を変える場合は仮住所を置くことができるのだから、条件が欠けるということはおそらくないであろう。そうだとすると（第二項の）「第三号」の文言は不要である。それに、もしその文言が入っていると、一面では債務者の意思で随意に保証人を変えることができることになり、他面では保証人がそこに仮住所を定めない場合は、債務者は他の者を保証人にしなければならないという迷惑も生じる。

梅謙次郎（二一巻一七五丁裏～一七七丁表）

本条の住所には当然仮住所も含む。私は住所と言えばいつも仮住所を含んでいると解するつもりである。そうすると、岸本委員の言うように、第一項第三号の条件が欠けることはありえないのではないかという疑問が出てくる。旧民法の趣意はおそらくそうであろうが、しかし、もし実際に保証人が仮住所を定めなかったらどうするのか。債権者は「始終附イテ居ツテ」仮住所を定めさせることはできない。それよりも、このように規定しておけば、債務者としては別の人に保証を頼むよりも、同じ人で済まそうという場合が多いであろうから、そのときは仮住所を定めておいてくれと言うことができるであろう。それでも保証人が債権者の頼みを聞き入れず仮住所を定めてくれなかった場合、保証人の承諾なく仮住所を定めることはできないので、やはり代りの保証人を立てる必要が生じてくる。住所を変えることは種々のことに関係してくるから、保証の義務を免れるために住所を変えることはめったにあるまい。そのような弊害は恐れるに足りない。

七　第二項の修正提案

磯部四郎（二一巻一七七丁表～裏）

本条第二項のように「債務者ハ前項ノ条件ヲ具備スル者ヲ以テ之ニ代フルコトヲ要ス」というまでに債権者を保護する必要はない。これは債権者の便利のための条文であるから、たとえ住所が変わっても債権者がそこへ行って求めようとすれば求めることができる。債務者の方で「強ヒテ」代りの人を立てなければならないという義務を法律で定める必要はない。そこで「債務者」を「債権者」にし、債権者の方から代りの者を立てるよう要求することができることにすべきである。債権者が要求しなければそれで満足しているのであり、要求があってはじめて債務者がそれに応じて変えるというのが良いと思う。

高木豊三（二一巻一七七丁裏～一七八丁裏）

本条は債権者の保護のための規定だと思う。ところが、例えば債権者が甲の土地に居て、保証人がその土地で一番資力のある者であるとする。その者が転居して遠くへ行ってしまったとしても、「葉書一本ヤレバ直チニ夫レデ弁済シテ呉レルダラウ」と見るのに第二項によって代りの保証人を立てねばならないというような結果が生ずる。かえってそれでは債権者に不利になってしまう。したがって、保証人が無資力になったときは債権者が相当の保証人を立てるよう請求することができるという意味に改めるべきである。また第三号の方も、債権者さえ承知すれば差支えなかろう。

梅謙次郎（二一巻一七九丁表）

磯部、高木委員の意見の精神をくんで、第二項を「保証人カ前項第二号又ハ第三号ノ条件ヲ欠クニ至リタルトキハ債権者ハ前項ノ条件ヲ具備スル者ヲ以テ之ニ代フルコトヲ請求スルコトヲ得」としたいと思う。もし異議がなければそれを原案に改めたい。

井上正一（二一巻一八一丁裏）

起草委員から債務者を債権者と改める提案があったが、その問題はどうなったのか。

議長（西園寺公望）（二一巻一八一丁裏）

異議がないので、その（それが原案に改まった）つもりである。

井上正一（二一巻一八一丁裏～一八二丁表）

私は元の条文の通りにしておく方が良いと思う。元来本条は、債務者が保証人を立てる場合の条件を定めたものである。つまり第一項の三つの条件を備えた者でなければ債務者は保証人として立てることができないと定めてある。そこで保証人が偶然に弁済の資力を失ったときは、保証人は弁済の資力を有していなくても良いというのは妙である。三つの条件を定めてあるのに、修正説のようになると、途中でその条件を欠いたときは更に債権者の方から請求しなければならないことになり、それはどうも少し妙になるのではないか。代えなければならないということが窮屈なら、それは、債権者が許すならば債務者は必ずしも代えなくても良いと別に定めたら良いことで、本条は原案通りで良い。その説を試みに提出する。

▼井上委員の、元通り「債務者ハ……要ス」のままにする提案には賛成がなく、結局、磯部、高木委員の意見を受け入れて「債権者ハ……請求スルコトヲ得」と改めたものが原案となりそれが確定された。

八　第三項の「指定」の意味

土方寧（二一巻一七一丁表）

第三項に「債権者カ保証人ヲ指定シタル場合ハ」とあるが、債務者が指定して債権者が承諾すれば同じことになると思うがどうか。

梅謙次郎（二一巻一七一丁裏～一七二丁表）

「指定」という文字は狭いかもしれないが、双方相談の上、あるいは債務者からこの人でどうかと言って、債権者の方でこの人ならばよろしいと言ったときは、やはり「指定」と言っても良い。もし「指定」だけで言葉が足らなければ言葉を変えるか又は加えることは反対しない。

穂積八束（二一巻一八二丁表～一八三丁表）

本条は、当事者が合意の上で保証人を代える場合も入る趣旨だろうと思うが、そうだとすると「指定」という文言は「余リ一方ニ傾キ過ギタ文字」ではあるまいか。それに本条は「合意上ノ保証」ばかりでなく「法例」によって保証人の資格を定めていないときはこれによるというのであるから、必ずしも当事者の意思ばかりの場合ではないと思う。そうすれば結局第三項は「別段ノ定メガアルトキハ」というような意味になるのではないか。もしそうだとすれば、「債権者ガ保証人ヲ指定シタル云々ト云フコトヲ御定メニナツテ別段ノ定メアルトキハ之ヲ適用シナイト云フコトヲ御定メニナラヌノハドウイフ訳」か。

梅謙次郎（二一巻一八三丁表～裏）

「指定」という文字は「穏カデナイ」かもしれないが、だからといってこれを広くして「指定シ又ハ承諾シタル場合」というようにすると、債務者がある人を保証人として連れてきて、債権者が、その者が資力を有しているので承諾したが、その保証人が後に無資力になった場合、あの人でよろしいと承諾した以上はたとえ無資力になってもその人を保証人とすることになるが、(注4)それは不都合である。旧民法も「指定」という文言を使っており、私も「指定」でなければならないと思う。しかし、場合によれば必ずしも債権者の方から初めに指定しないでも、債務者がこういう人を保証人に立てようと言って、債権者がよろしいと言った場合は、やはり「指定」と言って良いだろうと思う。（「指定」ではなく）広く「承諾」ということになってはいけないと思う。しかし、弁済の資力はないが信用のある人、また遠方にいる人でも、もし債権者の方であの人ならばよろしいと言った場合は、本条は債権者保護の規定なのだから、その場合は債権者自ら保護を不必要と見て、いわば権利を放棄したものであるから、明文がなくてもわかるであろう。

土方寧（二一巻一九六丁表）

「指定」を「指名」に改めたい。「指定」ではあいまいで、債務者の方から名指しできた者を受諾した場合も入るように説明があったが、そういう広い意味では困るので、「指名」として債権者が指定して債務者が受諾した場合に限るべきである。

梅謙次郎（二一巻一九六丁表）

債務者が申し出て（債権者が）受諾した場合は入らない。先刻言ったのは、債権者が言い出さないで債務者が言い出してこの人を立てたいと言えばそれでも良いという意味である。

土方寧（二一巻一九六丁表）

そういう訳ならば、修正説は出さない。

九　第四五二条、第四五三条合併提案

土方寧（二一巻一八〇丁表～一八一丁表、一八七丁裏～一八九丁表）

(1)　全部削除説が出ているが、第二項は必要だと思う。しかし第一項は「実際適用ガ少ナカラウ」。債務がすでに成立った後で債務者が保証人を立てるということは実際上少ない。そして、債務の成立時ならば、債権者が満足するだけの保証人でなければ

債権債務関係が生じないと思うので、第一項が問題になる場合は少ないだろう。

しかし、初め債権者が満足してある保証人を決めていたのが、後に保証人の資力がなくなったときに債務者が「黙ツテ居ツテモ宜イ」ということは債権者にとって非常に迷惑だから、この場合には、債務者が資力のある者を代りに立てなければならない。それ故第二項は必要である。

そこで本条第二項と次の第四五三条を一緒にして、第一項を「保証人カ弁済ノ資力ヲ失ヒタルトキハ債権者ハ左ノ条件ヲ具備スル者ヲ以テ之ニ代フルコトヲ請求スルコトヲ得」とし、第二項に第四五三条の内容を持って来るという修正説を提出する。なお、本条第三項は「言フヲ俟タナイ」のでこれを削る（二一巻一八〇丁表～一八一丁表）。

(2)　本第四五二条と次の第四五三条を一緒にして次のように修正した方が良いと思う。

第一項「保証人カ弁済ノ資力ヲ失ヒタルトキハ債権者ハ弁済ノ資力ヲ有スル者ヲ以テ之ニ代フルコトヲ請求スルコトヲ得」

第二項「債務者カ弁済ノ資力ヲ有スル保証人ヲ立ツルコト能ハサルトキハ相当ノ担保物ヲ供シテ之ニ代フルコトヲ得」

第三項「前二項ノ規定ハ債権者カ保証人ヲ指名シタル場合ニハ之ヲ適用セス」

つまり私の考えでは、債権債務の成立する当時に保証人を定めるについては債権者の選択にまかせてよろしい、その条件を法律で決めるには及ばない。しかし後に資力を失った場合は（債権者を）保護しなければならない。それで、保証人が資力を失ったときは他の資力のある者を以てこれに代えることを（債権者が）請求できることを第一項に定め、それから、保証人を見つけるのが困難である場合に、相当の担保を供しても良いという権利を債務者に与えて差支えないと思うので、次の第四五三条の通りのことを第二項に入れ、更に第三項の「指定」を「指名」として第三項に置きたいと考える。多くの場合は（債務者が選んだ）保証人を債権者が承諾するだけであるが、その場合に保証人の危険を債権者が負担するというのは債権者にとって「苛酷」である。債権者が受諾した場合でもその保証人がもともと債務者の「指名」したものであったなら、その保証人が無資力になったときは、債務者に代りの保証人を立ててくれという請求ができるべきである（二一巻一八七丁裏～一八九丁表）。

▼この土方委員の提案には賛成がなく、採決されなかった。

一〇　第二項の適用について

横田國臣（二一巻一八四丁表～裏）

第二項に関して、最初から保証人を立てた場合と、（債権債務成立後に）債務者が保証人を立てるべき義務を負っていて、この人を保証人にして良いかと言い、（債権者が）承諾してそれで保証人を立てた場合で結果は変わるのか。あるいは、本条は、債権者が承諾しなかったが「最早之ニ依テ法律上此通リデアルカラ此通リニシテ仕舞ウ」場合にのみ適用されるのか。

梅謙次郎（二一巻一八四丁裏～一八五丁裏）

一旦契約を結んで後に債務者が保証人を連れてきた場合と、初めから保証人を立てた場合では異なる。初めに保証人を立てて契約を結んでいる場合、それが契約の一つの「条件」になっており、債権者の方で、その保証人についていやだと言うこともできる。したがってこの場合法律が保護する必要はない。第二項はその場合を含んでいない。フランスでは、文言からその場合も含むようになっているが、解釈上多数説は、初め保証人を立てる義務だけが生じて後から保証人を立てた場合にしかあてはまらないとなっている。従ってこの場合、一旦締結した契約に保証人を立てることが条件であったときは、第一項の条件を備えた者を連れてきたら、それ以上のものを債権者は請求できないというだけの意味である。であるから、その保証人が資力を失ったり何かすれば、第二項により保証人を代えてもらうことはできる。なぜなら契約の条件は「相当ノ保証人」となっており、法律上「相当ノ保証人」と言えば本条の三つの条件を備えていなければならないからである。しかし本条はその場合を主に規定したものではない。主に考えているのは、債権者の方では、この人ではまだ不足でもっと良い保証人を立てろと言い、債務者の方では、それほど良い保証人は立てられない、この人で十分であるというように、債権者と債務者で意見が分れている場合に、「曲直ヲ分ツコトノ標準」となることである。

横田國臣（二二巻一八五丁裏～一八六丁表）

私はそれと異なる考えを持っているが、もしそうだとしても、（主たる債務成立）後であっても債権者と相談の上で、資力のない者を保証人に立てることもできる。第三項で「指定シタル場合」とあるけれども、「指定」の場合でなくても、債権者が「承諾」した場合にも（第二項は）適用されないことになるのか。あるいはまた、資力が「幾分カ減スレハ出来ルケレドモ減ジナケレバ出来ヌ」ことになるのか。例えば資力が五万円で債務が一〇万円の時も、五万円の資力が減って初めて「ヤル」（第二項が適用できる）ことになるのか。

梅謙次郎（二二巻一八六丁表～裏）

第二項はもともと「債権者ノ保護一方ノ規定」であり「公益上ノ規定」ではない。それ故、債権者が弁済の資力のない者でも「自分が信用ヲ置クカラ」あの人ならば良いと言った場合は第二項の保護の権利を放棄したのであるから、後日にその人の資力がなくなっても第二項は適用されない。初めに資力のあった者が後日に資力がなくなった場合でなければ第二項の適用はない。

横田國臣（二二巻一八六丁裏）

例えば一〇万円の債務に「五万円ノ保証ヲ入レタ」が、後にその五万円が減った場合「五万円ハ減ラシタカライケヌト云フコトガろじっく」の上から言えそうに思う。

梅謙次郎（二二巻一八六丁裏～一八七丁表）

契約解釈の問題になる。もし契約が五万円の資力のある人ならよいということであれば、それより少なくなると「イケナイ」（第二項にあたる）。先ほどの質問は、資力のないことを知りつつその人で良いと言った場合として答えたが、今横田委員のあげた例なら、意思が明示されていれば、五万円より少なくなれば増すことができようと思う。

一一　第三項削除提案

磯部四郎（二二巻一八九丁表～一九一丁裏）

私は第三項は削除しなければならないと考え、削除説を提出する。元来この規定はなくても「自然斯ウナルデアラウ」と思う。第二項によれば、それは初め第一項第一～第三号の条件を具備していた保証人が、後にその条件を欠くに至った場合でなければ適用はない。初めから、例えば資力を欠いている者を合意の上で保証人にした場合は、この第二項は適用できないと思う。なぜなら、「初メカラ資力ノナイコトヲ知ツテ入レタ人間デアルカラ」、「合意上」であろうが「承諾上」であろうが「指定」であろうが、保証人を初めに立てた際にこの三条件が具備されていなければ、第二項の適用はできない。

以上のことは第二項から明らかであるが、第三項を設けるとかえって「指定」ではなく「合意」のときはどうだとか、保証人が初めから条件を欠いていたときにも第二項が適用できる場合があるのかという、詳しい条件を立てる必要が生ずる。

私の考えでは「合意上」であろうと「指定上」であろうと、初めから第一～第三号の条件を具備している保証人を立てたときは第二項を適用すれば良い。一旦保証人となって後にその条件の一つが欠けた場合、「指定」による場合と「承諾」による場合を問わず、いつまでも第二項で更に保証人を代えることを請求する権利を与えてよい。もしその条件を具備していない人間を保証人とすることを債権者が承諾した場合には、後に条件が欠けるということは生じない。なぜなら、その人間は初めから条件の欠けているのを承知してやったのだから。従ってこの場合第二項が適用されないのは当然のことである。第三項は不要である。それを削除しても疑いは生じない。

以上のことを物上担保と比較してみると「丁度符合シテ往クト思フ」。債権者が、この家屋を抵当に入れろとか、この土地を抵当に入れろとか指定した場合でも、その家屋が火災にあったり土地が流出した場合は、やはり他の抵当物を請求する権利がある。ところが、この第三項で、債権者が指定した保証人なら途中で第一～第三号の条件を欠くに至ったときも債権者は「彼レ是レ」言えないということになると、物上担保の場合と趣旨が変わってくるのではないか。

結局第三項は「有ツテ不完全ニシテ無クテ却テ平仄が合フ」ようなことになるので削除すべきである。

▼磯部委員のこの修正案には賛成がなく、採決されなかった。

本条をめぐって様々の議論が行われたが、結局、磯部、長谷川委員より出された、第一項第三号に「仮住所」を入れる修正案（**四**参照）が賛成多数で可決され（二二巻一九五丁裏～一九六丁表）、また磯部、高木委員の意見を受け入れて第二項の「債務者ハ……要ス」を「債権者ハ……得」とする文言修正が起草委員に受け入れられ（**七**参照）、確定した。

（注3） 原文では「二号」と記されている。
（注4） 原文では「其人ヲ保証スル」と記されている。

【その後の経緯】

法典調査会の議論では、第三項の「指定」という文言を「指名」に改める提案が否決されたにもかかわらず、確定条文では「指名」に改められているが、その経緯は明らかでない。また、第一項の「立ツヘキ義務」が「立ツル義務」に改められているが、整理会では、「『立ツヘキ』が『立ツル』トナリ『指定』ガ『指名』トナッタ丈ケテアル」と説明されているのみである（民法整理会議事速記録四巻一一丁裏）。

【民法修正案理由】

本条ハ既成法典債権担保編第十五条及ビ第四十七条ヲ併合シテ修正ヲ加ヘタルモノナリ。既成法典ハ債務者が合意ヲ以テ保証人ヲ立ツ可キ債務ヲ負ヒタル場合ト法律ノ規定又ハ判決ニ従ヒテ之ヲ負ヒタル場合トヲ分テリト雖モ、本案ノ如ク汎ク債務者ガ保証人ヲ立ツ可キ債務ヲ負フ場合トシテ一条ニ纏括シ其此ノ如キ義務ヲ負フニ至リシ事由ニ従ヒ法律ノ条文ヲ分タザルヲ可トス。

同編第十五条ニハ資力ノ事ト住所ノ事ノミヲ言ヒ能力ニ関シテハ規定スル所ナシ。是或ハ保証人ノ能力者タルヲ要スルハ当然ノ事ニシテ言フヲ待タザル所ナリト信ジタルノ結果ナルベシト雖モ、時トシテ或ハ此間ニ疑ヲ懐クモノナキニシモアラズ。殊ニ外国ノ法典ニ於テハ皆此条件ヲ明記セルヲ以テ本案モ亦其例ニ倣フテ第一項第一号ヲ入ルルヲ安全ナリトセリ。

同条ニハ債務者ハ債務ノ性質及ビ大小ニ応ジ有資力ノ人ニ非ザレバ云々ト言ヘルモ這ハ弁済ノ資力ヲ有スト言ヘル法条ノ解釈ニ由リ当然此ノ如クナルベキモノト信ジ、本条ノ如ク修正シテ文ヲ簡ニシタリ。

尚既成法典ハ有資力ノ保証人ガ無資力トナリタルトキハ債務者ガ前項ト同一ノ条件ヲ具備スル他ノ者ヲ立ツルコトヲ要ストシ保証人ノ更替ニ関スル規定ヲ資力ノ場合ニ限リ保証人ノ住所ヲ転ズル場合ニ及ボサザルハ聊カ足ラザルノ感アリ。保証人其住所ヲ転ズルトキハ債権者ノ請求ニ因リ多クハ元住所若クハ其地域内ニ仮住所ヲ定メテ保証ノ実ヲ尽ス可シト雖モ、明カニ法律ノ規定ニテ之ヲ命ズルニアラザレバ債権者ノ保護未ダ十分ナリト言フヲ得ズ。従テ本案ハ此場合ニ於テモ亦債権者ハ他ノ保証人ヲ請求シ得ルコトトシタリ。而シテ本条ノ主意タル一ニ債権者ヲ保護スルノ主意ニ過ギザルヲ以テ債務者ハ債権者ノ請求ニ因リテ代保証人ヲ立ツベキコトトシ、常ニ自ラ進ンデ之ヲ立ツルコトヲ要スルモノトセザリシナリ。

本案第二項ニ第二号又ハ第三号ノ条件ヲ欠クニ至リタルトキト言ヒ第一号ノ能力ヲ欠クニ至リシ場合ヲ其中ニ入レザリシハ、能力者タル保証人ハ後ニ至リテ無能力者トナルモ法定代理人之ニ代ツテ保証ノ義務ヲ履行シ得ルヲ以テナリ。

▼民法修正案理由書第三編第一章第三章《ママ》「第四款保証債務」六〜八頁（第四五一条）。

（吉村良一）

第四五一条　債務者は、前条第一項各号に掲げる要件を具備する保証人を立てることができないときは、他の担保を供してこれに代えることができる。

第四五一条　債務者カ前条ノ条件ヲ具備スル保証人ヲ立ツルコト能ハサルトキハ他ノ担保ヲ供シテ之ニ代フルコトヲ得

原案第四五三条　債務者カ前条ノ条件ヲ具備スル保証人ヲ立ツルコト能ハサルトキハ相当ノ担保物ヲ供シテ之ニ代フルコトヲ得

【参照条文】

旧民法債権担保編

第一六条　債務者カ前条ノ条件ヲ具備スル保証人ヲ立ツルコト能ハサルトキハ十分ナル物上担保ヲ与フルコトヲ得

第四七条　〔第四五〇条の【参照条文】中に掲載〕

フランス民法

第二〇四一条　保証人ヲ立テント欲シ之ヲ

得サル者ハ其保証人ニ代ヘテ至当ノ動産ヲ質ト為スヿヲ得可シ

イタリア民法

第一九二二条　保証者ヲ立定ス可キ所ノ人ハ一個ノ典質物件若クハ他ノ確実ナル事物ニシテ貸付権ヲ保証スルニ十分ナリト認識セラル、所ノ者ヲ提供シテ以テ其立定ス可キ保証者ニ換代スルヿヲ得ルノ自由ヲ有ス〔仏民第二千四十一条〕

スペイン民法

第一八五五条　前条において保証人を立てる義務を負う者が保証人を見出さなかったときは、債務の担保として十分な動産質権又は抵当権の設定をもってこれに代えることができる。

ベルギー民法草案

第二一二一条　法律上または裁判上保証人を立てる義務を有しているにもかかわらず保証人を見出すことのできない債務者は、これに代えて動産質権または抵当権を設定することができる。

【起草趣旨】

梅謙次郎（二一巻一九六丁裏）

本条は旧民法債権担保編第一六条の文字を少し修正しただけで、意味は少しも変えていないつもりであるので、別段説明しない。

【主要審議】

一　前条との関係

箕作麟祥（二一巻一九六丁裏〜一九七丁表）

前条の第二項で「保証人カ」「請求スルコトヲ得」とあるが、債権者が請求した場合もやはり本条で行くのか。

梅謙次郎（二一巻一九七丁表）

そのつもりであるが、あるいは言葉が足りないかもしれない。

二　「担保物」の意義

長谷川喬（二一巻一九七丁表）

「担保物」というと有形のものとなる。そうすると債権は入らないのか。

梅謙次郎（二一巻一九七丁表〜裏）

債権でも、少くとも「公債証書」のような有価証券によって証明されているものなら解釈上入ると思うが、文字の上からは少し無理なように思う。旧民法は、ボアソナードの説明もあり、フランスなどのように狭くてはいけない、広くしなければならないというので「物上担保」となっている。ところが「担保物」というと「物トハ有体物ノミヲ言フ」という規定と抵触する。イタリアは「他ノ担保」となっており、ベルギーとスペインは「動産質又ハ抵当」とある。日本では不動産質があるので動産質に限るのはどうであろうか。「質又ハ抵当」とか「質権又ハ抵当権」とか言ってはどうか。

三　修正提案について

高木豊三（二一巻一九七丁裏）

「相当ノ」三字を削り「他ノ」とする修正説を出す。

箕作麟祥・穂積陳重（二一巻一九七丁裏）

賛成。

土方寧（二一巻一九七丁裏〜一九八丁表）

今、修正説に賛成が出たが、本条は、債務者が保証人を立てることができない場合に、担保物を供して保証人の代りにすることができるという債務者を保護する規定である。従って、担保の実を挙げることの困難なものを供してはいけない。それ故私は「物」というように狭くした方が良いと考える。「他ノ担保」というと何もかも入ってくるようで「度過ギテイカナイ」。債権債務関係の発生当時においては債権者の選んだものは何でも良いが、既に債権債務関係が生じた後に保証人の代りに提供する担保であるなら制限する必要がある。

梅謙次郎（二一巻一九八丁表～裏）

長谷川、高木委員が言った通り「他ノ担保」（注）で良かろうと思う。「公債証書」などは今日では最も都合の良い代りの担保であろうと思う。それで「他ノ担保」ということになった方が良いと思う。

土方寧（二一巻一九八丁裏）

「相当ノ担保」と言ってはいけないのか。

富井政章（二一巻一九八丁裏）

それでも良くはないかと今迷っている。

長谷川喬（二一巻一九八丁裏）

「他ノ相当ナル」ではいけないのか。

梅謙次郎（二一巻一九八丁裏）

「担保物」といえば「相当ノ」でなければならないと考えて（「相当ノ」という文言を）入れたが、「他ノ」と言えば「相当ナル」ということが邪魔になる。もし文章が重くなっても良いなら「質権又ハ抵当権ヲ設定シテ之ニ代フルコトヲ得」ということになった方が良くはないかと思う。

▼土方委員の「相当ノ担保」とする提案には富井政章、奥田義人、中村元嘉各委員の賛成があったが、採決の結果、高木委員の修正説が可決され、「他ノ担保」と修正された（二一巻一九九丁表）。

（注）　高木委員の提案は「相当ノ担保物」を「他ノ担保物」と修正するものであったが、梅委員は**二**の長谷川委員の質問を意識したためか、ここでは修正提案を「他ノ担保」とする修正として受け取っているように思われる。その後の議論では、「担保」か「担保物」かについては論じられることがないまま、「他ノ担保」とする修正案が可決された。

【民法修正案理由】

本条ハ既成法典債権担保編第十六条ニ文字ノ修正ヲ加ヘタルノミ。

▽民法修正案理由書第三編第一章第三章《ママ》「第四款保証債務」八頁（第四五三条）。

（吉村良一）

第四五二条　債権者が保証人に債務の履行を請求したときは、保証人は、まず主たる債務者に催告をすべき旨を請求することができる。ただし、主たる債務者が破産手続開始の決定を受けたとき、又はその行方が知れないときは、この限りでない。

第四五二条　債権者カ保証人ニ債務ノ履行ヲ請求シタルトキハ保証人ハ先ツ主タル債務者ニ催告ヲ為スヘキ旨ヲ請求スルコトヲ得但主タル債務者カ破産ノ宣告ヲ受ケ又ハ其行方カ知レサルトキハ此限ニ在ラス

原案第四五四条　債権者カ債務ノ履行ヲ保証人ニ請求シタルトキハ保証人ハ先ツ主タル債務者ニ催告ヲ為スヘキ旨ヲ請求スルコトヲ得

主タル債務者カ破産ノ宣告ヲ受ケ又ハ其行方カ知レサルトキハ保証人ハ前項ノ請求ヲ為スコトヲ得ス

【参照条文】

旧民法債権担保編

第一八条　債権者ハ債務者ニ義務履行ノ催告ヲ為シタルモ其効果アラサリシコトノ証拠ヲ保証人ニ示サスシテ之ヲ訴追スルコトヲ得ス

　然レトモ債務者カ行方知レス又ハ破産ノ宣告ヲ受ケ若クハ顕然タル無資力ノ形状ニ在ルトキハ右ノ催告ヲ必要トセス

明治八年六月八日告一〇二号金穀貸借請人証人弁償規則

第一条〔第四四六条の【参照条文】中に掲載〕

第二条〔同右〕

フランス民法

第二〇二一条　保証人ハ義務ヲ得可キ者ニ其義務ヲ行フ可キ本人ノ財産ヲ以テ先ツ其義務ヲ得ルニ充テシム可キヿヲ述ヘ其本人猶其義務ヲ行ハサル時ノ外自カラ義務ヲ行フニ及ハス然𪜈保証人別段其権利ヲ抛棄シタル時又ハ義務ヲ行フ可キ本人ト連帯シテ義務ヲ行フ可キヿヲ契約シタル時ハ格別ナリトス但シ其義務ヲ行フ可キ本人ト保証人ト連帯シテ義務ヲ行フ可キヿヲ契約シタル時ハ連帯シタル義務ニ付キ定メタル規則ニ循ヒ其契約ノ効ヲ生ス可シ〔第千二百条見合セ〕

オーストリア一般民法

第一三五五条　保人ハ負責主カ責主ノ為メニ其責務ノ履行ヲ督促セラル、ノ日ニ於テ始メテ代償ノ訟求ヲ受ク可キ者トス〔仏民第二百《ママ》二十一条異〕（墺国民法ハ仏国民法ト異ニシテ保人ニ対シ訟求スル以前ニ先ツ負責主ノ財産ヲ擺竭スルヿヲ要セサルナリ）

第一三五六条　然𪜈若シ負責主カ破産ニ陥リ若クハ弁償期限ニ至リテ負責主ノ住所ヲ知ル可カラス且ツ責主ニ向ツテ其怠忽ヲ責ム可カラサル時会ニ当リテハ即チ直チニ責主ノ訟求ヲ受ケサル可カラス〔仏民第二千三十二条第二項〕

イタリア民法

第一九〇七条　保証者ハ主本タル負責主ノ弁償ヲ闕クノ時会ニ当テハ自己其債額ヲ弁償セサル可カラス然𪜈先ツ負責主ヲシテ財産ヲ罄竭セシムルヿヲ要ス但〻保証者カ此財産罄竭ノ権理ヲ棄捐スルカ若クハ保証者カ負責主ト共ニ互相特担ノ責務ヲ有スル時会ノ如キハ此例外ニ属ス此後項ノ時会ニ在テハ其保証ノ効力ハ互相特担ニ係ル負債額ニ関シテ之ヲ規定ス可キ者トス〔仏民第二千二十一条〕

スイス債務法

第四九三条　単純な保証人は、主たる債務者が破産し又は債権者の過失（Verschulden）なくして執行が功を奏しないか又はスイスにおいてもはや請求できないときに初めて債権者から支払の請求を受ける。

　第四九二条第三項に規定する場合はこの限りでない。

スペイン民法

第一八三四条　債権者は主たる債務者に対する請求と同時に保証人を召喚することができる。但し、主たる債務者と保証人の両者に対して有責判決が下された場合であっても、検索の利益は常に保護される。

ドイツ民法第二草案[注1]

第七七一条　保証人は、債権者が主たる債務者に対して強制執行を試みたがその功を奏しなかったときでなければ、債権者への弁済を拒絶することができる（先訴の抗弁）。

　金銭債権の場合には、主たる債務者の動産に対する強制執行は、その住所において、それが存在しないときはその居所において試みなければならない。債権者が主たる債務者の動産に対して質権を有するときは、その物件からも満足を試みなければならない。

第七一二条　先訴の抗弁は、以下の場合には排除される。

一　保証人がこの抗弁を放棄したとき、とりわけ保証人が自己債務者として保証をしたとき

二　主たる債務者に対する権利追及が、保証の引受後に生じた主たる債務者の住所又は居所の変更の結果著しく困難となったとき

三　主たる債務者の財産について破産が開始されたとき

四　主たる債務者の財産に対する強制執行が債権者の満足に至らないことが認められるとき

前項第三号、四号の場合には、債権者が質物として責任を負っている債務者の動産から満足を受けることができる限度においてのみ、先訴の抗弁が許される。

（注1）　仁保亀松訳「独逸民法草案債権」中には、該当条文の翻訳は見出し得ない。

【起草趣旨】

梅謙次郎（二一巻一九九丁裏～二〇三丁表）

保証人の権利義務については、各国の法例が一様ではない。わが現行法を見るに、明治八年六月八日の布告「金穀貸借請人証人弁償規則」によると、主たる債務者が身代限の処分を受けてなお負債の全額を弁償することができないか、主たる債務者が逃亡するか又は死亡[注2]した後に相続人のないときに初めて保証人に請求することができる。ドイツ民法草案では、主たる債務者に対して強制執行をしても完全な弁済を受けることができないときに初めて保証人に請求することができる。スイス債務法では、まず主たる債務者に対して訴を提起し、その効がなかった場合に初めて保証人に請求することができる。これらとは正反対の極端として、スペイン民法では、同時に（主たる債務者と保証人の）両者を訴えてもよいことになっている。フランスでは、「あでふをーどでびとーる[注3]」という表現が用いられているが、これは期限が来ても主たる債務者が支払をなさなければ、直ちに保証人に請求してもよいという意味と思われる。オーストリア民法では、一応主たる債務者に催告して、然る後に主たる債務者が履行しなければ保証人に請求できる。旧民法の立場はこれと同じであり、本案も同じ主義をとった。ただ、催告してから後に履行がなかったならば保証人に請求するということは、理屈としては結構であるが、催告をしたけれども履行をしないということを証明するのは実際上困難なので、法律の規定としては、保証人に先ず請求してもかまわないが、この場合には保証人の方で、まず主たる債務者に催告してから後に自分のところに来るよう、一時債権者の請求を退けることができるということにした。

次に、第二項に関しては、旧民法では破産の宣告のほかに「顕然タル無資力」という言葉があったが、これは旧民法が民事上の破産を認めなかったからで、破産の範囲が広くなった本案ではこのような文言は不要であるので取り除くことにした。[注4]

最後に旧民法の債権担保編第二四条[注5]と第二五条[注6]の二箇条を削除したので、その理由を説明する。第二四条は、保証人が訴えられた場合には、主たる債務者を訴訟に参加させるについて延期を請求できると規定しているが、その条件および方式は民事訴訟法で定めることになっている。ところが、民事訴訟法にはこの点の規定がなく、適用に困ることになる。ドイツの民事訴訟法などでも延期抗弁を与えるようになっている

が、日本の民事訴訟法では正反対に、参加の告知があっても訴訟は執行することになっている。私の考えでは、このような場合には延期抗弁を与えた方がよいと思うので、民事訴訟法を改めるときに、いくらかの条件をもってこれを与えることにしたい。しかし、このことを民法に規定すると、民事訴訟法と抵触する恐れがあるので、連帯のところで旧民法債権担保編第五六条の規定を削ったのと同じ精神で、訴訟参加ということは除くということで第二四条を削除することにした。第二五条第二項の規定は本案第四五一条（確定条文第四四九条）のところで規定されることになり、第一項は、保証の性質上当然のことであって明文を置かなくてもよいと思われるので削ることにした。

（注2）　速記録には「逃亡」とあるが、同規則の規定から明らかなように、「死亡」の誤りであろう。

（注3）　フランス民法二〇二一条の次の文言のことであろう。

…qu'a défaut du débiteur,…

（注4）　原文では「破産ノ宣告ノ場合ヲ取除イテモ宜カラウ」と記されている。

（注5）　旧民法債権担保編第二四条　保証人ハ検索ノ利益ヲ用ヰタルト否ト分別ノ利益ヲ享クルト否トヲ問ハス訴追ヲ受ケタルトキハ第二十九条ニ明示シタル目的ヲ以テ債務者ヲ訴訟ニ参加セシムル為メ基本ニ付テノ答弁前ニ民事訴訟法ニ定メタル方式及ヒ条件ニ従ヒ延期抗弁ヲ以テ債権者ニ対抗スルコトヲ得

（注6）　旧民法債権担保編第二五条　保証人カ基本ニ付テ答弁スルトキハ主タル債務ノ組成又ハ其消滅ヨリ生スル抗弁ヲ以テ債権者ニ対抗スルコトヲ得

保証人ハ債務ヲ保証スルニ当リ債務者ノ無能力又ハ其承諾ノ瑕疵ヲ知ラサリシトキハ此等ノ事項ヨリ生スル無効ノ理由ヲ以テモ対抗スルコトヲ得

【主要審議】

一　主たる債務者の破産・行方不明の場合について

横田國臣（二一巻二〇三丁表～裏）

主たる債務者が破産の宣告を受けた場合でも、まだ財産がある限り、それに加入して取って足らないときに保証人に請求する方がよくはないかと思う。また、主たる債務者の行方が知れないときでも、その財産があって管財人でもあれば、それにかかって行く方がよいと思うがどうか。いずれにせよ、主たる債務者が破産の宣告を受けさえすれば、直ちに保証人にかかることができるというのは、少し酷ではあるまいか。

梅謙次郎（二一巻二〇三丁裏～二〇四丁表）

その点は、先刻説明したように、保証というものの主義によって大変違っている。ドイツ民法草案の主義によると、強制執行まで行ってからでないと保証人に請求できないから、破産の場合でも、先ず破産に加入して残った部分を保証人に請求することになる。スイス債務法は、破産の訴をしなくても直ちに保証人に請求してよいことになっている。破産の手続は余程面倒であって、そういうことがないように初めから保証人を立てさせておくのであるから、そういう（主たる債務者が破産した）場合には、直ちに保証人に請求してよい。そして、保証人は求償権をもって破産に加入できる。それを、債権者に破産に加入するよう規定するのでは、かえって曖昧なことになると思われる。

主たる債務者の行方が知れない場合については、例えば、その住所が不明のときや、その住所に実際いないため、書類を送達しても債務者に届かないというのでは、催告をしても無駄である。このような場合には保証人に請求できる方がよいと思われる。

二　「催告」を抗弁とすることについて

元田肇（二一巻二〇四丁裏）

本条は現行規則（明治八年六月八日告一〇二号金穀貸借請人証人弁償規則のこと

――辻注）とまるで違ったことになってい て、この趣意が知れ渡るまで莫大な債務の保証をした者には余程の変動を来たすと思われる。今日までの方針をとっては実際どういう不都合があるのか。

梅謙次郎（二一巻二〇四丁裏～二〇五丁裏）

実際のところ、単なる保証人に満足する債権者は極めて少なく、その多くは連帯保証人とか連帯債務者にしている。というのは、（明治八年六月八日の布告のように、）保証人にかかって行くには、主たる債務者を身代限にしなければならないというのでは大変だからである。むしろ明治八年の布告は今日の時勢に合わないのであり、やはり、義務の強い方の保証人が今日の時勢に適するように思われる。その一つの証拠が、民法では保証人の義務はよほど軽くなっているが、商法では黙っていても保証人は連帯となるという点に現われている。これは、主たる債務者にかかって先ず検索などをやってからでなければ保証人にかかれないというのでは、商業社会ではうるさくて仕方がないからである。フランスでは明文がなくても、そのように解されていると聞く。そういうわけで、八年の布告の主義を捨てて、旧民法の主義すなわちオーストリア民法の主義をとるのがよいと思った。

長谷川喬（二一巻二〇六丁表～裏）

起草者の説明によると、本条は、旧民法のように催告をしたうえで、その効果のなかったことを債権者が証拠立てることが困難なので、このような表現にした、従って、今日催告をして明日訴えるというようなことは許されないということだが、この文章ではそのような意味には解釈できない。それで、催告をした後相当の期間を置くとか、催告をしても弁済が得られないとかいうことを明示する必要があるのではないか。

梅謙次郎（二一巻二〇六丁裏～二〇七丁裏）

言われる通り相当の期間を経ても弁済を為さざるときとかいうことを書けば、理屈が明らかになってよいが、例えば、債務者がすぐ隣りにいる場合には相当の期間を置かなくてもよいし、遠方にいる場合には相当の期間を置くとすると、それが大変長い期間を置かなければならないように解される嫌いがある。いやしくも催告といえば、払わせるということを含んでいるから、催告状を発すると同時に保証人にかかって行くようなことが許されないことは、明文がなくても疑いは起こらないであろう。そこで言葉を明らかにしようとすれば「催告シタルモ其効ナキ旨」とか「履行シタル後」とか書かなければならないが、その効がなかったこと、履行しなかったことは、「事実問題」にした方が良いと考えた。

長谷川喬（二一巻二一一丁表～二一二丁表）

私の経験から言うと、明治八年の布告は厳格に今日行われている法律である。身代限というものはなくなったが、家資分散の宣告を受けるか、強制執行を受けて財産のないことが明らかになれば、身代限と同じことである。それで、せめて旧民法のように催告をしたうえで、その結果を得ないということまでは債権者に証明する義務を負わせるようにし、保証人が義務を負うのは、債務者に催告をしてその結果を得ないときに限るということにしたい。金銭などのことなら督促手続というものがあるから、それによって証明することは難しいことではあるまい。

元田肇（二一巻二一二丁表～裏）

進歩した法律の世の中ではこの草案のようなのがよいかも知れないが、外国にも只今の日本のような例もあるようだから、日本でこれまで行われてきたものが必ずしも法理に反すると論ずることもできない。従前の法律が余り実行上において極端に過ぎるというのならば、その点は修正してもよいが、非常な不都合があるのでなければ、なるべく従前の慣習の成り立っているのを採用するように願いたい。

磯部四郎（二一巻二一二丁裏～二一三丁裏）

私は（旧慣を改める）必要が大いにあると思う。これまでの日本の慣例では、保証人を立てても、実際には殆どその利益を見ないような傾向があった。誰でも心得違いをして、保証ならよいからというので、どんどん印を押す。しかし、保証をするということは、とりもなおさず第二の義務を負うものであるということを、軽忽に印などを押す者に法律をもって予告しておくのがよいと思う。そうでないと、旧慣があると保証を断ることができず、保証なら良かろうということで産を傾けるに至った者が沢山ある。そのため、法律はだんだんヨーロッパ主義を採り、なるべく保証の義務を実効性あるようにして、速やかに裁判の執行をさせる方に傾いている。このような法律が立てば迂闊な保証人もなくなるし、むやみに保証人を頼んでくるような者もなくなるであろうから、本条は是非共この通りに存しておくことを希望する。

高木豊三（二一巻二一三丁裏～二一四丁表）

原案の主義が悪いとは言わない。今日の学問の程度やその他の事情を考えると、これで良いであろう。が、主たる債務者と従たる債務者とがあるときに、第一の者を差し置いて、いきなり第二の者にかかるということは、「こんもんせんすノ順序」からいってもどうかと思う。当分は旧民法の主義の方が良いと考えるのだが。

梅謙次郎（二一巻二一四丁表～裏）

先刻も説明したように、このとおりにしておいても実際は旧民法と同じことになるつもりであるが、文字を変えるとなると後の第四五六条（確定条文第四五四条。但し、原案の第一項を削除）や第四五七条（確定条文第四五五条）も変えなければならなくなる。請求する権利があるというのと、旧民法のように催告をしてからでなければ全く請求できないというのとでは、書き様が変わってこなければならない。

長谷川喬（二一巻二一四丁裏～二一四丁表）(注7)

本条第一項を「（債権者カ債務ノ履行ヲ保証人ニ請求シタルトキハ保証人ハ先ツ主タル）債務者ニ催告ヲ為シ其効果ヲ得サル旨ヲ証明スルコトヲ請求スルコトヲ得」と修正すれば、第四五六条や第四五七条の所でも支障はなくなると思う。何分原案のままでは、一方で催告しておいて、催告をしたとさえ言えば保証人が義務を履行しなければならないというようにしか見えないから、整理のときに文章だけは改めてほしい。

土方寧（二一巻二一四丁表）

これは原案どおりでよい。

三　裁判上の保証について

長谷川喬（二一巻二〇六丁裏）

旧民法債権担保編第四九条(注8)を削ったのは、同条にある「裁判上の保証」というものが民事訴訟法になく、これと一般の保証とを区別するには及ばないからか。

梅謙次郎（二一巻二〇七丁裏～二〇八丁裏）

民事訴訟法では、保証というときは物上担保となっており、保証人に関する規定はない。「仏蘭西デハ丁度民事訴訟法ノ保証ト云フ彼ノ有価証券又ハ金銭ヲ保証ニスル場合ニハ保証人ニ遣ルコトガ多イ然ウ云フ風ダカラ向フデハ適用ガ多イガ日本デハ適用ガ少ナカラウ」。余程の理由でもない限り、特別の規定を設ける必要はない。それに、裁判上の保証人であろうと、法律上の保証人であろうと、合意上の保証人であろうと、債務者が弁済しないときの担保のためであるから、その担保がなるべくよく行われるためには検索の利益などは与えない方がよいということになる。しかし、それでは余りに酷であるから、特別の約束のないときには「検索ノ出来ルト云フコトニシテ置イタ方ガ宜シイ夫レニ付テ特別ノ規定ヲ設ケル丈ケノ充分ノ理由ヲ発見スルコトハ出来ナイ」ということであった。

長谷川喬（二一巻二〇八丁裏～二〇九丁裏）

民事訴訟法第八七条には「訴訟上ノ保証ハ当事者カ別段ノ合意ヲ為ス場合又ハ此法律ニ於テ保証ヲ定ムルコトヲ裁判所ノ自由ナル意見ニ任スル場合ヲ除ク外裁判所ノ意見ニ於テ担保ニ十分ナリトスル現金又ハ有価証券ヲ供託シテ之ヲ為ス」とある。この現金又は有価証券を裁判上の保証に供するのは、裁判所の自由な意見に任ずる場合ではない。「夫レデ裁判所ノ自由ナル意見ニ任ズルト云フコトガ丁度仏蘭西ノ保証人ヲ用ヰル場合ニ適当シテ居ルコトガ二三个条モ書イテアル」。また、仮執行についての保証の場合、すなわち、民事訴訟法第七四一条、第七四五条、第七四七条等の規定によって裁判所が保証人を許す場合もある。これらの場合にも、本条および次条の検索の利益と言わなくても、本人を先に出すだけの権利を保証人が有しているものであるから、旧民法のように「裁判上ノ保証人ハ財産検索ノ利益ヲ有スルコトヲ得ス」といった例外規定がなくてはならないのではないか。

梅謙次郎（二一巻二〇九丁裏～二一一丁表）

私が民事訴訟法にはないと言ったのは、フランスのように一般の原則としては規定がないということで、裁判官が自由な意見をもってする場合は、どちらかというと少い方であろう。実は保証というものについて随分調べたが、最も多くの場合には「担保ノ保証」とある。ドイツなどには、保証人というのを単に保証とある。そして皆、金銭又は有価証券を供託することになる。

裁判上の保証に検索の利益を与えるかという問題であるが、急を要するならば、裁判所が自由な意見によって担保を選ぶのであるから、迂遠な保証人などによらずに、有価証券や金銭を出させる方法をとればよい。それで、裁判官が保証人を選んだ場合には、仮に、検索の利益がなかったところで、保証人が任意に履行しなければこれを相手どって訴えなければならない。それならば、検索の利益を与えておいてもよいであろう。

四　検索の抗弁との関係について

横田國臣（二一巻二一四丁表～裏）

起草者は次の条で余程保証人を保護する方法を立てたものと思うが、そこにある「財産ニ付キ執行ヲ為スコト」というのはどれまでのことを言うのか、また「執行ノ容易ナルコトヲ証明スル」というのはどういうことか説明を願いたい。

梅謙次郎（二一巻二一四丁裏～二一五丁表）

「執行ヲ為ス」というのは、無論、強制執行をなしてそれで弁済を受けるに足らないときに払ってくれという意味である。「執行ノ容易ナルコト」というのは、ヨーロッパに財産があるとか、強制執行でもしなければ取れないような貸金とか、また動産・不動産であっても、各地に散在して日本国中歩かなければ執行のできないようなものではなく、ある所に動産なり不動産なりが定まっていて、保証人に対して請求するだけの金銭がそこから取れるような場合のことである。

横田國臣（二一巻二一五丁表～裏）

催告をなした後であってもこれだけのことができるのならば、（本条は原案のままでも）不都合はないと思う。

土方寧（二一巻二一五丁裏）

本条の請求というのは、訴の方法をもってすると、普通の方法をもってすると、どちらでもよいのか。

梅謙次郎（二一巻二一五丁裏～二一六丁表）

その点は、今までの文例でも両方に使ってきた。「時効ノ所テ広ク請求ト言ツテアル」。自分が行って請求しても、書面をやって請求しても、執達吏をやって請求しても、また裁判所に請求するのであってもよい。

▼本条については、他に別段の発議なく、原案どおり確定（二一巻二一六丁表）。

（注7）二一巻は、二一三丁に続いて二一四丁の数字が打たれた丁が二枚続いている。

（注8）旧民法債権担保編第四九条　裁判上ノ保証人及ヒ其引受人ハ財産検索ノ利益ヲ有スルコトヲ得ス

【その後の経緯】

原案の第二項が確定条文では但書になっていることにつき、梅委員は整理会で、『保証人ハ前項ノ請求ヲ為スコトヲ得ス』ト云フ位テアルナラハ『此限ニ在ラス』トシテ充分ニ分ル話テアリマスカラ斯様ニ改メマシタ、ドウ云フ訳テ斯ンナ風ニ書イタノカ殆ト吾レナカラ分ラナイ」と説明している（民法整理会議事速記録四巻一二丁裏）。「債務ノ履行ヲ保証人ニ請求シタルトキ」が「保証人ニ債務ノ履行ヲ請求シタルトキ」に改められた経緯は明らかでない。

第九回帝国議会衆議院民法中修正案委員会では、「行方カ知レサルトキ」とは、行方不明の期間をもって定めることができないかという質問があった。梅委員は、平生規則正しい生活をしている人が二、三日、居所がわからないときは行方が知れないと言うことができるかもしれないが、不規則な生活をしている人は、一週間くらい居所の知れないことはしばしばある。一定の期間を以て定めることは困難であると述べた（廣中俊雄編著『第九囘帝國議會の民法審議』二二〇頁）。

【民法修正案理由】

本条以下ハ保証人債権者間ニ於ケル保証ノ効力ニ関シテ規定スルモノナリ。債権者ガ保証人ニ対シテ弁済ヲ迫ルコトヲ得ルニ先チテ為スベキ事項ニ関シテハ諸国ノ法典其軌ヲ一ニセズ。独逸民法草案ハ債権者ガ債務者ニ対シテ強制執行ヲ為スモ尚完全ナル弁済ヲ得ザル場合ニ於テ保証人ニ係リテ弁済ヲ請求シ得ルモノトシ我現行法モ亦之ト同一ノ主義ヲ有ス。既成法典及ビ澳国民法ハ債務者ニ催告シタルモ債務者之ヲ履行セザル場合ニ保証人ニ係ルベキモノトシ、西班牙民法ハ極端ノ主義ヲ採リテ債権者ハ同時ニ主債務者及ビ保証人ヲ訴追スルコトヲ得ルモノトセリ。此三主義中西班牙民法ノ如キハ到底余輩ノ賛スルヲ得ザルモノナリ。独逸民法草案及ビ我現行法ノ主義ハ保証債務ノ性質ヨリ論ジテ或ハ純理ニ適スルガ如シト雖モ事々迅速ヲ貴ビ信用ヲ重ズル現時ノ情況ニ比シテ債権者ノ保護ニ尽サザル所アリ、又当事者ノ意思ニモ適合セザル所アリト信ジ、本案ハ既成法典及ビ澳国民法ノ主義ヲ採用シタルナリ。唯之ヲ記載スルノ方法ハ既成法典債権担保編第十八条第一項ノ如クスルヨリモ、寧ロ本条第一項ノ如クスルヲ便宜ナリト信ジタリ。尚原文第二項ニ債務者ノ破産及ビ行方不知ノ外顕然タル無資力ノ場合ヲ入レタルハ既成法典ノ主義ニ因レバ破産ノ範囲ハ本案ニ採レル範囲ヨリモ狭少ナルヲ以テナリ。

同編第二十四条ニ保証人訴追ヲ受ケタルトキハ債務者ヲ訴訟ニ参加セシムル為メ民事訴訟法ニ定メタル方式及ビ条件ニ従ヒ延期抗弁ヲ対抗スルコトヲ得トスレドモ、現行ノ民事訴訟法ニハ未ダ之ニ関スル方式及ビ条件ヲ定メザルナリ。又此際保証人ニ一定ノ期間ヲ与フルハ素ヨリ至当ノ事ナルベシト雖モ此般ノ事ハ須ラク民事訴訟法ノ規定ニ譲ルベキモノト信ジ既ニ連帯ノ場合ニ於テ訴訟参加ノ条文（担五六）ヲ削除シタル如ク茲ニモ亦之ヲ削除ス。

同第二十五条第二項ヲ削除シタル理由ハ既ニ第四百五十一条ノ下ニ之ヲ述ベタリ。同第一項ノ規定モ亦言フヲ待タザル所ナリトス。蓋シ保証人ハ主タル債務者ガ其債務ヲ履行セザル際ニ之ヲ履行スベキモノナルヲ以テ主債務ノ存セザルニ保証人ノ履行スベキ責任ノアルベキ理ナク、且債務ノ成立又ハ其消滅ヨリ生ズル抗弁ヲ対抗シ得ルハ当然ノ事ナレバナリ。従テ同第一項ヲモ亦削除シタリ。

▽民法修正案理由書第三編第一章第三章《ママ》「第四款保証債務」八～一〇頁（第四五四条）。

（辻　正美）

第四五三条　債権者が前条の規定に従い主たる債務者に催告をした後であっても、保証人が主たる債務者に弁済をする資力があり、かつ、執行が容易であることを証明したときは、債権者は、まず主たる債務者の財産について執行をしなければならない。

第四五三条　債権者カ前条ノ規定ニ従ヒ主タル債務者ニ催告ヲ為シタル後ト雖モ保証人カ主タル債務者ニ弁済ノ資力アリテ且執行ノ容易ナルコトヲ証明シタルトキハ債権者ハ先ツ主タル債務者ノ財産ニ付キ執行ヲ為スコトヲ要ス

原案第四五五条　債権者カ前条ノ規定ニ従ヒ主タル債務者ニ催告ヲ為シタル後ト雖モ若シ保証人カ主タル債務者ニ弁済ノ資力アリテ且其執行ノ容易ナルコトヲ証明スルトキハ債権者ハ先ツ主タル債務者ノ財産ニ付キ執行ヲ為スコトヲ要ス

【参照条文】

旧民法債権担保編

第一九条　保証人ハ右ノ外下ノ制限及ヒ条件ニ従ヒ債権者カ予メ債務者ノ財産ヲ検索シテ之ヲ売ラシムルコトヲ債権者ニ要求スルコトヲ得

第二一条　検索ヲ要求スル保証人ハ債務者ノ不動産ニシテ義務ヲ履行ス可キ控訴院ノ管轄地内ニ在ルモノヲ債権者ニ指示スルコトヲ要ス

保証人ハ争ニ係ル不動産ヲモ他ノ債権者ニ優先ニテ抵当ト為リタル不動産ヲモ訴追債権者ニ抵当ト為リタル不動産ニシテ第三所持者ノ手ニ存スルモノヲモ指示スルコトヲ得ス

債務者ニ属スル動産ニ付テハ債務者之ヲ物上担保トシテ既ニ債権者ニ供シタルトキニ非サレハ保証人其検索ヲ要求スルコトヲ得ス

明治八年六月八日告一〇二号金穀貸借請人証人弁償規則

第一条　〔第四四六条の【参照条文】中に掲載〕

第二条　〔同右〕

フランス民法

第二〇二一条　〔第四五二条の【参照条文】中に掲載〕

第二〇二三条　保証人義務ヲ得可キ者ニ其義務ヲ行フ可キ本人ノ財産ヲ以テ先ツ其義務ヲ得ルニ充テ用フ可キヿヲ求ムルニハ其義務ヲ得可キ者ニ其本人ノ財産ヲ指示シ且其財産ヲ以テ其義務ヲ得ルニ充テシムル手続ヲ為スニ十分ナル費用ノ金高ヲ義務ヲ得可キ者ニ預メ渡シ置ク可シ

保証人ハ本人ノ義務ヲ尽クス可キ地ノ控訴院ノ管轄外ニアル其財産ヲ指示ス可カラス又其控訴院ノ管轄内ニアル本人ノ財産ト雖モ他人ヨリ之ヲ得ルノ権アルヿヲ訴出シタル財産又ハ書入質ト為シタル財産ヲ指示ス可カラス

イタリア民法

第一九〇七条　〔第四五二条の【参照条文】中に掲載〕

第一九〇九条　財産罄竭ヲ要求スル保証者ハ主本タル負責主ノ財産ヲ責主ニ指示シ且財産罄竭法ノ行用ニ関スル費用ヲ予支セサル可カラス

主本タル負責主ノ財産ニシテ弁償ヲ為ス可キ場地ノ本管轄控訴裁判所ノ管轄外ニ現在スル所ノ者若クハ争訟ニ係ハル所ノ者若クハ負債ヲ確保スル為メニ既ニ現ニ券記抵当ニ供充シ而シテ負責主ノ処分権内ニ属セサル所ノ者ヲ指示スルモ亦之ヲ以テ財産罄竭ノ数内ニ算入ス可カラス

〔仏民第二千二十三条〕

スイス債務法

第四九三条　〔第四五二条の【参照条文】中に掲載〕

第四九四条　保証に係る債権が、保証の設定の前またはこれと同時に、質権によって担保されているときは、単純な保証人は、主たる債務者が破産することなくかつ主たる債務者の破産によることなくその質権が換価できる限り、債権者が先ずその質物にかかるべきことを請求できる。

スペイン民法

第一八三〇条　保証人は、債務者の財産の検索が事前に行われるのでない限り、債権者に対して弁済する義務を負わない。

第一八三一条　以下の場合には、検索は行われない。

一　保証人が明示的に検索（の抗弁の利益）を放棄したとき

二　保証人が債務者と連帯して債務を負担したとき

三　債務者が破産状態または支払不能状態にあるとき

四　王国内で検索を行うことができないとき

第一八三二条　保証人が検索の抗弁の利益を受けることができるためには、支払催告を受けた後直ちにこれを債権者に対抗し、かつ、債務の全額を補償するに足る、スペイン領土内にあって換価の可能な債務者の財産を指示しなければならない。

第一八三四条　〔第四五二条の【参照条文】中に掲載〕

ベルギー民法草案

第二一〇二条　債権者が保証人を訴えた場合、保証人は、検索の抗弁の利益を放棄しない限りこれを以て債権者に対抗することができる。保証人が債務者と連帯して債務を負担するときは、単独で債務の弁済を義務づけられているのと同様に裁判上の請求を受け得るという意味において、黙示的に検索の抗弁の利益を放棄したものとみなされる。

第二一〇四条　検索を請求する保証人は、主たる債務者の財産を債権者に指示し、かつ検索を行うために十分な金銭を予納しなければならない。

ドイツ民法第一草案

第七一一条　〔第四五二条の【参照条文】中に掲載〕

第七一二条　〔同右〕

【起草趣旨】

梅謙次郎（二一巻二一六丁裏～二一八丁裏）

本条は旧民法の債権担保編第一九条と第二一条とを併せて一箇条としたものである。本案では現行法（明治八年六月八日告一〇二号金穀貸借請人証人弁償規則のこと――辻注）やドイツ民法草案のように、絶対なる検索権すなわち総て強制執行をしてからでなければ保証人にかかれないという立場はとらず、検索に多少の制限を付することにした。しかし、その制度も、フランス民法、イタリア民法、ベルギー民法草案のように、費用を立替えなければならないといったものとはせずに、旧民法のように少し「寛ヤカ」なものにした。旧民法は、フランス民法やイタリア民法にならって、大変綿密な条件を置いているが、そのように杓子定規に、やれこういう財産はいけない、ああいう財産はいけないとかいって、詳しい規定を設けるよりは、むしろその精神をあらましに出して、それから先は裁判官の手心で、事実に即してあるいはこれを許す、あるいはこれを許さないとしておく方がかえって公平な結果が得られ、かつ実際に便利であろうと思い、「弁済ノ資力アリテ且其執行ノ容易ナルコトヲ証明スルトキハ」云々というように改めた。なお、参考のために他の国の例をあげると、スペイン民法はこれとほぼ同じことになっていて、スペインの国内にある財産であって、執行可能でかつ弁済に十分なものを指示して検索を請わなければならないとなっている。ベルギー民法草案では、単に主たる債務者の財産を指示すればよいことになっているが、これではどんな小さな財産でも、例えばあの人は一箇の煙草入を持っているといえばよく、一向財産検索の利益に制限をおいたことにならない。草案の説明を読んでみても、財産の多少は問わないということになっている。この立場は採らなかった。スイス債務法は余程制限した条件が設けてあり、保証契約を結ぶ前から、あるいはこれと同時に設定した質権があれば、それを先に執行して、それでも足らないときに保証人に請求できることになっている。これは珍しい条件で、よく考えれば理屈のないことではないかも知れないが、真似するほどの価値はないと考えた。

【主要審議】

一　検索の抗弁権行使のために催告が必要か

穂積八束（二一巻二一九丁表～裏、二二〇丁表）

第一に、本条の文字を見ると、催告をする前には、現在弁済の資力がありかつ執行の容易なことを証明してまず主たる債務者に往くよう請求することはできないという趣旨のようだが、そのとおりか。また（主たる債務者が）破産の宣告を受けた場合に「先取特権ノ権」によって容易に取れる場合がないとも限らない。その場合にそれを証明しても、まず主たる債務者に往くことはできないという趣旨か。

第二に、次条では「前二条ノ請求」とあるが、誰が請求をするのか。これは保証人がまず主たる債務者の方に請求して催告をしてくれという意味か。

梅謙次郎（二一巻二二〇丁表～二二一丁表）

第一点については、「催告ヲ為シタル後ト雖モ」とある位だから、これをなさないときは尚更ということになる。「前条ノ規定ニ従ヒ」とあるから、前条の規定に従って催告をなすべきときは催告をする（、そしてその後に）、また催告をなすべきときでなければ催告をなさなくても、その両方を含むつもりである。催告をしなかった場合でも、破産の宣告の場合でも、随分財産のあることもあるし、行方知れずの場合には現にその人の所有物と知れている物があってそれにかかって請求すれば弁済を受けることができるならば、本条の適用がある。

第二点については、（保証人が）執行の容易なことを証明するときは債権者の方で主たる財産に行かなければならないということの中に「夫レヲ証明シテ保証人ガ請求ヲシタラ」ということを含ませて、本条には請求という文字を入れなかったのである。

二　先取特権と検索の抗弁権

横田國臣（二一巻二二五丁表〜裏）

（梅委員の説明によれば、主たる債務者が）破産の宣告を受けた場合には、保証人は前条の請求はできないが、本条の請求はできるということだが、先取特権のある場合には、たとえ主たる債務者が破産の宣告を受けても、本条によって検索を主張できることになるのか。

梅謙次郎（二一巻二二五丁裏）

先刻穂積（八束）委員に答えたとおり、この場合は催告の有無を問わない。催告のなかった場合、すなわち破産のような場合でも、先取特権によって充分とみられれば無論検索は主張できる。

三　「弁済ノ資力」の意義

奥田義人（二一巻二二一丁表）

本条の「弁済ノ資力アリテ」というのは、全部の弁済の資力のあるときでなければ保証人は請求権を行えないという意味か。

梅謙次郎（二一巻二二一丁表）

そのつもりである。

四　裁判上の保証について

高木豊三（二一巻二二三丁裏〜二二四丁裏）

前条で長谷川委員の出した議論（第四五二条【主要審議】三参照）についてであるが、強制執行で財産の差押が行われたがこれを解く理由がある場合に、債務者には保証に立てられる不動産も金銭もないが、保証に立つという人があれば、裁判所はこれを許すことができる。この場合に、保証人に直ちにかかれないということになると、いかにも不都合である。なぜなら、この場合には、当り前の債務者として金を貸し、その次に保証人に請求するのとは違って、主たる債務者は無資力ときまり切っているのだから、検索をするというのは迂遠な手続であって、法律の主意にも合わないからである。もし起草者が同意されるならこの点を加えるよう願いたい。

梅謙次郎（二一巻二二四丁裏〜二二五丁表）

同じ関係人の中でこういう種類の者にはこれだけの権利があり、こういう種類の者には権利がないということは、余程必要がない限り省くことにした。裁判所で保証人を立てさせる場合において、無資力であることが知れきった者に対して検索を行わせては困るということだが、主たる債務者に資力がなければ全く検索はできないことになる。検索のできる場合とは、その人に財産のあることが明らかであり、しかも支払うべき額に十分であって、かつ執行が容易であることを証明しなければならない。（高木委員の意見には）強いて反対はしないが、一旦削ったものをまた加えるという程には感服できない。

五　「其」という文字のかかりどころについて

長谷川喬（二一巻二一八丁裏）

文字のことだが、「其執行」というのは何を指したものか。「弁済ノ執行」というようにも読めるが。

梅謙次郎（二一巻二一八丁裏〜二一九丁表）

主たる債務者について執行するという意味であるが、「其」という文字がなくても、知れ切ったことで、かえってこれがない方がよいかも知れない。

磯部四郎（二一巻二二一丁裏）

其執行というのは弁済の執行か資力の執

行か分からないから、「執行ノ容易ナル」という文言を「弁済ノ資力」の上にあげて、「債務者ニ執行ノ容易ナル弁済ノ資力アルコトヲ証明スルトキハ」としてはどうか。

土方寧（二一巻二二二丁裏〜二二三丁表）

「且其執行」というところの「其」という字は、係りどころがなく、あると却っておかしいのでこれを削り、また文章がこのままでは次条にある「前二条ノ請求」ということに係ってこないので、「債権者カ前条ノ規定ニ従ヒ主タル債務者ニ催告ヲ為シタル後ト雖モ若シ主タル債務者ニ弁済ノ資力アリテ且執行ノ容易ナルコトヲ証明スルニ於テハ」とか「証明シタルトキハ」でもよいが、「保証人ハ債権者ニ対シ先ツ主タル債務者ノ財産ニ付キ執行ヲ為スヘキ旨ヲ請求スルコトヲ得」とすれば、前条の文例と同じことになり、次条にも引係ってきて文章の体裁もよいと思うが。

六　修正提案の審議

田部芳（二一巻二二二丁表〜裏）

本条を「債権者カ前条ノ規定ニ従ヒ主タル債務者ニ催告ヲ為シタル後ト雖モ若シ保証人カ主タル債務者ニ弁済ノ資力アリテ且其財産ニ対シ強制執行ノ容易ナルコトヲ証明スルトキハ保証人ハ先ツ主タル債務者ノ財産ニ対シ強制執行ヲ為スコトヲ請求スルコトヲ得」とする修正説を提出する。

土方寧（二一巻二二二丁裏、二二三丁表）

「債権者カ前条ノ規定ニ従ヒ主タル債務者ニ催告ヲ為シタル後ト雖モ保証人ハ主タル債務者ニ弁済ノ資力アリテ且執行ノ容易ナルコトヲ証明シテ先ツ主タル債務者ノ財産ニ付キ執行ヲ為スヘキ旨ヲ債権者ニ通知スルコトヲ得」としてはどうか。

箕作麟祥（二一巻二二二丁裏）

賛成。

▼採決の結果、起立者少数で否決（二一巻二二三丁表）。

長谷川喬（二一巻二二三丁表）

「其執行」の「其」を削除する説を提出する。

岸本辰雄（二一巻二二三丁表）

賛成。

梅謙次郎（二一巻二二三丁表）

その説に賛成する。

▼採決の結果、起立者多数で右提案を可決（二一巻二二三丁裏）。

長谷川喬（二一巻二二五丁裏）

「証明スル」よりも「証明シタル」の方がよくはないか。

梅謙次郎（二一巻二二五丁裏）

その方が正しいかも知れない。整理の時までによく考えておく。

【その後の経緯】

整理会には、「証明スルトキハ」が「証明シタルトキハ」に改められ、原案の「若シ」という文字が削除された条文が提案され、別段発議なく決定された（民法整理会議事速記録四巻一二丁表）。

【民法修正案理由】

本条ハ既成法典債権担保編第十九条及ビ第二十一条ヲ併合シタルモノニシテ大体ノ精神ニ至リテハ既成法典ト大差アルナシ。唯既成法典ニハ検索ニ係ルベキ債務者ノ財産ニ関シテ綿密ナル規定ヲ為シ不動産ニシテ債務ヲ履行ス可キ控訴院ノ管轄内ニアルモノ、争ニ係ラザルモノ、他ノ債権者ニ優先ニテ抵当ト為ラザルモノ等トスレドモ、此ノ如キ条件ヲ一々列記セントスルトキハ却テ狭隘ニ失シ却テ要領ヲ得ザルコトアルヲ以テ本案ニハ之ヲ改メタリ。蓋シ財産ニ制限ヲ設クル所以ハ畢竟債権者ヲ保護スルニアリシ保証人ヲシテ無謀ニ瑣瑣タル財産ヲ指示シテ検索ノ利益ヲ対抗シ得セシメザルニアリ。果シテ然ラバ債務者ニ債務ヲ弁済スルニ十分ナル財産ニシテ且之ガ執行ノ容易ナルモノアルニ於テハ保証人ヲシテ之ヲ指示シテ債権者ニ対抗スルヲ得セシムルモ決シテ債権者ノ利益ヲ害スルコトナカルベキナリ。其如何ナル財産ハ果シテ債務ノ全額ヲ弁済スルニ十分ニシテ且執行ノ容易ナルヤハ各場合ノ情況ニ因リテ異ナク宜《ママ》シク判官ノ認定ニ一任スベキモノトス。之レ本条ノ如ク改正シタル所以ナリ。

尚既成法典ト少シク異ナル所ハ、既成法典ニアリテハ苟モ債務者ニシテ法定ノ条件ヲ具備セル財産ヲ有スルニ於テハ其価額ノ大小ニ拘ラズ保証人ハ之ヲ指示シ得ルモノトスルモ本案ニ於テハ債務者ノ財産ガ其債務ノ全額ヲ弁済シ得ルニ十分ナル場合ニ限リテノミ之ヲ指示シ得ルモノトセルナリ。是レ債権者ヲシテ財産検索ノ対抗ニ因リ債務者ノ財産ノ強制執行ヨリ一部ノ弁済ヲ得、保証人ヨリ其残部ヲ得ルガ如キ煩ヲ免レシメンガ為メナリ。

▽民法修正案理由書第三編第一章第三章《ママ》「第四款保証債務」一〇～一一頁（第四五五条）。

（辻　正美）

第四五四条　保証人は、主たる債務者と連帯して債務を負担したときは、前二条の権利を有しない。

第四五四条　保証人カ主タル債務者ト連帯シテ債務ヲ負担シタルトキハ前二条ニ定メタル権利ヲ有セス

原案四五六条　保証人カ債権者ヨリ訴ヘラレタルトキハ主タル債務ノ基本ニ付キ答弁ヲ為ス前ニ前二条ノ請求ヲ為スコトヲ要ス

保証人カ主タル債務者ト連帯シテ債務ヲ負担シタルトキハ前二条ノ権利ヲ有セス

【参照条文】

旧民法債権担保編

第二〇条　保証人ハ明示又ハ黙示ニテ財産検索ノ利益ヲ抛棄シ又ハ主タル債務者ト連帯シテ義務ヲ負担シタルトキハ検索ノ利益ヲ享ケス

総テノ場合ニ於テ保証人ハ主タル債務ノ基本ヲ争フ前ニ検索ノ利益ヲ以テ債権者ニ対抗セサリシトキハ其利益ヲ失フ

フランス民法

第二〇二一条〔第四五二条の【参照条文】中に掲載〕

第二〇二二条　義務ヲ得可キ者ヨリ保証人ニ対シ義務ヲ得ント求メ其保証人其義務ヲ行フ可キ本人ノ財産ヲ以テ先ツ其義務ヲ得ルニ充テシム可キヿヲ述ヘタル時ノ外義務ヲ得可キ者必スシモ其義務ヲ行フ可キ本人ノ財産ヲ以テ其義務ヲ得ルニ充テ用ントスルニ及ハス

イタリア民法

第一九〇七条〔第四五二条の【参照条文】中に掲載〕

第一九〇八条　責主ハ保証者カ自己追求ヲ受クル為メニ負責主ノ財産罄竭ヲ要求スルノ時会ニ於テスルニ非サレハ則チ主本タル負責主ニ対シ財産罄竭法ヲ行用スルヿヲ得可カラス〔仏民第二千二十二条〕

スイス債務法

第四九五条　主たる債務者と連帯し、又は支払人（Zahler）、独立支払人（Selbstzahler）、独立債務者（Selbstschuldner）その他同義の表現の語をもって主たる債務者とともに保証人として義務を負う者は、主たる債務者より先にかつ質権の実行前においても被告としうる。なお、かかる保証についても本章の規定が妥当する。

スペイン民法

第一八三一条〔第四五三条の【参照条文】中に掲載〕

第一八三二条〔同右〕

ベルギー民法草案

第二一〇二条〔同右〕

第二一〇三条　保証人は、自らに対する最初の裁判上の請求において検索を請求しなければならない。検索の抗弁権を放棄する意思を有しなかったことを保証人が証明しない限り、保証人の沈黙は検索の抗弁権の放棄を意味する。

ドイツ民法第二草案

第七一二条　第一号〔第四五二条の【参照条文】中に掲載〕

【起草趣旨】

梅謙次郎（一二巻二二六丁表～二二七丁裏）

本条は、旧民法債権担保編第二〇条と同じであるが、次の二点を改めた。

第一に、旧民法では、検索の利益の一つの制限となっているが、本案では「是ヲ先キヘ催告ヲシロト云フ請求ノ権限」とする点が異なる。検索でさえ基本につき答弁をしないうちに請求するべきものであるならば、それより軽い催告を[注1]（答弁後に）請求することができるというのは穏かでない。ことに連帯（保証）の場合は検索（の抗弁）はできないのであるから、催告（の抗弁）もやはりできないとする方が理屈も合うし実際に便利であろう。というのは、連帯債務者は《ママ》、どの債務者にかかっても請求できるという性質のものであるから、当事者が連帯して保証をすると言ったならば、自分が先に訴えられても良いという意思とみる方が穏かだからである。

第二に、旧民法には「明示又ハ黙示ニテ財産検索ノ利益ヲ抛棄シ」云々とあるが、これはここでは書かないことにした。まず、これも保証人の権利であるが、権利を放棄できるというのは、これまで本案では掲げないことに決めてあるので、[注2]ここにも掲げない。次に、連帯の場合は、黙示の放棄の最も著しいもので多少の疑いが起こることであるからここへ規定した。保証人が「連帯する」といえば、保証人という資格と連帯債務者という資格と二つ備えることになり、保証の規定と連帯（債務）の規定が抵触する場合にどちらの方によるかということは、疑いの起こるところである。旧民法のままであると、催告の場合につき連帯の場合を除かずに、次の検索の利益の所に至って連帯の場合を除いてあるから、先に主たる債務者に催告をしてほしいということは連帯保証人といえども請求できるかのようである。しかし、連帯債務者という点から保証人と連帯債務との関係がいつも連帯（債務）の規則によるというものであれば、決してそういうはずはない。従って、旧民法でもこの点については保証の規定で連帯（債務）の規則を制限することにしてある。[注3]こういうわけで、疑いのないようにこれを書いておいた方が良いと考えた。

（注1）原文の「請求スルコトノ出来ヌ」は文脈からいって「……出来ル」の誤記と思われる。
（注2）どこでこの方針が決定されたかは明らかにできなかった。
（注3）例えば、連帯債務者の一人の無能力につき原則として本人にのみ抗弁を許す債権担保編第五八条に対し、保証契約時の善意を要件として主たる債務者の無能力の抗弁を保証人にも許す第二五条第二項。

【主要審議】

一　「主タル債務ノ基本」について

磯部四郎（一二巻二二七丁裏～二二九丁裏）

本条の「主タル債務ノ基本ニ付キ答弁ヲ為ス」というのは、保証の成立を争うことを意味するのか。あるいは主たる債務の成立を争う意味か。主たる債務の性質いかんのことは債務者にかかる時にしなければならない事柄であるから、私は、保証そのものの本案の争いのことだと思う。保証人が保証をしていないと争う場合には、検索の主張は矛盾する。保証自体が不存在の時には検索の権利はない。検索の申立は不要で、いきなり保証の成立自体を争い、保証人であることが定まってから前二条の手続をさせても不都合はない。かえって、保証人であることが定まってから前二条の手続をさせる方が相当である。

梅謙次郎（二一巻二二九丁裏〜二三二丁表）

磯部委員の説はフランス民法やイタリア民法のように「しゆる・れ・ぷるみゑーる・ぷーるしゆいツと」(注4)、すなわち、「始メノ訴追」ないし「訴ノ始メ」と書いてあるが、そのような説が出るのはもっともである。ボアソナードは、それが不完全であるとして特に意を用いて「主タル債務ノ基本ヲ争フ前ニ」という字句を使った(注5)。もとより「主タル債務ノ基本」とあるから、保証人が義務を負うか否かということではない。しかし、ごく厳密に言うと、磯部委員の言うとおり保証人が他人の義務をとやかく言う筈はないという説が出るのはもっともである。もとより保証人は主たる債務の履行の責に任ずるけれども、その義務は他人の義務であって自分の義務ではない。磯部委員の言う通り、保証人であるか否かを争うことは無論差支えないが、ここでは、主たる債務の成否、債務の額、弁済期等の争いを意味しているつもりである。「主タル債務ノ基本」というのはすこぶる「面白クアリマセヌ」が、単に「其債務ノ基本」と書いたならば保証人であるかないかということが最も大きな基本となる。しかしこれはそういうわけではない。それで、旧民法にあるように「主タル債務ノ基本」という字を使った。

保証人であるか否かということは、検索又は催告の請求の前でも主張できる。磯部委員の疑問は、もし、保証人が自分は保証人ではないと思うのにそれを黙っていて、とにかく主たる債務者を先に訴えろとかこれに先に催告しろとかいうようなことを申し立てたならば、それは自分が保証人であると認めたものに当るのではないかということであったが、そうではない。というのは、保証人として訴えられている者は、自分が保証人であるか否かを争うよりも、まず金持ちの主債務者のところへ行ってもらったらよいと述べて、煩いを避けることもできるからである。これに対して、主たる債務者が満足に弁済をしないときには、保証人にかかってきて再び訴を受けるのは煩わしいから、もし自分が保証人でないという証明ができるというのであれば、それを先にしてもよい。主たる債務の基本につき争う前に主たる債務者に催告をなせと言い、あるいは検索の利益を対抗することも主張できる。この点においては全く旧民法と同じつもりである。

磯部四郎（二一巻二三二丁表〜二三三丁表）

フランスの法律の「じすきゆツしよん・で・びあん・おー・でびゆー」(注6)のように、ただ債務者に財産のないことをおまえの方で調査して来い、そうすれば払ってやる、ということであればよいが、この案だと前条にあるとおり、保証人が主たる債務者に弁済の資力がありかつ執行の容易なことを証明しなければならず、それは決して簡単なことではない。かえって自分の義務の存否を証明するよりもよほど面倒なことになりはしないか。

（また、主たる）債務の成立というものをもって債務の基本とすると、債務が成立していないことの証拠をもっていれば、検索（の抗弁）をする必要はない。債務の基本についてそれが成立していないものであるという場合に、余計な手数をすることもいらぬことではなかろうか。「前二条ノ請求ヲ為スコトヲ要ス」と書いてあると、保証人が訴えられて前二条の請求をなさずに自分に保証の義務がないと申し立てたが、保証人に義務があるという中間判決がなされた場合には、保証人はもはや検索の利益を失ってしまう。

梅謙次郎（二一巻二三三丁表〜裏）

そうではないつもりであるが、文章が悪ければ直してもらいたい。

磯部四郎（二一巻二三三丁裏〜二三四丁裏）

場合によっては、検索の利益よりも義務そのものが成立していないという証拠を簡単に挙げることができるかもしれない。そういう場合に、保証の義務、債権の成立が確かになってから検索をするという方法が便利であるかもしれない。もう一つは、初めから保証の義務の成立については確かであるけれども、相殺、反訴、詐害〔行為〕など本案の争いについて種々の手数を要するときには、訴訟の手続上前二条の手続を先にやってゆくのが簡単であるかもしれない。この場合には、本案の争いの前に前二条の手続を要すると言うことができる。もしこれをせずにいきなり本案の争いに行ってしまい、その争いで主たる義務が成立しているということになるとこれから先は保証人は検索を求めることができないことになる。

主たる義務と従たる義務との関係になると、いずれを先にして実際便利であるかということはその事件の性質いかんに大変関係がある問題である。だから、それは訴訟の便宜上に任せておいたほうがよく、このような厳格な法律をここに置くのは少し実際の便宜から遠ざかった法文になりはしないかと思う。

一旦債務の基本を争った以上は保証の義務についての前二条の請求を申し立てることができないというのは、よほど酷な話だろうと思う。申し立てる時期を制限する必要があるならば示していただきたい。[注7]

梅謙次郎（二一巻二三五丁裏〜二三七丁裏）

保証人として義務を負うか否かという問題は決してここにいう「主タル債務ノ基本」という中に含まれるつもりではない。その問題ならば、主たる債務の基本を争う前であろうと後であろうと、あるいはそれと同時であろうとも、何時でも持ってこられるということにしなければならない。ここにいうところは、主たる債務の存否、その内容が債権者の請求通りのものであるかである。その「主タル債務ノ基本」は、民事訴訟法の言葉でいえば「本案」であるが、この「本案」という言葉の意味は広いので、旧民法と同じように「基本」という字を使った。磯部委員は、主たる債務者が債務を負わないので保証人も義務を負わないことが明瞭になった場合に何のためにこんな検索などの手続をさせるのかという。ここの「要ス」というのは、そうしなければ前二条の権利は消えるという意味にすぎない。それゆえ、きっと主たる債務はないものであると信じてその証拠が明瞭であるならば、検索などを請求せず債務の消滅とか初めからの不成立とかを証明するのを妨げない。けれども、一旦は明瞭と思って争ってみたところが裁判所に出た結果、自分が間違いで主たる債務は立派に成立っているという判決があった。それでは検索をしてくれといってもそれは「時機ニ晩シ」。そういうことを許さないのがこの規定である。その理由は、検索又は催告の請求ということは債権者にとってはすこぶる迷惑なものである。なるほど弁済の資力があってかつ執行が容易であるといっても、その執行をするうちに、例えば今まで知れなかった債権者等が出てきて、あるいは（保証の方の）債権者の害になるようなことがあるかもしれない。数日ないし数十日かかって一旦保証人に対する主たる債務のあるなしを決してやれ嬉しやと思っていると、今度は主たる債務者のところへいって「いじめテ」みるがよろしいとか、執行を請求してみるのがよろしいとかいわれては、債権者に対していかにも気の毒であろう。よその国では、フランス民法、イタリア民法のみならず、スペイン民法にもみな「訴ノ始メ」と書いてある。ベルギーは全く同じ書き方ではないが、やはり同じ意味に書いてある。それに対して本案では、旧民法のように、保証人であるか否かという問題だけではいかに争ってもかまわないとしたが、これはよほどゆるやかになっている。その理由は磯部委員の言うとおりである。

磯部四郎（二一巻二三九丁裏～二四〇丁裏）

　主たる債務の成否がわからないまま、保証人からは債務者の財産にまずかかるように言われ、債務者の所に行くと、債務者は借金もないのにそう言われては困ると言い、「財産差押解除ノ訴ヘ」などと言って争いを起こす。私の考えでは、とにかく主たる債務が成立しているうえでなければ保証人にかかることの実際の手続はできないものである。それで、この「主タル債務ノ基本ニ付キ」云々という事柄が定まってから前二条の手続にいくというのがどうしても物の順ではなかろうか。

高木豊三（二一巻二四一丁表～裏）

　保証人であるかないかということを争うのは主たる債務の本案であるというのはわかる話だが、その保証人たる義務の存否は訴訟法でいうと、第二一一条の規定(注8)によってこの本案とは全く別のことになってしまう。向うの原告と被告の間に債権者と「第二ノ義務者タル関係」があるか否かということは、反訴を起こすなり、中間の争いとしてそれについて一つの中間判決ができる。「訴訟ノ進行中」（旧民事訴訟法第二一一条参照――松岡注）とあるが、これは本案の弁論に入ってからということではなく、訴訟能力の有無や、代理人の資格と同じでいつでも争える。だから、保証人であるかないかということは、主たる債務の存否や検索の抗弁の裁判とは全く別のものになると考える。

梅謙次郎（二一巻二四一丁裏～二四二丁表）

　それはどうか。主たる債務者が訴えられている時には、例えば他に連帯債務者があるとかないとかについてであれば第二一一条の適用を受けるだろう。しかし、保証人が被告となっているときには第二一一条の適用はない(注9)。債権者は主たる債務者の存在に加えて、被告を保証人であると主張して保証債務の履行を請求して来る。請求の目的は、主たる債務ではなく、保証人が義務を尽す責が(注10)あるということである。だから、第二一一条の本案というのは、（原告の主張が）成立っているかどうかということである。主たる債務が成立していても、保証というものが成立つ場合もあり、成立たない場合もあり、「其二ツノ場合」は本案の中に入っている。そうでないと、本案というものが訳のわからぬものになり、保証人が訴えられている時に本案が自分の債務ではなく、他人の債務であるということは理解しにくい。

高木豊三（二一巻二四二丁表～二四三丁表）

　本案の請求の目的物はその主たる債務者

が負っている金額である。保証人は保証人という資格によってその債務を負うのである。従ってまず被告が保証人であるか否かが問題となり、被告が保証人と決まった後で法律が保証人に与えている検索の抗弁ができるか否かという問題が出てくる。「本案ノ何」というものは、被告が保証人であることを確定してくれという訴ではない。本案の目的、請求の目的、もしくは訴の原因というものは、保証人に対しても、やはり主たる債務者に対するのと同じである。

二　本条と旧民事訴訟法の延期抗弁との関係について

高木豊三（一一巻二三四丁裏～二三五丁裏）

民事訴訟法第二〇六条の(注11)「妨訴ノ抗弁」についてであるが、旧民法には検索の抗弁を主として入れる為に第七号の「延期ノ抗弁」ということが入っている。そして「妨訴ノ抗弁ハ本案ニ付テノ被告ノ弁論前同時ニ之ヲ提出スヘシ」。それからまた、「被告ノ有効ニ抛棄スルコトヲ得サルモノナルトキ又ハ被告ノ過失ニ非スシテ本案ノ弁論前ニ其抗弁ヲ主張スル能ハサリシコトヲ疎明スルトキニ限リ之ヲ主張スルコトヲ得」とある。従って民事訴訟法の方では、本案の答弁をする前に（主たる債務者に）財産がないと思っていたところが後で資力のあることがわかったというような場合には、（抗弁を）許すことになっている。「前二条ノ請求ヲ為スコトヲ要ス」というようにあまり厳格になると、この（民事訴訟法）第二〇六条の第二項も適用ができないことになりはしないか。

梅謙次郎（一一巻二三五丁裏～二三九丁表、特に二三七丁裏～二三九丁表）

民事訴訟法には延期抗弁という文字が使ってあり、フランスの学者の言うように、その中に検索の利益も入っていれば言えるであろうが、民法の方では延期抗弁の種類はたくさんあるつもりで、第二〇六条の規定はただ延期抗弁の一般規定とみている。検索の利益のごときは特別の理由があって特別の規定であるので、これについては一般の規定があてはまらなくてもよいつもりである。もしこの延期抗弁という中に、当然検索の利益も入っていてこれだけのことで検索の利益に関する訴訟上のことが済むというのであれば、訴訟の本案ということは、最も「重モナ許ヘ」が本案であるか否かという問題であり、主たる債務の成否も本案である。此方でゆくと、保証人であるか否かを決しないうちに延期抗弁をしなければ、検索の利益を対抗しなければならないということになって、民事訴訟法と抵触するようであれば、原案は「粗漏」と言わなければならない。

しかし、そのようなことではなく、ここは検索の利益については特別の規定があるということであったろうと信じている。この原案が議決されると、「主タル債務ノ基本」を争う前には必ず検索の請求をしなければならないが、被告が保証人であるかないかという問題を決しないうちに請求する必要はなくなる。いよいよ被告が保証人と決まったうえで延期抗弁を対抗してかまわないという一つの大きな例外ができる。第二〇六条第三項の(注11)場合は特に必要がなく、これには入れないつもりである。しかし適用がある方がよいということであれば、あるいは本条を少し書き変える必要があろう。民事訴訟法の方は延期の抗弁についてはきわめて不完全であるから、それがいま少し明瞭になることは強いて反対はしない。

高木豊三（一一巻二三九丁表～裏）

この延期抗弁というものには検索の利益ばかりでなく民法の他の規定のものも入っていたというのはそのとおりであるが、延期抗弁というものをここに入れたのは、この検索の利益を主なものとしたからである。この点では梅委員とは見解を異にする。

民事訴訟法を改めるのか、とにかくこれでも不都合がないから民事訴訟法の方へ譲っておくのか、あるいは、少なくとも（この原案の）文章だけでも変えるのか。梅委員の考えのとおり検索の利益を延期抗弁に入れないということであれば、むしろ反対の明文が必要であろう。

三　裁判外での催告の抗弁と本案の場合の関係

土方寧（二一巻二四三丁表～裏）

原案第四五四条（確定条文第四五二条）は裁判外での請求も含んでいる。そうしてみると、本条の「保証人カ債権者ヨリ訴ヘラレタルトキ」という中に妙な場合が入らないか。債権者が裁判外で保証人にまず請求をした。債権者は、保証人が主たる債務者に催告をしてくれというから催告をしたがそれでも債務者が弁済しないから今度は保証人にまた請求する。けれども保証人も応じないから彼に対して訴を起す。保証人は本条第一項に「前二条ノ請求」とあるから、その時重ねて主たる債務者に催告をしてくれということがいえるのか。もしそれがいえるとなると、せっかくの原案第四五四条の一部がおかしな結果になりはしないか。

梅謙次郎（二一巻二四三丁裏）

いやしくも裁判外において請求したことが裁判所にでると無効になるというのは、決して法律上あるべからざることであるから、別段の規定がない限り、そういう解釈はできない。

四　修正提案

磯部四郎（二一巻二四〇丁裏～二四一丁表）

これらは全く訴訟上の関係であって民法に規定すべきものでないからこの条文は全部なくしてしまった方がよい。本条を削除する修正説を提出する。

元田肇（二一巻二四三丁裏～二四四丁表）

全部削除ということはあまり酷いようだから第一項だけについて削除説を出す。

高木豊三、箕作麟祥（二一巻二四四丁表）

賛成。

土方寧（二一巻二四四丁表～裏）

この第一項は民事訴訟法に規定すべきものと思う。いままでの民事訴訟法はどうしても不十分と思う。それで本案の第一項のごときは民事訴訟法の方に譲ってしまって民法の中からは省いておく。

保証人が債務者と連帯して義務を負担した場合は連帯債務者になる。保証人と主たる債務者との関係は二人の間の関係であるからこの第二項は別に書かなくてもよい。

梅謙次郎（二一巻二四四丁裏～二四五丁表）

事柄についてはあまり反対はなく、ただここにこの規定を置くのがいやだというのがさっき賛成した方々の意見だと思う。

しかし、第二項も一緒に削るというのはどうか。土方委員は、保証人が連帯して義務を負えば、それは即ち連帯債務だと言うが、決して単純な連帯債務ではない。だから、保証の規定と連帯債務の規定とが抵触しないものはやはり保証の規定があてはまるし、たとえ抵触しても他の規定から、かえってこの保証の規定があてはまることもある。例えば、主たる債務者より重い義務を保証人が負うことはできないということは、連帯債務の規定からはいえない。第二項は必ずなくてはならない。

▼採決の結果、第一項削除案が可決された（二一巻二四五丁表）。

（注4）sur les premières poursuits（フランス民法第二〇二一条、ベルギー民法草案第二一〇三条）

（注5）Boissonade, Projet de Code civil pour l'Empire du Japon, t. 4 nouv. éd.（1891）p. 37〔Art. 1020 II〕et p. 45 n°48.

（注6） discussion de biens au debiteur か？なおフランス民法第二〇二一〜二〇二四条参照。

（注7） 原本の丁数の表記に間違いがあり二三七丁が重複している。二枚目の二三七丁以下は各々一丁ずつ加算して表記する。

（注8） 旧民事訴訟法（明治二三年四月二一日法二九号）

第二一一条　訴訟ノ進行中ニ争ト為リタル権利関係ノ成立又ハ不成立カ訴訟ノ裁判ノ全部又ハ一分ニ影響ヲ及ホストキハ判決ニ接著スル口頭弁論ノ終結ニ至ルマテ原告ハ訴ノ申立ノ拡張ニ依リ又被告ハ反訴ノ提起ニ依リ判決ヲ以テ其権利関係ヲ確定センコトヲ申立ツルコトヲ得

（注9） もっとも梅委員は、保証人であるかないかということは、随時争えると考えている。前掲及び二の梅発言を参照。

（注10） 原文二四二丁表の「二〇六条」は「二一一条」の誤りと思われる。

（注11） 旧民事訴訟法第二〇六条　妨訴ノ抗弁ハ本案ニ付テノ被告ノ弁論前同時ニ之ヲ提出ス可シ

左ニ掲クルモノヲ妨訴ノ抗弁トス

第一　無訴権ノ抗弁
第二　裁判所管轄違ノ抗弁
第三　権利拘束ノ抗弁
第四　訴訟能力ノ欠缺又ハ法律上代理ノ欠缺ノ抗弁
第五　訴訟費用保証ノ欠缺ノ抗弁
第六　再訴ニ付キ前訴訟費用未済ノ抗弁
第七　延期ノ抗弁

本案ニ付キ被告ノ口頭弁論ノ始マリタル後ハ妨訴ノ抗弁ハ被告ノ有効ニ抛棄スルコトヲ得サルモノナルトキ又ハ被告ノ過失ニ非スシテ本案ノ弁論前ニ其抗弁ヲ主張スル能ハサリシコトヲ疏明スルトキニ限リ之ヲ主張スルコトヲ得

【その後の経緯】

原案の「前二条ノ権利」が「前二条ニ定メタル権利」に改められているが、整理会ではその理由は説明されていない。箕作議長は、「一向何ンテモナイヤウテアリマス」としている（民法整理会議事速記録四巻一二丁表）。

【民法修正案理由】

本条ハ既成法典債権担保編第二十条第一項ノ一部分ニ修正ヲ加ヘタルモノナリ。同条ニハ、保証人ハ主タル債務者ト連帯シテ債務ヲ負担シタルトキハ検索ノ利益ヲ享ケズトシ、催告ノ利益ニ関シテハ何事ヲモ規定セザルモ、保証人ガ兼子テ連帯債務者トナリシ場合ニ尚催告ノ利益ヲ債権者ニ対抗シ得ルトスルハ其当ヲ得タルモノニアラズ。既成法典ニ於テモ亦、本案ト同一ノ主義ヲ採レルモノナルベシト雖モ、其解釈上大ニ疑ヲ生ズベキヲ以テ本案ニ於テハ之ヲ修正シテ其精神ヲ明カニシタリ。

同項ノ前部ハ言フヲ待タザル所ニシテ、同条第二項ノ規定ハ寧ロ民事訴訟法ノ規定ニ譲ルヲ可トシテ、共ニ之ヲ削除シタリ。

▽民法修正案理由書第三編第一章第三章《ママ》「第四款保証債務」一一頁（第四五六条）。

（松岡久和）

第四五五条　第四百五十二条又は第四百五十三条の規定により保証人の請求又は証明があったにもかかわらず、債権者が催告又は執行をすることを怠ったために主たる債務者から全部の弁済を得られなかったときは、保証人は、債権者が直ちに催告又は執行をすれば弁済を得ることができた限度において、その義務を免れる。

第四五五条　第四百五十二条及ヒ第四百五十三条ノ規定ニ依リ保証人ノ請求アリタルニ拘ハラス債権者カ催告又ハ執行ヲ為スコトヲ怠リ其後主タル債務者ヨリ全部ノ弁済ヲ得サルトキハ保証人ハ債権者カ直チニ催告又ハ執行ヲ為セハ弁済ヲ得ヘカリシ限度ニ於テ其義務ヲ免ル

原案第四五七条　前三条ノ規定ニ従ヒ保証人ノ請求アリタルニ拘ハラス債権者カ催告又ハ執行ヲ為スコトヲ怠リ其後主タル債務者ヨリ全部ノ弁済ヲ得サルトキハ保証人ハ債権者カ直チニ催告又ハ執行ヲ為セハ弁済ヲ得ヘカリシ限度ニ於テ其義務ヲ免カル

【参照条文】

旧民法債権担保編

第二二条　債権者検索ノ有効ナル対抗ヲ受ケ其検索ヲ為スコトヲ怠リテ債務者其後無資力ト為リタルトキハ保証人ハ債権者ノ検索ニ因リ得ヘカリシ金額ニ満ツルマテ其義務ヲ免カル

フランス民法

第二〇二四条　保証人前条ノ規則ニ循ヒ其指示スヿヲ得可キ本人ノ財産ヲ指示シ且財産ヲ以テ義務ヲ得ルニ充テシムル手続ヲ為スニ足ル可キ費用ノ金高ヲ義務ヲ得可キ者ニ渡シタル時其義務ヲ得可キ者義務ヲ行フ可キ本人ノ財産ヲ以テ其義務ヲ得ルニ充ツ可キ手続ヲ為スニ怠タリ其本人終ニ其義務ヲ行フヿ能ハサルニ至ル事アルニ於テハ保証人義務ヲ得可キ者ニ指示シタル本人ノ財産ノ高ニ至ル迄其保証ノ義務ヲ免カル可シ

オーストリア一般民法

第一三五六条〔第四五二条の【参照条文】中に掲載〕

イタリア民法

第一九一〇条　保証者カ前条ノ規則ニ遵依シテ負責主ノ財産ヲ指示シ而シテ財産罄竭法ノ行用ニ関スル必要ノ費用ヲ予支シタルニ於テハ則チ責主ハ自己追求ヲ為スノ遅緩ナル為メニ主本タル負責主カ支弁ニ耐ヘサル景況ニ陥ルヿ有ルヤ即チ保証者ニ対シ保証者ノ指示シタル財産ノ数額ニ達スル迄ハ自己其責ニ応セサル可カラス〔仏民第二千二十四条〕

スペイン民法

第一八三三条　保証人が、前条に規定する条件を全て満たした場合において、指示された財産の検索を怠った債権者は、その懈怠に基づく債務者の支払不能につき、当該財産が喪失した価値の限度でその責めに任ずる。

ベルギー民法草案

第二一〇五条　債権者は保証人に対し、その指示された財産の限度において裁判上の請求の懈怠に因って生じた主たる債務者の支払不能につき責に任ずる。

【起草趣旨】

梅謙次郎（二二巻三丁表）

これは旧民法債権担保編第二二条と同じ意味のつもりである。ただ担保編では検索の利益のみの規定となっているのを、本案では催告をしなかった場合にも当てはめたという点だけが違う。外国にはやはりこの催告をしなかった場合にも当てはめた例がある。オーストリア民法は少し文章は違うけれどもほぼ同じことになる。

【主要審議】

一　催告をしなかった場合を削除する修正案

長谷川喬（二二巻三丁表～裏）

　催告を怠った為にどういう不都合が生ずるか。執行をすることを怠った場合ならわかるが、催告をしただけの結果は、執行とはよほど違うと思う。また、「保証人ノ請求アリタルニ拘ハラス」とあるが、（原案）第四五五条（確定条文第四五三条）との関係では、請求と証明の二つがなければならないと思う。

梅謙次郎（二二巻三丁裏～四丁表）

　債権者が債務者にすぐに催告をしさえすれば債務者にはその時に金があったから払えたに違いない。それを怠っていたうちに、例えば債務者が相場に手を出して不慮の損失をして払えなくなったということはずいぶんあるだろう。それが催告をなさなかった場合の適用だろうと思う。

（原案）第四五五条には請求という文字は入れなかったが、目的なしに証明はしないのであってむろん請求するということになる。この文字を入れなかったのは、適当な文章が見出せなかったからにすぎない。

長谷川喬（二二巻四丁表～裏）

　今の例の場合に、「弁済ヲ得ヘカリシ限度」ということは、債権が一〇〇万円あったとするなら、全額になるのか。

　また、ただ一〇〇万円の財産があったということを証明すれば「弁済ヲ得ヘカリシモノ」となるか。証明の方法と結果がずいぶん「六ケ敷イモノテアラウ」と思う。

梅謙次郎（二二巻四丁裏～六丁表、とくに五丁裏まで）

　一〇〇万円の財産があったことが証明されても、例えば他の債務の存否や、その財産の換価の難易により、必ずしも常に全額免責されるとは限らない。それは事実問題であり、場合によっては証明の難しいことのあるのは承知している。しかし、それをいえば検索の利益というもの自体場合によっては証明が難しいのであるし、一方、催告の場合でもそれほど証明の難しくないことがずいぶんあると思う。例えば、債務者が金に不自由していない人で金高もわずか一〇〇円ぐらいで、その位の金は即時に支払うことを人が知っている。だからその時に請求したならば支払ったであろうと想像できるのに請求しなかった結果、その人が後に非常に損失を被って一銭も払えなくなった。こういう場合ならば証明は簡単であり、証明が常に難しいとはいえない。

長谷川喬（二二巻六丁表～裏、七丁裏～八丁表）

　「催告ノ為メニ弁済ヲ得ヘカリシ」という事実の証明はきわめて難しくほとんどできないと思う。先の例でいうと、一〇〇万円の財産があっても、債務者は他にやってしまう考えであったかもしれず、これが「弁済ヲ得ヘカリシモノ」とは見られない。旧民法にもこういうことは規定されておらず、ここにそれを入れる必要はない。「催告又ハ」という文字を削る修正説を出す。

　それから、この「催告又ハ」という文字を削る以上はここにある「前三条」というのはよくないから、「第四百五十五条ノ規定ニ従ヒ」とし、「保証人ノ請求」は「保証人ノ証明アリタルニ拘ハラス」ということに修正する。

▼「証明」云々については賛成がなく、「催告又ハ」についてのみ採決をとれとの

横田委員の意見で採決されたが、賛成少数で否決された（二二巻八丁表）。

二　「其後」を「怠リタルカ為メ」とする修正案

長谷川喬（二二巻四丁表～裏）

「其後」という字はいらないと思うがどうか。

梅謙次郎（二二巻四丁裏～六丁表、とくに五丁裏以後）

実は、初めは「其後」などという文字は入れなかったが文章の上で困って入れた。旧民法もたぶん文章の上でああいう文字が入ったのであろう。だからこれはなくてもよい字であるが、これを取ると読んでみて文章が何だか変である。それで間に外の文字を入れようと思って「怠リタルモノニ因リ」とやってみたが、そうすると下の「全部ノ弁済ヲ得サル」という所に差支える。「怠リタル為メニ弁済ヲ得サル」ということになると一部の弁済は必ず得たことに決めてかかるように思われる。どうも文章が思わしくできないので、意味のない「其後」という文字を入れた。

長谷川喬（二二巻六丁表～裏、とくに裏）

意味のない「其後」という字は削って文章の続き具合をよくするため「執行ヲ為スコトヲ怠リタルカ為メ主タル債務者ヨリ」云々とする説を出す。[注1]

梅謙次郎（二二巻七丁表～裏）

今長谷川委員が言ったようにすると、執行を怠らなかったならば全部の弁済を得た、ということになる。しかし、その時請求したならば半分取れたが今では三分の一あるいは四分の一しか取れないというのもこの中に入らなければ困る。「為メ」という字を考えたし「タルニ因リ」ということを一旦書いてもみたが、この点に抵触して困る。それで窮して「其後」という字は旧民法の字を借りた。「為メ」とすると少し意味が違ってくる。解釈上は争いは起こらないかもしれないが文字の上で少し穏かでない。

長谷川喬（二二巻七丁裏～八丁表、とくに七丁裏）

「為メ」という字では悪いということだが、今言われたような心配はないと思う。

▼この修正説は、高木豊三委員の賛成を得て案として成立し、採決の結果、賛成少数で否決された（二二巻八丁裏）。

三　「前三条」を「第四百五十四条及ヒ第四百五十五条」とする修正案

田部芳（二二巻八丁裏）

この「前三条」というのは第四五六条が入るので「前三条」ということになっていると思う。ところが第四五六条の第一項が削除になって、[注2]もはや（同条に基づく催告・検索の）請求ができなくなったから、ここは「前三条」を「第四百五十四条及ヒ第四百五十五条」と修正する必要がある。

▼長谷川喬、高木豊三両委員の賛成があり、採決の結果、この修正案が可決された（二二巻九丁表）。

（注1）この段階では「又ハ催告」という文字は脱落しているが、同じ長谷川委員の第一修正案が否定されたから、この修正案の議決時には「又ハ催告」の文字は復活している。

（注2）第四五四条の【主要審議】の四（本書三二三頁）を参照。

【その後の経緯】

整理会において箕作麟祥議長は、「『従ヒ』が『依リ』トナツタ丈ケ」で、別段異議もないと思うから「朱書ニ決シマス」としている（民法整理会議事速記録四巻一二丁表）。

【民法修正案理由】

本条ハ既成法典債権担保編第二十二条ニ該当ス。既成法典ハ単ニ検索ノ利益ヲ対抗スルコトニ関シテノミ規定スレドモ、本案ニハ催告ノ利益ヲモ加ヘタリ。此レ前数条ノ修正ヨリ生ズル当然ノ結果ナリ。
▽民法修正案理由書第三編第一章第三章《ママ》「第四款保証債務」一一〜一二頁（第四五七条）。

（松岡久和）

第四五六条　数人の保証人がある場合には、それらの保証人が各別の行為により債務を負担したときであっても、第四百二十七条の規定を適用する。

第四五六条　数人ノ保証人アル場合ニ於テハ其保証人カ各別ノ行為ヲ以テ債務ヲ負担シタルトキト雖モ第四百二十七条ノ規定ヲ適用ス

原案第四五八条　数人ノ保証人アル場合ニ於テハ其保証人カ共同シテ債務ヲ負担セサルトキト雖モ第四百二十八条ノ規定ヲ適用ス

【参照条文】

旧民法債権担保編

第二三条　一人ノ債務者ノ為メ数人ノ保証人アルトキハ債務ハ均一ニテ当然其間ニ分タル但不均一ニテ分別スルコトヲ定メ又ハ其保証人カ或ハ債務者ト共ニ或ハ各自ノ間ニ連帯シテ義務ヲ負担シ若クハ其他ノ方法ニテ分別ヲ抛棄シタルトキハ此限ニ在ラス

保証ノ義務カ各別ノ証書ヨリ生スルトキト雖モ分別ノ利益ハ存在ス

フランス民法

第二〇二五条　一箇ノ義務ニ付キ其義務ヲ行フ可キ本人ノ為メ保証人数人アル時ハ其各保証人其義務ノ総高ヲ担当ス可シ

第二〇二六条　然𪜈其各保証人ハ義務ヲ得可キ者ノ其義務ヲ各自ニ分派ス可キ求メヲ為スヿヲ得可シ但シ保証人其義務ヲ分チ行フ可キヿヲ求ムルノ権利ヲ抛棄シタル時ハ格別ナリトス

保証人中ノ一人裁判所ヨリ其義務ヲ分チ行フ可キノ言渡ヲ得タル時ニ当リ其保証人中ニ其義務ヲ行フヿ能ハサル者アルニ於テハ其義務ヲ分チ行フ可キノ言渡ヲ得タル保証人他ノ保証人ト共ニ其義務ヲ行フヿ能ハサル者ノ部分ヲ担当ス可シ然𪜈既ニ其義務ノ分派ヲ為シタル後ハ其保証人中ニ其義務ヲ行フヿ能ハサルニ至リシ者アリト雖𪜈他ノ保証人其者ノ部分ヲ担当スルニ及ハス

第二〇二七条　義務ヲ得可キ者自己ノ意ヲ以テ其得可キ義務ヲ分ツヿヲ承諾シタル時ハ縦令其者其承諾ヲ為ス前ニ其義務ヲ行フヿ能ハサルニ至リシ保証人アル時ト雖モ其義務ヲ分チタルヿヲ取消ス可カラ

ス

オーストリア一般民法

第一三五九条　若シ数個ノ人カ共同シテ以テ一個ノ負責ヲ保任スルニ於テハ則チ互相特担ノ責務ヲ有シ各自ニ其負責ノ全額ヲ特担ス可キ者タリ而シテ其負責ヲ代償シタル人ハ共同負責主及ヒ共同保人ニ向ツテ其代償シタル責額ノ還付ヲ要求シ得ヘキノ権理アリトス〔第八百九十六条〕

イタリア民法

第一九一一条　数個ノ人カ同一ノ負債ノ為メニ同一ノ責主ニ対シテ保証ヲ約諾セルニ於テハ則チ各自ニ其負債ノ全額ニ関スル責務ヲ負担セサル可カラス〔仏民第二千二十五条〕

第一九一二条　然リト雖モ各自カ其分割ノ利益ヲ抛棄セルヿ無ケレハ則チ責主ヲシテ先ツ其訟権ヲ分割シテ以テ之ヲ各自ニ派当セシムルヿヲ要求スルヲ得可シ

　又若シ共同保証者ノ一人カ分割ノ利益ヲ請求シ得タルノ時会ニ於テ他ノ各保証者ニシテ支弁ニ耐ヘサル景況ニ陥ル人有レハ則チ此保証者ハ其支弁ニ耐ヘサル部分ニ比例シテ以テ其責務ヲ負担セサル可カラス然レ𪜈此保証者ハ分割ヲ為シタル以後ニ起生スル所ノ支弁ニ耐ヘサル景況ニ関シテハ何等ノ責務ヲモ負担セサル者トス〔仏民第二千二十六条〕

第一九一三条　若シ責主自カラ好ミテ其訟権ヲ分割セルニ於テハ則チ仮令ヒ其ノ分割ヲ承諾スル時際ヨリ以前ニ既ニ支弁ニ耐ヘサル保証者ノ在ル有ルモ決シテ此分割ヲ収銷スルヿヲ得可カラス〔仏民第二千二十七条〕

スイス債務法

第四九六条　共同して同一かつ可分の主債務を保証した数人の保証人は、自己の負担部分については単純保証人として、他者の負担部分については副保証人として責任を負う。

　数人の保証人が第四九五条によって明示的に主債務者とともに、あるいは保証人間で（unter sich）連帯責任を負担したときは、各人は全債務について責任を負い、共同保証人に対する比例的な求償権を有する。

スペイン民法

第一八三七条　数人の保証人が一人の債務者の同一の債務を保証するときは、保証債務は全ての保証人の間で分割される。債権者は、それぞれの保証人に対して、各自が弁済義務を負う負担部分のみを請求することができる。ただし、連帯が明示的に定められている場合にはこの限りでない。

　保証人間での分割の抗弁の利益は、主たる債務者に対する検索の抗弁の利益と同一の原因及び条件により消滅する。

ベルギー民法草案

第二一〇六条　数人の者が同一の債務について同一の債務者の保証人となったときには、その保証債務は保証人の間で分割される。債権者はそれぞれの保証人に対してその負担部分のみしか請求できない。但し、その保証人が明示的に連帯を約定した場合はこの限りではない。

ドイツ民法第二草案[注1]

第七〇九条　複数の者が同一の債務について保証したときは、同人等は共同して保証を引受けた場合でなくとも連帯債務者として責任を負う。

インド契約法

第一四六条　二人又ハ二人以上ノ人同一ノ債務又ハ本分ニ関シテ共同保証人タル場合ニハ連合又ハ別々タルト、同契約又ハ別契約ヲ以テスルト或ハ互ヒニ之ヲ知ルト又ハ知ラサルトニ拘ハラズ、反対ノ契約ナキ以上ハ、彼等間ニアリテハ各々債

務ノ全部又ハ主債務者ノ仕払ハサル残部ヲ等分ニ仕払フ責アルナリ

第一四七条　異ナリタル額ニ関シテ責アル共同保証人ハ彼等各自ノ義務ノ制限ノ許ルス限リハ等分ニ仕払フ責アリ

（注1）仁保亀松訳「独逸民法草案債権」中には、該当条文の翻訳は見出し得ない。

【起草趣旨】

梅謙次郎（二二巻九丁裏〜一〇丁表）

本条は旧民法債権担保編第二三条と同じものである。ただ、前に多数当事者の債権があったが、その第四二八条（確定条文第四二七条）において「数人ノ債権者又ハ債務者アル場合ニ於テ別段ノ定メナキトキハ各債権者又ハ各債務者ハ平等ノ割合ヲ以テ権利ヲ有シ又ハ義務ヲ負フ」とあるので、ここでは旧民法の如く詳しく言うには及ばないが、保証人間においてもこの規定があてはまるということを明らかにしたいので、文章を改めた。

もとの第二三条第二項には「保証ノ義務カ各別ノ証書ヨリ生スルトキト雖《ママ》モ各別ノ利益ハ存在ス」とある。この証書というのは少し狭すぎる。保証契約は必ず証書を以てするという規定がない以上は、これではいけない。草案には「あくとせばれーと」(注2)とあったが、その意味は特別の証書という意味か、特別の行為という意味かのどちらかの意味でなければならぬと思う。その意味を表わすには特別の行為というよりも「共同シテ債務ヲ負担セサル」といった方が、行為、時、場所が違うことを皆含みうるのでこのような文章にした。

（注2）　Boissonade, Projet de Code Civil pour l'Empire du Japon, t. 4 (1889) p. 36〔Art. 1023〕.

もし同一の債務者に複数の保証人がいれば、法律上当然その債務は彼らの間で均等に又は平等に分割される。但し、それぞれの部分が異なって定められたとき又は当該保証人らが債務者とあるいは保証人間で連帯して約定したとき又は分割を放棄したときはこの限りでない。

上記の利益は約定が「各別の証書」(actes séparés) から起因するときにも生じる。

【主要審議】

一　保証人の分別の利益について

高木豊三（二二巻一四丁裏〜一五丁裏）

保証人は本条そして第四二八条によって、例えば三〇〇円の債務について三人保証人があれば一人が一〇〇円宛、即ち平等均一に負担するのである。その場合に一人無資力者があるとその一〇〇円については債権者が損をする。第四二八条ではそうなることは明らかである。

ところが、保証人は各自が全額につき保証をしているという観念からみると無資力者が一人いる場合、三〇〇円は二人の保証人が支払う。各自全額を負担するというのではなく、とにかく全部の債務は保証人の資力のある者から償うとする方が保証というものの性質からは至当と考える。

しかしそうではなく、第四二八条と同じく、はじめから頭割にして、取れないものは債権者の損ということにするのが法理にかなうということであろうか。

梅謙次郎（二二巻一五丁裏〜一七丁表）

その議論はヨーロッパでも既に立法例が多くあるぐらいだから無理な説とは考えない。しかしその説が今日行われているのはフランス、イタリア、スペインである。スイス債務法は少し違う。ドイツ民法草案は契約より生じた義務は連帯というから保証人も連帯である。これは特別である。

フランス民法の規定はフランスの学者でも多数の人は非難している。フランス民法立法過程でも高木委員の説とこの案の説とが半数半数であって後者が成立しなかった。ところが、今日多数の学者がその時成立しなかった説の方が正しい、普通の債務者が数人ある場合は当然分割されるのが原則であるか否かについては、保証人といえども同じ原則にならなければならぬといっている。

我々はその説が正しいと思っている。日本人の頭としていえば普通の債務について数人ある場合には分割されるというのは実はおかしいのである。しかしこの点については、慣習を改めることになった。

保証だけについて従来の慣習をそのままにしておくということは難しいのではないか。保証人の性質はわかりにくい。なるべく債権者に損をさせたくないということは明らかであるが、純然たる連帯でなくてもかまわない、保証人が数人あっても各自が全額を負担するということを約束しさえすればよい。債権者の方でそれを条件とすればよい。保証人が数人ある場合にその中の一人が無資力者であっては困る。債権者にとってはごく確かな一人の方が幾人も保証人をとっておくより便利である。けれどもそれは自業自得で債権者がとったものとみた方がよかろうと思う。それでいけなければ特別の契約さえすれば良い。そういうことで旧民法と同じ主義をとった。

高木豊三（二二巻一七丁表～裏）

私はぜひそうでなくてはならないという旨意ではない。ただ私の考えでは三〇〇円を三人で借りた場合、各自が一〇〇円宛の債務を負うという約束をしたとみるだろうと思う。この三人の債務者に対して一人が保証人となった場合の保証人の意思は、全部に対して保証しているといわなければならない。その後でまた一人の保証人を加えた場合、その保証人の意思の推測は、全部に対して義務を背負うつもりだという方が至当ではないかということから疑いを起した。それで債務者と保証人の間の区別をつける理由は多少あるだろうというのが私見である。

二　「共同シテ債務ヲ負担セサルトキト雖モ」の削除案・修正案

長谷川喬（二二巻一〇丁表）

「共同シテ債務ヲ負担セサルトキ」とはどういう意味か。

梅謙次郎（二二巻一〇丁表～裏）

一緒に保証人に立つという場合でなくとも、別々の行為でも、場所が別でも、時が別でもよいということをいいたい。旧民法債権担保編第二三条第二項と同じことのつもりで、表現を変えたまでである。

横田國臣（二二巻一〇丁裏）

「共同シテ」の意味はどうか。同時にしたということか。一緒に負担しようといったならば、連帯のようなことになるかも知れないが。

梅謙次郎（二二巻一〇丁裏～一一丁表）

本案は、初めは、契約で義務を生ずる場合には黙っていれば連帯という案であった。その説が通過すれば、「共同シテ」といえば連帯という意味になるが、それは潰れたと聞いている。そうすると旧民法と同じく連帯は特別の契約をしなければならない。ただ共同したというだけでは所謂共同債務即ち第四二八条の適用の場合になる。

しかし、共同しない場合は大いに疑いがある。なぜなら、初め全部の負担をするつもりであったのが、後で保証人ができたときには全部負担しなくてもよいということになるからである。

横田國臣（二二巻一一丁表）

「共同シテ債務ヲ負担セサルトキト雖モ」とあるから、第四二八条は共同して債務を負担したときとみなければならない。共同するとはどういう意味か。

梅謙次郎（二二巻一一丁表）

一つの借用証書に保証人が二人出て来て

連名する場合は「共同シテ」である。「共同シテ」でない場合は、一人が初め判を押した、それに後で一人加わって判を押した場合である。

横田國臣（二二巻一一丁裏）

それが私の疑いである。「同時ニシタナラハト云フコトハ聞エルケレトモ」、一人に保証人になってもらい、また後から別の人に保証人になってもらう場合は通常の共同の意味を全く持たない。そういう場合をも共同であるというのはおかしくないか。

梅謙次郎（二二巻一一丁裏）

保証人が相互に知らなかったならば共同といえないかもしれないが、「負担セサルトキ」とあるから共同して保証人となる場合がどんなに少なくてもよい。

長谷川喬（二二巻一一丁裏〜一二丁表）

私も「共同シテ債務ヲ負担セサルトキ」ということは解釈に苦しんでいる。「只今ノ御説明ニ拠ツテ見ルト『共同シテ債務ヲ負担セサル』ト云フノハ一ツノ証文テ同時ニ証人ニナツタト云フコトノ意味タト云フコトヲ承リマシタカ」[注3]、そうであるならばこの文字は不必要だと思う。なぜならば本条の趣旨は第四二八条と同じに違いない。第四二八条にはそういう文字はないけれども、そのような場合は必ずあるに違いない。第四二八条にそういう文字を置かなかった以上はここに置く必要はないと思う。故に「共同シテ債務ヲ負担セサルトキト雖モ」を削除する修正説を提出する。

横田國臣（二二巻一二丁表）

第四二八条は総則だから本条は削ってもよいものである。

議長（箕作麟祥）（二二巻一二丁表）

長谷川委員に尋ねるが、「数人ノ保証人アル場合ニ於テハ第四百二十八条ノ規定ヲ適用ス」とするのか。

長谷川喬（二二巻一二丁裏）

そうである。

横田國臣（二二巻一二丁裏）

そうすると第四二八条があるからよいのではないか。即ち、「債務者カ数人アル場合保証人ヲ債務者トスレハ詰リ同シコトノヤウニナル」。

梅謙次郎（二二巻一二丁裏〜一四丁表）

この箇条を書いた理由を述べる。

これまでヨーロッパでも保証人は全部について義務を負うというのが普通である。それでこの分別の利益は一つの利益・特権であるとみている者が多い。西洋では沿革上そうなっている。

日本では債務者が数名ある場合には共同して義務を尽くすので、各々が一部尽くして済むというものではないと思う。保証人もそうであろうと思う。それで普通の債務者の箇条が変わってくれば、保証の方も変わるのは当然である。

今一つは、普通の債権者《ママ》であると一つの債務について、時、行為あるいは場所を違えてその共同の債務者となるということは実際極めて稀だろうと思う。普通の債務者が数名ある場合というのは、相続による場合を除いて、仲間である物を買う等の理由で、即ち仲間同士から起ってくる、そういうのは全部共同してやる。ところが保証の方は真の共同というものはごく稀であって、たとえ数名あるといったところでそれは別々に頼まれて保証人になることが多い。順次保証人になることは極めて頻繁のことである。従って場所、行為あるいは時が違うということはごく頻繁なことであるから、そういう場合は疑いは起りそうもないが、初めになった保証人は主たる債務者が義務を尽くさなければ自分がすぐに義務を尽くそうという考えで保証人になった。それではまだ不安心であるからもう一人保証人を立てておく。その保証人にも全額を負担させるという解釈が生じはしないかという疑いが起ったから入れておくこととした。

その書き方については、第四二八条をそのままに適用するということは言わなくても良い。「共同シテ債務ヲ負担セサルトキト雖モ」というのでこの箇条が必要だろうという考えで読んでみて必要の理由が同時にわかるということである。

田部芳（二二巻一四丁表）

この書き方は随分わかりにくいが、原案は裏の方から書いているようである。正面から書いてみたらどうであろうか。

私の考えは、「数人ノ保証人カ共同セスシテ債務ヲ負担シタル場合ニ於テモ第四百二十八条ノ規定ヲ適用ス」である。共同した場合は第四二八条を適用する。共同しない場合は疑いが起るから殊に規定を置いたということがわかると思う。

横田國臣（二二巻一四丁裏）

「唯注意ノ為メニ此処ニ之ヲ置イタ人カ読ムノニ大変六ツカシイカラト云フコトニ過キヌヤウテアル」。その方からいえば何か入れる方がよい。私は、この共同という字の部分をうまく書けばよいと思う。そうでないと保証人というものが一つの条件のあるもののようにみえるのが立法上の欠点だと思う。

議長（箕作麟祥）（二二巻一七丁裏）

長谷川委員の説には賛成者があったか。

長谷川喬（二二巻一七丁裏～一八丁表）

「何タカ全部削ルト云フコトハ横田君ノ説ニ賛成カ出来ナイヤウテアリマス全部削ツテハ悪ルカラウト云フコトヲ梅君ノ説ニ付ケ加ヘテ置キタイ」。現行法で、金穀貸借について数名の連印の者があった場合に、もしその中の一人が行方が知れない場合には他の者に全部請求することができるという単行法律(注4)がある。その法律は連帯を推定する結果になるからなるべく狭く解釈している。即ち、金穀貸借というから金穀貸借の契約に限る。現にその旨の判決は多数ある。連借者のみに限るのだから保証人には及ばず、保証人は「別々ノモノニシヤウト云フ」方針である。それについても判決例があるだろうと思う。

現行法においても保証人は連帯の義務を負うか、別々の義務を負うかという疑いもあるので、ここに一条を設けることは不必要ではないと考える。その中の不用の文字だけを削ってただ保証人といえども債務者と同様であるということを明らかにしておく方がよいと思う。

全部削除説には同意しないが、前述部分の修正は必要だと思う。

梅謙次郎（二二巻一八丁表～裏）

「共同シテ」という字は少し曖昧であるようだが、もし異議がなければ「其保証人カ各別ノ行為ヲ以テ債務ヲ負担シタルトキト雖モ」と改めたい。

議長（箕作麟祥）（二二巻一八丁裏）

もし異論がなければただいまのを原案としたい。

横田國臣（二二巻一八丁裏）

異議なし。

議長（箕作麟祥）（二二巻一八丁裏）

異論がないようであるので、ただいま梅委員から出されたのを原案として可決されたものとする。

（注3）この点は長谷川委員の誤解ではないかと思われる。

（注4）明治八年六月八日太政官布告第一〇二号金穀貸借請人証人弁償規則［第四四六条の【参照条文】中（本書二七四頁）に掲載］

【民法修正案理由】

本条ハ既成法典債権担保編第二十三条ト同一ノ主意ナリトス。唯本案ニハ多数当事者ノ債権ノ総則ニ於テ、数人ノ債務者ハ平等ノ割合ヲ以テ義務ヲ負フノ原則ヲ掲ゲタルヲ以テ、既成法典ノ如ク保証債務ノ款ニ於テ特ニ詳細ノ規定ヲ要セザルニ至レリ。本条ヲ掲グル必要ノ有無ニ至リテハ、有力者間稍議論ナキニアラズ。或ハ既ニ第四百二十八条ノ規定アル以上ハ、自ラ之ガ適用トナルベキヲ以テ特別ノ明文ヲ要セズト唱フル者アルモ、保証債務ハ他ノ債務ト異ナリテ保証人各自ニ全部ノ義務ヲ負担スベキモノトセルノ法律尤モ多ク、且本案ト同一ノ主義ヲ採レル国ニアリテモ尚、沿革上其他ノ理由ヨリシテ何レモ之ガ明文ヲ設ケタルヲ以テ、本案モ亦既成法典ト等シク本条ノ規定ヲ明示シタルナリ。殊ニ時ヲ異ニシ場所ヲ異ニシテ為シタル保証ニ至リテハ、保証人ハ各自債務ノ全務《ママ》ヲ負フモノト誤ルコト頗ル多カルベシト信ジ、本条ニ於テ特ニ保証人ガ各別ノ行為ヲ以テ債務ヲ負担シタルトキト雖モ第四百二十八条ノ規定ヲ適用ストシタリ。是レ担保編第二十三条第二項ト同一ノ主意ヨリ出テ而モ其範囲ノ彼ヨリ広キモノナリ。

▽民法修正案理由書「第三編第一章第三章《ママ》第四款保証債務」一二頁（第四五八条）。

（和田安夫）

現行法　なし

原案第四五九条　副保証人ハ正保証人カ債務ノ全部ノ履行ヲ為ササル場合ニ於テ其履行ヲ為ス責ニ任ス此場合ニ於テハ第四百五十四条乃至第四百五十七条ノ規定ヲ準用ス

【起草趣旨】

梅謙次郎（一二巻一九丁表〜裏）

これは本邦の慣習を斟酌して設けたつもりである。日本にはこの正副保証人という区別があってその意味は我々も疑っている。しかし当事者の意思はただ保証人を二人おいてその身分等について正、副としているようであるが、なお幾分その意味に差異があるようである。これを法律上規定してみると本条の如くである。正保証人がまず義務を負うのであって、債権者はその方に先に請求する。正保証人が弁済をしなかったときはじめて副保証人にかかっていく。

そうなると、この正副保証人がある場合の関係を一々規定しなければならないが、都合の良いことに第四五四条以下の規定を準用しうる。即ち、債権者はまず正保証人に催告をなし、その後でなければ副保証人にかかれない。もし正保証人に資力ある場合は、副保証人は検索の利益を対抗することができる。

また、正保証人が幾人もあり副保証人が幾人もある場合には、その義務が均一に分割される方が公平だと考える。しかしこのことを入れなかったのは、正保証人副保証人を別々にみればおのずから区別があるから、第四五七条まで準用することにした。

これで果して慣習に沿っているかどうかは保証はしないけれども、我々のみるところではかくの如きものではないかと思う。

【主要審議】

一　正副保証人の意義

長谷川喬（一二巻一九丁裏〜二〇丁表）

「債務ノ全部」とある、この「全部」という字はどうか。「債務ノ履行」だけでよさそうに思う。

もう一つ、正副保証人にはすべて保証の規定を適用するという説明のようであり、またそうでなくてはならないが、そうであるならば第四五四条乃至第四五七条（確定条文第四五二条〜第四五五条）の規定を準用する理由は何か。書かなくてもすべての保証人の規定を適用するならば、これがあるためにかえって他の規定は適用しないということになりはしないか。

梅謙次郎（二二巻二〇丁表～二一丁表）

第一の質問については、正保証人が一文も払わないということは稀である。大抵は残部だけ副保証人が払うことになるので、全部という字を入れた。しかしそれはなくても差支えない。

それから「第四百五十四条乃至第四百五十七条ノ規定ヲ準用ス」ということは規定しなければ準用できない。なぜならばここに引いてある箇条は主たる債務者と保証人との間についての規定であるが、ここでは正保証人と副保証人との間の規定であるからである。

副保証人というものは外国には余りないようである。スイス債務法には保証人数名ある場合、各保証人は他の保証人については保証人の保証人になる（「復保証人」(注1)）ということがある。結果はこれと似てくる。しかしながら、ただ保証人という各々別々の義務を負うことになった方がよいようだが、正副の場合もそういうふうになった方がよいと思う。正保証人は主たる債務者の如く、「副保証人」は保証人の如くなる方がよいので「準用ス」とした。

横田國臣（二二巻二一丁裏～二二丁表）

副保証人正保証人というのは「保証者」(注2)の保証人とみなしたのか。保証人の保証人ということでもないのか。

梅謙次郎（二二巻二二丁表）

保証人の保証人ではないつもりである。（第四款の）一番最後の箇条(注3)によってそのことが明らかになるつもりである。「正副保証人ハ相互ニ求償権ヲ有セス」ということがある。もし保証人の保証人であれば求償権を持たなければならない。

事実においても正保証人を副保証人が「復保証」するのではなく、保証されるのは一人である。正保証人がまず責に任じその後で副保証人が責を負う。

しかし第四五四条乃至第四五七条ではあたかも正保証人が主たる債務者であるかの如くみられる。それで準用である。

二　本条の必要性

高木豊三（二二巻二二丁表～裏）

副保証人というものは我国の慣習によったということであるがいつ頃の慣習であるか。我々は聞いたことがないが。「御維新以来民事ノ裁判官」である南部甕男委員、中村元嘉委員も聞いたことがないということである。もしその慣習が行われなくなっているならば新方法を教えてやるということになるが、そうすると実務上煩雑となる。慣習がなくなっているならば設ける必要はないと考える。

梅謙次郎（二二巻二二丁裏）

民事慣例類集等を見たわけではないが、学校等の保証人は大抵正副保証人になっている。それは「授業料ヤラ賄料ヤラ或ハ書籍ヲ借リテ紛失シタル場合ニ損害賠償抔ニ付テ保証ヲスル」。身元保証等は学校でなくても会社等にも随分ある。昔はどうであるか知らないが、かえって近来はあるのである。

高木豊三（二二巻二二丁表～二三丁表）

学校の保証人は思いあたらなかった。裁判所では近来できた慣例をどのように解しているだろうか。私の考えではこの身元保証人という「名義」で保証人になっている場合は主たる債務者、主たる義務者になるとするのが穏当だと思う。なぜならば、例えば多くは幼者または独立の力のない者を学校に入れる、あるいは雇人に入れるのもあるかも知れないが雇人に正副保証人のあるということは見たことがない。

　この法律ではそういう慣習がどういうところからきたものか、実質上債務の負担について第一、第二に決めるつもりであるのか、あるいは「障害」（損害か？）を与えたとかその他の責のあったときにこれを引受けることが一人では困る（旅行、死亡の場合等）ので、予備のために設けたのであって、債務弁済の順序に等級があるとしているのではないだろうと思うが、結局正保証人であるから先に責を負えということになるかもしれない。この点はどうであろうか。これをことさらに設けないと何か不都合が生ずるであろうか。

梅謙次郎（二三巻二三丁表～裏）

　不都合が生ずるか否かは諸委員の判断を願いたい。事実においては保証人に違いないと思う。従来は保証人というものは「変てこ」であったが、近来は純然たる債務の保証人となっている。

　教育等の事柄について学校で不正を行ったときに「締役ヲスル方ニモナルノテスケレトモ」、それは学校の方からも十分責めるわけにはいかないが、金銭上のことは十分責めることができる。まず生徒に対して授業料を納めるようにいうが納めないときは保証人に対して請求する。保証人は当人に代わって納めなければならない。賄料も同様である。これは純然たる保証債務である。小学中学の生徒は少年者だが大学にな る《ママ》と青年者である。

　それから雇人が我々の家に来る場合は正副保証人はないであろうか。銀行、会社等にはあるようである。もしその者が金銭上不都合があった時には代わって弁済するということは文章中に書いてある。そういう場合は保証人である。そのときは正副保証人というものがある。正副保証人とするのは何か意味のあることだろうと思うが、それはここに書いた意味のようにしか思われない。

　しかしごく不安心であり諸委員の判断に任せるほかはない。

三　本条削除案

横田國臣（二三巻二四丁表）

　正副保証人をたてるといったことは東京でたくさんあるかもしれないが東京だけにそういうことがあるならば一般の慣習とはいえないのではないか。これは裁判官の事実認定に任せるべきであって、本条は削除することを望む。

岸本辰雄（二三巻二四丁表～二五丁表）

　身元引受人ということが随分行われているが、「保証ノ主義ニ拠ルト云フ御積リテアリマスカ或ハ是ハ別種ノモノテアルカラ別ニ規定ヲスルト云フ御旨意テアリマスカ」、この法律ではどういうことにするつもりであるか。「随分銀行抔ノ身元引受人ニナツテ私モ損ヲシタコトモアルテス」。正副の保証人について規定するならば身元引受人についても規定すべきである。後者の方がより一般的である。後者が必要でないというのであれば前者も必要でないと思う。

梅謙次郎（二三巻二五丁表）

　身元引受人は無論保証人だろうと考える。「今日田舎ニ往クト請人ト云フノカ往々アルヤウテアリマス『引』ノ字ヲ加ヘテ引受人『身元』ト云フ字ヲ加ヘテ身元引請《ママ》人、是ハ矢張リ保証人ニ相違ナイ私モ実ハ身元引受人ニナツテ居リマスカ其文章ヲ見ルト吾々カ容易ニ判ヲ押セナイヤウナコトカアツテ」、本人が会社において不都合をすればそれより生ずる損害賠償の責に任ずるということが書いてある。これは保証であると思う。

　もし実際家の諸委員が必要でないということであれば削除もやむをえない。

高木豊三（二二巻二五丁表）
削除に賛成である。
議長（箕作麟祥）（二二巻二五丁表～裏）
横田委員の削除案に賛成の諸君は起立願いたい。

起立者　半数

議長（箕作麟祥）（二二巻二五丁裏）
半数である。私が決する。削除案に賛成である。よって本条は削除に決する。（注4）

（注1）　スイス債務法第四九七条　正保証人によって引き受けられた義務の履行について債権者に対して義務を負った復保証人は単一の保証人が主たる債務者と並んで責任を負うのと同様の仕方で正保証人と並んで責任を負う。
（注2）　被保証者即ち債務者のことである。
（注3）　原案第四七〇条（注4参照）のことである。
（注4）　なお、本条が削除されたのに伴い、原案第四七〇条（民法第一議案第三二七丁表参照）も削除されることとなる（第四六五条〔原案第四六九条および第四七〇条の削除について〕（本書三九三頁）参照）。なお、原案第四七〇条の規定は、次の通りである。
正副保証人ハ相互ニ求償権ヲ有セス但別段ノ定アルトキハ此限ニ在ラス

（和田安夫）

第四五七条　主たる債務者に対する履行の請求その他の事由による時効の中断は、保証人に対しても、その効力を生ずる。
2　保証人は、主たる債務者の債権による相殺をもって債権者に対抗することができる。

第四五七条　主タル債務者ニ対スル履行ノ請求其他時効ノ中断ハ保証人ニ対シテモ其効力ヲ生ス
保証人ハ主タル債務者ノ債権ニ依リ相殺ヲ以テ債権者ニ対抗スルコトヲ得

原案第四六〇条　債権者ト主タル債務者トノ間ニアリタル確定判決及ヒ主タル債務者ニ対スル履行ノ請求其他時効ノ中断ハ保証人ニ対シテモ其効力ヲ生ス

【参照条文】
旧民法債権担保編
第二六条　右ノ抗弁（注1）ニ付キ債権者ト保証人トノ間ニ有リタル判決ハ債務者ヲ害スルコトヲ得ス然レトモ之ヲ利スルコトヲ得
但其判決ノ牽連シタル箇条ハ債務者ニ利ナルモノト不利ナルモノトヲ分ツコトヲ得ス
第二七条　債務者ニ対シテ時効ヲ中断シ又ハ債務者ヲ遅滞ニ付スル行為ハ保証人ニ対シテ同一ノ効力ヲ生ス
保証人ニ対シタル右同一ノ行為ハ保証人カ債務者ノ委任ヲ受ケ又ハ債務者ト連帯シテ義務ヲ負担シタルトキニ非サレハ債務者ニ対シテ効力ヲ生セス
第二八条　主タル債務者ノ為シタル債務ノ自白ハ保証人ヲ害ス
保証人ノ為シタル自白ハ委任又ハ連帯アル場合ニ非サレハ債務者ヲ害セス

フランス民法
第二二五〇条　義務ヲ得可キ者義務ヲ行フ可キ本人ニ対シテ訴訟ヲ為シタル時又ハ其本人義務ヲ得可キ者ノ権ヲ認メタル時ハ其保証人ノ期満特免ノ権ヲ得可キ期限ノ既ニ経過シタル時間ヲ除棄ス可シ

イタリア民法
第二一三二条　主本タル負責主ニ向テ為シタル期満中止ノ行為ノ通報若クハ負責主ニ因テ為サレタル権理ノ認識ハ保人ニ対シテモ亦期満ヲ中止セシム

スイス債務法

第一五五五条　連帯債務者の一人又は不可分給付の共同債務者の一人に対する時効の中断は、他の共同債務者に対しても効力を生ずる。主債務者に対する時効が中断されたときは、保証人に対しても効力がある。これに対して、保証人に対して為された中断は、主債務者に対して効力を生じない。

第五〇〇条(注2)　保証人は主債務を理由として、その支払の為に定められた期限以前には、主債務者の破産により期限が早められた場合であっても、請求されることがない。

主債務の期限の到来に告知が必要なときは、告知は保証人に対しても為されなければならない。

告知期間は、保証人に対しては、彼に対して為された開示の日より進行する。

スペイン民法

第一八三五条第二項　主たる債務者によってなされた和解は、その意思如何にかかわらず、保証人に対してその効力を生ずる。

第一九七五条　債務の裁判上の請求により、主たる債務者に対して生じた時効の中断は、保証人に対してもその効力を生ずる。但し、債権者による裁判外の請求又は債務者の私的な承認は保証人に対してその効力を生じない。

(注1)　旧民法債権担保編第二五条　保証人カ基本ニ付テ答弁スルトキハ主タル債務ノ組成又ハ其消滅ヨリ生スル抗弁ヲ以テ債権者ニ対抗スルコトヲ得

保証人ハ債務ヲ保証スルニ当リ債務者ノ無能力又ハ其承諾ノ瑕疵ヲ知ラサリシトキハ此等ノ事項ヨリ生スル無効ノ理由ヲ以テモ対抗スルコトヲ得

(注2)　議事速記録には第五〇〇条第二項、第三項が引用されているのみであるが、便宜上第一項も訳出しておく。

【起草趣旨】

梅謙次郎（二一巻二六丁表～裏）

本条は旧民法債権担保編第二七条第一項と大体同じである。ただ判決のことを掲げたことが新しいことである。判決のことがなかったのは奇妙であるが、これは言うをまたないというつもりであっただろうと思う。しかし判決は当事者間においてのみ効力を生ずるから、いかに主たる債務者と保証人との関係でも明文がなければ疑わしい。もし明文がなければ反対説の方が正しいかもしれない。よって明文を要すると考え、（「確定判決」をここに）加えた。

旧民法債権担保編第二八条には自白の規定がある。しかし自白は元来証拠の問題であって、その証拠によって判決が下るならばその判決は本条の規定によって保証人に対して効力を及ぼすが、判決がなければ自白があったという事実だけでは直ちに効力を生ずるというわけのものではない。

証拠法が今の証拠編の如く綿密な規定になっていれば規定も必要かもしれないが、この証拠編は民法から除くことになったし、別に証拠法というものができても、原則は「自由採取主義」になるであろうと思う。そうすれば自白を証拠とするか否かということは全く事実上の問題に帰する。

法律上その自白が効力をもつ旨規定すべきではないと思う。同じ理由で連帯のところでも自白というものは削られたからここでも削った。

【主要審議】

一　確定判決の保証人に対する効力

高木豊三（二一巻二六丁裏～二七丁裏）

確定判決を加えたのは、判決は当事者間のものであるから明文がなければ当然には保証人に及ばないということであり、そうであろうと思うが、この明文が入るとこの判決の効力が直ちに保証人に及ぶから、保証人に対しては再び訴訟をするにも及ばず判決をするにも及ばず直ちに執行しうるということか。あるいはそうではなくて、主たる債務者に対する判決確定後債務者よりの弁済ができない、執行しても弁済ができない場合に、更に保証人を訴え裁判をすることが必要であるということか。

後者であるとするならば、債務者と債権者との間に確定判決（注3）があるというだけであって「債務者」（保証人）は特別の方法をもって十分に答弁することができ、（主たる）債務者には払えという確定判決があっても「債務者」（保証人）（注3）には義務がないという判決を得ることはありうるのか。そうではなくして、確定判決の効力が及ぶといえば、主たる債務者に言渡した判決をもって直ちに保証人に強制執行をなしうるということであるか。

梅謙次郎（二二巻二七丁裏～二九丁表）

執行のことはここで規定するつもりではなかった。もし判決の効力を生ずるということがそれほどまでに解せるならば、書き変えなければならないが、ただ「羈絆力」だけである。主たる債務者が義務を負うということは裁判が確定している。それに詐欺等のない場合であれば、今度保証人が訴えられた場合に、また主たる債務者と同じようなことを言って争うことはできない。保証義務に瑕疵があるといったことは申し立てうるが、「主タル債務者ノ保証人テナイト云フコトハ言ヘヌト云フコトカ此処ノ主意テアル」（注4）。

保証人に対して執行するには執行力を得なければならない。執行力を得るためには、もし公正証書がなければ確定判決の後でなければならない。その場合に保証人が主たる債務者と同じようなことをいっても、それは主たる債務者に対する判決があるから申し立てえないというつもりである。執行力のことではなく「羈絆力」のつもりである。「羈絆力」が保証人に及ぶということは、我々の考えでは当然のことと思うが、「唯一ツノ場合ニ因《ママ》ル」。主たる債務者が債権者と通謀して敗訴するということがありうる。この場合その判決が保証人に対抗せられては困る。フランスではそういう場合にはその判決は保証人が遵奉する義務はないということになっている。日本の民事訴訟にもフランスの「わつほじしよん」(opposition) と同じようなことがある。

裁判が確定しないうちなら参加ということができるが、確定後は再審の途しかない。今の民事訴訟法ではこういう場合、再審はできない。しかし再審が請求できるようになっていなければならないと思う。民事訴訟法第四八三条に類似の場合が規定されている。ここに入るように改めればよいかもしれない。「第三者カ原告及ヒ被告ノ共謀ニ因リ第三者ノ債権ヲ詐害スル目的ヲ以テ判決ヲ為サシメタリト主張シ其判決ニ対シ不服ヲ申立ツルトキハ」（注5）云々とあるが、「債権ヲ詐害スル」といわずに「権利ヲ詐害スル」といえばよいようである。そのように改正してもらえれば、これで差支えない。

高木豊三（二二巻二九丁表～三〇丁表）

梅委員の述べたように、確定判決が保証人に及ぶということは法律の明文がなければできない。確定判決の効力即ち「羈絆力」は直接に保証人に及ぶものではないというのが正則であると思う。

主たる債務者と債権者との間には判決があり、それが確定したということは動かすべからざる事柄である。しかし、もしその実質上の判決の趣意が保証人に及ぶ、その間に「羈絆力」があって動かすべからざるものであるならば、保証人に対して（注6）「疑ヒ」を起すべき必要がない。それでただいま債務者と債権者との通謀した場合が例示されたが、これは無論のことである。しかし、通謀も何もない善意であっても訴訟のやり方のために債務者が負ける、即ち防禦の方法のよろしきをえなかったために敗訴の言渡を受け、確定してしまうことが往々ある。例えば自白によって判決を受け、確定したがその自白は錯誤であった。当人自らもそれを取消すことができたが、取消さなかったために確定した。あるいは欠席判決のままで確定した、などである（このような場合にも確定判決の効力が及ぼされては困る——和田注）。

　確定判決の種類にも種々のものがあるが保証人に対して「訴ヘヲサセル趣意」（訴えをさせない趣意か?・）、即ち確定判決の効力をもって直ちに執行するという旨意であるならば、やはり旧民法の如く確定判決の実質上の効力は保証人には及ばない、保証人は更に訴訟をして自己の主張を充分にすることができるとした方が「正則」であると考える。

　梅委員の説の如く「確定判決カ羈絆力テアルト云ツタ所カ」その実は「羈絆力」がないと私は考える。旧民法のようにして、確定判決ということだけは削除した方が良いと考える。

横田國臣（二二巻三〇丁表～裏）

　本条の読み方は、「債権者ト主タル債務者トノ間ニアリタル確定判決ハ保証人ニ対シテモ其効力ヲ生ス」それから「主タル債務者ニ対スル履行ノ請求其他時効ノ中断」というふうに、二つになっているのか。

梅謙次郎（二二巻三〇丁裏）

　そうである。

横田國臣（二二巻三〇丁裏～三一丁裏）

　そうであるならば私は読み違えていた。「此判決カラずつと之ニ来ルノテアラウト思ツテ居ツタ」。従って私は第四六一条の説明如何で「高木君ノ言ハレタ論」を出そうと思っていた。

　この確定判決が他に及ぶということは、昔は幾らもあったので今でもあるだろうが追々と例外になってきており、また例外的な場合も次第に少なくなってきている。

　確定判決が他に及ぶということはちょっと考えると大変便利な方法である(注7)。しかし今日ではこういう押付けがましいこと、即ち必ずこれが及ぶ等という証拠上のことを制限することは、やむをえない場合以外はしない方がよいと思う。なぜならば（関係者間には）色々の事情がある。特に民事の場合は双方の都合でどうでもなることがある。第四六一条の場合においても保証人と債権者との間で色々なことをやるかもしれない。「何ウ云フ都合テ其裁判ト云フモノハ双方サヘ承諾スレハ刑事ノヤウニ」裁判確定がそれは嘘であるといったようなことはできない。従って高木委員に賛成である。

　第三者に及ぶことは必要であり便利である。「例ヘハ裁判ヲスルトカ何ントカ云フコトテアレハ夫レハ仕方ナイ(注8)」。しかしその他の場合は、確定判決は外の者に及ぼさないとしておく方が良い。及ぼさないとしてあっても事実上大抵の場合は及ぶ。一旦調べ済みの証拠を引いてこられるならば余程強い証拠であるからである。

梅謙次郎（二二巻三一丁裏）

　まだ文章はできないようであるが、修正説は成り立つとみてよろしいか。

議長（箕作麟祥）（二二巻三一丁裏）

　よろしい。

梅謙次郎（二二巻三一丁裏～三三丁裏）

　私は実際の便宜上確定判決が効力を及ぼすとした方がよいし、それには十分理由があると信じる。

　その理由は、保証人は元来主たる債務者の債務の履行の責に任ずるものであるから、主たる債務者がその責を負うということであれば保証人も履行の責に任ずるということは当然であると考えるためである。

　この点はさておいて、ここでこの議論が出るのはどうであろうか。連帯債務の場合はどういうふうに通過したのか、欠席していたのでわからないが、余り議論があったとは聞いていない。連帯債務のところで確定判決が効力を及ぼすということが通っている。そうであるならばここでは及ぼさないとしては不権衡である。関連させてお考え願いたい。

　今一つは、旧民法の通りに直すということであるが、旧民法はこの通りである。旧民法はフランス主義であるから言うをまたないと思っている。解釈上ボアソナードの意を貫かしめようというならば、本案で削除となった第二五条(注9)から解釈できるつもりであったかもしれない。

　なぜボアソードが言わないでも知れたことというのか私は疑っていたが、第二五条には「保証人カ基本ニ付テ答弁スルトキハ主タル債務ノ組織《ママ》（正しくは「成」）又ハ其消滅ヨリ生スル抗弁ヲ以テ債権者ニ対抗スルコトヲ得」となっているから、それを裏面からみて、主たる債務者と主たる債権者との間にあったことは保証人がすべて引受けなければならないと解したかもしれない。しかし第二五条は利益の方ばかり規定しているから、もし主たる債務者が敗訴した場合であれば第二五条には該当しない。従って、旧民法はこの点において欠点があると思う。

　ボアソナードはその効力を及ぼすつもりで旧民法のように表現したことは疑いない。説明中にも明言している。即座にそれを見出すことはできないがフランス流の理論である。即ち、保証人は主たる債務者によって代表されるということである。

　それは、幾分か代表されるとはいえるであろうが、明文がないと甚だ疑わしいことでむしろ反対の方にするのが穏かであろうと思う。だから明文をおくことにした。

　なお、旧民法では主たる債務者が受けた判決が保証人に効力を及ぼすのみでなく、保証人が受けた判決が主たる債務者に利益であるならば効力を及ぼすとなっていた。この点は本案でも採用した。異議があれば次条で説明する。これらが一致しないとただここで確定判決が削除されても前後不揃になると思う。

高木豊三（二二巻三三丁裏～三四丁表）

　前会の時に議論があったことは覚えている。

　ここで削除しても直ちに同性質のものに衝突するものではないと考える。

　旧民法のボアソナードの説明は、その説明が悪かったために旧民法債権担保編第二五条について正反対の解釈がおこるわけである。それはどういうことかというと「債務者自ラハ債権者ニ対シテ抗弁ヲ求ムルコトカ出来ルト云フノテアリマスカラ」、債務者は例えば一部弁済もしくは全部弁済して受取をとっておいたがそれを失ったために敗訴し全額の負担を命ぜられ判決は確定した。ところが、確定後その受取を発見した場合には保証人は債務者と同様の抗弁ができる。その他すべて債務者と同様の抗弁ができる。即ち保証人は「自分カ主タル債務者ノ云ヒ得ヘキコトヲ云ハスシテ元々負ケタ」訴訟も自分は独立してすることができる。これは確定判決が他を羈束することができない、その効力は直接には及ばないという意味ではないかと考えている。

　保証人に対して更に訴訟をしなければならないとしながら確定判決の効力が及ぶということは衝突する。何のために訴訟をさせるのか、直ちにその判決を執行してよいと考えられる。従って削除説に賛成である。

岸本辰雄（二二巻三四丁表～三五丁表）

旧民法の旨意は高木委員の述べたとおりだろうと考えるが、旧民法とは違っても構わない。

確定判決の効力を及ぼさなければならないという利益は何か。まず、二度同じようなことを法廷で争わせないというだけの便宜は幾分あろうと思う。

しかし、今日の如く確定判決の効力が及ばない場合ですら、高利貸が思うようにふるまう世の中であるから、債務者との馴れ合い訴訟は多いと聞いている。確定判決の効力を得るのではなく、保証人に責を負わせるために、ただ債務が成り立っているという一の判決を得てそれを利用するために馴れ合い訴訟をする実状である。そこにこういう法律を設けると債権者がこれを利用するという弊害が生ずるおそれがある。

確定判決の効力は当事者以外の者に及ばないという原則に例外を設ける理由はどこにあるのか説明願いたい。

梅謙次郎（二二巻三五丁表～三七丁表）

「既成法典ノ編纂ニ携ハツタ所ノ岸本君カラ只今ノ如キ御説ヲ承ハリマシタノハ実ニ一驚ヲ喫シマシタ」。旧民法では（効力が及ぶということに）疑いはないと思う。ただ文章が悪いから疑いが起る。今日のように文字に気をつけた文章だと法文がなければ確定判決の効力は及ばないということになるであろうが、旧民法は多くの点であまり言葉に注意していないから、解釈する者がよほど注意しなければならない。現にボアソナードの解説書には明らかに効力が及ぶと書いてある。（仏語朗読）[注10]。ボアソナードの主義、フランス法の主義にしてもそれが法文に現われない場合は困る。従って明文が必要である。

第二五条によって少なくとも判決が保証人に利益のある場合はこれを援用することができるのは疑いがない。ただ反対の場合は規定がないから疑わしいと思う。それで明文が必要だと思った。

しかしながら、旧民法では履行の請求、時効の中断、自白まで効力を及ぼすことになっているから判決が効力を及ぼすという精神であることは疑いないと考える。ただ執行力については実務に暗いので、フランスにおいても執行力にまで及ぼすかどうかは究めていないが、あるいは及ぼすのかもしれない。しかし執行は公正証書があれば行うことができる。執行だけを請求して裁判所に出ることはできる。従ってそれは単なる手続にすぎないからそれまで効力を及ぼす必要はないと思う。

その執行だけのために判決を求める必要があるとしてもなお確定判決が保証人に対して効力を及ぼすとする利益があるかという説が実際家の口から出ることについては了解に苦しむ。裁判所で何度も訴訟をすることは、複雑な手続、敗訴のおそれがあるため敬遠される。もし「羈絆力」が効力を及ぼすということであれば、債権者は執行を求めれば当然許される。主たる債務者と同じような義務があるという判決があったならば、（保証人は、）義務がないということはいえない。ただ保証契約に瑕疵があったこと等の外は申立てることができない。従って債権者には非常に利益である。

債権者が保証人を取るのは、速やかに履行を得るためである。主たる債務者といろいろ議論して（主たる債務者が）負けたのに、また保証人の所にかかって行くと、同じようなことを言って保証人が争ってくるのでは、債権者にとっては迷惑である。それはできないようにした方が良いというだけの趣旨である。

詐欺については民事訴訟法を改正すれば

よいと考える。

長谷川喬（二二巻三七丁表～裏）

高木委員の説に賛成である。確定判決が効力を生ずるということは、説明によれば証拠力を生ずるにすぎない。旧民法には自白の規定があるが、その自白を証拠として採用するか否かは裁判官に任せるということになったならば確定判決についても同様とする方が適当であろうと思う。確定判決は公益上の理由から当事者間には強い力を持たせるが、確定判決というものはただこうであったであろうと認定するだけのことであって、「事実カラ云ヘハ裁判ヲ受ケル者」の自白「ヨリ堅イモノハナイ」。従って自白は裁判官の取捨に任せるが確定判決はここに規定して裁判官が羈束されるとするのは穏当でないと考える。現に確定判決といえども信ずべからざることは岸本委員、高木委員の述べた如くである。再審についても詐欺等を証明できればよいが、これも難しい。従って裁判官に任せる方が適当な結果を得られると思う。

高木豊三（二二巻三七丁裏～三八丁裏）

梅委員が引用したボアソナードのフランス文であるが、これはなるほど債権者が敗訴した場合は保証人が義務を免れる。「併シ其債務ニ付テハ矢張リ保証人テアルト云フコトハ無論ノ話ト考ヘル」。直ちに確定判決の効力が及んで保証人の訴訟について羈束するとは解せない。「梅君ノ解釈カ間違ツテ居ツテ私ノ解釈カ至当テアルト云ツタ所カ信スル人モアリマスマイ」が。

第二五条の明文で保証人は債務の成立について債務者と同様に争うことができる。もし確定判決中の事実と法律の適用が確定して動かしえないものであるならば、保証人が債務者と同様の抗弁ができる理由もないし、させる必要もない。

保証人に特別の訴訟を許す以上は債務者と同様の「抗弁法」をもって、また独立して抗弁が提出できなければならない。なぜならば、当事者が訴訟をしているところへ債務者が行ってその債務を認諾しその判決が確定したとして、これを争う方法はいくらでもある。まだ債務が成立していない、弁済の義務が生じていない等である。直ちに確定判決の効力が及ぶということは訴訟を許すということに抵触すると考える。

「確定判決及ヒ」と規定する利益は訴訟について再びする必要のない事実は動かしえないということである。債務があるということは動かすことができない。そうであるならばむしろ確定判決の効力を直ちに執行するといわなければならない。

ボアソナードの解釈は梅委員の説のとおりかもしれないが、今日までの裁判所の習慣、また法律理論としても効力は及ばない方が至当と考える。

梅謙次郎（二二巻三八丁裏～四〇丁裏）

ボアソナードの例を引いたのはその半分である。（フランス文朗読[注10]）。そしてこれは草案の第一〇二六条、その主たる債務者は保証人に対して下った判決を援用することを得るということの註釈である。初めには、裁判は当事者間にしか効力を及ぼさないものであるが当事者が他の者に代理されている場合には代理人と当事者との間に下った判決もまた効力を及ぼす。但し、詐欺があれば判決は執行することはできないと書き、それから保証人が判決を受けたときにはその判決は主たる債務者に対して効力を及ぼすか否かという問題を置いて、それから本条の説明にかかっている。私の読み違いではないしフランスの学者でこれを疑うものはないと思う。フランスでは保証人が主たる債務者に対して裁判上当然代理するから主たる債務者に対して下った判決は保証人に対して十分な効力を及ぼすということに反対説はないと思う。ボアソナードが書かなかったのは知れきったことであると考えたためと思う。保証人に対して下った判決は主たる債務者に効力を及ぼすことは、原則としてあろうはずがない。主たる債務者が自己に利益ありとみればその判決を援用することを許す。それは次条で説明するつもりである。次条に「主タル債務者ハ債権者ト保証人トノ間ニアリタル確定判決ヲ援用スルコトヲ得」とあるくらいだから、少なくとも保証人は主たる債務者に対して下った判決を自己に利益であるならば援用することができるということは理論上当然であると思う。

従ってボアソナードの説明が立法者の真意であって、保証人に対して主たる債務者の判決が効力を及ぼすということは知れきったことだから書かなかったと考える。

「夫レカラモウ一ツ高木君ハ説明ヲセヌテモ知レ切ツタコトテアルト云フコトテアリマスカ夫レヲ承ハリタイ」。なぜ保証人に対して下った判決の効力を主たる債務者に対して及ぼす方はよくて、主たる債務者に対して下った判決の効力は保証人に及ぼしてはならないという区別があるのか。連帯債務者は詐欺はしない、瑕疵はないということができるのか。もし主たる債務者ですら詐欺をする恐れがあり、また瑕疵に陥る恐れがあるならば、「況ンヤ連帯債務者ノ如キハ一分ハ人ノ義務テアリマスカラどんな裁判ヲ受ケルカモ知レヌト云フコトテナケレハナラヌ」。少なくとも同じ規定にならないと前後権衡を得ないと思う。判決の普通の学理からいえば当事者が違うから判決は効力を及ぼさないという方が正しい。連帯債務の方で効力が及ぶという方がよいのならば、保証の方でもよさそうなものであるのになぜ保証のところではいけないのか。

富井政章（二二巻四〇丁裏〜四二丁裏）

連帯債務のところは私の受持であったので高木委員の説に対して補足したい。

この条文だけについて確定判決を削除することは十分お考え願わねばならない。

連帯債務のところでこの確定判決が他の連帯債務者に対して効力を生ずると決めることについては非常に迷った。けれどもとにかく原案が採用されてあの条においては判決が効力を生ずるという方に決まった。連帯債務の場合ですらこうであるから保証の場合はなおさらにこうならなければ不都合であると考える。

連帯債務の場合は削除しなくてもよいが保証の場合は是非削除しなければならないという理由が少しでもあれば黙っているが、保証人は主たる債務者が履行しない場合に履行するというもので、どこまでも主たる債務者の運命に従っている。連帯債務の方は別々にみられる。現にドイツ民法草案は連帯債務については判決の効力は連帯債務者に及ばないとしながら、保証については正反対で、ほとんど一つの債務とみているように思う。従って、ここで削除するならば議長の特別の許可を得て連帯債務の条でも削除すると決心して採決することを希望する。ここだけ削除することはつじつまが合わないと考える。

執行については、これまでフランス民法について解していたところは判決が効力を及ぼすといえばすべて「羈絆権ノ効力」についてである。即ち義務が成り立っていない、義務が消滅したというようなものである。その判決を直ちに執行しうるという意味には誰も解していないと思う。そういう必要があれば直ちに執行することを得、といったように明記しなければならないと思う。いくらこの共同債務者が互に代表しているといっても、とにかく債務者が複数ある。この保証の場合は債務も複数であるとみるのが正しいと思う。また本案はその主義をとっていると解しなければならない。初めの条には「保証人ハ主タル債務者カ其債務ヲ履行セサル場合ニ於テ其履行ヲ為ス責ニ任ス」とある。主たる債務者があってその外に保証債務者がある。主従の関係はあるが債務は二つある。その場合、一つの債務者に対して下った判決を直ちに別の債務を負っている別の債務者の財産の上に執行するということは余程酷であると思う。そういう必要はないであろうと思うが、もしあればそれを書かなければならない。「是迄ノ文例テハ判決カ其効力ヲ及ホスト云フコトハ直チニ執行スルコトヲ得ト云フヤウナ意味ニハ誰モ取ツテハ居ラナイ詰リ羈絆権丈ケノ効力ノコトテアラウト思ヒマス」。

高木豊三（二二巻四二丁裏～四三丁裏）

前の連帯債務の時にもフランスの代理主義は採用しないとした。その法律の規定をみれば大抵一箇条おきぐらいに代理主義をとりうべき箇条がある。連帯債務の場合にも私は、代理主義は採用しない主義であって判決の効力が及ぶというのはおかしいということをいった。それはともかく、梅委員の説明したことはよくわかったが、「効力」についての解釈が違うと考えられる。

ボアソナードの説明において効力が及ぶとはどれだけのことかというと、債権者と主たる債務者との間にあった確定判決を援用することができるということには私も同意する。それはできるにきまっている。その判決を援用すれば主たる債務者に対して初めて訴訟をした時の如く、種々の請求の原因、事実の関係その他の証拠調をする必要はない。原告の方にはそれだけの効力が及ぶ。これだけの効力ならばよい。

しかし、債務者が過って訴訟をした、あるいはわけもなく認諾して確定した、そういう場合にも保証人は反対の証拠をあげて争うことができないというところまでその効力を及ぼすという意見には反対である。

岸本辰雄（二二巻四三丁裏～四四丁裏）

この問題は我国の現行の原則を変更することになるから余程大切だと思う。私は高木委員に賛成である。富井委員は連帯債務のところも同じにならざるをえないと言ったが私はその反対である。連帯債務の方はそうなってもよいが、ここはそうなってはならない。連帯債務の場合はつまり皆主たる債務者である。ここは従たる債務者である。主たる債務者に効力が及ぶというのはよいと思う。しかしここは従たる債務者にその効力が及ぶというのであるから、連帯債務についての規定があるとしても、こちらを変えるということはないと思う。

梅委員によればフランスがそうなっているとのことである。フランスでは保証人は権利承継者の位置にいるという説があるかもしれない。あるいは明文があるかもしれない。そうであるならば執行力までもその権利承継人に及ぶことになると思う。梅委員の言うように判決の効力が半分だけ及ぶというような曖昧なことはおそらくフランスにはないと思う。

高木委員の言うように確定判決を援用するというのならば、日本の現在もそのとおりであるからよい。

ボアソナードの解釈の争いについては、旧民法はどうであろうとも要するにこの案は現行の原則をひっくり返すというのである。その場合、害があるということは目に見えている。今日のままで不都合があるかというと格別不都合はないと思う。それゆえに高木委員の説に賛成である。

梅謙次郎（二二巻四五丁裏～四七丁表）

高木委員ならびに岸本委員は、単に判決

を援用することを得るというのならばよい、旧民法もその意味であるということであった。援用という文字の意味次第ではそうである。執行までできるということではないと思うから「羈絆力」を援用するにすぎない。確定判決を援用すると既に決した以上は再び援用することができないということは両委員の解釈の如くである。

　岸本委員より連帯債務の方はよいけれどもここはいけないという話があったが、これは奇妙なことだと思う。「岸本君ニ申上ケルノハ釈迦ニ説法孔子ニ悟道テアリマスカ」フランスにおいて主たる債務者に対して下した判決が保証人に対して効力を及ぼすということには一人の反対意見もない。フランスではそれは当然とされている。これに反して連帯債務の場合についてはフランスでは非常に議論がある。連帯債務者の一人に対して下った判決は全て他の人に効力を及ぼすという説もないではないが、極めて少数である。反対に、連帯債務者の一人に対して下った判決がそのまま他の者に対して効力を及ぼすことはないという説もあるが、これまた極めて少数である。大多数は連帯債務者のために利益である判決は援用することを得る、不利益な判決は債権者より対抗することはできないということである。以上の如くであるから、保証の方で確定判決が効力を及ぼさないといえばどうしても連帯債務の方もそうならなければならない。

　先刻横田委員は、昔は一人の者に対して下った判決が他の者に対して効力を及ぼすということは多かったが今日は段々そういうことはなくなってきたと述べたが、果してそれが事実であるか。かえって一人に対して下った判決が他の者に対して効力を及ぼすということは新しい法律にも随分ある。禁治産の効力がそうである。その他、人の身分は分つことができないものであるから、甲に対してはある資格があるが乙に対してはその資格がないということであれば、一人の人間で二つの役目を務めなければならないようになって不都合であるため、判決が効力を及ぼすということに、新しい法律でもなっている。今の場合はそういう場合とは異なるが、判決の効力を広く及ぼすということであり、新しい慣習に背くということはないと思う。

二　本条修正案

議長（箕作麟祥）（二二巻四七丁表）

　高木委員に尋ねるが「主タル債務者ニ対スル」云々ということになるのであるか。

高木豊三（二二巻四七丁表）

　「債権者カ主タル債務者ニ対スル」云々となる。

穂積陳重（二二巻四七丁表）

　第四三五条[注11]に丁度同じような文章がある。

高木豊三（二二巻四七丁表）

　そうすると「主タル債務者ニ対スル履行ノ請求其他時効ノ中断ハ保証人ニ対シテモ其効力ヲ生ス」となる。

議長（箕作麟祥）（二二巻四七丁表）

　そうすると、はじめから「及ヒ」までをずっと削除するのであるか。

高木豊三（二二巻四七丁裏）

　そうである。もしこれが削除されると連帯債務の方が困るであろうが、私はその方もやはり削除するというつもりでこうするのである。

議長（箕作麟祥）（二二巻四七丁裏）

　整理のときに連帯債務の方も一緒に揃えようというのであるか。

高木豊三（二二巻四七丁裏）

　そうである。

議長（箕作麟祥）（二二巻四七丁裏）

　高木委員の修正案は「及ヒ」までを残らず削り、これが可決されれば連帯債務の文章も整理の時に直すということである。

▼採決の結果、修正案のとおりに決定された（二二巻四七丁裏）。

三　追加修正――相殺による対抗

修正案第四五八条第二項（起草委員提出）保証人ハ主タル債務者ノ債権ニ依リ相殺ヲ以テ債権者ニ対抗スルコトヲ得

梅謙次郎（二三巻九二丁裏～九三丁裏）

これは前に保証のところを起草するとき相殺に関して如何なる主義をとるかということが確定していなかったので、仮に旧民法の主義をとり、相殺は法律上当然行われるものというつもりであったが、相殺は意思表示を必要とするとし法律上当然には相殺が行われないという主義をとった以上は、こういう一項を設けないと不釣合と思う。

保証人は主たる債務の履行について責を負うのであるから、主たる債務者が履行しなくてもよい場合には保証人も履行しなくてもよいということにならないと困る。

法律上当然に債権が消えるのならば言うをまたないが、対抗を必要とするということであると、主たる債務者を訴えたならば多分相殺を対抗されるだろうと思って、例えば主たる債務者を先に訴えず直ちに保証人にかかれる場合にはすぐ保証人のところにかかってくるかもしれない。その場合には主たる債務者の債権によって相殺を対抗できないと保証人が払ってしまう。そしてそれを主たる債務者に対して求償すると、主たる債務者は保証人に払っておきながら自分は自分の債権者に対し、既に相殺によって消滅させることのできる債権の履行を求めなければならない。主たる債務者にとっても保証人にとっても不利益であるから是非このように規定しなければならない。

旧民法にこの規定がなかったのは法律上の相殺を認めていたからである。保証の部分には特別の規定はないが相殺の部分には暗にこのことを規定している。財産編第五二一条（注12）で、主たる債務者が自己の債権をもって債権者の債権と相殺してしまった場合は保証人はその責を免れるということになっている。

相殺が法律上当然行われるとみれば明文はいらないと考えて、保証のところへ書かなかった。しかるにこれを相殺の部分に書くのは穏かでない。これは保証の規定であるから必要であれば保証の部分に書くのがよいというので、相殺の部分から取除かれた。そうするとどちらにもこの規定がないことになって今度の案では欠点になる。それで特にこれだけを加える案を提出する。

議長（箕作麟祥）（二三巻九三丁裏）

只今の修正案に別に異論がなければ、可決せられたものとみる。

（注3）「債務者」と書いてあるがこれは「保証人」の誤りである。

（注4）「羈絆力」は既判力であると解し、また仮に保証人にも債権者の主債務者に対する判決の既判力が及ぶという理解に立ったとしても、この箇所の理解は困難である。後の記述もあわせて判断すれば、「債権者に対して、保証人との関係でもう一度主債務の否認や主債務についての抗弁を保証人はなしえない」という趣旨のことが言いたかったのではなかろうか。

（注5）民事訴訟法第四八三条　第三者カ原告及ヒ被告ノ共謀ニ因リ第三者ノ債権ヲ詐害スル目的ヲ以テ判決ヲ為サシメタリト主張シ其判決ニ対シ不服ヲ申立ツルトキハ原状回復ノ訴ニ因レル再審ノ規定ヲ準用ス

此場合ニ於テハ原告及ヒ被告ヲ共同被告ト為ス

（注6）「訴え」の誤りか。

（注7）この発言に続いて以下の例をあげている。

「例ヘハ私カ富井君ニ借金カアル夫レヲ高木君カ保証ヲシタ斯ウ云フヤウナ場合ニモ私カ五百

円借リテ居ルト云フコトハ確定シテ居ル富井君モ確定シテ仕舞ツタナラハ無論高木君ハ確定判決ノ五百円ニ付テ払ウノハ当リ前テアル」（二二巻三一丁表）。

（注8） 主たる債務者と債権者との間に確定判決があればその判決の効力が債権者と保証人との間に及ぶということは仕方ないという趣旨であろう。

（注9）【参照条文】の（注1）参照。

（注10） Boissonade, Projet de Code Civil pour l'Empire du Japon, t. 4 (1889) pp. 56~59（第一〇二六条の注釈）の大意は以下の如くである。

㈠「判決により確定した事項は訴訟当事者でなかった者を害することも利することもない」という有力な原則がある。この原則は法律上の推定による証拠に関する第五巻（第一四一四条以下）において宣言されている。

しかし、ある者は他の者によって裁判上代理されうるということ、このことが既判力を積極的消極的に拡張するということを認めなければならない。

代理が、契約委任により生ずるときには既判力に関するその効果は委任契約の一般則（第九二九条）に従い、決定される。しかし、この代理が色々な利害関係者の間に存在する関係の法定の効果であるときには、法律がそれを明らかにしない限りその範囲に関する重大な困難が持ち上がる恐れがある。

㈡ 主債務者は主たる債務について下された判決において保証人を代理する。主債務者が勝訴すれば保証人も免責される。主債務者が敗訴すれば保証人も債務を負う。後者の場合には保証人に対する（主債務者と）債権者との馴れ合い詐欺がなかったと仮定しての話である。馴れ合い詐欺がある場合には保証人は自己に関しては第三者異議（第三六一条第二項）により判決を覆すであろう。

しかし保証人は同様に主債務者を代理するのか。そのように主張することはできないだろう。保証人は、債務を弁済することは許されているが、債務を承認することを許されているのではない。他方で、保証人が主債務者を擁護することを許されるべき必要はない。従って、もし保証人が保証債務のみならず主債務についても債権者の主張を理由なきものとする判決を得ることができたならば、そこに、主債務者が債権者に対する判決を援用することを可能とする、主債務者のための事務管理行為を認めうる。本条が宣言するのはこのことである。

ここでは法は、受任者たる保証人と事務管理者たる保証人の間の区別を行っていない。保証人に対しなされた指示が仮にあるとしてもそれは弁済することであり、訴訟をなすことではない。

この点に関する法の明文なくして、事務管理に関する一般原則の効力のみにより、フランス法におけると同様の解決を与えることもできるが、法の明文がある方がより確実である。

他方、既に用益権に関し、第三者と用益権者との間で下された判決は虚有権者を害することはできないが利することは可能であり、虚有権者に関する判決は用益権者を利することはできるが害することはできないということが確かめられている（第一〇一一条参照）。

㈢ 法律は、保証人に有利に下された判決に関する種々の事項は相互に牽連関係に立つときは分割され得ないということを示すように努めている。

（注11） 原案第四三五条（確定条文第四三四条）
連帯債務者ノ一人ニ対スル履行ノ請求ハ他ノ債務者ニ対シテモ其効力ヲ生ス

（注12） 旧民法財産編第五二一条　主タル債務者ハ自己ノ債務ト債権者カ保証人ニ対シテ負担スル債務トノ相殺ヲ以テ債権者ニ対抗スルコトヲ得ス然レトモ訴追ヲ受ケタル保証人ハ債権者カ主タル債務者又ハ自己ニ対シテ負担スル債務ノ相殺ヲ以テ対抗スルコトヲ得

連帯債務者ハ債権者カ其連帯債務者ノ他ノ一人ニ対シ負担スル債務ニ関シテハ其一人ノ債務ノ部分ニ付テニ非サレハ相殺ヲ以テ対抗スルコトヲ得ス然レトモ自己ノ権ニ基キ相殺ヲ以テ対抗ス可キトキハ全部ニ付キ之ヲ申立ツルコトヲ得

数人ノ連帯債権者アルトキ債務者ハ債権者ノ一人カ自己ニ対シテ負担スル債務ノ相殺ヲ以テ訴追者ニ対抗スルコトヲ得

債務カ債務者ノ間又ハ債権者ノ間ニ於テ任意不可分ナルトキハ相殺ハ受方又ハ働方ノ連帯ニ於ケルト同一ノ方法ニ従フ又性質ニ因ル不可分ノ債務ナルトキハ第四百四十五条ノ規定ニ従フ

【その後の経緯】

第九回帝国議会衆議院民法中修正案委員会では、主たる債務者だけに対して行った措置による時効中断の効力が、これを知らない保証人に及ぶとするのは酷であるという理由により、保証人には時効中断の効力が及ばないとすべきであるという修正案が出されたが、賛成少数により否決された（廣中俊雄編『第九回帝國議會の民法審議』二五二〜二五三頁）。

【民法修正案理由】

本条第一項ハ既成法典債権担保編第二十七条第一項ト其主意ヲ同ジウシ、唯文ヲ異ニセルノミ。

本条第二項ハ既成法典財産編第五百二十一条第一項ノ規定ト其主意ヲ同ジウス。之ヲ明掲シタル所以ハ、本案ニ於テハ相殺ヲ対抗センニハ必ラズ当事者ヨリ其意志ヲ表示スルコトヲ要シ、法律上当然ニ相殺アルモノトセザリシト、且ツハ主債務者ノ債権ヲ対抗スベキモノハ必ズ主債務者ナリト言ヘル如キ議論ノ生ズルヲ予防センガ為メナリ。

既成法典債権担保編第二十八条ハ之ヲ削除ス。同条ニハ主タル債務者ノ自白ハ保証人ヲ害シ保証人ノ自白ハ債務者ヲ害セズトシ、自白ノ効力ニ関シテ一定ノ法条ヲ設クルモ、自白ノ効力ハ各場合ノ情況ニ応ジ判官ノ一々認定スベキモノニシテ、到底法律ノ明文ヲ以テ之ヲ一定シ得ベキモノニアラズ。且此種ノ規定ハ総テ証拠編ニ譲ルヲ可トシ、本案ニ於テハ之ヲ削除シタルナリ。

尚既成法典ハ、其第二十六条ヲ以テ債権者ト保証人トノ間ニ下シタル判決ノ効力ノ債務者ニ及ブベキ範囲ヲ規定セリ。而シテ債権者債務者間ノ既判力ノ保証人ニ関係スル点ニ至リテハ何等ノ規定ヲモ設ケザルハ、余輩其何ノ故タルヲ知ラザルモ、本案ニ於テハ判決ノ効力ハ単ニ当事者ヲ拘束スルニ止マルトノ主義ヲ格守シ、連帯ノ規定ニ於テモ連帯債務者ノ一人ト債権者トノ間ニ下シタル判決ハ他ノ連帯債務者ニ対シテ判決タルノ効ナシトノ主義ヲ採リシ如ク、保証ニ関シテモ亦同一ノ主義ヲ採リタリ。

▽民法修正案理由書第三編第一章第三章《ママ》「第四款保証債務」一二〜一三頁（第四六〇条）。

（和田安夫）

第四五八条　第四百三十四条から第四百四十条までの規定は、主たる債務者が保証人と連帯して債務を負担する場合について準用する。

第四五八条　主タル債務者カ保証人ト連帯シテ債務ヲ負担スル場合ニ於テハ第四百三十四条乃至第四百四十条ノ規定ヲ適用ス

原案第四六一条　主タル債務者ハ債権者ト保証人トノ間ニアリタル確定判決ヲ援用スルコトヲ得但其判決ノ牽連シタル部分ニ付キ其自己ニ利アルモノト不利ナルモノトヲ分ツコトヲ得ス

主タル債務者カ保証人ト連帯シテ債務ヲ負担スル場合ニ於テハ第四百三十五条乃至第四百四十一条ノ規定ヲ適用ス

【参照条文】

旧民法財産編

第五〇二条　保証人ト為シタル更改ハ反対ノ意思アル証拠ナキトキハ保証ニ付テノ

ミ之ヲ為シタリトノ推定ヲ受ケ主タル債務者ニモ他ノ保証人ニモ義務ヲ免カレシメス

第五〇七条　保証人ノ一人ニ為シタル主タル債務ノ免除ハ債務者及ヒ他ノ保証人ヲシテ其債務ヲ免カレシム

第五一一条　保証人ノ一人ニ保証ヲ免除シタルトキハ主タル債務者ハ其債務ヲ免カレス他ノ保証人ハ保証ノ免除ヲ受ケタル一人ノ部分ニ付キ其義務ヲ免カル然レトモ保証人ノ間ニ連帯ヲ為セル場合ニ於テ債権者カ第五百六条第二項ニ記載シタル如ク他ノ保証人ニ対シテ自己ノ権利ヲ留保セサルトキハ他ノ保証人ヲシテ其義務ヲ免カレシム

第五二一条　主タル債務者ハ自己ノ債務ト債権者カ保証人ニ対シテ負担スル債務トノ相殺ヲ以テ債権者ニ対抗スルコトヲ得ス然レトモ訴追ヲ受ケタル保証人ハ債権者カ主タル債務者又ハ自己ニ対シテ負担スル債務ノ相殺ヲ以テ対抗スルコトヲ得

連帯債務者ハ債権者カ其連帯債務者ノ他ノ一人ニ対シ負担スル債務ニ関シテハ其一人ノ債務ノ部分ニ付テニ非サレハ相殺ヲ以テ対抗スルコトヲ得ス然レトモ自己ノ権ニ基キ相殺ヲ以テ対抗ス可キトキハ全部ニ付キ之ヲ申立ツルコトヲ得

数人ノ連帯債権者アルトキ債務者ハ債権者ノ一人カ自己ニ対シテ負担スル債務ノ相殺ヲ以テ訴追者ニ対抗スルコトヲ得

債務カ債務者ノ間又ハ債権者ノ間ニ於テ任意不可分ナルトキハ相殺ハ受方又ハ働方ノ連帯ニ於ケルト同一ノ方法ニ従フ又性質ニ因ル不可分ノ債務ナルトキハ第四百四十五条ノ規定ニ従フ

旧民法債権担保編

第二六条乃至第二八条（第四五七条の【参照条文】中に掲載）

フランス民法

第一二八七条　義務ヲ得可キ者主タル義務ヲ行フ可キ者ノ為メ契約シテ其義務ヲ釈放シタル時ハ其保証人モ亦釈放ヲ受ク可シ

又保証人ヲ釈放スト雖モ之ニ因リ主タル義務ヲ行フ可キ者ヲ釈放ス可カラス

又保証人中ノ一人ヲ釈放スト雖モ他ノ保証人ヲ釈放ス可カラス

第一二九四条　義務ヲ行フ可キ者ノ保証人ハ義務ヲ行フ可キ者ト義務ヲ得可キ者トノ間ニ二箇ノ義務互ニ相殺シタルヿヲ述ヘ己レノ保証ノ義務ヲ免ル、ノ訴ヲ為シ得可シ

然圧義務ヲ行フ可キ者ハ義務ヲ得可キ者ヨリ保証人ニ対シテ行フ可キ義務アルヿヲ述ヘ己レノ義務ヲ免ル、ヿヲ得ス

又連帯シテ義務ヲ行フ可キ数人中ノ一人ハ義務ヲ得可キ者ヨリ他ノ一人ニ対シ行フ可キ義務アルヿヲ述ヘ己レノ義務ヲ免ル、ヿヲ得ス

第一三〇一条　主タル義務ヲ行フ可キ者前条ニ記スル如ク其義務ヲ得可キ権ヲ兼有スル時ハ保証人己レノ義務ヲ免ル可シ

保証人義務ヲ得可キノ権利ヲ兼有シ又ハ義務ヲ得可キ者保証ノ義務ヲ兼有シタル時ハ主タル義務ヲシテ消散セシムルヲ得ス

連帯シテ義務ヲ行フ可キ数人中ノ一人義務ヲ得可キノ権利ヲ兼有シタル時ハ連帯シテ義務ヲ行フ可キ他ノ数人其一人ノ嘗テ担当シタル部分ノミノ釈放ヲ受クルヿヲ得可シ

イタリア民法

第一二八二条　主本者タル負責主ニ対シテ許与シタル契約上ノ債額ノ棄捐ハ以テ其保人ヲシテ責務ヲ解卸セシムル者トス然レ圧保人ニ対シテ許与シタル責務ノ解卸ハ以テ其主本者タル負責主ヲシテ責務ヲ解卸セシムルニ非ス（仏民第千二百八十

七条〕

第一二九〇条　保人ハ責主カ主本者タル負責主ニ負フ所ノ債額ニ向テ償殺ヲ決行セシムルヿヲ得可カラス然レ𪜈主本者タル負責主カ保人即チ自己ニ負フ所ノ債額ニ向テ償殺ヲ決行セシムルヿヲ得可シ

　互相特担ニ係ル共同負責主中ノ一人ハ責主カ其共同負責主ニ負フ所ノ債額ニ向テ決行スルノ償殺ハ唯ヾ此一人ノ負責主ノ負担スル部分ニ達スル迄ハ之ヲ決行スルヿヲ得可シ〔仏民第千二百九十四条〕

第一二九七条　責主ト主本者タル負責主トノ分限カ同一人ニ帰集セルニ因テ生成スル所ノ混併ハ以テ保人ニ利益スル者トス

　責主ト主本者タル負責主トノ分限カ保人ニ帰集セルニ於テハ則チ主本タル責務ハ消滅ニ帰セサル者トス

　互相特担ニ係ル共同負責主中ノ一人ノ身上ニ於ケル混併ハ唯ヾ自己ノ負責部分ニ向テノミ他ノ共同負責主ニ利益スル者トス〔仏民第千三百一条〕

スイス債務法

第一三四条　保証人は自己の債務を、債権者に対して主債務者が有する債権を以て相殺することができる。しかし主債務者は自己の債務を、保証人の債権を以て相殺することができない。

第一五五条〔第四五七条の【参照条文】中に掲載〕

スペイン民法

第一一九〇条　従たる債務は主たる債務の免除により消滅する。但し、主たる債務は従たる債務の免除により消滅しない。

第一一九三条　主たる債務者と債権者の間に生じた混同は担保義務者（garants）に対してその効力を生ずる。担保義務者の一人につき生じた混同により債務は消滅しない。

第一八二二条第二項　保証人が主たる債務者と連帯して債務を負担する場合、本巻第一編第三章第四節の規定を準用する。

第一八三五条第一項　保証人と債権者の間でなされた和解は主たる債務者に対してその効力を生じない。

ベルギー民法草案

第一二八七条　主たる債務者に対する合意による免除により、保証人はその責を免れる。保証人に対する免除により、主たる債務者はその責を免れない。保証人の一人に対する免除により、他の保証人はその責を免れない。

第一二八八条三項　債権者が証書を保証人に交付するときは、主たる債務者及び他の保証人は、第一二八三条[注1]が規定する免責の推定を援用することができる。

第一三〇四条　主たる債務者に生じた混同は、保証人にもその効力を及ぼす。

　保証人に生じた混同は、保証債務を消滅させる。但し、主たる債務は消滅しない。

　混同による保証債務の消滅は、保証人の保証人となった者に対して債権者が有する訴権を消滅させない。

（注1）第一二八三条は、債権者が債務者に私署証書の原本または公正証書の正本を任意に交付するときは、債務者に対する免責を推定すると規定している。

【起草趣旨】

梅謙次郎（一二巻四八丁表～五〇丁表）

　前条の確定判決に関する部分が削除された結果、この第一項も削除されなければならないと思う。第一項は旧民法債権担保編第二六条と同じである。

　第二項は旧民法と大分異なる。旧民法第二七条第二項並びに第二八条第二項では、委任のある場合並びに連帯のある場合に限って、保証人に対してなした時効の中断、付遅滞、また保証人のなした事由はすべて主たる債務者に対して効力を及ぼす、すなわち主たる債務者に対して不利益を及ぼすということになっていた。

連帯のある場合についてはこれらの点はすべて連帯債務の規則に従う方が当事者の意思にも副うであろうから、本案のとおり連帯債務の規定を適用することが当然であろうと考える。しかしそれにしても、自白、時効中断のことはない。旧民法では連帯債務の場合、常に相互に代理することになっているから、同じ連帯債務の規定を適用するとみても、その結果は異ならなければならない。時効中断については保証人に対してなした中断が主たる債務者に効力を及ぼすということはあるべからざることである。自白については前にも削除したぐらいであるからここでも削除した。

連帯のない場合は、たとえ委任がある場合でも保証人に対してなした時効中断、履行の請求等が主たる債務者に対して効力を生ずるということは奇妙である。その理由は、委任による保証の場合、主たる債務者は保証人に対して、保証契約の締結と期限に至って自分が払わなかったならば代って履行してもらうことしか頼まない。時効中断、履行の請求を受けることは頼んでいない。確かに、旧民法の説明ではこれはいずれも弁済の準備である。弁済の委任がある以上当然これらの委任を含むとみなしている。しかしそれは当事者の意思に副わない。フランスの当事者ならばそれでもよいかもしれないが、日本の場合そこまで考えて保証をしてくれということはないと思う。従ってそういうことまでも委任したのではないとみる方が穏当である。外国の例でも時効中断については旧民法のような例があるが、その他のことについては明文のある例は少ない。とにかく、日本においては不適当である。連帯債務の方でさえ旧民法とは変わって、時効中断は連帯債務者間でも効力を及ぼさないとなったから、それとの権衡上保証人に対してなした時効中断が主たる債務者に対して効力を及ぼすといったことは採用できないと考える。故にこの点を旧民法と違えた。

【主要審議】

一　第一項削除案

議長（箕作麟祥）（二二巻五〇丁表）

起草委員の方では第一項は前条前半部分が削除されたに拘わらず、このまま置くということか。釣合上これも削除しなければならないだろう。

梅謙次郎（二二巻五〇丁表）

連帯債務の方も残っているから、もしこれが残っているならば連帯債務の方とともに請求するつもりである。

高木豊三（二二巻五〇丁表）

それでは第一項の削除説を提出する。

▼高木委員の削除説は田部委員の賛成を得て案として成立し、直ちに採決の結果、本条第一項は削除に決定された[注2]（二二巻五〇丁裏）。

二　第二項の整理案

長谷川喬（二二巻五〇丁裏）

第一項削除の結果、第二項としてのごく簡単な規定が残った。この規定は第四五六条（確定条文第四五四条）の第一項が削除された場合と酷似している。これを一つにするわけにはいかないであろうか。

梅謙次郎（二二巻五〇丁裏〜五一丁表）

そのことはまだ考えていないが、連帯債務の方には前二条の権利（原案第四五四条、第四五五条、確定条文第四五二条、第四五三条、催告・検索の抗弁権――和田注）を有しないということが明らかに規定されていないように思う。

もしまとめるとなれば第四五六条の残っている分を全部削除するしかないであろうと思うが、そうなればあるいは疑いが起りはしないかと思う。

整理までによく考えて、疑いが起らないようであれば一つにするようにしたい。

▼長谷川委員、議長（箕作麟祥）の発言によって整理会まで審議を保留することとなった（一二巻五一丁表）。

（注2）　本条第一項が削除されたことにより、原案第四六九条（民法第一議案三二七丁表参照）が消滅した（第四六五条の【起草趣旨】末尾の〔原案第四六九条および第四七〇条の削除について〕（本書三九三頁）参照）。なお、原案第四六九条の規定は次の通りである。

第四百六十一条ノ規定ハ保証人間ニ之ヲ準用ス

【その後の経緯】

整理会においては原案第四五六条（整理会案では第四五〇条）につき、議長（箕作麟祥）発言で「之レモ一向何ンテモナイヤウテアリマスガ御発議ガナケレハ朱書ニ決シマス」と触れられたのみで、原案第四六一条については何も触れられていない（民法整理会議事速記録四巻一二丁表）。

原案第四五六条第二項はそのまま確定条文第四五四条となっており、原案第四六一条第二項は引用条文の数字を確定条文上のものに合わせたのみで実質は変更なく確定条文第四五八条となっている。

しかし整理会においては両条を合わせた修正案は提出されなかった。

【民法修正案理由】

本条ハ既成法典債権担保編第二十七条第二項及ヒ同条二十八条《ママ》第二項ニ相当シ、而モ其主意全ク相異ナルモノナリ。既成法典ニ於テハ、保証人ガ債務者ト連帯シテ債務ヲ負担スル場合ニ於テハ、保証人ニ対スル時効ノ中断若クハ附遅滞又ハ保証人ノ為シタル自白ハ債務者ニ対シテモ効力ヲ生ズトセルモ、債務者ハ唯保証人ニ対シテ自己ノ不履行ノ場合ニ於ケル代理弁済ヲ委任シタルノミニシテ、時効中断附遅滞又ハ自白ニ付テマデモ代理ヲ委任シタルモノト推測スルヲ得ザルナリ。本案ニ於テハ、連帯ノ場合ニモ此ノ如キ規定ヲ為サザリシ如ク、玆ニモ亦之ヲ規定セズ。従テ右ノ二項ハ之ヲ削除シタリ。而シテ債務者ガ保証人ト連帯シテ債務ヲ負担スル場合ニ於テ、更改相殺免除等ニ関スル事ハ総テ通常連帯ノ規定ヲ適用スルヲ可ナリトシ、本条ノ如キ包括的ノ条文ヲ設ケタリ。

▽民法修正案理由書第三編第一章第三章《ママ》「第四款保証債務」一四頁（第四六一条）。

（和田安夫）

第四五九条　保証人が主たる債務者の委託を受けて保証をした場合において、過失なく債権者に弁済をすべき旨の裁判の言渡しを受け、又は主たる債務者に代わって弁済をし、その他自己の財産をもって債務を消滅させるべき行為をしたときは、その保証人は、主たる債務者に対して求償権を有する。

2　第四百四十二条第二項の規定は、前項の場合について準用する。

第四五九条　保証人カ主タル債務者ノ委託ヲ受ケテ保証ヲ為シタル場合ニ於テ過失ナクシテ債権者ニ弁済スヘキ裁判言渡ヲ受ケ又ハ主タル債務者ニ代ハリテ弁済ヲ為シ其他自己ノ出捐ヲ以テ債務ヲ消滅セシムヘキ行為ヲ為シタルトキハ其保証人ハ主タル債務者ニ対シテ求償権ヲ有ス

第四百四十二条第二項ノ規定ハ前項ノ場合ニ之ヲ準用ス

原案第四六二条　保証人カ主タル債務者ノ委任ヲ受ケテ保証ヲ為シタル場合ニ於テ過失ナクシテ債権者ニ弁済スヘキ裁判言渡ヲ受ケ又ハ主タル債務者ニ代ハリテ弁済ヲ為シ其他自己ノ出捐ヲ以テ債務ヲ消滅セシムヘキ行為ヲ為シタルトキハ其保証人ハ主タル債務者ニ対シテ求償権ヲ有ス

前項ノ求償ハ出捐ノ限度ニ於ケル債務ノ元本及ヒ利息、費用、免責ノ日以後ニ於ケル其法定利息其他損害ノ賠償ヲ包含ス

【参照条文】

旧民法債権担保編

第三〇条（一号）　主タル債務ヲ弁済シ其他自己ノ出捐ヲ以テ債務者ニ義務ヲ免カレシメタル保証人ハ債務者ヨリ賠償ヲ受クル為メ之ニ対シテ担保訴権ヲ有ス但左ノ区別ニ従フ

第一　保証人カ債務者ノ委任ヲ受ケテ義務ヲ負担シタルトキハ其債務者ニ義務ヲ免カレシメ又ハ債務者ノ名ニテ弁済シタル元利、其担当シタル費用、立替ヲ為シタル時ヨリ其利息其他損害アルトキハ其賠償ノ金額ヲ債務者ヨリ償還セシムルコトヲ得又此委任ノ場合ニ於テ保証人ハ其分限ヲ以テ言渡ヲ受ケタルトキハ債務者ニ対シ直チニ其賠償ヲ受クル為メ訴ヲ為スコトヲモ得

フランス民法

第二〇二八条　義務ヲ行フ可キ本人其保証人アルヿヲ知ルト知ラサルトヲ問ハス保証人其本人ノ為メ義務ヲ行フタル時ハ其本人ニ対シテ訴ヲ為スノ権アリ

其訴訟ハ母銀及ヒ息銀ト費用トノ償還ヲ得ンカ為メ之ヲ為ス可シ然𪜈其保証人ハ義務ヲ得可キ者ヨリ訴訟ヲ受ケタル旨ヲ其本人ニ告知スルヿナクシテ出シタル費用ノ償還ヲ其本人ヨリ得ント訴フ可カラス

又保証人損失ヲ受ケタル時ハ其償ヲ求ムルノ訴訟ヲ為スヿヲ得可シ

オーストリア一般民法

第一三五八条　他人ノ負責ヲ代償スル保人ハ其責主ノ保有スル一切ノ権理ヲ承替シ得ヘキ者トス而シテ責主ハ自己ノ保有スル貸付権及ヒ保任ニ関スル各般ノ権理ヲ挙ケテ之ヲ保人ニ交付セサル可カラス

〔仏民第二千二十九条〕

イタリア民法

第一九一五条　弁償ヲ為シタル保証者ハ仮令ヒ主本タル負責主カ保証ノ存在スルヿヲ覚知セサリシモ亦負責主ニ対シ還償ニ

関スル訟権ヲ有ス

此還償ニ関スル訟権ハ債金ノ母額、利息及ヒ費用ニ向テ存在スル者トス然レ圧此費用ニ関シテハ保証者ハ唯〻自己ノ受ケタル追求ヲ主本タル負責主ニ通報セル以後ニ支消シタル費用ニ向テノミ其訟権ヲ有スルニ過キス

保証者ハ仮令ヒ債金ノ母額ハ利息ヲ生出セサル者タリシモ主本タル負責主ノ為メニ弁償シタル利息ニ就キテハ還償ニ関スル訟権ヲ有シ時ニ或ハ損害ノ賠償ニ関シテモ亦其訟権ヲ有ス

然レ圧責主ニ対シテ通負セサル所ノ利息ニ関シテハ保証者カ弁償ヲ為シタルヿヲ主本タル負債主ニ通報スル本日《ママ》ヨリ起算ス可キ者トス〔仏民第二千二十八条〕

スイス債務法

第五〇四条　保証人が債権者を満足させた額につき、債権者の権利は保証人に移転する。保証人と主債務者との間にその都度存する法律関係に基づく特別の請求権及び抗弁権は、依然留保される。

スペイン民法

第一八三八条　債務者は、自己に代わって弁済した保証人に対して賠償しなければならない。賠償は以下のものを含む。

一　債務の元本。

二　債務者が弁済を知った日からの法定利息。債権者のための利息が生じていなかったとしても同様である。

三　自己に対してなされた弁済の請求を債務者に通知した時以後に保証人につき生じた費用。

四　損害があるときはその損害。

本条の定めは、債務者が知ることなく保証契約が締結された場合にも適用される。

ベルギー民法草案

第二一〇七条　弁済をした保証人は主たる債務者に対して求償権を有する。債務者が知った上で保証人が債務者を保証したときは、保証人は委任訴権を有する。保証人が知らなかったときは、保証人は事務管理訴権を有する。以上の場合において保証人は、完全に賠償を受ける権利を有する。

第二一〇八条　保証人は、以下のものにつき求償権を有する。

一　元本、すなわち、保証人が債権者に対して弁済すべき金額及び利息。

二　保証人の支払った立替金に対する利息及び保証人が支払わなければならなかった利息。

三　費用、及び損害のあるときは損害賠償、並びに自己に対してなされた裁判上の請求を主たる債務者に対して通知した時以後に支出した費用。

ドイツ民法第二草案(注1)

第七一三条　保証人が債権者に弁済したときは、債権者の主債務者に対する債権は保証人に移る。この移転は、債権者の不利益に主張されてはならない。主債務者と保証人との間に存する法律関係に基づく主債務者の抗弁権は影響を受けない。

共同保証人は、第三六九条によってのみ、互いに責任を負う。

第七一四条（四号）　保証人が主債務者の委託により保証をなし、あるいは保証の引受の故に事務管理規定により、主債務者に対する受託者の権利が保証人に存する場合には、同人は以下の場合に主債務者に保証からの解放を請求しうる。

四　保証人が、債権者に対する履行の判決を受けたとき。

インド契約法

第一四五条　凡テ保証ノ契約ニ於テハ、保証人ニ賠償セントノ主債務者ヨリノ黙約アリ、保証人ハ保証ニヨリ正当ニ仕払フ

タル全額ヲ主債務者ヨリ恢復スルノ権アリ、サレド不当ニ仕払フタル額ヲ恢復スルノ権ナシ

（注1）仁保亀松訳「独逸民法草案債権」中には、該当条文の翻訳は見出し得ない。

【起草趣旨】

梅謙次郎（一二巻五一丁裏～五三丁表）

本条は旧民法債権担保編第三〇条第一号と同じである。ただ文字を修正した。例えば「債務者ノ名ニテ弁済シタル」とあった。その「名ニテ」ということは少し語弊がある。自己の名をもってするのであるが、その債務は主たる債務者の債務である。本案では「代ハリテ」とした。もう少し債務が二つであることを言い現わしたかったが、字句に拘泥するとわかりにくくなるから、前の規定から債務が別であるということは充分わかっていると思い、「代ハリテ」とした。

本条以下は主たる債務者と保証人との間の関係を規定する。この中で大分削った規定がある。

第二九条(注2)を削ったのは、これは訴訟上のことであるから民事訴訟法の規定に譲る方が良いという考えである。

中には実質上も今の民事訴訟法の規定とは異なる（規定もある）。民事訴訟法を改正するなりして抵触しないようにした方が良い。ついては、民法の方では全く規定しない方が良いであろうという理由で第三一条も削った。第三一条には「連帯又ハ不可分ニテ責ニ任スル数人ノ債務者ヨリ保証人ニ委任ヲ為シタル場合ニ於テハ其債務者ハ財産取得編第二百四十九条(注3)ニ従ヒ保証人ニ対シテ連帯ノ担保人タリ」とあった。財産取得編には共同事件について数人が代理を委任した場合、代理人に対して連帯して責任を負うということがある。その規定をここに適用したものである。しかし、ここはただ「連帯又ハ不可分ニテ」とあるから、たとえ共同事件(注4)でもその事件から連帯義務または不可分義務が生じない場合はその委任をなした者即ち主たる債務者は保証人に対する関係で連帯しないということになって、いけないと思う。普通の委任の場合にもし数人が委任をなしたならば連帯して義務を負うべき理由があるならば、保証を委任した場合にも共同事件でさえあれば連帯または不可分でなくとも第三一条の適用があるべきである。従って削った方が良い、そして財産取得編の規定、本案では後の委任のところの規定に譲った方が良いと思って削った。

次には第三六条(注5)を削ったが、これは既に代位のところで規定されているためである。

（注2）旧民法債権担保編

第二九条　債権者ヨリ訴追ヲ受ケタル保証人ハ第二十四条及ヒ財産編第三百九十九条ニ掲ケタル如ク主タル請求ニ対シテ債務者ノ答弁ヲ要ス可キ場合ニ於テハ其答弁ヲ為サシムル為メ又債務者ノ敗訴ノ言渡ヲ受ク可キ場合ニ於テハ債務者ニ対シテ次条ニ定メタル賠償ノ言渡ヲ得ル為メ担保附帯ノ請求ヲ以テ債務者ヲ訴訟ニ召喚スルコトヲ得

右担保附帯ノ請求ハ債務者ノ委任ヲ受ケタル保証人ノミニ属ス

（注3）旧民法財産取得編

第二四九条　数人カ唯一ノ証書又ハ各別ノ証書ヲ以テ共同事件ノ為メ代理ヲ委任シタルトキハ委任者ノ各自ハ連帯シテ上ノ義務ヲ負担ス但反対ノ要約アルトキハ此限ニ在ラス

（注4）具体例として梅委員は「二人共同シテ或物ヲ買ツタ其代価ヲ払ハナイ直クニ払ハナイニ付テ保証人ヲ立テタ」場合をあげている。また、前掲（注3）第二四九条にあたる旧民法草案注釈からは、共有物に関し共有者が「代理ヲ委任」する場合が考えられる。

（注5）旧民法債権担保編

第三六条　主タル債務ヲ弁済シ其他ノ方法ニ因リ義務ヲ消滅セシメタル総テノ保証人ハ己レノ権利ニ基キテ有スル訴権ノ外債務者又ハ第三者ニ対シ債権者ノ有シタル総テノ権利ニ付キ財

郵便はがき

162-0041

恐れ入ります
が郵便切手を
おはり下さい

（受取人）

東京都新宿区
早稲田鶴巻町五一四番地

株式会社
成文堂
企画調査係　行

お名前＿＿＿＿＿＿＿＿＿＿＿＿（男・女）＿＿＿歳

ご住所（〒　　－　　）

☎

ご職業・勤務先または学校（学年）名

お買い求めの書店名

〔読者カード〕

書名〔　　　　　　　　　　　　　　　　　　　　〕

小社の出版物をご購読賜り、誠に有り難うございました。恐れ入りますがご意見を戴ければ幸いでございます。

お買い求めの目的（○をお付け下さい）

１．教科書　２．研究資料　３．教養のため　４．司法試験受験

５．司法書士試験受験　６．その他（　　　　　　　　　　）

本書についてのご意見・著者への要望等をお聞かせ下さい

〔図書目録進呈＝要・否〕

今後小社から刊行を望まれる著者・テーマ等をお寄せ下さい

産編第四百八十二条第一号ニ従ヒテ代位ス但第三十二条及ヒ第三十三条ノ制限ニ従フコトヲ要ス

債権者カ債務者ノ不動産ニ付キ先取特権又ハ抵当権ヲ有シ其登記ヲ為シタルトキハ保証人ハ代位ヲ目的トシテ自己ノ条件附ノ債権ヲ此登記ニ附記スルコトヲ得又譲渡ノ場合ニ於テハ其不動産ヲ所持スル第三者ハ滌除ノ為メ債権者ノ外保証人ニ対シテモ亦提供ヲ為スコトヲ要ス

債権者カ有益ナル時期ニ於テ右ノ登記ヲ為サリシトキハ保証人ハ第四十五条及ヒ財産編第五百十二条ニ従ヒ債権者ニ対シテ自己ノ免責ヲ請求スルコトヲ得

【主要審議】

一　「委任」の意義

穂積八束（二二巻五三丁表）

「委任」という字には特別の意味はないか。

梅謙次郎（二二巻五三丁裏〜五四丁裏）

委任の詳しい意味は委任契約のところで決まると考える。これまでフランス法の主義では、即ち旧民法でも委任は常に代理委任という意味であって、代理を委任するのでなければ委任といわない。私見ではこれはどうかと思っていた。ローマ法の「まんだーと」（mandatum）は委任ではない。ことに純然たる代理というものはローマ法では認めていなかった。その方が便利でもあり事実にも叶うのではないかという疑いをかねてより抱いていた。果してドイツ法では委任にあたる「あうふとらーぐ」（Auftrag）は必ずしも代理という意味ではない。故にドイツ法では「あうふとらーぐ」と言えば「ふをーるまはつと」（Vollmacht）即ち代理を委任したものとみるということで、「あうふとらーぐ」の中に「ふをーるまはつと」が当然には含まれていないとなっているようである。またフランス法では委任といえば必ず代理委任であるといいながら、保証についてはいつも委任といっているが、保証の場合には代理委任ということでは説明しにくい。主たる債務者に代わって払うという点のみを観察すれば代理といえないことはない。しかし保証契約を債権者と結ぶということは主たる債務者に代わってなすのではない。故にフランスの学者の中には保証の場合には委任はない、「まんだーと」はないという説を唱えるものもあるが、ごく少数である。それは、委任を狭く解しては実際上不便であると感じている証拠たりうると思う。

本案においてもこの点だけは我々が相談をして、後の委任のところで広い意味に委任という字を使って差支えないと考え、ここで委任という字を使った。

委任という字がよいときまれば、フランス法、旧民法でいうように代理委任といった狭い意味ではなく、ある法律行為を他人に頼むというのはすべて委任ということになる。

高木豊三（二二巻五四丁裏）

「委託」という字がよいようである。

岸本辰雄（二二巻五四丁裏）

「委託」としたらどうであろうか。

高木豊三（二二巻五四丁裏）

梅委員の言うように、先でそう決まれば差支えない。

横田國臣（二二巻五五丁表）

やはり「委託」にしておこう。何か通常の保証人のところではないようにみえる。

議長（箕作麟祥）（二二巻五五丁表）

「委託」なら「委託」にするとか、あるいは起草委員に頼むということにしたいが。

長谷川喬（二二巻五五丁表）

「委託」でよいであろう。

議長（箕作麟祥）（二二巻五五丁表）

「委託」に改めることに異議がなければそうする。

二　「裁判言渡」について

議長（箕作麟祥）（二二巻五五丁表）
ここに「裁判言渡」とあるが、これは「裁判ヲ受ケ」としてはいけないか。

梅謙次郎（二二巻五五表～裏）
これは旧民法の用語に拠っただけである。ここの表現としては足らないと思って文章を変えたが、「裁判言渡」ということは他にもたくさんある。

議長（箕作麟祥）（二二巻五五丁裏）
「裁判言渡」と「裁判ヲ受ケ」とは異なるのか。

長谷川喬（二二巻五五丁裏）
「言渡」というと意味が狭くなる。

梅謙次郎（二二巻五五丁裏）
民法では最も広い意味に使っている。

議長（箕作麟祥）（二二巻五五丁裏）
整理の時までにお考え願いたい。

梅謙次郎（二二巻五五丁裏）
旧民法には単に「言渡」とあるが、「裁判」という字を入れた。整理の時までに考える。(注6)

三　「主タル債務者」について

議長（箕作麟祥）（二二巻五五丁裏～五六丁表）
「主タル債務者」ということがたくさんあって、一々「主タル」というのはどうであろうか。「主債務者」「従債務者」といってはどうか。この点もお考え願いたい。

梅謙次郎（二二巻五六丁表）
私見ではそうなってもよいと思うがなお考えておきたい。(注6)

議長（箕作麟祥）（二二巻五六丁表）
本条は別に異論がなければこれで確定したものとする。

（注6）整理会において特に触れられていない（民法整理会議事速記録四巻一二丁表）。

【その後の経緯】

第一〇回民法整理会（明治二八年一二月二八日）

梅謙次郎（民法整理会議事速記録四巻一二丁表～一三丁裏）
委託が委任となったのは前からの約束で、その当時私共から委任の範囲は旧民法の如く狭くせず、もっと広くなるであろうからここは委任としておいて差支えないつもりだと言ったが、それは先のことで、今からそれを予定することは面白くないから文字を替えておく方がよいという意見が出た。委任のところが決まった上で書換えることにした。

その後委任のところが決まったが、吾々の予想した如く幅の広いものになった。その範囲については整理のときに説が出るのかもしれないが、とにかく、他人のために法律行為を為す契約をするものを委任とみた。そうすればこれらは委任に含まれる。それで委任という字を使った。

第二項はその精神において連帯債務のところにある第四三八条第二項(注7)と同じつもりであった。旧民法でも文章は違っているが同じようにみえる。また理論上旧民法はそうでなければならない。そのわけは連帯債務者間には互に代理関係がある故に代理の規定が当てはまる。ところが保証人が委任を受けて保証をなした場合には委任の規則が当てはまるということになっているからどうしてもこういうふうにいかなければならない。本案ではこういうところはなるべく同じ文体にするという主義をとってきているからこのようにした。実質が同じものならば文章を書換えてはいけない。実質は同じでよかろう、例えば保証のところには「避クルコトヲ得サリシ」ということはないが、これとても「避クルコトヲ得サリシ」でなければ、自分で費用を勝手に使って後でそれを請求することができるというはずはない。

損害賠償という字は連帯債務の方には初

めはなかったが、(注8)疑いが起こると思って向うへ入れておいて、こちらは準用にした方がよかろう(注9)。

そういうわけで実質は変更しないつもりであった。

議長（箕作麟祥）（同四巻一三丁裏）

意味において変わったことはないか。

梅謙次郎（同四巻一三丁裏）

少しも変わっていない。

議長（箕作麟祥）（同四巻一三丁裏）

それでは発議がなければ朱書(注10)に決する。

(注7)　原案第四四三条（確定条文第四四二条）にあたる。第二項の文言は次の通り。

前項ノ求償ハ弁済其他免責アリタル日以後ノ法定利息及ヒ避クルコトヲ得サリシ費用ヲ包含ス

(注8)　整理会案第四三八条（原案第四四三条）につき整理会において富井委員の以下の如き発言がある（第一〇回民法整理会）。

富井政章（民法整理会議事速記録四巻一一丁表～裏）　もとは費用の中に損害賠償も含むつもりであったが費用という字では含まないと思うものもあるのでこういうふうに書いた。

保証のところの規定にならったのである。

(注9)　原案第四四三条（確定条文第四四二条）第二項に「損害ノ賠償」という言葉を入れてその項を本条（原案第四六二条）第二項において準用することとした。

(注10)　起草委員の提出した整理会案のとおりに決した。

第一二回民法整理会（明治二八年一二月三〇日）

富井政章（民法整理会議事速記録四巻一〇九丁裏～一一〇丁表）

第六四一条(注11)の「委任シ」は「委託シ」と改めたい。これは今朝決まった。委任という言葉を契約の意味に用い、また一方においてはまだ契約になっていない方にも用いている。それは面白くないことで、委任という言葉は委任契約の意味に決めてしまう。そうして「相手方ニ委任シ」は「相手方ニ委託シ」と改めることに願いたい。

総則の代理のところの第一〇八条(注12)「第三者ニ対シテ他人ニ或事項ヲ委任シタル旨ヲ表示シタル者ハ」についても委任という字が穏かでなくなる。第六四一条を直さないとしてもよく考えてみると委任という文字が必要でなくなる。「或事項ヲ委任シタル」と書くよりも、これは代理の規定だから委任という字に重きを置かない。それでここを「第三者ニ対シテ他人ニ代理権ヲ与ヘタル旨ヲ表示シタル者ハ其代理権ノ範囲内ニ於テ」云々と改めたい。

長谷川喬（同四巻一一〇丁表）

第一〇〇条(注13)は「委任」でよいか。

梅謙次郎（同四巻一一〇丁表～裏）

類似のところがあれば直すつもりである(注14)。

議長（箕作麟祥）（同四巻一一〇丁裏）

他に発議がなければ第一〇八条と第六四一条は富井委員の言った通りに修正する。

(注11)　原案第六四九条（確定条文第六四三条）

委任ハ当事者ノ一方カ法律行為ヲ為スコトヲ相手方ニ委任シ其相手方カ之ヲ承諾スルニ因リテ其効力ヲ生ス

この規定の起草趣旨中「委任シ」に関する部分は以下の如くである。

富井政章（法典調査会議事速記録三五巻四一丁表～四二丁裏）　ここではまず「委任」という字を用いるより仕方がない。「委任」という字も少なくとも私は完全とは思わない。というのは、ここでは一方行為の文字である。売買とか賃貸借とかいうようなわけにはいかない。

しかしどうもそれ位のことはこの場合に限らず随分外にもある。「雇用」についても、一つは雇う、一つは雇われるというまでの意味をもっているのではなかろうか。どちらか片一方で雇うという意味であろう。

双方のすることを示す完全な文字を各種の契約について見つけるということは到底出来ない。まずこれが普通行われている文字である。それ故この文字を用いることにした。

しかるに、この表題や本条の場合の意味は契約の意味であって、条文の中の「委任シ」という使い方はこれは契約でない。一つの字を二つの意味に使うのは面白くないが、どうもこの

「委任」という字が「一方行為ノ勿論字テアリマス」から、ここへ外の字を使ってもそれでなお一層一方行為とみえるというわけにはいかない。そういう文字を見つけることはできない。

そうして、ある場合についてはまだその相手方の承諾のないうちに自分の意思を表示するにはやはり「委任」という文字を使う。そういう場合に少なくとも法律の字として「委任」という字が使えないとするのも不便であろう。

フランスの「まんだーと」(mandat) という字もこういうふうに両方の意味に使う字であるから、これでよかろうという考えで書いた。

審議（三五巻四二丁裏〜七一丁表）の後、原案に確定した（三五巻七一丁表、議長（箕作麟祥）発言）が、長谷川喬委員の発言（三五巻七一丁表〜裏）により「委任シ」の表現については整理会まで預かることとなった（三五巻七一丁裏、富井政章発言）。

（注12）原案では第一一一条（確定条文第一〇九条）として審議された条文である。

原案第一一一条　或人カ第三者ニ対シテ他人ニ或事ヲ委任シタル旨ヲ表示シタルトキハ委任契約ナキ場合ト雖トモ其他人カ委任ノ範囲内ニ於テ為シタル行為ニ付キ履行ノ責ニ任ス

本案に対して高木豊三委員は次のような修正説を提出した。

「第三者ニ対シテ他人ニ或事ヲ委任シタル旨ヲ表示シタル者ハ委任契約ナキ場合ト雖モ其委任ノ範囲内ニ於テ第三者トノ間ニ為シタル行為ニ付キ其責ニ任ス」（法典調査会民法議事速記録一巻二〇六丁裏）。

この修正案は審議の過程で更に以下の如く変更される。

「第三者ニ対シテ他人ニ或事ヲ委任シタル旨ヲ表示シタル者ハ其委任ノ範囲内ニ於テ他人ト第三者トノ間ニ為シタル行為ニ付キ其責ニ任ス」（同一巻二〇九丁裏、高木豊三発言）。

採決の結果、高木委員の修正案（後者）に決定した（他に田部芳委員の修正案も提出されたが否決されている）（同一巻二一〇丁裏〜二一一丁表、議長（西園寺侯）発言）。

（注13）原案の各条文の文言等、整理会における議長（箕作麟祥）発言（民法整理会議事速記録一巻八三丁裏）及び確定条文の関連条文から推測すると、原案第一〇三条（確定条文では第一〇一条）ではないかと思われる。

原案第一〇三条　意思表示ノ効力カ意思ノ欠缺、詐欺、強迫又ハ或事情ヲ知リタルコト若クハ之ヲ知ラサル過失アリタルコトニ因リテ影響ヲ受クヘキ場合ニ於テ其事実ノ有無ハ代理人ニ付キ之ヲ定ム

特定ノ法律行為ヲ為スコトヲ委任セラレタル場合ニ於テ代理人カ本人ノ指名ニ従ヒ其行為ヲ為シタルトキハ本人ハ其自ラ知リタル事情ニ付キ代理人ノ不知ヲ主張スルコトヲ得ス其過失ニ因リテ知ラサリシ事情ニ付キ亦同シ

（注14）この梅委員の発言により、本条第一項の「委任」は再び「委託」とされたものと思われる。

【民法修正案理由】

本条以下ハ保証人債務者間ノ保証ノ効力ヲ規定シタルモノニシテ、本条ノ規定ハ既成法典債権担保編第三十条第一項第一号ヲ採用シタルモノナリ。唯同号ニハ保証人ガ債務者ノ名ニテ弁済シタル元利ト言ヘルハ少シク文字ノ不穏当ナルヲ覚ユルヲ以テ、改メテ債務者ニ代ハリト為シタリ。関係条文中削除シタルモノ左ノ如シ。

同編第二十九条ハ、連帯ノ規定ニ付キ又本款ニ於テモ屢説明シタル理由ニ因リ、民事訴訟法ニ譲ルベキモノト信ジテ本案ニ之ヲ掲ゲズ。

同第三十一条ハ、其規定ノ狭隘ニ失スルト且ツハ委任ノ規定ニ於テ詳細ニ定ムベキモノト信ジテ本款ヨリ之ヲ除キタリ。其狭隘ニ失スルト言フハ、同条ニハ連帯又ハ不可分ニテ責ニ任ズル数人ノ債務者ヨリ保証人ニ委任ヲ為シタル場合ニ於テノミ其債務者ハ保証人ニ対シテ連帯ノ担保人ナリトシ、取得編第二百四十九条ノ如ク、数人ガ共同事件ノ為メニ代理ヲ委任シタル総テノ場合ニ之ヲ及ボサザレバナリ。同第三十六条ハ代位ノ規定ニテ十分ナリトシテ之ヲ削除ス。

▽民法修正案理由書第三編第一章第三章《ママ》「第四款保証債務」一四〜一五頁（第四六二条）。

（和田安夫）

第四六〇条　保証人は、主たる債務者の委託を受けて保証をした場合において、次に掲げるときは、主たる債務者に対して、あらかじめ、求償権を行使することができる。
一　主たる債務者が破産手続開始の決定を受け、かつ、債権者がその破産財団の配当に加入しないとき。
二　債務が弁済期にあるとき。ただし、保証契約の後に債権者が主たる債務者に許与した期限は、保証人に対抗することができない。
三　債務の弁済期が不確定で、かつ、その最長期をも確定することができない場合において、保証契約の後十年を経過したとき。

第四六〇条　保証人カ主タル債務者ノ委託ヲ受ケテ保証ヲ為シタルトキハ其保証人ハ左ノ場合ニ於テ主タル債務者ニ対シテ予メ求償権ヲ行フコトヲ得
一　主タル債務者カ破産ノ宣告ヲ受ケ且債権者カ其財団ノ配当ニ加入セサルトキ
二　債務カ弁済期ニ在ルトキ但保証契約ノ後債権者カ主タル債務者ニ許与シタル期限ハ之ヲ以テ保証人ニ対抗スルコトヲ得ス
三　債務ノ弁済期カ不確定ニシテ且其最長期ヲモ確定スルコト能ハサル場合ニ於テ保証契約ノ後十年ヲ経過シタルトキ

原案第四六三条　保証人カ主タル債務者ノ委任ヲ受ケテ保証ヲ為シタルトキハ其保証人ハ左ノ場合ニ於テ主タル債務者ヨリ予メ賠償ヲ受クルコトヲ得
一　主タル債務者カ破産ノ宣告ヲ受ケ且債権者カ其財団ノ配当ニ加入セサルトキ
二　債務カ弁済期ニ在ルトキ但保証契約ノ後債務者(注1)カ主タル債務者ニ許与シタル期限ハ之ヲ以テ保証人ニ対抗スルコトヲ得ス
三　債務ノ弁済期カ不確定ニシテ且最長期ヲモ確定スルコト能ハサル場合ニ於テ保証契約ノ後十年ヲ経過シタルトキ

(注1)　法典調査会議事速記録二三巻五六丁表では「債務者」となっているが、「債権者」の誤りである。民法第一議案三二五丁表参照。

【参照条文】

旧民法債権担保編

第三四条　委任ヲ受ケテ義務ヲ負担シタル保証人ハ弁済ヲ為ス前又訴追ヲ受クル前ニテモ債務者ヨリ予メ賠償ヲ受クル為メ又ハ未定ノ損失ヲ担保セシムル為メ左ノ三箇ノ場合ニ於テ之ニ対シ訴ヲ為スコトヲ得
第一　債務者カ破産シ又ハ無資力ト為リ且債権者カ清算ノ配当ニ加入セサルトキ
第二　債務ノ満期ノ到リタルトキ
第三　満期ノ不定ナル債務カ其日附ヨリ十个年ヲ過キタルトキ

フランス民法

第二〇三二条　保証人ハ其本人ノ為メ義務ヲ行ハサル前ト雖モ左ノ場合ニ於テハ償還又ハ釈放ヲ得可キ為メ本人ニ対シテ訴訟ヲ為スヿヲ得可シ
第一　保証人義務ヲ得可キ者ヨリ義務ヲ行フ可キノ訴ヲ受ケタル時
第二　義務ヲ行フ可キ本人家資分散ヲ為シ又ハ産業ノ衰敗シタル時
第三　義務ヲ行フ可キ本人定期ノ時間ニ其保証人ニ保証ノ義務ヲ釈放ス可キノ

契約ヲ為シ其期限ニ至リシ時

第四　義務ノ契約ヲ為シタル定期ノ終ルニ因リ其義務ヲ行フ可キニ至リシ時

第五　義務ヲ行フ可キ期限ヲ契約セサル時ハ其義務ノ生シタルヨリ十年ニ至リシ時但シ後見ノ職務ノ如ク定マリシ期限内ニ其義務ノ消散スルコトヲ得可キ本義アル時ハ格別ナリトス

第二〇三九条　義務ヲ得可キ者ヨリ義務ヲ行フ可キ本人ニ其義務ヲ行フ可キ期限ノ猶予ヲ許シタルノミニテハ保証人其義務ノ釈放ヲ得可カラス但シ其保証人ハ本人ヲシテ其義務ヲ行ハシム可キ為メノ訴ヲ為スヿヲ得可シ

オーストリア一般民法

第一三六四条　保人ハ負責弁償ノ期限ノ満了スルニ因リテ自己ノ責務ヲ解脱シ得ヘキ者ニ非ラス饒使ヒ責主カ負責主ニ向ツテ償還ノ督促ヲ怠忽スルノ時会ト雖モ亦然リトス然レ𪜈此時会ニ在リテハ保人カ若シ負責主ノ承諾ヲ経テ以テ其負責ヲ保任スルニ於テハ則チ其負責主ニ対シテ他ノ保任ヲ請求スルヿヲ得ヘシ責主モ亦其貸付ノ償還ヲ督促スルヿヲ怠忽セルカ為メニ保人ニ対シテ賠償ノ責ニ任ス可キ者タリ〔仏民第二千三十九条〕

第一三六五条　若シ負責主カ破産ニ陥リ若クハ逃亡ヲ為スノ畏懼アルニ於テハ則チ保人ハ其負責ノ弁償ヲ鞏定スル為メニ負責主ニ対シテ其保任ヲ要求スルヿヲ得ヘシ〔仏民第二千三十二条第一項第二項〕

イタリア民法

第一九一九条　保証者ハ弁償ヲ為スヨリ以前ニ於ケルモ左項ノ各時会ニ在テハ還償ヲ為サシムル為メニ負責主ニ対シテ此訟権ヲ行用スルヿヲ得可シ〔仏民第二千三十二条〕

第一項　保証者カ弁償ニ関シテ裁判上ノ追求ヲ受ケタルノ時会

第二項　負責主カ破産ニ陥リ若クハ支弁ニ耐ヘサル景況ニ在ルノ時会

第三項　負責主カ約定セル期間内ニ保証ノ責務ヲ解卸セシム可キヿヲ結約シ而シテ此期間ノ全満シタルノ時会

第四項　負債額カ弁償期限ノ満過セルニ因テ其弁償ノ要催ヲ受ク可キノ時会

第五項　結約セシ主本タル責務カ其弁償期限ヲ指定スルヿ無ク而シテ既ニ全ク十年ヲ満過セルノ時会但〻主本タル責務カ指定セル期限ヨリ以前ニ消滅ニ帰ス可キノ性質ヲ有スルヿ猶彼ノ後見ニ関シテ生出スル責務ノ性質ト一般ナル者タルヿヲ要シ尚ホ且反対約款ノ存在スル無キ者タルヿヲ要ス

第一九三〇条　責主カ主本タル負責主ニ対シテ許諾スル弁償期限ノ延展ハ以テ保証者ノ責務ヲ解卸セシムル者ニ非ス此時会ニ於テハ保証者ハ負責主ヲ要強シテ以テ弁償ヲ為サシムル為メニ負責主ニ対スル訟権ヲ行用スルヿヲ得可シ〔仏民第二千三十九条〕

スイス債務法

第五〇三条　保証が不定期である場合には、保証人は主債務の履行期の到来後債権者に対して、彼が四週間以内にその債権を法的に主張しかつ中断することなく権利保護のための裁判上の方法（Rechtsweg）を継続することを求め得る。

履行期が債権者の催告によって到来しうる債権が問題となる場合には、保証人は保証の引受をしてから一年を経過した後に、債権者が催告を行なうこと、および債権の履行期の到来後前項の意味でその債権を主張することを求め得る。

債権者がこのような要求に従わないとき保証人は解放される。

第五〇九条　主債務の履行期が到来している場合には、保証人は何時でも債権者に対して、債権者が保証人からの支払を受領し、または保証人を保証から解放することを求め得る。

債権者が弁済の受領または諸担保の譲渡を拒む場合には、保証人は直ちに解放される。

第五一一条　保証人は次に掲げる場合には主たる債務者に対して担保を求め得る。

一　主たる債務者が保証人との間で交された取決めに反して行為する場合、とりわけ、一定の期間になすべく約定された保証人の義務免除がなされない場合、

二　主たる債務者が遅滞に陥っている場合、

三　主たる債務者の財産状態の悪化により、または主たる債務者の過失（Verschulden）により、保証人にとっての危険が保証の引受の際に比して著しく増大した場合。

スペイン民法

第一八四三条　保証人は、以下の場合には、弁済をなす前であっても主たる債務者を訴えることができる。

一　保証人が弁済につき裁判上召喚を受けたとき。

二　債務者が破産し又は弁済不能状態にあるとき。

三　債務者が一定の期限までに保証人を免責する義務を負う場合において、その期限が到来したとき。

四　弁済期限の到来により債務が請求可能となったとき。

五　主たる債務が確定期限を有しない場合は、十年を経過したとき。但し、主たる債務の性質が、十年以上の期間が経過した後でなければ消滅しないものであるときはこの限りでない。

前項の場合において、保証人は、保証の免責訴権又は債権者による訴え及び債務者の支払不能の危険を避けるための担保提供訴権を有する。

第一八五一条　債権者が保証人の同意なくして債務者に対して期限の猶予を行ったときは、保証債務は消滅する。

ベルギー民法草案

第二一一二条　保証人は、以下の場合には、弁済をなす前であっても求償を得るために債務者を訴えることができる。

一　保証人が弁済につき裁判上の請求を受けたとき。

二　債務者が破産し又は支払不能状態にあるとき。

三　債務者が一定期間内に保証人を免責する義務を負っているとき。

四　債務が、約定された期限の経過によって請求可能となったとき。

五　主たる債務が確定期限を有しない場合は、十年を経過したとき。但し、主たる債務が一定の期限以前に消滅し得る性質のものであるときはこの限りでない。

前項の場合において、保証人の訴権は、保証の免責又は債権者による訴え及び債務者の支払不能の危険を担保する賠償を得ることを目的とする。

保証人は、求償金額の供託を請求することができる。

第二一一八条第二項　債権者が主たる債務者に対して付与した期限の猶予は、更改をもたらさず、保証人を免責しない。この場合には、保証人は、弁済を強制するため主たる債務者に裁判上の訴えを提起することができる。

ドイツ民法第二草案（注2）

第七一四条　保証人が主たる債務者の委任を受けて保証をした場合、または、保証人に、事務管理に関する規定に従い、保

証の引受を理由として、主たる債務者に対する受任者の権利が帰属する場合は、保証人は、以下の場合において、保証からの自己の解放を求め得る。

一　主たる債務者の財産状態が著しく悪化した場合、

二　主たる債務者に対する権利の追求が、保証の引受の後に生じた主たる債務者の住所（営業所）または滞在所の変更の結果著しく困難になった場合、

三　主たる債務者が、その債務の履行につき遅滞にある場合、

四　保証人が債権者に対して、履行するべく判決された場合（債権者が保証人に対して強制執行可能な判決を得た場合）、

主債務がいまだ履行期にあらざる場合は、主たる債務者は、保証人を解放することに代えて、彼に担保を給付し得る。

インド契約法

第一三五条　債権者主債務者ト和解ヲナスカ或ハ時ヲ与ヘン又訴ヘサルヘシト約束スル、債権者主債務者間ノ契約ハ、保証人其契約ニ同意スルニアラサレハ保証人ヲ免責ス

第一三六条　主債務者ニ時ヲ与ヘントノ契約債権者ニヨリテ第三者トナサレ主債務者トナサレサル場合ニハ保証人ハ免責セラレス

（注2）仁保亀松訳「独逸民法草案債権」中には、該当条文の翻訳は見出し得ない。

【起草趣旨】

梅謙次郎（一二巻五六丁裏～六〇丁裏）

本条は旧民法債権担保編第三四条と大して違いはないつもりである。もっとも、ここで「委任」とあるのは、前が直った結果むろん「委託」となるのであろう。[注3] ただ違いがあるのは次の点である。

第一に、旧民法では、賠償を受けまたは担保を供せしめることができるとなっているのを、担保を供せしめる場合はそれと類似の場合が他にもありうるのであるから、次条に合併した方が穏かであろうと思って、そのようにした。

第二に、第一号において「無資力」を除いた。破産の範囲が広くなったから無資力は掲げなくてもよいつもりである。

第三に、第二号に但書を加えた。これは、フランス、イタリア、ベルギー草案等には皆あったのを、旧民法では特に削ったものである。それは、保証人というものは主たる債務と同一の条件に従わされるものであるから、主たる債務者が期限をもっておれば当然保証人もその期限の利益を享受するものであり、従って、いやしくも債権者が主たる債務者に期限の利益を与えた以上は保証人もその期限の到来するまではやはり弁済の責を負わないからそれでよいはずなのに、それを何を苦しんで保証人は直ちに賠償を請求することなどできるのか、という理由からである。なお付言すれば、フランス民法やイタリア民法のようであれば、債権者が主たる債務者に与えた期限は実際効力のないものになってしまう。なぜなら、債務者（「債権者」の誤りか——潮見注）からは請求しないけれども保証人の方から請求（求償）するのであるから、結局主たる債務者は直ちに払わなければならないからである。

しかしながら、但書がないと、容易に期限を与える債権者の方の都合からいえばそれでもよかろうが、保証人の身になって考えてみると「誠ニ是ハ困ル」。「今ハ何ウカ斯ウカ払ヘルカ之カラ一年モ二年モうつちやつて置イタラハ」主たる債務者が無資力になるかもしれない。ことに、他人の債務について何時までも長く義務を負っている

のは望ましくない。自分の義務でないから、その時になってにわかに主たる債務者が払えないと「大変ニ差支ヲ起スカラ」むしろ払えるものならば払ってもらうということは随分ありうる。したがって、初めの期限が過ぎた後許与された期限はこれをもって保証人に対抗することはできない、すなわち、保証人はその場合であっても直ちに賠償を請求することができるということにしておかないと、保証人の保護は十分とはいえない。そこで、やはりフランス民法、イタリア民法、ベルギー民法草案等に従った。他国の例を見ても、旧民法のようになっているところはどうもあまり見当らない。オーストリアではこういう場合には債権者に責任があるということで、債権者が期限を与えてそのために取れなくなれば債権者が損をしなければならないことになって保証人はすべて義務を免れることになっている。スペイン民法、インド契約法では、もし債権者がさらに期限を与えればその一事で直ちに保証人は責を免れるというくらいの広い規定を設けているほどである。それでは余りにも酷かもしれない。しかし、少くとも保証人の方から賠償を求めることができるようにしておいた方がよろしかろうと思う。

第四に、第三号の末に「且其最長期ヲモ確定スルコト能ハサル場合ニ於テ」という文字を加えた。これは旧民法の草案にはあったのだが、どういうわけか今の法文では削られている。案ずるに、これはなくてもわかるというつもりであったのだろう。けれども、よく考えてみると、これがないと疑わしい場合が生じてくる。たとえば、未成年者の後見人の義務などは、後見人が不都合なことをしさえしなければ「不当債務」などというものは生ぜずに済むかも知れず、その後見人の債務の生ずるか否かさえも不確定であるくらいであって、その生ずる時というのは今から計り知れないものであるから、もし初めの文言だけだと「弁済期カ不確定」という中に入りそうに見える。しかしながら、立法者の精神から考えてみると、そういう場合までをこの中に入れるつもりはない。この場合は「どんなニ永ク」債務の期限が到来せず「どんなニ遅ク」債務の期限が到来したところで、遅くとも二〇年の後には必ず到来する。二〇年の期限のある義務を負うものについてはこの規定の適用はないのに、今の場合のように二〇年よりも短いかもしれず長くとも二〇年というときには「却テ適用カナイト云フコトニナツテハ」不権衡であろう。ことに、今の後見人の場合のごときは、フランス民法、イタリア民法でもみな別途に掲げてあるけれども、その場合だけを例にして掲げておくのは規定の体裁上面白くない。草案のように書いておけばその場合も含まれるであろう。要するに、本案の規定を適用するのは、何時まで義務を負っていなければならないかわからない場合についてである。同じ後見でも、未成年者と違い、禁治産者の場合はその者が長生きすれば、後見人はいつまで義務を負っていなければならないかわからない。あるいは無期年金というものも同様であり、そのような場合に適用がある。そうすると、未成年者の後見の場合は、この中に含まれないとする方が立法の精神に適うから、明瞭で良かろうと思い、「且其最長期ヲモ確定スルコト能ハサル」という文字を付け加えた。

第五に、「一寸御覧ニナツテハ誠ニ些細ナコトノ様テ大変ナ違ヒカアリマスカ」、保証契約の後一〇年ということを、旧民法では「満期ノ不定ナル債務カ其日附ヨリ十个年ヲ過キタルトキ」となっている。この「其日附」というのは債務の日付であって、少くとも債務の生じた日ということであろう。ところが、これでは立法の精神に適わない。他国の法律には単に一〇年の後とあるが、それはもちろん、保証契約の後というつもりである。それを旧民法の草案の注釈には、保証契約の生じた後とすれば初めの債務が非常に長くなっているかもしれないからいけないと言ってある。けれども、私はちょうど正反対に考える。これはやはり保証契約の後でないといけない。ただ（債務の生じた日より）一〇年を経過した後だとすれば、今日保証契約を結んで明日すぐに賠償を求めるということになってしまい、それでは保証を約束した時の精神に反する。つまり、あまり長く保証人になっておっては困るというのでこういう恩典を設けたのであり、少くとも保証人には一〇年となっておれば十分であろう。そうだとすれば、保証契約の後一〇年というのが至当であり、旧民法がこの点を変えたのは穏かでないと考えて、本案では保証契約後とした。

（注3）　第四五九条（原案第四六二条）の【主要審議】（本書三五七頁）を参照のこと。

【主要審議】

一　「十年」の期間について

横田國臣（一二巻六一丁表～裏）

第三号に「不確定ニシテ且其最長期ヲモ確定スルコト能ハサル場合」ということを入れたのは「実ニ感服スルヨリ外ハナイケレトモ」、一〇年というのは長すぎると思う。なぜなら、たいていの債務は「御承知ノ通リ斯ク物ノ頻繁ニナル世ノ中テハ」まず一年か二年くらいのものである。ましていわんや、弁済期間のないものは何時催促してもよいものと思う。それで、右の文言のようになった以上はこう長くしなくてもよかろうと思う。せめてその半分程度でよくはないか。「十年ノ何ンノト云フト大概ノ人ハ死ンテ仕舞ウ」し、「好シ死ナヌニシテモ」今日のように取引の頻繁の時代には余りに長すぎるように思う。

議長（箕作麟祥）（一二巻六一丁裏）

そうすると、半分にしようというのか。

横田國臣（一二巻六一丁裏）

私は五年くらいがよかろうと思う。しかし、通常の債務は今日では五年の何のというものはなく、たいてい期限を決めないものが多い。

梅謙次郎（一二巻六一丁裏）

期限を決めないのはここには入らず第二号の方に入る。それは直ちに弁済期にあるから直ちに賠償を求めることができる。第三号の適用というものは「あなたノ御考ヘノ如ク頻繁ノモノテナイ」。「今日瘋癲白痴ニナツテ居ル人ノ義務ヲ負フテ居ル」者に最も適用が多かろうと思う。

横田國臣（一二巻六一丁裏）

しかし、その場合は「不確定ニシテ且最長期ヲモ確定スルコト能ハサル場合」ということであれば、「其瘋癲ナラ瘋癲ノ死ヌ迄トカ……」。

梅謙次郎（一二巻六一丁裏～六二丁表）

それはいまだ確定することはできない。そういうときは第三号に入る。未成年のときには一〇年と決まっている。

横田國臣（一二巻六二丁表）

それでは私が解しそこなったか。そうならば、通常、一寸金を借りたとかいうもので期限のないのは何時も弁済期にあるから直ちに求めてもよいのか。

梅謙次郎（一二巻六二丁表）

そうである。

議長（箕作麟祥）（一二巻六二丁表）

今瘋癲等の話があったが、「瘋癲白痴ノ後見人抔ハ固ヨリ不確定テアツテ分リマセヌカ最長期ト云フノハ百年生キルカ二百年生キルカ何年生キルカ分ラヌト云フノテアリマスカ」。

梅謙次郎（二二巻六二丁表）

「八十テ死ヌカ九十年テ死ヌカ」最長期は確定することはできない。

横田國臣（二二巻六二丁表〜裏）

この文言からはそうなるかもしれないが、旧民法（第二号）には「債務ノ満期ノ至リタルトキ」とある。そうすると、時借（前述の一寸金を借りるという場合――潮見注）などは何時でも満期が到来しているのであるから何時でも求められるのではないか。

梅謙次郎（二二巻六二丁裏）

旧民法で「満期ノ至リタルトキ」というのは、単純の義務はただちに満期が到来しているものとみている。草案の説明によれば、第三号が適用されるのはそういう場合でないことが明らかになっている。

二　「不確定」の字句について

議長（箕作麟祥）（二二巻六二丁裏）

第三号の「不確定」の「確」の字は必要か。定まっていることは定まっているが確定はできぬというように、いやに「確」の字がひっかかるようなきらいはないか。

梅謙次郎（二二巻六二丁裏）

いずれ人間のことであるから死ぬにちがいない。それが何時死ぬか知れなくてはいけないというので「確」の字を入れた。

議長（箕作麟祥）（二二巻六三丁表）

「確」の字はいらないと思うが、ほんの文字のことであるから、強いて言わない。

▼別段の発議なく原案どおり確定（二二巻六三丁表）。

【その後の経緯】

原案の「賠償ヲ受クルコトヲ得」が確定条文では「求償権ヲ行フコトヲ得」と変わっている。これについては、整理会で議長（箕作麟祥）が「四百五十六（確定条文第四六〇条）、是ハ『求償権ヲ行フ』トナツタ丈ケテ別ニ変ハリハナイヤウテアリマスガ御発議ガナケレハ朱書ニ決シマス」と言っているだけで、どこで変わったのかは不明である（民法整理会議事速記録四巻一三丁裏）。

なお、原案の「委任ヲ受ケテ」が「委託ヲ受ケテ」と変わった理由については、第四五九条の**【主要審議】**および**【その後の経緯】**（本書三五七頁以下）参照。

また、衆議院民法中修正案委員会では、次のような質問がなされた。

(1)　第一項につき、「無資力」でなく「破産」としたのは何故か。

(2)　第二項で、延期の許与を保証人に対抗しえないこととすると、保証人はそれで責任を免れてしまうようなことにならないか。延期の許与を認めた上で、保証後一〇年を経過したときに、第三項の規律に服させるとした方が良いのではないか。

これに対して梅委員は次のように答えた。

(1)　現在、破産は商人に限り、民事の場合には無資力が証明されると家資分散があるという主義になっている。しかし、世の中が進んだ現在、速やかに義務を弁済すべきことについては、商人も他の者も変わりがない。実際、無資力とされるまでの手続が容易でなく、また破産という制度がないと狡猾な者が先に取ってしまって、信用の発達を妨げる。外国でも、破産は商人に限らないとする例が増えてきた。そこで法典調査会においては、破産法を商法から独立させて商人・非商人に通ずる広いものとすることとした。したがって民法においては、破産と書いてある場合、現在の破産と無資力とを包含することになる。

(2)　保証人の地位は非常に危険であり、保証人が弁済期までに主たる債務者の資力がなくなることはないと考えて保証をしたところ、期限が到来したときに債権者と債務者とが勝手に期限を延長し、これに保証人が従わなければならないということになると、保証人に苛酷なことになる。この場合に、保証人が当然に義務を免れるというのは極端であるとしても、本条に従って予め求償権を行う、あるいは次条に従って主たる債務者に担保を供させ、または債権者と協議して更改をすることによって保証人が義務を免れるような方法をとることを求めうるとするのが、保証人に対する適度な保護であると考えて、第二項を置いたものである（廣中俊雄編著『第九回帝國議會の民法審議』二一八〜二一九頁）。

【民法修正案理由】

本条ハ既成法典債権担保編第三十四条ニ修正ヲ加ヘタルモノナリ。

一、同条ニハ保証人ハ賠償ヲ受クル為メ又ハ損失ヲ担保セシムル為メトシ賠償ト担保ノ二者ヲ併セテ規定スレドモ、担保ヲ供セシムル場合ノ規定ハ之ヲ賠償ノ場合ト分離シテ次条ニ送クルヲ便トセリ。

二、原文第一号ニハ債務者ガ無資力ト為リタル場合ヲモ入レタレドモ、本案ハ破産ノ意義ヲ拡張シテ既成法典ニ於テ無資力ト言ヘルモノハ大抵其中ニ包含セシムルノ主意ナルヲ以テ無資力ノ文字ハ之ヲ削レリ。

三、原文第二号ニ但書ヲ加ヘタリ。此レ債務者ガ期限ノ延長ヲ得タリトテ為メニ保証人ノ利益ニ影響ヲ及ボスハ非ナルヲ以テナリ。或ハ、債務者ニシテ期限ノ延長ヲ得ルトキハ保証人モ亦債権者ヨリ請求ヲ受クルノ期限ヲ延長セラルベキヲ以テ、敢テ此場合ニ保証人ニ与フルニ、初メノ弁済期ニ賠償ヲ請求スルノ権ヲ以テスルヲ要セザルベシト言フ者アレドモ、債務者ガ初メノ弁済期ニハ十分ノ資力ヲ有シ、許与セラレタル期間中ニ之ガ大部分ヲ失フヤモ計ラレズ。仮令此ノ如キコトナシトスルモ、保証人ニハ速ニ賠償ヲ得テ安心セシムルヲ至当ナリト信ズルヲ以テ、本案ニハ但書ヲ加ヘタルナリ。西班牙民法及ビ印度契約法ノ如キハ、債権者ガ債務者ニ延期ヲ与ヘタルトキハ保証人ハ保証ノ責ヲ免ルトセル程ナリ。

四、原文第三号ニ、且其最長期ヲモ確定スルコト能ハザル場合ニ於テノ文字ヲ加ヘタリ。此レ唯満期ノ不定ナルノミニシテ最長期ハ十五年若クハ二十年ト確定セル場合ニ於テ、十年ヲ経過シタレバトテ保証人ニ此特別ノ権利ヲ与フベキ理ナケレバナリ。又同号ニハ債務ノ日附ヨリ十ケ年ヲ過ギタルトキトセルモ、此ノ如クスルトキハ、保証人ハ今日保証契約ヲ為シテ明日賠償ヲ請求シ得ル場合ヲモ生ジ、遂ニ本条ノ如キ保護ヲ保証人ニ与フルノ精神ニ反スルニ至ルヲ以テ、本案ハ改メテ保証契約ノ後十年トシタリ。

▽民法修正案理由書第三編第一章第三章《ママ》「第四款保証債務」一五〜一七頁（第四六三条）。

（潮見佳男）

第四六一条　前二条の規定により主たる債務者が保証人に対して償還をする場合において、債権者が全部の弁済を受けない間は、主たる債務者は、保証人に担保を供させ、又は保証人に対して自己に免責を得させることを請求することができる。

2　前項に規定する場合において、主たる債務者は、供託をし、担保を供し、又は保証人に免責を得させて、その償還の義務を免れることができる。

第四六一条　前二条ノ規定ニ依リ主タル債務者カ保証人ニ対シテ賠償ヲ為ス場合ニ於テ債権者カ全部ノ弁済ヲ受ケサル間ハ主タル債務者ハ保証人ヲシテ担保ヲ供セシメ又ハ之ニ対シテ自己ニ免責ヲ得セシムヘキ旨ヲ請求スルコトヲ得

右ノ場合ニ於テ主タル債務者ハ供託ヲ為シ、担保ヲ供シ又ハ保証人ニ免責ヲ得セシメテ其賠償ノ義務ヲ免ルルコトヲ得

原案第四六四条　前二条ノ規定ニ依リ主タル債務者カ保証人ニ対シテ賠償ヲ為ス場合ニ於テ債権者カ全部ノ弁済ヲ受ケサル間ハ主タル債務者ハ保証人ヨリ担保ヲ供セシメ又ハ之ニ対シテ自己ニ免責ヲ得セシムヘキ旨ヲ請求スルコトヲ得

右ノ場合ニ於テ主タル債務者ハ供託ヲ為シ、担保ヲ供シ又ハ保証人ニ免責ヲ得セシメテ其賠償ノ義務ヲ免カルルコトヲ得

【参照条文】

旧民法債権担保編

第三五条　債権者カ完全ノ弁済ヲ受ケサル間ハ前条及ヒ第二十九条ニ依リ債務者ヨリ予メ保証人ニ供ス可キ賠償ハ債務者其債権者ニ対スル自己ノ免責ヲ保スル為メ債権者ノ名ヲ以テ之ヲ供託シ又ハ其他ノ方法ニテ之ヲ留存スルコトヲ得

オーストリア一般民法

第一三六四条〔第四六〇条の【参照条文】中に掲載〕

第一三六五条〔同右〕

スイス債務法

第五一一条〔同右〕

スペイン民法

第一八四三条第二項〔同右〕

ベルギー民法草案

第二一一二条第二項(注1)、第三項〔同右〕

ドイツ民法第一草案

第六七七条　元債務者ノ委任ニテ保証ヲ為シタル保証人又ハ保証ニ関シ元債務者ノ業務執行者トシテ第七百五十三条、第七百五十五条、第七百五十八条ニ照準シ元債務者ニ対シテ受委任者ノ権利ヲ受得シタル保証人ハ左ニ掲クル場合ニ在テハ元債務者ニ対シテ保証ノ免除ヲ要求シ又ハ保証義務ノ履行ニ因リテ生スルヿノ有ル可キ賠償請求権ニ付テノ担保債行為ヲ要求スルヿヲ得

第一　若シ元債務者ノ財産関係カ重大ニ変悪シタル𪜈

第二　若シ元債務者ニ対スル権利追求カ保証契約ノ取結後ニ元債務者ノ住所又ハ滞在所ノ変更シタルニ因リテ著シク困難ナルニ至リタル𪜈

第三　若シ元債務者カ元義務ノ履行ヲ延滞シタル𪜈

第四　若シ保証人カ債権者ニ対シテ元義務ヲ履行スヘキ帰責判決ノ言渡ヲ受ケタル𪜈

ドイツ民法第二草案

第七一四条第二項　主債務の履行期が到来していない場合には、主たる債務者は、保証人を免責することに代えて、彼に対して担保を供与することができる。

（注1）仁保亀松「独逸民法草案債権」中には、該当条文の翻訳は見出し得ない。そのため『独逸民法草案』（司法省、一八八八年）によった。

【起草趣旨】

梅謙次郎（二二巻六三丁裏～六五丁表）

本条は旧民法債権担保編第三四条と第三五条とを一緒にしたものと違いはない。第三四条に「担保」ということがあったのでここへもってきた。ただ、少し違うことが二点ある。

第一に、第三五条には「前条及ヒ第二十九条ニ依リ」と書いてある。第二九条は「附帯担保ノ訴」と名づけられているもので、保証人が訴えられた場合には主たる債務者を訴訟に召喚することができるという規定であって、それは、保証人が自分が敗訴したのと同時に自分に対して主たる債務者に賠償させることを一つの目的としている。それでここに引かれたのであろうが、実はこれだけでは足りない。第三〇条も一緒に引かなければならない。なぜなら、第三〇条には委任を受けて保証をした場合に保証人が債権者に対してこれこれの金額を払えという裁判言渡を受けただけで直ちに主たる債務者に対して求償ができると書かれている。この場合はこの中（第三五条）には含まれないことになると思う。（旧民法）草案では、第三〇条の場合ばかりを言って第二九条の場合は言っていない。これは二重の欠点である。本案では第二九条の規定はなくなったので、これを書く必要はなくなったけれども、その場合も原案の第四六一条（第四六二条か？）すなわち旧民法債権担保編の第三〇条の場合に含まれる。なぜなら、訴訟に召喚された場合であっても保証人が敗訴した場合でないと問題は起こらないのであって、保証人が敗訴して債権者に弁済すべしという裁判を受ければこの条文の適用がなくてはならないのだから、それで「前二条」ということにした。だから、実質は旧民法と全く同じである。

第二に、旧民法においては「自己ノ免責ヲ保スル為〆債権者ノ名ヲ以テ之ヲ供託シ又ハ其他ノ方法ニテ之ヲ留存スルコトヲ得」とごく簡単に書いてある。もしこれで明瞭であるならばまことに都合がよいのであるが、「留存」という字は非常に広い意味をもっており、原案に書いてあるようなことは皆その中に含むつもりであるに違いない。（旧民法）草案の説明には例が二つばかり出ており、ここに掲げたものの全ては説明中にはない。すなわち、担保を供せしめて払う場合や、自己に免責を得せしめて払う場合は旧民法の注釈にも出ている。しかし、それでは足りないと思う。第三五条第二項の中でも、供託をする方はあるが、保証人に免責を得せしめる場合でも賠償をさせなくてよいということにならなくてはならない。「留存」の字義からはそれでもよかろうが、いきなりこの文字を見て原案の第四六四条にあるだけのことを包含しているというのは「少シ読ミ悪クイタラウ」と思う。こういうことはなるべく明らかにしておく方がよかろうと思って原案のようにした。

【主要審議】

一　「右ノ場合」の修飾の不明瞭さについて

横田國臣（二二巻六五丁表～裏）

「右ノ場合ニ於テ」というのは、前項の「保証人ニ対シテ賠償ヲ為ス場合ニ於テ」

をさすのであろうが、通常の文意から言えば「免責ヲ得セシムヘキ旨ヲ請求スルコトヲ得」にかかると思う。「又ハ」とすれば「前二条ノ規定ニ依リ」ということがあるからそれを受けるけれども、さもないと、第二項にあるから、前項でした場合のように見えると思う。

梅謙次郎（二二巻六五丁裏）

そうかもしれないが、「又ハ」ということを文章の初めに置くようなことは本案では避けているのである。しかし、そのために意味が大変違うというのではやむをえないから、それほど意味が違うなら「長クナツテモ改メタイ」。

横田國臣（二二巻六五丁裏）

第二項としてもよい。

梅謙次郎（二二巻六五丁裏～六六丁表）

そうすると、賠償がいかにも突き出て、どういう場合の賠償かということがわからなくなるから、なるべくそれも避けたい。（「右ノ場合ニ於テ」としたのは、）今までの「前項ノ場合」と書いた箇所と理屈からいうと同じことで、何々する場合というように長くなっているときはそう書いても誰でも意味がわかるからである。しかし、「ここらハ」指摘されたとおり、請求した る場合というようにも見えるから、「前項トモ云ヒ悪イ」。それで、「右ノ場合」というと、「右」という字が「漠然タル字」だから右と同じ場合というようなことに読めそうなものと思ったのであるが、実は、「窮シタ文字ノ使ヒ方」であった。すべて削っても解釈上疑いの生ずるようなことはないけれども、何だか「其賠償ノ義務ヲ免カルルコトヲ得ル」というようなことは……。

横田國臣（二二巻六六丁表）

「前二ツアルカラ」そう突き出てもあるまい。

二　債権者のための供託であることを明示するか

長谷川喬（二二巻六六丁表～裏）

第五〇九条(注2)（確定条文第四九四条）を審議するときには「弁済者ハ弁済ノ目的物ヲ供託所ニ寄託スルコトヲ得」と旧民法に書いてあるのを、それでは供託した者がすぐに取り出すようなことができて供託者の方から見ても面白くないからというので、ことさらに「債権者ノ為メニ」ということを加えたと説明されている。それなのに、本条では、旧民法では「債権者ノ名ヲ以テ」ということがあるにもかかわらず、それを削ったのはどういうわけか。あるいは「前ノ時ニハ梅君ノ御出席カナカツタカラト云フ疑ヒモアリマス」。だから、やはり「債権者ノ為メニ」ということをここに加えた方が、第五〇九条を議決した趣意にもかなって良かろう。

梅謙次郎（二二巻六六丁裏～六七丁裏）

第五〇九条の会議のときには私は出席していたが、実はその当時疑いをもちつつ黙っていた。旧民法に「債権者ノ名ヲ以テ」と書いてあったのを単に供託とのみ書いたのは、供託のことについては、どういう場合に供託をなすというのかはいずれ弁済の供託の箇所で決まるか、さもなければ特別法令で決まるであろうと考えたからである。要するに、「供託ト云フモノハ直ク債務者カラ債権者ニ払ウトキナラハ供託モナイカラ孰レ然ウ云フ場合テナイニ違ヒナイ然ウ云フ場合テナイトスレハ夫レテ受取ルヘキ権利カアルモノト法律上認ムヘキ者カ夫レヲ引渡スト云フコトニナラナケレハナラヌ」。その際、各種の場合にわたって同じ規定が当てはまるものでなければならぬから、いちいち「債権者ノ為メニ」というようなことを書いておくのはきわめて面白くないという考えであった(注3)。それで、弁済のところに供託についての基本規定ができたのである。「或ハ此五百九条ノ所ニ『債権者ノ為メニ』ト云フコトカ書イテアルノテ外ハ書カヌテ済ムノテアルカ或ハ之丈ケテ足ラヌノナラハどつかニ一箇条モウ少シ引キくるめテ供託ノ場合ニ誰カ其供託物ヲ引渡スコトカ出来ルカト云フコトヲ規定スル必要カアラウカ」、これ（第五〇九条）はただ債務者（注4）が弁済をしようというときに債権者が受け取らないとか受け取ることができないとかいう場合のみが規定になっているから、（保証人が存在する場合のように）利害関係が三人以上にまたがる場合には少しわかりかねるかもしれないと思う。実は、供託のところで充分にそのあたりを考える暇が私にはなかったのである。

長谷川喬（二二巻六七丁裏）

第五〇九条を論ずるときには、ことさらにこれを加える必要を見出したから加えたというまでのことである。だから、ここでも加える必要があれば、やはり加えなければならないと思う。しかし、今の説明からすると、これは供託の規則に譲った方が良かろう。供託の規則に譲るのならば、第五〇九条に入れる必要がないと思うから、私はどちらでもよい。他日整理の時までに充分考えてほしい。

梅謙次郎（二二巻六七丁裏）

整理までに充分考えておく。

▼本案については別段の発議なく原案どおり確定（二二巻六八丁表）。

（注2）　二一巻九四丁裏以下。

（注3）　原案第五〇九条の該当部分についての穂積起草委員による起草趣旨の説明は次のとおりである（二一巻九五丁表～裏）。

（原案第五〇九条には）旧民法にはないが「弁済者ハ債権者ノ為メニ」という言葉を入れた。旧民法のように、単に供託すると書いておけばひととおりのことはそれですむが、そういう書き方では、債権者がその供託したものを受け取るということがどこから出てくるか、少しも法文上に表れてこない。これについては、特別法、すなわち、供託規則であるとか、供託物取扱規程というものがあるが、その方の文章からも債権者が当然その供託物を受け取るということは出てこない。それゆえに「債権者ノ為メニ弁済ノ目的物ヲ供託シテ」という文字を入れたのである。

（参考）旧民法財産編第四七七条

債権者カ提供ヲ受諾セサルトキハ債務者ハ供託ノ日マテニ債務ニ生シタル塡補利息ト共ニ弁済ノ金額ヲ供託所ニ供託スルコトヲ得

特定物又ハ定量物ニ付テハ債務者ハ其物ヲ供託ス可キ場所ヲ指定スルコト及ヒ其保管人ヲ選任スルコトヲ裁判所ニ請求ス

供託ノ方式及ヒ条件ハ特別法ヲ以テ之ヲ規定ス

（注4）　本文では「債権者」とあるが「債務者」の誤りであろう。

【その後の経緯】

本条は整理の時までに充分考えておくことになったが、整理会では、原案第四六四条にあたる第四五七条の箇所では、議長（箕作麟祥）が「『保証人ヨリ』ガ『保証人ヲシテ』トナツタ丈ケテ別ニ何ンテモナイ」と言っているだけである（民法整理会議事速記録四巻一三丁裏）。

衆議院民法中修正案委員会において、「前二条ノ規定ニ依リ云々」以下に規定されている担保の提供は、主たる債務者が保証人に対して担保を供するという意味に解して良いかという質問があった。梅委員は、第二項はそうだが、第一項はそうではなく、次のような趣旨であると述べた。すなわち、主たる債務者が債権者から請求を受けないが保証人から請求を受けて「賠償」をした場合、保証人が途中で使ってしまうともう一度債権者に払わなければならなくなるので、主たる債務者が金員を渡すに際して、この金員は必ず債権者に渡してくれ、ついては自分のために、保証人を立て、または質物を入れてくれというような場合である、と（廣中俊雄編著『第九回帝國議會の民法審議』二二〇頁）。

【民法修正案理由】

本条ハ既成法典担保編第三十四条及ビ第三十五条ヲ併合シタルモノニシテ、既成法典ト異ナル所二アリ。一ハ、既成法典第三十五条ニ於テハ前条及ビ第二十九条ニ依リトセルヲ、本案ニ於テハ前二条ノ規定ト為シタルニアリ。既成法典第二十九条ニハ、保証人債権者ヨリ訴追ヲ受ケタルトキ債務者ニ対シテ賠償ノ言渡ヲ得ル為メ債務者ヲ訴訟ニ召喚スルコトヲ得トセリ。而シテ、既成法典ハ保証人ノ賠償ヲ請求シ得ルヲ同第三十四条ノ場合ト此場合トニ限レルモノノ如クナルモ、同三十条ニ於テ、保証人ハ其分限ヲ以テ弁済ノ言渡ヲ受ケタルトキハ直チニ賠償ヲ受クルノ訴ヲ起スコトヲ得ルモノトセルヲ以テ、宜シク之ヲ包含セシメ、前条第二十九条及ビ第三十条トスベキナリ。本案ハ、此等ノ総テノ場合ヲ包含セシムル為メニ前二条ノ規定ニ依リト改メタリ。実質ニ至リテハ全ク既成法典ト同一ナルベキモ、其形式ニ於テ既成法典ノ欠点ヲ補ヒタリ。尚一ハ、既成法典ニハ留存ノ文字ヲ用イテ多クノ意義ヲ其中ニ包含セシメントスルモ、稍明了ヲ欠ク所アルヲ以テ、本案ニハ一々其場合ヲ明示セント欲シテ、本条第一項及ビ第二項ニ詳細ナル規定ヲ為シタリ。

▽民法修正案理由書第三編第一章第三章《ママ》「第四款保証債務」一七～一八頁（第四六四条）。

（潮見佳男）

第四六二条　主たる債務者の委託を受けないで保証をした者が弁済をし、その他自己の財産をもって主たる債務者にその債務を免れさせたときは、主たる債務者は、その当時利益を受けた限度において償還をしなければならない。

2　主たる債務者の意思に反して保証をした者は、主たる債務者が現に利益を受けている限度においてのみ求償権を有する。この場合において、主たる債務者が求償の日以前に相殺の原因を有していたことを主張するときは、保証人は、債権者に対し、その相殺によって消滅すべきであった債務の履行を請求することができる。

第四六二条　主タル債務者ノ委託ヲ受ケスシテ保証ヲ為シタル者カ債務ヲ弁済シ其他自己ノ出捐ヲ以テ主タル債務者ニ其債務ヲ免レシメタルトキハ主タル債務者ハ其当時利益ヲ受ケタル限度ニ於テ賠償ヲ為スコトヲ要ス

主タル債務者ノ意思ニ反シテ保証ヲ為シタル者ハ主タル債務者カ現ニ利益ヲ

受クル限度ニ於テノミ求償権ヲ有ス但主タル債務者カ求償ノ日以前ニ相殺ノ原因ヲ有セシコトヲ主張スルトキハ保証人ハ債権者ニ対シ其相殺ニ因リテ消滅スヘカリシ債務ノ履行ヲ請求スルコトヲ得

原案第四六五条　主タル債務者ノ委任ヲ受ケスシテ保証ヲ為シタル者カ債務ヲ弁済シ其他自己ノ出捐ヲ以テ主タル債務者ニ其債務ヲ免カレシメタルトキ（注1）ハ主タル債務者ハ其当時自己カ利益ヲ受ケタル限度ニ於テ賠償ヲ為スコトヲ要ス

　主タル債務者ノ意ニ反シテ保証ヲ為シタル者ハ主タル債務者ノ為メ求償ノ日ニ現存スル利益ノ限度ニ於テノミ、求償権ヲ有ス但シ此場合ニ於テハ第四百四十五条第三項ノ規定ヲ準用ス

起草委員提出修正案第四六四条（旧第四六五条）第二項　主タル債務者ノ意ニ反シテ保証ヲ為シタル者ハ主タル債務者ノ為メ求償ノ日ニ現存スル利益ノ限度ニ於テノミ求償権ヲ有ス但求償ノ日以前ニ主タル債務者カ相殺ニ因リテ債務ヲ免カルヘキ場合ニ於テハ保証人ハ債権者ニ対シ其相殺ニ因リテ消滅スヘカリシ債務ノ履行ヲ請求スルコトヲ得

（注1）　民法第一議案三二六丁表では「シメ」の二文字が欠落している。

【参照条文】

旧民法債権担保編

第三〇条（二号）　主タル債務ヲ弁済シ其他自己ノ出捐ヲ以テ債務者ニ義務ヲ免カレシメタル保証人ハ債務者ヨリ賠償ヲ受クル為メ之ニ対シテ担保訴権ヲ有ス但左ノ区別ニ従フ

（中略）

第二　保証人カ債務者ノ不知ニテ義務ヲ負担シタルトキハ債務者ノ義務ヲ免カレシメタル日ニ於テ之ニ得セシメタル有益ノ限度ニ従ヒ右ノ賠償ヲ受ク

若シ保証人カ債務者ノ意ニ反シテ義務ヲ負担シタルトキハ保証人ノ求償ノ日ニ於テ債務者ノ為メ存在スル有益ノ限度ニ非サレハ右ノ賠償ヲ受クルコトヲ得ス

フランス民法

第二〇二八条　〔第四五九条の【参照条文】中に掲載〕

オーストリア一般民法

第一三五八条　〔同右〕

イタリア民法

第一九一五条　〔同右〕

スイス債務法

第五〇四条　〔同右〕

スペイン民法

第一八三八条　〔同右〕

ベルギー民法草案

第二一〇七条　〔同右〕

第二一〇八条　〔同右〕

ドイツ民法第二草案

第七一三条　〔同右〕

インド契約法

第一四五条　〔同右〕

【起草趣旨】

梅謙次郎（二二巻九〇丁裏〜九一丁裏）

　本条は旧民法債権担保編第三〇条第二号と同じつもりである。ただ、その第二項に但書を加えたのだけが違う。これは先に改めた（注2）第四四五条と同じ理屈であって、ここでは、保証人と主たる債務者との関係であるから、負担部分という問題が起こらず全額ということになるので、問題がそれだけ簡単になるだけのことである。すなわち、

もしこの但書がないとなると、第二項の場合においては求償の日に存する限度においてのみということになるから、保証人が弁済をした後に相殺の原因が生じた場合、主たる債務者にとっては「オマヘカ払ウテ呉レナクテモ」相殺の原因が生ずれば自分は払わないですむのに「オマヘノ方テ払ツテ呉レテ」かえって自分が迷惑するということになってしまうから、こういう場合には求償を受けることはない。しかしながら、その前であると（保証人の弁済前に相殺の原因が生じた場合は、）「債権者ノ方テ二重ノ登記(注3)ヲシテ来ルカ」しないと、主たる債務者は保証人からの弁済を受けた債権者に対して相殺を対抗することができないから、ただ損害賠償の訴のようなことをするしかない。それでは気の毒である。（保証人は、）主たる債務者が初めからいやだというのを無理に保証したのだから、いささかたりとも主たる債務者に迷惑をかけてはいけない。求償の日に現存する利益の限度でなければ求償権を有しないということになった以上は、但書のようにならなければならないと思う。「前ノ条ハ多少ノ御議論カアリマシタカトウカ此条ハ此儘御採用ニナランコトヲ希望致シマス」。

（注2）　第四四三条の【主要審議】（本書二五二頁）参照。

（注3）　意味不明である。

【主要審議】

一　「利益ヲ受ケタル限度」の趣意

長谷川喬（一二巻九一丁裏）

「利益ノ関係ノナイ者」が弁済した場合には全部を請求することができるのに、保証人となった者が払ったときには全部の請求ができず、利益を受けた限度に限られるというのはどういうわけか。

梅謙次郎（一二巻九一丁裏）

利害の関係なき者云々というのはどの規定に依拠しているのか。

長谷川喬（一二巻九二丁表）

第四九六条（確定条文第四九九条）ではいかなる人でも弁済することを許している。そして、その弁済をした者は債権者が承諾すれば代位ができる。さらに、第四九八条（確定条文第五〇一条）で各々求償権の範囲を決めてあるが、それによると利害関係のない者の方が求償できる範囲が広くなっておりはしないか。

梅謙次郎（一二巻九二丁表～裏、九二丁裏～九三丁表）

利害関係のない者が弁済したとき（の求償権の範囲）については、そこには何も規定されてない。その場合には不当利得の規定がそのままあてはまると思うから規定しなかったのである。利害関係のない者が他人に弁済したときは、やはり債務者の意に反して保証した場合と同様になろう。しかし、そういう場合は弁済の場合にはあまり多くなく、かえって保証の場合に多いから、特にここで規定する必要が生じたのである。(注4)しかも、代位の場合には、後の第四九八条で、今度改めた案によれば「自己ノ権利ニ基キ求償ヲ為スコトヲ得ヘキ範囲内」ということになったから、不当利得の限度においてでなければならない。保証人が債務者の意に反して保証をなした場合でも代位はあるが、やはり第四九八条の自己の権利に基づき求償をなすことのできる範囲内において代位するというのと全く同じことになると思う。

通常の弁済の場合は債務者が反対をすると弁済できないことになるから、保証というようなことは利害関係のない人には「関係カ生シナイ」。

二　事務管理との関係

長谷川喬（一二巻九二丁裏）

事務管理の「条件」の備わらない場合でも第三者は弁済できるか。

富井政章（二二巻九二丁裏）

今の質問は「保証ノ事務管理」の場合であろうが、その場合は、他人のために弁済をなすということで事務管理の「条件」は備わっている。

三　「求償ノ日ニ現存スル」という表現について

議長（箕作麟祥）（二二巻九三丁表）

「求償ノ日ニ現存スル」とあるが、「日ニ」ということは必要か。

梅謙次郎（二二巻九三丁表）

なくてもよいかもしれないが、「其当時自己カ利益ヲ受ケタル限度」ということと違うところを一層明確にするために置いたもので、旧民法にもあったように記憶している。しかし、「求償ノ日」というのは、いかにも今言われたようにおかしいようである。それでは、「求償ノ日ニ」という五字を削ることにしたい。

▼五字削除に異議なく確定、他に発議なく確定（二二巻九三丁表）。

（注4）確定条文第五〇一条。求償権の範囲については、特に本書六三八頁を参照。

【その後の経緯】

以下の説明が整理会の席上梅委員によりなされている。修正案では「求償ノ日ニ現存スル」とあったのを、「求償ノ日ニ」を削除した結果「現存スル」となったのであるが整理会案では「現ニ利益ヲ受クル限度ニ於テノミ……」となっている。これは、長谷川委員らの意見を受けて、なるべく文字を一様にして疑いが起こらないようにしたためである（民法整理会議事速記録四巻一三丁裏〜一四丁表）。

なお、第二項但書中、「相殺ニ因リテ債務ヲ免カルヘキ場合ニ於テハ」が整理会案では「主タル債務者カ求償ノ日以前ニ相殺ノ原因ヲ有セシコトヲ主張スルトキハ……」となっている。これについては、修正案のようであると相殺が法律上当然に効力を生ずるものと読める恐れがあるが、それは起草者の考えでなく、起草者としては、主たる債務者の方で相殺する意思を表示した場合には「保証人ハ債権者ノ所ニ往ツテ履行ヲ求ムルコトが出来ル」という意味のつもりで書いた。しかし、文章が悪いため前者のように読めるきらいがあるから、明らかにしたまでのことである（民法整理会議事速記録四巻一四丁表〜裏）。

また、第二項中「意思」の「思」の文字が加えられたことについて、梅委員は、「説明ヲ要セヌト思フ」と述べている（民法整理会議事速記録四巻一三丁裏）。第一項の「免カレシメ」が「免レシメ」と改められた経緯は不明である。

「委任」が「委託」と改められた経緯については、第四五九条の【主要審議】及び【その後の経緯】（本書三五七頁、三五八〜三五九頁）参照。

【民法修正案理由】

本条ハ大体ニ於テハ既成法典債権担保編第三十条第二項ト同ジク、唯本条第二項ニ但書ヲ加ヘタルノ差アルノミ。之ヲ加ヘタルハ、連帯ニ於ケル第四百四十五条第一項ニ但書ヲ加ヘタルト同一ノ主意ナリトス。

▽民法修正案理由書第三編第一章第三章《ママ》「第四款保証債務」一八頁（第四六五条）。

（潮見佳男）

第四六三条　第四百四十三条の規定は、保証人について準用する。
2　保証人が主たる債務者の委託を受けて保証をした場合において、善意で弁済をし、その他自己の財産をもって債務を消滅させるべき行為をしたときは、第四百四十三条の規定は、主たる債務者についても準用する。

第四六三条　第四百四十三条ノ規定ハ保証人ニ之ヲ準用ス
保証人カ主タル債務者ノ委託ヲ受ケテ保証ヲ為シタル場合ニ於テ善意ニテ弁済其他免責ノ為メニスル出捐ヲ為シタルトキハ第四百四十三条ノ規定ハ主タル債務者ニモ亦之ヲ準用ス

原案第四六六条　第四百四十五条ノ規定ハ保証人ニ之ヲ準用ス
保証人カ主タル債務者ノ委任ヲ受ケテ保証ヲ為シタル場合ニ於テ主タル債務者カ弁済其他ノ方法ニ依リ免責ヲ得タルコトヲ保証人ニ通知スルコトヲ怠リタルトキハ保証人ハ其善意ニテ為シタル弁済其他免責ノ為メニスル出捐ニ付キ求償権ヲ有ス

【参照条文】

旧民法債権担保編

第三二条　債務者ヲ訴訟ニ参加セシムルコトヲ怠リタル保証人ハ其債務者カ債権者ニ対抗ス可キ排訴抗弁ヲ有シタルコトヲ証スルトキハ第三十条ニ定メタル求償権ヲ有セス
若シ債務者カ債権者ニ対抗ス可キ延期抗弁ノミヲ有シタルトキハ右ノ懈怠アル保証人ノ求償ニ対シ之ヲ以テ対抗スルコトヲ得

第三三条　保証人ハ有効ニ弁済シタルモ債務者ニ其旨ヲ有益ニ通知スルコトヲ怠リ為メニ債務者カ善意ニテ再ヒ弁済シ此他有償ニテ自己ノ免責ヲ得タルトキモ亦其求償権ヲ失フ
右ニ反シテ債務者カ自ラ債務ヲ消滅セシメタルコトヲ保証人ニ通知スルコトヲ怠リタルトキハ債務者ハ場合ニ従ヒ其債務ノ消滅後保証人ノ為シタル弁済ニ付キ責任アリトノ宣告ヲ受クルコト有リ
孰レノ場合ニ於テモ利害ノ関係アル当事者ハ受取ルコトヲ得サルモノヲ受取リタル債権者ニ対シテ求償権ヲ有ス

フランス民法

第二〇三一条　保証人義務ヲ行フ可キ本人ニ告知セスシテ其本人ノ為メ義務ヲ行ヒ其本人後ニ重複シテ其義務ヲ行フタル時ハ其保証人ヨリ本人ニ対シテ償還ノ訴訟ヲ為スヿヲ得ス唯其義務ヲ得タル者ニ対シ取戻ノ訴訟ヲ為スヿヲ得可シ
又保証人義務ヲ得可キ者ヨリ訴訟ヲ受クルヿナク且義務ヲ行フ可キ本人ニ告知スルヿナクシテ其義務ヲ行フタル時ニ当リ其本人已レノ義務ノ既ニ消散シタル旨ヲ証シ得可キ事アルニ於テハ其保証人本人ニ対シ償還ヲ求ムルノ訴訟ヲ為ス可カラス唯義務ヲ得タル者ニ対シ取戻ノ訴訟ヲ為スヿヲ得可シ

オーストリア一般民法

第一三六一条　若シ保人カ負責主ノ承諾ヲ取ルヿ無クシテ其責額ヲ代償シタルニ於テハ則チ負責主ニ向ツテ行用シ得ヘキ各般ノ方法ヲ以テ其保人ニ対シ抗弁ヲ為スノ権理アリトス〔仏民第二千二十九条〕

イタリア民法

第一九一八条　弁償ヲ為シタル保証者カ若シ弁償ヲ為シタルヿヲ主本タル負責主ニ通報セサリシニ於テハ則チ主本タル負責

主ニシテ弁償ヲ為シタル所ノ人ニ対シテハ還償ニ関スル訟権ヲ有セス但〻責主ニ対シテ此訟権ヲ行用スル如キハ此限ニ在ラス

若シ保証者カ追求ヲ受クルヿ無ク又主本タル負責主ニ通報スルヿ無クシテ弁償ヲ為シ且其弁償ヲ為セル時際ニ当リ主本タル負責主カ其債額ノ既ニ已ニ消滅セルヿヲ公言セシムルノ方法ヲ有シタルニ於テハ則チ保証者ハ其負責主ニ対シ還償ニ関スル訟権ヲ有セス但〻責主ニ対シテ此訟権ヲ行用スル如キハ此限ニ在ラス（仏民第二千三十一条）

スイス債務法

第五〇五条二項　保証人がこれ（第五〇五条第一項に規定されている抗弁―潮見注）をなさざる場合において、その認識のないことにつき自己に過失がないことを保証人が立証し得ないとき、これらの抗弁を用いることにより解放され得たであろう範囲において、保証人はその求償権を失う。

第五〇六条　保証人が弁済の通知をなさざる結果、主たる債務者も同じくその債務を弁済した場合には、保証人はその求償権を失う。但し、保証人には、不当利得を理由として債権者に再償還を求めることが留保される。

スペイン民法

第一八四〇条　保証人が債務者に通知することなく弁済したときは、債務者は、弁済の時点で債権者に対抗することができたすべての抗弁権を保証人に対抗することができる。

第一八四一条　債務が期限付であり、かつ保証人が期限前に弁済したときは、保証人は、期限が到来するまで、債務者に対して求償することができない。

第一八四二条　保証人が債務者に通知することなく弁済し、かつ債務者が弁済の事実を知らずに自ら弁済したときは、保証人は債務者に対する求償権を有しない。但し、保証人は債権者に対する求償権を有する。

ベルギー民法草案

第二一〇九条　保証人が、自己がなした弁済を債務者に通知しなかったときは、最初に弁済した保証人は、後れて弁済した主たる債務者に対する求償権を取得しない。但し、保証人は債権者に対する償還訴権を有する。

保証人が、訴えを提起されることなく、かつ、主たる債務者に通知せずに弁済した場合において、弁済の際に、主たる債務者が債務を消滅させる手段を有していたときは、保証人は主たる債務者に対する求償権を有しない。但し、保証人は債権者に対する償還訴権を有する。

ドイツ民法第一草案

第七一三条（第四五九条の【参照条文】中に掲載）

【起草趣旨】

梅謙次郎（一二巻九三丁裏～九五丁表）

旧民法において保証に関する規定であった債権担保編第三二条と第三三条は、多少の修正を加えて先に議決をした第四四五条（確定条文第四四三条）に入れられた。そうである以上は、保証のところでまた同じようなことは書く必要がないから、これを準用するということで足りる。第二項は保証に特別な規定であるからここに入れた。すなわち、旧民法債権担保編の第三三条第二項には「右ニ反シテ債務（「債務者」の誤り――潮見注）カ自ラ債務ヲ消滅セシメタルコトヲ保証人ニ通知スルコトヲ怠リタルトキハ債務者ハ場合ニ従ヒ其債務ノ消滅後保証人ノ為シタル弁済ニ付キ責任アリトノ宣告ヲ受クルコトアリ」とある。この「受クルコトアリ」というのがどういう場合かは、文面だけでは漠然としていっこうにわからない。「説明ヲ読ミ又道理ヲ考へテ見レハ」債務者に過失があると認むべき場合ということであろう。だが、もしそのように理解し、過失があったことの証明がされたときには責任があるということならば、別に明文はいらない。しかしながら、保証人が主たる債務者から委任を受けた場合には、頼まれて保証をしその結果として弁済するということであるのに、主たる債務者は、頼んでおきながらその頼んだ人に自分が弁済しても黙っているというのはいかにも不注意なことである。私がまず友人に頼んで判を押してもらえば、弁済をして証文を受け取ったならば判を返すというのが日本の習慣であると思うし、返さないまでも通知をしなければならない。「兼テ貴殿ニ判ヲ願ツタモノハ此度弁済シタカラ此段御通知申ス誠ニ有難カツタ」と言うのが当然である。自分がいやだというのに保証をされたのならそんなことを言う必要はないが、少くとも頼んだ以上はそれだけの責任を負わせてよいと思う。それで第二項の規定を置いたのである。旧民法では、とりわけ委託を受けて保証した場合に重く責任があるようにみえるが、むしろその場合に限ったほうが疑いが生じないし、かつその他の場合であれば、元来主たる債務者（「債務」の誤りであろう――潮見注）の履行の責に任じている保証人であるのだから、かえって保証人の方から、まだ債務は消えないかと言って債務を弁済するのでなければならない。そう考えてこのようにしたわけである。

【主要審議】

一　「其他ノ方法ニ依リ」の意味

穂積八束（一二巻九五丁表）

「其他ノ方法ニ依リ」というのは、有償無償すべてを含んでいるのか。

梅謙次郎（一二巻九五丁表）

そうである。この場合は、無償であればなおさらということになりはしないか。（主たる債務者が）無償で義務の免除を受けていて、保証人がそれを知らずに払ったという場合に、債務者は「アレハ只テ免除シテ貰ツタカラ自分ハ知ラセヌ」ということは言えないという精神である。

二　第二項不要論

横田國臣（一二巻九五丁表～裏）

第二項は「道理トシテハ悪ルイトハ余リ思ハナイ」けれども、これがなくても、保証人が主たる債務者が払ったか払わぬかよく知らないというようなことは、今日まで「日本辺リテハ」まずほとんどないと思う。しかも、たいていは、主たる債務者にまずかかってみて、取れないならば保証人が払うということになろうから、こういうことはほとんどあるまい。それなのに「ズン々々進ンテ然ウ云フコトヲスルノハ」実際保証人の過失といって良いくらいで、そういうことはさせないほうが良くはないか。第二項があると、いろいろなことをして保証人が主たる債務者と馴れ合うようなことでもありはしないかと思う。

梅謙次郎（一二巻九五丁裏～九六丁裏）

あるいはそのように、保証人に断ってからでないと払うことができないとする方が良いかもしれないが、何か規定がなければならないと思ったのは、次のような場合があるからである。たとえば、断りの通知書を出してもそれが届かないということもある。また、主たる債務者の方で答えに手間どっているうちに、何とも言ってこないから払わないのだろうと思って（保証人が）払うということもある。そんなときにいつも保証人が償うというのはどうであろうか。（債務者は）もともと頼んだのだから自分が払ったということを通知することにしておく方が良くはないか。例えば、こういう場合もある。保証人から初めに聞きによこすと、主たる債務者はまだ払っていないと言ったので、保証人は自分が払わなければなるまいと思っていろいろ金策をする。その場合に、保証人に払わせては気の毒だからと後に幸いにして金策のできた主たる債務者が払った。ところが、払ったのはよいがそのことを保証人に通知しないでいたため、ずるい債権者が両方取ってしまったとする。この場合は、第二項がないと、主たる債務者の方が先に払っているのであるからそれが有効になり、保証人が払ったのは無効になって、保証人が迷惑をすることになる。旧民法は書き方からしてこのような場合をもっとも考慮してできたと思う。そうであるからといってこのような場合をいちいち書くのはあまりにも細かい規定になるから、委任のあった場合だけにしたのである。

三　第二項の「求償権ヲ有ス」の意味

横田國臣（二二巻九六丁裏）

「求償権ヲ有ス」というのは、保証人から債務者にかかって、債務者は、保証人の払ったのを債権者から取るということなのか。

梅謙次郎（二二巻九六丁裏）

そうである。

四　第四四五条が準用される保証人

議長（箕作麟祥）（二二巻九六丁裏）

第一項に「四百四十五条ノ規定ハ保証人ニ之ヲ準用ス」とあるが、ここでいう保証人には委託を受けた者も受けない者も入るのか。

梅謙次郎（二二巻九六丁裏〜九七丁表）

そのとおりであって両方入る。第二項だけが委託を受けた者の特別規定で、これが多少第四四五条の規定の例外になっている。

議長（箕作麟祥）（二二巻九七丁表）

そうすると、主たる債務者の意に反してやった者は入らないのか。

梅謙次郎（二二巻九七丁表）

それも入る。というのは、この準用の仕方が保証人を主にしてあり、それで「保証人」という字を特に入れたのである。保証人が弁済をする前に通知をしないというときに責任が生ずるので、この場合はすべての保証人を含むつもりである。

▼別段発議なく原案どおり確定（二二巻九七丁表）。

【その後の経緯】

整理会の席上、第二項の書き方が変わった点につき梅委員より実質において変更はないとの説明がある。また準用される確定条文第四四三条（整理会では第四三九条）は第二項の規定かという箕作議長の質問に対し、梅委員は第二項も第一項も全部であると答え、また長谷川委員の、第一項は主たる債務者に、第二項は保証人にあてはまるのではないのかとの問いに対しても、梅委員は、保証人には絶対あてはまるが、主たる債務者の方は保証人が委任を受けて保証をなした場合にしかあてはまらないから、「ニモ亦」と書いたのであると答えている（民法整理会議事速記録四巻一五丁表〜一八丁裏）。

なお、第二項の「委任」が「委託」に改められた経緯については、第四五九条の【主要審議】及び【その後の経緯】（本書三五七頁、三五八〜三五九頁）参照。

【民法修正案理由】

本条ハ既成法典債権担保編第三十二条及ビ第三十三条ニ相当ス。右ノ二条ニハ既ニ修正ヲ加ヘテ本案第四百四十五条ノ規定ヲ設ケタルヲ以テ、本款ニ於テハ直チニ該条ヲ準用スルコトトセリ。而シテ、本項ニ保証人ト言フモノノ中ニハ各種ノ保証人ヲ包含ス。

本条第二項ハ右第三十三条第二項ノ規定ニ修正ヲ加ヘタルモノナリ。同項ニハ債務者ハ弁済ニ付キ責任アリトノ宣告ヲ受クルコトアリト言ヘルヲ、保証人ハ求償権ヲ有スト改メ、又之ヲ有スル者ヲ明カニ制限シ、委託ヲ受ケテ保証ヲ為シタル保証人トシタリ。

▽民法修正案理由書第三編第一章第三章《ママ》「第四款保証債務」一八〜一九頁（第四六六条）。

（潮見佳男）

第四六四条　連帯債務者又は不可分債務者の一人のために保証をした者は、他の債務者に対し、その負担部分のみについて求償権を有する。

第四六四条　連帯債務者又ハ不可分債務者ノ一人ノ為メニ保証ヲ為シタル者ハ他ノ債務者ニ対シテ其負担部分ノミニ付キ求償権ヲ有ス

原案第四六七条　連帯又ハ不可分債務者(注1)ノ一人ノ為メニ保証ヲ為シタル者ハ他ノ債務者(注2)ニ対シテ其負担部分ノミニ付キ求償権ヲ有ス

（注1）　法典調査会議事速記録二三巻九七丁表では「不可分債権者」となっているが、誤記である。民法第一議案三二六丁裏参照。

（注2）　法典調査会議事速記録二三巻九七丁表では「事務者」となっているが、誤記である。民法第一議案三二六丁裏参照。

【参照条文】

旧民法債権担保編

第三七条　連帯又ハ不可分ナル義務ノ数人ノ債務者アルトキハ保証人ハ其中ノ或ル者ヲ保証シ他ノ者ヲ保証セサルトキト雖モ右ノ代位ニ依リ債務者ノ各自ニ対シテ全部ニ付キ求償スルコトヲ得

フランス民法

第二〇三〇条　一箇ノ義務ニ付キ連帯シテ之ヲ行フ可キ本人数人アリテ其保証人一人ナル時保証人其義務ヲ行フタルニ於テハ其義務ヲ行フ可キ各本人ニ対シ其既ニ行フタル義務ノ総高ノ償還ヲ得ント訴フルヿヲ得可シ

イタリア民法

第一九一七条　若シ同一ノ債額ニ対シ互相特担ニ係ル数個ノ主本タル負責主ノ在ル有ルニ於テハ則チ保証者ニシテ此共同負責主ノ為メニ其責務ヲ負担スル所ノ人ハ共同負責主ノ各自ニ対シ自己ノ弁償シタル債額全部ノ還償ヲ要求スルノ訟権ヲ有ス〔仏民第二千三十条〕

ベルギー民法草案

第二一一一条　同一の債務につき複数の主たる連帯債務者が存するときは、全ての連帯債務者のために保証した保証人は、各連帯債務者に対して、自己が弁済した全体の償還のための求償権を有する。

【起草趣旨】

梅謙次郎（二二巻九七丁裏～九八丁裏）

本条は、旧民法とはちょうど反対の主義をとっている。この方が良いと考えたのは、次の理由からである。すなわち、既に代位のところで引き合いに出した第四九八条（確定条文第五〇一条）では、「自己ノ権利ニ基キ求償ヲ為スコトヲ得ヘキ範囲内」ということが加わったために、たとえ代位の場合であろうとも自己の権利内でなければならず、自己の権利よりも余計なものを請求できないということになっているのである。ここの場合に連帯または不可分債務者の一人を保証した者が、全額について求償権を持っているのではないことは明瞭であろう。なぜなら、この者が（自分が保証したのではない）他の債務者に対するときは頼まれたのでも何でもないからいかなる関係もない。ただ弁済をすれば自分の保証している債務者の債務ばかりでなく他の債務者の債務もあわせて弁済することになる。それを事務管理とみるかどうかについては、学者の間で議論があるが「大負ケニ負ケテ」事務管理でないとしても少なくとも不当利得にはなる。他の債務者は義務を免れてその結果利得をしているから、その利得をした義務を弁済しなければ不当の利得をしているに違いない。したがって、訴権がないという説も随分あるけれども、事務管理としても不当利得としてもどちらにしても訴権がある。では、いくらの義務を償還すべきかについては、もちろん各自の負担部分だけである。保証人の弁済の利益を受けるのは各自の負担部分だけについてだからである。そうして求償権は「自己ノ権利ニ基ク求償権」であるから疑いなく負担部分だけである。前に決まったから再び議論する必要はないが、旧民法はイタリア民法にならって規定したものである。しかしながら、フランス民法、ベルギー民法等では少し書き方があいまいではあるが、私の解するところでは本案のとおりであろう。フランス民法では、連帯債務者「共ニ」保証したときには全額について求償権があるということだから、裏面から見れば連帯債務者の一人を保証したときには「一人シカ求償権カナイ」ということに解するよりほかなかろうと思う。本案はこちらの主義によったのである。

【主要審議】

一　保証人が弁済したときという言葉は要らないか

高木豊三（二二巻九八丁裏～九九丁表）

「連帯又ハ不可分債務者ノ一人ノ為メニ保証ヲ為シタル者ハ」としか書いてないが「弁済シタルトキハ」云々ということはなくてもわかるのか。

梅謙次郎（二二巻九九丁表）

指摘の通りで「求償権ノ幅」というものは第四六二条（確定条文第四五九条）と第四六五条（確定条文第四六二条）第一項とで決まるのであるが、単に保証人について求償権というときにはそれにあたるつもりである。実は「言葉ノ正シクナイコトハ気カ付イテ居リマシタカ長々ト弁済ヲ為シ其他自己ノ出捐ヲ以テト書カナケレハナラヌカラ余程文章上辛イノテ」こうしたのであるが、「言葉ノ足ラヌコトハ飽ク迄認メテ居リマス」。

二　保証人の一部弁済の場合

高木豊三（二二巻九九丁表～裏）

不可分債務の場合には、（保証人が）払うのは「全部ニ限ル」ということになるであろうが、連帯債務の場合には債権者が承諾すれば一部弁済ができるということになろう。その場合には何の影響もないのか。もし、影響がないとすれば、保証人が全部の弁済をしたという旨の文言はなくても良いのか。

梅謙次郎（二二巻九九丁裏）

その通りで、その一部分で債権者が「我慢シテ呉レタ」場合には、求償権はない。

高木豊三（二二巻九九丁裏）

例えば、保証人が一〇〇円全部を請求されたが、自分は全部は払えないから半額払うという場合はどうか。

梅謙次郎（二二巻九九丁裏）

その場合は、（求償権は）弁済が他の債務者に利益を与えた範囲内でということだから、まず自分が保証した部分を差し引いて、その残りだけしか求償はできない。

高木豊三（二二巻九九丁裏）

それが負担部分の割合か。

梅謙次郎（二二巻九九丁裏）

そうである。

三　求償権の範囲――修正提案

長谷川喬（二二巻九九丁裏〜一〇〇丁表）

「折角御改正ニナツタカ」、私の考えではやはり旧民法の方が相当ではないかと思う。なぜなら、ある人に代って弁済をしたならばその債権者に全部代位するということに帰するのが当然であろう。たとえば、連帯者の一人が弁済した場合に全部代位することになると今度は、自分が債権者の権利を代位して連帯債務者から求償しなければならない。普通の保証人の如きは求償権だけに限るということになっているが、ここの場合は一人の連帯債務者のために保証をしたのであって、それが他の債務者に全部の義務を免れさせたのである。他の債務者も全部を払わなければならない義務を持っている。それなのにここでは、「一人シカ求償権カナイ」ということにするのはいかがなものか。すべての連帯債務者の債務について保証した保証人はすべての債務者に対して求償ができるのに、一人の債務を保証したために他の債務者に対しては一部しか取れないというのはどうであろうか。やはり、全部請求できて当然と思うがどうか。

梅謙次郎（二二巻一〇〇丁表〜一〇二丁裏）

それは旧民法の説でボアソナードらの説であるから、あるいはその方が正しいかもしれない。しかしながら、代位の権利というものは、普通の債権譲渡の場合と同様に、債権者の請求できるものはいくらでも請求できるものなのか。たとえば、一〇〇〇円のものを一〇〇円にまけても請求は一〇〇〇円できるということになるが、本案ではこういう主義はとられなかったようである。「自己ノ権利ニ基キ求償ヲ為スヘキ範囲内ニ於テ」という文字を入れることについては特に異議はなかったようであるが、これを入れたことにより代位は「純然タル債権ノ譲渡ニモシロ」その目的は自己の求償権を保護することより他に出ない。そう考えれば自己の求償権より多くは請求することはできないわけで、全額代位をいうのは「此案ノ精神ニ背イテ居ル」。さらに、旧民法の主義およびフランス等での通説であるところの、代位は債権者の権利を全て譲るのであって、実際請求することは債権者にしかできないが、訴権の輪廻を避けるため法律が便宜上そうしているのだという主義に立っても、ここでは一部分しか求償できないというのは理由があろう。たとえば、連帯債務者が甲乙丙と三人ある場合に甲にだけ保証人がつけられたとする。この場合に債権者が甲に請求したけれども取れないので甲の保証人に請求し、保証人が甲に代って全額払った。このとき、長谷川説なら甲の保証人は乙に向って全額請求してよいということになる。そうだとすれば、乙は自分は債権者から請求を受けたのでなく甲が訴えられて一番先に払うべきだったのを、甲の保証人が全額払ったがためにまた全額を請求されるというのでは、あたかも乙が初めから債権者に訴えられたのと同じであり、なまじっか保証人があるためかえって迷惑である。そうすると乙は保証人に全額を払ってから甲、丙に向ってそれぞれ一部分を請求するということになる。

元来連帯の原理から言えば、甲が訴えられたならば、一部分を甲が払い、一部分を乙が払い、また一部分は丙が払わなければならないのを、たまたま甲に保証人がついていたために「損毛ヲスル運命ヲ余計仕負ウ人間カ外ニ移ツテ仕舞ウ」というのははたして相当であろうか。また、全額を払った保証人が乙に向って全額を請求して、この乙が甲にも丙にも請求するとなると、初めに全額払った者の分だけ手数が余計である。初め保証人が全額払ったならば、後から甲に向って一部分を直接に請求し、乙に向って一部分を請求し、丙に向って一部分を請求すればそれですむことである。訴訟も一度の訴訟でできる。それを全額を払った者が後でまた訴えを起こすというと手間がかかりはしないか。仮に全額を請求するという「便宜」をとっても、やはり金額[注3]を限るほうが穏当であろう。その証拠に、フランスあたりでは、「代位ノ一般ノ権利ハ」長谷川委員の言ったようなことが行われているが、それにもかかわらず、多数説は一部分しか請求ができないと言っている。少数説もやはり代位権によってできるという人が多いが、それは「学者ノ説タカラ証拠ニハナリマセヌカ」私と同様に「損毛ノ危険」を懸念している。たとえば、今の場合でいえば、債権者から訴えられたのでもない乙が一番「損毛ノ危険」もしくは「連帯ノ責任」を余計に負うということにはなりはしないか。初め保証人が請求を受けて払っておいて、（その保証人が乙に全額を請求した後、）今度は乙が甲と丙に請求するのだとしたら、「乙カ往ク前ニ」甲も丙も無資力となってしまうことがある。また、（甲と丙に）初めから資力がなかった場合でも、乙が全額を立て替えておくことになる。これらの場合、乙は一人無資力者がいれば、半額負担すればよいのに全額払うことになる。それがどうかと思ったので、「理論ハ暫ク置イテモ」実際の便利にはやはり一部分にしたほうがよくはなかろうか。

長谷川喬（二三巻一〇二丁裏～一〇三丁裏）

第一に、先に決った「自己ノ権利ニ基キ求償ヲ為スコトヲ得ヘキ範囲内」ということについて尋ねたい。求償権が「元テアル」ということであったが、求償権が一人にしかないということであれば問題はないが、しかし、この求償権は全部ではないかと思う。なぜならば、なるほど保証人が保証したのは一人の債務者のためであるが、その結果として支払をしたのは全部である。連帯債務者がみんな代って弁済をしてもらったのだから、（保証人が）それらの債務者に向って全部請求するのが当然であって、それが求償権というものではないか。（梅委員の見解は、）保証人が全体の保証をした場合は誰に対しても全部を請求することができるという趣旨であろう。そうだとすれば、全員を保証したときは誰に対しても全部の請求ができるのに、一人に保証したときには「一人シカ取レヌ」という区別がわからない。

第二に、梅委員の言う「損毛」というのが理解できない。一人に保証人があるために他の連帯債務者が弁済期になっても義務を尽さないと、しかたなく保証人が支払うのである。したがって、保証人があれば「利益」はあっても「損毛」にはならないと思うがどうか。

梅謙次郎（二三巻一〇三丁裏～一〇四丁裏）

第一点は私の考えと長谷川委員の考えと

は少し違う。債務者が全部払う義務を負っているというのは、債権者が一人に対して全額を請求するだけの権利があるというだけのことであって、「義務ノ本体」は一部分についてしかない。自分の負担すべき部分だけが本当の自分の負担部分である。学者がよく区別するように、「弁済スヘキ金丈ケ」と「負担スヘキ金丈ケ」とは違う。「負担スヘキ金丈ケ」というのは自分の負担すべきだけのものであるが、「弁済スヘキ金丈ケ」というのはそれより多いことがありうる。それゆえ、保証人が代って支払ったときは「負担スヘキ金丈ケ」について各債務者が利益を受けているのであろうと思う。

　第二点については、説明が悪かったのかもしれない。甲債務者が請求を受ければ、甲は自分は払えないから乙債務者に請求してくれということは言えないのであって、甲が先ず全額を払わなければならない。そして、甲が全額を払えば、甲は乙に向って三分の一、丙に向って三分の一しかとれない。甲に保証人があったために債権者が「アノ保証人ハ金持タカラアノ保証人ニ掛ツテ請求シタラ払ツテ呉レルタラウ」と思って保証人のところに行くことがずいぶん多かろう。その場合に、保証人は元来甲の債務の履行の責に任じたのだから、保証人が払ったのは甲が払ったのと同じである。それなのに、甲が払えば一部分しか請求できないのに対して、保証人が払ったときには全額を乙や丙に請求できるというのは権衡を失する。同じ場所に四人の人間がほとんど顔をつき合わせているときならば、保証人のところへ行き、もし「保証人カナカツタラ」乙のところに行くという想像もできるが、他の連帯債務者が遠くにいる等、すぐに請求することの不便な場合、保証人がないとすれば、義務を負っている者が弁済期に三分の一ずつ金を持ち集まって一時に返すということは実際稀であり、実際は誰か一人が払っておいて残りの者に求償することが連帯の場合は多かろう。したがって、今の場合に乙や丙に全額を負わせるというのは酷ではないか。それだと、かえって保証人があるために乙や丙は迷惑を被ることがあると言えよう。

長谷川喬（二二巻一〇四丁裏～一〇五丁表）

　今一つ尋ねたことが抜けている。連帯債務者全員を保証した場合は誰にかかっても全額とれるのではないか。そうなると、説明によれば、連帯債務者が三人ならば、請求される連帯債務者は三分の一しか利益を受けていない。それなのに、全部の連帯債務者を保証した場合には全部を請求されるということになりはしないか。そうだとすれば不都合ではないか。

高木豊三（二二巻一〇五丁表～裏）

　「私ハ今自己流テ考ヘマシタノテスカ」こういう理由はどうか。なるほど連帯債務者があるところへ一人の保証人が全部の弁済をしたときは、代位の原則によりむろん全部について求償できる。しかしながら、連帯債務や不可分債務において、その中の一人に限って保証をしているならば、保証の効果は一人にとどまるのであるから、この場合は義務の性質上全額を払って「総テノ」代位をしても、単に「自分ノ払ツテヤツタ者ニ対シテ債権者ノ有シテ居ル権利シカ代ルコトハ出来ヌ」。そこで、債務者自身が払ったときは自分の仲間へはその負担部分だけしか請求できないのだから、（保証人には）それだけの権利だけ代位させれば良く、債権者の全部に代位させる必要はない。そうはいえないか。

梅謙次郎（二二巻一〇五丁裏～一〇六丁裏）

　それは「高木君ノ自己流テナク」フランスでの有力説であって、保証人は自己の保証した債務者に代位して他の者に対して求償を行うという理論である。自分の保証している債務者が弁済すれば、その債務者は債権者になるのだから実際は同じことになるが、そのように説明したほうが良いということである。「其説ハ大変面白イ様テアリマスカ」私は少しその説の正しさを疑っている。

それから、長谷川委員の最後の質問については、私の考えるところでは、委託をした場合には、一人が委託したのであればその利益の限度でなしに、第四六四条（確定条文第四六一条）の規定により委託を履行したことにより保証人が受けた損害だけのものを全部償ってやるというのであるから、むろん全部の義務が生ずるのであるが、第四六五条（確定条文第四六二条）の場合は債務者の委託もなく、極端な場合には債務者の意に反して保証した場合もあり、そこでは「連帯債務者テアレハ少ナクモ一部分シカ出来ヌ」。このことは旧民法でも、ある条文を見ればそうであるとも思われるが、しかしながら、「丸テ一人ヲ保証シタトキニ全額ヲ請求スルコトカ出来ルトアリマスカラ」、旧民法ではそうでないかもしれない。すなわち、たとえば、旧民法債権担保編第三一条には「連帯又ハ不可分ニテ責ニ任スル数人ノ債務者ヨリ保証人ニ委託ヲ為《ママ》シタル場合ニ於テハ其債務者ハ財産取得編第二百四十九条ニ従ヒ保証人ニ対シテ連帯ノ担保人タリ」とある。もしこの箇条がなければ、委託なしに保証をした場合にはただ一部分ずつについてのみ保証人は求償ができるという意味にとれる。しかし、後に第三七条があるから旧民法の趣意はそうではなかろう。しかしながら、本案では第四六七条で反対の説をとった以上は第四六四条の場合もやはり一部分ということになろう。なぜならば、自己が利益を受ける限度というのはどうしても全額でなく一部分である。債権者はもう請求しないのだから、自分たちの負担すべき部分というものは一部分にすぎないのである。あと（負担部分以外）は仮に払っておいても他の者に請求ができるべきである。

長谷川喬（二二巻一〇六丁裏～一〇七丁表）

今の説明からすると、依頼を受けた保証人なら誰に対しても全部請求できるが、依頼を受けない場合なら各連帯者に対して一部分ずつしか請求できないというのか。そうだとすれば、利害関係のない第三者が弁済をして代位したという先刻の例によれば、それは事務管理となるが、その場合はやはり連帯であっても別々に一部分ずつしか請求できないということであるのか。

梅謙次郎（二二巻一〇七丁表）

むろんであろう。事務管理の場合でも当然利益を受けたる限度ということになるであろうから同じことになろう。

横田國臣（二二巻一〇七丁表～一〇八丁裏）

「其理論ハ兎モ角モ之ニ付テ少シク御考ヘヲ願ヒタイ。」今の高木委員の説からすると次のように考える。すなわち、連帯債務のところで連帯債務者の一人が全部払った以上、あとの者に対してはただその負担部分についてのみ求償権を持っているということになっている。それで、保証人というものはその主たる債務者より「余計ノ権利」は持たないということでこの規則ができた。これは「誠ニ一寸聞クト理窟ノ様ニアルケレトモ」それでは連帯債務者の総保証人となるときもこのときも同じであり、「理論ハ貫カヌト思フ」。そのことからすれば「此規則ハ余リ面白フ思ハヌ」。連帯債務者とか不可分債務者とかの保証人は法律上総ての人を保証したものとみなすという原則がどうしてもほしい。「其債務ヲミンナ私カ保証人ニナツテ仕負フト云フコトハミンナヲ保証スルノモ事実ハ同シテアル」。〔その債務を全部保証するということは債務者全員を保証するというのと事実上同一である。〕それなのに「一人ヲ保証シタトキハ一人ノ保証ニ過キヌ」というのでは次のような不都合を感じる。前にもあったとおり保証人は債務者に金があるならばその方に履行をしてくれと求めることができるのであるが、三人ある連帯債務者の一人の保証人だとなるとその人だけにしか求めることはできないのであって、他の者には金があっても「例ヘハ穂積さんト言フ連帯債務者カ金持タカラ其方カラ取ツテ下サイ」ということはできない。なぜなら（債権者は）「おまへは穂積さんノ保証人テハナイテハナイカ」と言えるからである。そういうことは「事実ニ適セヌ」。こういうわけで私はどうかして法律上連帯債務者とか不可分債務者とかいう者の保証人は一人のためにしてもみんなのためにしたものとみなすのが一番「事実ニ適スルト思フ」。またそれが「道理上モ能ク貫イテ仕舞ウ」のであって、「梅君ノ御主義テモ高木君ノ御主義テモ理論ハ貫カヌト思フ」。ここで「ミンナノ部分ニ付テ求償権ヲ有スル」とする旧民法のように、一般原則として決めなければならないと思う。「総テノモノニ付テ保証ヲシタモノ」としてはどうであろうか。

梅謙次郎（二二巻一〇八丁裏）

　私の考えでは、当事者の「意見」（意思か？）に違ったことを法律が決めるわけにはいかないが、みんなを保証するということになると、私は誰々を保証したということは言えないが、誰々何某だけを保証するというのは必ず理由があることである。例えば、他の人はまるで知らないので、そういう人に対しては保証をしてやる理由はないとか、あるいは、債権者の方でも他の人は信用があるから保証人がなくてもよいが、この人だけは不信用だから保証がいるといったようなことである。そして、その債務者一人のために保証人を置くということが当事者の意思にかなう以上、必要もないのに法律で総ての人を保証したものと決めるわけにはいかないと思う。

横田國臣（二二巻一〇八丁裏〜一〇九丁表）

　それは合点がいかない。なぜなら、みんなを保証するのではないといいながらその実保証している。また、「債務者ノ方カラ往ツタ折ニ必スシモ承諾セヌテモ」保証することができるのであるから一向に差支えないと思う。一人を保証したという人は法律をよく知らなかったからそのように保証したのであり、その実は全員を保証しているのに（全員は）保証してはいないということはない。したがって、こういう場合は皆を保証したというようにみなす方が「成文法ノ有益ナ所ト思フ。」

富井政章（二二巻一〇九丁表）

　そうすると求償権は全額についてあるのか、負担部分についてあるのか。

横田國臣（二二巻一〇九丁表〜裏）

　負担部分についてでなく全額についてあった方がよかろう。

長谷川喬（二二巻一〇九丁裏）

　どうもこの本案は完全なものとは認められないから修正説を提出する。「保証ヲ為シタル者ハ」というのを「保証ヲ為シタル者ト雖モ」として「其負担部分ノミニ付キ」とあるのを「其全部ニ付キ」としたい。

岸本辰雄（二二巻一〇九丁裏〜一一〇丁裏）

　修正説に賛成する。なぜなら、原案のように改正すると次のような不都合が生じないかと思う。私は、無関係の者が第一に払えば全額の請求ができるのに保証人の資格で払うと負担部分についてだけであるということが不都合ではないかと考えていた。ところが、先ほどの梅委員の答弁によれば、無関係の者が払ったときも、代位は事務管理の主義でいくから、利益を受けた限度に限るので、その負担部分だけしか請求ができないということである。しかし他方で、第四九六条（確定条文第四九九条）には、「債権者ノ承諾ヲ以テ之ニ代位スルコトヲ得」とある。つまり、弁済したときには債権者の地位に「代ツテ仕舞ツテ」債権者の持っていただけの権利を持つというのである。このことと先ほどの答弁とは矛盾しないか。すなわち、（債権者の持っていた）権利を得てその権利の範囲は連帯債務者全員に対して請求ができるのでありながら、代位は管理の資格であるから負担部分しか請求ができないというのである。この矛盾をもたらす原因は、この第四六七条で変更を行なったことにあると思う。したがって、修正説のようにしても不都合はないからそれに賛成するのである。

梅謙次郎（二二巻一一〇丁裏～一一一丁表）

岸本委員によれば、第四九六条で「債権者ノ意思ニ依テ」代位する場合には「之ニ代位スル」とあるから債権者に代位するのであり、（この箇条からいえば）無関係の人間が弁済したときでも全額につき代位するということにならなければならないということである。けれども、それは後の第四九八条（確定条文第五〇一条）を見ていないからであろう。代位ということは、この第四九八条で決まっており、そこで代位の範囲は「自己ノ権利ニ基キ求償ヲ為スコトヲ得ヘキ範囲内」とされている。岸本委員において事務管理の外は請求できないものと見る以上、「苟モ前ノ案カ決シテ居ル以上ハ」この案の範囲は、債権者の権利の幅ではなしに自己の権利の幅「丈ケニ付テ代位スルト云フコトハ如何々テアラウト思フ」。それから参考までに言えば、フランスの一般の学説は私の説のほうが「大多数」である。一時は議論が多かったため、古い本では私の説と高木委員の説との争いがあるようであるが、「今日新ラシク出ル本ニハ皆斯ウナツテ居ル。」

横田國臣（二二巻一一一丁表～裏）

私は長谷川委員と少し違う。私が変えるとすれば「連帯又ハ不可分債務者ノ一人ノ為メニ保証ヲ為シタル者ハ総テノ債務者ノ為メ保証ヲ為シタルモノト看做ス」とする。どこが違うかと言えば、例えば、私一人が保証をすると他の債務者のためには承諾を得ていないのであるから直ちに求償権ということにはならないのであるが、そこをすべてその承諾を得たものと得ないものと同じにする。それが事実に適すると思う。

岸本辰雄（二二巻一一一丁裏）

梅委員は私の言ったことを誤解したのではないか。私は、普通の者が弁済をしたときに必ず全額を請求することができる規定になっていると言ったのではない。「事務管理ノ主義カラ言ヘハ当然分レルカ知ラヌ」。「分レル」とすれば、第四九六条の代位という規定に矛盾しないか。ここでいう代位は「広イ代位」ではなく「限リアル代位」であるという弁解があるいは立つかも知れないが、「此書キ下シタ所テハ」債権者の位置に代るのであるから債権者が行なえるだけのことは（代位者も）行なえるのである。だからここでの主義は「広イ意味ニセネハ」不都合になりはしないか。

梅謙次郎（二二巻一一一丁裏～一一二丁表）

それでは一〇〇円の債務を五〇円にまけてもらったときも債務者は保証人からの請求に対して一〇〇円を払わなければならないのか。

岸本辰雄（二二巻一一二丁表）

それはできない。そのようなことは、不当の利得をするのであるから、どんな法律でも許されない。（求償は）ただ自分の払ったものだけを弁済させる方法である。この法律をみると「位地ニ代ル」とあるがこれは当然のことではないかと思う。
▼採決の結果、修正説は少数にて否決された（一二巻一一二丁表）。

（注3）　原文では「全額」となっている。

【その後の経緯】

「連帯」の下に「債務者」という文字が加えられたことについて、箕作議長が「是ハ念ノ為メニ御入レニナツタノテスネ」と問うたのに対し、梅委員は、「依怙地ニ読ンデ見ルト連帯ノ一人又ハ不可分債務者ノ一人トナルカラソレテ入レマシタ」と答えている（民法整理会議事速記録四巻一八丁裏～一九丁表）。

【民法修正案理由】

本条ハ既成法典担保編第三十七条ニ当リ、而モ其主義全ク相反スルモノナリ。本条ハ、一人ノ債務者ノ為メニ保証ヲ為シタル者ハ他ノ債務者ニ対シテハ唯其負担部分ニ付テノミ求償権ヲ有スルモノトシ、既成法典ハ、保証人ハ代位ニ依リ債務者ノ各自ニ対シテ全部ニ付キ求償スルコトヲ得トセリ。此二主義ノ理論上ノ可否及ビ実際ノ利害得失ニ関シテハ、欧州ノ学者中種々ノ異説アリテ、法律ノ規定モ亦区々ナリト雖モ、余輩ハ本条ノ如キ主義ヲ以テ其当ヲ得タルモノト信ズ。本案ハ、第四百九十八条ノ規定ニ於テ、代位ニ因リテ得ル弁済者ノ権利ノ広狭ヲ定メ、弁済者ガ自己ノ権利ニ基キ求償ヲ為スコトヲ得ベキ範囲内ニ於テ其債権者ガ有セシ総テノ権利ヲ行フコトヲ得トシタルニ因リ、本条ノ場合ニ於ケル保証人ノ権利ノ範囲モ亦自ラ狭少トナルナリ。蓋シ、保証人ハ一人ノ債務者ノ為メニ保証シ、一人ノ債務者ノ為メニ債務ノ全額ヲ弁済シタルナリ。而シテ、其弁済ハ偶々他ノ債務者ノ利益トナリシヲ以テ、事務管理若クハ不当利得ノ法理ニ基キ此等ノ債務者ニ対シテ求償ヲ為スコトヲ得ルノミニシテ、他ニ何等ノ名義ヲモ有セザルナリ。然ルニ、若シ此際保証人ニ与フルニ債務者ノ各自ニ対シテ全額ヲ請求スルノ権利ヲ以テスルトキハ、啻ニ本案代位ノ規定ニ比シテ其衡ヲ得ザルノミナラズ、又保証ニ関係ナキ債務者ニ屢損失ノ危険ヲ加担セシメ且訴訟ノ数ヲ増加スルニ至ルベシ。
▽民法修正案理由書第三編第一章第三章《ママ》「第四款保証債務」一九～二〇頁（第四六七条）。

（潮見佳男）

第四六五条　第四百四十二条から第四百四十四条までの規定は、数人の保証人がある場合において、そのうちの一人の保証人が、主たる債務が不可分であるため又は各保証人が全額を弁済すべき旨の特約があるため、その全額又は自己の負担部分を超える額を弁済したときについて準用する。
2　第四百六十二条の規定は、前項に規定する場合を除き、互いに連帯しない保証人の一人が全額又は自己の負担部分を超える額を弁済したときについて準用する。

第四六五条　数人ノ保証人アル場合ニ於テ主タル債務カ不可分ナル為メ又ハ各保証人カ全額ヲ弁済スヘキ特約アル為メ一人ノ保証人カ全額其他自己ノ負担部分ヲ超ユル額ヲ弁済シタルトキハ第四百四十二条乃至第四百四十四条ノ規定ヲ準用ス
前項ノ場合ニ非スシテ互ニ連帯セサル保証人ノ一人カ全額其他自己ノ負担部分ヲ超ユル額ヲ弁済シタルトキハ第四

百六十二条ノ規定ヲ準用ス

原案第四六八条　数人ノ保証人アル場合ニ於テ其間ニ連帯アルカ主タル債務カ不可分ナルカ又ハ各保証人カ全額ヲ弁済スヘキ特約アル為メ一人ノ保証人カ全額其他自己ノ負担部分ヲ超ユル額ヲ弁済シタルトキハ第四百四十三条乃至第四百四十六条ノ規定ヲ準用ス

　前項ノ場合ニ非スシテ一人ノ保証人カ全額其他自己ノ負担部分ヲ超ユル額ヲ弁済シタルトキハ第四百六十五条ノ規定ヲ準用ス

【参照条文】

旧民法債権担保編

第三八条　一箇ノ債務ニ付キ数人ノ保証人アリテ其中ノ一人カ任意ナルト否トヲ問ハス債務ノ全部ヲ弁済シタルトキハ其保証人ハ主タル債務者ニ対スル求償ニ関シ上ニ記載シタル条件、制限及ヒ区別ニ従ヒ或ハ事務管理ノ訴権ニ因リ或ハ債権者ノ訴権ニ因リ他ノ保証人ノ各自ニ対シテ均一部分ニ付キ求償スルコトヲ得

　右ノ保証人カ債務ノ全部ヲ弁済セスシテ自己ノ部分ヨリ多ク弁済シタルトキハ其超過額ノ為メノ求償ハ他ノ共同保証人ノ間ニ均一ニ之ヲ分ツ

第三九条　共同保証人中ニ無資力ト為リタル者アルトキハ弁済シタル者ハ其無資力者ノ引受人ニ対シテ求償権ヲ有ス若シ引受人アラサルトキハ無資力者ノ部分ハ債務ヲ弁済シタル者ヲ加ヘ他ノ有資力ナル共同保証人ノ間ニ之ヲ分ツ

第四〇条　前条ニ依リ訴ヲ受ケタル共同保証人ハ未タ主タル債務者ノ財産ノ検索アラサルトキハ第二十条以下ニ定メタル規則及ヒ条件ニ従ヒテ予メ其検索ヲ請求スルコトヲ得

　右同一ノ権利ハ保証人ノ引受人ニモ属ス

第四三条　相互ニ連帯シ又ハ債務者ト連帯シタル保証人中ニ無資力ト為リタル者アルトキハ各保証人ノ間ニ第六十七条乃至第六十九条ヲ適用ス但其各条ニ記載シタル区別ニ従フ

フランス民法

第二〇三三条　一箇ノ義務ニ付キ之ヲ行フ可キ本人一人ニシテ其保証人数人アル時ハ其本人ノ為メニ義務ヲ行フタル保証人他ノ保証人ノ各自担当ス可キ部分ニ付キ償還ヲ得ントスル訴訟ヲ為スヿヲ得可シ然𪜈其訴訟ハ前条ニ記シタル場合中ノ一ニ於テ其義務ヲ行フタル時ノ外之ヲ為ス可カラス

オーストリア一般民法

第一三五九条　〔第四五六条の【参照条文】中に掲載〕

イタリア民法

第一九二〇条　数個ノ人カ同一ノ負債ニ関シ同一ノ負責主ノ為メニ保証ヲ約諾セルニ於テハ則チ其負債ヲ弁償シタル保証者ハ他ノ共同保証者ニ対シテ其各自ノ派当部分ニ向テ還償ニ関スル訟権ヲ行用スルヿヲ得可シ

　然レ𪜈此還償ニ関スル訟権ハ唯〻前条ニ掲記セル各時会ノ其一ニ向ヒ保証者カ債額ヲ弁償シタル時会ニ於テノミ存在スル者トス〔仏民第二千三十三条〕

スイス債務法

第四九六条　〔第四五六条の【参照条文】中に掲載〕

スペイン民法

第一八四四条　同一の債務者及び同一の債務のための保証人が二人又はそれ以上存する場合において、弁済をなした保証人は、他の保証人に対して、その者が弁済

すべき負担部分に比例して求償することができる。

保証人のうちの一人が弁済不能となったときは、他の全ての保証人は、弁済不能となった保証人の負担部分につき同一の割合で責めを負う。

本条は、裁判上の請求に基づいて弁済がなされたとき、又は主たる債務者が破産したとき若しくは弁済不能状態にあるときに適用される。

ベルギー民法草案

第二一一三条　複数の者が同一の債務につき同一の債務者のために保証をなしたときは、債務を弁済した保証人は、他の保証人に対して、各自の負担部分について求償権を有する。

但し、前項の求償権は、前条に規定する事由の一つに従って保証人が弁済したときにのみ生じる。

ドイツ民法第二草案

第七一三条第二項（第四五九条の【参照条文】中に掲載）

【起草趣旨】

梅謙次郎（一二巻一一二丁裏〜一一七丁裏）

本条は、保証人間の保証の効果を規定したものである。すなわち、旧民法債権担保編の第三八条から第四〇条までと第四三条に修正を加えて一箇条としたのである。もっとも、重要な点についての修正は少ない。

(1)　第一に、債権担保編第四三条は連帯の場合のみについて連帯の規定を適用しているが、連帯保証人も保証人間にあっては純然たる保証人であるから、そのことを言うために一箇条を設ける必要はない。しかしながら、連帯しなくてもそれと同視される場合がある。すなわち、不可分債務の場合または当初の債権者との契約によって各人が全額を払うという場合においては、保証人間においては連帯をしたかのようにみえる。なぜなら、「保証人ト云フモノハ孰レノ場合ニ於テモ已ムヲ得ス払ウノテアル」。連帯の場合は連帯しているのだから一人で「連帯ノ分」を払うのである。不可分債務の場合や特約のために全額を払ったという場合でも、やはり「已ムヲ得ス」全額を払ったのであって、自分の勝手で全額を払ったのでない。それゆえに、これらは同一の規定によって払わせた方がよい。ことに、原文の規定をよくみると、「連帯ノアル規定テモ連帯ノナイ規定テモ大同小異テアル」。すなわち、本案第四四三条の連帯についての規定は債権担保編第三八条と同じことになるし、第四四四条をみれば、債権担保編第三八条に「上ニ記載シタル条件制限及ヒ区別ニ従ヒ」という文字によって包含されている。さらに、債権担保編第四〇条に適用例が掲げられている。また、第四四五条は債権担保編第三八条とほとんど同じことである。

ただ、違いがあるのは、第一点として「事務管理ノ訴権ニ因リ或ハ債権者ノ訴権ニ因リ」ということが原文には書いてあるのだが削った。なぜなら、訴権という名称を法文に書くのはあまり面白くないし、ことに代位のところはすべて代位の方に譲ることにしてあるが、そこでも「債権者ノ訴権ニ因リ」ということは書かないことにしてある。

第二点として、「均一」とあるが、これは特約で負担部分を異ならせることがあるから、むしろ「負担部分」と書いた方がよかろう。

第三点として、重要なことであるが、旧民法では一人の保証人に引受人がある場合に、その保証人が求償を受けても払われない場合には、まず引受人に対して請求し、その引受人も払えないときは、また他の保証人に対して請求をするということになっている。債権担保編の第三九条である。スペイン民法にも類似の規定があるけれども、不要と考えた。なぜなら、たとえこのような規定がなかったとしても、一人の保証人が引受人を出している場合には、引受人にかかってくるまでは無資力者とはいえない。自己の所有の財産がなくても信用で他の人が弁済してくれるのならば、その者は無資力者とはいえない。したがって、「無資力者ノ部分」を他の保証人に引き受けさせるということはないと思う。スペインの他では見られない規定である。

第四点として、「無能力者（「無資力者」の誤りであろう――潮見注）ノ部分」とあるが、無資力者というのは「一文ナシ」ということではない。つまり、償還のできない部分ということである。これは本案第四四五条の書き方が正しいと思う。

(2)　次に債権担保編第四〇条は本案第四四六条の適用としてもみられる。なぜなら、検索の利益を対抗することができた者がその検索の利益を対抗しなかったのは「過失」であり、「過失カアルトスレハ損害ヲ生シ」るので求償ができるのだから明文を要しない。また、第四〇条の書き方からすれば、初めに検索の利益を対抗できた場合ではなく、対抗することができなかったから対抗しなかったところが、保証人が払ってから後に主たる債務者に財産ができて、今は検索の利益を対抗しようと思えばできるという場合にも第四〇条の文字があてはまることになるが、それは不都合である。なぜかといえば、なるほど債権者に代位したという場合ならば、債権者に対抗できるものは保証人に対抗できなければならないが、保証人は代位することもできるが求償権も持っているのである。そして、求償権からみれば、右の場合に主たる債務者に対して「請求ノ執行」をしてよかろうということが保証人間で言えないというのは「穏カテナイ」。

さらに第四〇条の明文にはもうひとつ「穏カナラサル」ことがある。最初に一度検索の利益を対抗したけれどもそれで十分の弁済を債権者が得られなかったから保証人が払わなければならないようになった場合、主たる債務者が初めは財産がなかったが後から財産ができたから検索の利益を対抗してよいということが代位の方からは言えるようである。ところが、旧民法では、「債務者ノ財産ノ検索アラサルトキハ」とあるから、それはできない。一度対抗すればそれでよいということになる。しかし、それでは「論理ヲ貫カ」ないので「債務者ニ対シテハ」幾度でも対抗ができなければならない。また、もし、自己の求償権で来るならば、初めに検索すべき財産がなくて対抗しなかったのは保証人の「過失」でないから、主たる債務者に対して求償ができなければならず、どうしてもこの箇条は「穏カテナイ」。

さらに、同第四〇条第二項で「右同一ノ権利ハ保証人ノ引受人ニモ属ス」とあるが、保証人の引受人も保証人であるから、黙っていても保証人の中に入るので削った。

(3)　以上は、不可分連帯その他やむを得ずに払った場合であるが、次は任意に払った場合である。原文では「任意ナルト否トヲ問ハヌ」とあってこれを区別して書いていないが、どうも分けておかねばならない。なぜならば、「分別権」を認めて当然保証人の義務は頭数に分かれるということになっているので、任意に払う場合は自分の債務を自分で払うのであるからそれでよいが、払わなくてもよいものを払った場合はそんな規定をする必要はない。

(4)　それから、（原案第四六八条）第二項は、保証人が主たる債務者の委託を受けずに保証した場合と求償権の幅が同じで、利益を受けたる限度においてということになるが、それは適当であると思う。全額を払ってもそれが他の保証人に対して利益とならなかったということを証明しえたならば、その場合には払わなくても良い。また、利益となったけれども一部分についてしか利益がなかったならば一部分だけ払えば良い。その他については一切義務がないということで良かろう。それでこの第二項のように規定したのである。ただ注意すべきなのは、この場合は保証人は利害の関係なくして弁済をしたということになる。自分の債務は例えば三分の一で、あとは全く払わないでよいのに、あとの三分の二も払ったというのであるから、代位の規定に照らしてみても、この場合と第一項の場合とは区別をせねばならぬであろう。

(5) その他、旧民法債権担保編第四一条は訴訟参加の場合であるから削った。それから、同第四二条は明文がなくてもこのとおりになるからこれも削った。

▼別段発議なく原案どおり確定（二二巻一一七丁表）。

【原案第四六九条および第四七〇条の削除について】

梅謙次郎（二二巻一一七丁表）

「序ニ議長ノ御参考迄ニ申シマスカ」終りの（原案第四六九条(注1)及び第四七〇条(注2)の）二箇条は、前が改まったために当然消滅すべきものと考える。

（注1） 第四百六十一条ノ規定ハ保証人間ニ之ヲ準用ス（民法第一議案三二七丁表参照）

（注2） 正副保証人ハ相互ニ求償権ヲ有セス但別段ノ定アルトキハ此限ニ在ラス（民法第一議案三二七丁表参照）

【その後の経緯】

整理会に提出された条文には、確定条文のように、原案第一項の「其間ニ連帯アルカ」の文言が削除されていた。そのため、箕作議長がその理由を問うたのに対し、梅委員は次のように説明している。

第一項のこの文言を削除した代わりに、第二項を「互ニ連帯セサル保証人ノ一人カ」という文言にした。これは同じことであるが、このようにしたのは次の理由からである。まず、「保証人間ニ連帯ノアル場合ニ連帯ノ規則ヲ適用スルト云フコトヲ言フノハ野暮ノ極テアル」から言わない。元の文では、「適用」ではなく「準用」となっているからなおさらおかしい。さらに、元の文のままだと、ここに掲げてある箇条だけは準用するが「外ノ箇条ハ嵌マラヌ」ように見えて不都合である。第一項でこの文言を削除すると、第二項に言う「前項ノ場合ニ非」ざる中に「互ニ連帯スル保証人」が入ることになるが、それには「連帯ノ規則ガ嵌マル」から、「互ニ連帯セサル保証人ノ一人カ」という文言にすると、「自カラ一項ノ場合ニハ連帯ガ這入ツテ居ラナイ併シ連帯ヨリカモツト強イ効力ヲ生スル其事ハ連帯ノ所ニ規定シテアルト云フコトガ明カニナツテ理屈モ通ル」。文章もこれでよかろう。「連帯アルカ又ハ不可分ナルカ」という文言は、旧民法にはいくらもあるようであるが、「此処ハ空前絶後ノ不味イ文章テアル」。

以上の説明に対して、さらに、箕作議長は、「前項ノ場合ニ非スシテ」という文例は他になく、おかしい、と指摘し、長谷川喬委員は、第一項は「已ムヲ得ス払ウ」場合、第二項は「任意デ払ウ」場合だが、互いに連帯しているために払うのは「任意デ払ウ」場合であることは明らかであるから、「前項ノ場合ニ非スシテ」という文言は不要である、と発言した。その結果、この文言については再考することとされた（以上、第一〇回民法整理会。民法整理会議事速記録四巻一九丁表～二〇丁裏）。

梅起草委員は、十分再考した結果、確かに「前項ノ場合ニ非スシテ」という文言は他に例がないが「前項ノ場合ヲ除ク外」とすると、「少シ此処ニ言ハント欲スル所ノ意味ヲ言ヒ顕ハスニ足リナイ」し、さほど不都合な文言とも思わないので、このままにしてほしいと述べ、了承された（第一一回民法整理会。民法整理会議事速記録四巻四八丁表）。

【民法修正案理由】

本条ハ、保証人間ノ保証ノ効力ヲ規定シタルモノニシテ、既成法典債権担保編第三十八条乃至第四十条ヲ併合シテ之ニ修正ヲ加ヘタルモノナリ。其修正ノ点ハ左ノ如シ。

一、原文第三十八条ニハ、保証人ガ任意ニ債務ヲ弁済シタル場合ト否ラザル場合トヲ合一ニスレドモ、本条ハ之ヲ区別シ、而シテ、任意ニアラザル場合ノ中ニ保証人間ニ連帯アル場合、主タル債務ガ不可分ナル場合、及ビ各保証人ガ全額ヲ弁済スベキ特約ヲ為シタル場合ヲ包含セシメタリ。又同条ノ規定ハ、数人ノ保証人アル場合ヲ特ニ規定セルモ、其実質ニ至リテハ本案連帯ノ第四百四十三条及ビ第四百四十五条ノ規定ニ等シキヲ以テ、寧ロ彼ニ譲ルヲ可トシ、且訴権ノ名称ノ如キ不要ノ文字ハ之ヲ省キタリ。

又原文ニハ、均一部分ニ付キ求償スルコトヲ得トセルモ、時トシテハ保証人間ニ其負担スベキ部分ヲ異ニスル場合アルベキヲ以テ、各自ノ負担部分ニ付キ求償権ヲ有スト言フヲ当レリトス。

二、同第三十九条ニハ、弁済者ハ無資力者ノ引受人ニ対シテ求償シ引受人アラザルトキハ云々トセルモ、明文ナクシテ尚且必ラズ此ノ如クナルベキヲ以テ、之ヲ削除セリ。且無資力ノ部分ト言フトキハ、或ハ自己ノ負担セル部分ヲ毫モ弁済スルノ資力ナキ場合ノ如ク解セラル、ノ恐アルヲ以テ、寧ロ明カニ其償還スルコト能ハザル部分ハ之ヲ分割スト本案第四百四十六条ノ如クスルヲ可トス。

三、同第四十条ハ本案第四百四十六条ノ但書ト其精神ヲ同ウス。保証人ハ債権者ニ対シテ検索ノ利益ヲ対抗シ得タリシニ、之ヲ対抗セザリシハ其過失ト称スルヲ得ベシ。且原文ノ如ク記載ノ方法ニ依レバ、弁済セシ保証人ガ債権者ヨリ弁済ヲ請求セラレシ際ニハ主債務者ガ十分ノ財産ヲ有セズシテ、後ニ至リテ之ヲ取得セシトキ、他ノ共同保証人ハ弁済セシ保証人ニ対シテ此財産ノ検索ヲ請求シ得ルカノ疑ヲ生ズルヲ以テ、宜シク全条ヲ削除スベシ。蓋シ、同条第二項ノ如キハ言フヲ要セザルノコトタリ。又「前条ニ依リ評《ママ》ヲ受ケタル」ト云ヘルガ如キハ頗ル杜撰タルヲ免レズ。

四、第四十一条乃至第四十三条ハ、或ハ言フヲ要セズ、或ハ民法ニ規定スベキモノニアラザルヲ以テ、悉ク之ヲ削除シタリ。

▽民法修正案理由書第三編第一章第三章《ママ》「第四款保証債務」二一〇～二一一頁（第四六八条）。

（潮見佳男）

第四六五条の二　一定の範囲に属する不特定の債務を主たる債務とする保証契約（以下「根保証契約」という。）であってその債務の範囲に金銭の貸渡し又は手形の割引を受けることによって負担する債務（以下「貸金等債務」という。）が含まれるもの（保証人が法人であるものを除く。以下「貸金等根保証契約」という。）の保証人は、主たる債務の元本、主たる債務に関する利息、違約金、損害賠償その他その債務に従たるすべてのもの及びその保証債務について約定された違約金又は損害賠償の額について、その全部に係る極度額を限度として、その履行をする責任を負う。

2　貸金等根保証契約は、前項に規定する極度額を定めなければ、その効力を生じない。

3　第四百四十六条第二項及び第三項の規定は、貸金等根保証契約における第一項に規定する極度額の定めについて準用する。

第四六五条の三　貸金等根保証契約において主たる債務の元本の確定すべき期日（以下「元本確定期日」という。）の定めがある場合において、その元本確定期日がその貸金等根保証契約の締結の日から五年を経過する日より後の日と定められているときは、その元本確定期日の定めは、その効力を生じない。

2　貸金等根保証契約において元本確定期日の定めがない場合（前項の規定により元本確定期日の定めがその効力を生じない場合を含む。）には、その元本確定期日は、その貸金等根保証契約の締結の日から三年を経過する日とする。

3　貸金等根保証契約における元本確定期日の変更をする場合において、変更後の元本確定期日がその変更をした日から五年を経過する日より後の日となるときは、その元本確定期日の変更は、その効力を生じない。ただし、元本確定期日の前二箇月以内に元本確定期日の変更をする場合において、変更後の元本確定期日が変更前の元本確定期日から五年以内の日となるときは、この限りでない。

4　第四百四十六条第二項及び第三項の規定は、貸金等根保証契約における元本確定期日の定め及びその変更（その貸金等根保証契約の締結の日から三年以内の日を元本確定期日とする旨の定め及び元本確定期日より前の日を変更後の元本確定期日とする変更を除く。）について準用する。

第四六五条の四　次に掲げる場合には、貸金等根保証契約における主たる債務の元本は、確定する。

一　債権者が、主たる債務者又は保証人の財産について、金銭の支払を目的とする債権についての強制執行又は担保権の実行を申し立てたとき。ただし、強制執行又は担保権の実行の手続の開始があったときに限る。

二　主たる債務者又は保証人が破産手続開始の決定を受けたとき。

三　主たる債務者又は保証人が死亡したとき。

第四六五条の五　保証人が法人である根保証契約であってその主たる債務の範囲に貸金等債務が含まれるものにおいて、第四百六十五条の二第一項に規定する極度額の定めがないとき、又は元本確定期日の定め若しくはその変更が第四百六十五条の三第一項若しくは第三項の規定を適用するとすればその効力を生じないものであるときは、その根保証契約の保証人の主たる債務者に対する求償権についての保証契約（保証人が法人であるものを除く。）は、その効力を生じない。

第四節　債権ノ譲渡（二二巻一一九丁裏）

【起草趣旨】

梅謙次郎（二二巻一一九丁裏〜一二二丁表）

旧民法では第三者に対する合意の効力のところで、債権の譲渡を「第三者ニ対抗スルニ必要ナル所ノ条件」が規定されているだけである。しかし、債権の譲渡については、いかなる債権を譲渡することができるかという問題を先ず規定する必要がある。また、指図債権・無記名債権に関する規定も今日では商法の中にあるが、これは必ずしも商事契約のみに関するものではないので、商法の指図証券・無記名証券に関する規定のうち少なくとも譲渡に関する規定は民法に持って来た方が穏当であろうと考える。

次に、旧民法では債権譲渡を第三者に対抗するための条件が第三者に対する合意の効力のところで規定されている。ところが、本案では既に動産・不動産の譲渡に関しては物権編の総則に規定を設け、これについては契約のところで別段の規定を設ける必要がなくなった。そうすると、債権譲渡のみを契約の効力のところで規定するのも穏当ではないので、債権の総則の中に一節を設けこれを「債権ノ譲渡」としてここに掲げることにした。外国ではオーストリア、ポルトガル、スイス、モンテネグロ、プロイセン、ザクセン等の法典並びにドイツ民法草案には債権の譲渡について一節が設けてある。これに対して、フランス、イタリア、スペインの民法並びにベルギーの民法草案では売買の一節として債権譲渡が規定されているが、売買のところには売買に特別なことのみを規定するのが当然であって、債権譲渡の一般の規則までも売買のところで規定するのは穏かではない。この点は旧民法においても債権譲渡に関する一般の規則は合意のところにあって、売買に関する事柄のみを売買のところに置いたのは当を得たものである。従って、本案においてもこの債権の総則のところに一節を設けて債権の譲渡というもの[注1]を規定しなければならないと考え、初めの目録にはなかったが、後から我々三人相談のうえで第四節としてここに提出することになった。

なお、外国の法典では大抵債権譲渡のところに「復担保ニ関スル規定[注2]」が含まれているが、これはむしろ契約の効力のところに規定するか、売買のところで規定する方がよいと考えたのでここには掲げないことにした。

▼右表題については別段の異義なく原案どおり確定（二二巻一二一丁表）。

（注1）　明治二六年六月六日付甲第一号議案のこと。本書一頁参照。
（注2）　確定条文第五六九条のように、債務者の資力の担保に関する規定のことと思われる。

【民法修正案理由】

既成法典ハ民法財産編第二部第一章第一節第三款合意ノ効力ト題セル下ニ債権ノ譲渡ニ関スル総則ノ如キモノ並ニ記名債権ノ譲渡ニ関スル規定ヲ置キ、而シテ商法ニ於テ指図証券及ビ無記名証券ニ関スル規定ヲ稍詳細ニ設ケタレドモ、今之ヲ一括シテ民法中ニ置クヲ可ナリト信ジ多数当事者ノ債権ニ次デ本節ヲ設ケタルナリ。仏法及ヒ仏法主義ノ法律ハ総テ之ヲ売買法ノ一部トスレドモ、債権ノ譲渡ハ決シテ売買ニ限レルモノニアラザルガ故ニ、宜シク之ヲ債権ノ総則中ニ置クベキモノトス。而シテ又外国ノ法律ニハ債権譲渡ノ規定中ニ担保ニ関スル法文ヲ挿入スルモノ多キモ、担保ノ事ハ寧ロ其適用ノ尤モ広キ売買ノ規定中ニ入レテ之ヲ他ニ準用スルヲ便ナリト信ジ本節ニハ之ヲ掲ゲザルコトトセリ。

▽民法修正案理由書第三編第一章「第四節債権ノ譲渡」一頁。

（辻　正美）

第四六六条　債権は、譲り渡すことができる。ただし、その性質がこれを許さないときは、この限りでない。

2　前項の規定は、当事者が反対の意思を表示した場合には、適用しない。ただし、その意思表示は、善意の第三者に対抗することができない。

第四六六条　債権ハ之ヲ譲渡スコトヲ得但其性質カ之ヲ許サルトキハ此限ニ在ラス

前項ノ規定ハ当事者カ反対ノ意思ヲ表示シタル場合ニハ之ヲ適用セス但其意思表示ハ之ヲ以テ善意ノ第三者ニ対抗スルコトヲ得ス

原案第四六九条（注1）　債権ハ之ヲ譲渡スコトヲ得但其性質カ之ヲ許サルトキ又ハ特別契約ヲ以テ之ヲ禁シタルトキハ此限ニ在ラス

前項ノ特別契約ハ之ヲ以テ善意ノ第三者（注2）ニ対抗スルコトヲ得ス

（注1）　速記録には「第四百八拾九条」とあるが、これは前後の条数からみて、誤記であることが明らかである。

（注2）速記録には「善意第三者」とあるが、ここでは第一議案の表現に従う。

【参照条文】

オーストリア一般民法

第一三九二条　一個ノ貸附権カ一個ノ人ニ向テ要報若クハ不要報トシテ転付セラレ而シテ其領諾ヲ得ルニ因テ始メテ譲与ノ契約ヲ結成ス

第一三九三条　転付シ得可キ権理ニシテ人件上ノ権理ニ非サル所ノ者ハ譲与ノ標率ト為スヿヲ得可シ無記名券票ハ之ヲ交授スルニ因テ其所有ノ権理ヲ転付シ更ニ譲与ニ関スル証憑ヲ要セス唯〻占有ノ証憑ヲ以テ足レリトス

ポルトガル民法

第七八五条　すべての債権者は、債務者の同意を得ることなく、有償又は無償で、自己の権利又は債権を他の者に譲渡することができる。

　但し、係争中の権利又は債権については、訴訟につき管轄権を有する裁判所の裁判官及び司法官（magistrats）に対しては、いかなる方法をもってしてもこれを譲渡することはできない。これに反してなされた全ての譲渡は当然に無効となる。

スイス債務法

第一八三条　債権者は、法律、合意又は法律関係の性質がこれを排除しない限り、自己に帰属する債権を債務者の同意がなくても他人に譲渡することができる。

モンテネグロ財産法

第六〇三条　債権を有する者は、その債権が性質上債権者の人格に結び付いたものでない限り、これを第三者に譲渡することができる。

　それにより、債権の譲受人は従前の債権者の代わりに債権者となる。契約又は法律に明示的な定めがない場合には、債務者の同意を要しない。譲渡により、債権だけでなく、それに付随する権利、利息、質権ならびに抵当権も、それぞれの場合について法律に定められた方法に従って移転する。

ベルギー民法草案

第一七二八条　全ての権利はこれを譲渡することができる。賃料、小作料及び定期支給金のような将来の権利についても同様である。

第一七二九条　権利は法律によってのみ譲渡不能とすることができる。

ドイツ民法第一草案

第二九三条　債務関係ニ本ツク債権ハ債務者ノ同意ヲ要セスシテ之ヲ新債権者ニ転附スルコトヲ得（転附）転附ト同時ニ旧債権者ハ債権者タルコトヲ止メ新債権者之ニ代ハルモノトス

第二九四条　転附ハ新旧債権者ノ契約（譲渡）又ハ裁判上ノ命令若クハ直接ニ法律ノ規定ニ本ツクコトヲ得

　譲渡ハ債権カ新債権者ニ移転スヘキ旨ノ当事者ノ意思表示ヲ含ミタル契約ヲ取結フコトニ依リテ之ヲ為ス此契約ニ付テハ第二百九十条第二項ノ規定ヲ准用ス

　強制執行ノ手続ニ於テ授附ニ因ル債権ノ転附ハ第三債務者ニ授附決定ヲ送達スルコトニ依リテ之ヲ為ス

第二九五条　債権ハ他ニ転附スヘカラサル債権者ノ性質ニ係ルトキ又ハ元債権者ノ以外ノ者ニ給付ヲ為スコト能ハサルトキ若クハ債権ノ内容ハ他ノ債権者ニ給付ヲ為スコトニ因リテ変更セラル、トキハ此債権ハ転附スルコトヲ得ス

　債権ノ転附シ得ヘキコトハ法律行為ニ因リ第三者ニ対シテ有効ニ之ヲ除却スルコトヲ得ス

第二九六条　債権ハ民事訴訟法第七百四十

九条ノ規定ニ従ヒ質権ノ目的ト為シ得サル限ハ之ヲ転附スルコトヲ得ス
　転附スルコトヲ得サル債権ハ法律ニ別段ノ定ナキ限ハ之ヲ質権ノ目的ト為スコトヲ得ス

ドイツ民法第二草案

第三四二条　債権者ハ他人トノ契約ニ因リ自己ノ債権ヲ此者ニ転附スルコトヲ得（譲渡）此場合ニ於テ新債権者ハ契約ノ取結ト同時ニ旧債権者ニ代ハルモノトス

第三四三条　債権ハ其内容ヲ変スルニアラサレハ元債権者以外ノ者ニ給付ヲ為スコトヲ得ス又ハ債務者トノ合意ニ因リテ譲渡ヲ除却シタルトキハ之ヲ他ニ譲渡スコトヲ得ス

第三四四条　債権ハ質権ノ目的ト為シ得サル限ハ之ヲ譲渡スコトヲ得ス

プロイセン一般ラント法

第一部第一一章第三八二条　総ての権利は、権利者の一身に専属するものでない限り、これを他人に譲渡することができる。

第三八三条　訴訟係属中のものもまた譲渡することができる。

第三八九条　損害賠償の権利は、金銭に見積ることができる場合に限り、これを譲渡することができる。

ザクセン民法

第九五三条　要求ハ法律上規定ニ依リ債主ノ意思陳述ヲ要スルコトナクシテ直ニ新債主ニ譲渡シタリト看做サル、トキ又ハ裁判官譲渡ヲナスヘキコトノ裁判言渡ヲナストキ又ハ債主ニ於テ法律上ノ義務ニ依リタルト又ハ任意ニ出テタルト否トヲ問ハス譲渡ヲ包含スル権利上行為ノ存スルトキハ其譲渡ニ依リ従来ノ債主ヨリ新債主ニ移転スルモノトス

第九六二条　権利上行為ヲ以テスル要求ノ譲渡ハ其要求ヲ自己ニ其利益ノ為メ申立ルノ権ヲ他人ニ与ル債主ノ意思陳述アルヲ要スルモノトス其譲渡ハ債主ニ於テ第九百五十七条ヨリ第九百六十一条マテニ従ヒ其義務ヲ負担シタル場合ニ於テハ単ニ債主ノ陳述ノミヲ以テ之ヲナシ及其他債主ノ臨終処分又ハ他人トノ契約ヲ以テ之ヲナスコトヲ得要求ハ法律上譲渡ノ義務アル場合ニ於テハ債主ノ陳述ヲ以テ移転シ其他ノ場合ニ於テハ移転ノ時ハ譲渡ヲナス権利上行為ニ従フモノトス（第二千四百七十七条）

第九六四条　通例各種ノ要求ハ訴訟ヲ受クヘキモノナルト未タ満期トナラサルモノナルト設若ノモノナルト不定ノモノナルト否トヲ問ハス譲渡ノ物件タルコトヲ得ルモノトス

第九六五条　権利者同時ニ義務ヲ有スル要求ハ義務ト共ニ之ヲ譲渡スコトヲ得サルモノトス其要求ハ此義務ト分離スルトキハ之ヲ譲渡スコトヲ得ルモ第九百七十五条ニ従ヒ負債者ニ属スル弁駁ハ之カ為メ変更ヲ受ルコトナシ

第九六六条　要求権利者ノ移転スヘカラサル資格アルニアラサレハ之ヲ執行スルコト能ハサルトキ又ハ要求ノ旨趣他人ニ弁済スルニ依リ変更スヘキトキ其譲渡ハ之ヲ許サ、ルモノトス

【起草趣旨】

梅謙次郎（一二巻一二一丁裏～一二六丁表）

(1)　旧民法の立法者意思

　旧民法には本条に類する規定はないが、旧民法の精神が、特別の明文のある場合又は債権の性質がこれを許さない場合を除き、いかなる債権でも譲渡することができるということにあるのは疑いを容れないところである。その証拠というべきものに旧民法財産取得編第一六九条の規定がある。(注3) これによると、無償の終身年金権に限っては、設定者において、これを譲渡することがで

きないものと定めることができる。従って、同じ終身年金権でも、有償のものについては右のような定めをすることはできない。その他の権利について何とも書かれていないのは、やはり有償の終身年金権と同様に譲渡ができるからである。更に、旧民法財産編第二七条第一項には、「物ハ譲渡スコトヲ得ルモノ有リ譲渡スコトヲ得サルモノ有リ」とあって、同条第二項には、「所有権ヨリ支分レ《ママ》タル使用権又ハ住居権、要役地ヨリ分離セルモノト看做シタル地役及ヒ政府ノ与ヘタル開坑ノ特許其他ノ特権ハ概シテ融通物ナリト雖モ譲渡スコトヲ得サルモノナリ」とある。そして、同第二九条第一項には、「物ハ其所有者ノ債権者カ強制売却ヲ請求スルコトヲ得ルト否トニ従ヒテ差押フルコトヲ得ルモノ有リ差押フルコトヲ得サルモノ有リ」とあり、同条第二項には、「不融通物、譲渡スコトヲ得サル物其他法律ノ規定又ハ人ノ処分ニテ差押ヲ禁シタル物ハ差押フルコトヲ得サルモノナリ」とある。これらの規定から、差押は人の処分で禁ずることができるが、譲渡は原則として人の処分をもってこれを禁ずることはできないという立法者の精神が自ずから明らかになっている。

更に、有体物の上の物権については、法律の明文で許していない限り、これを譲渡することができないものと当事者の意思をもって定めることはできない。このことについては意思表示のところに一ケ条又は一項を置く必要がありはしないかと考えたが、これは法律家の間において疑いの起こることではないので、そのような規定は置かないことにした。物権の譲渡がそういうことである以上、債権の譲渡についても特別の規定がない限りは、やはり同様な立法者の精神であったろうと推測できる。

(2)　外国の立法例

外国の立法例の中では、オーストリア、ポルトガル、モンテネグロ、プロイセン、ザクセンなどの民法においては、債権の譲渡を禁ずることは許さないという精神が見える。就中ベルギー民法草案・ドイツ民法第一読会の草案においては、明文をもって債権の譲渡を禁ずる特約を禁じている。その他、フランス、イタリア、スペインなどには、債権というものが譲渡できるのか否か、どういう債権が譲渡できるのか又は譲渡できないのかということについては、明文の規定がない。しかし、その解釈については、フランス、イタリア、スペイン法の下においても、当事者の意思をもってある債権を譲渡し得ないと定めることができないのは多分争いのないことであろう。そういうわけで、外国の立法例では特約をもって債権の譲渡を禁止することはできなくなっている方が大変に多い。しかし、本案のような例もないわけではない。スイス債務法、ドイツ民法草案では本案のようになっていて、特別契約をもって譲渡を禁ずることを許している。このようなことは、その国々の慣習や事情によるのであり、もとより一様にすることはできない。

(3)　わが国の現行法制

我が国では従来債権に譲渡というものは概して認めていない。現行法(注4)においても証書を書き替えなければ権利が移らないことになっている。これは法理から見ると、債権の譲渡ではなくて、むしろ債権者を改めるところの更改ではあるまいかと思われる。また、法典延期問題の盛んなときに債権譲渡を勝手に許すということが法典延期の一つの理由になったことを見ても、日本の今日では債権譲渡を絶対に許すということは世論に反するということも言える。(注5)それゆえに、本案では原則は譲渡を許しておいて、特別契約をもってこれを禁ずることができるようにした。

(4)　譲渡禁止債権の差押

反対説として、ドイツ民法草案の注釈書などにおいては、譲渡の禁止を許すならば、債務者が自己の債権を債権者の共同担保から除いてしまうことにならないかということが言われている。しかしこのように特約をもって譲渡が禁じられていても、その債権者が自己の債権者から差押を受けるような場合に立ち至ったときは、民事訴訟法の定める正当の手続をもってこれを差押えることができることにならなければならない。今日の民事訴訟法においても、当事者の意思をもって差押を禁ずることは認めていない。旧民法ではこれが認められているが、それは今実施になっていない。当事者の意思をもって勝手次第に差押のできない財産をこしらえるということは、弊害があって良くない。しかし譲渡を禁ずるということは、あっても差支えないと思われる。

(5)　善意の第三者の保護

最後に、善意の第三者が譲渡を禁じてあるのを知らないで譲受けた場合に、その第三者に対しても譲渡の禁制が効力を持つことになっては不都合であろうと思い、第二項を設けて善意の第三者を保護することにした。

(注3)　旧民法財産取得編第一六九条第一項　無償ノ終身年金権ハ設定者ニ於テ之ヲ譲渡スコトヲ得ス且差押フルコトヲ得サルモノト定ムルコトヲ得

(注4)　明治九年七月六日太政官布告第九九号。第四六七条【参照条文】中に掲載（本書四〇七頁）。

(注5)　原文では「言ヘヌ」となっている。

【主要審議】

一　字句の適否

長谷川喬（二二巻一二六丁表）

今度の文例によると、この但書は「別段ノ定」というように改めた方が、かえって簡単になるのではないか。

梅謙次郎（二二巻一二六丁表～裏）

そのように書いても解釈上は同じことになるかも知れないが、本案の場合には、性質の許さない場合と特約をもって禁じた場合を明らかに示そうと思った。それ以外の場合といえば、法律をもって特に譲渡を禁じた場合であるが、これは他に明文があればここに断らなくても済む。それで「別段ノ定」というのでは、どうもこの但書にあるだけのことが十分に見えなくなると思ってこのように書いた。

田部芳（二二巻一三二丁裏～一三三丁表）

本条に「但其性質カ之ヲ許ササルトキ」とある。この「之ヲ」というのは譲渡のことであろうが、今までの文例では動詞を使ったことがないようなので、ここは「其性質カ譲渡ヲ許ササルトキ」と書く方が良くはないか。

梅謙次郎（二二巻一三三丁表）

なるほどその方が良いかも知れないが、この「之ヲ」は決して上の「之ヲ」を受けるつもりではない。これまでもそのような例はあったと思われる。

二　債権譲渡と債務者の承諾

高木豊三（二二巻一二六丁裏～一二七丁表）

本条第一項の「又ハ特別契約ヲ以テ之ヲ禁シタルトキ」の一七字と第二項を削除するという修正説を提出したい。というのは、次の第四七〇条にも規定してあるように、今度の案によると、債権の譲渡はこれを（債務者に）通知するか又は債務者がこれを承諾しなければ第三者に対して効力がないことになっている。これは債権者が一存で勝手に債権を譲渡しても効力を生じないという趣旨であろうと考えられる。そうだとすると、特別の契約で譲渡を禁ずるというのとは、契約の当時に言うのと特約なくして売ろうとするのと「主義カ違フト云フ丈ケテ」、この「又ハ」以下の明文がなくても、(債権を) 売るときは通知をしなければならず、通知をする以上は (債務者に) これを拒む権利があるものと言わなければならない。売ってしまってから通知しさえすれば良いというものではないと考える。そうではなくて、勝手に売って通知さえすればそれでよく、債務者は後からこれを拒むことができないというのか尋ねたい。

梅謙次郎 (二二巻一二七丁裏)

本案の第四七〇条は高木委員の考えるような意味の規定では決してない。もし高木委員のような意味であれば、通知ということは消して、承諾一つにならなければならない。通知の場合には債務者がどんなに厭でも仕方がない。ただ、効力が承諾の場合と異なるのであるが「通知シテ譲渡ハ絶対ニ有効テアル」。また、外国ではどこの国でも、通知というものは、譲渡が終ってから後第三者に対抗するために、不動産を譲渡したときに登記を必要とするのと同じように、これを必要とするに過ぎない。通知をしてみて債務者が厭といえばそれで譲渡はできないというつもりで書いたのではない。

高木豊三 (二二巻一二八丁表)

それでは引き下がる。

三　債権譲渡と慣習法

横田國臣 (二二巻一二八丁表)

法例か何かで大概慣習のあるものは慣習によることになっているが[注6]、その慣習というのは法律に明文のないものに限るのか、又は法律に明文があっても慣習があればその慣習によるということになるのか。

梅謙次郎 (二二巻一二八丁表〜裏)

慣習に関してどのような規定になるか詳しくは決まっていないが、私は次のように心得ている。法律の規定の中には「命令的ノ規定」と、ただ「当事者ノ意思ヲ想像シテ規定スル規定」とがある。「命令的ノ規定」に反する慣習というものは、特別の明文がない限り一切認めない。「命令的ノ規定」でない場合には、慣習によってその規定に反することを決めることができる。しかしながら、その場合には慣習が法律の明文に反しているというだけでは足りず、それによることが当事者の意思であったと見るべき場合にそれ (その慣習) による、ということに多分なると思う。しかし、法律に明文がない場合は慣習でもって補う、その場合には、慣習が総て法律に等しい効力を持つということになるつもりである。

横田國臣 (二二巻一二八丁裏〜一二九丁表)

成文法になっているものの中にも慣習に由来しているものもあるのみならず、成文法で久しくなっていると慣習より力が強くなっているものもある。そうすると、(債権は)[注7]やはり名前を書き替えなければ譲渡されないことになり、この法文は行われないことになりはしないか。

梅謙次郎 (二二巻一二九丁表)

本条は公益に関する「命令的ノ規定」と解されるから、これが成立すると明治九年七月六日の布告は効力を存することができなくなる。従って、この布告があるために、この法律が成立してもやはり証書を書き替えなければならないというようなことにはならない[注8]。

横田國臣 (二二巻一二九丁表〜裏)

公の利益のために出たものは総て「命令的」と見るのか、あるいは法文上から「命令的」になっているのも「命令的ノ規定」と見るのか。

梅謙次郎 (二二巻一二九丁裏〜一三〇丁表)

それは大変困難な問題であるが、本案では「命令的ノ規定」にはなるべく「得ル」「得ス」「要ス」という文字を用いるようにしている。本条では、「之ヲ譲渡スコトヲ得但之々ハ此限ニ在ラス」というのであるから、これ以外は法律が例外を認めないということは明瞭であろうと考える。契約の解釈にでも関する規定であれば、その旨の明文がなくても大抵反対の意思を認めることになるし、慣習でも反対の慣習を認めることになる。しかし、本条のように書いてあれば「命令的ノ規定」と見るほかない。況んや、規定の性質から物を譲渡することができるか否かということは、公益に関することと経済学者が認めているし、現に有体物の譲渡についても明文がなくとも疑いはないと思って規定しなかった位である。

四　譲渡禁止債権の差押

磯部四郎（一二巻一三〇丁表～裏）

　本条にいう「善意ノ第三者」とは一般の譲受人のことをいうのか、普通の債権者も含まれるのか。それともう一つ、特別契約をもって譲渡を禁じたときでも差押はできるとの説明であったが、差押の結果競売にまで至るとどうしても譲渡ということが出てくる。この場合の譲渡は構わないという精神か。そうだとすると、この特別契約というものが徒労に帰しはしないか。

梅謙次郎（一二巻一三〇丁裏～一三一丁裏）

　第一点については、文字の上からは無論一切の第三者が入る。まず譲受人・質権者が入るが、通常の債権者も入るつもりである。通常の債権者の場合は、譲受けということは少く、差押えということが多くなろう。

　次に、差押の結果として譲渡する分は構わないというつもりである。そこまで当事者の意思をもって禁ずることができるとしておいては、当事者が差押のできない財産を勝手にこしらえることができて、債権者が欺かれるおそれがある。なるほど、差押債権者が善意であればよいではないかとの非難もあろう。しかし、差し押さえようとするときに善意であればそれでよいが、債権の証書に特別契約が書いてあると困る。その人の財産が債権ばかりという場合に、その債権が皆譲渡できなくなっていれば、差押えるものがなくなってしまう。財産の一部を債権にすることは容易であるから、債権者に損害を被らせることになる。養料のようなものは例外として、一般の規則としては民事訴訟法に列挙してあるもの以外は差押を禁ずることはできない、それで足りなければ民事訴訟法を補っていけばよいという考えである。そういうわけで、差押の結果として取立又は転付の強制譲渡ができるし、場合によっては競売もできる。それは強制だからできるので、任意の譲渡はできない。

磯部四郎（一二巻一三一丁裏～一三二丁表）

　訴訟法の競売というものは財産（の譲渡）を訴訟手続で行うというだけではないか。しかし、この譲渡することができない例外を但書に書いておいて、それは任意に譲渡することができないというに止まるとの趣旨が、これでは見えないように思うがそれで差支えないのか。

梅謙次郎（一二巻一三二丁裏）

　ここに言う譲渡は任意の譲渡であるということは、次の箇条でも分かるつもりである。次の箇条も差押の場合には当てはまらない。総てここの規定は任意の譲渡の場合の規定であって、売買でも任意の売買しか含まない。差押の結果として売る場合には民事訴訟法に特別の規定があって、売買の規定の多くが当てはまらないことになる。そのようなことは明文で書いておかなくても分かるであろうという考えである。

五　削除説

磯部四郎（一二巻一三三丁表～一三五丁表）

　本条第一項中「又ハ特別契約ヲ以テ之ヲ

禁シタルトキ」という字句と第二項を削除する説を提出する。この特別契約は善意の第三者に対抗できないということが第二項にあって極く効力の弱いものである。もっとも、この特別契約は大抵債権証書に記載されているであろうから、第三者がこれを知っている場合が多く、実際には余程効力を持つことになるかも知れない。しかし、この特別契約というものは、ただ債権者と債務者との間で債権者が代わっては面倒なので、それは代わらないようにしておくというだけの拘束力しかない。そして、強制執行にかかったときにはその契約は破れてしまうというような極く薄弱なものである。「人権」とはいっても財産の一部である。「財産ノ運転」を拘束する法律は余り立派な法律とはいえない。「財産ノ運転」は害のない限りは自然にしておきたいと考える。債権の譲渡ということを人は大変嫌うけれども、借りた金を期限に返すという考えがあれば、債権者が代わっても構わないはずである。これまでは「弱イ債権者」であったものが今度は「強イ債権者」が出てきて迷惑するようなこともあろうが、自己が約束を守って返済すれば、どんなに債権者が代わっても決して恐れることはない。それを特別契約で禁じたために、債権者はこれを譲渡することもできず、自己に借金があってもそれを払うことができない。その結果自己が強制執行を受けることになる。このような禁制を設けることは害があるだけで、一向に利益はない。例えば、自分の負債を弁済するために、自分の有している期限未到来の債権を譲渡することを制限するのは不都合である。

今日人が債権の譲渡を嫌うのは、ただ「債務者ノ惰弱カラシテ債権者ノ篤実ヲ奇貨トシテ」、なるべく自己の弁済を怠ろうと思っているときに、「厳重ナル債権者」が出ることを恐れて債権の譲渡を嫌うという「惰弱心」から生ずる弊害である。債権者が何百人代わったところで、自分が期限に履行するという覚悟さえしていれば恐れるに足りない話であって、債権者はその債権より多く請求することは決して無い。この度新法を設けるにあたって、これまでの感情にとらわれて、なおこの中にその痕跡をとどめておくことは好ましくないと考える。それで右のような修正説を提出する。

▼磯部委員の修正説には賛成者がなく、案として成立しなかった。

六　性質上の非譲渡性と特別契約

穂積八束（二一巻一三五丁表～裏）

本条中の「性質カ之ヲ許ササルトキ」という文字のことを尋ねたい。性質上譲渡できないものをわざわざ法律で譲渡できないと書くはずもない。債権の性質がこれを許したときは当事者の意思によって譲渡することができると見るとやはり立派な契約といわれるかも知れないが、当事者の意思によって既に譲渡を禁じたものと言える場合もあろう。それはどういう範囲のものか。我々はなるべく債権の譲渡の範囲を狭くしたい。また、これが適用されるのは金銭上の債権であろうと思うが、ここでは債権という字が広くなっているので、なるべく金銭上の債権でないものは譲渡することができないということがその性質であるとの解釈ができるようにしたい。

梅謙次郎（二一巻一三五丁裏～一三七丁表）

いかにもこの「性質カ之ヲ許ササルトキ」というのは少し漠然とした嫌いのあることは認めるが、どうもはっきりと書くのは難しい。無論財産権以外のものは性質がその譲渡を許さない最も重要なものである。債権の中にも性質上譲渡を許さないものがいくらもある。ある人が私のために働くという場合を例にとると、その働くということは、そこから金銭上の利益を生ずべき事柄であっても、甲のために働くのと乙のために働くのとでは違いがある。また、甲のために働くのと乙のために働くのとでは場合によってその仕事の性質が違う。私の家に来て働くのと商売でも盛んにしている人のところで働くのとでは仕事が違う。従って、私がある人に対して三日間働けという債権を持っていても、それを他人に譲渡してその他人のために働けということは債権の性質が許さないから、そのような債権は譲渡することができない。その他にも債権の性質が譲渡を許さないという場合は沢山あろうが、それを一々特別契約と見るのは余程難しいと思う。特別契約というのはわざわざそういう契約を結ぶことをいうのであって、当事者の意思はこうだというのは特別契約にはならない。それだから、「性質カ之ヲ許ササルトキ」というのを加えておく方がよい。性質上譲渡のできない債権について譲渡を許さないということは、スイス債務法やドイツ民法第一読会、第二読会の草案にも、オーストリア民法にもある。モンテネグロは「其身上ノ権」と書いてあるが、それでは狭すぎはしないかと考える。プロイセンも「身上権」とあるが、他は大概「其性質カ許サナイ」というように書いてある。ザクセン民法もそうなっている。どうも、これ以上に明らかに書くことは余程難しいことのように思う。それで、履行のところでも「性質カ之ヲ許ササルトキハ此限リニ在ラス」と書いたのと同じ文例で本案のように書くことにした。

穂積八束（二二巻一三七丁表）

この「特別」という字に何か重要な意味があるのか。これは当事者の合意ということが証明されさえすればよいのではないか。

梅謙次郎（二二巻一三七丁表〜裏）

特別契約というのはこれまでも用いた例がある。それはわざわざそういう一つの契約を結ぶのである。先程の例では、譲渡を禁ずることについてわざわざ契約を結ぶのではなく、契約のときの意思が譲渡を禁ずるものであった。特別契約というものは、特にそのために初めの債権債務を生じた契約と同時か又はその後でもよいが、とにかく他の人に譲渡することは禁ずるぞという意味に使ってある。それ故に、特別契約という意味は大変狭くなった。

▼本条は原案どおり確定（二二巻一三七丁裏）。

（注6）　当時施行中の旧法例（明治二三年法律第九七号）には慣習の効力に関する規定は存在しない。

（注7）　前出明治九年七月六日太政官布告参照。

（注8）　原文では「書替ヘナケレハナラナイ積リテアリマス」となっている。

【その後の経緯】

第一項但書にあった「又ハ特別契約ヲ以テ之ヲ禁シタルトキ」という文言が削除され、第二項に送られた点について、富井委員は「同シコトテアル」と説明しているが、梅委員は、さらに、「特別契約」というと、譲渡禁止は契約でしかなしえないことになるが、例えば遺言で権利を譲渡したり、新たに権利を設定する場合には、遺言で譲渡を禁じてもよいのだから、「当事者カ反対ノ意思ヲ表示シタル場合」という文言にした、と説明している（発言の最後の部分は、次の箕作議長の発言によってさえぎられているが、このような趣旨と思われる）。

また、箕作議長が、「前項ノ規定ハ」と改めると、「但書ノ方ニ引ツ掛カツテ来ルコトハナイ」か（第二項の反対の意思表示が第一項の但書の場合にも及ぶということか——玉樹注）、と質したのに対し、梅委員は、「但書ニ反対ノコトヲ約スルト云フコトハ想像シ得ラレヌ」と答えている（民

法整理会議事速記録四巻二〇丁裏～二二丁表）。

第九回帝国議会衆議院民法中修正委員会では、債権譲渡を原則自由としなければならない理由は何かという質問があった。梅委員は、日本の裁判例・慣習では債権譲渡に制限を課しているが、今日開けた世の中で原則として債権譲渡はできないということは行われえないであろうし、現在行われている証書の書換という条件も、ある場合には非常に邪魔になっているという認識を示した上で、諸外国のように当事者の意思による譲渡禁止をも否定するのは慣習を破る弊害があるから、原則として譲渡は自由であるが、当事者が反対の意思を表示している場合にはできないということにしたと説明した。その際梅委員は、他人への債権譲渡を望まないのであればそのことを初めに一言断っておけば良い、口だけでは実際効力がない場合が多いであろうから、これを証書に書いておけば良いと述べた。この点につき、木村格之輔委員が、反対の意思は証書にでも書いておかないと債務者は異義を言うことができないという趣旨かという質問を行い、梅委員は「左様デス、是ガアリマセヌト善意ノ第三者ガ過マラレルコトガアルカラ、是丈ノ事ハ命ジテ置カナイト取引上ナドニ大イニ困難スルコトガアラウト云フ考デス、後トカラデモ構ハヌノデス」と答えた（廣中俊雄編著『第九回帝國議會の民法審議』二二一～二二二頁）。

【民法修正案理由】

既成民法財産編ニハ本条ノ如キ明文ナシ。其之ヲ掲ゲザリシハ決シテ本条ニ反対ノ精神ニアラズシテ、却テ当然言フヲ待タズト信ジタルニ因ルナラン。猶物権ノ譲渡ヲ明許スルノ条文ナキモ之ヲ譲渡スコトヲ得ルハ当然ナルガ如シ。且既成法典ニ於テ一般ニ債権ノ譲渡ヲ許セルコトハ、其財産取得編第百六十九条ニ於テ、或ル種ノ債権ハ当然譲渡スコトヲ得ズトシ、他ノ種ノ債権ハ設定者之ヲ譲渡スコトヲ得ズト定ムルヲ得トセルニ依リテモ之ヲ知ルヲ得テ、財産編第二十九条等ノ規定ヲ見レバ其主意愈々明カナリ。債権ノ譲渡ハ外国ニ於テモ亦一般ニ許ス所ニシテ、殊ニ白国民法草案ノ如キハ当事者ノ合意ヲ以テ債権ヲ不譲与物ト為スコトヲ得ズト定メオレリ。本案ハ此点ニ関シテハ既成法典及ビ諸外国ノ法律ト全ク同一ノ主義ヲ採レルニ拘ハラズ之ヲ明掲シタル所以ハ、我国古来ノ慣習トシテ債権ノ自由譲渡ヲ認メズ、今モ尚往々之ヲ禁ズベシト唱フル者アルヲ以テ、若シ之ヲ明許スルノ条文ヲ掲ゲザルトキハ其許否ニ関シテ或ハ疑ヲ懐クモノナキヲ保セザレバナリ。債権ハ自由ニ之ヲ譲渡スコトヲ得ルヲ原則トシ、唯或作為ノ義務ヲ目的トセル債権ノ如ク其性質上之ヲ譲渡スコトヲ得ザルモノ又ハ当事者ノ特別契約ヲ以テ其譲渡ヲ禁ズルモノハ例外トシテ譲渡スコトヲ得ザルコトトセリ。或ハ特別契約ヲ以テ債権ノ譲渡ヲ禁ズルコトヲ許ストキハ譲渡人ト譲受人トノ共謀ニ因リ譲受人ノ債権者ヲ詐害スルノ弊ヲ生ズベシト云フ者アレドモ、不譲与物ハ必ズシモ悉ク差押フベカラザル物トスルコトヲ要セザレバ、債権者ハ此合意ニ因ル不譲与物ヲ差押ヘテ債務ノ弁済ニ供セシムルヲ得ルモノトスベク、従ツテ論者ノ恐ル、ガ如キ甚シキ弊害ヲ生ゼザルベシ。

本条第二項ヲ設ケタルハ当事者ノ契約ヲ以テ善意ノ第三者ヲ害スルコトヲ得ザラシメン為メナリ。

▽民法修正案理由書第三編第一章「第四節　債権ノ譲渡」一～二頁（第四六九条）。

（辻　正美）

第四六七条　指名債権の譲渡は、譲渡人が債務者に通知をし、又は債務者が承諾をしなければ、債務者その他の第三者に対抗することができない。

2　前項の通知又は承諾は、確定日付のある証書によってしなければ、債務者以外の第三者に対抗することができない。

第四六七条　指名債権ノ譲渡ハ譲渡人カ之ヲ債務者ニ通知シ又ハ債務者カ之ヲ承諾スルニ非サレハ之ヲ以テ債務者其他ノ第三者ニ対抗スルコトヲ得ス

前項ノ通知又ハ承諾ハ確定日附アル証書ヲ以テスルニ非サレハ之ヲ以テ債務者以外ノ第三者ニ対抗スルコトヲ得ス

原案第四七〇条　確定条文に同じ

【参照条文】

旧民法財産編

第三四七条第一項　記名証券（注1）ノ譲受人ハ債務者ニ其譲受ヲ合式ニ告知シ又ハ債務者カ公正証書若クハ私署証書ヲ以テ之ヲ受諾シタル後ニ非サレハ自己ノ権利ヲ以テ譲渡人ノ承継人及ヒ債務者ニ対抗スルコトヲ得ス

同条第三項　右ノ行為ノ一ヲ為スマテハ債務者ノ弁済、免責ノ合意、譲渡人ノ債権者ヨリ為シタル払渡差押又ハ合式ニ告知シ若クハ受諾ヲ得タル新譲渡ハ総テ善意ニテ之ヲ為シタルモノト推定ヲ受ケ且之ヲ以テ解怠ナル譲受人ニ対抗スルコトヲ得

同条第四項　当事者ノ悪意ハ其自白ニ因ルニ非サレハ之ヲ証スルコトヲ得ス然レトモ譲渡人ト通謀シタル詐害アリシトキハ其通謀ハ通常ノ証拠方法ヲ以テ之ヲ証スルコトヲ得

明治九年七月六日太政官布告

第九九号　金穀等借用証書ヲ其貸主ヨリ他人ニ譲渡ス時ハ其借主ニ証書ヲ書換ヘシムヘシ若シ之ヲ書換ヘシメサルニ於テハ貸主ノ譲渡証書有之𪜈仍ホ譲渡ノ効ナキモノトス此旨布告候事

　但相続人ヘ譲渡候ハ此限ニアラス

フランス民法

第一六九〇条　権利ヲ譲リ受ケタル者義務ヲ行フ可キ者ニ其旨ヲ報知シタル上ハ他人ニ対シテモ亦其権利ヲ譲リ受ケタルト為ス可シ

　又権利ヲ譲リ受ケタル者ハ義務ヲ行フ可キ者公正ノ証書ヲ以テ其権利ノ移リシヿヲ承諾シタルニ因リ亦他人ニ対シテ其権利ヲ譲リ受ケタルト為ス可シ

第一六九一条　権利ヲ譲リ渡シタル者又ハ之ヲ譲リ受ケタル者其権利ヲ移セシヿヲ義務ヲ行フ可キ者ニ報知スル前ニ其義務ヲ行フ可キ者其権利ヲ譲リ渡シタル者ニ対シ其義務ヲ尽クセシ時ハ法ニ適シテ其義務ノ釈放ヲ得タルモノトス

オーストリア一般民法

第一三九五条　譲与ノ契約ハ譲与者ト受譲者トノ間ニ其責務ヲ起生ス然レ𪜈受譲者ト第一位ノ負責主トノ間ニハ其責務ヲ起生スルヿ無シ此負責ハ自己其第二位ノ責主ヲ認知セサルノ間ハ第一位ノ責主ニ向テ其負責ヲ弁償スルヿヲ得可シ

第一三九六条　然レ𪜈此負責主カ第二位ノ責主ヲ認知シタルニ於テハ則チ復タ此権理ヲ有セサルナリ但ゞ第二位ノ責主ニ向テハ自己其負責ニ関シテ弁排法ヲ行用シ得可キノ権理ヲ保有ス若シ此負責主カ受譲者ニ対シテ自己ノ負責ヲ認識シタルニ於テハ則チ之ヲ弁償セサル可カラス［仏民第千六百九十条］

イタリア民法

第一五三八条　貸付権若クハ其他ノ権理若クハ訟権ノ売付即チ譲与ハ其譲与ス可キ貸付権若クハ其他ノ権理ト其価直トニ関シ双方之ヲ協諾セルニ於テハ則チ仮令ヒ其占有権ヲ転付スルヿ無キモ亦既ニ完成セル者ニシテ其所有権ハ買主即チ受譲者ニ転移ス

　占有権ハ其証券即チ貸付権若クハ其他ノ権利《ママ》ノ存在ヲ証明スル所ノ証券ヲ交付スルニ因テ之ヲ転付シタル者ト認定ス〔仏民第千六百八十九条〕

第一五三九条　受譲者ハ譲与ヲ為スノ事旨ヲ負責主ニ通報セラレタル以後若クハ負責主カ公式証書ヲ以テ譲与ヲ領諾シタル以後ニ於テスルニ非サレハ則チ第三位ノ人ニ対シテ権理ヲ有スルヿ能ハス〔仏民第千六百九十条〕

第一五四〇条　負責主ハ譲与者若クハ受譲者カ譲与ヲ為スノ事旨ヲ通報スルヨリ以前ニ其負債ヲ弁償シタルニ於テハ則チ有効ニ責務ヲ解卸スルヿヲ得ル者トス〔仏民第千六百九十一条〕

ポルトガル民法

第七八九条　譲渡人との関係では、譲渡された権利は契約の締結のみによって譲受人に移転する。但し、債務者又は第三者との関係では、譲渡は、債務者に対してその通知がなされた日から、又は権利が公証されている場合には全ての方法によって債務者がそれを知った日から、その効力を生じる。

第七九〇条　複数の譲渡が債務者に同一日付で通知された場合、又は債務者が同一日付で複数の譲渡を知った場合は、各譲受人は平等の権利を有するものとみなす。但し、通知の時刻が明確な方法で明らかになる場合はこの限りでない。この場合には、最も早い日時の譲渡が優先する。

第七九一条　債務者に対して譲渡の通知がなされるまで又は債務者が譲渡を知るまでは、債務者は譲渡人に対して弁済することにより免責され、譲渡人は債務者に対するすべての権利を行使することができる。この間、譲受人は、譲渡人との関係では、自己の権利の保存に必要な行為のみをすることができる。

第七九二条　譲渡人の債権者は、前（三）条に規定する期日において、譲渡が債務者に通知されていない限り、又は債務者が譲渡を知らない限り、譲渡された債権に対して自己の権利を行使することができる。

スイス債務法

第一八四条　債権譲渡は特別な形式なくしても拘束力を有する。

　しかしながら、第三者に対して、とりわけ譲渡人の破産時に移転が有効になるためには、文書の公証を要する。

第一八五条　法律又は裁判所の判決が、ある債権の他人への移転を指示する場合には、特別な形式又は従前の債権者の意思表示のいずれをも要することなく、移転は第三者に対して有効である。

第一八六条　同一債権の多重譲渡が生じた場合は、先に文書の公証がなされたものが優先する。

第一八七条　譲渡人又は譲受人が債権譲渡を通知する前に債務者が善意で以前の債権者に対し又は多重譲渡の場合劣後する譲受人に対して支払をなした場合、債務者は有効に免責される。

第一八八条　誰に債権が帰属するか争われている場合、債務者は支払を拒んで裁判による供託（gerichtliche Hinterlegung）により免責を受けることができる。争いを知ってなす支払は債務者自らの危険による。

争いが裁判所に係属し且つ債務が満期となった場合は、いずれの当事者も債務者に供託を求めることができる。

モンテネグロ財産法

第六〇四条　譲渡人と譲受人の間の契約の締結のみによって債権債務関係（l'obli-gation）は譲受人に移転するが、譲渡された債権の債務者に対しては譲渡の通知がなされなければならない。譲渡の通知がなされない限り、従前の債権者に対して善意で弁済した債務者は完全に免責される。

但し、債務者が譲渡の通知を受けた場合、従前の債権者に対して弁済をすることはできない。譲渡の通知を受けたにもかかわらず債務者が（従前の債権者に）弁済した場合、その結果に対して責めを負う。

弁済をなすべき相手方につき疑いがある場合、債務者は、裁判所に対して債務の目的を寄託することができ、これにより完全に免責される。

スペイン民法

第一五二六条　貸金債権、権利又は訴権の譲渡は、第一二一八条又は第一二二七条に従って、その日付が確定的なものとみなされる日以降に限り、第三者に対してその効力を生ずる。

不動産に関する権利の譲渡の場合、登記簿（Registre）に対する登記の日以降に限り、第三者に対してその効力を生ずる。

第一五二七条　譲渡を知る以前に債権者に対して弁済した債務者はすべての債務を免れる。

スペイン商法

第三四七条

ベルギー民法草案

第一七三〇条　物と代金に関する意思の合致が生じたときに、売買は直ちに当事者間で完結し、所有権は譲受人により取得される。

引渡しは証書の交付により行う。

第一七三一条　譲受人は、第三者に対しては、抵当権保存吏の登記簿に譲渡を登記した場合にのみ権利者となる。

第一七三二条　前条のほか、債権を取得するためには、譲受人は、公正証書又は私署証書により債務者に譲渡を通知しなければならない。

ドイツ民法第二草案

第三五一条　旧債権者カ既ニ譲渡シタル債権ヲ再ヒ第三者ニ譲渡シタル場合ニ於テ債務者カ第三者ニ給付ヲ履行シ又ハ債務者ト第三者ノ間ニ法律行為ヲ為シ若クハ争訟カ繋属スルトキハ債務者ノ為メ前履行者ニ対シ第三百五十条ノ規定ヲ準用ス

既ニ譲渡サレタル債権カ裁判上ノ決定ニ因リテ第三者ニ授附セラレ又ハ旧債権者カ既ニ譲渡サレタル債権ハ法律ノ規定ニ因リテ第三者ニ移転シタル旨ヲ此者ニ対シテ承認シタルトキ亦同シ

第三五三条　債務者ハ新債権者ニ対シ譲渡ニ付キ旧債権者ヨリ交附セラレタル証書ヲ引渡シタルトキニノミ給付ヲ履行スル義務ヲ負担ス新債権者カ右ノ証書ヲ提示セスシテ為サレタル告知又ハ催告ハ此提示ナキコトニ本ツキ遅滞ナク債務者ヨリ退ケラルルトキハ無効トス

旧債権者カ書面ヲ以テ債務者ニ譲渡ヲ通知シタルトキハ本条ノ規定ヲ適用セス

第三五四条　軍人、官吏、僧侶又ハ公立学校ノ教師カ其俸給、猶予金又ハ休職料ノ転附スルコトヲ得ヘキ一部ヲ譲渡シタルトキハ其支払ヲ為スヘキ金庫ハ旧債権者ヨリ交附スル公認証書ノ引渡ニ依リ債権譲渡ノ通知ヲ受クルコトヲ要ス此通知ヲ為サヽル間ハ譲渡ハ金庫ニ知レサルモノ

ト見做ス

プロイセン一般ラント法

第一部第一一章第三九三条　他人が今から譲渡される権利を有すべし、という譲渡人の意思表示とこの意思の受諾によって、権利上の所有権は新所有者に移転する。

第三九四条　手紙による証書が存在する債権が譲渡される場合、譲渡行為も債権額に関係なく常に文書でなされなければならない。

第三九五条　債務者は、証書の占有と共に自らに向けられた文書による譲渡行為によって資格を証明する譲受人に対してのみ安全に支払うことができる。

第三九六条　債務者は、支払後証書を破棄させ、一部弁済のみがなされたときはこれを証書に記載させなければならない。

第三九七条　債務者が前数条の規定（第三九五条、第三九六条）を無視した場合、支払によっても債権の第三の正当な所持人に対しては保護されえない。

第三九八条　しかし、譲渡人は、彼から譲受人に対して有効になされた譲渡行為がその他の方法のみによっても証明されうる場合には、支払を有効と認めなければならない。

第三九九条　一つの証書に含まれる複数債権の一つのみが譲渡される場合、その証書から公証された抄本が作成されねばならない。譲渡行為はこれによる。但し、主たる証書に、それに含まれる債権のいずれが譲渡されたのかが記載される。

第四〇九条　したがって、債権譲渡の有効性についての債務者の承諾もまた、それ自体不可欠のものではない。

第四一四条　譲渡人又は裁判所によって通知がなされたときは、債務者は、以後譲渡人との間で、譲渡された債権に関して関わりをもつことはできない。

第四一五条　しかし通知が譲受人によってなされる場合、譲受人は自らの申述の正しさを、譲渡され適正に名義の書換えがなされた証書の呈示により、または三日以内に、その他の方法によって証明しなければならない（第三九四条以下）。

第四一六条　前条の期限が守られずその債権の原債権者がその表見的譲渡の真正を否認した場合、債務者は原債権者とその債権に関する有効な商議を行うことができる。

ザクセン民法

第九六三条　譲渡ハ要求譲渡人ニ属シ及譲渡人法律上譲渡ノ義務ヲ有セサルトキハ自已ノ財産ニ付テ任意処分ヲナスノ権及譲渡ノ憑據トナル権利上行為ヲ取結フノ権ヲ有スルニアラサレハ之ヲナスコトヲ得サルモノトス其譲渡ニ関スル特別ノ式様ハ譲渡ノ憑據トナル権利上行為ニ於テ必要ナル場合ニ限リ之ヲ遵守スヘキモノトス其譲渡ノ為メ負債者ノ承諾ハ之ヲ要セサルモノトス

第九七二条[注2]　負債者ハ裁判所、譲渡人及新債主ヨリ要求譲渡ノ通知ヲ得サリシ間ハ其譲渡ヲナス債主ニ義務ヲ履行シ及之トノ契約ニ依リ自已ノ負債ヲ免カル、コトヲ得ルモノトス（第九百六十八条）

第九七三条　債主要求ヲ数回譲渡シ及負債者前譲渡ヲ一モ知了セサリシトキ負債者ハ後ニ要求ヲ譲渡サレタル者ニ義務ヲ履行シ及之トノ契約ニ依リ其負債ヲ免カル、モノトス前ニ要求ヲ譲渡サレタル者ハ後ノ譲渡ニ依リ良心ヲ以テ其要求ヲ取立タル他人ニ対シ其受取リタルモノヲ引渡スヘキコトヲ請求スルノ権ナク前ニ要求ヲ譲渡サレタル者ニ対テハ譲渡ヲナス債主ニ義務アルノミ

第九七四条　負債者ハ裁判所又ハ譲渡ヲナス債主ヨリ要求譲渡ノ通知ヲ得サリシト

キ新債主ニ対シ譲渡ヲ受ケタルコトノ証明ヲ求ルコトヲ得及此証明ヲナスニ至ルマテハ新債主ヨリ督促ヲ受ルモ之カ為メ延滞者トナサル、コトナク亦負債物件ヲ留置シ又ハ裁判所ニ蔵寄スルコトヲ得ルモノトス証書ヲ以テスル譲渡ノ証明ニハ其証書ニ譲渡ノ憑據トナル権利上行為ノ種類ヲ掲ルコトヲ要セサルモノトス但負債者ハ譲渡ニ対シ異議ヲ申立ルモ妨ケナシ（第七百三十八条）

Supreme Court of Judicature Act 1873, S. 25

前条の高等法院へ以後管轄が移動する数個の裁判所を統合するに際し、以下に掲げる事項に関し、法を修正して、以後英国において執行されるべき事を宣言するのが便宜であるがゆえに、以下のように定める。

(1)〜(5)　略

(6)　譲渡人の署名のある書面によってなされた、金銭債務その他の法的請求権の（負担の逸脱目的でない）絶対的譲渡は、書面による明示の通知が、金銭債務者・受託者・その他譲渡人がかかる金銭債務又は請求権の弁済を受け支払を求める権限を有していたその相手方たるべき者に対してなされるべきである。かかる譲渡によって（本法が適用されていなければ譲渡人の〔普通法上の〕権利に優越していたあらゆる衡平法上の権利に服しつつ）かかる金銭債務又は請求権についての普通法上の権利、それに対する普通法上その他のあらゆる保護、及びそれにつき有効な免除を与える権限が、譲渡人の協力なくして、かかる通知の日から普通法上有効に移転し、又移転したものとみなされる。但し、債務者、受託者又はかかる金銭債務若しくは請求権につき責を負う者が、かかる譲渡が譲渡人若しくはその承継人によって争われていること、又は、かかる債務若しくは請求権につき相反し若しくは矛盾する請求をする者が存在することを知っている場合、自らの選択によって、常に、それにつき関連する競合権利確認手続（interplead）に権利を主張する者を呼び出すか、受託者救済法の条項に従い高等法院へ債務等の支払をすることができる。

（注1）「記名証券」という語は、créance nominative の訳語として採用された「記名債権」が、誤解に基づいて商法の「記名証券」に統一されたものと思われる。法律取調委員会民法草案財産編人権ノ部議事筆記四巻一六八丁以下参照。なお、ボアソナード草案から旧民法を経て現行法に至る経緯につき、本稿は、池田真朗「民法四六七条におけるボアソナードの復権」（一九七六年、以下「復権」と略す）手塚豊教授退職記念論文集『明治法制史・政治史の諸問題』一〇三九頁以下、同「民法四六七条における一項と二項との関係」（一九七七年）慶応大学法学研究五一巻二号二五頁以下に負うところが多い。

旧民法の「記名証券」から現行法の「指名債権」への変更については、後述の本条の起草趣旨は触れていない。本条の審議に先立ち、権利質の箇所の議論によって、「記名証券」は「記名債権」を経て「指名債権」へと変えられている。法典調査会民法議事速記録一五巻一〇七丁表、一二九丁表〜裏。

（注2）　法典調査会民法議事速記録では第九七二条が引用されていないが、民法第一議案においては「九七二乃至九七四」として、同条が引用されている。

【起草趣旨】

梅謙次郎（二一巻一三八丁表〜一四二丁裏）

本条の規定は旧民法財産編第三四七条第一項と同じ主義だが以下の点について修正した。

(1) 債務者に対する方式の不要

第一に、同条項には、「合式(注3)ニ告知シ又ハ債務者カ公正証書若クハ私署証書ヲ以テ之ヲ受諾シタル後ニ非サレハ」云々と書いてあるが、本案では、債務者に対してだけは方式はなくても通知をするかその承諾を受ければよいとした。フランス法系の国々の明文では公正証書を要するとしているが、それは債務者以外の第三者に対する条件で、債務者が承諾するといえばそれは一つの有効な契約であるから債務者に対してだけは公正証書はいらないと、学者も全て認めている。債務者に対しては方式はいらないという方が穏かである。

(2)第三者対抗要件としての確定日付

第二に、第三者に対する方式には相当の方式、我々の考えるところでは確定日付がなくてはならない。当事者が詐欺をすることができない間違いのない確定日付を作り、その日付がある証書によって通知又は承諾を得ないと債務者以外の第三者に対しては証拠とするわけにはいかないとした。もしこれがないと、債務者と債権者の間の詐欺が行われやすく、いかに聡明な裁判官といえども法律上の方法をもってその詐欺を見抜くことができない。そういう詐欺を防ぐにはどうしても確定日付が必要である。（旧民法の）草案においては確定日付が必要としてあった(注4)のが、（旧民法では）確定日付を証書に与える方法が実際よほど困難であるという理由で削られて、公正証書もしくは私署証書となったものと思う。(注5)しかし、公正証書はよいとしても単に私署証書では（債権者・債務者の）両人が共謀さえすればどんな詐欺の私署証書でもできるから、これでは不安心でよくない。なるほど、確定日付の方法はよほど困難には違いないが、難しいからといって規定しないわけにはいかない。それでいずれ特別法で規定すべきものと思う。(注6)特別法を立法するにあたっては、実務に明るい方がその起草者になって十分良い案を出すことと思うが、私の考えでは、そんなに難しいものではないと思う。例えば、公証人役場又は登記所等に特別の帳簿を置いて、裁判官か何かの検印による番号をつけ各番号の下に姓名・件名ぐらいを書き込ませ、郵便局の消印のような印をこしらえて日付と番号を押すことにする。そうなっていれば、その日付と番号に疑いがあるときは、いつでも公証人役場又は登記所の帳簿を調べ、それに記載されていれば詐欺証書ではない。少なくともその時にそういう証書があったことが明瞭になってくる。そういう簡便な方法であれば、わずか一〇銭から二〇銭の手数料でできて便利である。これはほんの一例であるが、こういう方法を見つけるのはそう困難ではないであろうから、本案では元の（旧民法）草案や外国においてこれと同じ方式を採用している国のように確定日付を必要とした。

(3)誰が通知をするか

第三に、（旧民法）草案にはもともと譲渡人と譲受人とから通知をするか、さもなければ譲渡人のみから通知をするということになっていたが、(注7)今の（旧民法）法文では譲受人（が告知する）となっている。(注8)これでは往々にして詐欺が行われるであろう。例えば私が、甲が乙に対して一万円の債権を持っていることを知って私が甲の（債権の）譲受人であると乙に通知をし乙から金を受取るというような詐欺がずいぶん行われないとは限らない。それでそれよりも譲渡人から通知するということにしておく方がよい。実際は、譲渡人から証文をもらって譲受人が送達するかもしれないが、とにかく通知書の署名人は譲渡人ということにしておかないと詐欺が行われてよくないだろう。それは、ちょうど登記でも譲受人が単独で登記を申請することがあっては弊害があろうと思うのと同じような理屈である。外国の例では、なるほどフランス民法、イタリア民法、スイス債務法は譲渡人又は譲受人となっている。ベルギー民法草案には単に譲受人と書いてある。しかし、ドイツ民法草案等では、債権者の通知、そうでなければ債権者の作った証文を譲受人が示すということになっていて、それならば債権者の通知と同じことである。プロイセンもほぼ同じ。ザクセンも、裁判所又は譲渡人から通知しなければ譲受人から特別の証明を求めることができるなどという規定があって、通知は譲渡人からするべきことになっている。どうも後の方の立法例が実際によいであろう。すなわち、ボアソナードが考えた通り譲渡人の方から通知をすることにしておかないと、往々にして詐欺が行われる恐れがあるから、本案においては譲渡人（から通知をする）ということに改めた。そうすればいよいよ通知は債務者に対してはどんな方法でもよいということになる。

(4)対抗要件は「絶対ノ条件」であること

第四[注9]に、旧民法では通知又は承諾は絶対の条件ではなく、第二譲受人が第一譲渡があったことを知りつつ譲り受けたことを自白するか、第一譲受人に損害を加えようとするいわゆる詐害の意思をもって債権者（譲渡人）と通謀したことが立証されれば、たとえ通知・承諾がなくても第一譲渡の方が有効であるということになっている[注10]。しかし、本案では既に動産の引渡ならびに不動産の登記についてもそういう例外は設けず、引渡・登記が第三者に対しては絶対の条件になっていて、それがなければ第三者に対して効力を生じない、たとえそういう話を外の者が聞いていても、そういうことは法律上認めないということになっている[注11]。この譲渡についても同一の主義を採らないと権衡を得ないことになる。何故引渡し・登記と同様、たとえ当人の自白があったとしても第三者に対しては「譲渡ノ効カナイ」ということになったかといえば、そういうことにしておかないと譲渡が確実になってこない。もしそういうこと（悪意の自白や詐害・通謀）の証明がされればそれで（第一譲受人が勝っても）良いということであれば、通知を怠り又承諾を得ることを怠っておきながら後日いろいろなことを言い出して訴訟の種になったりするから、むしろこれは「杓子定規」に通知又は承諾が必要だということにしておく方が良い。引渡し・登記を必要とするのと同じことである。そうしないと、せっかく譲渡の確実性を求めて設けた条文が効力を十分に生じないことになるから、確実を旨とするには、この通知又は承諾というものを「絶対ノ条件」とした方が良いと思う。

（注3）　フランス民法の実務での執行官送達の類を指す。現行日本民法にくらべ手続的に煩瑣であるが、譲受人に有利であるといわれる。池田・前掲「復権」一〇六五頁注（8）、一〇七〇頁。

（注4）　Boissonade, Projet de Code civil pour l'empire du Japon, accompagné, d'un commentaire, 2^{e}éd., t. 2, 1883, n° 177.

（注5）　池田・前掲「復権」一〇六三頁以下によれば、むしろ削除の原因は確定日付制度を租税徴収のためのものとする誤解に端を発しているといわれる。

（注6）　これは結局立法化されるに至らなかった。なお、第五一五条の【その後の経緯】（本書七四八頁）参照。

（注7）　Boissonade, Projet, loc. cit.

（注8）　この改変は翻訳作業に起因する。ボアソナードの原意の意図せざる改変であったと、池田・前掲「復権」一〇五二頁以下には指摘されている。

（注9）　原本には「第三ノ点」とあるが、議論の整理上、一つずらした表記となった。

（注10）　現在の通常の言い方では、第二譲受人に対抗できるということである。

（注11）　確定条文第一七七条、第一七八条においても、旧民法の悪意の第三者を除く点が改められている。法典調査会民法議事速記録第六巻二七丁表以下、三七丁表以下。

【主要審議】

一　第二項に確定日付について規定を置く意味について

磯部四郎（二二巻一四二丁裏〜一四三丁裏）

私署証書の第三者への対抗力が確定日付の有無による場合は、この（債権譲渡の）場合に限らず、破産の場合や、一般に甲乙間の契約を第三者丙に対抗する場合などたくさんある。旧民法の主義で確定日付に関する規則を除いていれば格別、確定日付に関する法律を設ける以上は、どの場合にも甲乙間の約束を第三者に対抗しようというときには、必ず契約の日付に関する確定の証拠がなければならないという結果に帰するのではないかと思う。すると、確定日付のない私署証書は対抗力がないという一ヶ条を確定日付に関する立法の初めに設ければ各条に規定する必要はない。特別の法律を作る予定ならば、この第二項だけに確定日付ある証書ということを規定するのはどういう意味か。

梅謙次郎（二二巻一四三丁裏〜一四四丁表）

証書を第三者に対抗しようとするには確定日付がなくてはならないというふうに、おそらく特別法で決まるだろうが、証書が必要な場合は極めて少なく本案では本条が初めてではないかと思う。そして、ここでは証書よりも確定日付ということが大事で、証書以外に確定日付がわかる方法があればそれでも良いというくらいの考えである。ここで単に「証書ヲ以テスルニ非サレハ」と書いてはその立法の精神が表れないし、だからといって証書とあればいつでも確定日付のある証書の意味に文字を用いることはできない。なぜなら、（対抗が問題とならない）当事者間においても証書を必要とする場合が出てくるかもしれないからである。それで、こういうことはなるべく明瞭な方が良いだろうと思ってこのように書いておいた。

二　第二項削除案

横田國臣（二二巻一四四丁表〜一四六丁表）

債務者がぐるになって何時何日に通知を受けたという証書を作って譲受人に渡せば、差押債権者に対して詐欺ができることになってそれだけ「効能」がないと思う。(注12) すべてを登記するとすれば「判然ト分ル」（そういう詐欺も見抜ける）だろうが、それは大変煩雑な方法である。差押を免れるために譲渡がなされるのは、はなはだ弊害ではあるが、差押をする債権者は保証を取るなどをしておけば良く、それを（債務者を）信用してしなかった以上、（そういう結果になっても）仕方がないと諦める方が良い。判然とするのが良いのではあるが、「世ノ中ノ融通」の方からいうと、そうでなければならない。

梅謙次郎（二二巻一四六丁表〜裏）

この規定によれば、債務者がぐるになっても詐欺はできない。確定日付がどんな方法になるかはわからないが、フランスなどでは、不動産の登記のように綿密なものではないがとにかく登記することになっていると、よほど以前から後日の為に詐欺をしておく場合は仕方がないが、差押や破産の十日前とか二十日前ならともかく、何年も前から登記でもして嘘の証書を作っておくということは、実際、稀であろう。

横田國臣（二二巻一四六丁裏〜一四七丁表）

登記というものがあれば弊害をいくぶんか防げる。しかし登記でも、差押えられる何日前に登記をしておかないといけないといった規則があれば格別だが、債権者と債務者と譲受人がぐるになった場合は、差押えられる前日に動産を売って公証をしてもらう場合と同じで、その詐欺はとうてい発見できない。

梅謙次郎（二二巻一四七丁表〜一四九丁表）

日付を確定して日付に詐りないという方法を作れば、詐欺が防げる。なぜなら、詐欺は、差押・破産宣告があることがわかってから行われるもので、その時になって一年前の日付、一〇年前の日付にしようとしても、何の役にも立たない。証書を作ってからすぐ、フランスならば登記をしてもらわなければならないが、登記の日は差押・破産の後か、せいぜい差押・破産宣告の一両日前であるのが実例であり、そういう場合、裁判官がその詐欺を発見するのは決して難しくない。破産宣告の場合には支払停止によってその弊害を防げるし、日付が宣告より何十日前以内なら裁判官の見込で無効にすることができる。今の破産法(注13)では商事についてそれだけの詐欺が防げるので、もし商法の規定が一般に行われればそういう弊害は防止できる。前年又は前々年の古い証書による場合だけはどうしようもないが、これは債権譲渡の場合に限らない。

動産については、引渡がなければ権利が移らないということにしたので(注14)、この物は自分の手元にあるが、実は昨日誰某に譲渡したというだけではだめであるから、よほど詐欺の弊害を防げる。しかし有体動産の場合でも、差押・破産宣告のずっと前にしたときは仕方がない。有体動産について登記をすることは難しいが、第三者に対抗するために確定日付を要するということにしたなら、幾分かは防げるであろうと思う。

登記は、確実であるが非常に面倒で、(動産や債権譲渡については)フランスのようにすることは困難であるし、それほど完備した方法にしなくても詐欺を防げる方法はいくらもあろうと思い、確定日付を作った方が実際上便利だろうと考えた。

尾崎三良（一二巻一五〇丁表〜一五一丁裏、特に一五〇丁裏以下）

ボアソナードの旧民法草案には確定日付があったが、我国においてこれを今始めるのはいかにも「混雑」で必要もないということで除いた。ところが今度またこれを置くということになるとまた元の論に立戻って複雑な方法を設けねばならなくなる。フランスなどでは万般のことを登記して、その登記料が一財源になっているということも聞いているが、我国では不動産の登記を今整備しようとしているのに、この種々雑多な確定日付を作り法律を別に設けねばならないことになると事が複雑になるうえ、それだけの効能もないと思う。磯部委員の言うように、ここに確定日付を設ける以上は総て確定日付の必要な場合にも設けねばならず、梅委員の言うように、どうやらして印を押してもらえば良いというような簡単なことではすまないと思う。ぜひこれがなくてはならないのならばやむをえないが、私署証書というものは誰にでも作れてあてにならないものだからこれをやめて「公正証書ヲ以テスルニ非サレハ」としておけば、今までどおり確定日付の規定を設けなくても事が足りる。

梅謙次郎（一五一丁裏〜一五三丁裏、特に一五二丁裏以下）

公正証書は費用がかかるものであるため、債権金額が余り多くない場合等、公正証書によるとの規定があっても実際使われなくなってはいけない。そのような面倒な方法をとらなくても、証書の紙に確かな判が押してあれば替えるわけにいかない。判を偽造すれば偽造罪になるし、裁判所で専門家に調べさせれば多くの場合にはわかるはずである。郵便の書留のような方法で証紙に確かな判を押し、間違いを避けるためにせめて件名と当事者の姓名ぐらいを書くという些細な手紙をとれば、公正証書を作るような高い費用を払わなくてすむ。登記所では実際にできないのであれば公証人役場でもよい。方法はどうであっても確実でありさえすればよい。

田部芳（二二巻一五四丁表～裏）

私も元来この確定日付が実際それほど効能があるか疑いを持つ。ただ私署証書で譲渡をしても実際争いになる恐れはない。「相手」が認めない以上は、これに対して（証書内容の真正を）証明しなければならないから、私署証書の譲渡が第三者に対して効力をもつことはあるまい。また、公正証書でも必ずしも事実と合わないことがあり、証書の表面だけで決めては困るので、裁判官が調べて「認計」(注15)を経るほかなく、確定日付制度の設置は実際上すこぶる困難だろう。どうすればうまくいくかは、その法律を作る時によく考えなければならない。単に人がこの制度によるだろうという理由でここに規定するわけにはいかないから、私はこの第二項を削除する説を提出する。

尾崎三良（二二巻一五四丁裏～一五五丁表）

私もこの確定日付についてはなはだ安心ができかねる。債権譲渡等のことは、譲渡人と譲受人と債務者の間で知られていればそれで差支えない。「身代限リ」(注16)というような場合の譲渡の効力は田部委員の言うように「実際ノ証拠」(注17)で裁判官が判断すればよいから、削除説に賛成する。

梅謙次郎（二二巻一五五丁表～一五六丁裏）

田部委員の意見では、私署証書があっても相手（＝譲受人）が認めない限り証拠にならないということだが、（この規定は）相手と通謀して詐欺をするのを防ぐのであるから、（通謀していない）相手方が（偽造の私署証書の効力を）認めないというのはもちろんの話である。詐欺の為に作られた証書が（譲渡の）証拠となることが困るのであって（相手方がたとえその効力を）認めたとしても（それは通謀している場合であって、詐欺を防ぐための）何の担保にもならない。（また田部委員は）公正証書といっても信用ができないということである。なるほど、公正証書の内容は当事者が嘘を言って公証人がそのまま書けば真正かどうかはわからない。しかし、今日の公証人でもわざわざ日付を遡らせる詐欺は多分しないであろう。重い制裁があるから公正証書ならその点確実だが、それでは手数料も費用もかかるから、何か確実な方法があればその方法によりたい。私は公証人役場並びに登記所と言ったが、郵便局が良いとの説もあり、あるいは収税署の数をふやしてこれにさせるのが便利だということも聞いている。（確定日付制度設置の）費用の話だが、確定日付制度がたやすくできるものであって手数料が安いならば利用件数が多くなって収入も相当になるから、それで費用を償えると思う。まるで見込もなしに後のことを放っておくわけではない。

横田國臣（二二巻一五六丁裏）

私が削除に賛成したのは内容が悪いというのではない。特別法でするのならばよいが、どういう制度ができるかわからないのにここに規定するのがよくない。

梅謙次郎（二二巻一五六丁裏～一五七丁表）

一つ誤解があるようだからそれをはっきりさせておく。私の述べているこの確定日付は、公証人役場や何かで持って行って判を押させるというの（だけ）ではない。それ（＝公証人役場での日付印の押捺）は当事者の意思でできるが、ただ死亡した場合には死亡証書にいつ死んだとあれば死んだ人が証明することはない。（しかし）少なくともその死んだ日より前に（譲渡が）できているということはわかるから、それは確定日付がある。フランスあたりでは無論それ（＝死亡証書）は（確定日付ある証書に）含まれている。それから、死んだ人でなくても財産目録を作る。（譲受人の）財産目録に載っているものは少なくともそれ以前に存在するのであるから何時（譲受が）あったということはわからないが、その目録を作ったことが事実であるならばその日から日付が確定している。そういう意味でもこれ（＝確定日付の語）を使っている。

田部芳（二二巻一五七丁表～裏）

私が「相手」というのは譲渡人の相手というのではなく、譲渡を対抗する第三者、すなわち譲受人・譲渡人・債務者以外の者をいう。だから先程梅委員の言ったのは私の趣意に合っていない。私の言う公正証書というのはただの一例にすぎない。公正証書ですらあてにならないのだから、実際、場合場合によって裁判官に任せておいた方がよいだろう。そのために大変面倒なことをして実際に非常な「混雑」を来さない方がよろしい。これが私の大体の趣意である。

磯部四郎（二二巻一五七丁裏～一五九丁表）

確定日付を私署証書に入れるのがよいという原則に賛成する。この第四七〇条の第二項にこれを置くのが良いか悪いかということは別にして、とにかく確定日付というものは、他日特別法で設けるというだけの規定はここにあっても少しも差支えないと思う。削除説は原則は良いが実際の手数・費用に比して効能がないというのであって、私署証書の確定日付の規定を置くこと自体が悪いとは言っていないと思う。それから、田舎等では、確定日付を得るのに遠くに足を運ばねばならない（ので困る）という議論もあったが、そもそも田舎のへき地では債権譲渡はそう頻繁にある問題ではなかろう。とにかく、確定日付を得られる方法さえ備えておけば、実際このために人民が迷惑を蒙ることは少しもないと考える。

それから、東京府下その他商業取引の盛んな所では、今できたか昨日できたかわからないというので証書の日付を見ると、昨年とか一昨年となっていて、その反証を挙げることができず、「訴訟ノ局ヲ結フ」ということが往々にしてある。債権譲渡は、いう場合が往々にしてある。債権譲渡は、有体動産とは異なり紙一枚で何千円何万円の財産の所有者を自由に変更できる方法だから、最も詐欺の行われ易い方法である。それで、そういう詐欺の道を防ぐ方法を設けるのは、実際に便利だと思う。詐欺を防ぐ方法を実際の手続に譲ってここだけを放っておくのは立法の主義からいっても不親切だ。旧民法から削られたものがここで復活するのは誠に結構だから、原案のまま置くのが良い。

富井政章（二二巻一五九丁表～一六〇丁裏）

この規定は本章だけに関係するのではなく、原案第三九二条[注18]の質権の規定、原案第四九六条[注19]の代位の規定などで本条を準用している。代位の場合には、「日付ノ詐欺ノ」証書を偽造して第三者に損害をかける恐れがある。債権者に一旦弁済して第一抵当権が消滅し第二抵当権の順位が繰り上がった場合に、債務者が、第一順位の抵当権をつけなければ金を貸さないという者に対して、先の日付の証書を偽造して代位によって第一順位の抵当権を復活させ第二抵当権者[注20]に損害を与えることになる。この最も著しい弊害は、確定日付の方法で防ぐ以外にはない。なるほど今日まで偽造証書によって弊害が生じるのは、登記法が不完全なために妙な物権が登記なしに現われ、登記役所は法律の根拠がないため登記を拒絶するが、ただ日付が先であるために、裁判所は、効力の生ずる物権のあることを認めて、正常の登記を経ていた所有者に損害を与えていた。その点は新しい登記法ができて不動産に関する取引ではこういう弊害は殆んど生じなくなろう。しかし、債権譲渡とか、不動産上の物権譲渡以外の行為については、こういう確定日付の方法がなければ被害者が出るのは目に見えている。それにたいへんな手数や費用がかかれば考えものだが、確定日付について別に「約定」を特に設けてそれを維持してゆかなければならないということにしないでもこの目的を達するのだからこの規定を置く方が良い。

▼採決の結果、田部委員の第二項削除案は否決された（二二巻一六一丁表）。

三　第二項の「債務者以外ノ」という文言について

磯部四郎（二二巻一四九丁表～裏）

債務者は、通知を受け取り、承諾をする者であって、通知又は承諾については当事者であるから、(注21)第二項の「債務者以外ノ」は余計な文字ではないか。

梅謙次郎（二二巻一四九丁裏～一五〇丁表）

もっともな説で、理屈から言うと、第二項の場合の当事者は譲渡人と債務者であるから、第三者といえばそれでわかるはずではある。しかし第二項は「前項ノ」として前の文を受けており独立の文章ではないから、第一項の譲渡に関する第三者と、第二項の第三者とが同じ意味にとられる疑いがあり、それを避けるためにこう書いた。

四　通知の他に承諾を規定する意味

尾崎三良（二二巻一五〇丁表～一五一丁裏、特に一五〇丁裏まで）

債務者が承諾するには通知が前提となる。通知があれば承諾してもしなくてもかまわない以上、承諾するというのは不必要ではないか。

梅謙次郎（二二巻一五一丁裏～一五三丁裏、特に一五二丁裏まで）

普通は通知をしてきてから承諾をするのだが、債権者が譲渡前に債務者に承諾を求め、それから譲渡契約をする場合は、譲渡を通知したことにはならない。これに加えて、通知と承諾とは次条で効力に差があるから、ここでも両方規定しておく方がよい。

五　第二項修正説

田部芳（二二巻一六二丁表～裏）

第二項は、通知も確定日付を得た証書でしなければならないように読めるがそれほどの必要はないと思う。たとえ確定日付のある証書でなくても執達吏(注22)に頼んで、いつ何々の証書を誰々の所に「ヤツタ」（送達した）ということでも本条第二項の目的は十分達するから、第二項（の前文）を「前項ノ通知又ハ承諾ハ確定日附アル証書ヲ以テ証明スルニ非サレハ」ということに改めたい。

磯部四郎（二二巻一六二丁裏）

執達吏の通知書は確定日付であると考えるがどうか。

田部芳（二二巻一六二丁裏～一六三丁表）

執達吏自らが通知書を作った場合はもちろん、執達吏以外の者が作った通知書の送達を執達吏に頼む場合、通知書そのものには確定日付がなくとも、執達吏が送達した旨の証書を作って、いつ証書を送達したに違いないということが確定できる。（それも含めて）「証明スル」という方が「便利」であろう。

磯部四郎（二二巻一六三丁表～裏）

そもそも確定日付とはどのような場合にあるかといえば、公正証書が成立した場合、次に通知書を送った場合が挙げられる。その場合は特別の法律が立たないとわからない。今（田部委員が）示した場合は、確定日付の法律が成り立ったならば、その一つの場合になると思う。執達吏に委任状を渡して通知すれば、公吏の手でそれだけのことができ、結局同じ意味になるのではないかと思う。

田部芳（二二巻一六三丁裏）

私は、その場合には確定日付があると言っても良いように思う。「（確定日附アル）証書ヲ以テスルニ非サレハ」というと、通知をするにも確定日付の証書でしなければならないように読めて「窮屈」であるといっているにすぎない。

梅謙次郎（二二巻一六四丁表～裏）

私の考えでは確定日付の証書の中には先程磯部委員の言ったことは無論入っていると思う。また、執達吏が我々が手紙を使いをもって遣るように、手数料を払えば持って行くというものではない。執達吏規則に「告知及ヒ催告ヲ為スコト」とあるが(注23)、告知及び催告状の送達を為すということは入っていない。しかし、「当事者ノ委任ニ依リ左ノ事務ヲ取扱フ」(注24)とあるから、執達吏によって通知するというときはいずれにせよ「告知」にあたる。その証書自身が証拠になるのではなく執達吏がその告知の手続を踏んだのが証明になると思う。

▼第二項修正説には賛成者がないため採決の対象とならず、原案通り確定した（二二巻一六四丁裏）。

六　受取証書返還義務等に関する一般規定について

穂積陳重（二二巻一六一丁表～一六二丁表）

先に証書返還の義務、受取証書請求権等のことは、弁済の一般規定として提出したが、わかりきったことであるということで削除になった(注25)。しかし、削除になった理由については私も大いに意見を異にする。例えば、受取証書請求権が法律に書いていないと、債権譲渡の場合には、譲受人に支払ったが受取証書がとれず、元の債権者から再び請求されたときに面倒が生じて債務者がずいぶん危険になる。それから、受取証書請求権、債務証書返還の一般規定が削除になったから、代位の規定は受取証書の交付を加えて珍しく長い規定になったが(注26)、債権譲渡もほぼ同じような問題が生じる。一般規定があれば、予め詐欺や間違いを防ぐことができると思う。いったん削除と議決があったことであるから、これを再度整理までに提出するかどうか考慮中だが、こういうところで削除によって困っていることを念のために申しておく(注27)。

（注12）この発言は、確定日付制度の誤解に基づくものと思われる。

（注13）当時の商法（明治二三年法三二号）はその第三編破産、第九七八条以下に、破産に関する規定を置いていた。これは、商人に対してだけ破産を認めるフランス法系の主義を採るものであった。

（注14）動産についての対抗要件主義（民法第一七八条）を指す。発言の趣旨は動産について引渡を効力要件とするものではない。これにつき、法典調査会民法議事速記録六巻三七丁表以下参照。

（注15）認定の意味であろう。

（注16）江戸時代から明治初期にかけて行われた強制執行の手続。債務者が判決によって定められた一定日限内に弁済しないときは、役人立会いの上で、債務者の田畑・屋敷・家蔵・家財等を債務額に応じて債権者に引渡させるのであるが、後には、その財産を売却してその代金を債権者に交付するようになった。明治維新後も、たびたび身代限規則が定められたが、明治二三年法六九号の家資分散法の施行によって廃止された。

（注17）公正証書の確定日付以外のあらゆる証拠を意味するものと思われる。

（注18）原案第三六一条（確定条文第三六四条第一項）の誤りと思われる。同原案は、

記名債権ヲ以テ質権ノ目的トシタルトキハ債権譲渡ニ関スル規定ニ従ヒ第三債務者ニ其設定ヲ通知シ又ハ第三債務者カ之ヲ承諾スルニ非サレハ質権者ハ其質権ヲ以テ第三債務者其他ノ第三者ニ対抗スルコトヲ得ス

と規定していた。なお、同条の審議に関しては、法典調査会民法議事速記録一五巻一二九丁裏以下参照。

（注19）原案第四九六条第二項は、確定条文第四九九条第二項に相当するが、より詳しく、

前項ノ場合ニ於テ代位者ハ第　　条ノ規定ニ従ヒ債権者ニ代位シタルコトヲ債務者ニ通知シ又ハ債務者カ之ヲ承諾スルニ非サレハ其代位ヲ以テ債務者其他ノ第三者ニ対抗スルコトヲ得ス

と規定していた。同条の審議に関しては、法典

調査会民法議事速記録二〇巻一〇七丁裏以下（本書六一三頁以下）を参照。

（注20）原文では「第一ノ抵当権者」とあるが、第一順位の抵当権の消滅により順位の上昇した元の第二抵当権者を指すことは明らかであり、表現の便宜上本文のように表記した。

（注21）原文では、「……二項ハ債務者ト云フモノカ第三者ニナツテ居ラウト考ヘマス」とあるが、この発言の趣旨は、債務者も第三者であるというのではなく、わざわざ「債務者以外ノ」とことわることによって、元来第三者でない債務者が第三者に含まれることを前提にしているかのように受け取れて困るということであろう。

（注22）現在の執行官にあたるもので、区裁判所に配置され、主として送達の施行及び強制執行に関する処分を行う機関である。明治二三年法五一号・執達吏規則が、途中裁判所法による執行吏への改称をはさみつつ、昭和四一年法一一一号・執行官法による廃止に至るまで、この関係を規律していた。

（注23）執達吏規則第二条第一。尚、その他に同条で掲げられている権限としては、動産不動産の任意競売、「拒証書」（拒絶証書のことであろう）の作成がある。

（注24）執達吏規則第二条本文の一部。正しくは、「執達吏ハ当事者ノ委任ニ依リ左ノ事務ヲ取扱フコトヲ得」。

（注25）原案第四九一条第一項　弁済者ハ弁済受領者ヨリ受領証書ノ交付ヲ請求スルコトヲ得

同条の審議については、法典調査会民法議事速記録二〇巻九〇丁表以下参照。もっともこれは後に復活している。詳細は、本書五三四～五三五頁を参照。

（注26）修正前の原案第五〇三条第二項　弁済者カ前項ノ指定ヲ為ササルトキハ弁済受領者ハ受取証書ニ於テ其弁済ノ充当ヲ為スコトヲ得但弁済者カ其受取証書交付ノ時ニ於テ其充当ニ対シテ異議ヲ述ヘタルトキハ此限ニ在ラス

もっとも、受取証書については、原案第四九一条（前注参照）の議決を受けて、法文から削るとの修正原案が穂積委員自身から提出されている。この点は確定条文第四八八条でも復活していない。この審議については、法典調査会民法議事速記録二一巻三七丁表以下、及び第四八八条の項（本書五四七頁以下）を参照。

（注27）その後、受取証書の規定は復活した。詳しくは、民法整理会議事速記録四巻二八丁表以下、及び第四八六条【その後の経緯】（本書五三四～五三五頁）を参照。

【民法修正案理由】

本条ハ既成法典財産編第三百四十七条第一項ト其大体ノ主義ヲ同ジウシ、唯左ノ三点ニ於テ修正ヲ施シタルノミ。

一、既成法典ニ於テハ譲受人ガ其譲受ケタル債権ヲ債務者ニ対抗スルニモ合式ノ通知若クハ証書ヲ以テスル承諾ヲ必要トシタレドモ、本案ニ於テ証書ヲ要スルハ単ニ此譲受ヲ債務者以外ノ第三者ニ対抗スル場合ニ限レリ。蓋シ債権者ト債務者トノ間ニアリテハ単純ナル通知若クハ承諾ヲ以テ十分ナリトシ、証書ヲ必要トスルハ、畢竟他ノ第三者ニ対シテ詐欺ノ生ズルヲ防ガンガ為メナリ。果シテ此目的ニ因リテ証書ヲ要スルモノトセバ、其証書ニハ必ラズ確定ノ日附ヲ附セザルベカラズ。而シテ之ヲ附スル方法ノ如キハ特別ノ細則ヲ以テ規定スベキモノトス。

二、既成法典ハ前述ノ通知ヲ譲受人ヨリ為スベキモノトシ、且之ヲ以テ十分ノ通知ナリトスレドモ、譲受人自ラ其譲受ヲ通知シテ債務ノ弁済ヲ請求シ得ルモノトスルトキハ、正当ノ譲受ヲ得ザル者モ往々自在ニ譲受ヲ通知シテ債務者ヲ欺キ、以テ其弁済ヲ受クル等ノ恐レナシトセザルヲ以テ、本案ハ改メテ通知ハ譲渡人ヨリ之ヲ為スベキモノトセリ。其此ノ如ク改メタルハ、登記法ニ於テ登記ハ財産ノ譲受人ノ随意ニ之ヲ為シ得ザルモノトセルト同一ノ精神ナリトス。

三、既成法典ハ前述ノ通知若クハ承諾ヲ絶対的ニ必要トセズシテ、第三者若シ或条件ヲ以テ譲渡ノ事実ヲ知ルトキハ通知若クハ承諾ナキモ尚其第三者ニ対シテ債権ノ譲受ヲ対抗シ得ルモノトスルモ、本案ハ先キニ物権ノ譲渡ヲ第三者ニ対抗スルニハ動産ノ引渡若クハ不動産ノ登記ヲ絶対的ノ要件ト為シタルガ如ク、債権ノ譲渡ニ於テモ亦通知若クハ承諾ヲ絶対的ノ要件トシタリ。

▽民法修正案理由書第三編第一章「第四節債権ノ譲渡」二～四頁（第四七〇条）。

（松岡久和）

第四六八条　債務者が異議をとどめないで前条の承諾をしたときは、譲渡人に対抗することができた事由があっても、これをもって譲受人に対抗することができない。この場合において、債務者がその債務を消滅させるために譲渡人に払い渡したものがあるときはこれを取り戻し、譲渡人に対して負担した債務があるときはこれを成立しないものとみなすことができる。

2　譲渡人が譲渡の通知をしたにとどまるときは、債務者は、その通知を受けるまでに譲渡人に対して生じた事由をもって譲受人に対抗することができる。

第四六八条　債務者カ異議ヲ留メスシテ前条ノ承諾ヲ為シタルトキハ譲渡人ニ対抗スルコトヲ得ヘカリシ事由アルモ之ヲ以テ譲受人ニ対抗スルコトヲ得ス但債務者カ其債務ヲ消滅セシムル為メ譲渡人ニ払渡シタルモノアルトキハ之ヲ取返シ又譲渡人ニ対シテ負担シタル債務アルトキハ之ヲ成立セサルモノト看做スコトヲ妨ケス

譲渡人カ譲渡ノ通知ヲ為シタルニ止マルトキハ債務者ハ其通知ヲ受クルマテニ譲渡人ニ対シテ生シタル事由ヲ以テ譲受人ニ対抗スルコトヲ得

原案第四七一条　債務者カ留保ヲ為サスシテ前条ノ承諾ヲ為シタルトキハ譲渡人ニ対抗スルコトヲ得ヘカリシ事由アルモ之ヲ以テ譲受人ニ対抗スルコトヲ得ス但債務者カ譲渡人ニ払渡シタルモノアルトキハ之ヲ取返シ、負担シタル債務アルトキハ之ヲ成立セサルモノト看做シ又自己ノ債務ト相殺スルコトヲ得ヘカリシ債権アルトキハ譲渡人ニ対シテ之ヲ行使スルコトヲ妨ケス

譲渡人カ譲渡ノ通知ヲ為シタルニ止マルトキハ債務者ハ其通知ヲ受ケル《ママ》マテニ譲渡人ニ対シテ生シタル事由ヲ以テ譲受人ニ対抗スルコトヲ得

【参照条文】

旧民法財産編

第三四七条第二項　債務者ハ譲渡ヲ受諾シタルトキハ譲渡人ニ対スル抗弁ヲ以テ新債権者ニ対抗スルコトヲ得ス又譲渡ニ付

テノ告知ノミニテハ債務者ヲシテ其告知後ニ生スル抗弁ノミヲ失ハシム

第五二七条　債権ノ譲受人カ其譲受ヲ債務者ニ告知シタルノミニテハ債務者ハ譲渡人ニ対シテ従来有セル法律上ノ相殺ヲ以テ譲受人ニ対抗スルノ権利ヲ失ハス

債務者カ譲渡人ニ対シテ既ニ得タル法律上ノ相殺ノ権利ヲ留保セスシテ譲渡ヲ受諾シタルトキハ債務者ハ譲受人ニ対シテ其権利ヲ申立ツルコトヲ得ス

右二箇ノ場合ニ於テ債務者カ相殺ヲ申立ツルコトヲ得サリシ金額又ハ有価物ヲ譲渡人ヲシテ自己ニ償還セシムルノ権利ヲ妨ケス

フランス民法

第一二九五条　義務ヲ行フ可キ者義務ヲ得可キ者ノ他人ニ其権ヲ移シタルヿヲ承諾シ別段二箇ノ義務互ニ相殺ス可キヿヲ定メサル時ハ縦令其承諾ヲ為サヽル以前ニ従来義務ヲ得可キ者ニ対シ二箇ノ義務ヲ互ニ相殺ス可キ求メヲ為シ得可キ場合ト雖モ既ニ其承諾ノ後ニ至リテハ其義務ヲ得可キ権ヲ譲リ受ケシ者ニ対シ二箇ノ義務ヲ互ニ相殺ス可キノ求メヲ為スヿヲ得ス

又義務ヲ得可キ者他人ニ其権ヲ譲リ義務ヲ行フ可キ者未タ之ヲ承諾セス唯其由ノ告知ヲ得タル時ハ其告知ノ後ニ生シタル義務ヲ互ニ相殺ス可キノ求ヲ為スヿヲ得ス

オーストリア一般民法

第一三九六条　〔第四六七条の【参照条文】中に掲載〕

オランダ民法

第一四六七条　〔フランス民法第一二九五条に同じ。〕

イタリア民法

第一二九一条　負責主ニシテ責主ノ第三位ノ人ニ責権ヲ譲与スルヿニ関シ絶テ規約ヲ立定セス又予虞ヲ留存セスシテ其譲与ヲ認許セシ所ノ人ハ其譲与ノ領諾セラル、以前ニ譲与者ニ対抗スルヿヲ得可カリシ所ノ償殺法ニ依拠シテ以テ受譲者ニ対抗スルヿヲ得可カラス

然レ𪜈負責主カ認許ヲ与フルヿ無クシテ唯〻通知ノミヲ受ケタル所ノ譲与ニ関シテハ其通知ヲ受ケタル以後ノ責権ニ対スルニ非サレハ則チ償殺ノ決行ヲ妨阻スルヿ無シ〔仏民第千二百九十五条〕

ポルトガル民法

第七七三条　債務者が、債権者より第三者に対してなされた譲渡を承諾したときは、譲渡人に対抗し得た相殺をもって譲受人に対抗することはできない。

第七七四条　債権者が債務者に対して譲渡を通知したにもかかわらず、債務者がこれを承諾しなかったときは、債務者は、譲渡の前に譲渡人に対して取得した債権の相殺を対抗することができる。

第七七七条　債務者に対して譲渡の通知がなされなかったときは、債務者は、その取得が譲渡の前か後かにかかわらず、譲渡人に対して有する債権の相殺を譲受人に対抗することができる。

スイス債務法

第一八九条　譲渡人の債権に対抗していた抗弁は、債務者が債権譲渡を知る時までに生じていた限り、債務者はこれを譲受人に対しても主張しうる。

虚偽表示の抗弁に関しては、第一六条第二項の規定を適用する。

モンテネグロ財産法

第六〇五条　債権者の交替によって債務者の地位が悪化してはならない。従って、債務者が従前の債権者に対抗することができた全ての抗弁、訴訟不受理事由並びに防御手段は、新たな債権者又はその者の相続人に対しても依然有効である。

第六一八条　適法に譲渡の通知がなされる以前に反対債権が成立していた場合、譲渡された債権の債務者は、自己の債権者である譲受人に対して、譲受人に対する債権の相殺だけでなく、譲渡人に対する債権の相殺をも対抗することができる。

スペイン民法

第一一九八条　債務者が、債権者より第三者に対してなされた権利の譲渡を承諾したときは、譲渡人に対抗することができた債権の相殺を譲受人に対抗することができない。

　債権者が債務者に対して譲渡を通知したにもかかわらず、債務者がこれを承諾しなかったときは、債務者は、譲渡の前に生じた債務につき相殺を対抗することができる。但し、譲渡の後に生じた債務についてはこの限りではない。

　債務者に対して通知がなされずに譲渡が行われたときは、債務者は、譲渡を知るまでの間、それが譲渡の前に生じたか後に生じたかにかかわらず、債権の相殺を対抗することができる。

ベルギー民法草案

第一二九五条　債権者が債権を譲渡する場合、債務者は譲受人に対し、譲渡通知の時に譲渡人に対して有する債権による相殺を対抗することができる。このことは、債権が譲渡の後に生じても同じである。

債務者は、通知の後に生じた債権の相殺を対抗することはできない。

　債務者が譲渡につき承諾をなす時に債権者であった場合、自己が譲渡人の債権者となった時に生じていた相殺の効力を放棄する。

ドイツ民法第二草案

第三四七条　債務者ハ新債権者ニ対シ債権譲渡ノ当時旧債権者ニ対シテ存シタル抗弁ヲ対抗スルコトヲ得

第三四九条　債権者（注1）ハ旧債権者ニ対シテ有スル債権ヲ以テ新債権者ニ対シ相殺ニ供スルコトヲ得但債務者カ債権ノ譲渡ヲ知リタル後自己ノ債権ヲ履行シ又ハ自己ノ債権カ旧債権者ノ債権譲渡ヲ知リタル後ニ於テ且譲渡サレタル債権ヨリ以後ニ満期ト為リタルトキハ此限ニ在ラス

第三五〇条　新債権者ハ譲渡後ニ債務者カ旧債権者ニ為シタル給付及ヒ譲渡後債権ニ関シ債務者ト旧債権者カ為シタル法律行為ヲ自己ニ対抗セシムルコトヲ要ス但債務者カ給付ヲ履行シ又ハ法律行為ヲ為ストキ債権ノ譲渡ヲ知リタルトキハ此限ニ在ラス

　譲渡後ニ債務者ト旧債権者ノ間ニ繋属シタル争訟ニ於テ債権ニ関シ確定判決カ下サレタルトキハ新債権者ハ此判決ヲ自己ニ対抗セシムルコトヲ要ス但債務者カ権利拘束ノ生スル時債権ノ譲渡ヲ知リタルトキハ此限ニ在ラス

プロイセン一般ラント法

第一部第一一章第四〇七条　譲渡された債権の債務者は、譲渡人に対して主張できた全ての抗弁及び反対債権を譲受人に対しても対抗できる。

第四〇八条　一般に債務者の義務は第三者への権利の譲渡によって加重されえない。

第四一二条　債務者は、債権が性質と額によって確定されたことにより有効な方法で一度譲受人を債権者として承認した以上、譲渡人に対して主張すべきであった抗弁及び反対債権を譲受人に対抗することができない。

第四一三条　なされた譲渡が適正に債務者に告知されない限り、債務者と譲渡人との間でなされた全ての商議（Verhandlungen）は、債務者の為に有効である。

第四一四条乃至第四一六条　〔第四六七条の【参照条文】中に掲載〕

第四一七条　しかし債務者が債権譲渡を知りながら譲受人の損害によって自らの利益をはかる為のみに商議をなした場合は、譲渡人と債務者との間でなされた全ての商議は無効である。

第一部第一六章第三一三条　債務者は、告知された譲渡の前に原債権所持人に対して要求すべきであったものに限り、そのつど債権所持人に対する債権と同様に譲渡された債権と相殺することができる。

第三一四条　債務者は、債権譲渡の場合の譲受人への承認及び指図（Anweisungen）の場合の引受により譲渡人又は指図人に対する抗弁を失ったときは、その限りでこれらの者に対して有していた債権を譲受人又は被指図人に対して相殺に供することができない。

第三一五条　しかしこれに対して譲受人を債権者として承認した債務者も、その譲受人が債務者の関与なしにその債権をさらに譲渡した場合は、譲受人に対して有していた反対債権を転譲受人に対して相殺することができる。

第三一六条　以上の場合のほか、債務者が債権者として承認しなかった中間債権所持人に対して有していた債権の、最終債権所持人に対する相殺（Compensation）は生じない。

ザクセン民法

第九七五条　負債者ハ譲渡ヲナス債主ニ対シ自己ニ属スル総テノ異議ニシテ其事実上ノ理由譲渡ノ時既ニ存在セシモノヲ新債主ニ対シテモ亦申立ルコトヲ得ルモノトス負債者ハ譲渡ヲ知了セシ時譲渡ヲナス債主ニ対シテ有セシ反対要求ヲ新債主ニ対シテモ亦扣除スルコトヲ得ルモノトス

（注1）「債務者」の誤りと思われる。

【起草趣旨】

梅謙次郎（一二巻一六五丁表～裏）

本条は、旧民法財産編第三四七条の第二項と第五二七条[注2]とを合わせたものと殆んどその趣旨を同じくする。第三四七条には本案第一項但書の規定がなく、その他の場合についても少し簡単にすぎると思う。また、第五二七条は明瞭だが、相殺について規定したもので、すべての場合にこのままの文字では当てはまらないから、仕方なく、この二条を合併して本条の規定を設けた。第一項但書はすこぶる複雑にわたり望ましくないが、すべての場合に当てはめるためには仕方がない。

（注2）一六五丁表に五百三十七とあるが、誤記である。

【主要審議】

一　「負担シタル債務」の意味について

磯部四郎（一二巻一六五丁裏～一六六丁表）

「負担シタル債務アルトキハ之ヲ成立セサルモノト看做ス」というのは、誰が負担したということになるか。

梅謙次郎（一二巻一六六丁表～裏）

債務者が負担した債務のつもりである。これはどういう場合かというと、例えば、私が磯部委員から金を借りて期限が来ても返せないので、私の不動産とか米で返す旨更改したとする。磯部委員の相続人が更改契約のあったのを知らず、消滅している債権を譲渡したところ、債務者たる私が忘れていたか何かでとにかく留保をせずに承諾をした。その場合、譲受人は私を債務者とみなすことがこの規定からできる。そうすると、私は二重の義務を負うので、譲受人に義務を負わねばならない代りに、（更改による）磯部委員に対する債務は成立しなかったものとみなせる。つまり、磯部委員の側にも更改した後で譲渡するなど、多少過失があり、それぐらいのことは許してよかろうと思う。

磯部四郎（二二巻一六六丁裏～一六七丁表、一六七表～裏）

今の説明で意味はわかったが、この「負担シタル債務」というのが、譲渡した債権の「代物」の債務であるというのはわかりにくい。

元田肇（二二巻一六七丁裏）

今のような場合、債務は残っているのか。

梅謙次郎（二二巻一六七丁裏）

消滅しているものを譲渡人が譲渡し、善意で譲受けた者に対して債務者が承諾したのだから、法律が新たな義務を負わしたようなものである。

横田國臣（二二巻一六八丁表～裏）

（債務が）消えるとは考えられない。もしそうでないとすれば、（代物弁済や）更改で消滅した債権が譲渡され債務者が承諾した場合、譲渡人と債務者は虚言を言って譲受人に売ったのだから、譲受人は両人に対して賠償を求めることができる。それをこの規定で「片方ニスル」（債務者だけに支払を求めうるに止まるとする）のは良くない。元来、成立たないものを売るということが道理からは良くない。

梅謙次郎（二二巻一六九丁表～一七〇丁表）

（代物弁済と更改の区別につき）「約束丈ケテ構ハヌ夫レヲ名ツケテ更改ト云フ直クニヤツテ仕舞ヘハ代物弁済ニナル其場合ニハ適用カナイ」。[注3]

一旦消えたものが「活キル」というのはおかしいというのはもっともだが、それならばこの場合のみならず、「譲渡人ニ払渡シタルモノアルトキハ之ヲ取返シ」ということもいけない。この場合は、代物であれ、純粋の弁済であれ、弁済してしまったのである。弁済により消滅した債権を譲受人が善意で譲受けた場合、この明文がなければ、横田委員の言うとおりただ純然たる損害賠償に止まる。しかし、損害賠償は裁判官の損害認定に依り、不確実なものだと思う。この場合、有効になれば「債務者カ損ヲスル」（損害は債務者に転嫁される）が、それは自分が債務者であると言った債務者の「自業自得」である。そうして見れば、債務者に損害を負担させるのが当然である。また、債務者と債権者が通謀してやったことが証明されれば、明文がなくても譲受人は普通の損害賠償の規定によって債権者に賠償を求めることができる。しかしこの普通の損害の原則では足りないため、自ら債務者であると言った債務者に対して「法律カ新タニ義務ヲ負ハセルノテアル」。

元田肇（二二巻一七〇丁表、一七二丁裏、一七三丁表）

「但債務者カ負担シタル債務アルトキハ之ヲ成立セサルモノト看做ス」という文字は説明された意味を十分に表わさない。何とかわかるようにしていただきたい。

私が梅委員に債務を負っていたがそれを払う代りに私が梅委員の債務を払うと約束し、（梅委員の）債権者が承知した時には、梅委員の債務は消滅する。その後、（別の譲受人が、）間違って譲渡について私に承諾を求めたところ私が承諾してしまえば、先に私が梅委員の債権者に対して負担していた債務が成立せざるものとみなされ、その債権者に対してはひどいことになりはしないか。[注4]

梅謙次郎（二二巻一七三丁表。一七七丁表～裏も参照）

その問題には気付かなかった。「譲渡人ニ対シテ負担シタル」と書いては、前に「譲渡人ニ払渡シ」と書いてあるから、くどいと思うが、今のような場合もあるから、御異議がなければ、「譲渡人ニ対シテ」ということを入れていただきたい。

二　但書という規定の仕方の適否

元田肇（二一巻一七九丁裏）

　但書は本文の例外ということが多いと心得ているが、ここでは（本文で）譲受人(注5)に対抗できないと書いてありながら、但書以下ではこのような場合には対抗できるというのではなく、譲渡人に対して取消せるというふうに、まるで違った事柄が規定してある。体裁上は但書でないほうが良くはないか。

梅謙次郎（二一巻一七九丁裏～一八〇丁表、特に一七九丁裏）

　単に（債務者が譲渡人に）対抗することができると（但書に）書いては、債務者はそれだけ損をせざるをえない。それを損をしなくてもよろしいという意味で但書を付け加えた。これまでこういう字（の使い方）はあったように記憶している。

三　但書中相殺についての原案の修正

田部芳（二一巻一七四丁裏～一七五丁表）

　本条第一項の終りに「又自己ノ債務ト相殺スルコトヲ得ヘカリシ債権アルトキハ、譲渡人ニ対シテ之ヲ行使スルコトヲ妨ケス」とあるが、この文章から言うと、相殺が法律上当然に生じるように読める。相殺のところがどのように決まるかはわからないのに、ここで予断したようなきらいがある。もし、相殺が「対抗シタト云フコト」によって初めて生じるのならば、このように書く必要はない。

梅謙次郎（二一巻一七五丁表～裏）

　相殺には「対抗」を必要とするという案(注6)がすでに出来ている。その場合でも明文は必要である。なぜ要るかと言うと、相殺を「対抗」すれば「既往」に遡って効力が生ずるから、もしこの明文がなかったら、譲受人には「対抗」できないが、譲渡人には「対抗」することができるようにも思える。譲渡人に対しても「対抗」できないということ(注7)が、但書の明文で明瞭になるのではないか。

田部芳（二一巻一七五丁裏）

　相殺は許さないが更改は許すことにならないか。

梅謙次郎（二一巻一七五丁裏）

　譲受人には「対抗」できないことは本文でわかるが、譲渡人に対してやはり「対抗」ができるというように読めるきらいがある。そうするとやはりよくない。

田部芳（二一巻一七五丁裏）

　ここの書き方は、「相殺ハ対抗スルコトヲ得」とは書いていないから、（債務者は譲渡人に対して自らの）債権を行使するという意味であろうが、債権が残っていれば、それを行使することができるというのは、（書かなくても）わかるのではないか。

梅謙次郎（二一巻一七六丁表）

　それはわかるが、債権が残っていることについて疑いが生じる場合がある。譲受人に対して対抗できないことは本文からわかるが、（仮に但書がないと、）譲渡人(注8)に対してだけは相殺が「対抗」できる結果、譲渡人に対して自己の債務が消えると同時に（譲渡人に対する）債権が消滅し、債務者は、譲受人に支払った分の損害賠償を譲渡人に対して請求できるに止まると読めなくもない。

磯部四郎（二一巻一七六丁表～裏）

　相殺のところだけに「自己ノ債務」という文字が入ると、「債務者カ債権《ママ》ヲ有スルトキハ」と読めておかしいので(注9)、「自己ノ債務ト」という文字を除いて「又相殺スルコトヲ得ヘカリシ債権ヲ有スルトキハ譲渡人ニ対シテ之ヲ行使スルコトヲ妨ケス」とした方がよい。

田部芳（二一巻一七六丁裏）

　債権者に払い渡した物の取返し、負担した債務は成立しなかったものという二つの事柄に詰めてしまい、相殺についての部分は削ってはどうか。

元田肇（二二巻一七六丁裏～一七七丁表）

（一の末尾の梅発言を受けて）「譲渡人ニ対シテ」という字を第二の場所（「負担シタル債務」云々の直前――松岡注）に入れるのは蛇足のように思う。もし入れるならば、今磯部委員の言ったとおり「自己ノ債務ト」という六字を削除した方が明らかになるだろう。

梅謙次郎（二二巻一七七丁表～裏）

田部委員の説を聞いてよく考えると、この「又」以下（相殺についての但書――松岡注）はなくてもすみそうであるから、今の（田部委員の）修正説に賛成する。「従ッテ又今ノ文字ヲ変ハルト云フコトニ付テハトウセ悪ルクテ削ルコトテアリマスカラ然ルヘク修正ヲ願ヒタイ」。（注10）

議長（箕作麟祥）（二二巻一八三丁表）

（次掲**四**の但書全部削除案の議論とその否決を受けて）

「之ヲ取返シ又譲渡人ニ対シテ負担シタル債務アルトキハ之ヲ成立セサルモノト看做スコトヲ妨ケス」というのを原案にするのか。

梅謙次郎（二二巻一八三丁表）

異議がなければそう願う。

四　但書以下全部削除案

磯部四郎（二二巻一七〇丁表、一七〇丁表～裏）

但書をごく簡単にしてしまって、三つの場合を「但譲渡人ニ対シテ抗弁ノ方法ハ持ツテ居ル」というような、簡単で網羅的な法文を案出するわけにはいかないか。

私の考えでは「負担シタル債務アルトキハ」ということにしたらどうかと思ったが、「然ウテハナクシテ」（注11）、例えば（一度に支払うと）債務が存在しており、それを月賦（で払うと）の約束をしその代りに担保を入れようと約束をした場合に、単純な債権の譲渡を承諾したときは、その約束は当然不成立に帰さなければならない。しかし、それらのことが（この但書に）入るか否か議論が生じる。或いは、横田委員の言ったような議論（本条全体を疑問視する意見――松岡注）も生じるかもしれない。

細かく規定しても不十分なことがあるかもしれないし、短く縮めても縮めかねることもある。今晩は人数も少ないので次回までに考えられて、これでやめてはどうか。（注12）

横田國臣（二二巻一七〇丁裏～一七一丁表）

この但書があるからこういう議論も出る。かえってこの但書はないほうがよくはないか。

梅謙次郎（二二巻一七一丁表～一七二丁裏）

いかにも「書キ様」は悪い。我々もこれでは不明瞭だと思うが、よい案が見出せず不満足と知りながらこういう案を出して恐縮している。さきほど磯部委員が言ったように、一言で言うことができれば大変都合が良いが、どうもそうはいかない。譲渡人が請求してきた時に、「譲受人ニ対シテハ対抗カ出来ル《ママ》カオマヘニハ対抗カ出来ヌ《ママ》モノテアル」（注13）と言って（旧債務目的物の引渡請求を）拒絶するという形で、単に対抗して事がすむのであれば良い。しかし、その反対に、譲渡人に対して既に払い渡した物を取返す場合、単に対抗云々としては、譲渡人に返還義務が生じないような具合になってしまう。（注14）それで、本案では一言で言う名案がまだできない。

一々書いておくとこれではかえって足りないものがありはしないのか、その例として、金一〇〇〇円を一度に払うべきものであったのを年賦にしてその代りに別の担保を供するという場合は、この中に入らないのではないかということだが、私の考えでは、その場合はやはりこの「負担シタル債務アルトキハ之ヲ成立セサルモノト看做ス」というので十分だろうと思う。
　今の横田委員の（全部削除）説ではどうしてもだめだと思う。但書がなければ、債務者は、譲受人に対抗できない場合、自分が二重に払う一方、譲渡人も二重に受取っているから、譲渡人に対して不当利得の規定によって返還を請求することになるが、金銭ならばともかく、金銭以外の物が債権の目的の場合、（譲渡人が受け取った物の）評価を裁判所で決めねばならず面倒である。この但書のようになっておれば、文章の上では面倒のようだが、実際簡単で、結果は不当利得をさせないことになるだろうと思う。但書を削除されては困る。

磯部四郎（二二巻一七三丁裏〜一七四丁裏）
　説明のような理由ならば、「負担シタル債務アルトキハ之ヲ成立セザルモノト看做ス」という文章はいらないように思うので、この文字を削除する説を提出する。ただいま起草委員の述べた場合は、不成立の債権の譲渡を承諾した場合にしか考えていないから、それは錯誤の大なるもので、目的物のないものを承諾した形になると思う。債権の譲渡では「譲渡サヌ債権[注15]」が存在していることが必要だと考える。譲渡人と債務者の間で更改をして、前の債務の姿のなくなったものを譲渡し、それを誤って承諾したときは、私の考えでは、目的物のないものを承諾した形になるから、契約を取消しうるのみならず、そもそもその譲渡は不成立のものと思う。債務者の不注意な承諾のために被った損害の賠償を求めることはできても、ない債権の譲渡が有効になるという理由は見出せない。
　「払渡シタルモノアルトキハ」というのは、全部払渡したのではなく債務が幾分か残っている場合をいうと思う。また、相殺にしても相殺がすでに済んでしまったものとは思わない。ところがこの「負担シタル債務ト云フモノト前ノ債務ニ代ツテ幾多ノ債務カ存在シテ其譲渡シタ債務カ其譲渡ヲ誤ツテ」、有効な譲渡が成立しないから、先に述べた文章は削除した方が良い。

梅謙次郎（二二巻一七七丁表〜裏、特に一七七丁裏）
　磯部委員が挙げた場合には、「義務カ二ツ成立ツケレトモ夫レハ只譲渡人ニ対シテ不当利得ノ請求ヲスルコトシカ出来ヌ」。譲渡人に必ず詐欺とか過失があるから但書があってもよいだろうと思う。「第三者」は詐欺・過失の本人でなく何も知らないから、そういう人にまで迷惑をかけることはできない。「然ウ云フ場合ハ宜シク不当利得ノ原則ニ従フノテアリマス[注16]」。

横田國臣（二二巻一七七丁裏〜一七八丁表）
　梅委員によれば不当利得というのではよくないということであった（一七二丁表〜裏——松岡注）。例えば、私が梅委員に一〇〇〇円借りて五〇〇円返したところ、梅委員が他の者に九〇〇円で売った場合、梅委員の見解では、梅委員が四〇〇円の不当利得をするというのであろう。しかし、債権をいくらで売ろうがそれは梅委員の任意であるから、梅委員が損失を被るのが当然で、不当利得でも五〇〇円のものを取返すのが至当と思う。だから、但書以下を全部削って良い。

磯部四郎（二二巻一七八丁表）
　但書全部削除に賛成[注17]。

梅謙次郎（二二巻一七八丁表〜一七九丁表）
　横田委員の意見は道理上そうでなくてはならないということだが、不当利得の原則からいうとそうはいかず、今の場合は四〇〇円しか不当に利得していない。譲渡人が悪意で譲渡し、債務者が錯誤で承諾した場合は、不当利得ではなく、「不正ノ損害」（不法行為）で、受けた損害を五〇〇円を超えて取れるかもしれない。しかし、二人とも（債務者も）悪意の場合は「オマヘノ御蔭テ損害ヲ受ケタ」とはいえず、仕方なく不当利得ということになってしまう。但書を加えれば今の例でも、もし金で見積ることができれば債権者（譲渡人）が五〇〇円は返すことになろう。

横田國臣（二二巻一七九表～裏）

双方悪意の場合は考えなくてもよい。債務者が承諾したというのは、ただ債権を譲渡するということについてのみで、それをいくらで譲渡するかについて同意するのではない。譲渡人が自らする行為について債務者が負担を被ることはないから、この但書がなくても譲渡人には五〇〇円の不当利得がある。今日でもそうなるだろうと思う。

梅謙次郎（二二巻一七九丁裏～一八〇丁表、特に一八〇丁表）

それは不当利得でどう決まるかわからないが、ローマ法ではこれまでのところ譲渡人が「現ニ利益シテ居ルモノ」を返せばよいということになっている。それであるから、「自分カ安ク売ツタナラハ自分カ悪ルイノテアル」。今の例で言えば、どうしても四〇〇円しか請求できないことを私は疑わない。

磯部四郎（二二巻一八〇丁表～一八一丁表）

「一寸御尋ネシマスカ不当利得ノ四百円ト云フノハ譲渡人カ譲渡シタ代価ト云フコトテアリマスカ一寸言フト成立テ居ナイ債権ヲ譲渡シテ四百円取戻スト云フコトニナリマスカ」。

私は、不当利得というのは払い渡したものを取り戻す（ことであるのに対し）、「向フカラシテ更ヘタモノカアレハ」その約束は不当利得でも何でもない（と考える）。つまり払い渡したものを取り戻すには不当利得で十分であるが、「負担シタ債務アルトキハ之ヲ成立セサルモノト看做ス」ということは、土台債権というものがなくなってしまった、その債権を原因として負担したものは、原因がなくなってしまったから「無原因ノゑきせツしよん[注18]」でもって債務者から譲渡人に対抗することができる。それから「自己ノ債権ト相殺スルコトヲ得ヘカリシ債権」ということについては、相殺すべき債権がなくなった以上、目的物がないから相殺は行われず、自分の権利だけ「債務ヲ弁償シテ往ク丈ケノコトニ限ル[注19]」。

但書以下の全部について不当利得で埋め合わせがつくという横田委員の説に賛成するのではない。私の考えでは、債権譲渡の代価を取り戻すのではなく、自分が二重払いしたものを取り戻すのは不当利得でゆける。「払ハシタル債務」は無原因で抗弁ができるに違いない。相殺について不必要であることは「稍々起草者モ御同意ニナルコトテアル」。そうすれば但書はなくても良いということで、横田委員の削除説に賛成するのである。

梅謙次郎（二二巻一八一丁表～一八二丁表）

磯部委員によれば、但書の場合は、既に債権が消滅しているのであるから、債務を負担しても（その債務は）成立たないと言えば良いということであるが、そうではない。いったん弁済、更改等で消滅した債権をなお存立しているかのように[注20]して他人に売り、その譲渡について債務者が承諾をした場合である。明文がないと、初めの弁済又は更改が有効で、後の譲渡が無効になって譲受人に損害を与える。それで本条ができた。もし前の弁済・更改も有効となれば、債務者は二重に義務を負ったり払ったりしなければならない。明文（但書）がないと不当利得の原則による。前の弁済はもとより有効だったから、ただ後の譲渡が不当でその譲渡によって利得したものが不当の利得である。だからその代価が安かったなら、安いものについてしか利得していない。横田委員の例では、明文がなければ債権者に対して不当利得しか請求できず、債権者の不当利得は四〇〇円だけである。

磯部四郎（二二巻一八二丁表～裏）

但書以下のような場合は、机上で想像すればあるいはあるかもしれないが、既に払い渡した債権の譲渡について承諾する、あるいは相殺しうる債権があるのに承諾するようなことは実際には殆んど千に一つの生じない例だと断言できよう。これは実益のない問題であるから削除が相当である。

債権譲渡は「一方ニ向ツテハ債権ノ成立ヲ担保シテ居ツテ一方ニ向ツテハ夫レ丈ケノ弁償ヲ得テ居ル」。（債務者は）不当利得によるか不法行為によって賠償を求めていくものであるが、実際にそれで補いがつくかつかないかは研究に値する。不当利得は不当利得の「いんぼるたん」[注21]で押していかねばならないとしてこの原案を維持するのは、私は少し無理ではないかと思う。

▼採決の結果、削除案は賛成少数で否決された。その後、**三**末尾に述べたとおり、原案が修正され、異議なく修正原案どおり可決された。

（注3）　代物弁済の場合は、「払渡シタルモノアルトキハ之ヲ取返シ」の方に該当するとの趣旨であろう。なお、この発言は、（要約中では省略したが）金銭の代りに「玉」を渡すという約束をするだけで元の債務が消滅するのかという横田委員の疑問に対するものである。

（注4）　一七三丁表の元田委員の発言は「貴君〔梅委員〕ノ方ニ対スル債権者ハ真ノ債務者ニナツテ貴君ノ方ノモノハ消ヘテ仕舞ツタモノト見ル」となっているが、ここで元田委員の挙げている例は、元田委員に対する債権につき梅委員からその債権者へ、債権者の変更の形で更改があり、後に、消滅したはずの債権が別の者に譲渡されたという例であろう。その趣旨と解する限り、「真ノ債務者ニナツテ」云々は、「債権者」の誤記であろう。

（注5）　「譲渡人」とあるのは誤記であろう。

（注6）　原案第五〇二条以下。要するに法上当然相殺主義を採らず、相殺する旨の意思表示を必要とするとの趣旨である。法典調査会民法議事速記録二三巻四〇丁表～裏（本書六八一～六八二頁）参照。

（注7）　この趣旨は、譲渡人に対抗できるとすれば相殺の遡及効の規定と本条文との間で解釈の混乱が生じてしまうということであろうか。

（注8）　原文では「譲受人」となっている。

（注9）　磯部委員は、「自己ノ債務ト相殺スルコトヲ得ヘカリシ債権」と読まずに、「自己ノ債務」プラス「相殺スルコトヲ得ベカリシ債権」と解したうえ、ことさら債務者が債務を有していると表現するのがおかしいと言っているものと思う。本文中「債権」のままでは、意味が通じない。「債務」の誤記であろう。

（注10）　元田委員の修正説が意味がなくなったとの趣旨であろう。

（注11）　それはだめだとの趣旨か。

（注12）　開会時の出席は一七名で特に少ないとはいえないから、途中退席があったのであろう。なお、延期動議は賛成がなく不成立であった。

（注13）　発言の全趣旨からして、「譲受人ニ対シテハ対抗カ出来ヌカオマエニハ対抗出来ルモノテアル」の誤記であろう。

（注14）　原文は「恰モ其反対ノコトニナツテ譲受人ニ対抗カ出来タ結果トシテ譲渡人ニ対シテ元ノ有様ニ復セヌト不公平テアルカラ既ニ払ヒ渡シタ物ヲ取返ス義務ヲ負フテモ其義務カ成立タナイト云フ様ナ事柄ニナツテ仕舞ウ」である。

（注15）　譲渡しようとする債権の意味であろう。

（注16）　ここの梅発言は、全体として趣旨がよくわからない。磯部委員の例とは、債権譲渡後、債務者が譲渡人に一部弁済したような場合であろう。その場合ならば、確かに弁済は非債弁済として不当利得法によることになる。しかし、梅委員が念頭においているのは、債権譲渡前に一部弁済があった場合であり、その場合不当利得の適用では不都合であるということは、梅委員自身が強調している。それと本発言は矛盾する。また、「義務カ二ツ成立ツ」の二つの義務というのもよくわからない。

（注17）　この結果、先の一部削除説（二二巻一七三丁裏以下）は、全部削除説に吸収されたことになる。

（注18）　exception（抗弁）の意味であろうと推測される。

（注19）　磯部委員は、あくまで消滅した債権は譲渡できず、消滅に関する抗弁は本条本文によっても譲受人に対抗できるということを前提に議論している。したがって、本文のいずれの例も、債権譲渡後の弁済・更改・相殺として論じられている。梅委員と全く議論がかみあっていない点は注意を要する。

（注20）　原文では「債権者」となっている。

（注21）　この語の意味はよくわからない。あるいは、importance（重要性）ということか。

【その後の経緯】

梅委員は、「留保ヲ為サスシテ」という文言が「異議ヲ留メスシテ」に改められたのは、前例に倣ったものであり、第一項但書に「其債務ヲ消滅セシムル為メ」という文言を加えたのは、そうしないと、どんな債務でもよいように見えてよくないので、「債務ノ種類ヲ限ルヤウニ書」いたものであって、意味は変わらないと説明している（民法整理会議事速記録四巻二一丁表～裏）。

【民法修正案理由】

本条ハ既成法典財産編第三百四十七条第二項及ビ第五百二十七条ヲ併合シテ其意ヲ拡張、敷衍シタルニ過ギズ。第三百四十七条第二項ハ単ニ、債務者ハ譲渡ヲ承諾シタルトキハ譲渡人ニ対スル抗弁ヲ新債権者ニ対抗スルコトヲ得ズトシ、譲渡ノ以前ニ既ニ弁済、更改、若クハ相殺等ヲ為シタルトキハ之ヲ如何スベキヤヲ詳カニセズ、而シテ第五百二十七条ハ単ニ相殺ニ関シテ言ヘルノミナルヲ以テ、玆ニ本条ノ如ク修正シテ一切ノ場合ヲ明カニ規定シタリ。

▽民法修正案理由書第三編第一章「第四節債権ノ譲渡」四頁（第四七一条）。

（松岡久和）

第四六九条　指図債権の譲渡は、その証書に譲渡の裏書をして譲受人に交付しなければ、債務者その他の第三者に対抗することができない。

第四六九条　指図債権ノ譲渡ハ其証書ニ譲渡ノ裏書ヲ為シテ之ヲ譲受人ニ交付スルニ非サレハ之ヲ以テ債務者其他ノ第三者ニ対抗スルコトヲ得ス

原案第四七二条　指図債権ノ譲渡ハ其証券ニ譲渡ノ裏書ヲ為シテ之ヲ譲受人ニ交付スルニ非サレハ之ヲ以テ債務者其他ノ第三者ニ対抗スルコトヲ得ス

【参照条文】

旧民法財産編

第三四七条第五項　裏書ヲ以テスル商証券ノ譲渡ニ特別ナル規則ハ商法ヲ以テ之ヲ規定ス

旧商法

第三九四条　或ル金額又ハ商品ノ引渡ニ係ル書面契約ヨリ生スル債権ハ契約書カ其明文又ハ商慣習ニ従ヒテ指図式ナルトキ

ハ裏書ヲ以テ之ヲ第三者ニ譲渡スコトヲ得

オーストリア一般商法

第三〇一条　給付義務を反対給付にかからしめることなく、商人により金銭または一定量の代替物もしくは有価証券の給付に関して振出された指図証券（Anweisungen）および債務証書（Verpflichtungsscheine）は、指図式である（an Ordre lauten）ときは、裏書により譲渡することができる。

証書（Urkunde）または裏書が有効であるためには、当該証書上に債務原因（Verpflichtungsgrund）の記載または対価の受領通知（Empfangsbekenntniß der Valuta）があることは必要でない。

かような指図証券を引受けた者は、当該指図証券の振出を受けた者または裏書された者に対し、履行の義務を負う。

第三〇二条　同様に、船長の船荷証券（Connossemente）、運送人の貨物引換証（Ladescheine）および、商品その他の動産を保管するために国家により授権された施設によって振出されたそれらの物に関する倉庫証券（Auslieferungsscheine）（預証券〔Lagerscheine〕、質入証券〔Warrants〕、更に冒険貸借証券（Bodmereibriefe）および海上保険証券（Seeassecuranzpolizen）もまた、指図式であるときは、裏書により譲渡することができる。

第三〇四条　本法に掲げるもののほか、なお他の指図証券、債務証書またはその他の証書が指図式であるとき、その証書を第三〇三条に定める効力をもって裏書により譲渡することができるか否かは、ラント法に従って判定すべきものとする。

ハンガリー商法[注1]

第二九四条　金銭の支払、または代替物もしくは有価証券の引渡に関し、反対給付の約定なく振出された指図証券および債務証書は、指図式であるときは、裏書によってもまた譲渡することができる。裏書人が単に自己の氏名または商号のみを指図証券の裏面に記載したときといえども、裏書は有効である（白地式裏書）。

第二九五条　船長の船荷証券、運送人の貨物引換証、更に、冒険貸借証券および保険証券もまた、指図式であるときは、同様にして譲渡することができる。

ポルトガル民法[注2]

第四八三条　占有者が死亡したときは、占有は、法律に従って、現実の占有と同一の効力を伴って、死亡の日から占有者の相続人に対して移転する。

スイス債務法

第一九七条　手形、指図証券（Ordrepapiere）および無記名証券（Inhaberpapiere）の譲渡については、本法の特別な諸規定を適用する。

第八四三条第一項　署名者が場所、時および金額に応じて一定の金銭の支払をなし、または一定数量の代替物を引渡す義務を負う証書（Urkunde）は、明示的に指図式であるときは、裏書により譲渡することができる。

ドイツ普通商法

第三〇一条　商人金銭又ハ換用物ノ数量又ハ有価証券ノ弁済ニ付キ発行シタル差図切手及義務証券ニシテ報償ノ有無ニ拘ラス其弁済ノ義務ヲ尽スヘキモノハ指名ノモノナルトキ裏書ヲ以テ譲渡スコトヲ得

其証書及裏書ノ効力ヲ有スルニハ義務ノ理由又ハ引当ノ受取証ヲ記載スルコトヲ要セサルモノトス

何人タリトモ此差図切手ヲ承諾シタル者ハ其振込マレ人又ハ裏書譲受人ニ対シ支払ヲナスノ義務アルモノトス

第三〇二条　船長ノ運送状、運送人ノ積荷証書、商品又ハ其他動物件貯蔵ノ為メ官許ヲ得タル設置上ニ於テ発行シタル商人又ハ其他動物件ニ付テノ引渡証書（蔵敷証書）其他船舶書入証書及海上保険証書ハ指名ノモノナルトキ裏書ヲ以テ之ヲ譲渡スコトヲ得

第三〇四条　此法ニ記載シタルモノヲ除クノ外尚他ノ指名アル指図切手義務証書又ハ其他ノ証書ヲ第三百三条ニ掲ケタル効力ヲ以テ裏書譲渡ヲナスコトヲ得ルト否トハ各邦法律ニ従ヒ之ヲ判定スヘキモノトス

プロイセン一般ラント法

第一部第一一章第四〇〇条　抵当登記簿に登記された債権および商人間の手形または指図証券の譲渡に関しては、適宜の箇所に、必要な規定を特別に定める。

（注１）ハンガリー商法については、Tibor Löw, Das ungarische Handelsgesetz (Gesetz-Artikel XXXVII vom Jahre 1875), 1902によるドイツ語版によった（以下同じ）。

（注２）規定の内容、他の引用条文の状況から見ると、ポルトガル「商法」の誤りか。なお、ポルトガル商法については確認できなかった。

【起草趣旨】

梅謙次郎（一三巻三丁表～一〇丁裏）

(1)　民法中に規定することについて（一三巻三丁表～裏）

本条は商法（注３）第三九四条に文字の修正を加えたものである。指図債権の譲渡は、旧民法財産編第三四七条第五項によれば、商法に譲ってあるだけで民法には規定がない。指図証券は一名「商証券」などとも言って商業上多く行われるものではあるが、必ずしも商業上の債権に限るものではなく、今日では債権の性質如何にかかわらず、指図式をもって証券を発行することが多く行われるようになってきた。ゆえに、「極大体ノ規定丈ケハ民法ニアルノガ其当ヲ得タモノデアラウト思」う。なお、商業上特別の規則を要することがあれば、それは商法に譲るのがよい。「各種ノ証券ニ付テ特別ノ規定サヘ商法ニ出来テ居レハ一般ノ規定ハ此処ニ置イタヤウナ事ヲ（「デ」の誤りか――玉樹注）大抵済ム」と考える。

(2)　旧商法第三九四条との関係（一三巻三丁裏～五丁表）

商法第三九四条の原文には、「金額又ハ商品ノ引渡」というように限定してある。確かにこの二つの場合に最も多く指図証券が利用されるであろうが、指図式は別に「不法ノモノ」ではないと考えるので、かように限定する理由は見出し難い。ドイツなどでは抵当権も裏書譲渡を許しており、「段々開ケテ往クト」種々のものについて裏書譲渡ができるようになろうとも思われる。（金額・商品の）二種以外に裏書譲渡を許して害があるとは思われない。抵当権については日本にはこれまで慣習がないため、実際に行われるかどうかわからないが、今日でも実際多く行われ、これからも多くなるであろうと思われるのは株式である。株式も指図式にしたらよかろうということをよく聞くし、また「随分例ノアルコトテア」る。今の商法では許されていないが、商法もいずれ改正になるであろう。そうすれば、株式も指図式とされるかもしれない。「証券ニ依ル権利ノ譲渡ニ付テ」会社（の規定）に特別な規定を設けない場合は、この（民法の）規定が妥当してよいと思うので、かように広く規定しておいた。株式というものは、その中に種々の株主の権利が含まれている。ただ配当金を受けるとか、会社解散のときにその財産の分配を金銭で受けるというようなことだけでなく、会社の事業を監督する権利や、重役となって自

ら管理する権利も含まれている。従って、ただ金額のみをもって目的とすることは、「穏カテナイト思」う。もっとも、どんなものでも指図式にしてよいかは別問題であるが、都合の悪いものは特に禁じておけばよい。実際の適用においても、上述したものの外は「大抵ハ金銭ニ為ルデゴザイマセウカラ兎ニ角法律テ之ヲ制限シナイテモ宜シイト云フ斯ウ云フ考ヘテアリマス」。

(3)　他の旧商法の規定との対比

商法には指図式に関する規定が多くあるが、それを「存外少ナク縮メ」た。その理由は以下の通りである。

㈠　旧商法第三九五条(注4)について（一二三巻五丁表～六丁裏）

指図証券の発行人が証券に指図式にあらざる旨を明記するということは「余程意外ナ話シ」であって、「発行人カ指図式テナイト言ヘハ是レ程指図式テナイモノハナイ」。察するにこれは、証券の性質上当然指図式たるべきものでも、発行人がこの証券に限って指図式でないと明記すれば、裏書譲渡できなくなるという趣旨であろう。そうであれば、そういうものは指図証券ではないから、ここに書く必要はない。

また、裏書譲渡人が証券に指図式でない旨を明記するということは「言葉ノ上カラ云フト余程奇妙テア」る。なぜなら、指図式であるか否かは最初から決まっているのであって、裏書譲渡人が性質を決めるのではないからである。それでもなお、手形などのように償還請求権があると、裏書譲渡人はいつ請求を受けるかわからず、そのような不安を避けるため、自分の信用する者に譲渡して、以後は裏書譲渡を禁ずるということが場合によっては必要となるから、法律でそれを許しておく必要がある。しかし、その場合でも、手形の規定によると、裏書譲渡人から直接譲り受けた第一譲受人だけは償還請求できるが、その他の者は、この禁制の旨を手形に書いた裏書譲渡人に対して償還請求できないということだけに「効力カ止メテアルヤウテ」ある(注5)。このような規定は至当であると考えるが、これは償還請求権があるときに限ることと思う。手形に関する償還請求権は、手形の流通のために厳重に定められているが、指図証券であれば皆このようになっていなければならないという理由はない。そうすると、裏書譲渡人が指図式でない旨を明記する必要は起こらないと思う。以上のような理由から、本条は不必要であると思って削除した。

㈡　旧商法第三九六条(注6)について（一二三巻六丁裏～七丁裏）

本条に規定されている手続は極めて簡単であるから、「是丈ケノ事ヲ命令シテ置テモ不便ヲ感スルコトハ」ない。しかし、いかにも簡単なことであり、「之ハ十ノ八九所テナイ百ノ九十九マテハ明文カナクテモ行ハレルコトトテアラウト思」う。また、日の記載がないとか、署名があっても捺印がないとか、あるいは捺印があっても署名がないために証券や裏書が無効になってしまったり、「他人カ代ツテ書イタナラハ有効テナイト云フコトモアラウト思」う。そのようなことでは実際上大変不都合である。むしろかような場合でも無効にしない方が都合がよかろうと思って、本条を削除した。

また、民法だけの問題でなく「今後即チ商法抔ニ出テ来」るであろうが、「署名捺印」というように二つとも要求することは「少シ重複ニ渉ル嫌ヒカア」り、必要ないと思う。旧民法証拠編(注7)のように、どちらか一つが必要だとするのは今日の慣習にもあるところである。

㈢　旧商法第三九七条(注8)について（一二三巻七丁裏～八丁表）

証券に契約の原因を掲げなくとも、その

ために義務が成立しないということにはならないことは、旧民法財産編第三二六条(注9)にも既に規定されている。また、本案では、「表向キ極ツタコトテハ」ないが、「契約ニ原因ト云フモノヲ必要トシナイ考ヘ」である。原因云々ということは「書テハ往カヌト思ツテ削」った。とりわけ指図証券のようなものは、原因によって証券上の権利が影響を受けるという性質のものではないことは周知のことであり、今日では明文は不要であると思う。

(四)　旧商法第三九八条(注10)について（二三巻八丁表～九丁表）

本条は「余程躊躇シツツ削」った。白地式の裏書譲渡はできなくてはならないと思う。ただしかし、これは明文がなくてもできると思う。(白地式裏書は裏書の)方式が欠けているゆえに無効ではないかという疑いが生じ、たとえばフランスでは「極厳重ニ法律カ(「ヲ」の誤りか――玉樹注)解釈シタラ其方カ正シイカモ知レヌガ」、それでも実際上不便なので「仏蘭西抔テモ、、、、、カ盛ンニ行ハレテ」おり、学者の間でも「代理裏書」という説明がなされ、判例・多数説は白地式裏書を有効としている。手形については皆大抵明文があり、我が商法にも明文があるが、あれは「若シ明文カナイト何時モ裏書ノ方式カナイト総テ裏書無効ト云フノテ夫レテ明文ヲ要レタノテア」る。明文がなくても白地式裏書が可能である理由は以下の通りである。「白地裏書ト云フト代理ノ性質ヲ備ヘテ居ルト思」う。しかもその代理は他人の利益のための代理ではなく、自己の利益のための代理であって、他人に代って権利を行使した結果たる利益を委任者に移す必要がない。それが白地式裏書の性質であろうと思う。「少シモ不法ナル原素ハ這入ツテ居ラヌト思」う。従って、むしろ明文を置かなくてもよいと思った。

(五)　旧商法第四〇二条(注11)について（二三巻九丁表～裏）

裏書譲受人・裏書譲渡人間の関係は「手形関係ニ於テモ此手形ノ外ニモ相互ノ間ニ関係ヲ生スルコトハ之ハ言フヲ俟タヌト思ツテ」削除した。

(六)　旧商法第四〇三条(注12)について（二三巻九丁裏～一〇丁裏）

手形を盗取されたり紛失・滅失した場合には、民事訴訟法に定められた公示催告手続によってその証券を無効とすることができるが、「今ノ民事訴訟法ノ規定テハ此場合ニハ含マレテ居」ない(注13)。それゆえ、「禁制証券手形カ制限手形カ何ウカト云フコトニ付テ疑ヒノアル訳ハ全ク此点テア(注14)」るが、「若シ民事訴訟法テハ制限手形テアツタラ手形テナイ指図債権テアルト云フコトニ極ツタニ《ママ》無論公示催告ノ手続ニ依ルコトハ出来ナイモノテア」る。民事訴訟法と商法が同時に実施されるのなら完全であったかもしれないが、今のままでは不完全である。民事訴訟法第七七七条(注15)には、「盗取セラレ又ハ紛失若クハ滅失シタル手形」と書いてあるが、「手形」と書かずに「指図証券又ハ『無記名証券』ト書テ仕舞ヘハ夫レテ以テ一切ノ場合ヲ含ムト考ヘ」る。いやしくも証券が指図式または無記名式であれば公示催告を許しておいた方が便利だと思う。万一差支えが起こるようであれば、その場合にこそ明文を設けたらよい。「之ハ最モ広イ規定ニシタ方カ宜シイト云フノテ民事訴訟法ノ方ニ譲ツタ方カ宜シイト云フ考ヘテ此箇条ハ除テ置」いた。

(注3)　明治二三年四月二六日法律第三二号（明治二四年一月一日施行）の旧商法をさす。本書では、【参照条文】および表題部では「旧商法」と表すが、審議の中では、当時現行法典であったため、単に「商法」と表記した。以下同じ。

(注4)　旧商法第三九五条　指図証券ノ発行人又

ハ裏書譲渡人ハ其証券ニ指図式ニ非サル旨ヲ明記シテ裏書譲渡スヲ得サルモノト為スコトヲ得（一三巻五丁表に「証書」とあるのは、誤りである。）

（注5） 旧商法第七三三条　裏書譲渡ノ法律上ノ効力ハ為替手形ニ裏書譲渡ヲ禁スル旨ヲ記載シタルカ為メ之ヲ失フコト無シ但之ヲ禁シタル者ニ対スル償還請求権ハ此カ為メニ消滅ス

（注6） 旧商法第三九六条　指図証券及ヒ其裏書ニハ年月日ヲ記シ発行人又ハ裏書譲渡人之ニ署名捺印ス可シ

（注7） たとえば、旧民法証拠編の以下の条文をさすものと思われる。

第一三条　私書ノ証拠力ハ其私書ノ対抗ヲ受クル当事者ノ之ニ署名シ又ハ捺印シタルト否トニ従ヒテ軽重アリ

第一四条第一項　私署証書ハ之ヲ以テ対抗セラルル者ニ不利ナル事実ノ陳述又ハ追認ヲ記載シ且其署名及ヒ印章又ハ其一アルトキハ署名者、捺印者ノ裁判外ノ自白即チ証言ヲ成スモノトス

第二一条第一項　双務契約ヲ証スル私署証書ハ反対ノ利益ヲ有スル当事者間ニ正本二通ヲ作リ且之ニ署名又ハ捺印スルコトヲ要ス

第四九条　証書ニ公正証書トシテ有効ナル為メ上ニ定メタル条件ノ一ヲ欠クコト有ルモ出捐ヲ為ス総テノ当事者カ現実ニ之ニ署名シ又ハ捺印シタルトキハ其証書ハ第二十一条及ヒ第二十三条ニ定メタル条件ヲ履行セスト雖モ私署証書トシテ有効ナリ

（注8） 旧商法第三九七条　発行又ハ裏書譲渡ノ縁由タル契約ノ合法ノ原因ハ之ヲ証券ニ掲クルコトヲ要セス但第三百七十条ノ規定ヲ妨ケス

（注9） 旧民法財産編第三二六条　合意ノ証書ニ原因ヲ明示シタルト否トヲ問ハス其原因ノ不成立、虚妄又ハ不法ナルコトノ証拠ハ被告ヨリ之ヲ為ス可キモノトス若シ原因ノ明示ナキトキハ被告ハ先ツ原告ヲシテ其原因ヲ陳述セシムル為メニ之ニ催告スルコトヲ得但其原因ニ付キ争フコトヲ妨ケス

（注10） 旧商法第三九八条　指図証券ノ裏書譲渡ハ白地ニテモ之ヲ為スコトヲ得

（注11） 旧商法第四〇二条　裏書譲受人カ裏書譲渡ニ因リテ受取リタル物ニ付キ如何ナル権利ヲ有スルカハ裏書譲受人ト裏書譲渡人トノ間ニ取結ヒタル契約ノ旨趣ニ依リテ之ヲ定ム

（注12） 旧商法第四〇三条　盗取セラレ又ハ紛失シ若クハ滅失シタル指図証券ハ裏書譲渡アリタルト否トヲ問ハス民事訴訟法ニ従ヒテ権利者之ヲ無効トスル手続ヲ為スコトヲ得

（注13） 民事訴訟法の規定では、手形以外の一般の指図債権が含まれないという意味か。

（注14） 「禁制証券手形」、「制限手形」がどのようなものをさすかは不明である。明治初期の手形の解説書である田口卯吉編輯『商家必携手形之心得』（明治一五年六月三版）四〇～四一頁には、裏書禁止裏書を意味するものとして、「制限裏書《レストリックチーブ》」という表現が用いられている。このことからすれば、裏書禁止裏書のなされた手形ないし裏書禁止手形をさすものとも想像されるが、明らかではない。ただし、「制限手形」を「指図債権テアル」と論じていることからすると、それを裏書禁止手形と解するのはおかしい。

（注15） 民事訴訟法第七七七条　盗取セラレ又ハ紛失若クハ滅失シタル手形其他商法ニ無効ト為シ得ヘキコトヲ定メタル証書ノ無効宣言ノ為ニ為ス公示催告手続ニ付テハ以下数条ノ特別規定ヲ適用ス

此規定ハ法律上公示催告手続ヲ許ス他ノ証書ニ付キ其法律中ニ特別規定ヲ設ケサル限リハ之ヲ適用ス

【主要審議】

一 「譲渡ノ」の三字を削除する提案

田部芳（一三巻一〇丁裏～一一丁表）

本来裏書の性質は、証券が代表している権利を他人に移すということである。「唯タ夫レト牽連シテ或ハ準質質入或ハ代理ノ為メ裏書ノ処ニ変例トシテ出テ来ル」。その場合には「質入ノ裏書」、「代理ノ裏書」と特に断る必要があり、断らない場合は通常の裏書であるとみる方が至当である。従って「譲渡ノ裏書ヲ為シテ」という文言を単に「裏書ヲ為シテ」という文言に改める修正説を提出する。

長谷川喬（一三巻一一丁裏、一二丁表）

賛成。

梅謙次郎（一三巻一二丁表）

あえて反対するほどではないが、質問したい。田部委員の考えでは、単に「裏書」という文言で譲渡の裏書を意味するように

「広ク定メタイ」のか。

田部芳（二三巻一二丁表）

そうである。特別の場合は異なる。

梅謙次郎（二三巻一二丁裏）

そうすると、例えば質権設定の場合には、単に「裏書」ではなく「質裏書」でないといけないということか。

田部芳（二三巻一二丁裏）

そうである。そうでなければ純粋の裏書になる。

梅謙次郎（二三巻一二丁裏）

あえて反対するほどでもないが、「裏書」といえば「単ニ裏ニ字ヲ書クト云フノテ其裏ニハ質モ代理モ書ケル」。それを「裏書ト云ヘハ自カラ譲渡ト云フコトモ含ンテ居ルト云フ」ことになれば、慣習上はそれでよいかもしれないが、法文上少し変になりはしないか。「然ウ云フ風ニ書テハ体裁上宜シイトハ吾々モ認メ」るが、「如何ニモ無理ニ為リハシマイカト思」ったので「斯ウ云フ様ニ窮シ『譲渡ノ裏書』ト云フヤウニ書イタ」。

田部芳（二三巻一二丁裏〜一三丁表）

「裏書」というのは翻訳語であり、外国にもそういう字があるから、そのように定めたらやはり通用する。今日の商法中の手形法なども、かような考えで使っているように思われる。かえって便利であって、決しておかしくはないと思う。「誰某ニ金額ヲ御渡シ被下度候」とかいうのが裏書で「夫レハ当リ前ノ質書（裏書の誤りか――玉樹注）テ」ある。質とか代理のためというときはそれだけのことを断る。断っていなければ権利の譲渡と見る。裏書の性質が「当リ前ハ」権利の譲渡だと決めた以上は、その方がよいと思う。

高木豊三（二三巻一三丁表〜裏）

起草委員の考えでは、裏書の体裁は、「表書ノ金額ノ《ママ》何某ニ払ツテ呉レ」というのではなく、「此指図証券ヲ何ノ某ニ譲渡スモノナリ」というように、「之ヲ譲渡ス」旨を書くのを必要条件とするのか。

梅謙次郎（二三巻一三丁裏）

そうではない。だから「譲渡ノ裏書」という文字は使いたくなかった。譲渡の意思を表明するためには、「譲渡スモノナリ」というように書けばよいのだが、日本の慣習も外国の慣習もそうではなく、「表書ノ金額何ノ某ニ御渡シ被下度候」というように書くのが多いようである。それは譲渡の意思を表明したのである。

高木豊三（二三巻一三丁裏）

そうすると田部委員と趣旨は同じであろう。

梅謙次郎（二三巻一三丁裏〜一四丁表）

田部委員の意見では、単に「裏書」とするだけで権利の譲渡になってしまう。「今多クハ然ウ為ツテ居ル」ということであるが、私は商法はそのようにはなっていないと思う。しかし「枝葉ニ属」するから述べない。

長谷川喬（二三巻一四丁表〜裏）

大したことでもないが、幸い田部委員から修正説が出たので賛成した。商法も最初は「裏書」でよかろうということであったが、それではいけない、「裏書譲渡」にしなければいけないというのでそうなったと記憶している。しかし、日本では「裏書」と書けば「裏書譲渡」と言わなくてもわかると思う。「可成余計ナ文字ハ使ハヌ方カ宜シイト思」う。商法には通常の場合は「裏書譲渡」と言い、その他の場合は、第七三〇条[注16]に「代理ノ為メニスル裏書譲渡」、第七三一条[注17]に「担保ノ為メニスル裏書譲渡」とある。「『裏書』ト云フコトヲ一ノ趣意ニシテ、、、、夫レカラ『担保ノ為メ』と云フ形容詞ヲ使ツテ区別シテア」るが、この場合でも単に「裏書」というだけで裏書譲渡の趣意あることにすれば、削除した方がよいと思う。「譲渡ノ」という文字を加えると、田部委員の言うような弊害があるのみならず、商法にある「年月日」や「署名捺印」も「ナクテモ宜イテハナイカ『譲渡』ト云フコト丈ケテ以テ宜イテハナイカト云フ一ノ条件ヲ此処ニ一ツ定メルヤウニ為」るから、それからみても、かような「余計ナモノハ取ツテ仕舞ツタ方カ宜カラウト思」う。

▼田部委員提出の修正案につき採決。起立少数にて否決（一三巻一四丁裏）。

二　旧商法第四〇三条を削除したことについて

田部芳（一三巻一一丁表～裏、一二丁表、一五丁表）

梅委員から商法第四〇三条を削除した理由の説明があったので、自分の考えを述べておきたい。民事訴訟法第七七七条の「手形」という文言を広くしたらよいという説明であったが、しかし、「元来民事訴訟法ノ土台カラガ少シ違ウ」と思う。民事訴訟法第七六四条（第一項）には、「請求又ハ権利ノ届出ヲ為サシムル為メノ裁判上ノ公示催告ハ其届出ヲ為ササルトキハ失権ヲ生スル効力ヲ以テ法律ニ定メタル場合ニ限リ之ヲ為スコトヲ得」とある。また、民事訴訟法第七七七条にも「商法ニ無効ト為シ得ヘキ」云々とあって、「実質法ト手続法ト立派ニ別ケテアア」る。私はやはりこのように分けておいた方がよいと思う。「夫レヲ混スルノハ法律ノ体裁ノ上カラ見テモ宜クナイ」。「無効トスルコトノ出来ル」ということを「実質法ノ土台ヲ極メル法律ノ方ニ極メタ方カ適当デハ」ないかと思う。ただ、ここでは意見として述べておくことにとどめ、修正案としては提出しない。「モウ少シ先キニシマセウ」(注18)。

▼他に発議なく、原案通り確定（一三巻一五丁表）。

（注16）旧商法第七三〇条　代理ノ為メニスル裏書譲渡ニシテ其目的ヲ記載シタルトキハ其裏書譲受人ニ裏書譲渡人ノ権利及ヒ義務ヲ行フ権殊ニ更ニ真ノ裏書譲渡ヲ為ス権ヲ付与スルモノトス但其手形ニ真ノ裏書譲渡ヲ為スコトヲ得サル旨ヲ記載シタルトキハ此限ニ在ラス

（注17）旧商法第七三一条　担保ノ為メニスル裏書譲渡〔質入為替手形、寄託為替手形〕ハ其目的ヲ記載シタルトキト雖モ真ノ裏書譲渡タリ然レトモ各為替債務者ハ為替手形ヲ以テ担保シタル債務ヲ支払ヒ又ハ其他ノ方法ヲ以テ之ヲ消却シタリトノ抗弁ヲ裏書譲受人ニ対シテ為スコトヲ得

（注18）後掲の原案第四七六条の審議において田部委員が再びこの意見を述べ、議論がなされている（一三巻二九丁裏以下（本書四五二頁））。

【その後の経緯】

原案の「証券」の文言が確定条文で「証書」となっている点については、民法整理会で梅委員から、「外ノ所ト文字ヲ揃ヘル為メテアツテ理由ハ別ニナイ」と説明されている（民法整理会議事速記録四巻二一丁裏）。なお以下の条文についても同様である。

【民法修正案理由】

既成法典ハ本条ノ規定ヲ商法中ニ置クト雖モ、指図証券ノ譲渡ハ決シテ商事ニ特別ノモノニ非ザルガ故ニ、本案ニ於テハ、其一般ノ原則ハ之ヲ民法ニ掲ゲ、唯商事ニ限リテ適用スベキモノノミヲ商法ニ譲ルコトトセリ。本条ハ、商法第三百九十四条ニ修正ヲ加ヘタルニ過ギズ。而シテ、原文ハ指図債権ヲ金額又ハ商品ノ引渡ニ係ルモノニ限レルヲ以テ、明文ノ解釈上、株式ノ如キモノハ裏書ニ依リテ之ヲ譲渡スコトヲ得ザルノ結果ヲ生ジ、現今ノ時世ニ照シテ狭隘ヲ感ズルヲ以テ、本案ハ之ヲ改メ、債権ハ概シテ指図式ト為スヲ得ルモノトシ、之ヲ禁ズルノ必要アル場合ニ限リテ特ニ明文ヲ

掲グルコトトセリ。尚、原文ニハ書面契約ヨリ生ズル債権ト言ヘルヲ以テ、或ハ口頭契約ヨリ生ズル債権ハ之ヲ指図式ノモノトスルヲ得ザルヤノ疑ヲ生ズルモ、之レ畢竟其修辞ノ拙ナルニ過ギズシテ、既成法典ノ主意トスル所ハ、蓋シ、書面ノ証拠ヲ有スル債権ト曰フモノナルベシ。故ニ、本案ニ於テ此文字ヲ省キタリ。

商法第三百九十五条ハ、性質上指図式ノ証券ヲ、其発行人又ハ裏書譲渡人ノ意思ニ依リ、之ヲ不指図式ノモノトスルヲ得トノ規定ナレドモ、此ノ如キ規定ハ、手形ノ場合ヲ除キテ他ニ殆ンド其適用ヲ見ザルモノナルヲ以テ、債権譲渡ノ総則ニ之ヲ置クノ必要ナキナリ。蓋シ、手形ノ場合ニアリテハ、其発行(注19)竝ニ総テノ裏書譲渡人ハ悉ク償還請求権ニ服スキベ(ママ)モノナルヲ以テ、何人モ自己(注20)ノ信用スル者ノ外ニ之ガ譲渡サル、コトヲ好マザルベク、従テ其手形ヲ不指図式ノモノト為スノ必要アレドモ、他ノ指図証券ニアリテハ、譲渡ニ因リテ償還請求権ノ生ズルモノ極メテ少ク、偶々之アル場合ニハ、其場合ニ関シテ特別ノ規定ヲ為セバ可ナリト信ジテ、同条ハ之ヲ削除セリ。

商法第三百九十六条ハ、法律ニ明文ナクトモ通常世人ノ為ス所ナルヲ以テ、之ヲ掲グルノ必要ナキノミナラズ、之ヲ掲ゲテ法定ノ要件ト為ストキハ、却テ些少ノ欠漏ヨリシテ其証券若クハ之ガ裏書ノ無効ヲ惹起スルノ弊アルヲ以テ、同条ハ之ヲ削除セリ。殊ニ、原文ニ於テ署名ト捺印ノ二者ヲ併セ要スルモノトスルガ如キハ、重複ニ失スルノ嫌アリ。

商法第三百九十七条モ之ヲ削除ス。蓋シ、当然言フヲ待タザル所ナレバナリ。既成法典ニ於テモ、其財産編第三百二十六条ニ、当事者ハ証書ニ明示シタル原因ノ不成立、虚妄若クハ其不法ヲ反証スルヲ得ルモノトシ、殊ニ本案ニ於テハ、原因ヲ契約ノ原素トセザルニ因リ、益同条ノ不必要ヲ感ズ。

商法第三百九十八条ノ規定モ亦明文ヲ要セザルモノナリ。抑白地ノ裏書ナルモノハ、畢竟裏書人ガ債権譲渡ノ意思ヲ表示シテ、未ダ何人ニ之ヲ譲渡スヤヲ明カニセズ、証券ノ譲受人ヲシテ自己ニ代ハリテ之ヲ定メシムルモノナルヲ以テ、反対ノ条文ナキトキハ、之ヲ為スコトヲ得ルハ当然ナリトス。独リ手形ニ至リテハ、或ハ白地ノ裏書ハ方式ノ欠缺アルモノニシテ無効ナリト言フ者アルヲ以テ、其無効ニアラザル旨ヲ明掲スルノ必要ヨリシテ、諸国ノ手形法ニ其旨ヲ掲グルモノ多キモ、未ダ一般ノ指図証券ニ関シテ我商法ノ如キ条文ヲ掲グルモノヲ見ザルナリ。

商法第四百二条ハ、当然言フヲ待タザル所ナリ。其第四百三条ハ、指図証券ノ盗取セラレ、又ハ紛失若クハ滅失シタル場合ニ、之ヲ無効トスル場合ヲ定メタルモノニシテ、商法ニ之ヲ掲グルノ理由ナキニアラザルモ、既ニ民事訴訟法第七百七十七条以下ニ之ニ類スルノ規定ヲ設ケアルニ由リ、今少シク民事訴訟法ニ修正ヲ加フルトキハ、以テ商法第四百三条ノ意ヲ貫徹セシムルヲ得ベキガ故ニ、前掲ノ二ケ条ハ総テ之ヲ削除シタリ。

（注19）「発行人」の誤りであろう。
（注20）原文は「自巳」と記されている。

▽民法修正理由書第三編第一章「第四節債権ノ譲渡」四～六頁（第四七二条）。

（玉樹智文）

第四七〇条　指図債権の債務者は、その証書の所持人並びにその署名及び押印の真偽を調査する権利を有するが、その義務を負わない。ただし、債務者に悪意又は重大な過失があるときは、その弁済は、無効とする。

第四七〇条　指図債権ノ債務者ハ其証書ノ所持人及ヒ其署名、捺印ノ真偽ヲ調査スル権利ヲ有スルモ其義務ヲ負フコトナシ但債務者ニ悪意又ハ重大ナル過失アルトキハ其弁済ハ無効トス

原案第四七三条　指図債権ノ債務者ハ其証券ノ所持人（注1）及ヒ其署名（注2）、捺印ノ真偽ヲ調査スル権利ヲ有スルモ其義務ヲ負フコトナシ但債務者ニ悪意又ハ重大ノ過失アルトキハ其弁済ハ無効トス

（注1）法典調査会民法議事速記録には「附持人」と記されている。ここでは民法第一議案によった。

（注2）法典調査会民法議事速記録では「、」がない。ここでは民法第一議案によった。

【参照条文】

旧民法財産編

第三四七条第五項　〔第四六九条の【参照条文】中に掲載〕

旧商法

第四〇〇条　指図証券ノ発行人ハ呈示人ノ真偽ヲ調査スル権利アルモ其義務ナシ然レトモ悪意又ハ甚シキ怠慢ニ付テハ此カ為メ損害ヲ受ケタル者ニ対シテ其責ヲ負フ

オーストリア一般商法

第三〇五条　指図式であり、裏書により譲渡することのできる証券（Papiere）（第三〇一条ないし第三〇四条）については、裏書の方式、所持人の資格およびこの資格の調査、ならびに占有者の返還の義務に関し、ドイツ普通手形法第一一条ないし第一三条、第三六条および第七四条が手形に関して定めるのと同一の諸規定が適用される。

　第三〇一条に掲げる証券が紛失したときは、失効宣言（Amortisation）に関し、ドイツ普通手形法第七三条に定められた規定が適用される。第三〇二条に掲げる証券の失効宣言は、ラント法に従う。

オーストリア一般手形法

第三六条　裏書された手形の所持人は、連続してその所持人にまで至っている一連の裏書により、適法な手形の所有者とされる。それゆえ、最初の裏書は受取人（Remittent）の名により後続の裏書はすべて直接に先行する裏書が被裏書人として指定する者の名により、署名されることを要する。白地式裏書にさらに裏書が続くときは、後の裏書の署名者（Aussteller）は白地式裏書により手形を取得したものとみなす。

　抹消された裏書は、資格の調査に際しては、書かれなかったものとみなす。

　支払人は、裏書の真実性を調査する義務を負わない。

ハンガリー商法

第二九七条　裏書により譲渡することのできる証券につき、被裏書人は、中断することなく（注3）彼にまで至っている裏書の連続により、自己の占有権を証明することを要する。

　抹消された裏書は、占有権の判定に際しては存在しないものとみなす。

　支払人は、裏書の真実性を調査する義務を負わない。

スイス債務法

第一九七条〔第四六九条の【参照条文】中に掲載〕

第七五五条　裏書された手形の所持人は、連続してその所持人にまで至っている一連の裏書により、適法な手形の所有者とされる。

それゆえ、最初の裏書は手形受取人（Wechselnehmer）の名により、後続の裏書はすべて直接に先行する裏書が被裏書人として指定する者の名により、署名されることを要する。

白地式裏書にさらに裏書が続くときは、後の裏書の署名者（Aussteller）は白地式裏書により手形を取得したものとみなす。

抹消された裏書は、資格の調査に際しては、書かれなかったものとみなす。

支払人は、裏書の真実性を調査する義務を負わない。

第八四四条　前条に掲げた指図証券およびその他の裏書譲渡しうる証券（預証券〔Lagerscheine〕、質入証券〔Warrants〕、貨物引換証〔Ladescheine〕等）については、裏書の方式、所持人の資格、失効宣言（Amortisation）に関し、ならびに占有者の返還の義務に関し、手形に適用される諸規定を適用する。

裏書譲渡しうる株券の失効宣言については、しかしながら、会社の定款が特別な手続を規定していない限りにおいて、無記名証券に関する諸規定を適用する。

ドイツ普通商法

第三〇五条　指名アリテ裏書ヲ以テ譲渡スコトヲ得ル証書（第三百一条ヨリ第三百四条マテ）ニ付テハ裏書ノ法式所持人ノ正否及其正否ノ審査並ニ所持人ノ呈出義務ニ付テハ為替ニ関スル独逸為替条例第十一条ヨリ第十三条マテ第三十六条及第七十四条ニ掲ルト同一ノ規定ヲ適用スルモノトス

第三百一条ニ記載シタル証券紛失シタルトキ無効公告ニ付テハ独逸為替条例第七十三条ニ掲ケタル規定ヲ適用スルモノトス第三百二条ニ記載シタル証券ノ無効公告ハ各邦法律ニ従フモノトス

ドイツ普通手形法

第三六条　裏書された手形の所持人は、連続してその所持人にまで至っている一連の裏書により、適法な手形の所有者とされる。それゆえ、最初の裏書は手形受取人（Remittent）の名により、後続の裏書はすべて直接に先行する裏書が被裏書人として指定する者の名により、署名されることを要する。白地式裏書にさらに裏書が続くときは、後の裏書の署名者（Aussteller）は白地式裏書により手形を取得したものとみなす。

抹消された裏書は、資格の調査に際しては、書かれなかったものとみなす。

支払人は、裏書の真実性を調査する義務を負わない。

（注3）　参照したドイツ語版テキスト（Tibor Löw, Das ungarische Handelsgesetz (Gesetz-Artikel XXXVII vom Jahre 1875), 1902）では„unterbrochen“となっているが、„ununterbrochen“の誤りと思われる。

【起草趣旨】

梅謙次郎（一三巻一五丁裏〜一六丁裏）

本条は、商法第四〇〇条の規定とほぼ同じつもりである。ただ、商法第四〇〇条の末文に、損害賠償の責に任ずるとあるのを、本案では、弁済を無効とするというように改めた。その他はみな同じつもりである。損害賠償とすると、まず、不当に弁済を受けた者に請求して、それで取れない部分が損害であるから、それだけを「過失アル（債務――玉樹注）者又ハ悪意アル（債務

――同）者」に請求するというのが「普通ノ順序ノヤウニ見ヘル」。しかし、そうすると、無過失の権利者を害することになるだけでなく、その間に無資力者などが現れた場合、かえって無過失の者が「其無資力ヲ実際負担スル」結果にもなって、はなはだ不都合であると考える。あるいは、ここ（商法第四〇〇条）の文言ではかように規定されていても、その意味は、直ちに「過失アル（債務――玉樹注）者又ハ悪意アル（債務――同）者」に対し、無権利者に支払っただけを取返しうるということかもしれない。もしそういう意味であれば、むしろ弁済を無効としてしまった方が事柄も明瞭になり手数もなくて良いと思う。とりわけ、この（商法第四〇〇条の）規定は商法第七六〇条の規定と矛盾するようである。商法第七六〇条には、「債務者ハ満期ノ時又ハ後ニ所持人(注4)ニ支払ヲ為スヲ以テ其責ヲ免カル但其際債務者ニ甚シキ怠慢アリタルトキハ此限ニ在ラス」とある。「其責ヲ免レル但何々ノトキハ此限ニ在ラヌ」と言えば、債務者は依然責を免れずに債務者のままである。従って、弁済は無効であるとしか思えない。（商法の）草案を調べてみると、第四〇〇条の該当箇所は、「独逸語テ『、、、、』『責任アリ』ト云フコトニ為ツテ居」る。草案の理由書はこれについて別段説明がないので、どのような意味であったか不明である。あるいは、このようなことを深く考えずに、この手形法の規定（商法第七六〇条をさす――玉樹注）と同様なつもりで規定したのかとも思われる。(注5)商法草案の用語には「時々疎漏ナ言葉カ用ヰテアツテ商法ノ草案説明共ニ訳者ヲシテ解スルニ苦マシタルコトカア」るから、ここでも（第四〇〇条と第七六〇条についても）「漠然タル同シ事ニ帰着スルカモ知レ」ないが、前述の説明の方が手形法に適っていると思う。

（注4）　原文では「附持人」となっている。

（注5）　旧商法第四〇〇条は、第一編「商ノ通則」第七章「商事契約」第一節「指図証券及ヒ無記名証券」中の規定であり、第七六〇条は、同編第一二章「手形及ヒ小切手」中の規定である。

【主要審議】

一　「弁済ハ無効トス」について

磯部四郎（二三巻一六丁裏～一七丁表）

本条但書の「弁済ハ無効トス」とは、真の債権者に対しては所持人に対してなした弁済が無効であるということであるが、ただ「弁済ハ無効トス」では絶対無効となってしまい、「一寸足リヌヤウニ思」う。

梅謙次郎（二三巻一七丁表）

「弁済ハ無効トス」という場合の「無効」は「絶対ノ無効」である。それはいわゆる「理由ナクシテ人ニ物ヲ与ヘタ不当弁済取戻ト云フコトニ当然為ル」。「真ノ権利者ニ対シテハ無効トス」とすると、かえって他の者に対しては弁済が有効であるように誤解されるから、原案のままの方がよい。

磯部四郎（二三巻一七丁表～裏）

梅委員の説明のように、真の権利者に対して支払うのが弁済であって、その他の者に対して支払ったのは弁済でないとすると、本条で無効とすべき弁済はないということになり、「弁済」という文言はおかしい。私の考えでは、「弁済ハ真ノ権利者ニ対抗スルコトヲ得ス」という意味ではないかと思う。

梅謙次郎（二三巻一七丁裏～一八丁表）

「無効」とは「不成立」ということであるから、無効のものはどのような場合でも法律上存在しない。たとえば、「契約ノ無効」といえば「要素カ消ヘテ仕舞ウ」。そのようなことを言葉の上で「契約ハ無効トス」というが、それと同じことである。本条でも、真の弁済とはならないから、「弁済ハ無効トス」とした。ただ、「言葉ハ大変甘ク使ツタ積リテモ」ないから、適当な言葉があれば改めてほしい。

磯部四郎（二三巻一八丁表）

「弁済ハ無効トス」とは、債権者に対して更に弁済せねばならぬという意味だと思うが、弁済は無効であるということを言う必要があるのであろうか。

梅謙次郎（二三巻一八丁表〜裏）

弁済は債務者が責を免れる最も適当な方法であるが、それが無効となれば、債務を免れず、請求を受けたら更に支払わねばならないということになる。別の言葉でも表現しうるとは思うが、「言葉カ簡単ニシテ言ヒ尽ス積リテア」る。「或ハまづかツタカモ知レ」ない。

二　「重大ノ過失」の意味について

横田國臣（二三巻一八丁裏）

「重大ノ過失アルトキハ」とあるが、「只ノ過失」ではいけないという意味であろうが、本文中にある「義務ヲ負フコトナシ」というのを「只ノ過失」とみて、それ以上ということか。

梅謙次郎（二三巻一八丁裏〜一九丁裏）

「義務ヲ負フコトナシ」という中には、全くの無過失の場合もあろうが、過失があってもこの中に含むつもりである。「重大ノ過失」というのは千差万別である。例えば、裏書の順序が揃っていないのに気付かずに支払った場合は「重大ノ過失」である。また、日常取引があって、その人の署名は店の者がみな記憶しているというときに、「丸テ似テモ似着カヌト云フヤウナ物《ママ》ヲ寄越シテ来タノヲ」気付かずに支払ったような場合も「重大ノ過失」にあたるかもしれない。あるいは、非常に金額の大きいの（証券）を「乞食ノヤウナ者」が持って来て、自己の名前を記入して受取るようなことは「余程可笑シイト云フヤウナ考ヘカ起ルカラ然ウ云フ場合ニハ払ツテハ往カヌト思」う。しかし、「少シ位ノ過失ハ仕方ナイト思」う。「少シ位ノ過失」の場合を例示するのは困難であるが、たとえば、大金とはいっても、商家の手代や小僧などが受取りに来ることは慣習上あるから、店に問合わせなくても「重大ノ過失」とは言えない。また、捺印でもよく調べてみたら違っているのを、「調ヘヌテ能ク分ラヌテ払ツタ」場合も、過失はあるが重大な過失とは言えまい。これ（「重大ノ過失」にあたるか否か）は裁判官の認定によるが、要するに「小サイ過失抔ハ問ハナイト云フ精神テ重大ト云フ字ヲ加ヘ」た。既成法典（商法）には「甚シキ怠慢」となっているが、「怠慢」とは、行為しないことを言う。しかし、ここでは積極的な支払行為が問題であるから、「甚シキ怠慢」より「重大ノ過失」という方が良い。今までの所でも「重大ノ過失」という文言が通っているから、これで良いと思う。別に深い意味はない。

磯部四郎（二三巻一九丁裏〜二〇丁裏）

先程問題にした「弁済ハ無効トス」という文言はそれでよいとして、「又ハ重大ノ過失」という文言を削除する説を提出する。理由は以下の通りである。「重キ過失」・「軽キ過失」・「通常ノ過失」ということは、ローマ法以来「学者ノ愚論テ大変八釜敷論シ」られているが、結局は裁判官の事実認定に任され、到底その標準はない。そのために「或ハ裁判カ、、、、出ルカ然ラサレハ一向実際ニ適用カナイト云フコトニ帰着スル」。現に、刑事訴訟法第一三条（注6）にも「重大ノ過失」についての規定があるが、「是等モ実施以来曽テ適用カナイ」。過失をこのように三等級に分けても、実際の適用上ほとんど区別がなく、「謂ハ、唯タ文字上ノ飾リニ丈ケ止ツテ居」るから、かような曖昧な区別は新法からなくした方が良い。「悪意アリタルトキハ」というようにでもなれば、悪意と過失とは大いに違うであろうから、簡便にして誤りを来たさないことと思う。従って、「又ハ重大（ノ過失）」という文言を削除して、「悪意アリタルトキハ其弁済ハ無効トス」とする修正説を提出する。(注7)

横田國臣（一三巻二〇丁裏～二一丁表）

もう少し質問したい。（裏書の）順序が違っているというようなことが「重大ノ過失」の例として説明されたが、ここではただ署名捺印の真偽についての悪意・重過失というだけであり、それ以外については「無論過失ヲ負ハセルト云フ積リテナイ」のではないか。但書は全く署名捺印の真偽についての悪意・重過失のみを言うのであって、その他の点についての過失があれば当然民法上責任を負うということではあるまい。「然ウテナクシテ一般ノ事ヲ言フノ」か。

梅謙次郎（一三巻二一丁表）

先ほど挙げた例は「草案ノ方ノ例ヲ取ツテ」述べたので「余程立法者ノ精神ニ適ツタ積リテ」述べた。既成法典（商法）に「呈示人」とあるが、「呈示人」というのは新しい文字なので「所持人」とした。しかし意味は同じである。「呈示人ノ真偽」という文言に前述の例が含まれないと解されるかもしれないが、「所持人ノ真偽」ということは、真の権利者であるか否かというつもりで書いた。文字の上ではそう読めないかもしれないが、「マダ外ニ幾ラモ例カア」る。例えば、（証券を）紛失した者は公示催告手続をすることになるが、手数を要するので、とりあえず紛失した旨を債務者に通知する。（債務者が）その通知を受取ったにもかかわらず（支払ってしまった。そのような場合、債務者が）悪意のときは、（磯部委員の）修正説が通ったとしてもそれでよい。しかし、通知を受けたがうっかり忘れたという場合は、悪意ではない。かような場合は「悪意ニ等シキ過失」である。「重大ノ過失」とは「悪意ニ等シキ過失」という言葉で言いたい。ドイツなどでは、「知リ又ハ知リ能ハサ《マ》ル《マ》場合」というようにある。(注8)「重大ト云フ文字デマダ言ヒ顕ハサヌケレハもつト甚シイ意味ノ文字ヲ用ヰテモ」よいが、「悪意」だけになったら、このような場合は含まれなくなる。それではあまりにも債務者を保護しすぎることになると思うがどうか。

横田國臣（一三巻二一丁表）

私の言うのは、「其証券ノ所持人及ヒ其著《マ》名《マ》捺印ノ真偽ヲ調査スル権利ヲ有スルモ」という箇所に但書がかかるのであって、その他の点ではないということであろう。

梅謙次郎（一三巻二一丁表）

それはそうである。「所持人ノ権利カ真ノ権利テアルカ否ヤト言ヘハ其譲書（裏書の誤りか――玉樹注）カナケレハ真ノ所持人テナイト云フコトハ明白テアル」。

三　「調査スル権利ヲ有スル」について

箕作麟祥（一三巻二一丁表～裏）

商法にもやはり同様の文言があるが、そもそも「調査スル権利ヲ有スル」という文言は必要であろうか。それは、人違いであるとか印形が違うとかいうことを調べる権利があるということであろうが、「法律上権利ヲ有スルモ義務ハナイト云フヤウナコトハ余計ナ事ノヤウニ思」う。調査する義務はないが、悪意・重過失があったときはその弁済は真の権利者に対して無効であるとさえ規定しておけばよいと思う。

梅謙次郎（一三巻二一丁裏～二三丁表）

もっともな意見で、起草委員の間でもこれを削除しようという意見もあった。しかし、「権利ヲ有スル」ということがなく、義務がないと規定するだけでは、債務者が受取人に対し、「大層御前ハ怪シイカラ調査シテカラ渡サウ」と言っても、（受取人が）「御前ノ方テハ調査スル義務カナイカラ払へ」と言って請求したときに困る。とりわけ、指図証券というものは、決まった日に決まった人に支払わねばならないという性質のものである。そうすると、調査のために一、二日支払が遅れる場合、調査の結果「真ニ怪シイ人テアツタトキニハ多分問題ハ起」こらないが、「全ク怪シイ人テナイ」ときには、「一、二日遅レテ不払ト云フヤウナコトカアツテハ大変ナ結果ヲ来タ」す。従って、いかにも重複するようではあるが、「能ク分ツテ此分カ危ナケカナカラウト云フノテ載セ」た。

四　「署名、捺印」という文言について

穂積八束（二三巻二三丁裏）

「署名捺印」という文言は、元の（商法第四〇〇条の中）にはなくて本条にはあるが、別段の理由はあるのか。

梅謙次郎（二三巻二三丁裏〜二四丁表）

（商法の）原文に「呈示人ノ真偽ヲ調査スル権利アルモ」とあるが、「私ノ記憶スル所テハ慥カ調査スル所テハ呈示人ノ署名ノコトカ言ツテアツタヤウニ思」（注9）う。外国の法律でも「署名ヲ調査スル義務ナシ」というように規定してあるのが多いようである。所持人が正当な者であるか否かを調査するのは困難であるが、起草委員の考えでは、それどころか署名、捺印の真偽まで調査する義務はない。印が違っているから受取人が真実の権利者ではないではないかということができないようにするためには、こう書いた方が明瞭だという考えである。「所持人カ身分ノアル人トカ忙シイ人」ならば、「自分テ往カヌテ代理人ヲヤル」。（しかも、）「態々委任状ヲヤラヌテ唯タ受取ヲ書テ署名捺印ヲシテ夫レヲ持タシテヤル」。この場合の受取人はここでいう「真ノ所持人」ではないが、「其署名捺印ト云フモノガ所持人ノ署名捺印テナク雇人抔カ自分ノ印ヲ捺シテ然ウシテ受取ツタト云フヤウナ場合」ならば、それも本条が妥当することが明瞭になるためには、入れておいた方がよいというくらいの考えである。多分、「所持人ノ真偽」というように書いてあっても解釈上異ならないと信ずる。

▼別段発議なく、原案通り確定（二三巻二四丁表）。

（注6）　旧刑事訴訟法（明治二三年一〇月七日法律第九六号）第一三条

被告人免訴又ハ無罪ノ言渡ヲ受ケタル場合ニ於テ其訴訟ノ原由告訴人、告発人又ハ民事原告人ノ悪意若クハ重過失ニ出テタルトキハ是等ノ者ニ対シ損害ノ償ヲ要ムルコトヲ得

被告人刑ノ言渡ヲ受ケタリト雖モ告訴人、告発人又ハ民事原告人ヨリ悪意若クハ重過失ニ因リ其犯罪ニ付キ過実ノ申立ヲ為シタルトキ亦同シ

（第三項、第四項略）

（注7）　磯部委員の修正説には賛成者なく、採決には至っていない。

（注8）　「知リ能ハサル場合」というのが「悪意ニ等シキ過失」であるというのは明らかにおかしいので、誤りと思われる。指図債権に関する規定の一つであるドイツ民法第二草案第六二七条（成立したドイツ民法第七九二条にあたる）第三項第二文には、「その他の点については、債権の譲渡（Abtretung einer Forderung）に関する諸規定を指図証券の譲渡（Uebertragung der Anweisung）に準用する。」とあり、債権の譲渡（Uebertragung der Forderung）に関する第三四八条（同じく第四〇五条にあたる）は、「債務に関する証書が債務者により発行され、債権が証書の呈示のもとで譲渡されたときは、債務者は新たな債権者に対し、その債権関係が単に外観上成立させられまたは承認されたにすぎないということを主張することができない。ただし、新たな債権者が譲渡のときに虚偽行為のあったことを知り、または知るべきであった（wußte oder wissen mußte〔確定条文ではkannte oder kennen mußte となっている〕）ときはこの限りでない。」と規定

している。梅委員の言う「知リ又ハ知リ能ハサル場合」とは、この但書の場合を指すものと思われる。なお、指図債権の債務者の悪意・重過失について、このような文言を用いた規定は、筆者の調べた限りでは、見あたらない。

（注9）　不明。商法草案議事速記録の該当部分には、署名のことは議論されていない。

【その後の経緯】

「証券」の文言が「証書」と改められている点については、前条の【その後の経緯】（本書四三八頁）参照。「重大ノ過失」が「重大ナル過失」となった経緯は未調査である。

【民法修正案理由】

本条ハ、既成法典商法第四百条ト其主意ヲ同ジウス。商法ニ於テ、弁済者ニ悪意又ハ甚シキ怠慢アルトキハ之ニ依テ損害ヲ蒙ムリタル者ハ其賠償ヲ請求スルコトヲ得トセルヲ、本案ニハ改メテ、其弁済ヲ無効トシタルナリ。蓋シ、原文ノ如クスルトキハ、譲受人ハ、先ヅ不当弁済ヲ得タル者ニ対シテ返還ヲ請求シ、足ラザル所ヲ賠償トシテ発行人ニ請求スベキコトトナリ、譲受人ニ煩累ヲ醸スコト頗ル大ナルヲ以テナリ。若シ原文ノ意ニシテ譲受人ハ直チニ悪意又ハ重過失アル弁済者ニ対シテ請求シ得ルモノトスルニアラバ、寧ロ本条ノ如ク記載シテ、其弁済ヲ無効トスル旨ヲ明示スルヲ可トス。既成商法ノ手形ニ関スルノ規定ハ、蓋シ本案ノ意ニ外ナラザルベシ。

商法ニハ、単ニ呈示人ノ真偽ヲ調査スル権利アリトセルヲ、本案ニ於テ修正シ、所持人及ビ其署名捺印ノ真偽ヲ調査スルノ権利アリトセリ。

▽民法修正案理由書第三編第一章「第四節　債権ノ譲渡」六～七頁（第四七三条）。

（玉樹智文）

第四七一条　前条の規定は、債権に関する証書に債権者を指名する記載がされているが、その証書の所持人に弁済をすべき旨が付記されている場合について準用する。

第四七一条　前条ノ規定ハ証書ニ債権者ヲ指名シタルモ其証書ノ所持人ニ弁済スヘキ旨ヲ附記シタル場合ニ之ヲ準用ス

原案第四七四条　前条ノ規定ハ証券ニ債権者ヲ指名シタルモ其証券ノ所持人ニ弁済スヘキ旨ヲ附記シタル場合ニ之ヲ準用ス

【参照条文】

ザクセン民法

第一〇四八条　証券ニ債主ノ氏名ヲ記入シタリト雖各持主ニ対シ弁済スルコトヲ保証シアルトキハ其債主ハ要求権利者ナリト雖負債者ハ各持主ニ弁済ヲナシテ負債ヲ免カル、コトヲ得ルモノトス

【起草趣旨】

梅謙次郎（一三巻一二四丁裏～一二六丁表）

本条はわが国の法典にはない規定であるが、外国では、参照したザクセン民法のほか、ドイツ民法草案などにある。(注1) しかし、日本でも頻繁に問題が起こることと思う。「能ク政府カラ発行スル所ノ支払命令ト申シマシタカ支払命令書テアリマシタカ、アア云フ物」にも「何ノ某ニ幾ラ幾ラ払ヘ」ということが書いてあり、それに付け加えて「此手形所持人ニ払フヘシ」となっている。また、「送金手形」などにも同様の記載がある。「先日尾崎サン抔カ仰ツシヤツタヤウテア(注2)」る。このような場合に規定がなくては疑いが起こるのではないかと思って、規定を置いた。規定の書き方についてはずいぶん考えた。この場合に、「当然其所持人払ヒ無記名手形ニ為ツテ仕舞ウト云フ疑ヒ」が生ずる。もしそうなるなら、明文を置くにしても、「無記名証券ト見ル」とした方が当然のように思う。しかし、当事者が名前を書くというのは、全くの無記名証券にするつもりではなかろう。「政府ノ支払命令書」を銀行の兌換銀行券と同じに考える者もなかろう。また、「送金手形」でも、「何ノ某ニ払フ」ということは当事者の意思であろうが、その人が「誰某テアル」ということを実際に証明させるのは困難である。殊に、本人が必ず来なければならないというのでは不便である。それゆえ、「此手形ヲ持ツテ来タ者ニ払ヘ」とあったら、支払人に過失がないということに「多ク為ルヤウテア」る。ザクセン民法によれば、この場合、単に所持人に払えばよいと書かれているが、ドイツ民法草案では、無記名証券と同一視しないということが一層明瞭になっている。債務者が所持人に支払えばそれで免責されるが、所持人の方から「唯タ自分カ所持人テアルカラ支払ツテ呉レ」と請求する権利はないというようになっている。これを裏返して読めば、つまり「権利アレトモ義務アルナシ」となっている。(注3)「之ハ唯タ手形ヲ受取ツテ払ウト云フコト」だから、「格別大切ノコトデア」る。純然たる所持人払の無記名証券とはみなさないが、所持人に支払えば原則として免責される。ただ、「怪イト思ツタラ調ヘル其調ヘニ付テ重大ノ過失カアツタ」場合には二重に支払う責任があるという位が適当ではないかと思って、原案のように規定した。

（注1）　ドイツ民法第一草案第七〇三条　若シ債権者ヲ記名シ又ハ債務者（『独逸民法草案第二巻』司法省（明治二二年）一五一頁では、「債権者」となっているが、誤りであろう）ニ対シテ一定ノ人ヲ債権者トシテ指示セル証券カ之ヲ以テ約束シタル債行為ヲ各所持人ニ対シ果成スルヿヲ得可シトスル定款ヲ以テ発付セラレタルトキハ所持人ハ其債行為ノ果成ヲ要求スルノ権利ヲ有セス此ニ反シテ債務者ハ所持人ニ対シ債行為ヲ果成シテ其義務ヲ免カル、ノ権利ヲ有ス

ドイツ民法第二草案第七三六条　債権者の指名されている証書が、その証書中に約束された給付をすべての所持人に実現することができるという定めのもとに発行されたときは、債務者は、その証書の所持人に給付をなすことにより免責される。所持人は、給付を請求する権利を有しない。

債務者は、単に証書と引換えにのみ給付をなす義務を負う。証書が紛失または滅失したときは、公示催告手続による無効宣言に服する。消滅時効につき第七三〇条に定められた諸規定は適用される。

（成立したドイツ民法第八〇八条にあたる。）

（注2）　本審議より約三ヶ月前に開催された第二回民法整理会（明治二七年一二月二一日）において、原案第八八条（整理会時。確定条文第八六条）第三項として「無記名債権ハ之ヲ動産ト看做ス」という規定を入れるかどうかが議論された。その際尾崎三良委員が、（債権者の）名前を書いておきながら「右名出人（「名指人」の誤りか）又ハ所持人ニ払渡スヘシ」と書いてあるものがあるが、そのようなものは無記名債権なのか記名債権なのかと質問している（民法

整理会議事速記録一巻六五丁表、六五丁裏～六六丁表）。

（注3）ドイツ民法第一草案第七〇三条、同第二草案第七三六条第一項。前記（注1）参照。

【主要審議】

一 「準用ス」という文言について

箕作麟祥（一三巻二六丁表）

本条の場合、「準用」ではなく、「適用」の方が良くはないか。

梅謙次郎（一三巻二六丁表）

「事柄ハ総テ嵌マル」が、ただ前条の書き出しが「指図債権ノ債務者ハ」とあるから、本条には「準用ス」と書いた。

箕作麟祥（一三巻二六丁表～裏）

「事柄ガすつかり当ツテ居」るから、「適用ス」の方が良いと思う。

梅謙次郎（一三巻二六丁裏）

これまではこのような場合に「準用」と書いておいたが、あるいは「適用」の方が良いかもしれない。

▼別段発議なく、原案通り確定（一三巻二六丁裏）。

【その後の経緯】

「証券」の文言が「証書」と改められている点については、第四六九条の【その後の経緯】（本書四三八頁）参照。

【民法修正案理由】

本条ノ規定ハ既成法典ニナキ所ナレドモ、送金手形又ハ政府ヨリ出ス支払命令ノ中ニハ、債権者ヲ指名シ而モ弁済ハ其証書ノ所持人ニ之ヲ為スベキ旨ヲ附記セル者多ク、而シテ此等ノ証書ハ、指図証券ニアラズ、又純然タル無記名証券ニモアラザルヲ以テ、本条ノ規定ナキトキハ、之ガ弁済ニ当リテ債務者ノ有スル調査権ノ性質ニ疑ヲ生ズルノ恐アルヲ以テ、索遜民法ニ倣フテ之ヲ掲ゲタルナリ。

▽民法修正案理由書第三編第一章「第四節債権ノ譲渡」七頁（第四七四条）。

（玉樹智文）

第四七二条　指図債権の債務者は、その証書に記載した事項及びその証書の性質から当然に生ずる結果を除き、その指図債権の譲渡前の債権者に対抗することができた事由をもって善意の譲受人に対抗することができない。

第四七二条　指図債権ノ債務者ハ其証書ニ記載シタル事項及ヒ其証書ノ性質ヨリ当然生スル結果ヲ除ク外原債権者ニ対抗スルコトヲ得ヘカリシ事由ヲ以テ善意ノ譲受人ニ対抗スルコトヲ得ス

原案第四七五条　指図債権ノ債務者ハ其証券ニ記載シタル事項及ヒ其証券ノ性質ヨリ当然生スル結果ノ外原債権者ニ対抗スルコトヲ得ヘカリシ事由ヲ以テ善意ノ譲受人ニ対抗スルコトヲ得ス

【参照条文】

旧民法財産編

第三四七条第五項　（第四六九条の【参照条文】中に掲載）

旧商法

第三九九条　指図証券ノ発行人ハ受取証ヲ記シタル指図証券ノ呈示及ヒ交付ヲ受ケタルトキハ予メ引受ヲ為サスト雖モ其証券ニ記載シタル金額又ハ商品ヲ裏書譲受人ニ引渡ス義務アリ但第三百八十七条ニ依リテ留置権ノ原因タル反対債権ヲ有スル場合ニ於テハ其弁済ヲ受ケタルトキニ限ル

第四〇一条　指図証券ノ発行人ハ前二条ノ旨趣ニ従ヒ自己ニ属スル抗弁又ハ証券面ヨリ生スル抗弁ニ依ルニ非サレハ義務ノ履行ヲ拒ムコトヲ得ス

オーストリア一般商法

第三〇三条　前二条に掲げる証書（Urkunde）の裏書により、裏書された証券（Papiere）から生ずるすべての権利は、被裏書人に移転する。

義務者（Verpflichtete）は、証書自体により、または直接にその時々の原告に対し自己に属する抗弁のみを用いることができる。

債務者は、単に受領した旨の記載をなした証券の交付と引換えにのみ履行する義務を負う。

ハンガリー商法

第二九六条　前二条に掲げた証書の譲渡により、当該証券より生ずるすべての権利は、被裏書人に移転する。

債務者は、単に受領した旨の記載をなした証券の交付と引換えにのみ、自己の義務（Verbindlichkeit）を履行する義務を負う。

債務者は、単に指図証券の内容または自己の指図証券の占有者に対する諸関係より生ずる抗弁（Einwendungen）のみを主張することができる。

スイス債務法

第一九七条　〔第四六九条の【参照条文】に掲載〕

第八四三条第二項　義務者（Verpflichtete）は、証書の内容により、または直接にその時々の原告に対して自己に属する抗弁のみを用いることができる。

ドイツ普通商法

第三〇三条　前二条ニ掲ケタル証書ノ裏書ニ依リ其裏書セラレタル証書ヨリ生スル総テノ権利ハ裏書譲受人ニ移転スルモノトス

其義務者ハ其証書自己ニ依リ又ハ直接ニ当時ノ原告人ニ対シナスコトヲ得ル弁駁ニ限リ之ヲ用ルコトヲ得

負債者ハ受取証ヲ記入シタル証書ト引換ルニアラサレハ支払ヲナスノ義務ナキモノトス

【起草趣旨】

梅謙次郎（一三巻二六丁裏〜二八丁裏）

本条は、商法第三九九条と第四〇一条とを合わせたような規定である。

(1)　旧商法第三九九条との対比

商法第三九九条は、受取証書とその指図証券の交付を受けたときは支払う義務があると規定しているが、裏返して言うと、交付を受けなければ支払わなくてよいということである。起草委員で「弁済」の所にこれに関する規定を出した際、私自身は出席していなかったが、多数意見は、そういうことは書かなくてもわかりきっているとして削除になったと聞いている。普通の弁済でもわかり切っているくらいなら、この指図証券についても書く必要がないであろうと思う。ここで書いて「弁済」の箇所に書かないのはおかしいし、「弁済」の所に書かずにここに書くとかえって「弁済」の場合には反対解釈をされるようになって不都合であると思って書かなかった。

また、（商法第三九九条に）「予メ引受ヲ為サスト雖モ」という文言がある。なるほど為替手形等「第三者ヲシテ弁済ヲ為サシメル」場合には、第三者は引受をしなければ支払の義務を生じないが、発行人自身が引受をするということは「古今東西ヲ問ハスアルマイト思」う。これは「考ヘ違ヒ」でかような規定が入ったのではないかと思う。

さらに、但書に「但第三百八十七条ニ依リテ留置権ノ原因タル反対債権ヲ有スル場合ニ於テハ其弁済ヲ受ケタルトキニ限ル」とある。留置権のある場合には留置することができ、支払わなくてもよいという意味である。しかし、この趣旨は、本案の「其証券ノ性質ヨリ当然生スル結果」という文言の中に含まれていると思う。たとえば、倉荷証券は、「倉敷料」を払わなければ荷物を渡さないというように決められているのなら、まずその「倉敷料」を払わねばならない。「債権ノ性質カ此留置権抔ハ総テ生スルモノテア」るから、「夫レテ充分テアラウト考ヘタ」。「即チ法律ノ規定ニ依テ然ウ云フ性質カ自カラ生シテ居ル」。

(2) 旧商法第四〇一条との対比

商法第四〇一条にある「自己ニ属スル抗弁」という文言を本案には採用しなかった。その理由は、自己に属する抗弁を自己が対抗しうることは言うまでもないことだからである。殊に、本案では「善意ノ譲受人」とあるが、これは、他の人に属する抗弁を知らぬ人という意味であるから、自己に属する抗弁などというものは「無論問題外テア」り、「態々書テ置クノ必要ハナイト思ツテ削」った。かえってここ（商法第四〇一条）には「証券ノ性質」という文言がないが、これは「大ニ必要テアラウト考ヘ」たので加えた。

【主要審議】

一　「証券」の意味について

箕作麟祥（一三巻一八丁裏）

「証券ノ性質」とあるが、この「証券」とは、つまり「債権」のことであろう。

梅謙次郎（一三巻一八丁裏）

そうである。「証券ニ依テ証明セラレタル債権」という意味のつもりだが、「言葉ノ上テ已ムヲ得ス」そうした。

▼別段発議なく、原案通り確定（一三巻一八丁裏）。

【その後の経緯】

「証券」の文言が「証書」と改められている点については、第四六九条の【その後の経緯】（本書四三八頁）参照。なお、「結果ノ外」という文言が「結果ヲ除ク外」となった経緯については未調査である。

【民法修正案理由】

本条ハ、商法第三百九十九条及ビ第四百一条ヲ併合シタルモノナリ。右第三百九十九条ニハ、発行人ハ受取証ヲ記シタル指図証券ノ呈示及ビ交附ヲ受ケテ金額若クハ商品ノ引渡ヲ為スベキモノトセルモ、本案ハ既ニ受取証ニ関スル規定ヲ法文ニ規定セザルノ主義ヲ採リシヲ以テ、指図証券ノ場合ニ於テモ又、之ヲ規定セザルコトトセリ。同条ニハ、指図証券ノ発行人ハ予メ引受ヲ為サズト雖モ金額又ハ商品ヲ引渡ス義務アリト言フモ、発行人自ラ支払ヲ為スニ予メ引受ヲ為スヲ要セザルハ言ヲ待タザルコトニシテ、且同条但書ノ事項モ、本条ニ記載セル証券ノ性質ヨリ当然生ズル結果ト言ヘル中ニ包含セルヲ以テ、併セテ之ヲ削除シタリ。而シテ、右第四百一条ニハ、発行人ハ自己ニ属スル抗弁ニ依テ義務ノ履行ヲ拒ムヲ得ル旨ヲ明言スルモ、是レ亦言ヲ待タザル所ナルヲ以テ削除シ、此等ノ削除ト其残余ノ補修トニヨリテ、遂ニ本条ノ規定ヲ生ジタルナリ。

▽民法修正案理由書第三編第一章「第四節債権ノ譲渡」七~八頁（第四七五条）。

（玉樹智文）

第四七三条　前条の規定は、無記名債権について準用する。

第四七三条　前条ノ規定ハ無記名債権ニ之ヲ準用ス

原案第四七六条　確定条文に同じ。

【参照条文】

旧商法

第四〇四条　切手、切符其他ノ無記名証券ハ交付ノミヲ以テ之ヲ他人ニ転付スルコトヲ得此等ノ証券ニ因リ所持人カ発行人ニ対シテ有スル権利ハ其証券ニ記載シタル旨趣又ハ法律、命令若クハ慣習ニ依リテ之ヲ定ム

スイス債務法

第一九七条（第四六九条の【参照条文】中に掲載）

第八四七条　債務者は、無記名証券より生ずる債権に対し、証書の有効性に対して向けられるか、または証書自体に由来する抗弁のみを対抗することができる。

ザクセン民法

第一〇四六条　義務者ニ於テ自己ト証券ノ持主トノ間ニ存スル関係ニ依リ有スル所ノ異議ハ無記名証券ヨリ生スル要求ニ対シ之ヲ申立ルコトヲ得ルモノトス但其義務者ニ於テ証券ノ前持主又ハ最初ノ持主ニ対シ有シタルヘキ異議ハ此限ニアラス

【起草趣旨】

梅謙次郎（一三巻一九丁表~裏）

本条は、商法第四〇四条とあまり違わないつもりである。ただ、商法第四〇四条には、「交付ノミヲ以テ之ヲ他人ニ転付スルコトヲ得」という文言があるが、本草案においては、「物」の所で「無記名債権ハ之ヲ動産ニ《ママ》看做ス」という規定ができた（注1）。物権編の総則の規定によれば、動産の譲渡はその物の引渡（注2）によって第三者に対抗することができる、当事者間においては双方の意思が合致すれば権利が移転する（注3）、となっている。無記名証券でも同様になると思う。それゆえ、そのような文言はここでは不要だと思ったので書かなかった。また、（商法第四〇四条には、）「其証券ニ記載シタル旨趣又ハ法律命令若クハ慣習ニ依リテ之ヲ定ム」とあるが、「然ウ法律ニ依テ定メルト云フヤウナコトヲ言ハヌテモ宜シイト

思」う。それより、「証券ノ性質」とすれば、「酒切手ハ酒切手ノ慣習モアラウシ又鉄道切符ニハ鉄道ニ関スル法律命令若クハ慣習ガ」あろうから、「大抵此中ニ含マレテ居ラウト云フ考ヘテ」、前条の如く「証券ノ性質」ということがあてはまるのでただ「前条ノ規定」とした。

（注1）　確定条文第八六条第三項。この規定は、主査会および総会の時点の原案中にはなく、整理会で新設された（原案第八八条第三項。民法整理会議事速記録一巻五九丁表～六七丁表参照）。なお、それに先立ち、権利質に関する原案第三六〇条（確定条文第三六三条）の審議において、田部芳委員が、無記名証券については動産質の規定を適用した方がよいのではないかと発言したのに対し、富井委員は、「無記名証券ニ付テハ別段ノ規定ガナイ限リハ有体物ニ関スル規定ヲ準用スルト云フ一箇条カ又ハ一項ヲ通則ノ所ニ置ク考ヘデアリマス」と述べ、本項の新設を予告している（一五巻一〇四丁裏）。

（注2）　原案第一七九条（確定条文第一七八条）。

（注3）　原案第一七七条（確定条文第一七六条）。

【主要審議】

▼別段発議なく、原案通り確定（二三巻三一丁表）。

但し、公示催告手続に関する規定を置くべきか否かをめぐって、以下のような議論がなされている。

田部芳（二三巻二九丁裏～三〇丁裏）

原案の考えは、商法第四〇三条(注4)の規定は民事訴訟法の改正に譲って、民法中には入れないというのであるが、私は先にそれに対する反対意見を述べた(注5)。この規定は本節の終わりに持って来たらどうかと考えたが、本節は「債権ノ譲渡」であり、公示催告手続はこれと関係のないことであるから、場所が悪いと思う。「実質法ト手続法トハ区域ヲ別ケテ置イタ方カ宜カラウト思」う。とすれば、「民法ニ手続法ヲ設ケテ置ク方カ」適当であろう。「其主義ヲ貫」くとすれば、「民法ノ施行条例カ何ニカ」に商法第四〇三条のような規定を入れるということを決議しておく必要があると考える。あるいは、（民法中に）この先適当な場所があるのならそれでよいが、「之ハ民事訴訟法ニ入レスシテ民事訴訟法以外ノ実質法ニ入レタイト云フノガ私ノ大体ノ主義テア」る。「民事訴訟法ヲ変ヘテ仕舞ツテ実質法ヲ混シテ仕舞ツテハ法律ノ体裁上悪ルイト云フノカ重モナ理由テア」る。そこで、民法施行条例の中に商法第四〇三条のような規定を入れるという説を提出する。このような説を果して提出できるのかは議長の判断に任されるが、私としては、後で論ずる場所がないかもしれないから、ここで論じておく。

議長（西園寺公望）（二三巻三〇丁裏）

民事訴訟法全体がいけないというのか。

田部芳（二三巻三〇丁裏）

そうではなく、この（公示催告手続の）点についての問題である。

箕作麟祥（二三巻三〇丁裏）

民事訴訟法に入れるわけにはいかないのか。

田部芳（二三巻三〇丁裏）

「性質カ違ウト云フノカ根本テア」る。

富井政章（二三巻三〇丁裏）

それなら「施行条例」に入れるというのもおかしい。

田部芳（二三巻三〇丁裏～三一丁表）

どの場所に入れるのが適当かという充分な考えはない。しかし、ここに入れるのも不適当である。他に適当な場所があればよいが、「民事訴訟法ニ混シテ仕舞ウ」のは、とにかく「場所ヲ得ナイト思」う。

高木豊三（二三巻三〇丁裏、三一丁表）

起草者になお熟考を願いたいが、そういうわけにはいかないのか。

梅謙次郎（二三巻三一丁表）

考えておけというのなら考えておくが、民事訴訟法に入れれば簡単にできる。

富井政章（二三巻三二丁表～裏）

もしここに入れるとすれば、原案第四七五条の次になる。そして、（本節）最後の条の「前条ノ」を「第四百七十五条ノ」とする。

梅謙次郎（二三巻三二丁裏）

もし入れるのなら、一番最後がよい。

長谷川喬（二三巻三二丁表、裏）

起草者に再考を願うということにしてはどうか。

高木豊三、横田國臣（二三巻三二丁裏）

その方がよい。

田部芳（二三巻三二丁裏）

今述べた趣旨の一箇条を民法中の適当な場所に入れるという決議を、今ここでするよう提案する。

議長（西園寺公望）（二三巻三二丁裏）

とにかく、（適当な）場所を出してはどうか。

梅謙次郎（二三巻三二丁裏）

「何ウモ民事訴訟法ノ如キ一節ヲ設ケルヤウナ適当ナ場所ハアルマイト思」う。

田部芳（二三巻三二丁裏～三三丁表）

趣意を述べたつもりであるが、まだ充分伝わっていなかったようである。つまり、「斯ウ云フ手続ニ依レハ或ル証書ノ無効ヲ宣言シテ貰ウ権利カアルソト云フ実質ヲ認メタ法律カア」る。「其法律ニ依テ民事訴訟法ノ手続ヲスルト云フ趣意デア」る。「民事訴訟法ニハ手続ヲ規定スルノガ精神テア」り、「夫レヲ無効ニスルト云フコトヲ民事訴訟法ノ箇条ニ一緒ニ混シテ仕舞ウノハ」いけない。「為替手形トカ商法ノ手形テモ何処ノ国テモ公示催告手続ヲ認メテ居ル国テハアルカラ」その方が「理屈カアラウト思」う。

梅謙次郎（二三巻三二丁表～三三丁裏）

強いて反対するのではないが、今まで意見を述べなかったのは、「可成議論ノミヲシテ時ヲ費ヒヤシテハ相済マヌト考ヘテ案テモ出タナラバ述ヘヤウト思ツテ居」たからである。起草委員が（商法第四〇三条の規定を）民事訴訟法に譲って良いと考えたのは、次のような理由からである。例えば、仲裁手続は民事訴訟法に譲っても良いと考えたので、冒頭の箇条に「一名又ハ数名ノ仲裁人ヲシテ争ノ判断ヲ為サシムル合意ハ当事者カ係争物ニ付テ和解ヲ為ス権利アル場合ニ限リ其効力ヲ有ス（注6）」という規定があって、それから「段々本統ノ手続ニ移ツテ居」る。また、反訴などに関しても、「斯ウ云フ場合ニ反訴カ起セル」という事柄は「実質上ノ問題」ではないかと思うが、（注7）それもやはり民事訴訟法に書いてある。「私ハ民事訴訟法カ至ツテ不案内テア」るが、こういう例はまだ他にもあるかもしれない。「幾ラ手続ト言ツテモ然ウ箸ノ先キヲ以テ重箱ヲほじくるヤウナ事ハ便宜上出来ヌト思」う。それゆえ、この問題は「体裁上手続上」民事訴訟法第七七七条のようにして、「盗取セラレ又ハ紛失若クハ滅失シタル手形其他商法ニ無効ト為シ得ヘキコトヲ定メタル証書ノ無効宣言ノ為メニ為ス公示催告手続ニ付テハ」とあるのを、ただ「指図証券又ハ無記名証券ノ」というように書き改めれば、それで済むと思う。その方が大変便利ではないかと考える。「実質ヲ言ハレルト夫レハ其方カ正シイカモ知レ」ない。さらに、外国の例を見てみると、フランスなどでは公示催告手続は、ごく最近にできた。それで、「何ウ云フ場合ニ公示催告手続ヲスルト云フコトハ無論、、、、、」。また、他の国でも今では一般に公示催告手続ができているが、「出来タ当事《ママ》ハ一般ニ出来テ居リマセヌカラ夫レテ斯、ルモノハ公示催告カ出来ルト云フコトヲ実質法ニ書イタモノカ多クハア」るまい。だから、「民事訴訟法ノ中ニ書テ仕舞ヘハ書テ仕舞ヘヌモノテモアルマイト云フ考ヘデ載セナカツタノテア」る。

高木豊三（一三巻三三丁裏〜三四丁表）

それほど激論するほどのこともあるまいが、そのような必要のある理由が「少シ承知致シ兼ネ」るので、一言しておく。梅委員の発言のように、確かに民事訴訟法の中に「実質法」の規定が全くないとは言えない。例に出された仲裁手続は民事訴訟法に規定すべき事柄ではないかもしれず、「和解ノ契約ヲ基礎トシテ仲裁判断ヲ斯ウ云フ具合ニセヨト云フコトカ基礎ニ為ツテ居」る。また反訴についても、「既成法典抔ニ依ルト『相殺ハ反訴ヲ、、、、、』ト」ある[注8]が、元来民法で「斯ウ云フ事ヲシタラ斯ウ云フ権利義務カアル」（ということを規定し）、その権利義務について訴ができる等ということは民事訴訟法に規定すべき事柄である。もちろん、（後者には）訴訟手続上の権利義務が定めてあるが、それは形式上の権利義務であって、「実質的ノ権利義務テナ」い。従って、証券に関する契約の当事者がその証券の無効を公示することを請求する権利を有するということは、「何ウシテモ性質ハ実質的ノモノテアラウト考ヘル夫レテ可成ハ実質法ニアツタ方カ宜カラウト思」う。「立法ノ権利テ」（民事訴訟法に）入れられぬことはなかろうと思うが、ただこのようにした方が体裁がよいというだけの考えである。

議長（西園寺公望）（一三巻三四丁表）

これは採決すべき問題か。

高木豊三（一三巻三四丁表、裏）

採決しないで、起草委員に一考を願っておくことにしておいた方がよいと思う。

議長（西園寺公望）（一三巻三四丁表〜裏）

それでよければ、起草委員に再考を願うこととする[注9]。

（注4）民法施行法第五七条【参照条文】（本書四五五頁）参照。

（注5）本書四三八頁参照。

（注6）民事訴訟法第七八六条。なお、法典調査会民法議事速記録では「一名又ハ」は「一名ニハ」と記されている。

（注7）民事訴訟法第二三九条。第三八二条参照。

（注8）旧民法財産編第五三二条第一項を指していると考えられるが、文脈からは必ずしも明らかではない。なお、同項の規定は以下の通り。
「裁判上ノ相殺ハ被告カ原告ニ対シテ自己ノ利益ノ為メ債権ヲ追認セシメ又ハ清算セシムルヲ主旨トスル反訴ノ方法ニ依リテ之ヲ求ムルコトヲ得」

（注9）起草委員再検討の経過および結果は不明であるが、後掲【付記】で紹介するように、民法施行法中に田部委員の提案するような規定を設けることになった。

【民法修正案理由】

本条ハ、既成法典商法第四百四条ト其主意ニ於テ大差ナシ。既成法典ニハ、無記名証券ハ交付ノミヲ以テ之ヲ他人ニ転付スルコトヲ得ト言ヘド、本案ハ、既ニ物権編ニ於テ無記名証券ニハ動産ノ規定ヲ適用スル旨ヲ明言シ、而シテ動産ハ引渡ニ依テ其権利ノ移転スルモノトシタルヲ以テ、無記名証券ノ単ニ交付ノミヲ以テ転付シ得ルハ、別ニ条文ヲ要セズシテ明カナルコトトナレリ。又、原文ニ所持人ノ権利ハ証券ノ旨趣又ハ法律命令若クハ慣習ニ依リテ之ヲ定ムト言ヘドモ、寧ロ本案ノ如ク、証券ニ記載シタル事項及ビ其証券ノ性質ヨリ当然生ズル結果ニ依リテ之ヲ定ムベキモノトスルトキハ、法律命令等ヲ包含シテ尚余アルヲ以テ、茲ニ原文ヲ改メ、無記名証券ニハ前第四百七十五条ノ規定ヲ準用スルコトトシタリ。

▽民法修正案理由書第三編第一章「第四節債権ノ譲渡」八頁（第四七六条）。

（玉樹智文）

【付記】

公示催告手続に関しては、民法施行法の審議の中で、以下のような議論が行われている。

【起草委員による事前の趣旨説明】（民法施行法議事要録二巻三〇丁裏～三一丁表）

（梅謙次郎委員による説明）　かつて本法典調査会において高木豊三、田部芳両委員が主張したように、いわゆる指図証券および無記名証券に公示催告手続を適用する旨を民法中に規定すべきであるという意見があり、それには私も賛成した。(注1)しかし、当初民法の分類中に予期しなかったため、採用することができなかった。そのため、理論上非難を免れないが、民事訴訟法中に規定を譲ることにした。ところが、民事訴訟法はすでに改正に着手したものの、民法第一編ないし第三編の施行までに改正案が議会を経過し(注2)、公布・実施されるかどうかは疑わしい。そこで、むしろ民法施行法中にこれに関する一条を設けた方が便利かつ得策であると信じ、第六三条の規定を設けた。

（注1）　本稿で紹介したように、梅委員は田部委員の意見には疑問を呈していた（法典調査会民法議事速記録二三巻三二丁表～三三丁裏）のであるから、この発言はおかしい。あるいは、その後の審議でさらに議論がなされ、その際梅委員が賛成意見を述べたのではないかとも考えられるが、未調査である。

（注2）　民事訴訟法改正作業は、明治二八年に着手され、同三六年には改正草案が公表されたものの、立法化されなかった。公示催告手続に関する同法第七編は、結局その後の全面改正（大正一五年法律第六一号）の対象とされず、問題の第七七七条の文言も手直しされなかった。新堂幸司『民事訴訟法（第二版）』（一九八二年）二九～三〇頁参照。

民法施行法原案第六三条　手形ヲ無効ト為ス為メニスル公示催告手続ハ一切ノ指図証券、無記名証券及ヒ民法第四百七十一条ニ掲ケタル証券ニ之ヲ準用ス

民法施行法第五七条　指図証券、無記名証券及ヒ民法第四百七十一条ニ掲ケタル証券ハ公示催告ノ手続ニ依リテ之ヲ無効ト為スコトヲ得

【参照条文】

民法

第四七一条　前条ノ規定ハ証書ニ債権者ヲ指名シタルモ其証書ノ所持人ニ弁済スヘキ旨ヲ附記シタル場合ニ之ヲ準用ス

旧商法

第四〇三条(注3)　盗取セラレ又ハ紛失シ若クハ滅失シタル指図証券ハ裏書譲渡アリタルト否トヲ問ハス民事訴訟法ニ従ヒテ権利者之ヲ無効トスル手続ヲ為スコトヲ得

第七一一条　盗取セラレ又ハ紛失シ若クハ滅失シタル手形及ヒ小切手ニ付テハ第四百三条ノ規定ヲ適用ス

民事訴訟法

第七六四条乃至第七八五条　（略）

ドイツ民法施行法

第一七四条　民法施行後においては、それ以前に振出された持参人払式の債務証書（Schuldverschreibungen）に関し、民法第七九八条ないし第八〇〇条、第八〇二条、第八〇四条および第八〇六条第一文の規定を適用する。ただし、一覧払式（auf Sicht zahlbar）の無利息債務証書の場合、および配当金支払証（Zinsscheine）、利息証券（Rentenscheine）および利益配当証券（Gewinnantheilscheine）の場合においては、無効宣告（Kraftloserklärung）および支払停止（Zahlungssperre）に関しては、引続き従来の法律に従う。

民法施行前に振出された持参人払式の

債務証書に基づく請求権の消滅時効は、民法第八〇二条の規定にかかわらず、従来の法律によって定める。

第一七五条　民法施行前に振出された無記名証券に対して民法施行後に発行される配当金支払証、利息証券および利益配当証券に関しては、民法施行前に発行された同種の証券に適用される法律に従う。

第一七六条　持参人払式の債務証書の流通停止（Außerkurssetzung）は、民法施行後はもはや行われない。それ以前になされた流通停止は、民法の施行とともにその効力を失う。

第一七七条　民法施行後においては、それ以前に発行された証書で民法第八〇八条に掲げられたものに関しては、債務者が単に証書の交付と引換えにのみ給付の義務を負う限り、民法第八〇八条第二項第二文、第三文および本法第一〇二条第二項を適用する。

第一七八条　持参人払式の債務証書または民法第八〇八条に掲げられた種類の証書の無効宣告もしくはかような証券の支払停止を対象とする訴訟手続が民法施行時に繋属するときは、従来の法律によって処理する。訴訟手続および判決の効力もまた、従来の法律によって定める。

ドイツ民法施行法第一草案

第八条　民法第六九二条ないし第七〇〇条の規定は、持参人払式（auf Inhaber lauten）の株式にこれを準用する。

第一〇五条　民法施行前に振出された持参人払式の債務証書および持参人払式の株式には、民法施行後は、同法第六九二条ないし第六九六条、第六九九条および第七〇〇条の規定を適用する。ただし、かような証券を特定の権利者の名義に書換えるべき振出人の義務およびその書換の効力に関しては、従来の法律に従う。民法第六九二条第二文に掲げられた種類の証券、更改証券（Erneuerungsscheine）および特定の権利者の名義に書換えられた証券の場合には、無効宣告および支払停止に関しては、従来の法律もまた適用される。

流通停止は、民法施行後はもはや行われない。民法施行前になされた流通停止の効力および再流通（Wiederinkurssetzung）に関しては、従来の法律に従う。

民法施行前に振出された無記名証券およびかような無記名証券に対して民法施行後に発行される配当金支払証、利札（Rentenkupon）および利益配当証券に基づく請求権の消滅時効は、民法第六九四条の規定にかかわらず、従来の法律によって判定する。

民法施行時に繋属中の無効宣告または支払停止を目的とする訴訟手続は、従来の法律によって処理する。訴訟手続の効力もまた、従来の法律によって定める。

第一項ないし第四項により従来の法律が適用される場合において、従来の法律は、民法施行後といえども、ラント法によって変更することができる。

ドイツ民法施行法第二草案

第一四六条　民法施行後においては、それ以前に振出された持参人払式の債務証書に関し、民法第七八三条ないし第七八五条、第七八七条、第七九〇条および第七九一条の規定を適用する。ただし、一覧払式の無利息債務証書の場合、および配当金支払証、利息証券および利益配当証券の場合においては、無効宣告および支払停止に関しては、引続き従来の法律に従う。

民法施行前に振出された持参人払式の債務証書に基づく請求権の消滅時効は、民法第七八七条の規定にかかわらず、従来の法律によって定める。

第一四七条　民法施行前に振出された無記名証券に対して民法施行後に発行される配当金支払証、利息証券および利益配当証券に関しては、民法施行前に発行された同種の証券に適用される法律に従う。

第一四八条　持参人払式の債務証書の流通停止は、民法施行後はもはや行われない。それ以前になされた流通停止は、民法の施行とともにその効力を失う。

第一四九条　民法施行後においては、それ以前に発行された証書で民法第七九三条に掲げられたものに関しては、債務者が単に証書の交付と引換えにのみ給付の義務を負う限り、民法第八〇八条第二項第二文、第三文および本法第七五条第二項を適用する。

第一五〇条　持参人払式の債務証書または民法第七九三条に掲げられた種類の証書の無効宣告もしくはかような証券の支払停止を対象とする訴訟手続が民法施行時に繋属するときは、従来の法律によって処理する。訴訟手続および判決の効力もまた、従来の法律によって定める。

ドイツ民法施行法連邦議院草案

第一七四条　民法施行後においては、それ以前に振出された持参人払式の債務証書に関し、民法第七八二条ないし第七八四条、第七八六条、第七八九条および第七九〇条の規定を適用する。ただし、一覧払式の無利息債務証書の場合、および配当金支払証、利息証券および利益配当証券の場合においては、無効宣告および支払停止に関しては、引続き従来の法律に従う。

民法施行前に振出された持参人払式の債務証書に基づく請求権の消滅時効は、民法第七八六条の規定にかかわらず、従来の法律によって定める。

第一七五条　民法施行前に振出された無記名証券に対して民法施行後に発行される配当金支払証、利息証券および利益配当証券に関しては、民法施行前に発行された同種の証券に適用される法律に従う。

第一七六条　持参人払式の債務証書の流通停止は、民法施行後はもはや行われない。それ以前になされた流通停止は、民法の施行とともにその効力を失う。

第一七七条　民法施行後においては、それ以前に発行された証書で民法第七九二条に掲げられたものに関しては、債務者が単に証書の交付と引換えにのみ給付の義務を負う限り、民法第七九二条第二項第二文、第三文および本法第一〇一条第二項を適用する。

第一七八条　持参人払式の債務証書または民法第七九二条に掲げられた種類の証書の無効宣告もしくはかような証券の支払停止を対象とする訴訟手続が民法施行時に繋属するときは、従来の法律によって処理する。訴訟手続および判決の効力もまた、従来の法律によって定める。

（注3）　民法施行法議事要録二巻三五丁表、民法施行法案二七丁裏とも「商四三」となっているが、「商四〇三」の誤りであろう。

【審議内容】　（民法施行法議事要録二巻三五丁表～裏）

梅謙次郎委員より、民事訴訟法が改正実施されるまでの必要性から本条を設けたと、起草趣旨説明がなされた。

富谷鉎太郎委員は、これに対し、原案では「公示催告」とだけあって、除権判決を包含するか否か不明であるゆえに、原案のままでは不十分であると発言した。

田部芳委員は、民事訴訟法は他日改正施行されるものとみなし、本条では単に「無効とする」旨だけを明らかにしておけばよいと発言した。

以上二委員の発言に対し、梅委員はまず、富谷委員の発言には承服できないと述べた。また、田部委員の発言はもっともであるとして、次のように論じた。明文なくば当然に民事訴訟法第七七〇条以下の規定が適用されるものと信じて、本条を起草した。本条の「公示催告」を民事訴訟法第七編の「公示催告手続」を指すものとみれば、除権判決をも包含するからよいであろうが、文章については一応再考しよう、と。

以上の外、原案通り可決された。

民法施行法修正原案第六三条　手形其他ノ指図証券無記名証券及ヒ民法第四百七十一条ニ掲ケタル証券ハ公止《ママ》催告ニ依リテ之ヲ無効ト為スコトヲ得此場合ニ於テハ民事訴訟法第七百七十七条乃至第七百八十五条ノ規定ニ依ル

【審議内容】（民法施行法議事要録二巻四六丁表～四七丁表）

梅委員より、次のように起草趣旨説明がなされた。本修正案はあえて意味を変更したものではないが、原文が簡単に過ぎて不明であるので、公示催告によって無効にしうるか否かを明記したものである。そして、この場合には民事訴訟法第七七七条ないし第七八五条によるべきものとした。民事訴訟法と矛盾することがあるようにみえるのは、民事訴訟法起草当時と民法起草について立法趣旨を異にするからである、と。

河村譲三郎委員は、次のような意見を述べた。民事訴訟法第七七七条第二項にいう「商法ニ無効ト為シ得ヘキコトヲ定メタル証書」とは、同条第一項にいう「他ノ証書」以外のすべての証書を指すから、本条に「民事訴訟法第七百七十七条乃至第七百八十五条」とあるのは、明らかに民事訴訟法第七七七条第二項と重複し、無用である、と。

岡野敬次郎委員は、まず、本条の「手形其他ノ」の五字を削除することを主張した。というのは、手形は記名式であっても指図式と同一の効力を有するから、法律の規定を以て手形は指図式となる。従って、あえて「手形」と明記する必要がないからである。次に、同委員は、第二項（注4）につき次のように主張した。民事訴訟法第七六四条ないし第七六六条が手形その他の証券に適用あるならば、本条に「民事訴訟法第七百七十七条乃至第七百八十五条」云々とあるのは不適当である。ゆえに、「民事訴訟法ニ従ヒ公示催告ニ依リ無効ト為シ得」とすべきである、と。

高木豊三委員は、本条を以下のように修正するよう提案した。

手形其他ノ指図式証券、無記名証券及ヒ民法第四百七十一条ニ掲ケタル証券ハ民事訴訟法ノ規定ニ依リテ之ヲ無効ト為スコトヲ得

同委員は、法律適用の結果として、民事訴訟法、商法（注5）と発布の前後によって不都合を来たすにもかかわらず、民法施行法でこのように規定しておけば、あえて不都合はないと主張した。

この高木委員の修正案には河村委員が賛成し、議長（清浦奎吾委員）が採決した結果、起立多数にて可決された。

また、起草委員は、岡野敬次郎委員の「手形其他ノ」の五字削除案につき、更に一考すべき旨を述べた（注6）。

（注4）　議事要録に掲載されている条文では項を分けずに続けて書かれているために、「第二文」のように見えるが、あるいは「第二項」が正し

いのかもしれない。

（注5）　いずれも、当時改正作業の対象となっていた。

（注6）　起草委員の再検討の結果および確定条文の文言が成立した経緯は不明である。

（玉樹智文）

第五節　債権ノ消滅

【起草趣旨】

穂積陳重（二〇巻三丁表～裏）

(1)　節番号の変更について

ここに第五節としたのは、梅委員が第三節第四節を受け持っていたが病気のためその議案を提出することができないから（注1）、それを飛ばして本案をここに提出した。だから、ここに第五節となっている。前に議定された目録では、これが確か第三節になっていたと思う（注2）。しかるに、その目録の中で「債務ノ変体」の中の「保証債務」を一つの節にあげて、「他ノ『債権債務、不可分債務』」などを「多数当事者ノ債権」としたから、そこに一節を置いた（注3）。それから、「債権ノ消滅」の前に債権譲渡に関する一節を加えるつもりである。それゆえに二節飛ぶからちょうど第五節となるわけである。

(2)　条文番号の変更について

この議案の条数は中間の議案を飛ばしたから確実に決めることはできないが、各条に何かの「符調」を付けておかないと議事のうえで甚だ不便だから、仮におおよそ前の議案の条数を定めて本案は第三八一条からとした。これは整理の際に改めるつもりである。だから「此『三百』」はみな「『四百』」の誤りである。これは全くの誤りであって「故意ニ」こうしたのではない。

▼別段の発議なく確定した（二〇巻三丁裏）。

（注1）　実際に審議が後にまわされたのは、第四款　保証債務、原案第四四八条以下と第四節　債権ノ譲渡、原案第四六九条以下である。なお（注3）も参照。

（注2）　民法主査会に提出された案では、

「第三編　人　権
　第一章　総　則
　　第一節　債務ノ効力
　　第二節　債務ノ体様
　　第三節　債務ノ消滅」

となっていた（民法主査会議事速記録二巻二五丁表以下参照）。

（注3）　本審議会の目録原案である甲第二二号議案（明治二八年三月二日配付）、及び確定条文とも、保証債務は「第三節　多数当事者ノ債権」の中の第四款の位置を与えられており、穂積委員の説明のように独立の節にはなっていない。おそらく、穂積委員の思い違いであろうと思われる。

【民法修正案理由】

本節ハ既成法典財産編第二部第三章ニ相当シ、債権ノ消滅ニ関スル通則ヲ規定スルモノトス。而シテ、既成法典同章第六節乃至第九節ハ義務ノ消滅原因トシテ履行ノ不能、銷除、廃罷及ビ解除ニ関スル規定ヲ掲グト雖モ、本案ハ既ニ第一編ニ於テ取消ニ関スル通則ヲ規定シ、其他ハ寧ロ契約ノ通則ニ譲ルヲ以テ至当ト認ムルニ因リ、本節ニ於テハ債権消滅ノ一般ノ原因トシテ、弁済、相殺、更改、免除及ビ混同ノ五項目ヲ掲ゲ、其通則ヲ規定セリ。

▽民法修正案理由書第三編第一章「第五節債権ノ消滅」一頁。

（松岡久和）

第一款　弁　済（二〇巻三丁裏）

【起草趣旨】

穂積陳重（二〇巻三丁裏～五丁表）

(1)　本款の題号と規定内容

この弁済については旧民法では四つの款に分けてあり、その第一に「単純ノ弁済」、第二に「弁済ノ充当」、第三に「弁済ノ提供及ヒ供託」、第四に「代位ノ弁済」となっている。この分け方はずいぶん理由のあることだから本案においても初めはこのように分け、その中の第一款、すなわち旧民法の「単純ノ弁済」に属する部分だけを本案として提出するつもりで起案した。しかし、この一般の弁済に関する規則を「単純ノ弁済」と名づけるのは旧民法に始まったのであるが、いかにも「当ラヌ字」である。これはきっと代位弁済に対するものであろうが「単純ノ弁済」と言うと、ほかに複雑な弁済がありそうに見えるが、そういうものがあるわけではなく、この題号を用いるのは甚だ「難儀」である。といって、これに代わる題号を見つけることもできないので、本案では旧民法の四つの区分をやめて「弁済」という内に一緒に入れざるをえなかった。やはりもとのように分けるのがよいという意見が多ければ、やむをえず「単純ノ弁済」という名でも付けて「第一則」でも設けねばならない。しかし、「則」ということもこれまで設けたことがないので分けるのをやめた。こういう理由から甲第二三号中にあるのは弁済に関するすべてではなく、いわゆる「単純ノ弁済」に関する規定のみである。

(2)　削除箇条の大要

ついでに、ここで削除した箇条の大要を述べる。「債権ノ総則債権ノ目的及ヒ履行」等について、旧民法において弁済の部分に掲げてある規則のうち初めから債権債務の体様をなしているもの、すなわち目的物、及び初めから定まっているべき履行の場所・時期などというものは「債権ノ目的」又は「債権ノ履行」という部に入れた。そして、この債権消滅の原因となる履行を債権消滅の一原因と見るのが穏当で、その規則はむしろ債権消滅の規則であると考え、それだけをこの弁済の部に残した。それで、およそここに入っていない箇条の大意はわかっているつもりであるから、一々ここで述べない。財産編第四五一条(注)は弁済の定義と弁済の部に掲げてある規定（の）目的にすぎないので、ここに置く必要はないと思い削除した。

▼別段の発議なく確定した（二〇巻五丁表）。

（注）　旧民法財産編第四五一条　弁済ハ義務ノ本旨ニ従フノ履行ナリ
弁済ハ下ノ第一款及ヒ第四款ニ記載シタル区別ニ従ヒテ単純ナル有リ代位ナル有リ
数箇ノ債務アリテ只一箇ノ弁済ヲ為ストキハ第二款ニ従ヒテ債務ノ一箇又ハ数箇ニ付キ弁済ノ充当ヲ為ス
債権者カ弁済ヲ受クルコト能ハス又ハ欲セサルトキハ債務者ハ第三款ニ記載シタル如ク提供及ヒ供託ノ方法ヲ以テ自ラ義務ヲ免カルルコトヲ得
債務者カ債権者ニ対シテ自己ノ財産ヲ委棄スルコトヲ得ル場合ハ民事訴訟法ヲ以テ之ヲ規定ス

【民法修正案理由】

既成法典ハ弁済ニ関スル規定ヲ四款ニ分チ、第一款ヲ単純ノ弁済トシ、第四款ニ於ケル代位弁済ニ対称《ママ》スト雖モ、単純ノ弁済ナル用語ハ聊カ語弊アルノミナラズ、既成法典ノ如ク殊更ニ款ヲ分チテ規定スル必要ナキヲ以テ、本案ハ単ニ弁済ト題シ之ニ関スル通則ハ総テ之ヲ本款ニ纏括セリ。而シテ、既成法典ハ債権ノ目的物ニ関スル規定ヲ弁済ノ規定中ニ掲グト雖モ、本案ハ既ニ本編第一章ニ於テ債権ノ目的ニ関スル総則ヲ規定シタルニ因リ、本款ニ於テハ固ヨリ之ヲ削除シ、又既成法典財産編第四百五十一条ハ単ニ弁済ノ定義ト其目録ヲ示スニ過ギザレバ、総テ之ヲ削除セリ。

▽民法修正案理由書第三編第一章「第五節　債権ノ消滅」一頁。

（松岡久和）

現行法　なし

修正案（穂積陳重提出）

原案第四〇五条の前に左の一条を加える。

第四〇四条　債務ノ履行ハ債権者及ヒ債務者ノ承諾アルニ非サレハ第三者ヨリ之ヲ為スコトヲ得ス

【提案理由】

穂積陳重（一七巻二四二丁裏～二四五丁裏）

(1)　これは、起草委員の資格としてではなく、私個人の修正案である。

旧民法の主義によると、債務の履行というものは第三者からでもできるが(注1)、この主義の根本について私は疑問がある。これがただ学説だけの問題であるならばともかく、実際上関係の多いことであるから修正案を提出した（二四二丁裏～二四三丁表）。

(2)　債権債務の関係というものの性質上より論じてみても、物権とは異なり、「人」というものが大変重要な要素となっている。債権債務の「体様」は、信用の有無、債権者債務者の境遇、相手方の間の好みとか品位とか、「人」によって定まることが多い。相手によって、貸付の条件を変えることもあるのであって、債権の目的たる行為が人と無関係に存在するというのはいわゆる「理窟主義」である。物さえあれば良いということではない。また債権というものは、性質上から見ても一つの「命令」であり、相手が誰であっても良いものではない。なるほど、事務管理の場合においては、当人の意思の推測される特別の規定(注2)があるからよいが、通常の債権においては「ゑんてろ志よん」のようなものではないだろう(注3)（二四三丁表～二四四丁表）。

(3)　債権者の方としては、あるいは誰からであっても、物さえ受け取ったなら、その物に違いがなければ良いということがいえるかもしれないが、債務者の方としては、自分が大変困るというような人に対して、その人が自分の債務を払ったからといって意に反して恩を受け元の債権者に代ってその人に服従しなければならないというのは不都合である（二四四丁表～裏）。

(4)　第三者の方からいっても、他人の間の関係にみだりに干渉することを許すのも、よほど変なものである。また、報酬のために義務を果したり、知っている人が借金を返してやるとかいうほどの親切心があるならば、債権者債務者双方の承諾を得てからすればよいだろう。通常の場合には、実際に困るのでなければ承諾を与えるに違いない（二四四丁裏～二四五丁表）。

(5)　仮に承諾がなくても第三者から有効に弁済ができるという主義をとったならば、それは必ずしも債権者だけの利益ではない。ドイツなどの規則にもある通り、債権者も遅滞にあるということが生じてくるから、「御前さんデハ厭ヤダ」ということがいえなくなる（二四五丁表～裏）。

(6)　債務等を他人が弁済できるという規則のある国でも債務者の承諾を得ることを要するとなっていて、いつでも第三者から弁済できるという純然たる主義をとっている国は、少数である（二四五丁裏）。

（注1）　旧民法財産編第四五二条及び第四五三条。第四七四条の【参照条文】中に掲載。

（注2）　原案第七〇六条第二項「管理者カ本人ノ意思ヲ知リ又ハ之ヲ推知シ得ヘキトキハ其意思ニ従ヒテ管理ヲ為スコトヲ要ス」を示すものと推測される。もっとも、原案には審議中に修正が加えられている（法典調査会民法議事速記録三八巻二六〇丁表以下、三九巻二一丁裏～二八丁表）。

（注3）「ゑんてろ志ょん」はフランス語の intrusion〈干渉〉を示し、文脈のうえから、第三者の弁済が不法な干渉となる旨を主張しているものと推測される。

【主要審議】

土方寧（一七巻二四六丁表～裏）

債権債務の関係においては「人」というものが要素になっているには違いないが、それを極論してしまうと債権譲渡ができなくなるかもしれない。そこまでは同意できない。しかし、旧民法には、誰でも立入って弁済して良い、弁済すればその債権者に対する義務は済んでしまうが、今度は債務者が第三者に対して弁済する義務が生ずるということがあるが、これ（弁済による当然の代位の規定（注4））は不必要だから、穂積委員と理由は異にするけれども、この案には賛成する。

梅謙次郎（一七巻二四六丁裏～二五一丁裏）

この案は、我々三人（注5）で原案を作成する時にも穂積委員から提出され、我々両人（注5）で反対して同意しなかったものである。

穂積委員の言ったように、第三者からの弁済でも義務が消滅することについて全く無条件で良いか、あるいはドイツ民法草案（注6）のように、債務者が反対したならば債権者は第三者の弁済を拒める、という位の制限をつけるのが良いかということは、弁済の所に至って定めるという考えで、まだ案はできていない。そのような制限はつける必要があるだろうが、まず原則としては、この案とは反対に、第三者から払っても義務は消滅するということにしておきたい（二四六丁裏～二四七丁表）。

なるほど債権というものには人というものが要素になっており、だからずいぶん古い法律等は、債権譲渡もできないとしていた。けれども、世の中が開けるに従って、債権譲渡はだんだんと行われるようになってきた。いやしくも、債権の譲渡が許される以上は、他人の弁済に、履行としての効果はともかく弁済としての効果を与えることが権衡を得る。この方が便利だということは穂積委員も認めている（二四七丁表～裏）。

作為の債務の場合は、例えば絵を画くといえば、瀧和亭（注7）の書くのと私の書くのとは違うから、瀧和亭の代りに私が書くことはできない。しかし、人の作為ではなく、有形の物を引渡す債務では、誰から引渡そうと債権者にとっては同じことで、この場合、債権者に受取りの拒絶権を与えるのは大変不便なことになろう。

例えば、やむをえない事情があって債権

者が遠方に行っている間に、忘れていた債務の期限が到来して、財産の差押・公売処分、家資分散[注8]、破産宣告のような非常の結果が起ころうとするときに、友人が気の毒がって代って払おうというのを、債権者が受け取らないというようなことになっては、はなはだ不便であろう。

　履行を受ける側からしても、債務者が自分では支払う資力を欠きながら、友人や親類が代って払ってやろうというのを拒絶できるのでは大変困る（二四七丁裏～二四九丁裏）。

　さらに、両人の承諾を得るというのは、両人又はその一方が遠方にいるような場合、今日の忙しい世の中においては実に不適当な規定である。また、弁済ではなく、外の事柄については、事務管理として、他人の承諾なくして他人に代って事をなし、それによって法律関係が生ずるのであるが、穂積案では、事務管理の一般の規則と精神において矛盾することがないだろうか（二四九丁裏～二五〇丁表）。

　もし、第三者の弁済や債権譲渡によって、他人が介入をしてくることがそれほど気にさわるのならば、この債権の履行は必ず自分自身がする、また債権者の方でも他人が履行するのは弁済と見ないというように、明らかに契約をしておけばよいし、そういう契約は決して不法な契約ではないだろう（二五〇丁裏）。

　第三者が弁済をした場合も、その第三者に「代理抔ヲ許ス」（委託による代位弁済と同様に扱うということか――松岡注）というような考えではない。委任も受けずに勝手に弁済した者は、債務者が真に利益を受けている限度においてのみ、債務者に対して「普通ノ債権」を得るだけであるから、その債権は前の債権より弱いことはあっても決して強いことはない。法律でちゃんとこう決めておけば[注9]、第三者が弁済のために「大キイ顔ヲスル」こともできない（二五〇丁裏～二五一丁裏）。

尾崎三良（一七巻二五一丁裏～二五二丁表）

　債権譲渡のことはどうするつもりか。旧民法では通知さえすればできるようになっている。起草委員三人とも決めているのか。

穂積陳重（一七巻二五二丁表～裏）

　債権譲渡の章を入れることは決まっているが、まだ我々の中で相談をしていない。

　債権譲渡の方には一定の手続さえあれば反対しないつもりである。しかし、債権債務の関係というものは、大変双務的な関係を有しているのに、法律で誰からでも弁済できるというように書くのは納得できない。

長谷川喬（一七巻二五二丁裏～二五三丁表）

　すでに「準質」[注10]のところで、準質の「履行」（「設定」か？）は、債権譲渡の規定によって第三債務者にその設定を通知するだけで良いとしているのに、ここで承諾が必要というのは理窟としては通らないのではないか。しかし、これは、債務者が自分のいやな人から恩恵を受けたくないという「感覚問題」である。今日の日本の法律思想からして、それをも幾分か考慮して、要件から「債権者及ヒ」を除いて債務者の承諾だけにするのであれば賛成してもよい[注11]。

尾崎三良（一七巻二五三丁表～裏）

　穂積委員の考え方は、債権譲渡もできないとする方に傾いているようだが、経済社会の発達が盛んになってくるに従って、そういうことではよくない。

▼修正案は賛成少数で否決された（一七巻二五三丁裏）。

（注4）　旧民法財産編第四八三条本文　前三条ニ依リテ代位シタル者ハ債権ノ効力又ハ担保トシテ債権者ニ属セシ総テノ対人及ヒ物上ノ権利及ヒ訴権ヲ行フコトヲ得

（注5）　「我々三人」とは、起草委員の梅、富井、穂積のこと。同じく「我々両人」とは、梅、富

井のこと。

(注6) 第一草案第二二六条、第二二七条。第二草案第二二四条。第四七四条の【参照条文】(本書四六六頁) を参照。

(注7) たき かてい。一八三二年~一九〇一年 (天保三年~明治三四年)。大岡雲峰に日本画を学び、長崎に留学して南画の研究もした。色彩豊かな花鳥画を得意とした。本調査会審議の頃は、特に一八九三 (明治二六) 年に帝国技芸員を務めるなど、明治画壇の重鎮として活躍し著名であった。

(注8) (仏語) déconfitrue 商人・非商人の別なく、債務者が強制執行を受け、弁済資力がなくなった状態。商人破産主義の旧破産法と対になった家資分散法 (明治二三年法律第六九号) が規律し、職権宣告の可能なこと、宣告後未知の財産に対する債務者の処分権の存続、否認権の欠如等に特色を示した。一般破産主義をとる破産法の施行とともに廃止された (大正一一年)。

(注9) 原案第四八二条 債務者ノ意思ニ反シテ弁済ヲ為シタル第三者ハ其債務者ノ為メ利益ノ現存スル限度ニ非サレハ之ニ対シテ求償権ヲ有セス

もっとも、後に原案第四八一条の審議を受けて撤回されており確定条文にはない (本書四八二頁参照)。

(注10) 権利質の規定、原案第三六一条 (確定条文第三六四条第一項)「記名債権ヲ以テ質権ノ目的トシタルトキハ債権譲渡ニ関スル規定ニ従ヒ第三債務者ニ其設定ヲ通知シ又ハ第三債務者カ之ヲ承諾スルニ非サレハ質権者ハ其質権ヲ以テ第三債務者其他ノ第三者ニ対抗スルコトヲ得ス」を示す。なお、同条の審議は、法典調査会民法議事速記録一五巻一二九丁表~一三四丁表。

ちなみに、準質という表題は原案の権利質を修正したものである (一五巻九七丁表) が、後の修正案で再度権利質と直されている (民法修正案一巻五六丁表)。

(注11) 長谷川委員のこの提案には、穂積委員から何の返事もなかった。

(松岡久和)

第四七四条 債務の弁済は、第三者もすることができる。ただし、その債務の性質がこれを許さないとき、又は当事者が反対の意思を表示したときは、この限りでない。

2 利害関係を有しない第三者は、債務者の意思に反して弁済をすることができない。

第四七四条 債務ノ弁済ハ第三者之ヲ為スコトヲ得但其債務ノ性質カ之ヲ許ササルトキ又ハ当事者カ反対ノ意思ヲ表示シタルトキハ此限ニ在ラス

利害ノ関係ヲ有セサル第三者ハ債務者ノ意思ニ反シテ弁済ヲ為スコトヲ得ス

原案第四八一条 債務ノ弁済ハ法律行為ニ別段ノ定アル場合ノ外第三者之ヲ為スコトヲ得(注1)但利害ノ関係ヲ有セサル第三者ハ債権者及ヒ債務者カ不同意ヲ表シタルトキハ弁済ヲ為スコトヲ得ス

(注1) 法典調査会民法議事速記録二〇巻五丁表では「但シ」となっている。ここでは民法第一議案の表記に従う。

【参照条文】

旧民法財産編

第四五二条　弁済ハ債務者又ハ共同債務者ノ一人ヨリ有効ニ之ヲ為ス外尚ホ保証人又ハ抵当財産ヲ所持スル第三者ノ如キ附随ノ義務者ヨリ有効ニ之ヲ為スコトヲ得

又弁済ハ利害ノ関係ナキ第三者ヨリ或ハ債務者ノ名ヲ以テ或ハ自己ノ名ヲ以テ之ヲ為スコトヲ得

第四五三条　利害ノ関係ヲ有スルト否トヲ問ハス第三者ノ為シタル弁済ノ有効ナル為メニハ債権者ノ承諾ヲ必要トセス但作為ノ義務ニ関シ債権者カ特ニ債務者ノ一身ニ著眼シタルトキハ此限ニ在ラス

又債務者ノ承諾モ之ヲ必要トセス但利害ノ関係ヲ有セサル第三者ノ弁済ニ付テハ債務者又ハ債権者ノ承諾アルコトヲ要ス

フランス民法

第一二三六条　義務ハ本人ニ非スト雖モ本人ト与ニ之ヲ行フ可キ者又ハ本人ノ保証人等ノ如ク総テ其義務ニ管シタル者之ヲ尽クスヿヲ得可シ

又義務ニ管セサル者ト雖モ義務ヲ行フ可キ者ニ代リ之ヲ行フ時ハ其義務ヲ尽クシタリトス可シ然圧其義務ニ管セサル者自己ノ名義ヲ以テ其義務ヲ行ヒ其義務ヲ得可キ者ノ権ニ代リタル時ハ格別ナリトス

第一二三七条　或事ヲ為ス可キ義務ヲ得可キ甲者其義務ヲ行フ可キ乙者ノ自カラ之ヲ行フヿヲ欲スル時ハ其義務ニ管シタル丙者義務ヲ得可キ甲者ノ意ニ背キ乙者ニ代テ之ヲ行フヿヲ得ス

オーストリア一般民法

第一四二二条　第三位ノ人カ負責主ニ代テ弁償ヲ為サンヿヲ欲スル時会ニ在テハ責主ハ自己ノ権理ヲ以テ其人ニ替有セシメサル可カラサルノ義務有リトス然レ圧其負責主カ之ヲ承諾スルヿヲ要ス此時会ニ当テハ責主ハ自己ニ詐偽ノ行為有ル者ヲ除クノ外ハ復タ第三位ノ人ニ対シテ其貸付権ヲ保任スルヿヲ須ヒサルナリ〔仏民第千二百三十六条〕

第一四二三条　第三位ノ人ハ（第四百六十二條）負責主ノ承諾ヲ得ルニ非サレハ則チ其責主ヲシテ自己ノ代償ヲ領受セシムルヿヲ得可カラス然レ圧若シ責主カ之ヲ領受シタルニ於テハ則チ此代償ヲ為シタル第三位ノ人ハ其責主ノ権理ヲ替有スルヿヲ要求シ得可キ権理有リトス

オランダ民法

第一四一八条　〔フランス民法第一二三六条に同じ（注2）〕

第一四一九条（注3）　〔フランス民法第一二三七条に同じ〕

イタリア民法

第一二三八条　責務ハ其責務ニ関スル一切ノ人例之ハ共同負責主若クハ保人カ弁償ヲ為スニ因テ消滅ニ帰セシムルヿヲ得可シ

又責務ハ第三位ノ人ニシテ其責務ニ関係ヲ有セサル人カ弁償ヲ為スニ因テ消滅ニ帰セシムルヿ有リ此第三位ノ人ハ必ス負責主ノ名義ニ依リ其負責主ヲシテ責務ノ負担ヲ脱卸セシムル為メニ弁償ヲ為セル者タルヿヲ要ス仮令ヒ此第三位ノ人カ自己ノ名義ヲ以テ弁償ヲ為スヿ有ルモ決シテ責主ノ権理ニ代替スルヿヲ得可カラス〔仏民第千二百三十六条〕

第一二三九条　某ノ事ヲ為スノ責務ニ関シ責主カ負責主ノ自カラ其責務ヲ履行スルニ因テ利益ヲ有スル者タルニ於テハ則チ負責主ハ責主ノ此意望ニ反シ第三位ノ人ヲシテ弁償ヲ為サシムルヿヲ得可カラス〔仏民第千二百三十七条〕

スイス債務法

第七七条　債務者は、履行の際にその人格

が着目されている場合にのみ自ら弁済する義務を負う。

モンテネグロ財産法

第五二七条　債務者が自ら履行することを明示的に約束し、又は、他の者ではなく債務者自身が履行することに債権者が重大な利益を有する場合、諸般の状況から、その条件（債務者自身が履行するという条件）がなければ債務が締結されなかったであろうというときには、債務者自身が履行しなければならない。

　債務者が履行を拒絶した場合、債権者は、自らに生じた損害の賠償を請求することができる。

第六一一条第二項　債務者以外の者が債務者を免責する意思で弁済した場合、弁済者が、債務に全く関係がなく又は債務の弁済を受任していないときでも、債務は消滅する。

スペイン民法

第一一五八条第一項　債務の履行に利害関係を有するか否かにかかわらず、又は債務者がこれを知り同意しているか、これを知らないかにかかわらず、全ての者が弁済することができる。

第一一六一条　為す債務について、契約締結時において債務者本人の特性又は資質が考慮されていたときには、債権者は、第三者の給付又は役務を受領することを強制されない。

ベルギー民法草案

第一二三三条　共同債務者又は保証人のように、弁済につき利害関係を有する全ての者は、債務の弁済をすることができる。

　弁済が債務者の名において、かつ債務者の弁済としてなされるか、又は第三者自身の名でなされるかにかかわらず、弁済につき利害関係を有しない第三者も債務の弁済をすることができる。

　債務を弁済した第三者が受任者または事務管理者である場合、その者は債務者に対して求償権を有する。それ以外の場合、第三者は、債務者が弁済により利得する限度において訴権を有する。

第一二三四条　債務者自身が為す債務を履行することにつき債権者が利益を有する場合には、第三者は債権者の意思に反して、債務の履行をすることができない。

ドイツ民法第一草案

第二二六条　給付カ債務者其人ニ係ルトキニ限リ債務者ハ自ラ之ヲ履行スルコトヲ要ス

第二二七条　給付カ債務者自ラ之ヲ履行スルコトヲ要セサルトキハ債務者ノ許諾ナキモ第三者之ヲ履行スルコトヲ得

　前項ノ場合ニ於テ債務者カ給付ヲ受取ルコトニ反対スルトキハ債権者ハ此給付ヲ拒絶スルコトヲ得債権者カ之ヲ受取リタルトキハ債務者カ之ニ反対セシニ拘ラス其義務ヲ免カル

ドイツ民法第二草案

第二二四条　債務者自ラ給付ヲ履行スルコトヲ要セサル場合ニ於テハ債務者ノ許諾ナキモ第三者之ヲ履行スルコトヲ得債務者カ之ヲ受取ルコトニ反対スルトキハ債権者ハ此給付ヲ拒絶スルコトヲ得

プロイセン一般ラント法

第一部第一六章第四三条　委任によると否とを問わず他人の債務を弁済した者は、債務者をその債務から解放する。

第四五条　債務者に対する弁済者の権利は、委任によるか否かあるいは債務者の意思に反して弁済をなしたかにより、第一三章第一節第二節の規定に従い判断される。

第四六条　一般に弁済者は債務者に対して原則として、明示の譲渡行為なくして、弁済を受けた債権者の権利に代位する。

第四七条　しかし、弁済された債権にその

性質によって一定の優先権が伴う場合、弁済者は明示の譲渡行為なくしては、特別法に別段の定めがない限り、原則としてこの優先権を第三者に対抗できない。

第四八条　同様に、弁済者は、債権のために保証又は担保物より設けられた担保についての債権者の権利を、原則として、債権の明示の譲渡行為によってのみ取得する。

第四九条　債権者が債務者本人から弁済を受けるべき場合であっても、債権者は、債務者に代って弁済をしようとしかつ自らの財産管理権を制限されていない第三者からの弁済の受領を拒絶できない。

第五一条　しかし、債権者及び債務者が共に第三者の提供する弁済に異議を唱える場合は、債権者は弁済受領を強いられない。

ザクセン民法

第六九〇条　要求ヲ義務者自己ノ弁済ニ限リタルトキハ義務者自己履行スヘキモノトス其他ノ場合ニアリテハ履行ハ義務者ニ代リ其承諾ナキトキト雖他人ニ於テ之ヲナスコトヲ得及権利者ハ他人ノナス履行ヲ承諾スルノ義務アルモノトス（第七百四十六条）

バイエルン民法草案

第二部第一章第八二条　債務者は、自らに義務づけられた給付を義務内容に適う方法で実現する義務を負う。

一部分の給付、異種給付、債務者以外の人の給付は、債権者の意思に反するときは、債権者に対する有効な提供とはなりえない。但し、最後の場合は債務者の個性が給付に影響しないとはいえない場合に限る。

第一六五条　第三者が債権者に対して為し、債権者が受領した給付は、それが債務者の委託又は許可なくして為された場合であっても、債務者自身が為した給付と同等である。

インド契約法

第四一条　受約者ハ第三者ヨリ其約束ノ履行ヲ受諾スルトキハ後ニ為約者ニ対シテ之ヲ強要スルヲ得ス

（注2）　司法省蔵版『荷蘭国民法』三三六頁では、「第千四百十八条乃至第千四百二十条　仏民法第千二百三十五条乃至第千二百三十八条ニ同シ」となっており、オランダ民法の三ケ条がフランス民法の四ケ条に対応している。本文に記した蘭仏両民法の条文の対応関係は、推測に基づくものである。

（注3）　（注2）に同じ。

【起草趣旨】

穂積陳重（二〇巻五丁裏～七丁表）

(1)　第三者弁済の原則的肯定

本条は、旧民法財産編第四五二条・第四五三条をあわせてこれに修正を加えたものである。既に先に私は、この「債権ノ履行」は第三者から当然にこれをすることは許さない方がよいという意見で案を提出した。しかし、その議決の結果、やはり第三者からこれをすることが当然できると定めた方がよいということに決したから(注4)、その主義によって本案を立案した。であるから、一番大きな点においては旧民法と異ならない。ただ、一・二の点に修正を加えたところがある。

(2)　修正点その一――双方の承諾の必要性のない第三者弁済

旧民法は第四五三条で、利害の関係のない第三者が弁済するときには、債権者又は債務者、すなわち、当事者一方の承諾を要するとする。つまり、債務者が承諾をすれば債権者はその弁済の提供を拒むことができないし、反対に債務者が不服でも債権者がこれを受け取ると言えば、債務者が異議を唱えることはできない。本案は、この規定を改めて、双方の承諾を要することとした。一方だけの承諾を要するというのは理由のないことではないのだが、本案のようにすると、例えば第三者が弁済をしようと思うのに際して、債務者がこれに不同意を表し、債権者も不同意を表する場合、両方が拒んでいるのを法律が強いて受け取らせる理由は少しもない。債権債務の関係は通常の関係と異なったもので法律はなるべくこれを消滅させるべき主義である、などという理論は聞いたことがない。債権債務の関係は文明の社会ではかえって通常のありさまと思うから、法律が債権債務関係の消滅に努める理由はない。しかし、双方ともに異議のない場合にこれを消滅させるというのは、既に議決になったとおり少しも差支えない。ドイツ、オーストリア等の規定では、まず債務者がこれを拒むことができ、債務者が拒んだら債権者も拒むことができるとしてあり、大変わかりやすい。本案も結果においては少しも異ならない。こう書いた方がかえって明らかになると思って規定したのである。

(3)　修正点その二――例外を作為義務に限定しないこと

第二に改めた点は「法律行為ニ別段ノ定アル場合ノ外」ということである。これは旧民法又は旧民法の手本となった諸国の法典においては、「作為ノ義務ニ関シテ債権者カ特ニ債務者ノ一身ニ著眼シタトキハ此限リニ非ス」と書いてある。しかし、スイス債務法やその他の諸国においては決してこれを作為のみに限っていない。この品物はぜひあなたから買いたいというのは作為ではないが、契約の自由であって、その人に「著眼」したなら、やはりこれを第三者からすることができないとしても差支えないであろう。スイスその他の国の規定のように、作為の義務のみに限らず広くする方が当然のことと思う。それゆえこれを広く「法律行為ニ別段ノ定アル場合ノ外」としたのである。

その他は文字の修正にすぎない。

（注4）　第五六回法典調査会（明治二八年一月一五日）。法典調査会民法議事速記録一七巻二四二丁裏以下、本書四六一頁以下参照。

【主要審議】

一　「法律行為ニ」の文字の削除案――「別段ノ定」に含まれる範囲

横田國臣（二〇巻九丁表～裏、特に裏）

「法律行為ニ別段ノ定アル場合ノ外」として、「法律行為」という限定を加えた理由は何か。他の所では単に「別段ノ定アル場合」と言っているが。

穂積陳重（二〇巻九丁裏～一〇丁裏、特に一〇丁裏）

法律行為でなければ本条にあたることはないだろう。旧民法で言うと、債務者の一身に著眼する場合は、法律の規定や慣習からではなく法律行為の性質又は法律行為で明らかにその意思を表示した場合の外は出てこないと思う。どうも狭い方がよいと思う。他の場合でもこのような狭い場合には「法律行為ニ」と書く例があったと思う。あるいは、慣習その他によって出てくることになって広い方がよいとなれば、これを省いてもよいかもしれない。

横田國臣（二〇巻一一丁裏～一二丁裏、特に一二丁表以下）

「法律行為」と「別段ノ定」というのがよくわからない。先日からの説明では、「別段ノ定」には、（意思の）推測も慣習も入るとのことだが、私はここでは当然それは法律行為のことであろうと思う。

穂積陳重（二〇巻一二丁裏～一三丁裏、特に一三丁表）

「定」というのは、これまでたびたび出てきているが、それは、法律に異なる規定のあるとき、法律が認めた慣習に異なる定めがあるとき、及び、法律行為で明示又は黙示に異なる定めをしたとき、の三つのことである。

富井政章（二〇巻一四丁表～裏）

「別段ノ定」に慣習が入るか否か、いつか議論が出た時に(注5)私一人の意見として述べたと記憶しているが、なお一言述べておきたい。慣習と法律及び当事者意思とを同列に置くのが悪いとは言わないが、「定」という字に慣習を当然含むという解釈は取りにくい。もっとも、実際は、やはり含むことになろう。確かな習慣があれば、当事者の意思は大抵その慣習によるものと見ることができる。当事者の意思は明示でなく黙示でも良い。そうすると、当事者の意思の方からゆくので、慣習の方からゆく見解では、この「定」という字は難しかろうと考える。

横田國臣（二〇巻一四丁裏～一五丁表）

よくわかった。私もそう思う。それでは「法律行為ニ」という字を付けるのと付けないのとではどれだけの違いがあるか。

富井政章（二〇巻一五丁表）

第三者が弁済することはできないということは、必ず当事者の意思によるであろう。法律や慣習が第三者が弁済をすることができないというようなことを定めることは決してないだろうから、ここでは狭く書いた。

横田國臣（二〇巻一五丁表～裏）

慣習は意思を介して「法律行為ニ篭モル」。また、法律を作る者が一般的にこういう法律は以後定めないなどと言うべきではない。結局「法律行為」と書いても単に「別段ノ定」と書いても差がないから、「法律行為」ということはいらない。

穂積陳重（二〇巻一五丁裏～一六丁裏）

広すぎても害はないと思うので反対はしない。ただ、この「別段ノ定」は本案の中で数十回出てきているが、富井委員のように慣習の効力を認めないと予定議決(注6)の意思にも反すると思う。慣習がある場合は、当事者は直接間接に意思を表示することを要せず、黙っていても慣習が働き、そういう場合を慣習の効力があると言うのである。黙っているのがその慣習によるという意思だから（当然）法律行為の一部分をなすと解すれば、慣習の効力を認める必要はないかのようだが、そう考えると、法律が黙っていても妥当するのは、同じ「ろじつく」で、法律によるという法律行為があると言わなければならない。そうすると、法律に等しい慣習の働きが及ぶのは直接間接に当事者の意思に相違ない。いやしくも慣習というものを法律の力に等しいものと認めるならば、「慣習ノ効力及ヒ当事者カ直接間接ニ言ヒ顕ハシタ効力ト云フモノ」は「別段ノ定」に入ってこざるをえない。

横田國臣（二〇巻一六丁裏～一七丁表）

結果として違うところはないが、理論としては大変違うと思う。私は富井委員に賛成である。そもそも、理論的には、慣習による場合、慣習によると書かねばならない。そこで慣習によってしたというのは、そういう慣習による意思をもってしたと推測するのが当然だと思う。「法律ナキモノハ慣習ニ依ル」とかいうような「定」があればそれは「別段ノ定」にあたるが、それがない以上慣習は「別段ノ定」とは見られない。

穂積陳重（二〇巻一七丁表）

それは既に予定議決になり、法律のないものは慣習を認めるという議決があった(注6)と思う。

横田國臣（二〇巻一七丁表）

たとえ議決があっても法律がないときには認められないと思う。

富井政章（二〇巻一七丁表～一八丁表）

その点は穂積委員の言ったとおり成文法

に反しない慣習は認めると予定議決で決まっているから、「別段ノ定」の中に慣習も入れることは論理において争うことはできない。ただ、私は「定」という字にこれを含ませるのがとうてい無理だと思うだけである。それで、今の争いは、単に「別段ノ定」と書いてある場合に起こることであり、本条においては、我々の説が違っても結果は同じことになる。「法律行為ニ」と制限をしてある以上、当事者の明示又は黙示の意思表示のある場合だけを指している。法律でも反対の規定があるかもしれないからもっと広く規定した方がよいとの意見に対しては、我々は決してそういう場合はなかろうと思うが、そういう意見も一応もっともだから、この「法律行為」という字を削る修正案を出せばよい。我々は決して（この点には）重きを置いていない。

横田國臣（二〇巻一八丁表）

この定義が定まらないと（修正案は）出せない。私は、慣習というものは法律に反しない限り認めるということが議決になっても、法律に（ことさらこういう場合は慣習によると）書いていない以上、難しいと思う（「別段ノ定」に入れる解釈はできない）。そもそもすべて（法律にない場合は）慣習によるとの原則にするなら、法律に「大キナ総則」を書かねばならない。

穂積陳重（二〇巻一八丁表）

法例に入れるということがあったと思う。

横田國臣（二〇巻一八丁裏）

それがあったところがなおさら何でもなく、「別段ノ定ニ篭ツテ仕舞ウ」。

富井政章（二〇巻一八丁裏）

それがあっても疑う。

箕作麟祥（二〇巻一八丁裏）

前にも「法律行為ニ別段ノ定」ということはなかったと思う。

長谷川喬（二〇巻一八丁裏～二〇丁裏、特に一九丁表まで）

「別段ノ定」について既にこの会で定まっているというが、それは、前の第四〇六条について私が質問した時ではないかと思う。[注7] この第四〇六条の所に「別段ノ定ナキトキハ」とある。それから、その前の第四〇〇条においては、「法律行為ノ性質又ハ当事者ノ意思ニ依リテ」云々ということが、明らかに掲げてある。[注8] 第四〇六条の説明では、慣習も含むということであった。[注9] しかし、ここでは、富井委員の言ったとおり「法律行為ニ別段ノ定アル場合」とあるから、決して慣習は入らないと思っていた。それで、ここで慣習云々を論じるには及ばないと思う。

土方寧（二〇巻二〇丁裏～二一丁裏）

穂積委員の説明では、「法律行為」ということを抜いても事柄の性質から適用上そういうことになるであろうということだが、これはやはりない方がよいと思う。今まで議決になった箇条で見ても、「法律行為ニ別段ノ定アル」ということはない。「別段ノ定」には、法律の規定、慣習、当事者の明示又は黙示の意思、そういうものがすべて入るということであるが、第三者の債務の弁済については別に法律の規定があるとは思えず、ことさら言っておくに及ばない（「法律行為」に限定しなくても良い）と思う。「法律行為ニ」という五字の削除説を提出する。

穂積陳重（二〇巻二一丁裏～二二丁裏、特に二一丁裏）

土方委員の削除説には起草委員も賛成する。議論を聞いてよく考えると、これは広すぎても害はない。法律に規定がないとは（一概に）いえないし、慣習、特に商慣習のようなものがあるかもしれない。

箕作麟祥（二〇巻二六丁表）

この「不同意ヲ表シタルトキハ」という

のは、弁済をする時か、それとも、債務者本人から弁済するものであると予め債権者と債務者が決めておいたときか。

穂積陳重（二〇巻二六丁表〜裏）

両方入るつもりである。とにかく弁済の受領前ならよい。二〜三ヶ国においては、弁済を受領した後は不同意を言えないと明文で定めている。

箕作麟祥（二〇巻二六丁裏〜二七丁表）

弁済をする時のみということであればわかるが、前のも入るということになると、本条は妙なものになる。「別段ノ定」があれば利害関係のある第三者も債務を弁済できない。利害の関係がない第三者も、債権者と債務者が不同意のときはやはり弁済ができない。すると、利害の関係の有無にかかわらず弁済ができないことを繰返して言うようにならないか。特に「法律行為ニ」という字を削るとそうなると思う。

穂積陳重（二〇巻二七丁表〜裏）

「別段ノ定」ということは、とにかく、債権発生の時に限られる。一方但書以下は、途中からでもよい。だから利害の関係を有しない第三者においては弁済受領前なら何時でも「出来ヌ」（不同意を表わせる）。しかし利害の関係を有する者においては、初めからこのように決めておかなければ、この規定があてはまらない。自ら区別があるであろう。

箕作麟祥（二〇巻二七丁裏）

「法律行為ニ」という文字を削ると、権利が発生して後に第二の契約で（第三者の弁済の禁止を）追加するのも「別段ノ定」の中に含まれることにならないか。

穂積陳重（二〇巻二七丁裏〜二八丁表）

「後ニ為ツテモ初メノ行為ニ出ルノテス」。しかし、但書の場合はそうではなく、債権者債務者間の取引でなければ法律行為にならない。債権者と債務者が合同して不同意を表するという意味で書いたつもりではない。

富井政章（二〇巻二八丁表〜裏）

「法律行為」とあれば債権発生の時だけに限るきらいがあるが、必ずしも債権発生の時でなければならないという理由はない。しかし「別段ノ定」は債権者と債務者の間（の意思表示の場合）である。その後に突然弁済前に第三者が弁済をしようとしたとき、債権者・債務者が不同意を表するのは、何も両者間に「別段ノ定」があるためではない。不同意は同時にする必要はなく、仮に不同意を表するのが合同であっても、それは当事者間に「別段ノ定」があるということではない。

（注5）慣習が「別段ノ定」に含まれるとのかつての意見につき、とりあえず、第九回民法整理会（明治二八年一二月二六日）民法整理会議事速記録三巻八六丁表〜九四丁表を参照。

（注6）（注5）参照。

（注7）原案第四〇五条（確定条文第四八四条）の審議における長谷川委員の質問のことか。法典調査会民法議事速記録一八巻四丁裏以下、本書五二二頁参照。

（注8）確定条文第四〇一条。法典調査会民法議事速記録一七巻一四三丁裏以下、本書二一頁以下参照。

（注9）原案第四〇五条（確定条文第四八四条）の審議における穂積陳重委員の説明を指すものか。法典調査会民法議事速記録一八巻五丁裏〜六丁表、本書五二二頁参照。

二　但書修正案

長谷川喬（二〇巻七丁裏）

但書の趣旨は、債権者及び債務者の承諾を要するというのと同一になるのか。

穂積陳重（二〇巻七丁裏）

そうではない。本文は「第三者之ヲ為スコトヲ得」というのが通則である。不同意さえなければよい。だから、ことさらに「不同意ヲ表シタルトキハ」と書いた。承諾、同意を求める必要はないとのつもりである。

富井政章（二〇巻七丁裏～八丁表）

旧民法の書き方では、少なくとも文章の上では第三者から進んで承諾を取りに行かねばならないように見える。本案では、債権者・債務者が黙っていれば第三者が弁済でき、双方が自ら進んで不同意を表した場合だけ弁済ができない。つまり、第三者が有効に弁済をすることができる範囲が少し広くなったと思う。だから、「不同意ヲ表スル」と積極的に書いた。

長谷川喬（二〇巻八丁表～裏）

私はこの案は旧民法と同一であろうと思っていた。つまり、「債権者及ヒ債務者カ不同意ヲ表シタルトキハ」というのであるから、どちらか一人だけが同意を表した場合は（弁済が）有効であると思っていた。しかし、今の説明によると「不同意ト書イタノハこちらカラ進ンテ往クノト違ウト云フコトテ」あるが、そうすると不同意はいつ表わすのか。

債務者の知らない間に弁済をしておけば債務者は知る方法がない（従って不同意を表わす機会がない）が、その場合に弁済は有効となるか。不同意を表するのは何時までか。

穂積陳重（二〇巻八丁裏）

弁済をする前、すなわち、弁済受領の前で、それは「不同意ヲ表シタルトキハ弁済ヲ為スコトヲ得ス」という文章でわかるであろう。債権者も知らないことがあるかも知れないが、通常はない。弁済があるであろうから、弁済の前すなわち弁済受領の前と解すれば良い。

長谷川喬（二〇巻九丁表）

債務者が知らないときがある。

穂積陳重（二〇巻九丁表）

それはある。

横田國臣（二〇巻九丁表～裏）

その点は少し疑いがある。わざわざ債務者に不同意を表する権利を与えたと見て良い。それなのに、債務者に知らせておいたり、債務者が第三者の弁済には同意しないと債権者に約しているときは良いが、債務者に知らせずに払った場合に、やはり「債務者ニ其権ヲ与ヘル」というのは少し無理ではないか。（原案）第四八二条には「債務者ノ意思ニ反シテ弁済ヲ為シタル第三者ハ」とあるが、知らせずに払ったなら意思に反したかどうかわからない。後から（不同意を）表した場合を意思に反したというのは無理ではないかと思う。

穂積陳重（二〇巻九丁裏～一〇丁裏）

今のは、不同意の権を与えておきながら、通知をするとか断るとかいう義務を弁済者に負わせないのは不都合であるという非難に帰すると思う。私一個人からなら大変同意をするかもしれないが、本案の根本は前の会の議定[注10]によって既に、第三者からでも弁済ができるという主義に決まっている。だからこの但書はなくても良いかも知れない。但書は、（債権者・債務者）双方が第三者の弁済を知ってこれに不同意を表する場合だけを除いて、第三者の広い弁済権に一部の便宜的制限を設けたにすぎない。それ故に、そのこと（第三者が弁済しようとしていること）を知って不同意を表しようと思えば表することができるというだけの実に狭い権利を与えたのである。その理由は、前の議決の趣旨によっているのであり、第三者は債務者が知らないうちにでも弁済ができることになる。

富井政章（二〇巻一〇丁裏～一一丁裏）

債務者に権利を与えておきながら通知も何もしないため、不同意の表わしようがないのは不都合だということであるが、ドイツ民法草案などにも、「債務者ノ同意ナクシテ弁済ヲ為スコトヲ得」と書いてある。

そうして、債務者が不同意を表し、又これに次いで「債権者カ不同意ヲ表シタルトキハ」云々と書いてあるから、第三者が自ら進んで同意を求めるには及ばない。初めからそれだけのごく狭い範囲の権利になっている。

第二に、横田委員の指摘についてであるが、本条と次条（原案第四八二条）は決して衝突しない。債務者だけが不同意を表しても、債権者が不同意を表せず弁済を受け取れば弁済は有効であるが、次条の適用について債務者の意思に反した弁済でありうる。

横田國臣（二〇巻一一丁裏〜一二丁裏、特に一二丁表まで）

それが私の不服な点である。第四八二条は富井委員の言うように債権者が受け取る場合でなければならない。しかし、第四八一条は特に（不同意の）権利を与えている。「若シ自分カ不同意ヲ表シテ居ルナラハ求償権丈ケ自分ハ引受ケナイ」。穂積委員は「第三者之ヲ為スコトヲ得」という原則を立てておく以上、もはやそういうことは言えないと言うが、原則を立てたとしても私はこのままでそう解する外ないと思う。なぜならば、意思に反して弁済をなした第三者には求償権があるので、債権者が受領しないと言っても債務者が払えと言ったから仕方ない。第四八一条はこういうことになろうと思う。さもなければ、債務者が拒もうと思っても拒むことはできない。私はそう解するより外ない。それが道理と思う。

長谷川喬（二〇巻一二丁裏）

この「債権者及ヒ債務者カ」とあるのは、債権者と債務者が共に不同意を表したという意味か。

穂積陳重（二〇巻一二丁裏〜一三丁裏）

債務者が不同意を表したけれどもやはり払いに行った。そうすると債権者が受け取れば勿論よろしい。その時に債権者が拒んだら、ということである。

それから、横田委員の説によると私が前に出した案が行われるので私は喜んで賛成する。承諾を得てする場合ならば「第三者之ヲ為スコトヲ得」という規定はいらない。（前には）同意なく突然第三者が履行することはできないという案を提出したがそれは否決された。第三者が当然（弁済を）できるという主義が通ったから、その議決を守って但書もこういうふうに書いた。これを、通知して双方の同意を得て行くとするなら明らかに「第三者之ヲ為スコトヲ得ス」という反対の規定になろうと思う。それで、「第三者之ヲ為スコトヲ得」という原則が出てきたのだと思う。

横田國臣（二〇巻一三丁裏〜一四丁表）

債権者及び債務者両者の承諾がなければ弁済できないというのが穂積委員の言う原則であるが、そうではなく、一方の承諾「……」（がありさえすれば弁済できるわけで、）但書をつけても多少の広狭が生じるだけで同じことである。債権者・債務者のいずれの承諾も要るというのでないなら「原則ヲ付ケルニ及ヒマセヌ」。

長谷川喬（二〇巻一八丁裏〜二〇丁裏、特に一九丁裏以下）

「利害ノ関係ヲ有セサル第三者ハ債権者及ヒ債務者カ不同意ヲ表シタルトキハ弁済ヲ為スコトヲ得ス」とあるのを、「利害ノ関係ヲ有セサル第三者ハ債務者ノ承諾アルニ非サレハ弁済ヲ為スコトヲ得ス」というふうに修正する説を出す。第三者が弁済をするというのは、とにかく、長く義務を負わせて一個人を束縛しておくのが悪いというところから出たのであって、全く便法に違いない。そうすると、その便法が相当で慣習にも従った（ものである）なら、約束以外の便法を取って法律に定めるのも良いかもしれないが、私の信じる所では、利害の関係もない第三者が債務者の知らない間に債務者に代わってその債務を弁済するのは、日本の慣習及び法律には決してないことだと思う。そういうことは私は甚だ悪いことだと思う。なぜならば、利害の関係のないその人が社会からたいそう卑しめられている人である場合、その人が立派な債務者に代わってその債務を弁済すると、その債権者の権利を（弁済者代位によって）得ることになる。このことは、場合によっては債務者の名誉を害するような不利益である。いつの間にか債権者が変わって債務者を「いぢめる」ようなことは不都合で、法律関係から考えてみても理屈から考えてみてもそういうことはないと思う。しかし本案によると、たとえ債務者が不同意を言っても債権者がよろしいと言ったならば、それで（弁済が）有効になる。いわんや、債務者が不同意を表することができたとしても、知らない間に弁済をしてしまっていたならば、今言ったような不利益を蒙らねばならなくなる。こういうふうに、利害の関係のない第三者に弁済をすることを許すという例外はなるべく狭めたい。それで、今言った通りこれを狭めて債務者の承諾が必要であるということにしたい。

土方寧（二〇巻二〇丁裏）

賛成。

穂積陳重（二〇巻二一丁裏～二二丁裏）

長谷川委員の説に賛成する。前の横田委員のような意見が出るのなら、なおさら賛成したい。すなわち、但書が広くなればなるほど、第三者が弁済を為すことができるというような実に「奇怪ナ原則」が狭くなる。私が本案を提出したのは前の議決を誠実に守ったからで、この前にも述べたように、債務者の承諾なく債務を弁済できるというのはいかにも不都合な話である。債権・債務の関係をなるべく早く消滅させるというのは全く当然ではない。利害の関係のない第三者が弁済したならば、厚意上で弁済するのだから、多くは代位は生じないと思う。従って払ってもらった債務者は、その人に対しては別段債務を負わない場合が多いと思うが、しかし、自分の意思でなく債務を免れるというようなことは、どうもその人の独立心を害するようなことになるかもしれない。また恩義を迷惑に感ずる者もあるかも知れない。とにかく、債務者に断るということは、私が前に述べた主義にいくらか近寄ることになる。オーストリアなどでは現に、「債務者ノ承諾ナクシテ」というようなことが入れてある。それで、私は前回に述べておいた主義によって長谷川委員の説に賛成する。

富井政章（二〇巻二二丁裏～二四丁表）

穂積委員が賛成するのは、但書の適用が広くなるほど先に提出された主義に近寄るのだからもっともなことである。しかし、私は、どこまでも反対である。広く第三者が弁済をできるとしたのは、契約取引が頻繁になるに従ってその安全の保護が必要になってくる。債務者が払わないときに債権者がその履行を得ることができないことになっては、はなはだ不都合である。相当の範囲内において債権者を保護するということは、取引が日々頻繁になってくる今日の社会にあっては、立法者が最も努めなければならないことと思う。債務者が義務を果たさずにおきながら、第三者が債権者にその弁済をしようとするときに、払うなと言い、債権者が債権の履行を得られない結果になるというのは、少しも理由がないことであって、甚だ債権《ママ》保護の道を失うことと思う。ローマ法は、債権関係は初めそれを定めた人と人との関係であるという主義を採って、債権の譲渡や更改を許さず、どこまでもその主義を貫いている。契約関係の頻繁でない昔の社会ではそういうことでもよかったかもしれないが、今日の社会においては、いやしくも他人を害しない限りは債権の履行を得られる道を広くするのが最も必要と思う。少なくとも大陸諸国の法典を見ると第三者の弁済権というものをきわめて広くしてある。今、長谷川委員の説が行われると、第三者の弁済権は旧民法より一段狭くなる。旧民法では債務者が拒んでも債権者が拒まなければ弁済ができる。しかるに、長谷川説によると債権者がいくら承諾しても債務者が拒んだらそれで弁済できないことになる。自分がしなければならない弁済をしないでおきながら弁済をしようという者があるのに弁済するなと言えるというのはいかにも不便窮まりなく、債権者に損害を与えるものだと信ずる。

　私個人の意見を言えば、この但書も必要でなく、債務者・債権者が両方拒んでも弁済することができるとしてもよいくらいに思う。しかし、双方とも不同意を表したときは弁済できないとした方がよいと思うので、今の（長谷川委員の）説には賛成できない。

横田國臣（二〇巻二四丁表～裏）

　私も長谷川委員の説に賛成する。なるほど、経済的には、ぐるぐると経済が回るのは決して悪いことではないし、そうしなければならない。それを原則として立てるならば、第四八二条の条文なりこの但書なり、富井委員の指摘するように、自分が払えないでいて第三者に払わせないということは不法ではないかという疑問が生じよう。が、その心配はない。というのは、第三者が当事者に代わって金を払う時には、「余程変手古」な理由がなければ払うわけがない。それでともかくも、この（修正案の）方が今までの慣習にも適しており、決して経済を害するようなことはないと思う。

高木豊三（二〇巻二四丁裏～二五丁裏）

　私も長谷川委員の説に賛成したいと思うが、債権譲渡のところは梅委員の受けもちでまだ（案が）出ないのだが、これはどうなるのか。もし、債務者の承諾を得なければ債権は譲り渡せないということになれば、これ（修正案）と一致するが、多分そうではなかろうと思う。（原案）第三六一条にも「債権譲渡ニ関スル規定ニ従ヒ」「第三債務者ニ其設定ヲ通知シ又ハ第三債務者カ之ヲ承諾スルニ非サレハ」とあり、債権譲渡は通知だけで足るとの趣意ではないかと思う。もし、通知だけで債権の譲渡ができるとすれば、債権譲渡と第三者の弁済とは債権者が代わるという点で法律上同じ結果になる。一方では、通知でどんどん債権者を代えることができるのに、第三者、すなわち、譲受人に当たるべき人が弁済をするときは、債務者の承諾がなければならないということになると、「不権衡」が生じはしないか。それとも、債権譲渡についても承諾を要するということになるのか。

富井政章（二〇巻二五丁裏～二六丁表）

　その問題は先に履行の初めの条文について穂積委員から修正案が出たときにも言ったことである。債務者の承諾がなければ第三者は弁済ができないとしながら、債権譲渡はできるとすることには、いかにも著しい衝突があろうと思う。しかし、その理由から本条において修正案に反対するのではない。もっと広い理由から反対するのである。債務者の承諾がなければ債権の譲渡はできないということは、どこの国にもそんな例はないくらいだから、債権譲渡はそういうような案にはならないだろう。また、本案において長谷川委員の言った主義をとる方も、債権譲渡については債務者の承諾がなければならないというような主義はよもや取らないだろうと思う。高木委員の言った通知も、決して当事者間においては必要はないと思う。これは、第三者に対して債権譲渡に必要な条件であって、当事者間においてはやはり合意だけでその効力を生じるものと思う。

長谷川喬（二〇巻二八丁裏〜二九丁表）

富井委員は債権譲渡については旧民法よりはもっと狭くなると言うが、私は、旧民法をほめているのではない。旧民法の規定が悪いことがその実施を妨げた一つの原因であると、延期説を唱えた人が言うほどであるから、旧民法に賛成しているのではない。それから、債権譲渡に承諾を得ることはどこの国にもないかもしれないが、「日本ト云フ国」にはある。現行法律では「証書ヲ書キ替ヘルニ非サレハ譲渡ノ効ナシ」とあり[注11]、これは明治八、九年以来今日まで行われているのであって、日本には本条のような法律も習慣もない。債権譲渡については証文を書き換えねばならないというくらいになっているから、やはりそれにかかわらずこの条では先の修正説を主張する。

本野一郎（二〇巻二九丁表〜裏）

私は長谷川委員の修正説に反対である。もし、債務者の承諾なくしては弁済ができないとなれば、この第四八一条は殆ど要らない箇条になりはしないかと思う。債務者の承諾を得て弁済をすることができることは特別の条文がなくても無論できるものである。しかるに、原則には第三者がこうこうすることができると書いておいて但書で債務者の承諾がなければだめだとしては、但書で本文の原則を殆ど消してしまうことになろう。また、もし今の修正説が成立すれば、かつて穂積委員から出された第四〇四条の議決（本書四六一頁以下参照）は、今回可決した趣旨とは殆ど反対の結果になろうと思う。そこで、ぜひともこの第四八一条が原案のままに据え置かれることを希望する。

長谷川喬（二〇巻二九丁裏〜三〇丁表）

利害の関係を有しない者でも当然債務者に代わって弁済をする権利があるということは、法律がなければわからないと思う。債務者の承諾さえあればよいとの法律がなくては、債権者が受領を拒めるということになるはずである。

富井政章（二〇巻三〇丁表〜裏）

今の長谷川委員の修正案は、先日第四〇四条として穂積委員から出た案と少し言葉使いが違うだけで同じではないか。穂積案が大きな修正案と共に賛成少数でつぶれたのに[注12]、実質上同じ案を再び違う場所で提出できるか。私は強いて反対するのではないが、もし、この修正案が通ると、本会はわずか一ヵ月もたたないうちに、しかも大多数で議決したところと衝突をして、まるで意見が変わったという体裁になり、はなはだ遺憾に思う。

議長（西園寺侯）（二〇巻三〇丁裏）

実質上同じものならば私は（賛成を）止める。

穂積陳重（二〇巻三〇丁裏）

私も同じことならば賛成を止める。

富井政章（二〇巻三〇丁裏）

履行という字と「弁済」という字が違い、「承諾ナクシテ」というのは「不同意ヲ表シタルトキ」というのと少し違うかもしれないが、殆ど同一とは言えよう。

土方寧（二〇巻三〇丁裏〜三一丁裏）

ここに一つの先決問題が出た。この前「債権ノ効力」のところの一番初めに第四〇四条として穂積委員から「債務ノ履行ハ債務者ノ承諾アルニ非サレハ第三者之ヲ為スコトヲ得ス」という案が出されたが、それは否決された。ここで否決された問題を再び議することができるか、というのが問題である。

旧民法においては、弁済のところで「債務ノ効力」（の規定）を沢山置いているが、本会では「弁済ノ所テハ余程区別ヲスル積リテ」案ができている。つまり債権債務の効力として見るべき履行のことと、「弁済ノ主義ニ至ツテ夫レニ代ルヘキ者ノアルコトヲ知ツテ債務者ノ義務ヲ消滅スルト云フコト」は、事柄が違うと思う。それで文章の書き方もよほど違っていると思うから、私の考えでは、ことさらに前に否決になった事柄と同じような事を一つの案にして出すというようなことではなく、後のその結果が前の議決と少し違ったことになってもさしつかえないと思う。今日のこの修正案は否決されたものと同じではないと思う。

穂積陳重（二〇巻三二丁裏～三三丁表）

私の出した修正案は本日の案と明らかに違う。だから私は賛成している。私の案は土方委員が引用したのと違って、本条但書以上に正反対で、「債権者及ヒ債務者ノ承諾アルニ非サレハ」という案であった。その他に、富井委員の先刻の発言によって「債務者ノ承諾ニ依テ」というような事が出ていたように思う。

奥田義人（二〇巻三三丁表）

この条は債権譲渡と関係が深いと思う。債権の譲渡についても日本の事情として債務者の承諾を得なければできないという意見を持っている人もたくさんあろうと思う。だからこの債権譲渡の条の所の議決になるまでこの条の議決を延期する動議を出す。

富井政章（二〇巻三二丁裏～三三丁表）

今のようなことになると延期しなければならない箇条がいくらも出てくると思う。それで、これはこれで議決しておいて、債権譲渡に関する箇条と衝突して本条を改めねばならなくなれば、整理の時にすればよい。そうしないと、たいへんはかどりが悪くなって来るし、またこの条が決まらないと、この款の中でも、よほど困る条文がたくさんある。

田部芳（二〇巻三三丁表～裏）

この案に当たるにも暗にその事（債権譲渡とのかねあいか？）を決しているから、ここは延期する必要はないと思う。ただ、先ほど長谷川委員から修正説が出たが、債権者の承諾は得なくてもよいということについては賛成してもよい。しかし、債務者の意思にも合うような場合でも前もって債務者の承諾を得てからでなければ第三者は弁済ができないというのでは大変不便ではないか。そういう法律というものは今日の発達した社会には合わない法律であるから、長谷川委員の修正説を単に「債権者及ヒ」と言う字だけを削ることにして、「債務者カ不同意ヲ表シタルトキハ」云々としてはどうか。

井上正一（二〇巻三四丁表～裏）

長谷川委員の案はよいようであるが、これが通ることになれば、債務の弁済に限っては事務管理ができないように思うが、それは何故か。例えば、債務者が英国に行っており既にその債務の期限が来て財産の差押や競売がされようとする時、第三者はその債務の弁済をすることができないとの趣旨か。

穂積陳重（二〇巻三四丁裏）

英国などでもやはり第三者から弁済をすることはできないというふうになっていて長谷川委員の修正よりもまだ狭くなっている。事務管理は事務管理の規定があって、それだけのことができるかどうかはまだわからないが、今のような例で、遠方に行っている、そして債務の期限が来ている、もしそれを放置しておけばその人の財産が差押えその他の処分を受けるというような条件があって、その条件にあたるときに「事務管理ヲ要ス」ということになれば、特に差支えないことであろうと思う。

井上正一（二〇巻三四丁裏）

そうするとこの但書について、また例外ができるというわけか。

穂積陳重（二〇巻三五丁表）

そうである。（ところで、）長谷川委員の案は前に否決した案と実質が同じであるかどうか私は迷う。

長谷川喬（二〇巻三五丁表）

私の案はあるいはそうかもしれない。それでは、田部委員の案のようにでもなればいくらか近くなるから田部委員の説のようにこの「債権者及ヒ」という文字を削るという説に改める。

田部芳（二〇巻三五丁表）

賛成。

富井政章（二〇巻三五丁表～裏）

今の案になれば前のほど「酷イ結果」にはなるまいとおもうが、やはり五十歩百歩で、論理においてはどこまでも通らないと思う。債務者が自分で払わずにおいて人の払うのを見て払うなと言えるというのである。どうしてもそういうことは今日の社会において良くないことと思う。

土方寧（二〇巻三五丁裏）

私の賛成した長谷川委員の説は撤回されたが、それには穂積委員が賛成しているのか。

議長（西園寺侯）（二〇巻三五丁裏）

しかし、提出者が撤回した以上は又別に出なければならない。

土方寧（二〇巻三五丁裏～三六丁表）

それでは、私が元の長谷川委員の説を提出する。（但書を）そういうことにすればこの条は不要となるかもしれないという説には、長谷川委員の反論で十分と思う。それから、事務管理については穂積委員の答えで十分と思う。ただ「債権譲渡ノコトハ債務ノ弁済……」。債務の弁済は債務者自らがするか、第三者にさせることができる場合にも結局第三者にそうさせる債務者がすることになるから、債務者自らが弁済する権利があるといってもよく、同意なしに第三者が横から行って弁済をなすべきものではない。

議長（西園寺侯）（二〇巻三六丁表）

その説を主張するつもりか。ただ、前の説と違うところを言っているだけか。

土方寧（二〇巻三六丁表～裏）

ちょうど、長谷川委員が前に提出した説を（再）提出したいというのである。私の考えでは、あくまでも債務者が承諾しなければ、利害関係のない第三者は弁済できないということにしたい。（なお）承諾は黙示でも良い。趣旨は、長谷川第二説と同じようなことになるだろうが、私はやはり元の長谷川説を修正説として提出する。

議長（西園寺侯）（二〇巻三六丁裏）

穂積委員は今の土方委員の説に賛成か。

穂積陳重（二〇巻三六丁裏）

賛成したいと思うが、前に否決された案と実質が同じならば賛成しかねる。

横田國臣（二〇巻三六丁裏）

賛成。

▼採決の結果、まず、長谷川第一＝土方修正案が否決され（二〇巻三七丁表）、長谷川第二＝田部修正案が可決された（二〇巻三七丁裏）。次に「法律行為ニ」の五字を削除する案が可決された（二〇巻三七丁裏）。

（注10）（注4）参照。
（注11）明治九年七月六日太政官布告第九九号。第四六七条の【参照条文】中に掲載（本書四〇七頁）。
（注12）（注4）参照。

【その後の経緯】

第一〇回、第一一回整理会（明治二八年一二月二七日、二八日）において、確定条文とほぼ同じ整理原案が提示され議論されている。

穂積陳重（民法整理会議事速記録四巻二一丁裏）

（整理原案の）「其債務ノ性質カ之ヲ許サヽルトキ」ということは（既に元の案の）「別段ノ定」という中に当然入っていたのである。

長谷川喬（四巻二一丁裏～二二丁表）

私が見ると意味が違うようである。「当事者カ反対ノ意思ヲ表示シタルトキハ此限ニ在ラス」というのが入ったのだが、そうすると、一般の債務の弁済は第三者ができるが第三者の弁済を禁じる債権者と債務者の双方の意思表示があったならば第三者は弁済ができない。ところが、第二項で「利害ノ関係ヲ有セサル第三者」は債務者の意思に反して弁済をすることができないだけである。だとすれば、利害の関係をもたない者は債務者の意思に反しさえしなければ弁済ができる、利害の関係を有する者は債権者の意思に反して弁済ができない。このように読めるのではないか。

穂積陳重（四巻二二丁表～裏）

それは少し無理である。当事者が第三者弁済を禁じた場合には、どんな場合も第三者は弁済できない。それ以外の場合に第三者が弁済できるというのが第一の文章である。その場合にあっても、債務者が弁済に不同意であれば利害関係のない第三者は弁済できない。（一般に）第三者からの弁済ができる場合だけについて第一項を置いたつもりであ（り第二項はその例外とな）る。

長谷川喬（四巻二二丁裏）

文章が「契約ノ当時」ということならば良いが、「反対ノ意思ヲ表示シタル」というと、何時でも債権者が反対を表明すれば利害関係のない第三者は弁済できないという文章になる。

穂積陳重（四巻二三丁表）

なるほど、「契約ノ当時当事者カ反対ノ意思ヲ表示シタル」と言わないとわからないようだ。

梅謙次郎（四巻二三丁表）

それでは「実質ガイカヌ」。「当事者カ反対ノ意思ヲ表示シタル」というのは、債権者と債務者との約定でそういうことを決めたのならば、何時でもよい。しかし、弁済をするのに際して一方がいやだといってもだめである。ただ第二項で利害の関係のない第三者だけは債権者の意思に反して弁済することはできても債務者の意思に反しては弁済できなくなる。

長谷川喬（四巻二三丁表、裏）

（債権者か債務者のどちらか）一人のときには「当事者」とは言わないのか。

梅謙次郎（四巻二三丁表、裏）

そのつもりである。ただ、「当事者間ニ反対ノ特約アリタルトキハ」というのでは狭すぎる。なぜなら遺言などでは遺言者の意思だけでよいからである。

長谷川喬（四巻二三丁裏～二四丁表）

文章上初めに「得」として、後で（第二項で）「得ス」というのは妙になる。それだから、「第三者ハ債務者ノ同意ヲ得テ弁済ヲ為スコトヲ得」というような書き方にした方が穏かではないか。

梅謙次郎（四巻二四丁表）

文章はかえって「得」「得ス」という方がよいように思う。

長谷川喬（四巻二四丁表）

第四九六条[注13]を見ると「正当ノ利益ヲ有スル者」となっている。そうすると、本条の「利害ノ関係ヲ有スル者」と区別する必要がないから本条も「正当ノ利益」ではないか。

穂積陳重（四巻二四丁表～裏）

本条の「利害関係ヲ有スル者」の方が広く、（第四九六条と）変わっても良い。

▼一旦議長に促されて「正当ノ利益ヲ有スル者」に変更する長谷川提案を再考することになった。

穂積陳重（四巻四四丁裏～四五丁裏）

（先ず、当事者云々の議論について）長谷川委員の意見はしごくもっともである。しかし、例えば、一つの法律行為に二人以上の当事者があるときには、外の箇所では「当事者中ノ一人」というふうに断っている。特に断っていない場合は当事者全部ということである。したがって、原案は当事者全部が反対の意思を表わす場合となる。前回の議論から文章を改めようと思ったが、どうもうまくいかない。外の用語例とそう違いがなく、実際上も適用解釈が割れる必要もないので元のとおりにしておきたい。

長谷川喬（四巻四六丁表～裏）

第四九六条の「正当ノ利益ヲ有スル者」と本条の「利害ノ関係ヲ有スル者」とは実質に差がないと思う。実質を変更するのであればその趣旨はなにか。実質を変更しないのであれば双方同じ文字にするのが当然ではないか。

穂積陳重（四巻四六丁裏～四七丁表）

意味は同じだが観点が違う。(注14)「理屈ハ立タヌコトハナイト思ヒマス」。

▼議長が、「起草委員ハ再考ノ上トウモ修正カ出来ヌト云フコトテアリマスカラ別ニ御発議カナケレハ朱書ノ通リニ決シマス」ととりまとめ、それ以上の議論がなく、原案どおり確定した（四巻四七丁表）。

（注13）　確定条文第五〇〇条の弁済者の法定代位の規定にあたる。

（注14）　穂積起草委員の説明が混乱しているうえに筆記が不完全で、細部は理解しにくい。

【民法修正案理由】

本条ハ、既成法典財産編第四百五十二条及ビ第四百五十三条ヲ合シテ之ニ修正ヲ加ヘタリ。即チ、既成法典第四百五十二条ハ、債務者以外ニ弁済ヲ為スコトヲ得ル者ニ関シ詳細ナル規定ヲ設クト雖モ、要スルニ本条第一項本則ノ規定ノ如ク債務ノ弁済ハ第三者之ヲ為スコトヲ得ト云フニ帰着スベク、又既成法典第四百五十三条ハ第三者ガ有効ニ債務ノ弁済ヲ為スニ付キ債権者又ハ債務者ノ承諾ヲ要セザル旨ヲ明示スト雖モ、之レ固ヨリ本条第一項本則ノ当然ノ結果トシテ特ニ明文ヲ要セザルニ反シ、既成法典同条ノ二個ノ但書ハ極メテ必要ナルニ拘ハラズ頗ル不完全ナルニ因リ、本案ハ之ニ修正ヲ加ヘテ本条第一項但書及ビ第二項ノ規定ヲ設ケタリ。

既成法典第四百五十三条第一項但書ノ規定ニ依レバ、第三者ハ単ニ作為ノ義務ニ関シ、特ニ債務者ノ一身ニ著眼シタル債権者ノ承諾ヲ得ルニ非ザレバ債務ヲ弁済スルコトヲ得ズト云フニ止マリ、作為外ノ義務ノ弁済ニ関スル場合ノ如キ、又ハ債務者ガ第三者ニ依リテ債務ヲ弁済セラルルコトヲ欲セザル旨ヲ表示シタル場合ヲ予定セザルモノニシテ、固ヨリ其缺点ト云ハザルベカラズ。故ニ本案ハ広ク本条第一項ノ但書ヲ規定シ、債務ノ性質ガ第三者ニ依ル弁済ヲ許サザルトキ、又ハ当事者ガ反対ノ意思ヲ表示シタルトキハ第三者ハ債務ヲ弁済スルコトヲ得ズト為セリ。

次ニ、既成法典同条第二項但書ノ規定ニ依レバ、利害ノ関係ヲ有セザル第三者ガ弁済ヲ為スニハ債務者又ハ債権者ノ承諾ヲ要スト雖モ、是レ亦頗ル不便ナル規定ト云ハザルベカラズ。何トナレバ、債権者ハ適当ニ提供セラレタル弁済ノ受領ヲ拒絶スル理由ナク、又受領ヲ強ユルモ之レガ為メニ債権者ハ不利益ヲ被ムルコトナキニ因リ、債務ヲ弁済セントスル者ハ、仮令利害ノ関係ヲ有セザル第三者タリトモ之ヲシテ特ニ債権者ノ承諾ヲ求メシムル必要ナク、又既成法典ノ如ク債務者ノ承諾ヲ得ルニ非ザレバ利害ノ関係ヲ有セザル第三者ハ債務ヲ弁済スルコトヲ得ズト為ストキハ、承諾ヲ得ルニ付テ手数ヲ要シ、其結果タルヤ却テ債務者ニ不利益ニシテ、且実際ノ便宜ニ適セザルコト多カルベシ。故ニ、本案ハ本条第二項ノ規定ヲ設ケ、利害ノ関係ヲ有セザル第三者ハ単ニ債務者ノ意思ニ反シテ弁済ヲ為スコトヲ得ズトシ、以テ第三者ニ依ル債務ノ弁済ニ関スル立法ノ趣旨ヲ貫カシメタリ。其他既成法典財産編第四百五十四条ハ債務ノ弁済ヲ為シタル第三者ノ求償権ヲ規定スト雖モ、同条第一項乃至第三項ハ代位弁済、委任又ハ事務管理ノ規定ニ属シ、同条第四項ハ、債務者ノ意思ニ反シテ第三者ハ弁済ヲ為スコトヲ得ザル本条ノ規定ニ反シ、斯ノ如キ弁済ハ固ヨリ無効ニシテ、求償権ヲ生ズル理由ナキニ因リ、既成法典第四百五十四条ハ総テ之ヲ削除セリ。

▽民法修正案理由書第三編第一章「第五節　債権ノ消滅」一～三頁（第四七三条）。

（松岡久和）

現行法　なし

原案第四八二条　債務者ノ意思ニ反シテ弁済ヲ為シタル第三者ハ其債務者ノ為メ利益(注1)ノ現存スル限度ニ非サレハ之ニ対シテ求償権ヲ有セス

（注1）速記録には「利害」となっているが、「利益」の誤記である。

【参照条文】

旧民法財産編

第四五四条　弁済シタル第三者ハ法律又ハ合意ニ依リ債権者ノ権利ニ代位シタル場合ノ外其権ニ基キ下ノ区別ニ従ヒ債務者ニ対シ求償権ヲ有ス

第三者カ委任ヲ受ケタルトキハ其権限ノ範囲内ニ於テ弁済シタル全額ノ為メ求償権ヲ有ス

事務管理ニテ弁済ヲ為シタルトキハ弁済ノ日ニ於テ債務者ニ得セシメタル有益ノ限度ニ従ヒ求償権ヲ有ス

債務者ノ意ニ反シテ弁済ヲ為シタルトキハ求償ノ日ニ於テ債務者ノ為メ存在スル有益ノ限度ニ非サレハ求償権ヲ有セス

スペイン民法

第一一五八条第二項　他人のために弁済した者は、その弁済部分につき債務者に対して求償することができる。但し、弁済が債務者の明白な意思に反する場合にはこの限りでない。

第三項　前項の場合において、弁済者は、債務者の免責のために有効に支払われた金額のみを債務者に対して求償することができる。

ベルギー民法草案

第一二三三条〔第四七四条の【参照条文】中に掲載〕

【起草趣旨】

穂積陳重（二〇巻三七丁裏～三八丁表）

本条は財産編第四五四条の第四項を修正したものである。第一項は第二項以下を呼び出す条文であり必要ではない。第二項は第三者が委任を受けた場合にその権限の範囲内で弁済した全額について求償権を有するという内容で、これはむしろ委任の方の規定でわかるようになると思う。第三項は事務管理に属する規定であり、ここで規定すべきではない。第四項だけは必要と考えここに置くことにした。字句を改めただけで、実質において旧民法とは変っていないつもりである。

【主要審議】

一　本条撤回について

富井政章（二〇巻三八丁表～裏）

本条は大賛成の条文であったが、既に前条が改まった以上はやむをえず削除せねばならないと考える。債権者《ママ》の意思（不同意のこと——平田注）に反して有効に弁済をなすことはできなくなる。つまり無効であるから、債務者に対して求償権があるということは生じえない。

穂積陳重（二〇巻三八丁裏）

賛成。本条を撤回することを許されたい。

二　本条削除後の解釈論

奥田義人（二〇巻三八丁裏）

債務者の知らないうちに弁済をなし、債務者が不同意を表することができない場合で（真の）意思に反している場合はどうなるか。

穂積陳重（二〇巻三八丁裏～三九丁表）

本条で意思に反するという意味は（前条の）原案に従い、債務者が不同意を言ったが債権者が受領した場合を指し、とにかく弁済受領の時までに不同意のあった場合をいう。従って、（質問のような場合には）法律が原則として第三者による弁済を有効になしうることを許している以上、もはや意思に反するか否かを問題にする余地はない。

箕作麟祥（二〇巻三九丁表）

前条の本文に限定した場合（不同意を表していない場合——平田注）には意思（真意——平田注）に反する場合は存在しないと立派に言えるのか。

富井政章（二〇巻三九丁表）

意思に反して弁済しても全部の求償を許す方が私はよいと考える。しかし、「夫レ丈ケノ範囲ニシテ問題ヲ出スコトハ出来ヌ」。

穂積陳重（二〇巻三九丁表）

「然ウスルト元トノ意味ト改マル(注2)」。全部の求償権となっては困る。

（注2）　真意に反した場合にも全額求償を認めると、本条原案の趣旨に反するという意味か。

（平田健治）

第四七五条　弁済をした者が弁済として他人の物を引き渡したときは、その弁済をした者は、更に有効な弁済をしなければ、その物を取り戻すことができない。

第四七五条　弁済者カ他人ノ物ヲ引渡シタルトキハ更ニ有効ナル弁済ヲ為スニ非サレハ其物ヲ取戻スコトヲ得ス

原案第四八三条　確定条文に同じ。

【参照条文】

旧民法財産編

第四五五条第二項　他人ノ物ヲ引渡シタルトキハ当事者各自ニ其弁済ノ無効ヲ主張スルコトヲ得

同条第四項　右孰レノ場合ニ於テモ債務者ハ更ニ有効ナル弁済ヲ為スニ非サレハ引渡シタル物ヲ取戻スコトヲ得ス

ベルギー民法草案

第一二三五条第二項　〔第四七六条の【参照条文】中に掲載〕

【起草趣旨】

穂積陳重（二〇巻三九丁裏～四〇丁表）

本条は財産編第四五五条第四項そのままで文字を改めたにすぎない。同条の第一項は「定量物ノ所有権ノ移転ヲ目的トスルトキハ所有者テアツテ且譲渡スノ能力カナケレハナラヌ」ということでもとより言うをまたないことである。第二項も「他人ノ物ヲ引渡シタトキニ双方カ其無効ヲ主張スルコトヲ得ル」ということでもとより当然であると思う。第四項の場合は、この規定がなければ、物を取戻すことができるのは当然であるが、しかし、自分から引き渡すことのできるものと認めたのであるから、後から取戻せないとした方が良い。債務者が一旦他人の物を引渡した場合、（債権者が）留置権の規定に従い、正当に占有をしたといえるかの点は少し疑いがあるが、債務者に対しては「幾ラカ担保ノヤウナ有様ニナツテ留置権ヲ与ヘテ置ク」方が良かろうと思い、旧民法のように規定した。

【主要審議】

一　「其物ヲ取戻スコトヲ得ス」の主体について

穂積八束（二〇巻四〇丁裏～四一丁表）

物の所有者からならば取戻せるという説明だが、そうすると本条の実益はあるのか。

穂積陳重（二〇巻四一丁表）

前述したように、「対人担保」、「対人ノ留置権」にはなる。

土方寧（二〇巻四一丁表）

「其物ヲ取戻スコトヲ得ス」について誰がということが文章の上に現われていないので、「他人ノ物ヲ引渡シタル弁済者ハ」という風に書いたならば、はっきりわかると思うが。

富井政章（二〇巻四二丁裏）

文章上「主客」がないということだが、こういう文章はこれまでいくらもある。強いて書き換えるとすれば、「弁済トシテ他人ノ物ヲ引渡シタル者ハ」とした方が聞こえが良くはないか。

穂積陳重、横田國臣（二〇巻四二丁裏）。

その方が良い。

土方寧（二〇巻四七丁表～裏）

「弁済トシテ他人ノ物ヲ引渡シタル者ハ」云々とする説を提出する。

▼土方委員の説は長谷川喬委員の賛成を得て案として成立し、採決の結果、賛成多数で可決された（二〇巻四七丁裏）(注1)。

二　本条の「弁済者」の意味

岸本辰雄（二〇巻四一丁裏）

本条の「弁済者」には第三者も入るか。旧民法によると「債務者ハ」とあって、第三者を含めていない。第三者に対して「対人担保」は必要がないように思うが、本条ではどうか。

穂積陳重（二〇巻四一丁裏～四二丁表）

旧民法の文字の使い方が狭いと考え、ことさらに「弁済者」と改めた。債務の弁済ができるといえば、「債務者」に限るべき理由はない。債務者に対してその物の取戻しを拒むことができれば、他の者も同じ資格で債務者と同じ法律上の効力を持つ。（第三者に対してもこのように取戻しを拒むことを認めることによって、）同じように担保としての意味を持つ。

富井政章（二〇巻四二丁表～裏）

これは必ずしも「対人担保」というだけの考えから来たのではないと考える。債権者は弁済者の俗にいえば冷やかしによって、所有権を得られると思ったのが得られないという不都合を被る。これは債務者に限られないので、旧民法には債務者と書いてあるが、その精神は債務者のみに限る精神ではなく、ただ通常の場合を眼中に置いたものと考える。

三　次条（譲渡能力のない所有者の引渡物の取戻し）との関係

箕作麟祥（二〇巻四〇丁表）
　旧民法財産編の第四五五条第二項「当事者[注2]各自ニ其弁済ノ無効ヲ主張スルコトヲ得」というのは知れ切った話であるから除いたということか。

穂積陳重（二〇巻四〇丁表）
　そのつもりである。外の関係から置いてあったと思う。

箕作麟祥（二〇巻四〇丁裏）
　そうすると、次条も「譲渡ノ能力ナキ所有者カ弁済トシテ物ノ引渡ヲ為シタルトキハ其所有者ノミ其弁済ヲ取消スコトヲ得」ということで、一方がわかっているならこちらも言わなくてもよいという嫌いはないか。

穂積陳重（二〇巻四〇丁裏）
　次条は必要と考える。（譲渡の）能力がなければいけないことは当然であり、そうすると、無能力の廉をもってその無効を双方から主張することができるという見解が生じないかと思った。必要がないかと思って初めは我々の間でもかなり相談し、どうも必要であろうというので入れた。

箕作麟祥（二〇巻四三丁表～裏）
　先の答弁ではよくわかりかねるのでなお質問したい。私は次条も関連させて、しかも主に次条について質問をしたい。答弁によっては本条の方に修正案を出すかもしれない。
　旧民法財産編第四五五条第二項を削除して、一方では次条において旧民法通りに能力のない所有者に限って取消ができるということを規定しておく必要が、先の答弁ではまだわかりかねる。

穂積陳重（二〇巻四三丁裏～四四丁表）
　弁済が法律行為であるかどうかは議論があるが、とにかく弁済をなすにはまず能力を要することは総則から出てくる。無能力者の行為は取消すことができるとする規定もある。しかし、本条（原案第四八四条＝次条のこと）がなければ、この弁済は双方から取消すことができるという解釈を当然生ぜしめるので、「所有者ノミ」という規定を置いた。

箕作麟祥（二〇巻四四丁表）
　その点は無能力者の総則のところでゆくわけにはいかないか。

穂積陳重（二〇巻四四丁表）
　相手方（債権者――平田注）に取消権がないことはあそこではわからない。

箕作麟祥（二〇巻四四丁表）
　無能力者と法律行為をした相手方が取消しできるかどうかは総則ではわからないということか。

穂積陳重（二〇巻四四丁表）
　その点の規定はないようである。

長谷川喬（二〇巻四四丁表～裏）
　次条に関しては、既に決定をした第一二一条によると「取消シ得ヘキ行為ハ無能力者若クハ瑕疵アル意思表示ヲ為シタル者、其代理人又ハ承継人ニ限リ之ヲ取消スコトヲ得」とあり、「百二十一条ハ其者ニ限ッテ取消スコトヲ得ルト書テアルノミナラスモット広ク為ツテ居リマス『妻カ為シタル行為ハ夫モ亦之ヲ取消スコトヲ得』[注3]トアリマス本条ハ狭マク為ツテ居リマス」。第一二一条があればよく、箕作委員の疑う箇所は削除するのが至当と考える。

富井政章（二〇巻四四丁裏～四五丁表）
　私は弁済が法律行為であるという説であるが、その点を肯定するとして、次条にいうところの行為が取消しうべきものであるということは何によってわかるのか。無能力者のした行為は取消すというように、広い原則が総則にあればよいが、未成年者、禁治産者、準禁治産者それぞれについて、ある種類の行為について規定している。従って、弁済の能力のない者のした行為が取消しうることは次条があってはじめてわかるので、総則ではわからないと思う。

長谷川喬（二〇巻四五丁表〜裏）

私はわかるつもりで言ったのである。次条の「譲渡ノ能力ナキ所有者」について、この譲渡の能力のない者というのは、総則の能力の項を見るよりほかない。ここで誰が譲渡の能力のない者かがはじめてわかるのである。

土方寧（二〇巻四五丁裏）

次条は、債権債務の関係は確定しており取消すことはできないが、弁済（について取消しうる場合）だけについて言っているのか、元の債権債務の関係も取消せる場合も含んでいるのか。

穂積陳重（二〇巻四五丁裏）

そういう（後者の）場合は全く考えていない。債権債務の関係はまず当然成立していて、譲渡の能力がないという場合だけを規定している。

土方寧（二〇巻四六丁表）

そうすると債権債務の関係が取消しえない場合には、債務者が負担する物は実は債権者の物と言ってもよい。それを引渡すについては能力の有無を問う必要はほとんどないと考える。「……矢張リ法文テ更ニ書テ置カネハナラヌト思ヒマス」。

四　本条の修正について

箕作麟祥（二〇巻四四丁裏、二〇巻四七丁表）

次条を本条第二項として入れて、文章を「譲渡ノ能力ナキ所有者カ弁済トシテ物ノ引渡ヲ為シタルトキ亦同シ」としてはどうか。

長谷川喬（二〇巻四七丁表）

賛成。

穂積陳重（二〇巻四六丁裏〜四七丁表）

（前出の箕作委員の修正説にすると）弁済を取消すことができる点が見えなくなる。土方委員の言うように、向こうに行く物だから、能力の有無を問わずそのままとなるように見えはしないか。

箕作麟祥（二〇巻四七丁表）

それは取消しという前の原則でわかっている。

穂積陳重（二〇巻四七丁表）

「譲渡ノ出来ヌ者ハ取消ハ出来ルト云フコトヲ明ニ見セタイト思ヒマスカ」。

▼箕作委員の提出した修正案は賛成少数で否決された（二〇巻四七丁裏）。

（注1）　原案第四八五条（確定条文第四七七条）の審議中に穂積陳重委員の要請により原案の形に戻された（二〇巻六〇丁表〜裏（本書四九三頁参照））。

（注2）　速記録では「当事者各自ノ」と記されている。

（注3）　第一二一条によるならば、無能力者本人の外に、代理人等が取消しをすることができるとともに、相手方に取消権がないこともわかる。それに対して原案第四八四条は、所有者本人による取消しのみを規定しているのであるから、第一二一条よりも狭いという趣旨か。

【その後の経緯】

第九回帝国議会衆議院民法中修正案委員会において、他人の物を引渡した場合には無効であるにもかかわらず、さらに有効な弁済をしなければ取戻しえないのは道理上おかしいという質問に対し、穂積委員は、留置権を与えるという説明に加え、弁済を受けた者が現に占有権を有しており、これは真の所有者に対しては「力ガナイ」が、弁済をした者に対しては保護されると述べた（廣中俊雄編著『第九回帝國議會の民法審議』二二二頁）。

【民法修正案理由書】

本条ハ既成法典財産編第四百五十五条第二項及ビ第四項ノ規定ニ依ルモノニシテ、

同条第一項及ビ第六項ノ規定ハ特ニ明文ヲ要セザルニ因リ共ニ之ヲ削除セリ。蓋シ弁済者ガ他人ノ物ヲ引渡シタルトキハ其弁済ハ無効ナルヲ以テ、所有者ハ勿論、弁済者モ其物ヲ取戻スコトヲ得ベシト雖モ、弁済者ニシテ何時タリトモ之ヲ取戻スコトヲ得トスルトキハ、弁済受領者ハ之レガ為メニ常ニ不利益ヲ被ムラザルベカラズ。故ニ本案ハ既成法典ノ如ク弁済者ハ更ニ有効ナル弁済ヲ為スニ非ザレバ其物ヲ取戻スコトヲ得ズトシ、弁済受領者ニ留置権トモ称スベキ一種ノ担保ヲ与ヘタリ。

▽民法修正案理由書第三編第一章「第五節　債権ノ消滅」三頁（第四七五条）。

（平田健治）

第四七六条　譲渡につき行為能力の制限を受けた所有者が弁済として物の引渡しをした場合において、その弁済を取り消したときは、その所有者は、更に有効な弁済をしなければ、その物を取り戻すことができない。

第四七六条　譲渡ノ能力ナキ所有者カ弁済トシテ物ノ引渡ヲ為シタル場合ニ於テ其弁済ヲ取消シタルトキハ其所有者ハ更ニ有効ナル弁済ヲ為スニ非サレハ其物ヲ取戻スコトヲ得ス

原案第四八四条　譲渡ノ能力ナキ所有者カ弁済トシテ物ノ引渡ヲ為シタルトキハ其所有者ノミ其弁済ヲ取消スコトヲ得但其所有者ハ更ニ有効ナル弁済ヲ為スニ非サレハ其引渡シタル物ヲ取戻スコトヲ得ス

【参照条文】

旧民法財産編

第四五五条第三項　譲渡スノ能力ナキ所有者カ物ヲ引渡シタルトキハ其所有者ノミ弁済ノ無効ヲ請求スルコトヲ得

同条第四項〔第四七五条の【参照条文】中に掲載〕

オーストリア一般民法

第一四二一条　自己ノ資産ヲ管理スルニ不合格ナル人ト雖モ合法ノ負責ニシテ其弁償期限ノ既ニ全満セル者ニ向テ合法ノ弁償ヲ為シ以テ自己ノ責務ヲ解脱スルヿヲ得可シ然レ𪜈其負債ノ確実ナラス若クハ弁償期限ノ未タ全満セサル者ニ関シテハ其後見人若クハ保管人ハ其弁償ノ収回ヲ請求スルヿヲ得可シ〔仏民第千三百五条〕

ベルギー民法草案

第一二三五条　弁済の目的が物の所有権の移転である場合においては、弁済者がその物の所有者であり、かつ、その物を譲渡する能力を有する場合に限り、その弁済は有効である。

債務者が物の所有者でない場合には債権者は弁済の無効を主張することができる。債権者が時効又は占有により、その物の所有者となった場合でも同様である。但し、債権者がその物を消費した場合はこの限りではない。債権者が善意でその物を消費した場合でも、債務者は同様に弁済の無効を主張することができる。

債務者がその物の所有者であるが、譲渡する能力を有しない場合には、たとえ債権者が善意でその物を消費した場合であっても、債務者はその弁済の無効を主張することができる。

バイエルン民法草案

第二部第一章第一六六条　債務の履行が譲渡行為である場合には、弁済者が弁済時に、その財産について自由に処分することができ、かつ譲渡の権能を有している場合にのみ、その弁済は有効である。

しかし、必要とされる譲渡権能の欠缺は、適法に存在し期日の到来している債務が弁済された限りにおいて、弁済した債務者又はその法定代理人に対して返還請求の権利を与えるものではない。

【起草趣旨】

穂積陳重（二〇巻四九丁表～裏）

本条は財産編第四五五条の第三項と第四項を合わせて、文字を改めただけである。旧民法では「弁済ノ無効ヲ請求スルコトヲ得」とあるが、無能力者の行為とあるから、無効ではなく取消であり、旧民法もあるいはそのつもりであったと思う。この点の修正が主たるものである。

【主要審議】

一　弁済のみの取消について

土方寧（二〇巻四九丁裏～五一丁表）

私は本条は不要であると考え、削除説を提出する。箕作委員、長谷川委員の説（前条の審議で提出。本書四八四～四八五頁参照）では本条は当然であり、ただ但書だけ必要であるというが、私はそうは思わない。元の債権債務の関係が取消しうべきものであって、その取消しをする前に誤って弁済した場合にはそれを返してもらうということならば納得できる。しかし本条のような場合には取消をすることはできないことにならねばならぬと考える。本条の場合には債権債務関係は動かすことができない以上、効力の確定した債務を負担しており、債務の目的となっている物を引渡す。そうすると、その物は実は債権者のものと見てよいくらいで、それを取消して返還請求できるのはおかしい。私の考えでは、債権債務の関係が動かしえないものである以上、弁済の目的としてある物を引渡したならば、それはもう取戻すことはできないということにならなければならないと思う。

富井政章（二〇巻五一丁表）

私は本案を削除したところで、今、土方委員の言ったような結果の生ずるようには解釈しない。弁済というものは所有権移転であり、所有権移転の能力のない者が弁済をした場合には、債務関係の有効であるにもかかわらず、取消すことができることは、少し初めには疑ったが、総則からくるものであろう。ともかく、債務負担と所有権移転は別の行為である。ただ削除しただけでは（土方委員の言うような）結果は生じてこない。

▼削除説には賛成者がなく、原案通り確定した（二〇巻五一丁表）。

【その後の経緯】

本条は整理会において、一旦は「別ニ変ハツテモ居ラヌヤウテスカラ御発議ガナケレハ朱書ニ決」することとなった（民法整理会議事速記録四巻二五丁表）。しかし、原案第四八八条が法典調査会では原案通り可決されたものの、起草委員が総則規定（確定条文第一二〇条）と重複するとの理由で、整理会原案では削除の提案を行った（原案第四八八条の【その後の経緯】（本書五〇一頁）参照）のを受けて、長谷川喬委員が、本条も同様に重複するのではないかとの問題提起を行った。これに対して起草委員は、自分達も削りたかったが妙案が浮かばなかった旨回答し（穂積、梅両委員）、箕作議長の提案により、再考することとなった（民法整理会議事速記録四巻二六丁裏～二七丁表）。

起草委員が再考した結果確定条文の表現になったが、その理由について穂積委員は、次のように説明している。起草委員が当初の原案を作成した際にも重複が気になったが、直すことができなかった。それは、「弁済ヲ取消スコトカ出来ルト云フコトヲ見セナイト但書ヲ引出スト云フ訳ニ往カナイ」と考えたからである。しかし、確定条文のような表現にすれば、「旧トノ但書ノ所カ主タル文章ニ為ル」。また「取消シタルトキハ」とすれば、「前ノ取消ノ箇条ニ拠ツテ取消シタルトキハ」ということになるから重複しない（民法整理会議事速記録四巻四七丁表～裏）。

【民法修正案理由】

本条ハ既成法典財産編第四百五十五条第三項及ビ第四項ノ規定ニ依ルモノニシテ、既成法典ハ弁済ノ無効ヲ請求スルコトヲ得ト規定スト雖モ、本条ハ無能力者ガ為シタル一種ノ法律行為ニ関スル規定ニシテ、行為其モノハ無効ナルニ非ズ、単ニ取消シ得ベキニ止マルモノナレバ、本案ハ譲渡ノ能力ナキ所有者ガ其弁済ヲ取消シタルトキト、此場合ニ於テ所有者ハ更ニ有効ナル弁済ヲ為スニ非ザレバ引渡シタル物ヲ取戻スコトヲ得ザル、本条ノ要旨ニ至リテハ固ヨリ既成法典ト異ナルコトナシトス。

▽民法修正案理由書第三編第一章「第五節債権ノ消滅」三～四頁（第四七五条）。

（平田健治）

第四七七条　前二条の場合において、債権者が弁済として受領した物を善意で消費し、又は譲り渡したときは、その弁済は、有効とする。この場合において、債権者が第三者から賠償の請求を受けたときは、弁済をした者に対して求償をすることを妨げない。

第四七七条　前二条ノ場合ニ於テ債権者カ弁済トシテ受ケタル物ヲ善意ニテ消費シ又ハ譲渡シタルトキハ其弁済ハ有効トス但債権者カ第三者ヨリ賠償ノ請求ヲ受ケタルトキハ弁済者ニ対シテ求償ヲ為スコトヲ妨ケス

原案第四八五条　前二条ノ場合ニ於テ債権者カ弁済トシテ受ケタル物ヲ善意ニテ消費シタルトキハ弁済者ハ其償還ヲ請求スルコトヲ得ス

【参照条文】

旧民法財産編

第四五五条第五項　債権者カ弁済トシテ受ケタル動産物ヲ善意ニテ消費シ又ハ譲渡

シタルトキハ債務者ハ其取戻ヲ為スコトヲ得ス

フランス民法

第一二三八条第二項　然𪜈金高又ハ使用シテ次第ニ減損ス可キ物ヲ渡シタル時ハ縦令其所有者ニ非サル者又ハ其物ヲ他ニ渡ス可キノ権ナキ者之ヲ渡シタル時ト雖モ義務ヲ得可キ者正意ヲ以テ其物ヲ使用シ之ヲ減損セシメタルニ於テハ其所有者其物ヲ取戻サント要ムルヿヲ得ス

オランダ民法

第一四二〇条第二項〔フランス民法第一二三八条第二項に同じ〕

イタリア民法

第一二四〇条第二項　金額若クハ使用ニ因テ消耗スル物件ヲ以テスル弁償ニ関シテハ良意ヲ以テ之ヲ消費シタル責主ニ対シ其還付ヲ要求スルヿヲ得可カラス仮令ヒ其弁償物件カ物件ノ所有主若クハ転付スルニ合格ナラサル人ニ因テ転付セラレタル者ニ係ルモ亦然リトス〔仏民第千二百三十八条〕

スペイン民法

第一一六〇条　与える債務については、給付すべき物につき自由な処分権を有しない者又は譲渡能力を有しない者によって弁済がなされたときは、これを無効とする。但し、金銭又は代替物が弁済の目的であるときは、善意でこれを消費した債権者に対する求償権は生じない。

【起草趣旨】

穂積陳重（二〇巻五一丁裏～五二丁表）

本条は財産編第四五五条第五項の文字を少し改め、実質も少し変更した。

(i)「動産物」を「物」と改めた点

消費という以上、不動産には妥当しないと思い、単に物とした。さらに代替物にまで制限している外国の例もあるが、これに限定する理由は存しない。この点は実質の変更ではないつもりである。

(ii)「取戻ヲ為スコトヲ得ス」を「償還」と改めた点

既に消費してしまった以上、その物を取り戻すという字はいかにもあたらないので改めた。

(iii)譲渡の場合を除いた点

旧民法では「消費シ又ハ譲渡」と規定されているが、諸国の規定では譲渡の場合は一つも見えなかった。よく考えてみると、「即時時効其他ノ規則」(注)によって所有権が移ってしまえば取り戻すことはできない。取り戻せる場合は消費と同様の規定をあてるのは不都合であると考え、諸国の例にならって、消費の点だけを規定しておけば通常の場合にあたると思い、譲渡は削除した。

（注）原文では「譲渡ス」となっているが「取戻ス」の誤記であろう。

【主要審議】

一　本条と善意取得との関係

横田國臣（二〇巻五二丁表～裏）

本条はどういう場合に適用されるのか。本条がなくても、善意でしかも動産であるから、（善意取得により――平田注）十分解決される。例えば、借金の「かた」に「外ノ物」を持ってきた場合（代物弁済の意――平田注）、善意であるから、動産ならば「外ニヤツタ場合抔ノ如キハ」取り戻しを認めるには及ばないと考える。

穂積陳重（二〇巻五二丁裏）

取り戻しができないから、「償還」と書き改めたのである。「物カアリマスルト云フト有効ナル弁済ヲ為シテ取戻セルト云フ規定テアリマス其取戻セル場合テアリマシテモ善意テ消費シタナラハ夫レカ即チ弁済ニナルノテコサイマス」。

富井政章（二〇巻五二丁裏～五三丁表）

横田委員の質問の趣旨は「償還ヲ請求スルコトヲ得ス」ということは言わなくても当然ということだろうと考えるが、決してそうではないと考える。前二条において、人の物を弁済として引渡した場合は、無効であり、能力のない者が引渡したときは取消しを求めることができる。「而シテ其取消ノ結果トシテ物カナクナツタラ」償いを請求することができる。本条がなければ、そうなると思う。

横田國臣（二〇巻五三丁表）

私が善意で人から物を買い、それを他人に売った場合には当然できないと考えるが、他人の物を（弁済として）引き渡すことは、弁済として所有権を移したのであり（債権者が）善意で買った場合と同じことである。盗人の場合は別として、本条は善意の場合だから、通常の動産の規則によって「出来マイ」と思う。

富井政章（二〇巻五三丁裏）

「特定ノ動産」であれば、多くの場合において「即時時効」によって占有者が所有権を得るであろうが、本条は譲渡した場合を規定しているのではない。穂積委員の説明にある通り、米、薪、金銭などを消費する場合を規定している。

横田國臣（二〇巻五三丁裏）

消費とは自分が飲んだり食ったりすることか。それならなおさら、「其物ヲ求ムルト云フコトハ善意テ何シタ場合ニハ私ハ出来ヌ方テアラウト思フ」。

富井政章（二〇巻五三丁裏）

規定がなければ「償ヒ」を取ることができる。

横田國臣（二〇巻五三丁裏）

「此処ハ物ヲ何スル所テハアリマセヌカ」。

富井政章（二〇巻五三丁裏〜五四丁表）

「償還」と書いてある。物は消費してなくなった（ので）その物の「償」を出せと言える。「夫レハ規定カナカツタラ出来ルト云フ前二条ノ場合テアリマス」。

横田國臣（二〇巻五四丁表）

そうすると、ここは飲食物に限るのか。

穂積陳重（二〇巻五四丁表）

そうではなく、例えば薪のようなものでも良い。私が薪を「供託シタ」、それが他人の物である場合、向こうから請求されたときに、自分の薪を持って行くと、後のが本当の弁済になる。そして前に焚いてしまったものは消費したものであるから、代価を請求できるのが当然である。

横田國臣（二〇巻五四丁表〜裏）

（原案）第四八四条についてはなお少し疑いがあろうかと思うが、例えば、私が西園寺委員の物を自分の物として穂積委員にやってしまうことは売買の場合に所有権を移すことと変りはないと思う。（穂積委員の理解によれば）売買の場合には穂積委員は返さなくても良いが、この場合だけはそうではないことになるのか。飲んだり食ったりした場合にはなおさら良かろう（返す必要はない）と思う。

穂積陳重（二〇巻五四丁裏〜五五丁表）

「他人ノ物ヲ引渡シタル者ハ更ニ有効ナル弁済ヲ為スニ非サレハ」という文章から、他人の物の引渡は弁済ではないということがわかる。従って、本当の弁済をしなければならないが、前に引き渡した物は取り返せるのが当り前であろう。又、預っていた他人の物を誤って自分の物として向うに渡すというような場合に、取戻しとか償還を請求することがあるかも知れないが、他人の物が取り戻せない場合にはその償還を請求できるのが本則である。「決シテ二重取リト云フコトハ出来ヌ」。

富井政章（二〇巻五五丁表）

物が受け取った者の手にあれば（原案）第四八三条（確定条文第四七五条）が適用

され、人に売った場合は買主が善意であれば、前の占有の規定により所有権を得る。

横田國臣（二〇巻五五丁表～裏）

私は第四八三条から気がついたのだが、本条は盗人の品物か何かでなければ当るまいと考えるに至った。弁済も売却も変わりはないはずで、借金のかたにやる（代物弁済――平田注）場合は受領者の所有とならず、売却の場合は所有となるという道理はない。

富井政章（二〇巻五五丁裏）

その論を押していくと、第四八三条の規定も明文を要しないことになるが、どうしてそうなるのか。

横田國臣（二〇巻五五丁裏）

盗人の場合についていては明文が必要である。

二　「譲渡シ」を加える修正案

長谷川喬（二〇巻五五丁裏～五六丁表）

旧民法には譲渡の文字があるが、この場合は「即時時効」によって権利が移ってしまうから取り戻すことはできないので書かなくてもよいという削除の理由づけがされた。しかし、「取戻スコトヲ得ス」という文字ならばよいが、「償還ヲ請求スルコトヲ得ス」というのであるから、「即時時効」によって元物を失っても債務者は償還を請求する権利がありはしない（か）という疑いがあり、物を消費したときは、物はないがその物の代価を請求できる（のではないか）という疑いがある。この点、同一であって、譲渡の場合を除いても良いという理由がわかりにくい。

穂積陳重（二〇巻五六丁表～裏）

譲渡した物についても同様に償還請求ができないということを我々は言ったのではない。しかし、それは本条に含めなくとも、一般の規定でゆくものであろうと思う。

長谷川喬（二〇巻五六丁裏）

そうすると旧民法が（債務者は償還請求）できないとしているのと反対になる。

富井政章（二〇巻五六丁裏～五七丁表）

他人の物を弁済として引き渡した場合には譲渡が入っていても不都合はないが、前条の場合、所有権はあるが譲渡能力のない場合には譲渡を含めると、その所有者にとってはなはだ不都合であろう。譲り受けた者が悪意で所有権を取得しえない場合には、弁済者に取戻権がなくては、無能力者（弁済者）が迷惑である。この点は決して消費の場合と同一には見られない。「譲受人ニ対シテ取戻ヲ請求スルコトカ出来ル譲受人ニ対シテ取戻ノ請求権カアレハ償還ヲ請求スルコトカ出来ルトナツテハ二重取リニナル其レハ無論出来ナイ」。無能力の場合には譲渡を含めない方が良い。

長谷川喬（二〇巻五七丁表）

そうすると善意で譲渡してもいけないのか。

富井政章（二〇巻五七丁表）

善意悪意は問わない。譲受人の善意悪意によって……。

横田國臣（二〇巻五七丁表～裏）

第四八四条の場合、無能力者から物を受け取った場合はほとんど善意ということはなく、あっても過失があろう。しかしその他の場合には「占有ノ所ト違ハセル道理ハナイ」。この消費というものが飲食等したものばかりと見れば、これを譲渡するということがないのは欠点のように思う。「四百八十四条ノ場合ハ殆ント然ウ云フ場合ハアルマイト思ヒマス」。

土方寧（二〇巻五七丁裏～五八丁表）

私は今の起草委員の説明でかえってはっきりしなくなったと思う。つまり、消費というものは文字の通りに消費である。譲渡というものはこの消費の中に入れない。弁済として受けた物を債権者が他に譲渡した場合、その譲受人が善意であれば所有権を得るが、もし譲受人が悪意であった場合には、その物が債権者の手中にある場合であれ、第三者の手中に入った場合であれ、取り戻すことができ、それは消費の中に入っていないが、それはいわなくてもできるということか。又、取り戻すことができない場合には、もはや債権者の所有になったものと同様にみるということか。

富井政章（二〇巻五八丁表）

債権者の手の中にある場合には本条ではなく、第四八三条が適用される。譲受人が占有によって所有権を取得しえない場合であれば、本条の適用は不要であり、譲受人に対して所有権の取戻しができる。譲受人が所有権を取得できない場合でしかも「弁済ヲ為シタ者」が善意である場合には譲渡も本条に入っていないといけないので、その限りでは入れた方がよいかもしれない。

土方寧（二〇巻五八丁表～五九丁表）

その点はわかったので、もう一点質問したい。本条では、弁済として受け取った物を債権者が消費して形がなくなったときには、元物の返還を請求できず、また代わりに金銭を請求することもできない。この場合には前二条のように更に有効な弁済をするには及ばない。前のは有効な弁済がなかった場合であるが、消費という事実によって弁済をしたということになるから、外に債権者から弁済を請求する権利はないということになるであろうが、債務者が他人の物を引き渡した場合はどうか。真の所有者はその物を事実上取り戻すことはできないがその物の価格だけは取れねばならないと思う。債務者がこれを弁済するのが順序であろうが、もし債務者が無資力の場合、所有者は損をするということになるのか。

穂積陳重（二〇巻五九丁表）

たぶん、それはそうだろうと思う。他人の物を弁済として引き渡したところが弁済受領者が善意で消費してしまった場合にはその所有者は弁済者にかかって損害賠償を請求するより外に仕方ないだろうと思う。

長谷川喬（二〇巻五九丁表～裏）

私はこの「消費シ」の下に「又ハ譲渡シ」の文字を加える修正説を提出する。そのわけは、本条は善意の債権者を保護するためのものに違いないから、消費と譲渡を区別する理由がない。富井委員の説明で、悪意の譲受人があった場合に「夫レハ悪意ノ者ニ掛ツテ取戻スコトカ出来ルカラ云々」ということであったが、ここに譲渡を入れても、その場合に取戻しを請求しうるのはもちろんであるから、不都合はあるまい。故に、消費の場合も譲渡の場合も債権者が善意であれば同一の保護を与えるのが相当と考え、旧民法のように「又ハ譲渡シ」という文字を加えたい。

富井政章（二〇巻五九丁裏）

動産についてはそうなっても不都合はないが「物」とある以上、不動産にもあてはまることにならないか。

横田國臣（二〇巻五九丁裏）

不動産は登記がある以上、そういうことにはならない。又、元来、不動産は（本条に）含まれないことではなかったのか。

長谷川喬（二〇巻六〇丁表）

「弁済トシテ受ケタル物」を「受ケタル動産」と直す。

箕作麟祥（二〇巻六〇丁表）

前の条が「物」で来たのだから、ここはやはり「物」にしておいたらどうか。

富井政章（二〇巻六〇丁表）

改正するくらいなら、不動産も一緒にする覚悟でしたらどうか。

長谷川喬（二〇巻六〇丁裏）

それではもとのままの「物」としておく。そうして「又ハ譲渡シ」の文字を加える。

箕作麟祥（二〇巻六〇丁裏）

賛成。

▼結局、「消費又ハ譲渡シタルトキハ」とする長谷川委員の修正案が起立多数で可決された（二〇巻六一丁表）。

三　第四八三条の修正を原案に戻す提案

穂積陳重（二〇巻六〇丁表～裏）

本条において「前二条ノ場合ニ於テ」という文字があるが、第四八三条が修正されて「弁済トシテ他人ノ物ヲ引渡シタル者ハ更ニ有効ナル弁済ヲ為スニ非サレハ其物ヲ取戻スコトヲ得ス」となったので、この「場合ニ於テ」というのが、「取戻スコトヲ得サル場合ニ於テ」と読めるようになった。（このような誤解を避けるために）この修正を原案通りに戻すこととしたい。

▼この点は異議なく了承された。

【その後の経緯】

本条は、整理会において以下のような説明がなされ、確定条文の表現に改められた（民法整理会議事速記録四巻二五丁表～裏）。すなわち、償還ができないというだけでは弁済が有効であるか否かという問題は明らかではない。有効だということは推測できる程度であり、この点を明らかにするために「其弁済ハ有効トス」とした。但書は、第三者である元の所有者から賠償を請求された場合に債権者は知らないとはいえないので弁済者に求償できる道がないといけないため、加えた。

【民法修正案理由】

本条ハ既成法典財産編第四百五十五条第五項ニ聊カ修正ヲ加ヘタリ。即チ既成法典ハ特ニ動産物ト明示スト雖モ、既ニ消費ナル字句ヲ用ユルトキハ其不動産ヲ含マザルコト明白ナルヲ以テ、本案ハ単ニ弁済トシテ受ケタル物トシ、又既ニ消費シタル物ヲ取戻スコトヲ得ザルハ勿論ナレバ、本案ハ広ク本条ノ場合ニ於ケル弁済ヲ以テ有効トシ、債務者ハ既ニ消費セラレ又ハ譲渡サレタル物ノ償還ヲ請求スルコトヲ得ザル旨ヲ明ニセリ。然レドモ右ノ弁済ニシテ既ニ有効ナル以上ハ、債権者ガ第三者ヨリ賠償ノ請求ヲ受クルモ、弁済者ニ対シ求償ヲ為スコトヲ得ザルカノ疑ヲ生ゼシムルニ因リ、本案ハ特ニ本条但書ノ規定ヲ設ケ、債権者ノ求償権ヲ明確ナラシメタリ。

▽民法修正案理由書第三編第一章「第五節債権ノ消滅」四頁（第四七六条）。

（平田健治）

第四七八条　債権の準占有者に対してした弁済は、その弁済をした者が善意であり、かつ、過失がなかったときに限り、その効力を有する。

第四七八条　債権ノ準占有者ニ為シタル弁済ハ弁済者ノ善意ナリシトキニ限リ其効力ヲ有ス

原案第四八六条　債権ノ准占有者ニ為シタル弁済ハ弁済者ノ善意ナルトキニ限リ其効力ヲ有ス

【参照条文】

旧民法財産編

第四五七条　真ノ債権者ニ非サルモ債権ヲ占有セル者ニ為シタル弁済ハ債務者ノ善意ニ出テタルトキハ有効ナリ

表見ナル相続人其他ノ包括承継人、記名債権ノ表見ナル譲受人及ヒ無記名証券ノ占有者ハ之ヲ債権ノ占有者ト看做ス

フランス民法

第一二四〇条　義務ヲ行フ可キ者義務ヲ得可キノ権利ヲ現ニ有スル者ニ対シ正シク

其義務ヲ行フタル時ハ若シ其権利ヲ有スル者後ニ其権利ヲ失フヿアリト雖モ義務ヲ行フ可キ者其義務ヲ尽クシタルモノトス

オランダ民法

第一四二二条〔フランス民法第一二四〇条に同じ〕

イタリア民法

第一二四二条　貸付証券ヲ現有スル人ニ対シ良意ヲ以テ為シタル弁償ニ関シテハ仮令ヒ此人カ日後ニ其占有ノ権理ヨリ斥除セラル、ヿ有ルモ亦其弁償ハ効力ヲ有スル者トス〔仏民第千二百四十条〕

スペイン民法

第一一六四条　債権の準占有者に善意でなされた弁済により、債務者はその責めを免れる。

ベルギー民法草案

第一二三七条　債権の準占有者に善意でなされた弁済は、準占有者がその後に追奪された場合においても、その効力を有する。

【起草趣旨】

穂積陳重（二〇巻六一丁裏～六二丁表）

本条は財産編第四五七条を少し簡単にしただけである。同条第二項は第一項の説明ともとれるし、あるいは第一項の債権占有者の範囲を限定したとも解釈できる。とにかくこのようなもの（第二項）を置かなくとも、いやしくも準占有者ならばすべて本条の規定が妥当してよいと思って、置かなかった。

▼別段、発議なく、原案通り確定した（二〇巻六二丁表）。

【民法修正案理由】

本条ハ既成法典財産編第四百五十七条第一項ノ字句ヲ修正シタルニ過ギズ。而シテ同条第二項ノ規定ハ第一項ノ説明ニ止マルノミナラズ、債権ノ占有者ヲ限定スルノ結果ハ狭キニ失スル虞アルニ因リ、本案ハ之ヲ刪除シ広ク債権ノ准占有者ニ為シタル善意ノ弁済ヲ以テ総テ有効ト為セリ。

▽民法修正案理由書第三編第一章「第五節債権ノ消滅」四～五頁（第四七七条）。

（平田健治）

第四七九条　前条の場合を除き、弁済を受領する権限を有しない者に対してした弁済は、債権者がこれによって利益を受けた限度においてのみ、その効力を有する。

第四七九条　前条ノ場合ヲ除ク外弁済受領ノ権限ヲ有セサル者ニ為シタル弁済ハ債権者カ之ニ因リテ利益ヲ受ケタル限度ニ於テノミ其効力ヲ有ス

原案第四八七条　前条ノ場合ノ外弁済受領ノ権限ヲ有セサル者ニ為シタル弁済ハ債権者カ之ニ因リテ利益ヲ受ケタル限度ニ非サレハ其効力ヲ有セス

【参照条文】

第一一四条(注1)　代理権ヲ有セサル者カ他人ノ代理人トシテ為シタル契約ハ本人ノ追認ナキ限ハ之ニ対シテ其効力ヲ生セス

追認及ヒ其拒絶ハ相手方ニ対シテ之ヲ為スコトヲ要ス但相手方カ其事実ヲ知リタルトキハ此限ニ在ラス

第一一九条(注1)　単独行為ニ付テハ其行為ノ当

時ニ相手方カ代理人ト称スル者ノ代理権ヲ争ハス又ハ其者カ代理権ヲ有セスシテ之ヲ為スコトニ同意シタルトキニ限リ契約ニ関スル前数条ノ規定ヲ適用ス代理権ヲ有セサル者ニ対シ其同意ヲ得テ単独行為ヲ為シタルトキ亦同シ

旧民法財産編

第四五六条　弁済ハ債権者又ハ其代人ニ之ヲ為スコトヲ要ス弁済領受ノ分限ヲ有セサル者ニ為シタル弁済ト雖モ債権者カ之ヲ認諾シ又ハ之ニ因リテ利得シタルトキハ有効ナリ

フランス民法

第一二三九条　義務ヲ尽クス可キ為メ物件ヲ渡スヿハ其義務ヲ得可キ者又ハ其者ノ代権人又ハ裁判所ノ言渡及ヒ法律ニ因リ義務ヲ得可キ者ニ代テ物件ヲ受取ル可キノ権利ヲ有スル者ニ之ヲ為ス可シ

　義務ヲ得可キ者ニ代リ物件ヲ受取ル可キノ権ヲ有セサル者ニ其物件ヲ渡シタル時ト雖モ其義務ヲ得可キ者其事ヲ承諾シ又ハ其者其事ニ因リ利益ヲ得タルヿアルニ於テハ其義務ヲ尽クシタリトス

オーストリア一般民法

第一四二四条　負債ノ弁償ハ責主若クハ其代理者若クハ裁判官カ其貸付権ノ所有主ト認定スル人ニ向テ之ヲ交付セサル可カラス若シ一個ノ不合格者ニ向テ弁償ヲ為シタル負責主ハ其弁償セシ物件カ現存セス若クハ之ヲ領受セシ人ノ利益ト為リシヿ無キニ於テハ則チ再ヒ弁償ヲ為サヽル可カラス

オランダ民法

第一四二一条　仏民法第千二百三十九条追加　権利者ニ代リ物件ヲ受取ル可キノ権ナキ者ニ其物件ヲ渡シタル時ト雖モ権利者其事ヲ承諾シ又ハ其事ニ因リ利益ヲ得タルヿ有ルニ於テハ其義務ノ執行ヲ有効ノ者トス

イタリア民法

第一二四一条　弁償ハ必ス責主若クハ法衙及ヒ法律ニ於テ領受スルヿヲ認許セラレタル人ニ向テ之ヲ為スヿヲ要ス

　責主ノ為メニ領受スルヿヲ認許セラレサル人ニ向テ為シタル弁償ト雖モ若シ責主カ追テ之ヲ認諾セルカ若クハ之ヲ利益セルヿ有ルニ於テハ則チ効力ヲ有スル者トス〔仏民第千二百三十九条〕

スペイン民法

第一一六二条　弁済は、債務の設定により利益を受ける者又は自己の名において弁済を受領する権限を有する者に対してなされなければならない。

ベルギー民法草案

第一二三六条　弁済は、債権者、債権者より権限を与えられた者、又は裁判もしくは法律により債権者のために受領する権限を認められた者に対してなすことを要する。

　債権者のために受領する権限を有しない者に対してなした弁済は、債権者がこれを追認し又はこれによって利益を受けた場合は有効とする。

ドイツ民法第一草案

第二六六条　弁済ノ目的ヲ以テ債務者(注2)以外ノ者ニ為シタル履行カ債権者ノ承諾ニ本ツクトキハ弁済ノ効力ヲ有ス債権者カ右ノ履行ヲ認諾シタルトキ亦同シ

ドイツ民法第二草案

第三一一条　債務者カ負担シタル給付ヲ債権者ニ履行スルトキハ債務関係ハ消滅ス

　給付カ弁済ノ目的ヲ以テ第三者ニ為サレタルトキハ第百五十三条ノ規定ヲ適用ス

バイエルン民法草案

第二部第一章第一六七条　債務ノ弁済ハ、

　債権者自身又は受領権限を有する代理人に対してなされなければならない。

第三者に対する弁済は、法律上の特別規定がない限り、債権者がその支払を追認した場合、又は第三者が債権者と債務者の特別の合意によりもしくは裁判上の命令により、支払受領者として指定された場合においてのみ、債務者を免責する。

支払受領者の任命は、その受領者が有効な支払受領の能力を失った場合又はその任命が有効に撤回された場合において、かついずれの場合においても債務者がそのことを知ったときに、その効力を失う。

この任命は、それが一方当事者のためにのみなされていることが契約上明らかな場合にのみ、一方的に撤回することができる。

（注1）　当該条文案である甲第六号議案、当該条文審議の際の議事速記録では、それぞれ、第一一五条、第一二〇条となっているが、民法整理案第二号では、第一一四条、第一一九条となっている。引用は議事速記録による。

（注2）「債権者」の誤りであろう。

【起草趣旨】

穂積陳重（二〇巻六二丁裏）

本条は財産編第四五六条にあたる。文字はかなり変わっているが、実質は少しも変えていないつもりである。「認諾シ」云々の部分は本条には挙げていないが、既に議決になった第一一四条と第一一九条の規定によって、認諾できることはわかるつもりである。前者は契約の場合の認諾、後者は弁済のような単独行為の場合を規定しており、ここに再び載せる必要がないので削った。

【主要審議】

一　本条の適用される場合について

横田國臣（二〇巻六二丁裏～六三丁表）

本条はわかりきったことではないのか。旧民法の第四五六条では「債務者カ之ヲ認諾シ又ハ之ニ因リテ利得シタルトキハ有効ナリ」とあるから、少し引っかかりもあるが、「弁済受領ノ権限ヲ有セサル者ニ為シタル弁済ハ」云々ということで、（弁済）できないことは当り前の話ではないかと思う。「借ラナイ奴ニ払フタノハ役ニ立タヌ」ということである。債権者が利益を受けている場合ならば、これは問題の生ずる理由がない。本条は必要なのか。

穂積陳重（二〇巻六三丁表～裏）

そのような解釈が出るので、本条は必要なのである。すなわち、権限を有さない者になした弁済はもとより弁済でないことは当然であろう。

債権者がこれによって利益を受けたときには、これが弁済になるということは規定がなくては出てこない。利益は利益として、これとは別に弁済を要求することができるのが当然であろうと思う。

次に本条で「利益ヲ受ケタル限度」ということを加えたのは、一部の利益を受ければ全部の弁済となりはしないかという疑いを避けるためである。第一には弁済にならないこと、第二には全部の弁済にはならないこと、このことは規定がなければ疑いが出るため、（規定が）必要である。

土方寧（二〇巻六三丁裏～六四丁表、六四丁裏～六五丁表）

本条は、甲が乙に対して一〇〇円の債権があり、乙は丙に対して一五〇円の債権があった場合に、甲は乙の丙に対する債権を差押えることができるが、それをしないで丙が甲に一〇〇円払った場合、甲の乙に対する一〇〇円の債権「ヲ全フスル」ことになり、甲乙間の関係はなくなり、一〇〇円だけ乙を利したのだから、あと五〇円だけ乙に丙が払えばよいというような場合であろう。そうすると、この場合に乙が異存を言った場合はどうなるか。原案第四八一条

（確定条文第四七四条）によれば、第三者の弁済について、債権者、債務者は苦情を言うことができる。[注3] 今の場合、甲乙の債権債務の関係について、丙は利害関係を有しない第三者といえようから、本条を適用することができない（第三者弁済ができない——平田注）ように思えるがどうか。

富井政章（二〇巻六五丁表、裏）

今の例で丙が甲に支払うのは乙のために乙の債務を支払ったという意味か。そうならば第四八一条が適用され、本条の適用は生じえないと考える。

土方寧（二〇巻六八丁表～裏）

富井委員の言った、丙が乙のために乙の債務を支払う場合ではなく、丙が自分の債務を弁済する際に、乙ではなく甲に支払った場合、もとより甲は弁済受領の権限はないがそれを受領した場合、甲からいえば自分の債権を「全クスル《ママ》」のであるから、乙に対する債権は消滅し、乙は義務を免かれるので、乙を利したことになり、本条が適用されると思うがどうか。

富井政章（二〇巻六八丁裏）

それは間違いである。その場合、（乙は）利益を受けない。丙が自分の債務を甲に弁済した場合に乙は甲に対する債務を免かれはしない。

土方寧（二〇巻六八丁裏）

そうすると本条はどのような場合に適用されるのか。

富井政章（二〇巻六四丁裏、六八丁裏）

受領者を債権者が相続したような場合である。

二　「利益ヲ受ケタル限度」の意味

長谷川喬（二〇巻六七丁表）

本条の「利益ヲ受ケタル限度」は、これまでの箇条の「利益ノ現存スル限度」と異なるが、その理由はどこにあるか。次の原案第四八八条には「利益ヲ受ケタル部分」とあるが、これは「現存」というのとも違い、本条の「利益ヲ受ケタル限度」とも違うのか。

穂積陳重（二〇巻六七丁表～裏）

本条の「利益ヲ受ケタル限度」は、利益が現存していなくてもよいという意味で広くしたので「現存」という文字は入れなかった。次条では「之ニ因リテ利益ヲ受ケタル限度ニ付テハ」という表現は面白くないという感じがあったので、こういう表現にした。意味は同じつもりである。「部分」と「限度」は同じことである。

三　「権限」という用語について

箕作麟祥（二〇巻六五丁裏）

「前条ノ場合ノ外」を削って、「弁済受領ノ権利ヲ有セサルモノニナシタル弁済ハ」ということに改めてはどうか。前条の場合には、弁済者が善意であればその効力を有するというのであり、権利を有するのである。だから「権利」に直せば、「前条ノ場合ノ外」は必要ではない。又、「権限」という文字は代理などに限られるようで狭くみえるので、「権利」に改めた方が意味が明白になると考える。

穂積陳重（二〇巻六六丁表）

私ひとりの考えでは差支えないと思う。しかし、前条の準占有者には弁済受領の権限は本当はないと思った。権利はないが権限はあるという区別はどうもよくわからない。実は一番初めは「弁済受領ノ権利ヲ有セサル」と書いてみたが、どうも準占有者に受領の権限があるのであれば、前条の明文も必要ではない。本当はないのが当り前であるから、善意の場合に限って、弁済受領の効力があるという規定をしたのである。従って、本条で「権限」と書いても、前条の場合を除かないと、二重に規定することになりはしないかと思って、こういう表現をしたのである。

箕作麟祥（二〇巻六六丁表）
「権利」としてはいけないのか。

穂積陳重（二〇巻六六丁裏）
権利がなければ、権限もないであろうから、同じことではあるまいかと思う。

富井政章（二〇巻六六丁裏）
ここは委任を受けているかいないかに帰する。「権限」とすれば、意味が締まって良い。「権利」で済むことならば、代理のところも「権利」で良さそうに思うが、（そうではないので、）委任されていれば良い、されていなければいけないということに帰するのであるから、やはり「権限」と言っておいた方が良かろう。

箕作麟祥（二〇巻六六丁裏）
旧民法では、「債権者又ハ其代人」となっていて、一番主たる債権者になすのが至当であろうから、その点からいうと「権利」という方が良いと感じるがどうか。

富井政章（二〇巻六七丁表）
これは「債権者又ハ其代理人ニ非サル者ニ」という意味であるから、「権限」という方が良い。しかし、どちらでも良いと思う。

箕作麟祥（二〇巻六七丁裏～六八丁表）
「前条ノ場合ノ外」を削除して、「権限」を「権利」と改める、すなわち「弁済受領ノ権利ヲ有セサル者ニ為シタル弁済ハ」とする修正説を提出する。

本野一郎（二〇巻六八丁表）
賛成。

▼採決の結果、起立者少数で否決された（二〇巻六八丁裏）。

（注３）法典調査会での審議の過程で、不同意を表しうるのは、債務者のみと修正されている（本書四七八頁の長谷川発言及び採決結果参照）。

【その後の経緯】

原案から確定条文の表現への変更は、整理会において字句のみの修正として提出され、発議なく決している（民法整理会議事速記録四巻二五丁裏）。

【民法修正案理由】

既成法典財産編第四百五十六条前段ノ規定ハ単ニ弁済ヲ受クベキ人ヲ指定スルニ止マルモノナレバ、本案ハ之ヲ刪除シ、同条後段ノ字句ヲ修正シテ本条ノ規定ヲ設ケタリ。即チ、既成法典ハ特ニ債権者ノ認諾シタル場合ヲ記載スト雖モ、之レ既ニ本案第百十三条ノ規定ニ依リテ明白ナレバ、本条ハ単ニ債権者ガ利益ヲ受ケタル場合ノミヲ規定スルニ止メタリ。

▽民法修正案理由書第三編第一章「第五節債権ノ消滅」五頁（第四七八条）。

（平田健治）

現行法　なし

原案第四八八条　弁済受領ノ能力ヲ有セサル債権者ニ為シタル弁済ハ其債権者ノミ之ヲ取消スコトヲ得但債権者カ之ニ因リテ利益ヲ受ケタル部分ニ付テハ此限リニ在ラス
　第四百八十六条ノ場合ニ於テ債権ノ准占有者カ弁済受領ノ能力ヲ有セサルトキ亦同シ

【参照条文】

第一二二三条（注1）　取消シタル行為ハ初ヨリ無効ナリシモノト看做ス但無能力者ハ其行為ニ因リテ得タル利益仍ホ存スルトキニ限リ之ヲ償還スル義務ヲ負フ

旧民法財産編

第四五八条　領受ノ能力ナキ債権者又ハ債権占有者ニ為シタル弁済ハ其債権者又ハ債権占有者ノ請求ニ因リテ之ヲ取消スコトヲ得但其利得シタル部分ニ付テハ此限ニ在ラス

フランス民法

第一二四一条　義務ヲ行フ可キ者義務ヲ得可キ者ニ其義務ノ目的タル物件ヲ渡シタルト雖モ其義務ヲ得可キ者之ヲ受取ル可キノ権ナキ時ハ其義務ヲ尽シタリトセス但シ義務ヲ行フ可キ者其渡シタル物件義務ヲ得可キ者ノ利益トナリシ旨ヲ証スル時ハ格別ナリトス

オーストリア一般民法

第一四二四条〔第四七九条の【参照条文】中に掲載〕

オランダ民法

第一四二三条〔仏民法第一二四一条に同じ〕

イタリア民法

第一二四三条　責主ニ為シタル弁償ニ関シ若シ其責主カ之ヲ接収スルニ合格ナラサルニ於テハ則チ其弁償ハ効力ヲ有セサル者トス但〻負責主カ其弁償物件ノ実ニ責主ニ利益ヲ与ヘタルヿヲ証明スル時会ノ如キハ此例外ニ属ス〔仏民第千二百四十一条〕

スペイン民法

第一一六三条　財産管理能力を有しない者に対してなされた弁済は、それがその者の利益のために現実に利用されている場合に限り、有効となる。
　第三者に対してなされた弁済も、それが債権者にとって利益となる場合に限り、同様に有効となる。

ベルギー民法草案

第一二三八条　債権者が弁済を受領する能力を有しないときは、債権者に対してなされた弁済は無効である。但し、債権者がこれを追認したとき、又は弁済として給付した物が債権者の利益になったことを債務者が証明したときはこの限りでない。

ドイツ民法第一草案

第二六六条〔第四七九条の【参照条文】中に掲載〕

ドイツ民法第二草案

第三一一条〔同右〕

バイエルン民法草案

第二部第一章第一六六七条〔同右〕

（注1）甲第七号議案及び議事速記録では第一二二三条となっているが、民法整理案第二号では第一二二二条となっている。

【起草趣旨】

穂積陳重（二〇巻六九丁表～裏）

　本条は、旧民法と少しも異なっておらず、文字を改めただけである。ただ、先刻、長谷川委員から注意のあった（本書四九七頁参照）第一二二条との関係について述べておく。第一二二条では、「無能力者ハ其行為ニ因リテ得タル利益カ現存スル場合ニ限リ之ヲ償還スル義務ヲ負フ」となっていて、償還の義務は現存利益に限られるということである。本条では、「受ケタル部分」とあり、旧民法によった。前者は、償還の問題で、ある利益を受けそれを返せといったところ、無能力であるから、既に使ってしまったとか、既にその他の方法で消費したものまで償還しろというのは、あまりに酷な話であり、「償還デアルカラ現存」、ここは、自分に対する弁済なので、すでに消費してしまったものまでその「弁済ノ部分」としてしまってかまわない。つまり、両者は同じでなくてもよいと考えた。

【主要審議】

一　本条と確定条文第一二一条との関係

長谷川喬（二〇巻六九丁裏～七〇丁表）

　無能力者を保護するという精神からいくと、（第一二二条と本条とは）同一に帰さなければならないと思う。一方は償還する義務がない。なぜなら、使ったから残っているものだけでよい。その使ったということが無能力者を保護していることなので、受取った債権を無益に消費してしまった場合も、既に使ってしまった部分について、無能力者は償還する義務がないとしなければならないと思う。

穂積陳重（二〇巻七〇丁表）

　そうすると、例えば、弁済として受取ったものを使ってしまうと、それだけは弁済にならないので、その部分は無能力者が二重に受けるのか。例えば、一〇〇円受取って五〇円は使ってしまって五〇円残ったとすると、後から五〇円債務者が払わなければならない。

長谷川喬（二〇巻七〇丁表）

　そうである。（使った五〇円については）「不当ノ利益」と同じことになる。皆使ってしまった。そうすれば（不当利得の問題として）返還しなければならない。

箕作麟祥（二〇巻七〇丁表～裏）

　長谷川委員は、これをどうしようという考えか。

長谷川喬（二〇巻七〇丁裏）

　（本条でも、）「之ニ因リテ受ケタル利益ノ現存スル部分ニ付テハ」ということにしてはどうかと思う。

穂積陳重（二〇巻七〇丁裏）

　それだけ債務が消えているのだから、利益が現存してはいないか。

長谷川喬（二〇巻七〇丁裏）

　それならば同じことにしなければならない。前の第一二二条もその通りにいけば良い。無能力者が償還する義務がないことは同じだろうと思う。

富井政章（二〇巻七〇丁裏）

　遊びに使ってしまってもまた取れる。

長谷川喬（二〇巻七〇丁裏）

　同じことである。

二　但書の文言について

箕作麟祥（二〇巻七一丁表）

　「付テハ此限リニ在ラス」というのは、おかしくはないか。

穂積陳重（二〇巻七一丁表）

　前のは、「償還スル義務ヲ負フ」とあるのだが、本条では、一部分については、取消すことができないというのだから、それでいいだろうが、反対しないにしろ、文字を変えないと不都合ではないか。

富井政章（二〇巻七一丁表）

　そうである。「債権者ノミ……」。

箕作麟祥（二〇巻七一丁裏）

　債権者のみこれを取消すことができないというのは、何だかおかしくはないか。

富井政章（二〇巻七一丁裏）

「ノミ」がなければいいのか。

箕作麟祥（二〇巻七一丁裏）

そうである。

富井政章（二〇巻七一丁裏）

強いて反対しないが進んで賛成はしない。

三　但書の修正――弁済の法的性質

横田國臣（二〇巻七一丁表）

但書を削除してはどうか。

富井政章（二〇巻七一丁表）

それはできない。「弁済ヲ受ケルト云フコトハ法律行為テナイカラ……」。

横田國臣（二〇巻七一丁表）

法律行為ではないのか。(注2)

富井政章（二〇巻七一丁表）

弁済ということからして少し議論がある。

長谷川喬（二〇巻七一丁裏）

本条第一項の但以下を「但債権者カ之ニ因リテ得タル利益ノ現存スル部分ニ付テハ」と修正する説を提出する。

▼右の修正説には土方委員の賛成があって案として成立し、採決の結果、賛成少数で、原案通りに確定した（二〇巻七一丁裏）。

（注2）　ここでの議論は、弁済を受けるということが法律行為であるならば、総則の規定（第一二三条）で処理しうるという趣旨であろう。

【その後の経緯】

本条は、整理会において（整理会原案では、第四八二条）、起草委員により削除の提案がなされた。その理由は次の通りである。弁済が法律行為であるか否かについては、学者の間でも議論がある。法律行為であると解する説もあるし、「権利ノ発生、移転、消滅其他変更等ヲ目的トシタル行為」と解する説もあって様々である。ドイツ等においても、弁済が法律行為であるか否かについて疑いがあるために、このような規定が設けられていた。しかし、本案においては、「法律行為」は「ずっと広イ意味」で用いているので、弁済は権利の消滅を目的とした法律行為であることは疑いがない。そうすると、「取消ノ始メノ箇条」（確定条文第一二〇条を指すものと思われる）に「無能力者ニ限リ之ヲ取消スコトヲ得」という箇条があるので、「全クあの取消ノ総則、始メノ二箇条（確定条文第一二〇条及び一二一条のことか）抔ト重複」する。したがって本条を削除した（以上、穂積委員）。本条を置いておくと「反テ法律行為テナイト云フ疑ヒガ起ル」（梅委員）。

（民法整理会議事速記録四巻二六丁表～裏）

（佐々木典子）

第四八〇条　受取証書の持参人は、弁済を受領する権限があるものとみなす。ただし、弁済をした者がその権限がないことを知っていたとき、又は過失によって知らなかったときは、この限りでない。

第四八〇条　受取証書ノ持参人ハ弁済受領ノ権限アルモノト看做ス但弁済者カ其権限ナキコトヲ知リタルトキ又ハ過失ニ因リテ之ヲ知ラサリシトキハ此限ニ在ラス

原案第四九二条　受取証書ノ持参人ハ弁済受領ノ権限アルモノト看做ス但弁済者カ反対ノ事情ヲ知リタルトキ又ハ過失ニ因リテ之ヲ知ラサリシトキハ此限ニ在ラス

【参照条文】

ドイツ民法第二草案

第三一九条　受取証書ノ持参人ハ給付ヲ受取ルヘキ権限アルモノト見做ス但給付ヲ為ス者ニ知レタル事情カ右権限ヲ認ムル

コトニ反スルトキハ此限ニ在ラス

ドイツ普通商法

第二九六条　受取証書ヲ持参スル者ハ其支払ヲ受取ノ権アルモノト看做ス但支払人ニ於テ此権ヲ承諾スヘカラサル状況ヲ知了スルトキハ此限ニアラス

【起草趣旨】

穂積陳重（二〇巻九四丁裏～九五丁裏）

受取証書（の交付）請求権が（前条たる原案第四九一条の削除決定で）なくなった[注1]ので、本条も強いて維持するつもりはない。しかしながら、本条こそ小さなこととはいえぬ大変な関係のある規定である。というのは、金（銭）等を取引する者、とりわけ銀行のような所では、しばしばこの問題が起ったからである。本屋とか呉服屋とか正当な店に正当な所の受取証書を持って債権弁済の請求に来ることがしばしばある。そうした場合、（この請求に来た者には弁済受領につき）権限があるものと看做さないことには、通常、取引に甚だ困ることになると思う。銀行等からしばしば聞くところでは、（債権者が弁済に際して）受け取るべき一つの証書たる切符[注2]――これは受取証書ではないが――を（ある人が）持参して来ても、その証書（の持参人が正当な権利者かどうか）ということは分からない。例えば、（本来）横田委員に払うことになっているところ、ある人が（証書を）持って来たので、銀行の方で十分注意して証書の持参人は横田委員だと思って払った、ところが、その人は横田委員ではないという場合、やはり本条と同じような「推定」があると聞いている。（銀行が）不詮索であるとか、不注意である場合には、前の（横田委員でない人にした）弁済が無効になって、（銀行は）本当の弁済をしなければならぬというふうに聞いている。だが、実際上、相当の受取証書を持って来た者には安心して払えるということがなければ、非常に取引に差支えることになる。こう思って、本条の規定を置いた。

（注1）原案第四九一条は、確定条文第四八六条にあたる。後に整理会において同条が復活するに至ることについては、第四八六条の【その後の経緯】（本書五三四～五三五頁）を参照。

（注2）例えば、銀行を債務者とする支分利息債権証書のようなものが念頭にあるようである。

【主要審議】

一「権限アルモノト看做ス」の意味

長谷川喬（二〇巻九五丁裏）

（今までの例をみると）「権限アルモノト看做ス」と書いてある所と「推定ス」と書いてある所があった。ここに「看做ス」と書いたのは、反証を許すつもりか、つまり、（債権者が受取証書を）紛失したという証拠が出れば、（紛失証書の持参人に）払う（債務）者が悪い（支払いは有効な弁済とならない）という意味か。

穂積陳重（二〇巻九五丁裏）

「看做ス」の方は反証を許さぬということである。「看做ス」と「推定ス」の二つがあるが、通常まず、「然ウ云フモノト法律カ推定」したときは「推定ス」と書き、法律が「然ウ云フ風ニ看做」すときは「看做ス」と書いた（本条は「看做ス」であるから、後に反証があっても弁済は有効であり、債務者は悪くない）。

二　紛失又は盗難にかかる「受取証書」について

穂積陳重（二〇巻九五丁裏～九六丁表）

ついでに言えば、この規定は、受取証書を第三者が濫用することがあるかもしれないが、その場合、即ち、ある人が拾うとか盗むとかして（受取証書を債権者に）持っていった場合に（おいて支払いがなされるときに）は、債権者・債務者のどちらが損をしなければならないかという問題がある。この問題が生じるのは、結局、このような債権消滅の一つの証拠ともなるべき大切な書類を保管している人が（それを）失ったとか、盗まれたとかいう場合である。（そして、このように債権者・債務者）双方共何も「罪ノナイ」(注3)人いずれが損をしなければならぬかという場合には、受取人（つまり債権者）の方が負担するのが至当である。これは、ドイツ民法第二草案（第三一九条）に書いてあることであって、至極もっともだと思う。二人の内一人が損をしなければならない場合には、受取証書をこしらえた「調製人」の方で（その損失を）負担しなければならない。

高木豊三（二〇巻九六丁表〜裏）

　そうすると本来は、例えば、商人が得意先に対する受取（証書）五〇通なり一〇〇通なりを用意しておいたところ、泥棒が入ってそれを取って、その受取（証書）で金を受け取りにいったときには、その受取（弁済）がすべて有効であると決めている、そういう趣旨か。(注4)

穂積陳重（二〇巻九六丁裏）

　むろんそればかりではない。（受取証書を）拾った場合、盗んだ場合、あるいは、払いを受ける権限のない者が（弁済を）受けるような場合も（本条に）入る。しかし、但書を加えて、いつも受け取りに来る人の代わりに、今日に限って別の人が来た、それで誰でもそこに疑いを抱かねばならないのに、その人に払い渡したという場合は、（本文の適用を）取り除いてある。それ以外の場合は本文の適用がある。

三　本条削除案

土方寧（二〇巻九六丁裏〜九七丁表）

　本条の趣意は分かったが、やはりこれも削ってしまいたいと思う。というのは（右に示されたような）債権者・債務者どちらかが損をしなければならぬという場合、つまり、債務者の方が善意であって、有効の受取証書を持って来た人に払ってしまったがゆえに（債権者が債務者から）支払いを受けることができなかった場合は、債権者の方に過失があったろうと思う。そうすると、（債権者・債務者は、穂積委員が二にいうような）「同等ノ地位」にあるとはみられない。（債権者は）自分の方に不注意とか過失があって（債務者をして）ある者に（受取証書持参人に対して）弁済すべく誘導したのであるから、これ（債権者がその責を負うべきこと）は別に法文を待たずして分かることだと思う。それゆえ、本条を削って差支えないと考える。

高木豊三（二〇巻九七丁表〜裏）

　土方委員の削除説に賛成する。今、説かれたように、人の物（受取証書）を取ってきて（それで）金を受け取りに来たような場合に「之ヲ推測サレルト云フナラハ始終アルト云フ考ヘテアリマス」(注5)。実際この場合にその問題を決するのは「危険」だろうと思う。（というのは、）実際、他人の受取証書を持って来て受け取りに来るという犯罪の結果、被害者が金を払い渡したということがあるかと思うが、そういう（債権者が責任を負うという）ことを民法の原則として決めてしまうのは、いかがであろうか。弁済は必ず本人または委任状を有する者になされなければ効力がないというような原則があるならば、「弁済受領ノ権限アルモノト看做ス」という（ふうに定める）こともできよう。しかし、受取を持たされて使いに来たとか、（自分は）手代だとか言う者が来て、（自分の持参したのは）正当の受取であると言うならば、「是レカ効カアル」(注6)ということは論を待たない。こういう「論鋒」（論法）で、やはり前条と同様、（本条を）削除した方がよい。

富井政章（二〇巻九七丁裏～九八丁表）

本条の規定が悪いから廃するというならばともかく、土方委員の言うように、本条がなくても同じであるということに至っては了解できない。債権者でもなく、委任を受けた者でもない者に（債務者が）弁済をしたときに、その弁済が有効であるということは、一般の原理においてはあるべきことでない。のみならず、本案に反対の明文がある。即ち、第一一四条（確定条文第一一三条）は「代理権ヲ有セサル者カ他人ノ代理人トシテ為シタル契約ハ本人カ其追認ヲ為スニ非サレハ之ニ対シテ其効力ヲ生セス」と規定し、この規定は第一一九条（確定条文第一一八条）によって単独行為に[注7]適用されている。弁済を受けるということは単独行為である。「前ニ契約ニ関スル規定カ適用シテアル」[注8]。それゆえ、真の債権者に対しては、（非債権者になされた弁済が）有効でないのは、分かり切っている。そして、債権者の方を保護するというならば分かっている（から書かなくてもよい）が、我々は、（債権者、債務者）どちらも保護してやる価値があると考えたので、（場合に応じてその利益を調整する働きをする）但書を置いた。もし本規定がなければ、真の債権者、又は「確実ノ委任状」を持って来た人にしか払うことはできない。（しかし、）それでは甚だ不便だと思って（本規定を）置いた。

長谷川喬（二〇巻九九丁裏）

前条も削ったから本条も削らなければならぬという説が出たが、穂積委員も（【起草趣旨】において）言ったように、前条（原案第四九一条――確定条文第四八六条、以下同じ）と本条とは違う。本条はむろん必要であり、最も商事についてそう思う。今、金（銭）の取引をするのに、これ（受取りに来た人）が代理人であるか否かを調べねばならないということになると、実際上、大変害がある。誰でも構わない、受取証書を持参すると、その人を代理人の権限あるものとみて（その人に）払えばよい――こう旧民法にも商法[注9]にも規定がある。商事にも必要ならば、民事上に（規定を）設けてもよいと思うから、本条だけは賛成する。

四　偽造の受取証書に対する適用の有無

富井政章（二〇巻九八丁表）

土方委員は、先の（穂積委員の）説明によれば、受取証書を偽造した場合にまで（本条を）適用するように聞こえたとか言った[注10]が、（本規定は）無論、偽造の場合を（も）扱っている。（偽造の場合には）我々の考えでは[注11]、但書の適用が他の場合よりも多かろうという差異があるだけであって、もとより偽造の場合を（本規定の適用から）除外したのではない。

横田國臣（二〇巻九八丁表～裏）

（本条が）偽造の場合を除外する意味でないというのは、どうであろうか。原案の方（条文そのもの）には賛成なのだが……。

富井政章（二〇巻九八丁裏）

（ここにいう受取証書は）弁済受領の権限ある者が受取証書を持ってこないで（第三者がそれを持参するのだが）その証書は債権者の作成したものに限るとは（規定には）書いてない。また、盗んだり、拾ってきた証書は「イカヌ」（本条の適用から除外される）という書き方でもない。（しかも、）権限のない者が受領証書を持って来た場合には、あるいは自分（持参人）が偽造したときがあるかもしれない。むろん、この場合も（本条に）含むつもりでいた。ただ、その場合は、「払ツタノカ過失テアル」ということが実際しばしばいえるだろうというだけのことである。もしそうでなければ（偽造証書を含まないというのであれば）、書き方を変えなければならない。「債権者ノ作ツタ受取証書」とか、もう少し狭く書かなければならないと思う。

横田國臣（二〇巻九八丁裏）

そうすると第三者甲が債権者乙の受取証書を偽造して、債務者丙の所へ持って行き、丙が甲に払えば、乙が損をしなければならないのか。

富井政章（二〇巻九九丁表）

そのつもりである。

横田國臣（二〇巻九九丁表）

「夫レテハ大変タ」。そういうことは今日でもあるべきことではない。

富井政章（二〇巻九九丁表）

いかにも債権者の方から見れば（本条は）ひどい規定にみえる。しかし、（本条は）債務者の方からも見てもらわなければ困る。どう見ても正しい受取証書で委任を受けて持って来たように見える、どんな注意深い人でもそう見えるという場合には、債務者の方を保護するつもりで規定したのである。もっとも、偽造の場合は、（債務者・弁済者の方でその証書につき）何か疑いを持つことができると思う。（従って）そういう場合は、「過失ニ因リテ之ヲ知ラサリシ」というところで「債権者ノ方ハ附クテアラウト思フ[注12]」。この規定の原則からその（偽造の）場合を除くということであれば、明らかにその事は書かねばならない。

長谷川喬（二〇巻九九丁表～裏）

私はこの案の賛成者であった。しかるに、今の富井委員の説明によって、あるいは本条が害になりはしないかという疑いを抱く（に至る）と、かえって本条を（受取証書は真正のものに限るという形で）修正（しなければならないこと）になってしまう。富井委員の説明は、ただ本条の解釈が我々の間で違うというだけにして、私は本条はこれでよいと思う。（というのはここにいう）受取証書は本当の受取証書に決まっている、「うそ」の受取証書は（本条から）除いていると見ればいいからである。（この立場からすると本条の）解釈については、横田委員のような（富井委員の解釈を前提とする結果の妥当性に関する）疑いはないと思う。

穂積陳重（二〇巻九九丁裏～一〇〇丁表）

文字の書き方が悪かったから富井委員のような解釈が出たのかもしれないが、（本条を）起草する時の考えでは、受取証書は真正のものというつもりであった。とりわけ、前の原案第四九一条との連絡があるから、そういうつもりで書いたのだが、あるいは文章が悪いかもしれない。

富井政章（二〇巻一〇〇丁表）

それならば、余程考えものである。盗んだものと偽造したものと、（区別する）それだけの違いがあろうか。裁判官が「無実ノ債務者」を保護せねばならぬことは、（両者の場合とも）同じであろうと思う。

穂積陳重（二〇巻一〇〇丁表）

それは、さきに富井委員の言った理由で明らかに説明がつく。富井委員も、（受領証書の）管理の責めあるものを犠牲に供すると言った。（債権者は）自分の作った「買物ノ帳面[注13]」については、自己に管理の責めがある。しかし、（第三者がそれを）偽造した場合には、（債権者には）管理の責めはないと思うから、それが違う。

横田國臣（二〇巻一〇〇丁表～裏）

あるいは前条（原案第四九一条）が削られたから本条も削除するという説もあるかもしれない。しかし、本条は大切な場合（を規律するもの）である。今、富井委員が（受取証書が）盗まれた場合（と偽造された場合を同視すること）を言ったが、それはどうみても間違いだと思う。なぜなら、（債権者が）盗まれるのと何も知らないのとでは、少し違うと思うから、即ち、受取証書を作った方は幾分かの過失があるといってもよいからである。（債権者が）受取（証書）を盗まれたときには、その旨を向う（債務者）に通知することもできる。それゆえ盗まれた場合には、その責めの重みは払った方（債務者）でなく、その受取（証書）を書いた方（債権者）にあると思う。

▼土方委員の本条削除案が賛成少数で否決され、原案通り確定（二〇巻一〇〇丁裏）。

尚、穂積委員から、本条の位置につき、前条（原案第四九一条）が削除された以上、(注14)本条が独立になることを理由に、原案第四八七条（確定条文第四七九条）の次に本条を置き換えたい旨の提案がなされ、それにつき異議はなく、確定した（二〇巻一〇〇丁裏〜一〇一丁表）。

（注3）ここで「罪」がないというのは一応どちらにも帰責事由がないとみていることによる。
（注4）原文は「御趣意テアリマス」という肯定文だが、文章から文末に入るべき「カ」が脱落していると認められるので疑問文（確認的疑問文）にとった。
（注5）「このような債権者側の不注意・過失を推測するというのであれば、そのような不注意は常に存在すると考える」との意味か。
（注6）その証書は有効であり、従って持参人に対してなされた弁済には効力があるという意味であろう。
（注7）条文上は、準用。
（注8）契約に関する無権代理の規定（確定条文第一一三条）が弁済という単独行為に適用される（確定条文第一一八条）という意味であろう。
（注9）具体的に旧商法のどの条文を指すのか、確認し得ていない。もっとも、同法第三九九条、第四〇〇条、第七六〇条、第七六一条、及び第八二二条等参照。
（注10）本速記録には、そのような土方委員の発言は残っていない。
（注11）実は、以下の通り、富井委員一人の考え。
（注12）債権者の保護は確保される、の意味であろう。
（注13）商人が掛け売りしたときにこの帳面に記載しておいて、代金の支払いを受けるとき、これが受取証書となるようなものと推測される。
（注14）後に復活したことについて（注1）参照。

【その後の経緯】

原案の「反対ノ事情」が確定条文では「其権限ナキコト」となっているが、それについては、整理会において、穂積陳重委員より、「代理ノ所ト文章ヲ合ハセタ」と説明されている（民法整理会議事速記録四巻二五丁裏）。

【民法修正案理由】

本条ノ規定ハ、既成法典ニ其例ナシト雖モ商事上ニ於テハ普ク認メラレタル通則ニシテ、取引上極メテ必要ノ事項ニ属ス。蓋シ、本条ノ規定ナキトキハ、本案第百十三条ノ規定ニ因リ、本条ノ場合ニ於ケル弁済ハ債権者ニ対シテ往々無効トナリ、従テ受取証書アルニ拘ハラズ容易ニ弁済セザル弊ヲ生ジ、取引上ノ不便ヲ生ゼシムルコト更ニ疑ナシ。加之、既ニ正式ノ受取証書ヲ持参スル者ハ、之ヲ以テ受領ノ権限アリト認ムルハ固ヨリ至当ノ事タルニ因リ、本案ハ、独乙民法草案ニ倣フテ新ニ本条ノ規定ヲ設ケ、以テ取引上ノ便宜ニ適セシメタリ。而シテ本条ノ適用ヲ商事上ニ限ラザル所以ハ、取引頻繁ナル今日ノ状況ニ於テ此点ニ関シ特ニ民事商事ヲ区別スル必要ナケレバナリ。然レドモ、弁済者ハ受取証書ノ持参人ガ受領ノ権限ヲ有セザルコトヲ知リテ弁済ヲ為シ、又ハ自己ノ過失ニ因リテ之ヲ知ラザリシトキハ、既ニ之ヲ保護スル理由ヲ缺クニ因リ、本案ハ、本条但書ノ規定ヲ設ケ、以テ本則ノ適用ヲ制限セリ。

▽民法修正案理由書第三編第一章「第五節債権ノ消滅」五頁（第四七九条）。

（金山直樹）

第四八一条　支払の差止めを受けた第三債務者が自己の債権者に弁済をしたときは、差押債権者は、その受けた損害の限度において更に弁済をすべき旨を第三債務者に請求することができる。
2　前項の規定は、第三債務者からその債権者に対する求償権の行使を妨げない。

第四八一条　支払ノ差止ヲ受ケタル第三債務者カ自己ノ債権者ニ弁済ヲ為シタルトキハ差押債権者ハ其受ケタル損害ノ限度ニ於テ更ニ弁済ヲ為スヘキ旨ヲ第三債務者ニ請求スルコトヲ得
前項ノ規定ハ第三債務者ヨリ其債権者ニ対スル求償権ノ行使ヲ妨ケス

原案第四八九条　支払ノ差止ヲ受ケタル第三債務者カ自己ノ債権者ニ弁済ヲ為シタルトキハ差押債権者ハ其受ケタル損害ノ限度ニ於テ更ニ弁済ヲ為スヘキコトヲ第三債務者ニ請求スルコトヲ得但債務者ニ対スル第三債務者ノ求償権ヲ妨ケス

【参照条文】

旧民法財産編

第四五九条　民事訴訟法ニ従ヒ正当ニ為シタル払渡差押ノ後債務者カ自己ノ債権者ニ弁済ヲ為シタルトキハ差押債権者ハ其受ケタル損害ノ限度ニ於テ更ニ弁済ス可キヲ債務者ニ強要スルコトヲ得但弁済ヲ受ケタル債権者ニ対スル債務者ノ求償権ヲ妨ケス

フランス民法

第一二四二条　甲者ノ債主乙者ヨリ甲者ニ物件ヲ渡スヿヲ差留メタル時其差留ニ背キテ乙者ヨリ甲者ニ其物件ヲ渡シタルニ於テハ乙者甲者ノ債主ニ対シテ已レノ義務ヲ尽クシタリトス可カラス甲者ノ債主ハ乙者ヲシテ再ヒ其物件ヲ已レニ渡サシムルノ訴ヲ為スヿヲ得可シ但シ此場合ニ於テハ乙者甲者ニ対シ其物件取戻ノ訴ヲ為スノ権アリ

オランダ民法

第一四二四条　〔フランス民法第一二四二条に同じ〕

イタリア民法

第一二四四条　負責主カ法律上ニ規定セル程式ニ遵依シテ以テ為セル所ノ勒抵若クハ抗沮ノ行為有ルニ拘ハラス一個ノ責主ニ為シタル弁償ニ関シテハ此勒抵者若クハ抗沮者ノ行為ハ責主ニ対シテ効力ヲ有セサル者トス然レ圧此等ノ責主ハ自已《ママ》ニ関係スル物件ニ向テハ負責主ヲシテ更ニ弁償ヲ為サシムルノ権理ヲ有ス此時会ニ於テハ負責主ハ最初ニ弁償ヲ領受セシ責主ニ対シ要還ノ訟権ヲ行用スルヿヲ得可シ〔仏民第千二百四十二条〕

スペイン民法

第一一六五条　裁判により債務の保全を命じられた後に債務者が債権者にした弁済は無効である。

ベルギー民法草案

第一二三九条　差押え又は支払差止めがなされたにもかかわらず債務者がその債権者にした弁済は、差押え又は支払差止めをした債権者に対しては無効である。差押え又は支払差止めをした債権者は、自己の権利に従って更に弁済すべきことを債務者に請求することができる。但し、この場合に限り、債務者が自己の債権者に対して求償することを妨げない。

【起草趣旨】

穂積陳重（二〇巻七二丁表～七三丁表）

本条は、旧民法財産編第四五九条の文字を改め、文章を簡単にしただけである。（まず、）旧民法では「払渡差押」という文字がよく使ってあるが、払渡差押は随分「形容」した言葉である。動産の差押、不動産の差押、債権の差押とかいうのはよいが、民事訴訟法を捜しても、払渡差押というのはみつからない。債権の差押というのは、随分文字が適当でないと思うが、民事訴訟法の債権の差押のところなどでも、「支払ヲ為スコトヲ禁シ」ということがある。そうした場合、債権の差押によって支払の差止がある。このようにいう方が穏かだろうし、（払渡差押という文字が）民事訴訟法などにもないので「支払ノ差止」という文字に改めた。次に、旧民法には、ただ「債務者」「債務者」と書いてあるが、この場合、債務者が二人もいるので「混雑」する。故に、民事訴訟法の言葉を用いて、第三債務者という字と、只の債務者という字で、その債務者の「主客」を表わすようにした。その他は、文章を短くしただけである。

【主要審議】

一　本条の修正案と削除案について

(1)　差押命令の効力

土方寧（二〇巻七三丁表～裏）

本条について修正説を提出する。本条によると、せっかく債権の差押の手続をしたにもかかわらず、第三債務者が自分の債権者に弁済してしまった。そこで、差押債権者は、自分の債務者に履行を請求したところ、その債務者は無資力などの理由により全額弁済することができない（注1）。そこで初めて差押をした第三債務者にかかっていけるということになっている。これはどうも「二重ノ手段」であり、差押の効力が薄くなる。差押は訴訟の手続によってするものだから、差押をしたら、第三債務者は差押債権者に払うべきである。差押の手続があり、その効力があるとすれば、もう債権者に払うことはできないのだから、それは無効である。やはり、差押債権者が直接第三債務者にかかっていけるとする方が、差押の効力が強くなっていいと思う。それで「其受ケタル損害ノ限度ニ於テ」という文字を削る修正説を提出する。

田部芳（二〇巻七三丁裏～七四丁表）

土方委員が述べた理由からすると、一部分の文字を削るより、本条を全部削除してしまった方がよい。つまり、土方委員の旨意は、差押債権者と第三債務者との間で差押の効力を強くして、弁済の効力はない、二重払になるとすれば、その債務者に対しては「不当ノ利得」の取戻などによって、債務者と第三債務者との関係にしてしまうということである。それならば、とくに明文がなくてもその旨意が達せられると思う。それで、全条を削除してしまった方が（注2）、かえってその目的を達すると考える。

富井政章（二〇巻七四丁表）

（本条があるからこそ）支払の差止をすればこれだけの効力を生ずるというのではないのか。（本条を削っても）まず（支払の差止が）できるということにしたら、これだけの効力があるということは何によってわかるのか。

田部芳（二〇巻七四丁表～裏）

差押をするには差押命令（注3）がなければならない。民事訴訟法第五九八条等に「第三債務者ニ対シ債務者ニ支払ヲ為スコトヲ禁シ又債務者ニ対シ債務ノ処分殊ニ其取立ヲ為ス可ラサルコトヲ命ス可シ」ということがある。つまり、差押命令の性質が、（支払を）することを禁じたのだから、禁じた結果、債務者に弁済しても無効であるということが出てこないと、その命令は何にも役に立たないことになる。たとえ無効ということが直接に言ってなくても、差押命令の効果としてそういう結果になりはしないかと思う。

穂積陳重（二〇巻七五丁表）

「其受ケタル損害ノ限度ニ於テ」を削るという土方委員の考えも一つの考えではある。しかし、今、自分の債権は二〇〇円で差押えた債権は三〇〇円、そのうち一五〇円を（第三債務者が）債務者に支払った。その場合、差押債権者は五〇円だけ損害がある、自分が差押の結果の利益を害されただけでなくてはならない。そうすると、「損害ノ限度ニ於テ」という字があるために、（第三債務者が、）自己の債権者に弁済したときは、いつでもそれができる（損害が取れる）ということになると思う。この明文がなければ、更に弁済を為させるということも何も出てこない。

土方寧（二〇巻七五丁裏）

田部委員は、本条を削ったら私の旨意が通るだろうと言ったが、これを削ったら、私が前に言ったようになるというのは疑わしいので、全部は削らない方がよい。穂積委員の意見に対して、私は、差押の効力として差押債権者と第三債務者との関係が一定してしまい、それから後は第三債務者と債務者との関係になると見る方が、差押の効力を認めるのに最も適当だろうと思う。

横田國臣（二〇巻七五丁裏）

賛成。

田部芳（二〇巻七五丁裏〜七六丁表）

土方委員が本条の一部分を削除した方がよいと言ったが、私は民事訴訟法の規定でそうならなければならないと思う。今の民事訴訟法の規定が悪いというならば、それをもう少し直せばよい。本条は全部削っても差支えないと思うので、改めて全条を削除する説を提出する。

富井政章（二〇巻七六丁表）

債権の差押は、反対の明文がない限り、自分の債権がどれ程少くても自分の債務者に対して、自分の債務者が持っている債権の全額を差押えることができると信じる。フランスなどでは全くそうなっている。その点では制限を付けずに、自分の債権はどれ程少くても自分の債務者の債権全額を差押えることができる、第三債務者は一文も自分の債権者に払うことができないとして、それでよいという考えか。

横田國臣（二〇巻七六丁表〜裏）

そもそも（一〇〇円の債権で）一〇〇〇円のものを差押えるというのは不当である。

富井政章（二〇巻七六丁裏）

例えば、自分の債権が一〇〇円で、自分の債務者が持っている債権は一〇〇〇円である。その場合に一〇〇〇円の債権を差押えることができる。そうすると、「其受ケタル損害ノ限度ニ於テ」ということを取れば、その差押を受けた（第三）債務者は自分の債権者に一文も払うことができないということになる。解釈上すでに異なる。それでもよいという考えであれば反対である。

横田國臣（二〇巻七六丁裏）

それは私の考えではどうなるかわからないが、もともと「基本カラ」悪いと思う。例えば、私の債権が一〇〇円で、一〇〇〇円のものを差押えることができる、差押えた以上は後の九〇〇円も払うことができないということが悪いというならば、「前ノ差押ヘルト云フコト」（差押制度そのもの）から変えなければならない。それで今私がその方を変えるということは……。

富井政章（二〇巻七七丁表〜裏）

自分の債権額を限りとして差押えることができる。その代り、その差押に十分な効力を与えるということならば、賛成はできないが一理あると思う。しかし、自分の債権はいくら少くても自分の債務者(注4)が持っている債権額全額を差押えることができる。どんな損害が生じない場合でも第三債務者は自分の債権者に一文も払うことができないとする必要はない。この点で、例えば、自分の債権額を限りとするという制限をつけても賛成できない。なぜなら、自分の債権がどんなに少くても自分の債務者が持っている債権の全額を差押えることができると諸国の法律で決めているのは、理由があり、他に債権者がいるかもしれず、自分の債権額だけ差押えても決して安全でない（からである）。皆差押えることができて、差押債権者が損害を受けない限り、第三債務者が（第三債務者の債権者に）支払えるという余裕をつけておくのが一番いいと思う。

土方寧（二〇巻七七丁裏～七八丁表）

　今の富井委員の心配はわかっている。富井委員の言うように債権の全額を差押えることができるというのがよい。例えば、甲は乙に対して一〇〇円、乙は丙に対して一〇〇〇円の債権がある。甲は、乙が丙に対してもっている債権全額を差押えることができる。その結果、丙は、乙に払う一〇〇〇円のうち一〇〇円だけ甲に払えばよい。しかし、丙が甲に払わないなら、乙に幾ら払っても甲に対する義務は免れないのである。これは、ちょうど有体動産を差押えたのと同じことである。一〇〇〇円の債権に対して二〇〇〇円の動産を差押えるのは、何もその物を取ってしまうということではなく、一〇〇〇円の債権を全うするための方法である。これと同じことで前記の例でも、一〇〇〇円差押えるのは、その中から自分の債権、つまり一〇〇円取ればよいのである。丙が乙にいくら払おうとも甲に払わない以上、甲から直接丙、つまり第三債務者にかかっていけるということで、少しも差支えないと思う。

富井政章（二〇巻七八丁表）

　差押債権者の債権額が少なければ、（第三債務者が）自分の債権者のために、（差押）債権者に払えばいいということになる。それはすでに議決になった(注5)が、債務者の承諾なくして云々という場合にもっとも弊害が出るだろうと思う。

土方寧（二〇巻七八丁裏）

　先程の議決を攻撃しているようだが、それは場合が違う。差押は、一私人がするのでなく、訴訟の手続によってするのであるから別である。

富井政章（二〇巻七八丁裏）

　何も決して議決を覆すというのではないが、それが不都合である。

長谷川喬（二〇巻七八丁裏～七九丁表）

　私は田部委員の案に賛成しようかとも思うが、本条を削ってしまえば、本条のようなことを行うことができないという考えか。現に裁判所から差押の命令を受けているのに支払ったのは「不正ノ行為」で損害を及ぼしたのだから、ここでいう「損害ノ限度ニ於テ更ニ弁済ヲ為スヘキコトヲ第三債務者ニ請求スルコトヲ得」、あたかも損害賠償の訴訟ができるのと同じことになると思うが、損害賠償の訴権を認めただけではいけないという考えか。

穂積陳重（二〇巻七九丁表～裏）

　損害賠償の権利は、本条がなければあると思う。しかし、もし本条がないと、第三債務者が自分の債務を自己の債権者に弁済すると、差押えた債権はなくなる。（第三債務者は）自分の債務は弁済してしまったので、差押債権者に弁済する義務はないということになる。このようなことが生ずるから、（本条によって、第三債務者が）自分の債権者に弁済しても、さらにまた（差押債権者に）弁済しなければならない。その（第三債務者が差押債権者にした）弁済は、自分の債権者に対しては弁済になるかもしれないが、他に対して弁済として債権が消滅するということは、法律の明文によるものである。本条がなくても、債権差押の命令に反して（弁済）したために損害を受けたなら、損害賠償は取れる。しかし、本条は、損害賠償として取らせるのではなく、さらに弁済をさせてその債務を消滅させることができるということを規定するつもりである。

(2)　金銭債務以外の支払命令と本条の関係について

長谷川喬（二〇巻八〇丁裏）

「支払ノ差止」の中には、金銭の差押だけでなく、物の給付とか引渡とかいうものを含んでいるのか。もし含まないというのならば、どういう訳か。

穂積陳重（二〇巻八〇丁裏～八一丁表）

この文字は、民事訴訟法第五九八条に「支払ヲ為スコトヲ禁シ」とあるのを持ってきた。その場合は、金銭債務のことだけだったと思う。

長谷川喬（二〇巻八一丁表）

金銭債務だけである。（しかし一方、）民事訴訟法の差押命令の中には、「金銭ノ支払又ハ他ノ有体物若クハ有価証券ノ引渡若クハ給付ヲ目的トスルモノ」というのが入っているようだが、それでもやはり、（本条は）金銭（債務）だけでよいというのか。

穂積陳重（二〇巻八一丁表）

そのつもりである。旧民法もそうだと思う。「払渡」の「差押」は金銭（債務）だけに限るということである。

長谷川喬（二〇巻八一丁裏）

金銭の支払差止については、ここで書かなければならない。しかし、その他のものについて、同じ裁判所の命令で同じ方法で差押をしても、それはここで書かなくてもよいということなのか。

穂積陳重（二〇巻八一丁裏）

他の場合とは有体動産の差押とかの場合か。

長谷川喬（二〇巻八一丁裏）

民事訴訟法の第五九四条の前に、「債権及ヒ他ノ財産権ニ対スル強制執行」ということがあり、第五九四条(注6)には、「第三債務者ニ対スル債務者ノ債権ニシテ金銭ノ支払又ハ他ノ有体物」とあり、第三債務者の「払渡」を差止めている。

穂積陳重（二〇巻八一丁裏）

第五九八条の「支払ヲ為スコトヲ禁シ」というのは……。

長谷川喬（二〇巻八一丁裏）

それは金銭債務だけである。

富井政章（二〇巻八一丁裏～八二丁表）

金銭でないものは「間接訴権」で充分ではないのか。本案第四二三条に「債権者ハ自己ノ債権ヲ保護スル為メ其債務者ニ属スル権利ヲ行フコトヲ得」ということがある。

長谷川喬（二〇巻八二丁表）

田部委員の削除説が相当だと思う。まず、金銭債務の差押にだけこれだけのものを設け、他のものについて設けなくていいという「理屈」が見出せない。また、もし、二つとも掲げなくてはならないかというと、損害賠償の訴権を認めるのなら本条がなくてもそれで十分だと思う。

箕作麟祥（二〇巻八二丁表）

この条がなくても損害賠償を請求することができるからいいというのか。

長谷川喬（二〇巻八二丁表）

そうである。

▼採決の結果、本条削除案、土方修正案、いずれも賛成少数により否決された（二〇巻八三丁表）。

二　第三債務者の保証人、並びに損害賠償債務について

箕作麟祥（二〇巻八二丁表～裏）
「更ニ弁済ヲ為スヘキコトヲ第三債務者ニ請求スルコトヲ得」という場合、第三債務者に保証人があるときはどうなるか。（差押）債権者が第三債務者にさらに弁済を請求しても、第三債務者は弁済することができない。そうすると、保証人にかかっていってもいいということか。

穂積陳重（二〇巻八二丁裏）
それはもちろんかかっていける。

箕作麟祥（二〇巻八二丁裏）
損害賠償になればその義務はなくなるというのか。

穂積陳重（二〇巻八二丁裏）
損害賠償になれば……。

箕作麟祥（二〇巻八二丁裏）
保証人だけでなく、損害賠償になれば皆なくなってしまうという結果になりはしないか。

穂積陳重（二〇巻八二丁裏）
それはもちろんのことである。

三　差押債権者の優先弁済権の有無

横田國臣（二〇巻七四丁裏）
「差押債権者ハ其受ケタル損害ノ限度ニ於テ」というのは、例えば一〇〇円の債務を差押える。それを払った上さらに弁済させると、「百円ノ上モ掛ルカラシテ損害ハ其上ニモ往クト云フ御積リテセウネ」。

穂積陳重（二〇巻七四丁裏～七五丁表）
そういう場合を考えていたのではない。たとえば、第三債務者に対して三〇〇円の債権を差押えた。（差押）債権者は二〇〇円の債権を債務者に持っている。それで三〇〇円の債権を差押えて充分だと思っていたが、第三債務者が自分の債権者つまり債務者に一五〇円払った。すると残りは一五〇円になるので、自分には損害が五〇円だけある。それは、さらにまた（第三債務者に）出させることができるという場合である。

横田國臣（二〇巻七九丁裏～八〇丁表）
「其受ケタル損害ノ限度ニ於テ」という以上は、これについて先取特権を持っているのか。例えば私が一〇〇〇円の債権を差押えた。そうすると一〇〇〇円の債権には他の債権者が加入するだろう。ところで、（第三債務者が債務者に）その一〇〇〇円を払ってしまった。私は一〇〇円貸しがあるから私に一〇〇円だけ払うという際、もし他の債権者が（その一〇〇円に）加わると、その一〇〇円は一〇円に減るかもしれない。そこで本条で先取特権を持たせるという意味で、必ず（第三債務者が）一〇〇円出したら（私は）その一〇〇円を取ってよいということにするつもりか。あるいは一〇円でよいというのか。

穂積陳重（二〇巻八〇丁表～裏）
先取特権を持たせるつもりではない。他の債権者が加わったために一般に「身分」（「自分」か？）の配当が減るというのは、通常の規則に従うつもりである。「其受ケタル損害ノ限度ニ於テ」というのは、一〇〇〇円の債権のために一〇〇〇円の債権を差押えた。その中の一〇〇円だけは「一向傷ケラレテ居ラヌ」から、その場合にはさらに弁済をさせる必要は起こらない。もし、九五〇円を（第三債務者が）自分の債務の弁済として払ったら、一〇〇円に対して（差押債権者は）後の五〇円は損害を受けているのだから、それだけは自分に対して、第三債務者の債務が消えているとは言わせない。そのときには（第三債務者に）更に弁済させる。たとえばそのとき、他にまだ一〇〇円の債権者が三人いる。そして自分が一〇〇円の弁済を受けるに十分でないようになるときは、皆が共に配当を減らされ

るという「通常の規則」に従うつもりであり、本条は（差押債権者に）先に取らせるというのではない。

▼本条は、原案通り確定（二〇巻八三丁表）。

（注1）　原文の「弁済ヲスルコトカ出来ル」は、前後の文脈から見て「出来ヌ」の誤記と思われる。

（注2）　速記録には、この後、田部委員の「どういう点か」という発言がある。この発言の主旨は不明であり、また、他の委員の発言の誤記かとも思われる。

（注3）　民事訴訟法第五九八条

　金銭ノ債権ヲ差押フ可キトキハ裁判所ハ第三債務者ニ対シ債務者ニ支払ヲ為スコトヲ禁シ又債務者ニ対シ債権ノ処分殊ニ其取立ヲ為ス可カラサルコトヲ命ス可シ

　差押命令ハ職権ヲ以テ第三債務者及ヒ債務者ニ之ヲ送達シ又債権者ニハ其送達シタル旨ヲ通知ス可シ

　差押ハ第三債務者ニ対スル送達ヲ以テ之ヲ為シタルモノト看做ス

（注4）　速記録では「債権者」となっているが、「債務者」の誤記と思われる。

（注5）　第三者弁済の問題であろう。

（注6）　民事訴訟法第五九四条

　第三者（第三債務者）ニ対スル債務者ノ債権ニシテ金銭ノ支払又ハ他ノ有体物若クハ有価証券ノ引渡若クハ給付ヲ目的トスルモノノ強制執行ハ執行裁判所ノ差押命令ヲ以テ之ヲ為ス

【その後の経緯】

確定条文への変更については、整理会において梅委員より「他ト文例ヲ揃ヘタ丈ケノコト」と説明されている（民法整理会議事速記録四巻二七丁表）。

【民法修正案理由】

本条ハ既成法典財産編第四百五十九条ノ字句ヲ修正シタルニ過ギズ。即チ既成法典ノ払渡差押ナル用語ヲ改メテ支払ノ差止ト為シタルハ民事訴訟法等ノ用例ニ従フモノニシテ、既成法典ハ単ニ債務者ト云フニ止マルモ、本条ノ場合ニ於テハ二人ノ債務者アルヲ以テ、本案ハ其区別ヲ明白ナラシムル為メ第三債務者ナル用語ニ依リ、又既成法典同条但書ノ規定ヲ以テ本条第二項ト為シタルハ条文ノ明了ナランコトヲ欲シタルノミ。

▽民法修正案理由書第三編第一章「第五節　債権ノ消滅」五～六頁（第四八〇条）。

（佐々木典子）

第四八二条　債務者が、債権者の承諾を得て、その負担した給付に代えて他の給付をしたときは、その給付は、弁済と同一の効力を有する。

第四八二条　債務者カ債権者ノ承諾ヲ以テ其負担シタル給付ニ代ヘテ他ノ給付ヲ為シタルトキハ其給付ハ弁済ト同一ノ効力ヲ有ス

原案第四九〇条　債務者カ債権者ノ承諾ヲ以テ其負担シタル給付ニ代ヘ他ノ給付ヲ為シタルトキハ其給付ハ弁済ノ効力ヲ有ス

【参照条文】

旧民法財産編

第四六一条　双方一致ニテ物ヲ金銭ニ、金銭ヲ物ニ又ハ或ル物ヲ他ノ物ニ代ヘテ弁済シ若クハ弁済スルコトヲ諾約シタルトキハ原義務ヲ更改シタリト看做シ其行為ハ場合ニ因リテ売買又ハ交換ノ規則ニ従フ

フランス民法

第一二四三条　義務ヲ行フ可キ者其渡ス可キ物件ニ代ヘテ他ノ物件ヲ渡サントスルト雖𪜈義務ヲ得可キ者必スシモ其代品ヲ受取ルニ及ハス但シ其代品ノ価本品ノ価ニ等シク又ハ更ニ多キ時ト雖𪜈又同一ナリトス

オランダ民法

第一四二五条　〔フランス民法第一二四三条に同じ〕

イタリア民法

第一二四五条　責主ハ自己ノ領受ス可キ物件ニ非サル他ノ物件ヲ領受スルコトヲ要強セラル可キ者ニ非ス仮令ヒ其物件ノ価格ハ同位ノ者ニ係リ若クハ更ニ超増セル者ニ係ルモ亦然リトス〔仏民第千二百四十三条〕

スペイン民法

第一一六六条　ある物についての債務者はその物と同価値の物、又はそれより価値がある物であっても、他の異なる物の受領を債権者に強制することができない。(注1)

なす債務においても、債権者の意思に反して、ある行為を他の行為に代えることはできない。

ドイツ民法第一草案

第二六四条　債権者カ債務者ノ負担スル給付ニ代ヘテ他ノ給付ヲ弁済トシテ受取リタルトキハ債務関係ハ消滅ス債務者カ債権者トノ契約ニ因リテ此者ニ対シ弁済ニ代ヘテ新ニ義務ヲ負ヒタルトキ亦同シ但疑ハシキ場合ニ於テハ新義務ハ弁済ニ代ヘテ之ヲ負担シタルモノト見做サス

ドイツ民法第二草案

第三一三条　債権者カ債務者ノ負担シタル給付ニ代ヘ他ノ給付ヲ弁済トシテ受取リタルトキハ債務関係ハ消滅ス

債務者カ弁済ノ目的ヲ以テ債権者ニ対シ新義務ヲ負ヒタルトキ疑ハシキ場合ニ於テハ新義務ハ弁済ニ代ヘテ之ヲ負担シタルモノト見做サス

（注1）LEVÉ版では「債務者（débiteur）の意思に反して」とされているが、PELLEY版では「債権者（créancier）の意思に反して」とされている。文意からいって明らかに後者が正しいと思われるので、ここでは後者によることにする（髙橋智也注）。

【起草趣旨】

穂積陳重（二〇巻八五丁裏～八七丁裏）

本条は、旧民法財産編第四六一条に対応する、いわゆる代物弁済の規定である。

(1)　代物弁済の範囲の拡張について

旧民法財産編第四六一条は「純粋ノ代物弁済」の規定であって、（当事者）双方の一致で、物を金銭に、金銭を物に、または、ある物を他の物に代える場合に関するものである。これに対して、本条においては、「一ノ給付ヲ以テ他ノ給付ニ代ヘ」る場合が規定され、その範囲が旧民法の規定よりもやや広くなっている。つまり、物と物とか、金銭と物とかに限定されず、金銭債務と作為（債務）、作為と物、また、物の給付と他の権利の供与の間においてなされるものも総て本条に含ませるつもりである。代物弁済といっても、「必ス物ニ限ルヘキ道理ハナイ」。実際の必要上からいっても、物に限定するのは不便だと、近頃の学説は殆んど皆そう述べている。従って、「物」とか「金銭」とかに限定しないで、一般に「給付」と改めたのである。

(2)　更改との関係について

旧民法では、代物弁済なるものは即ち更改であるという説に立って、これを弁済の部に掲げてはいるが、原義務を更改したものとみなすと規定している。これに対して、本条は、それを弁済の規定としている。しかしながら、旧民法の規定した場合の如きは更改でなく必ず弁済であると、「学説ヲ斯ウ定メ」たのではない。即ち、旧民法は

「或ル物（注2）ヲ他ノ物ニ代ヘテ弁済シ若クハ弁済スルコトヲ諸約シタルトキハ」と規定しているので、（それは）元々負担したもの以外の給付をすることにつき「約諾」する場合（を含んでいる）。この場合は、どの学説によっても更改とみることになると思う。これに対して、本条は、旧民法と「書キ方」を異にし、狭くとって、明確に「負担ヲ弁済トシテ給付致シマシタ場合」、即ち「他ノ給付ヲ為シタルトキハ」と規定している。（注3）それゆえ、（本来の）給付に代えて他の給付をした場合は、更改でなく弁済である点は争いのあるはずはないと思う。ドイツ民法草案等においては、弁済の部に掲げられているが、（そこでは）給付が「弁済」となる場合と「更改」となる場合が明確に区別されている。更改となる場合は、「一ノ新ラシイ義務ヲ以テ他ノ義務ニ代ヘマス意思ノ明カナルトキ」だけである。それ以外の場合は、原義務を更改したものと「看做シテ」いる。本条において、「必ス他ノ義務ヲ以テ原義務ニ代ヘ様ト云フ意思カ明カナトキ」は更改であるとしているのではない。そうした場合について更改の所で規定ができるかもしれない。（注4）しかし、本条のように「他ノ給付ヲ為シタルトキ」という場合には、代物弁済（注5）とした方が穏当なので、このように規定したのである。

（注2）　原文に「ハ」とあるのは誤植。
（注3）　この部分は、本原案の「負担シタル給付ニ代ヘ他ノ給付ヲ為シタルトキハ」を言い廻していると解される。
（注4）　本条には、更改および更改みなし規定を一切含んでおらず、それゆえ、かくのごとき場合は、本条の射程外・適用外になる。むろん、更改の問題として、更改のところでの規定に従うことは、別であるという意味だと思われる。
（注5）　原文に「原物」とあるのは誤植。

(3)　旧民法財産編第四六〇条の一部削除について

旧民法財産編第四六〇条は、本条に関係のある条文であるが、その一部分を削除した。即ち、（そこでは）「債権者ハ已（レ）ニ対シテ負担シタル物ヨリ他ノ物ヲ弁済トシテ受取ルノ責ニ任セス」と規定されている。確かに、諸国の法典にそういう規定があるのだが、これは、規定しなくても債権務の性質上自ら分かっていることだから、本条においては採用しなかった。

【主要審議】

一　代物弁済は、その旨を明言する必要があるか

横田國臣（二〇巻八七丁裏）

本条の「其負担シタル給付ニ代ヘ他ノ給付ヲ為シタルトキハ」というのは、（債務者が）ある物の代わりに他の物を給付するということを明言した場合か。

穂積陳重（二〇巻八七丁裏～八八丁表）

明言することを要しないというつもりである。むろん、錯誤や詐欺があれば別である。（本条においては、元来の給付とは異った）「他ノ物」であることを債権者が承知したうえでそれを受領すると、もちろん他に受ける道理がない。元の債務弁済として受領したということは自ら分かる。

横田國臣（二〇巻八八丁表）

それはもちろん（債権者の）「明許」か「黙許」であろう。

高木豊三（二〇巻八八丁裏～八九丁表）

「債権者ノ承諾ヲ以テ」というのが、これまでの文例になっていたか。「承諾ヲ得テ」というのは不都合か。

穂積陳重（二〇巻八九丁表）

「承諾ヲ以テ」というのが、これまでの文例だと考える。「承諾ヲ得テ」とすると、文章上、ことさら明らかに承諾してもらいにいかなければならぬようになるので、「以テ」の方がよい。

二　給付という用語について

高木豊三（二〇巻八九丁表）

「給付」という用語は、作為不作為のことも含むものとして、これまで使われてきたか。

穂積陳重（二〇巻八九丁表）

「給付」という用語は、かなり前から使ってきた便利なものであるからここでも用いている。訴訟法に規定してあるように（本規定に）持ってくることについては、我々の中で疑問に思っている。「夫レモ文字モ」穏かでないと思って、こうしたのである。即ち、給付という文字は、作為不作為両方含ませるつもりで使った。

高木豊三（二〇巻八九丁裏）

訴訟法においては、給付という中に行為不行為は入っていない。

三　本条を置くことの意義・必要性

横田國臣（注6）（二〇巻八八丁表）

本条を置く必要がどこにあるのか。当たり前のことで、ある物の代わりに他の品物を受取る場合は、（弁済の効果を認めるのは）無論のことだと思う。旧民法財産編第四六一条であれば、それが良いか悪いかは別として、「原義務ヲ更改シタリト看做シ其行為ハ場合ニ因リテ売買又ハ交換ノ規則ニ従フ」と定めており、そういうことを決めれば（規定の）必要があろう。ところが、本条の通りであれば、言わなくても当然のことではないのか。例えば、金一〇〇円の代わりにこの机を一〇〇円で給付し、受領されると、それも弁済になるということになろうが、これは当たり前のことである。

穂積陳重（二〇巻八八丁表～裏）

更改とみなされる恐れがある（ので、これを避けるため本条の規定を置いたのである）。さらに、規定を必要とする第一の理由であるが、元来の給付以外のものを受領する義務がないのであるから、（債権者が）後に（本来の給付とは異なった別の物を）受領すると、これは独立行為であって、原義務の弁済はやはり元の通り要求でき、後に受け取った「物ハ売買ニナルカ贈与ニナルカ或ハ雇傭契約ニナルカ別義務ト看做スト云フコトニナル恐レ」もある。（実際、）ここに引用したオランダ民法第一四一四条（注7）は、そのような場合は別の法律行為とみなすと規定している。さらに、このような場合にも更改が「瞬時間」に成立したとみる学説もある。そこで、承諾をもって（本来とは別のものを給付）した場合にも、弁済として義務が消滅するとすることが必要だと思って、本条を規定したのである。

横田國臣（二〇巻八九丁裏）

旧民法財産編第四六一条には、「売買又ハ交換ノ規則ニ従フ」とあるが、（それが削除されている本条において）給付についてその品物がどういう風になれば、どのように負担するかということは、本条だけで処理できるのか。例えば、金を借りていたが、その代わりに品物を給付したという場合、その品物が「イカナケレハ」（債権者債務者）どちらの負担になるのか、どうしなければならないのか、そういったことをこのままで処理できるのか。（注8）

穂積陳重（二〇巻八九丁裏～九〇丁表）

それは、一般の規定で（処理する。つまり、第三者又は債務者に）取戻権があれば取り戻せるし、消費してしまったときには（第三者は）弁済者に対して「賠償（請求）権」があるという一般規定に従うつもりである。金（銭給付義務）を物に代えたときは売買であり、物を（別の）物に代えたときは「給付」（注9）である。また、広く解する説に立てば、雇傭契約で作為の義務に従うということもあろう。（しかし、いずれも）原義務を弁済したと見るから、ここでは別に（右のことは）断らなくてもよい。

第四八三条　債権の目的が特定物の引渡しであるときは、弁済をする者は、その引渡しをすべき時の現状でその物を引き渡さなければならない。

第四八三条　債権ノ目的カ特定物ノ引渡ナルトキハ弁済者ハ其引渡ヲ為スヘキ時ノ現状ニテ其物ヲ引渡スコトヲ要ス

原案第三九八条　債権ノ目的カ特定物ノ引渡ナルトキハ債務者ハ善良ナル管理者ノ注意ヲ以テ其物ヲ保存シ且其引渡ヲ為スヘキ時ノ現状ニテ之ヲ引渡スコトヲ要ス

【参照条文】

（第四〇〇条の【参照条文】中に掲載）

【起草趣旨】

（第四〇〇条の【起草趣旨】参照）

【主要審議】

（第四〇〇条の【主要審議】一参照）

▼他に発議なく（注10）原案通り確定（二〇巻九〇丁表）。

（注6）原文に「此三百九十条」とあるのは、四百九十条の誤り。

（注7）不法行為責任に関する規定で「明許又ハ黙許ノ和解アル時ハ前ニ記シタル六箇条ヲ適用ス可カラス」とあり、ここでの引用の妥当性は疑わしい。また、本条の【参照条文】で引用されているオランダ民法第一四二五条（＝フランス民法第一二四三条）も穂積委員の言うような旨を規定するものではない。それゆえ、ここで指示されているのが本来、何法の何条を指しているのか、疑問が残る。

（注8）横田委員の趣旨は、代物弁済として給付した物に主観的又は客観的瑕疵が存する場合、旧民法ならば「売買又ハ交換ノ規則」によって処理できたが、その点の明文を削除した本条においてはどう処理するのかということにあろう。

（注9）意味不明。「交換」の誤りか。

（注10）なお、第四八六条主要審議中における本条削除説（長谷川発言、二〇巻九三丁裏）（本書五三三頁）参照。

【その後の経緯】

確定条文への変更については、整理会（整理会案第四七八条）では字句だけのこととされ、議論は行われていない（民法整理会議事速記録四巻二七丁表）。また衆議院民法中修正案委員会においては、「給付ニ代へ」を「給付ニ代ヘテ」とする修正がなされた（廣中俊雄編著『第九回帝國議會の民法審議』二五四頁）。

【民法修正案理由】

既成法典財産編第四百六十一条ハ、物又ハ金銭ニ依ル純粋ノ代物弁済ノ場合ニ限ルト雖モ、他ノ作為ヲ以テ代物弁済ノ目的ト為シ得ベキコトハ一般ニ認ムル所ナレバ、既成法典同条ノ規定ハ聊カ狭キニ失スト云ハザルベカラズ。故ニ本案ハ、其範囲ヲ拡張シ、一ノ給付ヲ以テ他ノ給付ニ代ヘタルトキトシ、以テ実際ノ必要ニ適セシメタリ。又既成法典ノ如ク代物弁済ヲ約諾シタルトキハ原義務ヲ更改シタルモノト見做スモ敢テ不可ナカルベシト雖モ、本案ノ如ク広ク他ノ給付ヲ為シタル場合ヲ包含セシムルトキハ、或ハ更改ノ意思明白ナラザルコトモ往々存スベキニ因リ、本案ハ、単ニ本条ノ場合ニ於ケル給付ハ弁済ノ効力ヲ有スト為スニ止メタリ。

▽民法修正案理由書第三編第一章「第五節債権ノ消滅」六頁（第四八一条）。

（金山直樹）

【その後の経緯】

穂積陳重（民法整理会議事速記録四巻二七丁裏）

整理会案第三九七条（確定条文第四〇〇条）の一部分をここに持って来たものである。以前は、債権の目的に付随する形で目的の所に置いたが、これは分けることができるものであるから、分けてここに持ってきた方が正確だと考えたのである。(注)

（注）この後、確定条文第四〇〇条の【その後の経緯】所掲の議論を経て、「朱書」通りに決した（民法整理会議事速記録四巻二八丁表）。

【民法修正案理由】

本条ハ特定物ノ引渡ニ関スル弁済者ノ義務ヲ規定スルモノニシテ既成法典財産編第四百六十二条第一項ノ本則ニ聊カ字句ノ修正ヲ加ヘタルニ過ギズ。而シテ既成法典同条第一項但書ノ規定ハ特ニ明文ヲ要セズ又同条第二項ノ規定ハ賠償ノ通則ニ依リテ明白ナレバ総テ之ヲ删除セリ。

▽民法修正案理由書第三編第一章「第五節債権ノ消滅」六頁（第四八二条）。

（髙橋眞・玉樹智文）

第四八四条　弁済をすべき場所について別段の意思表示がないときは、特定物の引渡しは債権発生の時にその物が存在した場所において、その他の弁済は債権者の現在の住所において、それぞれしなければならない。

第四八四条　弁済ヲ為スヘキ場所ニ付キ別段ノ意思表示ナキトキハ特定物ノ引渡ハ債権発生ノ当時其物ノ存在セシ場所ニ於テ之ヲ為シ其他ノ弁済ハ債権者ノ現時ノ住所ニ於テ之ヲ為スコトヲ要ス

原案第四〇五条　債務ヲ履行スヘキ場所ニ付キ別段ノ定ナキトキハ特定物ノ引渡ハ債権発生ノ当時其物ノ存在セシ場所ニ於テ之ヲ為シ其他ノ履行ハ債権者ノ現時ノ住所ニ於テ之ヲ為スコトヲ要ス

【参照条文】

旧民法財産編

第三三三条第七項　引渡ノ場所ノ定マラサリシトキハ特定物ニ付テハ合意ノ当時其物ノ存在セシ場所、代替物ニ付テハ其物ノ指定ヲ為シタル場所其他ノ場合ニ在テハ諸約者ノ住所ニ於テ引渡ヲ為ス

第四六八条第一項　弁済ノ場所ノ定ナキトキハ弁済ハ債務者ノ住所ニ於テ之ヲ為ス

但後ニ掲クル或ル契約ノ場合及ヒ第三百三十三条ニ掲ケタル規定ハ此限ニ在ラス

フランス民法

第一二四七条　物件ノ引渡ハ契約ヲ以テ預定セシ地ニ於テ之ヲ為ス可シ若シ其地ヲ預定セスシテ其渡ス可キ物ノ預メ定マリタルニ於テハ其義務ヲ契約シタル時其物ノ在リシ地ニ於テ之ヲ為ス可シ

此二箇ノ場合ノ外ハ総テ義務ヲ行フ可キ者ノ住所ニ於テ引渡ヲ為ス可シ

オーストリア一般民法

第九〇五条　契約ヲ履行ス可キ場地ヲ指示スルヿヲ欠キタルニ於テハ則チ其物件ノ交付ハ若シ不動産ニ係レハ其所在ノ土地ニ於テシ若シ動産ニ係レハ其約束ヲ為シタル土地ニ於テス可シ又其物件ノ尺度重量并ニ貨幣ノ種類ニ関シテハ一ニ其地方ノ規例ニ準依ス可キ者トス

第一四二〇条　負責主ハ自己ノ家宅ノ所在地ニ於テ弁償ヲ為サヽル可カラス之ニ反

スル約束有ル如キハ此例外ニ在リトス又其授受ヲ為スノ場地及ヒ方法ヲ予定セサリシニ於テハ則チ前数条ノ規則ニ準依スルヿヲ要ス（第九百五条）

オランダ民法

第一四二九条　第一項（フランス民法第一二四七条に同じ）

第二項　此二箇ノ場合ノ外ハ契約ヲ結ヒシ時住居セシ邑ニ権利者ノ尚ホ住居スルニ於テハ其権利者ノ住所ニ於テ義務ヲ尽シ又若シ既ニ転居セシ時ハ義務者ノ住所ニ於テ其義務ヲ尽ス可シ

イタリア民法

第一二四九条　凡ソ弁償ハ必ス契約上ニ指定セル場地ニ於テ之ヲ為スヿヲ要ス若シ其場地ヲ指定セサルモ確定セル物件ニ関スル弁償ハ契約ヲ締結セル時際ニ当リ其結約ノ標率タル物件ノ現在シタル場地ニ於テ之ヲ為スヿヲ要ス

此ノ二個ノ時会ヲ除クノ外ハ必ス負責主ノ住宅ニ於テ弁償ヲ為ス可キ者トス但ミ第千五百八条ニ規定スル時会ノ如キハ此限ニ在ラス（仏民第千二百四十七条）

スイス債務法

第八四条　履行の場所はまず、当事者の明示の意思、又は諸般の事情から推認される当事者の意思によって定められる。

疑わしい場合には次の諸原則を適用する。

一、金銭債務は履行時に債権者が住所を有する場所において支払うことを要する。

二、特定物が債務の目的たるときは、契約締結時にそれが存在した場所で引渡すことを要する。

三、その他の債務は、その発生時に債務者が住所を有した場所において履行することを要する。

但し法律に特別の規定があるときはこの限りでない。

第八五条　債権者が、そこにおいて履行を請求できる自己の住所を債務の発生後に変更し、それにより債務者に多大の負担（Belästigung）が生ずるときは、債務者は元の住所で履行することができる。

ドイツ民法第一草案

第二二九条　給付ヲ履行スヘキ場所カ法律ノ規定又ハ法律行為若クハ給付ノ性質ニ因リテ定マラサルトキハ債務者ハ債務関係ノ性質及ヒ当事者ノ推測上ノ意思ニ適スル場所ニ於テ履行スルコトヲ要ス

第二三〇条　第二百二十九条ノ規定ニ依リテ履行スヘキ場所ヲ定ムルコトヲ得サルトキハ債務者ハ債務関係カ発生セシ時ノ居住地ニ於テ之ヲ履行スルコトヲ要ス

給付カ金銭ノ支払ニ存スルトキハ債務者ハ債務関係カ発生セシ時ノ債権者ノ居住地ニ於テ之ヲ支払コトヲ要ス債務者（注1）カ住所ヲ変更セシ場合ニ於テハ債務者ハ債権者ノ危険及ヒ費用ヲ以テ現住所ニ金銭ヲ送達スルコトヲ要ス

ドイツ民法第二草案

第二二五条　給付ヲ履行スヘキ場所ノ定ナキカ又ハ其時ノ事情殊ニ債務関係ノ性質ニ因リテ之ヲ定ムルコトヲ得サルトキハ債務者ハ債務関係カ発生セシ時ノ居住地ニ於テ之ヲ履行スルコトヲ要ス

債務者カ送達費用ヲ負担シタル事情ノミニ因リテ送達地ヲ以テ履行スヘキ場所ト認ムルコトヲ得ス

第二二六条　金銭ノ支払ハ疑ハシキ場合ニ於テハ債務者カ債権者ノ危険及ヒ費用ヲ以テ其住所ニ之ヲ送達スルコトヲ要ス債務関係ノ発生後ニ債権者カ住所ヲ変更セシニ因リテ送達ノ費用又ハ危険ヲ増シタルトキハ債権者ハ第一ノ場合ニ於テハ費用ノ増加額ヲ負担シ第二ノ場合ニ於テハ危険ヲ負担スルコトヲ要ス但履行スヘキ

場合ニ関スル規定ハ之ニ因リテ影響ヲ受クルコトナシ

ドイツ普通商法

第三二四条　商ヒ取引ノ履行ハ契約ニ定メタル地所又ハ取引ノ性質又ハ契約者双方ノ意ニ従ヒ履行地ト看做スヘキ地ニ於テ之ヲナスヘキモノトス

　此要件ナキトキハ義務者ハ契約取結ヒノ際商店ヲ有セシ地其商店ナキトキハ住所ヲ有セシ地ニテ履行スヘキモノトス但契約取結ヒノ際他ノ地ニ存在セシコトヲ契約者双方知了シタル一定ノ物件ヲ交付スヘキトキ其交付ハ其地ニテ之ヲナスモノトス

第三二五条　裏書ヲ以テ譲渡スコトヲ得ル証券又ハ無記名証券ノ支払ヲ除クノ外金銭支払ヒニアリテハ負債者ハ其危険及費用ヲ以テ要求ノ生シタルトキ債主商店ヲ有セシ地其商店ナキトキハ其住所ヲ有セシ地ニテ之ニ支払ヒヲ渡スヘキモノトス但契約ニ依リ又ハ取引ノ性質又ハ契約者双方ノ意ニ従ヒ之ニ異ナルコトノ判然スルトキハ此限ニアラス

　但裁判管轄又ハ其他ノ事項ニ関スル負債者ノ法律上履行地（第三百二十四条）ハ本条ノ規定ニ依テ変更セラル、コトナキモノトス

プロイセン一般ラント法

第一部第五章第二四七条　契約に履行の場所の定めがない場合において、争いが生じたときは、取引の性質及び契約当事者の明らかな目的に従って裁判官がこれを補充することを要する。

第二四八条　前条の規定によっても争いが解決されず、かつ、契約により物を引渡さなければならないときは、その引渡は権利者が契約締結時に住んでいた場所でなすことを要する。

第二四九条　単に慈恵的な（wohlthätig）契約の場合には、権利者は義務者が滞在する場所でのみ履行を請求できる。

第二五〇条　問題となるのが単に一個の作為の給付である場合には、別段の定めがない限り、義務者が契約締結時に住んでいた場所を履行の場所とみなす。

第二五一条　履行につき複数の場所が定められている場合において、疑わしいときは、義務者はそのうちのいずれの場所で履行するかの選択権を有する。

第一部第六章第二七条　損害及び逸失利益の賠償は、損害を惹起した者の財産からなされなければならない。

第一部第一一章第七七二条　債権者が契約締結時に住んでいた場所からその住所を移したときは、もとの場所に金銭受領の代理人を置きこれを債務者に通知することを要する。

第七七三条　前条のことが行なわれない場合には、債務者は金銭を債権者の危険と費用で輸送するか、裁判所に供託する（hinterlegen）ことができる。

第七七六条　国庫及び公共機関は、消費貸借を受け入れた場合には、返済の場所に関しても、私人たる債務者が有する以上の特権を有しない。

第七七七条　銀行及び信用機関を相手に行なわれた消費貸借の場合には、債権者は自己の危険と費用で金銭をその窓口（Kasse）で引渡し、その窓口から払戻しを受けることを要する。

第一部第一六章第五三条　消費貸借の場合を除いて、国庫からの支払はその窓口で受領し、国庫への支払はその窓口へ給付することを要する。

ザクセン民法

第七〇二条　要求ハ権利上行為ヲ以テ定メタル地又ハ弁済ノ性質ニ依リ判然スル地ニ於テ履行スヘキモノトス

第七〇三条　選定権ノ帰スヘキ者ヲ定メタルコトナクシテ選定シ得ヘキ数個ノ履行地ヲ確定シタルトキハ義務者選定権ヲ有スルモノトス

第七〇四条　義務者数個ノ地ニ於テ履行スヘキコトヲ只一般ニ定メタルトキハ数個ノ地ニ於テ同一ノ部分ヲ以テ履行スヘキモノトス分割スルヲ得サル物件ニアリテハ義務者選定権ヲ有スルモノトス（第六百九十七条第七百条）

第七〇五条　第七百二条ニ掲ケタルヨリ他ノ場合ニ於テハ第七百六条ヨリ第七百九条マテノ規定ヲ適用スヘカラサルトキニ限リ要求ノ起生シタル地ヲ履行地ト看做シ及之ニ付キ疑ヒアルトキハ義務者要求ノ起生スル際其住所ヲ有セシ地及此地モ亦検出スヘカラサルトキハ義務者履行ノ際滞在スル地ヲ履行地ト看做スモノトス

第七〇六条　顆数ヲ以テ定メタル動物件又ハ一定ノ地ニ存スル数量ヨリ分離スヘキ動物件ハ双方ニ於テ要求ノ起生スル際知了セシトキニ限リ其物件ノ存在スル地ニ於テ之ヲ交付スヘキモノトス動物件ノ還付ハ其物件ヲ受取リタル地ニ於テ之ヲナスモノトス

第七〇七条　金銭負債ノ支払ハ権利者ニ於テ要求ノ起生スルノ際其住所ヲ有セシ地ニ於テ之ヲナスヘキモノトス

第七〇八条　許サレサル行為ニ依リ生シタル要求ニ付キ弁済ノ性質ニ於テ反対ヲ生セサルトキハ履行ノ際ニ於ケル被害者ノ住所ヲ履行地ト看做スモノトス

第七〇九条　公然ノ金庫ヘノ支払及其金庫ヨリノ支払ハ其金庫ニ於テ受取リタル借入金ノ返済又ハ利子払入ニ関スル場合ヲ除クノ外ハ金庫ノ存在スル地ニ於テ弁済シ及受領スヘキモノトス

第七一〇条　債主及負債者ハ本項ノ規定ニ従ヒ有効ナルヨリ他ノ履行地ニ於テ弁済スヘキコトヲ一方限リニテ求ルコトヲ得サルモノトス

バイエルン民法草案

第二部第一章第九七条　給付は、債務関係の基礎にある法律行為又は法律によって定められた場所でなすことを要する。

給付につき複数の場所が表示されている場合において疑わしいときは、債務者はいずれの場所で履行するかの選択権を有する。

第九八条　給付の場所が明示的に定められていないときは、債務関係の性質及び目的並びに諸般の事情から推認さるべき当事者の意図に最も良く合致する場所で給付を行うことを要する。

第九九条　履行が複数の場所で可能であり、第九八条の規定によってそのうちのいずれが優先するか決定できないときは、不代替動産は、債務の発生時にそれが存在した場所で給付することを要する。

法律上別段の定めのないその他の場合においてはすべて、債務者はその現在の住所においてのみ履行義務を負う。但し債務が有償契約から生じた場合には債務の発生時に債務者が住所を有した場所で履行する義務がある。

（注1）「債権者」の誤りであろう。

【起草趣旨】

穂積陳重（一八巻三丁裏～四丁裏）

本条は旧民法財産編第三三三条第七項と第四六八条とを合わせてこれに修正を加えたもので、債務を履行すべき場所（についての規定）である。これは、初めから債権の部分をなしていると思ってここに入れた。

旧民法と反対に、別段の定めがなければ債務の履行は債権者の住所においてなすということになっている。これまでの規定は債務者保護にできているが、債務履行の場所について法律行為の性質や当事者の意思によって定まらない場合、道理上から言えば、履行を受ける権利者たる債権者の住所に於てなすのが正しい。

実際のことをよく考えると、諸国の規定はばらばらであるが、近頃は、ドイツ、オーストリア、スイス等のように、金銭債務の履行については債権者の住所においてなすとするものが多い。もっとも、金銭債務でも、借賃は債務者の住所でなすとする所もある。オランダ等は、一般的に、本案と同じに規定している。一番取引の多い金銭債務についても債権者の住所とする方が便利ということは、通則としては債権者の住所とするのが理屈に適っているし便利でもあると考えた。

もっとも、ある営業上のものについては、どうしても債務者の所に取りに行く、その店で払うというようなこともあるが、それは「別段ノ定」の中に入るであろう。

【主要審議】

一　「別段ノ定」の意味

長谷川喬（一八巻四丁裏～五丁裏）

今の説明によれば、「別段ノ定」には取引の性質とか当事者の意思とかいうものを全て含むということであった。商法は、「別段ノ履行地ヲ定メス又ハ取引ノ性質若クハ当事者ノ意思ニ因リテ之ヲ推知スルコトヲ得サルトキハ」(注2)と、きわめて明瞭に規定している。「別段ノ定」が今の説明のような意味ならば、原案第四〇〇条（確定条文第四〇一条第一項）のように「法律行為ノ性質又ハ当事者ノ意思」というように書いた方がよいだろう。それから、「別段ノ定」の「定」の字は、イギリス、フランスではどういう趣意になるか。

穂積陳重（一八巻五丁裏～六丁表）

この「別段ノ定」というのは最も広い言葉で、法律に別段の定めのあるものはもちろん、習慣その他当事者の意思など皆「別段ノ定」に入る。そうすると、原案第四〇〇条は法律行為の性質又は当事者の意思から成っているから、これは原案第四〇〇条よりは広くなる。原案第四〇〇条の場合は、「事柄カ狭」いからかように「狭マイ字」を用いた。この「定」という字を英語仏語等にどう訳して良いか、私は不案内である。

長谷川喬（一八巻六丁表）

広狭の差は、法律規則と慣習の分であるが、この二つのものを原案第四〇〇条に加えてはならず、本条に加えねばならない理由は何か。

穂積陳重（一八巻六丁表～裏）

原案第四〇〇条の場合、法律規則で品質を定めるということはめったにないし、公の品物を徴する等の場合にはその品質を法律規則に定めることもあろうが、それは「特別規則」に譲る。また、商慣習や地方の慣習によって品質を定めなければならないとしても、それは法律行為の性質で大概わかるであろう。

梅謙次郎（一八巻六丁裏～七丁裏）

原案第四〇〇条の場合にただ「別段ノ定」と書いておくと当事者の意思はむろん入るが、法律行為の性質は入らないという疑いが出るかもしれない。法律行為の性質より生じるものが「別段ノ定」に入るのは、当事者の黙示の意思に入っているからである。ところが、「別段ノ定」ということになると、当事者が気がつかなかったかもしれないときにも原案第四〇〇条を適用することになって我々の意見に反する。それで（「当事者ノ意思」に）特に「法律行為ノ性質」ということを加えた。

本条の場合は、原案第四〇〇条と違って物の価値に関することではなく、大抵は慣習等で決まっているであろうし、決まっていないときは、債権者の住所に持って行くというようにしても、中等品、下等品というように大きな違いが出るものでないから、こう規定しても差支えないだろう。

なお訳語のことであるが、私の考えたところでは「シルテオールトマン」ということである。しかしもとより、これは旧民法とは違って翻訳ではないから、これから翻訳をする人がよく考えたら良いと思う。

長谷川喬（一八巻八丁表）

原案第四〇〇条と本条の文章を区別しておく必要はない。現に例えば、取引所の規則のような慣習なども原案第四〇〇条に是非入れなければならない。「別段ノ定」ということが今の説明のようなことになるならば、原案第四〇〇条の方も「別段ノ定」に直した方がよい。整理の時のために一言注意を喚起しておく。

二　裁判管轄との関係（注3）

磯部四郎（一八巻八丁表〜九丁表）

本案によるならば、裁判管轄を被告人等の住所（注4）から原告の住所にしなければならず、これまでとはまるで顛倒することになろうが、裁判管轄の問題も改正するつもりか。

穂積陳重（一八巻九丁表〜裏）

裁判管轄の問題はまだ相談していない。私見では、裁判管轄も変わってもよいと思うが、たとえそれが変わらなくても、この規則は十分に通用するものと思う。つまり、債務者をその住所で訴え、その履行は債権者の住所でさせることもできよう。

磯部四郎（一八巻九丁裏〜一一丁表）

今まで債務者の住所において実行するとしていたのは、必ずしも債務者の便利を図ったものではなく、事実上債務者の財産を保存することが難しいだろうという所から来ているものと思う。これまでの規則は、債権を確保するための差押・仮差押・仮処分の管轄地たる債務者の住所（注5）に、債権そのものの実行を求める管轄地を一致させる方が便利であるという理由によるものと考える。本案のようにすると、裁判管轄が別々になり、仮処分とか仮差押は債務者の住所の管轄裁判所でして、その裁判の結果、債務者の方にある物をわざわざ債権者の方に持ち運んで来いという場合が生じて、実際上不便であろう。

穂積陳重（一八巻一一丁表〜裏）

起草理由の「便利」が実際上はないということになれば考えなければなるまい。

実際上の問題にはいたって不案内であるから、なお実際家たる裁判官の意見を聴いた後に回答したい。

長谷川喬（一八巻一一丁裏）

裁判官の一人として述べる。答弁によると「別段ノ定」ということがたいへん広く、慣習や取引の性質が入り、合意はもちろん入る。そうすると実際にはかえってこれが「本則」となって、債権者の住所で履行を求めるのは少ないであろう。そうすると実際上差支えないだろうから、原案のままでよい（同旨、土方寧一八巻一七丁裏）。

磯部四郎（一八巻一一丁裏〜一四丁表）

「債権者」を「債務者」に直す修正説を提出する。

理由は、まず第一に、先述のとおり、このような「新案」では、裁判上の手続を二ヶ所でしなければならないという不都合が起こる。今までの理屈から言えば、債権者が自己の権利を保存するためには大抵一つの裁判所で取扱うことができた。本条の趣旨を貫いて、債務者を債権者の住所に呼びつけて裁判をすることができれば便利ではあるが、権利を確保するために仮処分や仮差押をする場合には、債務者の所に行って財産の取調べ等をし、債務者の住所の裁判所にそれだけの手続をしなければならない。かえって、訴訟費用が増加し事実の真相を探求しえないから実際上の不便をきたす。

第二に、これは「事ニ当ル」かどうかわからないが、そうすると、債権者はただ座して待っているだけで何の手続をしないでも、義務者がその時期に履行しなければ自然に「其債務カ遅滞サセル」ということになろうと思う。そうすると、「経時効ハ債権者ノ督促ヲ俟ツテ尚ホ履行セサレハ遅滞ノ地位ニ居ルモノト云フ問題モ多少是テ差響キヲスルト思ヒマス」。すなわち債権者が催促をするには座して催促をするというわけにはいかず、必ず「執達吏」(注6)をして催促状を債務者の方へ持って行かせねばならない。これと、債権者の住所で履行することを要するという法文の適用とは、少し遠ざかる所がある。原案では、これまでの慣例や多くの規則の趣意を改めてゆかなければならない結果を生ずるが、それでも改める価値があるかというと、実際上の不便を生ずるにとどまる。

中村元嘉（一八巻一七丁表）

賛成。

富井政章（一八巻一四丁裏～一五丁表）

本条は主に金銭債務の場合を考え、また金銭債務の場合とその他の場合とを区別するのは煩わしく、またその利益もないというのでこのように規定したのである。

経験のある方に尋ねたいのであるが、債権者が債務者の住所に訴え、そして履行は自分の住所でするということにしてどれだけの不都合があるか。判決に従わなければ強制執行が起こるから不都合が生ずるとしても、強制執行の場合は強制執行という特別の名があって、本条にいう「履行」ではないから、元来本条の適用外のつもりであった。そうすると、仮に訴えは債務者の住所地の裁判所でして、払うことは債権者の住所でということになっても、別段不都合はないのではないか。

磯部四郎（一八巻一五丁裏～一六丁裏）

今の説明の通り、強制執行は権利が確定して公売処分に付するという議論であるが、裁判の結果「実際ノ効力」を見るために仮処分・仮差押えをする手続も強制執行に含める考えであると思って、不都合があると言ったのである。

もし裁判管轄が変わらないということであれば、裁判が確定して債務者の住所で財産を差し押さえ、あるいは公売して金銭で取るか、代替物すなわち品物で取るとしたところで、それから先は（債務者が）裁判に負けて強制執行を受け、それを債権者の住所まで運んでゆかなければならないことになる。（債務者が）持ってくるはずがない、そうすると、債権者が運搬費などの賠償を求める第二段の訴訟が起こる。この訴訟で勝ってまた債務者が払わないというと、さらに訴訟が起こり、訴訟が永続して限りがないのではないか。なるべく訴訟の根を絶つという方に立法の精神を向けていくのがやはり立法上「親切」であろう。

あるいは裁判管轄まで変えるというと、「実行」は債権者の住所まで持ってこさせるということになって釣合いが悪い。

やはり従来どおりに定めるよう願う。

土方寧（一八巻一七丁表～一九丁表）

債権は、物権などと違って、債務者の行為を待って始めて全うすることのできるものであるから、その権利の性質からして、債務者が進んでその義務を履行しなければならない。場所についても、別に規定がなければ義務を尽くす者が進んで行ってしなければならない。したがってこのような（債権者の住所で履行する）方が理論に適っていると思う。それで不都合のある場合には、多くは「別段ノ定」があるから、問題は生じないであろう。

任意の履行、あるいは損害賠償について、

裁判所の管轄問題の疑いが生ずることはあるまい。何故なら、債務者が債権者の住所において任意の履行をしなかったならば義務を怠ったのであり、そのために訴権を生じて裁判を起こすには、訴訟法の規定に従って債務者の住所地で起こさなければならない。その結果、履行をせよ、あるいは履行に代わって損害賠償をせよということになったならば、判決によって定まった義務の効力は、裁判で定めるものであるから訴訟法に基づくものであり、民法には抵触しないと考える。

梅謙次郎（一八巻一九丁表～二三丁表）

磯部委員の言うような結果を生ずる規定とすれば大問題であるが、我々はそのような大問題とは考えていなかった。民事訴訟の裁判管轄の問題は、今のままで変わるものではないとして、実際上の不便はないと考える。

一般の通則は、被告すなわち債務者の住所においてするということである。それと同時に、民事訴訟法第一八条(注7)において、履行地の裁判所に訴えることができるということになっている。もし本条が否決されたなら、債務者の住所において履行すべきものということになるが、この第一八条によれば、債権者の都合によって、債務者の住所地で訴えても良く、自分の住所地の裁判所に訴えても良いということになり、債権者が迷惑を感ずるようなことはあるまいと思う。なお、磯部委員はこれを「新案」と呼ぶが、決して新案ではない。商法第三一七条(注8)はこの案のようになっており、旧民法と商法とで異なっているときにどちらを選ぶかというので商法の方を採ったのである。

磯部委員が最も不都合であると言うのは強制執行の場合である。私はほぼ土方委員と同じことになるが、次のように考える。債務者が履行すべき場所で履行しないため、債権者が裁判に訴え、敗訴してもなお履行しない。やむを得ず強制執行をするについて、仮差押・仮処分なり財産の競売なりを、多くは債務者の住所に来てするとしても、実行後に債務者に債権者の所まで持ってこさせなければならないというのが磯部委員の意見であるが、そうはならない。仮処分については別に問題にはならないと思うが、公売の場合に配当処分をするとき、執達吏が債権者の所に持ってきてくれるというのではなく、何日に配当をするから債権者に出てこいと言うと思う。それは執行の手続からくるのであり、磯部委員の言うような不都合はない。

金銭債務ではなく品物の場合、この案では債権者の住所でなすことになっているから、特定物でなければ、債務者は債権者の住所まで送り届けなければならない。任意に送り届けなければ強制執行ということになるが、裁判のために債務者の住所に行ったのであるから、ついでにそれを受け取って行くというのは勝手である。それは自分の所に持ってこさせる権利を債権者が放棄するのであり、明文は必要がない。

強制執行などによってその品物を債権者の所まで持ってくるために運送賃などの損害を受けるということがあれば、損害賠償を求めることができる。その損害賠償について債権者の所に持ってこなければ訴訟が起こるということは、手続上わかることである。実際、大概の人は、強制執行をされようとすれば持ってゆく。遠方ならば郵便為替などで送りさえすれば良い。磯部委員の言うような不都合は起こらないと考える。

磯部四郎（一八巻二三丁表～二五丁裏）

商法に倣うということは少しも悪いことではない。商法では債権者の住所地としても十分にできるであろう。商法が全部行われるならば「財産制度ノ保存モ立チ」、財産を少しでも「こがす」ようなことがあれば詐欺破産の制裁があるから、財産を「こがシテ仕舞ウ」ようなことはできない。しかし商法の主義がいくら良くても、今日一般に、自分の財産がいくらあるというようなことを世の中に発表せよというような義務を負わせるということはないと思う。債務者の財産を担保する方法が民法には欠けており、商法の支配を受ける債務者ほど責任が重大ではないから、財産脱漏等の恐れがあり、民事ではしばしば仮差押等の場合が起こる。したがって、便利から見るとこのように（債務者の住所というように）修正した方が得策であろうと考える。

今日、既に弊害が生じているのは、東京地方裁判所に第一審を求めておいて、その裁判の命令によって差押をすると手数が面倒であって事実を調べられるからというので、東京府下の区裁判所に仮差押や仮処分の執行命令を求める者が多いことである。区裁判所は事実に立ち入って命令することはできないため直ちに命令をする。そのために「執達吏騒キ」のようなことが起こって大家の暖簾を潰すようなことがしばしば起こる。債権者の現時の住所が履行地になると、債権者が自分の住所地で訴えることが多くなると思う。そうすると、仮処分、仮差押の命令を離れた土地の裁判所に求めることが多くなる。そうすると、事実の真相を見ない「軽忽ナル差押」や、差押を許すべきものが遷延されて債権者の利益を害するという不都合が生ずる。差押は本訴に従たるものであるから、なるべく同一の裁判所で取り扱うようにしたいが、そうする以上は債務者の住所地を裁判管轄にするのが便利であると思う。

長谷川喬（一八巻二五丁裏～二六丁表）

強制執行は民事訴訟法に定めてあり、引渡すべき地においてするということは「別段ノ定」にあたる。また仮差押・仮処分は、民事訴訟法に定めてあるのみならず、履行の準備であって本条の適用される履行というべきものでない。従って本条はこのままで良い。

磯部四郎（一八巻二六丁表～二七丁裏）

梅・長谷川両委員の意見では、本条は任意（履行）の場合だけを規定することになっているが、「債権者ノ現時ノ住所ニ於テ之ヲ為スコトヲ要ス」と言いながら、「強制執行ヤ何ニカテ転輾シテ来ルト」本条の終わりの文章は「徒法」に属する法文となってしまう。また強制執行は別段のことだと言うが、そうではないと思う。

さらに、この法文では特定物の引渡は債権発生当時その物の存在した場所ですることになっている。これは商法ではなく民法である。民事の場合、特定物の所在地は一般には債務者の住所地であるから、本条は前半と後半で精神が抵触していると思う。

長谷川喬（一八巻二七丁裏）

磯部委員は強制執行を除けば外の問題はないと言うが、そうであれば「徒法」に違いない。しかし本条の主眼は、運搬費用の負担を決める基準を定めることである。要するに本条は任意の履行を定め、強制執行は別段の定であるから、決して不都合はない。

箕作麟祥（一八巻二八丁表）

「其他ノ履行」には作為を目的とする履行もあろうが、それは多くは当事者の意思等「別段ノ定」があろう。「別段ノ定」のない場合の「其他ノ履行」は、金銭支払の場合が多分を占め、この金銭支払については債権者の住所でするのが実際的だから、原案でよいと思う。

▼採決の結果磯部委員の修正案は起立者少数で否決され、原案どおり確定した（一八巻二八丁表～裏）。

（注2）　旧商法（明治二三年法律第三二号）第三一七条。後記（注8）参照。

（注3）　以下の議論が実質的には十分かみ合っていないことを予め念頭に置いていただきたい。議論の食い違いの原因は、磯部委員が本条と裁判管轄や強制執行との関係を密接不可分のものとして議論を進めているのに対して、他の論者がむしろ両者を別個に考えうるものとしているところにある。

（注4）　旧民事訴訟法（明治二三年法律第二九号）第一〇条　人ノ普通裁判籍ハ其住所ニ依リテ定マル
普通裁判籍アル地ノ裁判所ハ其人ニ対スル総テノ訴ニ付キ管轄ヲ有ス但訴ニ付キ専属裁判籍ヲ定メサル場合ニ限ル

（注5）　旧民事訴訟法第五九五条　執行裁判所トシテハ債務者ノ普通裁判籍ヲ有スル地ノ区裁判所若シ此区裁判所ナキトキハ第十七条ノ規定ニ従ヒテ債務者ニ対スル訴ヲ管轄スル区裁判所管轄権ヲ有ス

（注6）　現行の執行官の前身たる制度。裁判所構成法（明治二三年法律第六号）第九四〜一〇〇条、執達吏規則（同年法律第五一号）参照。

（注7）　旧民事訴訟法第一八条　契約ノ成立若クハ不成立ノ確定又ハ其履行若クハ銷除、廃罷、解除又ハ其不履行若クハ不十分ノ履行ニ関スル賠償ノ訴ハ其訴訟ニ係ル義務ヲ履行ス可キ地ノ裁判所ニ之ヲ起スコトヲ得

（注8）　商法（明治二三年法律第三二号）第三一七条　別段ノ履行地ヲ定メス又ハ取引ノ性質若クハ当事者ノ意思ニ因リテ之ヲ推知スルコトヲ得サルトキハ履行ハ債権者若クハ受取ノ権利アル者ノ指定シタル地若シ指定セサルトキハ其住地殊ニ営業場ニ於テ之ヲ為ス可シ

【その後の経緯】

確定条文第四八四条および第四八五条は、当初の原案では第二節「債権ノ効力」第一款「履行」の箇所に置かれていたが、「履行」と「弁済」を分けて規定するのではなく「債権ノ消滅」の箇所にまとめて規定した方がよいとの理由で、この場所に移された（第二節第一款の【その後の経緯】（本書六八頁）参照。なお、それに伴いこの款自体が削除されている）。原案から確定条文への表現の変更は、この規定場所の移動によるものと考えられるが、整理会ではそれについての言及はなされていない（民法整理会議事速記録三巻一三〇丁表〜裏、一三二丁表、四巻二八丁表参照）。なお、「別段ノ定」が「別段ノ意思表示」となったことについては、本書四六〜四七頁及び四六八頁〜四六九頁参照。

衆議院民法中修正案委員会において、債権者の住所で弁済すべきことについて質問が出された。穂積委員は、旧民法は債務者保護の主義をとっているが、弁済は本来債務者のなすべきことであるから、債権者がわざわざ、債務者の所まで取りに行かなければならないとするのは不都合であるとし、また催促の場合に債権者から取りに行くということはあるが、通常は債務者が債権者の所に持って行くのが実際であると述べた（廣中俊雄編著『第九回帝國議會の民法審議』二二二〜二二三頁）。

【民法修正案理由】

本条ハ弁済ノ場所ニ関スル通則ヲ規定シ、既成法典財産編第三百三十三条第七項及ビ第四百六十八条第一項ヲ合シテ之ニ修正ヲ加ヘタリ。即チ、当事者ガ弁済ヲ為スベキ場所ヲ定メザリシ場合ニ於テ特定物ノ引渡ハ既成法典ノ如ク債権発生ノ当時其物ノ存在セシ場所ニ於テ之ヲ為スベシト雖モ、其他ノ弁済ニ付テハ本案ハ既成法典ト正反対ノ主義ニ依リ、債権者ノ現時ノ住所ニ於テ之ヲ為スベシト規定セリ。蓋シ本条ノ適用ハ実際上稀ニ見ル所ニシテ就中本条ガ最モ多ク適用セラルベキ金銭債務ノ弁済ニ付テハ従来我国ノ慣習ハ通常債権者ノ住所ニ於テ之ヲ為スコトニ存シ、諸国ノ立法例モ亦タ概子之ト一途ニ出ヅルガ如シ。要スルニ既成法典ノ規定ハ、債務者ノ保護ニ偏シテ従来ノ慣習及ビ普通ノ事理ニ適セザルモノ

ナレバ、本案ハ債権者ノ住所ニ於テ弁済ヲ為スベシト改メタリト雖モ、取引ノ性質其他特別ノ事情ニ因リ債権者ガ自己ノ住所ニ於テ弁済ヲ受クルコトヲ欲セザルトキハ随意ニ弁済ノ場所ヲ定ムルコトヲ得ルモノナレバ、本条ノ規定ニ因リテ毫モ不便ヲ感ズルコトナシトス。

▽民法修正案理由書第三編第一章「第五節債権ノ消滅」七頁（第四八三条）。

（松岡久和）

第四八五条　弁済の費用について別段の意思表示がないときは、その費用は、債務者の負担とする。ただし、債権者が住所の移転その他の行為によって弁済の費用を増加させたときは、その増加額は、債権者の負担とする。

第四八五条　弁済ノ費用ニ付キ別段ノ意思表示ナキトキハ其費用ハ債務者之ヲ負担ス但債権者カ住所ノ移転其他ノ行為ニ因リテ弁済ノ費用ヲ増加シタルトキハ其増加額ハ債権者之ヲ負担ス

原案第四〇七条　履行ノ費用ニ付キ別段ノ定ナキトキハ其費用ハ債務者之ヲ負担ス但債権者カ住所ノ移転其他ノ所為ニ因リテ履行ノ費用ヲ増加シタルトキハ其増加額ハ債権者之ヲ負担スルコトヲ要ス

【参照条文】

旧民法財産編

第四六八条第二項　自己ノ住所ニ於テ弁済ノ有ル可キ当事者カ詐欺ナクシテ転住シタルトキハ弁済ハ其新住所ニ於テ之ヲ為ス但其当事者ハ為替相場ノ差額及ヒ人ノ往復若クハ物ノ運送ノ補足費用ヲ一方ノ当事者ニ払フコトヲ要ス

同条第三項　弁済ノ其他ノ費用ハ債務者之ヲ負担ス

フランス民法

第一二四八条　物件ヲ引渡ス費用ハ義務ヲ行フ可キ者之ヲ担当ス可シ

オランダ民法

第一四三一条　仏民法第千二百四十八条ニ同シ

イタリア民法

第一二五〇条　弁償ニ関スル費用ハ負責主ノ負担ニ帰ス可キ者トス（仏民第千二百四十八条）

スイス債務法

第八五条　（第四八四条の【参照条文】中に掲載）

ドイツ民法第一草案

第二三〇条第二項　（同右）

第二六一条　債務者ハ遅滞ニ附セラレタル債権者ニ対シ無効ニ帰シタル提供並ニ給付ノ目的物ノ保存及ヒ保管ニ因リテ生シタル費用ノ賠《ママ》償ヲ請求スル権ヲ有ス

ドイツ民法第二草案

第二二六条（第四八四条の【参照条文】中に掲載）
第二五八条　債務者ハ債権者ノ遅滞ノ場合ニ於テハ無効ニ帰シタル提供並ニ其負担シタル物ノ保存及ヒ保管ニ付テ要シタル費用ノ賠償ヲ請求スルコトヲ得

【起草趣旨】

穂積陳重（一八巻三二丁裏）

本条は旧民法財産編第四六八条第二項第三項にあたる。履行の費用について、別段の定めのない場合を定めた。

だいたいの主義は旧民法と少しも異ならない。ただ、旧民法では住所の移転の場合だけが規定してあるが、住所の移転に限らず、債権者の方の行為で履行費用が増えたときはやはり債権者が増加分を支弁するのが当然であろう。だから、ここでは「其他ノ所為」というように押し拡げて書いた。

【主要審議】

三浦安（一八巻三二丁裏～三三丁表）

原案のままでは少し文字が足りないように思うので、「履行ノ費用ニ付キ」とあるのを、「債務ヲ履行スヘキ費用ニ付キ」と文字の修正をしたい。

▼三浦委員の修正説には賛成がなく、原案どおり確定（一八巻三三丁表）。

【その後の経緯】

前条の【その後の経緯】参照。なお整理会では、表現が「少シ違ツテ居ルケレトモ大抵同シヤウナモノテア」り、「ほんノ場所ノ入替ヘ丈ケノコト」とされている（民法整理会議事速記録四巻二八丁表）。

【民法修正案理由】

本条ハ既成法典財産編第四百六十八条第二項及ビ第三項ヲ合シテ聊カ之ニ修正ヲ加ヘタリ。即チ、弁済ノ費用ハ既成法典同条第三項ノ如ク債務者ノ負担ニ帰スルヲ以テ通則トシ、同条第二項本文ノ規定ハ特ニ明文ヲ要セザルニ因リ之ヲ刪除シ、又其但書ノ規定ハ単ニ当事者ガ転住シタル場合ニ限リテ転住者ガ費用ノ増加額ヲ負担スベキ旨ヲ示スニ止マリ且其費用ヲ列記スト雖モ、費用増加ノ原因ハ固ヨリ転住ノミニ限ラズ又費用ヲ列記スルハ単ニ之ヲ例示スルニ過ギザルニ因リ、本案ハ広ク債権者ノ住所ノ移転其他ノ行為ニ本ヅク費用ノ増加額ハ債権者之ヲ負担スベシトシ、以テ本条但書ノ規定ヲ存シタリ。

▽民法修正案理由書第三編第一章「第五節債権ノ消滅」七～八頁（第四八四条）。

（松岡久和）

第四八六条　弁済をした者は、弁済を受領した者に対して受取証書の交付を請求することができる。

第四八六条　弁済者ハ弁済受領者ニ対シテ受取証書ノ交付ヲ請求スルコトヲ得

原案第四九一条　弁済者ハ弁済受領者ヨリ受領証書ノ交付ヲ請求スルコトヲ得
　受領証書ノ費用ハ弁済受領者之ヲ負担ス但別段ノ定アル場合ハ此限ニ在ラス

【参照条文】

オーストリア一般民法

第一四二六条　弁償ヲ為シタル人ハ領受証票ヲ要求スルノ権理ヲ有ス而シテ其領受証票ニハ責主及ヒ負責主ノ姓名、日子、地名及ヒ其弁償シタル負債ノ種類ヲ記載シ且ツ責主若クハ其代理者ヲシテ之ニ署名セシムルヲ以テ必要ト為ス

スイス債務法

第一〇二条　弁済をなす債務者は、受取証書を請求することができ、かつ債務が完済された場合にはさらに債務証書の返還またはその廃棄を請求することができる。
　弁済が全部についてではないとき、または、債務証書に債権者の他の諸権利が記載されているときは、債務者は、受取証書のほか債務証書上にその旨の注記をなすべきことのみを請求することができる。

モンテネグロ財産法

第六一三条　弁済をした者は、些少な価値しか有しない物が問題となっている場合を除いて、受取証書（第九七五条）を請求することができる。
　元本につき受取証書が交付された場合、反対の記載がなされていない限り、弁済期が既に到来した利息及びその他の付随的な費用も弁済されたものと推定する。

ドイツ民法第一草案

第二六九条　債権者カ給付ヲ受取ルニ当リ給付ヲ為シタル者ノ請求ニ因リテ受取証書ヲ交附スルコトヲ要ス
　単一ナル書式ヨリ異ナル書式ノ受取証ヲ交附セシムルコトニ付キ債務者カ法律上ノ利益ヲ有スルトキハ債権者ハ債務者ノ利益ニ相当スル書式ノ証書ヲ交附スルコトヲ要ス

第二七〇条　受取証書ノ費用ハ債務者之ヲ負担ス但債権者ト債務者トノ法律関係ニ因リテ別段ノ定アルトキハ此限ニ在ラス

ドイツ民法第二草案

第三一七条　債権者カ給付ヲ受取ルニ当リ請求ニ因リ受取証書ヲ交附スルコトヲ要ス
　通常ノ書式ニ異ナル書式ノ受取証書ヲ交附セシムルコトニ付キ債務者カ法律上ノ利益ヲ有スルトキハ債権者ハ此書式ニ従フコトヲ要ス(注1)

第三一八条　受取証書ノ費用ハ債務者ト債権者トノ関係ニ因リテ別段ノ定ナキ限ハ債務者之ヲ負担シ且先払スルコトヲ要ス
債権ノ譲渡又ハ相続ニ依リテ数人ノ債権者カ最初ノ債権者ニ代ハリタルカ為メニ増加シタル費用ハ債権者ノ負担ニ帰ス(注2)

ザクセン民法

第九八三条　総テノ金銭支払ニアリテハ小売ニ於ケル現金支払ノ場合ヲ除クノ外支払人ハ支払受取人ニ対シ其受取証書ヲ求ルコトヲ得ルモノトス

バイエルン民法草案

第二部第一章第一七一条　弁済をなす者は、その相手方に対して、弁済の受領についての書面による確認（受取証書）を直ち

に請求することができる。

弁済をなす者は、受取証書において、債務者及び債権者またはその代理人の名、債権の対象、並びに弁済の時及び場所が記載されるべきことを請求することができる。

受取証書の費用は債務者が負担しなければならない。

（注1）　仁保亀松訳「独逸民法草案債権」（法曹記事第四一号五六頁下段）では、第一草案との対比のため、二項に分けて訳出されているが、第二草案の原文は二項に分かれていない。

（注2）　仁保訳前掲（法曹記事第四一号五七頁）では、同一項の第一文・第二文のように訳出されているが、原文は第一項、第二項に分かれている。

【起草趣旨】

穂積陳重（二〇巻九〇丁表～九一丁表）

本条以下は、弁済の証拠に関する規定である。

(1)　規定の必要性について（第一項）

通常の取引においては、（弁済の証拠に関する規定は）最も大切なものである。だが、旧民法には、弁済の部にこのような規定はなされていない。もっとも、充当の部に「受取証書ヲ以テ充当ニスル」(注3)という規定があり、また代位の所にも確か（そのような規定が）あったと思う。(注4)しかし、弁済に関して通常必要な証拠についての規定は、（旧民法には）載っていない。ここに挙げてある事は、諸国（の法典）には大抵入っている。これは誠に大切なことだと思ったので、本条以下を加えたのである。本条を加えた理由は、ほとんど説明を要しない。

(2)　受領証書の費用の負担について（第二項）

第二項については各委員の考えを聴きたい。諸国の規定はすべて「受領証書ノ費用ハ債務者之ヲ負担ス」となっている。即ち、本案とは反対になっている。本会においても、履行の費用というのは、債務者が負担するのが当然であると議決した。(注5)この受領証書の費用も支払をなす者の負担とするのが（右議決と）「連続」するようである。

しかし、実際上は弁済を受ける者がこれを負担する方が便利だし、日本の慣習にも一致しているのではないか。また、受取証書に印紙を貼用する場合は、よく分からないが、「印紙貼用ノ規則」をみると、提出者（債権者）がこれを貼用すると書いてある。(注6)しかも、提出者が貼用してもその費用は「向フカラ」（相手方が）払うという明文はなく、他に明文がなければ、提出者が印紙の費用も負担するのが通常だと考える。それゆえ、ここに引用した諸国の規定はすべて反対であるが、試みとして弁済受領者の方で払うとしてみた。

（注3）　旧民法財産編第四七〇条第一項は「……且此充当ヲ受取証書ニ記入セシムルコトヲ得」とし、同第四七一条第一項本文は「債務者カ有効ナル充当ヲ為ササルトキハ債権者ハ受取証書ニ於テ自由ニ弁済ノ充当ヲ為スコトヲ得」としている。このことを指しているようである。

（注4）　旧民法財産編第四八〇条に「債権者ノ許与シタル代位ハ受取証書ニ之ヲ明記スルニ非サレハ有効ナラス……」とあるのを指しているようである。

（注5）　原案第四〇七条、確定条文第四八五条。本書五二八頁参照。

（注6）　この点を理解するため、ここでいわゆる「証券印紙規則」についての立法史を見るならば、以下の通りである。

①もともと、「受取諸証文印紙貼用心得方規則」（明治六年二月一七日太政官布告第五六号）において次のように定められた。

「**〔前文〕**　金子受取金銀貸借地所売買質入書入為替請取諸約定等凡ソ人民互ニ諸証文手形書附類ヲ以テ後日ノ証拠ト可致品ニ付テハ自今別紙規則ノ通相心得各其書面ニ印紙ヲ貼シ取引可致依テハ本年六月一日ヨリ以後ノ証書ニ右印紙無之分ハ後日訴出候トモ取揚不相成候事

第一条

一自今金子受取其外諸証文手形等ニ張付候印紙御発行ノ儀ハ民間ノ信義ヲ益堅固ナラシメントノ御主意ニテ都テ受取証文等ハ後日ノ証拠トシテ取置モノニ候得ハ最初取引ノ節能々後来ヲ慮リ苟モ粗略ノ事アルヘカラサル筈ニ候処往々最初ノ粗漏手違等ヨリ遂ニハ公ノ裁判ヲモ願フ事有ルニ至ル者アリ交際上ノ信義ヲ失ヒ公裁ヲ煩ハシ且一身ニ於テモ其罪ヲ得ル等容易ナラサル場合ニ立到候テハ不相済事ナレハ最初ヨリ能ク其信義ヲ固フシ其処置ヲ粗略ニセサルノ証トシテ必ス一々印紙ヲ貼用シテ取引致スヘシ抑此印紙ヲ貼用スル時ハ雙方相対而已ニテ取極メシ事ト雖モ公ノ印信ヲ表記シテ其約定堅キ事ヲ証スル意ト会得スヘキ事」

そして、第三条が「一印紙ハ書面ヲ渡ス方ニテ貼用可致事」と定めていた。

②これが、「証券印紙規則改定証券印税規則」（明治七年七月二九日第八一号布告）によって、さらには明治一七年五月一日第一一号布告によって全面改正せられて、「証券印税規則」（いわゆる「証券印紙規則」）となった。その第五条は、「印紙ハ証書ノ差出人又ハ帳簿主ニ於テ証書ハ授受ノ前帳簿ハ使用ノ前ニ貼用シ証書帳簿記名ノ下ニ押捺スル印ヲ以テ証書帳簿ノ紙面ト印紙ノ彩紋トニカケテ消印スヘシ」と規定して、明治六年の規則（第三条）の立場を基本的に維持していることがうかがえる。穂積委員の発言はこの点を意識してのものと思われる。ちなみに、印紙を欠く証書に関する裁判拒絶の点は、この明治一七年の規則第四条の「印紙ヲ貼用スヘキ証書帳簿ニシテ第五条ノ手続ニ循ヒ印紙ヲ貼用セサルモノハ民事裁判上之ヲ受理セス但処罰ヲ受クル後印紙ヲ貼用シタルモノハ此限ニ在ラス」という規定によって、緩和せられている。

③なお、この一七年の規則は、「印紙税法」（明治三二年三月一〇日法律第五四号）によって廃止され、これが改正を重ねて、現在に至っている。

【主要審議】

一　本条の意義――弁済者の抗弁権の承認

高木豊三（二〇巻九一丁表～九二丁表）

本条以下三ヶ条(注7)を削除したいと考える。今度の（旧民法が）修正された本条は、体裁からみても、今まであまり出てこなかったようなものである。本規定が果たして必要であろうか。これらは（規定が）なくてもその通りになるし、また実際の契約に証文があれば、債権者から証文を（弁済の時に）取ってしまえば、それで済むので、これだけのものがなくてもよいと考える。また、「一体ノ原則」は、（本法典は）証文をあまり必要としない主義を採用しているのであるし、受領者に（債権についての）証拠が残る場合には弁済の際にそれを取ってしまえばそれでよいと思う。

（ところで、本条においては、）第一項が前提となって第二項の規定が出てきている。これらの規定は、弁済は必ず公正証書でなさねばならぬとか、登記しなければならぬということになるのであれば、証書の費用が必要になる（ので、意味を持つ）であろうが、日本の慣習または実地に行われているところでは、ほとんど（証書には）費用はかからないにもかかわらず、わざわざ一ヶ条を設けて置くことは、「余リ理論過キハシナイカ」と考える。そこで、試みに削除説を提出する。

穂積陳重（二〇巻九二丁表～裏）

（起草趣旨のところでは、）分かりきったことだと思ったので、少しも本条の必要性を説明しなかった。本条においては、まず「受領証書ノ交付ヲ請求スルコトヲ得」と書いてあるだけで、必ず（弁済受領者がこれを）出さねばならないわけではない。しかし、本条第一項の「効力」は、受領者が受取証書を出さなければ、出すまでは払わなくてもよいという（抗弁権を認めた）点にある。大きな取引のみならず小さな取引でも、受取証書を出せと言えるようにしておかねばならないのである。また、こういう規定のために真の取引が迷惑を受けることもない。

本条第二項の証書については一見費用が

かからないようにみえるが、紙一枚だけではない。受取証書にはそれだけの「証券印紙」を貼用しなければならず、その負担は大きな取引については大変なものであろう。この費用はほとんど（常に）存在するであろうから、証券印紙や何かの貼用の負担は、とりわけ商事の取引をする者には大変関係あるものだと思う。それゆえ、これはここに置いた方がよい。

高木豊三（二〇巻九二丁裏）

「ヒトク」争う程のこともないが、（この規定を置くと）あまりにこれまでの主義と変わってしまうようだ。また、今、穂積委員の挙げた理由だけならば、代物弁済（代位弁済か？）の場合に限らず総ての弁済に（受取証書交付請求権に関する規定が）必要だといわねばならない。（しかしながら例えば、（支払うべき）一〇〇〇円の金のある場合に一部弁済として五〇〇円給付したときの規定はない。[注8]「受取ヲ請求スルコトヲ得」と書いてなければ（債務者が）弁済しても（債権者は）受取を渡さないことになってしまうとみるのは、少し言い過ぎではないか。私は、本条の明文がなくても、差支えないと思う。

長谷川喬（二〇巻九三丁表）

本条が決して不必要だとは言わないが、実に細かなことであるから、本法典中に規定しておくほどの必要はないと思う。それゆえ、高木委員の削除説に賛成する。

穂積陳重（二〇巻九三丁表〜裏）

本法典は、学問上非常に難しい問題を決するとか、ごく珍しい稀に出てくるような法律上の問題を規定するものではないつもりである。通常の取引において非常に役立つものはこれに入れるつもりである。本条のような規定があると、「お払」を受け取りに来られたときに、（債務者は）受取証書を持って来たかということを債権者に言う事ができる。本来は、あまり細かく手続を規定したのではなく、かなり大きなことで、かつ必要な箇条だと思うから入れた。

長谷川喬（二〇巻九三丁裏〜九四丁表）

（本法典は）学理だけを定める趣意でないというが、既に前条（原案第四九〇条、確定条文第四八二条―以下同じ）のごときは、「殆ト学理ノ判決」をしているといわなければ「論結」[注9]がつかないと思う。というのは、承諾して金で払うべきところを物で払ったときに、これを更改とみるかというようなことは（規定する）必要はない。誰か削除説を出したら賛成するつもりであったが、強いて削除するには及ばないと思ったので、私は黙っていた。要するに、前条のごとき規定は、ある学者が全く「学理」で（右のような場合を）更改とみるから（これを避けるために）そこに置くというくらいの説明以外はないと思う。だから、「学説ハ取ラヌト云フハカリテハナイト思フ」。[注10]

前条及び本条の規定を置かなくとも、慣習上そうなる。これと反対のことが生じると心配して規定をするならばそれもよいが、規定がなくても慣習上こうなると思う。それから、商事上、必要だというが、商事上五円以上の場合にようやく一銭（の印紙）を貼るが、その帳面に一銭（の印紙）を貼っておけば一年間「役ニ立ツ」ので、商事上も必要はないと思う。[注11]それゆえ、私は本法典に定めておく必要はないと思う。

二　債務者が証書の費用を負担すべきであるとの修正案

土方寧（二〇巻九二丁裏〜九三丁表）

私は、本条はあってもよいと思うが、少し修正したら、よりよくわかると思う。弁済をなすに際して受取証書を取るという権利を弁済者に与えてよいかという問題を理屈の上から考えると、（かような権利は）

なくてもよいと思う。しかし、受取証書は債務者の「便利」であるから、もしこれを請求するならば、債務者の費用を以ってするということでなければならない。そこで、「但書」[注12]を削除して、「受取証書ノ費用ハ弁済者カ之ヲ負担ス」ということにした方がよくわかると思う。

井上正一（二〇巻九四丁表）

土方委員の説に賛成する。

穂積陳重（二〇巻九四丁表）

土方委員に質問したい。この規定は、前の一般の規定（原案第四〇七条、確定条文第四八五条）に例外をこしらえるのだから、我々も非常に躊躇して設けた。そうすると、「証券印紙ノ規則」に従って（債権者が）印紙を貼って（受領証を）出したときには、（債権者は債務者に）印紙の代価をよこせと言えることになるのか。

土方寧（二〇巻九四丁裏）

それはそうである。私は修正説を出したが、もし高木委員の本条削除案が通れば、（それで）了解する。

▼高木委員の本条削除案が賛成多数で可決され、本条の削除が決定（二〇巻九四丁裏）。

（注7）高木委員は、次の原案第四九二条（確定条文第四八〇条）及び第四九三条（確定条文第四八七条）においても削除説を主張している。

（注8）但し、原案第四九四条（削除）（本書五三八頁）参照。

（注9）ここでは「説明」くらいの意味であろう。

（注10）長谷川委員は、前条（原案第四九〇条）は学理だけを決めたとみる立場であろう。

（注11）この長谷川委員の発言は、当時の現行法たる明治一七年の「証券印税規則」が、その第二条に次のような規定を置いていることを指しているのであろう。

「左ニ掲クル所ノ証書ハ金高五円以上ノモノニ限リ下ニ定ムル所ノ印紙ヲ貼用スヘシ

一営業ニ関スル送状　印税　壱銭

一営業ニ関スル請取書　同　壱銭

右諸証書ヲ通帳ト為ストキハ都テ一年以内一冊ニ付壱銭ノ印紙ヲ貼用スヘシ」

（注12）第二項のつもりであろう。

【その後の経緯】

穂積陳重（民法整理会議事速記録四巻二八丁表～二九丁表）

この「四百八十二条[注13]」[注14]は、もともとあったのを削られたのであるが、その削除の理由は本規定があっては悪いという点にあったのではない。ただ、これは慣習法でできるというのが高木、横田、長谷川の各委員の議論にあった。加えて、かくのごとき分か（りき）った箇条は退けておこうというのであった。つまり、少しも実質には反論がなかった。ところが、慣習法については前の方で決まったように、「殊更ニ之レニ依ルト云フ条カナケレハイカヌ」[注15]。しかし、当事者がこの債権については（弁済を受けるに際して受取）証書を要する（という意思を有しているか（？））とか、慣習とかいうことは、分からないかもしれない。それから、本条は、周知のように高利貸の場合に最も必要がある。普通の場合には少しも必要はないが、高利貸などという者は、一部分を払っても残りを受け取らなければ（証書を）渡さない。そして、「向フガ全部ノ権利ヲ持テ居ツテソレテ訴ヘヲスル」[注16]というようなことがいつもある。そこで、利息制限の場合等についても、本議場においては、高利貸をなるべく制限する、高利貸については利息制限法もそのまま存置せしめるということになった。なるほど慣習法できると、明文がなければ受取証書を渡せという権利はない（ことになる）。受取証書などは格別要らぬ人が渡すくらいで、（そのような慣習に鑑みれば）どうも明文がなければ（その請求は）できないと思う。本議場においては、（明文がなくてもその請求が）できるからよいということであったが、(注17) どうもそういう訳にはいかない。（債務者が受取証書を）受け取れるということは、慣習法がない以上は法律の明文がなければ認められない。従って、（原案第四九一条第一項のような規定を復活させても）少しも前の（同条の削除に関する）議決の精神に反するのではない。それに、代位の所では、（証書の交付についての規定が）ぜひ必要なことは承知されているが、（本条を）先に削除しておいたがため、代位という「変ナ所テ受取証ガ飛出シタ」と(注18)いうこともある。こういう次第で、本条は、ここへ入れたいと思う。

▼これにつき発議なく、原案第四九一条第一項を若干字句修正して復活させた本「四百八十二条」が確定（同四巻二九丁表）。

（注13）整理会において「四百八十二条」とあるのは原案第四九一条第一項の字句を確定条文第四八六条へと向けて若干修正したものであろう。

（注14）右【主要審議】において高木委員の提出した削除案が可決されたことを指す。

（注15）もともと原案第四九一条に関する【主要審議】がなされた時（明治二八年二月一九日）には、民法主査会第一回（明治二六年五月一二日）において提出・可決された予決議案乙第一号ノ四（「法例中ニ慣習ノ効力ニ関スル規定ヲ掲クルコト」）、および、同五（「成文法ニ反セサル慣習ハ効力ヲ有スルモノト定ムルコト」）が生きており、それゆえ、受取証書に慣習が明らかな以上、これを認める明文をわざわざ設けなくてもよいとの趣旨から、原案第四九一条は削除が決定されたものと考えられる。ところが、その後、右予決議案乙第一号ノ五の理解をめぐって若干の見解の対立が鮮明化してきたため（例えば、原案第九〇条・整理会案第八八条・確定条文第八七条（二項但書）をめぐる議論（民法整理会議事速記録二巻九五丁裏以下、とりわけ、一二一丁裏～一三二丁裏）、及び原案第一〇四条・整理会案第一〇二条・確定条文第一〇三条をめぐる議論（同二巻一三八丁表～三巻二六丁裏）を参照）、整理会において、慣習（法）の効力を制限するかのごとき整理会案＝確定条文第九二条が可決されるに至り（同速記録三巻七四丁裏～七七丁表、八七丁裏～九四丁表）、右原案第四九一条を削除した時とは事情が変わってしまったのである。このことを穂積委員は指しているものと思われる。本文の「　」内発言は、確定条文第九二条にいうところの当事者の慣習によるという意思が認められない場合――穂積委員によれば、この場合が多いことになろう（同速記録二巻一二一丁裏以下参照）――において慣習が効力を有するのは、条文で個々的に慣習に従う旨を定めている場合（例えば、確定条文第二六三条）だけに限られることから、一般論としてはもはや慣習に依拠するのは危険であるという趣旨のもののようにみえる。なお、慣習（法）の効力の問題については、星野英一「編纂過程からみた民法拾遺」民法論集第一巻（一九七〇年）一六二頁以下が立法の経緯並びに各起草委員の見解にまで及んで速記録をフォローして詳しい。以上の叙述もこれに負うところが大きい。

（注16）一部弁済があっても高利貸は証書全部を保持する権利を有しているので、その証書を用いて訴えるといったことを想定しているのであろうか。

（注17）本条の【主要審議】中の高木委員（二〇巻九一丁表～九二丁裏）及び長谷川委員の発言（二〇巻九三丁裏～九四丁表）参照。

（注18）この点については原案第五〇一条・確定条文第五〇三条に関する審議（二一巻六丁裏以下、本書六五三頁以下）における議論をみられたい。なお、本条の復活に至るまでには、さらに、原案第四七〇条・確定条文第四六七条に関する審議においても、布石が打たれていること（二一巻一六一丁表～一六二丁表（穂積発言）、本書四一九頁）を付言しておく。

【民法修正案理由】

弁済ノ受取証書ノ必要ナルコトハ別ニ言フヲ要セザル所ニシテ、従来ノ慣習ニ依リ弁済受領者ハ通常受取証書ヲ交付スト雖モ、弁済者ガ自己ノ権利トシテ其交付ヲ請求セントスルニハ、必ズ法律ノ明文ニ依ラザルベカラズ。是レ即チ本案ハ、既成法典ニ其例ナシト雖モ、瑞士債務法独乙民法草案等ニ倣ヒ、特ニ本条ノ規定ヲ設クル所以ニシテ、之ニ依リテ弁済者ハ弁済ノ証拠トシテ必要ナル受取証書ノ交付ヲ請求スル権利ヲ確保セラレタルモノト云フベシ。
▽民法修正案理由書第三編第一章「第五節　債権ノ消滅」八頁（第四八五条）。

（金山直樹）

第四八七条　債権に関する証書がある場合において、弁済をした者が全部の弁済をしたときは、その証書の返還を請求することができる。

第四八七条　債権ノ証書アル場合ニ於テ弁済者カ全部ノ弁済ヲ為シタルトキハ其証書ノ返還ヲ請求スルコトヲ得

原案第四九三条　債権ノ証書アル場合ニ於テハ弁済者ハ全部ノ弁済ニ対シテ其証書ノ返還ヲ請求スルコトヲ得

【参照条文】

オーストリア一般民法

第一四二八条　弁償ヲ領受シタル責主ハ其貸付券証ヲ還付シ或ハ貸付額内ノ若干ヲ領受セシヿヲ其貸付券証ニ挿記セサル可カラス又若シ責主カ其貸付券証ヲ亡失スルヿ有レハ則チ保人ヲ立定シ若クハ其事由ヲ法衙ニ報明シ及ヒ法衙ヲシテ亡失セシ貸付券証ノ無効タルヿヲ宣告セシムルヿヲ請求セサル可カラス又責主カ其貸付券証ヲ還付セシニ於テハ則チ仮令ヒ負責主ヨリ其領受証票ヲ徴取セスト雖モ亦必ス弁償ヲ為シタルノ証憑ト為ル然レモ《ママ》責主カ反対ノ証明ヲ為スノ権理ニハ妨阻スルヿ無キナリ〔仏民第千二百八十二条第千二百八十三条〕

スイス債務法

第一〇四条　債務者への債務証書の返還は、債務の弁済を推定せしめる。

第一〇五条　債権者が債務証書を紛失したと主張する場合には、債務者は弁済に際して債権者が債務証書の失効及び債務の弁済を公正証書によって宣言することを請求することができる。

手形、指図証券または無記名証券の無効宣告に関する規定、並びに、抵当権付債権の失効宣告に関するカントン州法の効力に影響はない。

モンテネグロ財産法

第六一四条　債務が書面により証明され、かつその証書に債権者の義務が何ら記載されていない場合、債務者は、債務を完全に弁済した時に証書（第九七四条）の返還を請求することができる。

弁済受領者が債務証書に対して行った、当該債務証書を無効とする何らかの表示によって（例えば、横線による抹消又は部分的な破棄によって）、受取証書に代替させることができる。

債権者が、債務証書を置き忘れ、紛失し、又はそれが廃棄されたと主張したときは、債務者は、書面による受取証書を請求することができる。

ドイツ民法第一草案

第二七一条　負債証書カ債権者ニ交附セラレタル場合ニ於テハ債務者ハ弁済ノ時ニ受取証書ト共ニ負債証書ノ返還ヲ請求スルコトヲ得債権者カ負債証書ヲ返還スルコト能ハサルトキハ債務カ消滅シタル旨ヲ表示スル公認証書ヲ請求スルコトヲ得此証書ノ費用ハ債権者之ヲ負担ス

ドイツ民法第二草案

第三二〇条　債権ニ《ママ》対シ負債証書カ交附セラレタル場合ニ於テハ債務者ハ受取証書ト共ニ負債証書ノ返還ヲ請求スルコトヲ得債権者ニ《ママ》負債証書ヲ返還スルコト能ハサル旨ヲ主張スルトキハ債務者ハ債務消滅ノ公認ノ承認証書ヲ請求スルコトヲ得

ザクセン民法

第九八一条　要求ニ付キ負債証書ヲ交付シタルトキ負債者ハ負債ヲ全ク消却シタル後其負債証書ノ還付ヲ求メ及其還付ヲ得ルコト能ハサルトキハ債主ノ費用ニテ裁判所ノ受取証書ヲ求ルコトヲ得ルモノトス

バイエルン民法草案

第二部第一章第一七五条　債権者に債権に関する債務証書が交付されたときは、債務者は、債務全部の消滅に関して、受取証書の他に債務証書の返還をも請求することができる。

同第一七六条　債権者が債務証書は滅失または紛失したと主張する場合には、債務者は、弁済の後、または債務額の裁判上の供託と引換えに、債権者が債務証書の消失を文書によって宣言すること、もしくは債務証書が公正証書によるときにはその公正証書の失効宣言をすることを請求することができる。

この場合の費用は、債権者が負担しなければならない。

【起草趣旨】

穂積陳重（二〇巻一〇一丁表～裏）

本条も説明を要さぬ分かりきった箇条である。旧民法財産編第四八七条第一項（注1）には、代位（弁済）の場合につき、証書を返さなければならないと規定されている。しかし、証書を返さねばならないのは、代位（弁済の場合）ばかりではない。そこで、ここに一般の規定を置いて、代位弁済の方には（特に規定を）入れないことになっている。（注2）これも、受取証書を要すること（を定める原案第四九一条、確定条文第四八六条）と同じような「簡単」なことである。

（注1）「代位弁済ニ因リテ全部ノ弁済ヲ受ケタル債権者ハ債権ノ証書及ヒ質物ヲ代位者ニ交付スルコトヲ要ス」。これは確定条文第五〇三条第一項とほぼ同旨の規定である。

（注2）この点については、原案第五〇一条・確定条文第五〇三条に関する審議（二一巻六丁裏以下、本書六五三頁以下）を見られたい。

【主要審議】

高木豊三（二〇巻一〇一丁裏）

本条は「弁解ヲ要セスシテ無用」と考えるので、削除説を提出する。

富井政章（二〇巻一〇一丁裏）

その理由は、実際、債権者がいつも（債権の証書を返して）くれるであろうということにあるのか。それとも、本条がなくても（かかる証書返還）請求権があるということにあるのか。

高木豊三（二〇巻一〇一丁裏）

向う（債権者）の方に（債権の）証書を残しておいたまま弁済をするという者は、

とうていない。

富井政章（二〇巻一〇一丁裏）

しかし、本条なくして（債権者が）証書を返さなければ（債務者は）払わないということが権利として言えるというのは、実に驚くべき説だと思う。

土方寧（二〇巻一〇一丁裏）

高木委員の削除説に賛同する。

▼高木委員の本条削除案が賛成多数で可決され、本条の削除が決定（二〇巻一〇一丁裏～一〇二丁表）。

【その後の経緯】

議長（箕作麟祥）（民法整理会議事速記録四巻二九丁表）

「四百八十三条」(注3)（を復活させるの）は（「四百八十二」条を復活させた(注4)と）同じ（趣旨において）か。

穂積陳重（民法整理会議事速記録四巻二九丁表）

同じことである。

▼この復活案につき発議なく原案第四九三条を一部字句修正して復活させた「四百八十三条」が確定（同二九丁裏）。

（注3）　整理会において「四百八十三」条とあるのは原案第四九三条の字句を確定条文第四八七条へと向けて一部修正したものと思われる。

（注4）　整理会における「四百八十二条」の復活（確定条文第四八六条）については、第四八六条【その後の経緯】（本書五三四～五三五頁）を参照されたい。

【民法修正案理由】

債務ガ完済セラレタル場合ニ於テ債権者ガ其債権ノ証書ヲ返還スルコトハ、普通ニ行ハルル慣習ナリト雖モ、弁済者ガ自己ノ権利トシテ其返還ヲ請求セントスルニハ、前条ノ場合ニ於ケル如ク又必ズ法律ノ明文ニ依ラザルベカラズ。而シテ債権ノ証書ヲ取戻スコトハ、弁済ノ受取証書ヲ交付セシムルニ比シ一層必要ナルニ因リ、本案ハ特ニ本条ノ規定ヲ設ケ弁済者ノ権利ヲ確保スト雖モ、弁済者ガ全部ノ弁済ヲ為スニ非ザレバ証書ノ返還ヲ請求スルコトヲ得ザルハ固ヨリ至当ノ事タルニ因リ、本案ハ又此趣旨ヲ明ニセリ。

▼民法修正案理由書第三編第一章「第五節債権ノ消滅」八頁（第四八六条）。

（金山直樹）

現行法　なし

原案第四九四条　弁済者カ一部分ノミノ弁済ヲ為シ又ハ証書中ニ他ノ権利ノ記載アルトキハ弁済者ハ其証書面ニ弁済ノ記入ヲ請求スルコトヲ得

【参照条文】

オーストリア一般民法

第一四二八条（第四八七条の【参照条文】中に掲載）

スイス債務法

第一〇二条（第四八六条の【参照条文】中に掲載）

モンテネグロ財産法

第六一四条（第四八七条の【参照条文】中に掲載）

ザクセン民法

第九八一条（同右）

バイエルン民法草案

第二部第一章第一七五条（同右）

【起草趣旨】

穂積陳重（二〇巻一〇二丁表）

本条は訳が分かりきっているから、説明しない。

【主要審議】

高木豊三（二〇巻一〇二丁表～裏）

代位弁済のときに「因ル」（「困ル」か？）ということで起草者は（本条を）必要と考えたに違いない。しかし、普通債務者が債権者に（一部分を）払うときには、証書に（その旨を）書き込んでくれ、それは自分の権利だということを言わなくても、（債権者が）一部分の受取を（債務者に）与えておけばよいと思う(注)。そして、このことは（本条が）なくても出来るから、削除説を提出する。

井上正一（二〇巻一〇三丁裏）

削除説に賛成する。

▼高木委員の削除案が賛成多数で可決され、本条の削除が確定（二〇巻一〇三丁裏）。

（注）　高木委員の先の第四八六条【主要審議】における発言（本書五三三頁）からすると、ここでは債務者は一部弁済の受取証書を権利としては請求できないと考えられている点に留意しなければならない。

（金山直樹）

現行法　なし

原案第四九五条　債務者カ債権証書ノ返還ヲ受ケタルトキハ弁済ヲ為シタルモノト推定ス

債務者カ債権証書ヲ占有スルトキハ其返還ヲ受ケタルモノト推定ス

【参照条文】

旧民法財産編

第五一六条　債権者カ債務者ノ義務ヲ記載シタル本証書ヲ任意ニテ債務者ニ交付シタルトキハ其証書ニ免除ノ旨ヲ附記セスト雖モ債権者ハ債務ノ免除ヲ為シタリトノ推定ヲ受ク但債権者ノ反対ノ意思ヲ証スル権利ヲ妨ケス

公正証書ノ正本又ハ判決書ノ正本ノ任意ノ交付ハ其書類ニ執行文ヲ具備スルモ債務ノ免除ヲ推定セシムルニ足ラス但裁判所カ事情ニ従ヒテ其免除ヲ推測スルコトヲ妨ケス

債務者カ右ノ書類ヲ所持スルトキハ反対ノ証拠アルマテハ債権者ヨリ任意ノ交付アリタリトノ推定ヲ受ク

フランス民法

第一二八二条　双方ノ姓名ヲ手署シタル私ノ証書ノ正本ヲ義務ヲ得可キ者ノ意ヲ以テ義務ヲ行フ可キ者ニ渡シタル時ハ其義務ヲ釈放シタルノ証アリトス

第一二八三条　義務ヲ得可キ者ノ意ヲ以テ公正ノ証書ノ副本ヲ義務ヲ行フ可キ者ニ渡シタル時ハ義務ヲ釈放シ又ハ義務ヲ尽シタルト思料ス可シ但シ之ニ反シタル証アル時ハ格別ナリトス

オーストリア一般民法

第一四二八条　〔第四八七条の【参照条文】中に掲載〕

オランダ民法

第一四七五条　仏民法第千二百八十二条ニ同シ

イタリア民法

第一二七九条　責主ノ発意ニ因リ負責主ニ対シテ決行セル私式貸付証券ノ原本ヲ以テスル債額ノ棄捐ハ独リ其負責主ノ為メノミナラス他ノ共同負責主ノ為メニモ亦其責務ヲ解卸セシムルノ証憑ト為ル者トス〔仏民第千二百八十二条〕

スイス債務法

第一〇四条　〔第四八七条の【参照条文】中に掲載〕

スペイン民法

第一一八八条　債権者が、債権を証明する私署証書を債務者に対して任意に引き渡した場合、債権者は、債務者に対して有する訴権を放棄したものとする。

　前項の放棄につき、それが過大な贈与（donation excessive）にあたるとして異議が申し立てられた場合（注1）、債務者又はその相続人は、証書の引渡しが債務の弁済の結果として行われたことを証明し、放棄（の効果）を主張することができる。

第一一八九条　債務を生じさせた私署証書が債務者の手元にあるすべての場合につき、反対の証明がない限り、債権者は債務者に対して任意に私署証書を引き渡したものと推定する。

ザクセン民法

第九八二条　債主負債証書ヲ負債者ニ還付シタルトキハ負債ハ消却セラレタリト推測セラル、モノトス其消却ノ一定ノ方法ハ負債証書ノ還付ニ依リ之ヲ推定スヘカラサルモノトス

（注1）スペイン民法は、過大な（死因）贈与があった場合、遺留分権利者に減殺請求を認めているが（第六五五条）、本項でいう過大な贈与に対する異議というのは、次のような状況を意味するものと思われる。すなわち、AがBに対して訴権の放棄（債務の免除）を行った後に死亡したところ、その遺留分権利者が、Aによる訴権の放棄が自己の遺留分を侵害するとして、減殺請求権を行使した（日本流にいえば、遺留分を侵害する限度での債権存在確認の訴えを提起した）という状況である。第二項は、右のような場合において、Aから証書の引渡しを受けたBが、弁済の抗弁を提出することができるということを規定しているものと思われる（髙橋智也注）。

【起草趣旨】

穂積陳重（二〇巻一〇三丁表〜裏）

　本条も、前条（原案第四九四条）と同じ趣旨であって、この証拠に関することから生じる推定を規定している（注2）。（債権者の）債権証書返還の義務（原案第四九三条・確定条文第四八七条）が、既になくなった以上（注3）は、本条のごときものは必要ないという考えがあるかもしれない。しかし、この点については諸国にも規定があり、実際上も問題がずいぶん起こりうるであろう。債権証書返還を債務の免除とみなしている国々もあり、また一方、債権証書の返還は弁済の「しるし」であるとしている国もあり、（立法例は）およそ（この）二つに分かれているようである。それゆえ、どちらの例に従うべきか、かなり考えた。（そこで、以下の二つの理由から、後者の例に従った。）第一は、既に前において、弁済すれば（債権証書の）取戻権が（債務者に）あるということにした（原案第四九三条・確定条文第四八七条）から、この延長として、その（証書の）返還を受けている者は弁済をしたと推定する、それで（右）取戻権（に関する規定）を「前条」（注4）として、本条をここに置くのが所を得ていると考えたことである。第二は、債権証書が債務者の手にある場合に、免除されたのか弁済したのかよく分からないときは、まず弁済が通常で免除は異常なことであるから、通常の方（弁済）を主として規定した方がよいと考えたことである。この二つの理由で、本条を規定した。

　実際上、証書を「巻イテ戻ス」（注5）というような免除もあろうし、また弁済の場合も様々あろうが、本条は弁済の所に置くのが所を得ている。だから旧民法では、免除の部にあったのを（財産編第五一六条）ここに移した。

（注2）前条（原案第四九四条）は推定規定ではないが、弁済の確実な証拠を債務者に与えんとする点で、本条と同じ考慮をしたものと考えら

れる。

（注3）　原案第四九三条が【主要審議】において削除が決定され、整理会において復活したことにつき、本書五三七～五三八頁参照。

（注4）　原案第四九三条は、正確には本案の前々条である。但し、前々条、前条とも、この【主要審議】の段階では削除案が可決されている。

（注5）　返すこと。

【主要審議】

横田國臣（二〇巻一〇三丁裏～一〇四丁表）

私は、本条も次条もあまり賛成ではない。この「推定」には、どれだけの力があるのか。この効力の持たせ方によっては考えるところもあるから、この点を質問したい。

穂積陳重（二〇巻一〇四丁表）

「推定」は証拠があれば反証を許す（という意味の）用語である。

横田國臣（二〇巻一〇四丁表）

そのように、反対証拠を挙げることを許せば、推定するのとしないのとは余り変らぬことにならないか。それゆえ、本条削除説を提出する。

井上正一（二〇巻一〇四丁表）

賛成。

土方寧（二〇巻一〇四丁表）

賛成である。「書カヌテモ自然推定上斯ウナル」。

穂積陳重（二〇巻一〇四丁表）

土方委員に質問する。債権証書を連帯債務者の一人が握っている場合においては、弁済の推定があるか否かということについては「場合カ違ヒハシナイカ」(注6)。

富井政章（二〇巻一〇四丁表～一〇五丁表）

本条第一項については、弁済であるか免除であるかにつき、（実際上）必ず疑いが起こると思う。というのは、弁済は有償行為であるのに対して、免除は無償行為であるので(注7)、能力・権限についてかなりの差が存するからである。

第二項は、これがなくても（証書の占有者がそれを）盗んだと推定されることはないが、債権が消滅したということが（推定規定が）なくては分からない。それゆえ、本条がなくても同じ結果になるということについては、反対である。

権利が消えたとすれば、それが弁済によって消滅したとみるのが通常であるが、（債権者が）証書を債務者に与えたのは権利の拋棄、即ち免除であると解釈することも充分に理由があると思う。決して、土方委員の言ったように、本条がなくても（証書の占有、返還に）弁済（推定）の効力があるということには疑問がある。（債権が）消滅したということは、通常の状態であるが、（証書の返還を受けたとかの）一つの事実があって、その事実が債権消滅の（どの）事項(注8)（にあたる）とみるか否かは、その事実（の評価）次第である。この事実が弁済を推定すべきか、権利の拋棄を推定すべきかは、（本規定がなくては）疑いがある。

▼採決の結果、横田委員の本条削除案が賛成多数で可決され、本条の削除が確定（二〇巻一〇五丁表）。

（注6）　これは、求償に関して、免除か弁済かによって差異が出てくるという意味であろう（原案第四三八条・確定条文第四三七条、原案第四三三条・確定条文第四三二条参照）。

（注7）　弁済は、それが法律行為でないとするときには、能力を要しないが、免除は法律行為であって、能力を要する。弁済は第三者がこれをなしうる場合があるが、免除については、そのようなことは考えられない。弁済の受領については一定の権限が要求されるが、免除を受ける方については要求されない。――こういったことを想定しているのであろうか。

（注8）　原文には、「時効」とあるが、これは誤りであろう。

（金山直樹）

現行法　なし

原案第四九六条　債権者カ債権証書ノ全文又ハ其要部ヲ故意ニ抹殺又ハ毀滅シタルトキハ弁済ヲ受ケタルモノト推定ス
　右ノ抹殺又ハ毀滅ハ其当時証書カ債権者ノ占有ニ在リシトキハ其故意ニ出テタルモノト推定ス

【参照条文】

旧民法財産編

第五一七条　債権者カ証書ノ全文又ハ債務者ノ署名其他緊要ナル部分ヲ有意ニテ毀滅シ扯破シ又ハ抹殺シタルトキハ前条ノ区別ニ従ヒテ任意ノ交付ニ準シ債務ノ免除アリタリト推定ス
　右毀滅、扯破又ハ抹殺ハ其当時証書カ債権者ノ占有ニ係リシトキハ反対ノ証拠アルマテ債権者ノ所為又ハ其承諾ニ出テタリトノ推定ヲ受ク

フランス民法

第一三三二条　義務ヲ得可キ者其所有シタル証書ノ正本ノ末尾又ハ欄外又ハ紙裏ニ義務ヲ行フ可キ者ヲシテ其義務ノ釈放ヲ得セシメタルヿヲ知リ得可キ文詞ヲ附記シタル時ハ義務ヲ得可キ者其姓名及ヒ日附ヲ手記セスト雖𪜈其義務ヲ釈放シタルノ証ト為ス可シ
　又義務ヲ得可キ者契約証書ノ副本又ハ義務ヲ得タル証書ノ副本ノ末尾又ハ欄外又ハ紙裏ニ同上ノ文詞ヲ附記シタル時義務ヲ行フ可キ者其副本ヲ所有スルニ於テハ亦前ニ記スル所ニ等シトス

イタリア民法

第一三三一条　責主ニ因テ証書ノ下端、横側及ヒ背面ニ就キテ為サレタル追記カ負責主ノ責務ヲ解卸セシムルニ関シテ便宜ヲ付与スル有ルニ於テハ則チ仮令ヒ其追記カ責主ノ手記ニ係ル署名及ヒ記日ノ存スル無キモ亦信憑ト為ル可キ者トス但ヾ此証書ノ常ニ責主ノ手中ニ留存スル者タルヿヲ要ス
　責主ニ因テ負責主ニ属ス可キ証書ノ副本若クハ前期ノ弁償ニ係ル領受証票ノ下端、横側及ヒ背面ニ就キテ為サレタル追記モ亦之ニ准ス但ヾ此書類ノ現ニ負責主ノ手中ニ留存スル者タルヿヲ要ス〔仏民第千三百三十二条〕

イギリス……（　）内は第一議案、〔　〕内は金山による補正

Pattim Som V. UmohlY, C. R.10 EX. 330 (Pattinson v. LucKly, L. R. 10 EX. 330)
　〔Pattinson v. Luckley (1875), L. R. 10 EX. 330〕

WilKinson. 3 B & C. 428 (WilKinson. 3 B & C.428)
　〔Wilkinson and Others v. Johnson and Others (1824), 3 B & C. 428, 107 Eng. Rep. 792 (K. B.)〕

SnFFil v. BanK of England, R. Q. B. D. 555 (SuffeK Of England, 9. Q. B. D. 555)
　〔Suffel v. The Bank of England (1882), R. Q. B. D. 555〕

【撤回の趣旨】

穂積陳重（二〇巻一〇五丁裏）
　我々は本条が大切なことを充分認めている。しかし、弁済の証拠に関する規定は不要であるという主義に決定されたので、前条等とあまり違いのない本条は、これを撤回したい（注）。

▼これにつき、異議はなく、本条の撤回が確定（二〇巻一〇五丁裏）。

（注）　もともと、民法主査会において、「証拠ニ関スル規程ハ民事訴訟法中ニ編入スヘキモノト認ムルヲ以テ民法中ヨリ削除スルコト」とする「乙第五号ノ二」予決議案——旧民法証拠編第一部のような証拠に関する一般規定は民事訴訟法へ回し、各規定に固有の推定規定等については適宜処理する旨の議案——が可決されており（同主査会議事速記録一巻七七丁表～八五丁裏——ちなみに、同部分には、実体法としての民法典と証拠・訴訟の関係についての起草者、特に梅委員の法観がうかがえ、重要である）、それを弁済の場面でも貫徹したのが前条（原案第四九五条）の削除決定の意味するところであったといえよう。穂積委員の本文における発言は、これらの点をふまえてのものだと思われる。

（金山直樹）

第四八八条　債務者が同一の債権者に対して同種の給付を目的とする数個の債務を負担する場合において、弁済として提供した給付がすべての債務を消滅させるのに足りないときは、弁済をする者は、給付の時に、その弁済を充当すべき債務を指定することができる。

2　弁済をする者が前項の規定による指定をしないときは、弁済を受領する者は、その受領の時に、その弁済を充当すべき債務を指定することができる。ただし、弁済をする者がその充当に対して直ちに異議を述べたときは、この限りでない。

3　前二項の場合における弁済の充当の指定は、相手方に対する意思表示によってする。

第四八八条　債務者カ同一ノ債権者ニ対シテ同種ノ目的ヲ有スル数個ノ債務ヲ負担スル場合ニ於テ弁済トシテ提供シタル給付カ総債務ヲ消滅セシムルニ足ラサルトキハ弁済者ハ給付ノ時ニ於テ其弁済ヲ充当スヘキ債務ヲ指定スルコトヲ得

弁済者カ前項ノ指定ヲ為ササルトキハ弁済受領者ハ其受領ノ時ニ於テ其弁済ノ充当ヲ為スコトヲ得但弁済者カ其充当ニ対シテ直チニ異議ヲ述ヘタルトキハ此限ニ在ラス

前二項ノ場合ニ於テ弁済ノ充当ハ相手方ニ対スル意思表示ニ依リテ之ヲ為ス

原案第五〇三条　債務者カ同一ノ債権者ニ対シテ一様ノ性質ヲ有スル数個ノ債務ヲ負担スル場合ニ於テ弁済トシテ提供シタル給付カ総債務ヲ消滅セシムルニ足ラサルトキハ弁済者ハ給付ノ時ニ於テ其弁済ヲ充当スヘキ債務ヲ指定スルコトヲ得

弁済者カ前項ノ指定ヲ為ササルトキハ弁済受領者ハ受取証書ニ於テ其弁済ノ充当ヲ為スコトヲ得但弁済者カ其受取証書交付ノ時ニ於テ其充当ニ対シテ異議ヲ述ヘタルトキハ此限ニ在ラス

修正原案第五〇三条　債務者カ同一ノ債権者ニ対シテ一様ノ性質ヲ有スル数個ノ債務ヲ負担スル場合ニ於テ弁済トシテ提供シタル給付カ総債務ヲ消滅セシムルニ足ラサルトキハ弁済者ハ給付ノ

時ニ於テ其弁済ヲ充当スヘキ債務ヲ指定スルコトヲ得
　弁済者カ前項ノ指定ヲ為ササルトキハ弁済受領者ハ其受領ノ時（注1）ニ於テ其弁済ノ充当ヲ為スコトヲ得但弁済者カ其充当ニ対シテ直チニ異議ヲ述ヘタルトキハ此限ニ在ラス

（注1）　速記録における穂積陳重委員の説明（二一巻三七丁裏）では「其領ノ時」となっているが、誤りであろう。

【参照条文】

旧民法財産編

第四七〇条　一人ノ債権者ニ対シテ一様ノ性質ナル数箇ノ債務ヲ有スル債務者カ総債務ヲ全消スルコトヲ得サル弁済ヲ為ストキハ債務者ハ弁済ノ時ニ於テ其孰レノ債務ニ充当セントスル意ヲ述ヘ且此充当ヲ受取証書ニ記入セシムルコトヲ得
　然レトモ債務者ハ債権者ノ承諾ヲ得ルニ非サレハ債権者ノ利益ノ為メ定メタル期限ノ至ラサル債務ニ充当ヲ為シ又費用及ヒ利息ニ先タチテ元本ニ充当ヲ為シ又一分ツツ数箇ノ債務ニ充当ヲ為スコトヲ得ス

第四七一条　債務者カ有効ナル充当ヲ為ササルトキハ債権者ハ受取証書ニ於テ自由ニ弁済ノ充当ヲ為スコトヲ得但財産取得編第百二十九条ノ会社契約ニ関スル規定ヲ妨ケス
　債務者カ異議ナク又ハ異議ヲ留メスシテ受取証書ヲ受取リタルトキハ債務者ハ自己ノ錯誤又ハ債権者ノ欺瞞アリタルニ非サレハ充当ヲ非難スルコトヲ得ス

フランス民法

第一二五三条　一人ニ対シ数箇ノ義務ヲ負フタル者ハ其義務ヲ尽クス時ニ当リ其数箇ノ義務中何レノ義務ヲ尽クス可キヤヲ述フルノ権アリ

第一二五五条　数箇ノ義務ヲ負フ者其義務ヲ尽クシタル時之ヲ得シ者其数箇中何《ママ》ノ義務ヲ尽クスニ充テ用フルヤヲ定メ其義務ヲ尽クシタル者此旨ヲ記セシ受取書ヲ承諾シタルニ於テハ更ニ他ノ義務ヲ尽クスニ充テ用フルヿヲ得ス但シ其義務ヲ得タル者詐偽ヲ行ヒ又ハ脅迫ヲ為シタル時ハ格別ナリトス

オーストリア一般民法

第一四一五条　責主ハ其貸付権ノ弁償ヲ分割シテ以テ領受ス可シトノ要強ヲ受ケサル者タリ（仏民第千二百四十四条）然レ𪜈若シ負責主カ弁償ス可キ多種ノ負責ヲ有スルニ於テハ則チ責主ノ承諾ヲ取テ以テ自己ノ弁償セント欲スル所ノ部分ヲ指示スルヿヲ得可シ

オランダ民法

第一四三二条　（フランス民法第一二五三条に同じ）

第一四三四条　（フランス民法第一二五五条に同じ）

イタリア民法

第一二五五条　同種類ナル数項ノ逋債ヲ負ヘル所ノ人ハ弁償ヲ為ス時際ニ於テ必ス其弁償スル逋債ハ某項ニ係ルヿヲ公言スルヲ要ス〔仏民第千二百五十三条〕

第一二五七条　若シ同一人ニ向テ数項ノ逋債ヲ負ヘル所ノ人カ一個ノ領受証票即チ之ニ依テ責主ノ特ニ債額ノ其一ニ擬当セル弁償金額ヲ領受セシヿヲ証明スル所ノ領受証票ヲ接収セルニ当リ責主ニ詐偽ノ在ルヿ無ケレハ則チ負責主ハ其弁償ヲ他項ノ債額ニ擬当セシムルヿヲ得可カラス〔仏民第千二百五十五条〕

スイス債務法

第一〇一条第一項　債務者が同一の債権者に数個の債務を支払うべきときは、債務者は、支払に際して、いずれの債務を弁済（tilgen）するものであるかを表明する権利を有する。

同条第二項　かような表明がなされない場合には、債務者が受取証書の受領に際してただちに異議を唱えない限り、その支払は、債権者が受取証書中に記載する債務に充当される。

モンテネグロ財産法

第六一二条　債権者が同一性質の複数の債権を一人の債務者に対して有しており、かつ債務者が全ての債務を消滅させるのに十分な金銭を債権者に提供しなかった場合で、何らの約定も存在せず、又は裁判所が諸般の状況から当事者の意思を明らかにすることができないときは、債務の弁済又は各債務に充当すべき内金は次のように規律される。

裁判費用と同様に、弁済期が到来した利息を弁済した後に、弁済期が到来する順序に従って債務の元本が償還される。

全ての債務の弁済期が同一日付で到来するときは、まず債務者にとって最も負担の大きい債務が償還される。全ての債務が債務者にとって同一の負担であるときは、最も古いものから償還される。

スペイン民法

第一一七二条　同一の性質を有する複数の債務を一人の債権者に対して負う者は、弁済に際して、その弁済を充当すべき債務を指示することができる。

債務者が、充当された（債務の）受取証を債権者から受領した場合、債権者は、契約を無効とする事由が存しない限り、この充当に異議を唱えることができない。

ベルギー民法草案

第一二四六条　同一の性質を有する複数の代替的債務の債務者は、全体の弁済に際して、弁済の権利がある限り、どの債務を弁済するかを指示することができる。部分的な弁済の充当は、債権者の同意がない限り、これを行うことができない。

第一二四八条　複数の債務を負う債務者が受取証を受領し、かつ、その受取証において、債権者が複数の債務の一つに特別に弁済を充当した場合、債務者は別の債務に対する充当を請求することができない。但し、債権者の詐欺があった場合、又は債権者が不意打ち的にこれを行った場合はこの限りではない。

ドイツ民法第一草案

第二六七条第一項　債権者ニ対シ数箇ノ債務関係ニ本ツキ一様ノ性質ヲ有スル数個ノ給付ヲ為スヘキ債務者カ債務ヲ消滅セシムル目的ヲ以テ総債務ヲ消滅セシムルニ足ラサル給付ヲ為シタル場合ニ於テハ債務者カ弁済ノ時ニ消滅セシメント欲スル旨ヲ表示シタル債務ハ消滅スルモノトス

ドイツ民法第二草案

第三一五条　債務者カ債権者ニ対シ数個ノ債務関係ニ本ツキ一様ノ性質ヲ有スル数個ノ給付ヲ為スヘキ場合ニ於テ其為シタル給付カ総債務ヲ消滅セシムルニ足ラサルトキハ債務者カ弁済ノ時ニ給付ヲ充当セシメタル債務ハ消滅スルモノトス

前項ノ指定ナキトキハ給付ハ先ツ満期トナリタル債務ヲ弁済ス満期トナリタル数個ノ債務アルトキハ債権者ニ取リテ担保ノ少キモノヲ先ニシ担保ノ一様ナル数個ノ債務アルトキハ債務者ニ取リテ負担ノ重キモノヲ先ニシ負担ノ一様ナル数個ノ債務アルトキハ其旧キモノヲ先ニシ同一ノ日附ヲ有スル数個ノ債務アルトキハ各債務ニ対シ其額ニ応シテ之ヲ弁済ス

プロイセン一般ラント法

第一部第一六章第一五〇条　支払者（der Zahlende）が数個の債権に基づき受領者（Empfänger）と結び付いているときは、なされた支払が負債項目（schuldige Posten）のいずれに充当されるべきかは、主として両当事者の合意に従って判定されなければならない。

第一五一条　債務者が明示的に特定の項目に支払をなし、かつ債権者が金銭の受領後第五章第九一条以下に定められた期間内において支払者に異議を唱えることなくその支払を受領したときは、債権者は、後に当該支払を他の債権に充当することができない。

第一五二条　特に指定することなく支払われた金額を債権者が明示的に特定の項目に充当し、かつ債務者が受取証書の受領後、前記の期間内にこれに対して異議を唱えなかったときは、債務者はその後もこの充当を甘受しなければならない。

ザクセン民法

第九七七条　自己ノ債主ニ数個ノ金銭負債ヲ支払フヘキ負債者ニシテ負債ノ全部ヲ弁償セサル支払ヲナス者ハ支払ノ際孰レノ負債ヲ弁償セント欲シタルヤヲ定ルコトヲ得ルモノトス但債主ハ主タル要求ニ付キ尚ホ利子又ハ費用ノ怠納アリタル間ハ其要求ノ支払ヲ承諾スルノ義務ナキモノトス

第九七八条　負債者其定メヲナサヽリシトキ債主ハ支払ヲ受取ルノ際又ハ其支払ニ付キ交付スル受取証書中ニ孰レノ負債ニ付キ其支払ヲ計算スヘキヤヲ定ルコトヲ得ルモノトス負債者之ニ不同意ナルトキハ直ニ異議ヲ述フヘキモノトス〔第百四十一条〕

バイエルン民法草案

第二部第一章第一六九条　債権者と債務者との間に同種の目的（Gegenstände）を有する数個の債権関係が存し、支払がそのすべてに及ばないときは、その支払は、債務者が支払をなすものと表示した債務に充てられるべきものとする。

しかしながら、債権者は、いまだ利息が支払われていない間は、当該支払を元本に充当されることを強制されない。

第一七〇条第一項　第一六九条第一項の場合において債務者が表示をなさなかったときは、債務者が受取証書を異議または留保なく受領するならば、当該支払は、その受取証書中に債権者が記載した債権に充てられるべきものとする。

イギリス（注2）

Simson v. Ingham. 2B & C, 72.（注3）

Philpott v. Jones, 2Ad. & E. 41.（注4）

インド契約法

第五九条　一人ニ対シテ多クノ別々ノ債務ヲ負担セル債務者明示ノ通知ヲ以テ其弁済ヲアル特別ノ仕払ニ適用セントイヒ又ハ場合ノ事情ニ於テ此意ヲ含蓄シテ弁済セルモノヲ受諾スルニ於テハ其通リニ之ヲ充当セサルヘカラス

第六〇条　債務者ハ如何ナル債務ニ其弁済ヲ適用スヘキカノ通知ヲ為サス且他ニ其意ヲ示スノ事情一モアラサル場合ニハ債権者ハ其債務恢復ノ出訴期限ニ関スル現行法ニヨリテ防止セラレタルト否トニ拘ハラス自己ノ思慮ニ従ヒ実際債務者ヨリ自己ニ対シテ負担シ自己ニ仕払フヘキ適法ノ如何ナル債務ニモ此弁済ヲ充当スルヲ得

（注2）　法典調査会民法議事速記録ではこの部分は空白になっている。ここでは民法第一議案によった。

（注3）　Simpson v. Ingham（1823）2B & C 65, 107 English Reports 307. 原告・被告はともに銀行業者である。被告らの銀行は、手形金支払の準備及び原告らの銀行が被告らの銀行のためにする前貸金の償却のために、原告らの銀行に継続的に送金していた。ところが、被告らのパートナーの一人が死亡して以降、原告らは被告らからの送金を新たな帳簿に記入するようになり、それ以前の被告らの負債を新帳簿に繰り越すことをしないで、新旧二通の交互計算書を送

付し続け、被告らはそれに異議を唱えなかった。判決は、原告らによるかような充当を正当と認めた。

（注4）Philpott v. Jones (1834) 2Ad & E41, 111 English Reports 16. 原告は被告に対し、一回につき二〇シリング未満、合計一一ポンド強の火酒を供給し、その他の品目二三ポンド強と合わせてその代金を請求した。裁判において被告がすでに一七ポンドを支払済であることが判明したが、その充当については証明がなかった。被告は、火酒の代金は未払代金に含まれるが、「一度に二〇シリング以上で契約した場合でなければ火酒の代金の回復をなしえない」と規定する制定法（Stat. 24 G. 2, c 40, s.12）により、原告の請求は火酒代金の分だけ縮限されると主張したが、裁判所は、原告は既払の一七ポンドを火酒代金に充当したものと判定した。

【起草趣旨】

穂積陳重（二一巻三七丁裏～四一丁表）

議事の都合により、私が説明する。本条以下第五〇六条までは、弁済充当に関する規定である。本条は、当事者による充当に関する旧民法財産編第四七〇条と第四七一条とを合わせて、修正を加えたものである。

(1) 原案を修正した理由（二一巻三七丁裏、四〇丁裏）

原案を改めたのは、以前の受取証書請求の権利に関する議論の結果である。(注5) 旧民法では、充当は受取証書をもってすることを要しないが、「受取証書ニ記入セシムルコトカ出来ル」とか「債権者ハ受取証書ニ於テ自由ニ弁済ノ充当ヲ為スコトヲ得」という規定がある。この点については、以前の（受取証書請求権に関する規定の）修正の結果、「法文ノ表ニハ現ハサヌコトニ」した。

(2) 債務者の「第一充当権」（第一項）について（二一巻三八丁表～三九丁表）

当事者の弁済充当権については、諸国の立法例や学説は分かれている。本案は、概ね旧民法の主義に従い、債務者が「第一充当権」を、債権者が「第二充当権」を有するという立場を採った。「債務者カ第一充当権ヲ絶対的ニ持ツテ居ルヤ否ヤ」については、学説も分かれている。また立法例を見ても、例えばプロイセンなどでは、債務者に「第一充当権」はなく、「債権者カ其充当ヲ拒ムコトカ出来ルト云フ方ノ規定ニナツテ居」る。かような立場には一応理由がある。つまり、既に弁済期にある場合には、債務者にはもちろん「払ウ義務」があるが、債権者にも「之ヲ取リマスル義務」がある。何も言わずに弁済した場合には、「債権者カ之ヲ請求致シマス権」と「債務者ノ弁済致シマスモノノ義務」のいずれに重きを置くかについては、随分疑いがある。それゆえ、弁済期に達したものについては債権者が任意にその弁済を充当してよいとする理屈もあろう。しかしながら、弁済は、債務者の為すべき行為であり、「法律カ債務者ニ命スルモノ」であるから、「債務者ノ位地ト云フモノカ第一ノ効力ヲ有スルト云フコトハ当然ノコトテアラウト思」い、旧民法の如く、「第一充当権」は債務者にあるという主義を採った。

(3) 債権者の「第二充当権」（第二項）について（二一巻三九丁表～四〇丁裏）

債権者の「第二充当権」については、諸国の立法も分かれているようである。例えば、ドイツ民法草案などでは、「丸テナイモノ」となっている。フランス法に基づくオランダやイタリアなどでは、解釈や判決例がどうなっているかについて「至ツテ不案内」(注6)ではあるが、法文上から見ると、「債務者ノ充当権ト云フモノハ矢張リナイ方ノ主義ニ本ツイテ居」(注7)り、「債権者カ異議ナクシテ受取証書ヲ受取ツタル時ニ於テハ」というようにスペインなどでも規定している。つまり、「弁済受領者即チ債権者ノ充当ト云フモノニ債務者カ其時同意ヲ表スルト云フコトカ本則ニナツテ居ル」。しかし、英米などの主義によると、これと正反対であり、「余程強イ第二充当権ヲ債権者カ持ツテ居」る。債権者は、その時（弁済受領時）でなくても、その後でも、更には出訴期限後でも充当することができるとなっている。旧民法では、その手本となった諸国とは大きく異なっている。すなわち、財産編第四七一条第一項で「債務者カ有効ナル充当ヲ為ササルトキハ債権者ハ受取証書ニ於テ自由ニ弁済ノ充当ヲ為スコトヲ得」と特にその権利（債権者の「第二充当権」）を認め、第二項でフランス、イタリア等（と同一）の文章を掲げている。通常債権者の「第二充当権」を認めていても、学者等は、債務者の利益に（なるように）充当せねばならぬと言っているが、旧民法では、わざわざ、自由に充当することができると明文で規定した。とにかく、債務者が「第一充当権」[注8]を有しているのにそれを行使しない場合には、「債権者モ矢張リ弁済ヲ受クルノテア」り、「自分カ取ルヘキトレヲ取ツテモ宜イノテアルカラ夫レヲ明カニ此為メニ之ヲ取ルト云フコトヲ表カラ言」うのは「至極穏カナコト」だと思い、この点については特に旧民法の主義を採った。しかしながら、かように単純に債権者の「第二充当権」を認めると、債務者が不注意によって（充当すべき債務の）指定をしない場合に「思ハヌ不利益ナ充当ヲ受ケ」たり、後に明言（指定）するつもりであるのに、直ちに債権者が「勝手ナ充当ヲサセル」とすると、債務者にとってずいぶん迷惑なことになる。実質的には多くの国と同様の結果を生ずるので、「其時ニ直チニ異議ヲ唱ヘ」た場合は、「債務者カ私ハ其積リテナイト云フコトカ言ヘル」。そのために但書を置いた。

(4)　債権者の「欺瞞」あるときについて

（二一巻四〇丁裏〜四一丁表）

旧民法やフランスその他の諸国では、債務者が異議なくその受取証書を受取ったときには、債権者の欺瞞ある場合[注9]でなければその（債権者の行った）充当を非難しえないというように規定されている。これは「頗ル有用ナ規定トハ思」うが、本案では「総テ斯ノ如キ錯誤又ハ欺瞞ノアリマシタコトハ是レハ取消スコトカ出来ルト云フ箇条カアル」。総則（の規定）では「法律行為」と書いてあるのではなく、ただ「意思表示」となっている。従って、弁済が法律行為であるにせよないにせよ、どちらにしても「表示」には相違ないので、この場合にも救済はあるものと思う。それゆえ、本条には別段掲げなかった。[注10]

(5)　旧民法第四七〇条第二項について（二一巻四一丁表）

旧民法財産編第四七〇条第二項の「債務者ハ債権者ノ承諾ヲ得ルニ非サレハ債権者ノ利益ノ為メ定メタル期限ノ至ラサル債務ニ充当ヲ為」すことができないということについては、「是レハ債権者ノ権利ニ属シテ居」るので債権者の権利を害して弁済することはできない（ということであり）、このことは当然と思うので、明文を置かない。また、「一分ツツ数箇ノ債務ニ充当ヲ為スコトカ出来ヌ」ということについても、以前、「債務ノ履行ハ一部分ツツスルコトハ出来ヌ」という明文はいらないと決定[注11]したので、省いた。ただ、「費用及ヒ利息ニ先タチテ元本ニ充当ヲ為」すことができないということについては明文を要するが、これは別条になった方がよいと思って、本条には掲げなかった。[注12]

（注5）　受取証書交付請求権に関する確定条文第四八六条（原案第四九一条）の審議（二〇巻九〇丁表〜九四丁裏）で、削除案が可決されたこ

とをさす。ただし、確定条文第四八六条では、原案の第一項の規定が復活している（本書五三四～五三五頁参照）。

（注6）「債権者」の誤りであろう。

（注7）「債務者」の誤りではないかと思われる。

（注8）速記録では「第二充当権」となっているが、誤りであろう。

（注9）旧民法では債権者の「欺瞞」の他、債務者の「錯誤」をあげ、フランス民法では債権者の「詐欺」の他、「強迫」をあげている。

（注10）速記録では「別段此処ニ挙ケタノテアリマス」となっているが、誤記であろう。

（注11）穂積委員の言う決定がどこでなされたかについては、調査が及んでいない。

（注12）速記録では「此処ニハ挙ケタノテアリマス」となっているが、誤記であろう。

【主要審議】

一　第五〇三条・第五〇四条削除・修正説

横田國臣（二一巻四一丁表～四二丁表）

「近来ノ起草」は「色々込入ツタ小サイ規則」を定めているようだが、私は起草者に次のように定めてもらいたい。つまり、充当は弁済者がすることができ、弁済者が充当しなかったときは弁済受領者が行うということで十分である。というのは、起草されているようにすると、「甚タ困難ナル場合」を生ずるからである。（本条によると、）弁済者（が充当をなすの）は「給付ノ時」でなければならないと規定されているが、「若シ給付ノ時ニ於テテナク弁済受領ノ時ニ充当ヲ為ササルトキハ」（注13）、第五〇四条（注14）で「大変面倒ナコトヲ三ツモ四ツモ書イテアル」。しかし、そのようなことを規定しなくても、弁済者に「権ヲ与ヘテ夫レカシナケレハ片方カスルト言ヘハ宜イ」。受領証書については規定しなくてよい。受領証書を「書イテアツテ承知シテアツタナラハ夫レヲ承知シタト見レハ宜」く、それは「事実上ノ話」である。私は、この第五〇三条と次の第五〇四条を削除して、それを修正してもよいと思う。「是迄起草者ハ簡単ニ原則ヲ摘ミ挙ケテ能クヤツタカ此手続ハ誠ニ私ハ要ラヌコトト思フ」。しかし、ぜひ原案のようにせねばならぬという理由があれば、お答え願いたい。

穂積陳重（二一巻四二丁表）

「法文ノ立方ノ大体」についてはなお考えてみるが、横田委員の言うようにそれで十分なのであれば、二ヶ条も削ってしまわなくても、第五〇三条を「簡単ニ縮メテ済ム積リテア」る。しかし、やはり当事者が（充当を）行わない場合はあると思うので、かように規定しておかないと不都合だと考え、原案のようにした。横田委員の断言するように、（当事者が充当しない場合が）本当にないのであれば、次の第五〇四条はなくてもよい。

横田國臣（二一巻四二丁裏）

裁判所に出て「貴様ハトレニ与ヘルカ」（と問われたとき）、「トレニモ与ヘマセヌ私ハ知リマセヌ」と答えるということは、考えられないことであり、「私ハ之ニスル」と答えるのが当然である。「私ハ知リマセヌ」とは、言って言えないこともないが、そのようなことまで考慮する必要はないと思う。「私ハ是レハ間接ニ出来ルコトト思」うので、簡単に願いたい。

梅謙次郎（二一巻四二丁裏～四三丁表）

横田委員の考えは、「何カ問題カ起ツタトキニ明カニ言ヘハ宜イカ明カニ言ハヌコトカアル」ということを認めた上で、紛争が生じたときに「債務者ハトノ債務テモ勝手ニ消シテ貰ヘハ宜イ」ということなのか。そうすると、「イツモ意思ヲ発表スレハ宜イカ発表シナイトトンナニ遅クナツテ発《ママ》表スルコトカ出来ル」ことになる。これでは、「甲ノ債務カ消ヘルノト乙ノ債務カ消ヘルノト実際ノ利害ニ大変ノ関係カ起ル」。例えば、保証人の義務が消滅するのかどうか、抵当権が消滅するのかどうか、「大変争ヒカ起ル」。[注15]弁済時に決めてしまえばよいが、そうでないと、債務者は、実は当初「甲ニ払フ」(甲という債務に充当する)つもりであったのに「一年カ二年経ツタ後ニナッテ」乙に弁済(充当)した方がよいと考えて「アレハ乙ヲ弁済シタ」ということが言えることになって、よくない。

横田國臣(二一巻四三丁表〜裏)

そのような場合が若干あろう。しかし、「抵当カトウトカ云フカ夫レヲ払フテヤッタナラハ払フタニ抵当ヲ取ッタノハ可笑シイ金ハカリヤツテ黙ツテ居ッタ場合ニ或ハ窃カニシテ置イタ方カ便利ナヤウナコトカア」ろう。しかし、(本条で)「債務者ヲ利スル方ニシテアル」のに、(第五〇四条で)更に「然ウ云フコトヲ慮ツテ奇妙ナ規則ヲ極メヌテモ宜イ夫レハ大概ニシテ置イテ便利ヲ片方ニモ与ヘ夫レカセヌノナラハ片方ニトシタカ宜イト思フ」。

長谷川喬(二一巻四四丁裏〜四五丁表)

横田委員の説は「余程面白イ論」であるので、あるいは賛成するかもしれないが、その前に次のことを質問しておきたい。本案では、債権譲渡や代位(弁済)を認めている。債権者が債権を二つ以上有している場合、債権者が「最初ニ受取ツタノハ甲ノ債権ノ為メニ受取ツタ」と思って、乙あるいは丙の債権を譲渡したが、後になって債務者が「甲テハナイ乙ノ方ヲ弁済シタノテアル」とか、あるいは「丙ノ方ヲ弁済シタ」というように、債務者に選択させるとすると、債権譲渡や(弁済による)代位の場合に「債権者ノ権利ヲ行フニ大ナル妨ケ」とならないか。また、訴訟を起こす場合に、「甲ノ債権ヲ目安トシテ訴ヘタ」(のに、)「イヤ甲ノ方ニハ弁済カシテアルト言ツタラ空シク債権者ハ乙ノ方ニシナケレハナラヌ乙ノ方ニ往クト或ハ丙ト云フモノカ出テ来ル」というようなことになるので、あらかじめこういう(充当の)順序を定めておくことが必要ではないかと思うが、どうか。

横田國臣(二一巻四五丁表)

債権譲渡の効力が「債務者ニ相談ナシニ」生ずるというのであれば、一応もっともであるが。

長谷川喬[注16](二一巻四五丁表)

「告知」がある。

横田國臣(二一巻四五丁表〜裏)

「告知」を受けながら黙っていれば、それで承諾したもの、つまりそれには充当しなかったものとみればよい。「極手短ク言ヘハ弁済者ハ弁済ノ時ト言ヒタイ夫レテハ余リ酷テアル」。

長谷川喬(二一巻四五丁裏)

「利害ノ関係ノアル者」[注17]が代位した場合はどうか。

横田國臣(二一巻四五丁裏)

それも同じことだと思う。「通知」をしたら……

長谷川喬(二一巻四五丁裏)

そうではない。利害関係ある者は通知を要しないことになっている。

横田國臣(二一巻四五丁裏)

その場合は「少シ酷ニナルカ知ラヌ」が、「同時ニ弁済スルト云フコトヲ極メテ出サナイ場合ハ債権者カスルカ或ハ」債権者が処分する際に「前ロニ」どれに(充当)するのか債務者に問うか、いずれにしてもよい。

富井政章(二一巻四五丁裏〜四六丁表)

充当権行使の時を定めなければ、長谷川委員の指摘したような弊害は生ずると思う。その上、先ほど(梅委員が)指摘したように、保証や抵当の付いている債務とそうでない債務とがある場合、いつ充当してもよいということであると、それらの点が(どの債務が消滅したのか）わからないことになって、非常に不都合であると思う。また、債権譲渡の場合に、債務者に「告知」して、「夫レテ充当ヲシナカツタ時ニハ其債務ニ付テハ充当ヲシナカツタモノト見做ス」と（横田委員は）言うが、そうすると、いつ充当してもよいというのを原則とすべしという主張と矛盾することになる。それで債務者が充当できなくなる。債権譲渡後譲渡人が「告知」するまでは充当することができない。「何処ニ充当権ノ告知カアルノテアルカナイ様テアル薩張リ分ラヌ」。どうしても充当権行使の時を定めなければ、種々の場合に不都合があろうと思う。

二　第二項但書削除説

土方寧（二一巻四三丁裏〜四四丁表、四六丁表〜裏）

　横田委員の主張するような全部削除には同意しかねる。穂積委員の説明では、第一に、（弁済時において）債務者に充当権があることを第一項で認め、債務者が弁済時に（充当を）行わないときは債権者に（充当権を）与えるということを第二項で認める。債権者が充当しないときは債務者の承諾を要する（注18）という立法例はあるが、旧民法はそういう趣旨ではなく、（債権者に）自由に弁済充当を許しており、（原案は）それに従ったということであるが、第二項を見ても「此裏カ出テ来ル様ニ思フ」。すなわち、債務者が弁済時に充当しないため、債権者が充当しようとしても、「其意思ヲ発表シタ時ニ」直ちに（債務者が）異議を唱えると充当できないのであるから、（結局は）債務者の承諾が必要だということになる。しかし、私は、債権者の（注19）「第二充当権」は「債務者ノ意思ニ依ルニ及ハヌ意思ニ反シテモ宜イト云フコトニシテ簡単ニシテ適当ト思フ」。従って、第一項と第二項を照らし合わせてみると、第二項の但書は不要だと思うので、これだけは削除した方がよいと思う。それゆえ、横田委員に、全条削除をやめ、第二項但書を削除することに同意してもらいたい。

富井政章（二一巻四六丁裏〜四七丁表）

　第二項但書については穂積委員から明確な説明があったが、更に私は、但書があった方がよいという理由を述べる。但書がないと、第一項に規定されている「代位者（注20）ノ充当権」が「有名無実」になりはしないかと思う。つまり、債務者が弁済にあたって充当すべき債務を「書イタ物」を送っても、債権者が「之ニ充当シテハ不便テアル」と思えば、「ソンナモノハ受取ラヌ様ナ顔ヲシテ自分ノ都合ノ宜イ債務ニ弁済シテ夫レヲ債務者ノ方ニ送ツテヤル」という場合が考えられる。「幾ラ債務者カ切歯シタ所カ」その「書イタ物」は債権者の手中にあり、自分の手元には証拠がなく、争っても「水掛論」になる。そこで、「イツ迄モ債務者カ故障ヲ言フコトカ出来レハ不都合テアルカ」、「債権者カ充当ヲ為シタ時ニ是丈ケノコトカ言ヘル」としておかなければ、債務者の「第一充当権」は実際上無意味になりはしないかと思う。「極実際ノ有様ヲ考ヘテ」但書があった方がよかろうと思ったのである。

土方寧（二一巻四七丁表〜裏）

　今の富井委員の発言では、債務者が第一項により充当権を行使した場合にも第二項の但書が必要だということであるが、そうは思われない。第一項に従って債務者が充当権を行使し、「夫レニ応シタ」ということが、「受領証書ノ方ニ書イテナ」（く、債権者がそれを無視して勝手に充当した）場合、但書がなくても、「一項ノ法文テ債務者カ拒ムコトカ出来ルノハ無論ノ話テアル」。第二項の但書は、「債務者カ充当権ヲ行フ場合、債権者カ行ハナカツタ時ニ」というようにしか思われない。

富井政章（二一巻四七丁裏）

「理屈ハ然ウテアル」が、実際上、そういう（債務者の指定した）債務に充当したということの証明は困難である。「債権者ノ方ハ何モ積極的ノコトカナイノテア」るから、「却テ債権者ノ方カ勝ツト云フコトニナリ」、債務者の「第一充当権」が無意味になりはしまいかと思う。これ（但書）があれば、それを防止しうると思う。

土方寧（二一巻四七丁裏）

富井委員の言うようなことは、証書がなくても言えると思う。

梅謙次郎（二一巻四七丁裏）

証明の方法さえあればよい。

高木豊三（二一巻四七丁裏～四八丁表）

第五〇四条の第一号に「総債務中弁済期ニ在ルモノト弁済期ニ在ラサルモノトアルトキハ弁済期ニ在ルモノヲ先キニス」とあるが、これは法文にあるように「当事者カ弁済ノ充当ヲ為サ《ママ》サルトキ」に限る。すると、第五〇三条の場合に、例えば、期限の来ている無利息の債権とまだ期限の来ていない利息付の債務とがあるとする。その場合、「特別ノ何カ」があればよいが、総則の第一三七条には「期限ハ反対ノ証拠ナキトキハ債務者ノ利益ノ為メニ定メタルモノト看做ス(注21)」と規定されており、それによれば、別段の証拠がないときには、利息付の債務の方を先に弁済することができるように見える。「当事者ノ充当スル以上ハ……或ハ誤解テア」るか。

穂積陳重（二一巻四八丁表）

誤っておれば再度訂正を願いたいが、そのような場合には、「債権者カ自分ノ権利ヲ以テ充当ヲ致シマシタ場合ニ於テ債務者ノ権利ヲ……」

高木豊三（二一巻四八丁表）

「債務者カ弁済スル其弁済者カ……(注22)」

穂積陳重（二一巻四八丁裏）

反対の証拠がなければ債務者の利益になっているから、「債務者ノ利益ヲ害シテ己カ充当ヲスルト云フコトハ出来ヌ」。但し、「期限ノ利益ヲ抛棄シタト云フコトカ分ツテ居」れば、債権者はどの債務の弁済にも充当してよい。そうでない以上は、債権者の「第二充当権」は債務者を害することができないものと解する。

長谷川喬（二一巻四八丁裏～四九丁表）

第五〇三条によると、「弁済者ハ給付ノ時ニ於テ其弁済ヲ充当スヘキ債務ヲ指定ス(注23)ルコトカ出来ル」となっている。そうすると、債権者の利益のために定めた期限があっても、「其期限ヲ破ツテ」期限未到来の債務に充当することができるのではないか、とか、利息に先立って元本(注24)に充当できるのではないか、あるいは、旧民法にある「会社ノ社員ノ債務ト一已ノ債務トアル場合ニ於テモ社員ノ債務ニ充テテモ宜イ一已ノ債務ニ充テテモ宜イ」という疑問が生じはしないかと思(注25)う。しかし、先ほどの説明によると、後の第五〇六条には、「元本ノ外利息及ヒ費用ヲ払フヘキ場合ニ於テ弁済者カ其債務ノ全部ヲ消滅セシムルニ足ラサル給付ヲ為シタルトキハ之ヲ以テ順次ニ費用利息及ヒ元本ニ充当スルコトヲ要ス(注26)」という規定があるから、債務者は、これ（利息）に先立って勝手に（元本に）充当することはできない。また、「会社ノ社員ト一已ノ資格」については、会社法に規定ができるであろうと思うがどうか。高木委員の質問もそういう趣旨であろうと思う。

穂積陳重（二一巻四九丁表）

その通りである。高木委員の（質問の）「事実ヲ逆サニ聞イタ」かもしれない。

高木豊三（二一巻四九丁表～裏）

債権者と債務者と間違っていた。それでもなお質問するが、例えば、既に期限の到来している（無利息の）一〇〇円の債務と、まだ期限の到来していない利息付の一〇〇円の債務とがあるとする。この場合、債務者すなわち弁済者にとってどちらを先に弁済した方が利益かといえば、後者である。ところが、第一三七条(注27)の規則によれば、（期限は）債務者の利益のために定めたものとみなされるので、期限の到来している債務に先立って期限未到来の債務を弁済することができるのかどうか、ということを質問したのである。第二項の但書はかような場合に「ぴったり当ル」が、しかし、そうすれば債権者の利益を害する。「此但書ハ許サヌト云フ斯ウ云フコトテアリマスレハ……」

穂積陳重（二一巻四九丁裏）

　但書は別である。

高木豊三（二一巻四九丁裏）

　但書は別だと言うのなら、「私ノ質問シタ丈ケニ付テ」お答え願いたい。

穂積陳重（二一巻五〇丁表）

　利息付の方を先に充当するのが債権者の利益になるのであれば、「別ニ言ハヌテモ宜イ」。債権者の定めた期限が到来していないのに充当することはできないということは「書クニ及ハヌ」と言った(注28)が、債権者の利益を害して弁済することができないということは、「言ハヌテモ分ラウト思」う。また、利息付というものは、一概には言えないが、「先ツ債権者ノ利益ト見ナケレハナラヌ」。仮に私が裁判官であったら、利息といっても「実ハ恩恵的ノ利息」であって、例に出されている二つの債権がどちらも「其利息ヲ当ニスルノテモ何ンテモナイト云フ反証カア」って、少しも債権者の利益にならない場合であれば、「直チニ充当シテモ構ハヌト考ヘ」るが、しかし通常の場合には、利息付（債務）の期限が到来しないのに「其方ヲ抛棄シテ之ヲ債権者ニ返スト云フコトハ出来ヌト思フ」。

土方寧（二一巻五〇丁裏～五一丁表）

　もう一度発言することを許してもらいたい。この但書を文字通りに見ると、第二項(注29)で債権者に充当権を与えておきながら、「直チニ夫レヲ打破フル」（ということになり、）「（第一項と）合セテ債務者ノ或ル充当権ヲ一層拡張シタコトニナル」。私は、そのようなことは不必要だと思う。債権者の利益のために設けられた期限とそうでない期限と二つがある場合、「債権者カ此期限ノ利益ノ為メニ設ケテアルトキハ反証カナクテモ債権者ハ拒ムコトカ出来ルト思フ」。同様に、第二項についても、債権者が自ら（勝手に）充当しようとしても債務者はそれを拒むことができる。「折角二項ニ分ケテ双方各充当ノ権利ヲ言ヒ表ハシテ居ルノヲ但書テ打破フルコトニナル」が、私はその必要はないと思う。先ほど富井委員は、債務者が第一項において充当権を行使したとしてもその証拠がないから但書が必要だと説明したが、「但書カナクトモ故障ハ言ヘルナクテモ同シテアル」。

高木豊三（二一巻五一丁表～裏）

　土方委員に質問したい。起草委員の説明によれば、「初メニ権利ヲ与ヘテアツタ」。例えば、利息付の債務とそうでない債務とがある場合、弁済者が「利息ノアル方ニ之ヲ充当シテ呉レ」と言って金を払ったのに、（債権者の方は）「宜シイ」と言っておきながら受取証書には利息付でない方に充当したとする。そのような場合は「裁判所ニ来ルヨリ仕方カナイ」。「裁判官カ神様ノ様ナ人ナラハ宜イカ」、弁済者が証拠を求められても証拠がない。そのとき、「私ハ受取人ニ利息ノアル方ニ充当シテ呉レト言ツタノニ斯ノ如ク利息ノナイ方ニ充当シマシタ」と言って、「此書附ニ依テ裁判所ニ往ツテ言フコトカ出来ル」のなら土方委員に賛成するが、どうか。

土方寧（二一巻五一丁裏）

私は、起草委員の説明を高木委員の言うようには理解しない。なぜなら、第一項によって債務者が充当したが「違ツタコトヲ書イ」た受取証書を受取ったという場合でも、「故障ハ言ヘヌ言ツタ所カ追附カヌ」と説明された。しかし、但書があってもやはり同じことである。その証拠について異議を言った時に債権者が（証書を）書き換えてくれるのならよいが、「然ウテナケレハ矢張リ充当ノ問題カ残ツテ居ル夫レハ但書カナクテモ同シタ」。

高木豊三（二一巻五一丁裏）

その場合、但書がなければ「初メニ債権者ノ極メタ通リテ仕方カナイ」。

▼土方委員の第二項但書削除説には賛成者なく、採決には至らなかった。

三　本条の適用範囲――「一様ノ性質」について

穂積八束（二一巻四四丁表）

これ（本条）はどのような場合に（適用が）あるのか。

穂積陳重（二一巻四四丁表〜裏）

これは「例ヘハ金銭債務ナラハ金銭債務、重モニ金銭債務ニ」適用がある。「其他作為ノ義務トカ云フ様ナ義務ノ場合、併シ何ンテモ広ク当テテモ宜イト云フコトニハ言ヘナイ」。

穂積八束（二一巻四四丁裏）

保証の付いているものでも、付いていないものでも、区別はないのか。

穂積陳重（二一巻四四丁裏）

ない。

穂積陳重（二一巻五一丁裏〜五二丁表）

ここで原案の改正をお願いしたい。先ほどの質問で「担保ノアルトカナイトカ云フ色々異ナツテ居ル債務カアルカ」ということが言われた。「性質」は（という文言で）わかると思ったが、よく考えてみると、「担保ト言ツテモ保証人ノアルノトナイノト幾ラカ負担ノ軽重担保ノ多少等ノ事カ色々ア」ろう。起草委員で相談したところ、「一様ノ目的」とすればよくわかると思うので、「性質」を「目的」と改めるよう、許可願いたい。

議長（箕作麟祥）（二一巻五二丁表）

「一様」という字は、これまでに使用したことがあるか。

梅謙次郎（二一巻五二丁表）

旧民法では使用してあるが、本案ではまだ使用していない。

穂積陳重（二一巻五二丁表）

それでは更に、「一様」を「同種」と改めるよう願いたい。

▼別段発議なく、原案は「同種ノ目的」と改められた（二一巻五二丁表）。

長谷川喬（二一巻五三丁裏〜五四丁表）

「一様ノ性質」から「同種ノ目的」と原案が改められたが、「目的」というのは「目的物」のことであり、「若シ目的物カ例ヘハ米ナラ米ヲ有スル数個ノ債務ト云フ様ナ文章ニナツテハ甚タ穏カテアルマイト思フ」。それならまだ「一様の性質」と言った方がよいと思うが、起草委員が改めた趣意は「『様』ノ字ニ病カアルカラテハナイカ」そうであれば「様」の字だけを改めればよいと思うので、私は「同一ノ性質ヲ有スル数箇ノ債務」とした方がよいと考え、元の原案の「一様」を「同一」と改めるよう提案する。

梅謙次郎（二一巻五四丁表）

従来の法律では、債務の性質について、「商法上ノ債務」、「民事上ノ債務」ということが言われているので、元の文を「一寸読ムト然ウ云フ風ニ読メル」。だから「目的」とした方がよい。「目的ト言ヘハ米ナラ米ト云フカ米トハ違ウ其米カ目的ニナルカ目的ヲ有スルト米ヲ有スルトハ違ウト思フ」。

▼長谷川委員の提案には賛成者がなく、採決に至らなかった。

四　弁済充当の方法について

横田國臣（二一巻五二丁表〜裏）

これは（弁済充当を行うには）通知が必要であろう。それとも「通知セヌテ直チニスルコトカ出来」るのか。

穂積陳重（二一巻五二丁裏）

充当はやはり意思表示であると思うが、「通知スルト云フコトハ法律ノ命令トシテハ一向出テ来ナイ」。

横田國臣（二一巻五二丁裏）

それならば、いつ表示したらよいのか。例えば、私が二つの債権を持っていて、そのうちの一つを譲渡すれば、「意思表示テ当然譲渡ヲ為スト云フコトカ分ルカラ夫レテ宜イノ」か。

穂積陳重（二一巻五二丁裏）

それでよいつもりである。

横田國臣（二一巻五二丁裏）

そうすると、（第二項但書で）「異議ヲ述ヘタルトキハ此限ニ在ラス」と（債務者に）「権ヲ与ヘテ」あるが、ただ「知ツタ折丈ケ権カアル」のか。

穂積陳重（二一巻五二丁裏〜五三丁表）

そういうことになる。それゆえ、受取証書によることにしておけば「輙スク分ツテ宜イト思」うが、受取証書ということ(注30)（受取証書請求権の規定）がなくなったので、それを削った結果、文章上から解釈すれば、どうしてもそういうことになるであろうと思う。「コチラニアツテアチラニナイ併シ充当シタト云フ証跡ハ立派ニアルコトニナルト思フ併シ受取ヲヤルカヤラヌカト云フコトニ付テハ矢張リ其時モ受取証書ヲ取ルモノテア」るから、事実上差支えないという議論は生じてくると思う。

富井政章（二一巻五三丁表）

実際は横田委員の言う通りになる。第九八条(注31)に、「離隔地ニ在ル人ニ対スル意思表示」の規定があるが、「僅ニ半丁隔ツテ居」ても「離隔地」である。その場合は、意思表示は通知によって行い、「其通知カ相手方ニ到達シタル時ヨリ其効力ヲ生ス」となっているから、実際はいつも通知が必要ということになる。「夫レヲワザ々々書クニ及ハヌ」。「面ヲ接シテ居ル場合ハ」口頭でもよいが、「離レタ場合ニハ自然通知ト云フコトニナラウト思フ」。

横田國臣（二一巻五三丁表〜裏）

通知は書面によらなくても、口頭でも構わない。「意思表示」というのは、今の穂積委員の発言とは少し異なるように思う。他人（相手方以外の者）に対して行った行為も「意思ヲ発表シタコトニナル」のであれば穂積委員の言うようになるが、そうでなくその者（相手方）にしなければならないということであれば、富井委員の言うようになる。従って、「意思表示ハ弁済者ニ対シテ」せねばならぬと言えば富井委員の説明のようになるが、「意思表示ハ必スシモ弁済者ニ対シテセヌテモ宜イ」と解すると、そうは言えないが、どうか。

穂積陳重（二一巻五三丁裏）

元の原案の活字のままなら、「弁済者ニ対シテ意思表示ヲシタ」（意思表示は弁済者に対してしなければならない）ことになるが、「活字ヲ消シタ」（修正した）結果、そうならなくなった。

▼以上の議論の他、別段発議なく、修正(注32)原案通り可決された（二一巻五四丁裏）。

（注13）弁済者が給付時に充当せず、弁済受領時に充当しないとき、という意味か。
（注14）法定充当に関する原案第五〇四条（確定条文第四八九条）をさす。
（注15）速記録では「若シ極メタト云フト」となっているが、誤記であろう。

（注16）　債権譲渡の「通知」のことであろう。

（注17）　確定条文第五〇〇条（原案第四九七条）参照。なお、確定条文第五〇〇条は、「弁済ヲ為スニ付キ正当ノ利益ヲ有スル者」という文言に改められている。

（注18）　債務者が充当しない場合に債権者が充当を行うには債務者の承諾を要する、という意味であろうか。

（注19）　速記録では「債務者カ第二ノ充当ノ権カアル」となっているが、「債権者カ……」の誤りであろうと思われる。

（注20）　「弁済者」または「債務者」の誤りではないかと思われる。

（注21）　原案第一三七条第一項（確定条文第一三六条第一項）。

（注22）　このあたりのやりとりは速記録が追いついていないため、意味がつかめない。ここの高木委員の発言は、「債権者が充当する場合でなく、債務者が『第一充当権』を行使する場合を問題にしている」という確認の発言かとも思われるが、明らかでない。

（注23）　速記録では「損害スル」となっているが、誤記であろう。

（注24）　速記録では「原本」となっている。

（注25）　旧民法財産取得編第一二九条に、第三者が会社と業務担当社員の一人に対して同性質の債務を負担する場合の弁済の充当についての規定があるが、あるいはそれを指すものであろうか。

（注26）　確定条文第四九一条にあたる。

（注27）　（注21）参照。

（注28）　本条【起草趣旨】五参照（速記録四一丁表）。

（注29）　速記録では「一項ニ於テ」となっているが、誤りであろう。

（注30）　本条【起草趣旨】（注5）参照。

（注31）　確定条文第九七条にあたる。この規定は、最初、民法主査会の原案第九六条では、「離隔地ニ在ル人ニ対スル意思表示ハ其通知ヲ発シタル時ヨリ其効力ヲ生ス」として、発信主義に立っていた（「民法第一議案」一五三丁表～一五七丁裏、「民法主査会議事速記録」第六巻一四六丁裏）。ところが、富井委員が到達主義に立つ修正案（「民法第一議案」一五九丁表～一六七丁表）を提出し、同時に確定条文第九七条第二項にあたる規定を次条に挿入することを提案（「民法第一議案」一六七丁表～一六八丁裏）した。主査会での審議（「民法主査会議事速記録」第六巻一四六丁裏～一九九丁表）の結果、富井委員の修正案が賛成多数で可決され（同一九一丁表）、富井委員提出の次条を同条の第二項とすることとなった（同一九八丁裏～一九九丁表）。こうして今度は到達主義に立つ規定が原案第九八条として総会に提出され（「民法第一議案」一七三丁表）、それに対して逆に穂積・梅両委員が発信主義に立つ元の規定を修正案として提出した（「民法第一議案」一七五丁裏～一八四丁表。なお、高木委員も折衷的な案を提出している（同一八九丁表））。総会でも議論がたたかわされた（「民法総会議事速記録」第五巻九九丁裏～一五一丁表）が、結局多数決の結果、到達主義に立つ原案が可決された。

（注32）　「一様ノ性質」という文言がさらに「同種ノ目的」と改められた後の修正原案。

【その後の経緯】

確定条文では第三項が付加されているが、その理由は明らかではない。整理会でもその理由の説明はなされておらず、別段発議もなく決定されている（民法整理会議事速記録四巻二九丁裏～三〇丁表）。また、本条以下の弁済充当に関する規定は、整理会の段階で位置が前に移されたが、そのことについては、穂積委員により、代位弁済に関する規定を後に移した結果だと説明されている。そうした理由は、代位は「一旦弁済カ済ンダ後トノ結果」であるから、最後に規定する方がよく、それゆえ、弁済充当、提供、供託、代位という順序にしたのだとされている（同二九丁裏）。

【民法修正案理由】

本条以下第四百九十条ノ規定ハ、弁済ノ充当ニ関スルモノニシテ、既成法典財産編第四百七十条乃至第四百七十三条ノ規定ニ相当ス。而シテ、本条ハ、当事者ノ指定ニ依ル充当ヲ規定シ、既成法典第四百七十条及ビ第四百七十一条ノ二条ヲ合シテ、聊カ之ニ修正ヲ加ヘタリ。即チ、立法ノ趣旨ニ付テハ全ク既成法典ト同一ニシテ、債務者ニ第一位ノ充当権ヲ与ヘ、第二位ニ於テ債権者ノ充当権ヲ認ムルモノトス。蓋シ、債務者ノミ絶対的ニ充当権ヲ有スベキヤ否ヤニ付キ、学説及ビ立法例ハ頗ル区々ニシテ、債務者ガ弁済期ニ達シタル債務ヲ弁済スルトキハ、債権者ハ其受取ヲ拒ムコトヲ得ズ、又債権者ハ、既ニ満期トナリタル債権ナレバ其何レニ対シテモ充当ヲ為シ得ベキモノニシテ、雙方共ニ同等ノ位置ニ在ルモノナレバ、債権者モ亦債務者ト同等ニ充当権ヲ有スベシト主張スル者少カラズ。而シテ、其言フ所固ヨリ一理ナキニ非ズト雖モ、弁済ノ法律上ノ性質ハ、一個ノ法律行為タルト否トニ関セズ、弁済ハ債務者ノ為スベキ行為ニシテ、其意思ヲ第一位ニ置カザルベカラザルモノナレバ、本案ハ、既成法典ノ如ク、第一位ノ充当権ヲ以テ債務者ニ属セシメタリ。

債権者ガ第二位ニ有スル充当権ニ付テモ、学説及ビ立法例ハ共ニ区々ニシテ、独乙民法草案ノ如キハ、此充当権ナシトシ、仏、伊諸国ノ法典ハ、債務者ガ異議ナク受取証書ヲ受取リタルトキハ債権者ノ充当権ハ存在ストシ、英米ノ法律ニ依レバ、債権者ハ強力ナル第二位充当権ヲ有シ、弁済後ニ於テモ、亦出訴期限ヲ越ユルモ、尚ホ充当ヲ為シ得ルモノト為セリ。而シテ、既成法典第四百七十一条第一項ハ、断然債権者ノ第二位充当権ヲ認メ、同条第二項ニ於テ、仏、伊諸国ノ法典ノ如ク、制限的ノ趣旨ヲ有スル規定ヲ設ケタリ。要スルニ、債権者ハ、固ヨリ弁済ヲ受クベキ権アルモノナレバ債務者ガ充当ヲ為サザルトキハ、何レノ債権ニ充当ヲ為スモ毫モ妨ゲナキ所ナレバ、本案モ、既成法典ノ如ク、債務者《ママ》ハ自由ニ第二位充当権ヲ行フコトヲ得トシ、然モ、債務者ヲシテ意外ノ充当ヲ受クルコトナカラシムル為メ、債務者ハ此充当ニ対シテ直ニ異議ヲ述ベ得ルコトヲ認メタリ。

既成法典ハ、弁済ノ充当ヲ受取証書ニ記入スベキモノト為スト雖モ、斯ノ如ク証拠方法ヲ限定スル必要ナク、寧ロ此等ノ事項ハ従来ノ慣習ニ委スルノ便利ナルニ若カザルヲ認メ、本案ハ、受取証書ニ充当ヲ記入スルコトヲ要セズ、単ニ給付ノ時又ハ弁済受領ノ時ニ充当ヲ為シ、又之ニ対シテ直ニ異議ヲ述ブベシトシ、其時期ヲ指定スルニ止ムト雖モ、弁済ノ充当ハ如何ニシテ之ヲ為スベキモノナルカヲ指定スル必要アルニ因リ、本案ハ、特ニ本案第二項（注）ノ規定ヲ設ケ、弁済ノ充当ハ相手方ニ対スル意思ヲ《ママ》表示ニ依リテ之ヲ為スベキ旨ヲ明示セリ。其他既成法典第四百七十条第二項ノ規定ハ、或ハ債権者ノ当然ノ権利ニ関シ、或ハ一部履行ノ弁済ヲ受クベキ義務ナキコトヲ認ムルモノニシテ、別ニ明文ヲ要セズ、只其費用利息及ビ元本ノ充当ニ関スル規定ノミハ必要ナルニ因リ、本案ハ、之レヲ別条ニ規定シ、本条第二項ハ之レヲ刪除セリ。又、既成法典第四百七十一条第二項ノ規定モ、既ニ本案第一編総則ニ於テ、広ク意思表示ニ関スル規定ヲ設ケ、錯誤欺瞞等ニ本ヅク意思表示ノ取消ヲ許シタレバ、此ニ之ヲ反覆スル必要ナキニ因リテ、総テ刪除セリ。

（注）「第三項」の誤りであろう。

▼民法修正案理由書第三編第一章「第五節　債権ノ消滅」八～一〇頁（第四八七条）。

（玉樹智文）

第四八九条　弁済をする者及び弁済を受領する者がいずれも前条の規定による弁済の充当の指定をしないときは、次の各号の定めるところに従い、その弁済を充当する。
一　債務の中に弁済期にあるものと弁済期にないものとがあるときは、弁済期にあるものに先に充当する。
二　すべての債務が弁済期にあるとき、又は弁済期にないときは、債務者のために弁済の利益が多いものに先に充当する。
三　債務者のために弁済の利益が相等しいときは、弁済期が先に到来したもの又は先に到来すべきものに先に充当する。
四　前二号に掲げる事項が相等しい債務の弁済は、各債務の額に応じて充当する。

第四八九条　当事者カ弁済ノ充当ヲ為ササルトキハ左ノ規定ニ従ヒ其弁済ヲ充当ス
一　総債務中弁済期ニ在ルモノト弁済期ニ在ラサルモノトアルトキハ弁済期ニ在ルモノヲ先ニス
二　総債務カ弁済期ニ在ルトキ又ハ弁済期ニ在ラサルトキハ債務者ノ為メニ弁済ノ利益多キモノヲ先ニス
三　債務者ノ為メニ弁済ノ利益相同シキトキハ弁済期ノ先ツ至リタルモノ又ハ先ツ至ルヘキモノヲ先ニス
四　前二号ニ掲ケタル事項ニ付キ相同シキ債務ノ弁済ハ各債務ノ額ニ応シテ之ヲ充当ス

原案第五〇四条　当事者カ弁済ノ充当ヲ為ササルトキハ左ノ規定ニ従ヒ其弁済ヲ充当ス
一　総債務中弁済期ニ在ルモノト弁済期ニ在ラサルモノトアルトキハ弁済期ニ在ルモノヲ先ニス
二　総債務カ弁済期ニ在ルトキ又ハ弁済期ニ在ラサルトキハ債務者ノ為メニ弁済ノ利益多キモノヲ先ニス
三　債務者ノ為メニ弁済ノ利益相同シキトキハ弁済期ノ先ツ至リ又ハ至ルヘキモノヲ先ニス
四　前三号ニ掲ケタル事項ニ付キ相同シキ債務ノ弁済ハ各債務ノ額ニ応シテ之ヲ充当ス

【参照条文】
旧民法財産編
第四七二条　債務者及ヒ債権者カ有効ニ充当ヲ為ササルトキハ当然左ノ如ク充当ス
第一　期限ノ至リタル債務ヲ先ニシ期限ノ至ラサル債務ヲ後ニス
第二　費用及ヒ利息ヲ先ニシ元本ヲ後ニス
第三　総債務カ期限ニ至リ又ハ至ラサルトキハ債務者ノ為メ最モ弁済ノ利益アル債務ヲ先ニス
第四　債務者カ弁済ノ先後ニ付キ利益ヲ有セサルトキハ期限ノ最モ先ニ至リタル又ハ至ル可キ債務ヲ先ニス
第五　総債務カ何レノ点ニ於テモ相同シキトキハ充当ハ各債務ノ額ニ応シテ之ヲ為ス
フランス民法
第一二五六条　義務ヲ得ル者ノ受取書ニ数個中何レノ義務ヲ尽クスニ充テ用フルヤヲ別段定メサル時ハ義務ヲ行フ者其尽クス可キ期限ニ至リシ数個ノ義務中ニテ最モ先キニ尽サント欲スル義務ヲ尽クスニ

充テ用フ可シ又其義務中ニテ未タ尽クス可キ期限ニ至ラサルモノアル時ハ如何ナル景状アリト雖モ既ニ尽クス可キ期限ニ至リシ義務ヲ尽クスニ充テ用フ可シ○若シ又数個ノ義務ノ種類皆等シキ時ハ其義務中ノ最旧ノモノヲ尽クスニ充テ用フ可ク又其数個ノ義務ノ種類皆等シク且新旧ノ区別ナキ時ハ平等ニ数個ノ義務ヲ尽クスニ充テ用フ可シ

オーストリア一般民法

第一四一六条　仏国民法第千二百五十六条ノ第一項ニ同シ

オランダ民法

第一四三五条　〔フランス民法第一二五六条に次を加える〕若シ数個ノ義務中其一個トシテ未タ払ヒ期限ニ至ラサル時ハ既ニ払ヒ期限ニ至リシ義務ニ等シク其義務ヲ尽スニ充テ用フ可シ

イタリア民法

第一二五八条　領受証票ニ何等ノ債額ニモ擬当スルヿヲ明記セル無キニ於テハ則チ其弁償ハ弁償期限ノ齊シク到来セル債額ノ中ニ就キテ負責主ニ甚大ナル利益ヲ付与スル所ノ者ニ擬当セサル可カラス若シ其期限ノ齊シク到来セサル債額ニ関シテハ仮令ヒ負責主ニ便宜ヲ為サヽルモ先ツ其期限ノ到来セル債額ニ擬当セサル可カラス若シ数項ノ債額カ同一性質ノ者ニ係レルニ於テハ則チ其弁償ハ先ツ最旧ノ貸付額ヨリ償消ス可キ者トス〔仏民第千二百五十六条〕

スイス債務法

第一〇一条第三項　債務者が異議を唱え、または受取証書に充当に関する記載がないときは、支払は弁済期にある債務に充当され、弁済期にある債務が数個あるときは、債務者が最初に取立を受けた債務に充当され、取立がなされなかったときは、先に弁済期の到来する債務に充当され、それらの弁済期が同時に到来すべきときは、各債務の額に比例して充当がなされる。数個の債務のいずれも弁済期にないときは、支払は債権者に提供されている担保が最も少ない債務に充当される。

モンテネグロ財産法

第六一二条　〔第四八八条の【参照条文】中に掲載〕

スペイン民法

第一一七四条　前二条の規定に従って充当が為され得ない場合には、期限の到来した債務のうち、債務者にとって最も負担の大きいものより充当されたものと看做す。

それらが同じ性質である場合又は負担が等しい場合には、弁済は全債務に比例的に充当される。

ベルギー民法草案

第一二四九条　両当事者が充当をしなかった場合には次の規律が適用される。

期限の到来した債務が期限の到来せざる債務より負担が軽い場合でも、まず期限の到来した債務に充当される。

全ての債務の期限が到来している場合又は全ての債務の期限が到来していない場合には、その当時債務者が最も大きな弁済の利益を有するところの債務に充当されなければならない。

それらの債務の性質が等しい場合には最も早く期限の到来する債務に充当される。期限のない債務の場合には最も負担の大きいものに充当される。

全ての事情が等しい場合には充当は比例的に為される。

ドイツ民法第一草案

第二六七条第二項　前項ノ指定ナキトキハ給付ハ先ツ満期ト為リタル債務ヲ弁済ス満期トナリタル数個ノ債務アルトキハ債務者ニ負担ノ重キモノヲ先ニシ負担ノ一

様ナル数個ノ債務アルトキハ其旧キモノヲ先ニシ同一ノ日附ヲ有スル数個ノ債務アルトキハ各債務ニ対シ其額ニ応シテ之ヲ弁済ス

ドイツ民法第二草案

第三一五条第二項〔第四八八条の【参照条文】中に掲載〕

プロイセン一般ラント法

第一部第一六章第一五三条　当事者間に合意が存しない場合に於いては、給付された弁済は先ず期限の到来した利息に充当される。

第一五五条　複数の元本中に於ては、弁済は先ず債権者が最初に請求した元本に充当される。

第一五六条　それが存しない場合または全てが同時に請求された場合に於いては、債権者は弁済された金額を担保のより少ない費目（Post）に充当することができる。

第一五七条　各債権の性質が等しい場合に於いては、利率に鑑みて債務者にとって最も負担の大きいものに充当する。

第一五八条　前各条の該当しない場合に於いては、期限の到来の最も早い費目に充当される。

第一五九条　前各条によっては決定されない場合に於いては、弁済はすべての債務（Schuldposten）に比例的に充当される。

ザクセン民法

第九七九条　此ノ如キ異議ヲ述ヘタルトキ又ハ何タル定メヲナサヽルトキ支払ハ先ツ利子及費用ノ計算ニ立テ次テ未タ支払満期ニ至ラサルモノニ先立チ既ニ満期トナリシ主タル負債ノ計算ニ立ルモノトス数個ノ主タル負債中ニテハ負担ノ軽キモノニ先立チ負担ノ重キモノヲ支払ヒタリト看做シ其負担ノ同等ナルモノ、中ニテハ新キモノニ先立チ旧キモノヲ支払ヒタリト看做スモノトス年月ノ同一ナル負債ニアリテハ其支払ハ総テノモノニ付キ割合ニ応シテ計算スルモノトス

第九八〇条　特ニ確定裁判ヲ受ケタル負債ハ未タ確定裁判ニ至ラサル負債ヨリモ負担重キモノト看做シ質主権又ハ保証ヲ以テ保全シタル負債ハ保全セサル負債ヨリモ負担重キモノト看做シ及自己ノ負債ハ保証ニ依リ生スルモノヨリモ負担重キモノト看做スモノトス

バイエルン民法草案

第二部第一章第一七〇条　第一六九条第一項に於いて債務者が表示をしなかったときは、債務者が受取証書を異議または留保なく受領するならば、当該支払は、その受取証書中に債権者が記載した債権に充てられるべきものとする。

　そのような記載も欠ける場合には、支払はまず利息に充当され、次いで元本に充当される。複数の元本債権中においてはまず期限の到来した債権に充当されるものとする。

　期限を同じくする複数の債権中においては、支払は債務者の負担のより大きいものに、しかるのちより旧い債務に、新旧を同じくする複数の債権中においては各債権に対して比例的に充当されるものとする。

イギリス

Eeayton s Ease. 1. Mer, 585[注1]

Fanene V. Bensnett. 11 East. 36[注2]

インド契約法

第六一条　何レノ当事者モ何ノ充当ヲモナサヽル場合ニハ其債務ノ出訴期限ノ現行法ニヨリテ防止セラレタルモノタルト否トニ拘ハラス其弁済ハ時ノ順序ニ従フテ諸債務ノ仕払ニ充当スヘキモノナリ

（注1）民法第一議案三三九丁裏では、Clayton's Case, 1. Mer. 585となっている。これは

Clayton's Case. 1. MER. 572, 35 English Reports 781であると思われる。
（注2） 民法第一議案三三九丁裏では、Favenc v. Bennett, 11 East. 36となっている。これは、Favenc v. Bennett (1809) 11 EAST 36, 103 English Reports 917であると思われる。

【起草趣旨】

穂積陳重（一二巻七四丁裏～七六丁裏）

本条は法律上の充当に関する規定であり、旧民法財産編第四七二条の充当の規則をそのままに採用したものであるが、その中で、一、二、少しばかり改めた。

(1) 原案と異なる法定充当規定を有する外国の例

本条の規定による充当の順序は、旧民法のみならず多くの国において用いられているところであり、これに異なった順序を採用しているところはまことにわずかである。

即ち、イギリス又はインド等の規定によると、当事者が充当を為さないときはその弁済期の順序によるのをもって法律上の充当の規則としているのであるが、これが一つの異なった例である。

また、ドイツ民法草案第二読会では、(i)総債務が弁済期にあるときは、担保の債権者に対しては担保の少ないものを先に支払う。(ii)次に、この債権者に対する担保が同じときには、債務者にとって負担の大きいものから充当していくことになっている。これはドイツ民法草案第二読会だけの例である。もし、この総債務が弁済期にあったときに、債務者が自分から弁済を為す場合において、担保の少ないものを先に払うと言わずに、担保の多いものから先に払っていって担保の少ないものを後に残すと言ったら債権者は必ず待ってくれない。ただちにこれを弁済しろということを請求するだろうから、当然債権者の通常為す順序に従って、債権者のために担保の少ないものをまず払わせる。それでなくては他のものを待ってくれと言うことは公平でない。だから債権者のために担保の少ないものを先にするということになっているのである。それで担保の点で同じであるときは、担保の負担の大きいものからということになっているが、これは一応理屈はある。しかし、第二の順序（上記(i)――窪田注）は債権者の利益、第三の順序（上記(ii)――窪田注）は債務者の利益になっているのであるから、どうもこの充当の順序には一つの精神が貫いていないようである。従って、これは採用しなかったのである。

(2) 第二号の文言について

本条に採用した順序はほとんど各国で用いられている順序であるが、ただ、債務が弁済期にある、或いは、弁済期にないというときの規定の書き方が、ある国においては「債務者ノ為メニ負担重キモノヲ先ニス」と書いてあり、また、ある国においては「債務者ノ為メニ弁済ノ利益多キモノヲ先ニス」と書いてある。「負担重キモノヲ先ニス」と書く方が或いは良いかと思うが、しかし、時効が先に来るのと後に来るのとどちらが負担が重いと言えるか分らない。時効が後に至るものを先に弁済する方が債務者の利益であるということは言うまでもなく分ることであるから、「債務者ノ為メニ弁済ノ利益多キモノヲ先ニス」と書いたのである。旧民法もその通りである。

(3) 旧民法との相違点

旧民法と少し書き方を改め、それによって事実が改まったのが旧民法財産編第四七二条の第五号である。第五号には、「総債務カ何レノ点ニ於テモ相同シキトキハ充当ハ各債務ノ額ニ応シテ之ヲ為ス」と書いてある。よく考えるとこれは不都合なのである。総債務が前に挙げたどの点についても同じときにこの債務額だけに（債務額に応じてのみ――窪田注）充当するということであると、例えば、第二号なら第二号だけで四つ債務がある。そのうちの二つは同じものである。また第三号においても四つ債務がある。そのうちの三つが同じである場合には、その二つないし三つの間ではやはり債務の額に応じて充当しなければならない。それゆえに、総債務が云々と書かないで、「前三号ニ掲ケタル」云々と書いたのである。従ってこの点だけは実質が改まった。

それから旧民法財産編第四七三条を削除した。同条は、「交互計算ニハ此処ノ弁済充当ノ規則ヲ適用セヌ」と書いてあるが、これは言うまでもないことである。交互計算は、その取引の性質上、或いは慣習によって生ずるものであるから、当事者間の意思によってその充当法も定まるのであり、法律上の充当ということが当たらないのは明らかである。よって削除したのである。

【主要審議】

一　利息と元本

元田肇（二一巻七六丁裏）

此の利息は元本の方を先に払うというのか。

穂積陳重（二一巻七七丁表）

それは前条の説明の際断ったが別条となるのである。別条とした理由は、原案第五〇六条（確定条文第四九一条）の所で説明しようと思うが、一口で言えば、一つの債務しかないときも該当する規定だからである。

二　第二号第三号修正案

土方寧（二一巻七七丁表～裏）

この原案第五〇四条の法律上の充当の順序は、実際に適用されることは少ないだろうから、難かしく論議をすることもなかろうと思うが、前条但書は削られなかったのであり、これで債務者は十分に保護されるのであるから、ここで第二号、第三号に債務者のために利益ある方に充当するというような法律の規定を設けなくてもよい。第二号の「総債務ノ弁済期ニアルトキ」というのは他にこれといった点がないのであるから、「債務者ノ方ニ取ツテ利益カアル」と言うより仕方ない。つまり、これは第一号の精神と同じであるとしてよかろう。或いは、担保のある方から先にした方がよい場合もあり、或いは大変利息が悪い場合があろう。場合によって違う。こういったものを拠ろなく標準として決することは仕方ないが、第二号のことは弁済期にあるとき、そういう難問を避けておいたらばよかろう。そうしたら債務者が迷惑を蒙らない。

そこで、第二号と第三号を変えて以下のようにしたい。つまり第二号は、「又ハ弁済期ニ在ラサルトキハ」だけを省く。それから、第三号は、「総債務カ弁済期ニ在ラサルトキハ弁済期ニ在ルモノヲ先ニス」として、第一号の趣旨と同じようにするように改めたい。

横田國臣（二一巻七七丁裏）

第二号と第三号を一緒にして、「総債務カ弁済期ニ在ルトキ又ハ弁済期ニ在ラサルトキハ弁済期ノ先ツ至リ又ハ至ルヘキモノヲ先ニス」としてはどうだろうか。

穂積陳重（二一巻七八丁表）

そうすると、こんなに号を置かなくてもよいのではないか。当事者が弁済の充当を為さざるときは、弁済期の順序に従い弁済の充当を為すということになるのではないか。そして、「弁済期ノ同シキトキハ各債務ノ額ニ応シテ之ヲ充当ス」というのを第二項にしてしまう。

横田國臣（二一巻七八丁表）

その方が良いかもしれない。

土方寧（二一巻八二丁表）

横田委員の説に賛成する。

穂積陳重（二一巻八二丁表）

横田委員の説は成立したが、どういう形であるか承知したい。

横田國臣（二一巻八二丁表）

第二号と第三号を合せようというのである。

▼採決の結果起立者少数で否決（二一巻八三丁表）。

三　第四号削除案

菊池武夫（二一巻七八丁表〜裏）

第四号を削ることを提案する。期限においても利益においても同じであり、どちらにしてもよい債務が二つある場合にはどちらを弁済したところで債務者の害になる、利益になるということはわかりにくい話である。そういう話である以上、これは債権者の為すに任せておいて差支えなかろう。それ故に、これ（第四号）は省いておいた方がかえってよいと思う。

高木豊三（二一巻七八丁裏）

賛成。

穂積陳重（二一巻七八丁裏〜七九丁表）

賛成があったから、ちょっと述べておく。第四号を削って債権者の為すに任せるという菊池委員の考えであるが、債権者の充当権は前条に規定があって、債権者が充当しない場合にだけここの規定が必要なのだから、削ってしまうと、その場合においては弁済にならないということになってしまうのである。なぜなら、この部分弁済というものは債権者に受ける義務がない。これを書いておかなければ、債権者の為すに任せる（ということになる）のではなく、これが弁済にならなくなってしまう。こういう結果が生じてしまうから、第四号は存しておくことを希望する。

高木豊三（二一巻七九丁表）

私の考えでは、無論、当事者の随意の充当がない場合に、裁判所がこの民法を実施するのが本職だろうと思う。

一〇〇円の債務が四つあり、期限も性質も皆同じである。その内に一〇〇円の金があると、普通の証文は皆残しておいて、この規定が「見込ンテアル」。その場合に、そのうち二五円ずつ減じたということにならなければならない。そういう窮屈なことをしないでも一〇〇円の証文が四つあるならば、それぞれ充当して一方に返してしまえばそれで済む。余りロジックに関係して非常な手数を煩わしはしないか（あまりロジックにこだわると非常に煩しいことになるのではないか）という考えで菊池委員に賛成したのである。

穂積陳重（二一巻七九丁裏）

今の例だけではちょっとわからないが、一〇〇円の債権が四つあって一人が一五〇円を払った場合には、あとの五〇円はどうするのか。この規定がないと分からない。債務者が初めにそれを承諾すればよいかも知れないが、債権者も債務者も何も言わなかったときに、この規定があたるのである。

高木豊三（二一巻七九丁裏）

そういう場合は一五〇円は債権者が受け取れない。受け取れば一部弁済を承諾したので、一部弁済を拒む権利があるということを削ってしまえば、承諾したものと見るのが至当であろうと考える。

梅謙次郎（二一巻七九丁裏〜八〇丁表）

今の一口払って丁度よいというのは最も便利であるが、一口でも三分の一でもいいが、それは誰が、どれに充当するということを決めるのか。その場合にはやはり規定がなければならない。黙っていれば債権者の方で勝手にするということになるのか、債務者の方で後から勝手次第のことを言い出していいのか分からない。裁判所でどうしたらよいということを言わないで、ただ削り放しではいけない。

横田國臣（二一巻八〇丁表～裏）

第四号はなる程、ロジックではなくてはならないことになる。ただ私はこの場合は稀であるということと、この規則が悪いということで、これを何とか変えたいと思う。

規則が悪いというのは何故かというと、債務が四つあるのにちびちび弁済するのは不便であろうと思う。こういう場合こそ、債権者の意に任せてはどうであろうか。そうすれば、これを譲渡するとか何とかいうことでも債権者には何も差支えなかろう。また債務者にしても利害の関係は全くない。ごく精密に論ずるならば、この場合は利害の多い方にし、また、それも同じならば、債権者の方の意に従うとなれば尚精密になるかもしれないが、そうまでしなくてもよい。

ただこの規則は私は好かないのであって、これがなければならないということは承知している。

富井政章（二一巻八〇丁裏～八一丁表）

本条の場合どうせ適用場面は少ないのであるからどうなっても別に反対はしないが、余り考えの貫かない規定になるのはいけないから、今の修正案提出者に正しておきたい。

期限の前後に依ってその弁済を充当するということにすれば、債権はどうなるのか。つまり第二号にある規定はどうなるのか。それによっては万一賛成するかもしれないが、それが決まらなければ表決のしようがない。

各債務の価額によってこれを充当するということにすれば、期限の点だけに重きを置いて期限の前後によって決する。担保が付いていようとなかろうと、また利息が付いていようとなかろうと、それを各債務の価額に応じて充当するというのはいかにもおかしい。そうであるから期限の前後ということを債務者の方から書くならば、期限の方もこんな利益のあるものを先に置いて、その制限も同じことであれば、各債務の価額に応じて充当するということにしなければ、思想が貫かないと思う。

今、横田委員は期限が同じであれば債権者に任せてしまうということであるが、それが私には分からない。担保の付いているものといないものがあり、利息が付いているものといないものがある。また時効の点でも違う。そういうのはまるで債権者のために決めたとするのは、何故に弁済期の点については特別の規定を置いて、多くの場合には債務者保護の規定はどれ程違っていても、その他の債権者に関する規定はどれ程違っていても、それは債権者に任せてしまうというのはどういう理由か。衝突したものを一箇条に置くことになるのは了解しかねる。

横田國臣（二一巻八一丁表～裏）

それで極く精密に言えば利益というものを見、そうして利益が同じ折りには債権者に任せると言う方が論がつくということを言ったのである。

富井政章（二一巻八一丁裏）

債権者の利益ということは中間に入るということか。

横田國臣（二一巻八一丁裏）

そうである。

梅謙次郎（二一巻八一丁裏～八二丁表）

それにしても、期限の前後ということと、それが同じならば債権者の選ぶに任せるということが揃わない。債務者保護の精神を以てすれば債務者の方で選ぶということは理屈は分るが、一つ困るのは、債務は消えているがどの弁済か（どの債務が消えているのか）分らない。そうして一、二年の後に、あれはどれであったということを債務者が勝手に決めることができるというのはおかしい。が、適用の少ないことであるからそれでいい。また期限も全く同じ、弁済の利益も全く同じで、債務が別々になっているということは多分ないだろうから、事実について調べたら、普通、利益が違っているということは必ずあると思う。或いは、第四号がなくなっても差支えないかもしれないが、これ（第三号――窪田注）もなくなって、第四号もなくなってしまえば、むしろ、この条は削ってしまう方がよいということにならないか。その辺をよく考えて議決することを希望する。

議長（箕作麟祥）（二一巻八三丁表～裏）

菊池委員の第四号を削るという説は賛成があったが、発議者も帰ってしまい、賛成者もいなくなってしまったから[注3]、決を採ることをよす。

四　第二号と第三号の順序を替える修正説

土方寧（二一巻八二丁表～裏）

第二号と第三号を合わせるという横田委員からの修正説には私は賛成したが[注4]、それを模様を変えて、第二号と第三号の順序を変えて、期限の前後を第一にして、それが同じときは利益の多少によるということにして、期限も利益も同じときには第四号にあるように各債務の額に応じてというように三段になる修正説を提出する。

▼賛成者がなく案としては不成立。

五　第四号修正案

穂積陳重（二一巻八三丁裏）

それでは第四号を一字改めたい。総ての債務が弁済期にあるときと、総ての債務が弁済期にないときを、ともに第二号に送ってある。そのため、第一号ではどうしても価額に応じて充当するという場合が生じないので、「前三号ニ掲ケタル」とあるのを「前二号ニ掲ケタル」とする。

▼このまま異議がなく本条は確定（二一巻八三丁裏）。

（注3）賛成者は高木委員であるが、退席者の中には含まれておらずこの点は不明である。

（注4）前述【主要審議】二参照。

【その後の経緯】

確定条文への表現の変更は「文字丈ケ」のこととされている（民法整理会議事速記録四巻三〇丁表）。また、衆議院民法中修正案委員会において、弁済期が到来した複数の債務がある場合、弁済期の早い順に充当するのが適当ではないかという質問があった。穂積委員は、本条は債務者の意思を推測してこれに従うのが適当であるという考えに基づくものであると述べて、利息の付いているものを早く消滅させるという例を示した（廣中俊雄編著『第九回帝国議會の民法審議』二二五頁）。

【民法修正案理由】

本案ハ、弁済ニ関スル法定ノ充当ヲ規定スルモノニシテ、既成法典財産編第四百七十二条ニ聊カ修正ヲ加ヘタリ。蓋シ、充当ノ順序ニ付テハ、英国ノ如ク単ニ弁済期ノ先後ニ依ルモノト独乙民法第二章《ママ》案ノ如ク弁済期ニ在ル数個ノ債務ニ付テハ、債権者ニ取リテ最モ担保ノ少キモノヲ先ニシ、担保ノ一様ナル数個ノ債務ニ付テハ、債務者ニ最モ負担重キモノヲ先ニスル如キ細別ヲ設クルモノトアリテ、各其理由ヲ有スト雖モ、本案ハ寧ロ既成法典ノ順序ヲ以テ適当ト認メタレバ、之ニ依リテ法定ノ充当ヲ規定セリ。只既成法典ハ、費用利息及ビ元本ニ対スル充当ノ順序モ、共ニ第四百七十六条ノ規定中ニ掲グト雖モ、本案ハ、後ニ第四百九十条ニ於テ説明スル理由ニ本ヅキ、之ヲ別条ニ規定セリ。

其他既成法典財産編第四百七十三条ハ、交互計算上ノ振込ニ付キ、特ニ弁済充当ノ規定ヲ適用セザル旨ヲ明示スト雖モ、交互計算ノ性質上、充当ノ規定ニ従ハザルコト明白ナルニ因リ、既成法典同条ノ規定ハ之レヲ削除セリ。

▽民法修正案理由書第三編第一章「第五節　債権ノ消滅」一〇～一一頁（第四八八条）。

（窪田充見）

第四九〇条　一個の債務の弁済として数個の給付をすべき場合において、弁済をする者がその債務の全部を消滅させるのに足りない給付をしたときは、前二条の規定を準用する。

第四九〇条　一個ノ債務ノ弁済トシテ数個ノ給付ヲ為スヘキ場合ニ於テ弁済者カ其債務ノ全部ヲ消滅セシムルニ足ラサル給付ヲ為シタルトキハ前二条ノ規定ヲ準用ス

原案第五〇五条　一箇ノ債務ノ弁済トシテ数箇ノ給付ヲ為スヘキ場合ニ於テ弁済者カ其債務ノ全部ヲ消滅セシムルニ足ラサル給付ヲ為シタルトキハ前二条ノ規定ヲ準用ス

【参照条文】

スイス債務法

第一〇〇条　債権者に対し債権の一部につき保証人が立てられ、または質物もしくはその他の担保が交付されたときは、債務者は一部の支払（Teilzahlung）を担保されている部分またはよりよく担保されている部分に充当する権利を有しない。

【起草趣旨】

穂積陳重（二一巻八四丁表～裏）

本条は、前条よりも適用の場合が多い。第五〇四条によると、法律上の充当ということは滅多に出て来ないであろうが、一個の債務の弁済として、数個の給付を為す場合は幾らでもある。その場合に何とも言わずに支払うことは幾らでもあるが、この場合に規定がないと、前の時効の規定について、或いは家賃であるとか給料であるとか、このようなものは一つの債務について種々の給付を為すべき僅かの年限で時効が完成する。そういう場合は、充当するのが当たり前で、前二条の規定が当るか当らないかは債務者、債権者に関係が大きいのであるから、実際上このような規定が要ると思う。その他、債務の一部分に担保、その期間の一部に保証が付されている場合等、実際上随分あることである。よって外国には余り例がないが、本条のような規定を設けた。

【主要審議】

本条削除案

土方寧（二一巻八四丁裏）

例えば金を引続いて年々幾らずつ払う年賦とか月賦とかいう場合であるともとより弁済は幾つにもなるが債務は一つである。そのときに充当ということを準用するにしても、どうもわからない。一個の債務の弁済として数個の給付を為す場合というのがよくわからないので、もう一度説明を請う。

穂積陳重（二一巻八四丁裏～八五丁表）

イギリスにはこういう規則がある。いわゆる「あぷりげーしよんでべーめんと」（注）というのは、ただ数個の債務がある場合ではない。雇人給料とか生徒の授業料を皆含む。その給付を充当するものであって、債務の弁済を充当するとは直ちに言えないものであるから、それゆえにこれを準用したのである。これを払ったのは何月分の家賃である、何回目の払いである、あるいは何月分の給料であるということがこれによってわかるようになるだろうと思う。

横田國臣（二一巻八五丁表）

これは要らぬ箇条であるとは思わないが、先のものを先にするということさえあるならばそれでいいのではないか。原案第五〇四条のような場合（「規律」の趣旨か？）を悉く適用する場合はないように思う。例えば私が年賦（月賦か？）で毎月一〇円ずつ払うのを怠った場合、八、九月過ぎてこれは九月分だという争いが起ってはいけないが、その他の場合はどうか。各債務額に応じて充当するという場合があるのか。

穂積陳重（二一巻八五丁裏）

額に応ずるという第四号の場合は極めて少なかろうと思う。しかし、担保品がなくなるとか、保証人が死んでしまうとか、或いは保証人がよそへ行ってしまうとか、或いは何年何月から利息を付けるということはあり得るから、それで、「前二条ノ規定ヲ準用ス」と書いておけば大抵のことが当ると思う。が、もとより多くは月賦払、給料、借家賃というようなものに当るのであるから、事によったらイギリスのように日付の前後によるということでよいかもしれない。

横田國臣（八五丁裏～八六丁表）

この箇条によって尚更原案第五〇四条が改正にならないことが遺憾である。

債務者の便益を先にするというのは、保証人のある場合は「何ンタ方カ」（保証人のある債務の方が）便益であろうと思う。例えば下宿をしたような場合に、いつも利益の多いものと言うのが煩わしくはないか。この債務は先のものを先にすると言えばそれで……。

土方寧（二一巻八六丁表）

私は、これは期限の前後というだけでよいと思う。この法文のままにしておくと、給付すべきものが幾色にもなっていて何れも同時にやるという場合ならば、場合が変わるので、金一〇〇円、米一升、酒一升、油一升をいつ幾日に渡すというとき、それは米一升の債務、酒一升の債務、金一〇〇円の債務、三つのものが弁済期が来ていると見ると、或いは一つの原因でないから一つの債務と見ていない。そうすると、家賃とか、金を借りて月賦で払うという場合には、その家賃とか月賦とかいうものは、それは時の順序によって適用していくという方が簡単でよかろうと思う。

高木豊三（二一巻八六丁表～八七丁表）

私はこれがなくてもよいと思う。この場合、想像すると、どんな場合が出てくるか。例えば、下宿料、家賃のようなものを二箇月までは滞っても利息を取らないが三箇月以上になれば利息をつける、或いは四箇月以上滞ったときは利率を上げるという約束があって、それが七箇月、八箇月滞った時は利益が少ないとか多いとかいうことが出てこよう。こういう場合には、定期なら定期に払うが、すなわちそれが一つの債務と見ることができようと思う。一〇円《ママ》の月賦なら月賦その他の権利関係は合意でできているにしても、弁済の債務というものは一つ一つに区切って見ることができると思う。そうすれば前の原則が当然に適用されるので、殊更にこの条を設ける必要はない。よって削除説を提出する。

穂積陳重（二一巻八七丁表）

そうすると、雇人の給料とか借家賃とかいうものは一つの払う期限に債務が発生し、また債務が消滅するというのであるか。

高木豊三（二一巻八七丁表）

消滅はしない。

穂積陳重（二一巻八七丁表）

消滅していなければ一つの債務に違いない。

高木豊三（二一巻八七丁表～裏）

権利関係は一つであるが、ああいうものは日に日に生ずる義務と同じで、月賦なら一月ごとに義務が生じて来る。元の契約は一つであるが、一部ずつ切って債務ということができる。この前二条の適用で、例えば一〇箇年賦の契約があっても、その期限の来ないうちは義務が成立しておらず、支払期限が来て初めて弁済の義務が生ずると言ってよかろう。

土方寧（二一巻八七丁裏）

高木委員の説に賛成する。

穂積陳重（二一巻八七丁裏）

土方委員に質問する。雇人の給料のように月々給料を決めたときは、その度に義務を負うという高木委員の根本の議論にも賛成か。

土方寧（二一巻八七丁裏）

そうではない。

▼本条削除案についての採決の結果、賛成者少数で原案に確定（二一巻八七丁裏）。

（注）obligation of payment か？

【その後の経緯】

整理会では、本条について箕作議長が「一向何ンテモナイ」と発言しているが、「箇」の文字が「個」に変えられたことに関して言っているのであろうか（民法整理会議事速記録四巻三〇丁表）。

【民法修正案理由】

本条ハ、既成法典其他多ク法典ニ其例ナシト雖モ、実際上本条ニ予定スル事項ハ常ニ見ル所ナレバ、本案ハ瑞士債務法等ニ倣フテ、新ニ本条ノ規定ヲ設ケタリ。例ヘバ、一個ノ債務ニ対シ定期支払ノ方法ニ依リ数個ノ給付ヲ為ス如キ場合ニ於テ、債務ノ全部ヲ消滅セシムルニ足ラザル給付ヲ為シタルトキハ、其何レノ部分ニ充当スベキヤニ付キ、前二条ノ場合ト同様ノ関係ヲ生ゼシムルニ因リ、斯ノ如キ場合ニ於テハ、前二条ノ規定ヲ準用スベキモノト為セリ。

▽民法修正案理由書第三編第一章「第五節　債権ノ消滅」一一頁（第四八九条）。

（窪田充見）

第四九一条　債務者が一個又は数個の債務について元本のほか利息及び費用を支払うべき場合において、弁済をする者がその債務の全部を消滅させるのに足りない給付をしたときは、これを順次に費用、利息及び元本に充当しなければならない。
2　第四百八十九条の規定は、前項の場合について準用する。

第四九一条　債務者カ一個又ハ数個ノ債務ニ付キ元本ノ外利息及ヒ費用ヲ払フヘキ場合ニ於テ弁済者カ其債務ノ全部ヲ消滅セシムルニ足ラサル給付ヲ為シタルトキハ之ヲ以テ順次ニ費用、利息及ヒ元本ニ充当スルコトヲ要ス
第四百八十九条ノ規定ハ前項ノ場合ニ之ヲ準用ス

原案第五〇六条　債務者カ元本ノ外利息及ヒ費用ヲ払フヘキ場合ニ於テ弁済者カ其債務ノ全部ヲ消滅セシムルニ足ラサル給付ヲ為シタルトキハ之ヲ以テ順次ニ費用利息及ヒ元本ニ充当スルコトヲ要ス

【参照条文】

旧民法財産編
第四七〇条第二項　然レトモ債務者ハ債権者ノ承諾ヲ得ルニ非サレハ債権者ノ利益ノ為メ定メタル期限ノ至ラサル債務ニ充当ヲ為シ又費用及ヒ利息ニ先タチテ元本ニ充当ヲ為シ又一分ツツ数個ノ債務ニ充当ヲ為スコトヲ得ス
第四七二条第二号〔第四八九条の【参照条文】中に掲載〕

旧民法財産取得編
第一八八条　貸主ハ支払時期ノ至リタル利息ニ付キ異議ヲ為サスシテ元本ノ全部又ハ一分ヲ受取リタルトキハ其利息ヲ受取リ又ハ之ヲ抛棄シタリトノ推定ヲ受ク但反対ノ証拠アルトキハ此限ニ在ラス

フランス民法
第一二五四条　息銀ヲ生スル債ヲ負フタル者其義務ノ一部ヲ尽クス時ハ先ツ息銀ヲ償フニ之ヲ充テ用ヒ然ル後主タル債ヲ償フニ充テ用フ可シ但シ之ニ反シタル償方ヲ為サントスルニハ義務ヲ得可キ者ノ承諾ヲ得ルヿヲ必要トス○又義務ヲ行フ可キ者主タル債ト其息銀トヲ償還スル名義ニテ義務ヲ尽クシタルト雖モ其償フタル高主タル債ト其息銀トヲ合セシ高ニ満タサル時ハ先ツ息銀ノ償ニ之ヲ充テ用ヒ然ル後主タル債ノ償ニ充テ用フ可シ

オーストリア一般民法
第一四一六条〔第四八九条の【参照条文】中に掲載〕

オランダ民法
第一四三三条〔フランス民法第一二五四条に同じ〕

イタリア民法
第一二五六条　利息若クハ年金ヲ生出スル逋債ヲ負ヘル所ノ人ハ責主ノ承諾ヲ得ルニ非サレハ則チ其年金若クハ其利息ノ弁償ヲ為スヨリモ先ツ其母金ノ弁償ニ擬当スルヿヲ得可カラス其母金及ヒ其利息ニ向テ為セル弁償カ若シ全額ニ充ツルニ足ラサレハ則チ先ツ其利息ニ擬当ス可キ者トス〔仏民第千二百五十四条〕

スイス債務法
第九九条　債務者は利息または費用が延滞していない場合に限り、一部の支払を元本に充当することができる。
第一〇〇条〔第四九〇条の【参照条文】中に掲載〕
第一〇三条　利息またはその他の定期的給付が義務づけられているときは、後の給

付に対して留保なく発行された受取証書は、先に弁済期の到来した給付が弁済されたものとの推定を根拠づける。
　元本債務に対して受取証書が発行されたときは、利息もまた弁済されたものと推定される。

モンテネグロ財産法

第六一二条第二項〔第四八八条の【参照条文】中に掲載〕

スペイン民法

第一一七三条　利息付債務の場合には、利息が完全に弁済されない限り、元本の弁済が行われたものと看做すことはできない。

ベルギー民法草案

第一二四七条　利息若しくは定期金を生ぜしめる債務の債務者は、債権者の同意なしに、定期金若しくは利息に優先して弁済の元本への充当を指定することはできない。元本並びに利息について為された弁済がその全額に満たない場合には、まず利息に充当される。

ドイツ民法第一草案

第二六八条　債務者カ元本ノ外費用及ヒ利息ヲ支払フヘキ場合ニ於テ全債務ヲ消滅セシムルニ足ラサル給付ヲ為シタルトキハ順次ニ費用利息及ヒ元本ニ充当ス但給付ヲ為シタル債務者カ履行ノ時ニ之ト異ナリタル充当ヲ定メタルトキハ之ヲ以テ弁済ノ標準トス

ドイツ民法第二草案

第三一六条　債務者カ元本ノ外利息及ヒ費用ヲ支払フヘキ場合ニ於テ全債務ヲ消滅セシムルニ足ラサル給付ヲ為シタルトキハ順次ニ費用利息及ヒ元本ニ充当ス債務者カ之ト異ナリタル充当ヲ定ムルトキハ債権者ハ給付ヲ受取ルコトヲ拒絶スルコトヲ得

プロイセン一般ラント法

第一部第一六章第一五四条　債務者が費用をも弁済すべき場合においては、それは利息に先んじる。

ザクセン民法

第九七七条〔第四八八条の【参照条文】中に掲載〕

第九八六条　債主主タル要求ニ付キ弁償ヲ得タルトキハ利子ニ付キ制限ヲナシタル場合ヲ除クノ外其要求ノ利子ヲモ亦債主ニ支払ヒタリト推測セラルヘキモノトス此ノ如キ制限アルトキハ他ノ場合ニ於テ特別ノ訴訟ヲ以テ要求スルコトヲ得サル利子ト雖特別ノ訴訟ヲ以テ之ヲ求ルコトヲ得ルモノトス〔第百四十六条〕

バイエルン民法草案

第二部第一章第一六九条二項〔第四八八条の【参照条文】中に掲載〕

第一七〇条第二項〔第四八九条の【参照条文】中に掲載〕

【起草趣旨】

穂積陳重（一二巻八八丁表～裏）

　本条は旧民法財産編第四七〇条第二項、第四七二条第二号（原文では二項——窪田注）に当る規定である。旧民法ではこれを弁済の充当の規則としており、弁済の充当の規則というものは数個の債務がある場合を考えている。しかし、（一個の債務の弁済についても、）旧民法の手本となったフランスを始めいずれの国においても一つの別の規定となっていて、弁済充当の規則とやはり同じであるから充当の部に掲げてある。旧民法においても、財産取得編の消費貸借のところでやはり「一箇義務」の場合にも利息を先にするということが原則になっていて、黙って元本を受け取ったならば、まず利息は済んだものという推定を為すことは取得編の第一八八条にある。これを見ても、（利息を先にするということは）数個の債務のあるときの充当に限ったことではないから、フランス法その他諸国の法律に倣って、これを一般の原則として置いた。

もとよりかような規則をもって順次に充当を為すことは、双方に承諾があればこれによって充当することができるのは論を待たないことであるから、このような規定を置いても差支えないと思う。

【主要審議】

横田國臣（二一巻八九丁表）

これは数個の債務があった場合、まず、どれを先にするということはないが、その時分に利息とか費用とかいうものはどれについても先に引くつもりであるか。充当して後に、原案第五〇四条にあたる元本の方にするのであるか、または、元本のどれか一つにして、その利息のみに限るのか。

穂積陳重（二一巻八九丁表）

数個の債務の場合についても、やはりこれが当るつもりである。諸国の法典においてもこう一箇条に書いておけば、その弁済というのは利息などを含むものであるから、その債務の一つを弁済するに当っては利息から元本と言わなければならない。その中で如何に充当するかということが生じて来るのであるから本条はやはり……原案第五〇三条、第五〇四条の場合においても一々旧民法に倣っている。

横田國臣（二一巻八九丁裏）

そうすると、例えば五つ債務があるとすれば、五つの利息をまず取除けてしまうということか。

穂積陳重（二一巻八九丁裏）

このように書いてあるとそうはならない。

▼このまま議論なく本条は確定（二一巻八九丁裏）。

【その後の経緯】

本条は、整理会案の段階で確定条文のように改められている。これに関して穂積委員は次のように説明している。元本の外に利息、費用を払うべき場合に、費用、利息、元本の順に充当するという原則は、数個の債務の充当をなす場合でも同様であるが、疑問が生ずる恐れがある。例えば、二つの債務があって、第一の債務は利息も元本も弁済期にあるが、第二の債務は元本はまだ弁済期になく利息だけ弁済期にある場合でも、この順序で充当されなければならない。そのことを明らかにするために、「一個又ハ数個ノ債務ニ付キ」という文言を付け加えた。また、第四八五条（確定条文第四八九条。以下同じ。）の規定はこの場合にも妥当することとした。

この説明に対して、長谷川喬委員は、この規定には矛盾があるのではないかと質問している。第四八五条第二号によれば、「総債務カ弁済期ニ在ルトキハ債務者ノ為メニ弁済ノ利益多キモノヲ先ニス」とある。穂積委員のあげた例では、第一の債務の元本も弁済期にあるのだから、それに充当した方が債務者の利益になるのに、本条第一項では利息の方が先に充当されることになる。本条第二項で「四百八十五条ヲ準用スルト云フト抵触シハシナイカト思」う。

これに対して、梅委員は、次のように答えている。本条第一項で「全体四百八十五条ニ一ツノ例外ヲ設ケテアル」。しかし、その例外の範囲内においては第四八五条の原則が妥当する、という趣旨で「準用」とした。つまり、「利息ハ同シ利息ノ中、費用ハ同シ費用ノ中、元本ハ同シ元本ノ中テ四百八十五条ヲ適用スル」のである。今の例で言えば、第一の債務、第二の債務とも利息が弁済期にあるが、例えば一方が複利で他方が単利である場合のように、一方が他方より債務者のために利益が多いのであれば、そちらの方に充当することになる。
両者利益が同じである場合には、弁済期が先のものに充当する。弁済期も同じである場合は、第四号により、各債務の額に応じて充当する。このような意味のつもりである。だから、「適用」とは言えないが「準用」とは言えると思う（民法整理会議事速記録四巻三〇丁表～三二丁表）。

【民法修正案理由】

本条ハ、既成法典財産編第四百七十二条第二号ノ規定ニ相当ス。既成法典ハ、本条ノ場合ヲ以テ数個ノ債務アル場合ト同視スト雖モ、本案ハ、各債務ノ費用利息及ビ元本ニ関スル充当ノ順序ヲ定ムルモノニシテ、数個ノ債務アル場合ト其状況ヲ異ニスルモノナレバ、諸国ノ法典モ概子皆本条ノ規定ヲ以テ特別ノ一条トシ、既成法典財産取得編第百八十八条モ亦此主義ニ依レリ。故ニ、本案ハ既成法典財産編第四百七十二条第二号ノ規定ヲ分離シテ、別ニ本条ノ規定ヲ設ケタリト雖モ、充当ノ順序ニ至リテハ之ト異ナルコトナク、又当事者ハ同意ニ依リ随意ニ本条ノ順序ヲ変更スルコトヲ妨ゲザルモノトス。其他、本条第一項ノ場合ニ於テ、各債務間ニ於ケル充当ノ順位ニ付テハ、第四百八十八条ノ場合ト其ノ状況ヲ異ニスル所ナキニ因リ、本条第二項ノ規定ヲ設ケ、第一項ノ場合ニ於テハ、第四百八十八条ノ規定ヲ準用スベキ旨ヲ明ニセリ。
▽民法修正案理由書第三編第一章「第五節　債権ノ消滅」一一～一二頁（第四九〇条）。

（窪田充見）

第四九二条　債務者は、弁済の提供の時から、債務の不履行によって生ずべき一切の責任を免れる。

第四九二条　弁済ノ提供ハ其提供ノ時ヨリ不履行ニ因リテ生スヘキ一切ノ責任ヲ免レシム

原案第五〇七条　弁済ノ提供ハ其提供ノ時ヨリ不履行ニ因リテ生スヘキ一切ノ責任ヲ防止ス

【参照条文】

旧民法財産編

第四七六条　時期ヲ失セス且有効ニ為シタル提供ハ法律ヲ以テ規定シ若クハ合意ヲ以テ要約シタル失権、解除及ヒ責罰ヲ予防ス
此提供ハ付遅滞ヲ防止シ又既ニ付遅滞ノ存セルトキハ将来ニ向ヒテ其効力ヲ止メ且遅延利息ヲ停ム

ベルギー民法草案

第一二六四条　適法な提供を債権者が拒絶した場合には、供託とは無関係に、債権

者の遅滞を構成する。債務が特定物の場合には、適法な提供は債務者の付遅滞を妨げ、かつ債務者が既に陥った遅滞を排除する。目的物が不特定の場合には、債務者は遅延利息につき責任を負わない。

ドイツ民法第一草案

第二五八条　物ノ利得ヲ引渡シ又ハ之ヲ賠償スルコトヲ要スル債務者ハ債権者ノ遅滞後ハ自己ノ収取セサル利得ヲ賠償スルコトヲ要セス

第二五九条　金銭ノ債務ニ付テハ債権者ノ遅滞後ハ債務者ハ利息支払ノ義務ヲ負ハス

ドイツ民法第二草案

第二五五条　利息附ノ金銭ノ債務ニ付テハ債務者ハ債権者カ遅滞ニ在ル間ハ利息支払ノ義務ヲ負ハス

第二五六条　物ノ利得ヲ引渡シ又ハ之ヲ賠償スルコトヲ要スル債務者ハ債権者カ遅滞ニ在ル間ハ自己ノ収取シタル利得ニ付テノミ其義務ヲ負フ

ザクセン民法

第七四六条　権利者ハ義務者又ハ義務者ノ名ニテ履行スルコトヲ得ル他人ニ於テ権利者又ハ其法律上代人又ハ支払ヲ受ル為メ任セラレタル代人又ハ事務担当人ニ義務者ノ取結ヒタル権利上行為ニ付キ即時履行ヲ申込ミタル場合ニシテ此申込ヲ正当ノ理由ナクシテ承諾セサリシトキ延滞シタリトスルモノトス（第六百九十四条）

イギリス

Dixon V. Elark. 5 CB. 376（注1）

Startup V. Mardonald. 6M. & J. 593（注2）

インド契約法

第三八条　為約者受約者ニ履行ノ申込ヲナセシニ其申込ハ受諾セラレサルトキハ為約者不履行ノ責ニ任セス又ソレガ為メ彼レノ有スル契約上ノ権利ヲ失ハスカ、ル申込ハ左ノ諸条件ヲ充サ、ルヘカラス

㈠無条件タラサルヘカラス

㈡適当ナル時ト処ニ於テナサレ且申込マレタル人ハ申込人カ其約束ニヨリテ拘束セラル、事ノ全体ヲ其時其処ニ於テナスヲ得且為サント欲スル意アルコトヲ確認スル為メ相当ノ便宜ヲ持シ得ルカ如キ場合ニ於テナサレザルヘカラス

㈢申込ハ受約者ニアル物ヲ引渡サントノ事ナルトキハ受約者ハ其申込ノ物ハ果シテ為約者ガ其約束ニヨリテ引渡スヘキモノナルヤ否ヤヲ見ルニ付キ相当ノ便宜ヲ持セサルヘカラス

多クノ連合受約者ノ一人ニナセル申込ハ彼等ノ全体ニナセル申込ト法律上同一ノ結果ヲ有ス

（注1）　民法第一議案三四〇丁表では、Dixon v. Clark, 5 C.B. 367. となっている。これは、Dixon v. Clark (1848), 5 C.B. 365, 75 Revised Reports 747 と思われる。

（注2）　民法第一議案三四〇丁表では、Startup v. Macdonald, 6 M. & G.593. となっている。これは、Startup v. Macdonald (1843). 6 MAN. & G.593, 134 English Reports 1029 と思われる。

【起草趣旨】

穂積陳重（二一巻八九丁裏〜九〇丁裏）

本条及び次条は弁済の提供に関する規定である。

本条は旧民法財産編第四七六条、第四七八条第一項に当るのであって、弁済の効力を規定したものである。旧民法には色々その結果が掲げてあるが、しかし、債務者が有効に弁済の提供をした時は、その時から遅滞によって生ずる責任はすべてこれを免れしめることはもとより当然であって、この点では旧民法と少しも違わない。

旧民法財産編第四七八条第一項に危険の責というものは供託によって債権者に

帰するようになっている。しかしこれはどうも当を得た規定ではないのであって、債務の本旨に従って現にその物を有効に受け取るべき有様にして債権者が遅滞になる。ドイツ法においては、債権者の遅滞の場合には危険は債務者が意外のことに任じたるときも債権者に帰するということであるが、これがあるべき道理であろう。(注1) それゆえに、危険の場合も含むように広く書いた。それだけが旧民法と異なっている。

(注1)　本文は「然ウ云フコトガアルヘキ道理ハアルマイト思フ」となっているが、意味内容からはドイツ法の立場をとっているのであり、本文は、「アルヘキ道理デハアルマイカト思フ」と解するのが妥当であろう。

【主要審議】

一　「提供」の意味

横田國臣（二一巻九〇丁裏）

この提供というのは、幅はどれ位であるか。

穂積陳重（二一巻九〇丁裏）

「丁度滌除ニ其方法ガアル」。この条の書き方の順序については我々も色々考えたが、提供を先にして、効力を後にするというのが或いは本当の順序ではないかと思うが、しかし、効力を規定するのもここの目的であるから、その効力を生ずる提供というものはどういうものであるか(注2)ということをかえって後にした方がよいという考えで、幾分疑いを持っていたが、まず、こういう順序にしたのである。

二　「防止ス」について

議長（箕作麟祥）（二一巻九〇丁裏）

「防止ス」というのはどうか。

穂積陳重（二一巻九〇丁裏）

これはまずい字である。甚だ困ったのであるが、良い字があれば直して欲しい。

議長（箕作麟祥）（二一巻九〇丁裏）

「免カレシム」と言っては意味が違うか。

穂積陳重（二一巻九一丁表）

既にあるときならば免れるということがよいようだが、生じさせないのだから……しかし、格別意味が変わる訳ではないから、その方が文字がよいようだから直してほしい。

▼このまま発議なく、「防止ス」が「免カレシム」に修正されて本条は確定（二一巻九一丁表）。

(注2)　原案第五〇八条（確定条文第四九三条）参照。

【民法修正案理由】

本条及ビ次条ハ、弁済ノ提供ニ関スル規定ニシテ、殊ニ本条ハ提供ノ効力ヲ定メ、既成法典財産編第四百七十六条及ビ第四百七十八条第一項ニ修正ヲ加ヘタリ。即チ、既成法典ハ提供ノ有効ナルコト及ビ其効力ノ種類ヲ明示スト雖モ、本案ノ如ク単ニ提供ト云フトキハ其有効ノモノタルベキハ固ヨリ論ヲ俟タズ。又不履行ニ本ヅク一切ノ責任ヲ免カレシムト云フトキハ、既成法典ガ示ス所ノ総テノ効果ヲ包含スベキヲ以テ、之ニ依リテ本案ハ務メテ法文ヲ簡明ナラシメタリ。只、既成法典ハ供託ニ依リテ始メテ債権者ニ危険ヲ移転セシムト雖モ、債務者ガ債務ノ本旨ニ従フテ弁済ノ提供ヲ為シ、債権者ガ其受取ニ付キ遅滞ニ在ルニ拘ハラズ、尚ホ弁済ノ目的物ヲ供託セザル間ハ、債務者ニ於テ危険ヲ負担スベシト為スハ、当事者相互ノ利益ヲ保護スル点ニ付キ頗ル其当ヲ失フモノト云ハザルベカラズ。故ニ、本案ハ、提供ニ依リテ債務者ハ不履行ニ本ヅク一切ノ責任ヲ免カレ、此時以後危険ノ負担ハ債権者ニ移転スルモノト為セリ。

▽民法修正案理由書第三編第一章「第五節　債権ノ消滅」一二頁（第四九一条）。

（窪田充見）

第四九三条　弁済の提供は、債務の本旨に従って現実にしなければならない。ただし、債権者があらかじめその受領を拒み、又は債務の履行について債権者の行為を要するときは、弁済の準備をしたことを通知してその受領の催告をすれば足りる。

第四九三条　弁済ノ提供ハ債務ノ本旨ニ従ヒテ現実ニ之ヲ為スコトヲ要ス但債権者カ予メ其受領ヲ拒ミ又ハ債務ノ履行ニ付キ債権者ノ行為ヲ要スルトキハ弁済ノ準備ヲ為シタルコトヲ通知シテ其受領ヲ催告スルヲ以テ足ル

原案第五〇八条　弁済ノ提供ハ債務ノ本旨ニ従ヒテ現実ニ之ヲ為スコトヲ要ス但債権者(注1)カ予メ其受領ヲ拒ミ又ハ債務ノ履行ニ付キ債権者(注2)ノ所為ヲ要スルトキハ弁済ノ準備ヲ為シタル旨ヲ通知シテ其受領ヲ催告スルヲ以テ足ル

(注1)(注2)　第一議案では「債務者」となっている。

【参照条文】

旧民法財産編

第四七四条　債権者カ弁済ヲ受クルヲ欲セス又ハ之ヲ受クル能ハサルトキハ債務者ハ左ノ区別ニ従ヒ提供及ヒ供託ヲ為シテ義務ヲ免カルルコトヲ得

第一　債務カ金銭ヲ目的トスルトキハ提供ハ貨幣ヲ提示シテ之ヲ為スコトヲ要ス

第二　債務カ特定物ヲ目的トシ其存在スル場所ニ於テ引渡サル可キトキハ債務者ハ其物ノ引取ノ為メ債権者ニ催告ヲ為ス

第三　特定物ヲ債権者ノ住所其他ノ場所ニ於テ引渡ス可クシテ其運送カ多費、困難又ハ危険ナルトキハ債務者ハ合意ニ従ヒテ引渡ヲ即時ニ実行スル準備ヲ為シタルコトヲ提供中ニ述フ定量物ニ関シテモ亦同シ

第四　債権者ノ立会又ハ参同ヲ要スル作為ノ義務ニ関シテハ債務者カ義務履行ノ準備ヲ為シタルコトヲ述フルヲ以テ足ル

明治二三年一〇月八日勅令第二一七号弁済提供規則

第一条　民法財産編第四百七十四条ニ依ル弁済ノ提供ハ執達吏ヲシテ之ヲ為サシムル可シ

第二条　提供ヲ為スノ委任ヲ受ケタル執達吏ハ調書ヲ作リ其調書ニハ提供物金銭ナルトキハ其種類員数ヲ記シ特定物ナルトキハ他物ニ換ユルコト能ハサラシムル為メ其詳細ヲ記シ定量物ナルトキハ其種類品質数量ヲ記ス可シ

第三条　右ノ調書ニ付テハ民事訴訟法第五百四十条ノ規定ヲ準用ス

第四条　執達吏提供ノ委任ヲ受ケテ之ヲ為シタルトキハ手数料金二十銭其他執達吏手数料規則ニ従ヒ立替金ヲ受クルモノトス

フランス民法

第一二五八条　義務ヲ行フ可キ者之ヲ得可キ者ニ対シ負フタル物件又ハ金高ヲ法ニ適シテ提供スルニハ左ノ七件ヲ必要トス

第一　自カラ物件又ハ金高ヲ受取ル可キノ権ヲ有スル者又ハ其者ニ代リテ之ヲ受取ル可キノ権ヲ有スル者ニ提供スル事

第二　義務ヲ尽クスヿヲ得可キノ権アル者ヨリ其提供ヲ為ス事

第三　義務ヲ行フ可キ者ノ渡ス可キ物件又ハ金高及ヒ其息銀且既ニ算定シタル諸費用高幷ニ未タ算定セサル諸費用ノ見積高ヲ提供スル事但シ未タ算定セサル費用ノ見積高不足ナル時ハ後ニ之ヲ

補足ス可シ

第四　義務ヲ得可キ者ノ為メ其義務ヲ得可キ期限ヲ約定シタル時ハ其期限ニ至リシ事

第五　嘗テ義務ヲ契約セシ時預定シタル未必ノ条件ノ如ク成リタル事

第六　義務ヲ行フ可キ為メ預メ契約シタル地ニ於テ提供スル事又其義務ヲ行フ可キ地ニ付キ別段契約ナキ時ハ其義務ヲ得可キ者ノ面前ニ於テ提供シ又ハ其者ノ住所或ハ契約取行ノ為メ特ニ択ミタル住所ニ於テ提供スル事

第七　裁判所ノ官吏〔使吏ヲ云〕(注3)ニ托シテ其提供ヲ為ス事

第一二六四条　義務ヲ行フ可キ者之ヲ得可キ者ニ引渡ス可キ物件預メ定リシモノニシテ且其物件所在ノ地ニテ之ヲ引渡ス可キ時ハ其義務ヲ行フ可キ者ヨリ義務ヲ得可キ者又ハ其住所又ハ契約ヲ以テ別段択ミタル住所ニ書面ヲ送リテ其物件ヲ搬運ス可キヿヲ要ム可シ〇義務ヲ行フ可キ者此事ヲ要メタル後義務ヲ得可キ者猶其物件ヲ搬運セサル時義務ヲ行フ可キ者ノ為メ其物件所在ノ場所必要ナルヿアルニ於テハ其義務ヲ行フ可キ者其物件ヲ更ニ他ノ場所ニ預ク可キノ允許ヲ裁判所ヨリ受クルヿヲ得可シ

オランダ民法

第一四四二条(注4)〔フランス民法第一二五八条に同じ〕

第一四四八条　仏民法第千二百六十四条ニ同シ但シ「義務ヲ行フ可キ者ノ為メ其物件所在ノ場所必要ナルヿ有ルニ於テハ」ヲ除ク

イタリア民法

第一二六〇条　実物ノ提供ヲシテ効力ヲ有セシムル為メニハ必ス左項ノ各事件ヲ具備スルヿヲ要ス〔仏民第千二百五十八条〕

第一項　実物ノ提供ハ必ス弁償ヲ要求スルニ合格ナル責主若クハ責主ノ為メニ領受スル権理ヲ認許セラレタル人ニ向テ之ヲ為スヿヲ要ス

第二項　実物ノ提供ハ必ス弁償ヲ為スニ合格ナル人ノ之ヲ為スヿヲ要ス

第三項　実物ノ提供ハ必ス逋債ノ全額、逋負スル物件、収額、利息額既ニ支消セル費用額、未タ支消セサル費用額及ヒ要用ニ応シテ追支ス可キ金額ヲ包含スルヿヲ要ス

第四項　若シ弁償ノ期限カ責主ノ為メニ約定セラレタル者タルニ於テハ則チ必ス其期限ノ全ク満了シタルヿヲ要ス

第五項　其起債ヲ結約セシ規約ハ必ス果行セラレタルヿヲ要ス

第六項　実物ノ提供ハ必ス弁償ヲ為スヿヲ約束セル場地ニ於テ之ヲ為スヿヲ要ス若シ弁償ヲ為スノ場地ニ関シテ特別ノ約束ヲ為サヽリシニ於テハ則チ其提供ハ必ス責主ニ対シ若クハ責主ノ住所ニ於テシ若クハ契約ヲ履行スル為メニ択定セル場地ニ於テシテ之ヲ為スヿヲ要ス

第七項　実物ノ提供ハ必ス公証人若クハ此等ノ行為ニ関渉スルヿヲ認許セラレタル訟吏ノ間介ニ因テ之ヲ為スヿヲ要ス

スイス債務法

第一〇六条　債権者が適当に提供された給付の受領を不当に拒絶したとき、または債権者が自ら義務を負う準備行為を不当に拒絶したため債務者が履行できないときは、債権者は遅滞に陥る。

ベルギー民法草案

第一二六〇条　現実の提供が適法であるためには次の要件を満たさなければならない。

第一　それが受領の権限を有する債権者

もしくは債権者のために受領する権限を有する者に対して為されること
第二　それが支払いの権限ある者によって為されること
第三　それが請求可能な金額ならびに義務を負っている定期金もしくは利息ならびに清算の費用の全部を包含し、かつ、いまだ清算していない費用の支払いの約束を含むこと
第四　それが法定正貨によりもしくは法が支払供与の許可をしたところの銀行券によって為されること
第五　期限が債権者の利益のために約定されている場合においては、その期限が到来していること
第六　債務が、それに基づいて約定されたところの条件が満たされていること
第七　それが、支払のために約定された場所において為されること。場所に関して特別の約定が存しない場合には、債権者本人に対して又は債権者の住所においてもしくは約定の履行のために選ばれた住所において為されること
第八　それが公証人もしくは執達吏によって為されること

ドイツ民法第一草案

第二五四条　債権者ハ債務者カ提供シタル給付ヲ受取ラサルトキハ遅滞ニ在リトス
第二五五条　提供ノ有効ナルニハ債務者カ債権者ニ対シ其負担シタル給付ヲ債務関係ノ指定ニ従ヒ殊ニ相当ノ時及ヒ場所ニ於テ言辞上並ニ事実上給付ヲ提供スルコトヲ要ス
債務者カ履行ノ能力ヲ有スルトキハ左ノ場合ニ於テ言辞上ノ提供ノミニテ足ル
一、債権者カ債務者ニ対シ給付ヲ受取ラサルコトヲ表示シタルトキ
二、債務者カ給付ヲ履行スルニ先チ債権者カ或行為ヲ為スコトヲ要スルトキ
三、給付ノ実行ニ付キ債権者ノ行為ヲ要スルトキ
第二号及ヒ第三号ノ場合ニ於テハ債権者ニ対シ其為スヘキ行為ヲ催告スルトキハ言辞上ノ提供ヲ為シタリト見做ス此場合ニ於テ債権者ノ行為ニ付キ暦ニ依リテ(注5)其時期ヲ定メ又ハ此時期カ告知後暦ニ依(注6)リテ生スヘキ方法ヲ以テ定メラレタルトキハ債権者ハ此時期ニ行為ヲ為サヽルコトニ因リ債務者ノ言辞上ノ提供ヲ要セスシテ単ニ其履行ノ能力アルノミヲ以テ遅滞ニ在リトス

ドイツ民法第二草案

第二四九条　債権者ハ提供セラレタル給付ヲ受取ラサルトキハ遅滞ニ在リトス
第二五〇条　提供ノ有効ナルニハ給付カ其本旨ニ従ヒ事実上提供セラルルコトヲ要ス
第二五一条　債権者カ債務者ニ対シ給付ヲ受取ラサルコトヲ表示シ又ハ給付ノ履行ニ付キ債権者ノ行為殊ニ債権者カ物ヲ引取ルコトヲ要スル場合ニ於テハ債務者ノ言辞上ノ提供ノミニテ足ル
債権者(注7)ニ対シ其為スヘキ行為ヲ催告ス(注8)ルトキハ給付ノ提供ヲ為シタルニ同シ
債権者カ為スヘキ行為ニ付キ暦ニ依(注9)リテ其時期ヲ定メ又ハ告知ヲ要スル場合ニ於テ此時期カ告知後暦ニ依リテ計算(注10)スヘキ方法ヲ以テ定メラレタルトキハ債権者カ正当ノ時期ニ行為ヲ為サヽルコトニ依リテ別ニ給付ノ提供ヲ要セス
債務者カ提供ノ時又ハ第二項ノ場合ニ於テ債権者ノ行為ニ付キ定メラレタル時ニ給付ヲ履行スルコトヲ得サルトキハ債権者ハ遅滞ニ付セラル、コトナシ

ザクセン民法

第七四六条　〔第四九二条の**【参照条文】**中に掲載〕
第七四七条　其申込ハ義務者ニ於テ履行ヲ

負担シタルト同一ニ之ヲナスヘキモノトス本負債ト共ニ之ニ付キ支払フヘキ利子ヲ申込ミ及義務者ノ延滞ヲナシタル場合ニアリテハ之ノ為メ負担スル損害賠償ヲ申込ムヘキモノトス義務者報償ヲ受ルニアラサレハ履行スヘカラサルトキ権利者ハ義務者ニ於テ之ニ履行ヲ申込ミ其履行ヲ承諾セサルトキ又ハ其承諾ヲナスモ報償ヲ拒絶スルトキハ延滞シタリトスルモノトス

第七四八条　義務者要求ヲ其旨趣ニ従ヒ自己ニ負担スル方法ニ於テ履行スルコトヲ予備シタルトキハ口頭上申込ヲ以テ足レリトス負債者動物件ヲ債主ニ引渡シ又ハ自己ニ債主ニ就テナスヲ要スル行為ヲナスヘキトキハ債主ニ於テ其履行ヲ承諾セサル旨ヲ予メ負債者ニ対シ陳述スル場合ヲ除クノ外ハ行為上申込ヲ要スルモノトス

イギリス

Thommas V. Eians. 10 East 101(注11)

Ed-ward V. Yatis. R. & M. 360(注12)

インド契約法

第三八条　〔第四九二条の参照条文中に掲載〕

（注3）括弧内の部分は、原文では二行割注になっている。

（注4）司法省蔵版『荷蘭国民法』三三九頁では、「第千四百四十条乃至第千四百四十五条　仏民法第千二百五十七条乃至第千二百六十二条ニ同シ」となっている。この記載からすれば、オランダ民法第一四四二条はフランス民法第一二五九条に対応しているように思われる。オランダ民法第一四四二条は次条でも参照条文とされているので、あるいは一四四一条の誤りかとも思われる。

（注5）仁保亀松訳「独逸民法草案債権」（法曹記事第三八号）二四頁では、いずれも「旧ニ依リテ」となっているが、「暦ニ依リテ」の誤りであると思われる（なお、ドイツ語の原文は、"nach dem Kalender" である）。

（注6）注5参照（なお、ドイツ語の原文は、"aus dem Kalender" である）。

（注7）仁保訳では「債務者」となっているが、誤りであろう。

（注8）仁保訳では、第一草案との対比のため、「債権者ニ対シ……ニ同シ」の一文が独立した第二項のように訳出されているが、実際は、この部分は第一項の第二文にあたる。

（注9）注5参照。

（注10）注5参照。

（注11）民法第一議案三四〇丁裏では、Thomas v. Evans. 10 East 101. となっている。これは、Thomas v. Evans (1808) 10 East 101, 103 English Reports 714 であると思われる。

（注12）民法第一議案三四〇丁裏では、Ed. Ward v. Yates, R. & M. 360 となっている。

【起草趣旨】

穂積陳重（二一巻九一丁裏～九三丁表）

本条は弁済の提供について規定したもので、旧民法財産編第四七四条に修正を加えたものである。財産編第四七四条においては、「債権者カ弁済ヲ受クルヲ欲セス又ハ之ヲ受クル能ハサルトキハ」云々とあるが、この場合にのみ提供を為すのではない。旧民法の書き方は、弁済の提供と供託を一緒にしようと思うから、このようなことが出てきたのであろう。提供はいかなる場合にもなくてはならないことで、これを「欲セス」とか「能ハサル」とかいう場合に限るのではないのであるから、それで、「弁済ノ提供ハ」と書いたのである。

且つ、旧民法においては、「左ノ区別ニ従ヒ提供及ヒ供託ヲ為シテ義務ヲ免カルルコトヲ得」と書いてある。そうして、左の区別とは第一、第二、第三、第四号の規定を指すのみではなく、次の条（財産編第四七五条）まで指しているのである。これは弁済の提供の方法を規定しているのであるから、本案においてもこの方法だけのところを採用したのである。

弁済の提供というものは、（旧民法では）

色々な場合に分けてあるが、これを総括して、「債務ノ本旨ニ従ヒテ現実ニ之ヲ為スコトヲ要ス」としたのであるから、現実に提供をしなければならないということは、これで十分足りると思う。

ただ、本条では但書以下に重点がある。本文の場合は事実上の提供で、但書以下は言語上の提供であって、現実になさなくても提供の効果のある場合を規定したのである。初めから、もう受けないということが分っている、向うから明らかに拒む、または、こちらだけの所為ではできない、向うからの引取を要する、或いは立会を要するというときは、これは言語上の手続でよい。こちらは、かえって、規定がなくてはならないことであろう。

財産編第四七四条第三号の規定は、至極親切な規定のように見えるが、これを実際上行おうと思うと、色々な疑いを生じ易い。もし、遠方に送らなければならないというような場合に、向うが受け取るだろうか、或いは向うに受け取る能力があるだろうかという恐れがあった場合には、注意深い債権者（「債務者」か？）は必ず前に問い合わすということができよう。これを問い合わせなくても、向うへ準備をしたことを通知しても、もし向うで弁済の費用を拒んだときは、その費用は遅滞にある債権者の負担に属するものであるから、少しも差支えはない。要するに、運送の費用が多いとか、運送が危険または困難であるとか、甚だ不確定のことを標準にするのは争いを生ずるだけであって、格別、役に立たない箇条であると思う。また、これに相当する規定というのは、諸国にも極めて稀である。それ故に、この第三号は省いた。

財産編第四七五条は削った。このことは言うまでもないことである。とりわけ、本案に「弁済ノ提供ハ債務ノ本旨ニ従ヒテ現実ニ之ヲ為スコトヲ要ス」とあれば、財産編第四七五条は無用である。

【主要審議】

一　釣銭について

土方寧（二一巻九三丁表～裏）

「債務ノ本旨ニ従ヒ現実ニ之ヲ為ス」ということであるが、つまり、この文字の意味は、債権者[注13]が承知さえすれば本当の弁済があるが、債権者[注14]が承知しないものだから弁済ができなくなるというだけの話で、一体、債権者が弁済を承諾しないというのがおかしい。債務者の方ですべきことは全部したが、債権者の方で承諾すればよいという、こういう意味であろうと思う。

それについて尋ねたいのは、金銭の場合には釣をくれと言うことができるかどうか。大きな札を持って行って、これを取ってくれ、釣をくれということは適当の提供であるのか。

穂積陳重（二一巻九三丁裏）

釣をくれということは、私は権利ではないと思うが、しかし、これはなお、裁判官その他実務家の方に尋ねたい。

これは双方の納得上になっているので、釣を出すという義務は債権者は負っていないと思う。

二　財産編第四七四条第二号と本条との関係

長谷川喬（二一巻九三丁裏～九四丁表）

財産編第四七四条第二号の場合は催告さえすればよいということになっているのを、本条によると、「現実ニ之ヲ為スコトヲ要ス」とあるのはどういう訳か。

穂積陳重（二一巻九四丁表）

これは債権者の所為を要するという中に入っている。

本条をこのように短く規定したのは、ドイツの原案によったのである。それで、引取を要する場合も債権者の所為を要するという中に入るのであって、この点は、旧民法を改めたつもりはない。

土方寧（二一巻九四丁表）

何か有体物を引渡すときに、その有体物の現在ある場所で引渡すのはよいが、債権者の住所に持って行くときは、現に持って行かなければならないのか。

穂積陳重（二一巻九四丁表）

勿論、そのつもりである。

▼このまま議論なく本条は確定（二一巻九四丁表）。

（注13）（注14）原文では「債務者」となっているが誤りであろう。

【その後の経緯】

確定条文では「債権者ノ所為」が「債権者ノ行為」に、また「為シタル旨」が「為シタルコト」に改められているが、これについては整理会で、「一向何ンデモナイ」（箕作議長発言）こととされている（民法整理会議事速記録四巻三二丁表）。

【民法修正案理由】

本条ハ、提供ノ方法ヲ規定スルモノニシテ、既成法典財産編第四百七十四条ニ修正ヲ加ヘタリ。即チ、既成法典ハ、債権者ガ弁済ヲ受クルコトヲ欲セズ、又ハ之ヲ受クルコト能ハザルトキ云々ト規定スト雖モ、是レ主トシテ、提供ト供託トヲ一所ニ規定セントスルニ因ルモノニシテ、弁済ノ提供ハ債権者ガ弁済ノ受領ヲ拒ミ又ハ之ヲ受クルコト能ハザルトキニ限ルモノニ非ザレバ、本案ハ単ニ本条ヲ弁済提供ノ場合ニ限リ、既成法典同条前段ノ字句ヲ削除セリ。又、既成法典ハ提供ノ方法ニ関シ種々ノ場合ヲ分チテ詳細ノ規定ヲ設クト雖モ、要スルニ本案ノ如ク債務ノ本旨ニ従ヒテ現実ニ提供スルコトヲ要スト云フトキハ、総テノ場合ヲ纏括シテ脱漏ノ虞ナシト云ハザルベカラズ。然レドモ、本条ノ規定ノ要点ハ本文ニ在ラズシテ、寧ロ但書ノ規定ニ存ス。即チ、本文ハ所謂事実上ノ提供ヲ指スモノニシテ、或ハ特ニ明文ヲ要セザルベシト雖モ、但書ノ規定ハ所謂言語上ノ提供ニシテ法律ノ規定ヲ待チテ始メテ其効力ヲ生ズルモノトス。而シテ、本案モ亦既成法典第四百七十四条本文ノ如ク、債権者ガ弁済ヲ受クルコトヲ拒ミタルトキ、又ハ同条第四号ノ如ク債務ノ履行ニ付キ債権者ノ立会又ハ参同ノ如キ所為ヲ要スルトキハ、言語上ノ提供即チ弁済ノ準備ヲ為シタル旨ヲ通知シ、其受領ヲ催告スルノミニテ足ルト為スハ、固ヨリ至当ノ規定タルベシ。然レドモ、既成法典同条第三号ノ如ク、運送ノ多費、困難又ハ危険ナル場合ニ於テモ言語上ノ提供ヲ為シ得ベキコトヲ認ムルハ、親切ニ似タリト雖モ、其必要ナキノミナラズ、却テ実際ノ適用上紛議ヲ生ズルコト多ク、且諸国ノ法典ニ於テモ斯ノ如キ立法例ヲ存セザルニ因リ、本案ハ之ヲ削除セリ。其他既成法典財産編第四百七十五条ハ別ニ明文ヲ要セズ、殊ニ本条ニ於テ、弁済ノ提供ハ債務ノ本旨ニ従フコトヲ要スル旨ヲ明ニシタル以上ハ、一層其必要ナキヲ以テ之ヲ削除セリ。

▽民法修正案理由書第三編第一章「第五節債権ノ消滅」一二～一四頁（第四九二条）。

（窪田充見）

第四九四条　債権者が弁済の受領を拒み、又はこれを受領することができないときは、弁済をすることができる者（以下この目において「弁済者」という。）は、債権者のために弁済の目的物を供託してその債務を免れることができる。弁済者が過失なく債権者を確知することができないときも、同様とする。

第四九五条　前条の規定による供託は、債務の履行地の供託所にしなければならない。

2　供託所について法令に特別の定めがない場合には、裁判所は、弁済者の請求により、供託所の指定及び供託物の保管者の選任をしなければならない。

3　前条の規定により供託をした者は、遅滞なく、債権者に供託の通知をしなければならない。

第四九四条　債権者カ弁済ノ受領ヲ拒ミ又ハ之ヲ受領スルコト能ハサルトキハ弁済者ハ債権者ノ為メニ弁済ノ目的物ヲ供託シテ其債務ヲ免ルルコトヲ得弁済者ノ過失ナクシテ債権者ヲ確知スルコト能ハサルトキ亦同シ

第四九五条　供託ハ債務履行地ノ供託所ニ之ヲ為スコトヲ要ス

供託所ニ付キ法令ニ別段ノ定ナキ場合ニ於テハ裁判所ハ弁済者ノ請求ニ因リ供託所ノ指定及ヒ供託物保管者ノ選任ヲ為スコトヲ要ス

供託者ハ遅滞ナク債権者ニ供託ノ通知ヲ為スコトヲ要ス

原案第五〇九条　債権者カ弁済ノ受領ヲ拒ミ又ハ之ヲ受領スルコト能ハサルトキハ弁済者ハ債権者ノ為メニ弁済ノ目的物ヲ供託所ニ寄託スルコトヲ得弁済者ノ過失ナクシテ債権者ヲ確知スルコト能ハサルトキ亦同シ

供託所ニ付キ法令ニ別段ノ定（注1）ナキトキハ裁判所ハ弁済者ノ請求ニ因リ供託所ノ指定及ヒ供託物保管人ノ選任ヲ為スヘシ

債務者ハ供託ニ因リテ其債務ヲ免カル

修正原案第五〇九条　債権者カ弁済ノ受領ヲ拒ミ又ハ之ヲ受領スルコト能ハサルトキハ弁済者ハ債権者ノ為メニ弁済ノ目的物ヲ供託シテ其債務ヲ免ルルコトヲ得弁済者ノ過失ナクシテ債権者ヲ確知スルコト能ハサルトキ亦同シ

供託所ニ付キ法令ニ別段ノ定ナキトキハ裁判所ハ弁済者ノ請求ニ因リ供託所ノ指定及ヒ供託物保管人ノ選任ヲ為スヘシ

（第三項削除）

蒟蒻刷第五一〇条（注2）　供託ハ債務履行地ノ供託所ニ之ヲ為スコトヲ要ス但裁判所カ供託所ヲ指定シタルトキハ此限ニ在ラス

供託者ハ遅滞ナク債権者ニ供託ノ通知ヲ為スコトヲ要ス

（注1）　法典調査会民法議事速記録二一巻九四丁裏では「定メ」となっているが、ここでは民法第一議案による。

（注2）　本条文は速記録には明示されていないが、説明・議論の内容などから、このような条文であろうと推測される。

【参照条文】

旧民法財産編

第四七四条〔第四九三条の【参照条文】中に掲載〕

第四七七条　債権者カ提供ヲ受諾セサルトキハ債務者ハ供託ノ日マテニ債務ニ生シ

タル塡補利息ト共ニ弁済ノ金額ヲ供託所ニ供託スルコトヲ得

特定物又ハ定量物ニ付テハ債務者ハ其物ヲ供託ス可キ場所ヲ指定スルコト及ヒ其保管人ヲ選任スルコトヲ裁判所ニ請求ス

供託ノ方式及ヒ条件ハ特別法ヲ以テ之ヲ規定ス

第四七八条第一項　有効ニ属シタル供託ハ債務者ニ義務ヲ免カレシメ且債務者カ意外ノ事ニ任シタルトキト雖モ其物ノ危険ヲ債権者ニ帰セシム

明治二三年七月二五日勅令第一四五号　供託規則

第一条　法律ノ規定ニ依リ供託スル所ノ金銭有価証券ハ総テ大蔵省預金局ニ於テ之ヲ保管スヘシ

第二条　供託シタル金銭ハ払込ノ日ヨリ六十日ヲ過ルトキハ払込ノ翌月ヨリ払渡請求ノ前月マテ通常預金ノ利子ヲ付スヘシ

第三条　供託ヲ為サントスルトキハ大蔵大臣定ムル所ノ式ニ依リ供託書ヲ製シテ供託物ニ添ヘ其申込ヲ為スヘシ

第四条　供託者ハ民法財産編第四百七十七条債権担保編第二百六十八条及商法第七百四十条ノ場合ニ於テハ其供託シタル旨ヲ債権者ニ通知スヘシ

第五条　供託物ハ供託者ノ指定シタル者ニ払渡シ又ハ裁判所ノ通知ニ依リ払渡スヘキモノトス但供託者ニ於テモ其受領スヘキ理由アルコトヲ証明シ返戻ヲ請求スルコトヲ得

第六条　有価証券ノ償還金利子又ハ配当金ヲ受取《ママ》ントスルトキハ有権者ヨリ大蔵省預金局ニ請求スヘシ此請求ナキトキハ政府ハ損害ノ責ニ任セサルヘシ

第七条　前条ノ請求ニ依リ大蔵省預金局ニ於テ受取リタル償還金利子又ハ配当金ハ代供託物又ハ附属供託物トシテ之ヲ保管スヘシ

明治二三年一二月一五日大蔵省令第三九号
供託物取扱規程

第一条　供託物ノ受渡及保管ハ東京府内ハ大蔵省預金局其他ノ各地ハ本支金庫ニ於テ之レヲ取扱フヘシ

第二条　供託物ヲ寄託セントスルトキハ左ノ事項ヲ記載シタル第一号書式ノ供託書ニ通ヲ調製捺印ノ上其寄託ヲ供託取扱所（東京府内ハ大蔵省預金局其他ノ各地ハ本支金庫以下倣之）ニ請求スヘシ

第一　供託者ノ住所氏名代人ヲ用ユルトキハ尚代人ノ住所氏名
官吏ノ公務上取扱ニ係ルモノハ官庁名官氏名

第二　金銭ハ其金額
有価証券ハ其種類記号番号券面金額枚数
但種類其他多数ニテ一紙ニ認メ難キトキハ別冊ニ調製添附スヘシ

第三　供託ノ事由
但裁判中ノ事件ニ係リ供託ヲナサントスルトキハ尚其件名及其裁判所名ヲ記スヘシ

第四　年月日

第三条　供託取扱所ニ於テ供託書ヲ受ケタルトキハ其式ニ違ハサルヲ認メ其物件ヲ受領シ供託書ニ受領ノ旨記載捺印シ其一通ヲ供託者ニ交付スヘシ

第四条　供託物ハ郵便ヲ以テ寄託スル事ヲ得

前項ノ場合ニ於テ金銭ハ寄託スヘキ供託取扱所所在ノ銀行又ハ郵便局ニ於テ払渡スヘキ送金手形若クハ為替券等ヲ以テ寄託スルコトヲ得

第五条　送金手形若クハ為替券ヲ以テ金銭ヲ寄託シタルトキハ供託取扱所ハ其現金ヲ領収シタル後チニアラサレハ第三条ニ於ケル受領ノ手続ヲナサヽルヘシ

第六条　供託物ノ分割ヲ要スルトキハ更ニ分割シタル供託書各二通ヲ調製シ第二号書式ノ請求書ニ第三条及第九条ノ受領証ヲ添ヘ供託取扱所ヘ差出スヘシ

第七条　供託取扱所ニ於テ前条ノ分割請求ヲ受ケタルトキハ更ニ差出シタル供託書ニ第三条ニ於ケル受領ノ手続ヲナシ其一通ヲ旧受領証ト引替ニ交付スヘシ

第八条　寄託シタル有価証券ノ償還金利子又ハ配当金ノ受取方ヲ要スルトキハ有権者ヨリ第三号書式ノ請求書二通ニ委任状ヲ添ヘ之ヲ供託取扱所ヘ差出スヘシ

第九条　供託取扱所ニ於テ前条ノ請求ニ依リ償還金利子又ハ配当金ヲ受取リタルトキハ代供託物トシテ之ヲ預リ請求書ニ受領ノ旨記載捺印シ其一通ヲ請求者ニ交付スヘシ

第一〇条　供託物ノ全部又ハ幾分ノ払渡又ハ返戻ヲ受ケントスルトキハ其事由ヲ記載シタル第四号書式ノ請求書ニ第三条及第九条ノ受領証ヲ添ヘ供託取扱所ヘ請求スヘシ但全部払戻ノトキハ受領証ニ式ノ如ク奥書ヲナシ幾分払戻ノトキハ第五号書式ノ受取証ヲ差出スヘシ

第一一条　裁判ノ結果等ニ依リ供託物ノ分割払戻ヲ要スルトキハ裁判所ハ第六号書式ノ請求書ニ第三条及第九条ノ受領証ヲ添ヘ之ヲ供託取扱所ヘ送付シ同時ニ第七号書式ノ払戻証ヲ調製シ之ヲ受取人ヘ交付スヘシ

第一二条　前条ノ払戻証ヲ受ケタル者ハ其末尾ニ式ノ如ク記載捺印シ之ヲ供託取扱所ヘ差出シ其払戻ヲ受クヘシ

第一三条　供託取扱所ニ於テ供託物ノ払戻請求ヲ受ケタルトキハ三日（休日ヲ除ク）以内ニ払戻スヘシ

供託物幾分ノ払戻請求ヲ受ケタルトキハ受領証ノ末尾ニ内渡ノ旨記載捺印シ其供託物ト共ニ之ヲ返付スヘシ

第一四条　供託規則ニ依リ仕払フヘキ利子ハ元金仕払請求ノ際第八号書式ノ利子請求書ヲ供託取扱所ヘ差出スヘシ

第一五条　前条ノ請求書ヲ受ケタルトキハ大蔵省預金局ニ於テ供託金利子証券ヲ調製シ之ヲ払戻請求者ヘ送付スヘシ

第一六条　前条ノ利子証券ヲ受ケタル者ハ其証券ニ記載アル大蔵省預金局又ハ本支金庫ヘ差出シ之レト引替ニ現金ヲ受取ルヘシ

（第一号書式～第八号書式省略）

明治二三年一二月二八日大蔵省訓令第一五五号　供託物取扱順序

第一条　各地金庫ニ於テ供託物寄託ノ請求ヲ受ケタルトキハ供託書ニ其物件ヲ照査シ式ノ如ク記載証印シ二通ノ間ニ割印ノ上一通ハ供託者ニ交附シ一通ハ金庫ニ存置シ其写ヲ預金局ヘ送附スヘシ

第二条　各地金庫ニ於テ銀行送金手形又ハ郵便為替券ヲ以テ寄託ヲ受ケタルトキハ之ヲ現金ニ引替ヘ前条ノ手続ヲナスヘシ但現金不渡ノトキハ渡シ先キノ証明ヲ受ケ供託書ト共ニ之レヲ返附スヘシ

第三条　各地金庫ニ於テ分割ノ請求ヲ受ケタルトキハ供託書ヲ第一条又ハ第五条ノ受領証ニ照合シ更ニ第一条ノ手続ヲナスヘシ但最前ノ受領証ニハ式（規程第一号式甲印）ノ如ク記入ノ上金庫ニ存置シ分割請求書ハ預金局ヘ送附スヘシ

第四条　各地金庫ニ於テ寄託ニ係ル有価証券ノ償還金利子又ハ配当金受取方ノ請求ヲ受ケタルトキハ請求書及委任状ニ其証券又ハ利賦札ヲ添ヘ預金局ヘ送附スヘシ但其地ニ於テ受取ルヘキモノハ証券又ハ利賦札ヲ添附スルニ及ハス

第五条　預金局ニ於テ前条ノ書類ヲ受ケタルトキハ金員領収ノ手続ヲ了シ請求書ニ式ノ如ク記載証印ノ上其金庫ヘ送附シ金庫ニ於テハ式（規程第三号丙印）ノ如ク

附記証印シ請求人ヘ交附スヘシ
第六条　前条償還金利子又ハ配当金ノ内各地ニ於テ受取方ヲ要スルモノハ預金局長ヨリ之レヲ其地ノ金庫ヘ委託スヘシ
第七条　各地金庫ニ於テ前条ノ委託ヲ受ケタルトキハ其銀行又ハ会社ニ就キ金員ヲ領収シ直ニ第一号ノ報告書ヲ預金局ヘ送附スヘシ
第八条　預金局ニ於テ前条ノ報告ヲ受ケタルトキハ第四条ノ請求書ニ式ノ如ク記載証印ノ上之レヲ其金庫ヘ送附シ金庫ニ於テハ式ノ如ク附記証印シ請求人ヘ交附スヘシ
第九条　各地金庫ニ於テ供託物全部払戻ノ請求ヲ受ケタルトキハ第一条又ハ第五条ノ受領証及請求書ニ式（規程第一号式乙印同第三号式甲印及同第四号式甲印）ノ如ク記入証印ノ上其物件ヲ払戻シ受領証ハ金庫ニ存置シ請求書ハ預金局ヘ送附スヘシ
第一〇条　各地金庫ニ於テ供託物幾分ノ払戻請求ヲ受ケタルトキハ第一条又ハ第五条ノ受領証ニ式（規程第一号式丙印同第三号式乙印）ノ如ク記載証印ノ上其物件ト共ニ返附シ受取証及請求書ニ式（規程第五号式甲印同第四号式乙印）ノ如ク記載シ受取証ハ金庫ニ存置シ請求書ハ預金局ヘ送附スヘシ
第一一条　各地金庫ニ於テ分割払戻ノ請求ヲ受ケタルトキハ払戻証ヲ請求書ニ照合シ式（規程第七号式甲印同第六号式甲印）ノ如ク記入ノ上其物件ヲ払戻シ払戻証ハ金庫ニ存置シ其写ヲ預金局ヘ送附スヘシ
第一二条　各地金庫ニ於テ供託金利子仕払ノ請求ヲ受ケタルトキハ其請求書ヲ預金局ヘ送附スヘシ
第一三条　預金局ニ於テ前条ノ請求書ヲ受ケタルトキハ第二号書式ノ利子証券ヲ調製シ之レヲ請求人ヘ送附スルト同時ニ其報知書ヲ其金庫ヘ送附スヘシ
第一四条　各地金庫ニ於テ供託金利子払戻ノ請求ヲ受ケタルトキハ報知書ニ照合シ報知書及利子証券ニ第二号書式ノ如ク記入シ其金員ヲ仕払ヒ利子証券ハ金庫ニ存置シ報知書ハ預金局ヘ送附スヘシ
第一五条　各地金庫ニ於テ毎日受ケ入レタル供託金ハ預金受渡事務順序第二十八条ニ拠リ其仕払金ハ同第二十九条ニ拠リ取扱フヘシ
第一六条　各地金庫ニ於テ受ケ入レタル供託金償還金利子及配当金ハ預金受渡事務順序第三十一条ニ拠リ預金受入簿ニ記入シ其仕払金ハ同第三十二条ニ拠リ預金払戻簿同第三十三条ニ拠リ預金払戻予算額差引簿ニ記入スヘシ
第一七条　各地金庫ニ於テ寄託ヲ受ケタル有価証券ハ之レヲ其金庫ニ保管シ第三号書式ノ有価証券受払簿ヲ備ヘ其出納ヲ記入スヘシ
第一八条　各地金庫ニ於テ有価証券受払簿ニ拠リ第四号書式ノ有価証券受払報告表ヲ調製シ支金庫ニ於テハ毎日本金庫（中央金庫ニ属スル支金庫ハ中央金庫）ヘ本金庫ニ於テハ毎五十ノ日（月末大ノ月ハ三十一日二月ハ二十八日若クハ二十九日）支金庫ヨリ送附スル所ノ報告表ヲ添ヘ預金局ヘ送附スヘシ
第一九条　供託物ニ関スル書類ノ記号ハ預金ノ記号ヲ用ヒ其番号ハ預金及保管金ト区分シ更ニ番号ヲ附スヘシ但報告表ニハ記号ノ上ニ供託ノ文字ヲ附スヘシ
（規程第一号式～規程第七号式、第一号書式～第四号書式省略）

フランス民法

第一二五七条　義務ヲ得可キ者其得可キ物件ヲ受取ルコトヲ承諾セサル時ハ義務ヲ行フ可キ者其渡ス可キ物又ハ金高ヲ其義務

ヲ得可キ者ニ現ニ提供シ若シ其者猶之ヲ受取ルヿヲ承諾セサル時ハ其物又ハ金高ヲ預リ役所ニ預ク可シ

義務ヲ行フ可キ者其渡ス可キ物又ハ金高ヲ現ニ提供シ其後之ヲ預リ役所ニ預ケタル時ハ其義務ノ釈放ヲ受ケ其提供及ヒ附托ノ法ニ適シタル時ハ義務ヲ尽クシタルニ等シキ効アリトス但シ義務ヲ行フ可キ者ノ役所ニ預ケタル物又ハ金高ハ義務ヲ得可キ者之ヲ已レニ担当ス可シ

第一二五九条　義務ヲ尽クス可キ者其渡ス可キ物件又ハ金高ヲ法ニ適シテ預リ役所ニ預ケント為スニハ別ニ裁判役《ママ》ノ允許ヲ得ルニ及ハス唯左ノ四件ノミヲ以テ足レリトス

第一　其物件又ハ金高ヲ預リ役所ニ預クル前之ヲ預ク可キ日時及ヒ其場所ヲ記シタル呼出状（金高又ハ物件ヲ預クル時立会フ可キノ呼出状（注3））ヲ其義務ヲ得可キ者ニ送達スル事

第二　義務ヲ尽クス可キ者其提供セシ物件又ハ金高ト之ヲ預クル日ニ至ル迄ノ息銀トヲ法律上ニ定メタル役所ニ預ケ自ラ之ヲ所有スルノ権ヲ抛棄スル事

第三　裁判所ノ官吏ノ記シタル調書ニ義務ヲ行フ可キ者ノ提供セシ物件又ハ金高ノ種類、義務ヲ得可キ者其物件又ハ金高ヲ受取ルヿヲ承諾セサル旨、義務ヲ行フ可キ者ヨリ物件又ハ金高ヲ預クル時之ヲ得可キ者ノ立会ヲ為サヽル旨、義務ヲ行フ可キ者之ヲ役所ニ預ケタル旨ヲ記スル事

第四　義務ヲ得可キ者同上ノ立会ヲ為サヽル時ハ義務ヲ行フ可キ者ノ提供セシ物件又ハ金高ヲ役所ニ預ケタル旨ノ調書ト其物件又ハ金高ヲ引取ル可キ招書トヲ其義務ヲ得可キ者ニ送達スル事

第一二六四条　〔第四九三条の【参照条文】中に掲載〕

オーストリア一般民法

第一四二五条　若シ責主カ偶〻不在ナルニ会フカ若クハ出供セシ弁償ノ領受ヲ拒却スルヿ有ルニ於テハ則チ負責主ハ其負債ノ全額ヲ法衙ニ寄托シ以テ其責務ヲ解脱スルヿヲ得可シ又若シ其弁償ノ物件カ法衙ニ寄托シ得可カラサル者タルニ於テハ則チ之ヲ保存スル為メニ必要ナル方図ノ指示ヲ法衙ニ請求スルヿヲ得可シ且又此等ノ事由ヲ責主ニ通報シタルニ於テハ則チ負責主ハ既ニ其責務ヲ解脱シタル者トス而シテ此通報ノ効力タル其弁償物件ノ存滅ヲシテ総テ責主ノ任務ニ帰セシム

オランダ民法

第一四四二条　〔フランス民法第一二五九条に同じ〕

第一四四六条　若シ権利者物件ヲ預リ役所ニ預クル事ノ報道ヲ得シ日ヨリ以来其事ノ適法タルト否トヲ確証スルヿ無ク一箇年ヲ経過スル時ハ其義務者及ヒ其保証人モ亦義務ノ釈放ヲ得可シ

イタリア民法

第一二五九条　責主カ弁償ノ領受ヲ拒却スルヿ有レハ則チ負責主ハ実物ヲ提供シ及ヒ逋負物件ヲ寄託シテ以テ其責務ヲ脱卸スルヿヲ得可シ

其利息ハ法律ニ照遵シ寄託ヲ為シタル本日ヨリシテ其賦加ヲ停止シ而シテ寄託物件ニ起生スル危険ハ責主ノ負担ニ帰セシムル者トス〔仏民第千二百五十七条〕

第一二六一条　実物ノ寄託ヲシテ効力ヲ有セシムル為メニハ必シモ其寄託ノ法官ニ因テ認許セラレタル者タルヿヲ要セス唯〻左項ノ各事件ヲ具備スルヲ以テ足レリトス〔仏民第千二百五十九条〕

第一項　実物ノ寄託ヲ為スヨリ以前ニ必ス先ツ責主ニ対シテ日時及ヒ提供物件ヲ寄託セル場地ヲ包載セル迫催書ヲ送付スルヿヲ要ス

第二項　負責主ハ必ス其提供スル物件及ヒ寄託ヲ為ス本日ニ至ル迄ノ利息金ヲ併セ此等ノ寄託ヲ接収スル為メニ指定セル場所ニ向テ之ヲ寄託シ以テ其物件ノ占有ヲ放擲スルヿヲ要ス

第三項　実物ノ寄託ヲ為スニハ必ス訟吏ニ因テ供状書即チ提供スル物件、責主ノ其物件ニ対スル拒却、責主ノ出会ヲ為サヽルノ事由及ヒ寄託ヲ為スノ事実ヲ包載スル供状書ヲ録製セシムルヿヲ要ス

第四項　責主カ出会ヲ為サヽルニ於テハ則チ其寄託ノ供状書ハ必ス寄託物件ヲ接受セシムル迫催書ト一併ニ之ヲ責主ニ報送スルヿヲ要ス

スイス債務法

第一〇七条　債権者が遅滞にあるか、またはその他の理由により、債権者に対してもその代理人に対しても、なすべき給付の履行を行うことができないときは、債務者は債務の目的たる物を債権者の危険及び費用において供託し、これによって自己の義務から解放される権利を有する。

供託の場所は、履行地の裁判官がこれを指定しなければならないが、商品は裁判官の指定がなくてもこれを倉庫に供託することができる。

スペイン民法

第一一七六条　弁済の提供を受けた債権者が正当な理由なく受領を拒絶する場合、債務者は、弁済すべき物の供託によってすべての責任より解放される。

債権者が生死不明の場合、又は弁済がなされるべき時に債権者が受領能力を有しない場合、複数の者が受領権限を主張している場合又は債務証書が行方不明になった場合、供託は前項と同一の効力を有する。

第一一七七条　弁済すべき物の供託が債務者を解放するためには、義務の履行に関して利益を有する者に対して予め通知されることを要する。

供託が、弁済を規律する規定に適合しないことが明白であるときは、その効力を生じない。

第一一七八条　供託の必要があるとき、又は供託の必要がない場合において供託の通知があるときは、提供を有効なものとする権限を有する司法機関（l'autorité judiciaire）の定めに従って、弁済すべきものを寄託することにより供託が為される。

為された供託は利害関係人に対して通知されなければならない。

ベルギー民法草案

第一二五九条　債権者が弁済の受領を拒絶した場合、債務者は債権者に対し現実の提供をすることができ、債権者がその受領を拒絶するときは、債務者は、提供された金額もしくは物を供託することができる。

第一二六一条　供託は裁判官の許可を要しない。但し、供託が適法となるためには次のことが必要とされる。

第一　提供された物が寄託された日時ならびに場所の指示を含む催告（sommation）が、供託よりも前に債権者に対して通知されること

第二　提供が為された郡（arrondissement）における抵当権保存所に、提供された物を寄託することにより、債務者がそれを放棄すること

第三　公吏が、提供された貨幣（espèces）の性質、債権者がその受領を拒否したこと若しくは債権者の不出頭、ならびに寄託について調書を作成すること

第四　債権者の不出頭の場合においては

寄託調書（procès-verbal du dépôt）が、寄託物を引き取るべき旨の催告を伴って債権者に通知されること

第一二六五条　現実の提供は供託の日から債務者を解放する。現実の提供が有効に為された場合、それは支払いに代わる。すなわち利息の発生が停止し、供託された物は債権者の危険に服する。

第一二六九条　弁済すべき物が、その所在地にて引き渡されなければならない特定物である場合、債務者は債権者に対しそれを引き取るべき旨の催告をしなければならない。

債権者がその物を引き取らない場合、債務者は他の場所で寄託することの許可を裁判官より得ることができる。

その物が債権者の住所で引渡されなければならず、かつ債権者がその受領を拒絶する場合、債務者は、裁判官に対し寄託が為される場所の指示を求めなければならない。

第一二七〇条　債務が、一定量の小麦やワインのような不特定物を目的とする場合、債務者はその提供前に裁判官に対し許可を求めなければならない。裁判官は、弁済すべき物が債務者の住所にあるか、あるいは債務者によって指示された場所にあるかを確認させせなければならない。裁判官が、状況に応じて、債権者の住所において提供がなされるべきことを命じない限り、提供は催告によりなされる。裁判官は、債権者による提供の拒絶に対して、物が供託されるべき場所をも指示しなければならない。

ドイツ民法第一草案

第二七二条　金銭又ハ有価証券ノ給付ヲ目的トスル債務関係ニ付テハ債務者ハ左ノ場合ニ於テ給付ノ目的物ヲ公ノ供託所ニ供託スルコトヲ得（公ノ供託）

一、債権者カ受取ニ付キ遅滞ニ在ルトキ

二、債務者カ債権者其人ニ存スル其他ノ原因ニ因リ又ハ宥恕スヘキ事情ニテ債権者ヲ確知セサルカ為ニ債務ヲ履行スルコトヲ得ス又ハ安全ニ履行スルコトヲ得サルトキ

供託ニ因リテ債務者ハ債権者ニ対シ給付ヲ履行シタルト同シク其義務ヲ免カル

ドイツ民法第二草案

第三二一条　金銭、高価物、有価証券及ヒ其他ノ証書ハ債権者其受取ニ付キ遅滞ニ在ルトキハ債務者ハ債権者ノ為メニ公設供託所ニ之ヲ供託スルコトヲ得

債権者其人ニ存スル原因ニ因リ又ハ宥恕スヘキ事情ニテ債権者ヲ確知セサルカ為メニ債務者カ其債務ヲ履行スルコトヲ得ス又ハ安全ニ履行スルコトヲ得サル場合ニ於テハ前項ノ規定ヲ適用ス

第三二七条　供託物ノ取戻カ除却セラレタルトキハ債務者ハ供託ニ因リテ債権者ニ対シ供託ヲ為シタル時ニ給付ヲ履行シタルト同シク其義務ヲ免カル

前項ノ取戻カ除却セラレサル間ハ債務者ハ債権者ヲ拒絶シテ供託物ニ係ラシムルコトヲ得又物カ供託セラルル間ハ債権者ハ其危険ヲ負担シ債務者ハ利息ヲ支払ヒ又ハ収取セサル利得ヲ賠償スヘキ義務ヲ免カル

債務者カ供託物ヲ取戻シタルトキハ供託ヲ為サ、リシモノト見做ス

プロイセン一般ラント法

第一部第一六章第二一三条　弁済すべき金額もしくは物の適法に為された裁判上の寄託（供託 gerichtliche Deposition）によって、債務者ならびにその保証人は、現実の提供もしくは引渡によると同様に義務より解放される。

第二一四条　供託の許可は、弁済場所の裁判所において求められなくてはならない。

第二二一五条　弁済の給付が債権者本人の障碍（Hindernis）の故に為され得ない場合に於いては、供託の許可は本案に於いて為されるものとする。

第二二一六条　債権者もしくはその代理人が弁済時に弁済場所にいない場合、または債権者もしくはその代理人が弁済受領の権限なきものとされた場合に於いても、同様の障碍が存在するものとする。

第二二一七条　債務者がその尋問に於いて、あらゆる努力にもかかわらず彼が債権者もしくはその代理人を見出すことができなかったことを頑強に（beharrlich）保証した場合に於いては、裁判官は債権者の権利を留保のうえ債務者に供託を許さなくてはならない。

第二二一八条　供託は、債権者が重要ならざる理由によりもしくは疑わしい理由により弁済の受領を拒絶する場合に於いても為される。

第二二一九条　債務者が債権の原因の正当性の一部分を否認し、かつ債権者が争いある残部に基づく権利をも留保して認容した部分を受領することを欲しない場合に於いても同様とする。

第二二二〇条　自己の負担部分にのみ義務づけられた複数債務者の一人が自己の負担部分を提供し、かつ債権者がその受領を拒絶した場合に於いても同様とする。

第二二二八条　適法な現実の供託によって裁判所に於いて保管された物の危険は債権者に移転する。

第二二二九条　債務者の申請に基づいて現実に保管がなされ、引き続きそれが適法と認められた限りに於いて、債務者は、申請の日より、遅延利息、合意罰（Conventionalstrafe）ならびに遅滞による他の不利益な結果より解放される。

プロイセン一八七九年五月一四日供託条例

ザクセン民法

第七五六条　権利者延滞スル場合ニシテ弁済ノ物件裁判所ニ蔵寄スルニ適切ナルトキ義務者ハ弁済ノ物件ヲ履行地ノ裁判所ニ蔵寄スルノ権ヲ有スルモノトス其蔵寄ノ時ヨリ義務者ニ於テ権利者ノ延滞後尚ホ有シタル義務ハ消滅スルモノトス但蔵寄ハ之ヲナシタルコトヲ裁判所ニ於テ権利者ニ通知シタル時ヨリ始メテ履行ト看做スノ効力アルモノトス（民法施行規則第十二条）

イギリス

Jndciatnre Act 1875. Order XXX（注4）

（注3）　括弧内の部分は、原文では二行割注となっている。

（注4）　民法第一議案三四一丁表では、Judicature Act 1875, Order XXX となっている。

【起草趣旨】

穂積陳重（二一巻九五丁表～九六丁裏）

(1)　修正原案

本条を説明する前に、少し、これを改めたい。すなわち、第三項を削って、第一項を「目的物ヲ供託シテ其債務ヲ免カルルコトヲ得」ということにする。

本条以下は供託の規則である。

(2)　旧民法財産編第四七七条の一部削除

本条は、財産編の第四七四条、第四七七条、第四七八条第一項の三つを合せて、修正したものである。第四七七条の中で、「供託ノ日マテニ債務ニ生シタル塡補利息ト共ニ」ということがあるが、これは当然、弁済の一部をなしているのであるから、このことを載せなかったのである。

(3)　「弁済者ハ債権者ノ為メニ」について

それから旧民法にはないが、ここに、「弁済者ハ債権者ノ為メニ」という言葉を入れた。旧民法のように、単に、「供託スル」と書いてあっても、それで一通り済むのであるが、旧民法のような書き方では、債権者がその供託した物を受取るということがどこから出てくるか、少しも法文の上に表れていない。これについては、特別法、すなわち供託法であるとか供託物取扱規定(注5)というものがあるが、その方の文章からも、債権者が当然その供託物を受け取るということは出て来ない。それゆえに、「債権者ノ為メニ弁済ノ目的物ヲ供託シテ」という文字を加えたのである。

(4)　債権者の確知不能について

債権者が弁済の受領を拒むとか、或いは受領する能力がないとき、すなわち、受領すること能わざるとき、それからもう一つは「弁済者ノ過失ナクシテ債権者ヲ確知スルコトカ出来ヌ場合」。これは旧民法にはないが、近頃の法典には、スペイン、スイス、ドイツとか、皆、これが入っているので、これはどうしてもなくてはならないであろう。通知がなくて債権者がどこにいるか分らない、或いは、債権者と称する者が数人ある場合、また、イギリスなどではよくあるが、債権というものが本当に成立しているのかが分らない、向うの権利者の主張する場合に二人が同じような債権を有しているようなときは、種々の原因によって、債権者を確定することができないことがある。これも、どうしても供託をしなければならない原因に入るものである。それゆえに、このような場合には、「供託シテ其債務ヲ免カルル」と書いた。

(5)　供託の効果について

債務を免れる原因が、旧民法では、「提供及ヒ供託ヲ為シテ義務ヲ免カルル」と書いてある。しかしながら、提供によって、直ちに義務を免れるのではない。供託が義務を免れる原因であって、この点は、フランス、イタリア、オランダ等では、「提供ヲ為シ之ニ次クニ供託ヲ以テス」と書いてあるから分るが、旧民法のように、「提供及ヒ供託ヲ為シテ義務ヲ免カルル」というのは穏当でない。オーストリア、スペインなどでも、この点は改めているのであり、ドイツでも、皆、義務を免ぜしむるのは供託であると言っている。この方が理屈に合っているから、「供託シテ債務ヲ免カルル」としたのである。

(6)　第二項について

第二項の「供託所ニ付キ法令ニ別段ノ定ナキトキハ」云々、これは、供託規則によって、供託は、大蔵省預金局、その他金庫に供託する金銭、有価証券については既に規定がある。その他の場合は裁判所がこれを定めるという旧民法の通りに、これを置いたのである。

▼ここで議長（箕作麟祥）より「蒟蒻刷りの修正案第五一〇条が出ているが、これができると、今の第五〇九条第二項は抵触しないか」の質問が出され（二一巻九六丁裏）、以下、それについての説明が続けられる。

穂積陳重（二一巻九七丁表～九八丁裏）

(1)　蒟蒻版修正案の第一項について

これは、少し疑いがあるので印刷にしないで、大蔵省に相談に行って、後から出したのであるが、これは、印刷の第五一〇条に変わるつもりではない。この前に、一箇条置くつもりであった。この第五一〇条は、供託をする場所の規定であるが、初めこれを本案の中に加えなかった理由は、我々の不案内から次のような疑いを生じたためである。

第一に、供託というのは、供託《ママ》履行地においてなすのが本当であるが、供託規則を見ると、金銭、有価物については大蔵省預金局に保管するということが第一条に出ている。それから、供託物取扱規程を見ると、東京府下では大蔵省、その他の場所では債務の履行地ということになっている。債務履行地で供託をなすということであれば、金銭が一番主であるが、山の中であるとか、寒村、僻地では、供託所があるかどうかということが一つの疑いである。第二に、供託は、大蔵省預金局とある以上、全国どこで供託しても預金局に集まるので、例えば、長崎が履行地であって長崎に供託するのが本当であるが、東京で供託しても、長崎の銀行で受け取れることもあろう。そうすると、集まるのはやはり国庫であるから、この規定は置かなくてもよいかと思った。

そう思って主計局に行って主計局長に実際のことを聞いてみたら、供託所というものは、全国至る所にあるもので、すなわち、金庫の管理区域があっていかなる寒村僻地であってもその区域に入っているから、供託は、どこでもできる（ということであった）。

第二の点は、甲の地で供託して、乙の地で受け取ることはできない。初め、供託規則を作ったときには、その方が便利であるという考えの人もいたが、しかしながら、有価証券の如きは、その現物を他の場所に転ずるということは、大変不便であるし、危険でもある。それゆえに、甲の土地で供託したら、その供託した金庫より他では受け取れないことになっているのであるから、民法でも、やはり、そうしてもらわなければ困るということであった。

それでよく分った。それならば、履行地で供託ができるという規定になってもよいと思って、ここに置くことにした。しかし、裁判所が供託所を指定する場合は、この「供託ハ債務履行地ノ供託所ニ之ヲ為スコトヲ要ス」という弁済者に対する命令が、どうしても、入らないのである。それゆえ、但書において、この場合は万一裁判所が履行地外に指定するかもしれない、指定したときはその指定した所に供託するのがよいということにしたのである。

(2)　第二項について

ついでに、この第二項も説明する。いずれの国でも、供託をなすべきときは債権者にこれを通知しなければならないということが民法に規定されている。一、二、特別法によるところもあるが、十中八九、民法に規定している。供託規則の第四条に、「供託シタル旨ヲ債権者ニ通知スヘシ」とあるが、これは当事者の間の規定であって供託の取扱に関することではなく、「通知ヲ受クル権利ガアル」ということは民法にあるべき規定と思うから、これをここに置いたのである。国によっては、供託をなす前に、その供託をなす場所、その供託の時までも債権者に通知するということがあるが、これは、供託したということを通知すれば、それで十分だろうと思う。「供託ヲ通知スル夫迄待ツテ居ツテハ」迷惑であるから、必ず前に通知しろという規定は、随分例のある規定であるが、これにはよらなかったのである。

（注5）速記録では「規定」となっているが、正しくは「供託物取扱規程」。

【主要審議】

一　保管場所並びに供託の費用について

横田國臣（二一巻九八丁裏～九九丁裏）

第五〇九条第二項は不便であると思う。金銭ならまだしも、田舎者から大きな木を頼まれ、それをやろうとするけれど受け取らないというようなときは、裁判所は大変困る。東京のような所であれば、材木屋に持って行って預けておくということが言えるが、材木屋も大変迷惑だ。その他の物にしても、米をどこに持って行って預ける（か）。

裁判所が余り遠方にあるときには債務者

が困る。一体、履行は普通債務者の住所ですることになっているからよいと言うが、それにしても、私は困難を感じはしないかと思う。これは旧民法財産編第四七七条第二項の場合であろう。それで、私の考えでは、こういう余程考えのつかないことをするよりも、その場合には債務者が保管して、その旨を通知する。「債権者ヲ覚《ママ》知スル能ハサル」場合には、保管していることさえ分ればそれでよいということにして、供託を受けた者も、その費用は誰から償うかということは定めていないが、最早債務を免れたのであるから、債権者から徴するのでなければならない。それも債権者を確知することができないと、裁判所が大変迷惑であろうと思うが、これは訳もなく、何村の何右衛門を呼び出して預けるというようなことができるのか。

穂積陳重（二一巻九九丁裏～一〇〇丁表）

　裁判所が供託物を担任するのはやむを得ない場合で、その他にこれより便利な方法がないと思って、こういう具合にしたのである。いずれの国でも裁判所が供託所になるということが多いようであるが、それならば裁判所が実物を預かるかといえば、そうではない。やはり、裁判所が供託所を指定するということに実際上なっているようである。それゆえに、これより他、仕方がないだろうと思った位で、他にもっと簡便な方法を見つけることができなかったから、このようにしたのである。

　ついでに付け加えておけば、供託の費用は勿論債権者の受け持ちであると言われたが、無論分っているだろうと思って、書かなかったのである。

二　供託場所と保管人の指定

高木豊三（二一巻一〇〇丁表～裏）

　旧民法でもこういう意味になっていたようであるが、「裁判所ハ弁済者ノ請求ニ因リ供託所ノ指定及ヒ供託物保管人ノ選任ヲ為スヘシ」ということである。「及ヒ」という意味は、供託の場所とそれから保管する人を選べということと解するのが至当であり、説明もそうなっていたようだが、私は、「又ハ」の方がよかろうと思う。

　その訳は、供託所というのは金銭もしくは有価証券を入れるということになっているところ、供託所と言えば、すなわち保管人の誰々であるということを指定するには及ばない。横田委員の心配する材木、これを人の家にかつぎこもうというようなことはない。つまり、供託所もしくは所在地に置いて、裁判所が保管人を命じておけばよいということになろうと思う。是非受けなければならないということになると、かえって不便ではあるまいか。

穂積陳重（二一巻一〇一丁表～裏）

　やはり、「及ヒ」でないと不都合であろうと思う。供託所の指定は、例えば材木のような場合に現に置いてあるもの（場所―窪田注）を指定しても、物によっては少しも差支えない。

　それと、供託物保管人の選任がないときは、その寄託の責任を負う者が出てこない。そうすると、それを置く所だけ決まっても、一番当てにならない債務者がこれを預かっている、共同倉庫に置いておくと言ってもその番人がいない、すなわち保管の義務を債権者に対して負う者が出てこないのである。金銭有価証券については、元ならば預金局長、今ならば主計局長が責任を負うことは分かっているから差支えないが、他の場合には、場所だけ決めてその場所主が必ずしも一切の責を負うということは、それだけでは出てこない。裁判所の命令によって義務を負うものとして、供託物保管人というのは是非ともなくては不都合だろうと思う。

三「履行地の供託所」と供託所の指定

高木豊三（二一巻一〇〇丁裏）

紫字第五一〇条の方は、「供託ハ債務履行地ノ供託所ニ之ヲ為スコトヲ要ス」ということであるが、この「債務ノ履行地」というのが、もし裁判所の管轄地の如き広い意味であれば、所によっては、金庫の出張所というものもない。県庁、又は地方裁判所のあるところでも、余計あったところで二か所位であろうと思ってみると、「債務ノ履行地」というのは至って区域の狭いものであって、その裁判の管轄地内を履行地とは言えまい。それで、その所はどういうことになるのか。債務の履行地を管轄している土地の金庫内に入れるということになるのか。

穂積陳重（二一巻一〇一丁裏）

なるほど、債務の履行地というものは、まことに狭いものである。一間四方の土地であろうとも債務の履行地である。その点については前に述べたように疑いを持っていたが、しかし、これは供託物取扱規程第二条にそのことが書いてあって、東京府内には大蔵省預金局云々と書いてあって供託所というものが決まっている。その履行地の土地の上に金庫があると見ると不都合であるが、東京の供託所とか、長崎の供託所とかいう供託所の方が決まっているから、それでよいと思った。しかし、これがもし不便であれば、なお明らかに書くことに少しも反対ではない。

長谷川喬（二一巻一〇二丁表）

本条第二項と紫字第五一〇条の関係が分りにくい。本条第二項に、「供託所ニ付キ法令ニ別段ノ定ナキトキハ」云々とある。然るに、紫字第五一〇条を見ると、「供託ハ債務履行地ノ供託所ニ之ヲ為スコトヲ要ス」とある。そうすると、いつも履行地の供託所に行けばよいことに決まっているから、裁判所で指定する場合がないような文面に見えるが、どうか。

穂積陳重（二一巻一〇二丁表）

決まっているのは、金銭、有価証券だけである。

長谷川喬（二一巻一〇二丁表～裏）

供託というものは金銭に限っているのか。この紫字の通り、これを一つの方法とすると、すべての供託は債務履行地の供託所になすということになっているから、この法律によって当然決まっている。今の趣意によると、第五一〇条は金銭の供託所でなければならないようになる。

穂積陳重（二一巻一〇二丁裏）

実際はこうなる。ただ、今の場合、供託所が法令で決まっている場合と決まっていない場合がある。決まっていない場合は裁判所が決めるという、決まっている場合は裁判所が決めるという、この二つになる。この後どうなるか知らないが、本文に決まっている場合は入る。それから法令に別段の定めなきときは但書に入る。前後照応しているつもりである。それで今のところは金銭、有価証券だけが入るのであるから、或いは、「金銭有価証券ノ供託ハ」云々と書いてもよい。しかし、法律の体裁がいかにも分からない。

長谷川喬（二一巻一〇二丁裏）

今、供託規則というものがあって、その供託規則なる法令に、「履行地ノ供託所ニ之ヲ為ス」ということが決まっているとすれば……。

穂積陳重（二一巻一〇二丁裏）

いや、それは決まっていない。

土方寧（二一巻一〇三丁表～裏）

第五〇九条第二項と紫字第五一〇条第一項との関係については、私も色々疑いを持っているが、ほぼ分かった。分かったというのは、現行法の供託規則がこの民法が行われるときになお現在の通り残っていると見た上での論であるが、私の考えでは、いずれ供託所については、別に特別法ができるだろうと思う。今、現に特別法がある。その特別法を補っていってもよい。金銭、有価証券の他に、特定物についての供託というものも、やはり決めてよいと思う。第五〇九条第二項に、「法令ニ別段ノ定ナキトキハ」とあり、供託所の方は特別法に譲ってあるから、不十分ならその方を補って、第五一〇条の方は削ってしまった方がよかろうと思う。

ただ第二項だけはいかにも大切な規定であって、特別法に同じような規定があっても、民法に置くのが必要であると思う。

それで、第五〇九条第一項の次にこの第二項を入れて、第二項を第三項にして、修正案の第五一〇条を削るという修正説を出す。(注6)

横田國臣（二一巻一〇三丁裏）

賛成。

穂積陳重（二一巻一〇三丁裏～一〇四丁表）

履行地の供託所に供託しなければならないということは、もしこれが必要であるならば、やはり民法に入っていなければ不都合であると思う。ただ、今の供託規則は少しばかり直さねばならないことがあるが、主に法律の施行、または行政上の取扱いに関している。それで主計局で言うように、同じ金庫ではあるけれども、払い込んだ金庫でなければ受け取ることはできない。他の所で請求して、それを渡すということになると、金銭だと少しも手数がないが、有価証券では困る。それで、供託ということはやはり履行の一つの手続であるから、これは、どうしても履行地の供託所でするのが当然である。また、他の所では供託する者が困るのであるから、実質上不都合がなければ、文字はどう書いてもよいが、これは残しておきたい。

長谷川喬（二一巻一〇四丁表）

履行地の供託所に供託するということは、なるほど便法ではあろうが、別に第五一〇条を置かずに、第五〇九条第一項を「債権者ノ為メニ弁済ノ目的ヲ債務履行地ノ供託所ニ供託シテ其債務ヲ免カルルコトヲ得」として、第五一〇条第二項は、土方委員の言うように、本条の第二項としても、それだけで「意味ガ尽キ」はしないか。

穂積陳重（二一巻一〇四丁表）

それはよいかもしれない。

梅謙次郎（二一巻一〇四丁表）

それは文章の上からすると都合がよいが、そうすると、供託所というものはいつも決まっているものと見なければならない。第二項は形が変れば差支えないかもしれないが、このままでは差支える。裁判所が定めて初めて供託所が「出来ル」(「決まる」という趣旨か？)のであるから、初めから履行地の供託所と言うことはできない。

高木豊三（二一巻一〇四丁裏～一〇五丁表）

それについて質問するが、私の疑いを起こしたのは第二項である。「供託所ニ付キ法令ニ別段ノ定ナキトキハ」とあるから、法令に別段の定めあるときは、裁判所で定めないということであろう。つまり、「供託ハ債務履行地ノ供託所ニ之ヲ為スコトヲ要ス」というのは、裁判所の権利のない場合だろうと思う。そうであれば、この供託規則を改めるか何かで少し広くしないと、今日の所では、裁判所に納める保証金とか予備金とか、(金員の)範囲が狭いから、人民相互の弁済の提供というときに、二〇里、三〇里も供託所へ行かなければ供託ができないということは不便(注7)である。このような場合には裁判所に納めるということができればまた格別であるが、供託は必ず債務履行地の供託所に持って行かなければならない、裁判所は（債務履行地の供託所以）外に定めることができないというと、今日官に納めるとか、訴訟入費とかいう僅々たる供託ならば差し支えないが、[注8]相対の取引に関する供託は不便ではないかと思う。それについては、土方委員の説がよくはないか。

供託は、いかなる人が、いかなる場所において、いかなる方法でするか、ということは、供託規則に置いて差支えない。決めるならば、裁判所がこういうことができる、ああいうことができる、と言うこともできようが、この第五一〇条のような窮屈なことを民法で定めることはしばらく置いて、いずれ供託規則は多少の改正を要すると思うから、それまでは削っておいたらよいのではないかと思う。

梅謙次郎（二一巻一〇五丁表～裏）

この文章が少し穏かでないということは初めから感じていた。これでも意味は分ろうと思って出したのだが、聞いていると、或いは改めなければならないという考えも起るが、削るという説は余程理解に苦しむ。もし、供託に関する手続はどこにするというようなことは特別の法令に譲る方がよいということであれば、第五〇九条第二項も削ってしまわなければ権衡を得ない。供託をどこにするかということをここに書いておきながら、場所は一向に分らない、決めてはあるが、それは特別法にあるというのは、どうしても権衡を得ないように思う。それで、我々の考えでは、第五一〇条第一項にある事柄だけは民法の規定で、それから先は、今度は履行地の供託所がどこにあるかということは、これは行政の方で区域がついているから、それでよいと思ったので、それさえも要らないということになると、第五〇九条第二項を削らないと、権衡を得ない。私は削ることを望まないが、そうしないと、偏ったものができる。

高木豊三（二一巻一〇五丁裏）

それはそうであろう。

土方寧（二一巻一〇六丁裏）

通知云々ということを民法に決めておく位ならば、場所も決めなければならないということもっともであろうと思う。それで、第五〇九条第一項に持って行って、[注9]第五一〇条第一項と第二項とを別の条にして、書き変えた方がよいと思う。それで、先刻の削除説を撤回する。

富井政章（二一巻一〇七丁表）

私もそういう感じが起っている。

第五一〇条第一項を第一項として、第五〇九条第二項を第二項として、そうして通知のことを第三項としてはどうか。[注10]そうすると第五一〇条第一項但書をいっそ取ってしまったらどうかと思うが、少し実質が変わってくる。供託は必ず履行地の内にしなければならないということになる。そうなっても差支えないかもしれないが、「併シ夫レハ決スルコトハ出来タ」。

四　「債権者ヲ確知スルコト能ハサル」の意味

穂積八束（二一巻一〇五丁裏～一〇六丁表）

「債権者ヲ確知スルコト能ハサルトキ亦同シ」とある。この確知ということの意味は、債権者が何の何某なのか分らないとか、或いは、債権者がどういう人か債務者の方から見ると信用が置けないとか、或いはその他の事情で、その人に物を引き渡すときは弁済の効力を生じない危険があるというときは、供託をしておくことが[注11]「出来ヌ」というものだろうか。

穂積陳重（二一巻一〇六丁表～裏）

「確知スルコト能ハサル」というのは、諸国では随分明らかに分けて、註釈等がしてあるところもあるが、債権者のいるところが分らない、それから確かに「甲何某」という者は債権者に違いないということが分らない。それから債権証書において、他にその権利を確かめる道のないという場合が通常である。

▼長谷川委員、横田委員、議長（箕作）から、次回に継続審議すべきである旨の申し出があり、梅委員もそれを受けて、継続審議に付された（二一巻一〇六丁裏～一〇七丁表）。

（注6）　土方説によれば、以下のようになる。

第五〇九条　債権者カ弁済ノ受領ヲ拒ミ又ハ受領スルコト能ハサルトキハ弁済者ハ債権者ノ為メニ弁済ノ目的物ヲ供託シテ其債務ヲ免ルルコトヲ得弁済者ノ過失ナクシテ債権者ヲ確知スルコト能ハサルトキ亦同シ

②供託者ハ遅滞ナク債権者ニ供託ノ通知ヲ為スコトヲ要ス

③供託所ニ付キ法令ニ別段ノ定メナキトキハ裁判所ハ弁済者ノ請求ニ因リ供託所ノ指定及ヒ供託物保管人ノ選任ヲ為スヘシ

蒟蒻刷り第五一〇条　削除

（注7）　原文では「裁判所ガ納メル」となっている。

（注8）　アイタイと読む。ここでは、直接交渉による私的取引のこと。

（注9）　蒟蒻刷り第五一〇条の第二項（通知）だけを切り離して、第五〇九条第一項に持って行って、蒟蒻刷り第五一〇条第一項だけを別に規定する、の意味。

（注10）　富井説によれば、以下のようになり、それは確定条文第四九四条、第四九五条の構成と同じである。

第五〇九条　債権者カ弁済ノ受領ヲ拒ミ又ハ受領スルコト能ハサルトキハ弁済者ハ債権者ノ為メニ弁済ノ目的物ヲ供託シテ其債務ヲ免ルルコトヲ得弁済者ノ過失ナクシテ債権者ヲ確知スルコト能ハサルトキ亦同シ

第五一〇条　供託ハ債務履行地ノ供託所ニ之ヲ為スコトヲ得但裁判所カ供託所ヲ指定シタルトキハ此限ニ在ラス

②供託所ニ付キ法令ニ別段ノ定メナキトキハ裁判所ハ弁済者ノ請求ニ因リ供託所ノ指定及ヒ供託物保管人ノ選任ヲ為スヘシ

③供託者ハ遅滞ナク債権者ニ供託ノ通知ヲ為スコトヲ要ス

（注11）　「出来ル」の誤りか？

（窪田充見）

再修正案第五〇九条　債権者カ弁済ノ受領ヲ拒ミ又ハ受領スルコト能ハサルトキハ弁済者ハ債権者ノ為メニ弁済ノ目的物ヲ供託シテ其債務ヲ免ルルコトヲ得弁済者ノ過失ナクシテ債権者ヲ確知スルコト能ハサルトキ亦同シ

供託所ニ付キ法令ニ別段ノ定ナキトキハ裁判所ハ弁済者ノ請求ニ因リ供託所ノ指定及ヒ供託物保管人ノ選任ヲ為スヘシ

再修正案五一〇条（注12）（蒟蒻版）　供託ハ債務ノ履行地ニ於テ之ヲ為スコトヲ要ス但裁判所カ供託所ヲ指定シタルトキハ此限ニ在ラス

供託者ハ遅滞ナク債権者ニ供託ノ通知ヲ為スコトヲ要ス

（注12）　蒟蒻版の再修正案第五一〇条の内容は必ずしも明らかではないが、議論の内容および整理会での発言（民法整理会議事速記録四巻三二丁表の箕作議長発言参照）から、このように推測される。

【起草趣旨】

穂積陳重（二一巻一〇九丁裏～一一一丁表）

(1)　蒟蒻版第五一〇条第一項修正案

(i)　本文の修正

前会で第五〇九条第二項、蒟蒻版第五一〇条を合して再考してくるようにということであった。その理由は主として、第五〇九条第二項と蒟蒻版の第五一〇条は重複するようであるし、また抵触するようでもあるからだというので、我々も相談してみたが、これがどうも前後つき合わない様にみえるのは、第五一〇条第一項に「供託ハ債務履行地ノ供託所ニ之ヲ為スコトヲ要ス但裁判所カ供託所ヲ指定シタルトキハ此限ニ在ラス」とある。その前の条に、法令が別段に規定した供託所とそれから裁判所の指定した供託所を掲げておいて、それから第五一〇条に至っては供託所と一般に書くというと、どうも「本案ニ双方トモ這入リサウデアル」(注13)。しかるにまたこれを但書で「援」けるのは重複するような気がするということだと聞いた。それゆえに、この第五一〇条の方の文字をこのように改めたならその嫌いを避けることができよう。「供託ハ債務ノ履行地ニ於テ之ヲ為スコトヲ要ス」、こう改めたい。

(ii)　位置について

第五一〇条第二項の供託の通知の方は第五〇九条第二項の方に持っていきたいという意見もあったが、供託は履行地においてしなければならないという前に通知のことを言うのは順序がどうも顚倒しているようである。供託して、そして通知するのであるから、やはりこれでよい。

第五〇九条第一項は供託の効力を規定した一般規定であるから、この通知というものは、供託は履行地でして、そして通知するということに第五一〇条で合わせておく方が妥当だろうと思う。それゆえに、第五一〇条の始めである「債務履行地ノ供託所ニ」というのを、「債務ノ履行地ニ於テ」と改めた。

(2)　供託場所について

前会の高木委員の意見では、履行地で供託するといっても供託取扱所所在の金庫というものは或はその一地域の市街に立ててあるぐらいのもので、大変不便であるから、例えば、郵便局に「貯蓄預」をなすというような最も便利な法がないと実際に不都合ではないかということであった。

それゆえ大蔵省主計局へ行って聞いてみたがやはりこれより外に仕方がない。供託物取扱規程(注14)第四条に「供託物ハ郵便ヲ以テ寄託スルコトヲ得」とあり、送金手形又は為替券をもって寄託ができるとなっているので、地方の郵便取扱所で切符を売るぐらいのものでは、まとまった金員を「駅逓局」の管轄で預かるということは危険でもあるし、またそういう供託の例もない。これであまり不都合がなくいけるだろうということであるから、そのままにしておいた。

(注13)　第五一〇条で「供託所」と書くと、第五〇九条第二項に規定する「法令が別段に規定した供託所」と「裁判所の指定した供託所」が両方とも含まれてしまう、という趣旨であろうか（したがって、但書で裁判所が供託所を指定した場合を規定すると重複することになる）。

(注14)　原文では「規定」となっている。

【主要審議】

横田國臣（二一巻一一丁表～裏）

第四一〇条（確定条文第四八四条。但し、提出時の原案は第四〇五条である）に「其他ノ履行ハ債権者ノ現時ノ住所ニ於テ之ヲ為スコトヲ要ス」とある。そうすると、乙が甲に借金がある。甲が遠い所の者で、それを受け取らないとか何とかいうような場合に、甲がまた此方に住所を持っていることもあろうし、わざわざその所まで行って預けるのは不便なことではないか。例えば、遠い所へ行ってしまって、また此方へ返って来ることがある。しかるに長崎へ行ったとすれば受け取らないということが分っているのに、わざわざ長崎へ持っていかなければならないというのはどうであろうか。

穂積陳重（二一巻一一丁裏）

なるほど現時の住所ということについてそういう場合が生じて来るだろうが、しかしそれは供託にばかり出て来ることではなく、履行自身でもそうなるだろうと思う。

横田國臣（二一巻一一丁裏）

しかし履行の方はよい。なぜなら、金を受け取ろうというのであるから、郵便でも何でもやってよいが、受け取らないというものを、向うにやって向うで供託するというのは非常な手数である。供託はたいていは金であろうが、金ならば郵便為替でもいけるが、それでなくして他の物であると、長崎まで行って預けておかなければならないということはどうだろうか。

穂積陳重（二二巻一一二丁表）

　それはやはり、金を郵便で送ることができれば、供託も郵便で送ることができる。ドイツ民法等にはそれが掲げてあるが、これは民法に掲げるよりは、特別の行政規則に掲げるのが便利と思う。それゆえ、今の金でやる場合なら、長崎まで持って行かないでも、郵便で供託することはその規則によってできるのである。

▼別段の発議なく修正案が確定（二二巻一一二丁表）。

（山本敬三）

【その後の経緯】

　整理会案では、原案第五〇九条の第二項が蒟蒻版五一〇条の第二項に移されている。また、蒟蒻版第五一〇条第一項の本文が「供託ハ債務履行地ノ供託所ニ之ヲ為スコトヲ要ス」という文言に復し、但書が削除された。これについて、穂積陳重委員は次のように説明している。

（確定条文第四九五条の第一項に）供託は「債務履行地ノ供託所ニ之ヲ為スコトヲ要ス」という原則を置き、供託所について法令に別段の定めがない場合はどうするかということを第二項に「前条カラ引ツ張ツテ来タ」。蒟蒻版第五一〇条第一項但書は、裁判所が供託所を指定する場合が前条に規定されていたために、ここでも断っておく必要が生じたのであるが、今度は「特別ノ場合ガ二項デ唄フテアルヤウニナツタ」ので、そのような必要がなくなった。

　これに対し、箕作議長は、この但書は「裁判所ガ債務ノ履行地ノ供託所テハイカナイ別ニ矢張リ指定シタナラハ其指定シタ供託所テナケレハイカヌ」という意味ではないか。そうであれば意味が違うのではないか、と質問している。

　これに対し、梅委員は、「元トハサウテナカツタ」、例えば、弁済の目的物が材木のような物であるときに、供託所を指定する場合、履行地に適当な土地がないかもしれないから、というつもりであったと回答している（民法整理会議事速記録四巻三三丁表～裏）。

【民法修正案理由】

　（確定条文第四九四条に関して）本条以下ハ、供託ニ関スル規定ニシテ、本案ハ其本則ヲ定メ、既成法典財産編第四百七十四条本文、第四百七十七条及ビ第四百七十八条第一項ノ規定ヲ合シテ、之ニ修正ヲ加ヘタリ。即チ、既成法典ハ供託ヲ為スニハ塡補利息ト共ニ弁済ノ金額ヲ供託スベキコトヲ規定スト雖モ、是レ固ヨリ明文ヲ要セズ。然レドモ、既成法典ノ如ク、単ニ債務者ガ供託ヲ為スノミニテハ之ヲ受取ルベキ債権者ノ権利ハ当然発生スベキモノナルヤ否ヤニ付キ疑ヲ生ゼシムルニ因リ、本案ハ特ニ債権者ノ為メニ供託ヲ為スモノタルコトヲ明示セリ。次ニ、既成法典第四百七十七条ハ債権者ガ弁済ノ提供ヲ承諾セザル場合ニノミ供託ヲ為スコトヲ得ル如ク規定スト雖モ、債権者ガ弁済ヲ受領スルコト能ハザル場合ノ如キ、殊ニ弁済者ノ過失ナクシテ債権者ノ何人タルコトヲ確知スルコト能ハザル場合ニ於テ、供託ヲ為スコトヲ得セシムルハ至当ノ事タルニ因リ、本案ハ多数ノ立法例ニ倣ヒ、此等ノ場合ニ於テモ供託ヲ為シ得ルコトヲ明示セリ。其他既成法典第四百七十四条ハ債務者ハ提供及ビ供託ヲ為シテ其義務ヲ免カルルコトヲ得ベキ旨ヲ規定ト雖モ、債務ヲ免カレシムル原因ハ供託ヲ為スコトニ存スルハ多数ノ立法例ノ共ニ認ムル所ニシテ、既成法典第四百七十八条第一項前段ノ規定モ亦此趣旨ニ出ヅルモノナレバ、本案ハ単ニ弁済ノ目的物ヲ供託シテ債務ヲ免カルルコトヲ得ル旨ヲ明示セリ。
▽民法修正案理由書第三編第一章「第五節　債権ノ消滅」一四頁（第四九三条）。

（確定条文第四九五条に関して）本条第一項ノ規定ハ既成法典ニ其例ナシト雖モ、既ニ明治二十三年七月勅令第百四十五号供託規則ニ依リテ之ヲ定メ、固ヨリ民法ニ規定スベキ事項ナレバ、本案ハ之レガ為メニ特ニ本条ノ規定ヲ設ケタリ。而シテ、供託ハ通則トシテ債務ノ履行地ニ於テ之ヲ為スコト固ヨリ当然ナリト雖モ、供託所ニ付キ法令ニ別段ノ定ナク弁済者ハ何処ニ供託スベキヤヲ知ルコト能ハザルトキハ、裁判所ヲシテ供託所ヲ指定シ、並ニ供託物保管者ヲ選任セシムルコトハ必要ナル補充方法タルニ因リ、本案モ既成法典財産編第四百七十七条第二項ト同一ノ趣旨ニ本ヅキ、本条第二項ノ規定ヲ存スト雖モ、既成法典同条第三項ノ規定ハ不必要ナルニ因リ、之ヲ刪除セリ。次ニ、供託ハ、之ニ因リテ債務者ニ債務ヲ免カレシムルト同時ニ、爾後供託物ヲシテ債権者ノ随意ノ処分ニ帰セシムルモノナレバ、供託者ヲシテ債権者ニ対シ供託ノ通知ヲ為サシムルヲ必要トス。是レ本条第三項ノ規定ヲ設クル所以ニシテ、二三ノ立法例ニ依レバ供託ノ通知ニハ或ハ供託ノ場所及ビ時ヲモ通知スベシトシ、或ハ供託ヲ為ス前ニ通知スベシト規定スト雖モ、斯ノ如ク通知ノ方法ヲ限定スル必要ナキヲ以テ、本案ハ単ニ遅滞ナク供託ノ通知ヲ為スコトヲ要ストシ、若シ之ヲ怠ルトキハ供託者ヲシテ債権者ニ対シ損害賠償ノ責ニ任ゼシムルモノト為セリ。
▽民法修正案理由書第三編第一章「第五節　債権ノ消滅」一四～一五頁（第四九四条）。

（窪田充見）

第四九六条　債権者が供託を受諾せず、又は供託を有効と宣告した判決が確定しない間は、弁済者は、供託物を取り戻すことができる。この場合においては、供託をしなかったものとみなす。
2　前項の規定は、供託によって質権又は抵当権が消滅した場合には、適用しない。

第四九六条　債権者カ供託ヲ受諾セス又ハ供託ヲ有効ト宣告シタル判決カ確定セサル間ハ弁済者ハ供託物ヲ取戻スコトヲ得此場合ニ於テハ供託ヲ為ササリシモノト看做ス
前項ノ規定ハ供託ニ因リテ質権又ハ抵当権カ消滅シタル場合ニハ之ヲ適用セス

原案第五一〇条　債権者カ供託ヲ供託セ（注1）ス又ハ其供託カ確定判決ニ因リテ有効ト宣告セラレサル間ハ弁済者ハ其供託物ヲ取戻スコトヲ得此場合ニ於テハ供託ヲ為ササリシモノト看做ス

（注1）「受諾」の誤りであろう。民法第一議案

三四一丁表でも「受諾」となっている。

【参照条文】

旧民法財産編

第四七八条第二項　然レトモ債権者カ供託ヲ受諾セス又ハ其供託カ債務者ノ請求ニテ既判力ヲ有スル判決ニ因リテ有効ト宣告セラレサル間ハ債務者ハ其供託物ヲ引取ルコトヲ得但此場合ニ於テハ義務ハ旧ニ依リ存在ス

明治二三年七月二五日勅令第一四五号　供託規則

第五条〔第四九四条・第四九五条の【参照条文】中に掲載〕

明治二三年一二月一五日大蔵省令第三九号　供託物取扱規程

第一〇条〔同右〕

第一二条〔同右〕

第一三条〔同右〕

明治二三年一二月二八日大蔵省訓令第一五五号　供託物取扱順序

第九条〔同右〕

第一〇条〔同右〕

第一一条〔同右〕

第一四条〔同右〕

フランス民法

第一二六一条　義務ヲ行フ可キ者義務ヲ得可キ者ニ渡ス可キ物〔件〕又ハ金高ヲ役所ニ預ケタル後義務ヲ得可キ者未タ之ヲ受取ラサル時間ハ義務ヲ行フ可キ者之ヲ取戻スヿヲ得可シ但シ其義務ヲ行フ可キ者之ヲ取戻シタル時ハ其者ト連帯シテ義務ヲ行フ可キ者又ハ其保証人其義務ヲ免ル、ヿヲ得ス

第一二六二条　義務ヲ行フ可キ者義務ヲ得可キ者ニ渡ス可キ物件ヲ提供シ且之ヲ役所ニ預クルヿ法ニ適シタルノ控訴ス可カラサル裁判ヲ得タル時ハ縦令義務ヲ得可キ者ノ承諾アリト雖𪜈義務ヲ行フ可キ者其預ケタル物件又ハ金高ヲ取戻シ連帯シテ義務ヲ行フ可キ者又ハ其保証人ノ損害ヲ為スヿヲ得ス

第一二六三条　義務ヲ行フ可キ者其渡ス可キ物件又ハ金高ヲ役所ニ預ケ其預ケタルヿ法ニ適シタルノ控訴ス可カラサル裁判アリシ後ニ義務ヲ得可キ者之ヲ行フ可キ者ノ其物件又ハ金高ヲ取戻ス可キヿヲ承諾シタル時ハ其義務ヲ他ノ債主ヨリ先キニ得可キ特権又ハ不動産ヲ書入質トシテ得可キノ権ヲ行フヿヲ得ス但シ其義務ヲ得可キ者其義務ヲ行フ可キ者ノ役所ニ預ケタル物件又ハ金高ヲ取戻スヿヲ承諾セシ証書ニ更ニ改メテ書入質ノ権ヲ生ス可キ旨ヲ附記スルニ付キ相当ノ法式ヲ行ヒタル時ハ其法式ヲ為シタル日ヨリ其書入質ノ権ヲ復スルヿヲ得可シ

オランダ民法

第一四四四条〔フランス民法第一二六一条に同じ〕

第一四四五条〔フランス民法第一二六二条に同じ〕

第一四四七条　仏民法第千二百六十三条ニ同シ但シ「但シ其義務ヲ得可キ者」云々以下ヲ除ク

イタリア民法

第一二六三条　寄託ノ物件ハ責主ノ之ヲ接受セサルノ間ニ在テハ負責主之ヲ収回スルヿヲ得可シ若シ負責主カ之ヲ収回セルニ於テハ則チ共同負責主及ヒ保人カ必ス其責ニ任セサル可カラス〔仏民第千二百六十一条〕

第一二六四条　負責主カ既決ト為ス可キノ裁判宣告即チ之ニ依テ其提供及ヒ寄託ノ有効タルヿヲ認識セラレタル裁判宣告ヲ得タルニ於テハ則チ仮令ヒ責主ノ承諾ヲ以テスルモ其共同負責主若クハ其保人ノ損害有ルニ関セスシテ寄託物件ヲ収回スルヿヲ得可カラス〔仏民第千二百六十二

条〕

第一二六五条　責主ニシテ有効ノ寄託タルヿヲ宣告セラレタル以後ニ於テ負責主ノ寄託物件ヲ収回スルヿヲ承諾スル所ノ人ハ其責権及ヒ責権ニ属スル領先特権若クハ券記領先権ノ為メニ自己ノ権理ヲ主持スルヿヲ得可カラス〔仏民第千二百六十三条〕

スイス債務法

第一〇九条　債務者は、債権者が供託物の受領を表示しない限り、又は供託の結果土地担保が消滅し若しくは質物が返還されない限り、供託物を取戻す権利を有する。

　取戻と同時に債権は、すべての従たる権利と共に再びその効力を生ずる。

スペイン民法

第一一八〇条　供託が適法に行なわれたときには、債務者は債務の消滅を命ずるよう裁判官に求めることができる。

　債権者が供託物を受領しない間、又は供託が裁判上の決定により適法であると宣告されない間は、債務者は、供託された物または数量を取り戻すことができる。この場合においては、債務は存続する。

ベルギー民法草案

第一二六六条　債権者が供託物を受領しない間は、債務者はそれを取り戻すことができる。債務者が供託物を取り戻した場合には、共同債務者又は保証人はその責を免れない。

第一二六七条　既判力を有する判決が提供又は供託を有効と宣告したときには、債務者は、債権者の同意を得ても、共同債務者又は保証人を害してその供託物を取り戻すことはできない。

ドイツ民法第一草案

第二七四条　債務者ハ供託物ヲ取戻スヘキ権ヲ有ス但供託ノ時ニ供託所ニ対シ此権利ヲ抛棄スル旨ヲ表示シタルトキニハ此限ニ在ラス

　左ノ場合ニ於テ前項ノ取戻権ハ消滅ス

一、債務者カ後ニ至リ供託所ニ対シ取戻権ヲ抛棄スル旨ヲ示シタルトキ

二、債権者カ供託所ニ対シ受取ノ意思ヲ表示シタルトキ

三、供託所ニ対シ債権者ト債務者トノ間ニ生シタル訴訟ニ於テ供託ヲ以テ適法ト宣言セラレタルコトヲ明ナラシムル確定判決カ提示セラレタルトキ

第二七五条　供託物ヲ取戻シタルトキハ供託ニ因リテ消滅シタル債務ハ他ノ附従ノ債務殊ニ保証ノ義務ト共ニ再生シ且其効力ヲ既往ニ溯ラシム質権ニ付キ其有効ナルコトニ必要ナル条件ノ存続スル限ハ亦同シ

ドイツ民法第二草案

第三二五条　債務者ハ供託物ヲ取戻スヘキ権ヲ有ス

　左ノ場合ニ於テハ供託物ノ取戻ヲ許サス

一、債務者カ供託所ニ対シ取戻権ヲ抛棄セシ旨ヲ表示シタルトキ

二、同上〔ドイツ民法第一草案第二七四条第二項第二号と同じ〕

三、供託所ニ対シ債権者ト債務者ノ間ニ下サレタル確定判決ニシテ供託ヲ以テ適法ト宣言スルモノカ提示セラレタルトキ

第三二七条〔第四九四条・第四九五条の【参照条文】中に掲載〕

ザクセン民法

第七五八条　裁判所ニ於テ其蔵寄シタルコトヲ権利者ニ通知セサル間ハ義務者ハ其蔵寄ヲ取消スノ権ヲ有スルモノトス及其蔵寄シタル物件ヲ義務者ニ返付スルニ依リ其原義務及附帯義務ハ再起スルモノトス権利者既ニ蔵寄ノ通知ヲ得タルトキハ

其蔵寄ノ物件ハ権利者ノ承諾ヲ以テスルトキニ限リ之ヲ義務者ニ返付スルコトヲ得及此場合ニ於テハ其返付ニ依リ関係者ノ間ニ新ナル権利上関係ヲ生スルモノトス

【起草趣旨】

穂積陳重（二一巻一一二丁裏〜一一三丁裏）

(1)　本条の性格

本条は旧民法財産編第四七八条第二項を修正したものである。即ち、供託者の取戻権の規定である。

(2)　元の債権債務との関係について

実質において旧民法と少しも異なる所がないのであるが、しかし、取戻した場合に元の債権債務がどうなるかということについては、かなり諸国で書き方が違っているようで、この点についても本案ではほぼ旧民法の書き方をとった。

或国においては、この供託物を取戻したときには、その共同債務者、保証人等は義務を免れないということにしてある国もある。それがまず多いようである。それからスペインが、丁度旧民法の如く「旧ニ依リテ存在ス」と書いてある。しかし、この書き方はどうも一度義務を免がれると言っておいて、取戻した場合には元のまま存在するというのは、何だか言葉の上で事柄が撞着しているようで甚だ面白くない。スイスとかドイツとかいう所では、ドイツ民法第一草案では、この場合においては義務が再生すると書いてある。これは大層よくわかるようであるが、再生するというと前の「関係」(注2)と「結果ガナクナツテ」種々の点において違ってくると思う。

ただ一つドイツ民法第二草案の書き方が甚だ穏かである。即ち、本案はその文例に従って、供託の方を取消して供託がなくなったものと見て、義務が再び生きるとか義務が続くとかいうことは言わない。こういう書き方が一番穏かだと思う。実質は大抵似通ったものであるが、書き方においてこういう書き方になったのである。

(3)　旧民法財産編第四七八条第三項の削除

旧民法財産編第四七八条第三項(注3)は除いた。これは債権者が受諾したり又は確定判決があっても債権者の承諾をもって供託物を引取ることができるということで、これはもうまるで掲げる必要のない事柄であって、ベルギー草案などにはこのような場合はまるで別の取引である、新契約をなすのであるということが明らかに書いてある。それは言わずともわかったことである。また疑いの起こるべきことでもあるまいと思ったので、第三項は本案に載せないことにした。

（注2）　債権債務関係のことである。

（注3）　旧民法財産編第四七八条第三項　右ノ受諾又ハ判決アリタル後ト雖モ債務者ハ債権者ノ承諾ヲ以テ供託物ヲ引取ルコトヲ得然レトモ共同債務者及ヒ保証人ノ義務解脱ヲモ質権及ヒ抵当権ノ消滅ヲモ供託物ニ付キ債権者ノ債権者カ為シタル払渡差押ヲモ妨碍スルコトヲ得ス

【主要審議】

一　取戻権と確定判決との関係

横田國臣（二一巻一一三丁裏）

「供託カ確定判決ニ因リテ有効ト宣告セラレサル間ハ」とあるが、確定判決で有効と宣告するというような場合とはどんな場合であるのか。

穂積陳重（二一巻一一四丁表）

供託というものが相当の供託であるや否やということについて問題が起こる。(注4)例えば、私は債権者であって、債務者の提供したものを受取らなかった。受取らなかったのは正当の理由があって、甲の物を約したのに乙の物を持って来た、甲の物を持って来て供託するのならば有効であるが、その契約の目的物でない乙の物を供託するのであるから、この供託について契約の義務を負わないというような争がおこる場合が一般普通の場合であろうと思う。

横田國臣（二一巻一一四丁裏〜一一五丁表）

たとえこの供託ということが確定したからといって、私はこれはその外の確定判決とは大変違うと思う。無論、供託というものは、いつでも正当にさえしてあれば有効なものであろうと思う。判決があって有効のものであるから取戻されないとか、それから判決がない、有効でないから取戻されるということは私はそれほど必要でないと思う。たとえ判決があった所が、例えば外に払えという判決があっても払わないでよいとか何とかいうことは違う。供託が判決に依って有効とされても、取返されないという道理は私は出て来ないと思う。それでこの元の財産編第四七八条第三項であるが、これは「債権者ノ承諾ヲ以テ」としてあって、それは承諾も判決も籠めて言った。これはただ債権者の承諾があろうがなかろうができるということで、それは決めようでどちらにもなるだろうが、しかしながらこれを分つ程のものではあるまいと思うので、ただ通常の確定判決と同じに見ては違うと思う。

穂積陳重（二一巻一一五丁表〜裏）

こういうことではないか。この供託というものは第五〇九条にあった通り、その債務を免れしめる効力を有するものである。みだりにこれを取返すことはできないのが相当のことである。しかしながら、一方のした供託というものが必ず正当の供託であるや否やということはよくわからない。しかし債権者がその供託というものを承諾するなら、それはもう問題なくなる。双方においてこれは適当なる債権の目的物だということを認めるのである。

それからまた、一方はこれは本当の目的物でないと言い、他の一方はそうであると言ったときに、裁判所がやはりこれは正当のものであると認めたときは、初めて提供が動かすべからざるものということになる。なるほどいつでも供託を出したものが正当の目的物であるということが通常の場合であるならば、これは理論においてはただ今の意見の通り債務を免れしめるくらいのものであるから、初めから取戻せないのが便利であるが、実際を見ると、供託というものは往々、双方に争があってする場合がある。それゆえに、便利のためにこの取戻権をいずれの国においても与えて、そしてその取戻権というものは果してその目的物について双方に異議がないか又は確定判決に従って正当の物とこれを認めたならば供託である（この段階で確定的に正当の供託となる、従って取戻せなくなるという趣旨か？――髙橋眞注）、ということにするのが正当と思う。理論においては正当の供託があったなら義務が消えたので取戻すということはできないが、実際の所は便宜のために取戻権を許した方がよかろうというので、このような条文にした。

二　「受諾」という用語の使用について

議長（箕作麟祥）（二一巻一一四丁表）

「受諾」という字は旧民法にあるが、今度の法典にも使うのか。

梅謙次郎（二一巻一一四丁表）

それは前の能力の所にあった。私は実は使いたくなかったが、度々言葉に窮して初めは避けていたのだが使うことにした。

三　「受諾セス又ハ其供託カ確定判決ニ於テ有効ト宣告セラレサル間ハ」の意味

議長（箕作麟祥）（二一巻一一五丁裏〜一一六丁表）

「受諾セス又ハ其供託カ確定判決ニ因リテ」ということになっているが、そうすると「又ハ」から下「有効ト宣告セラレサル間ハ」ということは、一方が受諾しないから確定判決が必要になって来るが、そうすると「受諾セス又ハ」ということはどういうことになるのか。妙なことになりはしないか。

穂積陳重（二一巻一一六丁表）
　初めから受諾しなければ裁判所まで持っていかなくてもそれを取返すことができるという場合が違わないか。

議長（箕作麟祥）（二一巻一一六丁表）
　しかし受諾しないからこそ確定判決の必要が生ずる。受諾すれば裁判の必要はない。

穂積陳重（二一巻一一六丁表）
　受諾しても持ってこないかもしれないからそうはいかない。

議長（箕作麟祥）（二一巻一一六丁表）
　受諾しないときに裁判所に持っていかないと債務者の方では致し方がないから取返すということになるのか。

穂積陳重（二一巻一一六丁表）
　そうである。

議長（箕作麟祥）（二一巻一一六丁表）
　一方は受諾しないにかかわらず「突ツ掛ツテ」いこうということがあるのか。

穂積陳重（二一巻一一六丁表）
　おまえはなぜ承諾をしない（のか）という場合もあろう。

梅謙次郎（二一巻一一六丁表～裏）
　精しく言えば、債権者が受諾しないと言った場合と、それからそれだけですまないで裁判所へ行った場合と二つ見た。しかしながら理論から言えば、議長の言う通り受諾しないときは裁判沙汰になる。裁判沙汰になっても有効と宣告されない間は、やはり「又ハ」と書いてあれば含み得ると思う。

四　取戻権の放棄の可否

穂積八束（二一巻一一六丁裏～一一七丁表）
　この案には弁済を「済ス」べき人[注5]が分らないときは供託するということであるが、そのときに供託物は取戻されるという意思を示して供託をしておくということができるものであるか。
　権利を放棄するということは自由にできるものであろうが、「供託物ヲ取戻スコトヲ得」という所からはそういうことができるかできないのか私はよく関係がわからないが、もしそういうことができないということになると、期限が来ていて「身代限」などをするというような場合は、まずこの債務は払っておいてやろう、しかしその人がわからないから供託をしておくというようなときは、外の債務者がいつでもそれを取戻すということを言って取戻すことができないように見える。そういうこともやはりできるのか。またそういうのは外の債務者から取戻すということを言われるのを防ぐ為に、その供託は一方の人が受諾するということはわからないが、取戻さないということを示して向うに渡しておいて、まずその人の債務だけは他の債務者に妨げ[注6]られるということができるものであろうか。その所を尋ねたい。

穂積陳重（二一巻一一七丁表～裏）
　取戻権の放棄のことはドイツ諸国の民法には往々規定がみえているが、いずれもこの取戻権を放棄するということは、他人の権利を害しない限りかまわないとなっている。それゆえに、明らかに放棄するという場合も、それに依って他人の権利を害するということがなければ少しも差支えないことと思う。破産の場合は何れ破産法に関係もあろうが、純然たる供託の理窟から言えば、供託は勿論債権者のためにその物を供託したものもあるが、債権者がそれを受諾し又それを引取る意思[注7]というものが表示されない間は「債権者ノ移ツテ居ラヌ」。それゆえに、破産法ではどうなるか精しいことは知らないが、この所だけでは債権者が受取る意思を表示しなければやはり取戻ができるということになろうと思う。

横田國臣（二一巻一一七丁裏）

　こういう場合を言うのである。乙が甲に借りがある。そこで甲に払うとしても受取らない。乙は供託したが甲が破産する。だからこれは甲が持っていれば外の「債主[注8]」から取られてしまうから取戻した方がよい。

梅謙次郎（二一巻一一七丁裏〜一一八丁表）

　それなら問題が違う。その場合は、本人に代って管財人がそれを受諾してしまえば財産の中に繰入れられるが、管財人がその手続をする前であればいつでも相手方は第五一〇条によって取戻すことができる。また、それと反対の場合も私はやはり取戻ができると思う。それはどういうことかというと、たとえ第五一〇条の権利を放棄しても、供託をするとき放棄をして供託しつつ破産になったときは、「十ノ八九、百九十九迄」は、何か特別にその債権者に利益を与える意思がある。それであるから、外の債権者を害するという点から取り戻すことができるように多分はなろうと思う。それは破産法の権利でできると思う。

▼別段の発議なく原案が確定（二一巻一一八丁表）。

（注4）　原文には「債権者」とあるが、誤りであろう。
（注5）　「債権者」のことである。なお、この文の意味は明確ではなく、以下の議論より推知するほかはない。
（注6）　原文では「防ゲラレル」となっている。
（注7）　「へ」の誤りか？
（注8）　甲の債権者のことである。

（山本敬三）

【その後の経緯】

　確定条文への変更については、整理会において以下のような説明と議論がなされている。

穂積陳重（民法整理会議事速記録四巻三三丁表〜裏）

　第一項の文章については、長谷川委員などから「叱ラレタ[注9]」ので、「御注文通リニ即チ直シテ来タ」。

　第二項を追加したのは、「原文ガ至ッテ不完全テア」るからである。「此場合ニ於テハ供託ヲ為ササリシモノト看做ス」というと「本ノ債務ガ復活スルト云フコトニナル」が、供託により債務が消滅したために「質ヲ戻シテ置」いたり「抵当ノ登記ヲ抹消シタ」ような場合に、それらが復活することになってはいけない。そこで少なくとも質権と抵当権が一旦消滅した場合には、「モウ其債権ト云フモノニ付テハ再ビ質ヲ旧トヘ返ヘサレルトカ抵当ヲ旧トヘ返サレルトカ云フコトヲシナイ方ガ宜カラウト云フコトデ」第二項を加えたのである。

長谷川喬（同四巻三三丁裏）

　供託すれば債務は消滅してしまうけれども「復タ勝手ニ取戻スコトガ出来ル」ということを認めたのか。

穂積陳重（同四巻三三丁裏）

　その通り。（取戻をすれば債務は）復活する。

長谷川喬（同四巻三三丁裏）

　質権と抵当権は「モウ消滅シタラハ其儘デア」るが、保証人はどうか。

穂積陳重（同四巻三三丁裏〜三四丁表）

　当初は保証人も入れようかとも思ったが、よく考えると入れない方がよいと思う。質権や抵当権が、一旦消滅した後に供託物の取戻を認めると「大変ニ他人ヲ害スルコトニナ」るので、質権と抵当権だけをここにあげたが、保証人はそういうことはないと思う。もともと保証人は、「債務ノ本統ニ片付クマデハ保証ヲスルト云フ意思ヲ以テ保証ヲシタノテア」るから、主たる債務が復活するのに従って「従タルモノ」も復活しても差支えあるまい。

議長（箕作麟祥）（同四巻三四丁表）

質権・抵当権以外の物権も復活することはないのか。

梅謙次郎（同四巻三四丁表～裏）

先取特権は「債務ニ喰ツ付テ居ルモノテア」るから、復活しても差支えあるまいと思う。留置権は占有を失うと消滅するのであるから「是ハモウ……」

村田保（同四巻三四丁裏）

担保はどうか。

梅謙次郎（同四巻三四丁裏）

担保というのは、この案では「留置ニナルカ質ニナルカ或ハ先取特権ノ目的物ニナル」が、留置物と先取特権の目的物は本条第一項の適用があってもそれほど不都合はなかろう。「理論カラ言ヘハ同シヤウテ宜イノテ」あるが、「最モ困ルモノ丈ケヲ例外ニシタ」。そうしないと、「実質ヲ大変ニ替ヘルコトニナル」。

長谷川喬（同四巻三四丁裏）

供託によって債務が消滅しないのならよいが、債務が消滅してしまっているのに、「債権者ニ己ノ所為」によって債務が復活し、それによって保証人の既に消滅したはずの義務までも復活することになってよいのか。

穂積陳重（同四巻三四丁裏～三五丁表）

もともと供託というのは「便宜規定」であり、それゆえに供託物の取戻もできるようになっている。その場合主たる義務が復活すれば、それに伴って従たる義務も復活する。「始メカラ其債務ノ履行ヲ完全ニ為サシメヤウト云フ意思ヲ以テ従タル義務ヲ負フタモノテア」あるから、「何処迄モ之ヲ活カシテ構ハヌ」。「一緒ニ復活スル方ガ理論上ハ正シイ」が、債権者のためにも債務者のためにも「従タル債務ヲ復活サセルコトニスルト害ガ生スルコトニナ」るので、「極クソレニ付テ弊害ガアルトカ或ハ詐欺ノ手段ガ行ハレルトカ云フヤウナモノ丈ケヲ」例外にし、「外ノモノハ本ト一緒ニシタ方ガ理論ニハ適フテ居ルダラウト思」う。

富井政章（同四巻三五丁表～裏）

いかにも保証人は「可哀想ナ模様テアル」が、債権者の立場を考えると、供託物を債務者が取戻したために保証人がなくなってしまうという結果になっては、「債権者ガ非常ニ迷惑ヲ蒙ルコトニナル」。保証人は一見「可哀想ナモノテアルケレトモ」、債務者が供託をしなかったと見ればやはり義務を負っているのであり、保証人の義務が重くなるわけではない。「本トノ杢阿弥テアル」。供託は債務者を保護するために法律が認めたものであるから、債務者の供託物取戻を認めるが、それにより保証人が義務を免れてしまうことになると「債権者ハ非常ニ迷惑ヲスルコトニナル」ので、「斯ウ云フモノ丈ケニシテ置イタ」。

議長（箕作麟祥）（同四巻三五丁裏～三六丁表）

どこかの法律にこのような規定があるのか。

梅謙次郎（同四巻三六丁表～三七丁表）

この規定の議事の時に、長谷川委員から本条はない方が[注10]よいのではないかという意見が出された。しかし、外国の例を調べてみると、この通りの規定はないが「之ニ類似ノ規定ハ何処ニモ皆アル」。富井委員の言うように、供託は元来債務者保護の精神から来ていることが、その理由であろうと思う。供託によって債務者が免責されるとするためには、どうしても債務が消滅するものとしなければ「説明ノ仕様ガナイ」。従って、供託物が取戻された場合には、一旦消滅した債務を復活させるのに相違ない。国々によって少しずつ規定の仕方は違っているが、どの国にもたいていこのような規定が存在している。「本案ノ朱書ノ通リニナツテ居ルノハ」スイス債務法である。(注11) 債務者は供託物を取戻すことができるのが原則であり、取戻がなされれば供託がなされなかったものとみなす。しかし、供託の結果として、抵当権の登記を抹消してしまったとか、債権者が質物を返還してしまった場合には、供託物の取戻はできない。取戻を認めると、富井委員の言うように債権者が「大変ニ迷惑ヲスル」からである。保証人の場合は、穂積委員の説明のように、もともと負っていた義務を引続き負うのであるから「格別害ハ少ナイ」が、質権と抵当権は、供託により一旦消滅してしまった後で供託物の取戻によって復活するものとすると、それらの目的物について第三者が権利を有している場合、「第三者ガ迷惑ヲスルコトハ言フマテモナイ」から、それはできないと思う。また、債権者が供託によって質権や抵当権を失い、（債務者の取戻によって）供託物をもまた失ってしまうということになっては、「債権者が堪ラナイ」。それでこのような規定ができた。他国にはこのような規定がないが、「瑞西債務法ノ編纂者ガ殊ニ気ガ付カレテ斯ウ云フ規定ヲ設ケラレタノテアラウ」。本案起草当時、我々が気付かなかったのは粗漏であるが、「過ツテハ改ムルニ憚ル勿レ」ということで、ここに提出したものであり、「事柄ハ余リ諸君ノ意ニ反スルコトハナカラウト思フテ居ル」。

中村元嘉（同四巻三七丁表）

供託を債権者が承知しないのに質権、抵当権が消滅するということがあるのか。

梅謙次郎（同四巻三七丁表〜裏）

あると思う。第四九〇条(注12)には「弁済者ハ債権者ノ為メニ弁済ノ目的物ヲ供託シテ其債務ヲ免ルルコトヲ得」と規定されているから、供託をすれば債務を免れてしまう。したがって、「債権者ガ何時迄モ強情ヲ張ツテ居レハ（債務者は）裁判所ニ訴ヘテデモ質物ヲ取戻スコトガ出来ル」。

長谷川喬（同四巻三七丁裏〜三八丁表）

起草委員から詳細な説明を受けたけれども、私にはよく理解できない。債権者の意に反して供託した場合でも、質権や抵当権が消滅してしまうのは、供託が債務者保護の制度であるから仕方がない。そうすると何故保証人を除外したのか。富井委員の説明では、債権者を保護しなければならないからだということであるが、そうであれば「矢張リ一様ニ質権モ抵当権モ保存サセナケレハラナラヌ」。起草委員は他に例がないように言うが、私は旧民法の方が「理窟ガ貫イテ居」ると思う。旧民法では、供託しただけでは、決して債権者の損になるような、質権または抵当権を失うというようなことは規定していない。旧民法では、債権者が受諾したり判決が確定した後でも債務者は取戻すことができるが、その場合旧民法は、質権、抵当権以外に保証人の義務とか共同債務者の義務も同一に見ている。「質権、抵当権丈ケハ許ス其外ハ許サナイト云フコトニナルト債務ノ消滅ト云フ趣意ガ通ラナイ」、「債務者一己ノ所為」によって一旦消滅した保証人の義務も復活するというのは「理窟ガ合ハヌ」と思う。

梅謙次郎（同四巻三八丁裏〜三九丁表）

長谷川委員が引用したのは旧民法財産編第四七八条の末項の規定であろうと思うが、そこには、「右ノ受諾又ハ判決アリタル後ト雖モ債務者ハ債権者ノ承諾ヲ以テ供託物ヲ引取ルコトヲ得然レトモ共同債務者及ヒ保証人ノ義務解脱ヲモ質権及ヒ抵当権ノ消滅ヲモ供託物ニ付キ債権者ノ債権者カ為シタル払渡差押ヲモ妨碍スルコトヲ得ス」と規定されている。長谷川委員の発言は、本条は調査会議決のままにしておいて、例えば第二項で「質権、抵当権許リテナク保証抔モ皆同シヤウニシヤウ」という考えのように聞こえる。しかし、それでは非常に不公平な結果になる。債務者の意思のみによって供託は取消すことができる。そして供託物を取戻した結果「始メノ供託ノ引続キカラシテ」保証人の義務も共同債務者の義務も質権、抵当権も消滅してしまったのでは、「債権者ガ皆損ヲシテ仕舞ウコトニナル」。旧民法財産編第四七八条第三項のように「債権者ノ承諾ヲ以テ供託物ヲ引取ルコトヲ得」として、債務者の意思のみによっては取戻ができないように改める、というのであれば格別、もとの案のままでは非常に不公平になる。

議長（箕作麟祥）（同四巻三九丁表）

別段修正案も出ないようであるので、他に発議がなければ本条は朱書に決する。

（注9）長谷川委員が具体的にどこでどのような発言を行ったのか、不明である。

（注10）長谷川委員がどこでこのような提案を行ったのか、明らかでない。なお、法典調査会民法議事速記録には、それらしい発言は見当たらない。

（注11）スイス債務法第一〇九条（本条【参照条文】に掲載）参照。

（注12）確定条文第四九四条にあたる。

（玉樹智文）

【民法修正案理由】

本条第一項ハ供託物ノ取戻権ニ関スル規定ニシテ、既成法典財産編第四百七十八条第二項ト其実質ヲ異ニセズ。然レドモ本条ノ規定ニ付テハ諸国ノ立法例ハ頗ル其体裁ヲ異ニシ、或ハ既成法典ノ如ク供託物ノ取戻ニ因リテ義務ハ旧ニ依リテ存在スト云ヒ、或ハ供託物ヲ取戻ストキハ共同債務者及ビ保証人モ其義務ヲ免カレズト云ヒ、又ハ供託物ノ取戻ニ因リテ義務ハ再生スト云フモノアリト雖モ、一旦免カレタル義務ガ尚ホ継続又ハ存在スト云フトキハ既ニ用語上ニ於テ撞着スル嫌アリ、又義務ガ再ビ発生スト云フトキハ法律上ノ結果ニ於テ異動ヲ生ゼシムル恐アリ。故ニ本案ハ独乙民法第二草案ノ如ク、供託物ヲ取戻シタルトキハ供託ヲ為サザリシモノト見做スト改メタリ。

次ニ既成法典同条第三項ノ規定ハ特ニ明文ヲ要セザルヲ以テ之ヲ刪除シ、又取戻権ノ抛棄ニ関スル規定ハ諸国ノ法典ニ掲グル所ナリト雖モ、他人ノ利益ヲ害セザル限ハ自己ノ権利ヲ随意ニ抛棄シ得ルコトハ一般ノ通則ナレバ、本案ハ既成法典ノ如ク此点ニ関シテ別ニ規定ヲ設ケズト雖モ、供託ニ因リテ債権ノ担保タル質権又ハ抵当権ガ消滅シタル場合ニ於テモ尚ホ本条第一項ノ規定ヲ適用シテ供託物ノ取戻ヲ許ストキハ、其結果タルヤ供託ヲ為サザリシモノト見做サルルニ因リ、質権又ハ抵当権ノ消滅シタルコトヲ信ジテ種々ノ取引ヲ為シタル者ハ意外ノ損害ヲ被ムルコトナシトセズ。故ニ本案ハ特ニ本条第二項ノ規定ヲ設ケ、供託ニ因リテ質権又ハ抵当権ガ消滅シタルトキハ第一項ノ規定ヲ適用セザル旨ヲ明ニセリ。

▽民法修正案理由書第三編第一章「第五節　債権ノ消滅」一五～一六頁（第四九五条）。

（山本敬三）

第四九七条　弁済の目的物が供託に適しないとき、又はその物について滅失若しくは損傷のおそれがあるときは、弁済者は、裁判所の許可を得て、これを競売に付し、その代金を供託することができる。その物の保存について過分の費用を要するときも、同様とする。

第四九七条　弁済ノ目的物カ供託ニ適セス又ハ其物ニ付キ滅失若クハ毀損ノ虞アルトキハ弁済者ハ裁判所ノ許可ヲ得テ之ヲ競売シ其代価ヲ供託スルコトヲ得其物ノ保存ニ付キ過分ノ費用ヲ要スルトキ亦同シ

原案第五一一条　確定条文に同じ

【参照条文】

スイス債務法

第一〇八条　債務の目的物が供託に不適切である場合、又はそれが保管費用を要する場合、又は滅失毀損の虞がある場合においては、債務者は通告をなした後、裁判官の承認を得て、その物を公売し、売得金を供託することができる。

物が取引所価格又は市場価格を有するときは、売却は公売たることを要せず、かつ裁判官は通告がなされなくともこれを許すことができる。

ドイツ民法第一草案

第二七八条　供託ニ適セサル動産ヲ目的トスル債務関係ニ於テ債権者カ受取ニ付キ遅滞ニ在ルトキ又ハ第二百七十二条第二号ニ掲ケタル要件ヲ備ヘテ物カ腐敗スル虞アルトキ若クハ物ノ保存ニ付キ過分ノ費用ヲ要スルトキハ債務者ハ履行地執達吏又ハ競売ノ権限ヲ有スル其他ノ官吏若クハ公任競売者（営業条例第三十六条(注)）ヲシテ物ヲ競売セシメ其代価ヲ供託スルコトヲ得此場合ニ於テ売却ノ予告ヲ為シ得ル限ハ之ヲ為スニアラサレハ売却スルコトヲ得ス但物カ腐敗又ハ危険ニ瀕スルトキハ此限ニ在ラス

債務者ハ其及フ限ハ遅滞ナク債権者ニ売却ノ実行ヲ通知スルコトヲ要ス之ヲ怠リタルトキハ損害賠償ノ責ニ任ス

ドイツ民法第二草案

第三三〇条　債務者カ供託ニ通《ママ》セサル動産ヲ給付スヘキ場合ニ於テ債権者カ受取ニ付キ遅滞ニ在ルトキ又ハ第三百二十一条第二段ノ場合ニ於テ右ノ目的物カ腐敗スル虞アルトキ若クハ其保存ニ付キ過分ノ費用ヲ要スルトキハ債務者ハ之ヲ競売セシメ其代価ヲ債権者ノ為メニ供託スルコトヲ得競売ハ履行地ノ執達吏又ハ競売ノ権限ヲ有スル其他ノ官吏若クハ公任競売者ニ依リテ之レヲ為サシムルコトヲ要ス

競売ハ其予告ヲ為シ得ル限ハ之ヲ為スニアラサレハ売却スルコトヲ得ス然レ𪜈物カ腐敗又ハ危険ニ瀕スルトキハ右ノ予告ヲ要セス又債務者ハ其及フ限ハ遅滞ナク競売ノ実行ヲ通知スルコトヲ要ス之ヲ怠リタルトキハ損害賠償ノ責ニ任ス

競売ノ費用ハ債務者カ供託シタル代価ヲ取戻サヽル限ハ債権者ノ負担ニ帰ス

プロイセン一般ラント法

第一部第一四章第一〇一条　裁判上保管さるべき物に滅失毀損の危険があるときは、そのために適切な措置について、利害関係者の尋問がなされなければならない。

第一〇二条　利害関係人がこれについて合意をなしえないときは、裁判官は、彼が召喚した一名または二名の鑑定人の鑑定に基づき、命令によって、その物をさらに保管するか、するのであればその方法を、あるいはそれを公に競売するかを決し、後者の場合には争いが解決するまでその代金を寄託に付すべきことを決定しなければならない。

ザクセン民法

第七五七条　弁済ノ物件裁判所ニ蔵寄スルニ適切ナラス及其保管ヲナスニ費用ヲ要シ及不便ヲ免カレ難キトキ義務者ハ物件ヲ領収セシムル為メ履行地ノ裁判所ニ依頼シ相当ノ期限ヲ定メテ権利者ヲ督促セシメ及其期限ノ空ク経過シタル後其物件動物件ナルトキハ之ヲ第四百八十条ニ規定シタル方法ヲ以テ権利者ノ為メ売却シ又ハ其売却ヲナスコト能ハサル場合ニ於テハ之ヲ放置スルコトヲ得又地所ニ係ルトキハ不動物件所在地ノ裁判所ニ予メ通知シタル後其地所ヲ放置スルコトヲ得ルモノトス（第二百九十四条）

（注）　仁保亀松訳「独逸民法草案債権」では第三十二条となっている（法曹記事第四一号六二頁）が、誤りであろう。

【起草趣旨】

穂積陳重（二一巻一一八丁裏～一一九丁表）

(1)　本条を規定する理由

本条に当る規定は旧民法にはない。しかしこれまで本案においても、これと精神を同じくしているような場合は幾らもあると思う。弁済の目的物の滅失又は毀損の恐れのあるとき又これを保存するについて過分の費用を要するときとかいう場合には競売をしてその代価を供託することができるということは至極必要な規定で、スイス、ドイツ、ザクセン等に例があり、そうしておかないと義務を免れることもできない、供託しておこうと思っても供託することもできないというような場合において、非常に債務者が困るだろうと思うので、本案はこれを置くことにした。

(2)　本条による競売の要件

この競売の条件は、供託に適さないということと、滅失又は毀損の恐れがあるということが一つ、それから保存について過分の費用を要するということが一つ、皆同じ原因である。ただその物の保存につき云々ということを終りに持っていくのは文章の続きだけで外に意味はない。

【主要審議】

一　費用の負担者

横田國臣（二一巻一一九丁表）

この費用はどちらが出すのか。これは預けてある間だからやはり弁済者から費用は出すのだろうと思うが、どうか。

穂積陳重（二一巻一一九丁表）

履行の費用は債務者が負担するのが当り前のことだが、債務者（「債権者」か？――山本注）の方の故意によってその費用を増したとき、例えば初め受取ることを拒んだとか、あるいは「初メ売ルコトヲ済マシテ置カナカツタ為メニ」不都合を生ずるに至ったとか、債権者の落度に出たときはやはり供託の費用は勿論債権者から取立てなければならないと思う。

横田國臣（二一巻一一九丁表）

それはそうであるが、債権者のわからない場合は、やはり弁済者から立替えておかなければならないのか。

穂積陳重（二一巻一一九丁裏）

それは初めはそうで、郵便為替で預けるとしても、為替は初めは自分が支払わなければならない。

二　債権者の保護規定の要否

横田國臣（二一巻一一九丁裏）

そこで尋ねたいのは、これを弁済者が自分の利害に関すると思ってするようにすればよいが、自分はいくら費用がかかってもかまわないというようなことになり、また、いくら滅失毀損しようともそれはかまわないというような場合に、何か一つ供託を受ける者が「裁判所カラヤル」（裁判所を通じて働きかけるという趣旨か？——髙橋眞注）規定はなくてもよいだろうか。そんな風な法律が外国の法律にもありそうなものと思うが私は知らない。しかしさもなければ、滅失しようが毀損しようがそれは債権者の損であるから弁済者のかまったものではないというが、滅失することは決してよいことではないと思う。その上その人がどこに行ったかわからないという場合は殊にそうであろうと思うが、それを保護する規定はなくてもよいだろうか。

穂積陳重（二一巻一二〇丁表）

　そのことについてはどうも明文が見あたらない。結局、危険は供託により移るものである。債権者の故意によって負担を増したときは債権者がその費用を負担するから、今の場合は、弁済者が少しもかまわないという「不深切」に構えていれば仕方がないが、本案ではなるべく穏当な取引をする者に初め競売して代価を供託することができるという便宜を与えたのである。それからまた、滅失してしまって、後で目的物の争がおこって来るようなことがあれば、自分も非常に迷惑をする、あるいは向うにも迷惑になるようなことがあって、つまり債務者の便宜にならないことがあると思う。

三　「過分」という用語の適否

議長（箕作麟祥）（二一巻一二〇丁表）

　この「過分ノ費用」ということは質の所にもあったが、「過分」というのは「可笑」しくはないかと思うのだが……。

穂積陳重（二一巻一二〇丁表～裏）

　「多額」という字があったが、「過分」の方がよいと思ってこの文字を使った。

梅謙次郎（二一巻一二〇丁裏）

　文字は「耳新」しいが理屈はこちらの方がよい。例えば、一万円の価の物に一〇〇円かけるならよいが、一〇〇円の価のある物に一〇〇円の費用をかけるということであっては「過分ノ費用」になると思う。

▼別段の発議なく原案が確定（二一巻一二〇丁裏）。

【民法修正案理由】

　本条ノ規定ハ既成法典ニ其例ナシト雖モ、苟モ弁済者ニ供託ノ便益ヲ許与スル以上ハ、進ミテ本条ノ如キ便宜法ヲ設クルニ非ザレバ立法ノ趣旨ヲ貫徹セザルモノト云ハザルベカラズ。故ニ本案ハ瑞士債務法独乙民法草案等ニ倣フテ弁済者ノ売却権ヲ認メ、即チ弁済ノ目的物ガ供託ニ適当セズ又ハ滅失毀損ノ虞アルトキ若クハ物ノ保存ニ付キ過分ノ費用ヲ要スルトキハ、弁済者ハ目的物ヲ売却シテ其代価ヲ供託スルコトヲ得トシ、之ニ依リテ供託ニ関スル立法ノ趣旨ヲ貫徹セシメタリト雖モ、弁済者ヲシテ濫リニ目的物ヲ売却セシムルトキハ往々債権者ノ利益ヲ害スルコトアルヲ以テ、前述ノ如ク売却権行使ノ場合ヲ限定スルノ外、弁済者ハ尚ホ裁判所ノ許可ヲ得ルコトヲ要シ且ツ其売却ハ競売ノ方法ニ依ラザルベカラズトシ、以テ債権者ノ利益ヲ害スルコト勿カラシメタリ。

▽民法修正案理由書第三編第一章「第五節　債権ノ消滅」一六～一七頁（第四九六条）。

（山本敬三）

第四九八条　債務者が債権者の給付に対して弁済をすべき場合には、債権者は、その給付をしなければ、供託物を受け取ることができない。

第四九八条　債務者カ債権者ノ給付ニ対シテ弁済ヲ為スヘキ場合ニ於テハ債権者ハ其給付ヲ為スニ非サレハ供託物ヲ受取ルコトヲ得ス

原案第五一二条　債務者カ債権者ノ反対給付ニ対シテ弁済ヲ為スヘキ場合ニ於テハ債権者ハ其反対給付ヲ為スニ非サレハ供託物ヲ受取ルコトヲ得ス

【参照条文】

ドイツ民法第二草案

第三二二条　債務者カ債権者ノ給付ニ対シテ自己ノ給付ヲ為スヘキ義務ヲ負担シタル場合ニ於テハ供託物ヲ受取ルヘキ債権者ノ権利ヲ其相対給付ノ履行ニ係ラシムルコトヲ得

【起草趣旨】

穂積陳重（二一巻一二〇丁裏～一二一丁裏）

本条は債権者の受取権の制限に関する規定であり、主に売買、交換等の場合に当る。その場合において、この通りある制限をつけてその反対給付のあるまで（ということにしておかねば）、例えば（買主が）代価をいつまでも持っていなければならないというようなことがあっては大変不便である。(注) しかしながら、今の供託規則によると、このように反対給付にその受取権を害されるということはない。それでやはり当局者のこれに対する意見を聞いてみた。しかるに売買等の場合において、反対給付にその受取権を害されるということは、少し今の大蔵省の方の書式の文字を変え、これに「善イ字」を加えれば、手続の方は格別面倒なことはないということである。債権者が適当な反対給付をなしたということを証明するか、又は債務者の方でそれを受取って、初め供託するときに見れば「何々の代価としてこれを供託するのである。それで受取った上は渡してくれ」という請求もできる。あるいは、一方においては債権者が正当な証明書を持って来る、債務者がその品物を受取ったという証明書を持って来て、それによって渡すということは格別の手数を要せず、格別の日数を要せずしてできるものである。それゆえにこれは屡々あることであるから、ここに規定しておいた。

（注）原文は、「其場合ニ於テ此通リ或制限ヲ附ケテ其反対給付ノアル迄ハ此方マデ例ヘバ代価ヲイツ迄モ持ツテ居ラナケレバナラヌト云フ様ナコトガアツテハ大変ニ不便デアリマス」であるが、本文に述べたような意味であろう。

【主要審議】

一　「反対」の削除

議長（箕作麟祥）（二一巻一二一丁裏）

「反対給付ヲ為スニ非サレハ供託物ヲ受取ルコトヲ得ス」とあるが、これでよいのだろうか。

穂積陳重（二一巻一二一丁裏）

例えば売買で、引渡をなすために向うから書物を出すや否や、この書物ではない、それに対しては払うことはいやだ、とにかく私の代価というものはここに供託しておく、という反対給付の場合は、かえって債務者の方から異論が出る場合が多い。

富井政章（二一巻一二一丁裏）

自分が反対給付をしなければ通常受取ることができないのである。とにかく受取っておいて自分が履行しないというようなことではいけない。

穂積陳重（二一巻一二二丁表）

文字をいささか改める。「反対給付」ということはいかにも「事ヲ好ンダ」ような言葉である。ただ今「反対」という字がなくてもよくわかるではないかという注意があったが、なるほど「反対」という字はなくてもわかるから、双方とも「反対」という字を削ることにする。

二　「債務者」の語の適否

議長（箕作麟祥）（二一巻一二二丁表）

債務者、弁済者とあるが、債務者では意味が狭すぎるおそれがあるのではないか。

穂積陳重（二一巻一二二丁表）

当然供託して債務を免れるというものが外のものにはない。

▼別段の発議なく起草委員提案の修正原案が確定（二一巻一二二丁表）。

【民法修正案理由】

本条ハ供託物ノ受取ニ付キ債権者ノ権利ヲ制限セルモノニシテ、既成法典ニ存セザル規定ナリト雖モ、債務者ノ利益ヲ保護スルニ必要ナルノミナラズ、之ニ因リテ毫モ債権者ニ損害ヲ加フルニ非ズ。債権者ハ自己ノ負担スル給付ヲ為シテ始メテ其相対給付タル供託物ヲ受取ルベキハ当然ノ事理ニ属スルニ因リ、本案ハ独乙民法第二草案等ノ例ニ倣フテ特ニ本条ノ規定ヲ設ケタリ。

▽民法修正案理由書第三編第一章「第五節債権ノ消滅」一一七頁（第四九七条）。

（山本敬三）

第四九九条　債務者のために弁済をした者は、その弁済と同時に債権者の承諾を得て、債権者に代位することができる。

2　第四百六十七条の規定は、前項の場合について準用する。

第四九九条　債務者ノ為メニ弁済ヲ為シタル者ハ其弁済ト同時ニ債権者ノ承諾ヲ得テ之ニ代位スルコトヲ得

第四百六十七条ノ規定ハ前項ノ場合ニ之ヲ準用ス

原案第四九六条　債務者ノ為メニ弁済ヲ為ス者ハ其弁済ト同時ニ債権者ノ承諾ヲ以テ之ニ代位スルコトヲ得

前項ノ場合ニ於テ代位者ハ第　条ノ規定ニ従ヒ債権者ニ代位シタルコトヲ債務者ニ通知シ又ハ債務者カ之ヲ承諾スルニ非サレハ其代位ヲ以テ債務者其他ノ第三者ニ対抗スルコトヲ得ス

【参照条文】

旧民法財産編

第四八〇条　債権者ノ許与シタル代位ハ受取証書ニ之ヲ明記スルニ非サレハ有効ナラス但第三者カ弁済ニ付キ利害ノ関係ヲ有スルヤ否ヤヲ区別スルコトヲ要セス又自己ノ名ニテ弁済スルカ債務者ノ名ニテ弁済スルカヲ区別スルコトヲ要セス

フランス民法

第一二五〇条（第一号）　前条ニ記シタル事ハ左ノ二箇ノ場合ニ於テハ契約ヨリ之ヲ生ス可シ

第一　義務ヲ得可キ甲者丙者ヨリ義務ヲ得タルニ因リ義務ヲ行フ可キ乙者ヨリ之ヲ得可キ自己ノ権及ヒ乙者ニ対シテ訴訟ヲ為スノ権、乙者ニ対シ他ノ義務ヲ得可キ者ヨリ先キニ其義務ヲ得可キノ特権、乙者ニ対シ不動産ヲ書入質トシテ得ルノ権ヲ丙者ニ移シタル時」但シ此代権ノ事ハ丙者乙者ニ代テ義務ヲ尽シタル時別段之ヲ契約書ニ附記シ置ク可シ

オーストリア一般民法

第一四二二条（第四七四条の【参照条文】中に掲載）

第一四二三条（同右）

オランダ民法

第一四三七条（第一号）（フランス民法第一二五〇条に同じ）

イタリア民法

第一二五二条（第一号）　責権ノ替有ハ次項ノ時会ニ於テハ契約ヲ以テ之ヲ為ス者トス（仏民第千二百五十条）

第一項　責主カ第三位ノ人ノ弁償ヲ接収シテ以テ自己カ負責主ニ対シテ有スル所ノ責権、訟権及ヒ領先特権ヲ此人ニ替有セシメ若クハ券記領先権ヲ替有セシムル者即チ是ナリ此責権ノ替有ハ必ス之ヲ明言シ且弁償ト同時ニ之ヲ為スヿヲ要ス

ポルトガル民法

第七七九条（第二号）　債務者の承諾なくして債務者に代わって弁済した者は、以下の場合にのみ債権者の権利に代位する。

（第一略）

第二　弁済を受領した債権者が、次節の定めるところに従い自己の権利を譲渡するとき、又は自己の権利に弁済者を代位させるとき。但し、後者の代位は、弁済の時に行われ、かつ明白であることを要する。

ヴォー州民法

第九三五条　債権者が第三者による弁済を受領し、第三者が債務者に対する権利、訴権、先取特権又は抵当権に代位するときは、約定の代位である。この代位は明白でなければならず、かつ文書でなされなければならない。

ベルギー民法草案

第一二五一条　債権者が第三者による弁済を受領し、第三者が債権者の全ての権利に代位するときは、約定の代位である。この代位は明白でなければならず、かつ弁済と同時になされなければならない。

第一二五三条　約定の代位に関する前二条の場合において、代位者は、売買及び抵当権の章において譲渡につき定められた手続を行なったときに限り、第三者に対する債権を取得する。

【起草趣旨】

富井政章（二〇巻一〇八丁表〜一一二丁裏）

本条より原案第五〇二条までは代位弁済に関する規定である。

(1)　削除条文

(i)　財産編第四七九条[注1]

同条（第一項）は代位により債権及び担保が代位者に移ること、並びに代位弁済者

は代位したことによってその債務者に対する固有訴権を喪失しないことを定めている。しかし前者については財産編第四八三条が同趣旨を定めており、その趣旨を本案では原案第四九八条に規定するので重複する。また後者については明文を要しない。更に第二項は代位の原因種類を定めたものにすぎない。従って財産編第四七九条は全部削除した。

(ii)　財産編第四八一条(注2)

これは代位弁済に関する一番大きな修正である。同条は第三者が債務者のために債権者に弁済するに当り、債権者の承諾がなくとも債務者の意思で代位ができるという規定である。その必要性は次の点にある。すなわち、高い利息で抵当を入れて金を借りている（者が）、別の者から安い利息で借りるためにその抵当を必要とする場合に、債権者が高利で貸しているために代位弁済を拒むことがある。（代位弁済につき、）債務者はその抵当によって低利で金を借り、もとの債務を弁済するという利益があるのに対し、抵当について債権者の有する利益は弁済を受けるという一事にあるのだから、この拒絶は不当である。このような拒絶に対して、弁済者と債務者の契約によって代位ができるというものである。

こう言えばこの規則は便利にしておく必要があるように見えるが、実際には種々の弊害がある。その最大のものは、一旦弁済して（第一順位の）担保が消滅し、第二順位、第三順位の債権者の順位が昇進した。(注3)ところが後に債務者に更に金が必要となり、しかし第一順位の担保を与えなければ貸してくれる者がないという場合に、その者が代位弁済を承諾し（代位弁済をしたという形をとり）、先日付の証書を偽造して先に第一順位になった第二順位の債権者等に不測の損害を与える、すなわち一旦消滅した抵当を「詐欺手段」をもって再生させるという弊害である。もっともこれは、財産編第四八一条の証書を公正証書にするか、日付確定の法でも設けてその日付確定の手続を履ませれば防げるであろう。

ただ、その他の弊害として、借りた金で弁済したということは到底証明できることではなく、また旧民法など諸国の法律の定めるように借りた金で弁済したということを証書に記すことはなかなか行なわれないという点がある。そもそも金を借りることは弁済とは別の取引であり、債務者はその金をどう使おうとも自由のはずである。まだ弁済がないのに他人の権利に代位させて他人の権利を処分するということは、道理上当らないことである。この規定がなくとも、特に不便はないと考える。特に債権者の承諾を不要としつつ受取証書に金の出所を記載するということになっているが、これも無理な注文である。債権者がそんなことは書かないと言えばどうしようもないし、書くくらいなら初めから承諾を与えるであろう。その場合には（財産編第四八〇条の）債権者の承諾による代位ということになる。そもそも債権者は、弁済を受けられれば代位を拒むことはあるまい。

（このように、）「債務者ノ承諾（『意思』の趣旨か？——髙橋眞注）ヲ以テスル代位」は便利なようであるが、種々の弊害があり、理論にも反し、制限を設けてもその制限は行われにくい。（規定がなくても）心配ないと考え、最も新しい立法例、すなわちドイツ民法草案、スイス債務法、スペイン民法等にならってこの代位は認めないこととした。

(iii)　財産編第四八五条(注4)

これについては本案の第五〇〇条を説明する際に述べる。

(iv)　財産編第四八八条(注5)

これは明文を必要としない。また本案では単純弁済・代位弁済を区別しておらず、更に代位弁済の規定を弁済の充当・供託の前に置いたので、疑いはなかろうと思って削った。

(2)　本条の趣旨

本条は旧民法財産編第四八〇条に当り、債権者の承諾による代位を規定したものである。改正点は、当事者間における代位の要件を簡単にし、第三者に対する要件を置いたという二点である。

旧民法では受取証書に代位を承諾したことを書かねばならないが、この要件は当事者間では不要であり、第三者に対する要件としては不十分である。すなわち受取証書に代位弁済があったことを記入しても、債務者にはわからないから二重払の危険がある。また債権譲受人、差押債権者等の第三者も損害を被ることになる。こうしたことを認めると、債権譲渡の方式を履まずして代位弁済の手段によって債権譲渡を為す弊害が生じよう。この弊害を恐れて、スイス債務法などではこの種類の代位を認めていない。とはいえ、債権譲渡の方法さえあればそれで足るというのではなく、代位は代位で認めて弊害防止の方法を定めなければならない。そこで本条第二項を置くこととした。これは丁度ベルギー民法草案にある。この第二項がある以上、当事者間での代位の明示とか、受取証書への記入ということは不要である。ただ代位が弁済と同時でなければならぬということは適当と考え、これを第一項に入れた。

（注1）　旧民法財産編第四七九条　代位ヲ以テ第三者ノ為シタル弁済ハ債権者ニ対シテ債務者ニ義務ヲ免カレシメ且其債権及ヒ之ニ附著セル担保ト効力トヲ其第三者ニ移転ス但場合ニ従ヒテ第三者ノ有スル事務管理又ハ代理ノ訴権ヲ妨ケス

代位ハ下ノ区別ニ従ヒテ債権者若クハ債務者ヨリ之ヲ許与シ又ハ法律ヲ以テ之ヲ付与ス

（注2）　旧民法財産編第四八一条　債務者ハ其債務ノ弁済ニ必要ナル金額又ハ有価物ヲ己レニ貸与シタル第三者ヲシテ債権者ノ承諾ナク其権利ニ代位セシムルコトヲ得

右ノ場合ニ於テ借用証書ニハ其金額又ハ有価物ノ用方ヲ記載シ受取証書ニハ其出所ヲ記載スル公正証書又ハ私署証書ニ非サレハ他ノ第三者ニ対シテ右ノ行為ノ証拠トスルコトヲ許サス

然レトモ借用ト弁済トノ間ニ不相当ナル長キ時間ノ経過シタルトキハ裁判所ハ代位ヲ不成立ト宣告スルコトヲ得

（注3）　議事録では「一旦弁済ヲ為シテ債権ノ担保モ消エタ第二順第三順ノ債権者カ夫レカ為メニ一層高イ順位ニナルコトヲ得ス然ルニ後ニ至ッテ」云々と記録されている（二〇巻一〇九丁表）が、「得ス」は誤りであると思われる。

（注4）　旧民法財産編第四八五条　代位ハ原債権者ヲ害セサルコトヲ要ス

数箇ノ債権ヲ有スル者ハ其一箇ニ係ル代位弁済カ他ノ債権ノ担保ヲ減スルトキハ之ヲ拒ムコトヲ得

（注5）　旧民法財産編第四八八条　弁済ノ有効、充当、提供及ヒ供託ニ関スル前三款ノ規定ハ代位弁済ニ之ヲ適用ス

【主要審議】

一　第二項の「通知」の意義

土方寧（二〇巻一一二丁表）

第二項で「債務者ニ通知シ」というのは、債務者が異議を述べることができるという趣旨か。

富井政章（二〇巻一一二丁表～裏）

これは「準質」についても既に[注6]設けられたものであって、本案第三六〇条と同じ適用である。債務者の二重払を防ぐため、債権譲受人等の第三者も債務者の所へ行けば今誰が債権者かわかるという精神で、不完全ながら公示方法として置いたものである。債務者の承諾が要素となるものではなく、債務者に異議を述べる権利はない。

土方寧（二〇巻一一二丁裏～一一三丁表）

本案第四八一条[注7]（確定条文第四七四条）

と抵触しないか。本案第四八一条では、利害関係のない第三者が弁済するというときには債務者が拒絶できる、不承諾の場合は代って弁済できないということになっている。そうすると、本条でも、利害関係なき第三者が弁済して代位するにも、債務者が承知している必要があるように思われるがどうか。

富井政章（二〇巻一一三丁表〜裏）

本案第四八一条（は代位弁済が成立する条件の問題である。そ）の趣旨としては、こちらから進んで債務者の承諾を受けに行かなければならないというのではなく、誰かが自分のために払うと聞いて、債務者が不同意を表したら第三者弁済ができないというのである。（それに対して）本条第二項は、代位弁済が成立した後に、第三者に対してその代位者として有する権利を対抗する条件を定めたものである。（代位弁済成立後のことであるから、）債務者が不同意を表明しても「業已ニ晩シ」である。従って、本案第四八一条と本条とは抵触しない。

梅謙次郎（二〇巻一一三丁裏）

今の説明を補うと、債務者が、弁済ということについては知っていて不同意を表明しないが、代位については知らないことがある。この場合でも抵触はしない。

磯部四郎（二〇巻一一四丁表）

この「第　条」というのがわからないが、通知は債権者・代位者両名でするのか、代位者がするのか。

富井政章（二〇巻一一四丁表）

これは債権譲渡の所にできる条文である。まだ定まっていないが、代位者一名でできるものと考えている。債権譲渡の場合も、譲受人一人でできることであろうと解している。

二　代位しえない弁済者の地位

横田國臣（二〇巻一二〇丁表）

本案第四八一条では債権者の承諾がなくても払えるが、その弁済をした者が代位できないとすればどういうことになるか。

富井政章（二〇巻一二〇丁表〜裏）

本案第四九七条（本書六二二頁参照）に該当する者以外の者が弁済をして、債権者が代位を承諾しなかったときには事務管理、債務者の委任を受けたときには代理訴権でゆける。これは旧民法にいう債権者の権利の移転ではなく、自分が弁済をしたことを原因として債務者に対して有する固有訴権である。

三　代位弁済の性質論——債権の移転？

磯部四郎（二〇巻一二二丁裏〜一二三丁裏）

本案では利息制限法というものは採らないという理窟か。原案第四九九条（現行法なし、本書六四五頁参照）では立替えた金員だけは請求できるということになっているが、その場合に、金員に高い利息がついていたとすると、それはどのようにして取れるのか。利息について自由主義を採り、前の債権者の定めておいた約束だけの利息を立替金について取れることになると、代位の本来の性質を失いはしないか。

梅謙次郎（二〇巻一二三丁裏〜一二五丁裏）

私は代位弁済というのは債権が移るのではないという考えを持っている。[注8] これは代理関係、事務管理、不当利得等から生ずる固有訴権を担保するため、弁済によって消滅した債権をあたかもなお生きているかのように見てやる、法律のフィクションである。ちょうど解散した法人を、清算が済むまで生きていると見るのと同じである。その目的は固有訴権を担保するためであるから、金額については、固有訴権によって請求できる範囲内において代位が認められる。

代位は確かに沿革から見ると債権譲渡が変化したものである。そして昔の債権譲渡が、譲渡の手続を要しない代位の存在とともに自ら性質が変わってきたものと考える。代位は固有訴権が常に完全に行なわれれば本来不要のもの、固有訴権の担保のために設けられたものであって、債権譲渡とは性質が異なる。その違いは本案の第四九九条の「弁済シタル価額ヲ超エテ債権者ノ権利ヲ行フコトヲ得ス」ほか種々の点に出てくる。本案第四九九条は、債権譲渡の場合のように、自分は債権者に半金にまけてもらっておきながら、債務者に対しては全額を請求することはできないということである。

　利息については次の通りである。固有訴権の方で許すならば、法定利息は代位で取れる。元の債権の利息が法定利息より低い場合、元の債権の利息より高い利息を、代位によって取ることはできない。元の債権の利息が法定利息と同一またはそれより高い場合、その利息を代位によって取ることができる。

富井政章（二〇巻一二五丁裏～一二七丁裏）

　今の問題は、実際はあまり問題でないが、学問上は大きな問題である。フランスなどでも、代位は固有訴権に元の債権の担保だけをつけるという説と、債権自体が移るという説とがあり、現在では第一説はほとんど勢力がなく、第二説が一般的になっている。私は沿革、フランスなどの立法の精神から考え、これまで、担保だけでなく権利自体が移るのであると信じていた。旧民法もそうなっており、あまり深く考えずに立案したのである。

　もしそう考えるのでなければ、本案第四九八条第一項の「債権ノ効力及ヒ担保トシテ」という文字から変わらなければならない。債権自体が移るのであるということで、旧民法財産編第四七九条・同第四八三条にこういう言葉を用いることになったものと考えている。

　結果の違いは、フランスでは商事債権であれば裁判所が違い、訴訟手続が簡便である。執行力を持っていれば、それがすぐに役立つ。日本では後者は問題になろうが、前者はほとんど問題ではない。利息については一長一短である。元の債権に高い利息がついていれば、別段の規定を置かなければそのまま代位に移るが、本案第四九九条の書き方では元の債権の利息が年五分より少なければ、それだけしか取れなくなる。

　結果から見ればどちらを採っても良いと思うが、私としては債権自体が移るという考えであった。

梅謙次郎（二〇巻一二七丁裏～一二九丁表）

　富井委員の紹介した二説はいずれも極端で間違っていよう。私は中間の説を主張するのである。債権が移るのでもなければ担保だけが移るのでもない。本当の効力が移ったかのようにその権利を行うことができるというフィクションを認め、その範囲はあくまでも固有訴権の範囲内でなければならぬというものである。

　担保権だけが移るのではない。すなわち商事債権の利益は受けることができ、利息も固有訴権の範囲内では代位によって取れるという考え方である。

　代位というのは自然のものではなく、法律の力で作るものであるが、法律の力で許す以上、外に債権者の意思があれば認めて差支えない。市町村、商工会議所、取引所は法人であり、他方、会社等も当事者の意思で法人としうるというのと同じである。

磯部四郎（二〇巻一二九丁表～裏）

　法人のように重大な利害関係があるためにやむを得ず立法者が行なうフィクションと同一視して、理窟はないのだが示しておいた方が良かろうとするのはよくない。そもそも本条がなければどんな害があるかが示されていない。

土方寧（二〇巻一三〇丁表〜裏）

代位弁済の性質論については、一定して普通の法律思想で理にかなうように説明することはできないものであって、ただ便宜のために法律の力で設けておくと言えば足る。ただ本条の実際的必要性はないと思う。

四　代位の公示方法について

横田國臣（二〇巻一二〇丁裏〜一二一丁表）

私は代位という制度を設けた方が良いと思う。本案第四八一条（確定条文第四七四条）で（第三者が弁済を）為しうるとしておきながら代位させせないのでは起草者の旨意に悖るであろう。そもそも融通を良くするために譲渡等と同じことをするためには、他人の債務を払うことを許した以上直ちに払った者の権利に代わるようにするのが便利であろう。

富井政章（二〇巻一二一丁表〜一二二丁表）

今の説は面白いが同意するに躊躇する。というのは、完全な公示方法がないからである。本案第四九六条第二項の公示方法は実に不完全である。債務者が通知を受けたなら、債権者が代わったことを知るであろうから、債務者は二重払をすることはあるまいが、債権譲受人や差押債権者等の他の第三者はまず債務者の所に行って聞いてみなければならない。その際債務者が正直に言わなければ仕方がない。けれども公示方法が全くないよりはましだということで質の所にも置いたのである。公示の完全な方法がない以上、誰でも弁済すればすぐに権利も担保も移ることを広く法律の力でできるようにするのは危険である。

横田國臣（二〇巻一二二丁表〜裏）

公示が心配であるならば、（債権）譲渡の場合にも心配しなければならないと思う。そして、一般的には、譲渡の場合には証書があるから心配はあるまい。今日自由な債権譲渡を許す以上、直ちに「代位ト云フモノカ生シテクル」方が至当だと思う。

五　本条削除案――代位の必要性について

土方寧（二〇巻一一四丁表〜一一五丁裏）

本条は有効な第三者弁済を前提とした上で、代位を対抗する条件を定めたものであるという説明であった。そうすれば本案第四八一条と本条とは抵触しないように説明できようが、しかし文章の上からは疑わしい。あるいは起草委員は本案第四八一条の修正を是認しておらず、利害関係のない第三者も債務者の承諾なく有効に弁済を為しうるというのが適当であるという考えが脳裡にあってこうなったのかと思う。

私の考えでは本条はない方が良い。弁済したならば債権債務の関係は消滅しており、それに伴う担保も消滅していなければならない。本案第四九七条（確定条文第五〇〇条）のように、利害関係ある者が弁済する場合には保護の必要があろうが、利害関係のない者が払った場合に、理由づけのできないような代位弁済というものを持って来なくとも他に方法があろう。債権譲渡の方法をとれば債務者の承諾は不要であり、債務者、債権者、弁済者の三人とも承諾した場合は更改でゆける。利害関係人が求償する場合には担保を与えて保護する必要があるからそれだけは残し、本条は削除することを提案する。

磯部四郎（二〇巻一一五丁裏〜一一六丁表）

賛成。関係のない者が金を持って行って無理に払うというのは、実際にはないであろうから、削除するのが相当である。

富井政章（二〇巻一一六丁表〜一一七丁表）

土方委員の意見に対して一言する。本案第四八一条は単純な第三者による弁済の場合も、本条第一項の代位弁済の場合もともに適用があり、第三者による単純な弁済であれ、代位弁済であれ、債務者が不同意を表したならば弁済はできない。本条はそれほど複雑な考えを含むものではない。

弁済をしてなお権利や担保が残るのは理窟に反するというなら、債権譲渡も禁じなければならない。また債権譲渡によれば足るということだが、代位弁済と債権譲渡は確かに「債権譲渡カアツタ」（債権が移る）という点で性質は同じである。しかしまず債権者と代位者との間に弁済ということがある。代位者が、自分が損をするという考えでなくとも、まずは債務者の用を為すという考えに基づくものである。このように、その「元トノ法律行為ト云フモノカ単純ナモノテナイ複雑シタモノテアル」[注9]。従って結果においても債権譲渡とは異なってくる。本案の第四九九条では「代位者ハ其弁済シタル価額ヲ超エテ債権者ノ権利ヲ行フコトヲ得ス」とある。これに対して債権譲渡であれば、いくら安く買ってもその債権額だけ取ることができるのである。従って債権譲渡で全く用を弁ずるというわけにはいかない。この規定は特に必要ではないが、多少便利であり、弊害もないから置いておいた方が良いと考える。

磯部四郎（二〇巻一一七丁表～一一八丁裏）

債権者の位置に代らせることを債権者の承諾なく債務者が許すなどということは理窟に合わないという理由で、旧民法財産編第四八一条を削ったのは妥当である。その理窟から押してゆくと、債権者は弁済を受けたなら将来に向って何らの権利もないはずなのに、ない権利を人に譲って代位させるというのは理窟に反している。従って本条は削るのがよい。ただ本案第四九七条は実際の利益があるから残しておいてよい。

代位というものは全くない方がよいと考えるが、従来の慣習もあり、一時にやめるわけにもゆかないから追々に削ってゆけばよい。本条は削るべき時期に来ていると考える。

富井政章（二〇巻一一八丁裏～一一九丁表）

本条があった方が良いと思われるのは次のような場合である。すなわち、債権者が債務者に対し、今払わなければ酷い目に合わせる、強制執行をやるぞと言って迫る。けれども債務者は払えないという場合、友人等が、代りに払ってやりたいが、後で償還を受けられず自分が損をしてもよいとまでは考えない。そういう場合の方法である。

磯部四郎（二〇巻一二九丁裏～一三〇丁表）

起草委員は、そもそも本条がなければどのような害があるか、示していない。これまであったから、やはり置いた方が良かろうというような理屈しかない。利害関係のない者が債務者のために払ってやるというのは、その金を債務者にやったものと見ても良いくらいである。また十分に担保がある場合には債務者が金を作るのは容易であるから、こうした制度を設ける必要はない。代位弁済という、もともとよくわからないものに枝葉をつけてますますわからなくするよりも、本条は削った方がよい。

土方寧（二〇巻一三〇丁裏～一三一丁表）

本条の実際的必要性はないと思う。というのは、先に述べた通り債権譲渡・更改で足るからである。富井委員によれば、代位弁済はもともと債務者のためにする行為であるから弁済する旨意が違うということであるが、利害なき第三者による弁済は贈与と見てよいほどのものであり、求償権があれば充分である。もともと好意に出たものに、ことさら担保などを与える必要はない。

梅謙次郎（二〇巻一三一丁表～裏）

更改で結果が同じになるというが、更改の場合、前に消えた債権に属していた権利は当然に後の権利に移るということであろうか。そのようなことは、各国の法律に例がないが。

土方寧（二〇巻一三一丁裏）

私は、更改と全く同じことになるというのではなく、ほぼ同じ目的を達することができると思うのである。

横田國臣（二〇巻一三二丁裏～一三二丁裏）

第三者が債務者の債務を弁済する趣旨は様々であろう。このような場合にはこのように扱うということは、学説で論ずれば良く、また法律で定まるならそれで良いと考えた。しかし債権者の承諾というような曖昧なことで決めるのは良くないから、（代位の必要性については）私は土方委員と全く反対であるが、ここでは土方委員の案に賛成する。

長谷川喬（二〇巻一三二丁裏～一三三丁表）

私は本案第四八一条（の審議）で債務者の承諾を要するという主張をしたが、その理由は（第三者）弁済は自由にしない方が良いということであった。本条でも、代位を許せば利害関係なき第三者の利益になる。代位を許さず、固有訴権しかないといえば利害関係なき第三者の不利益になる。債務者の承諾のない場合に利害関係なき第三者に弁済などをさせるというのは禁ずる方向で考えたいので、本条の削除に賛成する。

富井政章（二〇巻一三三丁表～裏）

本案第四八一条（の審議）で、諸君は少なくとも債権者の意思に反して弁済ができるということ、すなわち一定の限度で第三者の弁済権というものを認めたのである。友人などで、今にも身代限りをしなければならない債務者の代りに払ってやりたいが、後で償還を受けられなくても良いとまでは考えないという場合、債権者の権利の移転を受けられれば安全であるから債務者を救ってやるということがあるかも知れない。誰も損害を受けないのにこうした弁済ができないというのは、どういう趣旨かわからない。

▼採決の結果、削除案否決（二〇巻一三三丁裏）。なお、その後に質問が出た。

長谷川喬（二〇巻一三三丁裏～一三四丁表）

ここで「第条ノ規定ニ従ヒ」となっているが、これは起草者の言った本案第三六〇条・第三七二条(注10)でそうなっているのと同様「債権譲渡ニ関スル規定」ということか。もしそうなら、「第条」などと言わず、「債権譲渡」と書いた方が良くはないか。

富井政章（二〇巻一三四丁表）

もとより同一になった方が良く、質権の所の総整理の際に改めた方が良かろうと思う。「第条」と言った方が確実だと考えた。また他の所も大抵そうなっている。

議長（西園寺公望）（二〇巻一三四丁表）

他に異論がなければ次に移る。

（注6）　原案第三六一条にあたるか。
原案第三六一条　記名債権ヲ以テ質権ノ目的トシタルトキハ債権譲渡ニ関スル規定ニ従ヒ第三債務者ニ其設定ヲ通知シ又ハ第三債務者カ之ヲ承諾スルニ非サレハ質権者ハ其質権ヲ以テ第三債務者其他ノ第三者ニ対抗スルコトヲ得ス

（注7）　原案第四八一条　債務ノ弁済ハ法律行為ニ別段ノ定アル場合ノ外第三者之ヲ為スコトヲ得但利害ノ関係ヲ有セサル第三者ハ債権者及ヒ債務者カ不同意ヲ表シタルトキハ弁済ヲ為スコトヲ得ス

（注8）　本条の案が起草された頃、梅委員は病気でこれに参加できなかった（二〇巻一二三丁裏）ため、代位弁済の性質について起草委員の間で見解の統一が為されていない。

（注9）　ここでは、「元トノ法律行為」という表言で弁済を考えている。

（注10）　原案第三七一条にあたるか。
原案第三七一条　前条ノ場合ニ於テハ債権譲渡ニ関スル規定ニ従ヒ主タル債務者ニ抵当権ノ処分ヲ通知シ又ハ其債務者カ之ヲ承諾スルニ非サレハ之ヲ以テ其債務者、保証人、抵当権設定者及ヒ其承継人ニ対抗スルコトヲ得ス
主タル債務者カ前項ノ通知ヲ受ケ又ハ承諾ヲ為シタルトキハ其処分ノ利益ヲ受クル者ノ承諾ナクシテ為シタル弁済ハ之ヲ以テ其受益者ニ対抗スルコトヲ得ス

【その後の経緯】

原案第一項の「弁済ヲ為ス者」が確定条文では「弁済ヲ為シタル者」に、また、「承諾ヲ以テ」が「承諾ヲ得テ」に改められた経緯は明らかでない。

第二項については、整理会において、富井政章起草委員から次のような説明がなされている。債権譲渡の所に同じような規定があるので、それを準用することとしたが、その際一点だけ変更した。もとの案では、債務者に通知する等の（確定条文第四六七条に掲げる）行為を行うのは代位者であったが、債権譲渡の規定を準用すると、代位者ではなく債権者が行うべきことになる。債権譲渡の場合に債権者（譲渡人）が行うことになった以上、代位弁済の場合も同様に債権者がこの行為を行うことにした方が適当と思う（民法整理会議事速記録四巻三九丁裏）。

【民法修正案理由】

本条乃至第四百九十条ハ、所謂代位弁済ニ関スル規定ナリ。既成法典ハ、財産編中弁済ノ部ニ於テ、代位ノ弁済ナル目ヲ設ケテ、詳細ナル規定ヲ為シタリ。今茲ニ其規定中ノ削除シタルモノヲ示シ、幷セテ其削除ノ理由ヲ説明スベシ。財産編第四百七十九条ハ、代位弁済ニ因リテ弁済者ニ債権及ビ担保ノ移転スルコト、及ビ代位弁済者ガ其固有訴権ヲ失ハザルコトヲ規定セリ。然ルニ同第四百八十三条ニモ亦、債権及ビ担保ノ移転スルコトヲ示シタル規定アリ。而シテ其規定ハ、本案第四百八十七条ニ之ヲ採用シ、又代位弁済者ガ其固有訴権ヲ失ハザルコトハ言フヲ俟タザルノミナラズ、本案第四百八十七条ニ依リ自ラ明ナルヲ以テ、財産編第四百七十九条第一項ハ之ヲ削除セリ。其第二項モ亦代位ノ原因ヲ示シタルニ過ギザル無用ノ規定ナルヲ以テ之ヲ削レリ。同第四百八十一条ハ、債務者ノ意思ニ基ク代位ノ場合ヲ規定シタルモノナリ。今此ノ如ク規定ヲ設ケタル理由ヲ察スルニ、高利ノ負債ヲ為シタル者ガ、低利ノ負債ヲ為シテ、前ノ負債ヲ免レントスル場合ニ於テ、前ノ債権者ニ供与シタルモノノ外他ニ供ス可キ担保ナキトキニ当リ、之ヲシテ容易ニ低利ノ負債ヲ為スコトヲ得セシメントスルモノニ外ナラズ。一見極メテ便利ナルガ如シト雖モ、又之ニ伴フ弊害少カナラズ。今其重ナルモノヲ挙グレバ、例ヘバ第一順位ノ抵当債権者ガ己ニ弁済ヲ受ケタルガ為メ、第二順位ノ抵当債権者ガ先位ノ抵当権ヲ有スルコトヲ得タル後、場合ニ於テ債務者ハ新ナル負債ヲ為シ、貸主ノ為メ日附ヲ先ニシテ一旦弁済ヲ受ケタル抵当債権者ニ代位シタルモノトスルコトヲ得ベシ。斯ノ如クナルトキハ、第一順位ニ進ミタル債権者ノ権利ヲ害スルニ至ルベシ。此弊害タルヤ、公正証書ヲ必要トスルカ、又ハ日附確定ノ方法ヲ設ケ、当事者ヲシテ之ニ因ラシムルトキハ或ハ之ヲ防グコトヲ得ベシト雖モ、債務者ガ果シテ弁済ノ為メニ借入レタル金額ヲ以テ弁済ヲ為シタルヤヲ証明スルコトハ甚ダ困難ナル可シ。斯ノ如キ事実ヲ証書ニ記載スベキモノトスルモ、実際其効ナキコト論ヲ俟タズ。既成法典ハ、其制裁トシテ財産編第四百八十一条末文ノ如キ規定ヲ設ケタリト雖モ、固ヨリ不確実ナル方法タルコトヲ免レズ。本来貸借ト弁済トハ、全ク相異ナル二個ノ行為ニシテ、債務者ハ其借入レタル金額ヲ何ナル目的ニ使用スルモ其随意トス。未ダ弁済ナキニ代位ヲ為サシメ、他人ノ権利ヲ処分スルコトヲ得ル如キハ、論理ニ反スルモノト謂ハザルベカラズ。而シテ若此代位ヲ認メザルトキハ実際不便ヲ感ズベキカト云フニ、決シテ然ラズ。債権者ハ弁済ヲ受クル外ニ正当ノ利益ヲ有セザルヲ以テ、必ズ代位ヲ承諾スベシ。甚シキハ、原文第二項ニハ受取証書ニ弁済金額ノ出処ヲ記スベキヲ規定セルヲ以テ、結局債権者ノ行為ヲ必要トスルコトニナリ、債務者ハ債権者ノ承諾ナクシテ代位ヲ承諾スルコトヲ得ベキモノトシタル主意ト抵触スルニ至ルベキナリ。之ヲ要スルニ、財産編第四百八十一条ハ理論ニ反シ且実際弊害アルモ全ク利益ナキヲ以テ、独逸、瑞士、西班牙諸国ノ新立法例ニ倣ヒ之ヲ削除セリ。

財産編第四百八十八条ノ規定ハ、全ク其必要ヲ見ザルヲ以テ之ヲ削レリ。此他尚一二ノ削除シタル規定ナキニ非ズト雖モ、其削除ノ理由ハ各条ノ説明ヲ為スニ際シテ之ヲ述ベントス。

本条ハ、債権者ノ承諾ニ基ク代位ヲ規定シタルモノニシテ、財産編第四百八十条ニ修正ヲ加ヘタルモノトス。其修正ノ要点ハ、当事者間ニ於ケル代位ノ要件ヲ簡ニシ、且第三者ニ対スル要件ヲ定メタルニ在リ。同条ニ於テハ、債権者ノ許与スル代位ハ、受取証書ニ明記スルニ非ラザレバ其効ナキモノトセリ。此事タルヤ、当事者間ノ要件トシテハ毫モ其必要アルコトナク、又第三者ニ対スル要件トシテハ極メテ不充分ナリ。蓋シ受取証書ニ代位ヲ記載スルモ、債務者其他ノ第三者ハ代位弁済ノ事実ヲ知ルコトヲ得ザルヲ以テ不測ノ損害ヲ蒙ルコトアルヲ以テナリ。即チ債権譲渡ノ方式ヲ履マズ、代位弁済ノ手段ニ依リテ実際債権ヲ譲受クルト同一ノ結果ニ至リ、其弊害少ナシトセズ。故ニ此種ノ代位弁済ヲ認メントセバ、当事者ヲシテ債権譲渡ト同一ナル方法ニ因ラシメザル可カラズ。若夫レ瑞士債務法又ハ独逸民法草案ニ於ケル如ク、代位弁済ヲ認メザルトキハ、実際ニ於テ多少不便ヲ感ズルコトアルベシ。故ニ本案ニ於テ白耳義民法草案ノ例ニ倣ヒ、実際ノ弊害ヲ防グ為メ本条第二項ノ制限ヲ設ケテ代位ヲ認メタリ。

以上述ベタル処ニ依リテ見ルトキハ、受取証書ニ代位ヲ記入スル如キハ、当事者間ニ於ケル代位ノ要件ト為スベキモノニ非ザルコト明ナリ。唯弁済ト同時ニ債権者ノ承諾ヲ得ルハ必要ノ事項ナルヲ以テ、第一項ニ於テ之ヲ明示セリ。

▽民法修正案理由書第三編第一章「代位弁済」一～三頁（第四八五条（四九八））。

（髙橋　眞）

第五〇〇条　弁済をするについて正当な利益を有する者は、弁済によって当然に債権者に代位する。

第五〇〇条　弁済ヲ為スニ付キ正当ノ利益ヲ有スル者ハ弁済ニ因リテ当然債権者ニ代位ス

原案第四九七条　左ニ掲クル者ハ弁済ニ因リテ当然債権者ニ代位ス
一　不可分債務者、連帯債務者、保証人及ヒ自己ノ財産ヲ以テ他人ノ債務ノ担保ニ供シタル者
二　先取特権又ハ抵当権ノ目的物タル不動産ノ第三所持者
三　他ノ債権者

【参照条文】
第三七三条[注1]
第三九〇条二項[注2]
第四二一条[注3]
旧民法財産編
第四八二条　代位ハ左ノ者ノ利益ノ為メ当然成立ス

第一　他人ト共ニ又ハ他人ノ為メニ義務ヲ負担シタルニ因リ其義務ヲ弁済スルニ付キ利害ノ関係ヲ有スル者及ヒ先取特権又ハ抵当権ヲ負担スル財産ノ第三所持者トシテ他人ノ義務ヲ弁済スルニ付キ利害ノ関係ヲ有スル者

第二　或ハ抵当訴権ヲ予防スル為メ或ハ不動産ノ差押又ハ契約解除ノ請求ヲ止ムル為メ他ノ債権者ニ弁済シタル債権者

第三　自己ノ財産ヲ以テ相続ノ債務ノ全部又ハ一分ヲ弁済シタル善意ナル表見ノ相続人

旧民法債権担保編

第三六条第一項　主タル債務ヲ弁済シ其他ノ方法ニ因リ義務ヲ消滅セシメタル総テノ保証人ハ已レノ権利ニ基キテ有スル訴権ノ外債務者又ハ第三者ニ対シ債権者ノ有シタル総テノ権利ニ付キ財産編第四百八十二条第一号ニ従ヒテ代位ス但第三十二条及ヒ第三十三条ノ制限ニ従フコトヲ要ス

第六四条第一項　債務ヲ弁済シタル債務者ハ債権者ノ実際受取リタルモノノ限度ニ於テノミ財産編第四百八十二条第一号ニ従ヒ法律上ノ代位ニ因リテ其債権者ノ権利及ヒ訴権ヲ行フコトヲ得

第二四二条第二項(注4)　漸次ノ清算ノ場合ニ於テ右ノ債権者カ不動産中ノ一箇ノ代価ニ因リテ全ク弁済ヲ受ケ此一箇ノ不動産ニ付キ其債権者ノ次ニ抵当ヲ有スル一人又ハ数人ノ債権者カ為メニ弁済ヲ受クルコトヲ得サルトキハ其一人又ハ数人ノ債権者ハ他ノ各不動産ニ付テハ其相互ノ順位ヲ以テ右弁済ヲ受ケタル債権者ノ抵当ニ当然代位ス

第二五四条　第三所持者ハ債務ノ全部又ハ一分ヲ弁済シタルトキハ財産編第四百八十二条第一号、第四百八十三条第四号及ヒ第五号ニ従ヒ其弁済ヲ得タル債権者ニ属スル他ノ抵当、担保及ヒ利益ニ代位ス

又第三所持者ハ其弁済ヲ得サリシ債権者ヨリ所有権徴収ノ訴追ヲ受クルコト有ル可キ場合ノ為メ其所持セル不動産ノ負担スル抵当ニ付キ弁済ヲ得タル債権者ニ未定ニテ代位ス

フランス民法

第一二五一条(注5)　代権ノ事ハ左ノ四箇ノ場合ニ於テハ法律上ニテ生ス可シ

第一　乙者ヨリ義務ヲ得可キ権アル甲者書入質ノ権又ハ債主ノ特権ヲ有スル他ノ債主ニ乙者ニ代リテ義務ヲ尽シタル時

第二　義務ヲ行フ可キ乙者ヨリ不動産ヲ買入レタル甲者乙者ヨリ其不動産ヲ書入質トシテ得可キ債主ニ其買入代金ヲ以テ償還ヲ為シタル時

第三　甲者乙者ト共ニ義務ヲ担当シ又ハ乙者ノ為メニ義務ヲ担当シテ其義務ヲ尽クシタル時

第四　遺物財産ノ価ニ至ル迄ノ外負債ヲ償ハサル特権アル相続人其遺物財産ニ付テノ負債ヲ自己ノ財産中ヨリ償フタル時

第二〇二九条　義務ヲ行フ可キ本人ノ為メ義務ヲ行フタル保証人ハ義務ヲ得可キ者ヨリ其本人ニ対シテ行フ可キ権利ニ代ル可シ

オーストリア一般民法

第一三五八条　〔第四五九条の【参照条文】中に掲載〕

第一四二二条　〔第四七四条の【参照条文】中に掲載〕

第一四二三条　〔同右〕

オランダ民法

第一四三八条　〔フランス民法第一二五一条に同じ〕

イタリア民法

第一二五三条　責権ノ替有ハ次項ニ列挙スル人ニ関シテハ法律ニ依テ之ヲ為ス者トス〔仏民第千二百五十一条〕

第一項　責主ニシテ自己唯ヾ私式証書ノミニ依拠シ而シテ他ノ責主即チ領先特権若クハ券記領先権ニ依拠シテ自己ヨリモ指択セラル可キ権理ヲ有スル責主ニ向テ弁償ヲ為シタル所ノ人ノ為メニスル責権ノ替有

第二項　不動産物件ノ買受者ニシテ一個若クハ数個ノ責主即チ其人ノ為メニ不動産ヲ抵当ニ供充セシメタル責主ニ向テ買受価金ノ数額ニ達スル金額ヲ支弁シタル所ノ人ノ為メニスル責権ノ替有

第三項　負債ヲ弁償スル為メニ他ノ人ト同ク若クハ他ノ人ノ為メニ責務ヲ負担シ而シテ其負債ヲ弁償スルニ関シテ利益ヲ有セル所ノ人ノ為メニスル責権ノ替有

第四項　遺産目録ニ利益ヲ有スル承産者ニシテ自己ノ資財ヲ以テ遺産ニ負担スル債額ヲ弁償シタル所ノ人ノ為メニスル責権ノ替有

ポルトガル民法

第七七九条第一号　債務者の承諾なくして債務者に代わって弁済した者は、以下の場合にのみ債権者の権利に代位する。

第一　弁済した者が保証人であるとき又は弁済することにつき利害関係を有するとき

スイス債務法

第一二六条　第三者が債権者に弁済した場合において、左に掲げるときは、債権者の権利は法律により弁済者に移転する。

一　彼が、他人の債務のために設定した担保物を請け出した場合

二　彼が担保権者であって、彼の担保物が負担する他の債権を支払った場合

三　債務者が債権者に、弁済者が債権者に代ってその地位につくべきことを告知した場合

第一六八条第三項　求償権を有する連帯債務者が債権者に弁済した場合には、その債権者のすべての権利がその連帯債務者に移転する。

第五〇四条　保証人が債権者に弁済した額につき、債権者の権利は保証人に移転する。保証人と主債務者との間にその都度存する法律関係に基づく特別の請求権及び抗弁権は、依然留保される。

ヴォー州民法

第九三六条　代位は以下の者のために当然に生ずる。

第一　自身も債権者であり、自己に優先する先取特権又は抵当権を有する他の債権者に対して弁済した者

第二　不動産に対して抵当権の設定を受けている債権者に対する弁済として、不動産の購入代金を用いた不動産取得者

第三　他人とともに又は他人のために債務の弁済義務を負っており、弁済することにつき利害関係を有する者

モンテネグロ財産法

第四六七条第一項　保証人が債権者に弁済した後は、債権に付随する全ての権利、保証又は担保は当然に保証人に移転する。

第五六一条　債権者は、債務者に対して受取証書を交付するだけでなく、債務者の請求があれば、他の連帯債務者の負担部分に関する求償を容易にし得る範囲で、従たる権利（質権、抵当権など）を含む全ての自己の権利を債務者に移転する義務を負う。

スペイン民法

第一八三九条第一項　保証人は、弁済により、債権者が債務者に対して有する全ての権利に代位する。

ベルギー民法草案

第一二五四条　代位は以下の者のために当然に生ずる。

第一　自己に優先するか否かにかかわらず、その債権が先取特権又は抵当権によって担保されている他の債権者に対して弁済した債権者。無担保債権者であっても同様である。

第二　他人とともに又は他人のために債務の弁済義務を負っており、その債務を弁済することにつき利害関係を有する者

第三　自己の金銭をもって相続債務を弁済した限定承認相続人

ドイツ民法第一草案

第二二三条　〔第四二二条の【参照条文】中に掲載〕

第三三七条第二項　自己ノ割合ヲ越ヘテ給付ヲ為シタル共同債務者ノ一人カ其他ノ共同債務者ヨリ賠償ヲ請求スル権利ヲ有スル限ハ債権者ノ権利ヲ主張スルコトヲ得然レ𪜈債権者ニ損害ヲ加ヘテ権利ノ転附ヲ主張スルコトヲ得ス

第六七六条第一項(注6)　若シ保証人カ債権者ニ弁償ヲ為シタルトキハ其弁償シタル分度ニ限リ此債権者ノ元債務者ニ対スル債権ハ法律ニ依リテ保証人ニ転付セラル、モノトス然レ𪜈此債権ニ附帯セル副権利即チ共同保証人ノ責任ヨリ成立スル副権利ハ単ニ第三百三十七条第二項第三項ニ照準シテノミ保証人ニ移ル

第一〇九四条(注7)　債権者が抵当不動産の所有者から弁済を受けることによって、抵当権は消滅しない。

債権者に弁済した所有者が同時に人的債務者でない場合には、抵当権の伴う債権が彼に移転される。

債権者に弁済した所有者が同時に人的債務者である場合には、抵当権のみが彼に移転される（所有者抵当）。所有者抵当は第三者の共同抵当不動産にも及ぶ。

この移転はいずれの場合においても、弁済に伴い法律によって生ずる。

第一一六四条(注7)　質権者が、その債権につき人的に責任を負うのではない所有者から、または第一一六二条に基づいて第三者から弁済を受けた場合には、第六七六条の規定が準用される。

ドイツ民法第二草案

第二一八条　〔第四二二条の【参照条文】中に掲載〕

第三六九条第二項　共同債務者ノ一人カ債権者ニ弁済シ且其他ノ債務者ヨリ補償ヲ請求スルコトヲ得ル限ハ此者ニ対スル債権者ノ権利ハ弁済ヲ為シタル共同債務者ノ一人ニ移転ス然レ𪜈債権者ニ損害ヲ加ヘテ権利ノ移転ヲ主張スルコトヲ得ス

第七一三条(注7)　保証人が債権者に弁済したときは、債権者の主たる債務者に対する債権は保証人に移転する。この移転は債権者の不利益には効力を持ちえない。主たる債務者と保証人との間に存する法律関係に基づく主たる債務者の抗弁権は影響を受けない。

共同保証人は第三六九条によってのみ、相互に責任を負う。

第一〇五一条(注7)　所有者が人的債務者でない場合において、彼が債権者に弁済したときは、債権は彼に移転する。保証人に関する第七一三条第一項の規定が準用される。

債権につき共同抵当権の存するときは、これについて第一〇八〇条の規定が適用される。

第一一三二条(注7)　質権設定者が人的債務者でない場合において、彼が質権者に弁済したときは、債権は彼に移転する。保証人に関する第七一三条の規定が準用される。

（注1）　原案第三七二条にあたるか。

原案第三七二条　抵当権ノ登記後ニ抵当不動産ニ付キ物権ヲ取得シタル第三者カ抵当権者ニ弁済シタルトキハ他ノ債権者ニ対シテ其抵当権者ノ権利ヲ行フコトヲ得

（注2）　原案第三八七条第二項にあたるか。

原案第三八七条　債権者カ数箇ノ不動産ニ付キ抵当権ヲ有スル場合ニ於テ同時ニ其代価ヲ配当スヘキトキハ其各不動産ノ価額ニ準シ其債権ノ負担ヲ分配ス

前項ノ場合ニ於テ或不動産ノ代価ノミヲ配当スヘキトキハ抵当権者ハ其代価ニ付キ債権全額ノ弁済ヲ受クルコトヲ得此場合ニ於テハ次ノ順位ニ在ル抵当権者ハ前項ノ規定ニ従ヒ右ノ抵当権者カ他ノ不動産ニ付キ弁済ヲ受クヘキ金額ニ満ツルマテ之ニ代位シテ抵当権ヲ行フコトヲ得

（注3）　あるいは、原案第四一八条にあたるか。

原案第四一八条　債権者ハ自己ノ債権ヲ保護スル為メ其債務者ニ属スル権利ヲ行フコトヲ得但債務者ノ一身ニ専属スル権利ハ此限ニ在ラス

債権者ハ其債権ノ期限カ到来セサル間ハ裁判上ノ代位ニ依ルニ非サレハ前項ノ権利ヲ行フコトヲ得ス但保存行為ハ此限ニ在ラス

（注4）　旧民法債権担保編第二四二条第一項　債権者カ数箇ノ不動産ニ付キ抵当ヲ有シ其各箇ノ代価カ同時ニ清算アリシトキハ其債権ハ総不動産ノ価額ノ割合ニ応シテ之ヲ分配ス可シ

（注5）　議事速記録および民法第一議案では第一一五一条となっているが、誤りであろう。

（注6）　仁保亀松訳「独逸民法草案債権」中には、該当条文の翻訳は見出し得ない。そのため、『独逸民法草案』（司法省、明治二一年〔一八八八年〕）によった。

（注7）　仁保亀松訳「独逸民法草案債権」中には、該当条文の翻訳は見出し得ない。

【起草趣旨】

富井政章（二〇巻一三五丁表～一三六丁裏）

本条は旧民法財産編第四八二条に修正を加えたものである。

㈠　原文の第一号には「他人ト共ニ又ハ他人ノ為メニ義務ヲ負担シタルニ因リ」云々とある。これは不可分債務者、連帯債務者、保証人の三つに帰するのであるから、はっきり名指しした方が良いと思って本案のようにした。

原文は右の言葉の中に自己の財産を以て他人の債務の担保に供した者も含ませる精神であるが、これを義務を負う者とするのは穏かでないので、別に掲げることとした。

㈡　原文の第一号には第三所持者も入っている。これも債務を負う者と見たのであるが、この点は抵当権を起草する際に旧民法の精神を改めた。第三（所持）者は債務を負担するものではない。自己の財産を他人の債務の担保に供した者との違いは、「始メ債権者カ法律行為ヲ為シテ債務ヲ担保シタモノテナイ」点にある。これは別に掲げた方が良いと考え、第二号にした。

㈢　原文には「或ハ抵当訴権ヲ予防スル為メ或ハ不動産ノ差押又ハ契約解除ノ請求ヲ止ムル為メ他ノ債権者ニ弁済シタル債権者」とあり、広く債権者に代位の利益を与える精神であるが、その中に区別を設けている。

すなわち、抵当訴権（先取特権・抵当権の両方を含む）であれば、まだ執行が始まっていなくてもそれを予防するために、債権者、先取特権・抵当権のない通常の債権者、並びに自分より劣位の債権者に支払って代位の利益を受けることができる。劣位の債権者も差押えをし更改を要求する権利を有しているからである。しかし草案の説明によれば、劣位の債権者が差押えをするというのはごく稀であり、また差押えに着手してもいないときに単に予防のために支払ったというだけで代位（の利益）を与える必要はなく、差押えが始まっているか、契約解除の訴が起こっているのを止めるために払った場合に限られるというのである。

しかしこの区別は理解に苦しむ。劣位の債権者が差押えをなすこと、また劣位の債権者に支払うことは稀ではあろう。しかし稀であるから代位（の利益）を与えないというのは解せない。弊害は生じないのだから、どんな債権者にでも代位（の利益）を与えて不都合はない。そこで広く「他ノ債権者」とした。

(四) 原文の第三号を削除した。「自己ノ財産ヲ以テ相続ノ債務ノ全部又ハ一分ヲ弁済シタル善意ナル表見ノ相続人」を削ったのは、こういう場合は稀にしか起こるまいと思い、また法律上の代位は非常な特典であって、自分が相続権を持たないのに相続人であると信じた者にまで与える必要はなかろうと思ったからである。

【主要審議】

一　動産質・不動産質について

磯部四郎（二〇巻一三六丁裏～一三七丁裏）

既に動産質の所で、第一の動産質、第二の動産質というものが認められた。そして質物の占有者が他の質権者に対して「代位（『代理』か？――髙橋眞注）ノ占有」を与えるということは占有権の総則によってゆけるということになっている。それでここでは「先取特権又ハ抵当権ノ目的物タル不動産ノ第三所持者」とあるから動産質のことが抜けている。所謂第一の動産質を持つ者に対して第二、第三の動産質を持つ者が出てくる。これを「他ノ債権者」の文言で処理できるかを考えてみる。「他ノ債権者」というのは、債務〔者〕が一人でその債務者に対する他の債権者ということになる。動産質の場合、第一順位、第二順位の動産質が許されると、債務者の代ってくることがあるかも知れない。不動産と同様、質権の目的たる動産の第三所持者が出てくる場合があろう。これには代位弁済は許さないという趣旨か。「又本案ニ於テハ所謂代位《ママ》ノ占有ト云フモノハ許サレタモノテナイ動産質ノ所ニナイ是ハ或ハ殊更ニ御抜キニナツタ訳テアルカ」。

長谷川喬（二〇巻一三七丁裏）

「質権ノ目的タル不動産」がないのは何故か。

富井政章（二〇巻一三七丁裏～一三八丁表）

不動産を書かないのは、不動産質は債権者の占有にあるものであるから実際上その場合が起こるまいと考えたのと、「不動産質ニ付テハ抵当権ニ関スル規定ヲ準用ス」という不動産質の規定でゆける（と考えたからである）。

動産質については本案第三三〇条(注8)があるから良いと思ったが、これでは足りないかも知れない。本案第三三〇条は先取特権についてだけ規定している。旧民法では動産質をひとつの先取特権と見ていたのでそれで良かったが、本案では明文がいるかも知れない。少し考えさせてほしい。

なお本条第二号が置かれた以上、抵当権の所の本案第三七三条(注9)は削除して良いかも知れない。

また、本条第二号終わりの「第三所持者」は「第三取得者」と訂正する。

長谷川喬（二〇巻一三九丁表）

不動産質のことが抜けていることについては、本案第三五七条に「不動産質ニ付テハ本節ノ規定ノ外抵当権ニ関スル規定ヲ準用ス」とあるから良いということか。

富井政章（二〇巻一三九丁表）

そうである。

長谷川喬（二〇巻一三九丁表～裏）

それならば、本案第三三八条に「先取特権ノ効力ニ付テハ本節ニ定ムルモノノ外抵当権ニ関スル規定ヲ準用ス」とあるから、（不動産質の場合と同様、）先取特権のことも削ってはどうか。

富井政章（二〇巻一三九丁裏）

先取特権はその効力について狭く書いた。不動産質は、不動産質全体について別段の規定がなければ抵当権の規定を準用する、というように書いた。

磯部四郎（二〇巻一三九丁裏）

不動産質の第三所持者というものが、実際出てくる場合があるか。

梅謙次郎（二〇巻一三九丁裏）

「第三取得者」という形に訂正になっても、その問題が生ずるか。

磯部四郎（二〇巻一三九丁裏）

「取得者」と直れば良いが、所持者であると……。

二　表現方法――概括法提案

箕作麟祥（二〇巻一三八丁表～裏）

このように列記する形をとると、（今の動産質のように）漏れるものがあるという問題を生ずる。ここは本案第四八一条の（「利害ノ関係ヲ有セサル第三者」とする）文例にならい、列記をやめて「利害ノ関係ヲ有スル者カ弁済ヲ為シタルトキハ当然債権者ニ代位ス」というように簡単にできないか。

富井政章（二〇巻一三八丁裏～一三九丁表）

初めは「正当ノ利益ヲ有スル者」とでも書いてすませようと考えたが、当然債権者に代位するという、例外的な強い効果を生ずるものについて、漠然とした言葉を使って伸縮自在の解釈が生じても困ると考え、このように書いた。

土方寧（二〇巻一三九丁裏～一四〇丁表）

本条は、法文の趣旨はわかっているが、ここに列挙しただけで足るかどうかという問題であろう。今、起草委員が打合わせているようであるから、これは後に回してはどうか。

▼議長提案により休憩（二〇巻一四〇丁表）。

富井政章（二〇巻一四〇丁裏）

磯部委員から出た動産質の場合を含めた方が良いと思う。ついては文章が煩わしくなるので、箕作委員から注意のあったように原案を改め、「弁済ヲ為スニ付キ正当ノ利益ヲ有スル者カ弁済ヲ為シタルトキハ当然債権者ニ代位ス」とすることにつき、許可を請う。

磯部四郎（二〇巻一四〇丁裏～一四一丁表）

趣旨はそれで良いが、代位弁済は利益主義ではない[注10]。利害の関係を有するという表現の方が穏かではなかろうか。債権者に代位すべき正当の利益というと、代位の趣旨とほとんど抵触しはしまいか。

井上正一（二〇巻一四一丁表～裏）

これは当然代位するということであって、法律が便宜上こういうものをこしらえたものであるから、抑制的に考えるべきである。次の本案第四九八条のような（列記式の）書き方ができるなら、本条も列記した方が良い。

横田國臣（二〇巻一四一丁裏）

賛成。

土方寧（二〇巻一四一丁裏）

井上委員の説はもっともであるが、本条を広いものにし、次の（本案第四九八）条でその範囲もわかってくるから、ここではこのようになる方が良い。また前の方にもあるので、「利害関係」という言葉に改めることを希望する。

梅謙次郎（二〇巻一四二丁表～一四三丁表）

本条の書き方は、どう書いても不完全になる恐れがある。質権の問題は別項に書けぬことはなく、長谷川委員の注意も第二号に入れられるとしても、「他ノ債権者」というのが漠然としている。

また第一号の「保証人」も（問題である。）保証の規定が定まらなければはっきりしたことはわからないが、私一人の考えでは、保証人というのはこの点では他の債務者と同じである。そして多数当事者の債権の所の総則にある通り、別段の規定がなければ債務者の間に平等に負担が分れ、保証人についても別段の規定がなければこれが妥当する。すると保証人は一部分しか義務を負わないのに、自分の勝手で債権者に全額弁償して、この責任分担の（他の）保証人に求償できるとすると、保証人が不当の利益を得ることになる。余計なことをして義務のないものを代位までしてやる必要はないように思うが、元の文章ではそのようなことがありはしないか。どうもこの書き方では保証人が主たる債務者のように見え、保証人はどんな場合でも代位があるように読める。

少し考えてもそのような欠点が出るから、本条は改正案のようになった方が良い。

富井政章（二〇巻一四三丁表～一四四丁表）

「他ノ債権者」というと確かに漠然としているが、債務者の債権者なら誰でも良いという趣旨である。

保証人相互の関係については次の条（本案第四九八条―確定条文第五〇一条）に制限が出来ている。「其各自ノ負担部分ニ付テノミ債権者ニ代位ス」とあるので、主たる債務者に対してのみならず保証人間でも本条で代位が生ずることは明らかである。

尾崎三良（二〇巻一四四丁表）

やはり列記して不足を補ったら良い。

磯部四郎（二〇巻一四四丁表～裏）

元来代位法というのは、法律が条理を書き出したのではなく、法律の特別の命令による保護法である。とすると、特別の利益を受ける者は列記するのが立法上普通の順序であろう。概括すると狭くも広くも解されるのではないか。

梅謙次郎（二〇巻一四四丁裏）

正当の利益を有する者の範囲は限られている。正当の利益を有しない者はその利益を受けないのだから、それで良い。

横田國臣（二〇巻一四四丁裏）

難しければ難しいだけなお設ける方が良い。

▼採決の結果、「概括法」（原案）と「列記法」（井上案）が正半数であったので、議長（西園寺）が概括法に決した。その後で、「弁済ヲ為スニ付キ正当ノ利益ヲ有スル者カ弁済ヲ為シタルトキハ当然債権者ニ代位ス」となったことが確認されたが、土方委員により、本案第四八一条と同じ語を用いるという趣旨で「弁済ヲ為スニ付キ利害ノ関係ヲ有スル者ハ……（あとは修正案通り）」という提案がなされ、採決の結果右土方修正案が可決された（二〇巻一四四丁裏～一四五丁裏）。

（注8）　原案第三三〇条は、不動産について特別の先取特権ある場合の規定である。これは、あるいは原案第三二九条か。

原案第三二九条　同一ノ動産ニ付キ特別ノ先取特権アル諸種ノ債権競合スルトキハ其優先権ノ順序左ノ如シ

第一ノ順位ハ不動産賃貸人、旅店主人及ヒ運送人ニ属ス

第二ノ順位ハ先取特権ノ目的物ノ保存者ニ属ス若シ数人ノ保存者アリタルトキハ後ノ保存者ハ前ノ保存者ニ先ツ

第三ノ順位ハ売主、種苗又ハ肥料ノ供給者及ヒ農工業ノ労力者ニ属ス

第一ノ順位ニ在ル者カ債権取得ノ当時第二又ハ第三ノ順位ノ特別先取特権者アルコトヲ知リタルトキハ之ニ対シテ優先権ヲ行フコトヲ得ス

果実ニ関シテハ第一ノ順位ハ農業ノ労力者ニ第二ノ順位ハ種苗又ハ肥料ノ供給者ニ第三ノ順位ハ土地ノ賃貸人ニ属ス

（注9）　第三七二条か。（注1）参照。

（注10）　弁済についての利益の有無を判断してから許すのではないという趣旨か。

【その後の経緯】

本条の「弁済ヲ為スニ付キ正当ノ利益ヲ有スル者」という文言は、法典調査会で土方委員の提案が可決された結果「弁済ヲ為スニ付キ利害ノ関係ヲ有スル者」となったが、整理会では起草委員により再び「……正当ノ利益ヲ有スル者」に改めるよう提案

された。富井政章委員は、これにつき次のように説明している。

「利害ノ関係」というより「正当ノ利益」と書いておけば「括クリガ付ク」と思う。元来、権利を有する者を列記したいと考えて原案を作成したが、原案の「列記法」では「少シ文字ガ広過キタカ狭過キタカ漠然トシテ居ツタ」ため、遺憾ながら「概括法」が可決された。そこで、列記しないのならば、「少シテモ狭マル方ヲ希望スル」(民法整理会議事速記録四巻三九丁裏~四〇丁表)。

なお、本条の文言が「正当ノ利益ヲ有スル者」と改められたことにより、確定条文第四七四条(整理会案第四七〇条)の「利害ノ関係ヲ有スル者」との異同について、また、両条を同一の文言に統一すべきではないかについて、整理会で議論がなされているが、それについては、第四七四条の【その後の経緯】(本書四七九~四八〇頁)を参照されたい。

【民法修正案理由】

本条ハ、財産編第四百八十二条ニ該当スルモノニシテ、其第一号ニ於テ自己ノ財産ヲ以テ他人ノ債務ノ担保ニ供シタル者ヲ称シテ他人ノ為メニ義務ヲ負担シタル者ト云ヘルハ其当ヲ得ズ、又質権ノ目的タル不動産ノ第三取得者ヲ加ヘザリシハ欠点ト謂フベシ。第二号ノ制限ハ理由ナキモノトス。又第三号ノ場合ハ、相続編ノ規定如何ニ依ルトハ雖モ、其適用極メテ稀ニシテ、且法律上代位ノ特典ヲ与フベキ価値アルモノト認ムルコトヲ得ズ。故ニ原文ノ如キ列挙的規定ヲ設ケテ或ハ狭キニ失シ、或ハ適当ノ範囲ヲ出ヅルコトアランヨリハ、寧ロ本条ノ如ク概括的規定ト為シ、実際適用ノ宜キヲ得セシムルニ若カザルナリ。

▽民法修正案理由書第三編第一章「代位弁済」三~四頁(第四八六条(四九九))。

(髙橋　眞)

第五〇一条　前二条の規定により債権者に代位した者は、自己の権利に基づいて求償をすることができる範囲内において、債権の効力及び担保としてその債権者が有していた一切の権利を行使することができる。この場合においては、次の各号の定めるところに従わなければならない。

一　保証人は、あらかじめ先取特権、不動産質権又は抵当権の登記にその代位を付記しなければ、その先取特権、不動産質権又は抵当権の目的である不動産の第三取得者に対して債権者に代位することができない。

二　第三取得者は、保証人に対して債権者に代位しない。

三　第三取得者の一人は、各不動産の価格に応じて、他の第三取得者に対して債権者に代位する。

四　物上保証人の一人は、各財産の価格に応じて、他の物上保証人に対して債権者に代位する。

五　保証人と物上保証人との間においては、その数に応じて、債権者に代位する。ただし、物上保証人が数人あるときは、保証人の負担部分を除いた残額について、各財産の価格に応じて、債権者に代位する。
六　前号の場合において、その財産が不動産であるときは、第一号の規定を準用する。

第五〇一条　前二条ノ規定ニ依リテ債権者ニ代位シタル者ハ自己ノ権利ニ基キ求償ヲ為スコトヲ得ヘキ範囲内ニ於テ債権ノ効力及ヒ担保トシテ其債権者カ有セシ一切ノ権利ヲ行フコトヲ得但左ノ規定ニ従フコトヲ要ス
一　保証人ハ予メ先取特権、不動産質権又ハ抵当権ノ登記ニ其代位ヲ附記シタルニ非サレハ其先取特権、不動産質権又ハ抵当権ノ目的タル不動産ノ第三取得者ニ対シテ債権者ニ代位セス
二　第三取得者ハ保証人ニ対シテ債権者ニ代位セス
三　第三取得者ノ一人ハ各不動産ノ価格ニ応スルニ非サレハ他ノ第三取得者ニ対シテ債権者ニ代位セス
四　前号ノ規定ハ自己ノ財産ヲ以テ他人ノ債務ノ担保ニ供シタル者ノ間ニ之ヲ準用ス
五　保証人ト自己ノ財産ヲ以テ他人ノ債務ノ担保ニ供シタル者トノ間ニ於テハ其頭数ニ応スルニ非サレハ債権者ニ代位セス但自己ノ財産ヲ以テ他人ノ債務ノ担保ニ供シタル者数人アルトキハ保証人ノ負担部分ヲ除キ其残額ニ付キ各財産ノ価格ニ応スルニ非サレハ之ニ対シテ代位ヲ為スコトヲ得ス
右ノ場合ニ於テ其財産カ不動産ナルトキハ第一号ノ規定ヲ準用ス

原案第四九八条(注1)　前条ノ規定ニ依リテ債権者ニ代位シタル者ハ債権ノ効力及ヒ担保トシテ其債権者カ有セシ総テノ権利ヲ行フコトヲ得但左ノ制限ニ従フコトヲ要ス
一　不可分債務者、連帯債務者又ハ保証人ノ一人ハ他ノ共同債務者ニ対シ其各自ノ負担部分ニ付テノミ債権者ニ代位ス
二　保証人ハ第　　条ノ規定ニ従ヒタルトキ(注2)ニ非サレハ第三所持者ニ対シテ債権者ニ代位セス
三　第三所持者ハ保証人ニ対シテ債権者ニ代位セス
四　第三所持者ノ一人ハ各不動産ノ価額ニ応スルニ非サレハ他ノ第三所持者ニ対シテ債権者ニ代位セス

（注1）　原案の各号と確定条文の各号の対応関係を示しておく。
原案第一号…本文に「自己ノ権利ニ基キ求償ヲ為スコトヲ得ヘキ範囲内ニ於テ…」が入ったため、削除。
原案第二号…確定条文第一号
原案第三号…確定条文第二号
原案第四号…確定条文第三号
確定条文第四号、第五号…井上委員の提案に基づいて追加。
（注2）　法典調査会議事速記録では「者」が脱落している。

【参照条文】
旧民法財産編
第四七九条第一項　代位ヲ以テ第三者ノ為シタル弁済ハ債権者ニ対シテ債務者ニ義務ヲ免カレシメ且其債権及ヒ之ニ附着セル担保ト効力トヲ其第三者ニ移転ス但場合ニ従ヒテ第三者ノ有スル事務管理又ハ代理ノ訴権ヲ妨ケス
第四八三条　前三条ニ依リテ代位シタル者ハ債権ノ効力又ハ担保トシテ債権者ニ属セシ総テノ対人及ヒ物上ノ権利及ヒ訴権

ヲ行フコトヲ得但左ニ掲クル場合ヲ例外トス

第一　当事者カ代位者ニ移転セシ権利及ヒ訴権ヲ制限シタルトキハ其制限ニ従フ

第二　保証人ハ債務ヲ弁済シ債権担保編第三十六条ノ規定ニ従ヒタルトキニ非サレハ第三所持者ニ対シテ代位セス

第三　第三所持者カ債務ヲ弁済シタルトキハ保証人ニ対シテ代位セス

第四　一箇ノ債務ノ抵当ト為リタル数箇ノ不動産カ各別ニ数箇ノ第三所持者ノ手ニ存スル場合ニ於テ其一人カ債務ヲ弁済シタルトキハ各不動産ノ価額ノ割合ニ応スルニ非サレハ他ノ第三所持者ニ対シテ代位ノ権ヲ行フコトヲ得ス

第五　互ニ担保人タル共同債務者ノ一人カ債務ヲ弁済シタルトキハ弁済者ハ他ノ債務者カ分担ス可キ債務ノ限度ニ応スルニ非サレハ其各自ニ対シテ代位セス

旧民法債権担保編

第三六条第二項　債権者カ債務者ノ不動産ニ付キ先取特権又ハ抵当権ヲ有シ其登記ヲ為シタルトキハ保証人ハ代位ヲ目的トシテ自己ノ条件附ノ債権ヲ此登記ニ附記スルコトヲ得又譲渡ノ場合ニ於テハ其不動産ヲ所持スル第三者ハ滌除ノ為メ債権者ノ外保証人ニ対シテモ亦提供ヲ為スコトヲ要ス

同条第三項　債権者カ有益ナル時期ニ於テ右ノ登記ヲ為ササリシトキハ保証人ハ第四十五条及ヒ財産編第五百十二条ニ従ヒ債権者ニ対シテ自己ノ免責ヲ請求スルコトヲ得

第六四条第二項(注3)　然レトモ其債務者ハ前条ニ記載シタル如ク其共同債務者ノ各自ノ間ニ於テ自己ノ訴ヲ分ツコトヲ要ス

フランス民法

第一二五二条(注4)　前数条ニ循ヒ丙者乙者ニ代リテ甲者ニ対シ義務ヲ尽シタルニ因リ甲者ノ権ニ代リタル時ハ丙者乙者ト其保証人トニ対シテ償還ヲ要ムルノ権ヲ得可シ但シ丙者乙者ニ代リ甲者ニ対シテ其義務ノ一分ノミヲ尽クシタル時ハ甲者其残リタル義務ヲ全ク乙者ヨリ得タル後ニ非サレハ丙者乙者又ハ其保証人ヨリ償還ヲ得ント要ムルヿヲ得ス

オランダ民法

第一四三九条　〔フランス民法第一二五二条に同じ〕

イタリア民法

第一二五四条第一項　前二条ニ規定セル責権替有ノ方法ハ保人ニ関シテモ亦猶負責主ニ於ケル如ク存在スル者トス

ポルトガル民法

第七八一条　代位者は、債務者及び保証人に対して債権者が有する全ての権利を行使することができる。

ヴォー州民法

第九三七条　前二条の規定により生ずる代位は債務者及び保証人に対して及ぶ。但し、代位者が一部の弁済をなしたにすぎないときは、債権者を害することができない。この場合、債権者は、一部弁済をした者に優先して、債権の残余部分のためにその権利を行使することができる。

モンテネグロ財産法

第五六一条　〔第五〇〇条の【参照条文】中に掲載〕

ベルギー民法草案

第一二五五条　約定又は法定の代位は、債権及びそれに関する全ての権利を代位者に移転する。代位は、債務者、第三者、保証人並びに第三取得者に対してその効力を生ずる。

第一二五六条　債務が保証契約又は抵当権によって担保されているときは、弁済を行った第三取得者は、保証人に対して代位を主張することができない。

第一二五七条　同一の債務のために抵当権が設定された複数の不動産につき複数の第三取得者が存するときは、弁済をなした者は、他の第三取得者に対する債権者の権利に代位する。但し、求償権は不動産（héritages）の価値に比例して分割される。

ドイツ民法第一草案

第三三七条第二項〔第五〇〇条の【参照条文】中に掲載〕

第六七六条第一項〔同右〕

ドイツ民法第二草案

第三六九条第二項〔同右〕

第七一三条〔同右〕

（注3）第一項は、第五〇〇条の【参照条文】中に掲載。

（注4）法典調査会民法議事速記録および民法第一議案では第一一五二条となっているが、誤りであろう。

なお、法務大臣官房司法法制調査部編・法務資料四四一号「フランス民法典――物権・債権関係――」（一九八二年）九七頁は次のような訳文を示しているが、旧民法財産編第四八五条・第四八六条に関するボアソナードの注釈（第五〇二条（注6）（本書六五〇頁以下）参照）を理解するためには左の訳文の方が適切である。

第一二五二条〔代位の範囲〕前数条に定める代位は、債務者に対しても、保証人に対しても生じる。部分的にのみ弁済したときは、代位によって債権者を害することができない。この場合には、債権者は、部分的弁済のみを行った者に優先して、自己に支払われるべきものについてその権利を行使することができる。

【起草趣旨】

富井政章（二〇巻一四六丁表～一四七丁裏）

(1)　字句訂正

本条に「前条」とあるのは「前二条」に改める。

第二号に「保証人ハ第　条ノ規定ニ従ヒタルトキニ非サレハ」とあるのを、送らずに「保証人ハ予メ先取特権又ハ抵当権ノ登記ニ其代位ヲ附記シタルニ非サレハ其先取特権又ハ抵当権ノ目的タル不動産ノ第三取得者ニ対シテ債権者ニ代位セス」とする。旧民法が保証のところに送ったのにならったのであるが、よく考えると「是レハ矢張リ本条ノ場合ニモ適用ヲ見ル訳テアリマスカラ送ラスニ此処ニ言フテ仕舞ツタ方カ宜カラウト思フ」。

第三号第四号の「第三所持者」は「第三取得者」とする。

(2)　本条の趣旨

本条は旧民法財産編第四八三条に当る。実質上の修正はしないつもりである。「前二条」としたのは、旧民法財産編第四八一条を採らなかったためである。「総テノ対人及ヒ物上ノ権利及ヒ訴権」は「総テノ権利」としておけば足ると考えた。

原文第一項は、弁済の時に当事者の契約によって、ある権利は代位によって移らないということを約束したときにはその制限に従うということであり、この趣旨は原案注釈によって確かである。とすれば、言わなくても当然のことと考えて除いた。

原文の第五を最初に持ってきたのは本案の前条との権衡をとるためであったが、前条が修正になったため、本条においても順序はこだわらない。

他には旧民法を修正した所はない。

【主要審議】

一　動産質における占有の問題

磯部四郎（二〇巻一四七丁裏～一四八丁表）

前条（原案第四九七条（確定条文第五〇〇条））を列記式でなく包括的なものにしたので、第三所持者に関し質の所での問題になってくる。「質物ト云フモノカ矢張リ動産ノ所持者ト云フ者カ取得者ニナルト云フコトカアリマス」。そうすると動産質に関する代位も本条に置く必要があるか。

富井政章（二〇巻一四八丁表～裏）

動産質の場合が本条に入るということであるが、どういう場合にどういう不都合があるか。

磯部四郎（二〇巻一四八丁裏～一四九丁表、一四九丁表～裏）

動産質について、フランス法等の主義と異なり、現実の占有は必要ない。そこで第一の占有権第二の占有権を許すということになり、代理の占有を許すことになったものと思う。「然ウシマスト所謂此第一ノ質権ヲ持ツテ居ル先生カ第二ノ質権ヲ持ツテ居ル者ノ利害ニ関係センテ之ヲ公売ニシテ仕舞ウト云フ時分ニハ所謂代理（『第二』か――髙橋眞注）ノ質権ヲ持ツテ居ル人カラ第一ノ質権ヘ代位スル理カナイカラ弁償シテ仕舞ツテ自分ノ権利カ生シテ来ル其時ニハ第一ノ質権者ニ質物ノ代理占有カアレハ自分ノ権利ヲ行ウト云フコトカ出来マセウト思ヒマス」。「夫レテトウシテモ此処ニ持ツテ来テハ前条カラ起ツテ書イテアリマスカラ即チ当然代位スル者ノ位地ト云フモノヲ悉ク規定シテ置ク必要カアラウカト云フ考ヘテ」そこでこの第二第三第四のように質権がいくつも分かれている以上、そういう恐れが生じてくると思う。(注5)

それから第三の場合につき、不動産でなく、質物の第三取得者があるとやはりその場合が出てくると思う。ただ代位の問題が生じてくると、「動産ハ移転スルニ依テ完全ノ所有権ヲ得ルト云フコトカ当嵌ラヌト思ヒマス」。

質物があって、なお保証人があるという場合がある。その質物を持つ者が債権者に弁済したときに、また保証人に弁済する（「弁償を求める」か――髙橋眞注）ことができるか否かという問題が出てくる。つまり動産も不動産も同一に帰しはしないかと思う。

とにかくこの問題の困難は、代位（「代理」か――髙橋眞注）の占有を許すということから生じてくる。それでここに明確に決める必要があると思う。できれば今日確定するのでなく、次会までに考えておいて戴きたい。

富井政章（二〇巻一五〇丁表～裏）

磯部委員の意見は、第三の場合に、動産質についても場合が生じうるとするものである。しかし債権者は、質の性質としていつも自分で占有しているのであろうし、本案第三四〇条（確定条文第三四五条）で質権の要素として「質権者ハ質権設定者ヲシテ自己ノ《ママ》代ハリテ質物ノ占有ヲ為サシムルコトヲ得ス」と規定してあるから、動産質の場合は第三取得者という場合が生ずることはなかろうと思う。

梅謙次郎（二〇巻一五一丁表）

磯部委員の示すような例は実際あり得ないと思われる。

二　保証人・物上保証人と代位

磯部四郎（二〇巻一四七丁裏）

「不可分債務者連帯債務者又ハ保証人ノ一人ハ他ノ共同債務者ニ対シ云々」は、「不可分債務者連帯債務者ハ他ノ共同債務者ニ対シ保証人ノ一人ハ他ノ共同債務者ニ対シ」の趣旨であろう。とすると、保証人の一人が弁済しても分割して請求しなければならぬこととなり、「保証人ノ弁済ハ心細イモノテアルト思フ」。そこで、文章は汚くなるかも知れないが、「不可分債務者ニ《ママ》連帯債務者ノ一人カ他ノ共同保証人（共同債務者か――髙橋眞注）ニ対シ又ハ保証人ノ一人カ他ノ共同保証人ニ対シ」としたらどうか。

富井政章（二〇巻一四八丁表）

「此共同債務者ハ保証人ニモ対スト云フコトテ即チ他ノ保証人ハ共同保証人テアル故ニ他ノ保証人ヲ除イタモノハ共同債務者テアルト云フコトハ疑ヒナイト思ヒマシテ除キマシタ」。

井上正一（二〇巻一四九丁表）

　次のような場合があろう。甲乙丙の三人が動産を債務者に貸して質権を設定した。その甲が一人で代位弁済をしたときは「後トノ乙丙ニハ……(注6)第四百九十八条ノ第四ト……（以下聴取シ難シ）」

富井政章（二〇巻一四九丁裏〜一五〇丁表）

　井上委員の意見は、自己の財産を他人の為に担保に供した者が三人あり、そのうちの一人が動産質として担保に供していたが、その者が債権者に払った場合、「自分ノ共同債務夫《ママ》レニ対シテハ」各不動産の価額に応ずるのでなければ代位しない、ということにしなければなるまいというものであろう。あるいはその場合が漏れていて不都合かも知れない。

磯部四郎（二〇巻一五〇丁裏〜一五一丁表）

　甲が債権者、乙が保証人、そして第三者が質物を貸しているという場合に、債権者に質物を公売されてはたまらないので、その第三者が弁済した、弁済すると債権者に代位するから保証人に弁償を求めることができる。このとき、保証人にかかることができるか否かについては、質物を貸す前に保証人があったか、質物を貸した後に保証人が出て来たかが問題になろう。質物を貸した後に保証人が出来た場合、その者が保証人の所に行くというのは少し条理に合わないと思われるが、そういう場合は代位の効果上規定しておかなければならないと思う。

梅謙次郎（二〇巻一五一丁表〜一五二丁表）

　今の例は、井上委員の質問と類似の例である。この場合は本案のままで差支えないと思う。第一項に「保証人ノ一人ハ他ノ共同債務者ニ対シ其各自ノ負担部分ニ付テノミ債権者ニ代位ス」とあるが、これは保証人に関する規定である。既決の質権に関する第三四六条（確定条文第三五一条）に「他人ノ債務ヲ担保スル為メ質権ヲ設定シタル者カ債権者ニ弁済シ又ハ質権ノ実行ニ因リテ質物ノ所有権ヲ失ヒタルトキハ保証債務ニ関スル規定ニ従ヒ債務者ニ対シテ求償権ヲ有ス」とあるが、この案を起草したとき、「第　　条及ヒ第　　条ノ規定ニ依リ」とあったのを、「保証債務ニ関スル規定」として、保証債務に関する規定は皆ここに適用できるようにしたのである。従って代位についても各自の負担部分は黙っていれば平等になると思う。もっとも、特にこの割合などについては争いが起こるかも知れず、明文化することに異議はないが、その趣旨は本条の中に含まれているものと考える。

磯部四郎（二〇巻一五二丁表〜裏）

　梅委員の説明によれば「此処テハ代位テ固有訴権ト云フモノヲ別段ニ附与シタノテアリマスカ普通ノ規則ニ斯ウアルカラソコテ是レテ以テ十分テアルト云フ理屈ハ立タヌト思フ」。もしそれが成立つなら、第一号の規則は全く不要だと思う。

　もともと不可分債務者が自分で全部負担するということは出てこないと思う。代位ということであるから初めてこれだけの区別が必要となる。代位という規則を以て適用するということは無理だと思う。梅委員も明文を置くことには異存がないということなので、「不可分債務者連帯債務者ノ一人ハ他ノ共同債務者ニ対シ又ハ保証人ノ一人ハ他ノ共同保証人ニ対シ」とする修正説を提出しておく。

　なお、この条文についてはいろいろ細か

い問題もありそうであり、ここで研究し尽すわけにもいかないので、本条は次会まで延期して完全な修正文を考えて戴きたい。

土方寧（二〇巻一五二丁裏）

磯部委員の提案した再考説に賛成する。

▼採決の結果、延期・再考案が可決され、同時に、本条と牽連する第四九九条の審議も延期された（二〇巻一五二丁裏～一五三丁表）。

（注5）磯部委員の発言の趣旨は、抵当権と同じように一番、二番、三番、四番質権の設定が可能であるという理解を前提として、複数の質権者のうちの一人が弁済した場合の代位について、規定が欠けているというところにあるものと思われる。

（注6）不動産については第四号の規定があるが、動産については規定が欠けているという趣旨か。

修正案（第四九八条）　前二条ノ規定ニ依リテ債権者ニ代位シタル者ハ自己ノ権利ニ基キ求償ヲ為スコトヲ得ヘキ範囲内ニ於テ債権ノ効力及ヒ担保トシテ其債権者カ有セシ総テノ権利ヲ行フコトヲ得但左ノ規定《ママ》ニ従フコトヲ要ス

一　保証人ハ予メ先取特権又ハ抵当権ノ登記ニ其代位ヲ附記シタルニ非サレハ其先取特権又ハ抵当権ノ目的タル不動産ノ第三取得者ニ対シテ債権者ニ代位セス

二　第三取得者ハ保証人ニ対シテ債権（注7）（者）ニ代位セス

三　第三取得者ノ一人ハ各不動産ノ価額ニ応スルニ非サレハ他ノ第三取得者ニ対シテ債権者ニ代位セス

四　前号ノ規定ハ自己ノ財産ヲ以テ他人ノ債務ノ担保ニ供シタル者ノ間ニ之ヲ準用ス

五　保証人ト自己ノ財産ヲ以テ他人ノ債務ノ担保ニ供シタル者トノ間ニ於テハ其頭数ニ応スルニ非サレハ債権者ニ代位セス但自己ノ財産ヲ以テ他人ノ債務ノ担保ニ供シタル者カ数人アルトキハ保証人ノ負担部分ヲ除キ其残額ニ付キ各財産ノ価額ニ応スルニ非サレハ之ニ対シテ代位ヲ為スコトヲ得ス

右ノ場合ニ於テ其財産カ不動産ナルトキハ第一号ノ規定ヲ準用ス（二一巻五六丁裏～五七丁裏）（注8）

（注7）（注2）参照。

（注8）修正案は第六六回法典調査会で提出され、趣旨説明がなされたが、内容が複雑であるため蒟蒻版にして配布するよう土方委員から要請があり、それに基づいて第六七回法典調査会において、印刷の上再度提出、審議がなされた。

【起草趣旨】

富井政章（二一巻二丁裏～五丁表）

(1)　修正点

(i)　「前二条ノ規定ニ依リテ債権者ニ代位シタル者ハ自己ノ権利ニ基キ求償ヲ為スコトヲ得ヘキ範囲内ニ於テ」という字を入れ、「債権ノ効力及ヒ担保トシテ其債権者カ為セシ総テノ権利ヲ行フコトヲ得但左ノ制限ニ従フコトヲ要ス」までは元通りとする。「自己ノ権利ニ基キ求償ヲ為スコトヲ得ヘキ範囲内ニ於テ」の字が入ったため、本条第一号及び次条は削除して良いと思う。

(ii)　前の第二号が第一号になる。「保証人ハ予メ」云々は元の通りであるが、「トキニ非サレハ」の「トキ」を削る。これは他条項との権衡を得るためである。また「附記シタルニ非サレハ」の下「第三取得者ニ対シテ」の上に「其先取特権又ハ抵当権ノ目的タル不動産ノ」という字を入れる。これは前条が包括的な条文になった結果である。前条が最初の案通りなら、直ちに「第三取得者」と言ってもわかるであろうが、前条が改まった以上、ただ「第三取得者」としては「少シ突出」と思うので、今の言葉を入れる。

(iii)　前の第三号が第二号になって内容は

元の通り。

(iv)　前の第四号が第三号になって内容は元の通り。

(v)　新たに第四号、第五号が入る。これは前回井上委員その他から出た意見によるものである。

(2)　修正の理由

初めに「自己ノ権利ニ基キ」云々を入れた理由は、本条第一号にある事柄も、次条に掲げる事柄も、新規に入った事柄の結果であってこの数文字に包含されており、煩わしく書くよりもこれで尽されているからこう改める方がよいと考えたからである。

実質上の変更は、第四号・第五号が入ったことである。第四号については、前回井上委員から意見があり、もっともな考えであると思ったのでここに掲げることにした。

第五号については次のような趣旨である。一旦第四号の規定を置いた以上、保証人と、自己の財産を他人の債務の担保に供した者との関係を規定しなければならないのは、保証人と第三取得者の関係を規定しなければならないのと同様である。その規定の内容としては、言うまでもなく保証人はその頭数に応じて求償権を有するということでなければならない。そして自己の財産を他人の債務の担保に供した者は、その割合（「頭数」か――髙橋眞注）によって償還しなければならぬものとしては不公平な結果を生ずる。一〇〇〇円の財産を他人の債務の担保に供した者も、一万円の財産を担保に供した者も同じように負担するということになっては不公平である。従ってこの場合、第三号の場合と同様、保証人の負担部分を除いて、その残額につき、担保に供した各財産の割合に応じて代位をするということにならなければならない。煩わしいことであるが、明文を必要とし、やむをえずこのような錯雑した規定を置かなければならない。そしてその求償権を持つ者は保証人のこともあり、その中の一人のこともあるが、とにかく自己の財産を他人の債務の担保に供した者が二人以上ある場合である。それが一人ならば、但書以上の規定によって頭数でゆく。

末項は保証人が第三取得者に対して代位の手続を践まなければならないとすれば、自己の財産を他人の債務の担保に供した者に対してもその手続を践まねばならないのは同じであると考え、これを加えることにした。

【主要審議】

一　「自己ノ権利ニ基キ求償ヲ為スコトヲ得ヘキ範囲内ニ於テ」挿入の意義

井上正一（二二巻五丁裏）

今日入った「自己ノ権利ニ基キ求償ヲ為スコトヲ得ヘキ範囲内ニ於テ」は、前条に梅委員の議論があったが、そういう意味で入れたのか。

富井政章（二二巻五丁裏～六丁表）

そうである。「自分ノ債務者又ハ共同債務者ニ対シテ少ナイト云ツテ取ルコトモ出来ル其額ヲ超ユルコトハ出来ヌ」。その求償額の限りで債権者の権利を行うという考えである。

井上正一（二二巻六丁表）

元の案と少し実質が違ってくると思うが、どうか。

富井政章（二二巻六丁表）

今ちょっと気付いた所では、実際上こういう点が違ってくると思う。「次ノ条ニ於テ自己ノ困難《ママ》ノ債権ニハ利息カ低イトカ云フ場合ニ於テモ元トノ債権ニ利息カ付イテ居レハ或ハ一層高イ利息カ付テ居レハ夫レテモ取レルト云フコトニナルタラウ」。修正の結果として、それはできないことになろうと思う。

二 「自己ノ権利ニ基キ求償ヲ為スコトヲ得ヘキ範囲」と「左ノ制限」の関係

長谷川喬（二一巻五七丁裏）

本文では「求償ヲ為スコトヲ得ヘキ範囲内」とあり、但書では「左ノ制限」とあるが、これによれば求償のできる範囲に更に制限を加えることになり、重複するのではないか。

富井政章（二一巻五七丁裏～五八丁表）

求償権の範囲内に於てというのは、自分の権利として取れる額以上は取れない、債権者の権利が絶対的に移るとすればそれ以上取れるが、それはできないということを示すのが極意である。これに対し、「左ノ制限」というのは、本来求償権のある者につき、一定の手続を践ませる、あるいは法律が黙っておれば求償権があるところ、特別の理由から、第三取得者の場合のように、一定の人に対しては求償権なきものとするという趣旨である。

長谷川喬（二一巻五八丁裏、七一丁裏）

そうすると、制限という字が不穏当ではないか。提出された修正案で「範囲内」と書いた以上、制限ということは不要で、規定と言った方が不都合がない。私はこの但書の「制限」を「規定」(注9)に改める説を提出する。

富井政章（二一巻七一丁裏）

賛成。

▼採決の結果、「制限」を「規定」に定める案が可決された（二一巻七一丁裏～七二丁表）。

三 物上保証人と第三取得者の関係

長谷川喬（二一巻五八丁裏）

第二号の保証人の中には他人の財産のために自己の財産を以て担保に供した者も含まれるという説明であったが、そうすると、この場合には、第三取得者は他人の債務のために自己の財産を以て担保に供した者に対して債権者に代位しない、こういう意味になるか。

富井政章（二一巻五八丁裏）

無論その通りである。これは修正案にも明記してないが、質の所と抵当の所、第三四六条と第三六八条に入れるつもりである。

長谷川喬（二一巻五八丁裏～五九丁表、五九丁裏）

そうすると次の場合に不都合が生じないか。私がある債務者のために私の財産を供したが、その財産が二〇〇〇円であったとする。そして第一の債権者梅委員に一〇〇〇円、第二の債権者富井委員に五〇〇円の担保を供したものとする。それから穂積委員にこの担保物を五〇〇円で売ったとする。このとき穂積委員が第三取得者となる。この場合、担保物の価格が下って一〇〇〇円になったとする。このとき、穂積委員は第一の債権者たる梅委員に一〇〇〇円を弁済し、かつ代位する権利があるということになろう。そのとき、穂積委員が梅委員に代位ができることになれば、一〇〇〇円さえ払っておけば富井委員に対する義務がなくなり、五〇〇円払う必要がないが、代位ができないとなれば、五〇〇円を富井委員に支払わなければならないのではないか。

富井政章（二一巻五九丁裏）

その場合は誰が保証人になるのか。

長谷川喬（二一巻五九丁裏）

私が担保を供しているから私が保証人になる。

梅謙次郎（二一巻五九丁裏、六〇丁表～裏、六〇丁裏～六一丁表）

私に対して長谷川委員は債務を負っているのではなく、担保だけを負っているのである。今の問題については、長谷川委員は保証人ではない。誰が担保物を供したにせよ、供した者自身が第三取得者に売ったのであるから、売主と買主の間に問題が生じるわけがない。ここの場合は、保証人と第三取得者と、どちらも担保になっていて、その第三取得者が保証人に対して代位するかどうか、この保証人が第三取得者に対して代位するかどうかという問題であって、他の債権者に対して代位するかどうかという問題ではない。

穂積委員が私に代位してその代位権を富井委員に対して行うことができるかどうかという問題が起こるはずはない。長谷川委員はただ売主としての権利義務を有しているだけである。穂積委員も富井委員も他人の債務を弁済するという地位にはない。本条の規定するのはそういう場合ではなく、各々弁済する地位にある場合において、一人が先に弁済した場合、その一人に対して弁済の義務があるかどうかということである。

長谷川喬（二一巻六一丁表～裏）

保証人の中には他人のために自己の財産を以て担保に供した者も含まれるとなっているから、第三取得者たる穂積委員は担保を供した者に対して代位しない。とすると、代位するとなれば一〇〇〇円払ったために担保物を自分の物にすることができるが、代位できないとなれば富井委員に五〇〇円払わなければならないと思う。

梅謙次郎（二一巻六一丁裏～六二丁表）

代位するか否かという問題は、求償するときに代位権を主張するか否かという問題である。長谷川委員の例では、穂積委員は求償をしているのではなく、自分が損をしないために私の代位をした。その代位の結果として富井委員には払わなくても良い。誰に対してこの代位というものを対抗するかといえば、むしろ富井委員に対して対抗するということになるのであって、保証人に対して代位を対抗しようというのではないから、本条の場合には嵌まらない。

他人のために自己の財産を担保に供した場合に当嵌まるというのは、次のような場合である。すなわち、私が債権者であり、債務者が一つの不動産を抵当に入れているが、なおそれでは足りないので長谷川委員が自分の物を抵当に入れた。それで私は担保物を二つ持つことになる。この場合、債務者の供した抵当不動産の第三取得者の所に私が行き、その第三取得者が全額払う、そのとき（支払った第三取得者が）長谷川委員の所に言って一部分払ってくれということはできない。

もうひとつの例を言えば、保証人が第三取得者に対して代位するときは登記によらなければならないから、今の場合、長谷川委員が（第三取得者の）穂積委員に対して代位するならば、「先ツ以テ穂積さんノ現ニ今持ツテ居ル所ノ不動産ヲ抵当ニ供シナケレハナラヌト云フコトカ総テ当嵌マル」。もっとも、今の第一の場合、抵当の規定から、第三取得者は幾分かの保護を受けることは言うまでもない。一つの抵当権につきいくつも財産があるときは、その財産の高に応じて弁済を受けるということがあり、それで保護を受けているからこうなっていても不都合はないと思う。

四　代位の登記（第一号）の時期

横田國臣（二一巻六二丁裏）

この「予メ」というのはいつのことか。

富井政章（二一巻六二丁裏～六三丁表）

この条件を設けた理由を考えれば時期も自ら明らかになる。この条件は、保証人に対しても滌除ができるようにしてあったものである。そうすれば第三取得者も迷惑を蒙らずにすむ。「債務者テアレハ代価ヲ払ツテ滌除迄受ケルノテアリマスカラ多クノ場合ハ損害ヲ蒙ムリマセヌ夫レニ付キマシテモ次キ足シヲシナケレハ負担ヲ免カレヌ其他交換トカ贈与トカ云フ場合ニハ丸テ負担ヲ免カレルコトハ出来ヌ」。そういう場合に保証人が払ったとすると、代位する者が登記で分っていれば、滌除によって保証人をも含めて相手方にできるという点だけが、本条の目的であると思う。とすると、（登記は）滌除の手続に着手する前であれば良いということになる。

横田國臣（二一巻六三丁表）

「予メ」はなくとも、第三取得者の現れた後に（登記を）したのではいけないことは無論だと思う。滌除などを持ち出す必要はない。この「予メ」という文字は不要ではないか。

富井政章（二一巻六三丁表〜裏）

なくても良いかも知れないが、旧民法ではこの点を重視している。債権担保編第三六条第二項には、「保証人ハ代位ヲ目的トシテ自己ノ条件附ノ債権ヲ此登記ニ附記スルコトヲ得」とある。まだ債権を生じていないが、債権者に払ったときは代位権を持つ、すなわち条件付で、払うか払わないかわからないが、他日払ったときはその時に代位権を持つという権利を前から登記してある。こういう書き方をしてあるのを「予メ」ひとつですましたのである。これも不要なら幸いである。

高木豊三（二一巻六三丁裏）

ひとつ質問であるが、そうすると旧民法債権担保編第三六条と同じ意味で「弁済ヲシナイ場合」もしくは私が弁済したならば代位権を持つということを意味するのか。

梅謙次郎（二一巻六三丁裏）

そうである。

高木豊三（二一巻六三丁裏〜六四丁表）

そうすると、本条に「前二条ノ規定ニ依リテ」とあるが、この「前二条」というのは本案第四九六条、第四九七条のことか。本条の第二にこの箇条が入るのか。

富井政章（二一巻六四丁表）

あれが今度の第一号となり、前の第一号がなくなった。

高木豊三（二一巻六四丁表）

そうすると前二条の場合は「弁済ニ依リテ債務ヲ弁済シタ場合」ではないのか。

富井政章（二一巻六四丁表）

弁済した場合である。すなわち第一は債権者の承諾を以て（代位）弁済した場合、次は弁済によって法律上当然に弁済（「代位」か――高橋眞注）する場合。

横田國臣（二一巻六四丁表）

例えば今私がこの品物を担保にして富井委員から金を借りる。そこで高木委員が保証人に立つ時に、これについて代位するということを書くのか。

富井政章（二一巻六四丁表〜裏）

もっと後でも良い。「予メ」と書くのは、まだ権利が生じていない、のみならず生ずるか生じないかわからない権利を登記するのだから、何かなければわからないという考えである。

横田國臣（二一巻六四丁裏）

そうすれば払っておいて登記所に行って掛っても良いのか。

梅謙次郎（二一巻六四丁裏）

それではいけない。だから「予メ」というのである。

横田國臣（二一巻六四丁裏）

権利が消滅してしまうということか。

梅謙次郎（二一巻六四丁裏〜六五丁表）

権利が消滅するというのではない。後ではいけない理由は次の通りである。

第三取得者は、不動産に抵当がついているため、債権者《ママ》が弁済を終えるまでは完全に自分の物にできない。そこで、保証人による弁済であろうと誰による弁済であろうと、被担保債権の一部なり全額なりが弁済されたということを聞けば、第三取得者は、債権が消滅する以上、同時に抵当権も消滅したものと考える。それで例えば、債務者が受取の印を押した証文を持ってきて見せる。それで安心だと思って第三取得者は不動産の代価の全額を売主に払ったのであるから、保証人が代位しているからというこ とでこれに払わなければならないとすると二重払を強いられる。それを防ぐために「予メ」という字を入れた。

横田國臣（二一巻六五丁表〜裏）

それはわかるが、私が思うに第三取得者は登記が消えるまで払うわけがないと思う。私はこういうことは登記で以て時間を定めたいと思う。そうすれば第三取得者も、登記が現存しているのにこれを払ったとは言えないと思う。ただ、半分払った場合、これから先は代位でこれから前は代位でないというような、種々の混雑が出て来はしないかと思う。

梅謙次郎（二一巻六五丁裏〜六六丁裏）

登記に記載された債権が弁済により消えたという証拠を債務者が持っておれば、それでも疑って登記所に行ってみる必要はなかろう。あるいは登記を抹消するに先立って債務者の方で金がいると言えば、債務者に金を渡したとしても第三取得者に過失はないと思う。もうひとつ困るのは、半金を取ることが難しいことである。登記法の規則はどうなるかわからないが、半金を払ったということはいずれ登記簿に書くであろうが、そうするとこの代位のことを付記しなければならない。（一〇〇〇円のうち）五〇〇円払ったということを登記に付記して代位のことを付記しておかないと、それだけ消えたものと人は思う。債権者のためには消えたが保証人のためには消えていない。五〇〇円受取ったということを証明してきたときに後の五〇〇円は抵当になっているが、「夫レナラハ代価ノ半分ヲ渡シテヤツテモ損ハイカヌ」。「千円テ買ツタ物ヘ五百円払ツテ後ト五百円ハ抵当カ消エル迄払ハヌト云フコトモ出来ヌカ自分ハ五百円払ツテ後保証人カヤツテ来テ五百円払ツテ此不動産ハ千円ノ価カアルカ其半額丈ケハ抵当権カ行ハレルト言ツテ来ラレルト云フト第三取得者ハ迷惑ヲスル」。それらの不都合を避けるためには弁済する前に代位することを付記しておかなければならない。

第三取得者は保証人があることを知らない場合がある。知っていればその者の過失であるから良いが、第三取得者は（通常）保証人の存在を知り様がない。従って保証人の存在を知らせておかないと第三取得者は馬鹿を見る。

横田國臣（二一巻六六丁裏〜六七丁表）

保証人が払った場合、債権者は受取を保証人にしか渡すまい。だから（債務者は）第三取得者に、支払済だとして見せる物がない。また登記についても、「私ハアノコトニ付テハ代位ガシタウ御座リマスト言ツテ裁判所ニ往キサヘスレバ出来ル又或ハ債権者ニ伴ナハネバナラヌ或ハ債務者ガ一緒ニナラナケレバナラヌ」。債務者が承諾した上でることとならば、第三者を害するような場合はあるまい。また第三者が登記を見ずに払うことは実際はないだろうし、それだけの注意を必ずするようになると思う。

高木豊三（二一巻六七丁裏〜六八丁表）

「保証人以外ノ者ハ弁済ニ依テ当然代位ス即チ法律上当然代位スル保証人ハ弁済ヲシテ且ツ弁済ニ依テ代位ヲシタト云フコトヲ附記シナケレバ効ガナイ」と規定するのと、起草委員の案とどう違ってくるか。二重払の防止が趣旨だということであったが、そのために私の言うように保証人は弁済だけでは第三者に対して代位の効力を生ぜず、弁済をし代位をしたということを登記しなければならぬとするのとどのような違いがあるか。

富井政章（二一巻六八丁表〜裏）

それでは用を為さぬと思う。もともと保

証人も第三取得者も前条の規定によって債権者に弁済すれば当然代位することになっているため、本条の規定がなければ保証人は第三取得者に対して代位することになる。それでは互いに求償権のやり合いで何もならないので、一方に求償権を与え、他方に与えないということにしなければならない。どこの国でもそういう考えから、そのうちのひとつに優先権を与えている。そこで第三取得者よりは保証人の方を保護してやって良いということで、第三取得者は保証人に対して代位しないものとした。その代り、保証人を無制限に第三取得者に対して代位させては第三取得者が非常に迷惑を蒙るので、保証人のあることを付記し、その保証人が債権者に弁済したならば債権者の権利を持つということを示しておく必要がある。そうでないと、保証人が現れていないので安心して買ったところ、後から保証人が登記の付記をしてそれが効力を持つとすると第三取得者は大変迷惑する。それで保証人が弁済したときに登記すれば効力を生ずるとしては、第三取得者に何の利益も与えないことになる。

梅謙次郎（二一巻六八丁裏～七〇丁表）

　少し補足する。富井委員の説明も充分理由があり、私も同意するが、そうするとこの「予メ」ということは、保証人が保証契約をすると同時か、それより後に第三取得者が生じたときは、第三取得者が登記をするまでにということではなくては困る。この文ではこう読めない。私の考えでは、今高木委員の言ったようになっても第三取得者に対しては同じことであるが、「然ウ使ヘバ」第三取得者がいつも登記に注意しなければならないようになるから、自分が代価を払おうか、滌除をしようかというときには登記を見る。その時に保証人が払っていれば保証人が代位する。まだ払っていなければ、債権者に払ってしまえば払った分だけ債権が消えるから、保証人が後の払わない分を払えば良い。払わない部分についてでなければ代位のしようがない。このことをどこかに規定しなければ困ると思う。

　初めに保証人が付記しておくと、第三取得者が滌除する場合、債権者だけでなく保証人にも通知しなければならない。債権者が保証人を頼りにして容易に滌除を承諾する恐れがある場合、保証人が抵抗するため、すなわち増価競売ができるようにするため、保証人が予め付記することができる旨をどこかに規定していなければならない。こうして保証人は自分の利益にもなることであるから、早く登記することになる。そうすれば弁済して後に登記するよりも、第三者にとっても保証人にとっても都合が良い。そのために「予メ」という文字が入っている。

富井政章（二一巻七〇丁表～裏）

　先程の発言を訂正しておく。私は、第三取得者が譲受けるときのことが分かっていなければならないと言ったが、正確にはそうではなく、第三取得者が滌除をしようと思うときに登記のあることがわかれば良い、保証人も滌除の名宛の中に一緒になっていれば良いというのが本条の目的である。それだけ改める。保証人が弁済する時に付記しておかなければならないと言ったのは主な場合であり、これは弁済した後に付記してはならないというつもりである。

横田國臣（二一巻七〇丁裏）

　富井委員の今の趣旨は前のを皆取り消したものか。

富井政章（二一巻七〇丁裏）

　取り消したのではない。考えは初めから変わっていない。

横田國臣（二一巻七〇丁裏～七一丁表）

　富井委員によれば第三者が害されるとの

ことであるが、第三者が害せられることはない。第三取得者は、物の価値の全部を得ることはできない、抵当の負担がかかっている分だけは損をしなければならぬということを最初から承知しているべきものだからである。

長谷川喬（二一巻七一丁表）

「予メ」というのは第三取得者が取得する前であれば良いと思うが、それではいけないのか。そうでないとすれば第三取得者の取得前に登記さえしておけば第三取得者に害の及ぶことはないと思う。

梅謙次郎（二一巻七一丁表～裏）

それはなお良い。ただ、前から第三取得者があったときも代位はできる。後でそれを知ることができなくては困る。その後というのは債権消滅後では遅いのであって、あるいは富井委員の言うように、第三取得者が滌除をしようと思う、その滌除の前でなくては困る。

議長（箕作麟祥）（二一巻七二丁表）

横田委員の説には賛成がないようであるから、第一号のところは良しとする。

五　第三号について

富井政章（二一巻七二丁表～裏）

旧民法をはじめ多くの民法でもこうなっているのだが、一〇〇円の不動産を持つ者も一〇〇〇円の不動産を持つ者も一万円の不動産を持つ者も皆同じに負担するというのは不公平であり、各不動産の価額の割合に応じて負担するというのが一番公平であろう。価額の評価の方法の問題はあるとしても、趣旨としてはこれが一番公平だと思う。

議長（箕作麟祥）（二一巻七二丁裏）

これは抵当権も先取特権もない場合に見えないか。

富井政章（二一巻七二丁裏）

これは無論先取特権・抵当権の目的たる不動産であるが、これは第一号の所にあるから大抵良かろう。

六　第四号について

横田國臣（二一巻七三丁表）

第四号の適用につき、こういう場合はどうか。甲と乙が担保を供し、甲が丙に担保物を譲渡し、乙が負債を払った。このとき乙が甲に掛ってくる。その場合、登記がなければ丙に甲が「ヤツテアルコトガ知レヌコトニナリマセヌカ」。

梅謙次郎（二一巻七三丁表～裏）

その場合、甲は物上保証人、丙は第三取得者である。この場合は物上保証人と第三取得者の争いとなり、第四号の場合ではなく第一号の直接の場合となって、ただ物上保証人は保証に関する規定を準用するという方でゆく。先程の富井委員の説明の如く、抵当権・先取特権の規定が適用されることになる。

七　第五号について

横田國臣（二一巻七二丁裏～七三丁表）

担保者（物上保証人）が二人あり、（更に保証人がある場合に）保証人の方が払う。そうすると、これが四〇〇円の物ならまず半分ずつと見る。そして保証人がこの二人にかかるについてはどのようにかかるのか。但書によるのか、そうでなく一〇〇円ずつにしてゆくか。

富井政章（二一巻七三丁表）

但書によって良い。負担部分を除くのであるから、保証人があれば半分は消え、あとの半分につき、物上保証人があって、その価額の割合に応じて代位する場合は但書による。

菊地武夫（二一巻七三丁裏）

「財産」と「不動産」はわざわざ書き分けたのか。

富井政章（二一巻七三丁裏）

第五号では動産も含むが、登記は不動産

についてでなければ行われないということである。

議長（箕作麟祥）（二一巻七三丁裏）

他に議論がなければ本条は確定したものとする。

（注9）　書記朗読では既に「規定」となっている（二一巻五七丁表）。

【その後の経緯】

確定条文では、①第一号に不動産質権が追加され、②第三号および第五号の「価額」の文字が「価格」に改められ、また③第五号の「……供シタル者カ数人アルトキハ……」が「……供シタル者数人アルトキハ……」と改められている（但し、法典調査会民法議事速記録二一巻三丁裏では、②と③の表記は確定条文と同一である）。これについて、整理会では、箕作議長が「一向何ンデモナイ」としている（民法整理会議事速記録四巻四〇丁表）。

衆議院民法中修正案委員会では、第五号の内容が設例で確認された。梅委員によれば、債権額が一〇〇〇円であり、保証人が三人、物上保証人が二人（一人は七〇〇円の、もう一人は三〇〇円の財産を提供している）ある場合において保証人の一人が全額を弁済したときは、保証人がそれぞれ二〇〇円ずつ負担し、物上保証人は残りの四〇〇円を七対三に分けて一人が二八〇円、もう一人が一二〇円を負担すると説明される（廣中俊雄編著『第九回帝國議會の民法審議』二二二〜二二三頁）。

【民法修正案理由】

本条ハ、財産編第四百八十三条及ビ第四百八十四条ニ該当スルモノニシテ、代位弁済ノ性質及ビ効力ヲ規定シタルモノトス。先ヅ第一項ノ本文ハ、財産編第四百八十三条第一項及ビ第四百八十四条ノ精神ヲ明ニシ、代位者ハ自己ノ権利ニ基ク求償権ノ範囲内ニ於テ債権ヲ譲受ケタルト同一ナルコトヲ定メ、以テ代位弁済ノ性質及ビ効力ニ関スル学者間ノ議論ヲ一定シタルモノナリ。次ニ第一号乃至第三号ハ、財産編第四百八十三条第二号乃至第四号ト其主意ヲ同ウス。第四号以下ハ、負担ノ公平ナランコトヲ欲シテ設ケタルモノニシテ、若シ此等ノ制限ナキトキハ、極テ不公平ナル結果ヲ生ズルニ至ル可シ。故ニ既成法典ノ欠点ヲ補ヒテ、之ヲ設ケタリ。又原文第五号ノ規定ハ、本条第一項ノ規定ニ依リ、自ラ明ナルヲ以テ削除セリ。原文第一号ハ草案ノ説明ニ依レバ、弁済ノ時ニ当リテ当事者ガ契約ニ依リ代位ヲ排除スルヲ得ルコトヲ規定シタルモノノ如シ。果シテ然ラバ、全ク其必要ナキヲ以テ之ヲ削レリ。

▽民法修正案理由書第三編第一章「代位弁済」四頁（第四八七条（五〇〇））。

（髙橋　眞）

現行法　なし（注）

原案第四九九条　代位者ハ其弁済シタル価額ヲ超エテ債権者ノ権利ヲ行フコトヲ得ス

（注）　原案第四九九条の規定は、原案第四九八条（確定条文第五〇一条）の審議の際に合わせて再考に付され（第六五回調査会。二〇巻一五三丁表）、次回（第六六回）の調査会の冒頭、起草委員（富井政章委員）より原案第四九八条の修正案が示された。同条の修正にあたって「自己ノ権利ニ基キ求償ヲ為スコトヲ得ヘキ範囲内ニ於テ」という字句を挿入したため、同条第一号および本条を削除してよい、と説明されている（二一巻三丁表。本書六三六頁参照）。

【参照条文】

旧民法財産編

第四八四条　代位者ハ自己ノ支払ヒタル金額ヲ超エテ債権者ノ訴権ヲ行フコトヲ得ス

スイス債務法

第一二六条　〔第五〇〇条の【参照条文】中に掲載〕

第一六八条第三項　〔同右〕

第五〇四条　〔同右〕

スペイン民法

第一八三九条第二項　保証人が債権者と和解をなしたときは、保証人は、現実に弁済をなした部分を超えて債務者に求償することはできない。

ドイツ民法第一草案

第三三七条第二項　〔第五〇〇条の【参照条文】中に掲載〕

第六七六条第一項　〔同右〕

第一一六四条　〔同右〕

ドイツ民法第二草案

第三六九条第二項　〔同右〕

第七一三条　〔同右〕

第一一三二条　〔同右〕

（髙橋眞・玉樹智文）

第五〇二条　債権の一部について代位弁済があったときは、代位者は、その弁済をした価額に応じて、債権者とともにその権利を行使する。

2　前項の場合において、債務の不履行による契約の解除は、債権者のみがすることができる。この場合においては、代位者に対し、その弁済をした価額及びその利息を償還しなければならない。

第五〇二条　債権ノ一部ニ付キ代位弁済アリタルトキハ代位者ハ其弁済シタル価額ニ応シテ債権者ト共ニ其権利ヲ行フ

前項ノ場合ニ於テ債務ノ不履行ニ因ル契約ノ解除ハ債権者ノミ之ヲ請求スルコトヲ得但代位者ニ其弁済シタル価額及ヒ其利息ヲ償還スルコトヲ要ス

原案第五〇〇条　債権ノ一部ニ付キ代位弁済アリタルトキハ代位者ハ其弁済シタル価額ニ応シテ債権者ト共ニ其権利ヲ行フ

前項ノ場合ニ於テ債務ノ不履行ニ因ル契約ノ解除ハ債権者ノミ之ヲ請求ス

ルコトヲ得但代位者ニ其弁済シタル価額ヲ償還スルコトヲ要ス

【参照条文】

旧民法財産編

第四八六条　代位弁済カ債務ノ一分ノミニ係ルトキハ代位者ハ自己ノ弁済ノ割合ニ応シテ原債権者ト共ニ其権利ヲ行フ

然レトモ原債権者ハ全部ノ弁済ヲ受ケサルトキハ独リ契約ノ解除ヲ行フ但代位者ニ賠償スルコトヲ要ス

フランス民法

第一二五二条(注1)〔第五〇一条の【参照条文】中に掲載〕

オランダ民法

第一四三九条〔同右〕

イタリア民法

第一二五四条第二項　責主ニシテ唯ヽ債額ノ一部ノミヲ領受シタル所ノ人及ヒ他ノ責主ニシテ此責主ニ対シ其債額ノ分割弁償ヲ為シタル所ノ人ハ共ニ自己ノ貸付セル債額ニ比例シテ各其権理ヲ行用スルヿヲ得可シ〔仏民第千二百五十二条〕

ポルトガル民法

第七八二条　一部弁済を受けた債権者は、債権の残部につき、代位者に優先してその権利を行使することができる。

但し、前項の優先権は、元の債権者又はその直接の譲受人のみに帰属し、他の代位者には帰属しない。

第七八三条　不可分債務の弁済については、部分的な代位は生じ得ない。

ヴォー州民法

第九三七条〔第五〇一条の【参照条文】中に掲載〕

ベルギー民法草案

第一二五八条　代位は、債権者を害することができない。債権者が一部の弁済を得たにとどまるときは、債権者は、残額につき、一部の弁済をした者に優先して自己の権利を行使することができる。債権の残額について債権者が第二の代位に同意するときは、債権者は新しい代位者に自己の優先権を移転するものとする。

ドイツ民法第一草案

第三三七条第二項〔第五〇〇条の【参照条文】中に掲載〕

第六七六条第一項〔同右〕

第一〇九五条(注2)　債権者が所有者から債権の一部分のみについて弁済を受けたときは、この部分に関して第一〇九四条が適用される。しかし所有者がこの移転を債権者の不利益に主張することはできず、就中他の部分については債権者が優先する。

第一一六四条〔第五〇〇条の【参照条文】中に掲載〕

ドイツ民法第二草案

第三六九条第二項〔同右〕

第七一三条〔同右〕

第一〇五一条〔同右〕

第一一三二条〔同右〕

(注1)　議事録および民法第一議案では第一一五二条となっているが誤りであろう。

(注2)　仁保亀松訳「独逸民法草案債権」中には、該当条文の翻訳は見出し得ない。

【起草趣旨】

富井政章〔二〇巻一五三丁裏、一五六丁表～裏〕

本条は旧民法財産編第四八六条に文字の修正を加えただけである。(注3)

財産編第四八五条削除の理由を説明する。「代位ハ原債権者ヲ害セサルコトヲ要ス」というのは昔から格言のようになっており、一部の弁済があったときには債権者が優先権を持つというのは全ての学者の解し、諸法典の示すところである。しかし旧民法は、〔財産編第四八六条で〕一部の弁済があったときには共に権利を行うとしてこの原則を覆しながら、財産編第四八五条にこの原則を置いている。それが適用されるべき場合として第二項が加えられているが、その適用のためには幾つも条件があり、実際にはその場合は生じえない。この第四八五条を定めたときには、まだ担保の規定がどうなるか、わかっていなかったが、これについては旧民法債権担保編第二四二条第二項(注4)、本案で言うと第三九〇条第二項(注5)の規定において「其草案ニ想像シテアル数個ノ債権ノ場合ハ生シナイ」からこの第二項は不要である。従ってこの原則も適用のないものであるから、第四八五条全文を削除した。

（注3）　旧民法財産編第四八五条　代位ハ原債権者ヲ害セサルコトヲ要ス
数箇ノ債権ヲ有スル者ハ其一箇ニ係ル代位弁済カ他ノ債権ノ担保ヲ減スルトキハ之ヲ拒ムコトヲ得

（注4）　第五〇〇条の【参照条文】中に掲載（本書六二三頁）。

（注5）　原案第三八七条第二項（本書六二六頁（注2）参照）にあたるか。

【主要審議】

一　償還の対象——利息を含むか

横田國臣（二〇巻一五七丁裏）

債権譲渡についても、一〇〇円の証書のうち五〇円だけ払うこともあるという趣旨か。

第二項の「但代位者ニ其弁済シタ価額ヲ償還スルコトヲ要ス」というのは、出した額だけか、利息も含むか。

富井政章（二〇巻一五八丁表）

債権譲渡も同じである。

利息も含む。償還を受けるというのは代位者の権利であり、その権利が利息の付く性質のものであれば、債権の効力の規定に従い、別段の定めがなければ年五分の利息が付く。

梅謙次郎（二〇巻一五八丁表〜一五九丁表）

第二点につき疑問がある。まず富井委員の言う債権の効力の規定は、既に利息を請求する権利が法律で定まっている場合であるが、この法文は利息を請求する権利を定めていないこと、次に第二項は第一項の例外として債権者を特に保護したようなものであって、債権者が解除しようと思っても代位者が我儘者で不同意だということでは不都合である、ただ債権者が不当の利得をしないように弁済の価額を償還するという、規定の趣旨からして、利息の付く理由はない。しかし、金というものは一旦手に入れば法定の利息が付くということから、法定の利息を払わせても良いという考えをとるなら、文字を変える必要がある。

横田國臣（二〇巻一五九丁表）

代位したならば必ず利息を取るものであろう。解除したために利息が消えるという理由はあるまい。

梅謙次郎（二〇巻一五九丁表）

利息が付くべきときというのは、どういう場合か。

横田國臣（二〇巻一五九丁表〜裏）

債務不履行による契約解除の場合、「若シオマヘカ当然背負フタ時分ニハ利息迄附ケテ払ウト云フ場合カ出テ来ハシマセヌカ」。

梅謙次郎（二〇巻一五九丁裏）

不履行の場合に利息を代位者に払うと、債権者は損をするからそれではいけない。

横田國臣（二〇巻一五九丁裏）

その場合には債務者から取る理窟になる。

梅謙次郎（二〇巻一五九丁裏）

そうすると債務者から二重に取ることになる。

横田國臣（二〇巻一五九丁裏）

二重には取らない。元金だけは債権者から、利息だけは債務者から取る。

梅謙次郎（二〇巻一五九丁裏～一六〇丁表）

やはり二重になる。乙が甲から不動産を買って代金を払わない。そこで丙が半分払ったが、後を払わない。そこで解除になって、甲に不履行の損害として利息を取られる。そうして品物を返す。甲は丙から受取った金をそのまま返し、丙は乙に利息を請求して、二重になる。

横田國臣（二〇巻一六〇丁表、一六五丁裏）

それだけの損害を債権者が見積れば良い。代位者に損をさせる理由はない。（二〇巻一六〇丁表）

「但代位者ニ其弁済シタル価額」云々という字は考えてほしい。これでは利息が取れないことになる。（二〇巻一六五丁裏）

梅謙次郎（二〇巻一六五丁裏）

それでは「弁済シタル価額ニ利息ヲ附シテ之ヲ償還スルコトヲ要ス」ということにしよう。

横田國臣（二〇巻一六五丁裏）

「価額及ヒ其利息ヲ償還スルコトヲ要ス」ではどうか。

▼横田委員の修正案が採決され、賛成多数で可決（二〇巻一六五丁裏）。

二　一部弁済の際における代位の可否――代位否定の修正案

磯部四郎（二〇巻一五三丁裏～一五四丁表）

私の考えでは、代位の趣旨からすれば、一部につき弁済があったときは価額に応じて代位の権利を行うことができないとすべきである。フランスの法文ではそうなっている。

梅謙次郎（二〇巻一五四丁表）

古い法である。

磯部四郎（二〇巻一五四丁表）

そうすると、その古い法の方が良い。旧民法では、わざわざ下手な直し方をしたものと思う。

富井政章（二〇巻一五四丁表～一五五丁表）

磯部委員の見解は、フランス、オランダ、ヴォー、ベルギー、ドイツ民法草案などの採るところであり、これらの法典では債権者に優先権を与えている。イタリア民法だけが債権者と共に権利を行うという主義を採り、旧民法はイタリアにならったのである。

理窟の上からは、求償権確保の範囲内であろうと、そういう制限を認めない主義であろうと、債権者の債権は移る。一部の弁済があればその範囲内で移るということから、共に権利を行うというのが正しいと思う。

当然代位という場合、すなわち本案第四九七条の場合には、原債権者と共に権利を行うことができるとすれば、弁済を奨励することになろう。従って債権者が代位を承諾するときは弁済者が多く、承諾しないときは弁済者が出て来ず、債務者のために不利益になりはしないか。そこで、便宜の問題としてはどちらが良いか迷っているが、理窟上はこの方が正しいと考えてこの案を出した。

磯部四郎（二〇巻一五五丁表）

一部弁済のときに、誰には許すが誰には許さないという約束ができるか。

梅謙次郎（二〇巻一五五丁表～一五六丁表）

それは明文がなくてもできる。

富井委員が指摘する疑問、すなわち法律上の代位は良いとしても、債権者の承諾を以てする代位の場合に承諾しないであろうから不便があるかも知れないという疑問については、特に不便はないと思う。（代位する）権利は無論放棄できるので、初め債権者の承諾を以て代位しようというとき、その一部の代位はなくても良いという意思で弁済したならば、「例ヘハ抵当ナラ抵当丈ケカ全額丈ケニ付テオマヘハ権利ヲ行フテ宜イト言ツテ代位シナケレハ代位弁済テナクナル」。もしフランス民法のように「ナッテ居ラナケレハ《ママ》」一部弁済しても黙っていては代位ができないから弁済しない。旧民法・本案のようになっていれば、債権者が黙っていれば代位ができ、代位弁済を幾分奨励することになる。従って、実際上から見ても合理的である。私は元から賛成であり、ボアソナード(注6)が他の国の例に倣わずイタリアの例に倣って立案したことにつき、兼てから感服しているところである。

磯部四郎（二〇巻一五六丁裏～一五七丁裏）

本条をフランス法の主義に従い「債権ノ一部ニ付キ代位弁済アリタルトキハ代位者ハ原債権者ニ対シテ代位ノ権利ヲ行フコトヲ得ス」とする修正説を提出する。便宜のこともあるが、この主義によってはじめて代位と債権譲渡の区別が成る。また今の梅委員の説明については、一部弁済の際、債権者と代位者とが放棄することができるかどうかというのが一問題である。「斯ウ云フ極メニナリマスト」（原案のようになっていると）、放棄によって債務者にも利害関係ができると思われる。それで本案は一部の弁済をなすという主義に悖りはしないか。「伊太利ト云フト民法学者ノナイ所テアリマスカラアンナ杜撰ナ法律カ出来マシタカ」、文章はどのような形になるにせよ、主義だけは代位者が原債権者に対して代位の権利を行うことができない、というように変更した方が良い。

尾崎三良（二〇巻一六〇丁表）

磯部説に賛成。

土方寧（二〇巻一六〇丁表～裏）

磯部説の趣旨に賛成。起草委員は本案の方が理窟に合うというが、そもそも代位弁済は法律が与えた特権であるから、理論でどちらが良いというようなことは言えない。

梅謙次郎（二〇巻一六〇丁裏～一六一丁裏）

代位弁済の規定はローマ法以来行われており、元々立法者の与えた恩恵であるから理窟でゆかぬ面もあるが、元来代位弁済が公平に叶っているからこそ、今日各国で行われ、一種の権利となったのである。これはおおいに理窟があるのである。つまり債権者が弁済によって利益を受け、それに対して特別の損害を受けなければ良い。本条ができたために債権者が権利を害されるということはいえない。というのは、一部弁済による代位というのは、債権者が任意の弁済を受けた場合と法律上一部しか請求できないので一部弁済をした場合とがある。保証人の責任も旧民法によれば分別ということで、債権者は保証人に対して一部分しか請求できない。この場合は一部弁済が当然であるから、保証人がそれについて代位しても債権者は迷惑を蒙らない。各保証人から一部分ずつ取り、取れない部分は担保物によって取れるから、代位を一部分だけさせなければ代位の精神は貫けない。他方、債権者が任意に受取った場合は、自分が勝手に受取ったのであるから、全部の履行を受けなくてもこれを保護するには及ばない。

磯部四郎（二〇巻一六一丁裏～一六二丁裏）

保証人が一部弁済したときに、債権者と並んで債権者の持っていた担保に対して自分の権利を行うとなれば、債権者の主たる権利を害することになる。一〇〇〇円の借金につき保証人が二〇〇円分割弁済をした。ところが担保物を競売すると八〇〇円しかなく、二人で掛った場合には債権者には六四〇円しか入らない。そうすると更に保証人に掛ってそれだけを請求する権利が生じなければならない。何故なら、保証人は債権者に満足を与えるまで保証しなければならぬものだからである。

第二項と第一項の趣旨が抵触しよう。各人に権利が分れるなら、不履行の際の解除も一部分しかできないことにならなければならない。ところが第二項では任意で代位者が一部分を弁済したにも拘らず、全部の解除をして代位者にその弁済の価額を償還するものとしている。これは代位者を窘めすぎたものである。第一項は債権の分割主義をとり、第二項は代位者を奴隷視したもので、立法の主義が貫徹しない。従って私は旧説の方が良いと思う。

梅謙次郎（二〇巻一六二丁裏〜一六四丁裏）

第一に保証人が一部分弁済をした、それは当然分割の権利を持っているから一部分しか払う義務はない、その場合について説明したが、このような例を出したら磯部委員はどう言うか。すなわち、債権者は保証人の外に抵当を持っている、だから保証人に請求できるだけ請求して足りなければ不動産を取るという考えであるならば、それは誤りである。旧民法の主義では、保証人というものは厚意ですることが多く、「可哀サウナモノテアル」。抵当財産は元来債務者が入れたもので、債権者に抵当権がある以上、売られることを覚悟していなければならないものである。従って今のような場合は、債権者は抵当不動産だけ取って、足りない分を保証人から取れば良い。保証人は検索の利益を持っているほどで、フランス民法でもイタリア民法でも保証人の方を保護するようになっている。なるべく主たる債務者の財産で弁済するようにしたいという精神である。保証の所はどうなるかわからないが、右のような精神で規定になることを望む。そうなれば、債権者が先に保証人に請求するのは間違っているから、代位弁済の場合は一部の弁済しか得られないと思う。

第二に、磯部委員は、代位者の代位権放棄につき、債務者があるいは利害の関係を持つから代位権は妄りに放棄できないと言ったが、代位者は債権者が持つ権利だけしか代位できないのであるから、そのために債務者の負担が重くなることはない。

第三に、第一項と第二項の主義が違うことについて。元々、一部の弁済を受けることはできるが、一部分に限って解除することはできない。従って不履行の場合、各々独立して解除権を行うことはできないから、解除を全部許すか、許さないかのどちらかにしなければならない。この場合、もし債権者と代位者との間で協議が調わなければ解除ができないとすると、債権者の解除権が侵害される。そこで実際の便宜に従ってこう規定した。

議長（箕作麟祥）（二〇巻一六四丁裏）

採決する。磯部案の朗読を求める。

磯部四郎（二〇巻一六四丁裏）

「債権ノ一部ニ付キ代位弁済アリタルトキハ代位者ハ債権者ヲ害シテ其権利ヲ行フコトヲ得ス」但し文章は宜しく願いたい。

▼採決の結果、賛成少数で否決（二〇巻一六四丁裏）。

三　第二項削除案

土方寧（二〇巻一六五丁表）

第二項削除説を提出する。私は、解除権は債権者が一部でも任意に履行を受けたときには消滅するものとしたいと考えている。その理由から、第二項を削除したい。

磯部四郎（二〇巻一六五丁表）

賛成。

▼採決の結果、賛成少数で否決（二〇巻一六五丁表〜裏）。この後、本書六四八頁で示した通り、**一**で示した修正案が可決され、確定（二〇巻一六五丁裏〜一六六丁表）。

（注6）一部弁済の際における代位に関する旧民法起草趣旨について紹介する（出典―ボアソナード氏起稿・註釈民法草案財産編人権之部三十冊・一一五頁〜一三七頁）。なお小見出しは紹介者の付したものである。

【旧民法草案】

第五〇七条（財産編第四八五条）　代位ハ原権

利者ニ害ス可カラス、故ニ該権利者ハ其債主権ノ一ノ為メ其他ノ債主権ノ担保ヲ減少ス可キ代位弁済ヲ拒絶スルヿヲ得〔第千二百五十二条第二項〕

第五〇八条〔財産編第四八六条〕　若シ代位弁済カ一部分ノミニ付テ行ハレタルトキハ代位者ハ其弁済シタル所ノ割合ニ従テ原権利者ト相参与スルモノトス〔不同第千二百五十二条第三項、伊太利法典第千二百五十四条〕

然レトモ全部ノ弁済ナキニ因リ行フ所ノ契約ノ解除ハ権利者ノミ独リ執行ス可キモノトス〔第千六百七十条及ヒ第千六百七十二条参照〕

〔第五〇七条、第五〇八条の関係〕

フランス民法第一二五二条は、「何人タリトモ自己ニ対シテ代位シタリト推測セラレス」という古くからの法格言を採用したものであるが、これは権利者の利益を保護するあまり、本草案第五〇八条が拒絶する過分の利益を権利者に与える結果となっている。

従って本草案第五〇八条は、一部弁済にあたって被代位者に優先権を与えているフランス民法とは異なり、権利者（被代位者）に過分の利益を与えないよう、被代位者と代位者とが共同して権利を行使すべきものと定めた。しかし他方で、前記法格言の原則は「声価アルノ故ヲ以テ」これを第五〇七条で保存し、理論上曖昧な点をなくすため、法律自ら「至難ナルモ最モ実際ニ適スル」と思われる設例を掲げてその適用を示した。これが第五〇七条の目的である。

〔第五〇七条について〕

第五〇七条の原則は「之ヲ害スヘキノ方法ヲ以テ（元権利者ニ対シテ）代位シ得ス」ということであるが、権利者の許与した弁済の場合、権利者の受ける弁済が一部分に止まるとしてもこれを以て害せられたものと推測することはできない。その場合は権利者が適切な条件を設定できるからである。これに対し、義務者のなさしめる代位、法の許与する代位の場合、弁済する義務者も（資金を提供した）第三者も、権利者に害ある権利を得ることはできない。

第五〇七条は右の原則を掲げ、その原則によって生ずる結果を以てその適用を示す。一例を挙げると次の通りである。甲が丙に対して一万五〇〇〇円、一万円の二個の債権を有し、乙が丙に対して一万円の債権を有している。そして丙は(イ)(ロ)の二個の不動産を有する。(イ)の不動産の価額は一万八〇〇〇円、(ロ)の不動産の価額は一万円である。甲の一万五〇〇〇円の債権は(イ)(ロ)の不動産に、ともに第一位の書入質になっており、乙の一万円の債権は(イ)（一二一頁では(ロ)となっているが誤りであろう）の不動産に、第二位の書入質になっている。また甲の一万円の債権は(イ)の不動産には第三位、(ロ)の不動産には第二位の書入質になっている。

右の状況の下で、(1)甲が自己の一万五〇〇〇円の債権のために(イ)の不動産を売却した場合、甲は完全な弁済を受け、乙のために三〇〇〇円が残る。そして次に甲が自己の一万円の債権のために(ロ)の不動産を売却する場合。(2)甲が自己の一万円の債権のみのために(ロ)の不動産を、次に自己の一万五〇〇〇円の債権のために(イ)の不動産を差押える場合。この方法によれば、乙は(イ)の不動産の第二位の書入質から得られる三〇〇〇円以上のものを得られず、七〇〇〇円を失うことになる。

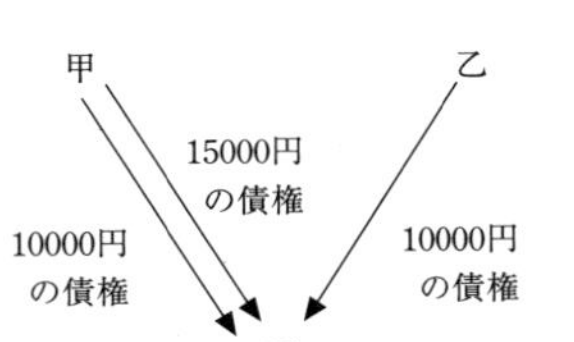

（イ）18000円の不動産	①甲の15000円の債権 ②乙の10000円の債権 ③甲の10000円の債権
（ロ）10000円の不動産	①甲の15000円の債権 ②甲の10000円の債権

これに対し、乙が甲の一万五〇〇〇円の債権を代位弁済したときは、乙は(ロ)の不動産を売却し（一二四頁二行目は(イ)となっているが(ロ)の誤りであろう）、第一位（の書入質の効果）として一万円を得る。次に(イ)の不動産を売却してまず（代位）弁済した一万五〇〇〇円の残額の五〇〇〇円を取る。次に自己の債権一万円の全額を取ると、三〇〇〇円が残り、甲の一万円の債権のために充てられる。この結果、甲が七〇〇〇円の損失を被ることになるが、これは「代位ハ元権利者ヲ害ス可ラス」の原則に背く事態である。従って、乙は代位を放棄するか、甲の丙に対する二個の債権を（ともに）償却しなければならない、こうしたとしてもなお乙は、自己の意に従って好時節を得て不動産を売却することができる。

【第五〇八条第一項について】

フランス法では代位による部分弁済がなされた場合、被代位者に優先権を与えているが、債権に担保が付されていない場合は代位者・被代位者は権利に比例して総財産に「参同」するのであって、右優先権が問題になるのは部分弁済のあった債権が先取特権または書入質によって担保されている場合である。思うにここでは「代位ハ被代位者ヲ害ス可ラス」の原則の、真実の適用はない。何故ならば、法律は代位が被代位者を害することを避けるため、かえって被代位者に正当外の利益を付与する形になっているからである。

例えば甲が丙に一万円の債権を有し、価額五〇〇〇円の不動産の書入質を有していた。そこで乙が甲に五〇〇〇円を代位弁済した場合、甲は不動産の価額を優先的に取得して損失を蒙ることがないのに対し、乙は丙が無資力なら「立替金」を回収できない。これに対し、（本案の如く）代位者が被代位者とともに不動産の代価上に「参同」することを認めたとしても、なお権利者は（代位）弁済によって利益を受ける。何故なら甲は乙から代位弁済として受けた五〇〇〇円と、乙と並んで右不動産から得た二五〇〇円の、計七五〇〇円を取得するが、乙の代位弁済がない場合には五〇〇〇円を（不動産から）得るだけだからである。

本草案は代位者と被代位者の「参同」を許し、「以テ法律家ノ輿論ヲシテ満足セシメタリ」。なお、フランスの学説を斥けた例としてイタリア民法第一二五四条を挙げることができる。

【第五〇八条第二項について】

代位によって部分弁済を受けたのみの売主の解除権行使に際し、代位者の被代位者との「参同」を認めるべきか。フランス法ではこれを認めない。「何トナレハ即チ常ニ債主権ノ担保トシテ用ヒラルル不動産上ニ執行スヘキ物権ニ付キ為サル可キモノニシテ而シテ即チ法律ノ被代位者ニ優等権ヲ付与シタルハ実ニ如斯ノ場合ニ在ルナリ」。

日本でも「参同」を認めるべきではない。何故なら、それを認めた場合、被代位者と代位者が売却された不動産の共同所有者になることになるが、その結果は、たとえ代位が売主より出たものであってもその意思に基づくものではないからである。代位が義務者または法律より出た場合はなおさらである。また解除訴権はその性質上・目的上不可分の訴権だからである。このことを草案で決した。

適用トシテ一ノ特別ナル場合ヲ想像シ、第二項ノ規定ヲ置キタリト雖モ、其規定ハ後ニ至リテ設ケラレタル担保編第二百四十二条第二項ノ規定ト調和セズ。本案ニ於テモ第三百九十一条第二項ノ規定アル以上ハ、右ノ如キ場合ノ生ズルコトナキヲ以テ、財産編第四百八十五条ハ其全文ヲ削除セリ。

▽民法修正案理由書第三編第一章「代位弁済」四～五頁（第四八八条（五〇一））。

（高橋　眞）

【民法修正案理由】

本条ハ、財産編第四百八十六条ニ字句ノ修正ヲ加ヘ、聊カ其意義ヲ明ニシタルモノニ過ギズ。外国ノ法典中ニハ、往々債権者ニ優先権ヲ与ヘタルモノナキニ非ズト雖モ、理論上甚ダ其当ヲ得ザルヲ以テ、本案ニ於テハ既成法典ノ主義ヲ採用セリ。

既成法典ハ、財産編第四百八十五条第一項ニ於テ、代位ハ原債権者ヲ害スルコトヲ得ザルコトヲ規定シタル為メ、一見其次条ノ原則ト抵触スル如キ観アリ。原文ニハ其

第五〇三条　代位弁済によって全部の弁済を受けた債権者は、債権に関する証書及び自己の占有する担保物を代位者に交付しなければならない。
2　債権の一部について代位弁済があった場合には、債権者は、債権に関する証書にその代位を記入し、かつ、自己の占有する担保物の保存を代位者に監督させなければならない。

第五〇三条　代位弁済ニ因リテ全部ノ弁済ヲ受ケタル債権者ハ債権ニ関スル証書及ヒ其占有ニ在ル担保物ヲ代位者ニ交付スルコトヲ要ス
債権ノ一部ニ付キ代位弁済アリタル場合ニ於テハ債権者ハ債権証書ニ其代位ヲ記入シ且代位者ヲシテ其占有ニ在ル担保物ノ保存ヲ監督セシムルコトヲ要ス

原案第五〇一条　前条第一項ノ場合ニ於テ代位者ノ要求アルトキハ債権者ハ之ニ債権証書ヲ示シ且之ヲシテ質物ノ保存ヲ監督セシムルコトヲ要ス

修正原案第五〇一条（起草委員提出）
代位弁済ニ依リテ全部ノ弁済ヲ受ケタル債権者ハ債権ニ関スル証書及ヒ質物ヲ代位者ニ交付スルコトヲ要ス
債権ノ一部ニ付キ代位弁済アリタル場合ニ於テハ債権者ハ代位者ノ要求ニ応シテ債権証書ニ其代位ヲ記入シ且之ヲシテ質物ノ保存ヲ監督セシムルコトヲ要ス

【参照条文】

旧民法財産編

第四八七条　代位弁済ニ因リテ全部ノ弁済ヲ受ケタル債権者ハ債権ノ証書及ヒ質物ヲ代位者ニ交付スルコトヲ要ス
債権者カ一分ノ弁済ノミヲ受ケタルトキハ要用ニ応シテ代位者ニ証書ヲ示シ且質物ノ保存ニ注意スルヲ之ニ許スコトヲ要ス

オーストリア一般民法

第一三五八条（第四五九条の【参照条文】中に掲載）

スイス債務法

第五〇七条　債権者を満足させる保証人に、債権者は、彼の権利の主張のために有益な証書及び彼に預けられた質物を交付することを要する。主たる債務が土地によって担保された場合には、債権者は、カントンの諸法に従い質権の譲渡のために必要な行為をなすことを要する。

モンテネグロ財産法

第四六七条第二項　債権に関する文書又は記録が存在する場合、弁済を受けた債権者はそれらを保証人に交付しなければならない。

【起草趣旨】

富井政章（二一巻六丁裏～七丁裏）

前々会において原案第四九三条と第四九四条が削除になった(注1)結果として、本条も変更を加えて提案することを許可してほしい。その結果、文章は少し変って、二項となる。

本条は、旧民法財産編第四八七条に一点だけ修正を加えたものである。つまり、旧民法においては、一部弁済の場合に、債権者は代位者の求めに応じてこれに債権証書を示し、というように規定されている。しかし、債権証書を示すということよりも代位によって一部の権利を承継したということを債権証書に記入させる方が代位者にとってははるかに確実であろうと思う。それゆえ、この点だけを改めたのである。

なお、このことは、弁済一般の議論については、原案では前に規定を置いていたけれども、削除になった。なるほど、一般の弁済についてはかかる規定はなくてもよいかもしれないが、代位弁済の場合においては、なくては不都合であろうと思ったから、新規に入れた。第一項も、初めは弁済について一般の規定があったため、ここでは置かなかったのであって、その条項が削除になった以上、代位の場合について特にこの規定を置くことが必要であろうと思う。

「債権ニ関スル証書」という言葉は少し奇妙であるが、これは、「債権証書」と書きにくいわけが少しあるからそうしたのである。例えば、保証が別の証書でなされているというような場合があるかもしれない。この場合、「債権ノ証書」と言ったのでは、その（保証の）証書までも含むということは普通の意味ではなかろうと思う。それでこのような言葉を用いたのである。しかし、あるいは、ただ「証書」と書いた方がよいかもしれない。我々としては、そうなっても少しは異存はない。

（注1）　前々会とは明治二八年二月一九日の第六四回法典調査会であり、そこで第四九三条と第四九四条が削除された（但し、第四九三条は整理会において復活し、確定条文第四八七条となっている）。詳細は本書五三七～五三九頁参照。なお、原文では各々第三九三条、第三九四条となっているが誤りであろう。

【主要審議】

一　「要ス」の意義

横田國臣（二一巻七丁裏）

条項中で「要ス」というのは、「シテモ宜イ」、（逆に言えば）しなくてもよいという意味か。それとも、そうしなければならないという意味か。

富井政章（二一巻七丁裏）

しなければならないという意味である。

横田國臣（二一巻七丁裏～八丁裏）

その意味なら、こういう規定は不要だと思う。なぜなら、（代位弁済の証拠を残すには）必ずしもここに規定された方法でなくてもよく、証書を渡す代りに預り証書を渡しておくのでもよい。質物の場合でも同様である。また、（第二項でいう代位を債権証書に）記入するということも、「必スセヌカラト云フテモ宜カラウト思フ」。これらのことは、（代位者が現在ある）債権をもらうためにするひとつの証拠にすぎない。そうだとしたら、証拠を残すのにはいろいろな方法を用いてよさそうである。また、もしこれ（この証拠）がなくても、代位弁済が無効ということにはならないと思う。（富井委員は、）これは是非しなければならないと言ったけれども、一方（代位弁済者）から求めないときにはしないでもよいわけであろう。そうすると、こういう規定は必ずしも設けなくてもよい。（債務証書に）記入する代わりに、「其事」（一部代位の事実）を書いた証書を受取ればよいこともある。これより外（の方法）ではいけないとする必要はない。何か、この規定の作り方は、いろいろな方法があるがこれが一番便利であるからというようなことで、このようにしたような感がする。

富井政章（二一巻八丁裏～九丁表）

第一項の場合にも「代位者ノ請求ニ依リ」という言葉が入った方がよいかもしれない。この点には異存はない。

「交付スルコトヲ要ス」と書いたのは、むろん債権者の義務としたのである。しかし、その制裁は、代位が無効になるということではない。それだと、代位者自身が迷惑を蒙ることになる。しかし、渡さねば払わないということは言える。けれども、そうということになっては（代位者は）迷惑である。なぜならば、連帯債務者や不可分債務者である者は、弁済をなすにつき利益を持っている。それが、弁済ができないことになっては、はなはだ不都合である。それも、債権者に正当の利益があったならばよいが、（債権者は）自分が弁済を受けるについてしか正当の利益がない。それなのに、もう権利のなくなる証書を持っているということはいかにも理由のないことであろうと思う。通常の弁済であれば（この証書を問題にする）必要がないといえるけれども、代位の場合においては権利が消えず、他の人に移って、この者が求償権を行使するについて、この権利を利用しなければならない。利用するについて一番大切なものは権利の証書である。しかしながら、明文がなければ、債権者は、正当理由なしに証書を離さないと言える。いくら（債権者は）そんなことはしないだろうといっても、もしそうしたときには非常に困る。このことは通常の弁済の場合とかなり違う。それゆえ、この規定はどうしてもなくてはならないと信ずる。

二　「債権証書」への一部代位弁済の記入

議長（箕作麟祥）（二一巻九丁裏）

第一項の方は「債権ニ関スル証書」とあるが、第二項の方は「債権証書」ということでよいのか。「債権証書」そのものになるのか。

富井政章（二一巻九丁裏）

そのとおり、第二項の方は「債権証書」でよいのである。

三　保存・監督の対象は「質物」に限るか

議長（箕作麟祥）（二一巻三二丁表）

「質物」の語では狭すぎはしないか。「留置物」などは入らないのか。

富井政章（二一巻三二丁裏）

なおよく考えてみる。（注2）

四　代位は金銭債権に限るか（確定条文第三九九条との関係）

穂積八束（二一巻三〇丁表～裏）

そもそも債権債務の関係というものは金銭に見積らないものでも全て保護するというのが本案の「特別ノ御旨意」である。ところが、細部を読んでいくと、代位などというものは金銭債務でないとあてはまらないように見える。本案の趣旨としては、代位というのは金銭債務についての規定であるというつもりなのか、それとも実際上はそのようなこと（金銭債務以外についての代位）は不要であるから必要なことだけを規定するというつもりなのか。「債権編ノ全部ニ付テノ御説明ヲ一寸伺ツテ置キタイト思ヒマス」。

富井政章（二一巻三〇丁裏～三一丁表）

広く債権と言えば、その目的物は金銭に見積ることのできるものに限らないというのが、本案の精神である。しかし、代位のような場合は、実際はたいてい金銭債権について問題になるであろうと思う。ただ、稀には米とか麦とかいうようなものがあるかもしれない。それゆえ、旧民法財産編第四八四条に「金額ヲ超エテ」云々と書いてあったのを、本条においては原案第四九九条（現行法なし）では「価額ヲ超エテ」と直して、必ずしも金銭に限らないという意を表したのである。（注3）

なお、たいていは金銭債権が問題になるといっても、それは代位についての話であって、その他の場合には、金銭に見積ることのできない債権がたびたび出てくるであろう。例えば、雇傭契約の箇所までもいけば必ず出てくるであろうと思う。「債権ハ金銭ニ見積ルコトヲ得ルモノヲ目的トシナケレハナラヌト云フコトハ一班ノコトテアツテ何レノ場合ニ於テモ然フ云フモノテアルト云フコトハナイノテアル」。

五　債権証書への一部代位弁済の記入と「請取証書」の要求

高木豊三（二一巻九丁裏～一〇丁表）

　第二項の場合、例えば、債権者が一〇〇〇円の債権を有し、一〇〇〇円の証書を持っている。そこへ五〇〇円の代位弁済をする人があるとする。そのときには、五〇〇円を代位弁済したことを債権者が持っている証書に記入させて、そして、質物があれば債権者に保管させておく。こういう趣意のように私は解している。もしそうだとすると、五〇〇円の代位弁済をした者の手には何らの証拠もないようになるという趣意なのか。

富井政章（二一巻一〇丁表～裏）

　そうである。これはどうもやむをえないであろうと思う。どちらか一人が証書あるいは質物を持っていなければならない。二人が自分のために持つということはできない。そうしてみれば、あたかも前条第二項の場合と同じことで、それだけの優先権は債権者に与える方が妥当であろう。（その上で、）全部の弁済は受けていないが一部の弁済を受けたという証拠を提出することができなければ不都合であろうと思う。証書の場合は、証書というのは二つはないから、一つの証書に記入させることが必要である。質物の場合は、質物の保存を監督するという中には種々のことがあって、毀損しやすい物であればその売却を求めることができるということも入る。さらにまた、弁済を受けない場合は競売を請求することができる。これは、通常の質権の効力からすると質物の保存を監督するということではない。が、とにかく、どちらか一人が持つより外に仕方がない。それなら債権者が持つ方が公平であろうと考える。

横田國臣（二一巻一〇丁裏）

　これを決めたのは、私には面白くない。今の説明によると、証拠は債権者の方に持たせておくということになる。私は、このときには、もちろん「請取証書」だけは取っておくことができると思う。けれども、このことはここには書かれていない。このように書いたため、かえって、「請取証書」は与えないということになる。

富井政章（二一巻一〇丁裏～一一丁表）

　横田委員の質問は「請取証書」を取るであろうからこのような規定はいらないということであったが、「請取証書」を必ずとれるという規定は、通常の弁済については削除になったのである。そこに規定があれば、ここでの規定はなくても「請取証書」を取るからよいと言えるかもしれない。しかし、このような規定は、通常の弁済については削除された。その結果、「請取証書」を取るということを法律は義務として認めない。それゆえに、どうしてもこの規定が必要である。それなのに、「あの規定」が削除されたがためにこの規定がいらないというのは、了解に苦しむところである。

高木豊三（二一巻一一丁裏～一二丁表）

　前会において、普通の（弁済の）場合に「請取」（証書）がいるということの削除には、私も賛成した。しかしながら、そのときにも言ったように、代位弁済の場合には何か証拠が必要である。しかるに、この規定によると、真の債権者が証文を握っている。しかも質物も保管している。そして、その証書に五〇〇円の代位弁済があったということを記入しておく。しかし、五〇〇円出して代位弁済をした者には何らの証拠もないということになる。そうなると、もし代位弁済を受けた債権者が悪意で債務者と通謀して、一〇〇〇円中五〇〇円の代位弁済を受けていることをないものとして、その証文を六〇〇円で債務者に返してしまう。こういう場合に、代位弁済をした者の手に何も証拠がないということにはなりはしないか。私が代位弁済の場合に特別の証書がいると言ったのは、質物の場合は債権者の手に残るということでよいとしても、とにかく代位弁済をした者が自分が一部分の弁済をしてこれによって代位権を得ているという事実を証明する証拠が不可欠ではないか、という考えである。こういった証拠がなくてもよいのか。

富井政章（二一巻一二丁表～一三丁表）

「請取証書ヲ請求スルコトヲ得」とせずに「債権者ハ代位者ノ要求ニ応シテ債権証書ニ其代位ヲ記入シ且之ヲシテ質物ノ保存ヲ監督セシムルコトヲ要ス」としたのは、自分（代位弁済者自身）はその証拠書類を握っていないけれども、「請取証書」を取るよりもこの方が確実であると思ったのが、第一の理由である。（代位弁済者は）「請取証書」を紛失してしまうかもしれない。なるほど、そう言えば、債権者も債権証書を紛失してしまうかもしれない。しかしながら、債権者は債権証書については残額について権利を持っている。それゆえ、大切に保存し、他日権利を行うに当っても一番の証拠物となる。だから、ただ債権証書に代位を記入するということにしておけば、これが一番確実であろうと思う。（確かに、代位弁済者は）保管はしていないし、自分は証拠物を持たない。かえって利益の衝突する債権者の手中にある。けれども、債権者はどうしようもない。というのも、債権証書に記入があるから、ひどいことをすれば刑法に触れ、損害賠償も取られるからである。従って、そのようなことを巧みにやれば格別、通常はそういうことはできないと見なければならない。こうしてみると、（ここで規定したようにするのが）代位者にとっても一番確かな方法であろうと考える。しかし、「請取証書」を取れるとした方があるいはよいかもしれない。この点は考えていただきたい。

あとひとつの理由は、代位弁済の場合に特に「請取証書ヲ請求スルコトヲ得」と言うと、いかにも通常の弁済については「請取証書」を請求する権利がないということをほとんど明言するようなことになる。これは非常に困る。我々は前々会において賛成しなかったのであるが、あの条文が削除になったからといってさほど困るとは思っていない。なぜならば、削除によって「請取証書」を請求する権利がないということになったのではなく、（「請取証書」を取ることは）実際いつも行われることだから言わないでも同じだという解釈になるであろうと考えたからである。しかし、代位弁済の場合において特に「請取証書ヲ請求スルコトヲ得」というようなことを書いてしまうと、通常の弁済の場合においては、債権者は「請取証書」をやらないと言うことができるように見えるのである。

横田國臣（二一巻一三丁表～裏）

この前に「請取」のところを削ったのは、そんな理由からではない。債権者が「請取」を出さなければ払わないまでであるし、債権者が払えと言ったならば「請取」をくれと言うことができるのは当然である。それを特に規定することにより、かえって（本来は）そういうことができないのだというように見られかねない。（それゆえに削ったまでのことである。）

そもそも（弁済の）証拠を自分は持たなくて人に持たせる方法などというものは実に奇妙な種類の弁済であると言ってよい。どんな場合でもその証拠というものは権利のある方の人が持つというのが原則であろうと思う。あるいは他の方法、例えば登記などという方法もあるけれども、それは別問題である。相手に証拠をやってしまい、自分が証拠を保管しようとしてもそれができないのは、まことに奇妙な話である。むろん悪いというのではないが、別にこの規定がなくても私はここに書かれているようなことはできると思う。

富井政章（二一巻一四丁裏）

横田委員は証拠物を自分の手に保管するのが一番確かな権利保存の手段であるということを前提にして言ったと思う。もし「請取証書」を取るという方が債権証書に記入するよりも確実であるならば、少なくとも私は直ちに賛成する。しかし、我々の考えでは、保管はしていないけれども債権者の手にある方が、「請取証書」を取るよりもいっそう確実である。必ずしも、自分が証拠物を持つという場合でなければ権利保存の方法が確実でないということはなかろうと思う。

横田國臣（二一巻一五丁表）

私は、（債権証書に記入するのも「請取証書」をとるのも、）「とつちモ出来ヤウ」と思う。

富井政章（注4）（二一巻一五丁表）

「とつちモ出来ル」ということは、あるいはよいかもしれない。しかし、むしろ一番確かな方法さえ書いておけばそれでよかろうと思う。

横田國臣（二一巻一五丁裏）

この規定がなければ、「請取証書」を取っても、債権証書に書き入れをしてもよい。ところが、これ（債権証書への書き入れ）ばかりを要求できるというようにすると、先ほど高木委員が言ったような弊害もある。例えば、一〇〇〇円のところを二〇〇円だけ払ったとき、（その旨の記入された）証書をもみ消ししてしまうこともできる。

富井政章（二一巻一五丁裏〜一七丁表）

度々言ったように、我々の考えでは、債権証書に記入する方が確実であろうと思った。それゆえに、この方法さえ定めておけば、これほどのことをしなければならないという以上は、「請取証書」を出すくらいのことは、債権者は求められずとも当然するであろう。もっとも、次のような不安はある。すなわち、債権者が債権証書を紛失するかもしれない。だから、この外に（債権証書への記入に加えて）「請取証書」を請求することもできるとするのが、あるいはよいかもしれない。しかし、これ（債権証書への記入を請求できるということ）に代えて、「請取証書」を請求できるということを定めるというのは、我々の考えでは、弱いものをもって強いものに置きかえるというようなことになろうと思う。

六　債権者保有の質物に対する代位弁済者の権利

横田國臣（二一巻一〇丁裏）

第二項で「質物ノ保存ヲ監督セシムルコトヲ要ス」とあるが、前条第一項に「其弁済シタル価格ニ応シテ債権者ト共ニ其権利ヲ行フ」とある以上は、ここでもちょうど共同債権者のような形にはできないのか。

富井政章（二一巻一一丁表〜裏）

前条第一項と重複するという考えは、我々の考えと違う。前条において「債権者ト共ニ其権利ヲ行フ」というのは、「弁済価額ノ配当」についてである。債務者から弁済として受取る金を代位者は債権者と分けて取ることができるという意味である。質物の保存も分けてすることができるというような意味は含んでいないのである。

横田國臣（二一巻一三丁裏〜一四丁裏）

第五〇〇条の方は「唯当リ前ノトキ計リテアル」（通常の弁済のときを決めている）ということであったが、私はそう見てはいけないと思う。あるいは第五〇〇条はそういう意味であったかもしれないけれども、それだと妙な場合が出てくる。今債務者に払わせれば払えるという場合に、それを払えと催促をすることもできない。もし全部払ったときは、むろん債権者に代って何もかもすることができよう。となると、一部支払ったからといってそういうことができないわけはない。やはり債務者に対しては、代位者は（債権者の地位に当然代わる者であるから、）債権者ができることはできなければならない。「夫レニハ唯此質物丈ケノコトヲ云フ」。しかしながら、代位者自身は質物を取っても持っていない。だから、債権者と同じことなどできはしない。そうであれば、あるいは証拠を取るというようなこともできる。しかし、「権利ハ一様ノコトニシテ置ク方カ当リ前ト思フ」。

富井政章（二一巻一五丁表～裏）

横田委員は一部権利が代位者に移るのであるから同じようにその権利を質物についても持たせる方がよいという考えであるが、本条はまさにその精神を書いたのである。いやしくも（質物を）二人で持つことができない以上、（質物を）占有する利益は債権者に与える方が至当である。しかし、代位者は債権者が質物をどのように扱おうと黙って手をこまねいていなければならないというのでは不公平であるから、監督させる権利を平等に持たせた。このことについては、これより外に仕方がないと思った。決して債権者と代位者の関係を不釣合にしようという考えはない。なるべく平等にしようという考えである。

横田國臣（二一巻一五丁裏）

代位者を（債権者と）同等にしたという説明であったが、質物だけを同じようにしたばかりに「外ノコト」は同等でないように見える。これがなければ（債権者と代位者は）同等であるということは当然わかるけれども、「質物ノ保存ヲ監督セシムルコトヲ要ス」と書くと、これだけを同等にして「外ノコト」は同等でないように見える。

富井政章（二一巻一七丁表）

「外ノモノ」というのは何を指しているのか。代位者が他人によってその権利を侵されるという心配があるため特別に代位者が目をつけていなければならないというのは、質物以外にはない。

岸本辰雄（二一巻一九丁裏～二〇丁表）

本条を削除するというのなら格別、規定しておくというのなら、若干片手落ちのように感じる。高木委員が言った心配もあるわけである。そこで相談であるが、「且之ヲシテ」というところを「且代位者ノ為メニモ質物ヲ保存スルコトヲ記入シタル請取証書ヲ交付スルコトヲ要ス」としてはどうか。つまり、質物というものは、代位者のためにも、例えば三分の一の割合であるのだから、「代位者ノ為メニモ此質物ハ保存シテ居ルソヨ自分ノ為メノミテハナイソ」。「然ウシテ御前カラハ金ハ幾ラ々々請取ツテ居ルソヨ」という証書を代位者に渡して代位者のために質物を保存していなければならないということにするのである。これだと債権者は「えらい責任」を負うことになるから、疑問が出されるであろうけれども、もしその責任を負うのが嫌だというのならば、債権証書は代位者の方に渡しておき、質物は自分（債権者）の方で取っておくというようなこともできようと思う。どうもその方がよいように思うけれども、どうであるか。

富井政章（二一巻二〇丁表）

質物がない場合には「請取証書」を取れることになるのか、取れないことになるのか。

岸本辰雄（二一巻二〇丁表）

ここで言っているのは質物の場合だから、そういう場合は（また別問題として）「協議テ往クノテスナ」。

七　第五〇一条（改正案）削除案

土方寧（二一巻一七丁裏～一九丁裏）

本条が改まって二項になっているが、私は二項ともに削除する説を提出する。もとの第五〇一条だと、一部弁済があった場合、すなわち、前条第一項だけについての場合であったが、改められたものによれば、全部について代位弁済のあった場合も第一項の規定となって出てきた。しかし、全部について代位弁済のあった場合のごときは不必要なことと思う。すでに単純な弁済の場合の規定の中で「請取証書」についての規則はほとんど皆削除になったし、債権証書があったときには弁済をすれば返還請求できるというような規定も省いたのである。（富井委員の説明によれば、）代位弁済のときには、単純な弁済のときとは違って、債権者に対しては債務者は依然として義務を行おうとしているものである。代位弁済であるから、権利がなくなってしまうものではない。こういう特別の事情もあるから、普通の弁済のときに債権証書があればその証書を返還するというような規定を省いたからといって、ここで「抜イテハ」（削除しては）いけない。こういう説明であった。けれども、私はやはり抜いてもよいと考える。なるほど、（普通の弁済と）代位弁済とは違うけれども、代位弁済が「金額」（全額か？）についてあった場合には、債権者側から見たならば、その権利を全うするのである。それゆえ、証書を持ち続ける理由はなく、質物も引渡すのが当然である。（結局、）質物や証書を渡してくれたならば払うということでよい。もしそれが嫌なら払わないということになる。

特に代位弁済者が利害の関係のない人であれば、極端に言えば、求償権がないと見てもよい。けれども、本案ではそういう立場をとらずに、求償権というものを確かにしてある。あるいはそれでもよいのかもしれないが、私は不必要であると思って第四九六条（確定条文第四九九条）削除説を出したけれども通らなかった。（注5）しかし、それは「極マツタニシテモ必要ハナイ物好テアル」。そういう者（利害関係のない代位弁済者）は、弁済をするについて、証拠《ママ》があれば証書を引渡すこと、質物があればその引渡を要求し、引渡してくれれば弁済し、引渡してくれなければ弁済しないということだけに留めておくのがよい。

（問題であるのは、）利害関係のある連帯債務者とか不可分債務者とかが弁済する場合である。しかし、その場合においても多くの場合は全額について払うものである。このときは、債権者は権利を全うするのであるから、自分が証書や質物を持ち続ける理由がない。

ただ、一部弁済のときは少し疑いがある。一部弁済があったときには、旧債権者と代位者との間に債権が分別され、関係がこみ入ってくる。このときには、改められた第五〇一条第二項のような規定が必要かのように思われる。しかし、これとて、利害関係のない者が一部代位弁済をする場合には別段保護する必要はないということにしてもよい。利害関係のある連帯債務者や不可分債務者ならば、利害関係があるから、多くの場合、全部弁済をするであろう。自分の分についてでなく他人の分について払ってやるというような「中間ノコト」を想像しないでもよかろう。

そもそも、（起草委員は）代位弁済というものをよほど必要のように考えたかもしれないが、私はそれほど必要なものとは思わない。第一、利害関係のない者が代位弁済をするという制度は必要のないことと思うが、仮にそれが必要であるとしても、あまり細かい規定を置いて代位弁済をした者を保護する必要はなかろう。

また、利害関係者でない人から全部弁済を受けたならば債権者がその質物を渡すのは当り前である。

以上の理由から、新しい第五〇一条の第一項、第二項ともに削除する。そうすると、「請取証書」を渡す義務というものも、既に普通の弁済のところで規定を削った場合と同様の理論でいけると思うし、それで格別差支えない。

横田國臣（二一巻二〇丁表）

削除説に賛成する。

高木豊三（二一巻二〇丁表～二一丁表）

私は、全部削除には賛成しかねる。起草委員の説では、「元トノ方」が担保として一番確かな方法であるというのであるが、我々もそれがよいと思う。

ただ「請取」だけを取っておいたのでは、五〇〇円の金を受け取ったというだけで、代位という権利がわからないので、債権者のもとにある証書に代位のことを記入しておくのが代位弁済について最善の方法である。しかしながら、いかんせん（債権）証書は債権者の手もとに残っているのであって、「こちらニハ何モ形カナイ」。その結果、（債務者が）債権者と共謀して事をするとか、天災その他の出来事によって証書を紛失したというような場合には、こちら（代位者）はそれを提出させることができず、何も求めることもできない。（代位弁済の）証拠がなくなるのであるからどうしようもない。

従って、代位弁済をした者の方にも何か形の残るようなことにしたいというのが私の希望である。しかし、「保証丈ケノ場合ニ限ルト云フコトハ宜シクナイ」。

土方寧（二一巻二一丁表～二二丁表）

削除説の理由を補足しておく。

弁済をする者が利害関係を有するか否かに関係なく、全部弁済した場合に（代位弁済が）普通の弁済と違うのは、義務者には義務がまだ残っているということであると言う。けれども、既に債権者が弁済を受けたならば、その債権者にはもはや質物あるいは債権証書を保存しておく権利がない。それゆえに、それらを返すのは当然である。全部弁済のとき、このことは言うを待たないことであるから、第一項は削ってもよい。ことに、もし代位弁済について全部の弁済を受けた場合には債権者は債権証書あるいは質物を渡さなければならないと書いておいて、普通の弁済については何も書いていないというと、普通の弁済の場合には質物や債権証書は返さなくてもよいのだというような反対解釈の生ずる恐れがある。

第二項については、これは一部弁済の場合であるから、旧債権者にまだ権利がある。だから、（代位弁済者が）債権証書や質物を渡してくれと言うことはできない。けれども、一部弁済の場合に、利害関係のない者が弁済するのは、「夫レハ物好テアル」。（その者は本来）何もしなくてもよいのであるから、債権者から債権証書を渡してもらうことも、質物を渡してもらうこともできないというのでもよいと思う。けれども、利害関係のない人が自ら進んでするのであるから、この者は、「請取ヲ呉レ」とか、「御前ノ持テ居ル証書ハ御前カ持テ居テモ宜イ」。「其代ハリ一部弁済ヲシタト云フコトヲ書イテ呉レ」とか、あるいは「質物ハ私ニ渡シテ呉レ」とかいうことを一部の代位弁済をするときに「予約」して、その後に弁済をすればよい。従って、第二項もなくてよい。

穂積陳重（二一巻二二丁表）

横田委員および土方委員の見解の要旨は、本条はいらない、（債権）証書を渡さなければ払わないでよい、「請取証書」を渡さなければ払わないでもよいということであったが、もし条文がない場合は、これらのことはどこから出てくるのか。「証書紛失トカ云フヤウナコトハ債権消滅ト同シヤウナ話テアリマス」。

富井政章（二一巻二二丁表～裏）

本条の最も適用されることの多い不可分債務者および連帯債務者間の場合には、債権者から請求を受けたならば払わなければならない義務がある。また、逆に、払うことについて利益を持っている。

横田國臣（二一巻二二丁裏～二三丁表）

支払ったときには「請取」を取ることができるということは当然のことであるから、書くには及ばない。証拠を求める方法はこれには限られないのであって、もしこういうような当然のことまでも書けというのならば、その他の方法も全部書かねばならない。それを、そのうちの一部だけを取り上げて、「要ス」というように書くのは、立法の体裁を失っているとしか思えない。「或ハ非常ナコトカアツテ登記ヲシタナラハ証拠ニナルトカ何ントカ云フコトナラハ格別テアリマスカ左モナケラネ《ママ》ハ是ハ誠ニ必要ナコトト思フ」。

土方寧（二一巻二三丁表～二四丁表）

穂積委員並びに富井委員の質問・攻撃は非常に重要な点だと思うが、その質問もしくは攻撃は、全部弁済の場合には当たらないと思う。また、利害関係のない者が代位弁済をした場合は、なるほど富井委員が言ったように、自分の負担部分の外にも自分が弁済をする義務もあり、また利益もある。いかにもその通りであるが、不可分債務者とか連帯債務者とかいうものは一部でなくて全部について弁済する義務がある。利害関係のある者が全部について弁済した場合は第一項に入ってしまう。義務の一部しか尽さない、すなわち「中間ノ位地ニ居ル」者は、弁済をするについて債権者と「予約」をして債権者が応じればよい。応じなければ（仕方がない。）「当リ前ノ従前ノ関係ヨリシテ定マル」。それが嫌なら、進んで全部弁済すればよい。そうすれば、債権者側からいえば、権利がなくなってしまうから、債権証書があれば返さなければならないし、質物があれば返さなければならない。

穂積委員の質問は、債権証書を返さなければならないということはどこから出てくるのかということであるが、私の考えでは、ある事実が存在するために証書を持っているのであるから、その事実がなくなればその権利が消えてしまうのは当然のことであろうと思う。

穂積陳重（二一巻二四丁表～裏）

私の質問は、それとは違う。債権証書を返さなければならないという義務および債権証書を返さなければ払わないということが（条文なしに）言えるかという質問である。

前者については、債権証書を返さなければならないということは当然のことである。このことと、後者、すなわち債権証書を返さなければ払わないということとは別で、後者はあたかも双務契約のような場合と同じことであり、果して明文の規定なしに「向フテ払ハナケレハこツちモヤラヌ」というようなことが言えるかどうか。

それから、横田委員の（本条削除）説はひとつの考え方であろうが、それなら「一ノ法律行為ヲ為シテ権利ヲ取得シタトカ義務ヲ履行シタトカ云フヤウナトキハ夫レニ相当スル相手方ヨリ要求スルコトヲ得」というような一箇条でも置くという考えなのか、今までのところからすれば、そのような権利は（明文がなければ）どうしても出てこないと思う。

横田國臣（二一巻二四丁裏）

私はそういう箇条を置けと言うのではない。ただ、この条文を非難するために自らの考えを示したのである。（根拠条文が）絶対に必要だというのならば、「別ニ大キク挙ケルカ宜イ」。けれども、私はそんなものはいらないと思う。金を貸《ママ》した折には証書をとる権利があるというようなことは書かないでもよい。

穂積陳重（二一巻二四丁裏）

その権利はどこから出てくるのか。

横田國臣（二一巻二四丁裏）

「夫レハ書カナイト云フコトハこちらカ言ヘル夫レハ御前カ証書ヲ書カナケレハ貸サナイト云フ……」。

梅謙次郎（二一巻二四丁裏）

それは債権者に「マタナラヌノテアル」。

横田國臣（二一巻二五丁表）

代位という事実により当然（その権利を）持っている。すなわち、代位というものは（代位者を）ちょうど債権者と同じ地位に置くものであり、（代位者が）債権証書を持たなかったり、質物を債権者のもとに置いておくというのでは、債権者と代わったということではない。その人の権利及びその人の持つべきものを持たなければ代位といえないのは当然のことである。

土方寧（二一巻二五丁表～二六丁表）

穂積委員の質問はよくわからない。穂積委員の言によれば、弁済を受けた債権者が債権証書を返すのが当然であるということと、弁済するについて、債権証書を返せ、さもなくば弁済をしない、ということとは同じことである。

この二つは、場合によっては同じことになろう。つまり、利害関係のない者が弁済をする場合には、彼は弁済する義務なく、いわば好きで払っているのだから、債権証書を返してくれなければ払わないと言うことができる。また、全部弁済されて債権者が自分の権利を全うしたならば、債権者は債権証書を持っていることはできない。したがって、このときには両者は同じことになる。

他方、弁済する義務のある不可分債務者あるいは連帯債務者の一人が弁済をする場合には、彼が全額について弁済をすれば、債権者は債権証書を返さなければならないということになる。しかしながら、彼が一部分についてしか弁済しなかったならば、債権者は証書を返す必要はない。（一部弁済者は）自己が負っている義務の全部を尽したのではなく、債権者の権利を全うしたものとはいえないからである。このとき、（一部弁済者は、）債権者に、「請取証書」をくれとか、債権証書に記入してくれとか言って迫り、債権者が応じればよい。けれども、応じなければ、「証拠問題ニ任セテ置イテ宜シイ」。弁済をする者が不安に思うのであれば、進んで全部弁済をすればよい。そうすれば、債権証書ももらえるということになる。

富井政章（二一巻二六丁表～二七丁表）

私が先ほど、連帯債務者、不可分債務者等については、本条に掲げることを債権者がしなければ払わないということを言えないと言ったら、二点につき批判を受けた。第一に、債権者の承諾をもって代位する場合には（払わないと言えるのは）当然であるということであり、第二には、私が全部弁済の場合と一部弁済の場合とを区別しないで言ったということである。

第一に、（土方委員は、）債権者の承諾をもって弁済をする場合にも、債権者が本条のことをしなければ弁済をしないでよいと言った。なるほど、かかる種類の代位を認めないという土方委員の主義からはこの帰結は当然であろう。しかしながら、「債務者カ債権者カラいぢめラレテ困ツテ居ル」。「親切ニ銭ヲ出シテヤルト云フモノカアルノニ夫レヲサセナイト云フコトニナル」。それはよくない。求償権を確実なものにすることさえできれば、債務者を救うことを奨励するのはよいことだ。それなのに、(土方委員は、)債権者が本条のことをしなければ払わなくてもよいと言う。けれども、なるべく払えるようにしたいというのが精神であるから、とうていそういうようなことは出て来ない。

　第二の点は、一部弁済の場合には義務を尽していないから保護に値しないということに帰する。しかし、一部弁済でも、債権者はそれでよいと言うかもしれないし、そう言わないにしても、弁済をした者は、とにかく半分でも三分の一でも、それだけの義務を尽したのである。それを、何もしないのと同じで有名無実である、その結果、代位する権利を得たという証拠を保存することができないというのでは、いかにも弁済をした者に酷である。全部弁済をしたら、明文がなくても「請取証書」が取れるということは理解できないが、仮に取れるとして、一部弁済をしたのは債権者の納得した場合かも知れず、それを保護しないというのはいかにも酷である。

　したがって、不可分債務者、連帯債務者の場合だけでなく、いずれの場合においても、土方委員の述べた理由には服することはできない。

梅謙次郎（二二巻二七丁表〜二九丁表）

　この箇条に関したことではないが、前会以来土方委員その他の委員の議論は代位弁済の規定の原則と大いに関係のあることであるから、この点についてごく簡単に述べておきたい。

　土方委員に代表される見解は、一部弁済の場合は、弁済をした人は不完全な弁済をしたのだから、その場合に自分が迷惑を被ってもよいという考え方である。極端なものは、その場合には代位弁済等はさせない方がよいという考え方である。これは大きな間違いをおかしているということを私は前に言ったのだけれども、「私ノ弁シ方カ悪ルカツタカ或ハ土方君ノ御耳カ悪ルカツタカ又今日同様ノコトヲ言ハレタ」。

　通常、(一部弁済による代位が問題になるのは、)第四九七条の不可分債務者もしくは連帯債務者の弁済の場合であろうと思う。この場合には、全部弁済をしないときは債権者の方でその弁済を拒むことがあろう。拒めばそういう(一部弁済による代位の)問題は生じえない。ところが、債権者が一部弁済を受けたときには、債権者は弁済をした者に対してそれだけで満足するという意思を表示したのであるから、自分が代位を承諾した以上、法律によって「自分ノ保護」を与えなければならない。

　連帯債務、不可分債務を除いた場合、例えば保証の場合は、今の民法の規定でも、また各国の民法においても、保証人が数人ある場合には、そのうちの一人の保証人は、自分の義務だけのことを尽して一部弁済をすれば、それによって自分は義務を免れる。この場合には、債権者は一部弁済だから受け取らないとは言えない。いやしくも、保証人の一人に対して弁済を請求する以上は、その一部分の請求しかできない。もし、この場合に保証人に代位を許すべきものとすれば、全部弁済しないから保証人は代位できないと言えないのは当然である。

　それから、保証人でなくても、抵当不動産の第三取得者のような者も、抵当不動産の価値だけについてしか実際弁済をしないでもよいということになる。これについては、滌除の方法があることからもわかるように、この場合は、そもそも不動産に義務が付着している。第三取得者は、自分は義務を負っていないけれども、義務の付着した不動産を買ったからそれだけの義務を尽すということである。それが五〇〇円の価値しかない不動産であれば、五〇〇円を払えば第三取得者は全て自分の責任を免れる。が、この者は他人の債務を仕方なく払ったのであるから、この者に代位を許すことによって特に法律が十分に保護しなければならない。

このことを前会で述べておいたのに今日また土方委員が幾度も繰り返して述べたのは、はなはだ了解に苦しむ。「何ウカ然ウ云フ議論ハ此議場ニ於テ成立タヌコトヲ希望致シマス」。

▼採決の結果、全部削除案は否決された（二一巻三一丁裏）。

土方寧（二一巻三一丁裏）

全部削除説は少数で消えたが、私は、少なくとも第一項だけを削除するという説を提出する。その理由は前に述べたところであるから、繰り返さない。

▼第一項削除説には賛成がなかった。

八　「請取証書交付請求権」――第二項修正案

長谷川喬（二一巻二九丁表～裏）

前会において、一般の弁済の場合に、（債権）証書の返還および「請取証書」のことは書かないでもよいということで、条文を削除した。そこでの精神によれば、あるいは本条がなくてもよいかもしれない。就中、本条第一項のような規定はなくてもよいかもしれない。しかし、ここの場合は、通常の弁済とは違って、第三者が弁済をする、すなわち代位が問題となる場合であるから、いくらか事情がちがう。だから、ここに（こういう第一項のような規定を）置いてもよかろう。それゆえ、私は、削除説には賛成しない。

しかし、第一項を生かしておいたとすると、第二項においては、土方委員の言ったように、「請取証書」を求める権利を示さないということは不都合ではないか。なぜなら、第一項について、わかりきったことであるが代位の場合であるがためにやや疑わしいからという理由で置かれたというのであれば、「請取証書」の交付を請求することができるのもやはりわかりきったことであるが代位であるがための疑いがあるから、第二項で「請取証書」のことを入れるというのが、私には至当と思える。

それゆえに、私は、試みにひとつの修正説を提出する。それは、第二項に「債権者ハ代位者ノ要求ニ応シテ債権証書ニ其」とある次を、「其代位ノ記入及ヒ請取証書ノ交付ヲ為シ又質物アルトキハ代位者ヲシテ其質物ノ保存ヲ監督セシムルコトヲ要ス」ということに改めるという考えである。

富井政章（二一巻二九丁裏）

この修正説に賛成するかもしれないけれども、「債権証書ニ其代位ヲ記入シ且代位者ニ請取証書ヲ交付スルコトヲ要ス又質物アルトキハ」云々というように書いてはどうか。

長谷川喬（二一巻三〇丁表）

それでもよいのだけれども、あまり短いところに「要ス」が二つ入るから略したのである。

高木豊三（二一巻三〇丁表）

修正説の趣旨には賛成するが、文章はやはり直していただきたい。

長谷川喬（二一巻三一丁裏）

起草委員から注文もあったことだから、修正説を少し変えて提出する。

「債権証書ニ其代位ヲ記入シ及ヒ請取証書ノ交付ヲ為スコトヲ要ス又質物アルトキハ代位者ヲシテ其質物ノ保存ヲ監督セシムルコトヲ要ス」ということに改める。

▼採決の結果、第二項修正案は賛成多数で可決された（二一巻三二丁表）。

（注2）【その後の経緯】参照。

（注3）原案第四九九条は第四九八条と併せて、原案修正案第四九八条（確定条文第五〇一条）となり、消滅した。詳細は、本書六三六頁、六四五頁参照。

原案第四九九条　代位者ハ其弁済シタル価額ヲ超エテ債権者ノ権利ヲ行フコトヲ得ス

（注4）速記録では高木豊三委員の発言となっているが、討論の流れと発言内容から、富井委員の発言であると思われる。

（注5）本書六一八～六二〇頁参照。

【その後の経緯】

第一〇回整理会において、第一項中の「債権ニ関スル証書及ヒ質物」を「債権ニ関スル証書及ヒ其占有ニ在ル担保物」と改めた。これは、質物としたのでは少し狭く、留置物等もここに入れるのがよいとの考えに基づく修正であった。なお、長谷川喬委員から、「占有ニ在ル」という言葉は担保物の交付がある以上言うを待たぬことであるから不要ではないかとの発言があったが、整理会案通りに確定した。

また、第二項に関しては、先ず、整理会案にて、「請取証書ノ交付ヲ為スコトヲ要ス」の箇所が削除された。これは、「受取証書」の規定が新設されたことによる修正である。さらに、整理会の席上、長谷川委員より、「代位者ノ請求ニ応シテ」ということは「始メカラノ歴史カラ考ヘテ」みると余り意味がないとの発言があり、富井委員も削除に賛成したため、整理会案からこの箇所も削除された（民法整理会議事速記録四巻四〇丁表～四一丁表）。

【民法修正案理由】

本条第一項ハ財産編第四百八十七条第一項ノ規定ヲ採用シタルモノナリ。原文ニ債権ノ証書トアルヲ改メテ債権ニ関スル証書ト為シタルハ、保証ノ証書ノ如キモノヲモ明ニ包含セシメンガ為メナリ。

第二項ノ場合ニ於テ債権証書ニ代位ノ記入ヲ為ス可キモノト定メタル所以ハ、原文第二項ニ定ムル如キ代位者ニ証書ヲ示スコトヨリモ遥カニ確実ナル方法ト認メタルニ在リ。

▽民法修正案理由書第三編第一章「代位弁済」五頁（第四八九条（五〇二））。

（潮見佳男）

第五〇四条　第五百条の規定により代位をすることができる者がある場合において、債権者が故意又は過失によってその担保を喪失し、又は減少させたときは、その代位をすることができる者は、その喪失又は減少によって償還を受けることができなくなった限度において、その責任を免れる。

第五〇四条　第五百条ノ規定ニ依リテ代位ヲ為スヘキ者アル場合ニ於テ債権者カ故意又ハ懈怠ニ因リテ其担保ヲ喪失又ハ減少シタルトキハ代位ヲ為スヘキ者ハ其喪失又ハ減少ニ因リ償還ヲ受クルコト能ハサルニ至リタル限度ニ於テ其責ヲ免ル

原案第五〇二条　第四百九十七条ノ規定ニ依リテ代位ヲ為スヘキ債務者アル場合ニ於テ債権者カ故意又ハ懈怠ニテ其担保ヲ喪失又ハ減少シタルトキハ右ノ（注1）債務者ハ其喪失又ハ減少ニ因リ償還ヲ受クルコト能ハサル限度ニ於テ其責ヲ免カル

（注1）　速記録では「債権者」となっているが、誤りであろう。民法第一議案三四三丁表では「債務者」となっている。

【参照条文】

旧民法財産編

第五一二条　債権者ノ質又ハ抵当ノ抛棄ハ其債権ヲ減セス然レトモ連帯債務者又ハ保証人ハ其抛棄ニ因リテ此等ノ担保ニ代位スルコトヲ妨ケラレタルカ為メ債権担保編第四十五条及ヒ第七十二条ニ依リ債権者ニ対シテ自己ノ免責ヲ請求スルコトヲ得

旧民法債権担保編

第四五条　債権者カ故意又ハ懈怠ニテ保証人ノ其代位ニ因リテ取得スルコトヲ得ヘキ担保ヲ減シ又ハ害シタルトキハ総テノ保証人ハ債権者ニ対シテ自己ノ免責ヲ請求スルコトヲ得

保証人ノ引受人ハ保証人ノ権利ニ基キ右ノ権利ヲ援用スルコトヲ得

第七二条　債権者カ連帯債務者ノ一人ヨリ供シタル担保ニシテ他ノ債務者ノ弁済シテ代位スルコトヲ得ヘキモノノ全部又ハ一分ヲ毀損シ又ハ滅失セシメタルトキハ他ノ債務者ハ其担保ヲ供シタル者ノ部分ニ付キ連帯ノ義務ヲ免カレント請求スルコトヲ得

右ノ請求ニ因リテ宣告シタル免責ハ連帯ノ任意免除ト同一ノ効力ヲ有ス

第九一（注2）条第二項　債権者カ不可分ニテ義務ヲ負ヒタル債務者ノ代位ニ因リテ得ルコト有ル可キ担保ヲ減失セシメ又ハ減少セシメタルトキハ其債務者ハ債権者ニ対シテ第七十二条ノ免責ヲ援用スルコトヲ得

フランス民法

第二〇三七条　義務ヲ得可キ者ノ処置ニ因リ保証人其者ノ権、書入質ノ権、債主ノ特権ニ代ルヿヲ得サルニ至リシ時ハ保証人其義務ノ釈放ヲ受ク可シ

オランダ民法

第一八八五条　〔フランス民法第二〇三七条に同じ〕

イタリア民法

第一九二八条　保証者ハ互相特担ノ責務ヲ有スル者タリト雖モ若シ責主ノ為セル事為カ其責権、券記抵当権及ヒ領先特権ノ替代ヲシテ保証者ノ為メニスル其効力ヲ失却スルニ至ラシムル如キヿ有レハ則チ其互相特担ノ責務ヲ解卸スルヿヲ得可シ

〔仏民第二千三十七条〕

ポルトガル民法

第八五三条　保証人又は連帯保証人が、債権者の何らかの行為により、その権利、先取特権又は抵当権に代位することができないときは、その債務を免れる。

スイス債務法

第五〇八条　債権者は、保証人に対し、保証の引受のときに存在していたか、または主たる債務者からその後に得た他の担保を、自己が損失を被ることなく減少させ、または現存の証拠方法（Beweismittel）を喪失したことにつき、責を負う。

モンテネグロ財産法

第四六四条　債権者のフォートにより、保証人が、債務者のために弁済する義務を負っている債務の全部又は一部を債務者に求償することができなくなったとき、例えば、債権者が質物を債務者に返還したとき、又は、懈怠若しくは悪意に基づくどのような原因であれ、債権者が、保証人の同意を得ることなく軽率に期限の延長を債務者に対して認めたときは、保証人は、債務者に対する求償の可能性が制限を受け又は奪われた範囲で、その義務を免れる。

スペイン民法

第一八五二条　保証人又は連帯保証人が、債権者の行為により、その権利、抵当権又は先取特権に代位することができないときは、自己の債務を免れる。

ベルギー民法草案（注3）

第二一二〇条　債権者の権利、抵当権又は先取特権に対する保証人のための代位が、債権者の行為により生じ得ないときは、保証人は代位の抗弁を債権者に対抗することができ、その効果により債務を免れる。

ドイツ民法第一草案（注4）

第六七九条　若シ債権者カ元債権ニ附帯シ其担保ノ為メニ効用有ル副権利殊ニ質権ヲ廃罷シタルトキハ保証人ハ左ノ限度ニ於テ即チ若シ此副権利カ債権者ノ弁償セラレタル場合ニ於テ第六百七十六条ニ適準シ自己ニ移転シタル可カリシナラハ自己カ此ニ因テ賠償ヲ求ムルコトヲ得タル可カリシ限度ニ於テ自己ノ義務ヲ免カル

　前項ノ成規ハ副権利カ保証契約取結後ニ始メテ取得セラレタルトキニモ亦之ヲ適用ス

ドイツ民法第二草案（注5）

第七一五条　債権者が債権と結合した先取特権、債権のために存する抵当権、債権のために存する質権または共同保証人の一人に対する権利を放棄したときは、保証人は、放棄された権利に基づき第七一三条により賠償を取得しえたであろう限度において、解放される。放棄された権利が保証の引受の後に初めて発生したときもまた同様である。

（注2）　速記録では「九」の一字が脱落している。
（注3）　速記録では「二〇二〇」となっているが、内容からして誤りであろう（髙橋智也注）。
（注4）　仁保亀松訳「独逸民法草案債権」中には、該当条文の翻訳は見出し得ない。そのため、『独逸民法草案』（司法省、明治二一年〔一八八八年〕）によった。
（注5）　仁保亀松訳「独逸民法草案債権」中には、該当条文の翻訳は見出し得ない。

【起草趣旨】

富井政章（二二巻三二丁裏〜三三丁裏）

(1)　規定の位置について

　旧民法では、本条に該当する規定は、「広イ規定」としては「債務ノ免除」の所、すなわち財産編第五一二条にあるが、それ以外に、「保証」、「連帯債務」、「任意ノ不可分」の所にも別々に規定されている。しかし、これは「代位ヲ妨ケタト云フ制裁ニ外ナラヌ」から、代位の所に規定するのが至当であると考えてここに置いた。

(2)　免責について

　旧民法においては、当然免責ではなく、「免責ヲ請求スルコトヲ得」という規定になっている。そして、それは裁判所に請求するのであると説明されている。その趣旨は次の通りである。例えば、喪失・減少した担保が非常に後順位のものであって実際上なきに等しい場合や、逆に減少してもなお残部に十分の担保価値が存する場合には、債権者が担保を喪失・減少しても、「代位者ノ権利ヲ妨ケルト云フコトニナラナイ」。こういう場合に当然免責されるとすれば不都合なので、請求に基づいて裁判所が免責を許すことにしたのである。しかし、いちいち裁判所に請求するというのは「極メテ煩ハシイ」ので、むしろ法律で「償還ヲ受ケ《ママ》ルコト能ハサル限度ニ於テ其責ヲ免カル」と規定してしまった方がよかろうと考えた。

(3)　「代位ヲ為スヘキ債務者」について

　ドイツ民法草案の保証の所に本条と似た規定があるが、（本条は）それを広くしたものである。参照に掲げた外国の法律は、保証について本条のような規定を置いているものが多い。しかし、（保証だけでなく、）連帯債務、不可分債務についても適用してよいと考え、旧民法に倣って「代位ヲ為スヘキ債務者アル場合ニ於テ」とした。

【主要審議】

一 「代位ヲ為スヘキ債務者」の債務負担と担保提供の時間的前後

井上正一（二一巻三四丁表～裏）

例えば保証人が保証契約を締結した後に質権・抵当権等が設定され、それを債権者が故意・懈怠によって喪失・減少したような場合には、私は、本条は適用されないと考えるが、（文言上）区別されていない以上、やはり適用されるのか。

富井政章（二一巻三四丁裏）

適用されるつもりで起草した。

井上正一（二一巻三四丁裏）

前述のような場合には、保証人は、「保証ニ立ツタ」ときには、質とか抵当について「少シモ期シテ居ラナイ」。「其トキニ債権者ハ……」

富井政章（二一巻三四丁裏～三五丁表）

「期シテ居ラナイ」から保護するに及ばないとして、そのような明文を設けるのは、「一ツノ説」である。しかし、（本条は）広く規定したので、このような場合も含まれる。

井上正一（二一巻三五丁裏）

そうすると旧民法とは「実質カ違ツテ居ルヤウニ思」うが、何故そうなったのか。

富井政章（二一巻三五丁裏）

旧民法はそういう区別をしていないと思う。

梅謙次郎（二一巻三五丁裏～三六丁表）

区別していないだけでなく、ボアソナードの説明にそのことが「大変論シテアル」。それによると、フランスにはそのような（担保提供の時間的前後で区別しようとする）説がずいぶんあるが、「夫レハ往カヌ」。「期シテ居ツタト云フコトハ何モにしあーる（注6）ノ原因トナルノテハナイ」。当初「期シテ居」なくても、後に担保ができると、安心して、期限が来ても催促しなかったり、債務者が債権者から「更ニ長イ期限抔ヲ貰ツテモ夫レニ対シテ保証人カ意義（「異議」の誤りであろう――玉樹注）ヲ唱ヘヌ」というように、保証人が債権者に「一層信用ヲ増ス」ことになる。従って、（かような場合にも、）「債権者カ故意又ハ懈怠ニテナクナシタ《ママ》」ときには、保証人は（免責を請求する）「権利ヲ承ケルト見ルノカ当然テアル」。それゆえ、その区別をしないことを明らかにするために、債権担保編第四五条のように規定したと説明されている。フランス文は、井上委員の言うような区別をしていると受け取れるような規定になっている。「夫レヲ態々斯ウ云フ迂遠ナ書キ方ヲシテ断ハツテアル位テアル夫レヲ吾々採用シテ其区別ヲセヌ積リテア（注7）」る。

二 「代位ヲ為スヘキ債務者」について

長谷川喬（二一巻三三丁裏～三四丁表）

第四九七条の規定により代位するのは、（最初の原案の列挙主義が改められ、）「利害ノ関係ヲ有スル者」と広い規定になった（注8）。最初の原案（注9）にしても、「債務者ノ外ノ保証人又ハ自己ノ財産ヲ以テ他人ノ債務ノ担保ニ供シタル者」とある。従来の文例によると、債務者の中には保証人は含まれないように思うが、それならば何かそれ以外に意味があるのか。

富井政章（二一巻三四丁表）

従来の文例では、保証人は債務者の中に入る。（従って、「代位ヲ為スヘキ債務者」に保証人は入る。）しかしながら、「自己ノ財産ヲ以テ他人ノ債務ノ担保ニ供シタル者」は債務者ではないと思うし、これは除外してもよかろうと思う。

梅謙次郎（二一巻三四丁表）

それ（物上保証人）については、「保証

ニ関スル規定ヲ準用ス」[注10]で行ける。「今日直シタ部分テモ特ニ規定ヲシナイ部分ハ代位ニ関シテモ保証ノ規定カ其儘嵌マルモノハ夫レニ従ツテ保証ノ規定ヲ準用スル積リテア」る。

議長（箕作麟祥）（二一巻三四丁表）

「代位ヲ為スヘキ者」ではいけないか。

梅謙次郎（二一巻三四丁表）

そうすると第三取得者も何もみな入ってしまう。

長谷川喬（二一巻三五丁表）

「第四百九十七条ノ規定ニ依リテ代位ヲ為スヘキ債務者又ハ自己ノ財産ヲ以テ他人ノ債務ノ担保ニ供シタル者」という修正説を出してみようと思う。これらの者が含まれるか否かはずいぶん疑わしいので、むしろ明記しておく方がよいと思う。

議長（箕作麟祥）（二一巻三五丁表）

そうすると、「右ノ債務者」[注11]という文言も修正する必要があるのではないか。

長谷川喬（二一巻三五丁表）

「右ノ者」とする。

梅謙次郎（二一巻三五丁表～裏）

そうすると「責ヲ免カル」とは言えない。どうしても準用しかできない。参考のために言うと、第四九八条を書き直すときに「余程考ヘテ見タ」[注12]。今のようなことであると、第四九〇条[注13]などにも皆加えなければならない。「保証人及ヒ自己ノ財産ヲ以テ他人ノ債務ノ担保ニ供シタル者」と入れ、その次には「第三取得者ハ保証人及ヒ自己ノ財産ヲ以テ他人ノ債務ノ担保ニ供シタル者」と「一々断ハラナケレハナラヌ」。その煩を避けるために、質権、抵当権の箇所で「保証債務ニ関スル規定ヲ準用スト云フコトカ出来ル」[注14]。

▼その後、長谷川委員は修正説を撤回し、別段発議なく、本条は原案通り可決された（二一巻三六丁裏）。

（注6）「第一の」（initial）か。

（注7）旧民法財産編第五一二条の条文は、当初のボアソナードの草案（第五三四条）では、次のように、保証債務の成立と物上担保の成立の時間的前後による区別を設けていた。

「債権者の質権または抵当権の放棄は、債権自体を減少させない。しかし、保証人が義務を負うに際してその担保への代位を計算に入れていたことを証明するときは、その放棄は、保証人に債権者による自己の免責を請求する権利を付与する。」（Boissonade, Projet de Code civil pour l'empire du Japon, accompagné d'un Commentaire, 2e édition, Tome 2, 1883〔以下 Boissonade, Projet II, 2e éd. のように引用する〕p. 646. なお、「ボアソナード氏起稿・再閲民法草案財産篇人権之部第三十二冊」〔以下「再閲」と略す〕一三頁、「ボワソナード氏起稿・再閲修正民法草案註釈第二編人権之部下巻」〔以下「再閲修正第二編下巻」のように引用する〕一九五頁〔同書では第一〇三四条になっている。これは、まだ起草の終了していなかった人事編のためにあらかじめ五〇〇条を用意して財産編を第五〇一条から数えたためである〕参照。）

そして、このように当然免責ではなく、「免責を請求する権利」とした理由として、保証契約締結の時点で未だ物上担保が成立していないときは、保証人はそれへの代位を当てにしていなかったのであるから、債権者が物上担保を放棄しても、保証人が免責される理由がないからだ、としている（Boissonade, Projet II, 2e éd., n°. 589〔p. 664〕,「再閲」八八～八九頁、「再閲修正第二編下巻」一九八～一九九頁。なお、加太・一瀬・藤林合訳「民法草案財産編講義第二部下」（明治一七年）二七九～二八〇頁も参照）。

ところが、実際に成立した旧民法の条文では、このような時間的前後による区別をしないこととなった。その経緯は以下の通りである。やや長くなるが、紹介する。

まず、代位弁済の場合における代位者の順位を定めた旧民法財産編第四八三条の審議において、原案（第五〇五条）では、第二号で「若シ第三保有者カ其保有者タルノ分限ヲ以テ債務ヲ弁済シタルトキハ其第三保有者ハ元資ノ立替ヲ為スニアラサレハ抵当ノ滌除方法ヲ以テ不動産ニ負担ヲ免レシムルコトヲ得サリシ金額ノ為メニノミ保証人ニ対シ代位セラル」（提案時に「若シ第三保有者カ其分限ヲ以テ弁済シタルトキハ其第三保有者ハ自己ノ資金ニテ立替ヲ為スコトナクシテハ抵当ノ滌除方法ヲ以テ不動産ニ負担ヲ免レシムルコトヲ得ス又ハ得サルヘカリシ金額ノ為メノミニアラサレハ保証人ニ対シ代位セラレス」と修正）となっていたのを巡って議論が紛糾した（「民法草案財産編人権ノ部議事筆記」第六巻二八丁表～五一丁表〔第三五回、明二一・三・七〕）。

本号の意味について、今村和郎報告委員は、次のように説明している。例えば一五〇円の債権を担保するために一〇〇円の価値ある不動産に抵当権が設定され、保証人もいる場合に、抵当不動産の第三取得者と保証人の代位の関係につき、フランスでは説が分かれているが、ボアソナードの註釈によれば、抵当不動産の第三取得者が債権者に一五〇円弁済したときは、一五〇円全額でなく、対価として払った一〇〇円との差額五〇円についてのみ保証人に対して代位しうる。それは、第三取得者が当該不動産を購入した時、代金を債権者に渡しておけば、一〇〇円の部分は免れていたはずであり、そのために滌除という手段もあるからである（同上書二九丁裏～三一丁裏）。ところが、第三取得者が売買でなく贈与によって抵当不動産を取得したときは、弁済した第三取得者は保証人に全額かかっていけるのではないかという疑いが生じるので、ボアソナードに説明を求めたところ、保証契約締結時に抵当権がまだ設定されていなかった場合には、保証人は万一の場合には引受けるつもりで保証したのだから、第三取得者は本号の代位ができるが、そうでなければできないと述べた（同上書三三丁表～裏。なお、議論を読んでみると、原案の規定には、本文の後に「然レトモ……」という文言が存在するようであり、その箇所でこのボアソナードの説明にあたる規定が置かれていたようであるが、詳細は明らかでない）。しかし私は、保証契約締結と抵当権設定とは同時ということもありうるし、保証人が後で抵当権を設定させることも考えられるので、「然レトモ」以下を削除して時間的前後の区別をなくし、第三取得者は有償取得・無償取得にかかわらず抵当不動産の実価を超える部分につき保証人に対して代位しうるとした方がよいと思う（同上書三四丁表～裏）、と。

それに対し、無償取得の場合には、取得者はそもそも代金を支払う義務はないのだから、「自己ノ資金ニテ立替」えたというのは債権者に弁済した全額を意味することになり、「実価外」とは解せないので、削除には反対であるとの意見（南部甕男委員）等が出されたが、さらに、保証契約締結後に抵当権が設定された場合、抵当不動産を無償で取得した者は債権者に弁済した全額について保証人にかかって行くことができる（保証人は抵当権を当てにしておらず、他方、所有者は自由に所有物を処分しうるのだから）か、あるいは実価を超える部分についてのみ代位しうる（有償か無償かという偶然の事情によって左右されるのは保証人にとって酷だから。ちなみに、ボアソナードは当初は前説であったが、今村報告委員の質問により、後説に変わったようである）とすべきかを巡って議論が分かれ、結局、再度ボアソナードに質問することになった（同上書五〇丁表、五一丁表。なお、この間の議論につき、「民法草案議事筆記」第二巻一二八丁裏～一三〇丁裏も参照）。

この後で旧民法財産編第五一二条に該当する第五三四条（最初に掲げたボアソナードの当初の原案にあたる）の審議が行われたが（第三七回、明二一・三・一三）、本条は第五〇五条に関係するから、との理由で未定とされた（「民法草案財産編人権ノ部議事筆記」第六巻一一八丁表～一一九丁裏、「民法草案議事筆記」第二巻一四五丁裏）。

ボアソナードに質問した結果は、第四八回（明二一・四・一七）の審議の場で今村報告委員より明らかにされた（「民法草案財産編中用収権ニ関スル議事筆記」〔「民財九」〕二二六丁裏～二三二丁表）。

それによると、ボアソナードが、抵当不動産の贈与の場合に保証債務成立が抵当権設定の後であるときは受贈者は保証人に対して代位できないと言ったので、今村報告委員は、債務者の「出来心」で抵当不動産を無償で譲渡したために滌除が行われず、保証人が受贈者の支払った全額について請求されるというのでは酷ではないか、と反論したところ、ボアソナードは、所有権がある以上自由に処分できる、所有権は絶対であって「傷付ケハナラン」というように「頭カ固ツテ」いる。そこで今村報告委員は、抵当権も物権だからその部分だけは「所有権ニ勝タ」ものであり、抵当権には登記手段もあるから、受贈者は抵当権の部分だけ差引いて譲受けたものと見るべきだと主張したが、ボアソナードは、抵当権は所有権を傷付けるほど強い物権ではないとして譲らなかった。今村報告委員はさらに、用益権（「用収権」）は所有権を制限するのだから、抵当権とて同じである、所有権を傷付けないのなら物権ではない、抵当権とは一種の「条件付ノ移付」ではないか、と主張したが、ボアソナードは、かような説は「物好キナ説」である、「我カ欧羅巴ノ学者社会ニ於テ抵当ノ説ハ定マツテ居ル」から勝手に変えることはできないと述べた。そこで今村報告委員は、フランスの学説を調べてみると諸説ある中で同説も存在するのに力を得て、保証人とは、債権者に対しては「未必条件付ノ債務者」であるが、債務者に対しては条件付の債権者であるから、保証契約と抵当権設定との前後の区別なく、一旦抵当権が設定されたら、保証人は将来それについて代位できる、それは保証人の「既得権」であって債務者はそれを侵害することはできない、第五三四条（旧民法財産編第五一二条の原案）にも債権者は保証人を害することができないことになっていると主張した。その結果ついにボアソナードが譲歩し、今村報告委員の考えと同結果になる案を二つ提案した。第一案は、抵当不動産の第三取得者が滌除を行う際に保証人も参加させる案、第二案は、保証人が単独で「第二ノ抵当」の登記ができるようにする案である。今村報告委員もそれに満足し、（報告委員で？）相談して第一案を採用することに決し、ボアソナードにその旨通知した。ところがボアソナードはさらにそれを修正し、「若シ債務ヲ弁済シタル者カ第三保有者タルトキハ其第三保有者ハ保証人ニ対シテ代位セス然レトモ弁済シタル保証人ハ第千三十六条ノ条例ニ適従スルトキハ第三保有者ニ対シテ代位ス」とした（ただし、この会議では審議は行われていない。なお、「民法草案議事筆記」第三巻五七丁裏も参照）。

一方、旧民法債権担保編第三六条（保証人の弁済による代位に関する規定）に当たる草案第一〇三六条（「再閲修正第四編」では第一五三六条）の註釈の中で、ボアソナードは、抵当権について代位しうるという保証人の権利は保証債務成立が抵当権設定と同時かまたはそれ以後である場合に限るという条件に服せしめるべきか否かに関して、第五三四条（本注冒頭参照）では暗にそれを条件としたが、かような考えを放棄したと述べている（Boissonade, Projet IV, 2° éd., 1889, n° 102〔p. 83〕, Idem, Projet IV, nouvelle éd., 1891, n° 102〔p. 87〕. なお、「再閲修正第四編」一六一頁参照〔同書は第二版の翻訳にあたる〕）。このように変更するに至った理由は、それは保証人の取得した潜在的権利（droit éventuel）であって保証人の同意なく奪われ得ないからだとし、さらにこの変更は委員会（Commission）の批判によるものであると述べている（ここでボアソナードの言う「委員会の批判」は、右に紹介したやりとりを意味するものと思われる）。この結果、既に起草した部分のうち二ケ条の変更を迫られることとなった。すなわち、第五〇五条第二項は前記今村報告委員の報告のように変更され、第五三四条は「然レ𪜈保証人又ハ連帯債務者ハ其抛棄ニ因リ此等ノ担保ニ於ル代位ヲ妨ケラレタルカ為メ第千四十五条及ヒ第千七十四条ニ従ヒ債権者ニ対シテ自己ノ義務免除ヲ請求スルヿヲ得」とされることになった（「再閲修正第四編」一六一〜一六二頁〔ただし、条数はこれより五〇〇条ずれている〕, Boissonade, Projet IV, 2° éd., p. 83-84 note (a)）。

以上のような経緯をたどって、保証債務等の成立と物上担保権の設定との間の時間的前後による区別は行わないこととなった。その結果、ここで梅委員が指摘している旧民法債権担保編第四五条（原案第一〇四五条）の規定は、ボアソナード起草の当初から、かような区別を廃している（Boissonade, Projet IV, 2° éd., p. 93.「再閲修正第四編」一九二〜一九三頁）。ボアソナードは、それにもかかわらず本条において保証人の当然免責ではなく、なお従来通り「免責を請求することができる」という規定にした理由は、債権者の懈怠について争いが生じうるからだと説明している（Boissonade, Projet IV, 2° éd., n° 122〔p. 99〕, Idem, Projet IV, nouvelle éd., n° 122〔p. 103-104〕,「再閲修正第四編」一九四頁）。法律取調委員会における本条の原案もそれに従って、時間的区別をしておらず、そのことに関する議論もなされていない（「民法草案財産取得編議事筆記」第一三巻一九四丁裏〜一九五丁裏〔第七一回、明二一・七・一六〕。なお、同書は背表紙および丁数番号では「取得編」となっているが、実際には財産取得編の審議は第六八回の会議で終了しており、第六九回からは債権担保編の審議が行われている〔一一二丁以下〕。各回の会議記録の冒頭にも「民法草案債権担保編議事筆記」と記されている。この点、従来の文献には誤りが多いように思われるので、念のため指摘しておく。また、「民法草案議事筆記」第四巻七一丁表〜裏も参照）。

旧民法財産編第五一二条（原案第五三四条）については、ボアソナード草案は Projet II の新版で変更がなされ、時間的区別を廃している（Boissonade, Projet II, nouvelle éd., 1891, p. 706）。そして、註釈の中でこの転換を明言し（Boissonade, op. cit., p. 727 note (2)）、保証人等の将来代位しうる権利は「一度獲得されたら……奪われ得ない」と述べている（Boissonade, op. cit. nº 589〔p. 727〕）。これには、前述の今村報告委員の強硬な批判の影響が窺われる。また、当然免責ではなく、免責請求権の規定を維持した理由として、物上担保が後順位であって債権者がこれを放棄しても影響がない場合があるし、また債権者が物上担保を交換した場合に常にそれが有害だとは限らないので、裁判所による判断が必要となることを指摘している（Boissonade, op. cit. nº 589〔p. 727〕）。このボアソナードの新しい原案は、再調査委員会に現われ、大きな議論もなく確定している（『民法草案財産編再調査案議事筆記』第二巻〔民再三〕一〇九丁裏～一一〇丁表〔第一二回、明二一・一〇・一五〕、『民法草案再調査案議事筆記』第二巻二九丁裏～三〇丁表）。

その後、債権担保編第四五条の原案第一〇四五条は、再調査委員会においても格別議論はなされず、確定している（『民法草案担保編再調査案議事筆記』第一巻〔民再七〕二九丁裏～三〇丁表〔第二六回、明二一・一一・二八〕、『民法草案再調査案議事筆記』第三巻三一丁表～裏）。（なお、ちなみに、原案第五〇五条〔財産編第四八三条〕の再調査委員会での審議は、『民法草案財産編再調査案議事筆記』第二巻〔民再三〕三九丁表～四一丁表、『民法草案再調査案議事筆記』第二巻一四丁表～裏参照）。

井上委員は、旧民法制定時の法律取調委員会においては報告委員の一人として立法に関与していたが、ここに紹介した経緯を何故井上委員が知らなかったのかは明らかでない。明治二一年には、日本人委員の手による人事編および財産取得編第二部の起草作業が行われており、井上委員もそれに加わっていることを考えれば、あるいは、それに忙殺されていたためかとも推察される。

（注8）　確定条文第五〇〇条にあたるが、確定条文では「正当ノ利益ヲ有スル者」という文言になっている。

（注9）　原案第四九七条第一号を指すが、本号は、「不可分債務者、連帯債務者、保証人及ヒ自己ノ財産ヲ以テ他人ノ債務ノ担保ニ供シタル者」という文言であった。

（注10）　確定条文第三五一条（原案第三四八条）を意味するものと思われる。なお、本条の審議については、第一五巻二丁裏～四五丁裏参照。

（注11）　速記録では「右ノ債権者」となっているが、誤記であろう。

（注12）　前回の会議において、代位の範囲・代位者相互間の関係を規定する原案第四九八条（確定条文第五〇一条にあたる）を再考すべしとする案が提出され、それが可決された（二〇巻一五二丁表～一五三丁表。本書六三六頁参照）。梅委員の言うのは、その修正案作成のことである。なお、原案第四九八条の修正案の提案および審議は、速記録第二一巻二丁裏～六丁表、五六丁裏～七三丁裏でなされている。

（注13）　第四九八条の誤りではないかと思われる。

（注14）　確定条文第三五一条（原案第三四八条）および確定条文第三七二条（原案第三六七条）を指すものと思われる。なお、後者の審議については、第一六巻五五丁表～五七丁裏参照。

【その後の経緯】

確定条文では、ここでの審議にもかかわらず、「代位ヲ為スヘキ者」という文言に変えられ、その他若干表現が改められている。整理会において富井委員は、「債務者」という文言では狭すぎるからだと説明している。すなわち、保証人もここに入るし、「自己ノ財産ヲ以テ他人ノ債務ノ担保ニ供シタル者」も入るので、それを「債務者」とするのは無理がある、と（民法整理会議事速記録四巻四〇丁裏～四一丁表）。

衆議院民法中修正案委員会では、本条（この段階では第五〇三条となっている）は「裁判所ニ此請求ヲスルコトハ勿論、或ハ抗弁ノ具トスルコトモ出来ルト云フ意味デスカ」という質問に対し、梅委員がその通りであると答えている（廣中俊雄編著『第九回帝國議會の民法審議』一二三頁）。

【民法修正案理由】

既成法典ニ於テハ、本条ノ規定ニ類セル規定ナキニ非ト《ママ》雖モ、債務ノ免除、保証、連帯義務、任意ノ不可分等ノ各部ニ之ヲ散置シ、且其規定不完全ニシテ、重複ニ失スルモノト謂ハザルヲ得ズ。要スルニ、此規定ハ代位ヲ妨ゲタル債権者ニ対スル制裁ニ外ナラザルヲ以テ、本案ニ於テハ一括シテ之ヲ本条ニ規定セリ。今既成法典ノ規定ヲ見ルニ、何レモ裁判所ニ免責ノ請求ヲ為ス可キモノトセリ。是レ蓋シ、担保ノ順位ノ甚ダ劣等ナル如キ場合ニ在リテハ、債権者ガ其担保ヲ喪失又ハ減少スルモ、之ガ為メニ代位者ヲ害シタルモノト云フコト能ハザル場合ナキニ非ラザルヲ以テ、代位者ヲシテ当然免責ヲ得セシムルハ其当ヲ得ズト謂フニ在ル可シ。然レドモ、事毎ニ裁判所ヲ煩スハ、其当ヲ得タルモノニ非ズ。故ニ、苟モ其担保ノ喪失又ハ減少ニ因リ償還ヲ受クル能ハザルニ至リタルコト確実ナル以上ハ、其不能ノ限度ニ於テ、直ニ免責ノ結果ヲ生ズベキモノトセリ。独逸民法草案ハ、保証ニ関シテ本条ニ定ムル所ト殆ド同一ノ規定ヲ設ケタリ。

▽民法修正案理由書第三編第一章「代位弁済」五～六頁（第四九〇条（五〇三））。

（玉樹智文）

第二款　相　殺

【起草趣旨】

穂積陳重（一三巻三四丁裏～三五丁裏）

本案は、「弁済」（第一款）の次に、第二款として相殺の規定を置いている。旧民法財産編においては、「弁済、更改、免除、相殺、混同」といった順で、相殺が後に位置づけられている。ここで相殺の順位を第二款としたのは、相殺の性質に関して、学説は「簡易ノ法定弁済」とか、「法定代物弁済」とかいろいろなことをいっているが、とにかく相殺は法律上の結果が一番弁済に類似した「法定ノ債権消滅ノ方法」であり、かつ、しばしば行われやすいものだからである。別に相殺の性質に関する学説を定めたわけではない。

この第二款は、旧民法の相殺の部（財産編第三章第四節第五一九条以下）と少し範囲を異にしている。旧民法は相殺を法律上の相殺、任意上の相殺、裁判上の相殺、合意上の相殺の四つに種類を分けて掲げている。これに対して、本案においては、法律の規定によるものだけを掲げ、「合意上ノ相殺」に関する規定は、すべてこれを除いた（注1）。それゆえ、旧民法財産編第五三一条の一部分は、本案には載っていない。また、旧民法は相殺に関するすべての規定を第四節にまとめているが、本案は相殺に関する一般の規定だけをここ（第二款）に入れた。既に本案では、特別の場合についての相殺の規定は、「連帯債務」、「不可分債務」、「保証債務」、「債権ノ譲渡」のところに掲げてある。それゆえ、本款では、旧民法財産編第五二一条（注2）の連帯債務等に関する相殺や、第五二七条（注3）の債権譲渡における相殺について（注4）は、規定しない。次に、第五二四条は、「恩恵上ノ期限」がある場合の相殺の規定であったが、本案ではこのような「恩恵上ノ期限」なるものを認めていないので、これも削除した。その他、いくつか削除したが、これは関係する本案の条文のところで説明する。

▼表題について発議はなく、原案どおり確定した（一三巻三五丁裏）。

（注1）　旧民法財産編第五三一条　任意上ノ相殺ハ法律カ法律上ノ相殺ヲ許ササル為メ利益ヲ受クル一方ノ当事者ヨリ之ヲ以テ対抗スルコトヲ得総テノ場合ニ於テ各利害関係人ノ承諾アルトキハ相殺ハ之ヲ合意上ノモノトス
　任意上ノ相殺ハ既往ニ遡ルノ効ヲ有セス

（注2）　同第五二一条　主タル債務者ハ自己ノ債務ト債権者カ保証人ニ対シテ負担スル債務トノ

相殺ヲ以テ債権者ニ対抗スルコトヲ得ス然レトモ訴追ヲ受ケタル保証人ハ債権者カ主タル債務者又ハ自己ニ対シテ負担スル債務ノ相殺ヲ以テ対抗スルコトヲ得

　連帯債務者ハ債権者カ其連帯債務者ノ他ノ一人ニ対シ負担スル債務ニ関シテハ其一人ノ債務ノ部分ニ付テニ非サレハ相殺ヲ以テ対抗スルコトヲ得ス然レトモ自己ノ権ニ基キ相殺ヲ以テ対抗ス可キトキハ全部ニ付キ之ヲ申立ツルコトヲ得

　数人ノ連帯債権者アルトキ債務者ハ債権者ノ一人カ自己ニ対シテ負担スル債務ノ相殺ヲ以テ訴追者ニ対抗スルコトヲ得

　債務カ債務者ノ間又ハ債権者ノ間ニ於テ任意不可分ナルトキハ相殺ハ受方又ハ働方ノ連帯ニ於ケルト同一ノ方法ニ従フ又性質ニ因ル不可分ノ債務ナルトキハ第四百四十五条ノ規定ニ従フ

（注3）同第五二七条　債権ノ譲受人カ其譲受ヲ債務者ニ告知シタルノミニテハ債務者ハ譲渡人ニ対シテ従来有セル法律上ノ相殺ヲ以テ譲受人ニ対抗スルノ権利ヲ失ハス

　債務者カ譲渡人ニ対シテ既ニ得タル法律上ノ相殺ノ権利ヲ留保セスシテ譲渡ヲ受諾シタルトキハ債務者ハ譲受人ニ対シテ其権利ヲ申立ツルコトヲ得ス

　右二箇ノ場合ニ於テ債務者カ相殺ヲ申立ツルコトヲ得サリシ金額又ハ有価物ヲ譲渡人ヲシテ自己ニ償還セシムルノ権利ヲ妨ケス

（注4）同第五二四条　裁判所ノ許与シタル恩恵上ノ期限ハ相殺ノ妨ヲ為サス債務者ノ要求ニ因リ無償ニテ債権者ノ許与シタル期限ニ付テモ亦同シ

二箇ノ債務ノ一カ解除条件附ナルトキト雖モ相殺ハ行ハル但其条件ノ成就シタルトキハ相殺モ亦解除ス

【民法修正案理由】

　相殺ニ関スル規定ノ位置ニ付テハ既成法典ハ之ヲ合意上ノ免除ノ次ニ掲載シ、又、相殺ノ法律上ノ性質ニ付テハ学者ノ見解頗ル区々ナリト雖モ、要スルニ相殺ノ法律上ノ効果ハ弁済ニ類似スル所最モ多キニ因リ、本案ハ、債務消滅ノ原因トシテ弁済ノ規定ニ次グニ本款ノ規定ヲ以テシ、且其範囲モ既成法典ノ規定ニ比シ頗ル之ヲ縮小セリ。即チ、既成法典ハ法律上ノ相殺ノ外任意上、裁判上及ビ合意上ノ相殺ナルモノヲ規定スト雖モ、之レ単ニ相殺ノ手続又ハ方法ニ相当ノ名義ヲ付シタルニ止マリ、其実質ニ於テハ当事者ノ自由ノ範囲ニ属スル事項ヲ規定シ、或ハ相殺請求ノ手続ヲ規定スルモノニシテ、特ニ明文ヲ要セザルモノナレバ、本案ハ、独リ法律上ノ相殺ニ関スル規定ノミヲ掲ゲ、其他ノ相殺ニ関スル既成法典財産編第五百三十一条及ビ第五百三十二条ノ規定ハ総テ之ヲ削除セリ。

　次ニ、既成法典ハ相殺ニ関スル総テノ規定ヲ一所ニ集メントシ、財産編第五百三十一条ノ如キ規定ヲ設クト雖モ、本案ハ、本款ニ於テハ単ニ相殺ニ関スル通則ヲ掲ゲ、特別ノ場合ニ於ケル相殺ハ其各場合ニ付キ之ヲ規定スルノ明白ニシテ且其当ヲ得タルニ若カザルヲ認メ、既成法典同条ノ規定ハ全部之ヲ削除セリ。其他本案ハ恩恵上ノ期限ナルモノヲ認メザルニ因リ、既成法典財産編第五百二十四条第一項ノ規定ヲ削除シ、同条第二項ノ規定ハ特ニ明文ヲ要セザルニ因リ之ヲ削除セリ。

▽民法修正案理由書第三編第一章第五節「第貮款相殺」一頁。

（金山直樹）

第五〇五条　二人が互いに同種の目的を有する債務を負担する場合において、双方の債務が弁済期にあるときは、各債務者は、その対当額について相殺によってその債務を免れることができる。ただし、債務の性質がこれを許さないときは、この限りでない。

2　前項の規定は、当事者が反対の意思を表示した場合には、適用しない。ただし、その意思表示は、善意の第三者に対抗することができない。

第五〇五条　二人互ニ同種ノ目的ヲ有スル債務ヲ負担スル場合ニ於テ双方ノ債務カ弁済期ニ在ルトキハ各債務者ハ其対当額ニ付キ相殺ニ因リテ其債務ヲ免ルルコトヲ得但債務ノ性質カ之ヲ許ササルトキハ此限ニ在ラス

前項ノ規定ハ当事者カ反対ノ意思ヲ表示シタル場合ニハ之ヲ適用セス但其意思表示ハ之ヲ以テ善意ノ第三者ニ対抗スルコトヲ得ス

原案第五〇二条　二人互ニ同種ノ目的ヲ有ス(注1)債務ヲ負担スル場合ニ於テ其債務カ弁済期ニ在ルトキハ各債務者ハ其対当額ニ付キ相殺ニ因リテ其債務ヲ免ルルコトヲ得但債務ノ性質カ之ヲ許サ、ルトキ(注2)又ハ特別契約ヲ以テ之ヲ禁シタルトキハ此限ニ在ラス

前項ノ特別契約ハ之ヲ以テ善意第三者(注3)ニ対抗スルコトヲ得ス

（注1）「有スル」の誤りであろう。なお、民法第一議案三四三丁表では「有スル」となっている。

（注2）民法第一議案三四三丁表では「許ササルトキ」となっている。

（注3）民法第一議案三四三丁表では「善意ノ第三者」となっている。「ノ」の脱落であろう。

【参照条文】

旧民法財産編

第五一九条　二人互ニ債権者タリ債務者タルトキハ下ノ条件及ヒ区別ニ従ヒテ法律上、任意上又ハ裁判上ノ相殺成立ス

相殺ハ二箇ノ債務ヲシテ其寡少ナル債務ノ数額ニ満ツルマテ消滅セシム

第五二〇条　二箇ノ債務カ主タルモノ互ニ代替スルヲ得ヘキモノ明確ナルモノ及ヒ要求スルヲ得ヘキモノニシテ且法律ノ規定又ハ当事者ノ明示若クハ黙示ノ意思ヲ以テ其相殺ヲ禁セサルトキハ当事者ノ不知ニテモ法律上ノ相殺ハ当然行ハル

フランス民法

第一二八九条　相互ニ義務ヲ行フ可キ者二人アル時ハ後条ニ記スル場合ト方法トニ循ヒ其二箇ノ義務ヲ互ニ相殺ス可シ

第一二九〇条　互ニ義務ヲ行フ可キ双方ノ者共ニ知ルヿナシト雖モ法律上ニテ其二箇ノ義務ヲ互ニ相殺ス可シ但シ此場合ニ於テハ其二箇ノ義務ノ生シタル時其高ノ相当ルニ至ル迄互ニ之ヲ相殺ス可シ

第一二九一条　二箇ノ義務互ニ相殺スルヿハ金高又ハ度量スルヿヲ得可キ物件ノミニ付キ之ヲ為スヿヲ得可シ但シ是カ為メ其金高又ハ度量ス可キ物件ノ高確定シ且既ニ其渡シ期限ノ至リシヿヲ必要トス

又人ヨリ得可キ穀類又ハ飲食料ノ価時価目録ニ因リ定リタル時ハ既ニ渡シ期限ニ至リシ金高ト互ニ(注4)相殺スルヿヲ得可シ

オーストリア一般民法

第一四三八条　一個ノ人ト他ノ一個ノ人トノ間ニ同一ナル性質ニシテ且ツ有効ナル二個ノ貸付権有リ而シテ其貸付ハ即チ一個ノ人カ責主ト為テ他ノ一個ノ人ニ貸付シタル物件ヲ同時ニ其人カ負責主ト為テ他ノ一個ノ人ニ交付ス可キ者タルニ於テ

ハ則チ其貸付ノ数額ニ至ル迄ハ互相ノ責務ヲ消滅ニ帰セシメ而シテ直ニ互相ノ弁償ニ充ツ可キ相償ヲ為スヿヲ要ス〔仏民第千二百八十九条第千二百九十条〕

第一四三九条　規約ヲ帯ヒタル負債ト規約ヲ帯ヒサル負債トノ間及ヒ還償ノ期限既ニ全満シタル負債ト還償ノ期限未タ全満セサル負債トノ間ニ在テハ其相償ヲ為スヿヲ得可カラス訴訟法ニ於テ破業者ノ資産ヲ以テ資産額ヲ結成ス可キ時会ヲ規定ス(注5)〔仏民第千二百九十一条〕

第一四四〇条　掠奪シ仮借シ若クハ寄托セラレタル物件ヲ以テ負債ノ相償ニ供スルヿヲ得可カラス種類ヲ殊異ニスル物件若クハ確定及ヒ不確定ノ物件モ亦負債ノ相償ニ供ス可カラサル者トス〔仏民第千二百九十四条〕

(注4)　原文には、「澳一四二八乃至一四四〇」とあるが（二三巻三六丁表）、第一議案にある「澳一四三八乃至一四四〇」（三四三丁表）が正しいものと思われる。

(注5)　本条の末尾に注記があり、「訴訟法ニ於テ」以下の原文は明瞭でなく、また「資産額ヲ結成ス可キ」は「相償ヲ為ス可キ」の誤訳であろうとしている。

オランダ民法

第一四六一条乃至第一四六三条　〔フランス民法第一二八九条ないし第一二九一条に同じ〕

イタリア民法

第一二八五条　二個ノ人カ互相ニ負責主ト為ルヿ有レハ則チ其間ニ於テ責務ノ償殺即チ二個ノ負債ヲシテ次後数条ノ方法及ヒ時会ニ因テ互相ニ其債額ヲ償消セシムルヿヲ得可キ者有リトス〔仏民第千二百八十九条〕

第一二八六条　責務ノ償殺ハ二個ノ債額ニシテ其相均当スル数額ニ向ヒ互相ニ償消スルヿヲ得ル所ノ者カ同時ニ存在スルノ時会ニ在テハ仮令ヒ負責主ノ認諾ヲ経ルヿ無キモ法律ニ依拠シテ直チニ之ヲ決行スルヿヲ得可シ〔仏民第千二百九十条〕

第一二八七条　責務ノ償殺ハ二個ノ逋債ニシテ共ニ金額ヲ以テ其標率ト為ス者或ハ同一種類ノ二個ノ物件即チ弁償ニ関シ其一カ他ノ一ニ換代スルヿヲ得可ク而シテ共ニ確実ニ限定セラレ且弁償期限ノ既ニ到来セル所ノ物件ノ数額ヲ以テ其標率ト為ス者トノ間ニ於テ之ヲ決行スルヿヲ得可シ

　穀類若クハ或種ノ産物ニシテ其価直カ市場ノ時価書ヲ以テ評定セラレタル者ノ事障無キ貸付ハ以テ他ノ金額ヲ標率ト為セル負債ニシテ弁償期限ノ既ニ到来セル所ノ者ト相償殺スルヿヲ得可シ〔仏民第千二百九十一条〕

ポルトガル民法

第七六五条　債務者は、以下の条件により、債権者が自己に対して義務を負う債務と自己の債務とを相殺することにより、その責めを免れることができる。

第一　二つの債務が確定していること。

第二　二つの債務の弁済期が到来していること。

第三　二つの債務が一定額の金銭に関する債務であること、又は同一種類で同一量の代替性ある物に関する債務であること。若しくは、一方の債務が金銭債務であり、かつ他方の債務が、本条第一項第一号に従い、その価値が確定され得る物に関する債務であること。

その数額が特定されている債務又は九日以内に特定され得る債務はこれを確定債務とする。

　裁判上弁済を請求することができる債務は、弁済期が到来した債務とする。

第七六六条　二つの債務の額が等しくないときは、弁済すべき額を限度として相殺が生じ得る。

スイス債務法

第一三一条　一定額の金銭またはその他同種の代替物につき二人が互いに債務を負担している場合において、両債務が満期に至ったときは、各人は、自己の債務を自己の債権と相殺することができる。

債務者は、自己の債権が争われている場合でも、相殺を主張することができる。

モンテネグロ財産法

第六一五条　二人が互いに債権者であると同時に債務者である場合において、二つの債務が確定し、同種で、かつ弁済期が到来しているときは、相殺することができる。これにより、少額の債務は弁済されたのと同様に消滅し、高額の債務は残額に縮減される。

スペイン民法

第一一九五条　相殺は、二人の者が別個の権利に基づき、互いに債権者であり、かつ、債務者である場合に生じる。

第一一九六条　相殺が生じるためには、以下のことが必要である。

第一　各債務者が主たる債務により義務を負うと同時に、他方当事者に対して主たる債権者であること

第二　二つの債務が一定額の金銭に関する債務であること、また、代替物に関する債務であれば、（二つの債務が）同一種類の物に関する債務であること、（二つの債務が）品質が特定されたものであれば、同一の品質の物に関する債務であること

第三　二つの債務の弁済期が到来していること

第四　二つの債務が確定しており、請求可能であること

第五　いずれの債務についても、第三者による差押え又は異議申立がないこと、並びに債務者に対する通知がないこと

第一二〇二条　相殺は、それぞれの債務が債権者又は債務者に知られていなくても、それらを対当額において消滅させる効力を有する。

ベルギー民法草案

第一二八九条　二人の者が互いに債務者であるときは、両者の間に相殺が生じ、二つの債務は消滅する。

第一二九〇条　相殺は、債務者が知らないときでも、法律の効果のみによって当然に生ずる。二つの債務は、それが同時に存在する瞬間において、それぞれの額を限度として、互いに消滅する。

第一二九一条　相殺は、二つの債務が一定額の金銭又は一定量の同種の代替物を等しく目的とし、かつ、等しく確定されており、弁済期が到来している場合にのみ生ずる。

ドイツ民法第一草案

第二八一条第一項　二人互ニ同種類ノ目的ヲ有スル給付ヲ負担スル場合ニ於テハ各当事者ハ其受クヘキ給付ヲ請求スルコトヲ得又其負担スル給付ヲ履行スルコトヲ得ルトキハ自己ノ債権ト相手方ノ債権ヲ相殺スルコトヲ得

ドイツ民法第二草案

第三三一条　同上〔ドイツ民法第一草案第二八一条第一項と同じ〕

プロイセン一般ラント法

第一部第一六章第三〇〇条　ある人が他人に対して負っている債務が交互の計算によって消滅することを相殺という。

第三〇二条　何人も自己のため請求できるものについてのみ、その人が他人に対して負っている債務から差し引きすることができる。

第三四二条　相殺されるべき債務は、相殺の対抗を受ける者が正当に請求しうるところのものにつき何ら失うところのない

性質のものでなければならない。

第三四三条　満期かつ同種の義務のみ互いに消滅し合うことができる。

第三四四条　それゆえ、本来の弁済と他の給付の間には、相殺は生じない。

第三四五条　特定物の給付又は行為も互いに相殺することができない。

ザクセン民法

第九八八条　債主金銭又ハ其他各個数ノ定マラサル換用物ニ付キ要求ヲ有シ及負債者債主ニ対シ同種類ノ反対要求ヲ有スルトキ双方ノ要求ハ双方ノ額同額ニ達スル部分ニ限リ差引計算ニ依リ消滅スルモノトス一方ノ要求他方ノ要求ヲ超過スル剰余額ハ要求ノ物件ナリトス〔第九百九十二条〕

第九八九条　差引計算ヲナスニハ之ヲナスヘキ時ニ於テ双方ノ要求ノ同種類ナルコトヲ要スルモノトス〔第九百九十二条〕

第九九〇条　差引計算ハ要求及反対要求ノ支払満期トナリタルニアラサレハ之ヲナスコトヲ得サルモノトス要求及反対要求ヲ別異ノ地ニ於テ履行スヘキトキ差引計算ヲナサント欲スル者ハ一定ノ地ニ於テ履行セサルニ依リ他ノ一方ノ損失トナルモノヲ之ニ償フヘキモノトス〔第七百十七条〕

第九九七条　差引計算ニ付テノ規定ハ要求及反対要求同一物件ノ弁済及全ク同種類ノ行為ニ関スルトキニモ亦之ヲ適用スルモノトス

バイエルン民法草案

第二部第一章第一八一条　一定量の代替物についての債務者が、その債権者に対して、同一もしくはその他の法律関係に基づいて、同種かつ同質の目的をもつ満期の反対債権を有するときは、債権者の意思に反しても、弁済に代えてその反対債権をもって相殺することができる。

第一八三条　相殺によって、債権および反対債権は、対当額の範囲で、弁済による場合と同様に消滅する。

　この消滅は、両債権が相殺に適したものとして初めて対立した時点に遡る。

第一八五条　支払不能の抗弁の（illiquider Einreden）許容性に関して民事訴訟法に別段の定めがない限り、確定した、または少くとも既に確かなものとして陳述された債権に対する反対債権の証明が、裁判官の判断では、訴えによる請求権（**Klageanspruch**）の認定において不当な遅延を引起こすであろうと認められる場合には、相殺は許されない。

イギリス

Supreme Court of Judicature Act 1875. Order XIX N. 3（注6）

　訴訟において被告は、いかなる権利であれ請求であれ、相殺をすることができ、また、原告の請求に対する反対請求の方法によって主張することができ、その際、かかる相殺または反対請求が損害賠償を求めるものか否かを問わない。そして、かかる相殺または反対請求は、反訴における請求と同一の効力を有しているので、裁判所は、当初および反訴の両請求について同一の訴訟において一つの終局判決を言い渡すことができる。しかし、裁判所または裁判官は、原告の申立てに基づいて、相殺または反対請求を当該係属中の訴訟において処理するのが便宜でない、あるいは許されないと判断するときは、被告がかかる事由を用いることの許可を拒絶することができる。

（注6）速記録は判読不能なため、「民法第一議案」に従った（三四三丁裏）。なお、原文は The Law Reports, Vol. X, p795-6 参照。

【起草趣旨】

穂積陳重（一三巻三六丁表～四一丁裏）

本条は、旧民法財産編第五一九条と第五二〇条を合わせて、これを修正したもので、相殺の要件、性質および効力の三点につき定める。

(1) 第一項本文の趣旨

(i) 相殺の要件

相殺の要件に関して、旧民法は、諸国の規定中一番多くを法文（「注文」とあるのは誤りであろう）に掲げている。

第一に、「二箇ノ債務カ主タルモノ」（財産編第五二〇条）でなければならないとある。しかし、必ずしも主たるものでなくても、保証等の場合には「従ヒタルモノ」（従たるもの）でもよい場合（例えば、保証人が債権者に対して自働債権を有する場合であろう――金山注）が生じてくる。それは場合によって定まることだから、本案においては「主タルモノ」という要件は外した。このような（「主タルモノ」なる）要件を法文に掲げている国は「、、、、、、」その他一、二しかない。

第二に、相殺に供される債務の目的について、旧民法は、「代替スルヲ得ヘキモノ」（財産編第五二〇条）と定めている。この点に関して、他国の立法例は、「同種ノ目的ヲ有スル」とか「金銭其他代替スヘキコトヲ得ヘキモノ」という形で限定している。そうしたことは要件の一つではあるが、この点は全く場合によって定まるべきものであるから、「代替物」という名称は入れなかった。なぜなら、「代替スルヲ得ヘキモノ」と書いても、何がこれに該当するかという第二の問題が生じるからである。それよりは、「同種類ノ物」ということを表現する方が穏かであろう。たとえ通常は代替しうべき物であっても、ある時、ある場所において、特定の方法で物を引渡すというような場合にみられるように、相殺の目的になり得ない債務がいくらもある。「代替シ得ヘキモノ」と書くと確かのようにみえるが、結局、その範囲は「同種ノ目的ヲ有スル」というのと同じことになる。そこで、より確実になると思い、本案には広く「同種ノ目的ヲ有スル」と書いて、但書において「債務ノ性質カ之ヲ許ササルトキ又ハ特別契約テ夫レヲ禁シタル」場合は除く、と書いた。

第三に、旧民法は「明確ナルモノ」（財産編第五二〇条）としているが、これが果して相殺の要件か否かは大いに問題とされ、かつ、立法・学説も二つに分かれているところである。問題は、相殺に供される二つの債務双方につき、その目的・成立・額等がその時に定まっていなければならぬということが果して相殺の実質上の要件、即ち、定まっていなければ相殺自体ができないというほどの必要条件か、または、それが定まることは手続上あるいは訴訟上の必要条件にすぎないのかの点に存する。フランス・オランダ・イタリア・ポルトガル等にあっては、この「明確ナルモノ」ということを要求している。それに対して、オーストリア・プロイセン・スペイン・スイス債務法・ドイツ民法草案等においては「明確ナルモノ」ということを実質上の必要条件でなく訴訟上の必要条件であるとしている。近時の学説は大概、後者の立場を採用しているようである。この問題に関して本案は、「明確ナルモノ」ということは相殺の実質上の要件でなく、ただある場合において訴訟上の要件となるとの主義を採用したものである。そもそも、「明確ナル債務」にだけ相殺を許し、明確でないものにはこれを許さないというのは、公平なものでないと思う。なるほど、これまでのいわゆる「法定相殺」「法律上ノ相殺」なる主義を採用し、「二ツ成ル種類」の債権が同時に成立していれば直ちに、「当事者カ知ル知ラヌニ拘ハラス何時トナク幽霊ノ如ク消ヘテ仕舞ウ」と規定されている国においては、（「明確」を要求するのも）仕方がないことである。一方（の債権の存否、額等）がまだよく分っていないから、（相殺によりその債権が）消えたかということについて大変な問題が生じる。そこで、理論はともかく実際上からして、当然消えるとの主義を採用しているフランスその他の国において、この「明確ナルモノ」を実質上の要件だとしたのは、無理もない話である。けれども、本案のように相殺は「対抗」をして初めて効果を生じる、つまり（効果発生のためには）一方の意思表示が要求されるという主義をとるところでは、債権の成立・目的・額等が確定していなくても相殺を認めて少しも差支えない。「相殺ヲスル」と言った時に、その（相殺に供される）債権の成立が分からないとか、その債権の目的が同種類のものでないとか、また、その額が定まらないといった場合は、どうしても裁判所に（相殺の成否の問題を）持ち出すことになる。そして、裁判所に出れば、こうしたことはみな確定する。債務の成立・性質等は、判決によってその時に定まるからである。従って、本案のごとく、相殺は対抗しなければならぬという主義を採用すると、（「明確ナルモノ」の要件を外しても）実際上において少しも差支えない。のみならず、（「明確性」の有無によって）ある種類の債務には相殺の便益を与え、他の種類の債務にはこれを与えないといった不公平なことが生じてこない。こうしたことから、近時の新しい法典とともに、本案はこの「明確ナルモノ」という「要素」を不要として（注7）いる。

次に、「弁済期ニ在ル」ことが、必要な「原素」であることは、言うまでもない。前に述べたように、相殺はその効力において弁済に等しいので、弁済（の請求）ができないのに法律と当事者の働きをもってその債権を（相殺によって）消滅せしめうるとすると、どうも条理にかなったことにはならない。それゆえ、一方の意思表示によって当然相殺の結果が生じるためには、双方の債務が弁済期になければならない。このことは、どの国においても認められているところであり、本案においても必要だと思う。

以上を要するに、本案における相殺の要件は、細かく言えばともかく、結局、（債務に関して）「目的ノ同種ナルコト」および「双方トモ弁済期ニ在ルコト」の二つに帰する。

(ii) 相殺の性質

本案においては、「各債務者ハ其対当額ニ付キ相殺ニ因リテ其債務ヲ免レル《ママ》コトヲ得」と書いた。ここに「免ル（ル）コトヲ得」と書いたのは、右に述べたような「法律上ノ相殺」なる主義を採用せずに、そのような状態（相殺適状）になれば、双方の債務者が相殺の権利を有しているというつもりで書いたのである。旧民法は、そのような状態にあるときには当事者が不知であっても「法律上ノ相殺」が当然になされるとの主義を採用している。すなわち立法は二つに分かれている。旧民法は、フランス、イタリアその他の国と同様の（法上当然）主義を採用している。これも一つの「便宜法」であるとは思うが、しかしそれには種々の不便も伴っている。一方当事者は債権が成立していると考え、他方はもう既に消滅していると考えたり、あるいは、どこの国においても（債権の）相続や譲渡とかいう場合には、しばしば間違いを生じる。当然消滅するとの主義においては、不注意な債権者債務者が自己の債権と相手方の債権の並立することを忘れるような場合がある。そういうことからして、当事者間にいつも相殺が行なわれるということは、種々の不便がある。これ（法上当然主義）は、中世ローマ法の誤解より生じ、かつ、その誤解を受け継いだものである。ただ、誤解ではあるが一種の「便宜法」であるから、ある国において採り入れられたというだけのことである。（けれども）あまり便宜にすぎるようで、かえって種々の「混雑」「間違ヒ」が生じると思って、本案においては、不知の場合にも当然（相殺が）行われるという（旧民法の）主義、つまり法律が直ちに決するという主義をとらずに、当事者がある行為（相殺の援用）をなすことによって、債務を消滅せしめる法律の働きを呼び起こすことができるというようにした。

(iii)　相殺の効果

旧民法は、相殺によって債務がどれだけ消滅するかにつき、「其寡少ナル債務ノ数額ニ満ツルマテ」（財産編第五一九条第二項）と定めている。これも実に分かり易い書き方であって、一部履行というものを許さないとの原則の例外たることが示されている。ただ、少し言葉が長いので、「対当額」ということで大概分かると思って、（本案では）文字を改めた。諸国の例において、「寡少ナル債務ノ数額ニ満ツルマテ」と長く説き明かしているところはほとんどないくらいである。

(2)　第一項但書以下、および、削除した条文について

(i)　第一項但書以下について

これについては、格別説明を要しない。代替物（「代替者」とあるのは誤りであろう）であっても、取引の性質によっては、これ（相殺）が許されず、「実物」で払わねばならない場合がある。また、（相殺禁止の）契約が認められるのは、当然のことである。

(ii)　削除条文について

本案がかくのごとき主義（当事者援用主義）をとり、相殺を一つの権利としたことから、次条（原案第五〇三条―確定条文第五〇六条）においては、相殺は、当事者の意思表示によって「成ル」としている。その結果、旧民法財産編第五三一条および第五三二条（注8）に対応する法文は、本案では挙げる必要がなくなった。即ち、まず、「任意上ノ相殺」（第五三一条）は、実質上、本案と同様の結果となる。例えば、未だ満期に至っていない一方の債務の期限の「権利」（利益）をその人（債務者）が抛棄して相殺を対抗することはできるので、特に掲げる必要をみない。次に、第五三二条も同様で、（相殺の成否が）明確でない場合には、「裁判上ノ相殺」でも本案の「通常ノ相殺」でも同じことが生じてくる。これに対して、第五三二条第三項の主義は、本案と異なっている。即ち、「裁判上ノ相殺ハ之ヲ以テ対抗シタル日ニ遡リテ効ヲ有ス」とあるが、（本案においては）次条（原案第五〇三条但書）にあるように、裁判の「時」（「特」とあるのは誤記であろう）に（相殺を）対抗した場合には、なるほど対抗した時から効力が生じるが、（裁判）前に相殺の通知をしてから裁判になった場合には、その通知の時に効力が生じるとなっている。従って、本案は必ずしも実質において（右第五三二条第三項と）違っていない。なお、「裁判上ノ相殺」の手続については、民事訴訟法第二二六条があり（注9）、これ等によって分かるので、このような主義をとった結果として、右の二条を削った。

（注7）　なお、旧民法は、「明確ナルモノ」という要件に関して、次のような規定を置いていたが、本文の趣旨にそって削除されたようである。

旧民法財産編第五二三条　債務ノ成立、其目的物ノ性質及ヒ分量カ確実ナルトキハ其債務ハ善意ニテ争ハルルトキト雖モ之ヲ明確ナリトス

（注8）旧民法財産編第五三一条　任意上ノ相殺ハ法律カ法律上ノ相殺ヲ許ササル為メ利益ヲ受クル一方ノ当事者ヨリ之ヲ以テ対抗スルコトヲ得総テノ場合ニ於テ各利害関係人ノ承諾アルトキハ相殺ハ之ヲ合意上ノモノトス

　任意上ノ相殺ハ既往ニ遡ルノ効ヲ生セス

　同第五三二条　裁判上ノ相殺ハ被告カ原告ニ対シテ自己ノ利益ノ為メ債権ヲ追認セシメ又ハ清算セシムルヲ主旨トスル反訴ノ方法ニ依リテ之ヲ求ムルコトヲ得

　此場合ニ於テ裁判所ハ或ハ先ツ主タル訴ヲ裁判シ或ハ二箇ノ訴ヲ併セテ裁判スルコトヲ得

　裁判上ノ相殺ハ之ヲ以テ対抗シタル日ニ遡リテ効ヲ有ス

（注9）旧民事訴訟法第二二六条　一ノ訴ヲ以テ起シタル数箇ノ請求中ノ一箇又ハ一箇ノ請求中ノ一分又ハ反訴ヲ起シタル場合ニ於テハ本訴若クハ反訴ノミ裁判ヲ為スニ熟スルトキハ裁判所ハ終局判決（一分判決）ヲ以テ裁判ヲ為ス

　然レトモ裁判所ハ事件ノ事情ニ従ヒテ一分判決ヲ相当トセサルトキハ之ヲ為ササルコトヲ得

なお、関連条文として、同第二〇一条を掲げておく。

　第二〇一条　反訴ハ答弁書若クハ特別ノ書面ヲ以テ又ハ口頭弁論中相手方ノ面前ニ於テ口頭ヲ以テ之ヲ為スコトヲ得

　然レトモ答弁書差出ノ期間内ニ差出シタル書面ヲ以テ起ササル反訴ハ被告ノ請求ノ全部又ハ一分ト相殺ヲ為ス可キ場合ニ於テ同時ニ被告カ自己ノ過失ニ因ラスシテ其以前反訴ヲ起スヲ得サリシコトヲ疏明スルトキニ限リ之ヲ為スコトヲ許ス

【主要審議】

一　「同種ノ目的ヲ有スル」という要件について（旧民法財産編第五二二条の削除理由）

横田國臣（一三巻四一丁裏）

「同種ノ目的ヲ有スル」というのは、（給付の対象が）同じ物でなければならぬ、例えば、金銭なら金銭、米なら米（との間でのみ相殺ができる）という意味か。

穂積陳重（一三巻四一丁裏～四二丁表）

そういうつもりである。むろん、もっと広く、例えば穀類なら穀類と言って双方で取引をしていれば、穀類でもよいかもしれない。しかし、旧民法財産編第五二二条のような場合[注10]（日用品供与債務と金銭債務との間の相殺）は、本案には含まれていない。

横田國臣（一三巻四二丁表～裏）

なるほど法律上から当然相殺がなされるのであれば、金銭と金銭というように明確な方がよかろうが、しかしそうでないならば、金銭で清算できるものは大概相殺ができるようにする方がよくはないか。そうでないと、実際上田舎などで、金銭を貸して、代わりに米を取っておくような場合、契約で（金銭の）代わりに（米を）取るとしておかない限り、大抵相殺ができないとなりはしないだろうか。もし金銭と金銭という（ように限定する）ならば、（相殺は）一方から求めてできる（援用主義）としつつ、金銭は別、米は別ということになって、実際上非常に、もめると思う。そこで、相殺がより自由にできるようにするため、およそ「計算ノ立ツモノ」ならばよいとした方がよくはないだろうか。

穂積陳重（一三巻四二丁裏～四三丁裏）

なるほど田舎などでは、穀物と金銭（の相殺）ということも、しばしばあろう。旧民法財産編第五二二条には、「当事者ノ一方カ他ノ一方ニ対シ地方市場ノ相場アル日用品ノ定期ノ供与ヲ負担シタルトキハ其供与ハ他ノ一方ノ負担スル金銭ト相殺スルコトヲ得」とあり、この規定を日本に置くか削るかは我々の間で相談した。もともと本案に規定してあるのは、「法律上ノ相殺」ではなく、一方の意思表示によって効力を生じる相殺である（それゆえ、任意という点では、右規定の趣旨は本案においても、そのまま生きている――金山注）。田舎な

どで双方の協議相談等によってする相殺、即ち、「合意上ノ相殺」は、（本案においても）少しも妨げない。米屋に金を貸した者が「米屋カラ米ヲ持ツテキ」たときに強いてその米代は（相殺によって）払わなくてもよいものとまでしなくてもよかろう。また、日用品について（金銭との相殺を）認めると、かえって繁雑になる。日用品というのは、各々で相殺するよりも、供給させた方がよい。（相殺を認めると）給付の義務を自然に怠るようになる。借りがあるからその人には酒や米を持ってゆかぬ方がよいということになるかもしれない。そこで、わが国においては日用品に関してかかる（相殺を認める）慣習がないのみならず、ことさらにこれ（旧民法財産編第五二二条）は置く必要がないと考えて、本案ではこれを削った。地方などでは、作物等に関して、今横田委員の言ったところに従って、「市場ノ相場」より広く、いやしくも「金テ算当ノ出来ル物」であればすべて相殺ができるとなると、相殺の範囲が広すぎて、いろいろ争いが起って困る。この点、当事者（の「合意ノ相殺」）に任しておいてはどうだろうか。

横田國臣（一二三巻四三丁裏～四四丁表）

当事者に任せて当事者が（相殺を）承諾すればよいが、相殺は、たとえ当事者の一方が承諾しなくてもできるようにするのが便利だと思う。（つまり）「金銭と米とを相殺する」と言っておけば、いずれにせよ払わなければならないその「値段」は後に評価するのであるからそれでよいと思う。評価の方法は鑑定等、いくらでもあろう。そういうことを認めないと、相殺というものは非常に不便になる。この法律があるために、一方が自分は相殺をしないと言うことになって不便を生じ、相殺の利益が全くなくなりはしないかと思う。それゆえ私は、（相殺の範囲は）広くするのがよいと思う。私の言うのも広すぎるかもしれないが、実際はその方がよいと思う。この点を各委員は考えてほしい。

▼外に発言・発議は記録されていないが、ここで休憩となったことから（一二三巻四四丁表）、この件は原案通りで決着したようである。再開後の横田委員発言「今ノハ大概極ツタコトテアリマスカ……」（一二三巻四五丁表）は、そのことを推測せしめる。

二　債権が譲渡された場合における相殺禁止契約の第三者効（本案第二項）

横田國臣（一二三巻四五丁表～四六丁表）

第二項は、例えば、甲と乙が互いに借りがある場合において――あるいは乙の借りはなくてもよいが――甲が乙について別の特別契約をもって（乙の債権を自働債権とする乙の）相殺を禁止したときに、乙が（当該債権の）証書か何かで丙に売ったところ、丙はそれ（譲受債権）をもって甲に相殺しようと言うと、甲は自分は相殺を禁止したという場合であろう。ただ、この場合少し区別をしなければならないと思う。即ち、債権譲渡について甲に通知してその承諾を得ていない場合にも、直ちにその債権が（第三者丙によって）相殺できるものとなるというのは、少し無理だと思う。債権の譲受人（丙）は、（当該債権譲渡について）債務者（甲）の承諾を受けていないときには、それだけの責めを負わねばならない。そうでないと債務者（甲）に酷である《むろん債務者（甲）に悪意があれば（それでも）よいが、債務者に悪意も何もない通常の場合に、第三者（丙）の所為をもって自分（甲）に不利益を受けるようなことになれば、実際、（甲は）人と契約をすることはできなくなる。[注11]》甲と乙が（相殺禁止の）契約をしても、乙が他の者（丙）に（相殺禁止付の債権を）譲渡した場合に相殺ができるとなると、その「契約」（右債権？）は直ちに「変ナモノ」に変わってしまう。債権者たる乙の所為だけによって、甲の（相殺禁止）契約は無効とされる。そこで、甲は乙に対して「償ヒ」を求めることができるのか。

穂積陳重（二三巻四六丁表〜裏）

相殺は、まず第一に、債権者・債務者お互いが「或ル有様ニ於テ、、、、シタルトキニ」(注12)有する特別の利益である。それゆえ相殺ができなくても、まずその人の損害とはいえない。ある場合にそういう利益を得られる便利があるというものでなければならない。債権譲渡については、特別規定もあるが、しかしそういう場合において相殺させないということになると、先の例で甲は、第三者（丙）が（甲に対する乙の債権譲受の結果）債権者になったがために、前からせっかく持っていた利益、即ち、相殺してしまおうとの期待を裏切られることになるかもしれない。しかし、先の例で（譲受人たる）丙は、善意者であって、かつ、（自分が甲と）相殺するつもりで（当該債権を）買ったときには、第三者間（甲乙間）の（相殺禁止）契約によって、法律が（本来）認めているところの相殺はできないことになるとして、善意で何も知らない丙が迷惑を被るのがよいか、あるいは、相殺は本来「法律ノ表ニ出来ルモノ」（法律が正式に認めているもの）だから、それを制限する特別の契約をしたそれらの者（甲・乙）が迷惑を被るかである。二者の中で一人が迷惑を被るべき場合には、気の毒でも甲が責めを負い、乙が（丙に禁止条項の存在を）知らせなかったのが不都合であれば、乙が一番終りに責めを負うとするのが至当だと思う。どうも（相殺禁止の特別契約の効力を）第三者（丙）に及ぼすことは、第三者に対して酷であろうと思う。

横田國臣（二三巻四六丁裏〜四七丁表）

甲が乙に対して債権を有していない場合において、「其契約ニ付テ其モノト云フモノ」（特別の契約によって乙側における相殺）を甲が禁止しているときに、（乙が甲に対する債権を）丙に譲渡したとする。そうすると（甲に対して）丙は（例えば）一〇〇円の権利を持つことになるが、その場合、甲が丙に対して一〇〇円の貸しがあれば、丙と甲は相殺できないことになるのか。あるいは、乙と甲が《相殺すべきものを（乙が）向う（丙）に売ったから、（甲・丙間では相殺が）出来ないというようになるのか》。(注13)

穂積陳重（二三巻四七丁表）

乙と甲との間で相殺できない場合に、第三者（丙）がある原因によって乙に代わったときは、その第三者が（相殺禁止を）知らなければ、乙と甲の間ではできなかった相殺ができるようになる。相殺をしないという約束は、その「債務（自）身」の性質に「添フテ居ルモノ」ではなく、全く（甲・乙）二人の間の事であるから、第三者（丙）には移らない。

横田國臣（二三巻四七丁表〜裏）

そうすると、甲に対する乙の一〇〇円の債権を買った丙は、甲から一〇〇円を借りている場合に（甲と）相殺できないのか。

穂積陳重（二三巻四七丁裏）

それはできる。その場合は、丙が乙に代わることについて一つの丙の「何」（期待・利益？）になるかもしれない。「夫レヲ引受ケル元トニ為ツタノカモ知レヌ」(注14)。

横田國臣（二三巻四七丁裏）

（その場合、）甲は乙に対して損害賠償を求めうるように思うがどうか。

穂積陳重（二三巻四七丁裏）

むろん、そうである。

梅謙次郎（二三巻四七丁裏）

そういうとき（相殺禁止の特約のあるとき）には、（その旨を）証書に書いておけば（第三者が善意にならないので）問題は生じない。また、後から契約に書き込んでおいても同様である。

▼別段の発議なく、原案通り確定（二三巻四七丁裏）。

（注10）　旧民法財産編第五二二条　当事者ノ一方カ他ノ一方ニ対シ地方市場ノ相場アル日用品ノ定期ノ供与ヲ負担シタルトキハ其供与ハ他ノ一方ノ負担スル金銭ト相殺スルコトヲ得

（注11）　およそ本文《　》のように読むべきものと思われるが、あるいは甲↓丙、丙↓乙と解すべきものかもしれない。もっとも、この点はどちらに解しても大差はないものと思われる。この部分の原文は難解であるので、参考までに左に掲げておく。

総テノ債権ニシテモ此通リニ譲渡ス時分ニ一体ハ私ハ此債務者ノ承諾ナクシテ譲受ケシ時分ニハ夫レ丈ケノ譲受ケル責ハ負ハナケレハナラヌト思ヒマス左モナイト債務者ト云フモノハ大変酷トイ国《ママ》ニ知ラヌテ居ツテ遇フコトカアリマス夫レハ無論債務者ニ悪意カアレハ宜シイカ債務者ニ悪意モ何ニモナイ時夫レハ当リ前ノ時テ第三者ノ所為ヲ以テ自分ニ不利益ヲ受ケルヤウナコトニ為ル其実人ト契約ヲスルコトハ出来ヌヤウニナル

（注12）　内容的には、「一定の態様において債務を負担したときに」、即ち、「相殺適状時において」くらいの意味であろうと推測される。

（注13）　《　》の原文は、「相殺スヘキノヲ向フニ売ツタカラ出来ヌト云フ斯フ云フ風ニ為ルノテアリマス」であるが、疑問形として補正して本文のように記した。ただ、そうすると、同意反復の感が強くなる。あるいは、甲乙間でできない相殺も、甲に対する債権の譲受人丙であれば甲に対して相殺できるようになるのか、という意味であったのかもしれない。

（注14）　相殺を期待して丙は乙から甲に対する債権を「譲受けた」のかもしれない、という意味であろう（「引受」は「譲受」の趣旨だと思われる）。

【その後の経緯】

右原案第五〇二条は、字句に修正が加えられた上で第五〇一条として整理会に提出され、これが容れられて（民法整理会議事速記録四巻四一丁表）、確定条文第五〇五条になったものと思われる。

【民法修正案理由】

本条ハ、相殺ノ要件及ビ効力ヲ規定スルモノニシテ、既成法典財産編第五百十九条及ビ第五百二十条ヲ合シテ之ニ修正ヲ加ヘタリ。即チ、

一、既成法典ハ相殺ノ第一要件トシテ二個ノ債務ガ互ニ主タルモノナルコトヲ要スト雖モ、之レ固ヨリ其当ヲ失スルモノナレバ、本案ハ之ヲ删除セリ。何トナレバ、保証債務ヲ以テ主タル債務ト相殺スル場合ノ如キ、一方ハ主タル債務ニ非ズト雖モ、斯ノ如キ相殺ハ固ヨリ法律ノ認ムル所ナレバナリ。

二、既成法典ハ相殺ノ第二要件トシテ二個ノ債務ガ代替スルヲ得ベキモノタルコトヲ要シ、本案モ亦其趣旨ニ於テ之ト異ナルコトナシト雖モ、代替スルコトヲ得ルモノト云フトキハ其意義確定セル如クニシテ実際確定セルニ非ズ。即チ代替スルコトヲ得ルヤ否ヤニ付テハ、直ニ疑ヲ生ゼシムルノミナラズ、或ル場合ニ於テハ元来互ニ代替スルコトヲ得ベカラザル債務ト雖モ互ニ相殺セシムルコトヲ要シ、従テ既成法典財産編第五百二十二条ノ如キ便宜法ヲ設ケザルベカラザルニ因リ、本案ハ、寧ロ独乙民法草案等ニ倣ヒ広ク同種ノ目的ヲ有スル債務タルコトヲ以テ相殺ノ要件トシ、然モ本条但書ノ規定ニ依リテ其適用ヲ限定シ、即チ債務ノ性質ガ相殺ヲ許サザルトキハ本条ノ適用ヲ許サズト雖モ、既成法典財産編第五百二十二条ノ場合ノ如キハ債務ノ性質ガ相殺ヲ許サザルニ非ズ、当事者ハ便宜上自由ニ相殺ヲ為シ得ルモノナレバ、固ヨリ本条ノ適用ヲ受クベキモノナルニ因リ、既成法

典同条ノ規定ハ之ヲ删除セリ。

　三、既成法典ハ相殺ノ第三要件トシテ債務ガ明確ナルコトヲ要スト雖モ、之レ果シテ相殺ノ要件ナルヤ否ヤニ付キ学説立法例共ニ二派ニ分レ、一ハ既成法典ノ如ク債務ノ明確ナルコトヲ以テ相殺ノ実質上ノ要件トシ之ヲ缺クトキハ相殺スルコトヲ得ズト為スモノニシテ、仏、和、葡等ノ法典ハ皆此主義ヲ採用シ、一ハ之ヲ以テ単ニ訴訟上ノ要件ナリトシ之ヲ缺クモ敢テ相殺ノ妨ヲ為スコトナシト定ムルモノニシテ、普、澳、英、西、瑞ノ諸国及ビ独乙民法草案ハ此主義ニ依リ、又近世学説ノ傾向モ債務ノ明確ナルコトハ相殺ノ実質上ノ要件ニ非ズト為スニ存ス。而シテ本案ハ第二ノ主義ヲ採用スルモノニシテ、其主タル理由ハ既ニ本条ノ規定ニ従ヒ二人互ニ同種ノ目的ヲ有スル債務ヲ負担スル場合ニ於テ、債務ノ分量ガ明確ナラザルガ為メニ相殺ヲ禁ズルハ立法上其必要ナキノミナラズ、明確ナル債務ノミニ相殺ノ便利ヲ与フルハ決シテ公平ヲ得タルモノト云フベカラズ。何トナレバ、分量ノ不明確ナルガ如キハ裁判所ニ於テ能ク之レヲ確定シ得ベケレバナリ。只既成法典ノ如ク当事者ノ不知ニテモ法律上ノ 相殺ハ当然行ハルルモノナリトノ主義ヲ採ルトキハ、債務ノ明確ナルコトヲ必要トスル理由ナキニシモ非ズト雖モ、本案第五百五条ノ規定ノ如ク相殺ハ当事者ノ意思表示ニ依リテ始メテ行ハルルモノト為ストキハ、必ズシモ債務ノ明確ナルコトヲ要セズ、又明確ナラザル債務ノ相殺ヲ許スモ実際上決シテ其弊害ヲ見ザルナリ。故ニ本案ハ此点ニ付テモ既成法典ヲ修正シ、従テ同第五百二十三条ノ規定ハ之ヲ删除セリ。

　四、既成法典ハ相殺ノ第四要件トシテ債務ガ要求スルヲ得ベキモノタルヲ要スルハ至当ノ規定ニシテ、諸国ノ法典ニ於テモ総テ之ヲ認ムルモノナレバ、本案モ亦此要件ヲ存スト雖モ、既成法典ノ字句ヲ修正シテ債務ガ弁済期ニ在ルコトヲ要スト為セリ。

　五、既成法典ノ主義ニ依レバ相殺ノ要件具備スルトキハ当事者ノ不知ニテモ法律上ノ相殺ハ当然行ハルト雖モ、之レ甚ダ便宜ナルニ似テ却テ不便ナル規定ト云ハザルベカラズ。殊ニ我国ノ如キ未ダ斯ノ如キ法制ニ慣レザル人民ニ取リテ一層不便ヲ感ゼシムルハ、殆ンド疑ヲ容レザル所トス。故ニ本案ハ既成法典ノ主義ニ反シ、相殺ノ要件具備スルトキハ双方ニ於テ相殺スルコトヲ得ル権利ヲ生ズルノミトシ、本条第一項本文ニ於テ各債務者ハ相殺ニ因リテ債務ヲ免ル、コトヲ得ト規定シ、此権利ヲ行使スル方法ハ之ヲ次条ノ規定ニ譲レリ。然レドモ債務ヲ免ガル、限度ニ付テハ、固ヨリ既成法典ト同一ニシテ、相殺ノ場合ニ於テハ債務ノ一部履行ヲ認ムルモノナリト雖モ、既成法典財産編第五百十九条第二項ノ法文ハ聊カ冗長ニ失スルヲ以テ、本案ハ之ヲ簡略ニシ、即チ対当額ニ付キ債務ヲ免ガル、コトヲ得ト改メタリ。其他本条第一項但書及ビ第二項本文ノ規定ハ既成法典財産編第五百二十条ニ於テ其趣旨ヲ認ムルモノニシテ、本条第二項但書ノ規定ハ善意ノ第三者ヲ保護スル当然ノ規定ナレバ別ニ説明ヲ要セズ。

▽民法修正案理由書第三編第一章第五節「第貳款相殺」一～四頁（第五〇四条）。

（金山直樹）

第五〇六条　相殺は、当事者の一方から相手方に対する意思表示によってする。この場合において、その意思表示には、条件又は期限を付することができない。
2　前項の意思表示は、双方の債務が互いに相殺に適するようになった時にさかのぼってその効力を生ずる。

第五〇六条　相殺ハ当事者ノ一方ヨリ其相手方ニ対スル意思表示ニ依リテ之ヲ為ス但其意思表示ニハ条件又ハ期限ヲ附スルコトヲ得ス
前項ノ意思表示ハ双方ノ債務カ互ニ相殺ヲ為スニ適シタル始ニ遡リテ其効力ヲ生ス

原案第五〇三条　相殺ハ当事者ノ一方ヨリ其相手方ニ対スル意思表示ニ依リテ之ヲ為ス但其意思表示ニハ条件又ハ期限ヲ付スルコトヲ得ス
前項ノ意思表示ハ各債務カ相殺ニ適（注1）シタル始ニ遡リテ其効力ヲ生ス

（注1）原文には「通」とあるが、「適」の誤りであろう（第一議案三四三丁裏）。

【参照条文】
旧民法財産編
第五一九条（第五〇五条の【参照条文】中に掲載）
第五二〇条（同右）
フランス民法
第一二九〇条（同右）
オーストリア一般民法
第一四三八条（同右）
オランダ民法
第一四六二条（同右）
イタリア民法
第一二八六条（同右）
ポルトガル民法
第七六八条　相殺は、それが行われた時から当然にその効力を生じ、二つの債務は相互の全ての義務とともに消滅する。
第七七一条　相殺を主張する権利は、明示的又は黙示的に、これを放棄することができる。
スイス債務法
第一三八条　相殺は、債務者が相殺する権利を行使せんとする意思を債権者に対して表示する場合にのみ生じる。これがなされた場合には、債権および反対債権は、互いに相殺適状に達した時に既に対当額につき消滅したものとみなす。
　商人の交互計算についての特別の慣行は、これを留保する。
第一三九条　債務者は、予め相殺を放棄することができる。
　債務者が反対債権を有していることを知りつつ、現金での弁済を約束するときも、放棄したものとみなす。
モンテネグロ財産法
第六一五条（第五〇五条の【参照条文】中に掲載）
第九四九条　二当事者が相互に債務者であり、各債務がその額の限度で消滅するという形で相互に負担されている場合に、相殺が生じる。
　二当事者の間で、相殺可能な債務に関して異議申立てが提起された場合、裁判所は、相殺を主張する権利を有する者がそれを主張した場合にのみ、相殺を考慮に入れなければならない。この相殺は、相殺権者の債権が確定しており、その弁済期が到来し、かつ相手方の債権と同種の債権である場合には（第六一五条）、相手方の意思に反する場合であっても許される。

債権は、それと相殺される債権と同様に容易に特定され得るときに、確定する。

スペイン民法

第一二〇二条　〔第五〇五条の【参照条文】中に掲載〕

ベルギー民法草案

第一二九〇条　〔同右〕

ドイツ民法第一草案

第二八二条　相殺ハ一方ノ債権者カ他ノ一方ノ債権者ニ対スル意思表示ニ依リテ之ヲ行フ

条件又ハ期限付ニテ為シタル相殺ノ意思表示ハ無効トス

第二八三条　相殺ニ因リテ双方ノ債権カ相殺ニ適シテ対立シタル時ニ相互均一ノ額ニ付テ消滅ス

ドイツ民法第二草案

第三三二条　相殺ハ相手方ニ対スル意思表示ニ依リテ之ヲ行フ但条件《ママ》又ハ期限付ノ意思表示ハ無効トス

第三三三条　同上〔ドイツ民法第一草案第二八三条と同じ〕

プロイセン一般ラント法

第一部第一六章第三〇一条　法律に従って相殺を基礎づける債権が成立したときは、債務も、相殺が達する限りにおいて、消滅したものとみなす。

ザクセン民法

第九九二条　差引計算ハ一方ノ債主ニ於テ他方ノ債主ニ対シ裁判所又ハ裁判所外ニ於テ差引計算ヲナサント欲スルコトヲ陳述スルトキ之ヲナスコトヲ得ルモノトス此ノ如キ陳述ハ双方ノ要求ヲ互ニ同額ニ達スル部分ニ限リ差引計算ヲナスニ適切ナリシ時消滅シタリト看做ノ効力ヲ有スルモノトス他ノ一方ノ承諾ハ差引計算ノ為メ之ヲ要セサルモノトス

第九九六条　現金支払又ハ一定ノ目的ノ為メニスル支払ノ約束ハ其約束ヲナスノ際存在セシ要求ニシテ約束者ノ知了セシモノヲ以テ差引計算ヲナスノ権利ノ拋棄ヲ包含スルモノトス〔第千三百九十九条〕

バイエルン民法草案

第二部第一章第一八二条　相殺は、債務者により債権者に対してなされるすべての明示的な意思表示によって、効力を生ずる。

第一八三条第二項　〔第五〇五条の【参照条文】中に掲載〕

【起草趣旨】

穂積陳重（一三巻四八丁表～五〇丁裏）

(1)　相殺は一方的意思表示によってなされること（第一項）

本条は、前条で定まった相殺の権利を行使する方法を規定し、旧民法財産編第五二〇条にあたるものである。同条では、先に述べたように、手続も何もなくして法律の働きそれ自身で債務消滅の効果を生ずることになっている。（これが相殺における第一の主義である。第二は、）裁判上で対抗して初めて相殺をすることができるという主義である。そして、第三が本案の採用した主義であって、裁判上なり裁判外なりの当事者一方の意思表示によって相殺をすることができるとしたものである。この第三の主義によれば、先に述べたような「規定テモ相殺カ行ハレルト云フ不便」（当事者が不知のときでも相殺がなされることになる不都合？）もなく、また、第二の裁判上の対抗を要するという主義に伴う不条理な結果も生じない。

その（第二の主義の下における）不条理な結果とは、裁判になった場合には相殺の便益を得るのに対して、訴訟が起らない場合には相殺の便益を有しえない不都合、及び裁判上で（相殺を）対抗すると、その対抗した日から効力が生じるにせよ、あるいは、ある（立法）例によれば、判決の時から効力が生じるにせよ、双方の債務の性質が同種類のものであるがゆえに双方とも簡易に決してしまいたいという相殺の精神にもとることである。それゆえ、（本案においては、）こうした状態（相殺適状）にある当事者の一方がこれ（相殺）を欲するならば、それを相手に知らせさえすればその効果を生ぜしめる権利を（当事者）双方が持っていることとした。双方ともこれ（相殺）につき、通知その他の意思表示をしないときは、双方がこれ（相殺）を欲しないのであるから、相殺権の放棄にあたるであろう。相殺権を放棄することができると規定している国もあるが、それは言うまでもないことである。双方とも、いくらか手数であっても、やはり初めに約束した通りに弁済をしようと思えば、何も法律が無理に干渉してこれを相殺させるという理由もない。こうしたことから、（相殺の効力発生方法としては）一方の意思表示ということが一番穏当であろうと思った。

　なお、但書に「意思表示ニハ条件又ハ期限ヲ付スルヲ得ス」とあるのは、ほとんど言うまでもないことである。即ち、双方とも弁済（期）にある場合において条件をつけて、一定の事件が起ったときには相殺をすると一方が通知すればその（通知に）効力があるということになると、「他ノ方カラ其実際見ナイ履行ヲ求メルコトモ出来ヌ」（他方当事者はその要件成否未定の間、自ら相手方に履行を求めることができなくなってしまう——金山注）。また、（相殺に）期限を付すと、本来の弁済期を延期できるような結果が生じる。そこで、当然にこうした制限だけは付けておかねばならない。

(2)　意思表示の効果は遡及すること（第二項）

　相殺の意思表示の効果は何時から生ずるのが適当か、という問題を第二項で規定した。意思表示で相殺をなすということの性質、即ち双方の債務がある状態で対当すれば双方が相殺の権利を持つという（相殺の）性質からすれば、権利で行う（相殺の）通知によって初めて相殺というものが生じるということもできる。けれども、もともと相殺は「便利ノ主義」によって、なるべく後に残らぬよう債務をきれいに消してしまいたいとの考えからできたものである。それゆえ、相殺の意思表示は、以前から持っていた権利を行いうる時から効力を生ぜしめると解するのが、相殺の精神に適うと思う。のみならず、相殺（「権殺」とあるのは、誤記）の意思表示は、実際には相手方から履行の請求を受けたときに、即ち、向うからあの貸金を払ってほしいと言ってきたときに、自分も相手に対して貸した金があるから相殺してしまいたいと言ってするのが一番多い。極めてよく法律に通じている者は別として、（債権が）相殺に適して対立したときに、必ずしも直ちに当事者が（相殺の意思表示を）するわけではなく、十中八九までは、相手方の請求を受けたときに意思表示をする。それゆえ、仮に意思表示の時から効力を生ずることになると、それまでの利息や地代その他の問題が生じて、債務をできるだけ消してしまうという結果が生じないことになる。この点で、（相殺の効力発生時期を）元に遡らせると、初めから消してしまうという、もともと「法律上ノ相殺」の一番の便利であった結果が得られる。そうすることによって、当事者が希望して初めて、即ち、相殺の通知があって初めて、相殺が行われるということとの利益（の調和）を図った。その（意思表示の）時から効力を生ずるともできるが、前から（相殺の権利を行使しうる時から）とした方が理屈でも説明でき、また、実際上もよいと思い、ドイツ、スイス、ザクセンその他の規定にならってそう定めた。

【主要審議】

一　破産における相殺の遡及効

磯部四郎（二三巻五〇丁裏～五一丁裏）

意思表示が（債権の）「相殺ニ適シタル始メニ遡リ」効力を生ずるという理屈はよく分かる。しかし、その適用は破産宣告のところで大変な「響キ」（齟齬）をきたしはしないかと考える。本案によると、例えば甲と乙が互いに金を貸している場合に、乙が破産宣告を受け、もはや支払ができないときでも、甲から相殺の意思表示をするとその効力が「相殺ニ適シタル始メ」、即ち、双方の負担があった時分に遡って効力を生ずることになる。だとすると、（相殺を通じて）その当時（破産宣告後）有効に支払いうるということになって、商法第九八五条以下ならびに第一〇五〇条あたりと多少[注2]響きをきたす恐れはないのかというのである。そこで、（相殺の）意思を表示する時期を限って、相手方が有効に支払いうる地位にあるときでなければ意思表示はすることができないとしないと差支えが生じると思う。

穂積陳重（二三巻五一丁裏）

それはもっともであって、こういう（遡及）主義を採用した国においては、民法の中に破産の場合だけは特別に規定しているものもある。スイス債務法がその一例である。しかしながら、破産における相殺の適用につき（我国の）商法をみると、別に規定がある。この商法が今度改正されるに際しては、破産の場合に通常の相殺の規則を適用して不都合なところは、きっと（特別）規定になることと考えている。それゆえ、破産の場合だけは、他に（民法で規定した）例もあるが、ここからは除いておいた。

二　利息付債権の相殺とその遡及効――譲受債権の相殺適状時

高木豊三（二三巻五一丁裏～五二丁裏）

第二項は、そうでなくてはならないと思うが、次の場合にも適用されるのか。甲が乙に対して利息付の一〇〇〇円の債権を持っている。その債権は支払期限を二年経過した。利息を取る権利は引続き現存している。そのとき、債務者（乙）の方で債権譲渡その他の承継の理由によって、（甲に対する）無利息の債権を得た。その債権も既に二年前に弁済期を過ぎている。そこで、その債務者、即ち、無利息の債権を得た者（乙）が、意思を表示して甲から借りている一〇〇〇円の利息付債権と相殺すると、二年前の相殺に適した時期から効力を生じることになる[注3]。そうなると、甲はその二年間の利息を請求できなくなるといわねばならない。果して、そこまで効力（遡及効）が及ぶのか。

穂積陳重（二三巻五二丁裏～五三丁表）

「始ニ遡ツテ効力ヲ生スル」というときは、例えば、無利息債務が一〇〇円（自働債権）、利息付債務が五〇円（受働債権）だとすると、相殺を行う時にその一〇〇円に対当すべきところまで（五〇円の債務の）利息も消滅する。また、一〇〇円以上に利息が積っていたら、その分は残る。「対当額」においては、あれば遅滞利息等も一緒に勘定してかまわないのも同じことである。原因の如何に拘わらず債務と債務を対当することができる。初め利息付の金を借り、それを払わぬがため遅滞利息も生じると、（相殺で）「取ルト云フトキハ」両方を一緒に勘定してよいという主義である。それゆえ、「二年前ノ……あなた（甲）ノ方ノ損ニナラスシテ」（二年前の履行期から生じている利息については甲の損になるのではなく）、やはりその後のどの債務も（対当額の勘定に）入ることと思う。

高木豊三（二三巻五三丁表～裏）

　私の質問は、そういう趣旨ではない。今度の案では主たる債務と付随の債務との区別がないので、利息と元金の勘定がそうなるのは無論である。私が言うのはこうである。甲が乙に対して利息付債権一〇〇円を持っており、それが弁済期から二年を経過しているので二年分の利息が付くべきはずであるという場合に、乙が（甲に対する）無利息債権一〇〇円を承継取得し、その無利息債権も二年前に弁済期になっているとする。そのときに、乙がこの（無利息）債権をもって相殺をするという意思表示をすれば、二年前に遡って相殺の効力が生ずるので、甲がその二年分の利息を取れないというところまで（相殺の遡及的）効力は及ぶのか。

穂積陳重（二三巻五三丁裏）

　もちろんそのつもりである。[注4] それは債務が消滅する。しかしそれは、甲に対する乙の債務一〇〇円に関する二年間の利子は、甲が（既に）取っているのと同じであるという意味である。甲は二年前に弁済期に至ったときに（利息付債権の履行の）要求ができる。（他方で）乙に甲から（無利息債権）一〇〇円払うべきであった。その際、（甲は）公債証書でも何でも買って払うことができるつもりである。それゆえ、かかる場合には、その金を利用するという方から先に催告をしなければならず、（甲にすれば）放置すれば放置するほど損をするということになるのである。[注5]

高木豊三（二三巻五三丁裏～五四丁表）

　その点は分かっている。「片一方ノ方テ此相殺ヲスル時」に権利（相殺権）を行使すれば無論のことであろう。しかし、（一方で乙は）自分が怠ってその権利を行使せずにおいて、（他方で）法律の規定の結果とはいえ、それによって（甲は）前に（催促）しないでいたがゆえに利息がとれないというのは、理屈はよいが、そこまで（相殺の遡及的）効力が及ぶというのはどういうものか。そこまで効力を及ぼすつもりか。

磯部四郎（二三巻五四丁表～五五丁表）

　それに関連していう。本案は、「法律上当然ノ相殺」を排斥して、相殺を望む裁判上・裁判外における意思表示によって相殺を行うという原則を採用しているに違いない。しかし、本条二項の「相殺ニ適シタル始ニ遡ル」という規則は、法律上当然相殺が行われたとの理屈を採用していなければ、行われ難い立法の趣意ではないか。意思を表示するまでは、相殺は行われなかったものであろうと思う。理屈としては、意思を表示しない間は、双方とも弁済したり弁済を受けたりできるので、意思を表示することによって初めて相殺が行われるというのならば、表示をしなければ相殺は行われなかったとみなければならない。だとすると、（意思）表示をした時に相殺の効力を生ぜしめればよいわけで、それ以前にまで効力を遡らせねばならないという立法の理由は、何処から生じたものなのか。

　それで、「今ノ相殺」（法上当然主義の相殺）が行われるときならば、これ（既に法上当然になされた相殺の事実）を申し立てるだけで（効果が相殺時＝適状時に）遡るのは当然である。けれども、本案の主義では、意思表示によって初めて相殺が行われるという原則が採用されている以上、その意思を表示しない間に（既に）相殺が行われていたものとする立法の原則は見出せない。しかるに、この法文（第二項）をみると、高木委員が述べたように、意思を表示しておらず、それゆえ法律上は相殺が行われていなかったような時（に）まで、相殺の効力を遡らせている。私は、遡及させなくてはならぬ必要性を見出せないが、かかる主義を採用するについては、何か他に理由でもあったのか。高木委員の質問の提起する不都合といったものも、この（主義の）結果から来ているのであるから、合わせて答えてほしい。

穂積陳重（一二三巻五五丁表～裏）

前に説明したつもりであるが、理論上はこうも（本案のようにも——金山注）いえる。なぜなら、原案第五〇二条（確定条文第五〇五条）で、同種の目的を有する債務が弁済期（相殺適状）にあると、その瞬間から相殺の権利が双方に生まれる。この権利を行う旨の通知は後からでもよいという理屈もつく。それに対して、その意思表示（通知）の時から効力を生ぜしめるという理屈もあり得る。しかしながら、もともと本案における立法の精神は、先に述べたように、なるだけきれいに後へ残さぬように債務関係を片づけてしまう方が当事者の便利・便益でもあるということであって、そこから（効力が）初めに遡るとしたのである。

先に高木委員の挙げたごとき例も、「之ハ、、、、ニ於テ行ハレテモ矢張リ同シコトテアリマス」（法上当然主義において相殺が行われても、やはり本案の主義におけるのと同じことになる。）「夫レテ宜ケレハ此場合テモ同シコトテアルト言ハナケレハナラヌ」（法上当然主義におけるその結果でよいのならば、本案の主義もよいとしなければならない）。通知さえすれば、（本案の主義の導く）結果は、「其時」（法上当然主義をとる場合）と同じことになると思う。

梅謙次郎（一二三巻五五丁裏～五六丁表）

先ほどの高木委員の質問に対して気付いたことがある。なるほど旧民法の趣意のごとく債務は裁判所に訴えなければ利息が付かないという主義をとるならば、いかにも高木委員の言うような不都合が見方によっては感じられよう。しかし、本案では期限のある貸金については、第四一八条（原案第四一五条・確定条文第四一九条）によって期限後は当然法定の利息だけは取れることになっている。ところで利息が付く付かぬというような場合は、多くは（債務に）期限がある場合である。期限なしの貸金は、「朋友間ノ一時ノ貸シ借リ」か何かでなければ存在しない。そういう場合ならば「期限ノ、、、、」（期限の問題は生じないであろう）。（ところで、期限のある貸金について）一方の契約上の利（息）が非常に高い場合には、（弁済期後、長年経過してから相殺をするときには）権衡を得ないということもあるかもしれないが、（逆に高木委員のいうように）利息だけが（相殺からもれて）損になるというのでもない。いずれにしても法定上の利息と契約上の利息は相殺することができるからである。

高木豊三（一二三巻五六丁裏）

いずれにも利息はあるということになるのか。

梅謙次郎（一二三巻五六丁裏～五七丁表）

（そうである。）利息があるとしても、（相殺の効力が）元に遡っても、気の毒ではない。先ほど穂積委員が述べた事だが、意思表示をすれば何時でも相殺をすることができる。意思表示を遅れてしたときは怠りがある。期限のない債権ならば請求の時から利が付くとともに、請求をしなければ請求をしない人の方に怠りがある。（その場合、債務者が）自分でも貸しているものがあれば、直ちに相殺を対抗することができる。にも拘らず、先の例のごとく二年も三年も「打擲ツテ」（放って）おいて、早く相殺を対抗できたのに対抗しなかったのは、その人の落ち度である。その場合の利息付の債権と無利息の債権という例では、早く相殺してしまった方が（無利息債権者にとっては）得である。それを放っておけば、放っておいた人の過失である。けれども、早く対抗するか否かは、（相殺権者が）あるいは法律をよく知っているといないとにより、また狡猾か寛大かによるから、対抗するのが少し位、遅くなるか早くなるかということは、殆んど偶然の出来事といわねばならない。その偶然の出来事のために、今日から相殺が効（力）を生ずるということであると、大変不公平な結果を生ずるであろうと思う。かの「法律上ノ相殺」が行われたのは、初めはローマ法の誤解からであろうが、今日行われるのは、つまるところかかる不公平のないようにとの考えによるものであろう。そこで、本案でも、不公平のないようにして、「、、、、」（第二項で、一度相殺の効力が発生するや、その時期を遡らせることによって、法上当然主義と同様の結果に至っている――金山注）。ただ、（法上当然主義のように）知らない間に相殺が生じることにすると、何時の間にか（自働債権を）処分したりする等のことが起こってくるので、（相殺ができることを）知らない間は、相殺ができないことを考えて、意思表示（による相殺の効力発生――第一項）が出てきたのである。

三　相殺の遡及効と既払の利息

磯部四郎（二三巻五七丁表～五九丁表）

少し立法の主義にかかわるので聞いておきたい。先に穂積委員が説明したところによると、相殺の権利は原案第五〇二条（確定条文第五〇五条）によって、「同種ノ目的」と「弁済期」という二つの条件を具備すれば双方にあり、その時から相殺（の意思表示）はできる。この意思表示を後に至ってしたからといって、その表示の時から効力を生ぜしめる理由はなく、右の二つの条件を具備した時に効力を生ずるとしても趣意が立つ。そういう趣意で第五〇二条と第五〇三条を起草したということである。とすると、立法の趣意としては、相殺は、相殺を申し立てる権利（を通じて）ではなくして、（法上）当然行われている、けれども、その行われている（相殺の）効力は一方から（「一方ナラ」とあるのは誤記であろう）意思を表示しなければ生じない。このようにみれば、第五〇二条と第五〇三条との説明がつくと思う。この二つの条文をどう読んでみても、それ以外には読めない。

即ち、「各債務者ハ（……）免ルルコトヲ得ル」であるから、つまり自分で（「自分ヲ」とあるのは誤記であろう）それだけのことを申し立てて初めて互いに「ヤリ取リ」（弁済）をすることの煩わしさを避けることができるというだけのことである。すなわち、（相殺の）権利の生じているものは、何時申立てても効力が及ぶわけではなく、やはり相当の期間（内）に申し立てないと権利がなくなってしまうこともある。つまり法律上の効果（法上当然主義）で相殺が行われるのであれば、本案第二項の意味ももっともである。これに対して、申立てによって（相殺が）成立する（第一項）とするならば、先に梅委員が説明した利益（無利息債権者が利息付債務と相殺するときには、早くした方が得）を得ようとすれば早く申し立てればよい。それを怠って放っている（者はその利益を得られなくて当然だということになる）。

それで（先の、相殺権を行使せずに放置していた場合）、あるいは相手方は二年分の利息を受け取っているかもしれない。けれども相殺の便宜から、ひとたび（相殺を）求めれば効力が既往に遡るということを「立法官」（立法者）が許しておくと、（相殺がなされるや否や相手方は）既に受け取っていた二年間（分）の利息を払い戻さなければならぬという実際に大変煩わしいことになる恐れがあると思う。もともと相殺は、双方同じ物で弁済し合う煩わしさを避けるという点から生まれてきたのに、相殺の効力が申し立てた時よりも一年も二年も既往に遡るということになると、その間の当事者双方間の種々の取引によるもの（利息支払・一部弁済）を「元トノ儘ニ持ツテ来テ居ル物」を返さねばならず、また渡すべき物は計算して差し引きをするということになって、かえって相殺をしないでおくよりなお一層の煩雑さを実際に来たす恐れがないか。「意思ヲ表示シタ時ヨリ其効力ヲ始メル」ということであったならば、既に過ぎ去った事実について「ヤリ取リ」(注6)する必要がないので、こういった煩わしさは生じなかったと思う。ところが、そうでないがため便宜に基づいた相殺が、かえって将来に実際の不便宜を来たす恐れがあると思う。

穂積陳重（一三巻五九丁表～六〇丁表）
　まず、本案の相殺の主義をどうみるか。磯部委員のようにみるのは、大変巧みなようであるが、（本案を）そうみることはできない。つまり、（磯部委員のように）既に「法律上ノ相殺」が行われており、これを言わなかったならばその相殺を取消すとみることは、本案が「債務ヲ免ルルコトヲ得」という書き方をし、相殺権は生じているけれども（それが行使されない限り）相殺が生じているとはいえない（とみているので、採りえない）。（本案は、相殺をする）権利はあっても、その権利を行わずして済ます（「済マヌ」とあるのは誤りであろう）ときには、相殺権を放棄したこととみるのである。また我々はこのように遡るという理屈もあり得る（と思う。）「其相殺権ヲ喚ヒ起スノテアル」（法律の力で相殺権の遡及的効力を認めているのである）。遡らせるのは、理屈がつくのみならず、民事上便宜であるから、「法律ノ力テ本条第二項ノ力ヲ」（相殺の効力を）無理に遡らせるのである。

　次に、例に出た利息を受け取っているような場合には、（その分は）もう相殺の中（目的物）には入らない。既に弁済の済んだ後に（残額として）残っている分でなければ、相殺の目的物にはならない。弁済を「取消ス」（「受け取る」の誤りではなかろうか）ということ、（つまり）利息を二年分受け取っているような場合は、それだけ（受領分）は相殺（の目的物）としないということになる。また、計算をしなければならないとかいうことについては、その二者双方間の対当額の中に（お互いの利息が未払いのまま）ある間はむろん計算しなくてもよい。弁済でなくして受け取った――弁済ならばそれだけで済んでいる（決済されている）ので相殺の目的物にならず、差し引き（の計算）をするどころでない――つまり、誤って対当額以上を一方が受け取った場合は（計算しなければならないが、そういう場合は）、どの規定にしてもありうることであって、本款の（規定の仕方の）ために生ずるのではないと思う。

磯部四郎（一三巻六〇丁表～裏）
　次のような例でもう一度説明してほしい。甲が乙に利息付の貸金一〇〇〇円、無利息の借金一〇〇〇円があり各々二年前に弁済期が到来している。その後、双方から相殺の意思表示がなされることなく、甲は乙から二年分の利息を受領していた。そこで乙から、弁済期は二年前に到来しているが、今日甲と自分の債務は互いに相殺するとの意思を表示したとする。その場合、今日相殺が成立するが、法律によってその効力は二年前に遡ることになる。とすると、「其二ケ年後ノ利息」（弁済期以降二年間の利息の受け取り）は、甲が乙から受け取るべからざる利息の受け取りである。「二ケ年目」（弁済期から二年後）には、債務が（相殺によって）済んでいる（決済されている）ので、「其後」（弁済期後に二年間にわたって）乙から（甲が）受け取っている利息は、受け取るべからざる利息を受け取っていることにどうしてもなる。それゆえ（甲は乙にその分を）返さねばならないことになるが、これは変なことではないだろうかと考える。

穂積陳重（二三巻六一丁表）

　その場合には、決して（相殺の効力は）二年前に遡らないと思う。乙が今日（相殺の意思表示のなされる日）まで甲に利息を払っているのは、（その利息分について）相殺の権利を（乙が）放棄しているからであって、誤って払ったのでも何でもない。「拋棄スルコトハ仕舞ヒマテ拋棄シテ構ハヌ」（相殺権をひとたび放棄すると永久の放棄として、確定的に相殺権を失うとしてよい）。

磯部四郎（二三巻六一丁表）

　それでは、「始ニ遡ツテ効力ヲ生ス」ということによって、どんな効力が生じるのか。

穂積陳重（二三巻六一丁表）

《遡及効は、相殺適状下において生じるものである。二年前に既に相殺適状を生じていたが、自分の適宜で今日まで相殺していないということは、今日までというものは、本条但書に基づいて特別契約をもって相殺しないとするようなものであって、この場合には、相殺に適して債権が対立していなかったとみるのであり、それゆえ遡及効が生じないのである[注7]》。

磯部四郎（二三巻六一丁表）

　どうであろう、それでよいであろうか。

穂積陳重（二三巻六一丁表）

　私はそれでよいと考えているが、どうであろう。

高木豊三（二三巻六一丁裏）

　私は、第二項はこれでよいと考えていたが、今のようなことで、あるいは「意思表示ヲシタ時カラ効ヲ生スル」とした方がよくはないかと思った。しかしながら、法律で決めて、前に説明されたように効力を及ぼすこと、即ち、たとえ、少々実際に不都合があっても（遡及効）主義を貫いて、「二ケ年前ニ払ツタノハ」（二年前からの支払分は）取り返せることについては、強いて私は「之ヲ往カヌ」（そこまで認めない）というのではない。ただ、法律上の趣意をどのくらいまで及ぼしているのかということを確かめておきたい。

穂積陳重（二三巻六一丁裏〜六二丁表）

　私だけ（の理解）かもしれないが、（先の例では）乙は二年前から相殺する権利を持っており、かかる権利を持っていることを知りながら現にそれと反対の行為、つまり今日まで利息の支払いをしているということは、即ち、「相殺権ノ夫レ丈ケノ拋棄テアル」（その既払分についての相殺権の放棄がある）。利息を払っておいて、ひょっと今日思いついて相殺すると言って、二年前（から）の利息を取り消すことはできない。（既になされた利息の支払いを）法律が許さぬ不法の弁済・錯誤によってした「弁済ト云フコトヲ取消セルカ」というと、そうではない。利息のつもりで利息を払っているのであり、向うもまたそのつもりで利息を受け取っているのであるから錯誤ではない。それゆえ、それだけ（利息分）は、どうしても（相殺の）権利を放棄したものとみなければならぬと思う。

磯部四郎（二三巻六二丁表〜裏）

　そうすると理屈としては、「相殺ハ意思表示ノ時ヨリ其効力ヲ生スル」ということになりはしないだろうか。今の説明は、二ヶ年も申し立てずにいた後で相殺を申し立てると、その時から初めて相殺になるということにあたるようである。とすると、本条第二項の法文は、文章はどうでもいいが「各債務ノ相殺ハ意思表示ノ時ヨリ」とか、「意思表示ノ時ヨリ各債務ノ相殺ノ効力ヲ生ス」というような意味に帰着するように思う。

穂積陳重（二三巻六二丁裏）

　そうではない。というのは、今の磯部委員の例では、今日まで利息を支払っていたことが既に「明細」になっているので、今日から払わない、相殺すると言ったら、（その時）即ち、その（相殺の）権利を放棄するということを止めた時から、初めて（利息分も）相殺に適することになる。その日まで、（例えば）一年前から払っていたならば、一年前から（その既払利息についての相殺権を）放棄していたということになる。

磯部四郎（二三巻六二丁裏）

　私は、「相殺（ヲナス）ニ適シタル」（第二項）というのは、原案第五〇二条（確定条文第五〇五条）の「同種ノ目的」と「弁済期」の二条件の具備したもの（要するに、相殺の効力発生は相殺適状時）とみている。

穂積陳重（二三巻六三丁表）

　「抛棄シナイトキハ適シナイ」（利息の支払いによって相殺権を放棄した以上その部分については相殺に適しない、の誤りか）。先にも述べたようにバイエルン、ザクセン等においては、「相殺ノ権利ハ之ヲ抛棄スルコトヲ得」という明文がある。今のような疑いが生じるのであれば、「相殺ノ権利ハ明示又ハ黙示ニテ抛棄スルコトヲ得」ということを書いた方がよいくらいである。

　私は、（そう書かなくても）相殺の権利を（「権利ト」とあるのは誤記であろう）放棄した以上は原案第五〇二条が行われなくなるということは、分かりきったことで言わなくてもよいと思う。相殺の権利を現に行うべき人が反対の行為（弁済）をすることほどの放棄はないと思う。

富井政章（二三巻六三丁表〜六四丁表）

　本条の第二項に関しては、「法律上ノ相殺」論と（本案の立場との間に）実際の結果において著しい違いはないと思う。唯一の大きな相違点は、「法律上ノ相殺主義」であれば双方に債権が「アル」（成立する）という時に効力が生じてしまうのに対して、（本案のとる）「意思表示主義」であれば意思を表示する時に双方の債権が存立していなければならない点である。つまり、「意思表示主義」の下では、双方に債権が成立してから半年や一年の後に相殺が行われるかもしれないが、その時にまだ双方の債権が存立していなければならないのである。あるいは、それだけ（の違い）かもしれない。けれどもそれは大きな結果の違いであろうと思う。もっとも、これには時効に関する原案第五〇五条（確定条文第五〇八条）の制限がある。

　議論になっている利息については、まず、利息をまだ払っていなければ、むろん利息は元本と共に相殺することができることになろう。次に、利息を既に払っていれば、「絶対的モ」（絶対的に）返さなければならぬとか、返さなくてもよいとかいうことは「断言スルコトモ出来ヤウ」（断言できぬ、の誤りか）と思う。それは、意思解釈の事実論だと思うからである。即ち、双方の権利の成立を知って利息を支払っていたならば、穂積委員が述べたように多分相殺権の放棄とみられるであろうが、放棄は「意思ノ表示」であるから債権が対立していることを知っていなければ放棄とはいえず、従って、それを知らなかった場合（知らずして利息を支払った場合）は煩わしくても返さねばならないであろう。けれども、それくらいの煩わしさは何でもないと思う。「意思表示主義」の長所は、初めに穂積委員が述べたので私が述べる必要はない。その方がいいと思う。

梅謙次郎（一二三巻六四丁表～六六丁表）

問題が面倒になったので、私の考えも述べておく。ほぼ富井委員の考えと同じだが、少し違うのは、相殺の条件が備っていることを知りつつ利息を払えば（相殺権の）放棄になるとする点である。なるほど、ある債務について相殺しないと言えば、相殺権の放棄といえるが、それは明文がなくても勝手にできる「普通ノ相殺権ノ抛棄」である。けれども明文がなければ、一部分だけ（利息の支払いによって）放棄しておいて後日になって再びその権利（相殺権）を行使するというの（が許されるか）は、少々疑わしくはないか。とりわけ、「夫レカ進ム間ハ」（利息を払っている間は）債務が相殺に適さないという点は、明文でもあれば分かるが、原案第五〇二条だけでは言いにくいのではないかと思う。もとより、立法論としては、（相殺適状を）知りつつ利息を払っている間は、相殺を対抗する意思を欠くがゆえに、利息の支払いを正当とみて、穂積委員の述べたように利息を支払わなくなった時から相殺できるとした方がよいという議論も可能であろう。が、とにかくそれがよいというのであれば、明文が要る。この（本案の）明文だけでは二つに一つであって、もしそれ（利息の支払い）を相殺権放棄とみるならば将来（も）相殺はできないし、もし相殺権の放棄でないということであれば、いくら煩わしくても元に遡って（既払利息分の）勘定をしなければならない。

私の考えでは、それ（勘定）が大変煩わしいということこそがよいのであって、それで煩わしければ、当事者は一刻も早く（相殺の意思表示を）する。自分が（利息を）受け取って、安全と思って使ってしまった後に、「、、、、、テ」相殺したいということになるからよい。元来法律は、相殺は「便利主義」のものであるから、最も多くの場合に最も早く行われることを望むという精神である。こういう（遡及効を持つ援用主義の）規定になっていれば、自ずからそうなる。もしそうでなく意思表示の時から（相殺が）効力を生ずるとなると、狡猾な者が大変な利得を得て、正直な者が大変損をするということが往々にしてあろう。先の例でも、利息を受け取る方では、利息が取れるのはよいという訳で黙っているであろう。相殺を対抗すると利息が取れなくなるからとの理由で利息を受け取っている場合、その意思は、なるべく（相手方が）相殺を対抗しないようにと思っている。ところが、自分の借りている方の請求を受けるような段階になってくると、相手方へ一旦払っておいて、また向う（相手方）から取ろうとしても、今度は直ちに取れないかもしれない。そこで、そのときは相殺を対抗するということになると、相手方は大変迷惑をすることになるかもしれない。また、反対に、無利息債権の権利者が狡猾であれば、相手方の債権には利（息）がつくのでそれを長く借りていると損をするということで早く相殺を対抗したいが、――相手方の（債権には）利息がつくのに対して、こちらのには法定利息がつくが、その差は僅かであるからそれくらいの利（息の差）は損をすることを覚悟するとしても――ともかく今対抗すると相手方へ払わなくて済むけれども自分の方も取れない。ということで、それよりも、ここは知らない顔でしらばくれて、（相殺につき）相手の気のつかないときに（自己の債権額を）受け取ってしまおうという考えから、しばらく放っておいてにわかに請求をして取るというつもりかもしれない。そこで、もし意思表示の時から（相殺は）効力を生ずるとすると、（かかる）狡猾な者が得をして正直者が損をすることになるので、公平を保つため既往に（効力を）遡らせる必要がある。

本案は、「遡ラセルト云フコトニ付テ意思表示、、、、必要テアルト云フコトニ為ル方カ便利テアル」（相殺の効果を遡及させるについては、意思表示主義をとりつつも、効果の遡及を認めることが必要かつ便利である――金山注）との考えから成っている。それゆえ、反対に磯部委員が述べたところに従って、意思表示の時からその効力を生ずると改めるくらいであれば、私はむしろ旧民法のごとく「法律上ノ相殺」になった方がまだ利益が多いと思う。

横田國臣（一三巻六六丁表～六七丁表）

私は、当初は意思表示の時より効力を生ずるという方がよいとの考えを持っていたけれども、よく考えてみて、法律上の解釈についてはすこし違うが、結果からいえば穂積委員の説に同意する。穂積委員は、原案第五〇二条に「其債務ヲ免カルルコトヲ得」とあるので、その権はその時分（相殺適状時）から生じているとみるが、私はそうはみない。（相殺適状時においては）あることをすれば債務を免れることができるというだけであって、まだ「権ヲ得ルノテナイ」[注8]。権を得るには、もう一つ（相殺の）通知か何かをしなければならない。その時（通知時）からでなければ権を得ない。それゆえ、道理からいえば、磯部委員の説が正しい。しかし、一つの便利の法律としてこういう法律（第二項）を立ててもかまわない。

また、穂積委員は、利息を払っている間は相殺権を放棄したものとみるが、梅委員が、この点を非難して、一度放棄したならば永久（に）放棄しなければならぬと述べたのはもっともである。もし、（利息の支払いによって）相殺権を放棄したとみるのであれば、そうである。しかし私は相殺（権）を放棄したのではなく、相殺する期限の放棄とみる点で、少し違う。これまで（利息を払っている間）は双方とも取る（弁済を受ける）つもりできた、即ち、その期限を放棄してきたに留まるのであって、相殺権は放棄していないのである。「実際ノ考ヘテハ」（実際上は）、何れも（相殺するもしないも）幾分かの利もあれば害もある。相殺しないでいた者も、自分は借りてはいるが貸してもいるからよいということで、放置しておくこともあろうと思う。そういう者のためには、（相殺の効力を）元に遡らす方がよいと思う。なるほど先の利息の例では、幾分か一方に悪いこともあるかもしれないが、ともかく私はこれ（第二項）に賛成をする。

四　第二項修正説（相殺の遡及効否定説）

磯部四郎（一三巻六七丁表～六八丁表）

本条は高尚な条文とみえて、起草委員三人とも意見が分かれているということが確実になった。「渡世」においては、こういう理屈の高尚なものになれば、起草委員の説が余程勢力を持つものであるし、また持たねばならない。しかるに、穂積委員の説によれば、利息を取っていた期間は相殺権を放棄していたからその分は返さなくてもよいということであるが、これは要するに意思表示の時から（相殺は）効力を持つという結果に帰着せざるをえない。また、梅委員は、もしそうなれば狡猾な者が得をし馬鹿な者が損をするということで、親切なことに（遡及効を認めることによって）それ（馬鹿な者）まで救うというものだが、何だか感服しかねる。狡猾な者が得をして馬鹿な者が損をするのは、「天下普通ノ道理」であって、法律の力をもって補うことはできない。もし、そういうならば、このように「色々ひねくつて」書くよりも、「各債務カ相殺ニ適シタトキニハ直チニ申立テナケレハナラヌ」とする方が、かえって実際に梅委員の意思を満足させる効果を生ずるであろう。意思表示によって（相殺が）成立するとの原則を既に採用した以上は、どうしてもこの法文（第二項）は少し変えなければならないと考える。

私も、将来この法律については、まず大体において起草委員三人の説に平等の支配を受けたいと考えているから、三人とも分かれているところは一致させてほしい。そうでないと、いずれを基礎にして攻撃し、考えればよいのか、我々の考えを決める基礎が立たないようになる。それゆえ、この第二項に関する説明だけは一致させてほしい。

ただ、私は議論ばかりして甚だ恐縮しているので、認められると否とに拘わらず、一つ修正説を提出する。即ち、本条第二項を改めて、「各債務ノ相殺ハ意思表示ノ時ヨリ其効力ヲ生ス」という修正説を提出しておく。

穂積陳重（二三巻六八丁裏）（それでは）実際が（うまく）いかないと思う。

梅謙次郎（二三巻六八丁裏）（それでは相殺できることを）知らない者は、どうかすると「非常」（非情）なめにあう。

磯部四郎（二三巻六八丁裏）私は、右の修正説を「記念」のために提出しておくのである。

▼磯部委員の修正説には賛成なく、原案通り確定（二三巻六八丁裏）。

（注2）関係すると思われる旧商法の規定を左に掲げておく。

第三編　破産

第二章　破産ノ効力

第九八五条　破産宣告ニ依リ破産者ハ破産手続ノ継続中自己ノ財産ヲ占有シ管理シ及ヒ処分スル権利ヲ失フ

破産宣告ノ日ヨリ以後ハ破産者ノ為シタル支払其他総テノ権利行為及ヒ破産者ニ為シタル支払ハ当然無効トス

破産者ノ動産、不動産ニ関スル訴及ヒ執行ハ特リ管財人ヨリ又ハ管財人ニ対シテ之ヲ起シ又ハ継続スルコトヲ得

第九九五条　相殺ノ権利アル債権者ハ期限ニ至ラサル債権又ハ金額未定ノ債権ト雖モ財団ニ対シテ其効用ヲ致サシムルコトヲ得

債権カ支払停止後ニ生シ又ハ取得シタルモノナルトキハ支払停止ヲ知リタル場合ニ限リ相殺ヲ許サス

第九章　有罪破産

第一〇五〇条　破産宣告ヲ受ケタル債務者カ支払停止又ハ破産宣告ノ前後ヲ問ハス履行スル意ナキ義務又ハ履行スル能ハサルコトヲ知リタル義務ヲ負担シタルトキ又ハ債権者ニ損害ヲ被フラシムル意思ヲ以テ貸方財産ノ全部若クハ一分ヲ蔵匿シ転匿シ若クハ脱漏シ又ハ借方現額ヲ過度ニ掲ケ又ハ商業帳簿ヲ毀滅シ蔵匿シ若クハ偽造、変造シタルトキハ詐欺破産ノ刑ニ処ス

第一〇五一条　破産宣告ヲ受ケタル債務者カ支払停止又ハ破産宣告ノ前後ヲ問ハス左ニ掲クル行為ヲ為シタルトキハ過怠破産ノ刑ニ処ス

第一　一身又ハ一家ノ過分ナル費用、博奕、空取引又ハ不相応ノ射利ニ因リテ貸方財産ヲ甚シク減少シ若クハ過分ノ債務ヲ負ヒタルトキ

第二　支払停止ヲ延ハサンカ為メ損失ヲ生スル取引ヲ為シテ支払資料ヲ調ヘタルトキ

第三　支払停止ヲ為シタル後支払又ハ担保ヲ為シテ或ル債権者ニ利ヲ与ヘ財団ニ損害ヲ加ヘタルトキ

第四　商業帳簿ヲ秩序ナク記載シ蔵匿シ毀滅

シ又ハ全ク記載セサルトキ
第五　破産者カ第三十二条、第九百七十九条又ハ第千三条第二項ニ規定シタル義務ヲ履行セサルトキ

（注3）　高木委員のこの前提的理解には、問題がある。即ち、彼によれば、相殺が遡及する時点たる「適状時」が弁済期だとされているが、本文の例では弁済期（二年前）においては、債権債務は同一当事者間で対立していなかったのであり、この時点を「適状時」と捉えるわけにはゆかないであろう（債権が譲渡された時点で初めて相殺適状を生じたと解すべきであろう）。この点が、以下の議論の不明確さを招来しているものと思われる。ともかく、ここでは一応、二年前に相殺適状であった場合（つまり、債権が当初から同一当事者間で対立していた場合）として捉える必要があろう。

（注4）　この発言により、実は、穂積委員は、前発言を取り消したものと解される。

（注5）　本文は、必ずしも明らかでないが、次のように解される。甲は乙のなす相殺によって、本来自己の債権につくべき利息分を損するようにみえるが、他方で、自分の方も、無利息であるにせよ、債務の履行を二年間猶予されており、その間に浮いた資金の運用、例えば公債を買うことによりカバーすることができたのである。

（注6）　原文は「ヤク取リ」と記されている。

（注7）　原文は次の通りである。「夫レハ相殺ニ適シテ居ツテ生シタ、二ケ年前ニ相殺ニ適シテ居ツタカ既ニ自分ノ適宜テ今日マテ相殺シナイト云フコトヲヤツテ居ル夫レタカラ今日マテト云フモノハ此但書テ以テ特別契約ヲ以テスルト同シコトテアツテ相殺ニ適シテ対立シナイ」。

（注8）　ここで「権」とは、相殺の結果が生じることを指しているようである。横田委員は、権利変動を生ぜしめる権利（「形成権」）たる相殺権なるものを、その行使結果と混一的に捉えているように思われる。

【民法修正案理由】

本条第一項ハ第五百四条ノ規定ニ因リテ生ジタル権利ノ行使方法ヲ指定スルモノニシテ、既成法典財産編第五百二十条ノ一部ヲ修正セリ。蓋シ相殺ノ行ハル、ヤ、或ハ既成法典ノ如ク法律上当然行ハルト為スモノアリ、或ハ裁判上ニ対抗シテ始メテ行ハルト為スモノアリト雖モ、第一ノ立法主義ガ我国今日ノ実際ニ不便ナルコトハ既ニ前条ニ於テ説明セシ如ク、之レガ為メニ未ダ法律上ノ取引ニ慣レザル人民ヲシテ往々意外ノ不利益ヲ蒙ラシムルノミナラズ、我国従来ノ慣習ニ反スルコト多カルベシ。又第二ノ立法主義ノ不便ニシテ且ツ不当ナルコトハ固ヨリ明白ニシテ、訴訟ガ起リタルトキハ相殺スルコトヲ得、訴訟ガ起ラザルトキハ相殺スルコトヲ得ザル如キハ、寧ロ相殺ノ方法ヲ認メザルニ若カズ。然レドモ、双方ノ債務ガ仮令相殺ノ要件ヲ具備シテ対立スルモ当事者ガ相殺ヲ欲セザルニ、法律ハ之ニ干渉シテ強ヒテ債務ヲ消滅セシムル必要ナキニ因リ、本案ハ、本条ノ明文ヲ設ケ、相殺ハ当事者ノ意思表示ニ依リテ行ハル、モノトシ、仮令第五百四条ノ規定ニ因リテ当事者ハ相殺ノ権利ヲ得ルモ、本条ノ規定ニ従ヒ之ヲ行使スルニ非ザレバ相殺ノ効力ヲ生ズルコトナシトシ、即チ既成法典ノ主義ヲ排斥シテ当事者ノ安全ヲ保チ、従来ノ慣習ニ適セシメタリ。然レドモ相殺ノ意思表示ニシテ条件附又ハ期限附ナルトキハ、未ダ之ヲ以テ直ニ債務ヲ消滅セシムル意思ヲ表示シタルモノト云フコトヲ得ズ。債権者ハ条件附又ハ期限附ノ支払ヲ拒絶シ得ル如ク条件附又ハ期限附ノ相殺ヲ拒絶シ得ベキハ至当ノ事ニシテ、且ツ斯ノ如キ相殺ノ意思表示ハ双方ノ債務ヲ簡便ニ消滅セシメントスル相殺ノ主旨ニ反スルモノナレバ、本案ハ、本条但書ノ規定ヲ設ケ相殺ノ意思表示ハ条件附又ハ期限附ノモノタルコトヲ得ザル旨ヲ明示セリ。

本条第二項ノ規定ハ、相殺ノ立法上ノ趣旨ニ本ヅキ、殊ニ当事者ノ普通ノ意思ヲ斟酌シテ、相殺ノ意思表示ハ既往ニ遡リ其効力ヲ生ズルコトヲ認ムルモノトス。蓋シ本案ノ如ク相殺ノ効力ヲ当事者ノ意思表示ニ係ラシムルトキハ、相殺ノ意思ヲ通知シタ

ル時、即チ相殺ノ権利ヲ行使シタル時ヨリ相殺ノ効力ヲ生ズト主張スルコトヲ得ベシト雖モ、亦双方ノ債務ガ相殺ニ適シテ対立シタル時、即チ相殺ノ権利ガ当事者双方ニ発生シタル時ヨリ相殺ノ効力ヲ生ゼシムルモ、一概ニ理論ニ反スルモノト云フベカラズ。何トナレバ、既ニ双方ノ債務ガ互ニ消滅スベキ性質ヲ備ヘテ相対立スルモノナレバナリ。而シテ相殺ノ立法ノ本旨ハ、固ヨリ双方ノ債務ヲシテ簡便ニ消滅セシムル(注9)ニ存スルモノナ(注10)レバ、此目的ヲ達スルニハ、各債務ガ相殺ニ適シテ対立シタル時ヨリ相殺ノ効力ヲ生ゼシムルヲ以テ適当ト為スノミナラズ、当事者ガ相殺ヲ主張スル普通ノ場合ヲ観察スルニ、概子債務ガ相殺ニ適シテ対立シタル時ニ相殺ノ意思ヲ表示セズシテ、却テ相手方ヨリ債務履行ノ請求ヲ受クルニ至リ、始メテ相殺ヲ対抗スルハ通常人ノ免カレザル所ニシテ、極メテ注意周密ナル者ニ非ザレバ債務ガ相殺ニ適シタル時直ニ之ヲ主張スルコトナシト雖モ、翻テ当事者ノ意思ヲ推察スルトキハ、債務ガ相殺ニ適シタル時ヨリ相殺ヲ欲シタルコトハ殆ンド疑ナキ所ニシテ、若シ相手方ヨリ債務履行ノ請求ヲ受ケ、之ニ対シテ相殺ヲ主張シタル時ヨリ其効力ヲ生ズルモノト為ストキハ、当事者ノ意思ニ反スルノミナラズ、債務ヲシテ判然消滅セシムルコトヲ得ズ、相殺ノ便法ヲシテ大ニ其効用ヲ失ハシムルモノト云フベシ。故ニ本案ハ、瑞士債務法索遜民法其他独乙民法草案等ノ例ニ倣ヒ、相殺ノ意思表示ハ各債務ガ相殺ニ適シタル時ニ遡リテ其効力ヲ生ズルモノト為シ、以テ実際ノ便宜ニ適セシメタリ。

▽民法修正案理由書第三編第一章第五節「第貳款相殺」四～六頁（第五〇五条）。

（注9）原文には「消滅セシムナル」と記されている。

（注10）原文には「ナ」が脱落している。

（金山直樹）

第五〇七条　相殺は、双方の債務の履行地が異なるときであっても、することができる。この場合において、相殺をする当事者は、相手方に対し、これによって生じた損害を賠償しなければならない。

第五〇七条　相殺ハ双方ノ債務ノ履行地カ異ナルトキト雖モ之ヲ為スコトヲ得但相殺ヲ為ス当事者ハ其相手方ニ対シ之ニ因リテ生シタル損害ヲ賠償スルコトヲ要ス

原案第五〇四条　確定条文に同じ

【参照条文】

旧民法財産編

第五二五条　二箇ノ債務カ同一ノ場所ニ於テ又ハ同一ノ貨幣ヲ以テ弁済ス可キモノニ非サルトキト雖モ相殺ハ行ハル但第一ノ場合ニ於テハ運送費又ハ為替料ヲ計算シ第二ノ場合ニ於テハ両替賃ヲ計算スルコトヲ要ス

フランス民法

第一二九六条　二箇ノ義務ヲ同一ノ場所ニ於テ尽クス可カラサル時ハ一方ノ者運送ノ費用ヲ他ノ一方ニ償フタル上ニ非サレハ二箇ノ義務ヲ互ニ相殺ス可キノ求メヲ為スヿヲ得ス

オランダ民法

第一四六八条　〔フランス民法第一二九六条に同じ〕

イタリア民法

第一二九二条　二箇ノ債額ニシテ同一ノ場地ニ於テ弁償ス可キ所ノ者ニ非サレハ則チ其弁償ス可キ場地ニ移到スル費用額ヲ算取シテ以テ償殺ヲ決行スルヿヲ得可シ

〔仏民第千二百九十六条〕

ポルトガル民法

第七七六条　債務が異なる地で弁済され得るものであっても、相殺を行うことができる。但し、この場合には、相殺を行うために支出された追加費用を弁済しなければならない。

スペイン民法

第一一九九条　債務が異なる地で弁済され得るものであるときは、弁済地までの交通費及び両替費用を補償することにより相殺が生じ得る。

ベルギー民法草案

第一二九八条　同一の土地で二つの債務の弁済を行うことができないときは、精算に関する費用を支払うことにより相殺が生ずる。

ドイツ民法第一草案

第二八五条　双方ノ債権ニ付キ履行ノ場所カ相異ナルモ之ニ因リテ相殺ヲ除却セス然レ𪜈相殺ヲ為ス債権者ハ他ノ債権者カ相殺ノ為メニ定マリタル場所ニ於テ履行スルコトヲ得ス又ハ給付ヲ受取ルコトヲ得サルカ為メニ受ケタル損害ヲ賠償スルコトヲ要ス

ドイツ民法第二草案

第三三五条　双方ノ債権ニ付キ履行又ハ引渡ノ場所カ相異ナルモ之ニ因リテ相殺ヲ除却セス然レ𪜈相殺ヲ為ス当事者ハ相手方カ相殺ノ為メニ定マリタル場所ニ於テ給付ヲ受クルコトヲ得ス又ハ之ヲ履行スルコトヲ得サルカ為メニ受ケタル損害ヲ賠償スルコトヲ要ス

　合意ニ依リテ定マリタル時ニ定マリタル場所ニ於テ給付ヲ請求スルコトヲ得ルトキハ疑ハシキ場合ニ於テハ之ニ異ナリタル履行ノ場所ノ定メアル債権ニ対スル相殺ハ除却セラレタルモノト見做ス

プロイセン一般ラント法

第一部第一六章第三四六条　また、目的、時、場所が合意されているならば、相互の債権の原因は問題にならない。

第三五〇条　別の場所で支払われるべき物は、その利益を補償してのみ相殺することができる。

第三五一条　その利益につき、両当事者が一致しえないときは、裁判官がこれを決しなければならない。

ザクセン民法

第九九〇条　〔第五〇五条の【参照条文】中に掲載〕

バイエルン民法草案

第二部第一章第一九〇条　相殺は、両債権について履行地が異なることによって排除されない。

　しかし債権者が、正当な履行地で支払いを受けないことによって不利益を被る場合には、相殺に際して、この不利益を考慮に入れるべきである。

【起草趣旨】

穂積陳重（一三巻六九丁表～七〇丁表）

　本条は旧民法財産編第五二五条に修正を加えたものである。

(1)　債務の履行地が異なるとき、双方には相殺ができるか否かという疑いが生じる。その疑いを「変スル」ために、この場合でもできるということを旧民法は規定している。いずれの国にもこれに似寄った規定がある。ただ旧民法はいずれの国にもない一つの規定を付け加えて、「同一ノ貨幣ヲ以テ弁済スヘキモノニ非サルトキト雖モ」としている。本案第五〇二条（確定条文第五〇五条）において、一方には性質が許さないとき［には相殺できない］という条件があり、また一方には、同種の目的を有せねばならぬという条件がある。それゆえ、同種の貨幣を目的としないときというのが本案の「債権ノ目的」の所で規定になった如く、いずれの貨幣を以て払っても宜しいという場合に当れば、相殺はできる。また特種の貨幣を以て引渡さなければならないということになると「同種ノ」ということにならないかまたは性質が許さないことになるから、相殺はできないことになるだろう。いずれの国でも場所のことだけで外のことはほとんど書いていない。

(2)　異なった場所で履行をするのに、多くの場合、その相殺の際に一方が損害を蒙る事がある。フランス法典始めフランス法典に倣った法典では、この場合「運送費」を負担しなければならぬとある。スペインなどでは「運送費及為替料」としている。なるほど履行地が違うがために「為替料」の要るようなこともあろう。「運送費」だけでは狭いという批評もある。しかし少し広めてスペインの如く「運送費並ニ為替料」としてもまだ外の費用が一方に生ずることがあるかもしれない。ポルトガルなどでは「保有費用ヲ払フコトヲ要ス」としている。またドイツ、プロイセン、ザクセン他の国においては「之ニ因リテ生シタル損害」とある。ポルトガルやその他の国の如くに広く書いて置いた方が安心である。一方から相殺をなし、それによって損害を生じたならば、それだけは償うとするのが至当と思う。それゆえここの所は少し広く渉るように規定した。

【主要審議】

一　「損害」の内容について

横田國臣（一三巻七〇丁表～裏）

この「損害」だが、私は相殺によって利益を得る場合は想像し得るが、損害が生ずるというのはどういう場合だろうか。例えば一方がアメリカに居て私は日本に居り、履行地が違う。それで、私がアメリカに為替を送ってやる、というのならばそれは損害はあるだろう。しかしいずれも払わぬようにしようというのであるから、あるのは利益の方だろう。お前は相殺したがために利益を得たろうから、その利益をこっちにやれ、という方は理解しうるが、「其為メニ何レモ債権カアルノニ夫ヲ消滅サセル為メニ損害ノ生スル」というのはどういう場合だろうか。

穂積陳重（一三巻七〇丁裏～七一丁表）

之は色々な場合がある。例えば双方ともある貨幣で払うというとき、大阪で払う相場と東京で払う相場が違う場合があろう。あるいは米のようなものでもこういうことがあろう。例えば、大阪で米一〇〇俵現物で受取るならば大阪の方が値段が高いから利益を得られる。大阪の人は東京でそれに対して一〇〇俵の米を渡して居るから、大阪で受ける人は実物でもらえば大変に利益がある。それを相殺されたがためにその利益がなかった、即ち実際の弁済を受けざるがために損害を蒙ったということがあり得る。私らは実際に暗い者ではあるけれども、通常あるだろうと思ってこう規定した。

横田國臣（一三巻七一丁表～裏）

例えばあなたと約束して、私が東京で米

を受取ろう、あなたは大阪に居て私が大阪に米を送ろうという場合、同じ五〇〇石ならば五〇〇石で相殺をする。あなたが大阪で米を受け取るならば「是丈ケノモノヲ儲ケテ居ル」のを損害と言うのだな。

▼本条については別段発議なく、原案通り確定（二三巻七一丁裏）。

【民法修正案理由】

本条ハ既成法典財産編第五百二十五条ニ聊カ修正ヲ加ヘタリ。即チ、債務履行地ノ異ナルトキト雖モ相殺ヲ為シ得ルコトハ、既成法典始メ諸国ノ立法例モ総テ同一ナリト雖モ、既成法典ノ如ク、同一ノ貨幣ヲ目的トセザル債務ノ相殺ニ関シ特ニ明文ヲ設クル立法例ハ殆ンド之レナシトス。而シテ、本案ハ既ニ第五百四条ノ規定ニ依リ、相殺ヲ為スニハ債務ノ目的ガ同種ノモノタルコトヲ要シタレバ、異ナル種類ノ貨幣ト雖モ、同種ノ目的ト見做スコトヲ得ルトキハ固ヨリ相殺ノ妨ヲ為スコトナク、又同種ノ目的ト認ムルコトヲ得ザルトキハ相殺スルコト能ハザルハ明白ニシテ、特ニ既成法典ノ如キ規定ヲ要セザルナリ。故ニ、本案ハ諸国ノ立法例ニ倣ヒ、単ニ履行地ノ異ナル場合ノミヲ規定シ、従テ既成法典財産編第五百二十五条末文ノ規定ハ之ヲ刪除セリ。

次ニ本条ノ場合ニ於テ、相殺ヲ為ス当事者ガ相手方ニ対シテ支払フベキ費用等ニ付テハ、既成法典ノ如ク運送費又ハ為替料トシ、或ハ仏国民法ノ如ク運送費ノミニ限リ、或ハ西班牙民法ノ如ク運送費及為替料ヲ支払フベシト定ムルモノアリト雖ドモ、共ニ狭キニ失スル規定ト云ハザルベカラズ。蓋シ本条ノ場合ニ於テ、相殺ヲ為ス当事者ハ之ニ因リテ生ズル相手方ノ総テノ損害ヲ賠償スル覚悟ヲ有スルハ当然ニシテ、又之ヲ賠償セシムルヲ以テ至当ト認ムルニ因リ、本案ハ普国民法其他独乙民法草案等ノ例ニ倣ヒ、広ク相殺ニ因リ相手方ニ生ジタル損害ヲ賠償スベシト為セリ。

▽民法修正案理由書第三編第一章第五節「第貳款相殺」六～七頁（第五〇六条）。

（常岡史子）

第五〇八条　時効によって消滅した債権がその消滅以前に相殺に適するようになっていた場合には、その債権者は、相殺をすることができる。

第五〇八条　時効ニ因リテ消滅シタル債権カ其消滅以前ニ相殺ニ適シタル場合ニ於テハ其債権者ハ相殺ヲ為スコトヲ得

原案第五〇五条　確定条文に同じ

【参照条文】

モンテネグロ財産法

第六一九条　時効によって消滅した債権は、それと相殺しようとする反対債権が存立したある一時点において未だ時効にかかっていなかった場合に限り、相殺に供することができる。

ドイツ民法第一草案

第二八一条第二項　債権ニ対シテ抗弁カ存スルトキハ此債権ヲ以テ相殺ニ供スルコトヲ得ス

【起草趣旨】

穂積陳重（一三巻七四丁表～七七丁裏）

(1)　本条の趣旨

本条を置くことの当否について、我々は相当考え、いろいろ相談した。その結果、本条を置いた方が実際上便利であり、かつ、（そのことが）本案の根本にある主義にも適すると思って、一応これを原案として置き、多数の意見に従うことにした。

時効によって消滅した債権を他の債権に対抗してこれを相殺することを認めるのは、一見いかにも奇妙な規定にみえる。およそ抗弁をもって対抗されるべき債権は、他の債権と相殺することができないことは「知レヌコト」（「知レタコト」か?）であるから、ここに一つ大きな例外を置くわけである。その理由は、本案が採用した主義とかかわっている。即ち、本案は、相殺権の行使たる意思表示は、既に存するところの相殺権を「喚起」するにすぎず、それを「喚起」する時はいつであってもよい――相殺権の行使（の効果）は既往に遡るが、――という主義をとっている。しかるに、先に説明した通り、実際上相殺権の行使は、相手方から請求があった時に初めて「イヤ私ノ方ニモ貴君ニ対スル債権カアルカラ之ニ依テ相殺スル」と言ってなされるのが取引の通常である。自分から進んで、債権が対立しているから相殺をするとの通知をするのは、余程法律に通じている、特に注意深い人にはあり得ることであるが、実際には向うから（「何フカヲ」とあるのは誤記であろう）催促を受けた時に相殺することが多い。そこで、とりわけ短期時効においては、相殺の通知のできる期間が極めて短いものとなる。そうすると、せっかく法律の与えた相殺の利益を、知らない間に失うことも随分ありうる。しかも、相殺を主張することは必ずしも当事者の義務ではないので、相殺は行わなくてもよい。（ところが本条の規定がないと）短期時効などの（適用されるような）最も通常「相殺ニ当リマス場合」において、相殺の主張・意思表示をしない間に一方は（短期時効の）法律の適用によって債権を失い、他方は債務の履行を求めることができるということになって、法律が相殺の利益を与えた「主意」もたたず、かえって片手落になる。こうしたことは、先に置いた「根本ノ主義」からみてもどうも説明できない。また実際上は「斯ウナツテ揃ウテ居リマセヌト」（両債権が相殺において同等に取り扱われないと）不都合だろうと思う。即ち、法律上当然の相殺が生じるとする場合には、（一度相殺適状となった後に一方の債権につき）時効によってその権利が消滅するという問題は起こらない。「前カラ知ラヌ間ニ」法律が当事者の便利のために相殺を行うからである。このくらいの利益は、（法上当然主義をとらない本案の主義の下でも）与えてやるのが当然であろうと思った。

(2)　ドイツ民法草案における審議の経緯

そもそも本条を置くか置かないかの問題を初めて我々に提起したのは、ドイツの第二読会（注1）草案、モンテネグロ財産法である。ドイツ民法草案の起草委員会においても、この点は随分議論されたようにみえる。

第一読会においては、（第二読会とは）反対に、（時効も含めて）すべて抗弁をもって対抗せられ得べき債権というものはこれをもって相殺することはできないとの主義をとっていた。しかし、どうもこれでは他の場合との釣り合いが悪く、かつ諸国にそれまで多く採用されていた法律上当然の相殺（「制裁」とあるのは誤りであろう）と同じ結果を生ぜしめることができない。つまり、間違いを防ぐために（相殺の）通知をさせるという一点のために、その場合だけ「非常ナ変更ヲ為ス」ことになるが、これは穏かでない。それゆえ、委員会においても、説が三つ程に分かれた。

（第一説。）一部の委員は、すべて時効にかかった債権はこれをもって相殺することができないと主張した。それによれば、かくの如き規定を設けると、一方で、せっかく設けた時効制度の「効力」が弱くなってしまう。時効を設けたゆえんは、債権は初めから成立していなかった、あるいはその債権は既に消滅した（「法滅シタ」とあるのは誤記であろう）ものであるという点に存する。時効制度の「効力」（意義）は、時効期限（完成）までは債務の成立または弁済の証拠として受取証書を保存しておかねばならないが、時効期限後は保存しなくてもよいという点にある。ところが、この法律（本条のような規定）があるがために、せっかく設けたその「効力」が甚だ弱くなって、何時までも債権消滅等の証拠を保存しなければならぬような不便なことにもなる。それゆえ、やはり第一読会のごとく（「妨ク」とあるのは誤記であろう）この場合も相殺を許さない方がよい。（そうでないと）とりわけ、短期時効において不都合である。短期時効は、実際上の便益のため長くたたぬうちに早く債務を免れしめるようにと設けられている。その短期時効が（問題となる場合につき、）本案のような規定が適用されると何時までも債務を免れないことになるから、これも不都合である。それゆえ、相殺を許さない方がよい。

第二説。第一説とは正反対に、時効にかかった債権をもって相殺することを許すのは、短期時効の場合に限られるという説である。これによれば、本条（のような規定）を実際上の便宜から置くということは、短期時効について特にあてはまる。前に述べた通り、短期時効（に服する債権）については、自己の側に怠りがなくてもその間に相殺を主張する機会を得ないことが多い。（債権者は）実際は（相手方から）催促[注2]された時に相殺をするのであるが、催促を受けた時には、多くの場合時効の期間が経過してしまっているので、その場合にこそかかる規定が必要である。短期時効においてこそ、双方の間に相殺を主張しなかったことが過失、怠りでないから、もし（時効にかかった債権で）相殺しようとするときは、短期時効（にかかったもの）でなければならない。

第三説。本案のような規定にしなければならないという説である。

（ドイツでは）「第二ノ分」（短期時効にかかった債権でなす相殺）は許す方を可とし、「第三の部分」（一般的に時効にかかった債権に相殺を認めること）と合わせて、多数（決）によって、ほぼこれ（本条）と同じような箇条が置かれるようになった。

(3)　結　論

我々もいろいろ考えてみたが、結局、実際上の便益においては、この方（第三説）が便宜が多く、また先に採用した「根本ノ主義」にもよく適うであろうと思う。そこで意見を問うた方が穏かであろうとのことから、試みにこのような原案を置いた。

（注1）　ドイツ民法第二草案第三三四条　抗弁ヲ対抗セラルル債権ハ相殺スルコトヲ得ス但時効ニ係リタル債権ハ之ヲ以テ他ノ債権ト相殺スルコトヲ得シ時ニ未タ時効ニ係ラサリシ場合ニ於テハ時効ハ相殺ヲ除却セス

（注2）　原文に「催促ヲシテ見タトキニ相殺ヲスルノテ催促シタトキハ」とあるが、催促の主語は、前後の関係・内容からして、相手方でなければならないと考える。

【主要審議】

一　本条削除説

高木豊三（一三巻七七丁裏〜七九丁裏）

本条を設けた理由ならびにそれが学説としても「新規」の説であることは分かる。ただ、私の考えでは、（規定が）理屈として道理上正当であっても実際に害がある場合、あるいは道理には合うが実際に利益がないという場合には、多少の変革を要するが、そうでない以上は、やはり理屈にも合うようにするのがよいと思う。

そこで、この規定を考えてみると、起草委員も既に認めているように、理屈の上からいえば（本条は）不都合であろう。その訳は、ドイツの（第一）草案の説明もあったので別段述べる必要もないが、時効が債権を消滅させるという原則との関係である。相殺は、甲乙の二人が同種類の権利義務を相互に持っているときに、「右ノ手カラ移シテ左ノ手ニ移ス」という手数を省くための法律制度に違いない。そうすると、相殺の観念上、相殺が行われる場合には（対立する債権が）双方共に債権債務の性質を有していることが必要である。しかるに、時効によって消滅してしまった債権と、現に存している債権とを相殺するということは、理屈の上からいっていかにも不都合である。

むろん、これもそうしておいては実際に大きな弊害があるというならば、少々理屈を外れても有益な規定を設けてよかろう。しかし本案は、相殺は当事者の意思表示によって行われるという主義を採用し、その意思表示は起草者によれば、多く（の場合）一方より請求された場合になされるものである。（そして、時効完成後に請求された場合の債権者に酷な事情が説かれた。）いかにも、そういう場合もあろう。しかし、私の考えでは、法律上相殺が当然行われるならばともかく、意思表示によって相殺が行われるとの主義をとる以上は、むしろ債権を（相殺において）主張しようとする者が（自己の債権を時効にかけてしまった責めを負わねばならない。債権者は）、何時に限らず、双方（の債権）の期限が来たので、自分がその権利を利用しようとした時分に、（相手方から）催促を受けると、自分から相殺の意思表示をすることはむろんである。その方が、自分の権利を「応用」する上で必要であろうし、また当然であろう。にもかかわらず、その行為（相殺の意思表示）を怠り、そのままで（時効期間が）経過してしまったがために、自分の債権が時効にかかった（といえよう）。ところで、「時効ト云フモノハ現ニ又弁済ヲ受ケナイコトハ明カデアル」。しかし、法律の規定で、あたかも出訴期限法の冒頭に書いてあるが如く(注2)、一定の年限を経れば権利も消滅し義務も免がれるとの原則をとっているならば、この規定（本条）は必要であろうが、元来時効は実際に弁済されていない物を請求する（ことを妨げる）という趣意ではなく、そこでの法律の趣意はその間に弁済をしたのかどうか分からないとか、あるいはその期間が過ぎたために証拠立証もできないということも含んでいると思う。このようにみれば、自分が行うべき（相殺の）意思表示を怠っていたにも拘らず、（本条によって）何時までも「死ンダモノガ再ビ生返ツテ来ル」のでは、いかにも変だと考える。また、「斯ノ如キコト」がなくても、実際にはこれまでの慣例から、「満期《ママ》免除」（時効）になれば権利は行使することができないということは皆が認めている。それゆえ、相殺には意思表示が必要であるということになれば、その「期満免除」の原因に（「原因が生ずる前に」か）意思表示が必要であるとしても、人民には決して意外なことではない。ということで、本条を置く必要はないと考える。

二　本条支持説

尾崎三良（一三巻七九丁裏～八〇丁裏）

今度新規に設けた本条は旧民法にないが、説明された趣意からして、甚だ適当な箇条だと思う。今、高木委員がいろいろ述べたが、もともと時効というものは、そう何時までも年の経た権利義務を残しておくと、ついに「混雑」して困るから、適当な年限を決めてそれから先はもはや証拠のないものとしてしまおうということで、「拠《よんどこ》ロナク」人為でもって人の権利義務を裁断してしまったものだと思う。このように時効が、已むを得ず公益のために人の権利義務を適当に切ってしまうということ（それ自体）は必要であるが、そのような訳であれば、何か「取除ノ理由」（時効を排除する理由）のあるものは取り除いた方がよかろう。今提出された本条のごときは、「取除ケテモ宜シカラウ」。のみならず、（自働）債権が（時効）消滅以前に向うから（反対債権の）催促を受ければ、その時には立派に相殺が出来ている。ただ、（相殺によって）「消滅スル」（消滅させる）意思そのものを相手方に伝えなかったというだけの過ちをもって、（一方において）既に権利もあったのにそれを少し遅れたために取れず、（他方において）向うから借りたものはそのまま返さねばならないというのは、いかにも無理な話だろうと思われる。また、実際において差支えのないものならば、（本条は）なくてもよいとの説もあったが、（権利を）二〇年も三〇年も放置しておくというのは、余程の怠りかあるいは忘れてしまったというくらいのものであるから、どれだけか年限を決めてしまうことにしてもその人（債権者）に対して気の毒なことはないと思うが、相手方にも自分の側にも権利があり、双方相互に（債権額を）引いてしまえば、強いてやかましく（自己の権利を）求めなくてもよいと考えて、ついそのままにしておくことが随分あるかもしれない。「精密ニ」これは時効にかかるから意思表示をしておかねばならないというように、ことごとく法律を研究をしている者が多ければよいが、多分それほど研究を積まないで、自分から請求する権利はあるけれども向うからも借りがあるので、これは黙っていればそれで帳消しになってしまうとの雑な考えで、期間を経過してしまうことが随分あるにちがいない。ところが、その場合に、相手方は新しい債権であるから請求する権利があるが、自分の方は時効によって権利が消えてしまっているとなれば、いかにも「不整理」のことではないか。それゆえ、この「新条」の原案に賛成する。

▼高木委員の削除説には賛成がなく、本条は原案通り確定（二三巻八一丁表）。

（注2）これは、出訴期限規則（明治六年一一月五日太政官布告第三六二号）の前文を指すものと思われる。その全文は左記の通りであるが、本文の発言者の念頭にあると思われる部分に傍点を付しておくことにする。

布告第三百六十二号

金穀貸借ヲ始メトシ物品売買ヨリ其外種々ノ取引等ニ至ルマテ双方ノ者互ニ受取渡ノ期限ヲ定メ条約ヲ結ヒ置キタルニ一方ノ者其条約ヲ破リタル時ハ早速裁判所ヘ出訴イタシ不苦候処延期ノ勘弁ヲ加ヘ出訴ヲ見合候者モ有之是亦タ慈愛ノ人情ニテ尤ノ事ニ付早速出訴イタシ候トモ又ハ勘弁ヲ加ヘ候トモ人民ノ自由ニ任セ出訴期限ノ法則不相定候処右延期勘弁中数多ノ歳月ヲ過去リ出訴致シ候時ハ貸方借方請人証人ノ内死亡又ハ転住又ハ失踪等ノ者モ有之事理曖昧ニ立至リ裁判上不都合不少候ニ付訴訟ノ事柄ニ因リ夫々出訴ノ期限ヲ定候条来明治七年一月一日ヨリ後ニ結ヒタル条約期限ニテ右出訴期限ヲ過去リ出訴セサル者ハ自分条約ヲ取消シタル者ト看做シ受取ルヘキ者ハ受取ヘキ権利ヲ失ヒ引渡スヘキ者ハ引渡スヘキ義務ヲ免レ候事ト相定メ候ニ付若シ出訴致シ候トモ取上不致候此旨布告候事

なお、同規則については、内池慶四郎・出訴期限規則略史（一九六八年）、特にその六九頁以下参照。

【その後の経緯】

衆議院民法中修正案委員会において、明治二九年三月一一日の会議で谷澤龍藏委員が、同年三月一四日の会議で木村格之輔委員がそれぞれ本条（この段階では第五〇七条）について疑義を述べ、穗積陳重委員が【起草趣旨】とほぼ同じ内容の説明を行なったが、いずれの会議においても削除案が出された。しかし採決の結果、削除案はいずれも賛成少数で否決された（廣中俊雄編著『第九回帝國議會の民法審議』二二三〜二二五頁、二五三〜二五四頁）。

【民法修正案理由】

凡ソ抗弁ヲ以テ対抗セラルル債権ハ相殺ニ供スルコトヲ得ザルヲ以テ通則ト為スモノナレバ、本条ニ掲グル如キ一旦時効ニ因リテ消滅シタル債権ハ、仮令其消滅以前ニ相殺ニ適シタリトスルモ、之ヲ以テ相殺ニ供スルハ相殺ノ通則ニ反スルノミナラズ、本条ノ如キ規定ハ、頗ル時効制度ノ功用ヲ減殺スルモノナレバ決シテ之ヲ認ムベカラズトシ、或ハ一種ノ便宜法トシテ、短期時効ニ係リタル債権ニ付テノミ本条ノ規定ヲ適用スベシト云フ如キ有力ナル反対理由ノ存スルニ拘ハラズ、本案ハ、独乙民法草案、「モンテ子グロ」民法等ニ倣フテ新ニ本条ノ規定ヲ設ケタル所以ハ、全ク実際ノ便宜ニ本ヅキ且ツ本案ガ相殺ニ付テ既ニ採用シタル主義ヲ全カラシメントスルニ在リ。蓋シ相殺ハ、既ニ説明セシ如ク通常人ノ間ニ於テハ進ミテ之ヲ主張スルコト極メテ稀ニシテ、却テ相手方ヨリ自己ノ負担スル債務履行ノ請求ヲ受クルニ至リ、始メテ自己ノ債権ヲ以テ相殺ヲ主張スルハ今日普通ノ状体ナルノミナラズ、相殺ハ、各自ノ義務トシテ進ミテ之ヲ行フコトヲ要スルモノニ非ラズシテ、便宜上法律ハ此権利ヲ附与シタルモノナレバ、一旦相殺ニ適シタル債権ヲシテ、只債権者ガ進ミテ相殺ヲ主張セザリシ間ニ時効ニ係リタルガ為メ全ク消滅ニ帰セシメ、債権者ヲシテ相殺ノ権利ヲ失ハシムルハ、頗ル酷ニ失スト云ハザルベカラズ。或ハ此場合ニ於テハ、債権者ハ自己ノ懈怠ニ因リテ権利ヲ失フモノナレバ、法律ハ之ヲ顧ミルニ足ラズト云フ者アリト雖モ、之レ即チ通常人ニ強ユルニ至難ノ事ヲ以テスルモノニシテ、決シテ立法ノ本旨ニ適スルモノト云フベカラズ。何トナレバ、双方ノ債務ガ相殺ニ適シテ対立スルトキハ、自己ノ債務ハ必ズ差引セラルベシト信ズルハ通常人ノ免ガレザル所ニシテ、我国今日ノ慣習モ亦正ニ如斯ナレバナリ。殊ニ相殺ヲ主張スルコトハ一ノ権利ニシテ義務ニ非ザレバ、相殺ヲ主張セザルモ之レガ為メニ義務ヲ怠リタリト云フコトヲ得ズ。然ルニ相方手（ママ）ハ時効ノ如キ法律ノ特典ニ因リテ債務ヲ免ガレ、債務者ヲシテ其既ニ取得セシ相殺ノ権利ヲ行フコトヲ得ザラシムルハ、法律保護ノ点ニ於テモ公平ヲ得タルモノニ非ラズ。況ンヤ短期時効ノ場合ニ於テハ相殺ヲ主張スベキ期間ハ一層短キニ因リ、斯ノ如キ時効ノ為メニ債権者ヲシテ全ク其権利ヲ失ハシムルハ、決シテ妥当ノ処置ト云フベカラズ。故ニ本案ハ、時効ニ因リテ消滅シタル債権ト雖モ、其消滅以前ニ相殺ニ適シタル場合ニ於テハ債権者ハ相殺ヲ為スコトヲ得トシ、以テ実際ノ便宜ト一般ノ慣習ニ適セシメタリ。

▽民法修正案理由書第三編第一章第五節「第貳款相殺」七〜九頁（第五〇七条）。

（金山直樹）

第五〇九条　債務が不法行為によって生じたときは、その債務者は、相殺をもって債権者に対抗することができない。

第五〇九条　債務カ不法行為ニ因リテ生シタルトキハ其債務者ハ相殺ヲ以テ債権者ニ対抗スルコトヲ得ス

原案第五〇六条　債務カ不法行為ニ因リテ生シタルトキハ其債務者ハ相殺ニ因リテ之ヲ免ルルコトヲ得ス

【参照条文】

旧民法財産編

第五二六条　左ノ場合ニ於テハ法律上ノ相殺ハ行ハレス

第一　債務ノ一カ他人ノ財産ヲ不正ニ取リタルヲ原因ト為ストキ

第二　消費ヲ許セル寄託物ノ返還ニ関スルトキ

第三　債権ノ一カ差押フルコトヲ得サル有価物ヲ目的トスルトキ

第四　当事者ノ一方カ予メ相殺ノ利益ヲ抛棄シタルトキ又ハ債権者ト為ルニ当リ期望シタル目的カ相殺ノ為メ達スルコトヲ得サルトキ

フランス民法

第一二九三条　二箇ノ義務ハ其生シタル原由ノ如何ナルヲ問ハス互ニ相殺スルヿヲ得可シ然𪜈左ノ三箇ノ場合ハ格別ナリトス

第一　一方ノ者己レニ属シタル物ヲ横ニ奪取ラレ他ノ一方ニ其物ノ取戻ヲ求ムル時

第二　一方ノ者他ノ一方ニ附托シタル物件又ハ他ノ一方ノ使用ス可キ為メ貸与ヘタル物件ノ取戻ヲ求ムル時

第三　一方ノ者他ノ一方ニ養料ヲ給与ス可クシテ債主其養料ヲ差押フ可カラサル時〔訴訟法第五百八十一条見合〕

オーストリア一般民法

第一四四〇条　〔第五〇五条の【参照条文】中に掲載〕

オランダ民法

第一四六五条　〔フランス民法第一二九三条に同じ〕

イタリア民法

第一二八九条　二個ノ逋額ノ其一若クハ他ノ一ニ存スル事由ハ仮令ヒ何等ノ者ニ係レルモ左項ニ列挙スル四個ノ時会ヲ除クノ外ハ総テ相償殺スルヿヲ得可シ〔仏民第千二百九十三条〕

第一項　物件所有主カ不当ニ奪取セラレタル物件ノ還付ヲ請求スルノ時会

第二項　寄託シ若クハ恩貸セル物件ノ還付ヲ請求スルノ時会

第三項　勒抵ス可カラスト公言セル給養費ヲ逋負シタルノ時会

第四項　負責主カ予メ償殺ヲ為スヿヲ拒却シタルノ時会

ポルトガル民法

第七六七条　以下の場合には相殺を行うことができない。

第一　当事者の一方が相殺を主張する権利を予め放棄したとき。

第二　債務の一方が、所有者が既にその所有権を喪失している物を対象としているとき。

第三　債務の一方が扶養料債務であるとき、又は法律の規定若しくは債権の名義の効果により差押不能財産に関する債務であるとき。但し、他方の債務がこれらと同一の性質を有するときはこの限りでない。

第四　債務の一方が寄託を原因とするとき。

第五　国家又は地方自治体の債務のとき。但し、法律が相殺を認めている場合はこの限りでない。

スイス債務法

第一三二条　左に掲げる債務は債権者の意思に反して相殺により消滅させることはできない。

一　寄託された物、不法に奪取され又は悪意で不当に抑留されている物の、返還又は賠償の諸債務

二　扶養請求権、差押えのできない賃金債権、及びこれに類似の請求権など、その債務の特殊な性質が債権者への現実の履行を要求する諸債務

三　公法上より生ずる、国又は市町村に対する諸債務

モンテネグロ財産法

第六一六条　他人の物を奪取した者若しくはその他の方法で不法に占有する者、又は寄託若しくは賃貸借により物を受領した者は、自己の返還債務と、債権者が他の原因に基づいて自己に負担している債務とを相殺することができない。

扶養料債務は、その給付が支払差止め＝差押え（saisie-arrêt）の対象となり得る場合にしか、相殺に供することができない。

ドイツ民法第一草案

第二八七条　故意ニ本ツク不法行為ニ因リテ生シタル債権ニ対シテ相殺ヲ為スコトヲ得ス

ドイツ民法第二草案

第三三七条　相殺ハ故意ニ本ツク不法行為ニ因リテ生シタル債権ニ対シテ之ヲ許サス

ザクセン民法

第九九四条　第千二百七十一条ニ掲ケタル場合ヲ除クノ外蔵寄契約ヨリ生スル要求並ニ他人ノ物件ヲ違法ニ現有スルヨリ生スル要求ニ対シテハ其弁済ノ原物件ヲ要求スルト又ハ其価額ヲ要求スルトヲ問ハス差引計算ヲナスコトヲ禁止スルモノトス此国庫ニ対スル要求ト他ノ国庫ノ要求トノ差引計算モ亦之ヲ求ルコトヲ得サルモノトス

【起草趣旨】

穂積陳重（一三巻八一丁表～八三丁裏）

(1)　本条は旧民法財産編第五二六条第一項（「号」の誤り）に相当する。同条第二号は相殺の行われない場合の一つとして「消費ヲ許セル寄託物ノ返還ニ関スルトキ」を挙げている。これはフランス始め多くの法典に見える法律である。消費寄託の場合法律上の相殺を行わないということには、歴史上の理由も幾らかある。寄託の場合は殊に信用を重んずるとか、或は「双方ノ信用上」相殺をせず実際に履行をする性質のものであるという理屈が「重モ」なものである。もしその取引の性質上実際に履行をするべきものであるというのならば、本案第五〇二条（確定条文第五〇五条）の中に「籠ツテ居ル」。そうではなくてこの消費寄託の場合だけ許さないという理由は見当たらない。即ち、歴史上これは殊に信用を重んずるという様にはなっているが、外の総ての契約も信用を重んずる点については近世では少しも差がない。ただ実際上当事者の意思またその取引の性質上、互いに履行すべきものか否か、ということによって決する訳であるから、第二号は不要である。

(2)　旧民法財産編第五二六条第三号は次条において説明する。

(3)　旧民法財産編第五二六条第四号には「当事者ノ一方カ予メ相殺ノ利益ヲ抛棄シタルトキ又ハ債権者ト為ルニ当リ希望《ママ》シタル目的カ相殺ノ為メ達スルコトヲ得サルトキ」とある。この条文の前半は権利の抛棄

であるから本案第五〇二条の時に述べた如く、特別に規定する必要はない。後半も第五〇二条に入っているのであり、明文を挙げる必要はない。

(4)　旧民法財産編第五二六条第一号に相当する規定はなければならない。しかし本案は旧民法とは少し規定が異なっている。旧民法においては、対立する債務の一つは「不正行為」によって生じたものであるが、その不正行為によって生じた事柄は他人の財産を取ったということが原因になっている。一方ではごく広く、一方ではごく狭くなっていて、「法律上ノ相殺」が行われる場合には対抗ということは必要ではないとしたときには、その結果として、どちらかの債務が不法行為によって生じたときは(相殺は)許さないという具合に書かなければなるまい。しかるに本案では、債務者の一方が相殺を主張することができる、即ち一方が相殺権を行うということによって初めて相殺の効力が生ずるのであるから、「債務ノ一カ」と書く理由がない。相手方の債務権(「債権」のことであろう)がこちらの不法行為によって生じた場合、自分で不法行為をしておいてその債務と自分の持っている債権とを相殺すると言い出すことは出来ない。しかし私が不法行為をして債務を負っている時に、相手方から私の不法行為によって生じた債権と相手方の債務とを相殺するということは禁ずる理由がない。それゆえ、債務者(「債務」であろう)が不法行為によって生じたときは、その債務者は相殺することはできないという具合に書いた。従ってその不法行為を人の財産を取ることだけに限る理由はない。既に留置権の規定において「不法ニ占有ナシ然ウシテ留置権ヲ行ナウト云フコトハ出来ヌ」となっている(注)。このときは占有に限るが、相殺の場合にはいかなる不法行為によっても自分から不法行為をして債務を負い相手方の債権(「債務」であろう)とこれを相殺することを許すのは、不法行為者に利益を与えることになる。「モット沢山ニ申シマスレバ」不法行為を奨励することになるかも知れない。それゆえに、他人の財産を取った場合のみならずいかなる場合でも不法行為によって自分が債務を負っていればその者から相殺を主張することはできない、と規定するのが相当であろう。近頃の新しい法典は多くの場合このように広く規定している。

(5)　原案では「其債務者ハ相殺ニ因リテ之ヲ免ルルコトヲ得ス」とあるが、これではその相手方からも相殺を主張することができなくなる様に見える。我々の意図はそうではなかった。不法行為をした債務者が相殺を主張することはできないという意味であった。ゆえにこれは「相殺ヲ以テ債権者ニ対抗スルコトヲ得ス」と改めたい。相手方から相殺を主張してきたならば不法行為をした債務者も当然債務を免れるのだから、元のままでは不十分である。

(注)　原案第二九五条　他人ノ物ヲ占有シ且其物ニ関シテ生シタル債権ヲ有スル者ハ其債権ノ弁済ヲ受クルマテ其物ヲ留置スルコトヲ得但其債権カ弁済期ニ在ラサルトキハ此限ニ在ラス
　前項ノ規定ハ占有カ不法行為ニ因リテ始マリタル場合ニ之ヲ適用セス

【主要審議】

横田國臣（一三巻八四丁表）

不法行為のときには相殺は出来ないということか。

穂積陳重（一三巻八四丁表）

そうなるだろうと思う。両方とも許すことは出来ない。

横田國臣（一三巻八四丁表）

それでよいか。

穂積陳重（一三巻八四丁表〜裏）

それを禁止する理由は「双方ニ立ツテ居ル」。例えばあなたが私の財産に損害を与えたため、私は損害賠償を請求する権利を持っている。またあなたはこれを払わなければいけないと思っている。「私ガ横田君カラ取ルコトガ出来ルカラ是丈ケノコトヲシテモ宜イト云フコトガ矢張リ言ヘル」。その場合には「極注意深ク細カニ言ヘバ後ニ不法行為ヲシタモノハ皆イカヌト云フ様ニ書カナケレバナラヌ」。そうすれば至当であるが、いかにも「夫レハ立入ツタコトデ」、本条のようにすれば、先に不法行為をなした者でも後に不法行為をなした者でも「イカナイ」。

▼本条については別段異議なく「対抗スルコトヲ得ス」と改めて確定（二三巻八四丁裏）。

【民法修正案理由】

本条ハ既成法典財産編第五百二十六条ヲ修正シタルモノニシテ、同条第二号及ビ第四号ノ規定ハ之ヲ刪除シ、同条第三号ノ事項ニ付テハ別ニ次条ノ規定ヲ設ケ、本条ニ於テハ単ニ同条第一号ノ事項ノミヲ規定セリ。而シテ既成法典同条第二号ヲ刪除シタル所以ハ、債務ガ消費ヲ許セル寄託物ノ返還ニ関スルトキト雖モ、相殺ヲ許サ、ル理由ナキニ因ルモノニシテ、此場合ニ於テ相殺ヲ許サザル立法例ハ仏国民法ヲ始メトシ《ママ》二三ノ法典ニ就テ見ル所ナリト雖モ、之ヲ主トシテ寄託ハ信用ニ本ヅクモノナレバ受寄者ノ返還ノ義務ハ必ズ実際ニ之ヲ履行セザルベカラズトノ理由ニ本ヅクモノトス。然レドモ各人相互ノ取引ニ於テ信用ヲ重ゼザルベカラザルハ特ニ寄託ニ限ルベキニアラズ。又取引ノ性質ニ因リ実際ノ履行ヲ必要トシ相殺ヲ許サザル場合ハ既ニ本案第五百四条ニ於テ規定シタルニ因リ、特ニ受寄物返還ノ義務ニ関シ相殺ヲ禁ズル必要ナシトス。次ニ既成法典同条第四号ヲ刪除シタル所以ハ、其上半ノ規定ハ特ニ明文ヲ要セズ、其下半モ債務ノ性質ガ相殺ヲ許サザル場合ニ相当シ、本案第五百四条ノ規定ニ包含セラルレバナリ。

本条ノ規定ニ相当スル既成法典財産編第五百二十六条第一号ノ規定ハ、一方ニ於テハ広キニ失シ他ノ一方ニ於テハ狭キニ失スルガ如シ。何トナレバ既成法典ハ債務ノ一ガ不正ノ原因ニ本ヅクトキト定ムルモノナレバ、相殺ヲ対抗セントスル者ノ債権ガ相手方ノ不法行為ニ本ヅク場合ニ於テ相手方ガ負担スル此債務ト他ノ一方ガ相手方ニ対シテ負担スル債務トノ相殺ハ、仮令双方ガ之ヲ拒マザルモ尚ホ且ツ相殺スルコトヲ得ザルモノニシテ、既成法典ノ如ク相殺ハ法律《ママ》上当然行ハル、モノトスルトキハ斯ノ如ク規定ノ必要アルベシト雖モ、本案ノ如ク相殺ハ当事者ノ一方ヨリ相手方ニ対スル意思表示ニ依リテ行ハル、モノト為ストキハ、自己ノ不法行為ニ因リテ債務ヲ負担シタル者ガ此債務ヲ以テ債権者ニ対シ相殺ヲ主張スルコトハ固ヨリ之ヲ許サズト雖モ、債権者ガ其負担セル債務ヲ以テ不法行為ニ本ヅク相手方ノ債務ト相殺セントスルニ当リ法律ガ特ニ之ヲ禁ズル理由ナク、又之ニ因リテ決シテ法律ガ不法行為ヲ黙許スル如キ結果ヲ生ズルコトナシトス。故ニ既成法典ノ如ク、単ニ債務ノ一ガ不正ノ原因ニ本ヅクトキハ相殺ハ除却セラルト云フハ広キニ失スト云ハザルベカラズ。又既成法典ハ債務ノ原因ヲ指定シテ他人ノ財産ヲ不正ニ横取シタルトキニ限ルト雖モ、斯ノ如ク限定スルハ狭キニ失シテ其理由ナシトス。故ニ、本案ハ此二点ニ修正ヲ加ヘ、総テ不法行為ニ本ヅク債務ハ其債務者ヨリ之ヲ以テ相殺ヲ対抗スルコトヲ得ズト改メタリ。

▽民法修正案理由書第三編第一章第五節「第貳款相殺」九～一〇頁（第五〇八条）。

（常岡史子）

第五一〇条　債権が差押えを禁じたものであるときは、その債務者は、相殺をもって債権者に対抗することができない。

第五一〇条　債権カ差押ヲ禁シタルモノナルトキハ其債務者ハ相殺ヲ以テ債権者ニ対抗スルコトヲ得ス

原案第五〇七条　債権カ差押ヲ禁シタルモノナルトキハ其債務者ハ相殺ニ因リテ債務ヲ免ルルコトヲ得ス

【参照条文】

旧民法財産編

第五二六条〔第五〇九条の【参照条文】中に掲載〕

フランス民法

第一二九三条〔同右〕

オランダ民法

第一四六五条〔同右〕

イタリア民法

第一二八九条〔同右〕

ポルトガル民法

第七六七条〔同右〕

スイス債務法

第一三二条〔同右〕

スペイン民法(注1)

第一二〇〇条　債務の一方が、寄託に由来するとき、又は受寄者若しくは使用貸借の借主の債務に由来するときは、相殺は行われない。同様に、無償の扶養料債権者に対しては相殺をもって対抗することができない。

ベルギー民法草案

第一三〇〇条　債務の一方又は他方がいかなる原因を有していたとしても、以下の場合を除いて相殺が生ずる。

第一　違法な寄託の返還請求がなされたことにより、寄託物を現物で返還すべきでないとき。

第二　扶養料債務のように、債務が法律により差押不能とされているとき。

ドイツ民法第一草案

第二八八条　民事訴訟法第七百四十九条ニ掲クル債権カ質権ノ目的トナリ得サル限ハ之ニ対シテ相殺ヲ為スコトヲ得ス

ドイツ民法第二草案

第三三八条　債権カ質権ノ目的トナリ得サル限ハ之ニ対シテ相殺ヲ為スコトヲ得ス然レ圧病者、救済、死者殊ニ労役者ニ関スル金庫ヨリ受クヘキ取得ニ対シテハ自己ノ負担スル醵出ヲ以テ相殺ヲ為スコトヲ得

プロイセン一般ラント法

第一部第一六章第三六六条　負担されている扶養料に対しては相殺は生じない。しかしその反対債権は扶養されるべき人の扶養のために使われたものであるという異議を出すことができる。

ザクセン民法

第九九五条　給養ニ関スル要求ハ補助執行ノ物件タルコトヲ得サルモノニ限リ之ニ対シテ差引計算ヲナスコトヲ禁止スルモノトス

バイエルン民法草案

第二部第一章第一八八条　違法に奪われた物、供託された物、使用のために貸与された物の返還の訴えに対しては、相殺は行われない。扶養料の給付の訴えに対しても、これに対して補助的執行が許されていない場合には同様である。

(注1)　法典調査会議事速記録では第一二二〇条となっているが、第一二二〇条は、公正証書(actes publics)の写しの証拠能力に関する規定であり、相殺とは関係がない。内容から見て

第一二〇〇条の誤りであると考えられる〔高橋智也注〕。

【起草趣旨】

穂積陳重（二三巻八四丁裏～八六丁表）

本条は前に挙げた旧民法財産編第五二六条の第三号に当る。

これに相当する箇条は諸国にもある。債権差押えの場合には、その差押え後に取得した債権で相殺を主張することはできない。債権の差押えを禁じている場合には、相殺を主張することはできない。差押えを禁じた債権は、多くはその処分を禁じるものであるから、「債務ノ性質カ之ヲ許サヾル」という本案第五〇二条（確定条文第五〇五条）の中に入るだろうとも思うが、これは著しい場合であるし、差押えを禁じた債権が必ず処分を禁じたものだということは、外からは明らかではない。ドイツなどでは明らかにそのように見えているが、本案ではそうではないから、これは別に挙げた方が穏当だろう。旧民法には「債権ノ一カ差押フルコトヲ得サル有価物ヲ目的トスルトキ」と書いてあり、どちらからも相殺、即ち法律上の相殺が行なわれない。本案ではこの場合少し規定が異なっている。差押えを禁じた債権についてはその債務者は相殺を主張することが出来ない。しかし、例えば「養料」(注2)の権利を有している如き場合で、その債権者が自分が受ける権利のある養料権と自分の債務とを差引したいというときは、これを禁ずる理由はあるまい。なるほど養料の権利等においては、その人に「一生附」のものであるという性質があるが、しかしこの養料が払われたときにはどう処分しても構わない道理であるから、養料その他これに付随する債権は、債権者が相殺を請求することを許してよい。すべて権利は放棄できるものであり、このような債権であっても放棄することができる。故にこれを相殺するのが便利と自分が考えた場合には、法律上の相殺の如く強いるのではないから、その債権者は相殺を請求できる様にした方が便利だろう。それゆえ「債権カ差押ヲ禁シタルモノナルトキハ其債務者ハ相殺ニ因リテ」云々としたのである。ここも「相殺ヲ以テ債権者ニ対抗スルコトヲ得ス」と改めたい。

▼別段異議なく、「対抗スルコトヲ得ス」と改めて確定（二三巻八六丁表）。

（注2）　現在の「扶養料」にあたる。

【その後の経緯】

衆議院の委員会において、差押禁止債権の例について質問があり、梅委員は「民事訴訟法ノ第六百十八条カニアリマシタガ重モニア、云フ場合ヲ申シマス」と答えている（廣中俊雄編著『第九回帝國議會の民法審議』二二五頁）。

【民法修正案理由】

本条ハ既成法典財産編第五百二十六条第三号ニ聊カ修正ヲ加ヘタリ。即チ、既成法典ハ相殺ハ法律上当然行ハル、モノト認ムルニ因リ、本号ノ場合ニ於テモ、債権ノ一ヲ差押フルコトヲ得ザル有価物ヲ目的トスルトキハ相殺ハ行ハレズト規定スト雖モ、斯ノ如キ債権ヲ有スル権利者ガ此債権ヲ以テ自己ノ負担スル債務ト相殺セント欲スルトキハ、法律ハ特ニ之ヲ禁ズル理由ナキモノニシテ、既成法典ノ規定ハ此点ニ於テ広キニ失スト云ハザルベカラズ。例ヘバ養料ノ権利者ガ其債権ヲ以テ自己ノ負担スル債務ト相殺セントスルニ当リ、法律ハ当然相殺ハ行ハル、モノトシテ之ヲ強ユベキニ非ズト雖モ、亦其相殺ヲ禁ズル理由ナカルベシ。故ニ本案ハ本条ノ場合ニ於テモ前条ノ如ク、債務者ノミ相殺ヲ以テ債権者ニ対抗スルコトヲ得ズトシ、以テ本条ノ範囲ヲ限定セリ。
▽民法修正案理由書第三編第一章第五節「第貳款相殺」一〇～一一頁（第五〇九条）。

（常岡史子）

第五一一条　支払の差止めを受けた第三債務者は、その後に取得した債権による相殺をもって差押債権者に対抗することができない。

第五一一条　支払ノ差止ヲ受ケタル第三債務者ハ其後ニ取得シタル債権ニ依リ相殺ヲ以テ差押債権者ニ対抗スルコトヲ得ス

原案第五〇八条　差押命令ヲ受ケタル第三債務者ハ其後ニ取得シタル債権ニ依リ相殺ヲ以テ差押債権者ニ対抗スルコトヲ得ス

【参照条文】

旧民法財産編

第五二八条　払渡差押ヲ受ケタル債務者ハ自己ノ債権者ニ対シテ差押後ニ取得シタル債権ノ相殺ヲ以テ差押人ニ対抗スルコトヲ得ス

　又従来有セル相殺ノ原因ニ付テモ払渡差押ヲ受ケタル債務者ハ民事訴訟法ニ掲ケタル方式及ヒ期間ニ従ヒテ其原因ヲ述ヘタルニ非サレハ之ヲ以テ差押人ニ対抗スルコトヲ得ス

　右孰レノ場合ニ於テモ払渡差押ヲ受ケタル債務者ハ差押ノ金額又ハ有価物ニ付キ自己ノ債権ノ弁済ヲ得ル為メ差押人ト共ニ配当ニ加入スル権利ヲ有ス

フランス民法

第一二九八条　二箇ノ義務ヲ互ニ相殺スルニ因リ他人ノ権ヲ害スルヿナカル可シ〇故ニ義務ヲ行フ可キ甲者義務ヲ得可キ乙者ニ金高又ハ物件ヲ渡スノ差留ヲ他人ヨリ受ケシ後乙者ヨリ義務ヲ得可キノ権ヲ得タルニ於テハ其二箇ノ義務ヲ互ニ相殺シテ他人ノ権ヲ害ス可カラス

オランダ民法

第一四七〇条　〔フランス民法第一二九八条に同じ〕

イタリア民法

第一二九四条　責務ノ償殺ハ第三位ノ人ノ既ニ得有セル権理ノ存在スル有ルニ於テハ則チ之ヲ決行スルヿヲ得可カラス故ニ負責主ニシテ第三位ノ人ノ為メニ自己ノ債額ヲ勒抵セラレタル以後ニ転シテ責主ト為レル所ノ人ハ勒抵者ノ損害有ルニ関セス償殺法ニ依拠シテ以テ其負責主ニ対抗スルヿヲ得可カラス（仏民第千二百九

十八条〕

ポルトガル民法

第七七五条　相殺は第三者の権利を害して行うことができない。

スイス債務法

第一三三条　債権が仮差押えを受けている場合、債務者はこの債権を、仮差押えの通知後初めて取得した反対債権で、仮差押債権者を害して相殺することはできない。

スペイン民法

第一一九六条　〔第五〇五条の【参照条文】中に掲載〕

ベルギー民法草案

第一二九六条　債権者の債権者が第三債務者に対して債権差押えを行ったときは、第三債務者は、支払差止め＝差押え（saisie-arrêt）より前に債権者に対して取得した債権の相殺をもって対抗することができる。第三債務者が支払差止め＝差押えより後に債権者となったときは、差押債権者に対して相殺を対抗することができない。

ドイツ民法第一草案

第二八六条　債権カ差押ヘラレタルトキハ其債務者ハ差押後ニ取得シタル相対債権ヲ以テ相殺ヲ為シ差押ヲ為シタル者ニ損害ヲ加フルコトヲ得ス

ドイツ民法第二草案

第三三六条　債権ノ差押ニ因リテ債権者ニ対シ債務者カ有スル債権トノ相殺ヲ除却セス但債務者カ其債権ヲ差押後ニ取得シタルトキ又ハ此債権カ差押後ニ於テ其差押ヘラレタル債権ヨリ後ニ満期トナリタルトキハ此限ニ在ラス

バイエルン民法草案

第二部第一章第一八六条　裁判上差押えられた債権は、差押えを行なった第三者の不利益になるように相殺することはできない。

【起草趣旨】

穂積陳重（一三巻八六丁裏～八八丁表）

本条は旧民法財産編第五二八条第一項に当る。

(1)　本条の実質

本条の実質は旧民法を少しも改めていない。諸国の規定もおよそ同じで、相殺は第三者の権利を害してこれをなすことを得ずという原則を挙げて、そのことが説明のように出ている国もある。またポルトガルなどでは「此権利ハ第三者ヲ害スルコトヲ得ス」という単純な規則になっている。双方とも当を得ていない。旧民法のように書くのが一番よくわかると思う。

(2)　「払渡差押」を改めた理由

旧民法の文字を改めたことについてちょっと注意してもらいたい。旧民法には「払渡差押」とある。民事訴訟法はこの文字がなくて、「債権差押」となっている。なるほど払渡、差押というのもよくわかる字であるが、なるべく民事訴訟法の言葉に直す方がよかろうと思い、民事訴訟法第五九八条に「裁判所ハ第三債務者ニ対シ債務者ニ支払ヲ為スコトヲ禁シ」とあったから、本案で支払の差止とした。

その後よく考えて見ると、第二項には「差押命令ハ」云々とあって、取立てを禁じ支払を禁ずる命令を総称して差押命令と言っているから、「支払ノ差止ヲ受ケタル第三債務者ハ」というよりは「差押命令ヲ受ケタル第三債務者」という方が言葉によくかなう様に思う。それでこれまで使ったのは改めるつもりでここは差押命令と書いたので、その当否はなお考えてもらいたい。

(3)　第二項の削除について

第五二八条の第二項は置く必要がなかった。同条第二項には「従来有セル相殺ノ原因ニ付テモ払渡差押ヲ受ケタル債務者ハ民事訴訟法ニ掲ケタル方式及ヒ期間ニ従ヒテ其原因ヲ述ヘタルニ非サレハ之ヲ以テ差押人ニ対抗スルコトヲ得ス」とある。

民事訴訟法に掲げてある方式及び期間等によると、七日内にその原因を述べしむることを請求することを得、と書いてあって、必ずしもそれを述べさせるというものではない。それで、その請求が無かったときには「差押ヲ相殺スル」ことが出来ないというのは無理な話である。法律上の相殺に於てはこれが当るかも知れないが、本案のような場合には無理なことだと思う。もしその期間内に原因を述べないならば、いつでも述べることが出来るであろう。そうであれば、特にこのような箇条を本案に掲げる必要はない。

(4)　第三項の削除について

第五二八条第三項の規定は多分必要であろう。「右孰レノ場合ニ於テモ払渡差押ヲ受ケタル債務者ハ差押ノ金額又ハ有価物ニ付キ自己ノ債権ノ弁済ヲ得ル為メ差押人ト共ニ配当ニ加入スル権利ヲ有ス」。この配当加入の権利はどう考えてみても民事訴訟法の規定であろうと思う。民事訴訟法第六二〇条のあたりに加えるべきものであって、ここに書くべきものではないと思い、載せなかった。

【主要審議】

高木豊三（一三巻八八丁表〜裏）

なるほど配当加入ということは必要な手続かもしれないが、この訴訟法の全体を言うと、まず差押えをした者がドイツのように（注）質権まで有して配当加入を得る、ということになっている。「他ノモノデハ債権ノ方デハ幾ツモ差押ヘルコトガ出来ル二重ニモ三重ニモ差押ガ出来ル」。その差押えについて民事訴訟法で決めてあるのはこの差押えによって加入の権利を得られるということだけである。その他は「民法ニ従ヒ配当ヲ要求シ得ヘキ債権者ハ執行力アル正本ニ因ラヌ［ス］シテ売得金ノ配当ヲ要求スルコトヲ得」と民事訴訟法第五八九条に規定されている。例えば、破産宣告によって期限の利益を失うときには執行力ある正本に因らずして配当を要求することが出来るとかいう実質を民法の方に入れないと、民事訴訟法第五八九条には入らぬようになりはしないかという考えであるが……。

穂積陳重（一三巻八八丁裏）

今の配当加入のことは差押えの結果であって相殺の結果ではないように思うが、あの近辺に入れることは出来ないか。

高木豊三（一三巻八八丁裏〜八九丁表）

無論入らないことはない。相殺の結果でないということは無論だが、自分に債権があってこれを他の債権者の為に押えられ、自分も取るものがあるのに他の者に取られてしまって、自分が取るべきものを取らないでぼんやりしている、というのはどうであろうか。ここでは相殺を許すか許さないかということを決めるので、相殺は許さないが配当加入は出来る、法律上訴訟法に決めてある特別の行為をしないでも自分の債権については配当に加入する権利があるということを決めるのは、実質に掛りはしないかという考えである。もしそうならばここに決めて置いたならばどうかと思う。

梅謙次郎（一三巻八九丁表）

高木委員の話ももっとものように思うが、民事訴訟法第六二〇条に「執行力アル正本ヲ有スル債権者及ヒ民法ニ従ヒ配当ノ要求ヲ為シ得ヘキ債権者ハ差押債権者カ取立ヲ為シ」云々とあるから、現に民法中にある旧民法の如きものを皆まとめて第六二〇条に掲げるとしても煩わしくはあるまいと思う。

高木豊三（一二三巻八九丁表）
総てか。

梅謙次郎（一二三巻八九丁裏）
そのつもりである。

高木豊三（一二三巻八九丁裏）
期限の利益を失った時でも何でも。

梅謙次郎（一二三巻八九丁裏）
期限の利益を失った時はどうか知らないが、「総テ配当ニ加入シタ時ハ」というのは民法からはなるべく除きたい考えで、みんな第六二〇条に持ってゆくことは出来まいか……。

高木豊三（一二三巻八九丁裏）
そうすると、訴訟法にみんな場合を書かなければならない。

梅謙次郎（一二三巻八九丁裏）
そんなにありはすまい。執行力の精神を持たないもので、配当に加入することが出来るという場合だ。

高木豊三（一二三巻八九丁裏）
先取特権は……。

梅謙次郎（一二三巻八九丁裏）
先取特権は物権と見るから、それは別である。

議長（箕作麟祥）（一二三巻八八丁表）
これは、仮差押のことは要らなかったのか。

穂積陳重（一二三巻八九丁裏〜九〇丁表）
これまで「支払の差止」という字を用いていたが、その時にも私は訴訟によく通じていないからこういう文字を用いることに付てどうかと聞いた位で、今度「差押命令ヲ受ケタル」と書いたのは、よほど改良したつもりであった。しかしただ今議長からの注意があり、なるほどこれでは仮差押えは含まぬようになる。それゆえこれまでの文例通りに「支払ノ差止ヲ受ケタルトキハ」とした方が両方含むようであるから、「支払ノ差止ヲ受ケタル」ということに改めたい。

▼本条については外に異論なく、「支払ノ差止ヲ受ケタル」と改めて確定（一二三巻九〇丁表）。

（注）ドイツ強制執行法は動産（Bewegliches Vermögen）に対する強制執行に関して、第八〇四条で差押質権について規定している。

【民法修正案理由】

本条ハ既成法典財産編第五百二十八条第一項ニ字句ノ修正ヲ加ヘタルノミニシテ、相殺ハ第三者ノ権利ヲ害シテ之ヲ対抗スルコトヲ得ザル本則ヲ示スモノトス。而シテ既成法典同条第二項ノ規定ハ不必要ナルニ因リ、又同条第三項ノ規定ハ民事訴訟法ニ譲ルヲ以テ妥当ト認ムルニ因リ、共ニ之ヲ削除セリ。

▽民法修正案理由書第三編第一章第五節「第弐款相殺」一一頁（第五一〇条）。

（常岡史子）

第五一二条　第四百八十八条から第四百九十一条までの規定は、相殺について準用する。

第五一二条　第四百八十八条乃至第四百九十一条ノ規定ハ相殺ニ之ヲ準用ス

原案第五〇九条　相殺ニ適スル数箇ノ債務アル場合ニ於テ当事者ノ一方カ相殺ニ因リテ消滅スヘキ債務ヲ指定セスシテ相殺ノ意思表示ヲ為シタルトキハ第四百五十一条第二項及ヒ第四百九十二条ノ規定ヲ準用ス

【参照条文】

旧民法財産編

第五三三条　当事者ノ一方カ他ノ一方ニ対シテ法律上又ハ裁判上ノ相殺ニ服スル数箇ノ債務ヲ有スルトキハ其債務ヲ相殺スル順序ハ第四百七十二条ニ掲ケタル弁済ノ法律上ノ充当ノ規定ニ従フ

　相殺カ任意上又ハ合意上ノモノナルトキハ弁済ノ充当ハ第四百七十条及ヒ第四百七十一条ノ規定又ハ当事者ノ協議ニ従フ

フランス民法

第一二九七条　一人ニテ尽クス可キ数箇ノ義務ヲ負ヒ之ヲ他人ヨリ得可キ一箇ノ義務ト互ニ相殺セントスルニハ第千二百五十六条ニ記シタル規則ニ循フ可シ

オランダ民法

第一四六九条　〔フランス民法第一二九七条に同じ〕

イタリア民法

第一二九三条　同一人ニシテ償殺ヲ為スヿヲ得可キ数個ノ債額ヲ有スル所ノ者カ償殺ヲ為スニハ弁償ノ擬当ニ関シ第千二百五十八条ニ規定セル法則ニ准依ス可キ者トス〔仏民第千二百九十七条〕

ポルトガル民法

第七七〇条　複数の債務につき相殺を行うことができる場合において、明白な指示がないときは、第七二九条に定める順序に従う。

スペイン民法

第一二〇一条　〔当事者の〕一方が相殺可能な複数の債務を負っているときは、弁済の充当に関する規定を相殺の順序に適用する。

ベルギー民法草案

第一三〇二条　同一債務者により弁済されるべき相殺可能な複数の債務があるときは、相殺は充当に関する第一二四九条の準則に従う。

ドイツ民法第一草案

第二八四条　債権者ノ一方カ相殺ニ適スル数個ノ債権ヲ有スルトキハ相殺ニ因リテ消滅スヘキ債権ノ撰択権ハ相殺ヲ為ス債権者ニ属ス此場合ニ於テ選択ヲ為サスシテ相殺ノ意思ヲ表示シタルトキハ第二百六十七条第二項ノ規定ヲ准用ス

ドイツ民法第二草案

第三四〇条　債権者ノ一方カ相殺ニ適スル数個ノ債権ヲ有スルトキハ相殺ヲ為ス当事者ハ相殺スヘキ債権ヲ指定スルコトヲ得此指定ヲ為サスシテ相殺ノ意思ヲ表示シタルトキハ第三百十五条第二項ノ規定ヲ准用ス

　相殺ヲ為ス当事者カ相手方ニ対シ主タル債務ノ外利息及ヒ費用ヲ負担スルトキハ第三百十六条ノ規定ヲ准用ス

プロイセン一般ラント法

第一部第一六章第三七五条　債権者に対して債務者が複数の債務を負担している場合において、ひとつ以上の債務との間で反対債権の相殺が許されるときには、相殺につき、支払と同様の原則が妥当する。

ザクセン民法

第九九三条　数個ノ要求ニ対シ差引計算ヲナスコトヲ得ルトキ孰レノ要求ヲ以テ差引計算ヲナスヘキヤノ問ニ関シテハ数個ノ要求ノ同時ニ現存スルノ際ニ於ケル支払ニ付テノ規定ヲ適用スルモノトス（第九百七十九条第九百八十条）

バイエルン民法草案

第二部第一章第一八四条　相殺に適した複数の債権が同一人において併存するときは、第一六九条及び第一七〇条の規定が準用される。

【起草趣旨】

穂積陳重（二三巻九〇丁裏）

本条は旧民法財産編第五三三条に当り、その定質《ママ》においては異なっていない。相殺に適する債務が多くあった場合においては弁済充当の規定を適用するということに止まるのだから、別に説明を要する程のことはないようである。数個の債務があった場合、相手方もどの債務とこの債務とを相殺するということを言うだろうが、しかし随分関係のあることでもあるから、本条の如き規定は必要だと思い、置くことにした。

【主要審議】

横田國臣（二三巻九〇丁裏～九一丁表）

この相殺の順序のことはどうだろうか。之に時効を得た「者」(注1)があっても、その「者」(注2)は順序が後に廻って往く、それは「前ノ何ンデ」(注3)意味は分るだろうか。

穂積陳重（二三巻九一丁表）

これは甚だ不明な問題で私は少しも気がつかなかった。横田委員の質問は、例えば二番目三番目に時効に罹ったものがある場合にはそれを加えて順に往くということか。

横田國臣（二三巻九一丁表）

そうである。

穂積陳重（二三巻九一丁表）

第五〇五条（確定条文第五〇八条）は債権者はこれをもってというから、殊更にそれで相殺をなすという例外規定であり、狭く解釈する方が穏当ではないか。実は我々はまるでその場合を見ていなかった。

横田國臣（二三巻九一丁表～裏）

私の考えるには、一体この第五〇五条というものは道理ではないが、事実向うにも貸がある、此方にも貸があるということで、放って置くことを免れぬから設けられたものと思う。だからこれは規則を知らぬ者の為に設けたと言ってもよい位で、その理から推せば第五〇九条でもそれを先にして欲しいのであるが、どっちがよいか。

梅謙次郎（二三巻九一丁裏）

私の解釈ではやはり「第五〇四条」(注4)の中に入ろうと思う。即ち相殺の出来うべき債権であるから、相殺の点から言えば消滅しないもので、「第五〇四条」に入る。「第五〇四条」では、もし弁済期にないものと前に時効に罹ったものとがあれば、時効に罹ったものが先に死ぬとある。その次が皆弁済期になるならば、債務者のために弁済の利益多きものを先にするというから、今指摘のあった時効に罹ったようなものを先にするのが債務者の方に都合がよい。

穂積陳重（二三巻九一丁裏～九二丁表）

私も突然の質問に対して答をしたが、今考えてみるとなるほどそれは入った方がよいと思う。「相殺ニ適スル数箇ノ債務」とあるから、本案においても時効に罹っても相殺に適するのは適するので、横田委員の言うように、本案にこのような例外規定を設けるのも実際上の便益からだから、入ることとした方がよいと思う。

▼別段異論なく確定（二三巻九二丁表）。

（注1）（注2）これは債権のことであろう。

（注3）　原案第五〇五条（確定条文第五〇八条）のことであろう。
（注4）　以下ここでいう「第五〇四条」とは、弁済の充当に関する原案第五〇四条（確定条文第四八九条。本書五五八頁以下参照）を指す。

【その後の経緯】

民法整理会の席上、文章が確定条文第五一二条の形になった理由につき、富井政章委員より、語句上の修正に止まり実質的な変更は伴わないとの説明がある（民法整理会議事速記録四巻四一丁表〜裏）。

【民法修正案理由】

本条ハ既成法典財産編第五百三十三条ト同一ノ趣旨ニ本ヅキ、相殺ニ適スル数個ノ債務アル場合ニ於テ、当事者ノ一方ガ相殺ニ因リテ消滅スベキ債務ヲ指定セズシテ相殺ノ意思ヲ表示シタルトキハ、之ニ因リテ消滅スベキ債務ノ順位ハ弁済充当ノ規定ニ準ズベキ旨ヲ規定スルモノニシテ、即チ弁済ノ充当ニ関スル第四百八十七条乃至第四百九十条ノ規定ハ之ヲ相殺ニ準用スルモノトス。

▽民法修正案理由書第三編第一章第五節「第弐款相殺」一一頁（第五一一条）。

（常岡史子）

第三款　更　改

【起草趣旨】

梅謙次郎（一二三巻九三丁裏〜一〇〇丁表）

(1)　「更改」の款は、旧民法財産編第二部第三章第二にある規定とほとんど同じである。ただ、本条が旧民法と違うのは、「更改ノ条件」すなわち更改の成立する場合を改めた点である。もっともこの点は原案第五一〇条（確定条文第五一三条）の下で説明するとして、ここでは不必要または不穏当と考えて削除した箇条を簡単に挙げておく。

(2)　財産編第四九一条の削除（一二三巻九四丁表〜裏）

> **（参）　第四九一条**
> 債権者ハ其債権及ヒ担保ヲ有償ニテ処分スル能力ヲ有スルニ非サレハ更改ヲ承諾スルコトヲ得ス
> 右規定ハ合意上、法律上又ハ裁判上ノ管理人及ヒ代理人ニ之ヲ適用ス

財産編第四九一条（注1）と類似の規定は、フランス、オランダ、イタリア、ベルギー、プロイセン一般ラント法、バイエルン民法草案等、外国にも随分ある。けれども、（本案では、）既にこれまで、同様の場合には、常に能力に関する一般の規定に譲って、各々の箇所には掲げないことにしてある。もちろん、普通の「能力」の規定にあてはまらない場合には書かなければならないが、この第四九一条に書いてあることを立法者の精神に則して解すると、それは権［利］能力の一般に関する規定をここに掲げたにすぎない。

もとより、「此債権ヲ有償ニテ処分シテ呉レドンナ処分デモ宜イカラ有償ニテ処分シテ呉レ」という（債権者から依頼があった）場合に、（依頼された人が）更改をしてもかまわないということは言うを待たない。

それから、第四九一条が、ただ有償で処分することを許した場合に「他ノ方法デ売ツテ呉レ」ということが更改のような意味にとられるとしたら、それは非常に不都合な規定であると言わなければならない。立法者の精神は決してそうではないが、あるいはこのような解釈ができるかもしれない。そういうことになっては、かえってよくない。むしろ削除した方がよい。

(3)　財産編第四九二条の削除（一二三巻九四丁裏〜九五丁裏）

(参)　第四九二条

更改ノ意思ハ債権者ニ在テハ之ヲ推定セス明カニ証書又ハ事情ヨリ見ハルルコトヲ要ス

然レトモ同一ノ当事者間ニ於テ義務ノ更改アリタルカ二箇ノ義務ノ共ニ存スルカノ疑アルトキハ第三百六十条ニ依リテ債務者ノ利益ノ為メニ更改ノ意義ニ解釈ス

このような規定は、フランス、オーストリア、ポルトガル、スイス債務法、スペイン、ベルギー、ドイツ民法草案、ザクセン民法等、外国にも例の多いものである。しかしながら、これは、第一項の推定しないという部分についてそうであるだけで、第二項のような規定は、外には見られない。それどころか、オーストリアやスペインなどでは、正反対のことが書かれている。疑いのある場合には二個の債務が成立するものと推定するという規定があるくらいである。我々の考えでは、こういう規定はむしろない方がよい。当事者に更改をする意思があれば更改と見、債務を二つ成立させる意思があったならば、債務が二つ成立したものと見る。一旦更改を請求しないと言うと、むしろ義務が並存するのではないかという疑いが起こる。そうであるから、旧民法財産編第四九二条第二項のように、疑いのあるときは更改の意義に解釈するという奇妙な規定ができてしまった。

しかしながら、実際には、権利を主張する者が「権利ノ証拠」を出してこなければならないから、更改（と見ること）によって利益を得ようとする者が更改のあったことについて主張し、挙証する責任を負う。義務が二個並存しているということに利益がある者ならば、その者が証拠を持ち出さなければならない。実際はこういう問題に帰着するのであり、これはその他の場合と少しも変わることはない。然るに、ここだけに推定を設けるようにするのはよくないと考え、全部削除することにした。

(4)　財産編第四九三条の削除（一三巻九五丁裏～九六丁表）

(参)　第四九三条

旧義務カ停止又ハ解除ノ条件附ナリシトキハ更改ハ同一ノ条件ニ従フモノトノ推定ヲ受ク

又新義務カ条件附ナルトキハ更改ハ停止条件ノ成就シタルトキ又ハ解除条件ノ成就セサルトキニ非サレハ成ラス

右孰レノ場合ニ於テモ当事者カ単純ナル更改ヲ為サント欲シタル証拠アルトキハ此限ニ在ラス

これも、たとえば、ポルトガル、プロイセン一般ラント法、バイエルン民法草案など、外国にも多少例のあることである。けれども、これもやはり意思解釈の規定であって、こういう推定を設けておかなくても、多くの場合は当事者の意思はわかるだろうし、また当事者の意思が事実から探知できるのに法律に推定が掲げられてあるがために裁判官が「不親切ノ推定」によって裁判をするようなことがあってはよくない。むしろ規定のない方がよかろう。規定のない国の方が非常に多いことでもあり、削除することにした。

(5)　財産編第四九六条の削除（一三巻九六丁表）

(参)　第四九六条

債務者ノ交替ニ因ル更改ハ或ハ旧債務者ヨリ新債務者ニ為セル嘱託ニ因リ或ハ旧債務者ノ承諾ナクシテ新債務者ノ随意ノ干渉ニ因リテ行ハル

嘱託ニハ完全ノモノ有リ不完全ノモノ

有リ
第三者ノ随意ノ干渉ハ下ニ記載スル如ク除約又ハ補約ヲ為ス

財産編第四九六条については、その一部は本案の中にも取り込んだが、この規定中には「定義」がたくさんされており、「定例」を設けてそれに「定義」が加えられている。「ヤレ完全嘱託トカ不完全嘱託トカ云フモノガ設ケテアツテ」、それの説明もされている。こういうことはあまり必要はなかろう。「学者ガ名ヲ附ケルノハ宜イガ法典デ濫リニ術語抔ヲ附ケルノハ宜クナカラウ」。外国にもきわめて例の少ないことであるから、本案においても採用しない。

(6) 財産編第四九七条の削除 (一三巻九六丁表～九七丁表)

(参) 第四九七条
債権者カ明カニ第一ノ債務者ヲ免スルノ意思ヲ表シタルトキニ非サレハ嘱託ハ完全ナラスシテ更改ハ行ハレス此意思ノ無キトキハ嘱託ハ不完全ニシテ債権者ハ第一第二ノ債務者ヲ連帯ニテ訴追スルコトヲ得
第三者ノ随意干渉ノ場合ニ於テ債権者カ旧債務者ヲ免シタルトキハ除約ニ因ル更改行ハル之ニ反セル場合ニ於テハ単一ノ補約成リテ債権者ハ債務ノ全部ニ付キ第二ノ債務者ヲ得然レトモ此債務者ハ連帯ノ義務ニ任セス

第一項前段は、更改は推定しないということの当然の帰結である。また、後段は、財産編第四九二条と少し抵触するようであるが、仮に抵触しないように解釈ができるとしても、この場合は「連帯債務者ニナル前ニハ」債務者を保護したのに、ここでは債権者を保護したようになって、奇妙に感じられる。

それから、第二項では「全部義務」を推定している。けれどもこういう推定というものは、よほどの必要がなければ設けない方がよいし、外国にも余り例のないことでもあるから、本案では置かないことにした。ことに、この規定は次の点に不都合がある。つまり、「補約」によって一種特別の全部義務を見るということであるけれども、このとき多くの場合には、(第三者には)保証人になるという意思があると思う。債務者の義務を免除させるのみならず、もし債務者が払わなかったときは自分が払うという場合は、実際、保証人であることが多かろう。したがって、このような規定を設けなかったとしたら、当事者の意思は保証人になることにあり、その結果保証人の規則があてはまることになってきわめて結構なことと思う。

(7) 財産編第四九八条の削除 (一三巻九七丁表～九八丁裏)

(参) 第四九八条
完全嘱託及ヒ除約ノ場合ニ於テ新債務者カ債務ヲ弁済スルコトヲ得サルトキハ債権者ハ嘱託又ハ除約ノ当時ニ於テ新債務者ノ既ニ無資力タリシコトヲ知ラサルニ非サレハ旧債務者ニ対シテ担保ノ求償権ヲ有セス但特別ノ合意ヲ以テ此担保ヲ伸縮スルコトヲ得

この規定は、もし必要だとしたら非常に大事な規定であろう。フランス、オーストリア、イタリア、ポルトガル、ベルギー、ザクセン、バイエルン民法草案、カリフォルニア、ニューヨーク民法草案等にも皆これに関する規定がある。もっとも、このうちで、オーストリア、ザクセンおよびバイエルン民法草案は(規定内容が)正反対になっている。原則として担保の義務がないことは、規定がなくてもわかりきったことである。すでに債権譲渡の場合ですら、債権の存在は担保されていなければならないが、「債務者ノ労力」については担保されるものではない。

「嘱託」の場合については、本条ではこれを「譲渡」と見ていない。外国ではこれを「譲渡」と見ている例がたくさんあるけれども、本条では「譲渡」でないと見ている。けれども、「譲渡」と非常に似た性質のものである。この場合において、特約がなければ「労力」について担保の義務がないことは言うまでもない。かえって、本条の必要性は、「嘱託」の当事者において債務者が既に無資力であることを知らない場合に担保の義務があるという点にある。特約がある場合についても言うを待たないことだから、結局この点だけが「本条ノ骨」である。ところが、この点については、右に触れたように、反対の趣旨の規定のある国も随分ある。また、債権者が債務者の交替を承諾する際に「何ノ何某ヲ自今自分ノ債務者ト見テ其代リ貴殿ニハ従来ノ債務ヲ免スル」と言った以上は、たとえ契約の当時既に「第三ノ人」（新債務者）が無資力であったとしても、それは債権者の調査が至らなかったせいである。もっとも債務者の詐欺がある場合なら詐欺を理由として更改が取消されるから債権者は害を受けない。しかし、詐欺がない場合には、債権者が調査不足であったのだから、この結果を善意である（旧）債務者に負わせるのは不都合である。特約ある場合には格別、特約のない場合には、むしろ担保がないという方が、当事者双方を公平に保護するものであろう。そう考えてこの（旧民法の）主義をとらないことにした。そうであれば、担保の義務のないことは明文がなくてもわかりきったことであるから、規定を置かなかったのである。

(8)　財産編第四九九条の削除（一二三巻九八丁裏～九九丁表）

（参）　第四九九条
債権者ノ交替ニ因ル更改ハ債務者ト新旧債権者トノ承諾アルニ非サレハ成ラス

この規定も削除したが、これと反対に決するのではない。この通りでなければならないのだけれども、原案第五一〇条で更改は契約によって行なうということが書いてある。契約という以上は当事者の承諾を必要とする。それゆえ、旧債権者と債務者間に契約が必要なのは当然である。また、新債権者についてみても、その者に意思が全くなくて、知らない間に債権者になるということはない。自分が知らない間に他人の意思によって債権者になるということはもちろんないのであり、この者の承諾が必要であるということは、わかりきったことである。

特に、原案第五一二条以下に債権者の交替による更改が規定されているが、そこにはただ契約に必要なものを暗示しておき、さらに第五一一条において「債務者ノ交替ニ因ル更改ハ債権者ト新債務者トノ契約ヲ以テ之ヲ為スコトヲ得」と断っているから、債務者の交替による更改は、それだけでなく、もうひとり承諾をする者が必要であるということは自らわかると思う（注2）。

（財産編第四九九条のような規定は、）他国にも例はきわめて少ない。ただ、ザクセン民法にはあるが、御承知の通り同民法は非常に教科書的に出来ている。その他の法典には見当らないから、不必要と認めて原案では削除した。

(9)　財産編第五〇一条の削除（一二三巻九九丁表～裏）

（参）　第五〇一条

債権者ト連帯債務者ノ一人又ハ不可分債務者ノ一人トノ間ニ為シタル更改ハ他ノ債務者及ヒ保証人ヲシテ其義務ヲ免カレシム

然レトモ債権者カ右共同債務者及ヒ保証人ノ新義務ニ同意スルコトヲ更改ノ条件ト為シタル場合ニ於テ共同債務者及ヒ保証人ノ之ヲ拒ムトキハ更改ハ成立セス

連帯債権者ノ一人ト為シタル更改ハ其債権者ノ部分ニ付テノミ債務者ヲシテ義務ヲ免カレシム性質ニ因ル不可分債務ノ債権者ノ一人ト更改ヲ為シタルトキハ他ノ債権者ハ全部ニ付キ訴追ノ権利ヲ有ス但第四百四十五条ニ従ヒ計算ヲ為スコトヲ要ス

財産編第五〇一条は、要するに、連帯債務者、不可分債務者、不可分債権者または保証等に関する規定である。そのうちの必要な部分だけは、他の箇所で規定になっている。たとえば、連帯及び不可分に関しては、連帯・不可分の箇所に規定が置かれた。また保証に関しては、ここに書かれていることは規定を待つまでもなく明らかなことである。つまり、更改がいやしくも旧債務を消滅させるものであるならば、この旧債務についていた保証は、黙っていれば消滅する。保証人が新たに新債務について自分が保証人になることを承諾すると言えば、新しい保証債務が生じるのであって、これが有効なことは明文を待たないから、この規定は削除した。

⑽ 財産編第五〇二条の削除（一三巻九九丁裏～一〇〇丁表）

（参）第五〇二条
保証人ト為シタル更改ハ反対ノ意思アル証拠ナキトキハ保証ニ付テノミ之ヲ為シタリトノ推定ヲ受ケ主タル債務者ニモ他ノ保証人ニモ義務ヲ免カレシメス

既に述べたように、必要のないときにはなるべく推定を設けたくない。そして、保証人とした更改で債権者が反対の意思を表示しないときは、明文の規定がなくても裁判官は十中八九「更改ト見ル」にちがいない。当事者の意思が多少疑わしい場合に、「保証人ニ向ツテオマヘノ義務ヲ免カレシムルノミナラズ主タル債務者ノ義務ヲ免カレシメ様ト云フノニハオマヘカラ其事ヲ言ツテ呉レロト云フコトヲ言ハナケレバ普通ノ意思カラ黙ツテ居ツテモ出テ来様」とすることは、「普通ノ観念ヲ持ツテ居ル人」にはとうてい考えられないことである。ただ、場合によって、債権者が「自分ノ方ハ（注3）要ラヌカラ此通リ証書ヲ御返シ申ス」と言って債権証書を返還するというようなことがあったならば、その場合には主たる債務者もともに免除する意思であったということは言えるであろう。こういう場合には、たとえ保証人とのみ更改をしても主たる債務者が義務を免れることは「ナシトハ言ヘタ」（注4）。それでこのような規定は余り必要がない。むしろ削除した方がよい。

▼別段発議なく表題通りに確定した（一三巻一〇〇丁表）。

（注1） 原文には「第四百五十一条」と記されている。
（注2） 原案第五一一条等を勘案すれば、債権者の交替による更改の場合にも、旧債権者だけでなく、新債権者の承諾が必要であることは自らわかる、という趣旨か。
（注3） 原文には「悪ラヌ」と記されている。
（注4） 「ナシトハ言ヘヌ」か。

【民法修正案理由】

本款ハ既成法典財産編第二部第三章第二節ノ規定ニ相当シ、而シテ既成法典ニ於ケル更改ノ条件及ビ其場合等ニ関シテ修正ヲ施コシタルモノトス。修正ノ理由ハ之ヲ第五百十条ノ下ニ開陳スルコトトシ、茲ニハ既成法典ノ規定中不必要若クハ不穏当ナリト信ジテ削除シタルモノヲ挙グベシ。

既成法典財産編第四百九十一条ハ、更改ヲ為シ得ル能力ニ関シテ規定セリ。外国ニ其例ナキニアラザルモ、本案ハ既ニ総則ニ於テ一般ニ能力ニ関スル規定ヲ為シ、今特ニ之ヲ更改ノ場合ニ再言スルノ要ナキヲ以テ、同条ヲ削除セリ。

同編第四百九十二条第一項ニハ、更改ノ意思ハ債権者ニ在テハ之ヲ推定セズトセリ。此亦仏澳民法及ビ白独民法草案等ニ其例ヲ見ル所ナレドモ、法典ニ於テ此ノ如キ推定ヲ為スノ要ナシ。同条第二項ニハ債務者ノ利益ノ為ニ更改ヲ推定スル場合ヲ規定スレドモ、此ハ外国ニ其例極メテ少ナキノミナラズ、偶〻之ニ関シテ規定スルモノハ、却テ反対ノ推定ヲ下シオレリ。本案ハ、総テ此ノ如キ場合ニ何等ノ推定ヲモ設ケズ。事実ノ問題トシテ判官ノ認定ニ一任スベキコトナシ《ママ》、同条ヲ全然削除シタリ。

同編第四百九十三条ノ推定モ亦其要ナシ。同条第三項自身モ既ニ直チニ反対ノ証明ヲ許スベキ旨ヲ明言シ、益〻無用ノ推定タルヲ明ラカニセルヲ以テ、之ヲ削除セリ。

同編第四百九十七条第一項ニハ、嘱託ニ因ル更改ノ際、債権者ガ債務者ヲ免ズルノ意思ナキトキハ、新旧債務者ヲ連帯ノモノトスト規定シ、又其第二項ニハ、干渉ニ因ル更改ノ際、債権者ガ旧債務者ヲ免ゼザルトキハ、新債務者ヲ全部ノ債務者トスト規定スレドモ、此ノ如キ規定ハ同編第四百九十二条第二項ノ精神ニ協ハザルノミナラズ、又往々当事者ノ意思ニ反スルモノナリ。蓋シ、更改ノ成立セザル際ニ新債務者ガ連帯若クハ全部ノ義務ヲ負ハントスルノ意思ヲ有スルコト極メテ少カルベク、却テ保証ノ義務ヲ負ハントスルコトアルベキヲ以テ、此場合ニ保証ノ義務ヲ推定スルハ、寧ロ事実ニ近カラン乎。然レドモ本案ハ一切此種ノ推定ヲ下サズ。同条ヲ削除シテ事実ノ判定ニ一任スルコトトセリ。

同編第四百九十八条ニハ、債務者ノ交替ニ因ル更改ノ場合ニ、債務者ガ債務ヲ弁済スルコトヲ得ザルモ、債権者ハ旧債務者ニ対シテ担保ノ求償権ヲ有セズトノ旨ヲ掲ゲタレドモ、其言フヲ待タザルコト、尚債権譲渡ノ際ニハ、譲渡人ハ単ニ其債権ノ有効ニ存在スルノ事実ヲ担保スルノミニシテ、決シテ債務者ノ資力ヲ担保スルニアラズトノ事ヲ言フヲ要セザルニ等シ。同条ハ之ニ例外ヲ設ケ、嘱託又ハ除約ノ当時債権者ガ新債務者ノ無資力ヲ知ラザルトキハ旧債務者ニ対シテ担保ノ求償権アルモノトスレド、新債務者ノ資力ノ有無ハ債権者自ラ之ヲ調査スベシ、之ヲ調査シテ尚其無資力ヲ発見スルヲ得ザレバ、自ラ其不明ノ結果ヲ負担スベキハ当然ノコトナリトス。之ニ依テ観ルニ、既成法典ノ原文ハ、原則トシテハ当然言フヲ待タザル事項ヲ掲ゲ、之ニ例外トシテ条理ニ適セザルモノヲ加ヘタルモノナルヲ以テ、本案ニ於テハ同条ヲ全然削除シタリ。

同編第四百九十九条ノ実質ハ本案ノ採用スル所ナレドモ、明文ニ掲グルノ要ナシト信ジテ、之ヲ削除セリ。蓋シ、本案第五百十条ニ、更改ハ当事者ノ契約ヲ以テ之ヲ為スト曰ヘルニ因リ、此原則ヨリシテ更改ニハ債務者ト旧債権者トノ間ニ契約ヲ要スルコト明白トナリ、又新債権者ノ承諾ニ至リテハ、仮令法律ニ明文ナクトモ、事実上之ヲ要スルコト必然ナルノミナラズ、第五百十二条以下ノ規定ヨリシテモ、之ヲ推知スルニ足ルヲ以テナリ。

同編第五百一条ハ、連帯又ハ不可分ノ債権者若クハ債務者ノ一人ト更改ヲ為シタル場合ニ総債務者ノ義務ヲ免レシムルコト、及ビ同一ノ場合ニ保証人ノ義務ヲ免レシムルコトヲ規定スルモ、本案ニ於テハ、連帯不可分ニ関スル事ハ既ニ多数当事者ノ債権ノ下ニ規定シタルヲ以テ、茲ニ之ヲ再言スルノ要ナク、又原文ノ保証ニ関スル規定ハ当然言フヲ待タザル所ナルヲ以テ、同条ハ全ク之ヲ削除シタリ。

同編第五百二条ハ事実ヲ推定スルノ条文ナリ。明文ニ掲グルノ要ナキヲ以テ之ヲ削除ス。

以上ノ如ク、既成法典ノ更改ニ関スル規定ノ大半ヲ削除シ、余ス所ニ修正ヲ加ヘタリ。

▽民法修正案理由書第三編第一章第五節「第三款更改」一～三頁。

（潮見佳男）

第五一三条　当事者が債務の要素を変更する契約をしたときは、その債務は、更改によって消滅する。

2　条件付債務を無条件債務としたとき、無条件債務に条件を付したとき、又は債務の条件を変更したときは、いずれも債務の要素を変更したものとみなす。

第五一三条　当事者カ債務ノ要素ヲ変更スル契約ヲ為シタルトキハ其債務ハ更改ニ因リテ消滅ス

条件附債務ヲ無条件債務トシ、無条件債務ニ条件ヲ附シ又ハ条件ヲ変更スルハ債務ノ要素ヲ変更スルモノト看做ス債務ノ履行ニ代ヘテ為替手形ヲ発行スル亦同シ

原案第五一〇条　当事者カ(注1)債務ノ要素ヲ変更スル契約ヲ為シタルトキハ其債務ハ更改ニ因リテ消滅ス

条件附債務ヲ無条件債務トシ無条件債務ニ条件ヲ附スル(注2)ハ債務ノ要素ヲ変更スルモノト看做ス債務ノ履行ニ代ヘテ為替手形ヲ発行スル亦同シ

（注1）　民法議事速記録二三巻一〇〇丁裏では「カ」が脱落している。ここでは民法第一議案によった。

（注2）　民法議事速記録二三巻一〇〇丁裏では「…附スルト…」となっている。ここでは民法第一議案によった。

【参照条文】

旧民法財産編

第四八九条　更改即チ旧義務ノ新義務ニ変更スルコトハ左ノ場合ニ於テ成ル

第一　当事者カ義務ノ新目的ヲ以テ旧目的ニ代フル合意ヲ為ストキ

第二　当事者カ義務ノ目的ヲ変セスシテ其原因ヲ変スル合意ヲ為ストキ

第三　新債務者カ旧債務者ニ替ハルトキ

第四　新債権者カ旧債権者ニ替ハルトキ

第四九〇条　当事者カ期限、条件又ハ担保ノ加減ニ因リ又ハ履行ノ場所若クハ負担物ノ数量、品質ノ変更ニ因リテ単ニ義務ノ体様ヲ変スルトキハ之ヲ更改ト為サス

商証券ヲ以テスル債務ノ弁済ハ其証券ニ債務ノ原因ヲ指示シタルトキハ更改ヲ成サス従来ノ債務ノ追認ハ其証書ニ執行文アルトキト雖モ亦同シ

フランス民法

第一二七一条　義務ノ更改ハ左ノ三箇ノ方

法ヲ以テ之ヲ為ス可シ

第一　義務ヲ行フ可キ者義務ヲ得可キ者ニ対シ従来ノ義務ニ代ヘ更ニ新タナル義務ヲ契約シ従来ノ義務ノ消散シタル事

第二　従来義務ヲ行フ可キ者義務ヲ得可キ者ヨリ釈放ヲ受ケ新タニ義務ヲ行フ可キ者之ニ代リタル事

第三　新タニ結ヒタル契約ニ因リ新タニ義務ヲ得可キ者従来義務ヲ得可キ者ニ代リタルニ付キ其義務ヲ行フ可キ者従来義務ヲ得可キ者ニ対シ其義務ノ釈放ヲ得タル時

オーストリア一般民法

第一三七六条　第三位ノ人ノ間入ヲ要セサル時会ニ於テ若シ其貸付権ノ主要タル根基ヲシテ変更セシムルヿ有レハ則チ其旧責務ハ新責務ニ転換ス

第一三七七条　此責務ノ変更ヲ名ケテ責務転換ト曰フ此契約ノ効力ニ因テ其旧責務カ消滅スルヤ随テ即チ新責務ヲ起生ス〔仏民第千二百七十一条〕

オランダ民法

第一四四九条　〔フランス民法第一二七一条に同じ〕

イタリア民法

第一二六七条　責務ノ転換ハ左項ニ列挙スル三個ノ時会ニ於テ生成スル者トス〔仏民第千二百七十一条〕

第一項　負責主カ責主ニ対シテ新債ヲ起シ以テ旧債ニ換ルヿヲ結約スルノ時会

第二項　新負責主カ旧負責主ニ代替シ而シテ其旧負責主カ責務ヲ脱卸スルノ時会

第三項　新責主カ新責権ヲ得有シテ旧責主ニ代替シ而シテ負責主カ旧責主ニ対スル責務ヲ脱卸スルノ時会

ポルトガル民法

第八〇二条　更改は以下の場合に生ずる。

一　債務者が債権者に対して旧債務の代わりに新債務を約し、旧債務が消滅するとき

二　新債務者が旧債務者と交替し、旧債務者がその責めを免れるとき

三　新債権者が旧債権者と交替し、債務者が新債権者に債務を負うとき

スイス債務法

第一四二条　更改は以下の場合に存在する。

一　債務者が、これにより旧債務が消滅するという趣旨で新債務を債権者に対して引受ける場合

二　新債務者が従来の債務者を解放すると共に、これに代位する場合

三　新債権者が従来の債権者に、債務者が従来の債権者に対して解放されるという趣旨で、代位する場合

モンテネグロ財産法

第六二二条第一項　新債務が合意により旧債務の代わりとなった場合、新債務が成立した後、直ちに旧債務は完全に消滅する。

スペイン民法

第一二〇三条　債務は以下の場合に変更され得る。

第一　債務の目的又は主たる条件を変更するとき

第二　他の者が債務者の代わりとなるとき

第三　第三者が債権者の権利に代位するとき

ベルギー民法草案

第一二七一条　更改は以下の三つの方法によって生ずる。

一　債務者が債権者に対して旧債務に代わる新債務を約し、旧債務が消滅したとき

二　新債務者が旧債務者と交替し、旧債務者が債権者により免責されたとき

三　新たな契約の効果により、新債権者が旧債権者と交替し、債務者が旧債権者に対して免責されたとき

ドイツ民法第二草案

第三一三条第二項〔第四八二条の【参照条文】中に掲載〕

第三五七条　債務ハ債権者ト第三者トノ契約ニ因リ此者カ旧債務者ニ代ハル方法ニ於テ之ヲ引受クルコトヲ得

プロイセン一般ラント法

第一部第一四章第三九九条　ある人が旧債務者の債務を旧債務者に代って引受けたときには、旧債務者と債権者との間の全ての債務的拘束は解消される。

第一部第一六章第四五〇条　権利及び義務は、その発生の後といえども利害関係人の同意により変更され得る。

第四五一条　既存の債務に関して後になされた合意は、疑わしい場合には、本来の債務ができる限り変更されないように解釈されるべきである。

第四五二条　既存の債務に関する新しい証書を発行したことのみによっては、その債務は本質において変更されない。

第四五三条　同様に、弁済期がより詳細に又は別様に定められたり、無利息の債務について利息の約束がなされたり、あるいは利率に関して又は債務のために設定された担保について変更を加える取決めがなされた場合にも、債務の性質に変更はもたらされない。

第四五四条　しかしながら、新債務が明示的に旧債務にとって代えられた場合には、旧債務は更改により消滅する。

第四五五条　新債務が旧債務と併存し得ないように設定された場合には、たとえ旧債務が明示的に破棄されなかったとしても、旧債務は消滅する。

第四六一条　更改が債権者又は債務者の変更によりなされた場合の権利の帰趨については、各々の権利の該当箇所において定められる（第一一章第三節、第一四章第三九九条以下、第一六章第二六二条以下）。

ザクセン民法

第一〇〇一条　要求ハ契約ヲ以テ之ニ代ヘ新ナル要求ヲ創起スルトキ其新設契約ニ依リ解除セラル、モノトス此場合ニ於テハ原要求ヲ解除シテ新ナル要求ヲ創起スルノ主旨ヲ明述シ又ハ其他明カニ知了シ得セシムルコトヲ要スルモノトス

バイエルン民法草案

第二編第一五九条　債務は、債務関係の存在がその権原および内容に関して変更されることなしに、債務者と他人との間の合意により、この者へと移転することができる。

債務引受人は、これにより債務者に対して、その解放を実現すべく義務づけられる。

第一九七条　債務関係は、契約により新しい債務関係がそれに代えて設定された場合には、消滅する（債務の更改）。

第一九八条　債務の更改は、以下のことによってすることができる。

一　債権者と債務者が彼らの間に存在する債務関係に代えて内容または権原の異る債務関係を彼らの間に設定すること。

二　第三者が債権者との合意により、債権者との関係で、債務者の同意をもってまたは同意なしに債務者に代って義務を負い、かつ債権者が旧債務者を解放すること。

三　債務者が、彼をその債務から解放する旧債権者との合意により、債務者が債権者に対して負っているものを第三者に給付することを約束し、かつこの

第三者が当該約束を承認することを約束し、かつこの第三者が当該約束を承認することによって新債権者となること。

第二〇二条　債務の更改の結果、旧債務関係は弁済による場合と同様に消滅する。

旧債務関係と結合した優先権、担保権、保証及びその他の従たる請求権は、それらがその時の関係者により明示的に新債務関係に移転されない限り、消滅する。

インド契約法

第六二条　若シ契約ノ当事者ハ新契約ヲ以テ其契約ニ代ヘントシ或ハ其契約ヲ銷除又ハ変更セント合意スレハ元契約ハ履行サルルヲ要セス

カリフォルニア民法

第一五三〇条　更改とは、現存する債務を新しい債務に代えることである。

第一五三一条　更改は以下のようにして行なわれる。すなわち、

一　旧債務を消滅させる意図をもって、同一当事者間の新債務に代えることによって。

二　旧債務者を解放する意図をもって、旧債務者を新債務者に代えることによって。

三　旧債権者の権利を新債権者に移転する意図をもって、旧債権者を新債権者に代えることによって。

第一五三三条　新たな契約がなされたときは、第一五五一条において言及される意図が推定される。但し、反対の事実が明らかになった場合、またはそのような推定が、土地に対する負担、担保、保証の消滅を来たす場合はこの限りでない。

第一五三四条　更改が完了（complete）したときは、それは前に存在していた債務の満足としての効果を有する。

第一五三五条　更改は契約によって行なわれ、契約一般に関する全ての規定に服する。

ニューヨーク民法草案

第七三六条　更改とは、現存する債務を新しい債務に代えることである。

第七三七条　更改は以下のようにして行なわれる。すなわち、

一　旧債務を消滅させる意図をもって、同一当事者間の、新しい、またより高水準の（higher）債務に代えることによって。

二　旧債務者を解放する意図をもって、旧債務者を新債務者に代えることによって。

三　旧債権者の権利を新債権者に移転する意図をもって、旧債権者を新債権者に代えることによって。

第七三八条　更改は契約によって行われ、契約一般に関する全ての規定に服する。

第七三九条　債権者が債務者の新債務を、専ら同程度の他の債務の満足のための金銭支払に代わるものとして、また専らその時に履行期の来ている特定額の金銭支払に代わるものとして認容した場合、後者の債務は〔第七三五条の要件の下で弁済と認められない限り〕消滅することなく、新債務の履行期が到来するまで、その履行期が延長される。

【起草趣旨】

梅謙次郎（一三巻一〇一丁表～一〇七丁表）

本条は旧民法財産編第四八九条に修正を加えたものである。

(1)「要素」の意義

第一項の規定は、形式こそ違え、実質はほとんど同じつもりである。旧民法では、更改の方法として、目的の変更、原因の変更、債務者の変更、債権者の変更という四つのものがあげられていた。（このうち、

原因の変更については、）旧民法では、少くとも契約上の債務については、「原因」を債務の要素のひとつと見ていたため、ここで「要素」の中に「原因」が入っているのは一応もっともなように思われる。

しかし、本案においては、「原因」を「要素」としないつもりである。このことは、この更改の箇所では議決になっていないが、今までの案にそういう意味のものとして議決になったところがいくらでもある。そうしてみると、この本案の「要素」の中には「要素」でないものは当然入らないが、財産編第四八九条の規定の中で「要素」となるべきものは皆含まれている。それゆえに、元来の主義については旧民法と同じと言えるかもしれない。

(2)「原因」の変更について

しかしながら、「原因」変更を更改と見るかどうかということは、自ずから別問題として見ることができる。(「原因」は)「要素」ではないけれども、そういうものを更改と見る方がよいという考えが起こるかもしれない。それゆえに、「要素」ではないとの理由で門前払いをするという意味で旧民法の規定を原案のように変えたのではない。実質上必要がなくかえって不都合な結果を生じはしないかと思って変えたのである。というのも、(旧民法の）規定によると、たとえば、売買代金であったものを自分は借用金として義務を負うということを債権者・債務者間で契約すれば、これによって更改が成立する。また、家賃滞納分を貸金とみるということができる。草案の説明等を見ても、このような場合だけに(同条は）適用可能なのであって、これに対して、貸金を売買代金と見るとか、貸金または売買代金を家賃と見るということはできないと言ってある。これでは余りにも不都合であるけれども、(旧民法の規定からは）そうであろう。

なぜ売買代金を貸金とすることができても貸金を売買代金とすることができないかは、草案の説明では、(次のように言われている。つまり、）売買代金を一旦債権者が受取って、次に「之ヲ貴殿ニ斯ウ云フ条件デ貸サウ」ということはもとより可能である。あるいは、売買代金がまだ払われていないときに金を貸して、「此金ハ斯ウ云フ条件デ貴殿ニ貸スガ其代リ兼テ自分ニ借リニナツテ居ル売買代金ヲ払ヘ」と言って、貸した金を直ちに取り返すことができる。そのために、実際に金銭の授受をせず、名義だけ「貸金ヲ代金ニ」(「代金ヲ貸金ニ」か？）することができる、と。家賃についても同じ説明である。

この説明はちょっと考えてみると巧妙で面白いように思えるけれども、よく考えてみると、そもそも債権の性質というものは、(債権が）発生したときに決まるのである。そして、この債権の性質により法律の規定も随分違う。それで、当事者の意思で途中から勝手に性質を変えることができる（としたら不都合である）。先ほどの、売買代金を貸金にするという例は余り不法のようには見えないけれども、とにかくそこでは実際貸していないものを貸したことにしているということは争われない。名前の上だけで貸したことにしているのである。この結果、債権の性質に関して法律に種々の異なった規定を設けてあるのに、それを当事者の意思で勝手に変えることができることになる。もっとも、公益に関しないものならば契約でどのようにもできるけれども、これを越えて公益に関する規定まで契約で変えることが可能になってしまうかもしれない。これは不都合である。そこで、第一項の中から「原因」というものを除く決心で「要素」という字句を使ったのである。

しかしながら、「原因」というものがたとえば契約上の債務については一つの「要素」であるということならば、書き直す必要があるかもしれない。が、「先ツ仮ニ先ニ往ツテ原因ト云フモノハ要素ニ算ヘラレヌト云フ覚悟デ此処ハ要素トシテ置キマシタ」。

(3)　第二項の「条件」について

第二項の規定は、旧民法財産編第四九〇条を改めたものである。同条には、「当事者カ期限条件又ハ担保ノ加減ニ因リ又ハ履行ノ場所若クハ負担物ノ数量品質ノ変更ニ因リテ単ニ義務ノ体様ヲ変スルトキハ之ヲ更改ト為サス」とある。なるほど、この「条件」というものは、フランスの学者等の一般の観念によると、「もだりてゐー」があってもなくても契約その他法律行為の成立に関係ないように解釈される。しかしながら、この「条件」というものは、それが「到来」しなければ法律行為は全く効力を生じない。「到来」すれば完全に効力を生ずる。(「条件」が)「停止《ママ》条件」であれば、この「条件」が「到来」しなければ法律行為は成立しているけれども、もし「条件」が「到来」すると少くともその時点から法律行為は効力を失ってしまう。(「条件」とは)こういうものであるから「普通ノもだりてゐー」とは違う。「丸デ債務ノ性質ニ反シテ居ル」。現に付けられているもの(「条件」)をなくするとか、現在はないもの(「条件」)を付加するとかいうものを更改と見ないというのは、すこぶる穏かでないのではあるまいか。(「条件」というものは、)普通の用語法からは「債務ノ要素」の中には入らないのだけれども、(「条件」を除いたり付加したりすることは、)債務の他の要素を変えるのと同じくらい、あるいはそれ以上に大きな変化と見てよかろう。

ローマ法では、「条件」を加えるとか、取るとか、または変更するとかいうような事柄は、やはり更改と見られていた。ところが、フランス民法その他フランス民法にならった国々では、これを更改と見ないという主義がかなり行われてきた。しかしながら、我々の考えによると、理論においても実際においても、少くとも「条件」だけについては、ローマ法の主義のほうがフランス民法および旧民法の主義よりもよいと思って、このことだけを原案第二項で特に掲げることにした。

(4)　「期限」について

旧民法財産編第四九〇条の中では、やはり「もだりてゐーニシテ」期限のことがある。なるほど、ローマ法では期限を加えたり、今あるものをなくしたりするのは更改と見ていた。あるいは理論上はその方が正しいのかもしれない。個人的にはその方が正しいと思うが、これでははなはだ不便で仕方がない。つまり、期限なしで債務を負っていた者が、「都合ガ悪ルイノデ弁済ガ出キヌドウゾ少シ猶予シテ呉レ」と言うものだから猶予期限を与えると、その結果、前の債務が全部消えてしまうというのであれば、それ(前の債務)に関する担保を始めとしてすべての債務が皆消えてしまうことになる。それではすこぶる不便であろう。それゆえ、この「期限」に関しては旧民法の主義をとることにした。しかし、このことはわざわざ書く必要はなかろう。誰も「期限」が債務の「要素」だとは考えないであろう。

(5)　「担保ノ加減ニ因リ又ハ履行ノ場所」等についても、これと同様である。

(6)　「負担物ノ数量品質ノ変更」について

「負担物ノ数量品質ノ変更」は、旧民法財産編第四九〇条第一項では、「体様」を変じたものであり、更改と見ないとされている。けれども、この点については、本案と見方が非常に違う。「負担物ノ数量ヲ変シ品質ヲ変スル」ということは、とりもなおさず「目的物ヲ変ズル」のであって、「体様ヲ変スル」のではない。これは「目的ヲ変スル」のであり、近頃の法律でも皆更改と見ているから、やはり更改と見なければならない。たとえば、一〇〇円の主債務について保証債務を負っていた者が、（主債務が）一万円になっても（一万円につき）保証する義務を負うと言えるためには、（保証人との間で）特に契約をしなければならないと思う。加えて、この「体様」などという文字は草案にはなかったのである。どういう訳で（旧民法に）入ったのか。「数量ヤ品質ヲ変ズル」のを「体様」の変更と言うのは、あまり聞いたことがない。

(7)「商証券」が問題となる場合と更改

(i) 旧民法財産編第四九〇条第二項には、「商証券ヲ以テスル債務ノ弁済ハ其証券ニ債務ノ原因ヲ指示シタルトキハ更改ヲ成サス従来ノ債務ノ追認ハ其証書ニ執行文アルトキト雖モ亦同シ」とある。この後段部分は言うを持たないことであるから本案には掲げなかった。前段部分については、為替手形、約束手形、小切手などをひっくるめて商証券全体について、証券面に「元ノ原因」が書かれてあれば更改がなく、書かれてなければ更改があるという主義を旧民法はとっていた。しかしながら、手形だからといって一様に見ることはできない。

(ii) まず、為替手形については、これは「債務者変更ノ要約」とも言うべきものである。周知のように、手形法上、為替手形は主たる債務者をまず支払人と見る。支払人に債務がないときもあるけれども、とにかく支払人に一番先に請求すべきものと見ている。支払人に請求して、もし支払がなかったときは、今度は売渡人の外に裏書譲渡人も同様に償還請求を受けることになっている。この点ではフランス手形法の主義とは違っているけれども、わが国の現行手形法の主義は、まさに右のようになっている。そうすると、（為替手形を振出すことは）債務者変更の更改と見てよい。そうであるならば、たとえ初めの原因を手形面に書いていたとしても、それをもって更改でない、すなわち元の債権がそのまま残っているとは言えないと思う。一番最初に請求を受けうるのは、今までの債務者ではなくて、支払人たる手形の名宛人である。やはり、これは債務者の交替による更改と擬制して更改と見た方が穏かである。

(iii) これに対して、約束手形というものは、（債務者が）ある債務を負っているのだけれども、手形を持っている者に払うというために手形を発行するのである。「約束手形ト云フモノハ単独ニ出ルモノデナイ」。先に必ず（債務者が）義務を負っていて、これに対する権利を譲渡するには普通の証書では不便であるから約束手形という譲渡に便利な手形を渡すというのである。ただそれだけのことであるから、その（手形を発行した）時に権利の性質が変わると見るのは非常に穏かでない。なるほど、請求の方法等については、（約束手形による場合は、）普通の債権と違って「余程厳密ノ方法ヲ以テ」請求できるけれども、これは担保を供しておいたり公正証書を作っておいたりするのと同じ理由によるものであり、すなわち、執行の方法が容易であるとか執行の担保が多いとかいうだけのことである。したがって、それだけで債権が全く変ってしまい、前の債権が完全に消えてしまうとまで見ることはできない。

(iv) 小切手は理屈から言えば為替手形と

同じように見なければならない。けれども、小切手は慣習上流通を目的として、また、外に債権を持っている債務者がその債権の取立と自己の債務の弁済を一つの行為ですませてしまおうというような意思で、する（小切手を出す）ことも少ない。むしろ、自分の家に金を持っているのが不用心かつ不経済だからその金を銀行に預けておいて「其金ヲ取ツテ来テヤル」のである。また、小切手の期限は短いものである。しかも小切手を発行するということは世の中が開けるに従いますます増えてくるが、そこで前の権利が消えてしまって新たに権利が生ずると見たのでは煩わしくて実際不便である。そういうわけで小切手は除いた。

(v)　旧民法と違い原因が証券に書かれてあると否とを問わないことにした理由であるが、手形に原因を書くということは古い時代には行われたことであるけれども、近時の手形法にはほとんどない。法文にはあっても実際には行われていない。もっとも、「証券デ請取ツタ価デアル」とか「其金デ請取ツタ価テアル」とかいうようなことを法文に書けと言われれば書くけれども、（それを書いたところで、）実際はほとんど意味のないことである。それゆえ、今の債権を明らかに法律で示すというようなことは、今日では慣習上絶えてしまっていると言ってよかろう。にもかかわらず、こうした（今日絶えてしまった）ことを基準にして更改の有無の区別をするのは今日の慣習に適さないことであろうと思い、それで証券に何と書いてあるかを問わず、とにかく為替手形であれば更改があるが、その他の手形では更改がないとするのが便利であり、また理論的にも貫徹するであろうから、そのようにしたのである。

【主要審議】

一　「貸金」を「売買代金」と見る等の契約は可能か

磯部四郎（二三巻一〇七丁表）

売買代金を家賃として見るとか、貸金を売買代金として見るとかいうのは更改にはならないという説明であるが、更改になるかならないかは別として、そもそもそういう契約をすることは可能なのか。もしできるとしたら何という契約になるのか。それとも、そういう契約は民法で許さないということになるのか。

梅謙次郎（二三巻一〇七丁裏）

現実に金があって、金はあるが「自分ハ外ニ入用ガアツテ済マナイカラ夫レヲドウカ貸シテ下サイ」というような場合ならば、それは全く新しい契約が成立したのであって、更改でも何でもない。一旦弁済により初めの債務が消え、次に新しい貸借が成立して義務が生ずるのである。また、金銭等を持って来ずに、口上で「今迄ハ売買代金トシテ義務ヲ負フテ居ツタケレトモ今日以後ハ貸金ノ積リニシテ呉レ」と言っても、これによって債権の性質が変わるのではない。そのような契約は実際には効力がないことになる。

磯部四郎（二三巻一〇七丁裏～一〇八丁表）

実際上売買代金にすると、今日の出訴期限規則によれば、たとえば六か月で出訴期限が消える。品物がなくとも意思表示によって契約が自由にできるというのが今日では通常であるのに、売掛代金の債務者が出訴期限の短さゆえに売買代金を預り金にしたり、借用金にしたりするということについては、「金ヲ見レバ然ウ云フ契約ガ出来ルシ金ヲ見ズニスレバ契約ガ成立シナイ」とするのは、非常に変である。このようなことは、法律のどこかに根拠があるのか。契約の成立には物の現実の引渡は今日では不要であって、たいていは意思表示で十分である。（先ほどの説明では）借用金や預り金については「契約ト云フヨリハ」現実に物の引渡がなければならないということであったが、どうして借用金をもって売買代金を済んだものとする契約は成立しないものと見なければならないのか。

梅謙次郎（二三巻一〇八丁裏〜一〇九丁表）

　仮に、今示された契約が有効だとしても、代金を受け取る権利のある人が（現実に）受け取らないけれども受け取ったものと仮定して、それを直ちに同じ人に貸したことにしなければならないのであって、これが有効であるとすれば、更改として有効なのでなく、初めの債権の弁済があって、次に新たな貸借をしたというように見なければならない。

　しかしながら、そういう契約は「法律上ノ眼カラ見テ」効力のないものとした方が穏当だと考えた。というのも、磯部委員が述べたように、時効については、売買代金のようなものは、長く存しておいたのでは多くの場合に不都合があるからという理由で、法律上の必要から早く消滅するようになっている。それなのに、当事者の意思のみによって、法律では一年で消えるとしているものを、当事者が名義だけ貸借にすれば、今度の案では二〇年続くことになる。当事者の意思で法律上の時効の規則を勝手に変更することができるというのは納得がいかない。なるほど、そういうことは、ある意味では便利かもしれないし、また、時々行われていることも承知しているが、そういうことでは法律がないがしろにされるから、よしておいた方がよい。そう考えたからである。

磯部四郎（二三巻一〇九丁表〜裏）

　なるほど、時効を放棄するとか何とかいうことは法律で定まっているが、時効の期限を伸縮することは、（債務の存在を）追認することによって何時でもできるではないか。売掛代金だから追認しようがすまいが必ず六か月で消滅するということでもあるまい。また、このような場合には更改は成り立たないと言うけれども、私の考えでは当然成り立っていると思う。売掛代金を将来借用金にするとか、店賃を預り金にするとかいうことは少しも公の秩序に反しないし、契約の自由ゆえに差支えがない。これを禁じるというのであれば、特別の法文がなければならない。

梅謙次郎（二三巻一一〇丁裏〜一一二丁裏）

　磯部委員の質問は、問題となっているような契約は公の秩序に少しも反しないのになぜ効力を生じないのかということであった。磯部委員は、当事者の考えで時効の期限を伸縮するのは任意であるのになぜいけないのかと言ったけれども、そこに（私の考えと）磯部委員の主義との違いがあるのである。なるほど、外国の法律にはそういう主義を採ったものも稀にはあるが、時効というものは公益のために法律によって設けられたものであるということは疑う余地のないところである。それを当事者の意思で勝手に変えてよいということは、どうも出てこない。それゆえ、私は、時効の期限はやはり旧民法と同じように当事者の意思で変更することのできないものと見る。初め売掛代金であったものを当事者の意思だけで時効期間の非常に長い貸金にしてしまうというのは、実際の目的は主に短い時効を長い時効にすることにあるのであろうが、それは我々の認めないところである。

　もし、こういうことを認めるのだとしたら、それはここ（「更改」の箇所）だけで論ずべきものではなくて、既に「時効」の箇所で論ずべきことである。「此規定ハ随分例ノ多イ規定デアリマスガ」、旧民法中にある短期時効に属する債権を後に追認するとその時から期間が長くなったものと見る、すなわち普通の期限二〇年で時効は成就しないということがある。その理由は磯部委員が言ったのと同じことであって、つまり、当事者が「書附」をもらうと言えばそれは貸金と同じに見るという意思であっただろうということから、そういう規定ができたのである。もし当事者の意思で売買代金を貸金にすることができるという都合のよいことであったならば、貸金という嘘をつかずに「是レハ短期時効ノ債権デアルケレドモ今度ハ長期時効ニシタ」ということを言うのを当事者に許してよさそうなものである。しかし、このようなことを、法律を当事者の意思で勝手に変えるのは穏かでないとの理由から採らなかったということは、先に説明したとおりである。

それゆえ、更改という「間接ノ方法」で時効規定を勝手に変えるというのは穏かでない。磯部委員は、他の方法で時効を伸縮することが勝手にできるではないかと言うが、他の方法ではできない。五年で時効期間の経過すべきものを、予め、自分だけに対しては一〇年間あるいは二〇年間あなたは請求してよいということは、決してできない。それなのに、直接五年を二〇年にすることができないなら、形を変えて、間接的に嘘をついて実際借りない物を借りたとすると期限が長くなり、その方がよいというのが我々と（磯部委員）の違いである。今挙げたような契約が無効になっても困ることはない。そのような契約を結ばなくても、時効は追認によって長くなる。だから、五年の時効であれば「五年ノ来カカツタトキニ」追認をすればよい。一年の時効の場合も同様である。債権者も、もし期限を長くしたいならばそれを長くすればよい。それをしなかったならば（時効にかかっても）仕方がない。やはり普通の時効に従って、初めが売掛代金なら爾後も売掛代金、初めが貸金ならば貸金、初めが家賃ならば家賃という方が「事実ノ有ノ儘」でよかろうという考えである。そうであるのに、もし磯部委員が言うように売掛代金を貸金にする契約は不法でないから明文なき限りそういう（契約を締結する）ことができるというのであれば、「ドウ云フ名義ヲ以テ要約スルカト言ヘバ」、どうしても黙示の占有というものを口実にして、実際には自分（債権者）には金はないが、とにかく代価を受け取ったと見た上でそれを貸し出したものと見るより外はなかろう。

二　原因の変更と更改

磯部四郎（二三巻一〇九丁裏〜一一〇丁裏）

今挙げた場合に、新たな義務が発生したのであって売掛代金債権は消滅してしまっているというのであれば、さらに疑わしいのは、前契約が不法な売買であったり、法律上成立していない場合の処置である。もし更改があったとすれば、後の契約も前の契約もともに消滅しなければならない。逆に、更改はなく新たな義務（が発生した）と言うのであれば、前の売買が不成立であった場合には、どのような関係に戻るのであるか。（債務者は、）借金は借金で払って、代金についてはこれと別に取り戻さなければならないことになる。その際、取り戻すまでに時効が来てしまっているかもしれない。更改だと見ておけば実際の適用が簡易になるのに、更改でなくて新たな契約であると見ると、旧契約の不成立は新契約に少しも「原因シナイ」（影響を及ぼさない）ことになる。こういう難しいことをしなければならない必要性はどこにあるというのか。「契約ヲ組織スルニ付テ必要ノ要素」には自ら変更があったのである。やはり旧民法の主義を採用して、前の「原因」に変更があったときには更改があるということにしておくのがよいと思うが、そうするのにどのような不都合があるのか尋ねたい。

梅謙次郎（一二三巻一一二丁裏～一一三丁裏）

磯部委員は、必ず更改と見なければならない理由を説明する中で、初めの売掛代金債権が不法原因により成立しなかった場合、後の義務も成立しないのに、もし更改でないとするとそれが成立してしまい、大変困りはしないかと述べた。けれども、私は仮にそうなっても実際困るようなことはないと思う。なぜなら、そういう場合には代金を払ったという事実が先にあると見る。そうするとこれは「不当弁済」であるから取戻すことができる。そこで、取戻すべき代金と後の貸金とを相殺することもできる。また、貸金の期限の到来しない間に請求をして取戻すこともできる。このように、少しも不都合なことはない。ただ、貸借によって義務を負っている者が相殺によってその義務を消すということと初めから成立しない債権であるということとは違うから、実際上は不便はない。

また、磯部委員は、「原因」は「要素」に入ると言う。「今迄其問題ヲ直接ニ決シタコトハナイカラ今日ハ磯部君ガ然ウ云フ御意見デアツテモ仕方ガナイコトデアリマスガ」、私の考えでは、「原因」を「要素」としない。したがって、「自然義務」の要素も変ってしまう。私は「自然義務」が実際に存在していると思うが、それを「自然義務」として法律に規定する必要はない。なぜなら、本案では「原因」というものを認めていないため、何も「自然義務」などということを言う必要はなく、そもそも「原因」はなくても債権は成立する。いやしくも承諾さえあれば成立する。元来、債権があったには違いない。それを時効その他の方法で消滅したと見ているのであるから、これは気の毒だから払うというのであるなら、前の債権は消えたと思っても差支えない。「原因」の存在を（法的には）認めないということで「自然義務」という章を削除したくらいである。このように、我々起草者の間では「原因」を債務の「要素」とは見ていない。それゆえ、もし「原因」の変更ということを許しかつそれを更改と見るのであるとしたら、ここ（更改の箇所）に特に規定を置くか、あるいは「原因」を「要素」と見るかどうかにつき先決問題として決するかしないと、先になって困る。そうだろうと「自分勝手ニ極メテ」、「原因」が「要素」であるということでは「磯部君ノ意思ニ反スル」。もし、「原因」が「要素」であるということならば、ここを改めてもらわなければ困る。

高木豊三[注3]（一二三巻四六丁表～裏）

将来の解釈のために一言しておく。起草趣旨に異議を唱える見解（磯部説）では、この（条文の）「要素」の中に「原因」も入っていると解釈すればよいではないかということである。本条をこのまま通してしまってもよいのであるが、それだと、後日、解釈上故障が起こるであろう。したがって、私としては、起草者の説では「要素」の中には「原因」が入っていないということ、および、売掛金または家賃を貸金に変えた場合には、前の債務を弁済して新たな債務を発生させたのであって、それゆえ後に発生した貸借は、（仮に）現実に金を渡したのではなくて代金または家賃を貸金に直したのであるとの事実が明白になったとしても、後のものは貸借として有効であるということ、この二点を起草者の口から一言述べておいていただきたい。

梅謙次郎（一二三巻四六丁裏～四七丁表）

先ほどから言っているように、当事者の意思が先に存在する売買代金を弁済してさらに直ちに貸借をするということにあると見ることのできる場合ならば、それはもとより有効であって、更改ではないが、前に述べたような結果になる。しかしながら、初めからそういう意思に出るのではなくて、ただ名義だけを貸金にするので、「初メカラ打チ明ケテ」言うのであるなら、それは不法になる。

富井政章（二三巻四七丁表～四八丁表）

私もほぼ（梅委員と）同じ考えである。すなわち、高木委員が言ったような場合には、一旦弁済によって債務が消え、それから別に貸借の関係が生ずることになる。「原因ニ依ル更改」があったのではない。以上のような主義を本条に採用したのである。しかし、もし「原因」を「要素」として認めるのがよいということであるのならば、ここで先決問題として決めておいた方が便利である。なぜなら、「先刻御手許ニ廻ツタ」次の議案の「第二章　契約ノ成立」のところでも、「原因」は契約の「要素」ではないという精神で起草しており、これらにも大きな影響を与えそうな大問題だからである。

しかしながら、我々の考えはこれまで度々この議場において述べてあるし、また、諸委員においても「原因」を「要素」と認めないということを暗黙に評議したと見られてもよい形跡がある。すでに目録に「自然義務」が載っていないのも、その一つの証拠である。また、これまで度々「原因」の問題が生じたが、「原因」というものを認めないということを言った際には一度も議論は生じなかった。それゆえ、そのつもりで次の契約総則にも着手しているのである。（それなのに、）もしも「要素」の中に「原因」が入るということになるというのならば、根本からひっくり返さなければならないことになる。

高木豊三（二三巻四八丁表～裏）

ただ今の富井委員の説明で私の希望するところはいよいよ確かになった。先決問題として「要素」の中に「原因」が入るかどうかということが決まれば結構なことだが、そもそも総則のところで契約の「要素」とは何かということについて随分議論したにもかかわらず、結局は個々人の解釈の問題である、すなわち、「原因」が「要素」の中に入るように解釈する人はそう解釈してもよい、また入らないと解釈する人はそう解釈してもよいとして、「要素」とはこれこれであるとは限定しないということで済ませてきたのであった。その後の箇所で、起草者の考えとしては（「原因」が「要素」の中に）入っていないとの主義で条文を起草していながら、「こちらノ方ハ」それを気づかずに通過しているところもあるであろう。すなわち、（「原因」が「要素」の中に入っていないということを）暗黙のうちに承諾している場合がたくさんあろう。そこで、どうであろうか。今日ここで先決問題として「原因」を「要素」の中に入れるということになっては困るということを議論してはどうか。これまでの通りに各人の解釈にまかせておくということにでもなれば格別、そうでなければ決着がつかない。

富井政章（二三巻四八丁裏）

「契約ノ成立」がこの次にとりあげられるのなら、そこでの議論になっても異議はない。

高木豊三（二三巻四八丁裏）

それなら、今日は出席数も少ないから、そこで議論することをお願いする。

▼原案通り確定した（二三巻四九丁表）。

（注3）　法典調査会民法議事速記録第二三巻では、一一三丁に続いて、さらに四六丁～七一丁が重複して存在する（その結果、四六丁～七一丁については、二三巻中に内容の異なる二種の丁番が存在している）。第二三巻に関するここまでの丁番は、このうちの前の部分に該当する。こ

れに対して、これより後の丁番は、後の重複の部分に該当するものである。

【その後の経緯】

第二項の修正について、整理会において、梅委員が次のように説明している。条件付債務を無条件とし、無条件を有条件とするのを債務の要素を変更するものと看做すというのであれば、甲の条件を乙の条件に変更するのも債務の要素の変更になる。例えば「雨ガ降ツタラ」というのを「斯ウ云フ雨ガ横浜ニ降ツタラハ」と変更すれば「丸テ債務ノ要素ガ変ハツテ仕舞ウ」。このことに気付かなかったのは、起草委員の粗漏であった（民法整理会議事速記録四巻四一丁裏）。

衆議院民法中修正案委員会において、本条（この段階では第五一二条）第二項で条件の有無・変更を更改の問題とするのは不適切であるとの意見が出された。梅委員は、条件と期限とはその性質が異なる、期限が到来する前であっても権利の内容はすでに確定しているが、「雨が降ったら傘をあげる（降らなければあげない）」というのと「（降っても照っても）傘をあげる」というのとでは大変意味が違うのであるから、条件については更改の問題としなければならないと説明した。それに対し、旧民法と同様、条件の有無・変更を更改としないとする修正案が出されたが、採決の結果、賛成少数で否決された（廣中俊雄編著『第九回帝國議會の民法審議』二二三～二二五頁）。

【民法修正案理由】

本条ハ、既成法典財産編第四百八十九条及第四百九十条ヲ併合シテ、之ニ修正ヲ加ヘタルモノナリ。左ニ其大要ヲ述ベン。

一、原文第四百八十九条ニハ、更改ノ場合ヲ分チテ四トシ、目的又ハ原因ノ変更スル場合ト、債権者又ハ債務者ノ変更スル場合トセルヲ、本案ニ於テハ略言シテ、更改ハ債務ノ要素ヲ変更スル契約ニ因リテ之ヲ為ストシタリ。然リ而シテ、既成法典ハ原因ヲ債務ノ要素トスルガ故ニ、本条ノ如ク記載スルトキハ、原因ノ変更モ亦更改ヲ成セドモ、本案ハ、原因ヲ要素ト認メザルガ故ニ、本条ノ規定ニ由リテ原因ノ変更ハ更改ヲ成サザルコトトナリ、多クノ弊害ヲ未発ニ防グノ益アリ。

二、本条第二項ハ、既成法典財産編第四百九十条ニ修正ヲ加ヘタルモノナリ。同条ハ条件ノ取捨増減ヲ以テ更改ヲ成サズトシ、其理由トスル所ハ、条件ハ契約ノ成立ニ関係ナキ「モダリテー」ナリト言フニアレドモ、条件ニハ、或ハ之ガ成就セザルニ於テハ義務ノ発生セザルモノアレバ、又其到来ニ因リテ既存ノ義務ヲ消滅セシムルモノモアリテ、普通ノ「モダリテー」トハ著シク異ナル所アルヲ以テ、本案ニ於テハ、条件ノ取捨ヲ債務ノ要素ヲ変更スルト同一ノモノト看做シテ、更改ノ原因ト認メタリ（此点ニ於テハ、羅馬法モ本案ト同一ノ主義ナリトス）。期限ノ変更ヲモ更改ノ原因トスルハ理論ニ適シ、且羅馬法ニ例アル所ナレドモ、実際ノ便益上、此ノ如ク認メザルヲ可トス。担保ノ加減、履行ノ場所ノ変更ノ如キハ、総テ既成法典ト同ジク之ヲ更改ノ原因トセザルナリ。物ノ数量又ハ品質ノ変更ハ、義務ノ体様ノ変更ニアラズシテ、寧ロ其目的ノ変更ナルヲ以テ、当然更改ヲ成スベキモノトス。

三、既成法典財産編第四百九十条第二項ニハ、商証券ニ債務ノ原因ヲ指示スルト否トニ由リテ更改ノ有無ヲ判断スベキモノトスレド、此標準ガ極メテ不当ナリ。蓋シ、実際ニ於テハ、証券ニ債務ノ原因ヲ指示スルガ如キコトハ、取引頻繁ノ商業界ニ普ク行ハレ得ベキコトニアラザルガ故ニ、此クノ如クンバ、商証券ノ作成ハ常ニ更改ヲ成スコトト為ルベシ。因テ、寧ロ斯カル区別ヲ廃スルヲ可トス。尚ホ、同条ハ証券ニ債務ノ原因ヲ指示セザルニ於テ、其商証券ノ為替手形タルト約束手形タルト将タ又小切手タルトヲ問ハズ、悉ク之ヲ以テ更改ヲ成スニ足ルモノトスルノ主意ナルハ、余輩ノ賛セザル所ナリ。為替手形ハ債務者之ヲ発行シ、支払人ヲシテ直接ニ之ガ弁済ニ当ラシメ、自己ハ唯償還請求ヲ受クルノ地位ニ立ツノミナルヲ以テ、従テ、之ヲ与フルハ、恰モ債務者ヲ変更スルガ如キ観アルニ因リ、之ヲ更改ト認ムルモ可ナレドモ、約束手形ニ至リテハ、債務者自ラ他日ノ支払ヲ約スルニ過ギズシテ恰モ債権者ニ確実ノ債務証書ヲ交付スルニ似タルモノナルガ故ニ、仮令其執行方法ノ容易ニシテ、又流通ノ性質ヲ備フルモノタルニ拘ハラズ、之ヲ更改ノ原因ト為スヲ得ザルナリ。小切手ニ至リテハ、其形ノ著シク為替手形ニ類スルニ因リ、為替手形ニ適用スルノ規定ヲ之ニ準用スルモ可ナルニ似タレドモ、小切手ヲ発行スルノ精神ハ、為替手形ヲ発行スルノ精神ト全ク異ナリテ、金銭ノ保存ヲ確ムル為ニ之ヲ寄托シ、而シテ其引出ヲ便ニスルノ一方法ニ過ギズ。従テ、其期限ノ如キモ、為替手形ニ比シテ頗ル短期ナルガ故ニ、之ガ発行ヲ以テ更改ト為ストキハ実際ノ不便少シトセザルベシ。以上ノ理由ニ因リ、本案ハ、為替手形ノ発行ニ限リテ更改ヲ成スモノトス。又苟モ為替手形タル以上ハ、之ニ債務ノ原因ヲ指示スルト否トヲ問ハズシテ、更改ヲ成スモノトセリ。

同項末文ハ言フヲ俟タザル所ナルヲ以テ、之ヲ削ル。

▽民法修正案理由書第三編第一章第五節「第三款更改」三～五頁（第五一〇条）。

（潮見佳男）

第五一四条　債務者の交替による更改は、債権者と更改後に債務者となる者との契約によってすることができる。ただし、更改前の債務者の意思に反するときは、この限りでない。

第五一四条　債務者ノ交替ニ因ル更改ハ債権者ト新債務者トノ契約ヲ以テ之ヲ為スコトヲ得但旧債務者ノ意思ニ反シテ之ヲ為スコトヲ得ス

原案五一一条　債務者ノ交替ニ因ル更改ハ債権者ト新債務者トノ契約ヲ以テ之ヲ為スコトヲ得但旧債務者カ不同意ヲ表シタルトキハ此限ニ在ラス

【参照条文】

旧民法財産編

第四九六条　債務者ノ交替ニ因ル更改ハ或ハ旧債務者ヨリ新債務者ニ為セル嘱託ニ因リ或ハ旧債務者ノ承諾ナクシテ新債務者ノ随意ノ干渉ニ因リテ行ハル

嘱託ニハ完全ノモノ有リ不完全ノモノ有リ

第三者ノ随意ノ干渉ハ下ニ記載スル如ク除約又ハ補約ヲ成ス

第四九七条　債権者カ明カニ第一ノ債務者ヲ免スルノ意思ヲ表シタルトキニ非サレハ嘱託ハ完全ナラスシテ更改ハ行ハレス此意思ノ無キトキハ嘱託ハ不完全ニシテ債権者ハ第一第二ノ債務者ヲ連帯ニテ訴追スルコトヲ得

第三者ノ随意干渉ノ場合ニ於テ債権者カ旧債務者ヲ免シタルトキハ除約ニ因ル更改行ハル之ニ反セル場合ニ於テハ単一ノ補約成リテ債権者ハ債務ノ全部ニ付キ第二ノ債務者ヲ得然レトモ此債務者ハ連帯ノ義務ニ任セス

フランス民法

第一二七四条　新タニ義務ヲ行フ可キ者従来義務ヲ行フ可キ者ニ代リ義務ヲ更改スルヿハ従来義務ヲ行フ可キ者ノ立会ナクシテ之ヲ為スヿヲ得可シ

第一二七五条　従来義務ヲ行フ可キ者自己ニ代リテ新タニ義務ヲ行フ可キ者ヲ定メシ旨ヲ義務ヲ得可キ者ニ述フルト雖𪜈其義務ヲ得可キ者従来義務ヲ行フ可キ者ヲ釈放ス可キヿヲ別段述ヘタル時ニ非サレハ義務ノ更改スルヿナカル可シ

第一二七七条　義務ヲ行フ可キ者自己ニ代リテ義務ヲ行フ可キ者ヲ指示シタルノミニテハ義務ノ更改スルヿナカル可シ

又義務ヲ得可キ者自己ニ代リテ義務ヲ得可キ者ヲ指示シタルノミニテハ義務ノ更改スルヿナカル可シ

オーストリア一般民法

第一四〇〇条　代償ノ指定ハ一個ノ負責主カ他ノ一個ノ負責主ヲ以テ自己ニ換代スルヿヲ責主ニ要求シ其責主カ之ヲ承諾スルヨリ成立スル者トス

第一四〇一条　代償ノ指定ハ唯〻其之ヲ領諾スル双方ノ契約主ヲシテ其責ヲ負担セシムルニ止マル者トス故ニ其代償指定者（即チ第一位ノ負責主）ハ負責ヲ弁償スルノ責務ヲ有セス

第一四〇二条　三個ノ契約主（即チ代償指定者代償当任者及ヒ代償許諾者）カ之ヲ協諾スルニ非サレハ則チ其代償ノ指定ハ完全ナラスシテ唯〻協諾シタル契約主ノ間ニ於テノミ其効力ヲ有スル者タリ

第一四〇三条　代償指定者カ其負責ノ弁償ヲ以テ自己ニ対スル負責無キ所ノ第三位ノ人ニ嘱托スルヿ有レハ則チ此第三位ノ人ハ其代償ノ指定ヲ承諾シ若クハ之ヲ辞拒スルモ共ニ其自由ニ属ス故ニ若シ之ヲ辞拒スルニ於テハ則チ復タ新タニ一個ノ責ヲ生出スルヿ無キナリ又若シ之ヲ承諾スルニ於テハ則チ唯〻其代償指定者ニ対シテ責務ヲ有スルノミニシテ其代償許諾者ニ向テハ毫モ責務ヲ有セサルナリ

第一四〇四条　代償許諾者カ未タ代償指定ヲ領諾セサルノ間ニ在テハ代償指定者ハ之ヲ収回スルヿヲ得可シ此時会ニ於テハ代償当任者ハ其代償ヲ為スヿヲ得可カラス〔仏民第千二百七十七条〕

第一四〇五条　代償当任者カ弁償ヲ為スヿヲ承諾セサルニ於テハ則チ代償許諾者ハ必ス其事由ヲ代償指定者ニ通知スルヿヲ要ス若シ之ヲ通知セサルニ於テハ則チ其責ニ任セサル可カラス

オランダ民法

第一四五二条　〔フランス民法第一二七四条に同じ〕

第一四五三条　〔フランス民法第一二七五条に同じ〕

第一四五六条　〔フランス民法第一二七七条に同じ〕

イタリア民法

第一二七〇条　負責主ノ代替スルニ因テ生成スル責務ノ転換ハ旧負責主ノ承諾ヲ取ルヿ無クシテ之ヲ果行スルヿヲ得可シ〔仏民第千二百七十四条〕

第一二七一条　一個ノ負責主カ責主ニ対シテ他ノ負責主ヲ指示シ其負責主ヲシテ自己ノ責務ヲ負担セシムル所ノ代任ハ若シ責主カ其代任ニ因テ負責主ノ責務ヲ解卸セシムルヿヲ明言セサルニ於テハ則チ責務ノ転換ヲ生成セサル者トス〔仏民第千二百七十五条〕

第一二七三条　負責主カ自己ニ代替シテ弁償ヲ負担セシム可シト称言スル所ノ単一ナル指示ハ以テ責務ノ転換ヲ生成スル者ニ非ス

　責主カ自己ニ代替シテ弁償ヲ領受セシム可シト称言スル所ノ単一ナル指示モ亦以テ責務ノ転換ヲ生成スル者ニ非ス〔仏民第千二百七十七条〕

ポルトガル民法

第八〇四条　債務者の交替による更改は、債権者の同意なしに行うことができない。但し、債務者の同意なしに弁済することができる期間内は、最初の債務者の関与がなくても更改することができる。

第八〇六条　債務者に代わって弁済すべき者について債務者が行った単なる指定、あるいは債権者のために受領すべき者について債権者が行った単なる指定は、何ら更改を生じさせない。

モンテネグロ財産法

第六〇九条　債権者の承諾があれば、如何なる者であっても第三者の債務を引き受けることができる。債務者の承諾は不要である。

第六一〇条　債権者が前条の承諾をした後は、合意又は諸事情から別段の帰結が生じない限り、第三者の債務を引き受けた者が債務者となり、従来の債務者は義務を免れる。

　従来の債務者が義務を免れた場合、その者は一切の責任を負わない。それ故、従来の債務者は、新債務者による弁済を不能とするような不測の事態に対しても責任を負わない。

スペイン民法

第一二〇五条　旧債務者を新債務者に代えることによる更改は、旧債務者がそれを知らなくとも行うことができるが、債権者の同意なしにはできない。

ベルギー民法草案

第一二七四条　新債務者に代えることによる更改は旧債務者の協力なくして行うことができる。

第一二七五条　債務者に代って弁済すべき者について債務者がなした単なる指示は何ら更改を生じさせない。

　債権者のために受領すべき者について債権者がなした単なる指示もまた同じである。

第一二七六条　債務者が債権者に他の債務者を供与し、その者が債権者に義務を負う旨の指図は、指図をなした債務者を免責する意思を債権者が明示的に表示しない限り、何ら更改を生じない。

ドイツ民法第一草案

第三五七条〔第五一三条の【参照条文】中に掲載〕

第三五八条　第三者カ債務者ト約束シタル債務引受ノ効力ハ債権者ノ認諾ニ係ルモノトス認諾ハ債務者又ハ第三者カ債権者ニ債務ノ引受ヲ通知シタル後有効ニ之ヲ為スコトヲ得又認諾スルマテハ当事者ハ契約ヲ変更シ又ハ之ヲ取消スコトヲ得

　認諾カ拒絶セラルルトキハ債務引受ハ生セサリシモノト見做ス又債権者カ認諾ノ通知ヲ受クヘキ者ニ依リテ指定セラレタル期間内ニ此者ニ対シ認諾ノ意思ヲ表示セサルトキハ認諾ヲ拒絶シタルニ同シ

　債権者カ認諾ヲ与ヘサル間ハ疑ハシキ場合ニ於テハ引受人ハ債務者ニ対シ正当ノ時ニ債権者ニ弁済スヘキ義務ヲ負担ス

認諾カ拒絶セラルルトキ亦同シ

第三五九条　土地ノ取得者カ譲渡人トノ約束ニ因リ此者ノ債務ニシテ之レカ為メニ土地ニ付キ抵当カ設定セラレタルモノヲ引受ケタル場合ニ於テハ債権者ハ譲渡人ヨリ債権《ママ》ノ引受ヲ通知セラレタルトキニノミ有効ニ之ヲ認諾スルコトヲ得此場合ニ於テ債権者カ通知ヲ受ケタル後六ケ月内ニ譲渡人ニ対シ認諾ヲ拒絶セサルトキハ認諾ヲ与ヘタルモノト見做ス又第三百五十八条第二項第二段ノ規定ハ之ヲ適用セス

　譲渡人ノ通知ハ取得者カ所有者トシテ土地台帳ニ登記セラレタル後有効ニ之ヲ為スコトヲ得又此通知ハ書面ニ依リ且六ケ月内ニ拒絶ノ意思カ表示セラレサルトキハ引受人ハ旧債務者ニ代ハルヘキ旨ヲ含ムコトヲ要ス

　譲渡人ハ取得者ノ請求ニ因リ債権者ニ債務引受ノ通知ヲ為スコトヲ要ス債権者ノ認諾又ハ其拒絶カ確定スルトキハ譲渡人ハ直ニ之ヲ取得者ニ通知スルコトヲ要ス

プロイセン一般ラント法

第一部第一四章第三九九条〔第五一三条の【参照条文】中に掲載〕

第四〇〇条　しかし、債務の引受のためには、いかなる場合においても、書面による契約及び債権者の明示の同意が必要である。

第一部第一六章第四六一条〔第五一三条の【参照条文】中に掲載〕

ザクセン民法

第一〇〇三条　新設契約ニ依リ新負債者従前ノ負債者ニ代ハルヘキトキハ債主従前ノ負債者ニ其義務ヲ免除シ及新負債者ヲ以テ負債者ト認諾スル所ノ新負債者ト債主トノ契約アルヲ要スルモノトス従前ノ負債者ノ承諾ハ之ヲ要セサルモノトス新負債者従前ノ負債者ノ委任ニ依リ又ハ其取引ヲ執行スルノ主旨ヲ以テ之ニ代ルトキ両者ノ権利上関係ハ委任ニ依リ又ハ委任ナクシテ取引ヲ執行スルコトニ関スル規定ニ従テ之ヲ判定スヘキモノトス（第千二百九十五条ヨリ第千三百二十七条マテ第千三百三十九条ヨリ第千三百五十六条マテ）

第一四〇二条　何人タリトモ負債者ニ対シ其負債ヲ引受クノ義務ヲ負担スル者ハ其負債者ヲシテ債主ヨリ請求ヲ受ケサラシムルノ責ヲ負担スルモノトス及ヒ之ニ拘ハラス請求ヲ受ルトキハ負債者ノ義務ヲ免除シ又ハ損害ヲ賠償スルノ義務アルモノトス

第一四〇三条　負債引受ニ依リ負債者ハ債主ニ対シ自己ノ負債ヲ免カレサルモノトス又負債引受人ハ負債者ニ対シ負債者ニ於テナシタル負債ノ償却ニ依リ義務ヲ免レサルモノトス

第一四〇四条　負債引受人ニ於テナス負債ノ承認ハ負債者ニ対シ要求ノ期満得免ヲ中断セサルモノトス負債引受人ニ於テ引受ケタル利子付負債ノ利子支払ハ負債者ニ対シテモ亦要求ノ期満得免ヲ中断スルモノトス

第一四〇五条　債主ハ第四百三十二条第八百五十四条ノ規定ニ依リ負債引受人ニ対スル請求権ヲ得有スルモノトス負債引受人ハ債主ニ対シ負債ニ付キ負債者ニ属スル総テノ弁駁ヲ有スルモノトス

第一四〇六条　負債引受人ノ義務ノ免除ハ負債ノ償却ニ依テ生スルトキニ限リ負債者ノ義務ヲ免除スルノ結果ヲモ亦生スルモノトス

第一四〇七条　債主前負債引受人ニ対スル請求ヲ得タル後他人ニ於テ以後ノ負債引受ヲナストキ前負債引受人ハ債主ニ対シ義務ヲ負担スルモノトス但第四百三十二

条ノ規定ハ之カ為メ変更ヲ受ルコトナシ
第一四〇八条　負債者ニ対シ前負債引受人ハ他人ニ於テナス以後ノ負債引受ニ依リ其義務ヲ免レサルモノトス

バイエルン民法草案

第二編第一五九条〔第五一三条の【参照条文】中に掲載〕

第一六〇条　債権者に対する関係では、債務引受は、債権者が債務者又は引受人からなされた告知を受けて債務引受に明示的に同意した場合、あるいは引受人を自己の債務者とする意思を明確に表わすような行為により同意した場合にのみ、効力を生ずる。

特に、利息又は元金についての債務引受人の支払を受領することは、債権者がその際に旧債務者に対する自己の債権を明示的に留保しない限り、右の行為と看做される。支払期限又は一部免除についての債務引受人への承諾、並びに、債務引受人に対する訴訟の提起もまた同じ。

第一六一条　債権者の同意があった場合には、旧債務者は自己の債務から解放され、かつ債務引受人が旧債務者の代りに当該債務関係に入る。

【起草趣旨】

梅謙次郎（二三巻四九丁裏）

これは旧民法財産編第四九六条第一項と実質において変わるところはない。第四九六条のように「嘱託」とか「干渉」とかいうような文字を用いないで、単に「事柄」だけを規定した点が少し違う。

本条の但書は、旧民法にないのみならず、他国にも例のない規定である。しかし、既に弁済について、債務者が不同意を表わしたときに第三者より弁済をすることができないということになった以上、この（更改の）場合にも、前の債務者が不同意を唱えた場合には、他の者がこの者に替って債務者となって更改をするということは許さないとしておかなければ、前後の権衡を失すると思ったから、ここに但書を加えたのである。

▼別段発議なく原案通り確定した（二三巻五〇丁表）。

【その後の経緯】

但書の文言が改められているが、その点について整理会では特に議論されていない。箕作議長が「之レモ（前条と）同シコトテセウ」と質し、梅委員が「同シコトデアリマス」と答えているだけで整理会案のまま確定している（民法整理会議事速記録四巻四一丁裏〜四二丁表）。

【民法修正案理由】

本条ハ、既成法典財産編第四百九十六条第一項ノ規定ニ対当ス。同条ニハ嘱託、除約又ハ補約ノ如キ新熟語ヲ用ヰテ学理的ノ説明ヲ為セドモ、是レ独リ其用ナキノミナラズ、頗ル法典ノ体ヲ失スルモノナルヲ以テ、改メテ本条ノ如クシタリ。本条ノ但書ハ諸国ニ例ナキ所ナレドモ、既ニ弁済ノ規定ニ於テ之ニ類似ノ法文ヲ設ケタルニ因リ、更改ノ場合ニモ亦之ヲ置キテ、二者ノ権衡ヲ保タンコトヲ欲シタリ。

▽民法修正案理由書第三編第一章第五節「第三款更改」五〜六頁（第五一一条）。

（潮見佳男）

第五一五条　債権者の交替による更改は、確定日付のある証書によってしなければ、第三者に対抗することができない。

第五一五条　債権者ノ交替ニ因ル更改ハ確定日附アル証書ヲ以テスルニ非サレハ之ヲ以テ第三者ニ対抗スルコトヲ得ス

原案第五一二条　確定条文に同じ

【参照条文】

旧民法財産編

第五〇〇条　債権者カ第五百三条ニ定ムル如ク其債権ノ物上担保ヲ留保シテ或ハ他人ヲ恵ム為メ或ハ他人ニ対スル債務ヲ免カルル為メ其人ニ嘱託シテ自己ノ債務者ヨリ弁済ヲ受ケシムルトキハ其受嘱託人ハ債権ノ譲渡ニ関スル第三百四十七条ノ規定ニ従フニ非サレハ第三者ニ対シテ其債権ヲ主張スルコトヲ得ス

オーストリア一般民法

第一四〇八条　若シ代償指定者カ自己ニ対スル負責主ニ向テ自己ノ負責ヲ代償スルヿヲ指命シ而シテ自己ノ責主ニ向テ其負責ヲ代償スル人ヲ指示セルニ於テハ則チ其弁償ハ貸付権ノ譲与ト同一ナル効力ヲ生スル者トス然リ而シテ代償許諾者ト代償当任者トノ間ニ於ケル関係ハ貸付権ノ受譲者ト其貸付権ノ譲与ヲ通知シタル人トノ間ニ於ケル関係ト同一ナリトス（仏民第千六百九十条）

プロイセン一般ラント法

第一部第一六章第四六一条　（第五一三条の【参照条文】中に掲載）

【起草趣旨】

梅謙次郎（二三巻五〇丁表～五一丁裏）

本条は、旧民法財産編第五〇〇条に修正を加えたものである。

(1)　物上担保留保との関係

旧民法では、債権に物上担保のある場合でかつそれを債権者が特約で留保した場合に、本条と大体同じことになる。その理由を見てみると、説明書には次のように説かれてある。すなわち、物上担保を留保しない場合には前の債権は全く消えてしまうから債権譲渡の手続のようなことは不要であるけれども、物上担保だけを留保すれば、前の債権が全部消えたのではないから債権譲渡と同じような手続が必要である、と。なるほど、この説明は少し考えるともっともらしく聞こえるけれども、しかしながら、物上担保を留保したとしても前の債権は消える。そしてその債権の消滅ということが第三者にとって不利益になる場合がある。先の「（債権）譲渡」の場合にも、（譲渡）債権者が権利を失うということが第三者にとって不利益である場合に、日付を取消して、あたかも（第三者に対しては譲渡）債権者は「権利ヲ失ツテ居ツタモノ」のようにみせかけるという詐欺を招く恐れがあるから確定日付を必要としたのである。この（債権者の交替による更改の）場合においても同様である。前の債権が消えればその債権の消滅について利害関係をもつ者のために詐欺などが行われてはいけないから、これらの者を保護するためにはやはり確定日付が必要である。そしてこのことが物上担保を留保した場合のみに限られるのは穏当ではないと思い、おしなべて全ての場合に適用するということにした。

(2)　債権譲渡手続との関係

旧民法では、この場合にはすべて債権譲渡の手続によることになっているため、通知をするかまたは特に債務者の承諾を必要とすることになっている。なるほど、債権譲渡であれば、通常、旧債権者と新債権者との間に契約が成立する。そして、その契約から見れば第三者であるところの債務者に通知をするとか、またはその債務者の承諾が必要であるということになるであろう。ところが、更改の場合はそうではない。表題について説明をしたとき既に述べたように、これ（債権者の交替による更改の場合）は、新旧債権者と債務者の三人で契約を結ぶものであるから、（債務者に）通知をするとか（債務者から）承諾を受けるとかいうような必要はない。更改契約を確定日付のある証書にさえしておけばそれで済む。迂遠な債権譲渡の手続をここで利用するよりは、ただ確定日付のある証書を必要としておいたほうが便利でありかつ穏かでもあろうと思ったから、原案のように改めた。

【主要審議】

箕作麟祥（二三巻五一丁裏）

　債権者の交替（による更改）の場合には確定日付が必要ということであるが、債務者の（交替による更改の）場合にも、債務者が替わるのであるから第三者に対しては確定日付が必要なように思われるのに、この場合にはいらないというのはどういうわけか。

梅謙次郎（二三巻五一丁裏～五二丁表）

　債務者の交替（による更改）の場合には、（交替する）債務者は義務を負っている側であるから、この者がこの義務について他人に権利を与えるとか、それが債権者の担保になるとかいうことはない。むしろ、それと反対になる。そして、これについて詐欺などが行われるというようなことは普通はないであろう。「強テ想像シタナラハ或ハ場合カアルカモ知レマセヌガ一寸心着キマセヌ」。

▼別段発議なく原案通り確定した（二三巻五二丁表）。

【その後の経緯】

　衆議院民法中修正案委員会では、確定日付とは公正証書を意味するのかという質問に対し、梅委員は、確定日付については民事訴訟法または他の法律で定めることになると考えるが、「信用アル公吏カ何カ」が証明すれば、確定日付ということになると述べた（廣中俊雄編著『第九回帝國議會の民法審議』二二三頁）。

【民法修正案理由】

　本条ハ既成法典財産編第五百条ニ左ノ二修正ヲ加ヘタルモノナリ。

　一、既成法典ハ債務者ヘノ通知又ハ其承諾ヲ必要トスル場合ヲ、債権者ガ債権ノ物上担保ヲ留保シテ之ヲ新債権者ニ移転シタル際ニ限レリ。其理由トスル所ハ、債権ノ物上担保ヲ留保スルトキハ、其債権ハ依然存シテ、他人ガ之ヲ承継スルニ等シキヲ以テ、宜シク譲渡ト同一ノ手続ヲ経ベキモノトスルモ、債権者ガ物上担保ヲ留保セザルトキハ、前債権ハ全ク消滅シテ、更ニ新債権ノ生ズルモノナルヲ以テ、譲渡ト同一ノ手続ヲ要セズト言フニアルモノノ如シト雖モ、本案ニ於テ確定日附アル証書ヲ要スルハ、決シテ此ノ如キ理由ニ拠ルニアラズシテ、一ニ新旧債権者等ノ詐欺ヲ予防スルニアルガ故ニ、本条ノ規定ヲ汎ク債権者ノ交替ニ因ル一切ノ更改ニ適用スルコトトシタリ。

　二、既成法典ハ、更改ノ場合ニ於テモ亦、債権ノ譲渡ノ場合ト等シク、債務者ヘノ通知又ハ其承諾ヲ必要トセリ。是レ非ナリ。譲渡ハ新旧債権者間ノ契約ヲ以テ之ヲ為シ、債務者ハ唯其契約ノ第三者ナルガ故ニ、或ハ彼ニ通知シ、或ハ彼ノ承諾ヲ得ルヲ要スルモ、更改ノ場合ニアリテハ、債務者モ亦契約ノ当事者ナルヲ以テ、決シテ斯ノ如キ手続ヲ必要トセザルナリ。

▽民法修正案理由書第三編第一章第五節「第三款更改」六～七頁（第五一二条）。

（潮見佳男）

第五一六条　第四百六十八条第一項の規定は、債権者の交替による更改について準用する。

第五一六条　第四百六十八条第一項ノ規定ハ債権者ノ交替ニ因ル更改ニ之ヲ準用ス

原案第五一三条　第四百六十九条第一項ノ規定ハ債権者ノ交替ニ因ル更改ニ之ヲ準用ス

【参照条文】

旧民法財産編

第四九五条　旧義務ヲ更改スル為メ異議ナク又ハ異議ヲ留メスシテ有効ニ新義務ヲ諾約シタル債務者ハ其了知セル旧義務ノ無効ノ理由ヲ以テ債権者ニ対抗スルコトヲ得ス

　債務者カ次条ニ従ヒ旧債権者ノ嘱託ニ因リ新債権者ニ対シテ義務ヲ諾約シタルトキモ亦同シ

オーストリア一般民法

第一四〇八条　〔第五一五条の【参照条文】中に掲載〕

オランダ民法

第一四五五条　義務ノ更改ヲ承諾セシ義務者ハ従来ノ権利者ニ対シテ行フヿヲ得可キ抗拒《エキセプション》ノ法ヲ有ス可ク而シテ仮令ヒ義務ヲ更改スルノ際之ヲ有スルヿヲ知ラサリシ時ト雖モ新タナル義務者ニ対シテ之ヲ行フヿヲ得ス但シ従来ノ権利者ニ対シテ之ヲ行フヿヲ得可シ

イタリア民法

第一二七八条　責主ノ代替ヲ承諾シタル負責主ハ旧責主ニ対抗スル排拒法ニ依拠シテ以テ新責主ニ対抗スルヿヲ得可カラス唯〻旧責主ニ対シテ訟権ヲ行用スルヿヲ得ル有ルノミ

　然レ𪜈人ノ分限ニ繋着スル排拒法ニ関シテハ若シ其分限ヲシテ負責主カ責主ノ代替ヲ承諾セル時際ニ当リ既ニ已ニ存在シタル者タラシメハ則チ此排拒法ニ依拠シテ新責主ニ対抗スルヿヲ得可シ

プロイセン一般ラント法

第一部第一六章第四六一条　〔第五一三条の【参照条文】中に掲載〕

第四六七条　これに対して更改が有効である場合には、旧債務が法的に成立していなかったとの異議をもってしては、新債務を取消すことができない。

第四六八条　しかしながら、給付されたものの返還請求がなされたとき、債務者は、旧債務を消滅させるべく設定された新債務を撤回することができる。

ザクセン民法

第一〇〇五条　新設契約ニ依リ従前ノ要求並ニ之ニ附帯セル総テノ権利及請求消滅スルモノトス従前ノ要求ニ対スル異議ハ新要求ニ対シ之ヲ申立ルコトヲ得サルモノトス新負債者ヨリ一物ヲモ得ルコト能ハサルトキ此事ノミヲ以テハ従前ノ負債者ニ対シ償還請求ヲナス為メノ理由トナラサルモノトス〔第千四百十五条〕

バイエルン民法草案

第二編第二〇三条　債務の更改の際に前提とされた債務関係が無効（nichtig）の場合には、意図された新債務関係もまた無効である。

右の場合を除く外、債務の更改により消滅した債務関係に関して根拠を有していた抗弁は、新債務関係に対してもはや主張することができない。

第二〇七条第二項〔第三者に対する債権者の債務を引受けた〕債務者は、自己の新債権者に対して、新債権者の旧債務者に対する債務関係に根拠を有するいかなる抗弁も、新債権者に主張しえない。

第二〇八条第二項　第二〇五条第二項の規定は、この場合にも適用される。(注)

(注)　第二〇八条第一項は「債権者が第三者に対する自己の債務を消滅させるために、自己の代りにその第三者を当該債務関係の債権者ならしめた場合において、疑わしきときは、新債権者によって取得された債権が自己の債務と同等のものである場合に限り、彼はこの第三者に対する債務を免れる」という規定である。また第二〇五条第二項は、債権者の変更の場合において債務者が無資力のときは、原則として新債権者は旧債権者に対して償還請求をなしえないという趣旨の規定である。

【起草趣旨】

梅謙次郎（一三巻五二丁表～五四丁裏）

この規定は、旧民法財産編第四九五条と意味はほとんど同じである。

(1)　第四九五条第二項の修正

ただ、この第四九五条によれば、「債務者カ次条ニ従ヒ旧債権者ノ嘱託ニ因リ新債権者ニ対シテ義務ヲ諾約シタルトキニハ」「其了知セル旧義務ノ無効ノ理由ヲ以テ債権者ニ対抗スルコトヲ得ナイ」とある。すなわち、債務者が知っていた「抗弁方法」、特に無効の理由を留保せずに債務者の交替による更改を承諾したときは、新債権者に対して自分の知っていた「抗弁方法」を後日に至って主張することができないという規定である。しかし、それでは債務者が知らなかった「抗弁方法」については新債権者に対して主張できるということになる。第四九五条の解釈では（そうなるが）、これは少し不都合であろう。むろん、新債権者が（かかる「抗弁方法」を）知っていたならばよかろうが、知らなかったとしたら、およそ前の債権関係について新債権者よりもよく知っていなければならない債務者から他のことは黙って自分が「あなたノ債務者ト為ル」と（新債権者に）言った場合に、新債権者の方では「大変完全ナル債務者ヲ得タ」と思うであろう。それなのに、後日に至って「取消ス」ことができるなどというようなことになると、新債権者は非常に迷惑を蒙らなければならない。この点に関しては、ちょうど（債権）譲渡等の場合において、譲渡された債権の債務者すなわち第三債務者が留保をせずに（債権）譲渡を承諾すればもはや新債権者に対して元来有していた「抗弁方法」を対抗することができないというのと同じく、この場合にも、債務者が知らなかったにせよ元来有していた「抗弁方法」を少なくとも新債権者が善意であるときは対抗することができないとしておかなければ、新債権者が迷惑を蒙らなければならなくなる。それゆえ、実質が改まることになるが、先の（債権譲渡の）規定を適用することにした。

(2)　第四九五条第一項の省略

第四九五条第一項の規定は、ここには掲げない。それは、この規定が不必要だとか有害だとか思ったからでは決してない。この規定に書かれてあることは、既に議決になった総則の第一二五条から当然出てくるからここに掲げなくてもよいと考えたためである。そこには「前条ニ定メタル時ヨリ後取消シ得ヘキ行為ニ付キ左ノ事実アリタルトキハ此限ニ在ラス」とあって、その第二号に「更改」ということがある。そこで前条（第一二四条）を見ると、「追認ハ取消ノ原因タル情況ノ止ンタル後之ヲ為スニ非サレハ其効ナシ」云々とある。つまり、取消の原因である情況が止んでから後に追認すべきものである。（この両条を合わせると、）取消の原因である情況の止んだ後に取消しうべき行為について更改があった場合には追認をしたとみなす、ただし異議を留めたときはこの限りでない、となる。

この取消原因である情況が止むとは、詐欺については詐欺を発見した時、強暴については強暴の止んだ時である。それから、無能力者については能力を回復した時である。それゆえ、未成年者については能力者となった時が直ちにそうであり、禁治産者については、第一二四条に「禁治産者カ能力ヲ回復シタル後其行為ヲ了知シタル時ヨリ追認ヲ為スコトヲ得」とある。この禁治産者については、自分が行為をした時には知らなかったが能力を回復した後その行為を直ちに了知したのであればその了知時から、もし後日聞いたのであればその聞いた時からということになる。したがって、（禁治産者が）知っている無効の原因というものは、ちょうどここに入っている。そうすると、第一二五条は、更改については旧民法財産編第四九五条と全く同じものになる。それゆえに、更改について特に規定を置く必要がなかったのである。

▼別段発議なく原案通り確定した（一三巻五四丁裏）。

【民法修正案理由】

本条ハ、既成法典財産編第四百九十五条ニ修正ヲ加ヘタルモノナリ。同条第二項ハ、債務者異議ヲ留メズシテ債権者ノ交替ヲ諾約シタルトキハ、諾約ノ当時了知セル抗弁方法ヲ新債権者ニ対抗スルヲ得ザルモノトシ、其了知セザルモノハ之ヲ対抗シ得ルガ如ク規定スルモ、債務者ガ既ニ任意ニ債権者ノ交替ヲ承諾シ、而シテ何等ノ留保ヲモ為サ丶ル限リハ、旧債権者ニ対シテ有シ居リシ一切ノ抗弁ヲ消滅セシムルヲ便宜ナリト信ジテ、本条ノ如ク修正シタリ。同条第一項ノ如キハ畢竟本案総則第百二十五条ノ適用ニ過ギザルヲ以テ、之ヲ削除ス。

▽民法修正案理由書第三編第一章第五節「第三款更改」七頁（第五一三条）。

（潮見佳男）

第五一七条　更改によって生じた債務が、不法な原因のため又は当事者の知らない事由によって成立せず又は取り消されたときは、更改前の債務は、消滅しない。

第五一七条　更改ニ因リテ生シタル債務カ不法ノ原因ノ為メ又ハ当事者ノ知ラサル事由ニ因リテ成立セス又ハ取消サレタルトキハ旧債務ハ消滅セス

原案第五一四条　新債務カ不法ノ原因若クハ当事者ノ知ラサル事由ニ因リテ成立セス又ハ取消サレタルトキハ旧債務ハ消滅セス

【参照条文】

旧民法財産編

第四九四条　旧義務カ初ヨリ法律上成立セス又ハ法律ノ定ムル原因ニ由リテ消滅シ若クハ取消サレタルトキハ更改ハ無効ニシテ新義務ハ成立セス

又新義務カ其成立及ヒ有効ニ要スル法律上ノ条件ヲ具備セサルトキハ旧義務ハ存在ス

右孰レノ場合ニ於テモ当事者カ自然義務ヲ法定義務ニ又ハ法定義務ヲ自然義務ニ変セント欲シタル証拠アルトキハ此限ニ在ラス

ポルトガル民法

第八一三条　更改が無効であれば、旧債務は存続する。

プロイセン一般ラント法

第一部第一四章第四〇二条　他人の債務を引受けた者が消費貸借契約を締結する能力を有さず、かつ債権者がこのことを知らなかった場合には、旧債務者の債務は依然として効力を有する。

第四〇三条　しかし、債権者が新債務者のかかる無能力を認識していたかあるいは通常の注意を尽したならば認識し得た場合であって、それにもかかわらず新債務者を旧債務者の解放と共に承認したときには、債権者は原則としてもはや旧債務者までをも拘束することができない（四〇九条）。

第一部第一六章第四六四条　契約をもってしては全く引受けることのできない他の債務を旧債務にとって代える更改は、効力を生じない。

第四六五条　更改が無効である場合には、旧債務は依然として効力を有する。

バイエルン民法草案

第二編第二〇四条　既存の債務関係が変更されて生じた新債務関係が無効である（ungiltig）場合には、旧債務関係が、これと結合した全ての優先権および従たる請求権と共に維持される。

保証および第三者により設定された担保権についてもまた同じ。但し、債権者が保証人に対してその責任を明示的に免除した場合あるいは担保の返還又は抹消が既になされてしまった場合は、この限りでない。

債務者らにより設定された担保が既に返還され又は抹消された場合には、旧債務関係により債権者に認められた担保設定の権原は依然留保される。

【起草趣旨】

梅謙次郎（一三巻五四丁裏～五七丁表）

本条は旧民法財産編第四九四条の「第一項ト第三項ノ規定ニ略ホ同シ」である。

(1)　第一項の削除

第一項を削ったのは、これは言わないでも知れきっているからである。（第一項のような規定は）ポルトガル、スペイン、バイエルン民法草案等にもあるけれども、「旧義務カ初メヨリ法律上成立セス又ハ法律ノ定ムル原因ニ因リテ消滅シ若クハ取消サレタルトキハ更改ハ無効ニシテ新義務ハ成立セス」ということは言うを待たないことである。更改では、旧義務の消滅ということと新義務の発生ということが牽連していて、それが一つの要素になっている。そのため、前の債務が成立していない場合には更改のしようがない。更改というものは債務を消滅させるのが目的であるのに、（この場合には）消滅させるべき債務がないのである。ちょうど債務がないにもかかわらず弁済した場合にその弁済が無効であるように、更改も無効でなければならない。しかし、このことは書かないでもよいと思って削ったのである。

(2) 第三項の削除

第三項には「自然義務」に関する規定があって、「右何レノ場合ニ於テモ当事者カ自然義務ヲ法定義務ニ又ハ法定義務ヲ自然義務ニ変セント欲シタル証拠アルトキハ此限ニ在ラス」とある。これについては、先刻も少し話の出たことであるが、本案では「自然義務」の章は置かないということを既に「予決問題」のときに決しており、「目録」のときにもそうなっている。が、もちろん、この（第三項に書かれてあるようなことをする）契約は「自然義務」を認めないにもかかわらず有効なのである。「自然義務」という名称は認めないのだけれども有効なのである。なぜなら、先ほどから出ているように、「原因」というものを必要としないからである。それで、たとえ前の債務が法律上は無効のものであるかまたは取り消されたとしても、そこからいわゆる「自然義務」というものが生ずるような場合には、「兎ニ角自分ハ前ノ債務ハ法律上ハ無効デアルニモセヨ兎ニ角アノ義務ハ更ニ法律上テナク徳義上ニ於テ生セシムル為メニ新ニ斯ウ云フ義務ヲ負フ」と言うのであれば、「原因」が問題とされない以上、有効になる。これによって、第三項に言う「自然義務」を「法定義務」にするというようなことは自らできるのである。

また、本条で「新債務カ不法ノ原因若クハ当事者ノ知ラサル事由ニ因リテ成立セス」として、「知ラサル」ということを書いたのは、大いに意味のあることである。すなわち、（当事者が不成立の事由を）知っていてなお更改をしようと言ったならば、その場合には純然たる更改とは見られないかもしれないけれども、とにかく新債務の方は成立するというつもりで、このように書いたのである。

それから、これは言わなくてもいいことであるが、（第四九四条）第二項の場合において、必ず「法定義務」を「自然義務」に変えるという結果にはならない。この場合には「自然義務」になろうとなるまいとそのことに関係なく、とにかく（当事者が）知っていたならば、新債務がたとえ成立せずまたは取り消されても、旧債務はやはり消滅してしまう。この場合には「法定義務」が「自然義務」に変ずるとあるが、たとえそのために「自然義務」が成立しなくても、それが当事者の意思である。「以上ハ固ヨリ構ハヌコトテアル」。

(3) 「不法ノ原因」の付加

「不法ノ原因」ということをここに加えた。すなわち、例えば、「新債務ノ目的物」が不法であるというように、不法の原因によって新債務が成立しない場合には、更改は全く効力を生じず、その結果、旧債務は消滅しない。本案では、この場合、たとえ当事者が不法の原因を知って行ったとしても、やはり効力を生じないということにした。なぜなら、この場合には、更改それ自体が不法である。すなわち、この場合は更改は不法の事柄を目的としたと言わなければならないから更改が全く無効になってしまうのであり、勢い旧債務が存在せざるをえないのである。外国ではプロイセンの「ランドシヒト」（Landrecht）がちょうどこのようになっている。「新債務カ不法ナレハ更改ハ無効ナリ」という規定になっている。実質的には、本案はこのプロイセンの「ランドシヒト」と同じことである。この点については外には余り例を見ないことであるが、このようにしておかないと重大な疑いが生ずる。我々も当初は（不法の原因を）知っていたならば有効としてよいのではないかと思ったけれども、よく考えてみると、更改それ自体が不法なのだからやはり旧債務が消滅しないということにならないといけない。そう思って（この「不法ノ原因」ということを）加えた。

【主要審議】

一　「不法の原因」の意味

磯部四郎（二三巻五七丁表～五八丁裏）

　本条の法文が私にはよくわからない。更改の原因というものは、旧債務の消滅であろうと考える。「不法ノ原因」ということになると、旧債務そのものが不法のものであったということになってしまう。そうであるとしたら、旧債務が不法であったから新債務が成立しないということになると、「旧債務ノ消滅《ママ》スル」ということにはどうしてもならないであろうと考える。

　それから、先ほどから「要素」の中に「原因」は入らないということになっているのに、本条を読むと「原因」というものは成立条件になっているようにみえる。なぜなら、「不法ノ原因ニ依リテ成立セス」とあるからである。そうなると、「原因カ不法テアレハ更改契約カ成立セヌ」という文章に読まなければならない。その結果、単に更改のみならず、すべての契約においても「原因」が不法であればその契約は成立しないということに帰する。そう考えると、「要素」の中に「原因」は入らないという説明がわからなくなってしまう。

　更改の「原因」について説明がされたときに、更改の目的物が不法とかいうことの説明があったようであるが、「更改シタ義務ノ目的物」と「原因」とは混同してはならないものと思う。私の考えでは、更改契約の成立する原因は何かと言えば、それは旧債務の消滅である。この旧債務の消滅が不法であったということがどうしても言えないから、不法な原因で成立している旧債務を消滅させようと考えて更改契約をしたことになる。そうすると、更改が無効になったとしても旧債務が当然成立しているということは、どうしても出てこない。そのように思うので、この文章はなんとか改正しなければ理屈が通らない。いかなることをここで「原因」と言ったのか。新債務を成立させる「原因」は旧債務の消滅なのであるから、旧債務の消滅が不法であったということにはどうしても見えない。

梅謙次郎（二三巻五九丁表～六〇丁表）

　ここで言う「不法ノ原因」とは、旧民法財産編第四九四条の「原因」と同じ意味であって、契約の「原因」とか債務発生の「原因」とは違う。第四九四条の「原因」がこれらを意味しないことは、ほとんど説明を待たないことである。（本案では）それと同様の文字を使ったつもりである。ことに、本案では契約の「要素」として「原因」を認めないから、本案においてはなおさら「原因」という字を自由に用いることができると思う。「既成法典ハ疑ヒカアルカラ」こういう文字はなるべく用いない方がよいかもしれないけれども、本案では、磯部委員が説明したような「一種特別ノ原因」とは解せられない。それゆえ「不法ノ原因ニ由リテ成立セス」とか「何々ノ原因ニ由リテ消滅シ若クハ取消サレタル」とかいうのは、ちょうどここに言う「不法ノ原因若クハ当事者ノ知ラサル事由ニ因リテ成立セス」というのと同様であって、目的物が不法であるがために新債務が成立しないということを主として述べたつもりである。このような場合だと、旧債務の目的は不法でないから旧債務が存在するのは当然である。にもかかわらず、不法の目的を有する新債務で旧債務を消そうというときは、更改全体が不法になるから、更改全体をないものとしなければならない。そう考えて、ここに「不法ノ原因ニ依リテ」云々ということを書いたのである。

磯部四郎（一三巻六一丁表～裏）

私か、梅委員か、どちらが誤っているのかは別として、（梅委員は）「原因」という文字について「一種特別ノ解釈」をしたと言ったが、私が尋ねているのは、「原因」という字はどこから出てきたのかということである。「横文字」を尋ねるのはどうかとも思うが、先ほどの説明を聞いていると「コーズ(注)、オス、トラジー」という文字から出てきたように見受けられる。私はやはり「コーズ」という文字から出てきたのであろうと思う。

梅謙次郎（一三巻六一丁裏～六二丁表）

その通りで、「コーズ」という字から出ている。しかしながら「コーズ、オフ、トラジー」という字であれば特別の意味をもってくる。これを先ほどから我々は必要とし、磯部委員は不必要としているのである。けれども、広い意味の「原因」であるから「此処テ言フ、、、、、、、、」、すなわち、これが「コーズ」である。「コーズ」には違いないけれども、成立、不成立または取消しの「原因」と成立の「原因」とは全く正反対になってくる。それで、消滅の「原因」としてはどういうことがあるかと言えば「実際ハ其反対シカナイカモ知レマセヌガ先ヅ心着ク所ハ夫レデアリマス」。新債務が不法な目的をもてば、この新債務というものは不法な「原因」ゆえに消滅するかまたは初めから成立しない。すなわち、不成立あるいは消滅の「原因」という場合の「原因」をフランス語で言えば「コーズ」という字であるということを言っておく。

磯部四郎（一三巻六二丁表～六三丁表）

ただ今の説明によると「不法ノ目的」と読んでよいのであるか。先ほどから引用されている例はすべて「目的カ往ケヌ」というような例だから「新債務カ不法ノ目的若クハ当事者ノ知ラサル事由ニ因ツテ成立セス」ということでよいのであろうが、我々が理解しているところでは、「ノーアツシヨン」の発生は「コー、、、、、」ということに読んでいる。そうすると、「原因ト云フモノハ、、、、、原因テアリマスカラ」、その「原因」が不法ということであるならば「ノーアツシヨン」というものはさらに生じてくるはずはないから、どうしてもここ（この規定）は私にはわからない。私が最も注意を望むのは、「不法ノ原因」というものが「更ニ去絶ツタモノノデアル」ということである。

また、旧民法財産編第四九四条第一項中で「又ハ法律ノ定ムル原因ニ由リテ消滅シ」というように「原因」という文字が使われているが、これは、時効または物がなくなったという結果、旧債務が消滅したということを言うために用いられているのである。ところが、「新債務カ不法ノ原因」ということになると、どうしても「原因」

とは旧債務の消滅にしかあたらないと思う。

梅謙次郎（一三巻六三丁表～六四丁裏）

「不法ノ目的」と書いて文章になるかどうか考えてほしい。「不法ノ目的ニ因リテ成立セス」ということは、ほとんど言葉をなさないから、そうでない（「不法ノ目的」と読めない）ことは明らかである。また、更改の「原因」が何であるにせよ、それは問題にはならない。「新債務カ不法ノ原因ニ由リテ成立セス又ハ之ヲ取消サレタルトキ」という場合の「原因」という文字は、不成立または取消しの「原因」としか読むことができない。そして、場合は違うけれども、旧民法の第四九四条第一項で用いられている「原因」という文字が、旧債務の「原因」や旧債務を消滅させた「原因」ではないということは、磯部委員も認めている。本案でも、不成立または取消しの「原因」の意味で、「原因」という字を使ったのである。

そして「目的」という字を使わなかったのは、第一に、「目的」と書いたのでは文章にならないからである。問題となるのが「不法ノ目的」のみに限られるのであれば、文章が苦しくても「不法ノ目的ヲ有スル為メ若クハ」と書けないことはないが、よく考えてみると、それ（「不法ノ目的」）だけが問題となるのではない。「原因説」によれば、更改において旧債務を消滅させるというのが「原因」であり、また新債務の発生が「更改ノ目的」である。しかしながら、更改には「モウ一層ノ深カイ原因」があるかもしれない。「原因説」からはそれは「事由」とされるかもしれないが、「原因」と「事由」とは我々の目からみれば同じことになってしまう。「事由」に関しては（次のような例が考えられる。）今、一〇〇円の債務がある。債権者の方では一〇〇円やそこらはどうでもよいと思っているが、債務者が宝物として持っている大切な掛物を是非ほしい。（そこへもってきて債務者が）債務を履行しないため債権者がその債務の代りに掛物をよこせと言うと、債務者の方ではそれは惜しいからもう少し待ってくれと言う。このときに債権者が債務者のために何か不法なことをするのである。それがもとで、債務者はその「不法ナル原因」のために、惜しいけれども一〇〇円の債務のために、掛物をやろうというようなことがある。すなわち「其不法ナル行為ヲ債権者カラシテ呉レタ夫レヲ報酬トシテ」、更改契約を結ぶ、つまり債務者が新債務を負うというようなことがあるかもしれない。けれども、このような場合には、やはり新債務が「成立シ」（「成立セス」？）または取り消されたときには（更改は）成立しないということになる。そうであるから「目的」が問題となるのが主ではあるが、必ずしもそれに限らない。

磯部四郎（一三巻六四丁裏～六五丁裏）

なおひとつ尋ねておきたいことがある。旧民法財産編第四九四条第一項を削った際に、「原因」は「要素」の中に入れないということであった。「原因説」あるいは旧民法によれば、「コーズ」というものが契約の「要素」になっておったから、かえって旧民法の下では第四九四条第一項が無用になるかもしれない。なぜなら、既に「契約ノ総則」のところで「原因」が成立しないときにはその契約は不成立であると決めてあるからである。ところが、新法の主義では「原因説」を捨て、「原因」は契約を組織する「要素」でないということになってしまっている。そうなると、「更改」の箇所で言う「原因」とは（更改の）「目的」であって、したがって更改契約成立の「原因」は「旧債務ノ消滅」にあることは疑いのないことである。ところが、「旧債務ノ消滅」が「原因」になり、その「原因」は契約の「要素」ではないという主義を採るということになると、私の考えでは、本案では旧債務が成立していなかったのに更改が有効であるという主義を採っていないということは言うまでもないことである。しかしながら、旧債務が成立していなかったものでなければ新債務が成立しないのは当然ということは、「原因」を契約の「要素」と見る主義を採るのならそれでよいけれども、もし「原因」を契約の「要素」に置かないことになると、旧債務が消滅したので更改が初めから成立するというものではない（ことになる）。別段に更改は更改の契約であって、「旧債務ノ消滅」という「原因」は契約の「要素」にならないから、旧債務が成立していようがいるまいが、別に更改そのものが有効であることの説明をする必要があるというような疑いが後に生じはしないかと思う。

（結局、）私の考えでは、旧民法財産編第四九四条第一項は無用であるかもしれないが、新法の主義では、第一項のような法文が、「要素」の中に「原因」を入れないことの帰結として、かえって必要となってくる。

梅謙次郎（一二三巻六五丁裏～六六丁表）

「あなた方ノ方デハ」「旧債務ノ消滅」を「原因」だと言う。「私共」は「原因」とも何とも思っていない。「原因」でなく「更改夫レ自身」であろうと思う。更改というものは消滅原因となっている。（これは）相殺と同様である。また、債務がないのに誤って弁済をした際に取り返すことができるというのと同様である。この更改においても、債権があると思ったならば「こちらノ」前に存在している債権を対抗する。「向フノ」債権が存在していなければ、むろん「こちらノ」債権を対抗する「請求」はできない。そういうことをいちいち各消滅原因について書くのは非常にうるさい。そう思って書かなかったのであって、「原因」を認めたからというのではない。

議長（西園寺公望）（一二三巻六六丁表）

修正説でも出るのか。

磯部四郎（一二三巻六六丁表）

よく考えているのだけれども、今日はやめておく。

議長（西園寺公望）（一二三巻六六丁表）

しかし確定してしまうと仕方がない。

二　本条の存在意義

磯部四郎（一二三巻五八丁裏～五九丁表）

新債務が成立しない場合には旧債務が再び発生して消滅しないということは「当リ前」であって、その「当リ前ノ程度」は、旧債務が不法ならば新債務も不法であるということの「当リ前ノ程度」とほとんど同一の価値しか持っていないであろう。そこで、この旧民法財産編第四九四条第一項を「当リ前」のことだから本条に掲げる必要がないというのならば、本条の法文全体のこともやはり「当リ前」のことであって、言わないでもわかりきったことではないか。

梅謙次郎（一二三巻六〇丁表～六一丁表）

そのように質問するのももっともだが、ただ「程度」が違う。磯部委員が言うには、旧債務が不成立とか消えたとかいうときに更改が無効であることは言うまでもないことであると言うなら、新債務が取り消されまたは不成立の場合に旧債務が依然存在しているということもまた言うまでもないことではないかということであった。しかし、（この二つは）「程度」が違うと思う。なぜなら、更改はそもそも債権消滅原因としてここに掲げてあるくらいであるから、債権を消滅させるものでなければ更改ではない。ところが、消滅させるべき債権がすでに消滅している、つまり全く成立していないとか取り消されてしまっている場合に（更改が）成り立つはずのないことは「三尺ノ童子ト雖モ分ルコトタラウ」。これに反して、更改は債務消滅原因であるという同じ理由から、たとえ新債務が成立しなくても自由にした更改であれば（更改として有効である。）新債務が成立しない結果として不当利得や不正の損害が生じるかも知れないけれども、とにかく当事者の意思によって一旦（旧債務を）消してしまったという場合は随分多いであろう。これに加えて、なお本条が必要なのは、「不法ノ原因若クハ当事者ノ知ラサル事由ニ因リテ成立セス又ハ取消サレタルトキハ旧債務ハ消滅セヌ」ということに実は非常に疑いがあるからである。新債務の目的だけが不法であっても、もしそれを知りつつしたのであればそれでもよかろう。「知ラサル」「知リツ、」という区別も大変必要である。たとえ新債務が成立しなくてもその原因を知っている場合には、それは当事者の意思でそういうことをしたのであるから旧債務はやはり消えるのである。もし更改の要素として旧債務の消滅及び新債務の発生を不可欠のものとしてあげるのならば、たとえ当事者の意思をもってしても更改はできないようにも見えるが、もちろんそれ（更改）はできるのである。これらの点を明らかにするためには、やはりこの規定があった方がよかろう。つまり、「程度論」であったならばこれも言うまでもないかもしれないのだけれども、少しでも疑いがあるかもしれないと思って、他国にも例のないことでもあるから、ここに掲げておいたのである。

▼別段発議なく原案通り確定した（一三巻六六丁表）。

（注）原文では「コーズ」は「ユーズ」となっている（以下同じ）。

【その後の経緯】

確定条文への表現の変更について、梅謙次郎委員は、意味は同じであるが、「新債務」という文言が「余リ突出デ」あるから「更改ニ因リテ生シタル」という文字を上に加えたと説明している（民法整理会議事速記録四巻四二丁表）。

【民法修正案理由】

本条ハ、既成法典財産編第四百九十四条第二項ト略其意ヲ同ジウス。同条第一項ハ言フヲ待タズ、第三項ハ自然義務ニ関スルヲ以テ、何レモ之ヲ削除シタリ。本条ノ規定ニ至リテハ、或ハ之ヲ無用ノ空文ナリト難ズルモノアレドモ、此規定ナキトキハ、間〻疑ヲ懐ク者ノ生ズベキヲ以テ、安全ヲ計リテ之ヲ設ケタルナリ。

▽民法修正案理由書第三編第一章第五節「第三款更改」七頁（第五一四条）。

（潮見佳男）

第五一八条　更改の当事者は、更改前の債務の目的の限度において、その債務の担保として設定された質権又は抵当権を更改後の債務に移すことができる。ただし、第三者がこれを設定した場合には、その承諾を得なければならない。

第五一八条　更改ノ当事者ハ旧債務ノ目的ノ限度ニ於テ其債務ノ担保ニ供シタル質権又ハ抵当権ヲ新債務ニ移スコトヲ得但第三者カ之ヲ供シタル場合ニ於テハ其承諾ヲ得ルコトヲ要ス

原案第五一五条　確定条文に同じ

【参照条文】

旧民法財産編

第五〇三条　旧債権ノ物上担保ハ新債権ニ移ラス但債権者之ヲ留保スルトキハ此限ニ在ラス

此留保ハ共同債務者、保証人又ハ第三所持者ノ手ニ存スル担保負担ノ財産ニモ之ヲ行フコトヲ得

此留保ニ付テハ更改ノ相手方ノ承諾ノミヲ必要トス

右ノ場合ニ於テ財産ハ旧債務ノ限度ヲ超エテ担保ヲ負担セス

フランス民法

第一二七八条　従来ノ義務ニ付テノ債主ノ特権又ハ書入質ノ権ハ更改シタル義務ニ之ヲ移ス可カラス但シ義務ヲ得可キ者別段其事ヲ定メ置キタル時ハ格別ナリトス

第一二七九条　新タニ義務ヲ行フ可キ者従来義務ヲ行フ可キ者ニ代リタル時ハ従来ノ義務ニ付テノ債主ノ特権又ハ書入質ノ権ヲ新タニ義務ヲ行フ可キ者ノ財産ニ移スヿヲ得ス

第一二八〇条　義務ヲ得可キ者ト連帯シテ義務ヲ行フ可キ数人中ノ一人ト義務ノ更改シタル時ハ従来ノ義務ニ付テノ債主ノ特権又ハ書入質ノ権ヲ新タナル義務ヲ行フ可キ一人ノ財産ノミニ移スヿヲ得可シ

オーストリア一般民法

第一三七八条　旧債務ニ属スル保人及ヒ抵当并ニ其他ノ権理ハ責務ノ転換ニ因テ消滅スル者タリ之ニ反スル約束有ル如キハ此例外ニ在リトス

オランダ民法

第一四五七条乃至一四五九条　〔フランス民法第一二七八条ないし第一二八〇条に同じ〕

イタリア民法

第一二七四条　旧責権ニ属スル領先特権及ヒ券記領先権ハ若シ責主カ特別ナル明言ノ予虞ヲ為サヽリシニ於テハ則チ其代替セル新責権ニ転移セサル者トス〔仏民第千二百七十八条〕

第一二七五条　責務ノ転換カ負責主ノ代替ニ因テ果行スル者タルニ於テハ則チ原初ノ領先特権及ヒ券記領先権ハ新負責主ノ財産ニ移及スルヿ無シ〔仏民第千二百七十九条〕

第一二七六条　若シ責務ノ転換カ責主ト互相特担ニ係ル共同負責主中ノ一人トノ間ニ生成スル者タルニ於テハ則チ旧責権ニ属スル領先特権及ヒ券記領先権ハ唯〻新起債ヲ結約セル所ノ一人ノ負責主ノ財産ニ向テ存在スル有ルノミ〔仏民第千二百八十条〕

ポルトガル民法

第八〇七条　旧債務が更改によって消滅させられた場合、何ら明示の留保もないときはすべての付随する権利義務は同様に消滅させられる。

第三者の権利に関して留保がなされている場合、その権利が消滅するためには、

第三者の承諾を必要とする。

第八〇八条　但し、更改が債権者と連帯債務者の一人の間で行われた場合、旧債権の先取特権又は抵当権は、新債務を約した者の財産についてのみ留保することができる。

モンテネグロ財産法

第六二二条第二項　前項の更改により債務が消滅する場合、債務に付随する全ての権利又は義務は債務とともに消滅する。但し、権利又は義務を新債務に移転する旨の明示的な合意がある場合にはこの限りでない（第九四八条）。

スペイン民法

第一二一二条　代位は、債務者又は第三者に対する債権を、付属する権利と共に代位者に移転する。第三者が保証人であっても抵当不動産の取得者であっても同様である。

ベルギー民法草案

第一二七九条　旧債権の抵当権は旧債権の代わりとなった債権に移転しない。但し、債権者がそれを明示的に留保したときはこの限りでない。

第一二八〇条　債権者は前条の留保を新債務者又は新債権者への交替により生じた更改においてなすことができる。

更改が新債務者への交替によりなされたときは、旧債務の抵当権は新債務者の財産に移転することはできない。但し、債権者は、旧債務者の承諾を得て、その者の財産に設定されている抵当権を新債務の担保のために留保することを約することができる。

第一二八一条　更改が債権者と連帯債務者の一人の間でなされるときは、旧債権の抵当権は、新債務を約した者の財産につき留保され得る。旧債権の抵当権は、免責された共同債務者の承諾あるときにのみその者の財産に留保され得る。

ドイツ民法第一草案

第三一七条　債務引受ノ時ニ債権ニ附着シテ其担保ニ供セラレタル従タル権利ハ存続スルモノトス然レ𪜈債権ノ為メニ第三者カ為シタル保証又ハ質入ニ本ツク権利ハ存続セス但旧債務者ノ身上ニ関セスシテ保証ヲ為シ又ハ質権ヲ設定シ若クハ質権ノ目的物カ債務引受ノ時法律上債務者ニ属スルトキハ此限ニ在ラス

債務引受ノ時ニ債権ニ附着シタル優先権ハ消滅ス

ドイツ民法第二草案

第三六一条（注1）　債務ノ引受ニ因リテ債権ノ為メニ設定セラレタル保証及ヒ質権ハ消滅ス但保証人又ハ債務引受ノ時ニ質権ノ目的物ヲ有スル者カ債務ノ引受ニ同意スルトキハ此限ニ在ラス

破産ノ場合ニ於テ債権ニ附着スル優先権ハ引受人ノ財産ノ破産ニ付テハ之ヲ主張スルコトヲ得ス

プロイセン一般ラント法

第一部第一六章第四六九条　有効になされた更改の結果、消滅した債務に制定法により与えられた特別の優先権は消滅する。当事者の明示の取決めによっても、これを性質の異なる新債務に移すことはできない。

第四七〇条　主たる旧債務についてなされた付加的取決めも、これが明示的に留保されないときは、消滅する。

第四七一条　旧債務のために設定され、かつ新債務においては引受けられなかった抵当権についても、同様とする。

ザクセン民法

第一〇〇五条　〔第五一六条の【参照条文】中に掲載〕

バイエルン民法草案

第二編第一六三条　債権者が債務引受に同

意を与えた場合には、旧債務者のために引受けられた保証及び第三者の所有物上に旧債務の担保のために設定された担保権は、当該保証人又は担保物所有者が、債務引受と同時に、債務者又は債権者に対し明示的に又は明確な行為によって同意を表した場合でない限り、消滅する。
　債務のために旧債務者の所有物上に設定された担保権も消滅する。但し、債務引受人が同時に担保物の所有権を旧債務者から取得した場合には、この担保権は何らの変更も受けない。

第二〇二条第二項（第五一三条の【参照条文】中に掲載）

（注1）ドイツ民法第二草案第三六一条の第一項は三文から成っているが、仁保亀松訳「独逸民法草案債権」（法曹記事第四二号八〇頁）では、第二文の翻訳が脱落している。ちなみに、第二文（仁保訳では但書の前に入る）の内容は次の通りである。「債権のために抵当権が存在する場合は、債権者がそれを放棄する場合と同じことが発生する。」

【起草趣旨】

梅謙次郎（一三巻六六丁裏～六九丁裏）
　本条の規定は旧民法財産編第五〇三条と大同小異のつもりである。旧民法と違うのは次の点である。
　(1)　この第五〇三条（原案第五一五条か——高橋眞注）では「物上権（質権？）又ハ抵当権」と狭くした。それは、「物上担保」と書くと留置権や先取特権までも含んでしまうが、これらは除いたほうがよかろうと思ったからである。ドイツ民法草案、プロイセンの「ランドシヒト」等では「抵当」という文字のみある。「、、、、質権ノ一種ニ為ツテ居リマスデ」その理由はほかでもないが、留置権と先取特権は旧民法でも本案でも債権の性質に従って与えられることになっているので、その債権が変わってしまうと債権の性質も変わってしまうから、（留置権も先取特権も）消滅せざるをえない。そういう理由で本案ではこの点を改めた。
　(2)　同条第二項は言うまでもないことだと思って本条では規定しなかった。反対の明文さえなければこの条項に規定されているようになるのは当然と考えた。フランスではこの第二項に対応する規定は旧民法のそれと少し違う。それゆえ、この第二項の規定を旧民法では設ける必要があったのかもしれないが、条文を完全に書き変える以上、（第二項のような規定は）そんなに必要でないと思う。
　ただ、共同債務者または保証人が供した担保という点については、彼らは自己の債務の担保として当該担保を提供したのであるから、旧民法では財産編第五〇一条の規定（の結果としてこのようになる）、本案では、保証人については明文の規定がなくとも「原則ノ当然ノ結果」としてこのようになる。連帯債務者については先の「連帯」の箇所に規定がある。これらの結果からして、更改をすると共同債務者及び保証人の債務というものは消滅し、それが消滅すればその債務を担保するために設定した質権、抵当権等も当然消滅する。けれども、特にこの共同債務者または保証人が新たにその更改に自らも加わった場合、すなわち、新債務者についてもやはり債務を負うと申し述べた場合には、その共同債務者または保証人についても更改があったものと見なければならないと思う。本条の規定により、特約さえすれば提供した質権、抵当権は消滅しない。結果的には、旧民法が規定するところと同じになる。
　(3)　あとひとつ旧民法と違う点は、物上保証人、すなわち保証はしないが他人の債務のために自己の財産を担保に供した者に関してである。物上保証人の意思は保証人の意思とほとんど同じであり、このため「物上保証」という名があるくらいであって、他人の債務のために自らの信用を与える代りに自らの財産を出すのである。この場合にもし規定をしておかないと、旧民法通りであったならば、債権者と債務者との間で更改があって債権が改まったにもかかわらず、債権者と債務者の間で相談がまとまりさえすれば第三者の提供した担保物が当然に(注2)新債権の担保に供せられることになってしまう。しかし、これはどうも穏かでない。いやしくも保証人の承諾がなければ更改があると同時に保証人の債務が消えるとなっている以上、物上保証人についても、その者の承諾がなければ、新債務を同じ「担保品」で担保するということになろうはずがない。就中、債務者の変更の場合、（債務者）甲は自分の友人であるから担保として不動産を提供しておいたところ、（更改により）甲が債務を免れ、乙という全く見ず知らずの者が債務者になったときにも、乙のためにその財産を担保にしておかなければならないということになると、初めの当事者の意思と違ってしまう。それで、この場合には、どうしても物上保証人の承諾がなければならないとしておかねばならないと思い、但書を加えたのである。

　こうした例は外国にもある。たとえば、モンテネグロの民法では当事者が一致してでなければできないとある。つまり、「当事者一同ガ一致スル」というのは、今のような場合を念頭に置いているのであって、すなわち、担保を供した者、債権者、そして債務者が全員一致をしなければならないという意味がそこには明らかになっている。モンテネグロの民法のような規定が穏当であろうと思って、旧民法がここまで考えていたかどうかは知らないが、本案ではこの点を少しばかり補ったのである。

(4)　その他の場合については、もはや抵当権の譲渡すら許しているくらいであるから、所有者の承諾を得なくてもよい。たとえば、第三所持者の手にある財産についても、そのことは規定で明記しなくても原案第五一五条本文から当然に出てくるから、それに関する規定は置かないことにした。

【主要審議】

本野一郎（一三巻六九丁裏）

　この箇条がなかったとしたら同じ結果は出てこないか。

梅謙次郎（一三巻六九丁裏～七〇丁表）

　この箇条がないと、少し疑いが生じてくる。なぜなら、質権や抵当権というものは、そもそも「債権ノ従《ママ》ヒタルモノ」であるから、債権が消滅するとこれらも消滅すべきものである。それゆえ、この規定がないと疑いが起こるであろう。また、「之カ黙ツテ」（仮にこの箇条がなくても）質権または抵当権は当事者の意思で新債務に移すことができるものであるという方が正しいとしたならば、なおさらこの箇条を置く必要が生じる。つまり、留置権や先取特権のようなものは移らないようにしておく方がよいという考えからである。

本野一郎（一三巻七〇丁表）

　移すことが必要であるならば双方の意思がなければならない。この規定がなかったとしても、同じことを双方の意思でできるではないか。

梅謙次郎（一三巻七〇丁表）

　この規定がなくても双方の意思で後の債務のために同一の財産を担保に供することはできる。しかしながら、そうなると「新タナル担保」になる。その結果、抵当権については順位が違ってくる。「或ハ場合ニ依ツテハ破産ノ、、、若シ然ウ云フ契約ヲ結フト云フト或ハ夫レカ無効ニ為ル」。つまり、「新タナル担保」を供するということになると非常にその効力が違ってくる。それゆえ、この規定が必要になってくる。

本野一郎（二三巻七〇丁表～裏）

ここに引用している各国の立法例の中には当然移るとか移ったものと看做すとかいうような規定のあるものはないのか。

梅謙次郎（二三巻七〇丁裏）

当然移るという立法例は、更改についてはどうもないようである。むしろ絶対に消滅し契約によっても移すことができないというのはある。ドイツ法では、純然たる更改を法律で全く規定をしないか、または規定をしてもごく簡単な規定になっており、債権者の替わる場合については一切（債権）譲渡の規定を適用し、「債務者ノ替ハル場合、、、、規定ヲ適用スル」と言って債務引受というひとつの行為を認めている。それには当然担保も移るという規定があるところもあるが、それも一般ではない。たとえば、ドイツ等では一般に権利が移るとあるけれども、それさえも保証や質は原則として移らないということになっている。

箕作麟祥（二三巻七〇丁裏～七一丁表）

保証義務も移せないのか。

梅謙次郎（二三巻七一丁表）

保証義務はどうしても移しては不都合である。そのうえで、新たに（保証）義務を付しておいても差支えない。

▼別段発議なく原案通り確定した（二三巻七一丁表）。

（注2）　原文では「[新]ラシイ」となっており、「新」の字が抜けている。

【民法修正案理由】

本条ハ、既成法典財産編第五百三条ニ修正ヲ加ヘタルモノナリ。同条ニハ、旧債権ノ物上担保ハ債権者ノ留保ニ因リテ新債権ニ移ルモノトシ、先取特権及ビ留置権ノ如キモノモ亦更改ニ因リテ移転シ得ルモノトセルモ、此等ノ権利ハ特別ノ債権ニ伴フテ生ジ、殆ンド其債権ニ固有ノモノニシテ、其債権ト共ニ消滅スベキモノナルヲ以テ、本案ニ於テハ之ヲ省キテ、単ニ質権及ビ抵当権ノ二者ニ限レリ。

原文第二項ハ之ヲ削除セリ。蓋シ、共同債務者及ビ保証人ハ更改ヲ承諾スルノ義務ナク、若シ之ヲ承諾シタルトキハ、旧債権ノ為メニ供セシ物件ヲ移シテ、新債権ノ担保ト為スヲ得ルハ勿論ニシテ、又第三所持者ノ承諾ニ至リテハ、之ヲ得ルヲ要セズシテ担保ヲ移転シ得ルハ当然ナレバナリ。

本条但書ヲ加ヘタルハ、他人ノ為メニ担保ヲ供シタル第三者ヲ保護スルニアリ。第三者ハ屡〻特別ノ債務者ノ為メニスルカ、若クハ特別ノ債務ヲ担保セント欲シテ物件ヲ出スコトアリ。然ルニ、単ニ当事者ノ合意ノミヲ以テ恣ニ債務ノ更改ヲ為シテ担保ヲモ之ニ伴随セシメ得ルモノトスルトキハ、第三者ノ権利ヲ害スルコト少ナカラズ、且更改ノ際ニ共同債務者又ハ保証人ノ義務ヲ免カレシムル場合ノ規定ニ比シテ権衡ヲ得ザルヲ以テ、殊更但書ヲ加ヘテ之ヲ修補シタルナリ。

▽民法修正案理由書第三編第一章第五節「第三款更改」七～八頁（第五一五条）。

（潮見佳男）

第四款　免　除

【起草趣旨】

富井政章（一三巻一一六丁表～一二〇丁裏）

旧民法は、債務の免除について、合意上の免除という表題を置いて、旧民法財産編第五〇四条から第五一八条まで規定を掲げている。しかし本案では、債務の免除について合意を不要とする主義をとって、旧民法にはない一箇条を置き、旧民法の多くの規定は削除した。簡単に各条の規定について削除した理由を述べるが、大幅な削除であり、削除してはならない条文が存在するならば指摘願いたい。

(1)　旧民法財産編第五〇四条(注1)の削除（一三巻一一六丁表～一一七丁表）

第一項はその通りである。第二項前段は法律行為の解釈にすぎない。多くの場合はこの通りだが、必ずしもこの四つの性質をもつ必要はない。このような解釈的な法文は置かない方がよいと思い削除した。第二項後段も、無償の免除は無償の免除とし、契約でもないものを贈与とする必要はない。贈与の方式というものを設けるかどうかはまだわからないが、私は、贈与の方式というものは必要ないと思う。日本と違って信用すべき公証人が存在するフランスでも、贈与の方式は全く設けられておらず、学者も方式は不要と言っている。万一、贈与の方式を設けることになっても、無償の免除に限って方式に従わないというのは理由のないことである。第三項は商法にあった規定で、例により削除した。

(2)　旧民法財産編第五〇五条(注2)の削除（一三巻一一七丁表）

本条も規定を要しない。「債務ノ免除ハ明示ヨリ成ルト言ハナイ以上ハ黙示ニハ成ラヌト云フコトハ」言わなくともわかる。権利の放棄というものは推定すべきものではない、というのが一般の原則である。

(3)　旧民法財産編第五〇六条(注3)の削除（一三巻一一七丁表）

この条文を置くなら、連帯不可分、または保証に置くのであるが、この中には不要な部分もある。採用すべきものは既に連帯の所に採用しており、削除してよい。殊に第一項は、主従の関係から、（削除すること）疑問はない。

(4)　旧民法財産編第五〇七条(注4)の削除（一三巻一一七丁表～裏）

これがあるいは多少、実質の変更になるかも知れない。保証人の一人に対して債務を免除したため、主たる債務者も他の保証人も債務を免れたという場合、保証人の一人が主たる債務者または他の保証人の代理ができる場合であれば、本案でも当然、有効な免除である。代理のできない場合であれば、原案第五一六条では、債務の免除は債務者に対してしなければならないのである。そこで、保証人に対して免除をしただけでは、主たる債務者は免除を受けないということになる。それで少しも差支えなく、それほど債務を免除したいというのであれば、主たる債務者に対して意思表示をなすことは何でもないことである。

(5)　旧民法財産編第五〇八条(注5)の削除（一三巻一一七丁裏～一一八丁表）

本条は既に連帯保証の所で規定したものだから不要である。

(6)　旧民法財産編第五〇九条(注6)の削除（一三巻一一八丁表）

これは連帯の免除に関する規定である。これも、置くなら連帯の所に置くのであるが、原案第四四一条かどこかで、連帯の免除に関する規定を含んでいる。

(7)　旧民法財産編第五一〇条(注7)の削除（一三巻一一八丁表）

これも全く事実問題としておいて差支え

ない。かえってこういうことを法律に決めておくと、間違いのもとになりやすいから、連帯の所でことさらに採用しなかったのである。

(8)　旧民法財産編第五一一条[注8]の削除（二三巻一一八丁表～裏）

本条の前段は、置くなら保証の所に置くのであるが、必要ないから置かなかった。従たる債務がなくなっても、主たる債務がなくなることはない。保証で、保証人の債務というものはその間で当然に分かれるという規定を置いたのだから、自然に必要のない規定になった。後段も必要のない規定であるから、採用しなかった。主たる債務者と保証人との間に連帯があれば大いに疑問があるので、保証にその規定を置いた。保証人間に連帯があれば、むろん連帯の規定が行われることだろう。この場合には少しも疑いがなかろうと思う。

(9)　旧民法財産編第五一二条[注9]の削除（二三巻一一八丁裏～一一九丁表）

本条は債権者が担保を滅失しまたは減少した場合に弁済して債権者に代位できるものの債務は消滅するという規定である。これは広い規定として代位弁済の所に置かれたので削除した。

(10)　旧民法財産編第五一三条[注10]の削除（二三巻一一九丁表）

これも当然のことであろう。共同債務者の一人が、連帯もしくは不可分のみの免除を得るため債権者に対して出捐をしても、その債務は減じないという規定である。自分だけ免れたのであるから債務が消えるとか、共同債務者に対して求償権があるとかいうことはもとよりあるはずのないことである。

(11)　旧民法財産編第五一四条[注11]の削除（二三巻一一九丁表）

これは引渡の義務を有していても、既に所有権が債権者に移っていれば、所有権回復の特権、すなわち物上訴権というものは消滅しないという規定である。これはよほど「講釈流ノ」規定であり、権利の消滅というものはなるべく狭く解釈しなければならないという普通の解釈によって明文は不要であり、これも削除した。

(12)　旧民法財産編第五一五条[注12]の削除（二三巻一一九丁表～裏）

本条第一項は連帯債権者の規定で、本案では採用しないことになっている。第二項は性質上不可分の場合に債権者の一人が債務者に免除をしても、他の債権者の権利に変更を生じないという規定であるが、既に前に不可分の所に置いた規定である。

(13)　旧民法財産編第五一六条[注13]、第五一七条[注17]の削除（二三巻一一九丁裏）

これらは、債権者が債務者に証書を返した場合、あるいは債権者が証書を破った、消したという場合に債務の免除になったことを推定する規定である。前に弁済の所で、（このような場合には）免除の推定とするよりも弁済の推定とした方がよかろうと思って置いた。ところが、それが何の議論もなく削除となった。その理由は、免除の所にそういった規定を置くのがよいという理由で削除になったのではなく、こういう規定は全くいらないという精神で削除になったのである。そこでこれも削除することにした。

(14)　旧民法財産編第五一八条[注15]の削除（二三巻一一九丁裏～一二〇丁裏）

本条は、債務の免除は反対の証拠あるまでは有償でしたものと推定するという規定であるが、これも一向に必要ない規定である。有償と推定する必要はなく、全く事実問題で、有償だったかどうかということは裁判官が状況によって決するとしておいて少しも差支えない。第二項には誤訳がある。

授受するというのは、互いに贈与するという原語である。これも授受という意味によく使う字であるから、ここでは授受すると誤訳されたと思う。互いに贈与するのも能力のない者の間には有償でしたという証拠を挙げなければならないという規定であるが、わかりきったことで削除した。

(注1)　旧民法財産編第五〇四条　債務ノ全部又ハ一分ニ付テノ合意上ノ免除ハ有償又ハ無償ニテ之ヲ為スコトヲ得

有償ノ免除ハ事情ニ従ヒテ代物弁済、更改、和解又ハ解除ヲ成ス又無償ノ免除ハ贈与ヲ成ス然レトモ公式ノ特別規則ニ従フコトヲ要セス

協諧契約ヲ以テ破産シタル債務者ニ許与スル一分ノ免除ハ商法ヲ以テ之ヲ規定ス

(注2)　旧民法財産編第五〇五条　債務ノ免除ハ明示又ハ黙示ヨリ成リ推定ヨリ成ラス但法律ニ特定シタル場合ハ此限ニ在ラス

(注3)　旧民法財産編第五〇六条　主タル債務者ニ為シタル債務ノ免除ハ保証人ヲシテ其義務ヲ免カレシム

連帯債務者ノ一人ニ為シタル債務ノ免除ハ他ノ債務者ヲシテ其債務ヲ免カレシム但債権者カ他ノ債務者ニ対シテ其権利ヲ留保シタル場合ハ此限ニ在ラス此場合ニ於テモ免除ヲ受ケタル債務者ノ部分ヲ控除スルコトヲ要ス

不可分債務者ノ一人ニ為シタル債務ノ免除ニ付テモ亦同シ然レトモ性質ニ因ル不可分債務ノ債権者カ他ノ債務者ニ対シテ其権利ヲ留保シタルトキハ債権者ハ先ツ全部ニ付キ其権利ヲ行ヒ免除ヲ受ケタル債務者ノ部分ヲ計算ス

(注4)　旧民法財産編第五〇七条　保証人ノ一人ニ為シタル主タル債務ノ免除ハ債務者及ヒ他ノ保証人ヲシテ其債務ヲ免カレシム

(注5)　旧民法財産編第五〇八条　債務ノ免除ヲ受ケタル債務者及ヒ保証人ハ債権者ヨリ共通ノ免除ヲ得ル為メ実際供与シタル数額ニ付テノミ他ノ共同債務者及ヒ共同保証人ニ対シテ求償権ヲ有ス

(注6)　旧民法財産編第五〇九条　共同債務者ノ一人ニ対シテ連帯ノミ又ハ任意ノ不可分ノミノ免除アリタルトキハ其一人ヲシテ他ノ債務者ノ部分ヲ免カレシメ且他ノ債務者ヲシテ其一人ノ部分ヲ免カレシム

性質ニ因ル不可分ノミノ免除ニ付テハ債権者ハ債務者ノ各自ニ対シテ全部ノ要求ヲ為ス権利ヲ失ハス但免除ヲ受ケタル債務者ノ負担ス可キ債額ヲ計算スルコトヲ要ス

又債権者ハ免除ヲ受ケタル債務者ニ対シ全部ノ要求ヲ為スコトヲ得但他ノ債務者ノ負担ス可キ債額ヲ計算スルコトヲ要ス

(注7)　旧民法財産編第五一〇条　債権者ハ左ノ場合ニ於テハ債務者ノ一人ニ対シテ連帯ノミ又ハ任意ノ不可分ノミヲ免除シタリトノ推定ヲ受ク

第一　債権者カ担保ノ権利ヲ留保セスシテ債務者ノ一人ヨリ其債務ノ部分ナリト明言シタル金額又ハ有価物ヲ受取リタルトキ

第二　債権者カ担保ノ権利ヲ留保セスシテ債務者ノ一人ニ対シ其債務ノ部分ナリト称シテ裁判上ノ請求ヲ為シタルニ其一人請求ニ承服シ又ハ弁済ヲ為ス可キ旨ノ言渡ヲ受ケタルトキ

第三　債権者カ異議ヲ留メスシテ十个年間引続キ債務者ノ一人ヨリ其負担ス可キ利息又ハ年金ノ部分ヲ受取リタルトキ

(注8)　旧民法財産編第五一一条　保証人ノ一人ニ保証ヲ免除シタルトキハ主タル債務者ハ其債務ヲ免カレス他ノ保証人ハ保証ノ免除ヲ受ケタル一人ノ部分ニ付キ其義務ヲ免カル然レトモ保証人ノ間ニ連帯ヲ為セル場合ニ於テ債権者カ第五百六条第二項ニ記載シタル如ク他ノ保証人ニ対シテ自己ノ権利ヲ留保セサルトキハ他ノ保証人ヲシテ其義務ヲ免カレシム

(注9)　旧民法財産編第五一二条　債権者ノ質又ハ抵当ノ抛棄ハ其債権ヲ減セス然レトモ連帯債務者又ハ保証人ハ其抛棄ニ因リテ此等ノ担保ニ代位スルコトヲ妨ケラレタルカ為メ債権担保編第四十五条及ヒ第七十二条ニ依リ債権者ニ対シテ自己ノ免責ヲ請求スルコトヲ得

(注10)　旧民法財産編第五一三条　共同債務者ノ一人カ連帯若クハ不可分ノミノ免除ヲ得ル為メ又ハ保証人ノ一人カ保証ノ免除ヲ得ル為メ債権者ニ出捐ヲ為シタルモ其債務ヲ減セス且他ノ共同債務者又ハ共同保証人ニ対シテ求償権ヲ有セス

(注11)　旧民法財産編第五一四条　特定物ヲ引渡スノミ又ハ返還スルノミノ義務ヲ免除スルモ債務者ノ利益ニ於テ譲戻又ハ譲渡ヲ惹起セス其所有者ハ回復ノ権利ヲ失ハス

(注12)　旧民法財産編第五一五条　連帯債権者ノ一人ノ為シタル債務又ハ連帯ノミノ免除ハ単ニ其一人ノ部分ニ付キ之ヲ以テ他ノ債権者ニ対抗スルコトヲ得

債務カ性質ニ因ル不可分ナルトキハ債権者ノ一人ノ為シタル免除ハ他ノ債権者ヲ害スルコトヲ得ス他ノ債権者ハ第四百四十五条及ヒ第五百六条ノ規定ニ従ヒテ全債権ヲ行フ

（注13） 旧民法財産編第五一六条 債権者カ債務者ノ義務ヲ記載シタル本証書ヲ任意ニテ債務者ニ交付シタルトキハ其証書ニ免除ノ旨ヲ附記セスト雖モ債権者ハ債務ノ免除ヲ為シタリトノ推定ヲ受ク但債権者ノ反対ノ意思ヲ証スル権利ヲ妨ケス

公正証書ノ正本又ハ判決書ノ正本ノ任意ノ交付ハ其書類ニ執行文ヲ具備スルモ債務ノ免除ヲ推定セシムルニ足ラス但裁判所カ事情ニ従ヒテ其免除ヲ推測スルコトヲ妨ケス

債務者カ右ノ書類ヲ所持スルトキハ反対ノ証拠アルマテハ債権者ヨリ任意ノ交付アリタリトノ推定ヲ受ク

（注14） 旧民法財産編第五一七条 債権者カ証書ノ全文又ハ債務者ノ署名其他緊要ナル部分ヲ有意ニテ毀滅シ扯破シ又ハ抹殺シタルトキハ前条ノ区別ニ従ヒテ任意ノ交付ニ準シ債務ノ免除アリタリト推定ス

右毀滅、扯破又ハ抹殺ハ其当時証書カ債権者ノ占有ニ係リシトキハ反対ノ証拠アルマテ債権者ノ所為又ハ其承諾ニ出テタリトノ推定ヲ受ク

（注15） 旧民法財産編第五一八条 債務ノ免除ハ明示ナルト黙示ナルト又直接ニ証スルト法律上推定スルトヲ問ハス反対ノ証拠アルマテ有償ニテ之ヲ為シタリトノ推定ヲ受ク

然レトモ授受スル相対能力ナキ者ノ間ニ於ケル免除ハ有償ニテ之ヲ為シタリトノ直接ノ証拠ヲ挙クルコトヲ要ス

【主要審議】

一 保証人に対する主たる債務の免除の効力

高木豊三（二三巻一二〇丁裏～一二一丁表）

なるほど大幅な削除であるが、これは免除が、「合意ト云フ主義」を廃して、相手方の受諾を要しない一方的意思表示でできることになった結果であろう。私も免除はその方がよいと考える。ただ、保証人の一人にした主たる債務の免除は、旧民法財産編第五〇七条がないとどうなるのであろうか。実際は、保証人に対しては主たる債務の免除ができないのが至当であろうし、また（実際に）結果そうなるであろうという説明であった。しかし（意思表示は、）利益なり損害なりを受くべき相手方に直接にしなければ法律上の効力を生じないというものであろうか。一方的意思表示によって効力を生じるという場合には、必ずしも相手方が知らなくともよいと聞いている。

富井政章（二三巻一二一丁裏）

原案第五一六条（確定条文第五一九条）の説明になるが、「債務〔者〕ニ対シテ」ということがなければ不確定になり、全く無関係の第三者に対して、だれそれの負債を免除するということになるから、こういう区切りをつけることが必要である。

二 原案第五一六条にいう「債務者」には保証人が含まれるか

高木豊三（二三巻一二一丁表～裏）

（債務の免除は債務者に対して）直接にすべきものとして、保証人というものは、債務者の「代位ヲサレル」（代理人とされる）ということになればむろんよいが、広く債務者には保証人も含まれているというものであって、負っている義務は同一であるから、主従の別はあるが、保証人に向かって、保証人となっている主たる債務を免除する意思というものを表示したときは、主たる債務者に対しても、規定がなくとも、意思表示の結果として、免除の効力を生ずるものとはいえないであろうか。これは明文がなく、明文を置きたいというのではないが、他日解釈上について必ず議論となるであろうから、念のために聞いておく。

富井政章（二三巻一二一丁裏～一二二丁裏）

旧民法財産編第五〇七条の説明については、まず、主たる債務者と保証人とは同じ債務を負担するという説は本案では採用せず、主たる債務者と保証人とは別々に義務を負い、明らかに二つの債務があるという

主義を採用した。保証人に対する免除が主たる債務を消滅せしめる理由が、保証人が主たる債務者の代理人であるからだというのは、私は無理だと思う。保証人が主たる債務者に代わって支払っても、当然主たる債務者の「訴訟代理人」ということになるとはいえない。しかし代理人でなくても別の規定の適用によって、多くの場合は「有償」（有効、か？）になるだろう。代理は委任がなくとも、後から追認して、その行為を有効とすることができるからである。保証人に対して主たる債務を免除したという場合も、免除は単独行為であるから、一定の制限はつくが、追認の規則等はあてはまり、もしあてはまらなくともそれで少しも差支えないであろう。債権者がそれほど不都合であれば、「主タル債務者ニ対シテ意思表示カナクテモ同シコトテアラウト思フ」。無理に保証人の一人にしなければならないということはない。

高木豊三（一三巻一二二丁裏～一二三丁表）

日本では債務のための失踪が随分多くあり、主たる債務者が失踪した場合に、直ちに保証人に請求できるかといえば、やはり第一の債務者を訴えなければならない。失踪の年限を過ぎた後であれば格別、まず普通、主たる債務者が所在不明または全く無資力ということが明らかになった場合には、「夫レテ保証人カ居ル」（保証人に請求することになる）。ここで、保証人はいかにも気の毒なので、その保証人に対して特に保証義務を免除すると言わずに、主たる債務者の債務は免除してしまうということで証文を返したり、証文を返さなくとも免除の書付けを渡したとする。そこで、後に主たる債務者が帰ってきて、債権者に対して、保証人が免除を受けたということを保証人から通知されて知っているにもかかわらず、法律上は主たる債務者に対してした免除の効力がないということになるという説であるか。

富井政章（一三巻一二三丁表）

むろんそういう結果になるのであるが、実際は決してそういうことにはならないと思う。主たる債務者が帰って来れば一番に追認するだろう……。

高木豊三（一三巻一二三丁表）

追認というのは……。

富井政章（一三巻一二三丁表～裏）

保証人が債権者から証書の返還を受けたり、債務の免除を受けたりするだけでは、保証人というものは代理人でないから、主たる債務を消滅させることはできない。しかし、代理の規則によって、主たる債務者は後に追認をして、その本当の代理人でなかった者の行為を有効なものとすることができる。自分に利益があることは必ず追認するであろうと思うし、それで少しも差支えない。債権者に損害を生ずるということであれば不都合だが、債権者はただ債権を放棄したいというのであるから、放棄したいのであればいくらでも道があるとしても、その一人の保証人に対して意思表示をさせて消滅させるというのはわからない。

梅謙次郎（一三巻一二三丁裏～一二四丁表）

少し補っておく。高木委員の質問はこのような趣旨であろうと思う。失踪等の場合は、管理人ができるようになっている。その管理人は法律上の代理人であるから、免除等は本人にするのと同じことである。管理でなくともその代理人と特に契約して、おまえにこの証書を渡すのは、単におまえの債務を免除するだけでなく、主たる債務を免除すると言い、代理人がこれに承諾を与えれば、第三者の利益のためにした契約でも効力を有するということに多分なる。その点は旧民法と異ならない。そうなってくると、今のは一つの立派な契約になる。

証書を返してやる位のことは郵便を出してやれば足り、保証人の方は返事を出さなくともよい。保証人が返事をやれば、後から契約が成立するから、債権者がああ言ったけれどもそれは取り消すということは言えない。債務者に対してはまだ効力を生ぜぬようであるが、それが帰って来たときは、無論効力が生ずる。債権者の方ではもはや意思が変わっても取り消すことができなくなれば、それで実際、高木委員の言う希望は達するのであり、推定のような規定を設けて保護するに及ばない。

高木豊三（一三巻一二四丁裏～一二五丁表）

私の考えはそうではない。そもそも代理の規則によって追認する（という場合）、それほど免除がしたいなら、保証人に免除しなくても、ただ放棄すればよい。これは当然の話である。私は放棄はできない、できてもしなかったという場合を仮定して、失踪などで行方の知れない場合を言ったのである。代理の規則によって追認するというなら、主義が変わりはしまいか。もしそれ（免除）が、合意により債務者の承諾がいるというなら、自分に「委任権」のないことをしたけれども、承諾して初めて効力を生ずるというものである。元来、意思表示で法律上の効力を生ずるというものであるから、その場合になお追認がいるということとは衝突しないか。また一例を挙げてみれば、債務者の親族なり友人なりが、自分がその債務を弁済しようということを言ってきた時に、それはおまえに気の毒であるからとその者に債務を免除してしまう。これは「向フ」（債務者）の依頼を受けていなければ事務管理でやるということも言えるかも知れないが、当事者に対してではなく、外の者に対して免除するという意思を明らかに表示しても、それは免除にならないという結果を生ずる。これはどうも第五一六条の原則と少し衝突することはないか。そうならないように、いずれにも免除の効力があるというように解釈ができないものかということである。

富井政章（一三巻一二五丁表～裏）

まず追認できるということは、既に原案第一一九条の終りに決まっている。なるほど旧民法財産編第五〇七条の場合には、債務の免除を有効としても害はない。しかしながら、保証人に対して（免除を）した場合だけに限って、絶対的に免除の効力を生ずるというのは、どういうものであろうか。広く債務の免除は誰に対してもよいというならよいのかも知れない。しかしそれでは余りに漠然として不確実になるので、本案ではその主義を採用しなかった。また原則を債務者に対して意思表示をしなければならないとし、但し保証人の一人に対してした場合はこの限りではない、という例外を設けるのも苦しかった。その場合は意思表示を保証人の一人に対してできる、後から追認できる途があるのに保証人の一人に対してした免除が絶対的に効力を生ずるということはあるまいと思って、思い切ったのである。誰に対しても意思表示の効力があるという広い規則を作るのは不都合である。それで保証について一つの例外を設けるというのも、いかにも不体裁であろう。実際そういう場合が生ずるということであれば仕方がないが、そういうことは生じてこないと思い、断念したのである。

高木豊三（一三巻一二六丁表）

私の疑問は、一人のした行為が追認によって効力を生ずるという場合は、やはり合意を必要とする場合の規定ではないかというのである。それから、適用のために聞いておきたいのは、私がある人に対して債権を有しており、それを丙という債務者に関係のない者に向かって、私のところに沢山有している債権を免除するからこの証文を債務者に返してくれという場合である。このような場合は、（丙を）私の「機械」として使ったと同様である。まるで代理の関係も何もない。ところがその者がいなければ、いつ届くか分らず、当人はその事を聞いただけで証文を受取るだけで、おまえは私の債務を免除するという意思で表示したそうである、それは何の何某の行為であると言っても効力がないということであれば、もう何も言わない。

▼特に発議はなく、「免除」は原案通りに決した（一三巻一二六丁裏）。

【民法修正案理由】

第四款　免除

既成法典ハ多数ノ立法例ニ倣ヒ、債務ノ免除ニハ双方ノ合意ヲ必要トシ、合意上ノ免除ナル題名ノ下ニ於テ頗ル細密ナル規定ヲ設ケタリ。本案ニ於テハ、凡ソ権利ノ拋棄ハ其権利ヲ有スル者ノ意思表示ノミニ依リテ其効力ヲ生ズベキモノト為スヲ以テ理論ニ適フモノトシ、債務ノ免除ニハ敢テ債務者ノ承諾ヲ必要トセザルノ主義ヲ採レリ。但債権者ハ債務者ニ対シテ其意思ヲ表示スルニ非ザレバ確実ト認ムルコトヲ得ベカラザルヲ以テ茲ニ本条ノ規定ヲ設ケ、同時ニ既成法典ノ主義ヲ改メタルコトヲ明示セリ。今左ニ既成法典ノ規定中削除シタルモノヲ示シ、并セテ簡短ニ其理由ヲ説明セントス。

財産編第五百四条第一項ハ当然ノ規定ニシテ、其第二項ハ法律行為ノ解釈ニ外ナラズ。多クノ場合ニ於テハ、其列挙シタルモノノ外ニ出デザルベシト雖モ、又必シモ其中ノ一ニ限ルモノト断言スルコトヲ得ズ。宜シク事実問題ト為スベキナリ。加之本案ニ於テハ、前述ノ如ク免除ヲ以テ合意ニ出ヅルモノトセザルニ依リ、無償ノ免除ハ贈与ヲ為スト云ヘル如キ文字ハ之ヲ存スルコトヲ得ザルナリ。同条第三項ハ之ヲ商法ニ譲リ、民法ニ於テハ敢テ之ヲ規定セズ。同編第五百五条ハ明言ヲ俟タザル規定ナルヲ以テ之ヲ削レリ。又第五百六条ノ規定ハ不可分、連帯又ハ保証ニ関スル規定ニシテ、其無用ト信ジタル部分ヲ除ク外ハ、已ニ多数当事者ノ債権ニ関スル規定中ニ移シタルヲ以テ茲ニハ之ヲ削除シタリ。本案第五百十六条ニ於テハ、債務ノ免除ハ債務者ニ対シテ之ヲ為スコトヲ要スト為シタルヲ以テ、財産編第五百七条ノ規定ハ之ヲ存スルコトヲ得ズ。債権者ガ主タル債務ヲ免除セント欲スル場合ニ於テ、債務者ニ対シテ其意思ヲ表示スルハ、決シテ難キコトニ非ズ。故ニ主タル債務者ノ代理人ニモ非ザル保証人ニ対スル意思表示ニ依リテ、主タル債務者ヲシテ免除ノ利益ヲ受ケシムルノ必要ハ之ナキナリ。同第五百八条ハ連帯及ビ保証ニ関スル規定トシテ、已ニ之ヲ掲ゲタルヲ以テ茲ニ之ヲ削レリ。同編第五百九条ハ本案第四百四十六条ノ規定アルガ為メ、此ニ之ヲ置クノ必要ヲ見ズ。同第五百十条ハ事実ノ認定ニ放任シテ可ナリ。第五百十一条モ亦タ、之ヲ設クルノ必要ナシ。蓋シ保証人ガ免除ヲ得タル為メ主タル債務ノ免除ヲ生ゼザルコトハ言フヲ俟タズ。又保証ニ関スル規定ニ依リテ保証債務ハ当然保証人ノ間ニ分割セラルベキコトニ定マレリ。加之本条末段ノ規定ハ、本案第四百三十八条ノ規定ト両立セズ。故ニ原文ハ之ヲ削レリ。第五百十二条ハ代位弁済ノ規定トシテ、其範囲ヲ汎クシ、已ニ之ヲ掲ゲタルヲ以テ茲ニ之ヲ省キタリ。第五百十三条ハ言フヲ俟タザル所トス。第五百十四条ハ債務ノミノ免除ニ依リテ所有権ノ喪失ヲ来サザルコトヲ示シタルモノニシテ、一般ノ原則ニ依リ疑ヲ存セザル処ナリ。第五百十五条第一項ハ本案ニ於テ債権者間ノ連帯ニ関スル規定ヲ設ケザルノ結果トシテ、之ヲ採用セズ。其第二項ハ採テ不可分債務ニ関スル規定中ニ之ヲ置キタリ。第五百十六条及ビ第五百十七条ノ規定ハ、意思ノ解釈ニ外ナラザルヲ以テ事実ノ認定ニ一任スルヲ可トス。終リニ第五百十八条第一項ノ推定ハ、之ヲ置カザルヲ安全トス。第二項ノ如キモ本案中ニ其適用ヲ認メザルヲ以テ之ヲ削レリ。

▽民法修正案理由書第三編第一章第五節「第四款免除」一～二頁。

（手嶋 豊）

第五一九条 債権者が債務者に対して債務を免除する意思を表示したときは、その債権は、消滅する。

第五一九条 債権者カ債務者ニ対シテ債務ヲ免除スル意思ヲ表示シタルトキハ其債権ハ消滅ス

原案第五一六条 確定条文に同じ

【参照条文】

旧民法財産編

第五〇四条 債務ノ全部又ハ一分ニ付テノ合意上ノ免除ハ有償又ハ無償ニテ之ヲ為スコトヲ得

有償ノ免除ハ事情ニ従ヒテ代物弁済、更改、和解又ハ解除ヲ成ス又無償ノ免除ハ贈与ヲ成ス然レトモ公式ノ特別規則ニ従フコトヲ要セス

協諧契約ヲ以テ破産シタル債務者ニ許与スル一分ノ免除ハ商法ヲ以テ之ヲ規定ス

第五〇五条 債務ノ免除ハ明示又ハ黙示ヨリ成リ推定ヨリ成ラス但法律ニ特定シタル場合ハ此限ニ在ラス

オーストリア一般民法

第一四四四条 責主ハ自己ノ権理ヲ棄却シ得ル諸般ノ時会ニ於テハ其負責主ノ為メニ之ヲ棄却シテ以テ一切ノ責務ヲ消滅セシムルノ権能ヲ有ス

スイス債務法

第一四〇条 合意による債権の全部または一部の放棄は、債務の成立にあたって特別な方式が必要とされ、または当事者が特別な方式を選択した場合においても、特別な方式を必要としない。

第一四一条 贈与によりなされた免除は、カントン法により定められる。

モンテネグロ財産法

第六二一条 債務の免除が有効に行われたときは、弁済が行われたのと同様に債務が消滅する。

債務証書が書面で作成されている場合にのみ、免除も書面で証明されるか、又は、債権者のもとにある証書を、債務の消滅を示す記載付で債務者に返還しなければならない（第六一四条）。

スペイン民法

第一一八七条 免除は黙示的又は明示的にこれをなすことができる。

いずれの場合であっても、免除は、非公式贈与（donations inofficieuses）を規律する準則に従う。さらに、免除は贈与の形式でなされなければならない。

ベルギー民法草案

第一二八二条　無償の債務免除は恵与であり、その形式についても、生前贈与を規律するすべての準則に従う。但し、免除が現実贈与（don manuel）にあたるときはこの限りではない。

ドイツ民法第一草案

第二九〇条　債権者カ債務者ト取結ヒタル契約ニ依リテ債務ノ全部又ハ一部ヲ免除シタル限度ニ於テ債務関係ハ消滅ス

契約ノ有効ナルニハ法律上ノ原因ヲ指定スルコトヲ要セス又当事者カ種々ノ法律上ノ原因ヲ要件トシ又ハ要件ト為シタル法律上ノ原因カ存在セス若クハ無効ナルコトニ因リテ契約ノ効力ヲ除却セス但不当ノ利得ニ本ツク給付ノ返還ニ関スル規定ハ之ニ因リテ影響ヲ受クルコトナシ

第一項及ヒ第二項ノ規定ハ契約ニ依リテ債務関係ノ全部又ハ一部カ存立セサルコトヲ認諾スル場合ニ之ヲ適用ス

免除又ハ債務関係カ存立セサルコトノ認諾ハ免除セラレタル債務又ハ存立セスト認諾セラレタル債務カ存立セサル旨ヲ明示又ハ黙示ニテ表示スル条件中ニ存スルトキハ第七百三十七条乃至第七百四十一条ノ規定ヲ準用ス

債務者カ受諾セサル債権者ノ権利拋棄ハ無効トス

ドイツ民法第二草案

第三四一条　債権者カ契約ニ因リテ債務者ニ債務ヲ免除シタルトキハ債務関係ハ消滅ス

債権者カ債務者トノ契約ニ因リテ債務関係ノ存立セサルコトヲ認諾シタルトキ亦同シ

【起草趣旨】

富井政章（一三巻一二六丁裏～一二七丁裏）

(1)　免除の合意の要否

旧民法その他大抵どこの国の法律でも、債務の免除は合意を要するということになっている。私の見たところでは、イギリスの法律は保証契約については双務（契約）のようで、一般に合意を要するという主義であるように解されたが、なおイギリス法に明るい委員に聞きたい。他の国の法律は皆、合意を要するということになっている。これは了解に苦しむ。債務が合意から生ずるにせよ、原因は合意であっても、免除という所為は権利の放棄である。夫たる権利、父たる権利を放棄するというような、公益に関係した権利の放棄はできないが、いやしくも権利の放棄が公益に関係ない以上は、全く私権上の放棄はこれを許したとしてどんな弊害があるというのだろうか。自分の権利を自分一人の意思で放棄できるということは、先に総則の法律行為の規定を書く時に一ヶ条置こうかと思ったが、必要なかろうというので書かなかった。以上のような理由で、合意主義を捨て、債権者一方の意思表示によって債権は消滅するということにした。それならば書かなくともよいと言えるかも知れないが、旧民法をはじめ、諸国の法律がそうなって（合意主義をとって）いるので、あるいは疑問が起こるかも知れないというのが一つの理由である。

(2)　免除の意思表示の相手方

もう一つの理由は、債務者に対して意思表示をなさなければならないということにしなければ、先程から言うとおり、確実でなくて困る。すでに合意をしないというのが大きな変革であるのに、そのうえ誰に対して意思表示をしてもよいということはいかにも行き過ぎであろう。これだけの制限を設けて、この制限がある以上はこの規定が必要になって来る。

【主要審議】

一　「免除」と「放棄」

土方寧（一二三巻一二八丁裏〜一二九丁表）

富井委員は、免除はどこの国の法律でも合意を要することになっている、イギリスでも多分そうだろうという疑問を持っているということだったが、イギリスでも合意を要するばかりか、有償のものでなければならないということになっている。ある一つの物体のものを放棄するということは、有形の行為に現わすことができるが、債権というものは取消すことができない。証書であれば引破ってしまうが、免除すると言っても放棄すると言っても、約束する形にはならない。言語証文に現れる放棄免除の約束と見たら、約束に必要な要素は、全てなければならないということになっている。（しかしこれは）大変な間違いだと思う。それで、このように改める方がよいが、何故「免除」と言って「放棄」とは言わないのか。そういうことになったなら、主義が改まった方が明瞭になろう。債権の免除は権利の放棄になる、権利の放棄は債権の免除になる、どちらから言っても同じ意味になるが、合意を要するという主義を改めた精神を明らかにするには、かえって放棄の方がよかろう。免除といえば、それは債務者に対して表示しなければならないということが言える。まだ十分に法律の精神を貫いていないと思うが、どう考えるか。

富井政章（一二三巻一二九丁表）

文字のことだからどちらでもよいと思う。

二　免除と第三債権者の保護

尾崎三良（一二三巻一三〇丁表〜裏）

原案第五一六条の通りだと、第三者を欺くことができないだろうか。債権者甲が乙に金を貸している、ところが甲は丙から沢山金を借りているということがあって、取った物がまたそれに取られてしまうから、いっそのこと（甲の）債権を別にしてしまえば、もともとこちら（丙の債権）も免除されて得である。それが既に質になったとかいう場合には、もう第三者の権利に属しているから（免除を）できないということはわかっているが、まだ質にも何も入っていないけれどもあるいはそのために第三者が害を被るというようなことはないか。それを何かの所で防ぐ道があるか。

富井政章（一二三巻一三〇丁裏）

その「防キ」（防止のための措置）はついている。本会において言葉こそ取らないが、廃罷訴権というものによって、その「防キ」が付く。即ち、決議案の第四二四条に、「債権者ハ債務者カ其債権者ヲ害スルコトヲ知リテ為シタル法律行為ノ取消ヲ裁判所ニ請求スルコトヲ得」（とある）。債務の免除はもとより一つの法律行為である。そういう債権者に害を加えることを知って債務の免除をなした場合は、その債権者は裁判所に免除の取消しを求めることができる。

三　本条削除案あるいは但書追加案

横田國臣（一二七丁裏〜一二八丁裏、一二九丁裏）

大概これでよいと思うが、本案のような形にしなくとも、通常は債権者が自分が免除すると言えば他方は承諾するであろう。しかし債務者がこれを潔しとしないことがある。債務者を「何故ニ然ウ押ヘ付ケルカ」ということも考えてみなければならない。まして日本人はことさらこういう風潮がある。また例えば大変なよい家とか何とかという者に対しては、（免除することは）かえって失礼ということがある。となると、この第四款というものがたった一条になっているが、これも余り面白いことでもない。そこで、これに但書をつけ、債務者がこれを肯んじえない場合という付加をするか、またはいっそのこと、これを削除してしまってはどうかと考える。ちょっと考えれば、債権を捨てるということに債務者が異議を言うというのはよくないことである。そんな無理を言って、無理に払う様なことは余りに変ではないかという考えもあるが、しかしながら「気風ト云フモノハ又奇代ナモノテ」このために変な気風というものを養う原則になるかも知れない。そこで私はこの第四款は全てなくしてしまう方がよいと思う。これが削除されれば、債権者は（債権を）捨てても、債務者は履行すると言う方が至当ではないか。例えば人に賄賂をしようとして、まず物を送って、後で代価はいりませんというような弊害が起こる可能性があり、これは極めていけないことである。

富井政章（一三巻一二九丁裏）

「但債務者カ不同意ヲ表シタルトキハ此限ニ存ラス」という様にしたいというのか。

横田國臣（一三巻一二九丁裏）

そうである。

土方寧（一三巻一二九裏～一三〇丁表）

横田委員の説は奇妙なように思うが、あった方がよいと思うから賛成する。その理由は、弁済の権利があるということである。こう言うと権利と義務とを混同してしまう様だが、公法から言えば珍しくはなく、職権という者と職務という者とがあるように、債権者に対しては弁済の義務があるが、外の者に対しては権利がある。外の者から払ってくれなくてもよい。それで適用は少ないであろうが、但書を加えるという横田委員の説に賛成する。

梅謙次郎（一三巻一三〇丁裏～一三二丁裏）

土方委員の考えでは、債権債務というものは職権職務というのと同じであって、公法上で職権を放棄すると自分の職務を尽さぬようになるからそういうことと同じだということであるが、これはまるで違う。先程富井委員が言ったように、公法上の職権というものは、職務というものが伴っているかも知れないが、私権上であれば、職務はあくまでも義務で、それを権利とは言えない。権利と義務とは別物であり、権利であれば勝手に放棄することができる。義務であれば勝手に放棄することができないというだけである。

しかし債務を免除する、即ち債権を放棄するということに相手方の承諾がいるということであれば、道理上、物権についても同様のことが生じなければならない。例えば地上権とか地役権というような物権であっても、それを放棄すれば所有者が利益を受けるのだから、これも所有者の承諾を得なければできないというようにしておかなければならない。地上権、地役権を放棄してくれれば、所有者には大変な利益になる。それも横田委員の説によって考えてみれば、自分が向こうの人を卑んでいる。それ（地上権・地役権）を得た者が、自分が地上権を持っていると困るから放棄してやるぞ、そんなものはいらんというのが日本の慣習であるが、権利を放棄することについてこの者たちが異議を唱えることは物権ではできないことだと思う。この点は一点の異議なく通過しているものと思っていた。

先程の例で言うと、権利者が権利を放棄してしまえば、主のないものになってしまう。債権者は放棄すると言うのに、債務者が利益はいらないということになると、供託でもするということになって、供託したものは債権者の方から幾年たっても取りにこないで、結局国庫に帰属してしまう。そういう結果になっても差支えないということであれば、債権者はこれを放棄し得るとして、債務者がそれによって利益を受けることはいやであるならば、慈善の道に費す方が結果は同じで、その方がいたずらに供託所を煩わせずに済む。この点が明らかでない以上は、いかに放棄が合意によって各国に行なわれていようとも、免除に相手方の承諾が必要であるということには了解しかねる。ただ但書だけがあるときにはどういうことになるか、よほど疑いがある。その場合には、債権者が是非とも受け取らなければならないということになる。そういったところが、受け取らなければ供託するより外に道がない。供託しても受け取る者がなければ、今言ったような結果になるから、先程横田委員の望んだ結果にはなるまい。

横田國臣（一三巻一三二丁裏〜一三三丁裏）

　梅委員が理論的に論じることは実に甘い。ただ理論ばかりでは「推サレヌ」。地上権や地役権を引用したが、これは事実から言えば無理なことである。例えば自分の土地を通るのを放棄したから通らぬ、いや是非通ってくれということが言えるだろうか。決して社会の事柄は論理と一致するものではない。向こうが受け取らないというから供託するという場合は、いくらでもあるのであろう。またそうしてもよい。私はなぜ、義務を負っている者に対して是非に払うことはできないという法律を立てなければならないのかと思う。各国の法律でも、決して理由なしに合意がなければならないというのでもあるまい。これは昔からの、幾分の慣例とか慣習というものがあってそうなっている。まして日本はその慣例の最も甚しいものである。それをなぜ、そう窮屈にしなければならないのかというのが私の趣意である。

四　第二項追加案

高木豊三（一三巻一三三丁裏〜一三四丁裏）

　修正説として、本条第二項に「保証人ニ対シテ前項ノ意思表示ヲ為シタルトキ亦同シ」というのを加えたい。なぜなら前述のように、保証人に対してした主たる債務の免除が効力を生ずるということにしたいと考えているからである。起草者によれば、やはり債務〔者〕に対してすることが必要である。保証人に対してした債務の免除というものは無効になるということである。主たる債務者に対してばかりでなく、三人、四人と保証人のある場合に、その中の一人に対して保証義務を免除しても、他の保証人の保証債務はどうなるのであろうかという問題は未解決である。むしろ他の保証人は免れないということになると解釈するのが至当と思う。してみれば、その保証人の一人に対して、保証の義務を免除したというのと同じである。そうして、主たる債務者と保証人との義務が違うということはもちろんだが、その義務を生ずる根本というものは、一つの債務であるにちがいない。「何カ故ニ」保証の場合でも、債務者に属している相殺をも保証人は主張して、債権者に対抗することができる。最も著しい例を挙げれば、債務者が弁済したらどうであろうか。これは債務が消滅することは言うまでもない。とすれば、親密の関係にある保証人に対して保証の義務を免除するのではなく、おまえの保証している主たる債務を免除するという意思を表示しても、その効力が全く生じないということもどうであろうか。また保証人に対して、主たる債務を免除して、それを効力ありとして、いかなる不都合が生ずるのか。仮に数歩譲って（注）学理上、法律の体裁上面白くないとして、実際に保証人に対して、主たる債務を免除してやるということを、即ち任意に意思を表示してそれが効力がないというのは、すこし窮屈すぎはしまいかという恐れがある。他に大きな障害があれば格別、そうでなければ、保証人に対して主たる債務を免除するという意思を表示した者は、やはり効力があるということにするのは、実際に便宜があるのみでなく、諸々の例がある。大した害がなければ、起草者に御一考願いたい。なお付け加えるなら、「債権者カ債務者」の下に「又ハ保証人」という五字を加えてもよかろう。その方が多数の賛成があればそうしてもよい。

富井政章（一二三巻一三四丁裏～一三五丁表）

　実質はそうなっても格別害はないと思う。しかし文章上、（次の三点の不都合が生ずる。）まず第一に、保証人が数人ある場合に、保証人全員とも読める。（保証人が）一人の時は一人、数人ある時はその中の一人にということをもっと良く示せるようにしなければならない。第二に、その書き方では、どういう意思表示をしたのかわからない。その保証人の債務を免除する意思を表示したとも読める。第三に、消滅するというのは、その保証人に対する債権が消滅するというように読める。この三点が今の文章では不都合である。

高木豊三（一二三巻一三五丁表～裏）

　それもわからないではないが、債務を免除する意思を表示するのであるから、債務者に対する債務を免除するので、保証だけを免除するならば、保証の方の規定にならなければならないという考えである。それから、一人または数人ということであるが、それが私の修正説を出した理由で、旧民法（財産編第五〇七条）によると、主たる債務者及び他の保証人に対して債務を消滅するとなっている。これは、主たる債務が消滅して、保証人だけ債務を負っているということはないから、むろんよかろう。保証人に対しても主たる債務の消滅の原因になるという考えで、文章はどうなってもかまわない。ただ意思だけを表示しておく。

▼横田委員の但書追加案には中村委員、土方委員の賛成があり（一二三巻一二九丁裏）、高木委員の第二項追加案には尾崎委員の賛成があって（一二三巻一三四丁裏）、それぞれ案として成立したが、採決の結果、共に賛成少数で否決され、他に議論はなく、本条は原案の通りそのまま確定した（一二三巻一三五丁裏～一三六丁表）。

（注）原文では「散歩」と記されている。

【民法修正案理由】

　債務ノ免除ニ関スル諸外国ノ立法例ヲ見ルニ、多クハ免除ノ要件トシテ債務者ノ承諾ヲ必要トナセリ。然レドモ事苟モ公益ニ関セザル以上ハ、債権者一方ノ意思ノミヲ以テ其権利ノ拋棄ヲ為スコトヲ得セシムルニ於テ何等ノ不都合アルヲ見ズ。而シテ合意ヲ必要トセザル以上ハ、特ニ本条ヲ設クルノ必要ナキガ如シト雖モ、既成民法ヲ始トシテ多数ノ立法例ニ反スルノミナラズ、債務者ニ対シテ免除ノ意思ヲ表示スルノ必要ナルコトヲ示サンガ為メ、之ヲ設クルコトヲ必要トセリ。前ニ述ベタル如ク、合意ヲ以テ免除ノ要件ト為サザル以上ハ、其意思ノ確実ナルコトヲ期スル為メ、債務者ニ対シテ之ヲ表示スベキモノト定ムルハ最モ其当ヲ得タルモノト謂ベシ。

▽民法修正案理由書第三編第一章第五節「第四款免除」一～三頁（第五一六条）。

（手嶋　豊）

第五款 混 同

【起草趣旨】

富井政章（一三巻一三六丁表～裏）

旧民法の混同の規定は、財産編第五三四条に始まって第五三八条で終わっている。その中で第五三四条第一項だけを残してこれに旧民法にない条文を付加し、他の条文を全て削除した。

(1) 旧民法財産編第五三四条第二項(注1)の削除（一三巻一三六丁表）

まず第五三四条第二項は明文を要しないことと思う。混同を生ずる前に、混同が無効となるべき原因が存していたのである。既往に遡って「其混同ト云フモノカ効力ヲ生スル」（「生シナイ」か？）ことになるのは当然のことである。

(2) 旧民法財産編第五三五条～第五三七条(注2)の削除（一三巻一三六丁表～裏）

第五三五条から第五三七条までは、連帯債権・債務に関し、あるいは不可分債務に関する規定である。これは多くはみな連帯不可分のところに置くのだが、必要な箇条だけは連帯債務のところに置いた。

(3) 旧民法財産編第五三八条(注3)の削除（一三巻一三六丁裏）

第五三八条は、置くとするならば保証債務のところに置くのだが、これも明文を必要としないことである。要するに、第五三四条第一項だけを残したのである。

▼特に発議なく、原案通り確定した（一三巻一三六丁裏）。

（注1） 旧民法財産編第五三四条 一箇ノ義務ノ債権者タリ及ヒ債務者タルノ分限カ相続等ニテ一人ニ併合シタルトキハ義務ハ混同ニ因リテ消滅ス

右ノ混同カ其以前ノ適法ノ原因ニ由リテ解除、銷除又ハ廃罷ヲ受ケタルトキハ義務ハ之ヲ消滅セサリシモノト看做ス

（注2） 旧民法財産編第五三五条 債権者カ連帯債務者ノ一人ニ相続シ又ハ連帯債務者ノ一人カ債権者ニ相続シタルトキハ連帯債務ハ其一人ノ部分ニ付テノミ消滅ス

混同カ連帯債権者ノ一人ト債務者トノ間ニ行ハレタルトキモ亦其混同ハ債務ノ一分ニ付テノミ成ル

旧民法財産編第五三六条 義務カ性質ニ因ル不可分ナルトキハ債権者ノ一人ト債務者ノ一人トノ間ノ混同ハ他ノ者ノ利害ニ於テ其義務ヲ全存セシム然レトモ其混同ヲ得タル者ハ第四百四十五条ニ従ヒテ一分ノ償金ヲ供シ又ハ受取ルニ非サレハ全部ニ付キ訴追スルコトヲ得ス又ハ訴追セラルルコト無シ

旧民法財産編第五三七条 二人ノ連帯債権者又ハ二人ノ連帯債務者ノ分限カ一人ニ併合シタルトキハ権利又ハ義務ノ消滅ナシ其身ニ就キ併合ノ成リタル者ハ或ハ自己ノ名或ハ已レカ相続シタル者ノ名ニテ全部ニ付キ訴追スルコトヲ得又ハ訴追セラルルコト有リ

働方又ハ受方ニテ不可分ナル義務ニ付テモ亦同シ

（注3） 旧民法財産編第五三八条 保証人カ債権者ニ相続シ又ハ債権者カ保証人ニ相続シタルトキハ保証ハ其附従ノモノト共ニ消滅ス

債務者カ保証人ニ相続シ又ハ保証人カ債務者ニ相続シタルトキハ債権者ハ主タル債務者、共同保証人若クハ保証人ノ担保人ニ対シ及ヒ保証ニ附著シタル質若クハ抵当ニ付キ其権利ニ変更ヲ受クルコト無シ

【民法修正案理由】

財産編第五百三十五条乃至第五百三十八条ノ規定ハ、不可分、連帯又ハ保証ニ関スルモノニシテ、其必要ナルモノハ已ニ之ヲ第三節中ニ掲ゲ、本款ニ於テハ只混同ニ関スル原則ヲ置クニ止メタリ。

▽民法修正案理由書第三編第一章第五節「第四款免除」三頁。

（手嶋 豊）

第五二〇条　債権及び債務が同一人に帰属したときは、その債権は、消滅する。ただし、その債権が第三者の権利の目的であるときは、この限りでない。

第五二〇条　債権及ヒ債務カ同一人ニ帰シタルトキハ其債権ハ消滅ス但其債権カ第三者ノ権利ノ目的タルトキハ此限ニ在ラス

原案第五一七条　債権及ヒ債務カ同一人ニ帰スルトキハ其債権ハ混同ニ因リテ消滅ス

前項ノ場合ニ於テ混同ノ事実カ止ミタルトキハ債権ハ消滅セサリシモノト看做ス但第三者ノ権利ヲ害スルコトヲ得ス

【参照条文】

旧民法財産編

第五三四条　一箇ノ義務ノ債権者タリ及ヒ債務者タルノ分限カ相続等ニテ一人ニ併合シタルトキハ義務ハ混同ニ因リテ消滅ス

右ノ混同カ其以前ノ適法ノ原因ニ由リテ解除、銷除又ハ廃罷ヲ受ケタルトキハ義務ハ之ヲ消滅セサリシモノト看做ス

フランス民法

第一三〇〇条　一人ニテ権利ト義務トヲ兼有スル時ハ其権利ト義務ト渾同シテ相殺ス可シ

オーストリア一般民法

第一四四五条　負責ハ権理ト責務トカ一人ノ身上ニ混併スルヿ有レハ則チ消滅ニ帰スル者トス但〻他ノ責主カ其権理ノ区別ヲ要求スルノ時会（第八百二条及ヒ第八百十二条）若クハ一個特種ナル関係有ルノ時会ニ於ケル如キハ此限ニ在ラス

是故ニ負責主カ其責主ノ財産ヲ承襲スルハ其承襲財産ニ関スル責主ノ権理及ヒ共同承襲者若クハ受遺者ノ権理ニ対シテ何等ノ変易ヲモ生出スルヿ無ク又負責主ト其保人トノ間ニ於ケル財産ノ承襲ニ関シテモ亦之カ為メニ責主ノ権理ニ対シテ何等ノ変易ヲ生出スルヿ無キ者トス（仏民第千三百条）

オランダ民法

第一四七二条　仏民法第千三百条ニ同シ但シ仏民法ノ「其権利ト義務ト渾同シテ相殺ス可シ」ヲ「権利ヲ消滅ス可シ」ニ作ル

イタリア民法

第一二九六条　責主ト負責主トノ分限カ同一人ニ帰集セルニ於テハ則チ権理上ノ混併即チ責権ト責務トヲ消滅セシムル者有リトス（仏民第千三百条）

スイス債務法

第一四四条　債権者と債務者の身分が同一人に帰したときは、債権は混同（集中）により消滅する。

混同が解消した場合は、債権は復活する。

ヴォー州民法

第九六五条　債権者及び債務者の資格が同一人に併合されるときは、権利の混同が生じ、債権は消滅する。

モンテネグロ財産法

第六二〇条　譲渡、相続又はその他の方法により、同一人が同一の債務につき債権者となると同時に債務者となるときは、その債務は混同により当然に消滅する。

スペイン民法

第一一九二条　債権者及び債務者の資格が同一人に併合されるときは、債務は消滅する。

但し、相続につき限定承認がなされた

場合において、前項の混同が相続名義に関して生ずるときはこの限りではない。

ベルギー民法草案

第一三〇三条　債権者及び債務者の資格が同一人に併合されるときは、権利の混同が生じ、債務は消滅する。

ドイツ民法第一草案

第二九一条　債務関係ハ債権及ヒ債務カ同一人ニ混同スルトキハ消滅ス

第四九九条　買主ト売主トノ関係ニ於テハ相続ニ本ツク混同ニ因リテ消滅シタル債務又ハ権利ハ之ヲ消滅セサリシモノト見做ス又必要ノ場合ニ於テハ権利ヲ原状ニ回復セシムルコトヲ要ス

ドイツ民法第二草案

第四五三条　相続ニ本ツク権利ト義務ノ混同ニ因リ又ハ権利ト或負担ノ混同ニ因リテ消滅シタル法律関係ハ買主ト売主トノ関係ニ於テ之ヲ消滅セサリシモノト見做ス又必要ノ場合ニ於テハ右法律関係ヲ原状ニ回復セシムルコトヲ要ス

【起草趣旨】

富井政章（一三巻一三七丁表〜一三八丁表）

第一項は旧民法財産編第五三四条第一項の通りである。もっとも旧民法には相続と書いてあるが、原因を示す必要はない。混同というものは性質上、明文がなければ権利を消滅させないというのが趣意と思う。それで（混同によって）権利を消滅させるという法典の主義を採用している国では、必ず明文を置いている。本案では既に物権についてこのような明文を置いたのであるから、債権についても明文が必要である。

第二項の規定はフランスでは最も多くの学者が唱えているが、明文には規定していない。これは旧民法財産編第五三四条第二項の場合と違う。混同が、前から無効となるべき原因を有していたというのでなく、混同の事実が後で止んだという場合で、例えば包括名義で相続財産を他人に譲渡する、あるいは法人解散のような場合にも同じことが起こりうる。そういう場合には既に権利を行使することができないために権利を消滅させるにすぎない。しかしその（混同の事実が止んだ）場合には、実際の障害というものはなくなってしまうのであるから、譲渡人と譲受人との間には権利が消滅しないと見るのが正当である。ただし第三者を保護してやることが必要で、保証人や担保を供した者は、一旦混同によって債権が消滅したという結果によって、負担を免れるということにしなければ不都合と思う。当事者間では債権は消滅しないものと見るのが、最も混同の性質にかなっている。それでこの第二項の規定を置いた。フランスの学者は混同の取消しと混同の止む事実とを分けて、混同の取消しは旧民法財産編第五三四条二項に書いてある通りのことを主張している。これは言わなくてもわかっていることである。混同の事実ということについては本条第二項の通りのことを主張している。しかし明文もなしにそうなる理屈はない。第一項で、債権は混同によって消滅すると言った以上は、ただ混同の事実が止んだというだけで債権は消滅しないとみることは到底できない。こういう但書がない以上は、保証人も担保提供者もその担保を提供しておかなければならないという結果になる。第二項は実質上あった方がよいならば、明文がいる。このような理由で置いたまでであり、格別大いに適用になるという規定ではない。

【主要審議】

一　「混同ノ事実カ止ミタルトキ」とは何か

横田國臣（一三巻一三八丁表）

この「混同ノ事実カ止ミタルトキ」の、簡単な例を示してほしい。

富井政章（一三巻一三八丁裏）

一番多い場合は、ドイツ民法草案の売買編に規定してある。包括名義で相続財産を他人に売ったという場合で、それができることになるかどうかは相続編の起草の時に議論してみないと確かなことはわからない。しかし財産上の関係としては多分できるであろうと想像する。その場合、売主と買主との間には債権の消えるべき実際の障害というものはなくなって、自分一人の(注)みに債権者と債務者との資格が集まっていて実際その債権を行うことはできないのである。したがって一旦は消滅したのであるが、人に譲渡したという場合には、その債務のくっついたものを譲受けたとするのが至当であろうと思う。混同の性質からそういうのを決めるのが穏かであろうというだけの考えである。

元田肇（一三巻一三九丁裏）

「前項ノ場合ニ於テ」というのは、債権債務が同一人に帰した場合をいうのか。

富井政章（一三巻一三九丁裏）

そうみてもよいが、むしろ「混同ニ因リテ消滅ス」までを受けたつもりである。

元田肇（一三巻一三九丁裏～一四〇丁表）

どの位同一に帰して消滅するという区切りはないのか。一旦消えてしまったものがまた後から出てくるというのか。

富井政章（一三巻一四〇丁表）

一旦消えたものが、後から事実が生じたときは、消えないものと法律が見るので、もとより擬制である。

二　第二項削除案

土方寧（一三巻一三八丁裏～一三九丁裏）

私はこの第二項は削ってしまう方がよいと思う。第二項に規定してあることは適用が少ないから、実際なくてはならないという理由は格別ない。理論上どちらがよいということで決したい。富井委員の説明を聞くと、混同は債権者と債務者が同じ人になったら、履行といっても左の手から右の手に移すのと同じようなものとして、履行の不能の一種のように見ているが、そうではない。混同は絶対的に債権債務の関係を消滅するというのが理論的である。なぜなら、債権者債務者の関係が少くとも継続して存立することは必要であるが、債権債務の関係が一旦成立した以上は、その成立に必要な「原素」というものは必ずしも必要ない。例えば、意思のように一旦合意があって成立してしまえば、その後は合意はなくてもよい。当事者は一人ずつでなければならないということは成立の後、かつそれから引続いて存立していることが必要なことである。ただぼんやりと、捉みどころのないものが存立していることはないと思う。必ず、債権者と債務者は各々一人でなければならない。それが全く一つに帰せば、当然権利関係がなくなってしまうと思うから、第二項は削ってしまってよい。

奥田義人（一三巻一三九丁裏）

賛成。

梅謙次郎（一三巻一四〇丁表～一四二丁裏）

第二項は実際には適用の少ない場合だから、特に規定する必要もなかろうというので削るなら格別遺憾とも思わない。我々の間でも置くかどうか相談した位である。しかし、土方委員の言った理論で削るとすると、甚だ遺憾である。なるほど債権を行使するには相手方がなければならない。しかし、一旦成立した債権というものは、債務者と債権者とが同一であったところで、これを存在しているものと見られないということは決してない。（権利の）行使ができなければそれで権利が必ず消えるということはよくないのである。もし債権者・債務者が未来永劫同一人であるならば、消滅すると言っても消滅しないと言っても実際に差異はない。第二項にあるようなことがあって、法律で一度消滅したと思っていたものを消滅させないのでは、実際上不都合が生ずる。それは先程富井委員の言った例が、いかに不都合であるかということを示している。相続財産を相続人が相続し、それを他の者に譲るということは各国の例で皆許していることで、少しも公の秩序に反していることでもない。また後に相続の規定がどのようになろうとも、相続それ自体を譲るのではなく、その相続から生ずる利益を他人に譲るということは多分可能だと思う。私が今、弁済者甲の相続人になって一度相続したが、自分は相当の財産を持っているからいらない、遺産相続であると家督というものがくっついている《ママ》から、少しも公益に関係がない。ただで、あるいは値をとってもわずかなもので譲渡することは随分ありうる。この場合の当事者双方の意思は相続財産、つまり相続権から生ずる利益を甲から乙に移すと同時に、被相続人の負担となっている負債の全部を乙に移すということである。ここで甲が私に対して債権を有していた場合、並びに私が甲に対して債権を有していた場合、どちらの場合であっても、原案第五一七条第一項のように絶対に消滅してしまうとすれば、相続全部を乙に譲ったと言っても、それは私の有していた債権だけのものが殖えて乙に移る、または甲が私に対して有していた財産が減って乙に移ってしまうことになる。それは当事者の意思に反するだろうが、それが公益に反することでもないから、そういう結果を得ることはかまわない。いかなる学説を取るにしても「イカヌニ違ヒナイ」（それほど違いはない、か？）。そうすると許さなければならない。それを許すということが学理上、もし土方委員の言うようなことであれば、まずできない。それだけでは（土方委員の）学理に反することになるが、我々の考える所では学理に反しない。土方委員自身言ったように、成立の時に条件が備わっていなければ、権利は存続しないどころではない。成立しないのである。富井《ママ》委員は確か履行不能ということを言ったが、広い意味で履行不能と言えないこともないが、私の考えでは履行は不能ではない。自分に自分が履行するのであるから、極めて容易である。またある作為をなすというならば、その作為が自己に利益となればそうしてもかまわない。そういう場合は消滅したものと見る方が普通の場合は都合がよい。それで第五一七条第一項は便宜法で、その場合には法律をもって直ちに消滅したものと見るのである。ところが今言ったような場合には、その便宜法がかえって不都合な結果を生ずることになるから、第二項にこういう規定を設けたのである。相続権から生ずる利益をまるで他人に譲るということは日本では稀なことであるから、それで規定するには及ばないということであれば、あるいはよいかも知れない。ただ我々の考えでは、たとえこの規定がなくなったところで、その場合は意思の解釈で、相続権から生ずる直接の権利義務というものは第一項のみであると増減するが、当事者の意思は乙が甲から直接に相続したように利益負担を移そうというのであるから、第二項と、同様な結果になる。しかし諸君の考えがあって、理論上土方委員の言った様なことが正しいということで第二項が削られるのは甚だ遺憾であり、土方委員の説が成立しないことを希望する。

横田國臣（一三巻一四三丁裏～一四四丁表）

　第二項削除説に賛成する。この法文によると、例えば、私が菊池委員に九〇〇円の貸しがあるところ、菊池委員の財産を相続して一〇〇〇円を得た場合に、私がその相続権を土方委員に売ったとき、この理論からは、私から土方委員に一〇〇円だけ求める権利があるということになろうと想像する。その場合に債権は混同によって消滅するというなら、消滅させてしまうのがよい。法律が消滅するということになっていれば、今の一〇〇〇円で売らなくて九〇〇円で売る、土方委員も丁度九〇〇円で買うだろう。それではこんな変なものをこしらえておくのは無駄である。

三　本条削除説

高木豊三（二三巻一四二丁裏〜一四三丁表）

第二項を削除する説が出て、また賛成もあった。しかしこれは適用も少ないし、たまたま適用ある場合を想像しても理論上の話で、第二項がないことになれば混同というものはおかしくなってしまう。混同は古来歴史上どこの国にもあり、消滅の原因の一つということは決まりきったことである。元来、一人の身体に権利者と義務者と二つの資格を得たときには、法律で権利は消滅するといっても無駄なことで、実際履行することはできない。第二項が必要な場合があるなら、これを引出すために第一項を置くのも必要だろうが、第二項も実際の適用がなく、理論としても妙な理論に思われるもし第二項を削るというならば、これは一つ大改革を行なって、日本の法典には混同というようなものをやめるというわけにはいかないか。

富井政章（二三巻一四三丁裏）

第二項は適用が少ないから削るということになるなら残念とは思わないが、第一項を削って高木委員の言う結果になることは疑問であるのみならず、反対である。混同ということは実際するにも差支えあるというがために、この差支えの存在する間、そしてその差支えの範囲内で、権利を行なうことができないというのである。実際の「習慣」（障壁か？）が取れたときには、病気で寝ていた権利が、また働き出すのである。もし高木委員の言うように、黙っていて権利が消滅してしまうならば、物権の所で（混同を）置いたのはやめなければならない。物権の所に置いて債権の所に置かないというのはわからない話である。

▼土方委員の第二項削除説には奥田委員、横田委員の賛成があって（二三巻一三九丁裏、一四三丁裏）案として成立したが、高木委員の本条削除説には賛成がなく、案として成立しなかった。採決の結果、第二項を削る土方委員修正案が多数で可決された（二三巻一四四丁表）。

富井政章（二三巻一四四丁裏）

第二項が取れた以上、残る第一項が全文になるが、それについて小々文字を改正したい。「混同ニ因リテ」の六字を取ってしまい、「同一人ニ帰スル」を「同一人ニ帰シタル」とすることにしたい。

▼異議なくそのまま確定した（二三巻一四四丁裏）。

（注）原文は「初マッテ居ッテ」と記されている。

【その後の経緯】

衆議院民法中修正案委員会において、物権の混同の規定（確定条文第一七九条）に但書があるとして、「但其債権ガ第三者ノ権利ノ目的タル時ハ此限リニアラス」という但書を付す修正がなされた（廣中俊雄編著『第九回帝國議會の民法審議』二五三頁）。

【民法修正案理由】

本条ハ、財産編第五百三十四条第一項ノ規定ニ同ジ。其第二項ハ明文ヲ必要トセザルヲ以テ、之ヲ削除セリ。

▽民法修正案理由書第三編第一章第五節「第五款混同」三頁（第五一七条）。

（手嶋　豊）

「史料債権総則」執筆者紹介

監修者

前 田 達 明（まえだ たつあき）　京都大学名誉教授

編著者

高 橋 　 眞（たかはし まこと）　大阪市立大学大学院法学研究科教授
玉 樹 智 文（たまき ともふみ）　島根大学大学院法務研究科准教授
高 橋 智 也（たかはし ともや）　大阪市立大学大学院法学研究科准教授

共著者（掲載順）

平 田 健 治（ひらた けんじ）　大阪大学大学院高等司法研究科教授
松 岡 久 和（まつおか ひさかず）　京都大学大学院法学研究科教授
朱 　 柏 松（ツゥ ポソン）　台湾世新大学法学院教授
鄭 　 鍾 休（チョン ジョンヒュ）　全南大学校法学専門大学院教授
吉 村 良 一（よしむら りょういち）　立命館大学大学院法務研究科教授
錦 織 成 史（にしごり せいし）　同志社大学大学院司法研究科教授
辻 　 正 美（つじ まさみ）　元京都大学大学院法学研究科教授
藤 田 寿 夫（ふじた ひさお）　岡山大学大学院法務研究科教授
河 原 　 緑（かわら みどり）　元光華女子短期大学非常勤講師
和 田 安 夫（わだ やすお）　西南学院大学大学院法務研究科教授
潮 見 佳 男（しおみ よしお）　京都大学大学院法学研究科教授
佐々木典子（ささき のりこ）　同志社大学大学院司法研究科教授
金 山 直 樹（かなやま なおき）　慶應義塾大学大学院法務研究科教授
窪 田 充 見（くぼた あつみ）　神戸大学大学院法学研究科教授
山 本 敬 三（やまもと けいぞう）　京都大学大学院法学研究科教授
常 岡 史 子（つねおか ふみこ）　獨協大学法学部教授
手 嶋 　 豊（てじま ゆたか）　神戸大学大学院法学研究科教授

史料債権総則《しりょうさいけんそうそく》

2010年8月1日　初版第1刷発行

監修者　前田達明
　　　　髙橋　眞
編著者　玉樹智文
　　　　髙橋智也
発行者　阿部耕一

〒162-0041　東京都新宿区早稲田鶴巻町514
発行所　株式会社　成文堂
電話03(3203)9201(代)　Fax 03(3203)9206
http://www.seibundoh.co.jp

製版・印刷　シナノ印刷　　製本　弘伸製本　　検印省略

ISBN978-4-7923-2588-6　C3032

定価(本体20,000円＋税)